北京证券交易所规则制度汇编

北京证券交易所　编

中国金融出版社

责任编辑：石　坚
责任校对：李俊英
责任印制：程　颖

图书在版编目（CIP）数据

北京证券交易所规则制度汇编／北京证券交易所编．—北京：中国金融出版社，2021.11
ISBN 978-7-5220-1399-2

Ⅰ.①北…　Ⅱ.①北…　Ⅲ.①证券交易所—法规—汇编—北京　Ⅳ.①D922.287.4

中国版本图书馆 CIP 数据核字（2021）第 239001 号

北京证券交易所规则制度汇编
BEIJING ZHENGQUAN JIAOYISUO GUIZE ZHIDU HUIBIAN
出版
发行　中国金融出版社
社址　北京市丰台区益泽路 2 号
市场开发部　（010）66024766，63805472，63439533（传真）
网 上 书 店　www.cfph.cn
（010）66024766，63372837（传真）
读者服务部　（010）66070833，62568380
邮编　100071
经销　新华书店
印刷　保利达印务有限公司
尺寸　185 毫米×260 毫米
印张　65.5
字数　1360 千
版次　2021 年 12 月第 1 版
印次　2021 年 12 月第 1 次印刷
定价　258.00 元
ISBN 978-7-5220-1399-2
如出现印装错误本社负责调换　联系电话（010）63263947

前　言

2021年9月2日，习近平总书记在中国国际服务贸易交易会全球服务贸易峰会致辞中宣布，继续支持中小企业创新发展，深化新三板改革，设立北京证券交易所，打造服务创新型中小企业主阵地。这是党中央、国务院对资本市场更好服务构建新发展格局、推动高质量发展，支持北京国际科技创新中心建设和国家金融管理中心建设作出的重大战略部署，为进一步深化新三板改革、更好支持中小企业创新发展指明了方向、提供了遵循。

为深入贯彻落实习近平总书记的重要指示精神，按照党中央、国务院的决策部署，中国证监会和北京证券交易所深入开展调研论证，充分听取社会各界、市场各方意见建议，切实做好北京证券交易所各项制度建设工作。目前，相关制度规则已发布实施。为便于广大读者深入了解和准确把握北京证券交易所各项制度规则，我们将中国证监会相关部门规章、规范性文件以及北京证券交易所业务规则编辑成册。本书包含中国证监会发布的部门规章14件，规范性文件11件，北京证券交易所发布的业务规则50余件，涵盖基本业务规则、细则、指引、指南四个层级，共同构成了北京证券交易所市场制度体系，涉及发行上市、再融资、公司监管、并购重组、交易管理、会员管理及投资者适当性管理等各个业务领域，供读者查阅和使用。

北京证券交易所

2021年11月

目　录

一、法律

二、行政法规及规范性文件

三、中国证监会部门规章及规范性文件

四、北京证券交易所业务规则

一、法律

依照本法规定聘请保荐人的，还应当报送保荐人出具的发行保荐书。

第十七条 有下列情形之一的，不得再次公开发行公司债券：

（一）对已公开发行的公司债券或者其他债务有违约或者延迟支付本息的事实，仍处于继续状态；

（二）违反本法规定，改变公开发行公司债券所募资金的用途。

第十八条 发行人依法申请公开发行证券所报送的申请文件的格式、报送方式，由依法负责注册的机构或者部门规定。

第十九条 发行人报送的证券发行申请文件，应当充分披露投资者作出价值判断和投资决策所必需的信息，内容应当真实、准确、完整。

为证券发行出具有关文件的证券服务机构和人员，必须严格履行法定职责，保证所出具文件的真实性、准确性和完整性。

第二十条 发行人申请首次公开发行股票的，在提交申请文件后，应当按照国务院证券监督管理机构的规定预先披露有关申请文件。

第二十一条 国务院证券监督管理机构或者国务院授权的部门依照法定条件负责证券发行申请的注册。证券公开发行注册的具体办法由国务院规定。

按照国务院的规定，证券交易所等可以审核公开发行证券申请，判断发行人是否符合发行条件、信息披露要求，督促发行人完善信息披露内容。

依照前两款规定参与证券发行申请注册的人员，不得与发行申请人有利害关系，不得直接或者间接接受发行申请人的馈赠，不得持有所注册的发行申请的证券，不得私下与发行申请人进行接触。

第二十二条 国务院证券监督管理机构或者国务院授权的部门应当自受理证券发行申请文件之日起三个月内，依照法定条件和法定程序作出予以注册或者不予注册的决定，发行人根据要求补充、修改发行申请文件的时间不计算在内。不予注册的，应当说明理由。

第二十三条 证券发行申请经注册后，发行人应当依照法律、行政法规的规定，在证券公开发行前公告公开发行募集文件，并将该文件置备于指定场所供公众查阅。

发行证券的信息依法公开前，任何知情人不得公开或者泄露该信息。

发行人不得在公告公开发行募集文件前发行证券。

第二十四条 国务院证券监督管理机构或者国务院授权的部门对已作出的证券发行注册的决定，发现不符合法定条件或者法定程序，尚未发行证券的，应当予以撤销，停止发行。已经发行尚未上市的，撤销发行注册决定，发行人应当按照发行价并加算银行同期存款利息返还证券持有人；发行人的控股股东、实际控制人以及保荐人，应当与发行人承担连带责任，但是能够证明自己没有过错的除外。

股票的发行人在招股说明书等证券发行文件中隐瞒重要事实或者编造重大虚假内容，已经发行并上市的，国务院证券监督管理机构可以责令发行人回购证券，或者责

（四）发行人及其控股股东、实际控制人最近三年不存在贪污、贿赂、侵占财产、挪用财产或者破坏社会主义市场经济秩序的刑事犯罪；

（五）经国务院批准的国务院证券监督管理机构规定的其他条件。

上市公司发行新股，应当符合经国务院批准的国务院证券监督管理机构规定的条件，具体管理办法由国务院证券监督管理机构规定。

公开发行存托凭证的，应当符合首次公开发行新股的条件以及国务院证券监督管理机构规定的其他条件。

第十三条 公司公开发行新股，应当报送募股申请和下列文件：

（一）公司营业执照；

（二）公司章程；

（三）股东大会决议；

（四）招股说明书或者其他公开发行募集文件；

（五）财务会计报告；

（六）代收股款银行的名称及地址。

依照本法规定聘请保荐人的，还应当报送保荐人出具的发行保荐书。依照本法规定实行承销的，还应当报送承销机构名称及有关的协议。

第十四条 公司对公开发行股票所募集资金，必须按照招股说明书或者其他公开发行募集文件所列资金用途使用；改变资金用途，必须经股东大会作出决议。擅自改变用途，未作纠正的，或者未经股东大会认可的，不得公开发行新股。

第十五条 公开发行公司债券，应当符合下列条件：

（一）具备健全且运行良好的组织机构；

（二）最近三年平均可分配利润足以支付公司债券一年的利息；

（三）国务院规定的其他条件。

公开发行公司债券筹集的资金，必须按照公司债券募集办法所列资金用途使用；改变资金用途，必须经债券持有人会议作出决议。公开发行公司债券筹集的资金，不得用于弥补亏损和非生产性支出。

上市公司发行可转换为股票的公司债券，除应当符合第一款规定的条件外，还应当遵守本法第十二条第二款的规定。但是，按照公司债券募集办法，上市公司通过收购本公司股份的方式进行公司债券转换的除外。

第十六条 申请公开发行公司债券，应当向国务院授权的部门或者国务院证券监督管理机构报送下列文件：

（一）公司营业执照；

（二）公司章程；

（三）公司债券募集办法；

（四）国务院授权的部门或者国务院证券监督管理机构规定的其他文件。

职责。

第八条 国家审计机关依法对证券交易场所、证券公司、证券登记结算机构、证券监督管理机构进行审计监督。

第二章 证券发行

第九条 公开发行证券，必须符合法律、行政法规规定的条件，并依法报经国务院证券监督管理机构或者国务院授权的部门注册。未经依法注册，任何单位和个人不得公开发行证券。证券发行注册制的具体范围、实施步骤，由国务院规定。

有下列情形之一的，为公开发行：

（一）向不特定对象发行证券；

（二）向特定对象发行证券累计超过二百人，但依法实施员工持股计划的员工人数不计算在内；

（三）法律、行政法规规定的其他发行行为。

非公开发行证券，不得采用广告、公开劝诱和变相公开方式。

第十条 发行人申请公开发行股票、可转换为股票的公司债券，依法采取承销方式的，或者公开发行法律、行政法规规定实行保荐制度的其他证券的，应当聘请证券公司担任保荐人。

保荐人应当遵守业务规则和行业规范，诚实守信，勤勉尽责，对发行人的申请文件和信息披露资料进行审慎核查，督导发行人规范运作。

保荐人的管理办法由国务院证券监督管理机构规定。

第十一条 设立股份有限公司公开发行股票，应当符合《中华人民共和国公司法》规定的条件和经国务院批准的国务院证券监督管理机构规定的其他条件，向国务院证券监督管理机构报送募股申请和下列文件：

（一）公司章程；

（二）发起人协议；

（三）发起人姓名或者名称，发起人认购的股份数、出资种类及验资证明；

（四）招股说明书；

（五）代收股款银行的名称及地址；

（六）承销机构名称及有关的协议。

依照本法规定聘请保荐人的，还应当报送保荐人出具的发行保荐书。

法律、行政法规规定设立公司必须报经批准的，还应当提交相应的批准文件。

第十二条 公司首次公开发行新股，应当符合下列条件：

（一）具备健全且运行良好的组织机构；

（二）具有持续经营能力；

（三）最近三年财务会计报告被出具无保留意见审计报告；

中华人民共和国证券法

（1998年12月29日第九届全国人民代表大会常务委员会第六次会议通过　根据2004年8月28日第十届全国人民代表大会常务委员会第十一次会议《关于修改〈中华人民共和国证券法〉的决定》第一次修正　2005年10月27日第十届全国人民代表大会常务委员会第十八次会议第一次修订　根据2013年6月29日第十二届全国人民代表大会常务委员会第三次会议《关于修改〈中华人民共和国文物保护法〉等十二部法律的决定》第二次修正　根据2014年8月31日第十二届全国人民代表大会常务委员会第十次会议《关于修改〈中华人民共和国保险法〉等五部法律的决定》第三次修正　2019年12月28日第十三届全国人民代表大会常务委员会第十五次会议第二次修订）

第一章　总则

第一条　为了规范证券发行和交易行为，保护投资者的合法权益，维护社会经济秩序和社会公共利益，促进社会主义市场经济的发展，制定本法。

第二条　在中华人民共和国境内，股票、公司债券、存托凭证和国务院依法认定的其他证券的发行和交易，适用本法；本法未规定的，适用《中华人民共和国公司法》和其他法律、行政法规的规定。

政府债券、证券投资基金份额的上市交易，适用本法；其他法律、行政法规另有规定的，适用其规定。

资产支持证券、资产管理产品发行、交易的管理办法，由国务院依照本法的原则规定。

在中华人民共和国境外的证券发行和交易活动，扰乱中华人民共和国境内市场秩序，损害境内投资者合法权益的，依照本法有关规定处理并追究法律责任。

第三条　证券的发行、交易活动，必须遵循公开、公平、公正的原则。

第四条　证券发行、交易活动的当事人具有平等的法律地位，应当遵守自愿、有偿、诚实信用的原则。

第五条　证券的发行、交易活动，必须遵守法律、行政法规；禁止欺诈、内幕交易和操纵证券市场的行为。

第六条　证券业和银行业、信托业、保险业实行分业经营、分业管理，证券公司与银行、信托、保险业务机构分别设立。国家另有规定的除外。

第七条　国务院证券监督管理机构依法对全国证券市场实行集中统一监督管理。

国务院证券监督管理机构根据需要可以设立派出机构，按照授权履行监督管理令负有责任的控股股东、实际控制人买回证券。

第二十五条 股票依法发行后，发行人经营与收益的变化，由发行人自行负责；由此变化引致的投资风险，由投资者自行负责。

第二十六条 发行人向不特定对象发行的证券，法律、行政法规规定应当由证券公司承销的，发行人应当同证券公司签订承销协议。证券承销业务采取代销或者包销方式。

证券代销是指证券公司代发行人发售证券，在承销期结束时，将未售出的证券全部退还给发行人的承销方式。

证券包销是指证券公司将发行人的证券按照协议全部购入或者在承销期结束时将售后剩余证券全部自行购入的承销方式。

第二十七条 公开发行证券的发行人有权依法自主选择承销的证券公司。

第二十八条 证券公司承销证券，应当同发行人签订代销或者包销协议，载明下列事项：

（一）当事人的名称、住所及法定代表人姓名；

（二）代销、包销证券的种类、数量、金额及发行价格；

（三）代销、包销的期限及起止日期；

（四）代销、包销的付款方式及日期；

（五）代销、包销的费用和结算办法；

（六）违约责任；

（七）国务院证券监督管理机构规定的其他事项。

第二十九条 证券公司承销证券，应当对公开发行募集文件的真实性、准确性、完整性进行核查。发现有虚假记载、误导性陈述或者重大遗漏的，不得进行销售活动；已经销售的，必须立即停止销售活动，并采取纠正措施。

证券公司承销证券，不得有下列行为：

（一）进行虚假的或者误导投资者的广告宣传或者其他宣传推介活动；

（二）以不正当竞争手段招揽承销业务；

（三）其他违反证券承销业务规定的行为。

证券公司有前款所列行为，给其他证券承销机构或者投资者造成损失的，应当依法承担赔偿责任。

第三十条 向不特定对象发行证券聘请承销团承销的，承销团应当由主承销和参与承销的证券公司组成。

第三十一条 证券的代销、包销期限最长不得超过九十日。

证券公司在代销、包销期内，对所代销、包销的证券应当保证先行出售给认购人，证券公司不得为本公司预留所代销的证券和预先购入并留存所包销的证券。

第三十二条 股票发行采取溢价发行的，其发行价格由发行人与承销的证券公司协商确定。

第三十三条 股票发行采用代销方式，代销期限届满，向投资者出售的股票数量未达到拟公开发行股票数量百分之七十的，为发行失败。发行人应当按照发行价并加算银行同期存款利息返还股票认购人。

第三十四条 公开发行股票，代销、包销期限届满，发行人应当在规定的期限内将股票发行情况报国务院证券监督管理机构备案。

第三章 证券交易

第一节 一般规定

第三十五条 证券交易当事人依法买卖的证券，必须是依法发行并交付的证券。

非依法发行的证券，不得买卖。

第三十六条 依法发行的证券，《中华人民共和国公司法》和其他法律对其转让期限有限制性规定的，在限定的期限内不得转让。

上市公司持有百分之五以上股份的股东、实际控制人、董事、监事、高级管理人员，以及其他持有发行人首次公开发行前发行的股份或者上市公司向特定对象发行的股份的股东，转让其持有的本公司股份的，不得违反法律、行政法规和国务院证券监督管理机构关于持有期限、卖出时间、卖出数量、卖出方式、信息披露等规定，并应当遵守证券交易所的业务规则。

第三十七条 公开发行的证券，应当在依法设立的证券交易所上市交易或者在国务院批准的其他全国性证券交易场所交易。

非公开发行的证券，可以在证券交易所、国务院批准的其他全国性证券交易场所、按照国务院规定设立的区域性股权市场转让。

第三十八条 证券在证券交易所上市交易，应当采用公开的集中交易方式或者国务院证券监督管理机构批准的其他方式。

第三十九条 证券交易当事人买卖的证券可以采用纸面形式或者国务院证券监督管理机构规定的其他形式。

第四十条 证券交易场所、证券公司和证券登记结算机构的从业人员，证券监督管理机构的工作人员以及法律、行政法规规定禁止参与股票交易的其他人员，在任期或者法定限期内，不得直接或者以化名、借他人名义持有、买卖股票或者其他具有股权性质的证券，也不得收受他人赠送的股票或者其他具有股权性质的证券。

任何人在成为前款所列人员时，其原已持有的股票或者其他具有股权性质的证券，必须依法转让。

实施股权激励计划或者员工持股计划的证券公司的从业人员，可以按照国务院证券监督管理机构的规定持有、卖出本公司股票或者其他具有股权性质的证券。

第四十一条 证券交易场所、证券公司、证券登记结算机构、证券服务机构及其工作人员应当依法为投资者的信息保密，不得非法买卖、提供或者公开投资者的信息。

证券交易场所、证券公司、证券登记结算机构、证券服务机构及其工作人员不得泄露所知悉的商业秘密。

第四十二条 为证券发行出具审计报告或者法律意见书等文件的证券服务机构和人员，在该证券承销期内和期满后六个月内，不得买卖该证券。

除前款规定外，为发行人及其控股股东、实际控制人，或者收购人、重大资产交易方出具审计报告或者法律意见书等文件的证券服务机构和人员，自接受委托之日起至上述文件公开后五日内，不得买卖该证券。实际开展上述有关工作之日早于接受委托之日的，自实际开展上述有关工作之日起至上述文件公开后五日内，不得买卖该证券。

第四十三条 证券交易的收费必须合理，并公开收费项目、收费标准和管理办法。

第四十四条 上市公司、股票在国务院批准的其他全国性证券交易场所交易的公司持有百分之五以上股份的股东、董事、监事、高级管理人员，将其持有的该公司的股票或者其他具有股权性质的证券在买入后六个月内卖出，或者在卖出后六个月内又买入，由此所得收益归该公司所有，公司董事会应当收回其所得收益。但是，证券公司因购入包销售后剩余股票而持有百分之五以上股份，以及有国务院证券监督管理机构规定的其他情形的除外。

前款所称董事、监事、高级管理人员、自然人股东持有的股票或者其他具有股权性质的证券，包括其配偶、父母、子女持有的及利用他人账户持有的股票或者其他具有股权性质的证券。

公司董事会不按照第一款规定执行的，股东有权要求董事会在三十日内执行。公司董事会未在上述期限内执行的，股东有权为了公司的利益以自己的名义直接向人民法院提起诉讼。

公司董事会不按照第一款的规定执行的，负有责任的董事依法承担连带责任。

第四十五条 通过计算机程序自动生成或者下达交易指令进行程序化交易的，应当符合国务院证券监督管理机构的规定，并向证券交易所报告，不得影响证券交易所系统安全或者正常交易秩序。

第二节　证券上市

第四十六条 申请证券上市交易，应当向证券交易所提出申请，由证券交易所依法审核同意，并由双方签订上市协议。

证券交易所根据国务院授权的部门的决定安排政府债券上市交易。

第四十七条 申请证券上市交易，应当符合证券交易所上市规则规定的上市条件。

证券交易所上市规则规定的上市条件，应当对发行人的经营年限、财务状况、最低公开发行比例和公司治理、诚信记录等提出要求。

第四十八条 上市交易的证券，有证券交易所规定的终止上市情形的，由证券交易所按照业务规则终止其上市交易。

证券交易所决定终止证券上市交易的，应当及时公告，并报国务院证券监督管理机构备案。

第四十九条 对证券交易所作出的不予上市交易、终止上市交易决定不服的，可以向证券交易所设立的复核机构申请复核。

第三节 禁止的交易行为

第五十条 禁止证券交易内幕信息的知情人和非法获取内幕信息的人利用内幕信息从事证券交易活动。

第五十一条 证券交易内幕信息的知情人包括：

（一）发行人及其董事、监事、高级管理人员；

（二）持有公司百分之五以上股份的股东及其董事、监事、高级管理人员，公司的实际控制人及其董事、监事、高级管理人员；

（三）发行人控股或者实际控制的公司及其董事、监事、高级管理人员；

（四）由于所任公司职务或者因与公司业务往来可以获取公司有关内幕信息的人员；

（五）上市公司收购人或者重大资产交易方及其控股股东、实际控制人、董事、监事和高级管理人员；

（六）因职务、工作可以获取内幕信息的证券交易场所、证券公司、证券登记结算机构、证券服务机构的有关人员；

（七）因职责、工作可以获取内幕信息的证券监督管理机构工作人员；

（八）因法定职责对证券的发行、交易或者对上市公司及其收购、重大资产交易进行管理可以获取内幕信息的有关主管部门、监管机构的工作人员；

（九）国务院证券监督管理机构规定的可以获取内幕信息的其他人员。

第五十二条 证券交易活动中，涉及发行人的经营、财务或者对该发行人证券的市场价格有重大影响的尚未公开的信息，为内幕信息。

本法第八十条第二款、第八十一条第二款所列重大事件属于内幕信息。

第五十三条 证券交易内幕信息的知情人和非法获取内幕信息的人，在内幕信息公开前，不得买卖该公司的证券，或者泄露该信息，或者建议他人买卖该证券。

持有或者通过协议、其他安排与他人共同持有公司百分之五以上股份的自然人、法人、非法人组织收购上市公司的股份，本法另有规定的，适用其规定。

内幕交易行为给投资者造成损失的，应当依法承担赔偿责任。

第五十四条 禁止证券交易场所、证券公司、证券登记结算机构、证券服务机构

和其他金融机构的从业人员、有关监管部门或者行业协会的工作人员，利用因职务便利获取的内幕信息以外的其他未公开的信息，违反规定，从事与该信息相关的证券交易活动，或者明示、暗示他人从事相关交易活动。

利用未公开信息进行交易给投资者造成损失的，应当依法承担赔偿责任。

第五十五条　禁止任何人以下列手段操纵证券市场，影响或者意图影响证券交易价格或者证券交易量：

（一）单独或者通过合谋，集中资金优势、持股优势或者利用信息优势联合或者连续买卖；

（二）与他人串通，以事先约定的时间、价格和方式相互进行证券交易；

（三）在自己实际控制的账户之间进行证券交易；

（四）不以成交为目的，频繁或者大量申报并撤销申报；

（五）利用虚假或者不确定的重大信息，诱导投资者进行证券交易；

（六）对证券、发行人公开作出评价、预测或者投资建议，并进行反向证券交易；

（七）利用在其他相关市场的活动操纵证券市场；

（八）操纵证券市场的其他手段。

操纵证券市场行为给投资者造成损失的，应当依法承担赔偿责任。

第五十六条　禁止任何单位和个人编造、传播虚假信息或者误导性信息，扰乱证券市场。

禁止证券交易场所、证券公司、证券登记结算机构、证券服务机构及其从业人员，证券业协会、证券监督管理机构及其工作人员，在证券交易活动中作出虚假陈述或者信息误导。

各种传播媒介传播证券市场信息必须真实、客观，禁止误导。传播媒介及其从事证券市场信息报道的工作人员不得从事与其工作职责发生利益冲突的证券买卖。

编造、传播虚假信息或者误导性信息，扰乱证券市场，给投资者造成损失的，应当依法承担赔偿责任。

第五十七条　禁止证券公司及其从业人员从事下列损害客户利益的行为：

（一）违背客户的委托为其买卖证券；

（二）不在规定时间内向客户提供交易的确认文件；

（三）未经客户的委托，擅自为客户买卖证券，或者假借客户的名义买卖证券；

（四）为牟取佣金收入，诱使客户进行不必要的证券买卖；

（五）其他违背客户真实意思表示，损害客户利益的行为。

违反前款规定给客户造成损失的，应当依法承担赔偿责任。

第五十八条　任何单位和个人不得违反规定，出借自己的证券账户或者借用他人的证券账户从事证券交易。

第五十九条　依法拓宽资金入市渠道，禁止资金违规流入股市。

禁止投资者违规利用财政资金、银行信贷资金买卖证券。

第六十条 国有独资企业、国有独资公司、国有资本控股公司买卖上市交易的股票，必须遵守国家有关规定。

第六十一条 证券交易场所、证券公司、证券登记结算机构、证券服务机构及其从业人员对证券交易中发现的禁止的交易行为，应当及时向证券监督管理机构报告。

第四章　上市公司的收购

第六十二条 投资者可以采取要约收购、协议收购及其他合法方式收购上市公司。

第六十三条 通过证券交易所的证券交易，投资者持有或者通过协议、其他安排与他人共同持有一个上市公司已发行的有表决权股份达到百分之五时，应当在该事实发生之日起三日内，向国务院证券监督管理机构、证券交易所作出书面报告，通知该上市公司，并予公告，在上述期限内不得再行买卖该上市公司的股票，但国务院证券监督管理机构规定的情形除外。

投资者持有或者通过协议、其他安排与他人共同持有一个上市公司已发行的有表决权股份达到百分之五后，其所持该上市公司已发行的有表决权股份比例每增加或者减少百分之五，应当依照前款规定进行报告和公告，在该事实发生之日起至公告后三日内，不得再行买卖该上市公司的股票，但国务院证券监督管理机构规定的情形除外。

投资者持有或者通过协议、其他安排与他人共同持有一个上市公司已发行的有表决权股份达到百分之五后，其所持该上市公司已发行的有表决权股份比例每增加或者减少百分之一，应当在该事实发生的次日通知该上市公司，并予公告。

违反第一款、第二款规定买入上市公司有表决权的股份的，在买入后的三十六个月内，对该超过规定比例部分的股份不得行使表决权。

第六十四条 依照前条规定所作的公告，应当包括下列内容：

（一）持股人的名称、住所；

（二）持有的股票的名称、数额；

（三）持股达到法定比例或者持股增减变化达到法定比例的日期、增持股份的资金来源；

（四）在上市公司中拥有有表决权的股份变动的时间及方式。

第六十五条 通过证券交易所的证券交易，投资者持有或者通过协议、其他安排与他人共同持有一个上市公司已发行的有表决权股份达到百分之三十时，继续进行收购的，应当依法向该上市公司所有股东发出收购上市公司全部或者部分股份的要约。

收购上市公司部分股份的要约应当约定，被收购公司股东承诺出售的股份数额超过预定收购的股份数额的，收购人按比例进行收购。

第六十六条 依照前条规定发出收购要约，收购人必须公告上市公司收购报告书，并载明下列事项：

（一）收购人的名称、住所；

（二）收购人关于收购的决定；

（三）被收购的上市公司名称；

（四）收购目的；

（五）收购股份的详细名称和预定收购的股份数额；

（六）收购期限、收购价格；

（七）收购所需资金额及资金保证；

（八）公告上市公司收购报告书时持有被收购公司股份数占该公司已发行的股份总数的比例。

第六十七条　收购要约约定的收购期限不得少于三十日，并不得超过六十日。

第六十八条　在收购要约确定的承诺期限内，收购人不得撤销其收购要约。收购人需要变更收购要约的，应当及时公告，载明具体变更事项，且不得存在下列情形：

（一）降低收购价格；

（二）减少预定收购股份数额；

（三）缩短收购期限；

（四）国务院证券监督管理机构规定的其他情形。

第六十九条　收购要约提出的各项收购条件，适用于被收购公司的所有股东。

上市公司发行不同种类股份的，收购人可以针对不同种类股份提出不同的收购条件。

第七十条　采取要约收购方式的，收购人在收购期限内，不得卖出被收购公司的股票，也不得采取要约规定以外的形式和超出要约的条件买入被收购公司的股票。

第七十一条　采取协议收购方式的，收购人可以依照法律、行政法规的规定同被收购公司的股东以协议方式进行股份转让。

以协议方式收购上市公司时，达成协议后，收购人必须在三日内将该收购协议向国务院证券监督管理机构及证券交易所作出书面报告，并予公告。

在公告前不得履行收购协议。

第七十二条　采取协议收购方式的，协议双方可以临时委托证券登记结算机构保管协议转让的股票，并将资金存放于指定的银行。

第七十三条　采取协议收购方式的，收购人收购或者通过协议、其他安排与他人共同收购一个上市公司已发行的有表决权股份达到百分之三十时，继续进行收购的，应当依法向该上市公司所有股东发出收购上市公司全部或者部分股份的要约。但是，按照国务院证券监督管理机构的规定免除发出要约的除外。

收购人依照前款规定以要约方式收购上市公司股份，应当遵守本法第六十五条第二款、第六十六条至第七十条的规定。

第七十四条　收购期限届满，被收购公司股权分布不符合证券交易所规定的上市

交易要求的，该上市公司的股票应当由证券交易所依法终止上市交易；其余仍持有被收购公司股票的股东，有权向收购人以收购要约的同等条件出售其股票，收购人应当收购。

收购行为完成后，被收购公司不再具备股份有限公司条件的，应当依法变更企业形式。

第七十五条 在上市公司收购中，收购人持有的被收购的上市公司的股票，在收购行为完成后的十八个月内不得转让。

第七十六条 收购行为完成后，收购人与被收购公司合并，并将该公司解散的，被解散公司的原有股票由收购人依法更换。

收购行为完成后，收购人应当在十五日内将收购情况报告国务院证券监督管理机构和证券交易所，并予公告。

第七十七条 国务院证券监督管理机构依照本法制定上市公司收购的具体办法。

上市公司分立或者被其他公司合并，应当向国务院证券监督管理机构报告，并予公告。

第五章 信息披露

第七十八条 发行人及法律、行政法规和国务院证券监督管理机构规定的其他信息披露义务人，应当及时依法履行信息披露义务。

信息披露义务人披露的信息，应当真实、准确、完整，简明清晰，通俗易懂，不得有虚假记载、误导性陈述或者重大遗漏。

证券同时在境内境外公开发行、交易的，其信息披露义务人在境外披露的信息，应当在境内同时披露。

第七十九条 上市公司、公司债券上市交易的公司、股票在国务院批准的其他全国性证券交易场所交易的公司，应当按照国务院证券监督管理机构和证券交易场所规定的内容和格式编制定期报告，并按照以下规定报送和公告：

（一）在每一会计年度结束之日起四个月内，报送并公告年度报告，其中的年度财务会计报告应当经符合本法规定的会计师事务所审计；

（二）在每一会计年度的上半年结束之日起二个月内，报送并公告中期报告。

第八十条 发生可能对上市公司、股票在国务院批准的其他全国性证券交易场所交易的公司的股票交易价格产生较大影响的重大事件，投资者尚未得知时，公司应当立即将有关该重大事件的情况向国务院证券监督管理机构和证券交易场所报送临时报告，并予公告，说明事件的起因、目前的状态和可能产生的法律后果。

前款所称重大事件包括：

（一）公司的经营方针和经营范围的重大变化；

（二）公司的重大投资行为，公司在一年内购买、出售重大资产超过公司资产总额

百分之三十，或者公司营业用主要资产的抵押、质押、出售或者报废一次超过该资产的百分之三十；

（三）公司订立重要合同、提供重大担保或者从事关联交易，可能对公司的资产、负债、权益和经营成果产生重要影响；

（四）公司发生重大债务和未能清偿到期重大债务的违约情况；

（五）公司发生重大亏损或者重大损失；

（六）公司生产经营的外部条件发生的重大变化；

（七）公司的董事、三分之一以上监事或者经理发生变动，董事长或者经理无法履行职责；

（八）持有公司百分之五以上股份的股东或者实际控制人持有股份或者控制公司的情况发生较大变化，公司的实际控制人及其控制的其他企业从事与公司相同或者相似业务的情况发生较大变化；

（九）公司分配股利、增资的计划，公司股权结构的重要变化，公司减资、合并、分立、解散及申请破产的决定，或者依法进入破产程序、被责令关闭；

（十）涉及公司的重大诉讼、仲裁，股东大会、董事会决议被依法撤销或者宣告无效；

（十一）公司涉嫌犯罪被依法立案调查，公司的控股股东、实际控制人、董事、监事、高级管理人员涉嫌犯罪被依法采取强制措施；

（十二）国务院证券监督管理机构规定的其他事项。

公司的控股股东或者实际控制人对重大事件的发生、进展产生较大影响的，应当及时将其知悉的有关情况书面告知公司，并配合公司履行信息披露义务。

第八十一条　发生可能对上市交易公司债券的交易价格产生较大影响的重大事件，投资者尚未得知时，公司应当立即将有关该重大事件的情况向国务院证券监督管理机构和证券交易场所报送临时报告，并予公告，说明事件的起因、目前的状态和可能产生的法律后果。

前款所称重大事件包括：

（一）公司股权结构或者生产经营状况发生重大变化；

（二）公司债券信用评级发生变化；

（三）公司重大资产抵押、质押、出售、转让、报废；

（四）公司发生未能清偿到期债务的情况；

（五）公司新增借款或者对外提供担保超过上年末净资产的百分之二十；

（六）公司放弃债权或者财产超过上年末净资产的百分之十；

（七）公司发生超过上年末净资产百分之十的重大损失；

（八）公司分配股利，作出减资、合并、分立、解散及申请破产的决定，或者依法进入破产程序、被责令关闭；

（九）涉及公司的重大诉讼、仲裁；

（十）公司涉嫌犯罪被依法立案调查，公司的控股股东、实际控制人、董事、监事、高级管理人员涉嫌犯罪被依法采取强制措施；

（十一）国务院证券监督管理机构规定的其他事项。

第八十二条 发行人的董事、高级管理人员应当对证券发行文件和定期报告签署书面确认意见。

发行人的监事会应当对董事会编制的证券发行文件和定期报告进行审核并提出书面审核意见。监事应当签署书面确认意见。

发行人的董事、监事和高级管理人员应当保证发行人及时、公平地披露信息，所披露的信息真实、准确、完整。

董事、监事和高级管理人员无法保证证券发行文件和定期报告内容的真实性、准确性、完整性或者有异议的，应当在书面确认意见中发表意见并陈述理由，发行人应当披露。发行人不予披露的，董事、监事和高级管理人员可以直接申请披露。

第八十三条 信息披露义务人披露的信息应当同时向所有投资者披露，不得提前向任何单位和个人泄露。但是，法律、行政法规另有规定的除外。

任何单位和个人不得非法要求信息披露义务人提供依法需要披露但尚未披露的信息。任何单位和个人提前获知的前述信息，在依法披露前应当保密。

第八十四条 除依法需要披露的信息之外，信息披露义务人可以自愿披露与投资者作出价值判断和投资决策有关的信息，但不得与依法披露的信息相冲突，不得误导投资者。

发行人及其控股股东、实际控制人、董事、监事、高级管理人员等作出公开承诺的，应当披露。不履行承诺给投资者造成损失的，应当依法承担赔偿责任。

第八十五条 信息披露义务人未按照规定披露信息，或者公告的证券发行文件、定期报告、临时报告及其他信息披露资料存在虚假记载、误导性陈述或者重大遗漏，致使投资者在证券交易中遭受损失的，信息披露义务人应当承担赔偿责任；发行人的控股股东、实际控制人、董事、监事、高级管理人员和其他直接责任人员以及保荐人、承销的证券公司及其直接责任人员，应当与发行人承担连带赔偿责任，但是能够证明自己没有过错的除外。

第八十六条 依法披露的信息，应当在证券交易场所的网站和符合国务院证券监督管理机构规定条件的媒体发布，同时将其置备于公司住所、证券交易场所，供社会公众查阅。

第八十七条 国务院证券监督管理机构对信息披露义务人的信息披露行为进行监督管理。

证券交易场所应当对其组织交易的证券的信息披露义务人的信息披露行为进行监督，督促其依法及时、准确地披露信息。

第六章　投资者保护

第八十八条　证券公司向投资者销售证券、提供服务时，应当按照规定充分了解投资者的基本情况、财产状况、金融资产状况、投资知识和经验、专业能力等相关信息；如实说明证券、服务的重要内容，充分揭示投资风险；销售、提供与投资者上述状况相匹配的证券、服务。

投资者在购买证券或者接受服务时，应当按照证券公司明示的要求提供前款所列真实信息。拒绝提供或者未按照要求提供信息的，证券公司应当告知其后果，并按照规定拒绝向其销售证券、提供服务。

证券公司违反第一款规定导致投资者损失的，应当承担相应的赔偿责任。

第八十九条　根据财产状况、金融资产状况、投资知识和经验、专业能力等因素，投资者可以分为普通投资者和专业投资者。专业投资者的标准由国务院证券监督管理机构规定。

普通投资者与证券公司发生纠纷的，证券公司应当证明其行为符合法律、行政法规以及国务院证券监督管理机构的规定，不存在误导、欺诈等情形。证券公司不能证明的，应当承担相应的赔偿责任。

第九十条　上市公司董事会、独立董事、持有百分之一以上有表决权股份的股东或者依照法律、行政法规或者国务院证券监督管理机构的规定设立的投资者保护机构（以下简称投资者保护机构），可以作为征集人，自行或者委托证券公司、证券服务机构，公开请求上市公司股东委托其代为出席股东大会，并代为行使提案权、表决权等股东权利。

依照前款规定征集股东权利的，征集人应当披露征集文件，上市公司应当予以配合。

禁止以有偿或者变相有偿的方式公开征集股东权利。

公开征集股东权利违反法律、行政法规或者国务院证券监督管理机构有关规定，导致上市公司或者其股东遭受损失的，应当依法承担赔偿责任。

第九十一条　上市公司应当在章程中明确分配现金股利的具体安排和决策程序，依法保障股东的资产收益权。

上市公司当年税后利润，在弥补亏损及提取法定公积金后有盈余的，应当按照公司章程的规定分配现金股利。

第九十二条　公开发行公司债券的，应当设立债券持有人会议，并应当在募集说明书中说明债券持有人会议的召集程序、会议规则和其他重要事项。

公开发行公司债券的，发行人应当为债券持有人聘请债券受托管理人，并订立债券受托管理协议。受托管理人应当由本次发行的承销机构或者其他经国务院证券监督管理机构认可的机构担任，债券持有人会议可以决议变更债券受托管理人。债券受托管理人应当勤勉尽责，公正履行受托管理职责，不得损害债券持有人利益。

债券发行人未能按期兑付债券本息的，债券受托管理人可以接受全部或者部分债券持有人的委托，以自己名义代表债券持有人提起、参加民事诉讼或者清算程序。

第九十三条 发行人因欺诈发行、虚假陈述或者其他重大违法行为给投资者造成损失的，发行人的控股股东、实际控制人、相关的证券公司可以委托投资者保护机构，就赔偿事宜与受到损失的投资者达成协议，予以先行赔付。先行赔付后，可以依法向发行人以及其他连带责任人追偿。

第九十四条 投资者与发行人、证券公司等发生纠纷的，双方可以向投资者保护机构申请调解。普通投资者与证券公司发生证券业务纠纷，普通投资者提出调解请求的，证券公司不得拒绝。

投资者保护机构对损害投资者利益的行为，可以依法支持投资者向人民法院提起诉讼。

发行人的董事、监事、高级管理人员执行公司职务时违反法律、行政法规或者公司章程的规定给公司造成损失，发行人的控股股东、实际控制人等侵犯公司合法权益给公司造成损失，投资者保护机构持有该公司股份的，可以为公司的利益以自己的名义向人民法院提起诉讼，持股比例和持股期限不受《中华人民共和国公司法》规定的限制。

第九十五条 投资者提起虚假陈述等证券民事赔偿诉讼时，诉讼标的是同一种类，且当事人一方人数众多的，可以依法推选代表人进行诉讼。

对按照前款规定提起的诉讼，可能存在有相同诉讼请求的其他众多投资者的，人民法院可以发出公告，说明该诉讼请求的案件情况，通知投资者在一定期间向人民法院登记。人民法院作出的判决、裁定，对参加登记的投资者发生效力。

投资者保护机构受五十名以上投资者委托，可以作为代表人参加诉讼，并为经证券登记结算机构确认的权利人依照前款规定向人民法院登记，但投资者明确表示不愿意参加该诉讼的除外。

第七章　证券交易场所

第九十六条 证券交易所、国务院批准的其他全国性证券交易场所为证券集中交易提供场所和设施，组织和监督证券交易，实行自律管理，依法登记，取得法人资格。

证券交易所、国务院批准的其他全国性证券交易场所的设立、变更和解散由国务院决定。

国务院批准的其他全国性证券交易场所的组织机构、管理办法等，由国务院规定。

第九十七条 证券交易所、国务院批准的其他全国性证券交易场所可以根据证券品种、行业特点、公司规模等因素设立不同的市场层次。

第九十八条 按照国务院规定设立的区域性股权市场为非公开发行证券的发行、

转让提供场所和设施，具体管理办法由国务院规定。

第九十九条 证券交易所履行自律管理职能，应当遵守社会公共利益优先原则，维护市场的公平、有序、透明。

设立证券交易所必须制定章程。证券交易所章程的制定和修改，必须经国务院证券监督管理机构批准。

第一百条 证券交易所必须在其名称中标明证券交易所字样。其他任何单位或者个人不得使用证券交易所或者近似的名称。

第一百零一条 证券交易所可以自行支配的各项费用收入，应当首先用于保证其证券交易场所和设施的正常运行并逐步改善。

实行会员制的证券交易所的财产积累归会员所有，其权益由会员共同享有，在其存续期间，不得将其财产积累分配给会员。

第一百零二条 实行会员制的证券交易所设理事会、监事会。

证券交易所设总经理一人，由国务院证券监督管理机构任免。

第一百零三条 有《中华人民共和国公司法》第一百四十六条规定的情形或者下列情形之一的，不得担任证券交易所的负责人：

（一）因违法行为或者违纪行为被解除职务的证券交易场所、证券登记结算机构的负责人或者证券公司的董事、监事、高级管理人员，自被解除职务之日起未逾五年；

（二）因违法行为或者违纪行为被吊销执业证书或者被取消资格的律师、注册会计师或者其他证券服务机构的专业人员，自被吊销执业证书或者被取消资格之日起未逾五年。

第一百零四条 因违法行为或者违纪行为被开除的证券交易场所、证券公司、证券登记结算机构、证券服务机构的从业人员和被开除的国家机关工作人员，不得招聘为证券交易所的从业人员。

第一百零五条 进入实行会员制的证券交易所参与集中交易的，必须是证券交易所的会员。证券交易所不得允许非会员直接参与股票的集中交易。

第一百零六条 投资者应当与证券公司签订证券交易委托协议，并在证券公司实名开立账户，以书面、电话、自助终端、网络等方式，委托该证券公司代其买卖证券。

第一百零七条 证券公司为投资者开立账户，应当按照规定对投资者提供的身份信息进行核对。

证券公司不得将投资者的账户提供给他人使用。

投资者应当使用实名开立的账户进行交易。

第一百零八条 证券公司根据投资者的委托，按照证券交易规则提出交易申报，参与证券交易所场内的集中交易，并根据成交结果承担相应的清算交收责任。证券登记结算机构根据成交结果，按照清算交收规则，与证券公司进行证券和资金的清算交收，并为证券公司客户办理证券的登记过户手续。

第一百零九条 证券交易所应当为组织公平的集中交易提供保障，实时公布证券交易即时行情，并按交易日制作证券市场行情表，予以公布。

证券交易即时行情的权益由证券交易所依法享有。未经证券交易所许可，任何单位和个人不得发布证券交易即时行情。

第一百一十条 上市公司可以向证券交易所申请其上市交易股票的停牌或者复牌，但不得滥用停牌或者复牌损害投资者的合法权益。

证券交易所可以按照业务规则的规定，决定上市交易股票的停牌或者复牌。

第一百一十一条 因不可抗力、意外事件、重大技术故障、重大人为差错等突发性事件而影响证券交易正常进行时，为维护证券交易正常秩序和市场公平，证券交易所可以按照业务规则采取技术性停牌、临时停市等处置措施，并应当及时向国务院证券监督管理机构报告。

因前款规定的突发性事件导致证券交易结果出现重大异常，按交易结果进行交收将对证券交易正常秩序和市场公平造成重大影响的，证券交易所按照业务规则可以采取取消交易、通知证券登记结算机构暂缓交收等措施，并应当及时向国务院证券监督管理机构报告并公告。

证券交易所对其依照本条规定采取措施造成的损失，不承担民事赔偿责任，但存在重大过错的除外。

第一百一十二条 证券交易所对证券交易实行实时监控，并按照国务院证券监督管理机构的要求，对异常的交易情况提出报告。

证券交易所根据需要，可以按照业务规则对出现重大异常交易情况的证券账户的投资者限制交易，并及时报告国务院证券监督管理机构。

第一百一十三条 证券交易所应当加强对证券交易的风险监测，出现重大异常波动的，证券交易所可以按照业务规则采取限制交易、强制停牌等处置措施，并向国务院证券监督管理机构报告；严重影响证券市场稳定的，证券交易所可以按照业务规则采取临时停市等处置措施并公告。

证券交易所对其依照本条规定采取措施造成的损失，不承担民事赔偿责任，但存在重大过错的除外。

第一百一十四条 证券交易所应当从其收取的交易费用和会员费、席位费中提取一定比例的金额设立风险基金。风险基金由证券交易所理事会管理。

风险基金提取的具体比例和使用办法，由国务院证券监督管理机构会同国务院财政部门规定。

证券交易所应当将收存的风险基金存入开户银行专门账户，不得擅自使用。

第一百一十五条 证券交易所依照法律、行政法规和国务院证券监督管理机构的规定，制定上市规则、交易规则、会员管理规则和其他有关业务规则，并报国务院证券监督管理机构批准。

在证券交易所从事证券交易，应当遵守证券交易所依法制定的业务规则。违反业务规则的，由证券交易所给予纪律处分或者采取其他自律管理措施。

第一百一十六条 证券交易所的负责人和其他从业人员执行与证券交易有关的职务时，与其本人或者其亲属有利害关系的，应当回避。

第一百一十七条 按照依法制定的交易规则进行的交易，不得改变其交易结果，但本法第一百一十一条第二款规定的除外。对交易中违规交易者应负的民事责任不得免除；在违规交易中所获利益，依照有关规定处理。

第八章 证券公司

第一百一十八条 设立证券公司，应当具备下列条件，并经国务院证券监督管理机构批准：

（一）有符合法律、行政法规规定的公司章程；

（二）主要股东及公司的实际控制人具有良好的财务状况和诚信记录，最近三年无重大违法违规记录；

（三）有符合本法规定的公司注册资本；

（四）董事、监事、高级管理人员、从业人员符合本法规定的条件；

（五）有完善的风险管理与内部控制制度；

（六）有合格的经营场所、业务设施和信息技术系统；

（七）法律、行政法规和经国务院批准的国务院证券监督管理机构规定的其他条件。

未经国务院证券监督管理机构批准，任何单位和个人不得以证券公司名义开展证券业务活动。

第一百一十九条 国务院证券监督管理机构应当自受理证券公司设立申请之日起六个月内，依照法定条件和法定程序并根据审慎监管原则进行审查，作出批准或者不予批准的决定，并通知申请人；不予批准的，应当说明理由。

证券公司设立申请获得批准的，申请人应当在规定的期限内向公司登记机关申请设立登记，领取营业执照。

证券公司应当自领取营业执照之日起十五日内，向国务院证券监督管理机构申请经营证券业务许可证。未取得经营证券业务许可证，证券公司不得经营证券业务。

第一百二十条 经国务院证券监督管理机构核准，取得经营证券业务许可证，证券公司可以经营下列部分或者全部证券业务：

（一）证券经纪；

（二）证券投资咨询；

（三）与证券交易、证券投资活动有关的财务顾问；

（四）证券承销与保荐；

（五）证券融资融券；

（六）证券做市交易；

（七）证券自营；

（八）其他证券业务。

国务院证券监督管理机构应当自受理前款规定事项申请之日起三个月内，依照法定条件和程序进行审查，作出核准或者不予核准的决定，并通知申请人；不予核准的，应当说明理由。

证券公司经营证券资产管理业务的，应当符合《中华人民共和国证券投资基金法》等法律、行政法规的规定。

除证券公司外，任何单位和个人不得从事证券承销、证券保荐、证券经纪和证券融资融券业务。

证券公司从事证券融资融券业务，应当采取措施，严格防范和控制风险，不得违反规定向客户出借资金或者证券。

第一百二十一条 证券公司经营本法第一百二十条第一款第（一）项至第（三）项业务的，注册资本最低限额为人民币五千万元；经营第（四）项至第（八）项业务之一的，注册资本最低限额为人民币一亿元；经营第（四）项至第（八）项业务中两项以上的，注册资本最低限额为人民币五亿元。证券公司的注册资本应当是实缴资本。

国务院证券监督管理机构根据审慎监管原则和各项业务的风险程度，可以调整注册资本最低限额，但不得少于前款规定的限额。

第一百二十二条 证券公司变更证券业务范围，变更主要股东或者公司的实际控制人，合并、分立、停业、解散、破产，应当经国务院证券监督管理机构核准。

第一百二十三条 国务院证券监督管理机构应当对证券公司净资本和其他风险控制指标作出规定。

证券公司除依照规定为其客户提供融资融券外，不得为其股东或者股东的关联人提供融资或者担保。

第一百二十四条 证券公司的董事、监事、高级管理人员，应当正直诚实、品行良好，熟悉证券法律、行政法规，具有履行职责所需的经营管理能力。证券公司任免董事、监事、高级管理人员，应当报国务院证券监督管理机构备案。

有《中华人民共和国公司法》第一百四十六条规定的情形或者下列情形之一的，不得担任证券公司的董事、监事、高级管理人员：

（一）因违法行为或者违纪行为被解除职务的证券交易场所、证券登记结算机构的负责人或者证券公司的董事、监事、高级管理人员，自被解除职务之日起未逾五年；

（二）因违法行为或者违纪行为被吊销执业证书或者被取消资格的律师、注册会计师或者其他证券服务机构的专业人员，自被吊销执业证书或者被取消资格之日起未逾五年。

第一百二十五条 证券公司从事证券业务的人员应当品行良好，具备从事证券业务所需的专业能力。

因违法行为或者违纪行为被开除的证券交易场所、证券公司、证券登记结算机构、证券服务机构的从业人员和被开除的国家机关工作人员，不得招聘为证券公司的从业人员。

国家机关工作人员和法律、行政法规规定的禁止在公司中兼职的其他人员，不得在证券公司中兼任职务。

第一百二十六条 国家设立证券投资者保护基金。证券投资者保护基金由证券公司缴纳的资金及其他依法筹集的资金组成，其规模以及筹集、管理和使用的具体办法由国务院规定。

第一百二十七条 证券公司从每年的业务收入中提取交易风险准备金，用于弥补证券经营的损失，其提取的具体比例由国务院证券监督管理机构会同国务院财政部门规定。

第一百二十八条 证券公司应当建立健全内部控制制度，采取有效隔离措施，防范公司与客户之间、不同客户之间的利益冲突。

证券公司必须将其证券经纪业务、证券承销业务、证券自营业务、证券做市业务和证券资产管理业务分开办理，不得混合操作。

第一百二十九条 证券公司的自营业务必须以自己的名义进行，不得假借他人名义或者以个人名义进行。

证券公司的自营业务必须使用自有资金和依法筹集的资金。

证券公司不得将其自营账户借给他人使用。

第一百三十条 证券公司应当依法审慎经营，勤勉尽责，诚实守信。

证券公司的业务活动，应当与其治理结构、内部控制、合规管理、风险管理以及风险控制指标、从业人员构成等情况相适应，符合审慎监管和保护投资者合法权益的要求。

证券公司依法享有自主经营的权利，其合法经营不受干涉。

第一百三十一条 证券公司客户的交易结算资金应当存放在商业银行，以每个客户的名义单独立户管理。

证券公司不得将客户的交易结算资金和证券归入其自有财产。禁止任何单位或者个人以任何形式挪用客户的交易结算资金和证券。证券公司破产或者清算时，客户的交易结算资金和证券不属于其破产财产或者清算财产。非因客户本身的债务或者法律规定的其他情形，不得查封、冻结、扣划或者强制执行客户的交易结算资金和证券。

第一百三十二条 证券公司办理经纪业务，应当置备统一制定的证券买卖委托书，供委托人使用。采取其他委托方式的，必须作出委托记录。

客户的证券买卖委托，不论是否成交，其委托记录应当按照规定的期限，保存于证券公司。

第一百三十三条 证券公司接受证券买卖的委托，应当根据委托书载明的证券名称、买卖数量、出价方式、价格幅度等，按照交易规则代理买卖证券，如实进行交易记录；买卖成交后，应当按照规定制作买卖成交报告单交付客户。

证券交易中确认交易行为及其交易结果的对账单必须真实，保证账面证券余额与实际持有的证券相一致。

第一百三十四条 证券公司办理经纪业务，不得接受客户的全权委托而决定证券买卖、选择证券种类、决定买卖数量或者买卖价格。

证券公司不得允许他人以证券公司的名义直接参与证券的集中交易。

第一百三十五条 证券公司不得对客户证券买卖的收益或者赔偿证券买卖的损失作出承诺。

第一百三十六条 证券公司的从业人员在证券交易活动中，执行所属的证券公司的指令或者利用职务违反交易规则的，由所属的证券公司承担全部责任。

证券公司的从业人员不得私下接受客户委托买卖证券。

第一百三十七条 证券公司应当建立客户信息查询制度，确保客户能够查询其账户信息、委托记录、交易记录以及其他与接受服务或者购买产品有关的重要信息。

证券公司应当妥善保存客户开户资料、委托记录、交易记录和与内部管理、业务经营有关的各项信息，任何人不得隐匿、伪造、篡改或者毁损。上述信息的保存期限不得少于二十年。

第一百三十八条 证券公司应当按照规定向国务院证券监督管理机构报送业务、财务等经营管理信息和资料。国务院证券监督管理机构有权要求证券公司及其主要股东、实际控制人在指定的期限内提供有关信息、资料。

证券公司及其主要股东、实际控制人向国务院证券监督管理机构报送或者提供的信息、资料，必须真实、准确、完整。

第一百三十九条 国务院证券监督管理机构认为有必要时，可以委托会计师事务所、资产评估机构对证券公司的财务状况、内部控制状况、资产价值进行审计或者评估。具体办法由国务院证券监督管理机构会同有关主管部门制定。

第一百四十条 证券公司的治理结构、合规管理、风险控制指标不符合规定的，国务院证券监督管理机构应当责令其限期改正；逾期未改正，或者其行为严重危及该证券公司的稳健运行、损害客户合法权益的，国务院证券监督管理机构可以区别情形，对其采取下列措施：

（一）限制业务活动，责令暂停部分业务，停止核准新业务；

（二）限制分配红利，限制向董事、监事、高级管理人员支付报酬、提供福利；

（三）限制转让财产或者在财产上设定其他权利；

（四）责令更换董事、监事、高级管理人员或者限制其权利；

（五）撤销有关业务许可；

（六）认定负有责任的董事、监事、高级管理人员为不适当人选；

（七）责令负有责任的股东转让股权，限制负有责任的股东行使股东权利。

证券公司整改后，应当向国务院证券监督管理机构提交报告。国务院证券监督管理机构经验收，治理结构、合规管理、风险控制指标符合规定的，应当自验收完毕之日起三日内解除对其采取的前款规定的有关限制措施。

第一百四十一条 证券公司的股东有虚假出资、抽逃出资行为的，国务院证券监督管理机构应当责令其限期改正，并可责令其转让所持证券公司的股权。

在前款规定的股东按照要求改正违法行为、转让所持证券公司的股权前，国务院证券监督管理机构可以限制其股东权利。

第一百四十二条 证券公司的董事、监事、高级管理人员未能勤勉尽责，致使证券公司存在重大违法违规行为或者重大风险的，国务院证券监督管理机构可以责令证券公司予以更换。

第一百四十三条 证券公司违法经营或者出现重大风险，严重危害证券市场秩序、损害投资者利益的，国务院证券监督管理机构可以对该证券公司采取责令停业整顿、指定其他机构托管、接管或者撤销等监管措施。

第一百四十四条 在证券公司被责令停业整顿、被依法指定托管、接管或者清算期间，或者出现重大风险时，经国务院证券监督管理机构批准，可以对该证券公司直接负责的董事、监事、高级管理人员和其他直接责任人员采取以下措施：

（一）通知出境入境管理机关依法阻止其出境；

（二）申请司法机关禁止其转移、转让或者以其他方式处分财产，或者在财产上设定其他权利。

第九章 证券登记结算机构

第一百四十五条 证券登记结算机构为证券交易提供集中登记、存管与结算服务，不以营利为目的，依法登记，取得法人资格。

设立证券登记结算机构必须经国务院证券监督管理机构批准。

第一百四十六条 设立证券登记结算机构，应当具备下列条件：

（一）自有资金不少于人民币二亿元；

（二）具有证券登记、存管和结算服务所必须的场所和设施；

（三）国务院证券监督管理机构规定的其他条件。

证券登记结算机构的名称中应当标明证券登记结算字样。

第一百四十七条 证券登记结算机构履行下列职能：

（一）证券账户、结算账户的设立；

（二）证券的存管和过户；

（三）证券持有人名册登记；

（四）证券交易的清算和交收；

（五）受发行人的委托派发证券权益；

（六）办理与上述业务有关的查询、信息服务；

（七）国务院证券监督管理机构批准的其他业务。

第一百四十八条 在证券交易所和国务院批准的其他全国性证券交易场所交易的证券的登记结算，应当采取全国集中统一的运营方式。

前款规定以外的证券，其登记、结算可以委托证券登记结算机构或者其他依法从事证券登记、结算业务的机构办理。

第一百四十九条 证券登记结算机构应当依法制定章程和业务规则，并经国务院证券监督管理机构批准。证券登记结算业务参与人应当遵守证券登记结算机构制定的业务规则。

第一百五十条 在证券交易所或者国务院批准的其他全国性证券交易场所交易的证券，应当全部存管在证券登记结算机构。

证券登记结算机构不得挪用客户的证券。

第一百五十一条 证券登记结算机构应当向证券发行人提供证券持有人名册及有关资料。

证券登记结算机构应当根据证券登记结算的结果，确认证券持有人持有证券的事实，提供证券持有人登记资料。

证券登记结算机构应当保证证券持有人名册和登记过户记录真实、准确、完整，不得隐匿、伪造、篡改或者毁损。

第一百五十二条 证券登记结算机构应当采取下列措施保证业务的正常进行：

（一）具有必备的服务设备和完善的数据安全保护措施；

（二）建立完善的业务、财务和安全防范等管理制度；

（三）建立完善的风险管理系统。

第一百五十三条 证券登记结算机构应当妥善保存登记、存管和结算的原始凭证及有关文件和资料。其保存期限不得少于二十年。

第一百五十四条 证券登记结算机构应当设立证券结算风险基金，用于垫付或者弥补因违约交收、技术故障、操作失误、不可抗力造成的证券登记结算机构的损失。

证券结算风险基金从证券登记结算机构的业务收入和收益中提取，并可以由结算参与人按照证券交易业务量的一定比例缴纳。

证券结算风险基金的筹集、管理办法，由国务院证券监督管理机构会同国务院财政部门规定。

第一百五十五条 证券结算风险基金应当存入指定银行的专门账户，实行专项管理。

证券登记结算机构以证券结算风险基金赔偿后，应当向有关责任人追偿。

第一百五十六条 证券登记结算机构申请解散，应当经国务院证券监督管理机构批准。

第一百五十七条 投资者委托证券公司进行证券交易，应当通过证券公司申请在证券登记结算机构开立证券账户。证券登记结算机构应当按照规定为投资者开立证券账户。

投资者申请开立账户，应当持有证明中华人民共和国公民、法人、合伙企业身份的合法证件。国家另有规定的除外。

第一百五十八条 证券登记结算机构作为中央对手方提供证券结算服务的，是结算参与人共同的清算交收对手，进行净额结算，为证券交易提供集中履约保障。

证券登记结算机构为证券交易提供净额结算服务时，应当要求结算参与人按照货银对付的原则，足额交付证券和资金，并提供交收担保。

在交收完成之前，任何人不得动用用于交收的证券、资金和担保物。

结算参与人未按时履行交收义务的，证券登记结算机构有权按照业务规则处理前款所述财产。

第一百五十九条 证券登记结算机构按照业务规则收取的各类结算资金和证券，必须存放于专门的清算交收账户，只能按业务规则用于已成交的证券交易的清算交收，不得被强制执行。

第十章 证券服务机构

第一百六十条 会计师事务所、律师事务所以及从事证券投资咨询、资产评估、资信评级、财务顾问、信息技术系统服务的证券服务机构，应当勤勉尽责、恪尽职守，按照相关业务规则为证券的交易及相关活动提供服务。

从事证券投资咨询服务业务，应当经国务院证券监督管理机构核准；未经核准，不得为证券的交易及相关活动提供服务。从事其他证券服务业务，应当报国务院证券监督管理机构和国务院有关主管部门备案。

第一百六十一条 证券投资咨询机构及其从业人员从事证券服务业务不得有下列行为：

（一）代理委托人从事证券投资；

（二）与委托人约定分享证券投资收益或者分担证券投资损失；

（三）买卖本证券投资咨询机构提供服务的证券；

（四）法律、行政法规禁止的其他行为。

有前款所列行为之一，给投资者造成损失的，应当依法承担赔偿责任。

第一百六十二条 证券服务机构应当妥善保存客户委托文件、核查和验证资料、工作底稿以及与质量控制、内部管理、业务经营有关的信息和资料，任何人不得泄露、隐匿、伪造、篡改或者毁损。上述信息和资料的保存期限不得少于十年，自业务委托结束之日起算。

第一百六十三条 证券服务机构为证券的发行、上市、交易等证券业务活动制作、出具审计报告及其他鉴证报告、资产评估报告、财务顾问报告、资信评级报告或者法律意见书等文件，应当勤勉尽责，对所依据的文件资料内容的真实性、准确性、完整性进行核查和验证。其制作、出具的文件有虚假记载、误导性陈述或者重大遗漏，给他人造成损失的，应当与委托人承担连带赔偿责任，但是能够证明自己没有过错的除外。

第十一章　证券业协会

第一百六十四条 证券业协会是证券业的自律性组织，是社会团体法人。

证券公司应当加入证券业协会。

证券业协会的权力机构为全体会员组成的会员大会。

第一百六十五条 证券业协会章程由会员大会制定，并报国务院证券监督管理机构备案。

第一百六十六条 证券业协会履行下列职责：

（一）教育和组织会员及其从业人员遵守证券法律、行政法规，组织开展证券行业诚信建设，督促证券行业履行社会责任；

（二）依法维护会员的合法权益，向证券监督管理机构反映会员的建议和要求；

（三）督促会员开展投资者教育和保护活动，维护投资者合法权益；

（四）制定和实施证券行业自律规则，监督、检查会员及其从业人员行为，对违反法律、行政法规、自律规则或者协会章程的，按照规定给予纪律处分或者实施其他自律管理措施；

（五）制定证券行业业务规范，组织从业人员的业务培训；

（六）组织会员就证券行业的发展、运作及有关内容进行研究，收集整理、发布证券相关信息，提供会员服务，组织行业交流，引导行业创新发展；

（七）对会员之间、会员与客户之间发生的证券业务纠纷进行调解；

（八）证券业协会章程规定的其他职责。

第一百六十七条 证券业协会设理事会。理事会成员依章程的规定由选举产生。

第十二章　证券监督管理机构

第一百六十八条 国务院证券监督管理机构依法对证券市场实行监督管理，维护证券市场公开、公平、公正，防范系统性风险，维护投资者合法权益，促进证券市场健康发展。

第一百六十九条 国务院证券监督管理机构在对证券市场实施监督管理中履行下

列职责：

（一）依法制定有关证券市场监督管理的规章、规则，并依法进行审批、核准、注册，办理备案；

（二）依法对证券的发行、上市、交易、登记、存管、结算等行为，进行监督管理；

（三）依法对证券发行人、证券公司、证券服务机构、证券交易场所、证券登记结算机构的证券业务活动，进行监督管理；

（四）依法制定从事证券业务人员的行为准则，并监督实施；

（五）依法监督检查证券发行、上市、交易的信息披露；

（六）依法对证券业协会的自律管理活动进行指导和监督；

（七）依法监测并防范、处置证券市场风险；

（八）依法开展投资者教育；

（九）依法对证券违法行为进行查处；

（十）法律、行政法规规定的其他职责。

第一百七十条　国务院证券监督管理机构依法履行职责，有权采取下列措施：

（一）对证券发行人、证券公司、证券服务机构、证券交易场所、证券登记结算机构进行现场检查；

（二）进入涉嫌违法行为发生场所调查取证；

（三）询问当事人和与被调查事件有关的单位和个人，要求其对与被调查事件有关的事项作出说明；或者要求其按照指定的方式报送与被调查事件有关的文件和资料；

（四）查阅、复制与被调查事件有关的财产权登记、通讯记录等文件和资料；

（五）查阅、复制当事人和与被调查事件有关的单位和个人的证券交易记录、登记过户记录、财务会计资料及其他相关文件和资料；对可能被转移、隐匿或者毁损的文件和资料，可以予以封存、扣押；

（六）查询当事人和与被调查事件有关的单位和个人的资金账户、证券账户、银行账户以及其他具有支付、托管、结算等功能的账户信息，可以对有关文件和资料进行复制；对有证据证明已经或者可能转移或者隐匿违法资金、证券等涉案财产或者隐匿、伪造、毁损重要证据的，经国务院证券监督管理机构主要负责人或者其授权的其他负责人批准，可以冻结或者查封，期限为六个月；因特殊原因需要延长的，每次延长期限不得超过三个月，冻结、查封期限最长不得超过二年；

（七）在调查操纵证券市场、内幕交易等重大证券违法行为时，经国务院证券监督管理机构主要负责人或者其授权的其他负责人批准，可以限制被调查的当事人的证券买卖，但限制的期限不得超过三个月；案情复杂的，可以延长三个月；

（八）通知出境入境管理机关依法阻止涉嫌违法人员、涉嫌违法单位的主管人员和其他直接责任人员出境。

为防范证券市场风险，维护市场秩序，国务院证券监督管理机构可以采取责令改正、监管谈话、出具警示函等措施。

第一百七十一条 国务院证券监督管理机构对涉嫌证券违法的单位或者个人进行调查期间，被调查的当事人书面申请，承诺在国务院证券监督管理机构认可的期限内纠正涉嫌违法行为，赔偿有关投资者损失，消除损害或者不良影响的，国务院证券监督管理机构可以决定中止调查。被调查的当事人履行承诺的，国务院证券监督管理机构可以决定终止调查；被调查的当事人未履行承诺或者有国务院规定的其他情形的，应当恢复调查。具体办法由国务院规定。

国务院证券监督管理机构决定中止或者终止调查的，应当按照规定公开相关信息。

第一百七十二条 国务院证券监督管理机构依法履行职责，进行监督检查或者调查，其监督检查、调查的人员不得少于二人，并应当出示合法证件和监督检查、调查通知书或者其他执法文书。监督检查、调查的人员少于二人或者未出示合法证件和监督检查、调查通知书或者其他执法文书的，被检查、调查的单位和个人有权拒绝。

第一百七十三条 国务院证券监督管理机构依法履行职责，被检查、调查的单位和个人应当配合，如实提供有关文件和资料，不得拒绝、阻碍和隐瞒。

第一百七十四条 国务院证券监督管理机构制定的规章、规则和监督管理工作制度应当依法公开。

国务院证券监督管理机构依据调查结果，对证券违法行为作出的处罚决定，应当公开。

第一百七十五条 国务院证券监督管理机构应当与国务院其他金融监督管理机构建立监督管理信息共享机制。

国务院证券监督管理机构依法履行职责，进行监督检查或者调查时，有关部门应当予以配合。

第一百七十六条 对涉嫌证券违法、违规行为，任何单位和个人有权向国务院证券监督管理机构举报。

对涉嫌重大违法、违规行为的实名举报线索经查证属实的，国务院证券监督管理机构按照规定给予举报人奖励。

国务院证券监督管理机构应当对举报人的身份信息保密。

第一百七十七条 国务院证券监督管理机构可以和其他国家或者地区的证券监督管理机构建立监督管理合作机制，实施跨境监督管理。

境外证券监督管理机构不得在中华人民共和国境内直接进行调查取证等活动。未经国务院证券监督管理机构和国务院有关主管部门同意，任何单位和个人不得擅自向境外提供与证券业务活动有关的文件和资料。

第一百七十八条 国务院证券监督管理机构依法履行职责，发现证券违法行为涉嫌犯罪的，应当依法将案件移送司法机关处理；发现公职人员涉嫌职务违法或者职务犯罪的，应当依法移送监察机关处理。

第一百七十九条 国务院证券监督管理机构工作人员必须忠于职守、依法办事、公正廉洁，不得利用职务便利牟取不正当利益，不得泄露所知悉的有关单位和个人的商业秘密。

国务院证券监督管理机构工作人员在任职期间，或者离职后在《中华人民共和国公务员法》规定的期限内，不得到与原工作业务直接相关的企业或者其他营利性组织任职，不得从事与原工作业务直接相关的营利性活动。

第十三章　法律责任

第一百八十条 违反本法第九条的规定，擅自公开或者变相公开发行证券的，责令停止发行，退还所募资金并加算银行同期存款利息，处以非法所募资金金额百分之五以上百分之五十以下的罚款；对擅自公开或者变相公开发行证券设立的公司，由依法履行监督管理职责的机构或者部门会同县级以上地方人民政府予以取缔。对直接负责的主管人员和其他直接责任人员给予警告，并处以五十万元以上五百万元以下的罚款。

第一百八十一条 发行人在其公告的证券发行文件中隐瞒重要事实或者编造重大虚假内容，尚未发行证券的，处以二百万元以上二千万元以下的罚款；已经发行证券的，处以非法所募资金金额百分之十以上一倍以下的罚款。对直接负责的主管人员和其他直接责任人员，处以一百万元以上一千万元以下的罚款。

发行人的控股股东、实际控制人组织、指使从事前款违法行为的，没收违法所得，并处以违法所得百分之十以上一倍以下的罚款；没有违法所得或者违法所得不足二千万元的，处以二百万元以上二千万元以下的罚款。对直接负责的主管人员和其他直接责任人员，处以一百万元以上一千万元以下的罚款。

第一百八十二条 保荐人出具有虚假记载、误导性陈述或者重大遗漏的保荐书，或者不履行其他法定职责的，责令改正，给予警告，没收业务收入，并处以业务收入一倍以上十倍以下的罚款；没有业务收入或者业务收入不足一百万元的，处以一百万元以上一千万元以下的罚款；情节严重的，并处暂停或者撤销保荐业务许可。对直接负责的主管人员和其他直接责任人员给予警告，并处以五十万元以上五百万元以下的罚款。

第一百八十三条 证券公司承销或者销售擅自公开发行或者变相公开发行的证券的，责令停止承销或者销售，没收违法所得，并处以违法所得一倍以上十倍以下的罚款；没有违法所得或者违法所得不足一百万元的，处以一百万元以上一千万元以下的罚款；情节严重的，并处暂停或者撤销相关业务许可。给投资者造成损失的，应当与发行人承担连带赔偿责任。对直接负责的主管人员和其他直接责任人员给予警告，并处以五十万元以上五百万元以下的罚款。

第一百八十四条 证券公司承销证券违反本法第二十九条规定的，责令改正，给予警告，没收违法所得，可以并处五十万元以上五百万元以下的罚款；情节严重的，暂停或者撤销相关业务许可。对直接负责的主管人员和其他直接责任人员给予警告，可以并处二十万元以上二百万元以下的罚款；情节严重的，并处以五十万元以上五百万元以下的罚款。

第一百八十五条 发行人违反本法第十四条、第十五条的规定擅自改变公开发行证券所募集资金的用途的，责令改正，处以五十万元以上五百万元以下的罚款；对直接负责的主管人员和其他直接责任人员给予警告，并处以十万元以上一百万元以下的罚款。

发行人的控股股东、实际控制人从事或者组织、指使从事前款违法行为的，给予警告，并处以五十万元以上五百万元以下的罚款；对直接负责的主管人员和其他直接责任人员，处以十万元以上一百万元以下的罚款。

第一百八十六条 违反本法第三十六条的规定，在限制转让期内转让证券，或者转让股票不符合法律、行政法规和国务院证券监督管理机构规定的，责令改正，给予警告，没收违法所得，并处以买卖证券等值以下的罚款。

第一百八十七条 法律、行政法规规定禁止参与股票交易的人员，违反本法第四十条的规定，直接或者以化名、借他人名义持有、买卖股票或者其他具有股权性质的证券的，责令依法处理非法持有的股票、其他具有股权性质的证券，没收违法所得，并处以买卖证券等值以下的罚款；属于国家工作人员的，还应当依法给予处分。

第一百八十八条 证券服务机构及其从业人员，违反本法第四十二条的规定买卖证券的，责令依法处理非法持有的证券，没收违法所得，并处以买卖证券等值以下的罚款。

第一百八十九条 上市公司、股票在国务院批准的其他全国性证券交易场所交易的公司的董事、监事、高级管理人员、持有该公司百分之五以上股份的股东，违反本法第四十四条的规定，买卖该公司股票或者其他具有股权性质的证券的，给予警告，并处以十万元以上一百万元以下的罚款。

第一百九十条 违反本法第四十五条的规定，采取程序化交易影响证券交易所系统安全或者正常交易秩序的，责令改工，并外以五十万元以上五百万元以下的罚款。对直接负责的主管人员和其他直接责任人员给予警告，并处以十万元以上一百万元以下的罚款。

第一百九十一条 证券交易内幕信息的知情人或者非法获取内幕信息的人违反本法第五十三条的规定从事内幕交易的，责令依法处理非法持有的证券，没收违法所得，并处以违法所得一倍以上十倍以下的罚款；没有违法所得或者违法所得不足五十万元的，处以五十万元以上五百万元以下的罚款。单位从事内幕交易的，还应当对直接负责的主管人员和其他直接责任人员给予警告，并处以二十万元以上二百万元以下的罚款。国务院证券监督管理机构工作人员从事内幕交易的，从重处罚。

违反本法第五十四条的规定，利用未公开信息进行交易的，依照前款的规定处罚。

第一百九十二条 违反本法第五十五条的规定，操纵证券市场的，责令依法处理其非法持有的证券，没收违法所得，并处以违法所得一倍以上十倍以下的罚款；没有违法所得或者违法所得不足一百万元的，处以一百万元以上一千万元以下的罚款。单位操纵证券市场的，还应当对直接负责的主管人员和其他直接责任人员给予警告，并处以五十万元以上五百万元以下的罚款。

第一百九十三条 违反本法第五十六条第一款、第三款的规定，编造、传播虚假信息或者误导性信息，扰乱证券市场的，没收违法所得，并处以违法所得一倍以上十倍以下的罚款；没有违法所得或者违法所得不足二十万元的，处以二十万元以上二百万元以下的罚款。

违反本法第五十六条第二款的规定，在证券交易活动中作出虚假陈述或者信息误导的，责令改正，处以二十万元以上二百万元以下的罚款；属于国家工作人员的，还应当依法给予处分。

传播媒介及其从事证券市场信息报道的工作人员违反本法第五十六条第三款的规定，从事与其工作职责发生利益冲突的证券买卖的，没收违法所得，并处以买卖证券等值以下的罚款。

第一百九十四条 证券公司及其从业人员违反本法第五十七条的规定，有损害客户利益的行为的，给予警告，没收违法所得，并处以违法所得一倍以上十倍以下的罚款；没有违法所得或者违法所得不足十万元的，处以十万元以上一百万元以下的罚款；情节严重的，暂停或者撤销相关业务许可。

第一百九十五条 违反本法第五十八条的规定，出借自己的证券账户或者借用他人的证券账户从事证券交易的，责令改正，给予警告，可以处五十万元以下的罚款。

第一百九十六条 收购人未按照本法规定履行上市公司收购的公告、发出收购要约义务的，责令改正，给予警告，并处以五十万元以上五百万元以下的罚款。对直接负责的主管人员和其他直接责任人员给予警告，并处以二十万元以上二百万元以下的罚款。

收购人及其控股股东、实际控制人利用上市公司收购，给被收购公司及其股东造成损失的，应当依法承担赔偿责任。

第一百九十七条 信息披露义务人未按照本法规定报送有关报告或者履行信息披露义务的，责令改正，给予警告，并处以五十万元以上五百万元以下的罚款；对直接负责的主管人员和其他直接责任人员给予警告，并处以二十万元以上二百万元以下的罚款。发行人的控股股东、实际控制人组织、指使从事上述违法行为，或者隐瞒相关事项导致发生上述情形的，处以五十万元以上五百万元以下的罚款；对直接负责的主管人员和其他直接责任人员，处以二十万元以上二百万元以下的罚款。

信息披露义务人报送的报告或者披露的信息有虚假记载、误导性陈述或者重大遗漏的，责令改正，给予警告，并处以一百万元以上一千万元以下的罚款；对直接负责的主管人员和其他直接责任人员给予警告，并处以五十万元以上五百万元以下的罚款。发行人的控股股东、实际控制人组织、指使从事上述违法行为，或者隐瞒相关事项导致发生上述情形的，处以一百万元以上一千万元以下的罚款；对直接负责的主管人员和其他直接责任人员，处以五十万元以上五百万元以下的罚款。

第一百九十八条 证券公司违反本法第八十八条的规定未履行或者未按照规定履行投资者适当性管理义务的，责令改正，给予警告，并处以十万元以上一百万元以下的罚款。对直接负责的主管人员和其他直接责任人员给予警告，并处以二十万元以下的罚款。

第一百九十九条 违反本法第九十条的规定征集股东权利的，责令改正，给予警告，可以处五十万元以下的罚款。

第二百条 非法开设证券交易场所的，由县级以上人民政府予以取缔，没收违法所得，并处以违法所得一倍以上十倍以下的罚款；没有违法所得或者违法所得不足一百万元的，处以一百万元以上一千万元以下的罚款。对直接负责的主管人员和其他直接责任人员给予警告，并处以二十万元以上二百万元以下的罚款。

证券交易所违反本法第一百零五条的规定，允许非会员直接参与股票的集中交易的，责令改正，可以并处五十万元以下的罚款。

第二百零一条 证券公司违反本法第一百零七条第一款的规定，未对投资者开立账户提供的身份信息进行核对的，责令改正，给予警告，并处以五万元以上五十万元以下的罚款。对直接负责的主管人员和其他直接责任人员给予警告，并处以十万元以下的罚款。

证券公司违反本法第一百零七条第二款的规定，将投资者的账户提供给他人使用的，责令改正，给予警告，并处以十万元以上一百万元以下的罚款。对直接负责的主管人员和其他直接责任人员给予警告，并处以二十万元以下的罚款。

第二百零二条 违反本法第一百一十八条、第一百二十条第一款、第四款的规定，擅自设立证券公司、非法经营证券业务或者未经批准以证券公司名义开展证券业务活动的，责令改正，没收违法所得，并处以违法所得一倍以上十倍以下的罚款；没有违法所得或者违法所得不足一百万元的，处以一百万元以上一千万元以下的罚款。对直接负责的主管人员和其他直接责任人员给予警告，并处以二十万元以上二百万元以下的罚款。对擅自设立的证券公司，由国务院证券监督管理机构予以取缔。

证券公司违反本法第一百二十条第五款规定提供证券融资融券服务的，没收违法所得，并处以融资融券等值以下的罚款；情节严重的，禁止其在一定期限内从事证券融资融券业务。对直接负责的主管人员和其他直接责任人员给予警告，并处以二十万元以上二百万元以下的罚款。

第二百零三条 提交虚假证明文件或者采取其他欺诈手段骗取证券公司设立许可、业务许可或者重大事项变更核准的，撤销相关许可，并处以一百万元以上一千万元以下的罚款。对直接负责的主管人员和其他直接责任人员给予警告，并处以二十万元以上二百万元以下的罚款。

第二百零四条 证券公司违反本法第一百二十二条的规定，未经核准变更证券业务范围，变更主要股东或者公司的实际控制人，合并、分立、停业、解散、破产的，责令改正，给予警告，没收违法所得，并处以违法所得一倍以上十倍以下的罚款；没有违法所得或者违法所得不足五十万元的，处以五十万元以上五百万元以下的罚款；情节严重的，并处撤销相关业务许可。对直接负责的主管人员和其他直接责任人员给予警告，并处以二十万元以上二百万元以下的罚款。

第二百零五条 证券公司违反本法第一百二十三条第二款的规定，为其股东或者股东的关联人提供融资或者担保的，责令改正，给予警告，并处以五十万元以上五百万元以下的罚款。对直接负责的主管人员和其他直接责任人员给予警告，并处以十万元以上一百万元以下的罚款。股东有过错的，在按照要求改正前，国务院证券监督管理机构可以限制其股东权利；拒不改正的，可以责令其转让所持证券公司股权。

第二百零六条 证券公司违反本法第一百二十八条的规定，未采取有效隔离措施防范利益冲突，或者未分开办理相关业务、混合操作的，责令改正，给予警告，没收违法所得，并处以违法所得一倍以上十倍以下的罚款；没有违法所得或者违法所得不足五十万元的，处以五十万元以上五百万元以下的罚款；情节严重的，并处撤销相关业务许可。对直接负责的主管人员和其他直接责任人员给予警告，并处以二十万元以上二百万元以下的罚款。

第二百零七条 证券公司违反本法第一百二十九条的规定从事证券自营业务的，责令改正，给予警告，没收违法所得，并处以违法所得一倍以上十倍以下的罚款；没有违法所得或者违法所得不足五十万元的，处以五十万元以上五百万元以下的罚款；情节严重的，并处撤销相关业务许可或者责令关闭。对直接负责的主管人员和其他直接责任人员给予警告，并处以二十万元以上二百万元以下的罚款。

第二百零八条 违反本法第一百三十一条的规定，将客户的资金和证券归入自有财产，或者挪用客户的资金和证券的，责令改正，给予警告，没收违法所得，并处以违法所得一倍以上十倍以下的罚款；没有违法所得或者违法所得不足一百万元的，处以一百万元以上一千万元以下的罚款；情节严重的，并处撤销相关业务许可或者责令关闭。对直接负责的主管人员和其他直接责任人员给予警告，并处以五十万元以上五百万元以下的罚款。

第二百零九条 证券公司违反本法第一百三十四条第一款的规定接受客户的全权委托买卖证券的，或者违反本法第一百三十五条的规定对客户的收益或者赔偿客户的损失作出承诺的，责令改正，给予警告，没收违法所得，并处以违法所得一倍以上十倍以下的罚款；没有违法所得或者违法所得不足五十万元的，处以五十万元以上五百万元以下的罚款；情节严重的，并处撤销相关业务许可。对直接负责的主管人员和其他直接责任人员给予警告，并处以二十万元以上二百万元以下的罚款。

证券公司违反本法第一百三十四条第二款的规定，允许他人以证券公司的名义直接参与证券的集中交易的，责令改正，可以并处五十万元以下的罚款。

第二百一十条 证券公司的从业人员违反本法第一百三十六条的规定，私下接受客户委托买卖证券的，责令改正，给予警告，没收违法所得，并处以违法所得一倍以上十倍以下的罚款；没有违法所得的，处以五十万元以下的罚款。

第二百一十一条 证券公司及其主要股东、实际控制人违反本法第一百三十八条的规定，未报送、提供信息和资料，或者报送、提供的信息和资料有虚假记载、误导性陈述或者重大遗漏的，责令改正，给予警告，并处以一百万元以下的罚款；情节严重的，并处撤销相关业务许可。对直接负责的主管人员和其他直接责任人员，给予警告，并处以五十万元以下的罚款。

第二百一十二条 违反本法第一百四十五条的规定，擅自设立证券登记结算机构的，由国务院证券监督管理机构予以取缔，没收违法所得，并处以违法所得一倍以上十倍以下的罚款；没有违法所得或者违法所得不足五十万元的，处以五十万元以上五百万元以下的罚款。对直接负责的主管人员和其他直接责任人员给予警告，并处以二十万元以上二百万元以下的罚款。

第二百一十三条 证券投资咨询机构违反本法第一百六十条第二款的规定擅自从事证券服务业务，或者从事证券服务业务有本法第一百六十一条规定行为的，责令改正，没收违法所得，并处以违法所得一倍以上十倍以下的罚款；没有违法所得或者违法所得不足五十万元的，处以五十万元以上五百万元以下的罚款。对直接负责的主管人员和其他直接责任人员，给予警告，并处以二十万元以上二百万元以下的罚款。

会计师事务所、律师事务所以及从事资产评估、资信评级、财务顾问、信息技术系统服务的机构违反本法第一百六十条第二款的规定，从事证券服务业务未报备案的，责令改正，可以处二十万元以下的罚款。

证券服务机构违反本法第一百六十三条的规定，未勤勉尽责，所制作、出具的文件有虚假记载、误导性陈述或者重大遗漏的，责令改正，没收业务收入，并处以业务收入一倍以上十倍以下的罚款，没有业务收入或者业务收入不足五十万元的，处以五十万元以上五百万元以下的罚款；情节严重的，并处暂停或者禁止从事证券服务业务。对直接负责的主管人员和其他直接责任人员给予警告，并处以二十万元以上二百万元以下的罚款。

第二百一十四条 发行人、证券登记结算机构、证券公司、证券服务机构未按照规定保存有关文件和资料的，责令改正，给予警告，并处以十万元以上一百万元以下的罚款；泄露、隐匿、伪造、篡改或者毁损有关文件和资料的，给予警告，并处以二十万元以上二百万元以下的罚款；情节严重的，处以五十万元以上五百万元以下的罚款，并处暂停、撤销相关业务许可或者禁止从事相关业务。对直接负责的主管人员和其他直接责任人员给予警告，并处以十万元以上一百万元以下的罚款。

第二百一十五条 国务院证券监督管理机构依法将有关市场主体遵守本法的情况纳入证券市场诚信档案。

第二百一十六条 国务院证券监督管理机构或者国务院授权的部门有下列情形之一的，对直接负责的主管人员和其他直接责任人员，依法给予处分：

（一）对不符合本法规定的发行证券、设立证券公司等申请予以核准、注册、批准的；

（二）违反本法规定采取现场检查、调查取证、查询、冻结或者查封等措施的；

（三）违反本法规定对有关机构和人员采取监督管理措施的；

（四）违反本法规定对有关机构和人员实施行政处罚的；

（五）其他不依法履行职责的行为。

第二百一十七条 国务院证券监督管理机构或者国务院授权的部门的工作人员，不履行本法规定的职责，滥用职权、玩忽职守，利用职务便利牟取不正当利益，或者泄露所知悉的有关单位和个人的商业秘密的，依法追究法律责任。

第二百一十八条 拒绝、阻碍证券监督管理机构及其工作人员依法行使监督检查、调查职权，由证券监督管理机构责令改正，处以十万元以上一百万元以下的罚款，并由公安机关依法给予治安管理处罚。

第二百一十九条 违反本法规定，构成犯罪的，依法追究刑事责任。

第二百二十条 违反本法规定，应当承担民事赔偿责任和缴纳罚款、罚金、违法所得，违法行为人的财产不足以支付的，优先用于承担民事赔偿责任。

第二百二十一条 违反法律、行政法规或者国务院证券监督管理机构的有关规定，情节严重的，国务院证券监督管理机构可以对有关责任人员采取证券市场禁入的措施。

前款所称证券市场禁入，是指在一定期限内直至终身不得从事证券业务、证券服务业务，不得担任证券发行人的董事、监事、高级管理人员，或者一定期限内不得在证券交易所、国务院批准的其他全国性证券交易场所交易证券的制度。

第二百二十二条 依照本法收缴的罚款和没收的违法所得，全部上缴国库。

第二百二十三条 当事人对证券监督管理机构或者国务院授权的部门的处罚决定不服的，可以依法申请行政复议，或者依法直接向人民法院提起诉讼。

第十四章　附则

第二百二十四条 境内企业直接或者间接到境外发行证券或者将其证券在境外上市交易，应当符合国务院的有关规定。

第二百二十五条 境内公司股票以外币认购和交易的，具体办法由国务院另行规定。

第二百二十六条 本法自 2020 年 3 月 1 日起施行。

中华人民共和国公司法

（1993 年 12 月 29 日第八届全国人民代表大会常务委员会第五次会议通过　根据 1999 年 12 月 25 日第九届全国人民代表大会常务委员会第十三次会议《关于修改〈中华人民共和国公司法〉的决定》第一次修正　根据 2004 年 8 月 28 日第十届全国人民代表大会常务委员会第十一次会议《关于修改〈中华人民共和国公司法〉的决定》第二次修正　2005 年 10 月 27 日第十届全国人民代表大会常务委员会第十八次会议修订　根据 2013 年 12 月 28 日第十二届全国人民代表大会常务委员会第六次会议《关于修改〈中华人民共和国海洋环境保护法〉等七部法律的决定》第三次修正　根据 2018 年 10 月 26 日第十三届全国人民代表大会常务委员会第六次会议《关于修改〈中华人民共和国公司法〉的决定》第四次修正）

第一章　总则

第一条　为了规范公司的组织和行为，保护公司、股东和债权人的合法权益，维护社会经济秩序，促进社会主义市场经济的发展，制定本法。

第二条　本法所称公司是指依照本法在中国境内设立的有限责任公司和股份有限公司。

第三条　公司是企业法人，有独立的法人财产，享有法人财产权。公司以其全部财产对公司的债务承担责任。

有限责任公司的股东以其认缴的出资额为限对公司承担责任；股份有限公司的股东以其认购的股份为限对公司承担责任。

第四条　公司股东依法享有资产收益、参与重大决策和选择管理者等权利。

第五条　公司从事经营活动，必须遵守法律、行政法规，遵守社会公德、商业道德，诚实守信，接受政府和社会公众的监督，承担社会责任。

公司的合法权益受法律保护，不受侵犯。

第六条　设立公司，应当依法向公司登记机关申请设立登记。符合本法规定的设立条件的，由公司登记机关分别登记为有限责任公司或者股份有限公司；不符合本法规定的设立条件的，不得登记为有限责任公司或者股份有限公司。

法律、行政法规规定设立公司必须报经批准的，应当在公司登记前依法办理批准手续。

公众可以向公司登记机关申请查询公司登记事项，公司登记机关应当提供查询服务。

第七条 依法设立的公司，由公司登记机关发给公司营业执照。公司营业执照签发日期为公司成立日期。

公司营业执照应当载明公司的名称、住所、注册资本、经营范围、法定代表人姓名等事项。

公司营业执照记载的事项发生变更的，公司应当依法办理变更登记，由公司登记机关换发营业执照。

第八条 依照本法设立的有限责任公司，必须在公司名称中标明有限责任公司或者有限公司字样。

依照本法设立的股份有限公司，必须在公司名称中标明股份有限公司或者股份公司字样。

第九条 有限责任公司变更为股份有限公司，应当符合本法规定的股份有限公司的条件。股份有限公司变更为有限责任公司，应当符合本法规定的有限责任公司的条件。

有限责任公司变更为股份有限公司的，或者股份有限公司变更为有限责任公司的，公司变更前的债权、债务由变更后的公司承继。

第十条 公司以其主要办事机构所在地为住所。

第十一条 设立公司必须依法制定公司章程。公司章程对公司、股东、董事、监事、高级管理人员具有约束力。

第十二条 公司的经营范围由公司章程规定，并依法登记。公司可以修改公司章程，改变经营范围，但是应当办理变更登记。

公司的经营范围中属于法律、行政法规规定须经批准的项目，应当依法经过批准。

第十三条 公司法定代表人依照公司章程的规定，由董事长、执行董事或者经理担任，并依法登记。公司法定代表人变更，应当办理变更登记。

第十四条 公司可以设立分公司。设立分公司，应当向公司登记机关申请登记，领取营业执照。分公司不具有法人资格，其民事责任由公司承担。

公司可以设立子公司，子公司具有法人资格，依法独立承担民事责任。

第十五条 公司可以向其他企业投资；但是，除法律另有规定外，不得成为对所投资企业的债务承担连带责任的出资人。

第十六条 公司向其他企业投资或者为他人提供担保，依照公司章程的规定，由董事会或者股东会、股东大会决议；公司章程对投资或者担保的总额及单项投资或者担保的数额有限额规定的，不得超过规定的限额。

公司为公司股东或者实际控制人提供担保的，必须经股东会或者股东大会决议。

前款规定的股东或者受前款规定的实际控制人支配的股东，不得参加前款规定事项的表决。该项表决由出席会议的其他股东所持表决权的过半数通过。

第十七条 公司必须保护职工的合法权益，依法与职工签订劳动合同，参加社会保险，加强劳动保护，实现安全生产。

公司应当采用多种形式，加强公司职工的职业教育和岗位培训，提高职工素质。

第十八条 公司职工依照《中华人民共和国工会法》组织工会，开展工会活动，维护职工合法权益。公司应当为本公司工会提供必要的活动条件。公司工会代表职工就职工的劳动报酬、工作时间、福利、保险和劳动安全卫生等事项依法与公司签订集体合同。

公司依照宪法和有关法律的规定，通过职工代表大会或者其他形式，实行民主管理。

公司研究决定改制以及经营方面的重大问题、制定重要的规章制度时，应当听取公司工会的意见，并通过职工代表大会或者其他形式听取职工的意见和建议。

第十九条 在公司中，根据中国共产党章程的规定，设立中国共产党的组织，开展党的活动。公司应当为党组织的活动提供必要条件。

第二十条 公司股东应当遵守法律、行政法规和公司章程，依法行使股东权利，不得滥用股东权利损害公司或者其他股东的利益；不得滥用公司法人独立地位和股东有限责任损害公司债权人的利益。

公司股东滥用股东权利给公司或者其他股东造成损失的，应当依法承担赔偿责任。

公司股东滥用公司法人独立地位和股东有限责任，逃避债务，严重损害公司债权人利益的，应当对公司债务承担连带责任。

第二十一条 公司的控股股东、实际控制人、董事、监事、高级管理人员不得利用其关联关系损害公司利益。

违反前款规定，给公司造成损失的，应当承担赔偿责任。

第二十二条 公司股东会或者股东大会、董事会的决议内容违反法律、行政法规的无效。

股东会或者股东大会、董事会的会议召集程序、表决方式违反法律、行政法规或者公司章程，或者决议内容违反公司章程的，股东可以自决议作出之日起六十日内，请求人民法院撤销。

股东依照前款规定提起诉讼的，人民法院可以应公司的请求，要求股东提供相应担保。

公司根据股东会或者股东大会、董事会决议已办理变更登记的，人民法院宣告该决议无效或者撤销该决议后，公司应当向公司登记机关申请撤销变更登记。

第二章 有限责任公司的设立和组织机构

第一节 设立

第二十三条 设立有限责任公司，应当具备下列条件：

（一）股东符合法定人数；
（二）有符合公司章程规定的全体股东认缴的出资额；
（三）股东共同制定公司章程；
（四）有公司名称，建立符合有限责任公司要求的组织机构；
（五）有公司住所。

第二十四条　有限责任公司由五十个以下股东出资设立。

第二十五条　有限责任公司章程应当载明下列事项：
（一）公司名称和住所；
（二）公司经营范围；
（三）公司注册资本；
（四）股东的姓名或者名称；
（五）股东的出资方式、出资额和出资时间；
（六）公司的机构及其产生办法、职权、议事规则；
（七）公司法定代表人；
（八）股东会会议认为需要规定的其他事项。

股东应当在公司章程上签名、盖章。

第二十六条　有限责任公司的注册资本为在公司登记机关登记的全体股东认缴的出资额。

法律、行政法规以及国务院决定对有限责任公司注册资本实缴、注册资本最低限额另有规定的，从其规定。

第二十七条　股东可以用货币出资，也可以用实物、知识产权、土地使用权等可以用货币估价并可以依法转让的非货币财产作价出资；但是，法律、行政法规规定不得作为出资的财产除外。

对作为出资的非货币财产应当评估作价，核实财产，不得高估或者低估作价。法律、行政法规对评估作价有规定的，从其规定。

第二十八条　股东应当按期足额缴纳公司章程中规定的各自所认缴的出资额。股东以货币出资的，应当将货币出资足额存入有限责任公司在银行开设的账户；以非货币财产出资的，应当依法办理其财产权的转移手续。

股东不按照前款规定缴纳出资的，除应当向公司足额缴纳外，还应当向已按期足额缴纳出资的股东承担违约责任。

第二十九条　股东认足公司章程规定的出资后，由全体股东指定的代表或者共同委托的代理人向公司登记机关报送公司登记申请书、公司章程等文件，申请设立登记。

第三十条　有限责任公司成立后，发现作为设立公司出资的非货币财产的实际价额显著低于公司章程所定价额的，应当由交付该出资的股东补足其差额；公司设立时的其他股东承担连带责任。

第三十一条 有限责任公司成立后，应当向股东签发出资证明书。

出资证明书应当载明下列事项：

（一）公司名称；

（二）公司成立日期；

（三）公司注册资本；

（四）股东的姓名或者名称、缴纳的出资额和出资日期；

（五）出资证明书的编号和核发日期。

出资证明书由公司盖章。

第三十二条 有限责任公司应当置备股东名册，记载下列事项：

（一）股东的姓名或者名称及住所；

（二）股东的出资额；

（三）出资证明书编号。

记载于股东名册的股东，可以依股东名册主张行使股东权利。

公司应当将股东的姓名或者名称向公司登记机关登记；登记事项发生变更的，应当办理变更登记。未经登记或者变更登记的，不得对抗第三人。

第三十三条 股东有权查阅、复制公司章程、股东会会议记录、董事会会议决议、监事会会议决议和财务会计报告。

股东可以要求查阅公司会计账簿。股东要求查阅公司会计账簿的，应当向公司提出书面请求，说明目的。公司有合理根据认为股东查阅会计账簿有不正当目的，可能损害公司合法利益的，可以拒绝提供查阅，并应当自股东提出书面请求之日起十五日内书面答复股东并说明理由。公司拒绝提供查阅的，股东可以请求人民法院要求公司提供查阅。

第三十四条 股东按照实缴的出资比例分取红利；公司新增资本时，股东有权优先按照实缴的出资比例认缴出资。但是，全体股东约定不按照出资比例分取红利或者不按照出资比例优先认缴出资的除外。

第三十五条 公司成立后，股东不得抽逃出资。

第二节　组织机构

第三十六条 有限责任公司股东会由全体股东组成。股东会是公司的权力机构，依照本法行使职权。

第三十七条 股东会行使下列职权：

（一）决定公司的经营方针和投资计划；

（二）选举和更换非由职工代表担任的董事、监事，决定有关董事、监事的报酬事项；

（三）审议批准董事会的报告；

（四）审议批准监事会或者监事的报告；
（五）审议批准公司的年度财务预算方案、决算方案；
（六）审议批准公司的利润分配方案和弥补亏损方案；
（七）对公司增加或者减少注册资本作出决议；
（八）对发行公司债券作出决议；
（九）对公司合并、分立、解散、清算或者变更公司形式作出决议；
（十）修改公司章程；
（十一）公司章程规定的其他职权。

对前款所列事项股东以书面形式一致表示同意的，可以不召开股东会会议，直接作出决定，并由全体股东在决定文件上签名、盖章。

第三十八条　首次股东会会议由出资最多的股东召集和主持，依照本法规定行使职权。

第三十九条　股东会会议分为定期会议和临时会议。

定期会议应当依照公司章程的规定按时召开。代表十分之一以上表决权的股东，三分之一以上的董事，监事会或者不设监事会的公司的监事提议召开临时会议的，应当召开临时会议。

第四十条　有限责任公司设立董事会的，股东会会议由董事会召集，董事长主持；董事长不能履行职务或者不履行职务的，由副董事长主持；副董事长不能履行职务或者不履行职务的，由半数以上董事共同推举一名董事主持。

有限责任公司不设董事会的，股东会会议由执行董事召集和主持。

董事会或者执行董事不能履行或者不履行召集股东会会议职责的，由监事会或者不设监事会的公司的监事召集和主持；监事会或者监事不召集和主持的，代表十分之一以上表决权的股东可以自行召集和主持。

第四十一条　召开股东会会议，应当于会议召开十五日前通知全体股东；但是，公司章程另有规定或者全体股东另有约定的除外。

股东会应当对所议事项的决定作成会议记录，出席会议的股东应当在会议记录上签名。

第四十二条　股东会会议由股东按照出资比例行使表决权；但是，公司章程另有规定的除外。

第四十三条　股东会的议事方式和表决程序，除本法有规定的外，由公司章程规定。

股东会会议作出修改公司章程、增加或者减少注册资本的决议，以及公司合并、分立、解散或者变更公司形式的决议，必须经代表三分之二以上表决权的股东通过。

第四十四条　有限责任公司设董事会，其成员为三人至十三人；但是，本法第五十条另有规定的除外。

两个以上的国有企业或者两个以上的其他国有投资主体投资设立的有限责任公司，其董事会成员中应当有公司职工代表；其他有限责任公司董事会成员中可以有公司职工代表。董事会中的职工代表由公司职工通过职工代表大会、职工大会或者其他形式民主选举产生。

董事会设董事长一人，可以设副董事长。董事长、副董事长的产生办法由公司章程规定。

第四十五条 董事任期由公司章程规定，但每届任期不得超过三年。董事任期届满，连选可以连任。

董事任期届满未及时改选，或者董事在任期内辞职导致董事会成员低于法定人数的，在改选出的董事就任前，原董事仍应当依照法律、行政法规和公司章程的规定，履行董事职务。

第四十六条 董事会对股东会负责，行使下列职权：

（一）召集股东会会议，并向股东会报告工作；

（二）执行股东会的决议；

（三）决定公司的经营计划和投资方案；

（四）制订公司的年度财务预算方案、决算方案；

（五）制订公司的利润分配方案和弥补亏损方案；

（六）制订公司增加或者减少注册资本以及发行公司债券的方案；

（七）制订公司合并、分立、解散或者变更公司形式的方案；

（八）决定公司内部管理机构的设置；

（九）决定聘任或者解聘公司经理及其报酬事项，并根据经理的提名决定聘任或者解聘公司副经理、财务负责人及其报酬事项；

（十）制定公司的基本管理制度；

（十一）公司章程规定的其他职权。

第四十七条 董事会会议由董事长召集和主持；董事长不能履行职务或者不履行职务的，由副董事长召集和主持；副董事长不能履行职务或者不履行职务的，由半数以上董事共同推举一名董事召集和主持。

第四十八条 董事会的议事方式和表决程序，除本法有规定的外，由公司章程规定。

董事会应当对所议事项的决定作成会议记录，出席会议的董事应当在会议记录上签名。

董事会决议的表决，实行一人一票。

第四十九条 有限责任公司可以设经理，由董事会决定聘任或者解聘。经理对董事会负责，行使下列职权：

（一）主持公司的生产经营管理工作，组织实施董事会决议；

（二）组织实施公司年度经营计划和投资方案；

（三）拟订公司内部管理机构设置方案；

（四）拟订公司的基本管理制度；

（五）制定公司的具体规章；

（六）提请聘任或者解聘公司副经理、财务负责人；

（七）决定聘任或者解聘除应由董事会决定聘任或者解聘以外的负责管理人员；

（八）董事会授予的其他职权。

公司章程对经理职权另有规定的，从其规定。

经理列席董事会会议。

第五十条 股东人数较少或者规模较小的有限责任公司，可以设一名执行董事，不设董事会。执行董事可以兼任公司经理。

执行董事的职权由公司章程规定。

第五十一条 有限责任公司设监事会，其成员不得少于三人。股东人数较少或者规模较小的有限责任公司，可以设一至二名监事，不设监事会。

监事会应当包括股东代表和适当比例的公司职工代表，其中职工代表的比例不得低于三分之一，具体比例由公司章程规定。监事会中的职工代表由公司职工通过职工代表大会、职工大会或者其他形式民主选举产生。

监事会设主席一人，由全体监事过半数选举产生。监事会主席召集和主持监事会会议；监事会主席不能履行职务或者不履行职务的，由半数以上监事共同推举一名监事召集和主持监事会会议。

董事、高级管理人员不得兼任监事。

第五十二条 监事的任期每届为三年。监事任期届满，连选可以连任。

监事任期届满未及时改选，或者监事在任期内辞职导致监事会成员低于法定人数的，在改选出的监事就任前，原监事仍应当依照法律、行政法规和公司章程的规定，履行监事职务。

第五十三条 监事会、不设监事会的公司的监事行使下列职权：

（一）检查公司财务；

（二）对董事、高级管理人员执行公司职务的行为进行监督，对违反法律、行政法规、公司章程或者股东会决议的董事、高级管理人员提出罢免的建议；

（三）当董事、高级管理人员的行为损害公司的利益时，要求董事、高级管理人员予以纠正；

（四）提议召开临时股东会会议，在董事会不履行本法规定的召集和主持股东会会议职责时召集和主持股东会会议；

（五）向股东会会议提出提案；

（六）依照本法第一百五十一条的规定，对董事、高级管理人员提起诉讼；

（七）公司章程规定的其他职权。

第五十四条 监事可以列席董事会会议，并对董事会决议事项提出质询或者建议。

监事会、不设监事会的公司的监事发现公司经营情况异常，可以进行调查；必要时，可以聘请会计师事务所等协助其工作，费用由公司承担。

第五十五条 监事会每年度至少召开一次会议，监事可以提议召开临时监事会会议。

监事会的议事方式和表决程序，除本法有规定的外，由公司章程规定。

监事会决议应当经半数以上监事通过。

监事会应当对所议事项的决定作成会议记录，出席会议的监事应当在会议记录上签名。

第五十六条 监事会、不设监事会的公司的监事行使职权所必需的费用，由公司承担。

第三节　一人有限责任公司的特别规定

第五十七条 一人有限责任公司的设立和组织机构，适用本节规定；本节没有规定的，适用本章第一节、第二节的规定。

本法所称一人有限责任公司，是指只有一个自然人股东或者一个法人股东的有限责任公司。

第五十八条 一个自然人只能投资设立一个一人有限责任公司。该一人有限责任公司不能投资设立新的一人有限责任公司。

第五十九条 一人有限责任公司应当在公司登记中注明自然人独资或者法人独资，并在公司营业执照中载明。

第六十条 一人有限责任公司章程由股东制定。

第六十一条 一人有限责任公司不设股东会。股东作出本法第三十七条第一款所列决定时，应当采用书面形式，并由股东签名后置备于公司。

第六十二条 一人有限责任公司应当在每一会计年度终了时编制财务会计报告，并经会计师事务所审计。

第六十三条 一人有限责任公司的股东不能证明公司财产独立于股东自己的财产的，应当对公司债务承担连带责任。

第四节　国有独资公司的特别规定

第六十四条 国有独资公司的设立和组织机构，适用本节规定；本节没有规定的，适用本章第一节、第二节的规定。

本法所称国有独资公司，是指国家单独出资、由国务院或者地方人民政府授权本级人民政府国有资产监督管理机构履行出资人职责的有限责任公司。

第六十五条 国有独资公司章程由国有资产监督管理机构制定，或者由董事会制订报国有资产监督管理机构批准。

第六十六条 国有独资公司不设股东会，由国有资产监督管理机构行使股东会职权。国有资产监督管理机构可以授权公司董事会行使股东会的部分职权，决定公司的重大事项，但公司的合并、分立、解散、增加或者减少注册资本和发行公司债券，必须由国有资产监督管理机构决定；其中，重要的国有独资公司合并、分立、解散、申请破产的，应当由国有资产监督管理机构审核后，报本级人民政府批准。

前款所称重要的国有独资公司，按照国务院的规定确定。

第六十七条 国有独资公司设董事会，依照本法第四十六条、第六十六条的规定行使职权。董事每届任期不得超过三年。董事会成员中应当有公司职工代表。

董事会成员由国有资产监督管理机构委派；但是，董事会成员中的职工代表由公司职工代表大会选举产生。

董事会设董事长一人，可以设副董事长。董事长、副董事长由国有资产监督管理机构从董事会成员中指定。

第六十八条 国有独资公司设经理，由董事会聘任或者解聘。经理依照本法第四十九条规定行使职权。

经国有资产监督管理机构同意，董事会成员可以兼任经理。

第六十九条 国有独资公司的董事长、副董事长、董事、高级管理人员，未经国有资产监督管理机构同意，不得在其他有限责任公司、股份有限公司或者其他经济组织兼职。

第七十条 国有独资公司监事会成员不得少于五人，其中职工代表的比例不得低于三分之一，具体比例由公司章程规定。

监事会成员由国有资产监督管理机构委派；但是，监事会成员中的职工代表由公司职工代表大会选举产生。监事会主席由国有资产监督管理机构从监事会成员中指定。

监事会行使本法第五十三条第（一）项至第（三）项规定的职权和国务院规定的其他职权。

第三章　有限责任公司的股权转让

第七十一条 有限责任公司的股东之间可以相互转让其全部或者部分股权。

股东向股东以外的人转让股权，应当经其他股东过半数同意。股东应就其股权转让事项书面通知其他股东征求同意，其他股东自接到书面通知之日起满三十日未答复的，视为同意转让。其他股东半数以上不同意转让的，不同意的股东应当购买该转让的股权；不购买的，视为同意转让。

经股东同意转让的股权，在同等条件下，其他股东有优先购买权。两个以上股东主张行使优先购买权的，协商确定各自的购买比例；协商不成的，按照转让时各自的出资比例行使优先购买权。

公司章程对股权转让另有规定的，从其规定。

第七十二条 人民法院依照法律规定的强制执行程序转让股东的股权时，应当通知公司及全体股东，其他股东在同等条件下有优先购买权。其他股东自人民法院通知之日起满二十日不行使优先购买权的，视为放弃优先购买权。

第七十三条 依照本法第七十一条、第七十二条转让股权后，公司应当注销原股东的出资证明书，向新股东签发出资证明书，并相应修改公司章程和股东名册中有关股东及其出资额的记载。对公司章程的该项修改不需再由股东会表决。

第七十四条 有下列情形之一的，对股东会该项决议投反对票的股东可以请求公司按照合理的价格收购其股权：

（一）公司连续五年不向股东分配利润，而公司该五年连续盈利，并且符合本法规定的分配利润条件的；

（二）公司合并、分立、转让主要财产的；

（三）公司章程规定的营业期限届满或者章程规定的其他解散事由出现，股东会会议通过决议修改章程使公司存续的。

自股东会会议决议通过之日起六十日内，股东与公司不能达成股权收购协议的，股东可以自股东会会议决议通过之日起九十日内向人民法院提起诉讼。

第七十五条 自然人股东死亡后，其合法继承人可以继承股东资格；但是，公司章程另有规定的除外。

第四章 股份有限公司的设立和组织机构

第一节 设立

第七十六条 设立股份有限公司，应当具备下列条件：

（一）发起人符合法定人数；

（二）有符合公司章程规定的全体发起人认购的股本总额或者募集的实收股本总额；

（三）股份发行、筹办事项符合法律规定；

（四）发起人制订公司章程，采用募集方式设立的经创立大会通过；

（五）有公司名称，建立符合股份有限公司要求的组织机构；

（六）有公司住所。

第七十七条 股份有限公司的设立，可以采取发起设立或者募集设立的方式。

发起设立，是指由发起人认购公司应发行的全部股份而设立公司。

募集设立，是指由发起人认购公司应发行股份的一部分，其余股份向社会公开募集或者向特定对象募集而设立公司。

第七十八条 设立股份有限公司，应当有二人以上二百人以下为发起人，其中须有半数以上的发起人在中国境内有住所。

第七十九条 股份有限公司发起人承担公司筹办事务。

发起人应当签订发起人协议，明确各自在公司设立过程中的权利和义务。

第八十条 股份有限公司采取发起设立方式设立的，注册资本为在公司登记机关登记的全体发起人认购的股本总额。在发起人认购的股份缴足前，不得向他人募集股份。

股份有限公司采取募集方式设立的，注册资本为在公司登记机关登记的实收股本总额。

法律、行政法规以及国务院决定对股份有限公司注册资本实缴、注册资本最低限额另有规定的，从其规定。

第八十一条 股份有限公司章程应当载明下列事项：

（一）公司名称和住所；

（二）公司经营范围；

（三）公司设立方式；

（四）公司股份总数、每股金额和注册资本；

（五）发起人的姓名或者名称、认购的股份数、出资方式和出资时间；

（六）董事会的组成、职权和议事规则；

（七）公司法定代表人；

（八）监事会的组成、职权和议事规则；

（九）公司利润分配办法；

（十）公司的解散事由与清算办法；

（十一）公司的通知和公告办法；

（十二）股东大会会议认为需要规定的其他事项。

第八十二条 发起人的出资方式，适用本法第二十七条的规定。

第八十三条 以发起设立方式设立股份有限公司的，发起人应当书面认足公司章程规定其认购的股份，并按照公司章程规定缴纳出资。以非货币财产出资的，应当依法办理其财产权的转移手续。

发起人不依照前款规定缴纳出资的，应当按照发起人协议承担违约责任。

发起人认足公司章程规定的出资后，应当选举董事会和监事会，由董事会向公司登记机关报送公司章程以及法律、行政法规规定的其他文件，申请设立登记。

第八十四条 以募集设立方式设立股份有限公司的，发起人认购的股份不得少于公司股份总数的百分之三十五；但是，法律、行政法规另有规定的，从其规定。

第八十五条 发起人向社会公开募集股份，必须公告招股说明书，并制作认股书。认股书应当载明本法第八十六条所列事项，由认股人填写认购股数、金额、住所，并签名、盖章。认股人按照所认购股数缴纳股款。

第八十六条 招股说明书应当附有发起人制订的公司章程，并载明下列事项：

（一）发起人认购的股份数；

（二）每股的票面金额和发行价格；

（三）无记名股票的发行总数；

（四）募集资金的用途；

（五）认股人的权利、义务；

（六）本次募股的起止期限及逾期未募足时认股人可以撤回所认股份的说明。

第八十七条 发起人向社会公开募集股份，应当由依法设立的证券公司承销，签订承销协议。

第八十八条 发起人向社会公开募集股份，应当同银行签订代收股款协议。

代收股款的银行应当按照协议代收和保存股款，向缴纳股款的认股人出具收款单据，并负有向有关部门出具收款证明的义务。

第八十九条 发行股份的股款缴足后，必须经依法设立的验资机构验资并出具证明。发起人应当自股款缴足之日起三十日内主持召开公司创立大会。创立大会由发起人、认股人组成。

发行的股份超过招股说明书规定的截止期限尚未募足的，或者发行股份的股款缴足后，发起人在三十日内未召开创立大会的，认股人可以按照所缴股款并加算银行同期存款利息，要求发起人返还。

第九十条 发起人应当在创立大会召开十五日前将会议日期通知各认股人或者予以公告。创立大会应有代表股份总数过半数的发起人、认股人出席，方可举行。

创立大会行使下列职权：

（一）审议发起人关于公司筹办情况的报告；

（二）通过公司章程；

（三）选举董事会成员；

（四）选举监事会成员；

（五）对公司的设立费用进行审核；

（六）对发起人用于抵作股款的财产的作价进行审核；

（七）发生不可抗力或者经营条件发生重大变化直接影响公司设立的，可以作出不设立公司的决议。

创立大会对前款所列事项作出决议，必须经出席会议的认股人所持表决权过半数通过。

第九十一条 发起人、认股人缴纳股款或者交付抵作股款的出资后，除未按期募足股份、发起人未按期召开创立大会或者创立大会决议不设立公司的情形外，不得抽回其股本。

第九十二条 董事会应于创立大会结束后三十日内，向公司登记机关报送下列文件，申请设立登记：

（一）公司登记申请书；

（二）创立大会的会议记录；

（三）公司章程；

（四）验资证明；

（五）法定代表人、董事、监事的任职文件及其身份证明；

（六）发起人的法人资格证明或者自然人身份证明；

（七）公司住所证明。

以募集方式设立股份有限公司公开发行股票的，还应当向公司登记机关报送国务院证券监督管理机构的核准文件。

第九十三条 股份有限公司成立后，发起人未按照公司章程的规定缴足出资的，应当补缴；其他发起人承担连带责任。

股份有限公司成立后，发现作为设立公司出资的非货币财产的实际价额显著低于公司章程所定价额的，应当由交付该出资的发起人补足其差额；其他发起人承担连带责任。

第九十四条 股份有限公司的发起人应当承担下列责任：

（一）公司不能成立时，对设立行为所产生的债务和费用负连带责任；

（二）公司不能成立时，对认股人已缴纳的股款，负返还股款并加算银行同期存款利息的连带责任；

（三）在公司设立过程中，由于发起人的过失致使公司利益受到损害的，应当对公司承担赔偿责任。

第九十五条 有限责任公司变更为股份有限公司时，折合的实收股本总额不得高于公司净资产额。有限责任公司变更为股份有限公司，为增加资本公开发行股份时，应当依法办理。

第九十六条 股份有限公司应当将公司章程、股东名册、公司债券存根、股东大会会议记录、董事会会议记录、监事会会议记录、财务会计报告置备于本公司。

第九十七条 股东有权查阅公司章程、股东名册、公司债券存根、股东大会会议记录、董事会会议决议、监事会会议决议、财务会计报告，对公司的经营提出建议或者质询。

第二节　股东大会

第九十八条 股份有限公司股东大会由全体股东组成。股东大会是公司的权力机构，依照本法行使职权。

第九十九条 本法第三十七条第一款关于有限责任公司股东会职权的规定，适用于股份有限公司股东大会。

第一百条 股东大会应当每年召开一次年会。有下列情形之一的，应当在两个月内召开临时股东大会：

（一）董事人数不足本法规定人数或者公司章程所定人数的三分之二时；

（二）公司未弥补的亏损达实收股本总额三分之一时；

（三）单独或者合计持有公司百分之十以上股份的股东请求时；

（四）董事会认为必要时；

（五）监事会提议召开时；

（六）公司章程规定的其他情形。

第一百零一条 股东大会会议由董事会召集，董事长主持；董事长不能履行职务或者不履行职务的，由副董事长主持；副董事长不能履行职务或者不履行职务的，由半数以上董事共同推举一名董事主持。

董事会不能履行或者不履行召集股东大会会议职责的，监事会应当及时召集和主持；监事会不召集和主持的，连续九十日以上单独或者合计持有公司百分之十以上股份的股东可以自行召集和主持。

第一百零二条 召开股东大会会议，应当将会议召开的时间、地点和审议的事项于会议召开二十日前通知各股东；临时股东大会应当于会议召开十五日前通知各股东；发行无记名股票的，应当于会议召开三十日前公告会议召开的时间、地点和审议事项。

单独或者合计持有公司百分之三以上股份的股东，可以在股东大会召开十日前提出临时提案并书面提交董事会；董事会应当在收到提案后二日内通知其他股东，并将该临时提案提交股东大会审议。临时提案的内容应当属于股东大会职权范围，并有明确议题和具体决议事项。

股东大会不得对前两款通知中未列明的事项作出决议。

无记名股票持有人出席股东大会会议的，应当于会议召开五日前至股东大会闭会时将股票交存于公司。

第一百零三条 股东出席股东大会会议，所持每一股份有一表决权。但是，公司持有的本公司股份没有表决权。

股东大会作出决议，必须经出席会议的股东所持表决权过半数通过。但是，股东大会作出修改公司章程、增加或者减少注册资本的决议，以及公司合并、分立、解散或者变更公司形式的决议，必须经出席会议的股东所持表决权的三分之二以上通过。

第一百零四条 本法和公司章程规定公司转让、受让重大资产或者对外提供担保等事项必须经股东大会作出决议的，董事会应当及时召集股东大会会议，由股东大会就上述事项进行表决。

第一百零五条 股东大会选举董事、监事，可以依照公司章程的规定或者股东大会的决议，实行累积投票制。

本法所称累积投票制，是指股东大会选举董事或者监事时，每一股份拥有与应选董事或者监事人数相同的表决权，股东拥有的表决权可以集中使用。

第一百零六条 股东可以委托代理人出席股东大会会议，代理人应当向公司提交股东授权委托书，并在授权范围内行使表决权。

第一百零七条 股东大会应当对所议事项的决定作成会议记录，主持人、出席会议的董事应当在会议记录上签名。会议记录应当与出席股东的签名册及代理出席的委托书一并保存。

第三节 董事会、经理

第一百零八条 股份有限公司设董事会，其成员为五人至十九人。

董事会成员中可以有公司职工代表。董事会中的职工代表由公司职工通过职工代表大会、职工大会或者其他形式民主选举产生。

本法第四十五条关于有限责任公司董事任期的规定，适用于股份有限公司董事。

本法第四十六条关于有限责任公司董事会职权的规定，适用于股份有限公司董事会。

第一百零九条 董事会设董事长一人，可以设副董事长。董事长和副董事长由董事会以全体董事的过半数选举产生。

董事长召集和主持董事会会议，检查董事会决议的实施情况。副董事长协助董事长工作，董事长不能履行职务或者不履行职务的，由副董事长履行职务；副董事长不能履行职务或者不履行职务的，由半数以上董事共同推举一名董事履行职务。

第一百一十条 董事会每年度至少召开两次会议，每次会议应当于会议召开十日前通知全体董事和监事。

代表十分之一以上表决权的股东、三分之一以上董事或者监事会，可以提议召开董事会临时会议。董事长应当自接到提议后十日内，召集和主持董事会会议。

董事会召开临时会议，可以另定召集董事会的通知方式和通知时限。

第一百一十一条 董事会会议应有过半数的董事出席方可举行。董事会作出决议，必须经全体董事的过半数通过。

董事会决议的表决，实行一人一票。

第一百一十二条 董事会会议，应由董事本人出席；董事因故不能出席，可以书面委托其他董事代为出席，委托书中应载明授权范围。

董事会应当对会议所议事项的决定作成会议记录，出席会议的董事应当在会议记录上签名。

董事应当对董事会的决议承担责任。董事会的决议违反法律、行政法规或者公司章程、股东大会决议，致使公司遭受严重损失的，参与决议的董事对公司负赔偿责任。但经证明在表决时曾表明异议并记载于会议记录的，该董事可以免除责任。

第一百一十三条 股份有限公司设经理，由董事会决定聘任或者解聘。

本法第四十九条关于有限责任公司经理职权的规定，适用于股份有限公司经理。

第一百一十四条 公司董事会可以决定由董事会成员兼任经理。

第一百一十五条 公司不得直接或者通过子公司向董事、监事、高级管理人员提供借款。

第一百一十六条 公司应当定期向股东披露董事、监事、高级管理人员从公司获得报酬的情况。

第四节 监事会

第一百一十七条 股份有限公司设监事会，其成员不得少于三人。

监事会应当包括股东代表和适当比例的公司职工代表，其中职工代表的比例不得低于三分之一，具体比例由公司章程规定。监事会中的职工代表由公司职工通过职工代表大会、职工大会或者其他形式民主选举产生。

监事会设主席一人，可以设副主席。监事会主席和副主席由全体监事过半数选举产生。监事会主席召集和主持监事会会议；监事会主席不能履行职务或者不履行职务的，由监事会副主席召集和主持监事会会议；监事会副主席不能履行职务或者不履行职务的，由半数以上监事共同推举一名监事召集和主持监事会会议。

董事、高级管理人员不得兼任监事。

本法第五十二条关于有限责任公司监事任期的规定，适用于股份有限公司监事。

第一百一十八条 本法第五十三条、第五十四条关于有限责任公司监事会职权的规定，适用于股份有限公司监事会。

监事会行使职权所必需的费用，由公司承担。

第一百一十九条 监事会每六个月至少召开一次会议。监事可以提议召开临时监事会会议。

监事会的议事方式和表决程序，除本法有规定的外，由公司章程规定。

监事会决议应当经半数以上监事通过。

监事会应当对所议事项的决定作成会议记录，出席会议的监事应当在会议记录上签名。

第五节 上市公司组织机构的特别规定

第一百二十条 本法所称上市公司，是指其股票在证券交易所上市交易的股份有限公司。

第一百二十一条 上市公司在一年内购买、出售重大资产或者担保金额超过公司资产总额百分之三十的，应当由股东大会作出决议，并经出席会议的股东所持表决权的三分之二以上通过。

第一百二十二条 上市公司设独立董事，具体办法由国务院规定。

第一百二十三条 上市公司设董事会秘书，负责公司股东大会和董事会会议的筹备、文件保管以及公司股东资料的管理，办理信息披露事务等事宜。

第一百二十四条 上市公司董事与董事会会议决议事项所涉及的企业有关联关系的，不得对该项决议行使表决权，也不得代理其他董事行使表决权。该董事会会议由过半数的无关联关系董事出席即可举行，董事会会议所作决议须经无关联关系董事过半数通过。出席董事会的无关联关系董事人数不足三人的，应将该事项提交上市公司股东大会审议。

第五章 股份有限公司的股份发行和转让

第一节 股份发行

第一百二十五条 股份有限公司的资本划分为股份，每一股的金额相等。

公司的股份采取股票的形式。股票是公司签发的证明股东所持股份的凭证。

第一百二十六条 股份的发行，实行公平、公正的原则，同种类的每一股份应当具有同等权利。

同次发行的同种类股票，每股的发行条件和价格应当相同；任何单位或者个人所认购的股份，每股应当支付相同价额。

第一百二十七条 股票发行价格可以按票面金额，也可以超过票面金额，但不得低于票面金额。

第一百二十八条 股票采用纸面形式或者国务院证券监督管理机构规定的其他形式。

股票应当载明下列主要事项：

（一）公司名称；

（二）公司成立日期；

（三）股票种类、票面金额及代表的股份数；

（四）股票的编号。

股票由法定代表人签名，公司盖章。

发起人的股票，应当标明发起人股票字样。

第一百二十九条 公司发行的股票，可以为记名股票，也可以为无记名股票。

公司向发起人、法人发行的股票，应当为记名股票，并应当记载该发起人、法人的名称或者姓名，不得另立户名或者以代表人姓名记名。

第一百三十条 公司发行记名股票的，应当置备股东名册，记载下列事项：

（一）股东的姓名或者名称及住所；

（二）各股东所持股份数；

（三）各股东所持股票的编号；

（四）各股东取得股份的日期。

发行无记名股票的，公司应当记载其股票数量、编号及发行日期。

第一百三十一条 国务院可以对公司发行本法规定以外的其他种类的股份，另行作出规定。

第一百三十二条 股份有限公司成立后，即向股东正式交付股票。公司成立前不得向股东交付股票。

第一百三十三条 公司发行新股，股东大会应当对下列事项作出决议：

（一）新股种类及数额；

（二）新股发行价格；

（三）新股发行的起止日期；

（四）向原有股东发行新股的种类及数额。

第一百三十四条 公司经国务院证券监督管理机构核准公开发行新股时，必须公告新股招股说明书和财务会计报告，并制作认股书。

本法第八十七条、第八十八条的规定适用于公司公开发行新股。

第一百三十五条 公司发行新股，可以根据公司经营情况和财务状况，确定其作价方案。

第一百三十六条 公司发行新股募足股款后，必须向公司登记机关办理变更登记，并公告。

第二节 股份转让

第一百三十七条 股东持有的股份可以依法转让。

第一百三十八条 股东转让其股份，应当在依法设立的证券交易场所进行或者按照国务院规定的其他方式进行。

第一百三十九条 记名股票，由股东以背书方式或者法律、行政法规规定的其他方式转让；转让后由公司将受让人的姓名或者名称及住所记载于股东名册。

股东大会召开前二十日内或者公司决定分配股利的基准日前五日内，不得进行前款规定的股东名册的变更登记。但是，法律对上市公司股东名册变更登记另有规定的，从其规定。

第一百四十条 无记名股票的转让，由股东将该股票交付给受让人后即发生转让的效力。

第一百四十一条 发起人持有的本公司股份，自公司成立之日起一年内不得转让。公司公开发行股份前已发行的股份，自公司股票在证券交易所上市交易之日起一年内不得转让。

公司董事、监事、高级管理人员应当向公司申报所持有的本公司的股份及其变动情况，在任职期间每年转让的股份不得超过其所持有本公司股份总数的百分之二十五；所持本公司股份自公司股票上市交易之日起一年内不得转让。上述人员离职后半年内，不得转让其所持有的本公司股份。公司章程可以对公司董事、监事、高级管理人员转让其所持有的本公司股份作出其他限制性规定。

第一百四十二条 公司不得收购本公司股份。但是，有下列情形之一的除外：

（一）减少公司注册资本；

（二）与持有本公司股份的其他公司合并；

（三）将股份用于员工持股计划或者股权激励；

（四）股东因对股东大会作出的公司合并、分立决议持异议，要求公司收购其股份；

（五）将股份用于转换上市公司发行的可转换为股票的公司债券；

（六）上市公司为维护公司价值及股东权益所必需。

公司因前款第（一）项、第（二）项规定的情形收购本公司股份的，应当经股东大会决议；公司因前款第（三）项、第（五）项、第（六）项规定的情形收购本公司股份的，可以依照公司章程的规定或者股东大会的授权，经三分之二以上董事出席的董事会会议决议。

公司依照本条第一款规定收购本公司股份后，属于第（一）项情形的，应当自收购之日起十日内注销；属于第（二）项、第（四）项情形的，应当在六个月内转让或者注销；属于第（三）项、第（五）项、第（六）项情形的，公司合计持有的本公司股份数不得超过本公司已发行股份总额的百分之十，并应当在三年内转让或者注销。

上市公司收购本公司股份的，应当依照《中华人民共和国证券法》的规定履行信息披露义务。上市公司因本条第一款第（三）项、第（五）项、第（六）项规定的情形收购本公司股份的，应当通过公开的集中交易方式进行。

公司不得接受本公司的股票作为质押权的标的。

第一百四十三条 记名股票被盗、遗失或者灭失，股东可以依照《中华人民共和国民事诉讼法》规定的公示催告程序，请求人民法院宣告该股票失效。人民法院宣告该股票失效后，股东可以向公司申请补发股票。

第一百四十四条 上市公司的股票，依照有关法律、行政法规及证券交易所交易规则上市交易。

第一百四十五条 上市公司必须依照法律、行政法规的规定，公开其财务状况、经营情况及重大诉讼，在每会计年度内半年公布一次财务会计报告。

第六章 公司董事、监事、高级管理人员的资格和义务

第一百四十六条 有下列情形之一的，不得担任公司的董事、监事、高级管理人员：

（一）无民事行为能力或者限制民事行为能力；

（二）因贪污、贿赂、侵占财产、挪用财产或者破坏社会主义市场经济秩序，被判处刑罚，执行期满未逾五年，或者因犯罪被剥夺政治权利，执行期满未逾五年；

（三）担任破产清算的公司、企业的董事或者厂长、经理，对该公司、企业的破产负有个人责任的，自该公司、企业破产清算完结之日起未逾三年；

（四）担任因违法被吊销营业执照、责令关闭的公司、企业的法定代表人，并负有个人责任的，自该公司、企业被吊销营业执照之日起未逾三年；

（五）个人所负数额较大的债务到期未清偿。

公司违反前款规定选举、委派董事、监事或者聘任高级管理人员的，该选举、委派或者聘任无效。

董事、监事、高级管理人员在任职期间出现本条第一款所列情形的，公司应当解除其职务。

第一百四十七条 董事、监事、高级管理人员应当遵守法律、行政法规和公司章程，对公司负有忠实义务和勤勉义务。

董事、监事、高级管理人员不得利用职权收受贿赂或者其他非法收入，不得侵占公司的财产。

第一百四十八条 董事、高级管理人员不得有下列行为：

（一）挪用公司资金；

（二）将公司资金以其个人名义或者以其他个人名义开立账户存储；

（三）违反公司章程的规定，未经股东会、股东大会或者董事会同意，将公司资金借贷给他人或者以公司财产为他人提供担保；

（四）违反公司章程的规定或者未经股东会、股东大会同意，与本公司订立合同或者进行交易；

（五）未经股东会或者股东大会同意，利用职务便利为自己或者他人谋取属于公司的商业机会，自营或者为他人经营与所任职公司同类的业务；

（六）接受他人与公司交易的佣金归为己有；

（七）擅自披露公司秘密；

（八）违反对公司忠实义务的其他行为。

董事、高级管理人员违反前款规定所得的收入应当归公司所有。

第一百四十九条 董事、监事、高级管理人员执行公司职务时违反法律、行政法规或者公司章程的规定，给公司造成损失的，应当承担赔偿责任。

第一百五十条 股东会或者股东大会要求董事、监事、高级管理人员列席会议的，董事、监事、高级管理人员应当列席并接受股东的质询。

董事、高级管理人员应当如实向监事会或者不设监事会的有限责任公司的监事提供有关情况和资料，不得妨碍监事会或者监事行使职权。

第一百五十一条 董事、高级管理人员有本法第一百四十九条规定的情形的，有限责任公司的股东、股份有限公司连续一百八十日以上单独或者合计持有公司百分之一以上股份的股东，可以书面请求监事会或者不设监事会的有限责任公司的监事向人民法院提起诉讼；监事有本法第一百四十九条规定的情形的，前述股东可以书面请求董事会或者不设董事会的有限责任公司的执行董事向人民法院提起诉讼。

监事会、不设监事会的有限责任公司的监事，或者董事会、执行董事收到前款规定的股东书面请求后拒绝提起诉讼，或者自收到请求之日起三十日内未提起诉讼，或者情况紧急、不立即提起诉讼将会使公司利益受到难以弥补的损害的，前款规定的股东有权为了公司的利益以自己的名义直接向人民法院提起诉讼。

他人侵犯公司合法权益，给公司造成损失的，本条第一款规定的股东可以依照前两款的规定向人民法院提起诉讼。

第一百五十二条 董事、高级管理人员违反法律、行政法规或者公司章程的规定，损害股东利益的，股东可以向人民法院提起诉讼。

第七章　公司债券

第一百五十三条 本法所称公司债券，是指公司依照法定程序发行、约定在一定期限还本付息的有价证券。

公司发行公司债券应当符合《中华人民共和国证券法》规定的发行条件。

第一百五十四条 发行公司债券的申请经国务院授权的部门核准后，应当公告公司债券募集办法。

公司债券募集办法中应当载明下列主要事项：

（一）公司名称；

（二）债券募集资金的用途；

（三）债券总额和债券的票面金额；

（四）债券利率的确定方式；

（五）还本付息的期限和方式；

（六）债券担保情况；

（七）债券的发行价格、发行的起止日期；

（八）公司净资产额；

（九）已发行的尚未到期的公司债券总额；

（十）公司债券的承销机构。

第一百五十五条 公司以实物券方式发行公司债券的，必须在债券上载明公司名称、债券票面金额、利率、偿还期限等事项，并由法定代表人签名，公司盖章。

第一百五十六条 公司债券，可以为记名债券，也可以为无记名债券。

第一百五十七条 公司发行公司债券应当置备公司债券存根簿。

发行记名公司债券的，应当在公司债券存根簿上载明下列事项：

（一）债券持有人的姓名或者名称及住所；

（二）债券持有人取得债券的日期及债券的编号；

（三）债券总额，债券的票面金额、利率、还本付息的期限和方式；

（四）债券的发行日期。

发行无记名公司债券的，应当在公司债券存根簿上载明债券总额、利率、偿还期限和方式、发行日期及债券的编号。

第一百五十八条 记名公司债券的登记结算机构应当建立债券登记、存管、付息、兑付等相关制度。

第一百五十九条 公司债券可以转让，转让价格由转让人与受让人约定。

公司债券在证券交易所上市交易的，按照证券交易所的交易规则转让。

第一百六十条 记名公司债券，由债券持有人以背书方式或者法律、行政法规规定的其他方式转让；转让后由公司将受让人的姓名或者名称及住所记载于公司债券存根簿。

无记名公司债券的转让，由债券持有人将该债券交付给受让人后即发生转让的效力。

第一百六十一条 上市公司经股东大会决议可以发行可转换为股票的公司债券，并在公司债券募集办法中规定具体的转换办法。上市公司发行可转换为股票的公司债券，应当报国务院证券监督管理机构核准。

发行可转换为股票的公司债券，应当在债券上标明可转换公司债券字样，并在公司债券存根簿上载明可转换公司债券的数额。

第一百六十二条 发行可转换为股票的公司债券的，公司应当按照其转换办法向债券持有人换发股票，但债券持有人对转换股票或者不转换股票有选择权。

第八章　公司财务、会计

第一百六十三条 公司应当依照法律、行政法规和国务院财政部门的规定建立本公司的财务、会计制度。

第一百六十四条 公司应当在每一会计年度终了时编制财务会计报告，并依法经会计师事务所审计。

财务会计报告应当依照法律、行政法规和国务院财政部门的规定制作。

第一百六十五条 有限责任公司应当依照公司章程规定的期限将财务会计报告送交各股东。

股份有限公司的财务会计报告应当在召开股东大会年会的二十日前置备于本公司，供股东查阅；公开发行股票的股份有限公司必须公告其财务会计报告。

第一百六十六条 公司分配当年税后利润时，应当提取利润的百分之十列入公司法定公积金。公司法定公积金累计额为公司注册资本的百分之五十以上的，可以不再提取。

公司的法定公积金不足以弥补以前年度亏损的，在依照前款规定提取法定公积金之前，应当先用当年利润弥补亏损。

公司从税后利润中提取法定公积金后，经股东会或者股东大会决议，还可以从税后利润中提取任意公积金。

公司弥补亏损和提取公积金后所余税后利润，有限责任公司依照本法第三十四条的规定分配；股份有限公司按照股东持有的股份比例分配，但股份有限公司章程规定不按持股比例分配的除外。

股东会、股东大会或者董事会违反前款规定，在公司弥补亏损和提取法定公积金之前向股东分配利润的，股东必须将违反规定分配的利润退还公司。

公司持有的本公司股份不得分配利润。

第一百六十七条　股份有限公司以超过股票票面金额的发行价格发行股份所得的溢价款以及国务院财政部门规定列入资本公积金的其他收入，应当列为公司资本公积金。

第一百六十八条　公司的公积金用于弥补公司的亏损、扩大公司生产经营或者转为增加公司资本。但是，资本公积金不得用于弥补公司的亏损。

法定公积金转为资本时，所留存的该项公积金不得少于转增前公司注册资本的百分之二十五。

第一百六十九条　公司聘用、解聘承办公司审计业务的会计师事务所，依照公司章程的规定，由股东会、股东大会或者董事会决定。

公司股东会、股东大会或者董事会就解聘会计师事务所进行表决时，应当允许会计师事务所陈述意见。

第一百七十条　公司应当向聘用的会计师事务所提供真实、完整的会计凭证、会计账簿、财务会计报告及其他会计资料，不得拒绝、隐匿、谎报。

第一百七十一条　公司除法定的会计账簿外，不得另立会计账簿。

对公司资产，不得以任何个人名义开立账户存储。

第九章　公司合并、分立、增资、减资

第一百七十二条　公司合并可以采取吸收合并或者新设合并。

一个公司吸收其他公司为吸收合并，被吸收的公司解散。两个以上公司合并设立一个新的公司为新设合并，合并各方解散。

第一百七十三条　公司合并，应当由合并各方签订合并协议，并编制资产负债表及财产清单。公司应当自作出合并决议之日起十日内通知债权人，并于三十日内在报纸上公告。债权人自接到通知书之日起三十日内，未接到通知书的自公告之日起四十

五日内，可以要求公司清偿债务或者提供相应的担保。

第一百七十四条 公司合并时，合并各方的债权、债务，应当由合并后存续的公司或者新设的公司承继。

第一百七十五条 公司分立，其财产作相应的分割。

公司分立，应当编制资产负债表及财产清单。公司应当自作出分立决议之日起十日内通知债权人，并于三十日内在报纸上公告。

第一百七十六条 公司分立前的债务由分立后的公司承担连带责任。但是，公司在分立前与债权人就债务清偿达成的书面协议另有约定的除外。

第一百七十七条 公司需要减少注册资本时，必须编制资产负债表及财产清单。

公司应当自作出减少注册资本决议之日起十日内通知债权人，并于三十日内在报纸上公告。债权人自接到通知书之日起三十日内，未接到通知书的自公告之日起四十五日内，有权要求公司清偿债务或者提供相应的担保。

第一百七十八条 有限责任公司增加注册资本时，股东认缴新增资本的出资，依照本法设立有限责任公司缴纳出资的有关规定执行。

股份有限公司为增加注册资本发行新股时，股东认购新股，依照本法设立股份有限公司缴纳股款的有关规定执行。

第一百七十九条 公司合并或者分立，登记事项发生变更的，应当依法向公司登记机关办理变更登记；公司解散的，应当依法办理公司注销登记；设立新公司的，应当依法办理公司设立登记。

公司增加或者减少注册资本，应当依法向公司登记机关办理变更登记。

第十章 公司解散和清算

第一百八十条 公司因下列原因解散：

（一）公司章程规定的营业期限届满或者公司章程规定的其他解散事由出现；

（二）股东会或者股东大会决议解散；

（三）因公司合并或者分立需要解散；

（四）依法被吊销营业执照、责令关闭或者被撤销；

（五）人民法院依照本法第一百八十二条的规定予以解散。

第一百八十一条 公司有本法第一百八十条第（一）项情形的，可以通过修改公司章程而存续。

依照前款规定修改公司章程，有限责任公司须经持有三分之二以上表决权的股东通过，股份有限公司须经出席股东大会会议的股东所持表决权的三分之二以上通过。

第一百八十二条 公司经营管理发生严重困难，继续存续会使股东利益受到重大损失，通过其他途径不能解决的，持有公司全部股东表决权百分之十以上的股东，可以请求人民法院解散公司。

第一百八十三条 公司因本法第一百八十条第（一）项、第（二）项、第（四）项、第（五）项规定而解散的，应当在解散事由出现之日起十五日内成立清算组，开始清算。有限责任公司的清算组由股东组成，股份有限公司的清算组由董事或者股东大会确定的人员组成。逾期不成立清算组进行清算的，债权人可以申请人民法院指定有关人员组成清算组进行清算。人民法院应当受理该申请，并及时组织清算组进行清算。

第一百八十四条 清算组在清算期间行使下列职权：

（一）清理公司财产，分别编制资产负债表和财产清单；

（二）通知、公告债权人；

（三）处理与清算有关的公司未了结的业务；

（四）清缴所欠税款以及清算过程中产生的税款；

（五）清理债权、债务；

（六）处理公司清偿债务后的剩余财产；

（七）代表公司参与民事诉讼活动。

第一百八十五条 清算组应当自成立之日起十日内通知债权人，并于六十日内在报纸上公告。债权人应当自接到通知书之日起三十日内，未接到通知书的自公告之日起四十五日内，向清算组申报其债权。

债权人申报债权，应当说明债权的有关事项，并提供证明材料。清算组应当对债权进行登记。

在申报债权期间，清算组不得对债权人进行清偿。

第一百八十六条 清算组在清理公司财产、编制资产负债表和财产清单后，应当制定清算方案，并报股东会、股东大会或者人民法院确认。

公司财产在分别支付清算费用、职工的工资、社会保险费用和法定补偿金，缴纳所欠税款，清偿公司债务后的剩余财产，有限责任公司按照股东的出资比例分配，股份有限公司按照股东持有的股份比例分配。

清算期间，公司存续，但不得开展与清算无关的经营活动。公司财产在未依照前款规定清偿前，不得分配给股东。

第一百八十七条 清算组在清理公司财产、编制资产负债表和财产清单后，发现公司财产不足清偿债务的，应当依法向人民法院申请宣告破产。

公司经人民法院裁定宣告破产后，清算组应当将清算事务移交给人民法院。

第一百八十八条 公司清算结束后，清算组应当制作清算报告，报股东会、股东大会或者人民法院确认，并报送公司登记机关，申请注销公司登记，公告公司终止。

第一百八十九条 清算组成员应当忠于职守，依法履行清算义务。

清算组成员不得利用职权收受贿赂或者其他非法收入，不得侵占公司财产。

清算组成员因故意或者重大过失给公司或者债权人造成损失的，应当承担赔偿责任。

第一百九十条 公司被依法宣告破产的，依照有关企业破产的法律实施破产清算。

第十一章 外国公司的分支机构

第一百九十一条 本法所称外国公司是指依照外国法律在中国境外设立的公司。

第一百九十二条 外国公司在中国境内设立分支机构，必须向中国主管机关提出申请，并提交其公司章程、所属国的公司登记证书等有关文件，经批准后，向公司登记机关依法办理登记，领取营业执照。

外国公司分支机构的审批办法由国务院另行规定。

第一百九十三条 外国公司在中国境内设立分支机构，必须在中国境内指定负责该分支机构的代表人或者代理人，并向该分支机构拨付与其所从事的经营活动相适应的资金。

对外国公司分支机构的经营资金需要规定最低限额的，由国务院另行规定。

第一百九十四条 外国公司的分支机构应当在其名称中标明该外国公司的国籍及责任形式。

外国公司的分支机构应当在本机构中置备该外国公司章程。

第一百九十五条 外国公司在中国境内设立的分支机构不具有中国法人资格。

外国公司对其分支机构在中国境内进行经营活动承担民事责任。

第一百九十六条 经批准设立的外国公司分支机构，在中国境内从事业务活动，必须遵守中国的法律，不得损害中国的社会公共利益，其合法权益受中国法律保护。

第一百九十七条 外国公司撤销其在中国境内的分支机构时，必须依法清偿债务，依照本法有关公司清算程序的规定进行清算。未清偿债务之前，不得将其分支机构的财产移至中国境外。

第十二章 法律责任

第一百九十八条 违反本法规定，虚报注册资本、提交虚假材料或者采取其他欺诈手段隐瞒重要事实取得公司登记的，由公司登记机关责令改正，对虚报注册资本的公司，处以虚报注册资本金额百分之五以上百分之十五以下的罚款；对提交虚假材料或者采取其他欺诈手段隐瞒重要事实的公司，处以五万元以上五十万元以下的罚款；情节严重的，撤销公司登记或者吊销营业执照。

第一百九十九条 公司的发起人、股东虚假出资，未交付或者未按期交付作为出资的货币或者非货币财产的，由公司登记机关责令改正，处以虚假出资金额百分之五以上百分之十五以下的罚款。

第二百条 公司的发起人、股东在公司成立后，抽逃其出资的，由公司登记机关责令改正，处以所抽逃出资金额百分之五以上百分之十五以下的罚款。

第二百零一条 公司违反本法规定，在法定的会计账簿以外另立会计账簿的，由县级以上人民政府财政部门责令改正，处以五万元以上五十万元以下的罚款。

第二百零二条 公司在依法向有关主管部门提供的财务会计报告等材料上作虚假记载或者隐瞒重要事实的，由有关主管部门对直接负责的主管人员和其他直接责任人员处以三万元以上三十万元以下的罚款。

第二百零三条 公司不依照本法规定提取法定公积金的，由县级以上人民政府财政部门责令如数补足应当提取的金额，可以对公司处以二十万元以下的罚款。

第二百零四条 公司在合并、分立、减少注册资本或者进行清算时，不依照本法规定通知或者公告债权人的，由公司登记机关责令改正，对公司处以一万元以上十万元以下的罚款。

公司在进行清算时，隐匿财产，对资产负债表或者财产清单作虚假记载或者在未清偿债务前分配公司财产的，由公司登记机关责令改正，对公司处以隐匿财产或者未清偿债务前分配公司财产金额百分之五以上百分之十以下的罚款；对直接负责的主管人员和其他直接责任人员处以一万元以上十万元以下的罚款。

第二百零五条 公司在清算期间开展与清算无关的经营活动的，由公司登记机关予以警告，没收违法所得。

第二百零六条 清算组不依照本法规定向公司登记机关报送清算报告，或者报送清算报告隐瞒重要事实或者有重大遗漏的，由公司登记机关责令改正。

清算组成员利用职权徇私舞弊、谋取非法收入或者侵占公司财产的，由公司登记机关责令退还公司财产，没收违法所得，并可以处以违法所得一倍以上五倍以下的罚款。

第二百零七条 承担资产评估、验资或者验证的机构提供虚假材料的，由公司登记机关没收违法所得，处以违法所得一倍以上五倍以下的罚款，并可以由有关主管部门依法责令该机构停业、吊销直接责任人员的资格证书，吊销营业执照。

承担资产评估、验资或者验证的机构因过失提供有重大遗漏的报告的，由公司登记机关责令改正，情节较重的，处以所得收入一倍以上五倍以下的罚款，并可以由有关主管部门依法责令该机构停业、吊销直接责任人员的资格证书，吊销营业执照。

承担资产评估、验资或者验证的机构因其出具的评估结果、验资或者验证证明不实，给公司债权人造成损失的，除能够证明自己没有过错的外，在其评估或者证明不实的金额范围内承担赔偿责任。

第二百零八条 公司登记机关对不符合本法规定条件的登记申请予以登记，或者对符合本法规定条件的登记申请不予登记的，对直接负责的主管人员和其他直接责任人员，依法给予行政处分。

第二百零九条 公司登记机关的上级部门强令公司登记机关对不符合本法规定条件的登记申请予以登记，或者对符合本法规定条件的登记申请不予登记的，或者对违法登记进行包庇的，对直接负责的主管人员和其他直接责任人员依法给予行政处分。

第二百一十条 未依法登记为有限责任公司或者股份有限公司，而冒用有限责任公司或者股份有限公司名义的，或者未依法登记为有限责任公司或者股份有限公司的分公司，而冒用有限责任公司或者股份有限公司的分公司名义的，由公司登记机关责令改正或者予以取缔，可以并处十万元以下的罚款。

第二百一十一条 公司成立后无正当理由超过六个月未开业的，或者开业后自行停业连续六个月以上的，可以由公司登记机关吊销营业执照。

公司登记事项发生变更时，未依照本法规定办理有关变更登记的，由公司登记机关责令限期登记；逾期不登记的，处以一万元以上十万元以下的罚款。

第二百一十二条 外国公司违反本法规定，擅自在中国境内设立分支机构的，由公司登记机关责令改正或者关闭，可以并处五万元以上二十万元以下的罚款。

第二百一十三条 利用公司名义从事危害国家安全、社会公共利益的严重违法行为的，吊销营业执照。

第二百一十四条 公司违反本法规定，应当承担民事赔偿责任和缴纳罚款、罚金的，其财产不足以支付时，先承担民事赔偿责任。

第二百一十五条 违反本法规定，构成犯罪的，依法追究刑事责任。

第十三章 附则

第二百一十六条 本法下列用语的含义：

（一）高级管理人员，是指公司的经理、副经理、财务负责人，上市公司董事会秘书和公司章程规定的其他人员。

（二）控股股东，是指其出资额占有限责任公司资本总额百分之五十以上或者其持有的股份占股份有限公司股本总额百分之五十以上的股东；出资额或者持有股份的比例虽然不足百分之五十，但依其出资额或者持有的股份所享有的表决权已足以对股东会、股东大会的决议产生重大影响的股东。

（三）实际控制人，是指虽不是公司的股东，但通过投资关系、协议或者其他安排，能够实际支配公司行为的人。

（四）关联关系，是指公司控股股东、实际控制人、董事、监事、高级管理人员与其直接或者间接控制的企业之间的关系，以及可能导致公司利益转移的其他关系。但是，国家控股的企业之间不仅因为同受国家控股而具有关联关系。

第二百一十七条 外商投资的有限责任公司和股份有限公司适用本法；有关外商投资的法律另有规定的，适用其规定。

第二百一十八条 本法自 2006 年 1 月 1 日起施行。

二、行政法规及规范性文件

国务院办公厅关于贯彻实施修订后的证券法有关工作的通知

国办发〔2020〕5号

各省、自治区、直辖市人民政府，国务院各部委、各直属机构：

《中华人民共和国证券法》（以下简称证券法）已由十三届全国人大常委会第十五次会议于2019年12月28日修订通过，自2020年3月1日起施行。为做好修订后的证券法贯彻实施工作，经国务院同意，现就有关事项通知如下：

一、充分认识证券法修订的重要意义

本次证券法修订系统总结我国资本市场改革发展、监管执法、风险防控的实践经验，作出全面推行证券发行注册制、显著提高证券违法成本、完善投资者保护制度、强化信息披露义务、压实中介机构责任等制度改革，为打造一个规范、透明、开放、有活力、有韧性的资本市场提供了有力法制保障，对于深化金融供给侧结构性改革，健全具有高度适应性、竞争力、普惠性的现代金融体系，维护国家经济金融安全具有重要意义。各地区、各有关部门要充分认识本次证券法修订的重要意义，做好学习宣传，分类分层开展培训，不断提高证券行政执法人员依法行政、依法监管、依法治市能力。

二、稳步推进证券公开发行注册制

（一）分步实施股票公开发行注册制改革。证监会要会同有关方面依据修订后的证券法和《关于在上海证券交易所设立科创板并试点注册制的实施意见》的规定，进一步完善科创板相关制度规则，提高注册审核透明度，优化工作程序。研究制定在深圳证券交易所创业板试点股票公开发行注册制的总体方案，并及时总结科创板、创业板注册制改革经验，积极创造条件，适时提出在证券交易所其他板块和国务院批准的其他全国性证券交易场所实行股票公开发行注册制的方案。相关方案经国务院批准后实施。

在证券交易所有关板块和国务院批准的其他全国性证券交易场所的股票公开发行实行注册制前，继续实行核准制，适用本次证券法修订前股票发行核准制度的规定。

（二）落实好公司债券公开发行注册制要求。依据修订后的证券法规定，公开发行公司债券应当依法经证监会或者国家发展改革委注册。依法由证监会负责作出注册决定的公开发行公司债券申请，由证监会指定的证券交易所负责受理、审核。依法由国家发展改革委负责作出注册决定的公开发行公司债券申请，由国家发展改革委指定的机构负责受理、审核。申请公开发行公司债券的发行人，除符合证券法规定的条件外，还应当具有合理的资产负债结构和正常的现金流量。鼓励公开发行公司债券的募集资金投向符合国家宏观调控政策和产业政策的项目建设。

（三）完善证券公开发行注册程序。证监会指定的证券交易所等机构、国家发展改革委指定的机构按照规定受理、审核公开发行证券申请，主要通过审核问询、回答问题方式开展审核工作，督促发行人完善信息披露内容，并根据审核情况提出同意发行或终止审核的意见。证监会、国家发展改革委收到有关机构报送的审核意见、发行人注册申请文件及相关审核资料后，履行发行注册程序。证监会、国家发展改革委应当制定发布相关证券公开发行注册的具体管理办法。

三、依法惩处证券违法犯罪行为

严格落实修订后的证券法规定，进一步完善证券监管执法标准，提高监管能力和水平。加大对欺诈发行、违规信息披露、中介机构未勤勉尽责以及操纵市场、内幕交易、利用未公开信息进行证券交易等严重扰乱市场秩序行为的查处力度。加强行政执法与刑事司法衔接，强化信息共享和线索通报，提高案件移送查处效率。公安机关要加大对证券违法犯罪行为的打击力度，形成有效震慑。

四、加强投资者合法权益保护

有关部门要认真贯彻修订后的证券法，采取有力有效措施，依法保护投资者特别是中小投资者合法权益。要积极配合司法机关，稳妥推进由投资者保护机构代表投资者提起证券民事赔偿诉讼的制度，推动完善有关司法解释。严格执行信息披露规定，完善有关规则，明确信息披露媒体的条件，做好规则修订前后的过渡衔接，依法保障投资者知情权。

五、加快清理完善相关规章制度

证监会、司法部等部门要对与证券法有关的行政法规进行专项清理，及时提出修改建议。有关部门要对照证券法修订后的新要求，抓紧组织清理相关规章制度，做好立改废释等工作，做好政策衔接。

国务院办公厅

2020年2月29日

国务院关于开展优先股试点的指导意见

国发〔2013〕46号

各省、自治区、直辖市人民政府，国务院各部委、各直属机构：

为贯彻落实党的十八大、十八届三中全会精神，深化金融体制改革，支持实体经济发展，依照公司法、证券法相关规定，国务院决定开展优先股试点。开展优先股试点，有利于进一步深化企业股份制改革，为发行人提供灵活的直接融资工具，优化企业财务结构，推动企业兼并重组；有利于丰富证券品种，为投资者提供多元化的投资渠道，提高直接融资比重，促进资本市场稳定发展。为稳妥有序开展优先股试点，现提出如下指导意见。

一、优先股股东的权利与义务

（一）优先股的含义。优先股是指依照公司法，在一般规定的普通种类股份之外，另行规定的其他种类股份，其股份持有人优先于普通股股东分配公司利润和剩余财产，但参与公司决策管理等权利受到限制。

除本指导意见另有规定以外，优先股股东的权利、义务以及优先股股份的管理应当符合公司法的规定。试点期间不允许发行在股息分配和剩余财产分配上具有不同优先顺序的优先股，但允许发行在其他条款上具有不同设置的优先股。

（二）优先分配利润。优先股股东按照约定的票面股息率，优先于普通股股东分配公司利润。公司应当以现金的形式向优先股股东支付股息，在完全支付约定的股息之前，不得向普通股股东分配利润。

公司应当在公司章程中明确以下事项：（1）优先股股息率是采用固定股息率还是浮动股息率，并相应明确固定股息率水平或浮动股息率计算方法。（2）公司在有可分配税后利润的情况下是否必须分配利润。（3）如果公司因本会计年度可分配利润不足而未向优先股股东足额派发股息，差额部分是否累积到下一会计年度。（4）优先股股东按照约定的股息率分配股息后，是否有权同普通股股东一起参加剩余利润分配。（5）优先股利润分配涉及的其他事项。

（三）优先分配剩余财产。公司因解散、破产等原因进行清算时，公司财产在按照公司法和破产法有关规定进行清偿后的剩余财产，应当优先向优先股股东支付未派发的股息和公司章程约定的清算金额，不足以支付的按照优先股股东持股比例分配。

（四）优先股转换和回购。公司可以在公司章程中规定优先股转换为普通股、发行人回购优先股的条件、价格和比例。转换选择权或回购选择权可规定由发行人或优先股股东行使。发行人要求回购优先股的，必须完全支付所欠股息，但商业银行发行优先股补充资本的除外。优先股回购后相应减记发行在外的优先股股份总数。

（五）表决权限制。除以下情况外，优先股股东不出席股东大会会议，所持股份没有表决权：(1) 修改公司章程中与优先股相关的内容；(2) 一次或累计减少公司注册资本超过百分之十；(3) 公司合并、分立、解散或变更公司形式；(4) 发行优先股；(5) 公司章程规定的其他情形。上述事项的决议，除须经出席会议的普通股股东（含表决权恢复的优先股股东）所持表决权的三分之二以上通过之外，还须经出席会议的优先股股东（不含表决权恢复的优先股股东）所持表决权的三分之二以上通过。

（六）表决权恢复。公司累计 3 个会计年度或连续 2 个会计年度未按约定支付优先股股息的，优先股股东有权出席股东大会，每股优先股股份享有公司章程规定的表决权。对于股息可累积到下一会计年度的优先股，表决权恢复直至公司全额支付所欠股息。对于股息不可累积的优先股，表决权恢复直至公司全额支付当年股息。公司章程可规定优先股表决权恢复的其他情形。

（七）与股份种类相关的计算。以下事项计算持股比例时，仅计算普通股和表决权恢复的优先股：(1) 根据公司法第一百零一条，请求召开临时股东大会；(2) 根据公司法第一百零二条，召集和主持股东大会；(3) 根据公司法第一百零三条，提交股东大会临时提案；(4) 根据公司法第二百一十七条，认定控股股东。

二、优先股发行与交易

（八）发行人范围。公开发行优先股的发行人限于证监会规定的上市公司，非公开发行优先股的发行人限于上市公司（含注册地在境内的境外上市公司）和非上市公众公司。

（九）发行条件。公司已发行的优先股不得超过公司普通股股份总数的百分之五十，且筹资金额不得超过发行前净资产的百分之五十，已回购、转换的优先股不纳入计算。公司公开发行优先股以及上市公司非公开发行优先股的其他条件适用证券法的规定。非上市公众公司非公开发行优先股的条件由证监会另行规定。

（十）公开发行。公司公开发行优先股的，应当在公司章程中规定以下事项：(1) 采取固定股息率；(2) 在有可分配税后利润的情况下必须向优先股股东分配股息；(3) 未向优先股股东足额派发股息的差额部分应当累积到下一会计年度；(4) 优先股股东按照约定的股息率分配股息后，不再同普通股股东一起参加剩余利润分配。商业银行发行优先股补充资本的，可就第（2）项和第（3）项事项另行规定。

（十一）交易转让及登记存管。优先股应当在证券交易所、全国中小企业股份转让系统或者在国务院批准的其他证券交易场所交易或转让。优先股应当在中国证券登记结算公司集中登记存管。优先股交易或转让环节的投资者适当性标准应当与发行环节一致。

（十二）信息披露。公司应当在发行文件中详尽说明优先股股东的权利义务，充分揭示风险。同时，应按规定真实、准确、完整、及时、公平地披露或者提供信息，不得有虚假记载、误导性陈述或重大遗漏。

（十三）公司收购。优先股可以作为并购重组支付手段。上市公司收购要约适用于被收购公司的所有股东，但可以针对优先股股东和普通股股东提出不同的收购条件。根据证券法第八十六条计算收购人持有上市公司已发行股份比例，以及根据证券法第八十八条和第九十六条计算触发要约收购义务时，表决权未恢复的优先股不计入持股数额和股本总额。

（十四）与持股数额相关的计算。以下事项计算持股数额时，仅计算普通股和表决权恢复的优先股：（1）根据证券法第五十四条和第六十六条，认定持有公司股份最多的前十名股东的名单和持股数额；（2）根据证券法第四十七条、第六十七条和第七十四条，认定持有公司百分之五以上股份的股东。

三、组织管理和配套政策

（十五）加强组织管理。证监会应加强与有关部门的协调配合，积极稳妥地组织开展优先股试点工作。证监会应当根据公司法、证券法和本指导意见，制定并发布优先股试点的具体规定，指导证券自律组织完善相关业务规则。

证监会应当加强市场监管，督促公司认真履行信息披露义务，督促中介机构诚实守信、勤勉尽责，依法查处违法违规行为，切实保护投资者合法权益。

（十六）完善配套政策。优先股相关会计处理和财务报告，应当遵循财政部发布的企业会计准则及其他相关会计标准。企业投资优先股获得的股息、红利等投资收益，符合税法规定条件的，可以作为企业所得税免税收入。全国社会保障基金、企业年金投资优先股的比例不受现行证券品种投资比例的限制，具体政策由国务院主管部门制定。外资行业准入管理中外资持股比例优先股与普通股合并计算。试点中需要配套制定的其他政策事项，由证监会根据试点进展情况提出，商有关部门办理，重大事项报告国务院。

国务院

2013 年 11 月 30 日

三、中国证监会部门规章及规范性文件

（一）部门规章

证券交易所管理办法

中国证券监督管理委员会令第 192 号

《证券交易所管理办法》已经 2021 年 10 月 28 日中国证券监督管理委员会 2021 年第 6 次委务会议审议通过，现予公布，自公布之日起施行。

中国证券监督管理委员会主席：易会满

2021 年 10 月 30 日

证券交易所管理办法

第一章　总则

第一条　为加强对证券交易所的管理，促进证券交易所依法全面履行一线监管职能和服务职能，维护证券市场的正常秩序，保护投资者的合法权益，促进证券市场的健康稳定发展，根据《中华人民共和国证券法》（以下简称《证券法》）、《中华人民共和国公司法》（以下简称《公司法》），制定本办法。

第二条　本办法所称的证券交易所是指经国务院决定设立的证券交易所。

第三条　证券交易所根据《中国共产党章程》设立党组织，发挥领导作用，把方向、管大局、保落实，依照规定讨论和决定交易所重大事项，保证监督党和国家的方针、政策在交易所得到全面贯彻落实。

第四条　证券交易所由中国证券监督管理委员会（以下简称中国证监会）监督管理。

第五条　证券交易所的名称，应当标明证券交易所字样。其他任何单位和个人不得使用证券交易所或者近似名称。

第二章　证券交易所的职能

第六条　证券交易所组织和监督证券交易，实施自律管理，应当遵循社会公共利益优先原则，维护市场的公平、有序、透明。

第七条　证券交易所的职能包括：

（一）提供证券交易的场所、设施和服务；

（二）制定和修改证券交易所的业务规则；

（三）依法审核公开发行证券申请；

（四）审核、安排证券上市交易，决定证券终止上市和重新上市；

（五）提供非公开发行证券转让服务；

（六）组织和监督证券交易；

（七）对会员进行监管；

（八）对证券上市交易公司及相关信息披露义务人进行监管；

（九）对证券服务机构为证券上市、交易等提供服务的行为进行监管；

（十）管理和公布市场信息；

（十一）开展投资者教育和保护；

（十二）法律、行政法规规定的以及中国证监会许可、授权或者委托的其他职能。

第八条　证券交易所不得直接或者间接从事：

（一）新闻出版业；

（二）发布对证券价格进行预测的文字和资料；

（三）为他人提供担保；

（四）未经中国证监会批准的其他业务。

第九条　证券交易所可以根据证券市场发展的需要，创新交易品种和交易方式，设立不同的市场层次。

第十条　证券交易所制定或者修改业务规则，应当符合法律、行政法规、部门规章对其自律管理职责的要求。

证券交易所制定或者修改下列业务规则时，应当由证券交易所理事会或者董事会通过，并报中国证监会批准：

（一）证券交易、上市、会员管理和其他有关业务规则；

（二）涉及上市新的证券交易品种或者对现有上市证券交易品种作出较大调整；

（三）以联网等方式为非本所上市的品种提供交易服务；

（四）涉及证券交易方式的重大创新或者对现有证券交易方式作出较大调整；

（五）涉及港澳台及境外机构的重大事项；

（六）中国证监会认为需要批准的其他业务规则。

对于非会员理事的反对或者弃权表决意见，证券交易所应当在向中国证监会报送的请示或者报告中作出说明。

第十一条　证券交易所制定的业务规则对证券交易业务活动的各参与主体具有约束力。对违反业务规则的行为，证券交易所给予纪律处分或者采取其他自律管理措施。

第十二条　证券交易所应当按照章程、协议以及业务规则的规定，对违法违规行为采取自律监管措施或者纪律处分，履行自律管理职责。

第十三条　证券交易所应当在业务规则中明确自律监管措施或者纪律处分的具体类型、适用情形和适用程序。

证券交易所采取纪律处分的，应当依据纪律处分委员会的审核意见作出。纪律处分决定作出前，当事人按照业务规则的规定申请听证的，证券交易所应当组织听证。

第十四条　市场参与主体对证券交易所作出的相关自律监管措施或者纪律处分不服的，可以按照证券交易所业务规则的规定申请复核。

证券交易所应当设立复核委员会，依据其审核意见作出复核决定。

第十五条　证券交易所应当建立风险管理和风险监测机制，依法监测、监控、预警并防范市场风险，维护证券市场安全稳定运行。

证券交易所应当以风险基金、一般风险准备等形式储备充足的风险准备资源，用于垫付或者弥补因技术故障、操作失误、不可抗力及其他风险事件造成的损失。

第十六条 证券交易所应当同其他交易场所、登记结算机构、行业协会等证券期货业组织建立资源共享、相互配合的长效合作机制，联合依法监察证券市场违法违规行为。

第三章 证券交易所的组织

第十七条 实行会员制的证券交易所设会员大会、理事会、总经理和监事会。

实行有限责任公司制的证券交易所设股东会、董事会、总经理和监事会。证券交易所为一人有限责任公司的，不设股东会，由股东行使股东会的职权。

第十八条 会员大会为会员制证券交易所的最高权力机构。会员大会行使下列职权：

（一）制定和修改证券交易所章程；

（二）选举和罢免会员理事、会员监事；

（三）审议和通过理事会、监事会和总经理的工作报告；

（四）审议和通过证券交易所的财务预算、决算报告；

（五）法律、行政法规、部门规章和证券交易所章程规定的其他重大事项。

股东会为公司制证券交易所的最高权力机构。股东会行使下列职权：

（一）修改证券交易所章程；

（二）选举和更换非由职工代表担任的董事、监事；

（三）审议和通过董事会、监事会的工作报告；

（四）审议和通过证券交易所的财务预算、决算报告；

（五）法律、行政法规、部门规章和证券交易所章程规定的其他职权。

第十九条 会员制证券交易所章程应当包括下列事项：

（一）设立目的；

（二）名称；

（三）主要办公及交易场所和设施所在地；

（四）职能范围；

（五）会员的资格和加入、退出程序；

（六）会员的权利和义务；

（七）对会员的纪律处分；

（八）组织机构及其职权；

（九）理事、监事、高级管理人员的产生、任免及其职责；

（十）资本和财务事项；

（十一）解散的条件和程序；

（十二）其他需要在章程中规定的事项。

公司制证券交易所章程应当包括下列事项：

（一）前款第（一）项至第（四）项、第（八）项、第（十）项和第（十一）项规定的事项；

（二）董事、监事、高级管理人员的产生、任免及其职责；

（三）其他需要在章程中规定的事项。

会员制证券交易所章程的制定和修改经会员大会通过后，报中国证监会批准。公司制证券交易所的章程由股东共同制定，并报中国证监会批准；章程的修改由股东会通过后，报中国证监会批准。

第二十条 会员大会每年召开一次，由理事会召集，理事长主持。理事长因故不能履行职责时，由理事长指定的副理事长或者其他理事主持。有下列情形之一的，应当召开临时会员大会：

（一）理事人数不足本办法规定的最低人数；

（二）三分之一以上会员提议；

（三）理事会或者监事会认为必要。

股东会会议由董事会召集。股东会会议的召开应当符合证券交易所章程的规定。

第二十一条 会员大会应当有三分之二以上的会员出席，其决议须经出席会议的会员过半数表决通过。

股东会会议的议事规则应当符合证券交易所章程的规定。

会员大会或者股东会会议结束后十个工作日内，证券交易所应当将大会全部文件及有关情况向中国证监会报告。

第二十二条 理事会是会员制证券交易所的决策机构，行使下列职权：

（一）召集会员大会，并向会员大会报告工作；

（二）执行会员大会的决议；

（三）审定总经理提出的工作计划；

（四）审定总经理提出的年度财务预算、决算方案；

（五）审定对会员的接纳和退出；

（六）审定取消会员资格的纪律处分；

（七）审定证券交易所业务规则；

（八）审定证券交易所上市新的证券交易品种或者对现有上市证券交易品种作出较大调整；

（九）审定证券交易所收费项目、收费标准及收费管理办法；

（十）审定证券交易所重大财务管理事项；

（十一）审定证券交易所重大风险管理和处置事项，管理证券交易所风险基金；

（十二）审定重大投资者教育和保护工作事项；

（十三）决定高级管理人员的聘任、解聘及薪酬事项，但中国证监会任免的除外；

（十四）会员大会授予和证券交易所章程规定的其他职权。

董事会是公司制证券交易所的决策机构，行使下列职权：

（一）召集股东会会议，并向股东会报告工作；

（二）执行股东会的决议；

（三）制订年度财务预算、决算方案；

（四）前款第（三）项、第（五）项至第（十三）项规定的职权；

（五）股东会授予和证券交易所章程规定的其他职权。

第二十三条 证券交易所理事会由七至十三人组成，其中非会员理事人数不少于理事会成员总数的三分之一，不超过理事会成员总数的二分之一。

理事每届任期三年。会员理事由会员大会选举产生，非会员理事由中国证监会委派。

董事会由三至十三人组成。董事每届任期不得超过三年。

第二十四条 理事会会议至少每季度召开一次。会议须有三分之二以上理事出席，其决议应当经出席会议的三分之二以上理事表决同意方为有效。理事会决议应当在会议结束后两个工作日内向中国证监会报告。

董事会会议的召开和议事规则应当符合证券交易所章程的规定。董事会决议应当在会议结束后两个工作日内向中国证监会报告。

第二十五条 理事会设理事长一人，可以设副理事长一至二人。总经理应当是理事会成员。

董事会设董事长一人，可以设副董事长一至二人。总经理应当是董事会成员。董事长、副董事长的任免，由中国证监会提名，董事会通过。

理事长、董事长是证券交易所的法定代表人。

第二十六条 理事长负责召集和主持理事会会议。理事长因故临时不能履行职责时，由副理事长或者其他理事代其履行职责。

董事长负责召集和主持董事会会议。董事长因故临时不能履行职责时，由副董事长代为履行职责；副董事长不能履行职责时，由半数以上董事共同推举一名董事召集和主持。

理事长、董事长不得兼任证券交易所总经理。

第二十七条 证券交易所的总经理、副总经理、首席专业技术管理人员每届任期三年。总经理由中国证监会任免。副总经理按照中国证监会相关规定任免或者聘任。

总经理因故临时不能履行职责时，由总经理指定的副总经理代其履行职责。

第二十八条 会员制证券交易所的总经理行使下列职权：

（一）执行会员大会和理事会决议，并向其报告工作；

（二）主持证券交易所的日常工作；

（三）拟订并组织实施证券交易所工作计划；

（四）拟订证券交易所年度财务预算、决算方案；

（五）审定业务细则及其他制度性规定；

（六）审定除取消会员资格以外的其他纪律处分；

（七）审定除应当由理事会审定外的其他财务管理事项；

（八）理事会授予和证券交易所章程规定的其他职权。

公司制证券交易所的总经理行使下列职权：

（一）执行董事会决议，并向其报告工作；

（二）前款第（二）项至第（六）项规定的职权；

（三）审定除应当由董事会审定外的其他财务管理事项；

（四）董事会授予和证券交易所章程规定的其他职权。

第二十九条 监事会是证券交易所的监督机构，行使下列职权：

（一）检查证券交易所财务；

（二）检查证券交易所风险基金的使用和管理；

（三）监督证券交易所理事或者董事、高级管理人员执行职务行为；

（四）监督证券交易所遵守法律、行政法规、部门规章和证券交易所章程、协议、业务规则以及风险预防与控制的情况；

（五）当理事或者董事、高级管理人员的行为损害证券交易所利益时，要求理事或者董事、高级管理人员予以纠正；

（六）提议召开临时会员大会或者股东会会议；

（七）提议会员制证券交易所召开临时理事会；

（八）向会员大会或者股东会会议提出提案；

（九）会员大会或者股东会授予和证券交易所章程规定的其他职权。

第三十条 证券交易所监事会人员不得少于五人，其中职工监事不得少于两名，专职监事不得少于一名。

监事每届任期三年。职工监事由职工大会、职工代表大会或者其他形式民主选举产生，专职监事由中国证监会委派。证券交易所理事或者董事、高级管理人员不得兼任监事。

会员制证券交易所的监事会，会员监事不得少于两名，由会员大会选举产生。

第三十一条 监事会设监事长一人，由中国证监会提名，监事会通过。

监事长负责召集和主持监事会会议。会员制证券交易所监事长因故不能履行职责时，由其指定的专职监事或者其他监事代为履行职务。公司制证券交易所监事长因故不能履行职责时，由半数以上监事共同推举一名监事代为履行职务。

第三十二条 会员制证券交易所的监事会至少每六个月召开一次会议。监事长、三分之一以上监事可以提议召开临时监事会会议。监事会决议应当经半数以上监事通过。

公司制证券交易所监事会会议的召开和议事规则应当符合《公司法》及证券交易所章程的规定。

监事会决议应当在会议结束后两个工作日内向中国证监会报告。

第三十三条 理事会、董事会、监事会根据需要设立专门委员会。各专门委员会的职责、任期和人员组成等事项，由证券交易所章程具体规定。

各专门委员会的经费应当纳入证券交易所的预算。

第三十四条 证券交易所的从业人员应当正直诚实、品行良好、具备履行职责所必需的专业知识与能力。因违法行为或者违纪行为被开除的证券交易场所、证券公司、证券登记结算机构、证券服务机构的从业人员和被开除的国家机关工作人员，不得招聘为证券交易所的从业人员。

有《公司法》第一百四十六条规定的情形或者下列情形之一的，不得担任证券交易所理事、董事、监事、高级管理人员：

（一）犯有贪污、贿赂、侵占财产、挪用财产罪或者破坏社会经济秩序罪，或者因犯罪被剥夺政治权利；

（二）因违法行为或者违纪行为被解除职务的证券交易场所、证券登记结算机构的负责人，自被解除职务之日起未逾五年；

（三）因违法行为或者违纪行为被解除职务的证券公司董事、监事、高级管理人员，自被解除职务之日起未逾五年；

（四）因违法行为或者违纪行为被吊销执业证书或者被取消资格的律师、注册会计师或者其他证券服务机构的专业人员，自被吊销执业证书或者被取消资格之日起未逾五年；

（五）担任因违法行为被吊销营业执照的公司、企业的法定代表人并对该公司、企业被吊销营业执照负有个人责任的，自被吊销营业执照之日起未逾五年；

（六）担任因经营管理不善而破产的公司、企业的董事、厂长或者经理并对该公司、企业的破产负有个人责任的，自破产之日起未逾五年；

（七）法律、行政法规、部门规章规定的其他情形。

第三十五条 证券交易所理事、董事、监事、高级管理人员的产生、聘任有不正当情况，或者前述人员在任期内有违反法律、行政法规、部门规章和证券交易所章程、业务规则的行为，或者由于其他原因，不适宜继续担任其所担任的职务时，中国证监会有权解除或者提议证券交易所解除有关人员的职务，并按照规定任命新的人选。

第四章 证券交易所对证券交易活动的监管

第三十六条 证券交易所应当制定具体的交易规则。其内容包括：

（一）证券交易的基本原则；

（二）证券交易的场所、品种和时间；

（三）证券交易方式、交易流程、风险控制和规范事项；

（四）证券交易监督；

（五）清算交收事项；

（六）交易纠纷的解决；

（七）暂停、恢复与取消交易；

（八）交易异常情况的认定和处理；

（九）投资者准入和适当性管理的基本要求；

（十）对违反交易规则行为的处理规定；

（十一）证券交易信息的提供和管理；

（十二）指数的编制方法和公布方式；

（十三）其他需要在交易规则中规定的事项。

第三十七条 参与证券交易所集中交易的，必须是证券交易所的会员，非会员不得直接参与股票的集中交易。会员应当依据证券交易所相关业务规则，对客户证券交易行为进行管理。

第三十八条 证券交易所应当实时公布即时行情，并按日制作证券市场行情表，记载并公布下列事项：

（一）上市证券的名称；

（二）开盘价、最高价、最低价、收盘价；

（三）与前一交易日收盘价比较后的涨跌情况；

（四）成交量、成交金额的分计及合计；

（五）证券交易所市场基准指数及其涨跌情况；

（六）中国证监会要求公布或者证券交易所认为需要公布的其他事项。

证券交易所即时行情的权益由证券交易所依法享有。证券交易所对市场交易形成的基础信息和加工产生的信息产品享有专属权利。未经证券交易所同意，任何单位和个人不得发布证券交易即时行情，不得以商业目的使用。经许可使用交易信息的机构和个人，未经证券交易所同意，不得将该信息提供给其他机构和个人使用。

第三十九条 证券交易所应当就其市场内的成交情况编制日报表、周报表、月报表和年报表，并及时向市场公布。

证券交易所可以根据监管需要，对其市场内特定证券的成交情况进行分类统计，并向市场公布。

第四十条 证券交易所应当保证投资者有平等机会获取证券市场的交易行情和其他公开披露的信息，并有平等的交易机会。

第四十一条 因不可抗力、意外事件、重大技术故障、重大人为差错等突发性事件而影响证券交易正常进行时，为维护证券交易正常秩序和市场公平，证券交易所可以按照业务规则采取技术性停牌、临时停市等处置措施，并应当及时向中国证监会报告。

因前款规定的突发性事件导致证券交易结果出现重大异常，按交易结果进行交收将对证券交易正常秩序和市场公平造成重大影响的，证券交易所按照业务规则可以采取取消交易、通知证券登记结算机构暂缓交收等措施，并应当及时向中国证监会报告并公告。

第四十二条 证券交易所对证券交易进行实时监控，及时发现和处理违反业务规则的异常交易行为。

证券交易所应当对可能误导投资者投资决策、可能对证券交易价格或证券交易量产生不当影响等异常交易行为进行重点监控。

第四十三条 证券交易所应当按照维护市场交易秩序，保障市场稳定运行，保证投资者公平交易机会，防范和化解市场风险的原则，制定异常交易行为认定和处理的业务规则，并报中国证监会批准。

第四十四条 对于严重影响证券交易秩序或者交易公平的异常交易行为，证券交易所可以按照业务规则实施限制投资者交易等措施，并向中国证监会报告。

证券交易所发现异常交易行为涉嫌违反法律、行政法规、部门规章的，应当及时向中国证监会报告。

第四十五条 证券交易所应当加强对证券交易的风险监测。出现重大异常波动的，证券交易所可以按照业务规则采取限制交易、强制停牌等处置措施，并向中国证监会报告；严重影响证券市场稳定的，证券交易所可以按照业务规则采取临时停市等处置措施并公告。

第四十六条 证券交易所应当妥善保存证券交易中产生的交易记录，并制定相应的保密管理措施。交易记录等重要文件的保存期不少于二十年。

证券交易所应当要求并督促会员妥善保存与证券交易有关的委托资料、交易记录、清算文件等，并建立相应的查询和保密制度。

第四十七条 证券交易所应当建立符合证券市场监管和实时监控要求的技术系统，并设立负责证券市场监管工作的专门机构。

证券交易所应当保障交易系统、通信系统及相关信息技术系统的安全、稳定和持续运行。

第四十八条 通过计算机程序自动生成或者下达交易指令进行程序化交易的，应当符合中国证监会的规定，并向证券交易所报告，不得影响证券交易所系统安全或者正常交易秩序。证券交易所应当制定业务规则，对程序化交易进行监管。

第五章　证券交易所对会员的监管

第四十九条 证券交易所应当制定会员管理规则。其内容包括：

（一）会员资格的取得和管理；

（二）席位（如有）与交易单元管理；

（三）与证券交易业务有关的会员合规管理及风险控制要求；

（四）会员客户交易行为管理、适当性管理及投资者教育要求；

（五）会员业务报告制度；

（六）对会员的日常管理和监督检查；

（七）对会员采取的收取惩罚性违约金、取消会员资格等自律监管措施和纪律处分；

（八）其他需要在会员管理规则中规定的事项。

第五十条 证券交易所接纳的会员应当是经批准设立并具有法人地位的境内证券经营机构。

境外证券经营机构设立的驻华代表处，经申请可以成为证券交易所的特别会员。

证券交易所的会员种类，会员资格及权利、义务由证券交易所章程和业务规则规定。

第五十一条 证券交易所决定接纳或者开除会员应当在决定后的五个工作日内向中国证监会报告。

第五十二条 证券交易所应当限定席位（如有）的数量。

会员可以通过购买或者受让的方式取得席位。经证券交易所同意，席位可以转让，但不得用于出租和质押。

第五十三条 证券交易所应当对交易单元实施严格管理，设定、调整和限制会员参与证券交易的品种及方式。

会员参与证券交易的，应当向证券交易所申请设立交易单元。经证券交易所同意，会员将交易单元提供给他人使用的，会员应当对其进行管理。会员不得允许他人以其名义直接参与证券的集中交易。具体管理办法由证券交易所规定。

第五十四条 证券交易所应当制定技术管理规范，明确会员交易系统接入证券交易所和运行管理等技术要求，督促会员按照技术要求规范运作，保障交易及相关系统的安全稳定。

证券交易所为了防范系统性风险，可以要求会员建立和实施相应的风险控制系统和监测模型。

第五十五条 证券交易所应当按照章程、业务规则的规定，对会员遵守证券交易所章程和业务规则的情况进行检查，并将检查结果报告中国证监会。

证券交易所可以根据章程、业务规则要求会员提供与证券交易活动有关的业务报表、账册、交易记录和其他文件资料。

第五十六条 证券交易所应当建立会员客户交易行为管理制度，要求会员了解客户并在协议中约定对委托交易指令的核查和对异常交易指令的拒绝等内容，指导和督促会员完善客户交易行为监控系统，并定期进行考核评价。

会员管理的客户出现严重异常交易行为或者在一定时期内多次出现异常交易行为的，证券交易所应当对会员客户交易行为管理情况进行现场或者非现场检查，并将检查结果报告中国证监会。

会员未按规定履行客户管理职责的，证券交易所可以采取自律监管措施或者纪律处分。

第五十七条 证券交易所应当按照章程、业务规则对会员通过证券自营及资产管理等业务进行的证券交易实施监管。

证券交易所应当按照章程、业务规则要求会员报备其通过自营及资产管理账户开展产品业务创新的具体情况以及账户实际控制人的有关文件资料。

第五十八条 证券交易所应当督促会员建立并执行客户适当性管理制度，要求会员向客户推荐产品或者服务时充分揭示风险，并不得向客户推荐与其风险承受能力不适应的产品或者服务。

第五十九条 会员出现违法违规行为的，证券交易所可以按照章程、业务规则的规定采取暂停受理或者办理相关业务、限制交易权限、收取惩罚性违约金、取消会员资格等自律监管措施或者纪律处分。

第六十条 证券交易所会员应当接受证券交易所的监管，并主动报告有关问题。

第六章 证券交易所对证券上市交易公司的监管

第六十一条 证券交易所应当制定证券上市规则。其内容包括：

（一）证券上市的条件、程序和披露要求；

（二）信息披露的主体、内容及具体要求；

（三）证券停牌、复牌的标准和程序；

（四）终止上市、重新上市的条件和程序；

（五）对违反上市规则行为的处理规定；

（六）其他需要在上市规则中规定的事项。

第六十二条 证券交易所应当与申请证券上市交易的公司订立上市协议，确定相互间的权利义务关系。上市协议的内容与格式应当符合法律、行政法规、部门规章的规定。

上市协议应当包括下列内容：

（一）上市证券的品种、名称、代码、数量和上市时间；

（二）上市费用的收取；

（三）证券交易所对证券上市交易公司及相关主体进行自律管理的主要手段和方式，包括现场和非现场检查等内容；

（四）违反上市协议的处理，包括惩罚性违约金等内容；

（五）上市协议的终止情形；

（六）争议解决方式；

（七）证券交易所认为需要在上市协议中明确的其他内容。

第六十三条 证券交易所应当依法建立上市保荐制度。

证券交易所应当监督保荐人及相关人员的业务行为，督促其切实履行法律、行政法规、部门规章以及业务规则中规定的相关职责。

第六十四条 证券交易所按照章程、协议以及上市规则决定证券终止上市和重新上市。

证券交易所按照业务规则对出现终止上市情形的证券实施退市，督促证券上市交易公司充分揭示终止上市风险，并应当及时公告，报中国证监会备案。

第六十五条 证券交易所应当按照章程、协议以及业务规则，督促证券上市交易公司及相关信息披露义务人依法披露上市公告书、定期报告、临时报告等信息披露文件。

证券交易所对信息披露文件进行审核，可以要求证券上市交易公司及相关信息披露义务人、上市保荐人、证券服务机构等作出补充说明并予以公布，发现问题应当按照有关规定及时处理，情节严重的，报告中国证监会。

第六十六条 证券交易所应当依据业务规则和证券上市交易公司的申请，决定上市交易证券的停牌或者复牌。证券上市交易的公司不得滥用停牌或复牌损害投资者合法权益。

证券交易所为维护市场秩序可以根据业务规则拒绝证券上市交易公司的停复牌申请，或者决定证券强制停复牌。

中国证监会为维护市场秩序可以要求证券交易所对证券实施停复牌。

第六十七条 证券交易所应当按照章程、协议以及业务规则，对上市公司控股股东、持股百分之五以上股东、其他相关股东以及董事、监事、高级管理人员等持有本公司股票的变动及信息披露情况进行监管。

第六十八条 发行人、证券上市交易公司及相关信息披露义务人等出现违法违规行为的，证券交易所可以按照章程、协议以及业务规则的规定，采取通报批评、公开谴责、收取惩罚性违约金、向相关主管部门出具监管建议函等自律监管措施或者纪律处分。

第六十九条 证券交易所应当比照本章的有关规定，对证券在本证券交易所发行或者交易的其他主体进行监管。

第七章 管理与监督

第七十条 证券交易所不得以任何方式转让其依照本办法取得的设立及业务许可。

第七十一条 证券交易所的理事、董事、监事、高级管理人员对其任职机构负有诚实信用的义务。

证券交易所的总经理离任时，应当按照有关规定接受离任审计。

第七十二条 证券交易所的总经理、副总经理未经批准，不得在任何营利性组织、团体和机构以及公益性社会团体、基金会、高等院校和科研院所中兼职。会员制证券交易所的非会员理事和非会员监事、公司制证券交易所的董事和监事以及其他工作人员不得以任何形式在证券交易所会员公司兼职。

第七十三条 证券交易所的理事、董事、监事、高级管理人员及其他工作人员不得以任何方式泄露或者利用内幕信息，不得以任何方式违规从证券交易所的会员、证券上市交易公司获取利益。

第七十四条 证券交易所的理事、董事、监事、高级管理人员及其他工作人员在履行职责时，遇到与本人或者其亲属等有利害关系情形的，应当回避。具体回避事项由其章程、业务规则规定。

第七十五条 证券交易所应当建立健全财务管理制度，收取的各种资金和费用应当严格按照规定用途使用，不得挪作他用。

证券交易所的各项收益安排应当以保证交易场所和设施安全运行为前提，合理设置利润留成项目，做好长期资金安排。

会员制证券交易所的收支结余不得分配给会员。

第七十六条 证券交易所应当履行下列报告义务：

（一）证券交易所经符合《证券法》规定的会计师事务所审计的年度财务报告，该报告应于每一财政年度终了后三个月内向中国证监会提交；

（二）关于业务情况的季度和年度工作报告，应当分别于每一季度结束后十五日内和每一年度结束后三十日内向中国证监会报告；

（三）法律、行政法规、部门规章及本办法其他条款中规定的报告事项；

（四）中国证监会要求报告的其他事项。

第七十七条 遇有重大事项，证券交易所应当随时向中国证监会报告。

前款所称重大事项包括：

（一）发现证券交易所会员、证券上市交易公司、投资者和证券交易所工作人员存在或者可能存在严重违反法律、行政法规、部门规章的行为；

（二）发现证券市场中存在产生严重违反法律、行政法规、部门规章行为的潜在风险；

（三）证券市场中出现法律、行政法规、部门规章未作明确规定，但会对证券市场产生重大影响的事项；

（四）执行法律、行政法规、部门规章过程中，需由证券交易所作出重大决策的事项；

（五）证券交易所认为需要报告的其他事项；

（六）中国证监会规定的其他事项。

第七十八条 遇有以下事项之一的，证券交易所应当及时向中国证监会报告，同时抄报交易所所在地人民政府，并采取适当方式告知交易所会员和投资者：

（一）发生影响证券交易所安全运转的情况；

（二）因不可抗力、意外事件、重大技术故障、重大人为差错等突发性事件而影响证券交易正常进行时，证券交易所为维护证券交易正常秩序和市场公平采取技术性停牌、临时停市、取消交易或者通知证券登记结算机构暂缓交收等处理措施；

（三）因重大异常波动，证券交易所为维护市场稳定，采取限制交易、强制停牌、临时停市等处置措施。

第七十九条 中国证监会有权要求证券交易所提供证券市场信息、业务文件以及其他有关的数据、资料。

第八十条 中国证监会有权要求证券交易所对其章程和业务规则进行修改。

第八十一条 中国证监会有权对证券交易所业务规则制定与执行情况、自律管理职责的履行情况、信息技术系统建设维护情况以及财务和风险管理等制度的建立及执行情况进行评估和检查。

中国证监会开展前款所述评估和检查，可以采取要求证券交易所进行自查、要求证券交易所聘请中国证监会认可的专业机构进行核查、中国证监会组织现场核查等方式进行。

第八十二条 中国证监会依法查处证券市场的违法违规行为时，证券交易所应当予以配合。

第八十三条 证券交易所涉及诉讼或者证券交易所理事、董事、监事、高级管理人员因履行职责涉及诉讼或者依照法律、行政法规、部门规章应当受到解除职务的处分时，证券交易所应当及时向中国证监会报告。

第八章 法律责任

第八十四条 证券交易所违反本办法第八条的规定，从事未经中国证监会批准的其他业务的，由中国证监会责令限期改正；构成犯罪的，由司法机关依法追究刑事责任。

第八十五条 证券交易所违反本办法第十条的规定，上市新的证券交易品种或者对现有上市证券交易品种作出较大调整未制定修改业务规则或者未履行相关程序的，由中国证监会责令停止该交易品种的交易，并对有关负责人采取处理措施。

第八十六条 证券交易所违反本办法第十条的规定，制定或者修改业务规则应当报中国证监会批准而未履行相关程序的，中国证监会有权要求证券交易所进行修改、暂停适用或者予以废止，并对有关负责人采取处理措施。

第八十七条 证券交易所违反规定，允许非会员直接参与股票集中交易的，中国证监会依据《证券法》作出行政处罚。

第八十八条 证券交易所违反本办法规定，在监管工作中不履行职责，或者不履行本办法规定的有关报告义务，中国证监会可以采取监管谈话、出具警示函、通报批评、责令限期改正等监管措施。

第八十九条 证券交易所存在下列情况时，由中国证监会对有关高级管理人员视情节轻重分别给予警告、记过、记大过、撤职等行政处分，并责令证券交易所对有关的业务部门负责人给予纪律处分；造成严重后果的，由中国证监会按本办法第三十五条的规定处理；构成犯罪的，由司法机关依法追究有关责任人员的刑事责任：

（一）对国家有关法律、法规、规章、政策和中国证监会颁布的制度、办法、规定不传达、不执行；

（二）对工作不负责任，管理混乱，致使有关业务制度和操作规程不健全、不落实；

（三）对中国证监会的监督检查工作不接受、不配合，对工作中发现的重大隐患、漏洞不重视、不报告、不及时解决；

（四）对在证券交易所内发生的违规行为未能及时采取有效措施予以制止或者查处不力。

第九十条 证券交易所的任何工作人员有责任拒绝执行任何人员向其下达的违反法律、行政法规、部门规章和证券交易所有关规定的工作任务，并有责任向其更高一级领导和中国证监会报告具体情况。没有拒绝执行上述工作任务，或者虽拒绝执行但没有报告的，应当承担相应责任。

第九十一条 证券交易所会员、证券上市交易公司违反法律、行政法规、部门规章和证券交易所章程、业务规则的规定，并且证券交易所没有履行规定的监管责任的，中国证监会有权按照本办法的有关规定，追究证券交易所和证券交易所有关理事、董事、监事、高级管理人员和直接责任人的责任。

第九十二条 证券交易所应当在其职责范围内，及时向中国证监会报告其会员、证券上市交易公司及其他人员违反法律、行政法规、部门规章的情况；按照证券交易所章程、业务规则等证券交易所可以采取自律监管措施和纪律处分的，证券交易所有权按照有关规定予以处理，并报中国证监会备案；法律、行政法规、部门规章规定由中国证监会处罚的，证券交易所可以向中国证监会提出处罚建议。

中国证监会可以要求证券交易所按照业务规则对其会员、证券上市交易公司等采取自律监管措施或者纪律处分。

第九十三条 证券交易所、证券交易所会员、证券上市交易公司违反本办法规定，直接责任人以及与直接责任人有直接利益关系者因此而形成非法获利或者避损的，由中国证监会依法予以行政处罚。

第九章　附则

第九十四条　本办法由中国证监会负责解释。

第九十五条　本办法自公布之日起施行。2017 年 11 月 17 日中国证监会公布的《证券交易所管理办法》同时废止。

北京证券交易所向不特定合格投资者公开发行股票注册管理办法（试行）

中国证券监督管理委员会令第187号

《北京证券交易所向不特定合格投资者公开发行股票注册管理办法（试行）》已经2021年10月28日中国证券监督管理委员会2021年第6次委务会议审议通过，现予公布，自2021年11月15日起施行。

中国证券监督管理委员会主席：易会满

2021年10月30日

北京证券交易所向不特定合格投资者公开发行股票注册管理办法（试行）

第一章　总则

第一条　为了规范北京证券交易所（以下简称北交所）试点注册制向不特定合格投资者公开发行股票相关活动，保护投资者合法权益和社会公共利益，根据《中华人民共和国证券法》（以下简称《证券法》）《国务院办公厅关于贯彻实施修订后的证券法有关工作的通知》及相关法律法规，制定本办法。

第二条　股票向不特定合格投资者公开发行（以下简称公开发行）并在北交所上市的发行注册，适用本办法。

前款所称的合格投资者应当符合中国证券监督管理委员会（以下简称中国证监会）和北交所的投资者适当性管理规定。

第三条　北交所充分发挥对全国中小企业股份转让系统（以下简称全国股转系统）的示范引领作用，深入贯彻创新驱动发展战略，聚焦实体经济，主要服务创新型中小企业，重点支持先进制造业和现代服务业等领域的企业，推动传统产业转型升级，培育经济发展新动能，促进经济高质量发展。

第四条　公开发行股票并在北交所上市，应当符合发行条件、上市条件以及相关信息披露要求，依法经北交所发行上市审核，并报中国证监会注册。

第五条　发行人应当诚实守信，依法充分披露投资者作出价值判断和投资决策所必需的信息，所披露信息必须真实、准确、完整，简明清晰、通俗易懂，不得有虚假记载、误导性陈述或者重大遗漏。

发行人应当按保荐人、证券服务机构要求，依法向其提供真实、准确、完整的财务会计资料和其他资料，配合相关机构开展尽职调查和其他相关工作。

发行人的控股股东、实际控制人、董事、监事、高级管理人员应当配合相关机构开展尽职调查和其他相关工作，不得要求或者协助发行人隐瞒应当提供的资料或者应当披露的信息。

第六条　保荐人应当诚实守信，勤勉尽责，按照依法制定的业务规则和行业自律规范的要求，充分了解发行人经营情况和风险，对注册申请文件和信息披露资料进行全面核查验证，对发行人是否符合发行条件、上市条件独立作出专业判断，审慎作出保荐决定，并对招股说明书及其所出具的相关文件的真实性、准确性、完整性负责。

第七条　证券服务机构应当严格遵守法律法规、中国证监会制定的监管规则、业务规则和本行业公认的业务标准和道德规范，建立并保持有效的质量控制体系，保护投资者合法权益，审慎履行职责，作出专业判断与认定，并对招股说明书或者其他信息披露文件中与其专业职责有关的内容及其所出具的文件的真实性、准确性、完整性负责。

证券服务机构及其相关执业人员应当对与本专业相关的业务事项履行特别注意义务，对其他业务事项履行普通注意义务，并承担相应法律责任。

证券服务机构及其执业人员从事证券服务应当配合中国证监会的监督管理，在规定的期限内提供、报送或披露相关资料、信息，并保证其提供、报送或披露的资料、信息真实、准确、完整，不得有虚假记载、误导性陈述或者重大遗漏。

证券服务机构应当妥善保存客户委托文件、核查和验证资料、工作底稿以及与质量控制、内部管理、业务经营有关的信息和资料。

第八条 对发行人公开发行股票申请予以注册，不表明中国证监会和北交所对该股票的投资价值或者投资者的收益作出实质性判断或者保证，也不表明中国证监会和北交所对注册申请文件的真实性、准确性、完整性作出保证。

第二章 发行条件

第九条 发行人应当为在全国股转系统连续挂牌满十二个月的创新层挂牌公司。

第十条 发行人申请公开发行股票，应当符合下列规定：

（一）具备健全且运行良好的组织机构；

（二）具有持续经营能力，财务状况良好；

（三）最近三年财务会计报告无虚假记载，被出具无保留意见审计报告；

（四）依法规范经营。

第十一条 发行人及其控股股东、实际控制人存在下列情形之一的，发行人不得公开发行股票：

（一）最近三年内存在贪污、贿赂、侵占财产、挪用财产或者破坏社会主义市场经济秩序的刑事犯罪；

（二）最近三年内存在欺诈发行、重大信息披露违法或者其他涉及国家安全、公共安全、生态安全、生产安全、公众健康安全等领域的重大违法行为；

（三）最近一年内受到中国证监会行政处罚。

第三章 注册程序

第十二条 发行人董事会应当依法就本次股票发行的具体方案、本次募集资金使用的可行性及其他必须明确的事项作出决议，并提请股东大会批准。

发行人监事会应当对董事会编制的招股说明书等文件进行审核并提出书面审核意见。

第十三条 发行人股东大会就本次股票发行作出决议，至少应当包括下列事项：

（一）本次公开发行股票的种类和数量；

（二）发行对象的范围；

（三）定价方式、发行价格（区间）或发行底价；

（四）募集资金用途；

（五）决议的有效期；

（六）对董事会办理本次发行具体事宜的授权；

（七）发行前滚存利润的分配方案；

（八）其他必须明确的事项。

第十四条 发行人股东大会就本次股票发行事项作出决议，必须经出席会议的股东所持表决权的 2/3 以上通过。发行人应当对出席会议的持股比例在 5%以下的中小股东表决情况单独计票并予以披露。

发行人就本次股票发行事项召开股东大会，应当提供网络投票的方式，发行人还可以通过其他方式为股东参加股东大会提供便利。

第十五条 发行人申请公开发行股票，应当按照中国证监会有关规定制作注册申请文件，依法由保荐人保荐并向北交所申报。北交所收到注册申请文件后，应当在五个工作日内作出是否受理的决定。

保荐人应当指定保荐代表人负责具体保荐工作。

第十六条 自注册申请文件申报之日起，发行人及其控股股东、实际控制人、董事、监事、高级管理人员，以及与本次股票公开发行相关的保荐人、证券服务机构及相关责任人员，即承担相应法律责任。

第十七条 注册申请文件受理后，未经中国证监会或者北交所同意，不得改动。

发生重大事项的，发行人、保荐人、证券服务机构应当及时向北交所报告，并按要求更新注册申请文件和信息披露资料。

第十八条 北交所设立独立的审核部门，负责审核发行人公开发行并上市申请；设立上市委员会，负责对审核部门出具的审核报告和发行人的申请文件提出审议意见。北交所可以设立行业咨询委员会，负责为发行上市审核提供专业咨询和政策建议。

北交所应当根据本办法制定发行上市审核业务规则，并报中国证监会批准。

第十九条 北交所主要通过向发行人提出审核问询、发行人回答问题方式开展审核工作，判断发行人是否符合发行条件、上市条件和信息披露要求。

第二十条 北交所按照规定的条件和程序，形成发行人是否符合发行条件和信息披露要求的审核意见。认为发行人符合发行条件和信息披露要求的，将审核意见、发行人注册申请文件及相关审核资料报送中国证监会注册；认为发行人不符合发行条件或者信息披露要求的，作出终止发行上市审核决定。

第二十一条 北交所应当自受理注册申请文件之日起两个月内形成审核意见，通过对发行人实施现场检查、对保荐人实施现场督导、要求保荐人和证券服务机构对有关事项进行专项核查等方式要求发行人补充、修改申请文件的时间不计算在内。

第二十二条 中国证监会收到北交所报送的审核意见、发行人注册申请文件及相关审核资料后，履行发行注册程序。发行注册主要关注北交所发行上市审核内容有无遗漏，审核程序是否符合规定，以及发行人在发行条件和信息披露要求的重大方面是否符合相关规定。中国证监会认为存在需要进一步说明或者落实事项的，可以要求北交所进一步问询。

中国证监会认为北交所对影响发行条件的重大事项未予关注或者北交所的审核意见依据明显不充分的，可以退回北交所补充审核。北交所补充审核后，认为发行人符合发行条件和信息披露要求的，重新向中国证监会报送审核意见及相关资料，本办法第二十三条规定的注册期限重新计算。

第二十三条 中国证监会在二十个工作日内对发行人的注册申请作出同意注册或不予注册的决定，通过要求北交所进一步问询、要求保荐人和证券服务机构等对有关事项进行核查、对发行人现场检查等方式要求发行人补充、修改申请文件的时间不计算在内。

第二十四条 中国证监会的予以注册决定，自作出之日起一年内有效，发行人应当在注册决定有效期内发行股票，发行时点由发行人自主选择。

第二十五条 中国证监会作出予以注册决定后、发行人股票上市交易前，发行人应当及时更新信息披露文件内容，财务报表已过有效期的，发行人应当补充财务会计报告等文件；保荐人以及证券服务机构应当持续履行尽职调查责任；发生重大事项的，发行人、保荐人应当及时向北交所报告。北交所应当对上述事项及时处理，发现发行人存在重大事项影响发行条件、上市条件的，应当出具明确意见并及时向中国证监会报告。

中国证监会作出予以注册决定后、发行人股票上市交易前，发生可能影响本次发行的重大事项的，中国证监会可以要求发行人暂缓发行、上市；相关重大事项导致发行人不符合发行条件的，应当撤销注册。中国证监会撤销注册后，股票尚未发行的，发行人应当停止发行；股票已经发行尚未上市的，发行人应当按照发行价并加算银行同期存款利息返还股票持有人。

第二十六条 北交所认为发行人不符合发行条件或者信息披露要求，作出终止发行上市审核决定，或者中国证监会作出不予注册决定的，自决定作出之日起六个月后，发行人可以再次提出公开发行股票并上市申请。

第二十七条 北交所应当提高审核工作透明度，接受社会监督，公开下列事项：

（一）发行上市审核标准和程序等发行上市审核业务规则和相关业务细则；

（二）在审企业名单、企业基本情况及审核工作进度；

（三）发行上市审核问询及回复情况，但涉及国家秘密或者发行人商业秘密的除外；

（四）上市委员会会议的时间、参会委员名单、审议的发行人名单、审议结果及现场问询问题；

（五）对股票公开发行并上市相关主体采取的自律监管措施或者纪律处分；

（六）北交所规定的其他事项。

中国证监会应当按规定公开股票发行注册相关的监管信息。

第二十八条 存在下列情形之一的，发行人、保荐人应当及时书面报告北交所或者中国证监会，北交所或者中国证监会应当中止相应发行上市审核程序或者发行注册程序：

（一）发行人及其控股股东、实际控制人涉嫌贪污、贿赂、侵占财产、挪用财产或者破坏社会主义市场经济秩序的犯罪，或者涉嫌欺诈发行、重大信息披露违法或其他涉及国家安全、公共安全、生态安全、生产安全、公众健康安全等领域的重大违法行为，被立案调查或者被司法机关侦查，尚未结案；

（二）发行人的保荐人或者签字保荐代表人以及律师事务所、会计师事务所等证券服务机构或者相关签字人员因公开发行股票并上市、上市公司证券发行、并购重组业务涉嫌违法违规，或者其他业务涉嫌违法违规且对市场有重大影响，正在被中国证监会立案调查，或者正在被司法机关侦查，尚未结案；

（三）发行人的保荐人以及律师事务所、会计师事务所等证券服务机构被中国证监会依法采取限制业务活动、责令停业整顿、指定其他机构托管、接管等措施，或者被北交所实施一定期限内不接受其出具的相关文件的纪律处分，尚未解除；

（四）发行人的签字保荐代表人、签字律师、签字会计师等中介机构签字人员被中国证监会依法采取认定为不适当人选等监管措施或者证券市场禁入的措施，或者被北交所实施一定期限内不接受其出具的相关文件的纪律处分，尚未解除；

（五）发行人及保荐人主动要求中止发行上市审核程序或者发行注册程序，理由正当且经北交所或者中国证监会同意；

（六）发行人注册申请文件中记载的财务资料已过有效期，需要补充提交；

（七）中国证监会规定的其他情形。

前款所列情形消失后，发行人可以提交恢复申请；因前款第（二）项规定情形中止的，保荐人以及律师事务所、会计师事务所等证券服务机构按照有关规定履行复核程序后，发行人也可以提交恢复申请。北交所或者中国证监会按照规定恢复发行上市审核程序或者发行注册程序。

第二十九条 存在下列情形之一的，北交所或者中国证监会应当终止相应发行上市审核程序或者发行注册程序，并向发行人说明理由：

（一）发行人撤回注册申请或者保荐人撤销保荐；

（二）发行人未在要求的期限内对注册申请文件作出解释说明或者补充、修改；

（三）注册申请文件存在虚假记载、误导性陈述或者重大遗漏；

（四）发行人阻碍或者拒绝中国证监会、北交所依法对发行人实施检查、核查；

（五）发行人及其关联方以不正当手段严重干扰发行上市审核或者发行注册工作；

（六）发行人法人资格终止；

（七）注册申请文件内容存在重大缺陷，严重影响投资者理解和发行上市审核或者发行注册工作；

（八）发行人注册申请文件中记载的财务资料已过有效期且逾期三个月未更新；

（九）发行人发行上市审核程序中止超过北交所规定的时限或者发行注册程序中止超过三个月仍未恢复；

（十）北交所认为发行人不符合发行条件或者信息披露要求；

（十一）中国证监会规定的其他情形。

第三十条 中国证监会和北交所可以对发行人进行现场检查，可以要求保荐人、证券服务机构对有关事项进行专项核查并出具意见。

第四章 信息披露

第三十一条 发行人应当按照中国证监会制定的信息披露规则，编制并披露招股说明书。

发行人应当以投资者需求为导向，结合所属行业的特点和发展趋势，充分披露自身的创新特征。

中国证监会制定的信息披露规则是信息披露的最低要求。不论上述规则是否有明确规定，凡是投资者作出价值判断和投资决策所必需的信息，发行人均应当充分披露。

第三十二条 中国证监会依法制定招股说明书内容与格式准则等信息披露规则，对相关信息披露文件的内容、格式等作出规定。

北交所可以依据中国证监会部门规章和规范性文件，制定信息披露细则或指引，在中国证监会确定的信息披露内容范围内，对信息披露提出细化和补充要求。

第三十三条 北交所受理注册申请文件后，发行人应当按规定将招股说明书、发行保荐书、上市保荐书、审计报告和法律意见书等文件在北交所网站预先披露。

北交所将发行人注册申请文件报送中国证监会时，前款规定的文件应当同步在北交所网站和中国证监会网站公开。

预先披露的招股说明书及其他注册申请文件不能含有价格信息，发行人不得据此发行股票。

第三十四条 发行人在发行股票前应当在符合《证券法》规定的信息披露平台刊登经注册生效的招股说明书，同时将其置备于公司住所、北交所，供社会公众查阅。

发行人可以将招股说明书以及有关附件刊登于其他报刊、网站，但披露内容应当完全一致，且不得早于在符合《证券法》规定的信息披露平台的披露时间。

第五章　发行上市保荐的特别规定

第三十五条　公开发行股票并在北交所上市保荐业务，适用《证券发行上市保荐业务管理办法》（以下简称《保荐办法》），本办法另有规定的除外。

北交所应当根据《保荐办法》和本办法制定发行保荐业务规则，并报中国证监会批准。

第三十六条　保荐人应当按照中国证监会和北交所的规定制作、报送和披露发行保荐书、上市保荐书、回复意见等相关文件，遵守中国证监会和北交所的规定，配合中国证监会和北交所工作，自提交保荐文件之日起，保荐人及其保荐代表人应承担相应的责任。

第三十七条　保荐人持续督导期间为公开发行股票上市当年剩余时间及其后三个完整会计年度。

第六章　发行承销

第三十八条　公开发行股票并在北交所上市的发行与承销行为，适用本办法。

北交所应当根据本办法制定发行承销业务规则，并报中国证监会批准。

第三十九条　发行人公开发行股票，应当聘请具有证券承销业务资格的证券公司承销，按照《证券法》有关规定签订承销协议，确定采取代销或包销方式。

第四十条　证券公司承销公开发行股票，应当依据本办法以及依法制定的业务规则和行业自律规范的有关风险控制和内部控制等相关规定，制定严格的风险管理制度和内部控制制度，加强定价和配售过程管理，落实承销责任。为股票发行出具相关文件的证券服务机构和人员，应当按照行业公认的业务标准和道德规范，严格履行法定职责，对其所出具文件的真实性、准确性和完整性承担责任。

第四十一条　发行人可以与主承销商自主协商直接定价，也可以通过合格投资者网上竞价，或者网下询价等方式确定股票发行价格和发行对象。发行人和主承销商应当在招股说明书和发行公告中披露本次发行股票采用的定价方式。

发行人应当对定价依据及定价方式、定价的合理性作出充分说明并披露，主承销商应当对本次发行价格的合理性、相关定价依据和定价方法的合理性，是否损害现有股东利益等发表意见。

第四十二条　发行人通过网下询价方式确定股票发行价格和发行对象的，询价对象应当是经中国证券业协会注册的网下投资者。

发行人和主承销商可以根据北交所和中国证券业协会相关自律规则的规定，设置网下投资者的具体条件，并在发行公告中预先披露。

第四十三条　获中国证监会同意注册后，发行人与主承销商应当及时向北交所报送发行与承销方案。

第四十四条 公开发行股票可以向战略投资者配售。发行人的高级管理人员、核心员工可以参与战略配售。

前款所称的核心员工，应当由公司董事会提名，并向全体员工公示和征求意见，由监事会发表明确意见后，经股东大会审议批准。

发行人应当与战略投资者事先签署配售协议。发行人和主承销商应当在发行公告中披露战略投资者的选择标准、向战略投资者配售的股票总量、占本次发行股票的比例以及持有期限等。

第四十五条 发行人、承销机构及相关人员不得存在以下行为：

（一）泄露询价或定价信息；

（二）以任何方式操纵发行定价；

（三）夸大宣传，或以虚假广告等不正当手段诱导、误导投资者；

（四）向投资者提供除招股意向书等公开信息以外的公司信息；

（五）以提供透支、回扣或者中国证监会认定的其他不正当手段诱使他人申购股票；

（六）以代持、信托持股等方式谋取不正当利益或向其他相关利益主体输送利益；

（七）直接或通过其利益相关方向参与申购的投资者提供财务资助或者补偿；

（八）以自有资金或者变相通过自有资金参与网下配售；

（九）与投资者互相串通，协商报价和配售；

（十）收取投资者回扣或其他相关利益；

（十一）中国证监会规定的其他情形。

第七章 监督管理与法律责任

第四十六条 中国证监会建立对北交所发行上市审核工作和发行承销过程监管的监督机制，可以对北交所相关工作进行检查或抽查。对于中国证监会监督过程中发现的问题，北交所应当整改。

第四十七条 北交所应当发挥自律管理作用，对公开发行并上市相关行为进行监督。发现发行人及其控股股东、实际控制人、董事、监事、高级管理人员以及保荐人、承销商、证券服务机构及其相关执业人员等违反法律、行政法规和中国证监会相关规定的，应当向中国证监会报告，并采取自律管理措施。

北交所对股票发行承销过程实施自律管理。发现异常情形或者涉嫌违法违规的，中国证监会可以要求北交所对相关事项进行调查处理，或者直接责令发行人、承销商暂停或中止发行。

第四十八条 中国证券业协会应当发挥自律管理作用，对从事股票公开发行业务的保荐人进行监督，督促其勤勉尽责地履行尽职调查和督导职责。发现保荐人有违反法律、行政法规和中国证监会相关规定的行为，应当向中国证监会报告，并采取自律管理措施。

中国证券业协会应当建立对承销商询价、定价、配售行为和询价投资者报价行为的自律管理制度，并加强相关行为的监督检查，发现违规情形的，应当及时采取自律管理措施。

第四十九条 北交所发行上市审核工作存在下列情形之一的，由中国证监会责令改正；情节严重的，追究直接责任人员相关责任：

（一）未按审核标准开展发行上市审核工作；

（二）未按审核程序开展发行上市审核工作；

（三）不配合中国证监会对发行上市审核工作和发行承销监管工作的检查、抽查，或者不按中国证监会的整改要求进行整改。

第五十条 发行人在发行股票文件中隐瞒重要事实或者编造重大虚假内容的，中国证监会可以视情节轻重，对发行人及相关责任人员依法采取责令改正、监管谈话、出具警示函等监管措施，或者采取证券市场禁入的措施。

第五十一条 发行人的控股股东、实际控制人违反本办法规定，致使发行人所报送的注册申请文件和披露的信息存在虚假记载、误导性陈述或者重大遗漏，或者组织、指使发行人进行财务造假、利润操纵或者在发行股票文件中隐瞒重要事实或编造重大虚假内容的，中国证监会可以视情节轻重，依法采取责令改正、监管谈话、出具警示函等监管措施，或者采取证券市场禁入的措施。

发行人的董事、监事和高级管理人员违反本办法规定，致使发行人所报送的注册申请文件和披露的信息存在虚假记载、误导性陈述或者重大遗漏的，中国证监会可以视情节轻重，依法采取责令改正、监管谈话、出具警示函等监管措施，或者采取证券市场禁入的措施。

第五十二条 保荐人未勤勉尽责，致使发行人信息披露资料存在虚假记载、误导性陈述或者重大遗漏的，中国证监会可以视情节轻重，对保荐人及相关责任人员依法采取责令改正、监管谈话、出具警示函、暂停保荐业务资格一年到三年、撤销保荐业务资格、证券市场禁入等措施。

证券服务机构未勤勉尽责，致使发行人信息披露资料中与其职责有关的内容及其所出具的文件存在虚假记载、误导性陈述或者重大遗漏的，中国证监会可以视情节轻重，对证券服务机构及相关责任人员依法采取责令改正、监管谈话、出具警示函、证券市场禁入等措施。

第五十三条 保荐人存在下列情形之一的，中国证监会可以视情节轻重，采取暂停保荐业务资格三个月至三年的监管措施；情节特别严重的，撤销其业务资格：

（一）伪造或者变造签字、盖章；

（二）重大事项未报告、未披露；

（三）以不正当手段干扰审核注册工作；

（四）不履行其他法定职责。

第五十四条 发行人、保荐人、证券服务机构存在以下情形之一的，中国证监会可以视情节轻重，依法采取责令改正、监管谈话、出具警示函等监管措施：

（一）制作或者出具的文件不齐备或者不符合要求；

（二）擅自改动注册申请文件、信息披露资料或者其他已提交文件；

（三）注册申请文件或者信息披露资料存在相互矛盾或者同一事实表述不一致且有实质性差异；

（四）文件披露的内容表述不清，逻辑混乱，严重影响投资者理解；

（五）未及时报告或者未及时披露重大事项。

第五十五条 承销商及其直接负责的主管人员和其他责任人员在承销证券过程中，违反本办法第四十五条规定的，中国证监会可以视情节轻重，依法采取责令改正、监管谈话、出具警示函等监管措施，或者采取证券市场禁入的措施。

第五十六条 发行人及其控股股东和实际控制人、董事、监事、高级管理人员，保荐人、承销商、证券服务机构及其相关执业人员，在股票公开发行并上市相关的活动中存在其他违反本办法规定行为的，中国证监会可以视情节轻重，依法采取责令改正、监管谈话、出具警示函、责令公开说明、责令定期报告等监管措施，或者采取证券市场禁入的措施。

发行人及其控股股东、实际控制人、董事、监事、高级管理人员以及保荐人、承销商、证券服务机构及其相关执业人员等违反《证券法》依法应予以行政处罚的，中国证监会将依法予以处罚。涉嫌犯罪的，依法移送司法机关，追究其刑事责任。

第五十七条 中国证监会将遵守本办法的情况记入证券市场诚信档案，会同有关部门加强信息共享，依法实施守信激励与失信惩戒。

第八章　附则

第五十八条 本办法自2021年11月15日起施行。

北京证券交易所上市公司证券发行注册管理办法（试行）

中国证券监督管理委员会令第 188 号

《北京证券交易所上市公司证券发行注册管理办法（试行）》已经 2021 年 10 月 28 日中国证券监督管理委员会 2021 年第 6 次委务会议审议通过，现予公布，自 2021 年 11 月 15 日起施行。

中国证券监督管理委员会主席：易会满

2021 年 10 月 30 日

北京证券交易所上市公司证券发行注册管理办法（试行）

第一章　总则

第一条　为了规范北京证券交易所上市公司（以下简称上市公司）证券发行行为，保护投资者合法权益和社会公共利益，根据《中华人民共和国证券法》（以下简称《证券法》）《国务院办公厅关于贯彻实施修订后的证券法有关工作的通知》及相关法律法规，制定本办法。

第二条　上市公司申请在境内发行股票、可转换为股票的公司债券及中国证券监督管理委员会（以下简称中国证监会）认可的其他证券品种，适用本办法。

第三条　上市公司发行证券，可以向不特定合格投资者公开发行，也可以向特定对象发行。

第四条　上市公司发行证券的，应当符合《证券法》和本办法规定的发行条件和相关信息披露要求，依法经北京证券交易所（以下简称北交所）发行上市审核，并报中国证监会注册，但因依法实行股权激励、公积金转为增加公司资本、分配股票股利的除外。

第五条　上市公司应当诚实守信，依法充分披露投资者作出价值判断和投资决策所必需的信息，所披露信息必须真实、准确、完整，简明清晰、通俗易懂，不得有虚假记载、误导性陈述或者重大遗漏。

上市公司应当按照保荐人、证券服务机构要求，依法向其提供真实、准确、完整的财务会计资料和其他资料，配合相关机构开展尽职调查和其他相关工作。

上市公司的控股股东、实际控制人、董事、监事、高级管理人员应当配合相关机构开展尽职调查和其他相关工作，不得要求或者协助上市公司隐瞒应当提供的资料或者应当披露的信息。

第六条　保荐人应当诚实守信，勤勉尽责，按照依法制定的业务规则和行业自律规范的要求，充分了解上市公司经营情况和风险，对注册申请文件和信息披露资料进行全面核查验证，对上市公司是否符合发行条件独立作出专业判断，审慎作出保荐决定，并对募集说明书、发行情况报告书或者其他信息披露文件及其所出具的相关文件的真实性、准确性、完整性负责。

第七条　证券服务机构应当严格遵守法律法规、中国证监会制定的监管规则、业务规则和本行业公认的业务标准和道德规范，建立并保持有效的质量控制体系，保护投资者合法权益，审慎履行职责，作出专业判断与认定，并对募集说明书、发行情况报告书或者其他信息披露文件中与其专业职责有关的内容及其所出具文件的真实性、准确性、完整性负责。

证券服务机构及其相关执业人员应当对与本专业相关的业务事项履行特别注意义务，对其他业务事项履行普通注意义务，并承担相应法律责任。

证券服务机构及其执业人员从事证券服务应当配合中国证监会的监督管理，在规定的期限内提供、报送或披露相关资料、信息，并保证其提供、报送或披露的资料、信息真实、准确、完整，不得有虚假记载、误导性陈述或者重大遗漏。

证券服务机构应当妥善保存客户委托文件、核查和验证资料、工作底稿以及与质量控制、内部管理、业务经营有关的信息和资料。

第八条 对上市公司发行证券申请予以注册，不表明中国证监会和北交所对该证券的投资价值或者投资者的收益作出实质性判断或者保证，也不表明中国证监会和北交所对申请文件的真实性、准确性、完整性作出保证。

第二章 发行条件

第九条 上市公司向特定对象发行股票，应当符合下列规定：

（一）具备健全且运行良好的组织机构。

（二）具有独立、稳定经营能力，不存在对持续经营有重大不利影响的情形。

（三）最近一年财务会计报告无虚假记载，未被出具否定意见或无法表示意见的审计报告；最近一年财务会计报告被出具保留意见的审计报告，保留意见所涉及事项对上市公司的重大不利影响已经消除。本次发行涉及重大资产重组的除外。

（四）合法规范经营，依法履行信息披露义务。

第十条 上市公司存在下列情形之一的，不得向特定对象发行股票：

（一）上市公司或其控股股东、实际控制人最近三年内存在贪污、贿赂、侵占财产、挪用财产或者破坏社会主义市场经济秩序的刑事犯罪，存在欺诈发行、重大信息披露违法或者其他涉及国家安全、公共安全、生态安全、生产安全、公众健康安全等领域的重大违法行为。

（二）上市公司或其控股股东、实际控制人，现任董事、监事、高级管理人员最近一年内受到中国证监会行政处罚、北交所公开谴责；或因涉嫌犯罪正被司法机关立案侦查或者涉嫌违法违规正被中国证监会立案调查，尚未有明确结论意见。

（三）擅自改变募集资金用途，未作纠正或者未经股东大会认可。

（四）上市公司或其控股股东、实际控制人被列入失信被执行人名单且情形尚未消除。

（五）上市公司利益严重受损的其他情形。

第十一条 上市公司向不特定合格投资者公开发行股票的，除应当符合本办法第九条、第十条规定的条件外，还应当符合《北京证券交易所向不特定合格投资者公开发行股票注册管理办法（试行）》规定的其他条件。

第十二条 上市公司发行可转换为股票的公司债券，应当符合下列规定：

（一）具备健全且运行良好的组织机构；

（二）最近三年平均可分配利润足以支付公司债券一年的利息；

（三）具有合理的资产负债结构和正常的现金流量。

除前款规定条件外，上市公司向特定对象发行可转换为股票的公司债券，还应当遵守本办法第九条、第十条的规定；向不特定合格投资者公开发行可转换为股票的公司债券，还应当遵守本办法第十一条的规定。但上市公司通过收购本公司股份的方式进行公司债券转换的除外。

第十三条 上市公司存在下列情形之一的，不得发行可转换为股票的公司债券：

（一）对已公开发行的公司债券或者其他债务有违约或者延迟支付本息的事实，仍处于继续状态；

（二）违反《证券法》规定，改变公开发行公司债券所募资金用途。

第十四条 上市公司及其控股股东、实际控制人、主要股东不得向发行对象做出保底保收益或者变相保底保收益承诺，也不得直接或者通过利益相关方向发行对象提供财务资助或者其他补偿。

第十五条 上市公司最近一期末存在持有金额较大的财务性投资的，保荐人应当对上市公司本次募集资金的必要性和合理性审慎发表核查意见。

第三章 发行程序

第一节 发行人审议

第十六条 董事会应当依法就本次发行证券的具体方案、本次募集资金使用的可行性及其他必须明确的事项作出决议，并提请股东大会批准。

独立董事应当就证券发行事项的必要性、合理性、可行性、公平性发表专项意见。

第十七条 监事会应当对董事会编制的募集说明书等文件进行审核并提出书面审核意见。

第十八条 股东大会就本次发行证券作出决议，决议至少应当包括下列事项：

（一）本次发行证券的种类和数量（数量上限）；

（二）发行方式、发行对象或范围、现有股东的优先认购安排（如有）；

（三）定价方式或发行价格（区间）；

（四）限售情况（如有）；

（五）募集资金用途；

（六）决议的有效期；

（七）对董事会办理本次发行具体事宜的授权；

（八）发行前滚存利润的分配方案；

（九）其他必须明确的事项。

第十九条 股东大会就发行可转换为股票的公司债券作出决议，除应当符合本办法第十八条的规定外，还应当就债券利率、债券期限、赎回条款、回售条款、还本付息的期限和方式、转股期、转股价格的确定和修正等事项作出决议。

第二十条 股东大会就发行证券事项作出决议，必须经出席会议的股东所持表决权的 2/3 以上通过。上市公司应当对出席会议的持股比例在 5%以下的中小股东表决情况单独计票并予以披露。

上市公司就发行证券事项召开股东大会，应当提供网络投票的方式，上市公司还可以通过其他方式为股东参加股东大会提供便利。

第二十一条 董事会、股东大会就向特定对象发行证券事项作出决议，应当按要求履行表决权回避制度，上市公司向原股东配售股份的除外。

第二十二条 上市公司拟引入战略投资者的，董事会、股东大会应当将引入战略投资者的事项作为单独议案，就每名战略投资者单独审议。

第二十三条 根据公司章程的规定，上市公司年度股东大会可以授权董事会向特定对象发行累计融资额低于一亿元且低于公司最近一年末净资产 20%的股票（以下简称授权发行），该项授权的有效期不得超过上市公司下一年度股东大会召开日。

第二节 审核与注册

第二十四条 上市公司申请发行证券，应当按照中国证监会有关规定制作注册申请文件，依法由保荐人保荐并向北交所申报。北交所收到注册申请文件后，应当在五个工作日内作出是否受理的决定，本办法另有规定的除外。

第二十五条 自注册申请文件申报之日起，上市公司及其控股股东、实际控制人、董事、监事、高级管理人员，以及与本次证券发行相关的保荐人、证券服务机构及相关责任人员，即承担相应法律责任。

第二十六条 注册申请文件受理后，未经中国证监会或者北交所同意，不得改动。

发生重大事项的，上市公司、保荐人、证券服务机构应当及时向北交所报告，并按要求更新注册申请文件和信息披露资料。

第二十七条 上市公司发行证券，不属于本办法第二十八条规定情形的，保荐人应当指定保荐代表人负责具体保荐工作。

保荐人持续督导期间为证券上市当年剩余时间及其后两个完整会计年度。

保荐人及保荐代表人应当按照本办法及《证券发行上市保荐业务管理办法》的规定履行职责，并依法承担相应的责任。

第二十八条 上市公司向前十名股东、实际控制人、董事、监事、高级管理人员及核心员工发行股票，连续12个月内发行的股份未超过公司总股本10%且融资总额不超过2000万元的，无需提供保荐人出具的保荐文件以及律师事务所出具的法律意见书。

按照前款规定发行股票的，董事会决议中应当明确发行对象、发行价格和发行数量，且不得存在以下情形：

（一）上市公司采用授权发行方式发行；

（二）认购人以非现金资产认购；

（三）发行股票导致上市公司控制权发生变动；

（四）本次发行中存在特殊投资条款安排；

（五）上市公司或其控股股东、实际控制人，现任董事、监事、高级管理人员最近一年内被中国证监会给予行政处罚或采取监管措施、被北交所采取纪律处分。

第二十九条 北交所审核部门负责审核上市公司证券发行申请；北交所上市委员会负责对上市公司向不特定合格投资者公开发行证券的申请文件和审核部门出具的审核报告提出审议意见。

北交所应当根据本办法制定上市公司证券发行审核业务规则，并报中国证监会批准。

第三十条 北交所主要通过向上市公司提出审核问询、上市公司回答问题方式开展审核工作，判断上市公司是否符合发行条件和信息披露要求。

第三十一条 北交所按照规定的条件和程序，形成上市公司是否符合发行条件和信息披露要求的审核意见。认为上市公司符合发行条件和信息披露要求的，将审核意见、上市公司注册申请文件及相关审核资料报送中国证监会注册；认为上市公司不符合发行条件或者信息披露要求的，作出终止发行上市审核决定。

第三十二条 北交所应当自受理注册申请文件之日起两个月内形成审核意见。

上市公司采用授权发行方式向特定对象发行股票且按照竞价方式确定发行价格和发行对象的，北交所应当在两个工作日内作出是否受理的决定，并自受理注册申请文件之日起三个工作日内形成审核意见。

通过对上市公司实施现场检查、对保荐人实施现场督导、要求保荐人和证券服务机构对有关事项进行专项核查等方式要求上市公司补充、修改申请文件的时间不计算在内。

第三十三条 中国证监会收到北交所报送的审核意见、上市公司注册申请文件及相关审核资料后，履行发行注册程序。发行注册主要关注北交所发行上市审核内容有无遗漏，审核程序是否符合规定，以及上市公司在发行条件和信息披露要求的重大方面是否符合相关规定。中国证监会认为存在需要进一步说明或者落实事项的，可以要求北交所进一步问询。

中国证监会认为北交所对影响发行条件的重大事项未予关注或者北交所的审核意

见依据明显不充分的，可以退回北交所补充审核。北交所补充审核后，认为上市公司符合发行条件和信息披露要求的，重新向中国证监会报送审核意见及相关资料，本办法第三十四条规定的注册期限重新计算。

第三十四条 中国证监会在十五个工作日内对上市公司的注册申请作出同意注册或不予注册的决定。通过要求北交所进一步问询、要求保荐人和证券服务机构等对有关事项进行核查、对发行人现场检查等方式要求发行人补充、修改申请文件的时间不计算在内。

第三十五条 中国证监会的予以注册决定，自作出之日起一年内有效，上市公司应当在注册决定有效期内发行证券，发行时点由上市公司自主选择。

第三十六条 中国证监会作出予以注册决定后、上市公司证券上市交易前，上市公司应当及时更新信息披露文件；保荐人以及证券服务机构应当持续履行尽职调查职责；发生重大事项的，上市公司、保荐人应当及时向北交所报告。北交所应当对上述事项及时处理，发现上市公司存在重大事项影响发行条件的，应当出具明确意见并及时向中国证监会报告。

中国证监会作出予以注册决定后、上市公司证券上市交易前，发生可能影响本次发行的重大事项的，中国证监会可以要求上市公司暂缓发行、上市；相关重大事项导致上市公司不符合发行条件的，应当撤销注册。中国证监会撤销注册后，证券尚未发行的，上市公司应当停止发行；证券已经发行尚未上市的，上市公司应当按照发行价并加算银行同期存款利息返还证券持有人。

第三十七条 上市公司申请向特定对象发行股票，可申请一次注册，分期发行。自中国证监会予以注册之日起，公司应当在三个月内首期发行，剩余数量应当在十二个月内发行完毕。首期发行数量应当不少于总发行数量的 50%，剩余各期发行的数量由公司自行确定，每期发行后 5 个工作日内将发行情况报北交所备案。

第三十八条 北交所认为上市公司不符合发行条件或者信息披露要求，作出终止发行上市审核决定，或者中国证监会作出不予注册决定的，自决定作出之日起六个月后，上市公司可以再次提出证券发行申请。

第三十九条 上市公司证券发行上市审核或者注册程序的中止、终止等情形参照适用《北京证券交易所向不特定合格投资者公开发行股票注册管理办法（试行）》的相关规定。

第四十条 中国证监会和北交所可以对上市公司进行现场检查，可以要求保荐人、证券服务机构对有关事项进行专项核查并出具意见。

第三节 定价、发售与认购

第四十一条 上市公司发行证券，应当聘请具有证券承销业务资格的证券公司承销，但上市公司向特定对象发行证券且董事会提前确定全部发行对象的除外。

上市公司向不特定合格投资者公开发行股票的，发行承销的具体要求参照适用《北京证券交易所向不特定合格投资者公开发行股票注册管理办法（试行）》的相关规定，本办法另有规定的除外。

上市公司向特定对象发行证券的发行承销行为，适用本章规定。

第四十二条 上市公司向原股东配售股份的，应当采用代销方式发行。

控股股东应当在股东大会召开前公开承诺认配股份的数量。控股股东不履行认配股份的承诺，或者代销期限届满，原股东认购股票的数量未达到拟配售数量70%的，上市公司应当按照发行价并加算银行同期存款利息返还已经认购的股东。

第四十三条 上市公司向不特定合格投资者公开发行股票的，发行价格应当不低于公告招股意向书前二十个交易日或者前一个交易日公司股票均价。

第四十四条 上市公司向特定对象发行股票的，发行价格应当不低于定价基准日前二十个交易日公司股票均价的80%。

向特定对象发行股票的定价基准日为发行期首日。

上市公司董事会决议提前确定全部发行对象，且发行对象属于下列情形之一的，定价基准日可以为关于本次发行股票的董事会决议公告日、股东大会决议公告日或者发行期首日：

（一）上市公司的控股股东、实际控制人或者其控制的关联方；

（二）按照本办法第二十八条规定参与认购的上市公司前十名股东、董事、监事、高级管理人员及核心员工；

（三）通过认购本次发行的股票成为上市公司控股股东或实际控制人的投资者；

（四）董事会拟引入的境内外战略投资者。

第四十五条 上市公司向特定对象发行股票的，发行对象属于本办法第四十四条第三款规定以外情形的，上市公司应当以竞价方式确定发行价格和发行对象。

上市公司向特定对象发行可转换为股票的公司债券的，上市公司应当采用竞价方式确定利率和发行对象，本次发行涉及发行可转换为股票的公司债券购买资产的除外。

董事会决议确定部分发行对象的，确定的发行对象不得参与竞价，且应当接受竞价结果，并明确在通过竞价方式未能产生发行价格的情况下，是否继续参与认购、价格确定原则及认购数量。

上市公司发行证券采用竞价方式的，上市公司和承销商的控股股东、实际控制人、董事、监事、高级管理人员及其控制或者施加重大影响的关联方不得参与竞价。

第四十六条 上市公司以竞价方式向特定对象发行股票的，在发行期首日前一工作日，上市公司及承销商可以向符合条件的特定对象提供认购邀请书。认购邀请书发送对象至少应当包括：

（一）已经提交认购意向书的投资者；

（二）上市公司前二十名股东；

（三）合计不少于十家证券投资基金管理公司、证券公司或保险机构。

认购邀请书发送后，上市公司及承销商应当在认购邀请书约定的时间内收集特定投资者签署的申购报价表。

在申购报价期间，上市公司及承销商应当确保任何工作人员不泄露发行对象的申购报价情况。

申购报价结束后，上市公司及承销商应当对有效申购按照报价高低进行累计统计，按照价格优先等董事会确定的原则合理确定发行对象、发行价格和发行股数。

第四十七条　上市公司向特定对象发行证券的，发行对象确定后，上市公司应当与发行对象签订认购合同，上市公司向原股东配售股份的除外。

第四十八条　向特定对象发行的股票，自发行结束之日起六个月内不得转让，做市商为取得做市库存股参与发行认购的除外，但做市商应当承诺自发行结束之日起六个月内不得申请退出为上市公司做市。

发行对象属于本办法第四十四条第三款规定情形的，其认购的股票自发行结束之日起十二个月内不得转让。法律法规、部门规章对前述股票的限售期另有规定的，同时还应当遵守相关规定。

第四十九条　上市公司向原股东配售股份的，应当向股权登记日在册的股东配售，且配售比例应当相同。

向原股东配售股份的价格由上市公司和承销商协商确定，豁免适用本节关于向特定对象发行股票定价与限售的相关规定。

第五十条　上市公司在证券发行过程中触及北交所规定的终止上市情形的，应当终止发行。

第四章　信息披露

第五十一条　上市公司应当按照中国证监会制定的信息披露规则，编制并披露募集说明书、发行情况报告书等信息披露文件。

上市公司应当以投资者需求为导向，根据自身特点，有针对性地披露上市公司基本信息、本次发行情况以及本次发行对上市公司的影响。

中国证监会制定的信息披露规则是信息披露的最低要求。不论上述规则是否有明确规定，凡是投资者作出价值判断和投资决策所必需的信息，上市公司均应当充分披露。

第五十二条　中国证监会依法制定募集说明书、发行情况报告书内容与格式准则等信息披露规则，对相关信息披露文件的内容、格式等作出规定。

北交所可以依据中国证监会部门规章和规范性文件，制定信息披露细则或指引，在中国证监会确定的信息披露内容范围内，对信息披露提出细化和补充要求。

第五十三条　上市公司应当结合现有主营业务、生产经营规模、财务状况、技术条件、发展目标、前次发行募集资金使用情况等因素合理确定募集资金规模，充分披露本次募集资金的必要性和合理性。

第五十四条 上市公司应当按照中国证监会和北交所有关规定及时披露董事会决议、股东大会通知、股东大会决议、受理通知、审核决定、注册决定等发行进展公告。

第五十五条 北交所认为上市公司符合发行条件和信息披露要求，将上市公司注册申请文件报送中国证监会时，募集说明书等文件应当同步在北交所网站和中国证监会网站公开。

第五十六条 上市公司应当在发行证券前在符合《证券法》规定的信息披露平台刊登经注册生效的募集说明书，同时将其置备于公司住所、北交所，供社会公众查阅。

第五十七条 向特定对象发行证券的，上市公司应当在发行结束后，按照中国证监会和北交所的有关要求编制并披露发行情况报告书。

申请分期发行的上市公司应在每期发行后，按照中国证监会和北交所的有关要求进行披露，并在全部发行结束或者超过注册文件有效期后按照中国证监会的有关要求编制并披露发行情况报告书。

第五十八条 上市公司可以将募集说明书以及有关附件刊登于其他报刊、网站，但披露内容应当完全一致，且不得早于在符合《证券法》规定的信息披露平台的披露时间。

第五章 监督管理与法律责任

第五十九条 中国证监会建立对北交所发行上市审核工作和发行承销过程监管的监督机制，可以对北交所相关工作进行检查或抽查。对于中国证监会监督过程中发现的问题，北交所应当整改。

第六十条 北交所应当发挥自律管理作用，对证券发行相关行为进行监督。发现上市公司及其控股股东、实际控制人、董事、监事、高级管理人员以及保荐人、承销商、证券服务机构及其相关执业人员等违反法律、行政法规和中国证监会相关规定的，应当向中国证监会报告，并采取自律管理措施。

北交所对证券发行承销过程实施自律管理。发现异常情形或者涉嫌违法违规的，中国证监会可以要求北交所对相关事项进行调查处理，或者直接责令上市公司、承销商暂停或中止发行。

第六十一条 中国证券业协会应当发挥自律管理作用，对从事证券发行业务的保荐人进行监督，督促其勤勉尽责地履行尽职调查和督导职责。发现保荐人有违反法律、行政法规和中国证监会相关规定的行为，应当向中国证监会报告，并采取自律管理措施。

中国证券业协会应当建立对承销商询价、定价、配售行为和询价投资者报价行为的自律管理制度，并加强相关行为的监督检查，发现违规情形的，应当及时采取自律管理措施。

第六十二条 北交所发行上市审核工作存在下列情形之一的，由中国证监会责令改正；情节严重的，追究直接责任人员相关责任：

（一）未按审核标准开展发行上市审核工作；

（二）未按审核程序开展发行上市审核工作；

（三）不配合中国证监会对发行上市审核工作和发行承销监管工作的检查、抽查，或者不按中国证监会的整改要求进行整改。

第六十三条 上市公司在证券发行文件中隐瞒重要事实或者编造重大虚假内容的，中国证监会可以视情节轻重，对上市公司及相关责任人员依法采取责令改正、监管谈话、出具警示函等监管措施，或者采取证券市场禁入的措施。

第六十四条 上市公司的控股股东、实际控制人违反本办法规定，致使上市公司报送的注册申请文件和披露的信息存在虚假记载、误导性陈述或者重大遗漏，或者组织、指使上市公司进行财务造假、利润操纵或者在发行证券文件中隐瞒重要事实或编造重大虚假内容的，中国证监会可以视情节轻重，依法采取责令改正、监管谈话、出具警示函等监管措施，或者采取证券市场禁入的措施。

上市公司的董事、监事和高级管理人员违反本办法规定，致使上市公司报送的注册申请文件和披露的信息存在虚假记载、误导性陈述或者重大遗漏的，中国证监会可以视情节轻重，依法采取责令改正、监管谈话、出具警示函等监管措施，或者采取证券市场禁入的措施。

第六十五条 保荐人未勤勉尽责，致使上市公司信息披露资料存在虚假记载、误导性陈述或者重大遗漏的，中国证监会可以视情节轻重，对保荐人及相关责任人员依法采取责令改正、监管谈话、出具警示函、暂停保荐业务资格一年到三年、证券市场禁入等措施。

证券服务机构未勤勉尽责，致使上市公司信息披露资料中与其职责有关的内容及其所出具的文件存在虚假记载、误导性陈述或者重大遗漏的，中国证监会可以视情节轻重，对证券服务机构及相关责任人员，依法采取责令改正、监管谈话、出具警示函、证券市场禁入等措施。

第六十六条 保荐人存在下列情形之一的，中国证监会可以视情节轻重，采取暂停保荐业务资格三个月至三年的监管措施；情节特别严重的，撤销其业务资格：

（一）伪造或者变造签字、盖章；

（二）重大事项未报告、未披露；

（三）以不正当手段干扰审核注册工作；

（四）不履行其他法定职责。

第六十七条 上市公司、保荐人、证券服务机构存在以下情形之一的，中国证监会可以视情节轻重，依法采取责令改正、监管谈话、出具警示函等监管措施：

（一）制作或者出具的文件不齐备或者不符合要求；

（二）擅自改动注册申请文件、信息披露资料或者其他已提交文件；

（三）注册申请文件或者信息披露资料存在相互矛盾或者同一事实表述不一致且有实质性差异；

（四）文件披露的内容表述不清，逻辑混乱，严重影响投资者理解；

（五）未及时报告或者未及时披露重大事项。

第六十八条 承销商及其直接负责的主管人员和其他责任人员在承销证券过程中，存在违法违规行为的，中国证监会可以视情节轻重，依法采取责令改正、监管谈话、出具警示函等监管措施，或者采取证券市场禁入的措施。

第六十九条 北交所按照本办法第三十二条第二款开展审核工作的，北交所和中国证监会发现上市公司或者相关中介机构及其责任人员存在相关违法违规行为的，中国证监会按照本章规定从重处罚。

第七十条 参与认购的投资者擅自转让限售期限未满的证券的，中国证监会可以视情节轻重，依法采取责令改正、监管谈话、出具警示函等监管措施。

第七十一条 相关主体违反本办法第十四条规定的，中国证监会可以视情节轻重，依法采取责令改正、监管谈话、出具警示函等监管措施，或者采取证券市场禁入的措施。

第七十二条 上市公司及其控股股东和实际控制人、董事、监事、高级管理人员，保荐人、承销商、证券服务机构及其相关执业人员，在证券发行活动中存在其他违反本办法规定行为的，中国证监会可以视情节轻重，依法采取责令改正、监管谈话、出具警示函、责令公开说明、责令定期报告等监管措施，或者采取证券市场禁入的措施。

上市公司及其控股股东、实际控制人、董事、监事、高级管理人员以及保荐人、承销商、证券服务机构及其相关执业人员等违反《证券法》依法应予以行政处罚的，中国证监会将依法予以处罚。涉嫌犯罪的，依法移送司法机关，追究其刑事责任。

第七十三条 中国证监会将遵守本办法的情况记入证券市场诚信档案，会同有关部门加强信息共享，依法实施守信激励与失信惩戒。

第六章 附则

第七十四条 本办法所称战略投资者，是指符合下列情形之一，且与上市公司具有协同效应，愿意长期持有上市公司较大比例股份，愿意且有能力协助上市公司提高公司治理质量，具有良好诚信记录，最近三年未受到中国证监会行政处罚或被追究刑事责任的投资者：

（一）能够为上市公司带来领先的技术资源，增强上市公司的核心竞争力和创新能力，带动上市公司产业技术升级，提升上市公司盈利能力；

（二）能够为上市公司带来市场渠道、品牌等战略性资源，促进上市公司市场拓展，推动实现上市公司销售业绩提升；

（三）具备相关产业投资背景，且自愿设定二十四个月及以上限售期的其他长期投资者。

境外战略投资者应当同时遵守国家的相关规定。

第七十五条 本办法所称的核心员工，应当由上市公司董事会提名，并向全体员工公示和征求意见，由监事会发表明确意见后，经股东大会审议批准。

第七十六条 上市公司向不特定合格投资者公开发行可转换为股票的公司债券的，还应当遵守中国证监会的相关规定。

上市公司发行优先股的，其申请、审核、注册、发行等相关程序，参照本办法相关规定执行。

第七十七条 本办法自 2021 年 11 月 15 日起施行。

北京证券交易所上市公司持续监管办法（试行）

中国证券监督管理委员会令第 189 号

《北京证券交易所上市公司持续监管办法（试行）》已经 2021 年 10 月 28 日中国证券监督管理委员会 2021 年第 6 次委务会议审议通过，现予公布，自 2021 年 11 月 15 日起施行。

中国证券监督管理委员会主席：易会满

2021 年 10 月 30 日

北京证券交易所上市公司持续监管办法（试行）

第一章 总则

第一条 为了规范企业股票在北京证券交易所（以下简称北交所）上市后相关各方的行为，支持引导创新型中小企业更好地发展，保护投资者合法权益，根据《中华人民共和国证券法》（以下简称《证券法》）、《中华人民共和国公司法》以及相关法律法规，制定本办法。

第二条 中国证券监督管理委员会（以下简称中国证监会）根据《证券法》等法律法规、本办法和中国证监会的其他相关规定，对北交所上市公司（以下简称上市公司）及相关主体进行监督管理。

中国证监会其他相关规定与本办法规定不一致的，适用本办法。

中国证监会根据北交所以服务创新型中小企业为主的特点和市场运行情况，适时完善相关具体制度安排。

第三条 北交所根据《证券交易所管理办法》、本办法等有关规定，建立以上市规则为中心的持续监管规则体系，在公司治理、持续信息披露、股份减持、股权激励、员工持股计划、重大资产重组、退市等方面制定具体实施规则。上市公司应当遵守北交所持续监管实施规则。

北交所应当履行一线监管职责，加强信息披露与二级市场交易监管联动，加大现场检查力度，强化监管问询，切实防范和打击内幕交易与操纵市场行为，督促上市公司提高信息披露质量。

第二章 公司治理

第四条 上市公司应当增强公众公司意识，保持健全、有效、透明的治理体系和监督机制，保证股东大会、董事会、监事会规范运作，督促董事、监事和高级管理人员履行忠实、勤勉义务，明确纠纷解决机制，保障全体股东合法权利，积极履行社会责任，保护利益相关者的基本权益。

上市公司控股股东、实际控制人应当诚实守信，依法行使权利，严格履行承诺，维持公司独立性，维护公司和全体股东的共同利益。

第五条 上市公司设独立董事，独立董事的选任、履职应当符合中国证监会和北交所的有关规定。

第六条 鼓励上市公司根据需要设立审计、战略、提名、薪酬与考核等专门委员会，专门委员会对董事会负责，依照公司章程和董事会授权履行职责。专门委员会成员全部由董事构成，其中审计委员会、提名委员会、薪酬与考核委员会中独立董事应当占多数并担任召集人，审计委员会的召集人应当为会计专业人士。

第七条 上市公司应当积极回报股东，根据自身条件和发展阶段，在公司章程中规定现金分红、股份回购等股东回报政策并严格执行。北交所可以制定股东回报相关规则。

第八条 上市公司应当建立完善募集资金管理使用制度。募集资金的存放、使用、变更和持续披露等具体规则由北交所制定。

第九条 上市公司存在特别表决权股份的，应当在公司章程中规定特别表决权股份的持有人资格、特别表决权股份拥有的表决权数量与普通股份拥有的表决权数量的比例安排、持有人所持特别表决权股份能够参与表决的股东大会事项范围、特别表决权股份锁定安排及转让限制、特别表决权股份与普通股份的转换情形等事项。

上市公司应当在定期报告中持续披露特别表决权安排的情况；特别表决权安排发生重大变化的，应当及时披露。

北交所应对存在特别表决权股份公司的上市条件、表决权差异的设置、存续、调整、信息披露和投资者保护事项制定有关规定。

第三章　信息披露

第十条 上市公司和相关信息披露义务人应当及时、公平地披露所有可能对证券交易价格或者投资决策有较大影响的事项，保证所披露信息的真实、准确、完整，不存在虚假记载、误导性陈述或者重大遗漏。

上市公司应当建立并执行信息披露事务管理制度，增强信息披露的透明度。上市公司董事长对信息披露事务管理承担首要责任，董事会秘书负责组织和协调公司信息披露事务、办理信息对外公布等相关事宜。

第十一条 上市公司筹划的重大事项存在较大不确定性，立即披露可能会损害公司利益或者误导投资者，且有关内幕信息知情人已书面承诺保密的，上市公司可以暂不披露，但最迟应当在该重大事项形成最终决议、签署最终协议或者交易确定能够达成时对外披露；已经泄密或者确实难以保密的，上市公司应当立即披露该信息。

第十二条 上市公司应当结合所属行业的特点，充分披露行业经营信息，便于投资者合理决策。

第十三条 上市公司应当充分披露可能对公司核心竞争力、经营活动和未来发展产生重大不利影响的风险因素。

上市公司尚未盈利的，应当充分披露尚未盈利的成因，以及对公司现金流、业务拓展、人才吸引、团队稳定性、研发投入、战略性投入、生产经营可持续性等方面的影响。

第十四条 上市公司和相关信息披露义务人确有需要的，可以在非交易时段对外发布重大信息，但应当在下一交易时段开始前披露相关公告，不得以新闻发布或者答记者问等形式代替信息披露。

第十五条 上市公司和相关信息披露义务人适用中国证监会、北交所相关信息披露规定，可能导致其难以反映经营活动的实际情况、难以符合行业监管要求等有关规定的，可以依照相关规定暂缓适用或者免于适用，但是应当充分说明原因和替代方案。中国证监会、北交所认为依法不应当调整适用的，上市公司和相关信息披露义务人应当执行相关规定。

第十六条 上市公司的控股股东、实际控制人应当配合上市公司履行信息披露义务，不得要求或者协助上市公司隐瞒应当披露的信息。

第十七条 上市公司应当在符合《证券法》规定的信息披露平台发布信息，在其他媒体披露信息的时间不得早于在符合《证券法》规定的信息披露平台披露的时间，并确保披露内容的一致性。

第四章 股份减持

第十八条 股份锁定期届满后，上市公司控股股东、实际控制人、董事、监事、高级管理人员及其他股东减持向不特定合格投资者公开发行并上市前的股份以及上市公司向特定对象发行的股份，应当遵守北交所有关减持方式、程序、价格、比例以及后续转让等事项的规定。

第十九条 上市时未盈利的公司，其控股股东、实际控制人、董事、监事、高级管理人员所持向不特定合格投资者公开发行并上市前的股份锁定期应当适当延长，具体期限由北交所规定。

第二十条 上市公司股东、实际控制人、董事、监事、高级管理人员减持股份应当按照中国证监会和北交所的要求及时履行信息披露义务。

持股百分之五以上股东、实际控制人、董事、监事、高级管理人员计划通过北交所集中竞价交易减持股份，应当在首次卖出的十五个交易日前预先披露减持计划，并按照北交所的规定披露减持计划实施情况；拟在三个月内减持股份的总数超过公司股份总数百分之一的，还应当在首次卖出的三十个交易日前预先披露减持计划。

持股百分之五以上股东、实际控制人减持其通过北交所和全国股转系统竞价或做市交易买入的上市公司股份，不适用前款规定。

第五章 股权激励

第二十一条 上市公司以本公司股票为标的实施股权激励的，应当设置合理的考核指标，有利于促进公司持续发展。

第二十二条 单独或合计持有上市公司百分之五以上股份的股东或实际控制人及其配偶、父母、子女，作为董事、高级管理人员、核心技术人员或者核心业务人员的，可以成为激励对象。

上市公司应当充分说明前款规定人员成为激励对象的必要性、合理性。

第二十三条 上市公司向激励对象授予的限制性股票的价格低于市场参考价百分之五十的，或者股票期权的行权价格低于市场参考价的，应当符合北交所相关规定，并应当说明定价依据及定价方式。

出现前款规定情形的，上市公司应当聘请独立财务顾问，对股权激励计划的可行性、相关定价依据和定价方法的合理性、是否有利于公司持续发展、是否损害股东利益等发表意见。

第二十四条 上市公司全部在有效期内的股权激励计划所涉及的标的股票总数，累计不得超过公司股本总额的百分之三十。经股东大会特别决议批准，单个激励对象通过全部在有效期内的股权激励计划获授的本公司股票，累计可以超过公司股本总额的百分之一。

第二十五条 上市公司开展员工持股计划的具体实施规则，由北交所根据中国证监会的相关规定另行制定。

第六章 重大资产重组

第二十六条 上市公司实施重大资产重组或者发行股份购买资产的，标的资产应当符合北交所相关行业要求，或者与上市公司处于同行业或上下游。

第二十七条 上市公司实施重大资产重组的标准，按照《上市公司重大资产重组管理办法》（以下简称《重组办法》）第十二条予以认定，其中营业收入指标执行下列标准：购买、出售的资产在最近一个会计年度所产生的营业收入占上市公司同期经审计的合并财务会计报告营业收入的比例达到百分之五十以上，且超过五千万元人民币。

上市公司实施重大资产重组，构成《重组办法》第十三条规定的交易情形的，置入资产的具体条件由北交所制定。

第二十八条 上市公司发行股份购买资产的，发行股份的价格不得低于市场参考价的百分之八十，市场参考价按照《重组办法》的规定计算。

第二十九条 北交所对重大资产重组进行审核，并对信息披露、持续督导等进行自律管理。

涉及发行股份购买资产的，北交所审核通过后，报中国证监会履行注册程序。

第七章　其他事项

第三十条　上市公司控股股东、实际控制人质押公司股份的，应当合理使用融入资金，维持公司控制权和生产经营稳定，不得侵害公司利益或者向公司转移风险，并依据中国证监会、北交所的规定履行信息披露义务。

第三十一条　上市公司及其股东、实际控制人、董事、监事、高级管理人员、其他信息披露义务人、内幕信息知情人等相关主体违反本办法，证券公司、证券服务机构及其人员未勤勉尽责且情节严重的，中国证监会根据《证券法》等法律法规和中国证监会其他有关规定，依法追究其法律责任。

第三十二条　中国证监会将遵守本办法的情况记入证券市场诚信档案，会同有关部门加强信息共享，依法依规实施守信激励与失信惩戒。

第八章　附则

第三十三条　本办法自 2021 年 11 月 15 日起施行。

证券发行上市保荐业务管理办法

中国证券监督管理委员会令第 170 号

《证券发行上市保荐业务管理办法》已经 2020 年 6 月 1 日中国证券监督管理委员会 2020 年第 5 次委务会议审议通过，现予公布，自公布之日起施行。

中国证券监督管理委员会主席：易会满

2020 年 6 月 12 日

证券发行上市保荐业务管理办法

第一章　总则

第一条　为了规范证券发行上市保荐业务，提高上市公司质量和证券公司执业水平，保护投资者的合法权益，促进证券市场健康发展，根据《证券法》《证券公司监督管理条例》《国务院办公厅关于贯彻实施修订后的证券法有关工作的通知》（国办发〔2020〕5号）等有关法律、行政法规，制定本办法。

第二条　发行人申请从事下列发行事项，依法采取承销方式的，应当聘请具有保荐业务资格的证券公司履行保荐职责：

（一）首次公开发行股票；

（二）上市公司发行新股、可转换公司债券；

（三）公开发行存托凭证；

（四）中国证券监督管理委员会（以下简称中国证监会）认定的其他情形。

发行人申请公开发行法律、行政法规规定实行保荐制度的其他证券的，依照前款规定办理。

在实施证券发行核准制的板块，发行人应当就上述已发行证券的上市事项聘请具有保荐业务资格的证券公司履行保荐职责。

第三条　证券公司从事证券发行上市保荐业务，应当依照本办法规定向中国证监会申请保荐业务资格。

未经中国证监会核准，任何机构不得从事保荐业务。

第四条　保荐机构履行保荐职责，应当指定品行良好、具备组织实施保荐项目专业能力的保荐代表人具体负责保荐工作。保荐代表人应当熟练掌握保荐业务相关的法律、会计、财务管理、税务、审计等专业知识，最近5年内具备36个月以上保荐相关业务经历、最近12个月持续从事保荐相关业务，最近3年未受到证券交易所等自律组织的重大纪律处分或者中国证监会的行政处罚、重大行政监管措施。

中国证券业协会制定保荐代表人自律管理规范，组织非准入型的水平评价测试，保障和提高保荐代表人的专业能力水平。

第五条　保荐机构及其保荐代表人、其他从事保荐业务的人员应当遵守法律、行政法规和中国证监会、证券交易所、中国证券业协会的相关规定，恪守业务规则和行业规范，诚实守信，勤勉尽责，尽职推荐发行人证券发行上市，持续督导发行人履行规范运作、信守承诺、信息披露等义务。

保荐机构及其保荐代表人、其他从事保荐业务的人员不得通过从事保荐业务谋取任何不正当利益。

第六条 保荐代表人应当遵守职业道德准则，珍视和维护保荐代表人职业声誉，保持应有的职业谨慎，保持和提高专业胜任能力。

保荐代表人应当维护发行人的合法利益，对从事保荐业务过程中获知的发行人信息保密。保荐代表人应当恪守独立履行职责的原则，不因迎合发行人或者满足发行人的不当要求而丧失客观、公正的立场，不得唆使、协助或者参与发行人及证券服务机构实施非法的或者具有欺诈性的行为。

保荐代表人及其配偶不得以任何名义或者方式持有发行人的股份。

保荐代表人、保荐业务负责人、内核负责人、保荐业务部门负责人及其他保荐业务人员应当保持独立、客观、审慎，与接受其服务的发行人及其关联方不存在利害关系，不存在妨碍其进行独立专业判断的情形。

第七条 同次发行的证券，其发行保荐和上市保荐应当由同一保荐机构承担。保荐机构依法对发行人申请文件、证券发行募集文件进行核查，向中国证监会、证券交易所出具保荐意见。保荐机构应当保证所出具的文件真实、准确、完整。

证券发行规模达到一定数量的，可以采用联合保荐，但参与联合保荐的保荐机构不得超过2家。

证券发行的主承销商可以由该保荐机构担任，也可以由其他具有保荐业务资格的证券公司与该保荐机构共同担任。

第八条 发行人及其控股股东、实际控制人、董事、监事、高级管理人员，为证券发行上市制作、出具有关文件的律师事务所、会计师事务所、资产评估机构等证券服务机构及其签字人员，应当依照法律、行政法规和中国证监会、证券交易所的规定，配合保荐机构及其保荐代表人履行保荐职责，并承担相应的责任。

保荐机构及其保荐代表人履行保荐职责，不能减轻或者免除发行人及其控股股东、实际控制人、董事、监事、高级管理人员、证券服务机构及其签字人员的责任。

第九条 中国证监会依法对保荐机构及其保荐代表人、其他从事保荐业务的人员进行监督管理。

证券交易所、中国证券业协会对保荐机构及其保荐代表人、其他从事保荐业务的人员进行自律管理。

第二章　保荐业务的资格管理

第十条 证券公司申请保荐业务资格，应当具备下列条件：

（一）注册资本不低于人民币1亿元，净资本不低于人民币5000万元；

（二）具有完善的公司治理和内部控制制度，风险控制指标符合相关规定；

（三）保荐业务部门具有健全的业务规程、内部风险评估和控制系统，内部机构设置合理，具备相应的研究能力、销售能力等后台支持；

（四）具有良好的保荐业务团队且专业结构合理，从业人员不少于 35 人，其中最近 3 年从事保荐相关业务的人员不少于 20 人；

（五）保荐代表人不少于 4 人；

（六）最近 3 年内未因重大违法违规行为受到行政处罚；

（七）中国证监会规定的其他条件。

第十一条　证券公司应当保证申请文件真实、准确、完整。申请期间，申请文件内容发生重大变化的，应当自变化之日起 2 个工作日内向中国证监会提交更新资料。

第十二条　中国证监会依法受理、审查申请文件。对保荐业务资格的申请，自受理之日起 3 个月内做出核准或者不予核准的书面决定。

第十三条　证券公司取得保荐业务资格后，应当持续符合本办法第十条规定的条件。保荐机构因重大违法违规行为受到行政处罚的，中国证监会撤销其保荐业务资格；不再具备第十条规定其他条件的，中国证监会可以责令其限期整改，逾期仍然不符合要求的，中国证监会撤销其保荐业务资格。

第十四条　保荐机构出现下列情况的，应当在 5 个工作日内向其住所地的中国证监会派出机构报告：

（一）保荐业务负责人、内核负责人、保荐业务部门负责人发生变化；

（二）保荐业务部门机构设置发生重大变化；

（三）保荐业务执业情况发生重大不利变化；

（四）中国证监会要求的其他事项。

第十五条　保荐机构应当在每一会计年度结束之日起 4 个月内向其住所地的中国证监会派出机构报送年度执业报告。年度执业报告应当包括以下内容：

（一）保荐机构、保荐代表人年度执业情况的说明；

（二）保荐机构对保荐代表人尽职调查工作日志检查情况的说明；

（三）保荐机构对保荐代表人的年度考核、评定情况；

（四）保荐机构、保荐代表人其他重大事项的说明；

（五）保荐机构对年度执业报告真实性、准确性、完整性承担责任的承诺函，并应由其法定代表人签字；

（六）中国证监会要求的其他事项。

第三章　保荐职责

第十六条　保荐机构应当尽职推荐发行人证券发行上市。

发行人证券上市后，保荐机构应当持续督导发行人履行规范运作、信守承诺、信息披露等义务。

第十七条　保荐机构推荐发行人证券发行上市，应当遵循诚实守信、勤勉尽责的原则，按照中国证监会对保荐机构尽职调查工作的要求，对发行人进行全面调查，充分了解发行人的经营状况及其面临的风险和问题。

第十八条 保荐机构在推荐发行人首次公开发行股票并上市前，应当对发行人进行辅导。辅导内容包括，对发行人的董事、监事和高级管理人员、持有5%以上股份的股东和实际控制人（或者其法定代表人）进行系统的法规知识、证券市场知识培训，使其全面掌握发行上市、规范运作等方面的有关法律法规和规则，知悉信息披露和履行承诺等方面的责任和义务，树立进入证券市场的诚信意识、自律意识和法制意识，以及中国证监会规定的其他事项。

第十九条 保荐机构辅导工作完成后，应当由发行人所在地的中国证监会派出机构进行辅导验收。发行人所在地在境外的，应当由发行人境内主营业地或境内证券事务机构所在地的中国证监会派出机构进行辅导验收。

第二十条 保荐机构应当与发行人签订保荐协议，明确双方的权利和义务，按照行业规范协商确定履行保荐职责的相关费用。

保荐协议签订后，保荐机构应当在5个工作日内向承担辅导验收职责的中国证监会派出机构报告。

第二十一条 保荐机构应当确信发行人符合法律、行政法规和中国证监会、证券交易所的有关规定，方可推荐其证券发行上市。

保荐机构决定推荐发行人证券发行上市的，可以根据发行人的委托，组织编制申请文件并出具推荐文件。

第二十二条 对发行人申请文件、证券发行募集文件中有证券服务机构及其签字人员出具专业意见的内容，保荐机构可以合理信赖，对相关内容应当保持职业怀疑、运用职业判断进行分析，存在重大异常、前后重大矛盾，或者与保荐机构获得的信息存在重大差异的，保荐机构应当对有关事项进行调查、复核，并可聘请其他证券服务机构提供专业服务。

第二十三条 对发行人申请文件、证券发行募集文件中无证券服务机构及其签字人员专业意见支持的内容，保荐机构应当获得充分的尽职调查证据，在对各种证据进行综合分析的基础上对发行人提供的资料和披露的内容进行独立判断，并有充分理由确信所作的判断与发行人申请文件、证券发行募集文件的内容不存在实质性差异。

第二十四条 保荐机构推荐发行人发行证券，应当向中国证监会提交发行保荐书、保荐代表人专项授权书以及中国证监会要求的其他与保荐业务有关的文件。发行保荐书应当包括下列内容：

（一）逐项说明本次发行是否符合《公司法》《证券法》规定的发行条件和程序；

（二）逐项说明本次发行是否符合中国证监会的有关规定，并载明得出每项结论的查证过程及事实依据；

（三）发行人存在的主要风险；

（四）对发行人发展前景的评价；

（五）保荐机构内部审核程序简介及内核意见；

（六）保荐机构及其关联方与发行人及其关联方之间的利害关系及主要业务往来情况；

（七）相关承诺事项；

（八）中国证监会要求的其他事项。

在实施证券发行注册制的板块，保荐机构应当向证券交易所提交前款规定的与保荐业务有关的文件。

第二十五条 保荐机构推荐发行人证券上市，应当向证券交易所提交上市保荐书以及证券交易所要求的其他与保荐业务有关的文件，并报中国证监会备案。上市保荐书应当包括下列内容：

（一）逐项说明本次证券上市是否符合《公司法》《证券法》及证券交易所规定的上市条件；

（二）对发行人证券上市后持续督导工作的具体安排；

（三）保荐机构及其关联方与发行人及其关联方之间的利害关系及主要业务往来情况；

（四）相关承诺事项；

（五）中国证监会或者证券交易所要求的其他事项。

在实施证券发行注册制的板块，前款规定的与保荐业务有关文件的内容要求和报送要求由证券交易所具体规定。

第二十六条 在发行保荐书和上市保荐书中，保荐机构应当就下列事项做出承诺：

（一）有充分理由确信发行人符合法律法规及中国证监会有关证券发行上市的相关规定；

（二）有充分理由确信发行人申请文件和信息披露资料不存在虚假记载、误导性陈述或者重大遗漏；

（三）有充分理由确信发行人及其董事在申请文件和信息披露资料中表达意见的依据充分合理；

（四）有充分理由确信申请文件和信息披露资料与证券服务机构发表的意见不存在实质性差异；

（五）保证所指定的保荐代表人及本保荐机构的相关人员已勤勉尽责，对发行人申请文件和信息披露资料进行了尽职调查、审慎核查；

（六）保证保荐书、与履行保荐职责有关的其他文件不存在虚假记载、误导性陈述或者重大遗漏；

（七）保证对发行人提供的专业服务和出具的专业意见符合法律、行政法规、中国证监会的规定和行业规范；

（八）自愿接受中国证监会依照本办法采取的监管措施；

（九）中国证监会规定的其他事项。

在实施证券发行注册制的板块，前款规定的上市保荐书承诺事项由证券交易所具体规定。

第二十七条 保荐机构提交发行保荐书后，应当配合中国证监会的审核，并承担下列工作：

（一）组织发行人及证券服务机构对中国证监会的意见进行答复；

（二）按照中国证监会的要求对涉及本次证券发行上市的特定事项进行尽职调查或者核查；

（三）指定保荐代表人与中国证监会职能部门进行专业沟通，保荐代表人在发行审核委员会会议上接受委员质询；

（四）中国证监会规定的其他工作。

在实施证券发行注册制的板块，保荐机构应当配合证券交易所、中国证监会的发行上市审核和注册工作，并按规定承担相应工作。

第二十八条 保荐机构应当针对发行人的具体情况，确定证券发行上市后持续督导的内容，督导发行人履行有关上市公司规范运作、信守承诺和信息披露等义务，审阅信息披露文件及向中国证监会、证券交易所提交的其他文件，并承担下列工作：

（一）督导发行人有效执行并完善防止控股股东、实际控制人、其他关联方违规占用发行人资源的制度；

（二）督导发行人有效执行并完善防止其董事、监事、高级管理人员利用职务之便损害发行人利益的内控制度；

（三）督导发行人有效执行并完善保障关联交易公允性和合规性的制度，并对关联交易发表意见；

（四）持续关注发行人募集资金的专户存储、投资项目的实施等承诺事项；

（五）持续关注发行人为他人提供担保等事项，并发表意见；

（六）中国证监会、证券交易所规定及保荐协议约定的其他工作。

第二十九条 首次公开发行股票并在主板上市的，持续督导的期间为证券上市当年剩余时间及其后 2 个完整会计年度；主板上市公司发行新股、可转换公司债券的，持续督导的期间为证券上市当年剩余时间及其后 1 个完整会计年度。

首次公开发行股票并在创业板、科创板上市的，持续督导的期间为证券上市当年剩余时间及其后 3 个完整会计年度；创业板、科创板上市公司发行新股、可转换公司债券的，持续督导的期间为证券上市当年剩余时间及其后 2 个完整会计年度。

首次公开发行股票并在创业板上市的，持续督导期内保荐机构应当自发行人披露年度报告、中期报告之日起 15 个工作日内在符合条件的媒体披露跟踪报告，对本办法第二十八条所涉及的事项，进行分析并发表独立意见。发行人临时报告披露的信息涉及募集资金、关联交易、委托理财、为他人提供担保等重大事项的，保荐机构应当自临时报告披露之日起10个工作日内进行分析并在符合条件的媒体发表独立意见。

持续督导的期间自证券上市之日起计算。

第三十条 持续督导期届满，如有尚未完结的保荐工作，保荐机构应当继续完成。

保荐机构在履行保荐职责期间未勤勉尽责的，其责任不因持续督导期届满而免除或者终止。

第四章 保荐业务规程

第三十一条 保荐机构应当建立分工合理、权责明确、相互制衡、有效监督的内部控制组织体系，发挥项目承做、质量控制、内核合规风控等的全流程内部控制作用，形成科学、合理、有效的保荐业务决策、执行和监督等机制，确保保荐业务纳入公司整体合规管理和风险控制范围。

第三十二条 保荐机构应当建立健全并执行覆盖全部保荐业务流程和全体保荐业务人员的内部控制制度，包括但不限于立项制度、质量控制制度、问核制度、内核制度、反馈意见报告制度、风险事件报告制度、合规检查制度、应急处理制度等，定期对保荐业务内部控制的有效性进行全面评估，保证保荐业务负责人、内核负责人、保荐业务部门负责人、保荐代表人、项目协办人及其他保荐业务相关人员勤勉尽责，严格控制风险，提高保荐业务整体质量。

第三十三条 保荐机构应当建立健全内部问责机制，明确保荐业务人员履职规范和问责措施。

保荐业务人员被采取自律监管措施、自律处分、行政监管措施、市场禁入措施、行政处罚、刑事处罚等的，保荐机构应当进行内部问责。

保荐机构应当在劳动合同、内部制度中明确，保荐业务人员出现前款情形的，应当退还相关违规行为发生当年除基本工资外的其他薪酬。

第三十四条 保荐机构对外提交和报送的发行上市申请文件、反馈意见、披露文件等重要材料和文件应当履行内核程序，由内核机构审议决策。未通过内核程序的保荐业务项目不得以公司名义对外提交或者报送相关文件。

第三十五条 保荐机构应当根据保荐业务特点制定科学、合理的薪酬考核体系，综合考量业务人员的专业胜任能力、执业质量、合规情况、业务收入等各项因素，不得以业务包干等承包方式开展保荐业务，或者以其他形式实施过度激励。

第三十六条 保荐机构从事保荐业务应当综合评估项目执行成本与风险责任，合理确定报价，不得以明显低于行业定价水平等不正当竞争方式招揽业务。

第三十七条 保荐机构应当建立健全保荐业务制度体系，细化尽职调查、辅导、文件申报、持续督导等各个环节的执业标准和操作流程，提高制度的针对性和执行性。

保荐机构应当根据监管要求、制度执行等情况，及时更新和完善保荐业务制度体系。

第三十八条 保荐机构应当建立健全廉洁从业管理内控体系，加强对工作人员的管理，不得在开展保荐业务的过程中谋取或输送不当利益。

第三十九条 保荐机构应当根据保荐业务类型和业务环节的不同，细化反洗钱要求，加强对客户身份的识别、可疑报告、客户资料及交易记录保存、反洗钱培训与宣传等工作。

第四十条 保荐机构应当建立健全对保荐代表人及其他保荐业务相关人员的持续培训制度。

第四十一条 保荐机构应当建立健全工作底稿制度，按规定建设应用工作底稿电子化管理系统。

保荐机构应当为每一项目建立独立的保荐工作底稿。保荐代表人必须为其具体负责的每一项目建立尽职调查工作日志，作为保荐工作底稿的一部分存档备查；保荐机构应当定期对尽职调查工作日志进行检查。

保荐工作底稿应当真实、准确、完整地反映保荐工作的全过程，保存期不少于20年。

第四十二条 保荐机构及其控股股东、实际控制人、重要关联方持有发行人股份的，或者发行人持有、控制保荐机构股份的，保荐机构在推荐发行人证券发行上市时，应当进行利益冲突审查，出具合规审核意见，并按规定充分披露。通过披露仍不能消除影响的，保荐机构应联合1家无关联保荐机构共同履行保荐职责，且该无关联保荐机构为第一保荐机构。

第四十三条 刊登证券发行募集文件前终止保荐协议的，保荐机构和发行人应当自终止之日起5个工作日内分别向中国证监会报告，并说明原因。

在实施证券发行注册制的板块出现上述情形的，保荐机构应同时向证券交易所报告。

第四十四条 刊登证券发行募集文件以后直至持续督导工作结束，保荐机构和发行人不得终止保荐协议，但存在合理理由的情形除外。发行人因再次申请发行证券另行聘请保荐机构、保荐机构被中国证监会撤销保荐业务资格的，应当终止保荐协议。

终止保荐协议的，保荐机构和发行人应当自终止之日起5个工作日内向中国证监会、证券交易所报告，说明原因。

第四十五条 持续督导期间，保荐机构被撤销保荐业务资格的，发行人应当在1个月内另行聘请保荐机构，未在规定期限内另行聘请的，中国证监会可以为其指定保荐机构。

第四十六条 另行聘请的保荐机构应当完成原保荐机构未完成的持续督导工作。

因原保荐机构被撤销保荐业务资格而另行聘请保荐机构的，另行聘请的保荐机构持续督导的时间不得少于1个完整的会计年度。

另行聘请的保荐机构应当自保荐协议签订之日起开展保荐工作并承担相应的责任。原保荐机构在履行保荐职责期间未勤勉尽责的，其责任不因保荐机构的更换而免除或者终止。

第四十七条 保荐机构应当指定 2 名保荐代表人具体负责 1 家发行人的保荐工作，出具由法定代表人签字的专项授权书，并确保保荐机构有关部门和人员有效分工协作。保荐机构可以指定 1 名项目协办人。

第四十八条 证券发行后，保荐机构不得更换保荐代表人，但因保荐代表人离职或者不符合保荐代表人要求的，应当更换保荐代表人。

保荐机构更换保荐代表人的，应当通知发行人，并在 5 个工作日内向中国证监会、证券交易所报告，说明原因。原保荐代表人在具体负责保荐工作期间未勤勉尽责的，其责任不因保荐代表人的更换而免除或者终止。

第四十九条 保荐机构法定代表人、保荐业务负责人、内核负责人、保荐业务部门负责人、保荐代表人和项目协办人应当在发行保荐书上签字，保荐机构法定代表人、保荐代表人应当同时在证券发行募集文件上签字。

第五十条 保荐机构应当将履行保荐职责时发表的意见及时告知发行人，同时在保荐工作底稿中保存，并可以依照本办法规定公开发表声明、向中国证监会或者证券交易所报告。

第五十一条 持续督导工作结束后，保荐机构应当在发行人公告年度报告之日起的 10 个工作日内向中国证监会、证券交易所报送保荐总结报告书。保荐机构法定代表人和保荐代表人应当在保荐总结报告书上签字。保荐总结报告书应当包括下列内容：

（一）发行人的基本情况；

（二）保荐工作概述；

（三）履行保荐职责期间发生的重大事项及处理情况；

（四）对发行人配合保荐工作情况的说明及评价；

（五）对证券服务机构参与证券发行上市相关工作情况的说明及评价；

（六）中国证监会、证券交易所要求的其他事项。

第五十二条 保荐代表人及其他保荐业务相关人员属于内幕信息的知情人员，应当遵守法律、行政法规和中国证监会的规定，不得利用内幕信息直接或者间接为保荐机构、本人或者他人谋取不正当利益。

第五章 保荐业务协调

第五十三条 发行人应当为保荐机构及时提供真实、准确、完整的财务会计资料和其他资料，全面配合保荐机构开展尽职调查和其他相关工作。

发行人的控股股东、实际控制人、董事、监事、高级管理人员应当全面配合保荐机构开展尽职调查和其他相关工作，不得要求或者协助发行人隐瞒应当披露的信息。

第五十四条 保荐机构及其保荐代表人履行保荐职责，可以对发行人行使下列权利：

（一）要求发行人按照本办法规定和保荐协议约定的方式，及时通报信息；

（二）定期或者不定期对发行人进行回访，查阅保荐工作需要的发行人材料；

（三）列席发行人的股东大会、董事会和监事会；

（四）对发行人的信息披露文件及向中国证监会、证券交易所提交的其他文件进行事前审阅；

（五）对有关部门关注的发行人相关事项进行核查，必要时可聘请相关证券服务机构配合；

（六）按照中国证监会、证券交易所信息披露规定，对发行人违法违规的事项发表公开声明；

（七）中国证监会、证券交易所规定或者保荐协议约定的其他权利。

第五十五条 发行人有下列情形之一的，应当及时通知或者咨询保荐机构，并将相关文件送交保荐机构：

（一）变更募集资金及投资项目等承诺事项；

（二）发生关联交易、为他人提供担保等事项；

（三）涉及重大诉讼、资产发生重大损失；

（四）公司财务状况及生产经营的外部条件发生重大变化；

（五）重大投资行为和重大购置资产的决定；

（六）股东及董事、监事、高级管理人员的变动；

（七）召开董事会、监事会、股东大会；

（八）履行信息披露义务或者向中国证监会、证券交易所报告有关事项；

（九）发生违法违规行为或者其他重大事项；

（十）中国证监会、证券交易所规定或者保荐协议约定的其他事项。

第五十六条 证券发行前，发行人及其控股股东、实际控制人、董事、监事、高级管理人员不配合保荐机构履行保荐职责的，保荐机构应当发表保留意见，并在发行保荐书中予以说明；情节严重的，应当不予保荐，已保荐的应当撤销保荐。

第五十七条 证券发行后，保荐机构有充分理由确信发行人可能存在违法违规行为以及其他不当行为的，应当督促发行人作出说明并限期纠正；情节严重的，应当向中国证监会、证券交易所报告。

第五十八条 保荐机构应当组织协调证券服务机构及其签字人员参与证券发行上市的相关工作。

发行人为证券发行上市聘用的会计师事务所、律师事务所、资产评估机构以及其他证券服务机构，保荐机构有充分理由认为其专业能力存在明显缺陷的，可以向发行人建议更换。

第五十九条 保荐机构对证券服务机构及其签字人员出具的专业意见存有疑义的，应当主动与证券服务机构进行协商，并可要求其作出解释或者出具依据。

第六十条 保荐机构有充分理由确信证券服务机构及其签字人员出具的专业意见可能存在虚假记载、误导性陈述或重大遗漏等违法违规情形或者其他不当情形的，应当及时发表意见；情节严重的，应当向中国证监会、证券交易所报告。

第六十一条 证券服务机构及其签字人员应当严格按照依法制定的业务规则和行业自律规范，审慎履行职责，作出专业判断与认定，对保荐机构提出的疑义或者意见，应当保持专业独立性，进行审慎的复核判断，并向保荐机构、发行人及时发表意见。

证券服务机构应当建立并保持有效的质量控制体系，保护投资者合法权益。证券服务机构应当妥善保存客户委托文件、核查和验证资料、工作底稿以及与质量控制、内部管理、业务经营有关的信息和资料。

第六章　监管措施和法律责任

第六十二条 中国证监会可以对保荐机构及其与发行上市保荐工作相关的人员，证券服务机构、发行人及其与证券发行上市工作相关的人员等进行定期或者不定期现场检查，相关主体应当积极配合检查，如实提供有关资料，不得拒绝、阻挠、逃避检查，不得谎报、隐匿、销毁相关证据材料。

第六十三条 中国证监会对保荐机构及其相关人员进行持续动态的跟踪管理，记录其业务资格、执业情况、违法违规行为、其他不良行为以及对其采取的监管措施等。保荐信用记录向社会公开。

第六十四条 证券公司提交的保荐业务资格申请文件存在虚假记载、误导性陈述或者重大遗漏的，中国证监会不予受理或者不予核准，并给予警告；已核准的，撤销其保荐业务资格。

第六十五条 保荐机构、保荐代表人、保荐业务负责人、内核负责人、保荐业务部门负责人及其他保荐业务相关人员违反本办法，未诚实守信、勤勉尽责地履行相关义务的，中国证监会责令改正，并对其采取监管谈话、重点关注、责令进行业务学习、出具警示函、责令公开说明、认定为不适当人选、责令增加内部合规检查的次数并提交合规检查报告、责令处分有关责任人员并报告结果、对保荐机构及其有关董事、监事、高级管理人员给予谴责等监管措施；依法应给予行政处罚的，依照有关规定进行处罚；情节严重涉嫌犯罪的，依法移送司法机关，追究其刑事责任。

第六十六条 出现下列情形之一的，中国证监会可以视情节轻重，采取责令改正、监管谈话、出具警示函等监管措施；情节严重的，中国证监会可以在 3 个月到 12 个月内不受理保荐机构、保荐代表人具体负责的推荐：

（一）制作或者出具的文件不齐备或者不符合要求；

（二）擅自改动申请文件、信息披露资料或者其他已提交文件；

（三）申请文件或者信息披露资料存在相互矛盾或者同一事实表述不一致且有实质性差异；

（四）文件披露的内容表述不清，逻辑混乱，严重影响投资者理解；

（五）未及时报告或者未及时披露重大事项；

（六）指定不符合本办法第四条规定要求的人员具体负责保荐工作；

（七）未通过内核程序，以公司名义对外提交或披露保荐业务项目文件；

（八）采取业务包干等承包方式或其他形式进行过度激励；

（九）以显著低于行业定价水平等不正当竞争方式招揽业务，违反公平竞争、破坏市场秩序。

第六十七条 保荐机构出现下列情形之一的，中国证监会可以视情节轻重，暂停保荐业务资格3个月到36个月，并可以责令保荐机构更换董事、监事、高级管理人员或者限制其权利；情节特别严重的，撤销其保荐业务资格：

（一）向中国证监会、证券交易所提交的与保荐工作相关的文件存在虚假记载、误导性陈述或者重大遗漏；

（二）重大事项未报告、未披露；

（三）内部控制制度存在重大缺陷或者未有效执行；

（四）尽职调查制度、内部核查制度、持续督导制度、保荐工作底稿制度等保荐业务制度存在重大缺陷或者未有效执行；

（五）廉洁从业管理内控体系、反洗钱制度存在重大缺陷或者未有效执行；

（六）保荐工作底稿存在虚假记载、误导性陈述或者重大遗漏；

（七）唆使、协助或者参与发行人及证券服务机构提供存在虚假记载、误导性陈述或者重大遗漏的文件；

（八）唆使、协助或者参与发行人干扰中国证监会及其发行审核委员会、证券交易所及其上市委员会的审核工作；

（九）通过从事保荐业务谋取不正当利益；

（十）伪造或者变造签字、盖章；

（十一）严重违反诚实守信、勤勉尽责义务的其他情形。

第六十八条 保荐代表人出现下列情形之一的，中国证监会可以根据情节轻重，在3个月到36个月内不受理相关保荐代表人具体负责的推荐；情节特别严重的，采取认定为不适当人选的监管措施：

（一）尽职调查工作日志缺失或者遗漏、隐瞒重要问题；

（二）未完成或者未参加辅导工作；

（三）重大事项未报告、未披露；

（四）未参加持续督导工作，或者持续督导工作未勤勉尽责；

（五）因保荐业务或其具体负责保荐工作的发行人在保荐期间内受到证券交易所、

中国证券业协会公开谴责；

（六）唆使、协助或者参与发行人干扰中国证监会及其发行审核委员会、证券交易所及其上市委员会的审核工作；

（七）伪造或者变造签字、盖章；

（八）严重违反诚实守信、勤勉尽责义务的其他情形。

第六十九条 保荐代表人出现下列情形之一的，中国证监会可以采取认定为不适当人选的监管措施；情节严重的，对其采取证券市场禁入的措施：

（一）在与保荐工作相关文件上签字推荐发行人证券发行上市，但未参加尽职调查工作，或者尽职调查工作不彻底、不充分，明显不符合业务规则和行业规范；

（二）通过从事保荐业务谋取不正当利益；

（三）本人及其配偶持有发行人的股份；

（四）唆使、协助或者参与发行人及证券服务机构提供存在虚假记载、误导性陈述或者重大遗漏的文件；

（五）参与组织编制的与保荐工作相关文件存在虚假记载、误导性陈述或者重大遗漏。

第七十条 发行人出现下列情形之一的，中国证监会可以暂停保荐机构的保荐业务资格12个月到36个月，责令保荐机构更换相关负责人，对保荐代表人采取认定为不适当人选的监管措施；情节严重的，撤销保荐业务资格，对相关责任人采取证券市场禁入的措施：

（一）证券发行募集文件等申请文件存在虚假记载、误导性陈述或者重大遗漏；

（二）持续督导期间信息披露文件存在虚假记载、误导性陈述或者重大遗漏。

第七十一条 发行人公开发行证券上市当年即亏损的，中国证监会可以暂停保荐机构的保荐业务资格3个月，对保荐代表人采取认定为不适当人选的监管措施，尚未盈利的企业或者已在证券发行募集文件中充分分析并揭示相关风险的除外。

前款所称亏损或盈利，涉及的净利润以扣除非经常性损益前后孰低者为计算依据。

第七十二条 发行人在持续督导期间出现下列情形之一的，中国证监会可以根据情节轻重，在3个月到12个月内不受理相关保荐代表人具体负责的推荐；情节特别严重的，对保荐代表人采取认定为不适当人选的监管措施：

（一）证券上市当年累计50%以上募集资金的用途与承诺不符；

（二）公开发行证券并在主板上市当年营业利润比上年下滑50%以上；

（三）首次公开发行股票并上市之日起12个月内控股股东或者实际控制人发生变更；

（四）首次公开发行股票并上市之日起12个月内累计50%以上资产或者主营业务发生重组；

（五）上市公司公开发行新股、可转换公司债券之日起12个月内累计50%以上资产或者主营业务发生重组，且未在证券发行募集文件中披露；

（六）实际盈利低于盈利预测达20%以上；

（七）关联交易显失公允或者程序违规，涉及金额较大；

（八）控股股东、实际控制人或其他关联方违规占用发行人资源，涉及金额较大；

（九）违规为他人提供担保，涉及金额较大；

（十）违规购买或出售资产、借款、委托资产管理等，涉及金额较大；

（十一）董事、监事、高级管理人员侵占发行人利益受到行政处罚或者被追究刑事责任；

（十二）违反上市公司规范运作和信息披露等有关法律法规，情节严重的；

（十三）中国证监会规定的其他情形。

第七十三条 保荐代表人被暂不受理具体负责的推荐或者被采取认定为不适当人选的监管措施的，对已受理的该保荐代表人具体负责推荐的项目，保荐机构应当更换保荐代表人，并指派与本项目无关的人员进行复核；对负有责任的保荐业务负责人、内核负责人、保荐业务部门负责人等人员，保荐机构应当根据内部管理规定进行问责惩戒，情节严重的，应当予以更换。

第七十四条 保荐机构、保荐业务负责人、内核负责人或者保荐业务部门负责人在1个自然年度内被采取本办法第六十五条规定的监管措施累计5次以上，中国证监会可以暂停保荐机构的保荐业务资格3个月，责令保荐机构更换保荐业务负责人、内核负责人或者保荐业务部门负责人。

保荐代表人在2个自然年度内被采取本办法第六十五条规定的监管措施累计2次以上，中国证监会可以6个月内不受理相关保荐代表人具体负责的推荐。

第七十五条 对中国证监会拟采取的监管措施，保荐机构及其保荐代表人提出申辩的，如有充分证据证明下列事实且理由成立，中国证监会予以采纳：

（一）发行人或者其董事、监事、高级管理人员故意隐瞒重大事实，保荐机构和保荐代表人已履行勤勉尽责义务；

（二）发行人已在证券发行募集文件中做出特别提示，保荐机构和保荐代表人已履行勤勉尽责义务；

（三）发行人因不可抗力致使业绩、募集资金运用等出现异常或者未能履行承诺；

（四）发行人及其董事、监事、高级管理人员在持续督导期间故意违法违规，保荐机构和保荐代表人主动予以揭示，已履行勤勉尽责义务；

（五）保荐机构、保荐代表人已履行勤勉尽责义务的其他情形。

第七十六条 发行人违反本办法规定，持续督导期间违法违规且拒不纠正，发生重大事项未及时通知保荐机构，出现应当变更保荐机构情形未及时予以变更，或者发生其他严重不配合保荐工作情形的，中国证监会可以责令改正，予以公布并可以根据情节轻重采取下列监管措施：

（一）要求发行人每月向中国证监会报告接受保荐机构督导的情况；

（二）要求发行人披露月度财务报告、相关资料；

（三）指定证券服务机构进行核查；

（四）要求证券交易所对发行人证券的交易实行特别提示；

（五）36个月内不受理其发行证券申请；

（六）将直接负责的主管人员和其他责任人员认定为不适当人选。

第七十七条 发行人及其控股股东、实际控制人、董事、监事、高级管理人员未有效配合保荐机构及其保荐代表人开展尽职调查和其他相关工作的，中国证监会可以责令改正，并对相关单位和责任人员采取监管谈话、重点关注、出具警示函、责令公开说明等监管措施。情节严重的，采取12个月到60个月内不接受相关单位及其控制的下属单位公开发行证券相关文件，对责任人采取认定为不适当人选等监管措施，或者采取证券市场禁入的措施。

第七十八条 证券服务机构及其签字人员违反本办法规定的，中国证监会可以责令改正，并对相关机构和责任人员采取监管谈话、重点关注、出具警示函、责令公开说明、认定为不适当人选等监管措施。

第七十九条 证券服务机构及其签字人员出具的专业意见存在虚假记载、误导性陈述或重大遗漏，或者因不配合保荐工作而导致严重后果的，中国证监会可以在6个月到36个月内不受理其文件，并将处理结果予以公布。

第八十条 发行人及其控股股东、实际控制人、董事、监事、高级管理人员、证券服务机构及其签字人员违反法律、行政法规，依法应予行政处罚的，依照有关规定进行处罚；涉嫌犯罪的，依法移送司法机关，追究其刑事责任。

第七章　附则

第八十一条 股票公开转让的公众公司向全国中小企业股份转让系统不特定合格投资者公开发行股票后挂牌的，全国中小企业股份转让系统可以参照本办法关于证券交易所的规定制定相关规则。

第八十二条 本办法所称“保荐机构”，是指《证券法》第十条所指“保荐人”。

第八十三条 本办法自公布之日起施行。2008年10月17日发布的《证券发行上市保荐业务管理办法》（证监会令第58号）同时废止。

上市公司信息披露管理办法

中国证券监督管理委员会令第 182 号

《上市公司信息披露管理办法》已经 2021 年 3 月 4 日中国证券监督管理委员会 2021 年第 3 次委务会议审议通过，现予公布，自 2021 年 5 月 1 日起施行。

中国证券监督管理委员会主席：易会满

2021 年 3 月 18 日

上市公司信息披露管理办法

第一章　总则

第一条　为了规范上市公司及其他信息披露义务人的信息披露行为，加强信息披露事务管理，保护投资者合法权益，根据《中华人民共和国公司法》（以下简称《公司法》）、《中华人民共和国证券法》（以下简称《证券法》）等法律、行政法规，制定本办法。

第二条　信息披露义务人履行信息披露义务应当遵守本办法的规定，中国证券监督管理委员会（以下简称中国证监会）对首次公开发行股票并上市、上市公司发行证券信息披露另有规定的，从其规定。

第三条　信息披露义务人应当及时依法履行信息披露义务，披露的信息应当真实、准确、完整，简明清晰、通俗易懂，不得有虚假记载、误导性陈述或者重大遗漏。

信息披露义务人披露的信息应当同时向所有投资者披露，不得提前向任何单位和个人泄露。但是，法律、行政法规另有规定的除外。

在内幕信息依法披露前，内幕信息的知情人和非法获取内幕信息的人不得公开或者泄露该信息，不得利用该信息进行内幕交易。任何单位和个人不得非法要求信息披露义务人提供依法需要披露但尚未披露的信息。

证券及其衍生品种同时在境内境外公开发行、交易的，其信息披露义务人在境外市场披露的信息，应当同时在境内市场披露。

第四条　上市公司的董事、监事、高级管理人员应当忠实、勤勉地履行职责，保证披露信息的真实、准确、完整，信息披露及时、公平。

第五条　除依法需要披露的信息之外，信息披露义务人可以自愿披露与投资者作出价值判断和投资决策有关的信息，但不得与依法披露的信息相冲突，不得误导投资者。

信息披露义务人自愿披露的信息应当真实、准确、完整。自愿性信息披露应当遵守公平原则，保持信息披露的持续性和一致性，不得进行选择性披露。

信息披露义务人不得利用自愿披露的信息不当影响公司证券及其衍生品种交易价格，不得利用自愿性信息披露从事市场操纵等违法违规行为。

第六条　上市公司及其控股股东、实际控制人、董事、监事、高级管理人员等作出公开承诺的，应当披露。

第七条　信息披露文件包括定期报告、临时报告、招股说明书、募集说明书、上市公告书、收购报告书等。

第八条 依法披露的信息，应当在证券交易所的网站和符合中国证监会规定条件的媒体发布，同时将其置备于上市公司住所、证券交易所，供社会公众查阅。

信息披露文件的全文应当在证券交易所的网站和符合中国证监会规定条件的报刊依法开办的网站披露，定期报告、收购报告书等信息披露文件的摘要应当在证券交易所的网站和符合中国证监会规定条件的报刊披露。

信息披露义务人不得以新闻发布或者答记者问等任何形式代替应当履行的报告、公告义务，不得以定期报告形式代替应当履行的临时报告义务。

第九条 信息披露义务人应当将信息披露公告文稿和相关备查文件报送上市公司注册地证监局。

第十条 信息披露文件应当采用中文文本。同时采用外文文本的，信息披露义务人应当保证两种文本的内容一致。两种文本发生歧义时，以中文文本为准。

第十一条 中国证监会依法对信息披露文件及公告的情况、信息披露事务管理活动进行监督检查，对信息披露义务人的信息披露行为进行监督管理。

证券交易所应当对上市公司及其他信息披露义务人的信息披露行为进行监督，督促其依法及时、准确地披露信息，对证券及其衍生品种交易实行实时监控。证券交易所制定的上市规则和其他信息披露规则应当报中国证监会批准。

第二章 定期报告

第十二条 上市公司应当披露的定期报告包括年度报告、中期报告。凡是对投资者作出价值判断和投资决策有重大影响的信息，均应当披露。

年度报告中的财务会计报告应当经符合《证券法》规定的会计师事务所审计。

第十三条 年度报告应当在每个会计年度结束之日起四个月内，中期报告应当在每个会计年度的上半年结束之日起两个月内编制完成并披露。

第十四条 年度报告应当记载以下内容：

（一）公司基本情况；

（二）主要会计数据和财务指标；

（三）公司股票、债券发行及变动情况，报告期末股票、债券总额、股东总数，公司前十大股东持股情况；

（四）持股百分之五以上股东、控股股东及实际控制人情况；

（五）董事、监事、高级管理人员的任职情况、持股变动情况、年度报酬情况；

（六）董事会报告；

（七）管理层讨论与分析；

（八）报告期内重大事件及对公司的影响；

（九）财务会计报告和审计报告全文；

（十）中国证监会规定的其他事项。

第十五条 中期报告应当记载以下内容：

（一）公司基本情况；

（二）主要会计数据和财务指标；

（三）公司股票、债券发行及变动情况、股东总数、公司前十大股东持股情况，控股股东及实际控制人发生变化的情况；

（四）管理层讨论与分析；

（五）报告期内重大诉讼、仲裁等重大事件及对公司的影响；

（六）财务会计报告；

（七）中国证监会规定的其他事项。

第十六条 定期报告内容应当经上市公司董事会审议通过。未经董事会审议通过的定期报告不得披露。

公司董事、高级管理人员应当对定期报告签署书面确认意见，说明董事会的编制和审议程序是否符合法律、行政法规和中国证监会的规定，报告的内容是否能够真实、准确、完整地反映上市公司的实际情况。

监事会应当对董事会编制的定期报告进行审核并提出书面审核意见。监事应当签署书面确认意见。监事会对定期报告出具的书面审核意见，应当说明董事会的编制和审议程序是否符合法律、行政法规和中国证监会的规定，报告的内容是否能够真实、准确、完整地反映上市公司的实际情况。

董事、监事无法保证定期报告内容的真实性、准确性、完整性或者有异议的，应当在董事会或者监事会审议、审核定期报告时投反对票或者弃权票。

董事、监事和高级管理人员无法保证定期报告内容的真实性、准确性、完整性或者有异议的，应当在书面确认意见中发表意见并陈述理由，上市公司应当披露。上市公司不予披露的，董事、监事和高级管理人员可以直接申请披露。

董事、监事和高级管理人员按照前款规定发表意见，应当遵循审慎原则，其保证定期报告内容的真实性、准确性、完整性的责任不仅因发表意见而当然免除。

第十七条 上市公司预计经营业绩发生亏损或者发生大幅变动的，应当及时进行业绩预告。

第十八条 定期报告披露前出现业绩泄露，或者出现业绩传闻且公司证券及其衍生品种交易出现异常波动的，上市公司应当及时披露本报告期相关财务数据。

第十九条 定期报告中财务会计报告被出具非标准审计意见的，上市公司董事会应当针对该审计意见涉及事项作出专项说明。

定期报告中财务会计报告被出具非标准审计意见，证券交易所认为涉嫌违法的，应当提请中国证监会立案调查。

第二十条 上市公司未在规定期限内披露年度报告和中期报告的，中国证监会应当立即立案调查，证券交易所应当按照股票上市规则予以处理。

第二十一条 年度报告、中期报告的格式及编制规则，由中国证监会和证券交易所制定。

第三章 临时报告

第二十二条 发生可能对上市公司证券及其衍生品种交易价格产生较大影响的重大事件，投资者尚未得知时，上市公司应当立即披露，说明事件的起因、目前的状态和可能产生的影响。

前款所称重大事件包括：

（一）《证券法》第八十条第二款规定的重大事件；

（二）公司发生大额赔偿责任；

（三）公司计提大额资产减值准备；

（四）公司出现股东权益为负值；

（五）公司主要债务人出现资不抵债或者进入破产程序，公司对相应债权未提取足额坏账准备；

（六）新公布的法律、行政法规、规章、行业政策可能对公司产生重大影响；

（七）公司开展股权激励、回购股份、重大资产重组、资产分拆上市或者挂牌；

（八）法院裁决禁止控股股东转让其所持股份；任一股东所持公司百分之五以上股份被质押、冻结、司法拍卖、托管、设定信托或者被依法限制表决权等，或者出现被强制过户风险；

（九）主要资产被查封、扣押或者冻结；主要银行账户被冻结；

（十）上市公司预计经营业绩发生亏损或者发生大幅变动；

（十一）主要或者全部业务陷入停顿；

（十二）获得对当期损益产生重大影响的额外收益，可能对公司的资产、负债、权益或者经营成果产生重要影响；

（十三）聘任或者解聘为公司审计的会计师事务所；

（十四）会计政策、会计估计重大自主变更；

（十五）因前期已披露的信息存在差错、未按规定披露或者虚假记载，被有关机关责令改正或者经董事会决定进行更正；

（十六）公司或者其控股股东、实际控制人、董事、监事、高级管理人员受到刑事处罚，涉嫌违法违规被中国证监会立案调查或者受到中国证监会行政处罚，或者受到其他有权机关重大行政处罚；

（十七）公司的控股股东、实际控制人、董事、监事、高级管理人员涉嫌严重违纪违法或者职务犯罪被纪检监察机关采取留置措施且影响其履行职责；

（十八）除董事长或者经理外的公司其他董事、监事、高级管理人员因身体、工作安排等原因无法正常履行职责达到或者预计达到三个月以上，或者因涉嫌违法违规被有权机关采取强制措施且影响其履行职责；

（十九）中国证监会规定的其他事项。

上市公司的控股股东或者实际控制人对重大事件的发生、进展产生较大影响的，应当及时将其知悉的有关情况书面告知上市公司，并配合上市公司履行信息披露义务。

第二十三条 上市公司变更公司名称、股票简称、公司章程、注册资本、注册地址、主要办公地址和联系电话等，应当立即披露。

第二十四条 上市公司应当在最先发生的以下任一时点，及时履行重大事件的信息披露义务：

（一）董事会或者监事会就该重大事件形成决议时；

（二）有关各方就该重大事件签署意向书或者协议时；

（三）董事、监事或者高级管理人员知悉该重大事件发生时。

在前款规定的时点之前出现下列情形之一的，上市公司应当及时披露相关事项的现状、可能影响事件进展的风险因素：

（一）该重大事件难以保密；

（二）该重大事件已经泄露或者市场出现传闻；

（三）公司证券及其衍生品种出现异常交易情况。

第二十五条 上市公司披露重大事件后，已披露的重大事件出现可能对上市公司证券及其衍生品种交易价格产生较大影响的进展或者变化的，上市公司应当及时披露进展或者变化情况、可能产生的影响。

第二十六条 上市公司控股子公司发生本办法第二十二条规定的重大事件，可能对上市公司证券及其衍生品种交易价格产生较大影响的，上市公司应当履行信息披露义务。

上市公司参股公司发生可能对上市公司证券及其衍生品种交易价格产生较大影响的事件的，上市公司应当履行信息披露义务。

第二十七条 涉及上市公司的收购、合并、分立、发行股份、回购股份等行为导致上市公司股本总额、股东、实际控制人等发生重大变化的，信息披露义务人应当依法履行报告、公告义务，披露权益变动情况。

第二十八条 上市公司应当关注本公司证券及其衍生品种的异常交易情况及媒体关于本公司的报道。

证券及其衍生品种发生异常交易或者在媒体中出现的消息可能对公司证券及其衍生品种的交易产生重大影响时，上市公司应当及时向相关各方了解真实情况，必要时应当以书面方式问询。

上市公司控股股东、实际控制人及其一致行动人应当及时、准确地告知上市公司是否存在拟发生的股权转让、资产重组或者其他重大事件，并配合上市公司做好信息披露工作。

第二十九条 公司证券及其衍生品种交易被中国证监会或者证券交易所认定为异常交易的，上市公司应当及时了解造成证券及其衍生品种交易异常波动的影响因素，并及时披露。

第四章 信息披露事务管理

第三十条 上市公司应当制定信息披露事务管理制度。信息披露事务管理制度应当包括：

（一）明确上市公司应当披露的信息，确定披露标准；

（二）未公开信息的传递、审核、披露流程；

（三）信息披露事务管理部门及其负责人在信息披露中的职责；

（四）董事和董事会、监事和监事会、高级管理人员等的报告、审议和披露的职责；

（五）董事、监事、高级管理人员履行职责的记录和保管制度；

（六）未公开信息的保密措施，内幕信息知情人登记管理制度，内幕信息知情人的范围和保密责任；

（七）财务管理和会计核算的内部控制及监督机制；

（八）对外发布信息的申请、审核、发布流程；与投资者、证券服务机构、媒体等的信息沟通制度；

（九）信息披露相关文件、资料的档案管理制度；

（十）涉及子公司的信息披露事务管理和报告制度；

（十一）未按规定披露信息的责任追究机制，对违反规定人员的处理措施。

上市公司信息披露事务管理制度应当经公司董事会审议通过，报注册地证监局和证券交易所备案。

第三十一条 上市公司董事、监事、高级管理人员应当勤勉尽责，关注信息披露文件的编制情况，保证定期报告、临时报告在规定期限内披露。

第三十二条 上市公司应当制定定期报告的编制、审议、披露程序。经理、财务负责人、董事会秘书等高级管理人员应当及时编制定期报告草案，提请董事会审议；董事会秘书负责送达董事审阅；董事长负责召集和主持董事会会议审议定期报告；监事会负责审核董事会编制的定期报告；董事会秘书负责组织定期报告的披露工作。

第三十三条 上市公司应当制定重大事件的报告、传递、审核、披露程序。董事、监事、高级管理人员知悉重大事件发生时，应当按照公司规定立即履行报告义务；董事长在接到报告后，应当立即向董事会报告，并敦促董事会秘书组织临时报告的披露工作。

上市公司应当制定董事、监事、高级管理人员对外发布信息的行为规范，明确非经董事会书面授权不得对外发布上市公司未披露信息的情形。

第三十四条 上市公司通过业绩说明会、分析师会议、路演、接受投资者调研等形式就公司的经营情况、财务状况及其他事件与任何单位和个人进行沟通的，不得提供内幕信息。

第三十五条 董事应当了解并持续关注公司生产经营情况、财务状况和公司已经发生的或者可能发生的重大事件及其影响，主动调查、获取决策所需要的资料。

第三十六条 监事应当对公司董事、高级管理人员履行信息披露职责的行为进行监督；关注公司信息披露情况，发现信息披露存在违法违规问题的，应当进行调查并提出处理建议。

第三十七条 高级管理人员应当及时向董事会报告有关公司经营或者财务方面出现的重大事件、已披露的事件的进展或者变化情况及其他相关信息。

第三十八条 董事会秘书负责组织和协调公司信息披露事务，汇集上市公司应予披露的信息并报告董事会，持续关注媒体对公司的报道并主动求证报道的真实情况。董事会秘书有权参加股东大会、董事会会议、监事会会议和高级管理人员相关会议，有权了解公司的财务和经营情况，查阅涉及信息披露事宜的所有文件。董事会秘书负责办理上市公司信息对外公布等相关事宜。

上市公司应当为董事会秘书履行职责提供便利条件，财务负责人应当配合董事会秘书在财务信息披露方面的相关工作。

第三十九条 上市公司的股东、实际控制人发生以下事件时，应当主动告知上市公司董事会，并配合上市公司履行信息披露义务：

（一）持有公司百分之五以上股份的股东或者实际控制人持有股份或者控制公司的情况发生较大变化，公司的实际控制人及其控制的其他企业从事与公司相同或者相似业务的情况发生较大变化；

（二）法院裁决禁止控股股东转让其所持股份，任一股东所持公司百分之五以上股份被质押、冻结、司法拍卖、托管、设定信托或者被依法限制表决权等，或者出现被强制过户风险；

（三）拟对上市公司进行重大资产或者业务重组；

（四）中国证监会规定的其他情形。

应当披露的信息依法披露前，相关信息已在媒体上传播或者公司证券及其衍生品种出现交易异常情况的，股东或者实际控制人应当及时、准确地向上市公司作出书面报告，并配合上市公司及时、准确地公告。

上市公司的股东、实际控制人不得滥用其股东权利、支配地位，不得要求上市公司向其提供内幕信息。

第四十条 上市公司向特定对象发行股票时，其控股股东、实际控制人和发行对象应当及时向上市公司提供相关信息，配合上市公司履行信息披露义务。

第四十一条 上市公司董事、监事、高级管理人员、持股百分之五以上的股东及其一致行动人、实际控制人应当及时向上市公司董事会报送上市公司关联人名单及关联关系的说明。上市公司应当履行关联交易的审议程序，并严格执行关联交易回避表决制度。交易各方不得通过隐瞒关联关系或者采取其他手段，规避上市公司的关联交易审议程序和信息披露义务。

第四十二条 通过接受委托或者信托等方式持有上市公司百分之五以上股份的股东或者实际控制人，应当及时将委托人情况告知上市公司，配合上市公司履行信息披露义务。

第四十三条 信息披露义务人应当向其聘用的证券公司、证券服务机构提供与执业相关的所有资料，并确保资料的真实、准确、完整，不得拒绝、隐匿、谎报。

证券公司、证券服务机构在为信息披露出具专项文件时，发现上市公司及其他信息披露义务人提供的材料有虚假记载、误导性陈述、重大遗漏或者其他重大违法行为的，应当要求其补充、纠正。信息披露义务人不予补充、纠正的，证券公司、证券服务机构应当及时向公司注册地证监局和证券交易所报告。

第四十四条 上市公司解聘会计师事务所的，应当在董事会决议后及时通知会计师事务所，公司股东大会就解聘会计师事务所进行表决时，应当允许会计师事务所陈述意见。股东大会作出解聘、更换会计师事务所决议的，上市公司应当在披露时说明解聘、更换的具体原因和会计师事务所的陈述意见。

第四十五条 为信息披露义务人履行信息披露义务出具专项文件的证券公司、证券服务机构及其人员，应当勤勉尽责、诚实守信，按照法律、行政法规、中国证监会规定、行业规范、业务规则等发表专业意见，保证所出具文件的真实性、准确性和完整性。

证券服务机构应当妥善保存客户委托文件、核查和验证资料、工作底稿以及与质量控制、内部管理、业务经营有关的信息和资料。证券服务机构应当配合中国证监会的监督管理，在规定的期限内提供、报送或者披露相关资料、信息，保证其提供、报送或者披露的资料、信息真实、准确、完整，不得有虚假记载、误导性陈述或者重大遗漏。

第四十六条 会计师事务所应当建立并保持有效的质量控制体系、独立性管理和投资者保护机制，秉承风险导向审计理念，遵守法律、行政法规、中国证监会的规定，严格执行注册会计师执业准则、职业道德守则及相关规定，完善鉴证程序，科学选用鉴证方法和技术，充分了解被鉴证单位及其环境，审慎关注重大错报风险，获取充分、适当的证据，合理发表鉴证结论。

第四十七条 资产评估机构应当建立并保持有效的质量控制体系、独立性管理和投资者保护机制，恪守职业道德，遵守法律、行政法规、中国证监会的规定，严格执行评估准则或者其他评估规范，恰当选择评估方法，评估中提出的假设条件应当符合实际情况，对评估对象所涉及交易、收入、支出、投资等业务的合法性、未来预测的可靠性取得充分证据，充分考虑未来各种可能性发生的概率及其影响，形成合理的评估结论。

第四十八条 任何单位和个人不得非法获取、提供、传播上市公司的内幕信息，不得利用所获取的内幕信息买卖或者建议他人买卖公司证券及其衍生品种，不得在投资价值分析报告、研究报告等文件中使用内幕信息。

第四十九条 媒体应当客观、真实地报道涉及上市公司的情况，发挥舆论监督作用。

任何单位和个人不得提供、传播虚假或者误导投资者的上市公司信息。

第五章 监督管理与法律责任

第五十条 中国证监会可以要求信息披露义务人或者其董事、监事、高级管理人员对有关信息披露问题作出解释、说明或者提供相关资料，并要求上市公司提供证券公司或者证券服务机构的专业意见。

中国证监会对证券公司和证券服务机构出具的文件的真实性、准确性、完整性有疑义的，可以要求相关机构作出解释、补充，并调阅其工作底稿。

信息披露义务人及其董事、监事、高级管理人员，证券公司和证券服务机构应当及时作出回复，并配合中国证监会的检查、调查。

第五十一条 上市公司董事、监事、高级管理人员应当对公司信息披露的真实性、准确性、完整性、及时性、公平性负责，但有充分证据表明其已经履行勤勉尽责义务的除外。

上市公司董事长、经理、董事会秘书，应当对公司临时报告信息披露的真实性、准确性、完整性、及时性、公平性承担主要责任。

上市公司董事长、经理、财务负责人应当对公司财务会计报告的真实性、准确性、完整性、及时性、公平性承担主要责任。

第五十二条 信息披露义务人及其董事、监事、高级管理人员违反本办法的，中国证监会为防范市场风险，维护市场秩序，可以采取以下监管措施：

（一）责令改正；

（二）监管谈话；

（三）出具警示函；

（四）责令公开说明；

（五）责令定期报告；

（六）责令暂停或者终止并购重组活动；

（七）依法可以采取的其他监管措施。

第五十三条 上市公司未按本办法规定制定上市公司信息披露事务管理制度的，

由中国证监会责令改正；拒不改正的，给予警告并处国务院规定限额以下罚款。

第五十四条 信息披露义务人未按照《证券法》规定在规定期限内报送有关报告、履行信息披露义务，或者报送的报告、披露的信息有虚假记载、误导性陈述或者重大遗漏的，由中国证监会按照《证券法》第一百九十七条处罚。

上市公司通过隐瞒关联关系或者采取其他手段，规避信息披露、报告义务的，由中国证监会按照《证券法》第一百九十七条处罚。

第五十五条 为信息披露义务人履行信息披露义务出具专项文件的证券公司、证券服务机构及其人员，违反法律、行政法规和中国证监会规定的，中国证监会为防范市场风险，维护市场秩序，可以采取责令改正、监管谈话、出具警示函、责令公开说明、责令定期报告等监管措施；依法应当给予行政处罚的，由中国证监会依照有关规定进行处罚。

第五十六条 任何单位和个人泄露上市公司内幕信息，或者利用内幕信息买卖证券的，由中国证监会按照《证券法》第一百九十一条处罚。

第五十七条 任何单位和个人编造、传播虚假信息或者误导性信息，扰乱证券市场的；证券交易场所、证券公司、证券登记结算机构、证券服务机构及其从业人员，证券业协会、中国证监会及其工作人员，在证券交易活动中作出虚假陈述或者信息误导的；传播媒介传播上市公司信息不真实、不客观的，由中国证监会按照《证券法》第一百九十三条处罚。

第五十八条 上市公司董事、监事在董事会或者监事会审议、审核定期报告时投赞成票，又在定期报告披露时表示无法保证定期报告内容的真实性、准确性、完整性或者有异议的，中国证监会可以对相关人员给予警告并处国务院规定限额以下罚款；情节严重的，可以对有关责任人员采取证券市场禁入的措施。

第五十九条 利用新闻报道以及其他传播方式对上市公司进行敲诈勒索的，由中国证监会责令改正，并向有关部门发出监管建议函，由有关部门依法追究法律责任。

第六十条 信息披露义务人违反本办法的规定，情节严重的，中国证监会可以对有关责任人员采取证券市场禁入的措施。

第六十一条 违反本办法，涉嫌犯罪的，依法移送司法机关追究刑事责任。

第六章 附则

第六十二条 本办法下列用语的含义：

（一）为信息披露义务人履行信息披露义务出具专项文件的证券公司、证券服务机构，是指为证券发行、上市、交易等证券业务活动制作、出具保荐书、审计报告、资产评估报告、估值报告、法律意见书、财务顾问报告、资信评级报告等文件的证券公司、会计师事务所、资产评估机构、律师事务所、财务顾问机构、资信评级机构等。

（二）信息披露义务人，是指上市公司及其董事、监事、高级管理人员、股东、实际控制人，收购人，重大资产重组、再融资、重大交易有关各方等自然人、单位及其相关人员，破产管理人及其成员，以及法律、行政法规和中国证监会规定的其他承担信息披露义务的主体。

（三）及时，是指自起算日起或者触及披露时点的两个交易日内。

（四）上市公司的关联交易，是指上市公司或者其控股子公司与上市公司关联人之间发生的转移资源或者义务的事项。

关联人包括关联法人（或者其他组织）和关联自然人。

具有以下情形之一的法人（或者其他组织），为上市公司的关联法人（或者其他组织）：

1. 直接或者间接地控制上市公司的法人（或者其他组织）；

2. 由前项所述法人（或者其他组织）直接或者间接控制的除上市公司及其控股子公司以外的法人（或者其他组织）；

3. 关联自然人直接或者间接控制的、或者担任董事、高级管理人员的，除上市公司及其控股子公司以外的法人（或者其他组织）；

4. 持有上市公司百分之五以上股份的法人（或者其他组织）及其一致行动人；

5. 在过去十二个月内或者根据相关协议安排在未来十二月内，存在上述情形之一的；

6. 中国证监会、证券交易所或者上市公司根据实质重于形式的原则认定的其他与上市公司有特殊关系，可能或者已经造成上市公司对其利益倾斜的法人（或者其他组织）。

具有以下情形之一的自然人，为上市公司的关联自然人：

1. 直接或者间接持有上市公司百分之五以上股份的自然人；

2. 上市公司董事、监事及高级管理人员；

3. 直接或者间接地控制上市公司的法人的董事、监事及高级管理人员；

4. 上述第 1、2 项所述人士的关系密切的家庭成员，包括配偶、父母、年满十八周岁的子女及其配偶、兄弟姐妹及其配偶，配偶的父母、兄弟姐妹，子女配偶的父母；

5. 在过去十二个月内或者根据相关协议安排在未来十二个月内，存在上述情形之一的；

6. 中国证监会、证券交易所或者上市公司根据实质重于形式的原则认定的其他与上市公司有特殊关系，可能或者已经造成上市公司对其利益倾斜的自然人。

第六十三条　中国证监会可以对金融、房地产等特定行业上市公司的信息披露作出特别规定。

第六十四条　境外企业在境内发行股票或者存托凭证并上市的，依照本办法履行信息披露义务。法律、行政法规或者中国证监会另有规定的，从其规定。

第六十五条　本办法自 2021 年 5 月 1 日起施行。2007 年 1 月 30 日发布的《上市公司信息披露管理办法》（证监会令第 40 号）、2016 年 12 月 9 日发布的《公开发行证券的公司信息披露编报规则第 13 号——季度报告的内容与格式》（证监会公告〔2016〕33 号）同时废止。

《关于修改〈上市公司股权激励管理办法〉的决定》

中国证券监督管理委员会令第 148 号

《关于修改〈上市公司股权激励管理办法〉的决定》已经 2018 年 1 月 15 日中国证券监督管理委员会 2018 年第 1 次主席办公会议审议通过，经国务院同意，现予公布，自 2018 年 9 月 15 日起施行。

中国证券监督管理委员会主席

2018 年 8 月 15 日

上市公司股权激励管理办法

（2016年5月4日中国证券监督管理委员会2016年第6次主席办公会议审议通过 根据2018年8月15日中国证券监督管理委员会《关于修改〈上市公司股权激励管理办法〉的决定》修正）

第一章　总则

第一条　为进一步促进上市公司建立健全激励与约束机制，依据《中华人民共和国公司法》（以下简称《公司法》）、《中华人民共和国证券法》（以下简称《证券法》）及其他法律、行政法规的规定，制定本办法。

第二条　本办法所称股权激励是指上市公司以本公司股票为标的，对其董事、高级管理人员及其他员工进行的长期性激励。

上市公司以限制性股票、股票期权实行股权激励的，适用本办法；以法律、行政法规允许的其他方式实行股权激励的，参照本办法有关规定执行。

第三条　上市公司实行股权激励，应当符合法律、行政法规、本办法和公司章程的规定，有利于上市公司的持续发展，不得损害上市公司利益。

上市公司的董事、监事和高级管理人员在实行股权激励中应当诚实守信，勤勉尽责，维护公司和全体股东的利益。

第四条　上市公司实行股权激励，应当严格按照本办法和其他相关规定的要求履行信息披露义务。

第五条　为上市公司股权激励计划出具意见的证券中介机构和人员，应当诚实守信、勤勉尽责，保证所出具的文件真实、准确、完整。

第六条　任何人不得利用股权激励进行内幕交易、操纵证券市场等违法活动。

第二章　一般规定

第七条　上市公司具有下列情形之一的，不得实行股权激励：

（一）最近一个会计年度财务会计报告被注册会计师出具否定意见或者无法表示意见的审计报告；

（二）最近一个会计年度财务报告内部控制被注册会计师出具否定意见或无法表示意见的审计报告；

（三）上市后最近36个月内出现过未按法律法规、公司章程、公开承诺进行利润分配的情形；

（四）法律法规规定不得实行股权激励的；

（五）中国证监会认定的其他情形。

第八条 激励对象可以包括上市公司的董事、高级管理人员、核心技术人员或者核心业务人员，以及公司认为应当激励的对公司经营业绩和未来发展有直接影响的其他员工，但不应当包括独立董事和监事。外籍员工任职上市公司董事、高级管理人员、核心技术人员或者核心业务人员的，可以成为激励对象。

单独或合计持有上市公司5%以上股份的股东或实际控制人及其配偶、父母、子女，不得成为激励对象。下列人员也不得成为激励对象：

（一）最近12个月内被证券交易所认定为不适当人选；

（二）最近12个月内被中国证监会及其派出机构认定为不适当人选；

（三）最近12个月内因重大违法违规行为被中国证监会及其派出机构行政处罚或者采取市场禁入措施；

（四）具有《公司法》规定的不得担任公司董事、高级管理人员情形的；

（五）法律法规规定不得参与上市公司股权激励的；

（六）中国证监会认定的其他情形。

第九条 上市公司依照本办法制定股权激励计划的，应当在股权激励计划中载明下列事项：

（一）股权激励的目的；

（二）激励对象的确定依据和范围；

（三）拟授出的权益数量，拟授出权益涉及的标的股票种类、来源、数量及占上市公司股本总额的百分比；分次授出的，每次拟授出的权益数量、涉及的标的股票数量及占股权激励计划涉及的标的股票总额的百分比、占上市公司股本总额的百分比；设置预留权益的，拟预留权益的数量、涉及标的股票数量及占股权激励计划的标的股票总额的百分比；

（四）激励对象为董事、高级管理人员的，其各自可获授的权益数量、占股权激励计划拟授出权益总量的百分比；其他激励对象（各自或者按适当分类）的姓名、职务、可获授的权益数量及占股权激励计划拟授出权益总量的百分比；

（五）股权激励计划的有效期，限制性股票的授予日、限售期和解除限售安排，股票期权的授权日、可行权日、行权有效期和行权安排；

（六）限制性股票的授予价格或者授予价格的确定方法，股票期权的行权价格或者行权价格的确定方法；

（七）激励对象获授权益、行使权益的条件；

（八）上市公司授出权益、激励对象行使权益的程序；

（九）调整权益数量、标的股票数量、授予价格或者行权价格的方法和程序；

（十）股权激励会计处理方法、限制性股票或股票期权公允价值的确定方法、涉及估值模型重要参数取值合理性、实施股权激励应当计提费用及对上市公司经营业绩的影响；

（十一）股权激励计划的变更、终止；

（十二）上市公司发生控制权变更、合并、分立以及激励对象发生职务变更、离职、死亡等事项时股权激励计划的执行；

（十三）上市公司与激励对象之间相关纠纷或争端解决机制；

（十四）上市公司与激励对象的其他权利义务。

第十条 上市公司应当设立激励对象获授权益、行使权益的条件。拟分次授出权益的，应当就每次激励对象获授权益分别设立条件；分期行权的，应当就每次激励对象行使权益分别设立条件。

激励对象为董事、高级管理人员的，上市公司应当设立绩效考核指标作为激励对象行使权益的条件。

第十一条 绩效考核指标应当包括公司业绩指标和激励对象个人绩效指标。相关指标应当客观公开、清晰透明，符合公司的实际情况，有利于促进公司竞争力的提升。

上市公司可以公司历史业绩或同行业可比公司相关指标作为公司业绩指标对照依据，公司选取的业绩指标可以包括净资产收益率、每股收益、每股分红等能够反映股东回报和公司价值创造的综合性指标，以及净利润增长率、主营业务收入增长率等能够反映公司盈利能力和市场价值的成长性指标。以同行业可比公司相关指标作为对照依据的，选取的对照公司不少于 3 家。

激励对象个人绩效指标由上市公司自行确定。

上市公司应当在公告股权激励计划草案的同时披露所设定指标的科学性和合理性。

第十二条 拟实行股权激励的上市公司，可以下列方式作为标的股票来源：

（一）向激励对象发行股份；

（二）回购本公司股份；

（三）法律、行政法规允许的其他方式。

第十三条 股权激励计划的有效期从首次授予权益日起不得超过 10 年。

第十四条 上市公司可以同时实行多期股权激励计划。同时实行多期股权激励计划的，各期激励计划设立的公司业绩指标应当保持可比性，后期激励计划的公司业绩指标低于前期激励计划的，上市公司应当充分说明其原因与合理性。

上市公司全部在有效期内的股权激励计划所涉及的标的股票总数累计不得超过公司股本总额的 10%。非经股东大会特别决议批准，任何一名激励对象通过全部在有效期内的股权激励计划获授的本公司股票，累计不得超过公司股本总额的 1%。

本条第二款所称股本总额是指股东大会批准最近一次股权激励计划时公司已发行的股本总额。

第十五条 上市公司在推出股权激励计划时，可以设置预留权益，预留比例不得超过本次股权激励计划拟授予权益数量的20%。

上市公司应当在股权激励计划经股东大会审议通过后12个月内明确预留权益的授予对象；超过12个月未明确激励对象的，预留权益失效。

第十六条 相关法律、行政法规、部门规章对上市公司董事、高级管理人员买卖本公司股票的期间有限制的，上市公司不得在相关限制期间内向激励对象授出限制性股票，激励对象也不得行使权益。

第十七条 上市公司启动及实施增发新股、并购重组、资产注入、发行可转债、发行公司债券等重大事项期间，可以实行股权激励计划。

第十八条 上市公司发生本办法第七条规定的情形之一的，应当终止实施股权激励计划，不得向激励对象继续授予新的权益，激励对象根据股权激励计划已获授但尚未行使的权益应当终止行使。

在股权激励计划实施过程中，出现本办法第八条规定的不得成为激励对象情形的，上市公司不得继续授予其权益，其已获授但尚未行使的权益应当终止行使。

第十九条 激励对象在获授限制性股票或者对获授的股票期权行使权益前后买卖股票的行为，应当遵守《证券法》、《公司法》等相关规定。

上市公司应当在本办法第二十条规定的协议中，就前述义务向激励对象作出特别提示。

第二十条 上市公司应当与激励对象签订协议，确认股权激励计划的内容，并依照本办法约定双方的其他权利义务。

上市公司应当承诺，股权激励计划相关信息披露文件不存在虚假记载、误导性陈述或者重大遗漏。

所有激励对象应当承诺，上市公司因信息披露文件中有虚假记载、误导性陈述或者重大遗漏，导致不符合授予权益或行使权益安排的，激励对象应当自相关信息披露文件被确认存在虚假记载、误导性陈述或者重大遗漏后，将由股权激励计划所获得的全部利益返还公司。

第二十一条 激励对象参与股权激励计划的资金来源应当合法合规，不得违反法律、行政法规及中国证监会的相关规定。

上市公司不得为激励对象依股权激励计划获取有关权益提供贷款以及其他任何形式的财务资助，包括为其贷款提供担保。

第三章　限制性股票

第二十二条 本办法所称限制性股票是指激励对象按照股权激励计划规定的条件，获得的转让等部分权利受到限制的本公司股票。

限制性股票在解除限售前不得转让、用于担保或偿还债务。

第二十三条 上市公司在授予激励对象限制性股票时，应当确定授予价格或授予价格的确定方法。授予价格不得低于股票票面金额，且原则上不得低于下列价格较高者：

（一）股权激励计划草案公布前1个交易日的公司股票交易均价的50%；

（二）股权激励计划草案公布前20个交易日、60个交易日或者120个交易日的公司股票交易均价之一的50%。

上市公司采用其他方法确定限制性股票授予价格的，应当在股权激励计划中对定价依据及定价方式作出说明。

第二十四条 限制性股票授予日与首次解除限售日之间的间隔不得少于12个月。

第二十五条 在限制性股票有效期内，上市公司应当规定分期解除限售，每期时限不得少于12个月，各期解除限售的比例不得超过激励对象获授限制性股票总额的50%。

当期解除限售的条件未成就的，限制性股票不得解除限售或递延至下期解除限售，应当按照本办法第二十六条规定处理。

第二十六条 出现本办法第十八条、第二十五条规定情形，或者其他终止实施股权激励计划的情形或激励对象未达到解除限售条件的，上市公司应当回购尚未解除限售的限制性股票，并按照《公司法》的规定进行处理。

对出现本办法第十八条第一款情形负有个人责任的，或出现本办法第十八条第二款情形的，回购价格不得高于授予价格；出现其他情形的，回购价格不得高于授予价格加上银行同期存款利息之和。

第二十七条 上市公司应当在本办法第二十六条规定的情形出现后及时召开董事会审议回购股份方案，并依法将回购股份方案提交股东大会批准。回购股份方案包括但不限于以下内容：

（一）回购股份的原因；

（二）回购股份的价格及定价依据；

（三）拟回购股份的种类、数量及占股权激励计划所涉及的标的股票的比例、占总股本的比例；

（四）拟用于回购的资金总额及资金来源；

（五）回购后公司股本结构的变动情况及对公司业绩的影响。

律师事务所应当就回购股份方案是否符合法律、行政法规、本办法的规定和股权激励计划的安排出具专业意见。

第四章 股票期权

第二十八条 本办法所称股票期权是指上市公司授予激励对象在未来一定期限内以预先确定的条件购买本公司一定数量股份的权利。

激励对象获授的股票期权不得转让、用于担保或偿还债务。

第二十九条 上市公司在授予激励对象股票期权时，应当确定行权价格或者行权价格的确定方法。行权价格不得低于股票票面金额，且原则上不得低于下列价格较高者：

（一）股权激励计划草案公布前1个交易日的公司股票交易均价；

（二）股权激励计划草案公布前20个交易日、60个交易日或者120个交易日的公司股票交易均价之一。

上市公司采用其他方法确定行权价格的，应当在股权激励计划中对定价依据及定价方式作出说明。

第三十条 股票期权授权日与获授股票期权首次可行权日之间的间隔不得少于12个月。

第三十一条 在股票期权有效期内，上市公司应当规定激励对象分期行权，每期时限不得少于12个月，后一行权期的起算日不得早于前一行权期的届满日。每期可行权的股票期权比例不得超过激励对象获授股票期权总额的50%。

当期行权条件未成就的，股票期权不得行权或递延至下期行权，并应当按照本办法第三十二条第二款规定处理。

第三十二条 股票期权各行权期结束后，激励对象未行权的当期股票期权应当终止行权，上市公司应当及时注销。

出现本办法第十八条、第三十一条规定情形，或者其他终止实施股权激励计划的情形或激励对象不符合行权条件的，上市公司应当注销对应的股票期权。

第五章 实施程序

第三十三条 上市公司董事会下设的薪酬与考核委员会负责拟订股权激励计划草案。

第三十四条 上市公司实行股权激励，董事会应当依法对股权激励计划草案作出决议，拟作为激励对象的董事或与其存在关联关系的董事应当回避表决。

董事会审议本办法第四十六条、第四十七条、第四十八条、第四十九条、第五十条、第五十一条规定中有关股权激励计划实施的事项时，拟作为激励对象的董事或与其存在关联关系的董事应当回避表决。

董事会应当在依照本办法第三十七条、第五十四条的规定履行公示、公告程序后，将股权激励计划提交股东大会审议。

第三十五条 独立董事及监事会应当就股权激励计划草案是否有利于上市公司的持续发展，是否存在明显损害上市公司及全体股东利益的情形发表意见。

独立董事或监事会认为有必要的，可以建议上市公司聘请独立财务顾问，对股权激励计划的可行性、是否有利于上市公司的持续发展、是否损害上市公司利益以及对股东利益的影响发表专业意见。上市公司未按照建议聘请独立财务顾问的，应当就此事项作特别说明。

第三十六条 上市公司未按照本办法第二十三条、第二十九条定价原则，而采用其他方法确定限制性股票授予价格或股票期权行权价格的，应当聘请独立财务顾问，对股权激励计划的可行性、是否有利于上市公司的持续发展、相关定价依据和定价方法的合理性、是否损害上市公司利益以及对股东利益的影响发表专业意见。

第三十七条 上市公司应当在召开股东大会前，通过公司网站或者其他途径，在公司内部公示激励对象的姓名和职务，公示期不少于 10 天。

监事会应当对股权激励名单进行审核，充分听取公示意见。上市公司应当在股东大会审议股权激励计划前 5 日披露监事会对激励名单审核及公示情况的说明。

第三十八条 上市公司应当对内幕信息知情人在股权激励计划草案公告前 6 个月内买卖本公司股票及其衍生品种的情况进行自查，说明是否存在内幕交易行为。

知悉内幕信息而买卖本公司股票的，不得成为激励对象，法律、行政法规及相关司法解释规定不属于内幕交易的情形除外。

泄露内幕信息而导致内幕交易发生的，不得成为激励对象。

第三十九条 上市公司应当聘请律师事务所对股权激励计划出具法律意见书，至少对以下事项发表专业意见：

（一）上市公司是否符合本办法规定的实行股权激励的条件；

（二）股权激励计划的内容是否符合本办法的规定；

（三）股权激励计划的拟订、审议、公示等程序是否符合本办法的规定；

（四）股权激励对象的确定是否符合本办法及相关法律法规的规定；

（五）上市公司是否已按照中国证监会的相关要求履行信息披露义务；

（六）上市公司是否为激励对象提供财务资助；

（七）股权激励计划是否存在明显损害上市公司及全体股东利益和违反有关法律、行政法规的情形；

（八）拟作为激励对象的董事或与其存在关联关系的董事是否根据本办法的规定进行了回避；

（九）其他应当说明的事项。

第四十条 上市公司召开股东大会审议股权激励计划时，独立董事应当就股权激励计划向所有的股东征集委托投票权。

第四十一条 股东大会应当对本办法第九条规定的股权激励计划内容进行表决，并经出席会议的股东所持表决权的 2/3 以上通过。除上市公司董事、监事、高级管理人员、单独或合计持有上市公司 5%以上股份的股东以外，其他股东的投票情况应当单独统计并予以披露。

上市公司股东大会审议股权激励计划时，拟为激励对象的股东或者与激励对象存在关联关系的股东，应当回避表决。

第四十二条 上市公司董事会应当根据股东大会决议，负责实施限制性股票的授予、解除限售和回购以及股票期权的授权、行权和注销。

上市公司监事会应当对限制性股票授予日及期权授予日激励对象名单进行核实并发表意见。

第四十三条 上市公司授予权益与回购限制性股票、激励对象行使权益前，上市公司应当向证券交易所提出申请，经证券交易所确认后，由证券登记结算机构办理登记结算事宜。

第四十四条 股权激励计划经股东大会审议通过后，上市公司应当在60日内授予权益并完成公告、登记；有获授权益条件的，应当在条件成就后60日内授出权益并完成公告、登记。上市公司未能在60日内完成上述工作的，应当及时披露未完成的原因，并宣告终止实施股权激励，自公告之日起3个月内不得再次审议股权激励计划。根据本办法规定上市公司不得授出权益的期间不计算在60日内。

第四十五条 上市公司应当按照证券登记结算机构的业务规则，在证券登记结算机构开设证券账户，用于股权激励的实施。

激励对象为外籍员工的，可以向证券登记结算机构申请开立证券账户。

尚未行权的股票期权，以及不得转让的标的股票，应当予以锁定。

第四十六条 上市公司在向激励对象授出权益前，董事会应当就股权激励计划设定的激励对象获授权益的条件是否成就进行审议，独立董事及监事会应当同时发表明确意见。律师事务所应当对激励对象获授权益的条件是否成就出具法律意见。

上市公司向激励对象授出权益与股权激励计划的安排存在差异时，独立董事、监事会（当激励对象发生变化时）、律师事务所、独立财务顾问（如有）应当同时发表明确意见。

第四十七条 激励对象在行使权益前，董事会应当就股权激励计划设定的激励对象行使权益的条件是否成就进行审议，独立董事及监事会应当同时发表明确意见。律师事务所应当对激励对象行使权益的条件是否成就出具法律意见。

第四十八条 因标的股票除权、除息或者其他原因需要调整权益价格或者数量的，上市公司董事会应当按照股权激励计划规定的原则、方式和程序进行调整。

律师事务所应当就上述调整是否符合本办法、公司章程的规定和股权激励计划的安排出具专业意见。

第四十九条 分次授出权益的，在每次授出权益前，上市公司应当召开董事会，按照股权激励计划的内容及首次授出权益时确定的原则，决定授出的权益价格、行使权益安排等内容。

当次授予权益的条件未成就时，上市公司不得向激励对象授予权益，未授予的权益也不得递延下期授予。

第五十条 上市公司在股东大会审议通过股权激励方案之前可对其进行变更。变更需经董事会审议通过。

上市公司对已通过股东大会审议的股权激励方案进行变更的，应当及时公告并提交股东大会审议，且不得包括下列情形：

（一）导致加速行权或提前解除限售的情形；

（二）降低行权价格或授予价格的情形。

独立董事、监事会应当就变更后的方案是否有利于上市公司的持续发展，是否存在明显损害上市公司及全体股东利益的情形发表独立意见。律师事务所应当就变更后的方案是否符合本办法及相关法律法规的规定、是否存在明显损害上市公司及全体股东利益的情形发表专业意见。

第五十一条 上市公司在股东大会审议股权激励计划之前拟终止实施股权激励的，需经董事会审议通过。

上市公司在股东大会审议通过股权激励计划之后终止实施股权激励的，应当由股东大会审议决定。

律师事务所应当就上市公司终止实施激励是否符合本办法及相关法律法规的规定、是否存在明显损害上市公司及全体股东利益的情形发表专业意见。

第五十二条 上市公司股东大会或董事会审议通过终止实施股权激励计划决议，或者股东大会审议未通过股权激励计划的，自决议公告之日起 3 个月内，上市公司不得再次审议股权激励计划。

第六章 信息披露

第五十三条 上市公司实行股权激励，应当真实、准确、完整、及时、公平地披露或者提供信息，不得有虚假记载、误导性陈述或者重大遗漏。

第五十四条 上市公司应当在董事会审议通过股权激励计划草案后，及时公告董事会决议、股权激励计划草案、独立董事意见及监事会意见。

上市公司实行股权激励计划依照规定需要取得有关部门批准的，应当在取得有关批复文件后的 2 个交易日内进行公告。

第五十五条 股东大会审议股权激励计划前，上市公司拟对股权激励方案进行变更的，变更议案经董事会审议通过后，上市公司应当及时披露董事会决议公告，同时披露变更原因、变更内容及独立董事、监事会、律师事务所意见。

第五十六条 上市公司在发出召开股东大会审议股权激励计划的通知时，应当同时公告法律意见书；聘请独立财务顾问的，还应当同时公告独立财务顾问报告。

第五十七条 股东大会审议通过股权激励计划及相关议案后，上市公司应当及时披露股东大会决议公告、经股东大会审议通过的股权激励计划、以及内幕信息知情人买卖本公司股票情况的自查报告。股东大会决议公告中应当包括中小投资者单独计票结果。

第五十八条 上市公司分次授出权益的，分次授出权益的议案经董事会审议通过后，上市公司应当及时披露董事会决议公告，对拟授出的权益价格、行使权益安排、是否符合股权激励计划的安排等内容进行说明。

第五十九条 因标的股票除权、除息或者其他原因调整权益价格或者数量的，调整议案经董事会审议通过后，上市公司应当及时披露董事会决议公告，同时公告律师事务所意见。

第六十条 上市公司董事会应当在授予权益及股票期权行权登记完成后、限制性股票解除限售前，及时披露相关实施情况的公告。

第六十一条 上市公司向激励对象授出权益时，应当按照本办法第四十四条规定履行信息披露义务，并再次披露股权激励会计处理方法、公允价值确定方法、涉及估值模型重要参数取值的合理性、实施股权激励应当计提的费用及对上市公司业绩的影响。

第六十二条 上市公司董事会按照本办法第四十六条、第四十七条规定对激励对象获授权益、行使权益的条件是否成就进行审议的，上市公司应当及时披露董事会决议公告，同时公告独立董事、监事会、律师事务所意见以及独立财务顾问意见（如有）。

第六十三条 上市公司董事会按照本办法第二十七条规定审议限制性股票回购方案的，应当及时公告回购股份方案及律师事务所意见。回购股份方案经股东大会批准后，上市公司应当及时公告股东大会决议。

第六十四条 上市公司终止实施股权激励的，终止实施议案经股东大会或董事会审议通过后，上市公司应当及时披露股东大会决议公告或董事会决议公告，并对终止实施股权激励的原因、股权激励已筹划及实施进展、终止实施股权激励对上市公司的可能影响等作出说明，并披露律师事务所意见。

第六十五条 上市公司应当在定期报告中披露报告期内股权激励的实施情况，包括：

（一）报告期内激励对象的范围；

（二）报告期内授出、行使和失效的权益总额；

（三）至报告期末累计已授出但尚未行使的权益总额；

（四）报告期内权益价格、权益数量历次调整的情况以及经调整后的最新权益价格与权益数量；

（五）董事、高级管理人员各自的姓名、职务以及在报告期内历次获授、行使权益的情况和失效的权益数量；

（六）因激励对象行使权益所引起的股本变动情况；

（七）股权激励的会计处理方法及股权激励费用对公司业绩的影响；

（八）报告期内激励对象获授权益、行使权益的条件是否成就的说明；

（九）报告期内终止实施股权激励的情况及原因。

第七章 监督管理

第六十六条 上市公司股权激励不符合法律、行政法规和本办法规定，或者上市公司未按照本办法、股权激励计划的规定实施股权激励的，上市公司应当终止实施股权激励，中国证监会及其派出机构责令改正，并书面通报证券交易所和证券登记结算机构。

第六十七条 上市公司未按照本办法及其他相关规定披露股权激励相关信息或者所披露的信息有虚假记载、误导性陈述或者重大遗漏的，中国证监会及其派出机构对公司及相关责任人员采取责令改正、监管谈话、出具警示函等监管措施；情节严重的，依照《证券法》予以处罚；涉嫌犯罪的，依法移交司法机关追究刑事责任。

第六十八条 上市公司因信息披露文件有虚假记载、误导性陈述或者重大遗漏，导致不符合授予权益或行使权益安排的，未行使权益应当统一回购注销，已经行使权益的，所有激励对象应当返还已获授权益。对上述事宜不负有责任的激励对象因返还已获授权益而遭受损失的，可按照股权激励计划相关安排，向上市公司或负有责任的对象进行追偿。

董事会应当按照前款规定和股权激励计划相关安排收回激励对象所得收益。

第六十九条 上市公司实施股权激励过程中，上市公司独立董事及监事未按照本办法及相关规定履行勤勉尽责义务的，中国证监会及其派出机构采取责令改正、监管谈话、出具警示函、认定为不适当人选等措施；情节严重的，依照《证券法》予以处罚；涉嫌犯罪的，依法移交司法机关追究刑事责任。

第七十条 利用股权激励进行内幕交易或者操纵证券市场的，中国证监会及其派出机构依照《证券法》予以处罚；情节严重的，对相关责任人员实施市场禁入等措施；涉嫌犯罪的，依法移交司法机关追究刑事责任。

第七十一条 为上市公司股权激励计划出具专业意见的证券服务机构和人员未履行勤勉尽责义务，所发表的专业意见存在虚假记载、误导性陈述或者重大遗漏的，中国证监会及其派出机构对相关机构及签字人员采取责令改正、监管谈话、出具警示函等措施；情节严重的，依照《证券法》予以处罚；涉嫌犯罪的，依法移交司法机关追究刑事责任。

第八章 附则

第七十二条 本办法下列用语具有如下含义：

标的股票：指根据股权激励计划，激励对象有权获授或者购买的上市公司股票。

权益：指激励对象根据股权激励计划获得的上市公司股票、股票期权。

授出权益（授予权益、授权）：指上市公司根据股权激励计划的安排，授予激励对象限制性股票、股票期权的行为。

行使权益（行权）：指激励对象根据股权激励计划的规定，解除限制性股票的限售、行使股票期权购买上市公司股份的行为。

分次授出权益（分次授权）：指上市公司根据股权激励计划的安排，向已确定的激励对象分次授予限制性股票、股票期权的行为。

分期行使权益（分期行权）：指根据股权激励计划的安排，激励对象已获授的限制性股票分期解除限售、已获授的股票期权分期行权的行为。

预留权益：指股权激励计划推出时未明确激励对象、股权激励计划实施过程中确定激励对象的权益。

授予日或者授权日：指上市公司向激励对象授予限制性股票、股票期权的日期。授予日、授权日必须为交易日。

限售期：指股权激励计划设定的激励对象行使权益的条件尚未成就，限制性股票不得转让、用于担保或偿还债务的期间，自激励对象获授限制性股票完成登记之日起算。

可行权日：指激励对象可以开始行权的日期。可行权日必须为交易日。

授予价格：上市公司向激励对象授予限制性股票时所确定的、激励对象获得上市公司股份的价格。

行权价格：上市公司向激励对象授予股票期权时所确定的、激励对象购买上市公司股份的价格。

标的股票交易均价：标的股票交易总额/标的股票交易总量。

本办法所称的“以上”、“以下”含本数，“超过”、“低于”、“少于”不含本数。

第七十三条　国有控股上市公司实施股权激励，国家有关部门对其有特别规定的，应当同时遵守其规定。

第七十四条　本办法适用于股票在上海、深圳证券交易所上市的公司。

第七十五条　本办法自2016年8月13日起施行。原《上市公司股权激励管理办法（试行）》（证监公司字〔2005〕151号）及相关配套制度同时废止。

上市公司收购管理办法

中国证券监督管理委员会令第 166 号

（2006 年 5 月 17 日中国证券监督管理委员会第 180 次主席办公会议审议通过，根据 2008 年 8 月 27 日中国证券监督管理委员会《关于修改〈上市公司收购管理办法〉第六十三条的决定》、2012 年 2 月 14 日中国证券监督管理委员会《关于修改〈上市公司收购管理办法〉第六十二条及第六十三条的决定》、2014 年 10 月 23 日中国证券监督管理委员会《关于修改〈上市公司收购管理办法〉的决定》、2020 年 3 月 20 日中国证券监督管理委员会《关于修改部分证券期货规章的决定》修正）

第一章　总则

第一条　为了规范上市公司的收购及相关股份权益变动活动，保护上市公司和投资者的合法权益，维护证券市场秩序和社会公共利益，促进证券市场资源的优化配置，根据《证券法》、《公司法》及其他相关法律、行政法规，制定本办法。

第二条　上市公司的收购及相关股份权益变动活动，必须遵守法律、行政法规及中国证券监督管理委员会（以下简称中国证监会）的规定。当事人应当诚实守信，遵守社会公德、商业道德，自觉维护证券市场秩序，接受政府、社会公众的监督。

第三条　上市公司的收购及相关股份权益变动活动，必须遵循公开、公平、公正的原则。

上市公司的收购及相关股份权益变动活动中的信息披露义务人，应当充分披露其在上市公司中的权益及变动情况，依法严格履行报告、公告和其他法定义务。在相关信息披露前，负有保密义务。

信息披露义务人报告、公告的信息必须真实、准确、完整，不得有虚假记载、误导性陈述或者重大遗漏。

第四条　上市公司的收购及相关股份权益变动活动不得危害国家安全和社会公共利益。

上市公司的收购及相关股份权益变动活动涉及国家产业政策、行业准入、国有股份转让等事项，需要取得国家相关部门批准的，应当在取得批准后进行。

外国投资者进行上市公司的收购及相关股份权益变动活动的，应当取得国家相关部门的批准，适用中国法律，服从中国的司法、仲裁管辖。

第五条　收购人可以通过取得股份的方式成为一个上市公司的控股股东，可以通过投资关系、协议、其他安排的途径成为一个上市公司的实际控制人，也可以同时采取上述方式和途径取得上市公司控制权。

收购人包括投资者及与其一致行动的他人。

第六条 任何人不得利用上市公司的收购损害被收购公司及其股东的合法权益。

有下列情形之一的，不得收购上市公司：

（一）收购人负有数额较大债务，到期未清偿，且处于持续状态；

（二）收购人最近 3 年有重大违法行为或者涉嫌有重大违法行为；

（三）收购人最近 3 年有严重的证券市场失信行为；

（四）收购人为自然人的，存在《公司法》第一百四十六条规定情形；

（五）法律、行政法规规定以及中国证监会认定的不得收购上市公司的其他情形。

第七条 被收购公司的控股股东或者实际控制人不得滥用股东权利损害被收购公司或者其他股东的合法权益。

被收购公司的控股股东、实际控制人及其关联方有损害被收购公司及其他股东合法权益的，上述控股股东、实际控制人在转让被收购公司控制权之前，应当主动消除损害；未能消除损害的，应当就其出让相关股份所得收入用于消除全部损害做出安排，对不足以消除损害的部分应当提供充分有效的履约担保或安排，并依照公司章程取得被收购公司股东大会的批准。

第八条 被收购公司的董事、监事、高级管理人员对公司负有忠实义务和勤勉义务，应当公平对待收购本公司的所有收购人。

被收购公司董事会针对收购所做出的决策及采取的措施，应当有利于维护公司及其股东的利益，不得滥用职权对收购设置不适当的障碍，不得利用公司资源向收购人提供任何形式的财务资助，不得损害公司及其股东的合法权益。

第九条 收购人进行上市公司的收购，应当聘请符合《证券法》规定的专业机构担任财务顾问。收购人未按照本办法规定聘请财务顾问的，不得收购上市公司。

财务顾问应当勤勉尽责，遵守行业规范和职业道德，保持独立性，保证其所制作、出具文件的真实性、准确性和完整性。

财务顾问认为收购人利用上市公司的收购损害被收购公司及其股东合法权益的，应当拒绝为收购人提供财务顾问服务。

财务顾问不得教唆、协助或者伙同委托人编制或披露存在虚假记载、误导性陈述或者重大遗漏的报告、公告文件，不得从事不正当竞争，不得利用上市公司的收购谋取不正当利益。

为上市公司收购出具资产评估报告、审计报告、法律意见书的证券服务机构及其从业人员，应当遵守法律、行政法规、中国证监会的有关规定，以及证券交易所的相关规则，遵循本行业公认的业务标准和道德规范，诚实守信，勤勉尽责，对其所制作、出具文件的真实性、准确性和完整性承担责任。

第十条 中国证监会依法对上市公司的收购及相关股份权益变动活动进行监督

管理。

中国证监会设立由专业人员和有关专家组成的专门委员会。专门委员会可以根据中国证监会职能部门的请求，就是否构成上市公司的收购、是否有不得收购上市公司的情形以及其他相关事宜提供咨询意见。中国证监会依法做出决定。

第十一条 证券交易所依法制定业务规则，为上市公司的收购及相关股份权益变动活动组织交易和提供服务，对相关证券交易活动进行实时监控，监督上市公司的收购及相关股份权益变动活动的信息披露义务人切实履行信息披露义务。

证券登记结算机构依法制定业务规则，为上市公司的收购及相关股份权益变动活动所涉及的证券登记、存管、结算等事宜提供服务。

第二章 权益披露

第十二条 投资者在一个上市公司中拥有的权益，包括登记在其名下的股份和虽未登记在其名下但该投资者可以实际支配表决权的股份。投资者及其一致行动人在一个上市公司中拥有的权益应当合并计算。

第十三条 通过证券交易所的证券交易，投资者及其一致行动人拥有权益的股份达到一个上市公司已发行股份的5%时，应当在该事实发生之日起3日内编制权益变动报告书，向中国证监会、证券交易所提交书面报告，通知该上市公司，并予公告；在上述期限内，不得再行买卖该上市公司的股票，但中国证监会规定的情形除外。

前述投资者及其一致行动人拥有权益的股份达到一个上市公司已发行股份的5%后，通过证券交易所的证券交易，其拥有权益的股份占该上市公司已发行股份的比例每增加或者减少5%，应当依照前款规定进行报告和公告。在该事实发生之日起至公告后3日内，不得再行买卖该上市公司的股票，但中国证监会规定的情形除外。

前述投资者及其一致行动人拥有权益的股份达到一个上市公司已发行股份的5%后，其拥有权益的股份占该上市公司已发行股份的比例每增加或者减少1%，应当在该事实发生的次日通知该上市公司，并予公告。

违反本条第一款、第二款的规定买入在上市公司中拥有权益的股份的，在买入后的36个月内，对该超过规定比例部分的股份不得行使表决权。

第十四条 通过协议转让方式，投资者及其一致行动人在一个上市公司中拥有权益的股份拟达到或者超过一个上市公司已发行股份的5%时，应当在该事实发生之日起3日内编制权益变动报告书，向中国证监会、证券交易所提交书面报告，通知该上市公司，并予公告。

前述投资者及其一致行动人拥有权益的股份达到一个上市公司已发行股份的5%后，其拥有权益的股份占该上市公司已发行股份的比例每增加或者减少达到或者超过5%的，应当依照前款规定履行报告、公告义务。

前两款规定的投资者及其一致行动人在作出报告、公告前，不得再行买卖该上市公司的股票。相关股份转让及过户登记手续按照本办法第四章及证券交易所、证券登记结算机构的规定办理。

第十五条 投资者及其一致行动人通过行政划转或者变更、执行法院裁定、继承、赠与等方式拥有权益的股份变动达到前条规定比例的，应当按照前条规定履行报告、公告义务，并参照前条规定办理股份过户登记手续。

第十六条 投资者及其一致行动人不是上市公司的第一大股东或者实际控制人，其拥有权益的股份达到或者超过该公司已发行股份的5%，但未达到20%的，应当编制包括下列内容的简式权益变动报告书：

（一）投资者及其一致行动人的姓名、住所；投资者及其一致行动人为法人的，其名称、注册地及法定代表人；

（二）持股目的，是否有意在未来12个月内继续增加其在上市公司中拥有的权益；

（三）上市公司的名称、股票的种类、数量、比例；

（四）在上市公司中拥有权益的股份达到或者超过上市公司已发行股份的5%或者拥有权益的股份增减变化达到5%的时间及方式、增持股份的资金来源；

（五）在上市公司中拥有权益的股份变动的时间及方式；

（六）权益变动事实发生之日前6个月内通过证券交易所的证券交易买卖该公司股票的简要情况；

（七）中国证监会、证券交易所要求披露的其他内容。

前述投资者及其一致行动人为上市公司第一大股东或者实际控制人，其拥有权益的股份达到或者超过一个上市公司已发行股份的5%，但未达到20%的，还应当披露本办法第十七条第一款规定的内容。

第十七条 投资者及其一致行动人拥有权益的股份达到或者超过一个上市公司已发行股份的20%但未超过30%的，应当编制详式权益变动报告书，除须披露前条规定的信息外，还应当披露以下内容：

（一）投资者及其一致行动人的控股股东、实际控制人及其股权控制关系结构图；

（二）取得相关股份的价格、所需资金额，或者其他支付安排；

（三）投资者、一致行动人及其控股股东、实际控制人所从事的业务与上市公司的业务是否存在同业竞争或者潜在的同业竞争，是否存在持续关联交易；存在同业竞争或者持续关联交易的，是否已做出相应的安排，确保投资者、一致行动人及其关联方与上市公司之间避免同业竞争以及保持上市公司的独立性；

（四）未来12个月内对上市公司资产、业务、人员、组织结构、公司章程等进行调整的后续计划；

（五）前24个月内投资者及其一致行动人与上市公司之间的重大交易；

（六）不存在本办法第六条规定的情形；

（七）能够按照本办法第五十条的规定提供相关文件。

前述投资者及其一致行动人为上市公司第一大股东或者实际控制人的，还应当聘请财务顾问对上述权益变动报告书所披露的内容出具核查意见，但国有股行政划转或者变更、股份转让在同一实际控制人控制的不同主体之间进行、因继承取得股份的除外。投资者及其一致行动人承诺至少 3 年放弃行使相关股份表决权的，可免于聘请财务顾问和提供前款第（七）项规定的文件。

第十八条 已披露权益变动报告书的投资者及其一致行动人在披露之日起 6 个月内，因拥有权益的股份变动需要再次报告、公告权益变动报告书的，可以仅就与前次报告书不同的部分作出报告、公告；自前次披露之日起超过 6 个月的，投资者及其一致行动人应当按照本章的规定编制权益变动报告书，履行报告、公告义务。

第十九条 因上市公司减少股本导致投资者及其一致行动人拥有权益的股份变动出现本办法第十四条规定情形的，投资者及其一致行动人免于履行报告和公告义务。上市公司应当自完成减少股本的变更登记之日起 2 个工作日内，就因此导致的公司股东拥有权益的股份变动情况作出公告；因公司减少股本可能导致投资者及其一致行动人成为公司第一大股东或者实际控制人的，该投资者及其一致行动人应当自公司董事会公告有关减少公司股本决议之日起 3 个工作日内，按照本办法第十七条第一款的规定履行报告、公告义务。

第二十条 上市公司的收购及相关股份权益变动活动中的信息披露义务人依法披露前，相关信息已在媒体上传播或者公司股票交易出现异常的，上市公司应当立即向当事人进行查询，当事人应当及时予以书面答复，上市公司应当及时作出公告。

第二十一条 上市公司的收购及相关股份权益变动活动中的信息披露义务人应当在证券交易所的网站和符合中国证监会规定条件的媒体上依法披露信息；在其他媒体上进行披露的，披露内容应当一致，披露时间不得早于前述披露的时间。

第二十二条 上市公司的收购及相关股份权益变动活动中的信息披露义务人采取一致行动的，可以以书面形式约定由其中一人作为指定代表负责统一编制信息披露文件，并同意授权指定代表在信息披露文件上签字、盖章。

各信息披露义务人应当对信息披露文件中涉及其自身的信息承担责任；对信息披露文件中涉及的与多个信息披露义务人相关的信息，各信息披露义务人对相关部分承担连带责任。

第三章 要约收购

第二十三条 投资者自愿选择以要约方式收购上市公司股份的，可以向被收购公司所有股东发出收购其所持有的全部股份的要约（以下简称全面要约），也可以向被收购公司所有股东发出收购其所持有的部分股份的要约（以下简称部分要约）。

第二十四条 通过证券交易所的证券交易，收购人持有一个上市公司的股份达到该公司已发行股份的 30%时，继续增持股份的，应当采取要约方式进行，发出全面要约或者部分要约。

第二十五条 收购人依照本办法第二十三条、第二十四条、第四十七条、第五十六条的规定，以要约方式收购一个上市公司股份的，其预定收购的股份比例均不得低于该上市公司已发行股份的5%。

第二十六条 以要约方式进行上市公司收购的，收购人应当公平对待被收购公司的所有股东。持有同一种类股份的股东应当得到同等对待。

第二十七条 收购人为终止上市公司的上市地位而发出全面要约的，或者因不符合本办法第六章的规定而发出全面要约的，应当以现金支付收购价款；以依法可以转让的证券（以下简称证券）支付收购价款的，应当同时提供现金方式供被收购公司股东选择。

第二十八条 以要约方式收购上市公司股份的，收购人应当编制要约收购报告书，聘请财务顾问，通知被收购公司，同时对要约收购报告书摘要作出提示性公告。

本次收购依法应当取得相关部门批准的，收购人应当在要约收购报告书摘要中作出特别提示，并在取得批准后公告要约收购报告书。

第二十九条 前条规定的要约收购报告书，应当载明下列事项：

（一）收购人的姓名、住所；收购人为法人的，其名称、注册地及法定代表人，与其控股股东、实际控制人之间的股权控制关系结构图；

（二）收购人关于收购的决定及收购目的，是否拟在未来12个月内继续增持；

（三）上市公司的名称、收购股份的种类；

（四）预定收购股份的数量和比例；

（五）收购价格；

（六）收购所需资金额、资金来源及资金保证，或者其他支付安排；

（七）收购要约约定的条件；

（八）收购期限；

（九）公告收购报告书时持有被收购公司的股份数量、比例；

（十）本次收购对上市公司的影响分析，包括收购人及其关联方所从事的业务与上市公司的业务是否存在同业竞争或者潜在的同业竞争，是否存在持续关联交易；存在同业竞争或者持续关联交易的，收购人是否已作出相应的安排，确保收购人及其关联方与上市公司之间避免同业竞争以及保持上市公司的独立性；

（十一）未来12个月内对上市公司资产、业务、人员、组织结构、公司章程等进行调整的后续计划；

（十二）前24个月内收购人及其关联方与上市公司之间的重大交易；

（十三）前6个月内通过证券交易所的证券交易买卖被收购公司股票的情况；

（十四）中国证监会要求披露的其他内容。

收购人发出全面要约的，应当在要约收购报告书中充分披露终止上市的风险、终止上市后收购行为完成的时间及仍持有上市公司股份的剩余股东出售其股票的其他后续安排；收购人发出以终止公司上市地位为目的的全面要约，无须披露前款第（十）项规定的内容。

第三十条 收购人按照本办法第四十七条拟收购上市公司股份超过30%，须改以要约方式进行收购的，收购人应当在达成收购协议或者做出类似安排后的3日内对要约收购报告书摘要作出提示性公告，并按照本办法第二十八条、第二十九条的规定履行公告义务，同时免于编制、公告上市公司收购报告书；依法应当取得批准的，应当在公告中特别提示本次要约须取得相关批准方可进行。

未取得批准的，收购人应当在收到通知之日起2个工作日内，公告取消收购计划，并通知被收购公司。

第三十一条 收购人自作出要约收购提示性公告起60日内，未公告要约收购报告书的，收购人应当在期满后次一个工作日通知被收购公司，并予公告；此后每30日应当公告一次，直至公告要约收购报告书。

收购人作出要约收购提示性公告后，在公告要约收购报告书之前，拟自行取消收购计划的，应当公告原因；自公告之日起12个月内，该收购人不得再次对同一上市公司进行收购。

第三十二条 被收购公司董事会应当对收购人的主体资格、资信情况及收购意图进行调查，对要约条件进行分析，对股东是否接受要约提出建议，并聘请独立财务顾问提出专业意见。在收购人公告要约收购报告书后20日内，被收购公司董事会应当公告被收购公司董事会报告书与独立财务顾问的专业意见。

收购人对收购要约条件做出重大变更的，被收购公司董事会应当在3个工作日内公告董事会及独立财务顾问就要约条件的变更情况所出具的补充意见。

第三十三条 收购人作出提示性公告后至要约收购完成前，被收购公司除继续从事正常的经营活动或者执行股东大会已经作出的决议外，未经股东大会批准，被收购公司董事会不得通过处置公司资产、对外投资、调整公司主要业务、担保、贷款等方式，对公司的资产、负债、权益或者经营成果造成重大影响。

第三十四条 在要约收购期间，被收购公司董事不得辞职。

第三十五条 收购人按照本办法规定进行要约收购的，对同一种类股票的要约价格，不得低于要约收购提示性公告日前6个月内收购人取得该种股票所支付的最高价格。

要约价格低于提示性公告日前30个交易日该种股票的每日加权平均价格的算术平均值的，收购人聘请的财务顾问应当就该种股票前6个月的交易情况进行分析，说明是否存在股价被操纵、收购人是否有未披露的一致行动人、收购人前6个月取得公司股份是否存在其他支付安排、要约价格的合理性等。

第三十六条 收购人可以采用现金、证券、现金与证券相结合等合法方式支付收购上市公司的价款。收购人以证券支付收购价款的，应当提供该证券的发行人最近 3 年经审计的财务会计报告、证券估值报告，并配合被收购公司聘请的独立财务顾问的尽职调查工作。收购人以在证券交易所上市的债券支付收购价款的，该债券的可上市交易时间应当不少于一个月。收购人以未在证券交易所上市交易的证券支付收购价款的，必须同时提供现金方式供被收购公司的股东选择，并详细披露相关证券的保管、送达被收购公司股东的方式和程序安排。

收购人聘请的财务顾问应当对收购人支付收购价款的能力和资金来源进行充分的尽职调查，详细披露核查的过程和依据，说明收购人是否具备要约收购的能力。收购人应当在作出要约收购提示性公告的同时，提供以下至少一项安排保证其具备履约能力：

（一）以现金支付收购价款的，将不少于收购价款总额的 20%作为履约保证金存入证券登记结算机构指定的银行；收购人以在证券交易所上市交易的证券支付收购价款的，将用于支付的全部证券交由证券登记结算机构保管，但上市公司发行新股的除外；

（二）银行对要约收购所需价款出具保函；

（三）财务顾问出具承担连带保证责任的书面承诺，明确如要约期满收购人不支付收购价款，财务顾问进行支付。

第三十七条 收购要约约定的收购期限不得少于 30 日，并不得超过 60 日；但是出现竞争要约的除外。

在收购要约约定的承诺期限内，收购人不得撤销其收购要约。

第三十八条 采取要约收购方式的，收购人作出公告后至收购期限届满前，不得卖出被收购公司的股票，也不得采取要约规定以外的形式和超出要约的条件买入被收购公司的股票。

第三十九条 收购要约提出的各项收购条件，适用于被收购公司的所有股东。

上市公司发行不同种类股份的，收购人可以针对持有不同种类股份的股东提出不同的收购条件。

收购人需要变更收购要约的，必须及时公告，载明具体变更事项，并通知被收购公司。变更收购要约不得存在下列情形：

（一）降低收购价格；

（二）减少预定收购股份数额；

（三）缩短收购期限；

（四）中国证监会规定的其他情形。

第四十条 收购要约期限届满前 15 日内，收购人不得变更收购要约；但是出现竞争要约的除外。

出现竞争要约时，发出初始要约的收购人变更收购要约距初始要约收购期限届满不足 15 日的，应当延长收购期限，延长后的要约期应当不少于 15 日，不得超过最后一个竞争要约的期满日，并按规定追加履约保证。

发出竞争要约的收购人最迟不得晚于初始要约收购期限届满前 15 日发出要约收购的提示性公告，并应当根据本办法第二十八条和第二十九条的规定履行公告义务。

第四十一条 要约收购报告书所披露的基本事实发生重大变化的，收购人应当在该重大变化发生之日起 2 个工作日内作出公告，并通知被收购公司。

第四十二条 同意接受收购要约的股东（以下简称预受股东），应当委托证券公司办理预受要约的相关手续。收购人应当委托证券公司向证券登记结算机构申请办理预受要约股票的临时保管。证券登记结算机构临时保管的预受要约的股票，在要约收购期间不得转让。

前款所称预受，是指被收购公司股东同意接受要约的初步意思表示，在要约收购期限内不可撤回之前不构成承诺。在要约收购期限届满 3 个交易日前，预受股东可以委托证券公司办理撤回预受要约的手续，证券登记结算机构根据预受要约股东的撤回申请解除对预受要约股票的临时保管。在要约收购期限届满前 3 个交易日内，预受股东不得撤回其对要约的接受。在要约收购期限内，收购人应当每日在证券交易所网站上公告已预受收购要约的股份数量。

出现竞争要约时，接受初始要约的预受股东撤回全部或者部分预受的股份，并将撤回的股份售予竞争要约人的，应当委托证券公司办理撤回预受初始要约的手续和预受竞争要约的相关手续。

第四十三条 收购期限届满，发出部分要约的收购人应当按照收购要约约定的条件购买被收购公司股东预受的股份，预受要约股份的数量超过预定收购数量时，收购人应当按照同等比例收购预受要约的股份；以终止被收购公司上市地位为目的的，收购人应当按照收购要约约定的条件购买被收购公司股东预受的全部股份；因不符合本办法第六章的规定而发出全面要约的收购人应当购买被收购公司股东预受的全部股份。

收购期限届满后 3 个交易日内，接受委托的证券公司应当向证券登记结算机构申请办理股份转让结算、过户登记手续，解除对超过预定收购比例的股票的临时保管；收购人应当公告本次要约收购的结果。

第四十四条 收购期限届满，被收购公司股权分布不符合证券交易所规定的上市交易要求，该上市公司的股票由证券交易所依法终止上市交易。在收购行为完成前，其余仍持有被收购公司股票的股东，有权在收购报告书规定的合理期限内向收购人以收购要约的同等条件出售其股票，收购人应当收购。

第四十五条 收购期限届满后 15 日内，收购人应当向证券交易所提交关于收购情况的书面报告，并予以公告。

第四十六条 除要约方式外，投资者不得在证券交易所外公开求购上市公司的股份。

第四章　协议收购

第四十七条　收购人通过协议方式在一个上市公司中拥有权益的股份达到或者超过该公司已发行股份的5%，但未超过30%的，按照本办法第二章的规定办理。

收购人拥有权益的股份达到该公司已发行股份的30%时，继续进行收购的，应当依法向该上市公司的股东发出全面要约或者部分要约。符合本办法第六章规定情形的，收购人可以免于发出要约。

收购人拟通过协议方式收购一个上市公司的股份超过30%的，超过30%的部分，应当改以要约方式进行；但符合本办法第六章规定情形的，收购人可以免于发出要约。符合前述规定情形的，收购人可以履行其收购协议；不符合前述规定情形的，在履行其收购协议前，应当发出全面要约。

第四十八条　以协议方式收购上市公司股份超过30%，收购人拟依据本办法第六十二条、第六十三条第一款第（一）项、第（二）项、第（十）项的规定免于发出要约的，应当在与上市公司股东达成收购协议之日起3日内编制上市公司收购报告书，通知被收购公司，并公告上市公司收购报告书摘要。

收购人应当在收购报告书摘要公告后5日内，公告其收购报告书、财务顾问专业意见和律师出具的法律意见书；不符合本办法第六章规定的情形的，应当予以公告，并按照本办法第六十一条第二款的规定办理。

第四十九条　依据前条规定所作的上市公司收购报告书，须披露本办法第二十九条第（一）项至第（六）项和第（九）项至第（十四）项规定的内容及收购协议的生效条件和付款安排。

已披露收购报告书的收购人在披露之日起6个月内，因权益变动需要再次报告、公告的，可以仅就与前次报告书不同的部分作出报告、公告；超过6个月的，应当按照本办法第二章的规定履行报告、公告义务。

第五十条　收购人公告上市公司收购报告书时，应当提交以下备查文件：

（一）中国公民的身份证明，或者在中国境内登记注册的法人、其他组织的证明文件；

（二）基于收购人的实力和从业经验对上市公司后续发展计划可行性的说明，收购人拟修改公司章程、改选公司董事会、改变或者调整公司主营业务的，还应当补充其具备规范运作上市公司的管理能力的说明；

（三）收购人及其关联方与被收购公司存在同业竞争、关联交易的，应提供避免同业竞争等利益冲突、保持被收购公司经营独立性的说明；

（四）收购人为法人或者其他组织的，其控股股东、实际控制人最近2年未变更的说明；

（五）收购人及其控股股东或实际控制人的核心企业和核心业务、关联企业及主营业务的说明；收购人或其实际控制人为两个或两个以上的上市公司控股股东或实际控制人的，还应当提供其持股5%以上的上市公司以及银行、信托公司、证券公司、保险公司等其他金融机构的情况说明；

（六）财务顾问关于收购人最近3年的诚信记录、收购资金来源合法性、收购人具备履行相关承诺的能力以及相关信息披露内容真实性、准确性、完整性的核查意见；收购人成立未满3年的，财务顾问还应当提供其控股股东或者实际控制人最近3年诚信记录的核查意见。

境外法人或者境外其他组织进行上市公司收购的，除应当提交第一款第（二）项至第（六）项规定的文件外，还应当提交以下文件：

（一）财务顾问出具的收购人符合对上市公司进行战略投资的条件、具有收购上市公司的能力的核查意见；

（二）收购人接受中国司法、仲裁管辖的声明。

第五十一条 上市公司董事、监事、高级管理人员、员工或者其所控制或者委托的法人或者其他组织，拟对本公司进行收购或者通过本办法第五章规定的方式取得本公司控制权（以下简称管理层收购）的，该上市公司应当具备健全且运行良好的组织机构以及有效的内部控制制度，公司董事会成员中独立董事的比例应当达到或者超过1/2。公司应当聘请符合《证券法》规定的资产评估机构提供公司资产评估报告，本次收购应当经董事会非关联董事作出决议，且取得2/3以上的独立董事同意后，提交公司股东大会审议，经出席股东大会的非关联股东所持表决权过半数通过。独立董事发表意见前，应当聘请独立财务顾问就本次收购出具专业意见，独立董事及独立财务顾问的意见应当一并予以公告。

上市公司董事、监事、高级管理人员存在《公司法》第一百四十八条规定情形，或者最近3年有证券市场不良诚信记录的，不得收购本公司。

第五十二条 以协议方式进行上市公司收购的，自签订收购协议起至相关股份完成过户的期间为上市公司收购过渡期（以下简称过渡期）。在过渡期内，收购人不得通过控股股东提议改选上市公司董事会，确有充分理由改选董事会的，来自收购人的董事不得超过董事会成员的1/3；被收购公司不得为收购人及其关联方提供担保；被收购公司不得公开发行股份募集资金，不得进行重大购买、出售资产及重大投资行为或者与收购人及其关联方进行其他关联交易，但收购人为挽救陷入危机或者面临严重财务困难的上市公司的情形除外。

第五十三条 上市公司控股股东向收购人协议转让其所持有的上市公司股份的，应当对收购人的主体资格、诚信情况及收购意图进行调查，并在其权益变动报告书中披露有关调查情况。

控股股东及其关联方未清偿其对公司的负债，未解除公司为其负债提供的担保，或者存在损害公司利益的其他情形的，被收购公司董事会应当对前述情形及时予以披露，并采取有效措施维护公司利益。

第五十四条 协议收购的相关当事人应当向证券登记结算机构申请办理拟转让股份的临时保管手续，并可以将用于支付的现金存放于证券登记结算机构指定的银行。

第五十五条 收购报告书公告后，相关当事人应当按照证券交易所和证券登记结算机构的业务规则，在证券交易所就本次股份转让予以确认后，凭全部转让款项存放于双方认可的银行账户的证明，向证券登记结算机构申请解除拟协议转让股票的临时保管，并办理过户登记手续。

收购人未按规定履行报告、公告义务，或者未按规定提出申请的，证券交易所和证券登记结算机构不予办理股份转让和过户登记手续。

收购人在收购报告书公告后30日内仍未完成相关股份过户手续的，应当立即作出公告，说明理由；在未完成相关股份过户期间，应当每隔30日公告相关股份过户办理进展情况。

第五章 间接收购

第五十六条 收购人虽不是上市公司的股东，但通过投资关系、协议、其他安排导致其拥有权益的股份达到或者超过一个上市公司已发行股份的5%未超过30%的，应当按照本办法第二章的规定办理。

收购人拥有权益的股份超过该公司已发行股份的30%的，应当向该公司所有股东发出全面要约；收购人预计无法在事实发生之日起30日内发出全面要约的，应当在前述30日内促使其控制的股东将所持有的上市公司股份减持至30%或者30%以下，并自减持之日起2个工作日内予以公告；其后收购人或者其控制的股东拟继续增持的，应当采取要约方式；拟依据本办法第六章的规定免于发出要约的，应当按照本办法第四十八条的规定办理。

第五十七条 投资者虽不是上市公司的股东，但通过投资关系取得对上市公司股东的控制权，而受其支配的上市公司股东所持股份达到前条规定比例、且对该股东的资产和利润构成重大影响的，应当按照前条规定履行报告、公告义务。

第五十八条 上市公司实际控制人及受其支配的股东，负有配合上市公司真实、准确、完整披露有关实际控制人发生变化的信息的义务；实际控制人及受其支配的股东拒不履行上述配合义务，导致上市公司无法履行法定信息披露义务而承担民事、行政责任的，上市公司有权对其提起诉讼。实际控制人、控股股东指使上市公司及其有关人员不依法履行信息披露义务的，中国证监会依法进行查处。

第五十九条 上市公司实际控制人及受其支配的股东未履行报告、公告义务的，上市公司应当自知悉之日起立即作出报告和公告。上市公司就实际控制人发生变化的情况予以公告后，实际控制人仍未披露的，上市公司董事会应当向实际控制人和受其支配的股东查询，必要时可以聘请财务顾问进行查询，并将查询情况向中国证监会、上市公司所在地的中国证监会派出机构（以下简称派出机构）和证券交易所报告；中国证监会依法对拒不履行报告、公告义务的实际控制人进行查处。

上市公司知悉实际控制人发生较大变化而未能将有关实际控制人的变化情况及时予以报告和公告的，中国证监会责令改正，情节严重的，认定上市公司负有责任的董事为不适当人选。

第六十条 上市公司实际控制人及受其支配的股东未履行报告、公告义务，拒不履行第五十八条规定的配合义务，或者实际控制人存在不得收购上市公司情形的，上市公司董事会应当拒绝接受受实际控制人支配的股东向董事会提交的提案或者临时议案，并向中国证监会、派出机构和证券交易所报告。中国证监会责令实际控制人改正，可以认定实际控制人通过受其支配的股东所提名的董事为不适当人选；改正前，受实际控制人支配的股东不得行使其持有股份的表决权。上市公司董事会未拒绝接受实际控制人及受其支配的股东所提出的提案的，中国证监会可以认定负有责任的董事为不适当人选。

第六章　免除发出要约

第六十一条 符合本办法第六十二条、第六十三条规定情形的，投资者及其一致行动人可以：

（一）免于以要约收购方式增持股份；

（二）存在主体资格、股份种类限制或者法律、行政法规、中国证监会规定的特殊情形的，免于向被收购公司的所有股东发出收购要约。

不符合本章规定情形的，投资者及其一致行动人应当在 30 日内将其或者其控制的股东所持有的被收购公司股份减持到 30%或者 30%以下；拟以要约以外的方式继续增持股份的，应当发出全面要约。

第六十二条 有下列情形之一的，收购人可以免于以要约方式增持股份：

（一）收购人与出让人能够证明本次股份转让是在同一实际控制人控制的不同主体之间进行，未导致上市公司的实际控制人发生变化；

（二）上市公司面临严重财务困难，收购人提出的挽救公司的重组方案取得该公司股东大会批准，且收购人承诺 3 年内不转让其在该公司中所拥有的权益；

（三）中国证监会为适应证券市场发展变化和保护投资者合法权益的需要而认定的其他情形。

第六十三条 有下列情形之一的，投资者可以免于发出要约：

（一）经政府或者国有资产管理部门批准进行国有资产无偿划转、变更、合并，导致投资者在一个上市公司中拥有权益的股份占该公司已发行股份的比例超过 30%；

（二）因上市公司按照股东大会批准的确定价格向特定股东回购股份而减少股本，导致投资者在该公司中拥有权益的股份超过该公司已发行股份的 30%；

（三）经上市公司股东大会非关联股东批准，投资者取得上市公司向其发行的新股，导致其在该公司拥有权益的股份超过该公司已发行股份的 30%，投资者承诺 3 年内不转让本次向其发行的新股，且公司股东大会同意投资者免于发出要约；

（四）在一个上市公司中拥有权益的股份达到或者超过该公司已发行股份的 30% 的，自上述事实发生之日起一年后，每 12 个月内增持不超过该公司已发行的 2% 的股份；

（五）在一个上市公司中拥有权益的股份达到或者超过该公司已发行股份的 50% 的，继续增加其在该公司拥有的权益不影响该公司的上市地位；

（六）证券公司、银行等金融机构在其经营范围内依法从事承销、贷款等业务导致其持有一个上市公司已发行股份超过 30%，没有实际控制该公司的行为或者意图，并且提出在合理期限内向非关联方转让相关股份的解决方案；

（七）因继承导致在一个上市公司中拥有权益的股份超过该公司已发行股份的 30%；

（八）因履行约定购回式证券交易协议购回上市公司股份导致投资者在一个上市公司中拥有权益的股份超过该公司已发行股份的 30%，并且能够证明标的股份的表决权在协议期间未发生转移；

（九）因所持优先股表决权依法恢复导致投资者在一个上市公司中拥有权益的股份超过该公司已发行股份的 30%；

（十）中国证监会为适应证券市场发展变化和保护投资者合法权益的需要而认定的其他情形。

相关投资者应在前款规定的权益变动行为完成后 3 日内就股份增持情况做出公告，律师应就相关投资者权益变动行为发表符合规定的专项核查意见并由上市公司予以披露。相关投资者按照前款第（五）项规定采用集中竞价方式增持股份的，每累计增持股份比例达到上市公司已发行股份的 2% 的，在事实发生当日和上市公司发布相关股东增持公司股份进展公告的当日不得再行增持股份。前款第（四）项规定的增持不超过 2% 的股份锁定期为增持行为完成之日起 6 个月。

第六十四条 收购人按照本章规定的情形免于发出要约的，应当聘请符合《证券法》规定的律师事务所等专业机构出具专业意见。

第七章 财务顾问

第六十五条 收购人聘请的财务顾问应当履行以下职责：

（一）对收购人的相关情况进行尽职调查；

（二）应收购人的要求向收购人提供专业化服务，全面评估被收购公司的财务和经营状况，帮助收购人分析收购所涉及的法律、财务、经营风险，就收购方案所涉及的收购价格、收购方式、支付安排等事项提出对策建议，并指导收购人按照规定的内容与格式制作公告文件；

（三）对收购人进行证券市场规范化运作的辅导，使收购人的董事、监事和高级管理人员熟悉有关法律、行政法规和中国证监会的规定，充分了解其应当承担的义务和责任，督促其依法履行报告、公告和其他法定义务；

（四）对收购人是否符合本办法的规定及公告文件内容的真实性、准确性、完整性进行充分核查和验证，对收购事项客观、公正地发表专业意见；

（五）与收购人签订协议，在收购完成后12个月内，持续督导收购人遵守法律、行政法规、中国证监会的规定、证券交易所规则、上市公司章程，依法行使股东权利，切实履行承诺或者相关约定。

第六十六条 收购人聘请的财务顾问就本次收购出具的财务顾问报告，应当对以下事项进行说明和分析，并逐项发表明确意见：

（一）收购人编制的上市公司收购报告书或者要约收购报告书所披露的内容是否真实、准确、完整；

（二）本次收购的目的；

（三）收购人是否提供所有必备证明文件，根据对收购人及其控股股东、实际控制人的实力、从事的主要业务、持续经营状况、财务状况和诚信情况的核查，说明收购人是否具备主体资格，是否具备收购的经济实力，是否具备规范运作上市公司的管理能力，是否需要承担其他附加义务及是否具备履行相关义务的能力，是否存在不良诚信记录；

（四）对收购人进行证券市场规范化运作辅导的情况，其董事、监事和高级管理人员是否已经熟悉有关法律、行政法规和中国证监会的规定，充分了解应承担的义务和责任，督促其依法履行报告、公告和其他法定义务的情况；

（五）收购人的股权控制结构及其控股股东、实际控制人支配收购人的方式；

（六）收购人的收购资金来源及其合法性，是否存在利用本次收购的股份向银行等金融机构质押取得融资的情形；

（七）涉及收购人以证券支付收购价款的，应当说明有关该证券发行人的信息披露是否真实、准确、完整以及该证券交易的便捷性等情况；

（八）收购人是否已经履行了必要的授权和批准程序；

（九）是否已对收购过渡期间保持上市公司稳定经营作出安排，该安排是否符合有关规定；

（十）对收购人提出的后续计划进行分析，收购人所从事的业务与上市公司从事的业务存在同业竞争、关联交易的，对收购人解决与上市公司同业竞争等利益冲突及保持上市公司经营独立性的方案进行分析，说明本次收购对上市公司经营独立性和持续发展可能产生的影响；

（十一）在收购标的上是否设定其他权利，是否在收购价款之外还作出其他补偿安排；

（十二）收购人及其关联方与被收购公司之间是否存在业务往来，收购人与被收购公司的董事、监事、高级管理人员是否就其未来任职安排达成某种协议或者默契；

（十三）上市公司原控股股东、实际控制人及其关联方是否存在未清偿对公司的负债、未解除公司为其负债提供的担保或者损害公司利益的其他情形；存在该等情形的，是否已提出切实可行的解决方案；

（十四）涉及收购人拟免于发出要约的，应当说明本次收购是否属于本办法第六章规定的情形，收购人是否作出承诺及是否具备履行相关承诺的实力。

第六十七条 上市公司董事会或者独立董事聘请的独立财务顾问，不得同时担任收购人的财务顾问或者与收购人的财务顾问存在关联关系。独立财务顾问应当根据委托进行尽职调查，对本次收购的公正性和合法性发表专业意见。独立财务顾问报告应当对以下问题进行说明和分析，发表明确意见：

（一）收购人是否具备主体资格；

（二）收购人的实力及本次收购对被收购公司经营独立性和持续发展可能产生的影响分析；

（三）收购人是否存在利用被收购公司的资产或者由被收购公司为本次收购提供财务资助的情形；

（四）涉及要约收购的，分析被收购公司的财务状况，说明收购价格是否充分反映被收购公司价值，收购要约是否公平、合理，对被收购公司社会公众股股东接受要约提出的建议；

（五）涉及收购人以证券支付收购价款的，还应当根据该证券发行人的资产、业务和盈利预测，对相关证券进行估值分析，就收购条件对被收购公司的社会公众股股东是否公平合理、是否接受收购人提出的收购条件提出专业意见；

（六）涉及管理层收购的，应当对上市公司进行估值分析，就本次收购的定价依据、支付方式、收购资金来源、融资安排、还款计划及其可行性、上市公司内部控制制度的执行情况及其有效性、上述人员及其直系亲属在最近 24 个月内与上市公司业务往来情况以及收购报告书披露的其他内容等进行全面核查，发表明确意见。

第六十八条 财务顾问应当在财务顾问报告中作出以下承诺：

（一）已按照规定履行尽职调查义务，有充分理由确信所发表的专业意见与收购人公告文件的内容不存在实质性差异；

（二）已对收购人公告文件进行核查，确信公告文件的内容与格式符合规定；

（三）有充分理由确信本次收购符合法律、行政法规和中国证监会的规定，有充分理由确信收购人披露的信息真实、准确、完整，不存在虚假记载、误导性陈述和重大遗漏；

（四）就本次收购所出具的专业意见已提交其内核机构审查，并获得通过；

（五）在担任财务顾问期间，已采取严格的保密措施，严格执行内部防火墙制度；

（六）与收购人已订立持续督导协议。

第六十九条 财务顾问在收购过程中和持续督导期间，应当关注被收购公司是否存在为收购人及其关联方提供担保或者借款等损害上市公司利益的情形，发现有违法或者不当行为的，应当及时向中国证监会、派出机构和证券交易所报告。

第七十条 财务顾问为履行职责，可以聘请其他专业机构协助其对收购人进行核查，但应当对收购人提供的资料和披露的信息进行独立判断。

第七十一条 自收购人公告上市公司收购报告书至收购完成后12个月内，财务顾问应当通过日常沟通、定期回访等方式，关注上市公司的经营情况，结合被收购公司定期报告和临时公告的披露事宜，对收购人及被收购公司履行持续督导职责：

（一）督促收购人及时办理股权过户手续，并依法履行报告和公告义务；

（二）督促和检查收购人及被收购公司依法规范运作；

（三）督促和检查收购人履行公开承诺的情况；

（四）结合被收购公司定期报告，核查收购人落实后续计划的情况，是否达到预期目标，实施效果是否与此前的披露内容存在较大差异，是否实现相关盈利预测或者管理层预计达到的目标；

（五）涉及管理层收购的，核查被收购公司定期报告中披露的相关还款计划的落实情况与事实是否一致；

（六）督促和检查履行收购中约定的其他义务的情况。在持续督导期间，财务顾问应当结合上市公司披露的季度报告、半年度报告和年度报告出具持续督导意见，并在前述定期报告披露后的15日内向派出机构报告。

在此期间，财务顾问发现收购人在上市公司收购报告书中披露的信息与事实不符的，应当督促收购人如实披露相关信息，并及时向中国证监会、派出机构、证券交易所报告。财务顾问解除委托合同的，应当及时向中国证监会、派出机构作出书面报告，说明无法继续履行持续督导职责的理由，并予公告。

第八章　持续监管

第七十二条 在上市公司收购行为完成后12个月内，收购人聘请的财务顾问应当在每季度前3日内就上一季度对上市公司影响较大的投资、购买或者出售资产、关联交易、主营业务调整以及董事、监事、高级管理人员的更换、职工安置、收购人履行承诺等情况向派出机构报告。

收购人注册地与上市公司注册地不同的，还应当将前述情况的报告同时抄报收购人所在地的派出机构。

第七十三条 派出机构根据审慎监管原则，通过与承办上市公司审计业务的会计师事务所谈话、检查财务顾问持续督导责任的落实、定期或者不定期的现场检查等方式，在收购完成后对收购人和上市公司进行监督检查。

派出机构发现实际情况与收购人披露的内容存在重大差异的，对收购人及上市公司予以重点关注，可以责令收购人延长财务顾问的持续督导期，并依法进行查处。

在持续督导期间，财务顾问与收购人解除合同的，收购人应当另行聘请其他财务顾问机构履行持续督导职责。

第七十四条　在上市公司收购中，收购人持有的被收购公司的股份，在收购完成后 18 个月内不得转让。

收购人在被收购公司中拥有权益的股份在同一实际控制人控制的不同主体之间进行转让不受前述 18 个月的限制，但应当遵守本办法第六章的规定。

第九章　监管措施与法律责任

第七十五条　上市公司的收购及相关股份权益变动活动中的信息披露义务人，未按照本办法的规定履行报告、公告以及其他相关义务的，中国证监会责令改正，采取监管谈话、出具警示函、责令暂停或者停止收购等监管措施。在改正前，相关信息披露义务人不得对其持有或者实际支配的股份行使表决权。

第七十六条　上市公司的收购及相关股份权益变动活动中的信息披露义务人在报告、公告等文件中有虚假记载、误导性陈述或者重大遗漏的，中国证监会责令改正，采取监管谈话、出具警示函、责令暂停或者停止收购等监管措施。在改正前，收购人对其持有或者实际支配的股份不得行使表决权。

第七十七条　投资者及其一致行动人取得上市公司控制权而未按照本办法的规定聘请财务顾问，规避法定程序和义务，变相进行上市公司的收购，或者外国投资者规避管辖的，中国证监会责令改正，采取出具警示函、责令暂停或者停止收购等监管措施。在改正前，收购人不得对其持有或者实际支配的股份行使表决权。

第七十八条　收购人未依照本办法的规定履行相关义务、相应程序擅自实施要约收购的，或者不符合本办法规定的免除发出要约情形，拒不履行相关义务、相应程序的，中国证监会责令改正，采取监管谈话、出具警示函、责令暂停或者停止收购等监管措施。在改正前，收购人不得对其持有或者支配的股份行使表决权。

发出收购要约的收购人在收购要约期限届满，不按照约定支付收购价款或者购买预受股份的，自该事实发生之日起 3 年内不得收购上市公司，中国证监会不受理收购人及其关联方提交的申报文件。

存在前二款规定情形，收购人涉嫌虚假披露、操纵证券市场的，中国证监会对收购人进行立案稽查，依法追究其法律责任；收购人聘请的财务顾问没有充分证据表明其勤勉尽责的，自收购人违规事实发生之日起 1 年内，中国证监会不受理该财务顾问提交的上市公司并购重组申报文件，情节严重的，依法追究法律责任。

第七十九条　上市公司控股股东和实际控制人在转让其对公司的控制权时，未清偿其对公司的负债，未解除公司为其提供的担保，或者未对其损害公司利益的其他情形作出纠正的，中国证监会责令改正、责令暂停或者停止收购活动。

被收购公司董事会未能依法采取有效措施促使公司控股股东、实际控制人予以纠正，或者在收购完成后未能促使收购人履行承诺、安排或者保证的，中国证监会可以认定相关董事为不适当人选。

第八十条 上市公司董事未履行忠实义务和勤勉义务，利用收购谋取不当利益的，中国证监会采取监管谈话、出具警示函等监管措施，可以认定为不适当人选。

上市公司章程中涉及公司控制权的条款违反法律、行政法规和本办法规定的，中国证监会责令改正。

第八十一条 为上市公司收购出具资产评估报告、审计报告、法律意见书和财务顾问报告的证券服务机构或者证券公司及其专业人员，未依法履行职责的，或者违反中国证监会的有关规定或者行业规范、业务规则的，中国证监会责令改正，采取监管谈话、出具警示函、责令公开说明、责令定期报告等监管措施。

前款规定的证券服务机构及其从业人员被责令改正的，在改正前，不得接受新的上市公司并购重组业务。

第八十二条 中国证监会将上市公司的收购及相关股份权益变动活动中的当事人的违法行为和整改情况记入诚信档案。

违反本办法的规定构成证券违法行为的，依法追究法律责任。

第十章 附则

第八十三条 本办法所称一致行动，是指投资者通过协议、其他安排，与其他投资者共同扩大其所能够支配的一个上市公司股份表决权数量的行为或者事实。

在上市公司的收购及相关股份权益变动活动中有一致行动情形的投资者，互为一致行动人。如无相反证据，投资者有下列情形之一的，为一致行动人：

（一）投资者之间有股权控制关系；

（二）投资者受同一主体控制；

（三）投资者的董事、监事或者高级管理人员中的主要成员，同时在另一个投资者担任董事、监事或者高级管理人员；

（四）投资者参股另一投资者，可以对参股公司的重大决策产生重大影响；

（五）银行以外的其他法人、其他组织和自然人为投资者取得相关股份提供融资安排；

（六）投资者之间存在合伙、合作、联营等其他经济利益关系；

（七）持有投资者30%以上股份的自然人，与投资者持有同一上市公司股份；

（八）在投资者任职的董事、监事及高级管理人员，与投资者持有同一上市公司股份；

（九）持有投资者30%以上股份的自然人和在投资者任职的董事、监事及高级管理人员，其父母、配偶、子女及其配偶、配偶的父母、兄弟姐妹及其配偶、配偶的兄弟姐妹及其配偶等亲属，与投资者持有同一上市公司股份；

（十）在上市公司任职的董事、监事、高级管理人员及其前项所述亲属同时持有本公司股份的，或者与其自己或者其前项所述亲属直接或者间接控制的企业同时持有本公司股份；

（十一）上市公司董事、监事、高级管理人员和员工与其所控制或者委托的法人或者其他组织持有本公司股份；

（十二）投资者之间具有其他关联关系。

一致行动人应当合并计算其所持有的股份。投资者计算其所持有的股份，应当包括登记在其名下的股份，也包括登记在其一致行动人名下的股份。

投资者认为其与他人不应被视为一致行动人的，可以向中国证监会提供相反证据。

第八十四条 有下列情形之一的，为拥有上市公司控制权：

（一）投资者为上市公司持股50%以上的控股股东；

（二）投资者可以实际支配上市公司股份表决权超过30%；

（三）投资者通过实际支配上市公司股份表决权能够决定公司董事会半数以上成员选任；

（四）投资者依其可实际支配的上市公司股份表决权足以对公司股东大会的决议产生重大影响；

（五）中国证监会认定的其他情形。

第八十五条 信息披露义务人涉及计算其拥有权益比例的，应当将其所持有的上市公司已发行的可转换为公司股票的证券中有权转换部分与其所持有的同一上市公司的股份合并计算，并将其持股比例与合并计算非股权类证券转为股份后的比例相比，以二者中的较高者为准；行权期限届满未行权的，或者行权条件不再具备的，无需合并计算。

前款所述二者中的较高者，应当按下列公式计算：

（一）投资者持有的股份数量/上市公司已发行股份总数

（二）（投资者持有的股份数量+投资者持有的可转换为公司股票的非股权类证券所对应的股份数量）/（上市公司已发行股份总数+上市公司发行的可转换为公司股票的非股权类证券所对应的股份总数）

前款所称“投资者持有的股份数量”包括投资者拥有的普通股数量和优先股恢复的表决权数量，“上市公司已发行股份总数”包括上市公司已发行的普通股总数和优先股恢复的表决权总数。

第八十六条 投资者因行政划转、执行法院裁决、继承、赠与等方式取得上市公司控制权的，应当按照本办法第四章的规定履行报告、公告义务。

第八十七条 权益变动报告书、收购报告书、要约收购报告书、被收购公司董事会报告书等文件的内容与格式，由中国证监会另行制定。

第八十八条 被收购公司在境内、境外同时上市的，收购人除应当遵守本办法及中国证监会的相关规定外，还应当遵守境外上市地的相关规定。

第八十九条 外国投资者收购上市公司及在上市公司中拥有的权益发生变动的，除应当遵守本办法的规定外，还应当遵守外国投资者投资上市公司的相关规定。

第九十条 本办法自2006年9月1日起施行。中国证监会发布的《上市公司收购管理办法》(证监会令第10号)、《上市公司股东持股变动信息披露管理办法》(证监会令第11号)、《关于要约收购涉及的被收购公司股票上市交易条件有关问题的通知》(证监公司字〔2003〕16号）和《关于规范上市公司实际控制权转移行为有关问题的通知》(证监公司字〔2004〕1号）同时废止。

上市公司重大资产重组管理办法

中国证券监督管理委员会令第166号

（2014年7月7日中国证券监督管理委员会第52次主席办公会议审议通过，根据2016年9月8日中国证券监督管理委员会《关于修改〈上市公司重大资产重组管理办法〉的决定》、2019年10月18日中国证券监督管理委员会《关于修改〈上市公司重大资产重组管理办法〉的决定》、2020年3月20日中国证券监督管理委员会《关于修改部分证券期货规章的决定》修正）

第一章　总则

第一条　为了规范上市公司重大资产重组行为，保护上市公司和投资者的合法权益，促进上市公司质量不断提高，维护证券市场秩序和社会公共利益，根据《公司法》《证券法》等法律、行政法规的规定，制定本办法。

第二条　本办法适用于上市公司及其控股或者控制的公司在日常经营活动之外购买、出售资产或者通过其他方式进行资产交易达到规定的比例，导致上市公司的主营业务、资产、收入发生重大变化的资产交易行为（以下简称重大资产重组）。

上市公司发行股份购买资产应当符合本办法的规定。

上市公司按照经中国证券监督管理委员会（以下简称中国证监会）核准的发行证券文件披露的募集资金用途，使用募集资金购买资产、对外投资的行为，不适用本办法。

第三条　任何单位和个人不得利用重大资产重组损害上市公司及其股东的合法权益。

第四条　上市公司实施重大资产重组，有关各方必须及时、公平地披露或者提供信息，保证所披露或者提供信息的真实、准确、完整，不得有虚假记载、误导性陈述或者重大遗漏。

第五条　上市公司的董事、监事和高级管理人员在重大资产重组活动中，应当诚实守信、勤勉尽责，维护公司资产的安全，保护公司和全体股东的合法权益。

第六条　为重大资产重组提供服务的证券服务机构和人员，应当遵守法律、行政法规和中国证监会的有关规定，以及证券交易所的相关规则，遵循本行业公认的业务标准和道德规范，诚实守信，勤勉尽责，严格履行职责，对其所制作、出具文件的真实性、准确性和完整性承担责任。

前款规定的证券服务机构和人员，不得教唆、协助或者伙同委托人编制或者披露存在虚假记载、误导性陈述或者重大遗漏的报告、公告文件，不得从事不正当竞争，不得利用上市公司重大资产重组谋取不正当利益。

第七条 任何单位和个人对所知悉的重大资产重组信息在依法披露前负有保密义务。

禁止任何单位和个人利用重大资产重组信息从事内幕交易、操纵证券市场等违法活动。

第八条 中国证监会依法对上市公司重大资产重组行为进行监督管理。

中国证监会审核上市公司重大资产重组或者发行股份购买资产的申请，可以根据上市公司的规范运作和诚信状况、财务顾问的执业能力和执业质量，结合国家产业政策和重组交易类型，作出差异化的、公开透明的监管制度安排，有条件地减少审核内容和环节。

第九条 鼓励依法设立的并购基金、股权投资基金、创业投资基金、产业投资基金等投资机构参与上市公司并购重组。

第十条 中国证监会在发行审核委员会中设立上市公司并购重组审核委员会（以下简称并购重组委），并购重组委以投票方式对提交其审议的重大资产重组或者发行股份购买资产申请进行表决，提出审核意见。

第二章 重大资产重组的原则和标准

第十一条 上市公司实施重大资产重组，应当就本次交易符合下列要求作出充分说明，并予以披露：

（一）符合国家产业政策和有关环境保护、土地管理、反垄断等法律和行政法规的规定；

（二）不会导致上市公司不符合股票上市条件；

（三）重大资产重组所涉及的资产定价公允，不存在损害上市公司和股东合法权益的情形；

（四）重大资产重组所涉及的资产权属清晰，资产过户或者转移不存在法律障碍，相关债权债务处理合法；

（五）有利于上市公司增强持续经营能力，不存在可能导致上市公司重组后主要资产为现金或者无具体经营业务的情形；

（六）有利于上市公司在业务、资产、财务、人员、机构等方面与实际控制人及其关联人保持独立，符合中国证监会关于上市公司独立性的相关规定；

（七）有利于上市公司形成或者保持健全有效的法人治理结构。

第十二条 上市公司及其控股或者控制的公司购买、出售资产，达到下列标准之一的，构成重大资产重组：

（一）购买、出售的资产总额占上市公司最近一个会计年度经审计的合并财务会计报告期末资产总额的比例达到50%以上；

（二）购买、出售的资产在最近一个会计年度所产生的营业收入占上市公司同期经审计的合并财务会计报告营业收入的比例达到50%以上；

（三）购买、出售的资产净额占上市公司最近一个会计年度经审计的合并财务会计报告期末净资产额的比例达到50%以上，且超过5000万元人民币。

购买、出售资产未达到前款规定标准，但中国证监会发现存在可能损害上市公司或者投资者合法权益的重大问题的，可以根据审慎监管原则，责令上市公司按照本办法的规定补充披露相关信息、暂停交易、聘请符合《证券法》规定的独立财务顾问或者其他证券服务机构补充核查并披露专业意见。

第十三条 上市公司自控制权发生变更之日起36个月内，向收购人及其关联人购买资产，导致上市公司发生以下根本变化情形之一的，构成重大资产重组，应当按照本办法的规定报经中国证监会核准：

（一）购买的资产总额占上市公司控制权发生变更的前一个会计年度经审计的合并财务会计报告期末资产总额的比例达到100%以上；

（二）购买的资产在最近一个会计年度所产生的营业收入占上市公司控制权发生变更的前一个会计年度经审计的合并财务会计报告营业收入的比例达到100%以上；

（三）购买的资产净额占上市公司控制权发生变更的前一个会计年度经审计的合并财务会计报告期末净资产额的比例达到100%以上；

（四）为购买资产发行的股份占上市公司首次向收购人及其关联人购买资产的董事会决议前一个交易日的股份的比例达到100%以上；

（五）上市公司向收购人及其关联人购买资产虽未达到本款第（一）至第（四）项标准，但可能导致上市公司主营业务发生根本变化；

（六）中国证监会认定的可能导致上市公司发生根本变化的其他情形。

上市公司实施前款规定的重大资产重组，应当符合下列规定：

（一）符合本办法第十一条、第四十三条规定的要求；

（二）上市公司购买的资产对应的经营实体应当是股份有限公司或者有限责任公司，且符合《首次公开发行股票并上市管理办法》规定的其他发行条件；

（三）上市公司及其最近3年内的控股股东、实际控制人不存在因涉嫌犯罪正被司法机关立案侦查或涉嫌违法违规正被中国证监会立案调查的情形，但是，涉嫌犯罪或违法违规的行为已经终止满3年，交易方案能够消除该行为可能造成的不良后果，且不影响对相关行为人追究责任的除外；

（四）上市公司及其控股股东、实际控制人最近12个月内未受到证券交易所公开谴责，不存在其他重大失信行为；

（五）本次重大资产重组不存在中国证监会认定的可能损害投资者合法权益，或者违背公开、公平、公正原则的其他情形。

上市公司通过发行股份购买资产进行重大资产重组的，适用《证券法》和中国证监会的相关规定。

本条第一款所称控制权，按照《上市公司收购管理办法》第八十四条的规定进行认定。上市公司股权分散，董事、高级管理人员可以支配公司重大的财务和经营决策的，视为具有上市公司控制权。

创业板上市公司自控制权发生变更之日起，向收购人及其关联人购买符合国家战略的高新技术产业和战略性新兴产业资产，导致本条第一款规定任一情形的，所购买资产对应的经营实体应当是股份有限公司或者有限责任公司，且符合《首次公开发行股票并在创业板上市管理办法》规定的其他发行条件。

上市公司自控制权发生变更之日起，向收购人及其关联人购买的资产属于金融、创业投资等特定行业的，由中国证监会另行规定。

第十四条 计算本办法第十二条、第十三条规定的比例时，应当遵守下列规定：

（一）购买的资产为股权的，其资产总额以被投资企业的资产总额与该项投资所占股权比例的乘积和成交金额二者中的较高者为准，营业收入以被投资企业的营业收入与该项投资所占股权比例的乘积为准，资产净额以被投资企业的净资产额与该项投资所占股权比例的乘积和成交金额二者中的较高者为准；出售的资产为股权的，其资产总额、营业收入以及资产净额分别以被投资企业的资产总额、营业收入以及净资产额与该项投资所占股权比例的乘积为准。

购买股权导致上市公司取得被投资企业控股权的，其资产总额以被投资企业的资产总额和成交金额二者中的较高者为准，营业收入以被投资企业的营业收入为准，资产净额以被投资企业的净资产额和成交金额二者中的较高者为准；出售股权导致上市公司丧失被投资企业控股权的，其资产总额、营业收入以及资产净额分别以被投资企业的资产总额、营业收入以及净资产额为准。

（二）购买的资产为非股权资产的，其资产总额以该资产的账面值和成交金额二者中的较高者为准，资产净额以相关资产与负债的账面值差额和成交金额二者中的较高者为准；出售的资产为非股权资产的，其资产总额、资产净额分别以该资产的账面值、相关资产与负债账面值的差额为准；该非股权资产不涉及负债的，不适用第十二条第一款第（三）项规定的资产净额标准。

（三）上市公司同时购买、出售资产的，应当分别计算购买、出售资产的相关比例，并以二者中比例较高者为准。

（四）上市公司在 12 个月内连续对同一或者相关资产进行购买、出售的，以其累计数分别计算相应数额。已按照本办法的规定编制并披露重大资产重组报告书的资产交易行为，无须纳入累计计算的范围。中国证监会对本办法第十三条第一款规定的重大资产重组的累计期限和范围另有规定的，从其规定。

交易标的资产属于同一交易方所有或者控制，或者属于相同或者相近的业务范围，或者中国证监会认定的其他情形下，可以认定为同一或者相关资产。

第十五条　本办法第二条所称通过其他方式进行资产交易，包括：

（一）与他人新设企业、对已设立的企业增资或者减资；

（二）受托经营、租赁其他企业资产或者将经营性资产委托他人经营、租赁；

（三）接受附义务的资产赠与或者对外捐赠资产；

（四）中国证监会根据审慎监管原则认定的其他情形。

上述资产交易实质上构成购买、出售资产，且按照本办法规定的标准计算的相关比例达到50%以上的，应当按照本办法的规定履行相关义务和程序。

第三章　重大资产重组的程序

第十六条　上市公司与交易对方就重大资产重组事宜进行初步磋商时，应当立即采取必要且充分的保密措施，制定严格有效的保密制度，限定相关敏感信息的知悉范围。上市公司及交易对方聘请证券服务机构的，应当立即与所聘请的证券服务机构签署保密协议。

上市公司关于重大资产重组的董事会决议公告前，相关信息已在媒体上传播或者公司股票交易出现异常波动的，上市公司应当立即将有关计划、方案或者相关事项的现状以及相关进展情况和风险因素等予以公告，并按照有关信息披露规则办理其他相关事宜。

第十七条　上市公司应当聘请符合《证券法》规定的独立财务顾问、律师事务所以及会计师事务所等证券服务机构就重大资产重组出具意见。

独立财务顾问和律师事务所应当审慎核查重大资产重组是否构成关联交易，并依据核查确认的相关事实发表明确意见。重大资产重组涉及关联交易的，独立财务顾问应当就本次重组对上市公司非关联股东的影响发表明确意见。

资产交易定价以资产评估结果为依据的，上市公司应当聘请符合《证券法》规定的资产评估机构出具资产评估报告。

证券服务机构在其出具的意见中采用其他证券服务机构或者人员的专业意见的，仍然应当进行尽职调查，审慎核查其采用的专业意见的内容，并对利用其他证券服务机构或者人员的专业意见所形成的结论负责。

第十八条　上市公司及交易对方与证券服务机构签订聘用合同后，非因正当事由不得更换证券服务机构。确有正当事由需要更换证券服务机构的，应当披露更换的具体原因以及证券服务机构的陈述意见。

第十九条　上市公司应当在重大资产重组报告书的管理层讨论与分析部分，就本次交易对上市公司的持续经营能力、未来发展前景、当年每股收益等财务指标和非财务指标的影响进行详细分析。

第二十条　重大资产重组中相关资产以资产评估结果作为定价依据的，资产评估机构应当按照资产评估相关准则和规范开展执业活动；上市公司董事会应当对评估机构的独立性、评估假设前提的合理性、评估方法与评估目的的相关性以及评估定价的公允性发表明确意见。

相关资产不以资产评估结果作为定价依据的，上市公司应当在重大资产重组报告书中详细分析说明相关资产的估值方法、参数及其他影响估值结果的指标和因素。上市公司董事会应当对估值机构的独立性、估值假设前提的合理性、估值方法与估值目的的相关性发表明确意见，并结合相关资产的市场可比交易价格、同行业上市公司的市盈率或者市净率等通行指标，在重大资产重组报告书中详细分析本次交易定价的公允性。

前二款情形中，评估机构、估值机构原则上应当采取两种以上的方法进行评估或者估值；上市公司独立董事应当出席董事会会议，对评估机构或者估值机构的独立性、评估或者估值假设前提的合理性和交易定价的公允性发表独立意见，并单独予以披露。

第二十一条 上市公司进行重大资产重组，应当由董事会依法作出决议，并提交股东大会批准。

上市公司董事会应当就重大资产重组是否构成关联交易作出明确判断，并作为董事会决议事项予以披露。

上市公司独立董事应当在充分了解相关信息的基础上，就重大资产重组发表独立意见。重大资产重组构成关联交易的，独立董事可以另行聘请独立财务顾问就本次交易对上市公司非关联股东的影响发表意见。上市公司应当积极配合独立董事调阅相关材料，并通过安排实地调查、组织证券服务机构汇报等方式，为独立董事履行职责提供必要的支持和便利。

第二十二条 上市公司应当在董事会作出重大资产重组决议后的次一工作日至少披露下列文件：

（一）董事会决议及独立董事的意见；

（二）上市公司重大资产重组预案。

本次重组的重大资产重组报告书、独立财务顾问报告、法律意见书以及重组涉及的审计报告、资产评估报告或者估值报告至迟应当与召开股东大会的通知同时公告。上市公司自愿披露盈利预测报告的，该报告应当经符合《证券法》规定的会计师事务所审核，与重大资产重组报告书同时公告。

本条第一款第（二）项及第二款规定的信息披露文件的内容与格式另行规定。

上市公司只需选择一种符合中国证监会规定条件的媒体公告董事会决议、独立董事的意见，并应当在证券交易所网站全文披露重大资产重组报告书及其摘要、相关证券服务机构的报告或者意见。

第二十三条 上市公司股东大会就重大资产重组作出的决议，至少应当包括下列事项：

（一）本次重大资产重组的方式、交易标的和交易对方；

（二）交易价格或者价格区间；

（三）定价方式或者定价依据；

（四）相关资产自定价基准日至交割日期间损益的归属；

（五）相关资产办理权属转移的合同义务和违约责任；

（六）决议的有效期；

（七）对董事会办理本次重大资产重组事宜的具体授权；

（八）其他需要明确的事项。

第二十四条 上市公司股东大会就重大资产重组事项作出决议，必须经出席会议的股东所持表决权的2/3以上通过。

上市公司重大资产重组事宜与本公司股东或者其关联人存在关联关系的，股东大会就重大资产重组事项进行表决时，关联股东应当回避表决。

交易对方已经与上市公司控股股东就受让上市公司股权或者向上市公司推荐董事达成协议或者默契，可能导致上市公司的实际控制权发生变化的，上市公司控股股东及其关联人应当回避表决。

上市公司就重大资产重组事宜召开股东大会，应当以现场会议形式召开，并应当提供网络投票和其他合法方式为股东参加股东大会提供便利。除上市公司的董事、监事、高级管理人员、单独或者合计持有上市公司5%以上股份的股东以外，其他股东的投票情况应当单独统计并予以披露。

第二十五条 上市公司应当在股东大会作出重大资产重组决议后的次一工作日公告该决议，以及律师事务所对本次会议的召集程序、召集人和出席人员的资格、表决程序以及表决结果等事项出具的法律意见书。

属于本办法第十三条规定的交易情形的，上市公司还应当按照中国证监会的规定委托独立财务顾问在作出决议后3个工作日内向中国证监会提出申请。

第二十六条 上市公司全体董事、监事、高级管理人员应当公开承诺，保证重大资产重组的信息披露和申请文件不存在虚假记载、误导性陈述或者重大遗漏。

重大资产重组的交易对方应当公开承诺，将及时向上市公司提供本次重组相关信息，并保证所提供的信息真实、准确、完整，如因提供的信息存在虚假记载、误导性陈述或者重大遗漏，给上市公司或者投资者造成损失的，将依法承担赔偿责任。

前二款规定的单位和个人还应当公开承诺，如本次交易因涉嫌所提供或者披露的信息存在虚假记载、误导性陈述或者重大遗漏，被司法机关立案侦查或者被中国证监会立案调查的，在案件调查结论明确之前，将暂停转让其在该上市公司拥有权益的股份。

第二十七条 中国证监会依照法定条件和程序，对上市公司属于本办法第十三条规定情形的交易申请作出予以核准或者不予核准的决定。

中国证监会在审核期间提出反馈意见要求上市公司作出书面解释、说明的，上市公司应当自收到反馈意见之日起30日内提供书面回复意见，独立财务顾问应当配合上市公司提供书面回复意见。逾期未提供的，上市公司应当在到期日的次日就本次交易的进展情况及未能及时提供回复意见的具体原因等予以公告。

第二十八条 股东大会作出重大资产重组的决议后，上市公司拟对交易对象、交易标的、交易价格等作出变更，构成对原交易方案重大调整的，应当在董事会表决通过后重新提交股东大会审议，并及时公告相关文件。

中国证监会审核期间，上市公司按照前款规定对原交易方案作出重大调整的，还应当按照本办法的规定向中国证监会重新提出申请，同时公告相关文件。

中国证监会审核期间，上市公司董事会决议撤回申请的，应当说明原因，予以公告；上市公司董事会决议终止本次交易的，还应当按照公司章程的规定提交股东大会审议。

第二十九条 上市公司重大资产重组属于本办法第十三条规定的交易情形的，应当提交并购重组委审核。

第三十条 上市公司在收到中国证监会关于召开并购重组委工作会议审核其申请的通知后，应当立即予以公告，并申请办理并购重组委工作会议期间直至其表决结果披露前的停牌事宜。

上市公司收到并购重组委关于其申请的表决结果的通知后，应当在次一工作日公告表决结果并申请复牌。公告应当说明，公司在收到中国证监会作出的予以核准或者不予核准的决定后将再行公告。

第三十一条 上市公司收到中国证监会就其申请作出的予以核准或者不予核准的决定后，应当在次一工作日予以公告。

中国证监会予以核准的，上市公司应当在公告核准决定的同时，按照相关信息披露准则的规定补充披露相关文件。

第三十二条 上市公司重大资产重组完成相关批准程序后，应当及时实施重组方案，并于实施完毕之日起3个工作日内编制实施情况报告书，向证券交易所提交书面报告，并予以公告。

上市公司聘请的独立财务顾问和律师事务所应当对重大资产重组的实施过程、资产过户事宜和相关后续事项的合规性及风险进行核查，发表明确的结论性意见。独立财务顾问和律师事务所出具的意见应当与实施情况报告书同时报告、公告。

第三十三条 自完成相关批准程序之日起60日内，本次重大资产重组未实施完毕的，上市公司应当于期满后次一工作日将实施进展情况报告，并予以公告；此后每30日应当公告一次，直至实施完毕。属于本办法第十三条、第四十四条规定的交易情形的，自收到中国证监会核准文件之日起超过12个月未实施完毕的，核准文件失效。

第三十四条 上市公司在实施重大资产重组的过程中，发生法律、法规要求披露的重大事项的，应当及时作出公告；该事项导致本次交易发生实质性变动的，须重新提交股东大会审议，属于本办法第十三条规定的交易情形的，还须重新报经中国证监会核准。

第三十五条 采取收益现值法、假设开发法等基于未来收益预期的方法对拟购买资产进行评估或者估值并作为定价参考依据的，上市公司应当在重大资产重组实施完毕后3年内的年度报告中单独披露相关资产的实际盈利数与利润预测数的差异情况，并由会计师事务所对此出具专项审核意见；交易对方应当与上市公司就相关资产实际盈利数不足利润预测数的情况签订明确可行的补偿协议。

预计本次重大资产重组将摊薄上市公司当年每股收益的，上市公司应当提出填补每股收益的具体措施，并将相关议案提交董事会和股东大会进行表决。负责落实该等具体措施的相关责任主体应当公开承诺，保证切实履行其义务和责任。

上市公司向控股股东、实际控制人或者其控制的关联人之外的特定对象购买资产且未导致控制权发生变更的，不适用本条前二款规定，上市公司与交易对方可以根据市场化原则，自主协商是否采取业绩补偿和每股收益填补措施及相关具体安排。

第三十六条 上市公司重大资产重组发生下列情形的，独立财务顾问应当及时出具核查意见，并予以公告：

（一）上市公司完成相关批准程序前，对交易对象、交易标的、交易价格等作出变更，构成对原重组方案重大调整，或者因发生重大事项导致原重组方案发生实质性变动的；

（二）上市公司完成相关批准程序后，在实施重组过程中发生重大事项，导致原重组方案发生实质性变动的。

第三十七条 独立财务顾问应当按照中国证监会的相关规定，对实施重大资产重组的上市公司履行持续督导职责。持续督导的期限自本次重大资产重组实施完毕之日起，应当不少于一个会计年度。实施本办法第十三条规定的重大资产重组，持续督导的期限自中国证监会核准本次重大资产重组之日起，应当不少于3个会计年度。

第三十八条 独立财务顾问应当结合上市公司重大资产重组当年和实施完毕后的第一个会计年度的年报，自年报披露之日起15日内，对重大资产重组实施的下列事项出具持续督导意见，并予以公告：

（一）交易资产的交付或者过户情况；

（二）交易各方当事人承诺的履行情况；

（三）已公告的盈利预测或者利润预测的实现情况；

（四）管理层讨论与分析部分提及的各项业务的发展现状；

（五）公司治理结构与运行情况；

（六）与已公布的重组方案存在差异的其他事项。

独立财务顾问还应当结合本办法第十三条规定的重大资产重组实施完毕后的第二、三个会计年度的年报，自年报披露之日起 15 日内，对前款第（二）至（六）项事项出具持续督导意见，并予以公告。

第四章　重大资产重组的信息管理

第三十九条　上市公司筹划、实施重大资产重组，相关信息披露义务人应当公平地向所有投资者披露可能对上市公司股票交易价格产生较大影响的相关信息（以下简称股价敏感信息），不得有选择性地向特定对象提前泄露。

第四十条　上市公司的股东、实际控制人以及参与重大资产重组筹划、论证、决策等环节的其他相关机构和人员，应当及时、准确地向上市公司通报有关信息，并配合上市公司及时、准确、完整地进行披露。上市公司获悉股价敏感信息的，应当及时向证券交易所申请停牌并披露。

第四十一条　上市公司及其董事、监事、高级管理人员，重大资产重组的交易对方及其关联方，交易对方及其关联方的董事、监事、高级管理人员或者主要负责人，交易各方聘请的证券服务机构及其从业人员，参与重大资产重组筹划、论证、决策、审批等环节的相关机构和人员，以及因直系亲属关系、提供服务和业务往来等知悉或者可能知悉股价敏感信息的其他相关机构和人员，在重大资产重组的股价敏感信息依法披露前负有保密义务，禁止利用该信息进行内幕交易。

第四十二条　上市公司筹划重大资产重组事项，应当详细记载筹划过程中每一具体环节的进展情况，包括商议相关方案、形成相关意向、签署相关协议或者意向书的具体时间、地点、参与机构和人员、商议和决议内容等，制作书面的交易进程备忘录并予以妥当保存。参与每一具体环节的所有人员应当即时在备忘录上签名确认。

上市公司预计筹划中的重大资产重组事项难以保密或者已经泄露的，应当及时向证券交易所申请停牌，直至真实、准确、完整地披露相关信息。停牌期间，上市公司应当至少每周发布一次事件进展情况公告。

上市公司股票交易价格因重大资产重组的市场传闻发生异常波动时，上市公司应当及时向证券交易所申请停牌，核实有无影响上市公司股票交易价格的重组事项并予以澄清，不得以相关事项存在不确定性为由不履行信息披露义务。

第五章　发行股份购买资产

第四十三条　上市公司发行股份购买资产，应当符合下列规定：

（一）充分说明并披露本次交易有利于提高上市公司资产质量、改善财务状况和增强持续盈利能力，有利于上市公司减少关联交易、避免同业竞争、增强独立性；

（二）上市公司最近一年及一期财务会计报告被注册会计师出具无保留意见审计报告；被出具保留意见、否定意见或者无法表示意见的审计报告的，须经注册会计师专项核查确认，该保留意见、否定意见或者无法表示意见所涉及事项的重大影响已经消除或者将通过本次交易予以消除；

（三）上市公司及其现任董事、高级管理人员不存在因涉嫌犯罪正被司法机关立案侦查或涉嫌违法违规正被中国证监会立案调查的情形，但是，涉嫌犯罪或违法违规的行为已经终止满 3 年，交易方案有助于消除该行为可能造成的不良后果，且不影响对相关行为人追究责任的除外；

（四）充分说明并披露上市公司发行股份所购买的资产为权属清晰的经营性资产，并能在约定期限内办理完毕权属转移手续；

（五）中国证监会规定的其他条件。

上市公司为促进行业的整合、转型升级，在其控制权不发生变更的情况下，可以向控股股东、实际控制人或者其控制的关联人之外的特定对象发行股份购买资产。所购买资产与现有主营业务没有显著协同效应的，应当充分说明并披露本次交易后的经营发展战略和业务管理模式，以及业务转型升级可能面临的风险和应对措施。

特定对象以现金或者资产认购上市公司发行的股份后，上市公司用同一次发行所募集的资金向该特定对象购买资产的，视同上市公司发行股份购买资产。

第四十四条 上市公司发行股份购买资产的，可以同时募集部分配套资金，其定价方式按照现行相关规定办理。

上市公司发行股份购买资产应当遵守本办法关于重大资产重组的规定，编制发行股份购买资产预案、发行股份购买资产报告书，并向中国证监会提出申请。

第四十五条 上市公司发行股份的价格不得低于市场参考价的 90%。市场参考价为本次发行股份购买资产的董事会决议公告日前 20 个交易日、60 个交易日或者 120 个交易日的公司股票交易均价之一。本次发行股份购买资产的董事会决议应当说明市场参考价的选择依据。

前款所称交易均价的计算公式为：董事会决议公告日前若干个交易日公司股票交易均价=决议公告日前若干个交易日公司股票交易总额/决议公告日前若干个交易日公司股票交易总量。

本次发行股份购买资产的董事会决议可以明确，在中国证监会核准前，上市公司的股票价格相比最初确定的发行价格发生重大变化的，董事会可以按照已经设定的调整方案对发行价格进行一次调整。

前款规定的发行价格调整方案应当明确、具体、可操作，详细说明是否相应调整拟购买资产的定价、发行股份数量及其理由，在首次董事会决议公告时充分披露，并按照规定提交股东大会审议。股东大会作出决议后，董事会按照已经设定的方案调整发行价格的，上市公司无需按照本办法第二十八条的规定向中国证监会重新提出申请。

第四十六条 特定对象以资产认购而取得的上市公司股份，自股份发行结束之日起 12 个月内不得转让；属于下列情形之一的，36 个月内不得转让：

（一）特定对象为上市公司控股股东、实际控制人或者其控制的关联人；

（二）特定对象通过认购本次发行的股份取得上市公司的实际控制权；

（三）特定对象取得本次发行的股份时，对其用于认购股份的资产持续拥有权益的时间不足 12 个月。

属于本办法第十三条第一款规定的交易情形的，上市公司原控股股东、原实际控制人及其控制的关联人，以及在交易过程中从该等主体直接或间接受让该上市公司股份的特定对象应当公开承诺，在本次交易完成后 36 个月内不转让其在该上市公司中拥有权益的股份；除收购人及其关联人以外的特定对象应当公开承诺，其以资产认购而取得的上市公司股份自股份发行结束之日起 24 个月内不得转让。

第四十七条 上市公司申请发行股份购买资产，应当提交并购重组委审核。

第四十八条 上市公司发行股份购买资产导致特定对象持有或者控制的股份达到法定比例的，应当按照《上市公司收购管理办法》的规定履行相关义务。

上市公司向控股股东、实际控制人或者其控制的关联人发行股份购买资产，或者发行股份购买资产将导致上市公司实际控制权发生变更的，认购股份的特定对象应当在发行股份购买资产报告书中公开承诺：本次交易完成后 6 个月内如上市公司股票连续 20 个交易日的收盘价低于发行价，或者交易完成后 6 个月期末收盘价低于发行价的，其持有公司股票的锁定期自动延长至少 6 个月。

前款规定的特定对象还应当在发行股份购买资产报告书中公开承诺：如本次交易因涉嫌所提供或披露的信息存在虚假记载、误导性陈述或者重大遗漏，被司法机关立案侦查或者被中国证监会立案调查的，在案件调查结论明确以前，不转让其在该上市公司拥有权益的股份。

第四十九条 中国证监会核准上市公司发行股份购买资产的申请后，上市公司应当及时实施。向特定对象购买的相关资产过户至上市公司后，上市公司聘请的独立财务顾问和律师事务所应当对资产过户事宜和相关后续事项的合规性及风险进行核查，并发表明确意见。上市公司应当在相关资产过户完成后 3 个工作日内就过户情况作出公告，公告中应当包括独立财务顾问和律师事务所的结论性意见。

上市公司完成前款规定的公告、报告后，可以到证券交易所、证券登记结算公司为认购股份的特定对象申请办理证券登记手续。

第五十条 换股吸收合并涉及上市公司的，上市公司的股份定价及发行按照本章规定执行。

上市公司发行优先股用于购买资产或者与其他公司合并，中国证监会另有规定的，从其规定。

上市公司可以向特定对象发行可转换为股票的公司债券、定向权证、存托凭证等用于购买资产或者与其他公司合并。

第六章　重大资产重组后申请发行新股或者公司债券

第五十一条　经中国证监会审核后获得核准的重大资产重组实施完毕后，上市公司申请公开发行新股或者公司债券，同时符合下列条件的，本次重大资产重组前的业绩在审核时可以模拟计算：

（一）进入上市公司的资产是完整经营实体；

（二）本次重大资产重组实施完毕后，重组方的承诺事项已经如期履行，上市公司经营稳定、运行良好；

（三）本次重大资产重组实施完毕后，上市公司和相关资产实现的利润达到盈利预测水平。

上市公司在本次重大资产重组前不符合中国证监会规定的公开发行证券条件，或者本次重组导致上市公司实际控制人发生变化的，上市公司申请公开发行新股或者公司债券，距本次重组交易完成的时间应当不少于一个完整会计年度。

第五十二条　本办法所称完整经营实体，应当符合下列条件：

（一）经营业务和经营资产独立、完整，且在最近两年未发生重大变化；

（二）在进入上市公司前已在同一实际控制人之下持续经营两年以上；

（三）在进入上市公司之前实行独立核算，或者虽未独立核算，但与其经营业务相关的收入、费用在会计核算上能够清晰划分；

（四）上市公司与该经营实体的主要高级管理人员签订聘用合同或者采取其他方式，就该经营实体在交易完成后的持续经营和管理作出恰当安排。

第七章　监督管理和法律责任

第五十三条　未依照本办法的规定履行相关义务或者程序，擅自实施重大资产重组的，由中国证监会责令改正，并可以采取监管谈话、出具警示函等监管措施；情节严重的，可以责令暂停或者终止重组活动，处以警告、罚款，并可以对有关责任人员采取市场禁入的措施。

未经中国证监会核准擅自实施本办法第十三条第一款规定的重大资产重组，交易尚未完成的，中国证监会责令上市公司补充披露相关信息、暂停交易并按照本办法第十三条的规定报送申请文件；交易已经完成的，可以处以警告、罚款，并对有关责任人员采取市场禁入的措施；涉嫌犯罪的，依法移送司法机关追究刑事责任。

上市公司重大资产重组因定价显失公允、不正当利益输送等问题损害上市公司、投资者合法权益的，由中国证监会责令改正，并可以采取监管谈话、出具警示函等监管措施；情节严重的，可以责令暂停或者终止重组活动，处以警告、罚款，并可以对有关责任人员采取市场禁入的措施。

第五十四条　上市公司或者其他信息披露义务人未按照本办法规定报送重大资产

重组有关报告或者履行信息披露义务的，由中国证监会责令改正，依照《证券法》第一百九十七条予以处罚；情节严重的，可以责令暂停或者终止重组活动，并可以对有关责任人员采取市场禁入的措施；涉嫌犯罪的，依法移送司法机关追究刑事责任。

上市公司控股股东、实际控制人组织、指使从事前款违法违规行为，或者隐瞒相关事项导致发生前款情形的，依照《证券法》第一百九十七条予以处罚；情节严重的，可以责令暂停或者终止重组活动，并可以对有关责任人员采取市场禁入的措施；涉嫌犯罪的，依法移送司法机关追究刑事责任。

第五十五条 上市公司或者其他信息披露义务人报送的报告或者披露的信息存在虚假记载、误导性陈述或者重大遗漏的，由中国证监会责令改正，依照《证券法》第一百九十七条予以处罚；情节严重的，可以责令暂停或者终止重组活动，并可以对有关责任人员采取市场禁入的措施；涉嫌犯罪的，依法移送司法机关追究刑事责任。

上市公司的控股股东、实际控制人组织、指使从事前款违法违规行为，或者隐瞒相关事项导致发生前款情形的，依照《证券法》第一百九十七条予以处罚；情节严重的，可以责令暂停或者终止重组活动，并可以对有关责任人员采取市场禁入的措施；涉嫌犯罪的，依法移送司法机关追究刑事责任。

重大资产重组或者发行股份购买资产的交易对方未及时向上市公司或者其他信息披露义务人提供信息，或者提供的信息有虚假记载、误导性陈述或者重大遗漏的，按照第一款规定执行。

上市公司发行股份购买资产，在其公告的有关文件中隐瞒重要事实或者编造重大虚假内容的，中国证监会依照《证券法》第一百八十一条予以处罚。

上市公司的控股股东、实际控制人组织、指使从事第四款违法行为的，中国证监会依照《证券法》第一百八十一条予以处罚。

第五十六条 重大资产重组涉嫌本办法第五十三条、第五十四条、第五十五条规定情形的，中国证监会可以责令上市公司作出公开说明、聘请独立财务顾问或者其他证券服务机构补充核查并披露专业意见，在公开说明、披露专业意见之前，上市公司应当暂停重组；上市公司涉嫌前述情形被司法机关立案侦查或者被中国证监会立案调查的，在案件调查结论明确之前应当暂停重组。

涉嫌本办法第五十四条、第五十五条规定情形，被司法机关立案侦查或者被中国证监会立案调查的，有关单位和个人应当严格遵守其所作的公开承诺，在案件调查结论明确之前，不得转让其在该上市公司拥有权益的股份。

第五十七条 上市公司董事、监事和高级管理人员未履行诚实守信、勤勉尽责义务，或者上市公司的股东、实际控制人及其有关负责人员未按照本办法的规定履行相关义务，导致重组方案损害上市公司利益的，由中国证监会责令改正，并可以采取监管谈话、出具警示函等监管措施；情节严重的，处以警告、罚款，并可以对有关人员采取认定为不适当人选、市场禁入的措施；涉嫌犯罪的，依法移送司法机关追究刑事责任。

第五十八条 为重大资产重组出具财务顾问报告、审计报告、法律意见、资产评估报告、估值报告及其他专业文件的证券服务机构及其从业人员未履行诚实守信、勤勉尽责义务，违反中国证监会的有关规定、行业规范、业务规则，或者未依法履行报告和公告义务、持续督导义务的，由中国证监会责令改正，并可以采取监管谈话、出具警示函、责令公开说明、责令定期报告、认定为不适当人选等监管措施；情节严重的，依法追究法律责任。

前款规定的证券服务机构及其从业人员所制作、出具的文件存在虚假记载、误导性陈述或者重大遗漏的，由中国证监会责令改正，依照《证券法》第二百一十三条予以处罚；情节严重的，可以采取市场禁入的措施；涉嫌犯罪的，依法移送司法机关追究刑事责任。

存在前二款规定情形的，在按照中国证监会的要求完成整改之前，不得接受新的上市公司并购重组业务。

第五十九条 重大资产重组实施完毕后，凡因不属于上市公司管理层事前无法获知且事后无法控制的原因，上市公司所购买资产实现的利润未达到资产评估报告或者估值报告预测金额的 80%，或者实际运营情况与重大资产重组报告书中管理层讨论与分析部分存在较大差距的，上市公司的董事长、总经理以及对此承担相应责任的会计师事务所、财务顾问、资产评估机构、估值机构及其从业人员应当在上市公司披露年度报告的同时，在同一媒体上作出解释，并向投资者公开道歉；实现利润未达到预测金额 50%的，中国证监会可以对上市公司、相关机构及其责任人员采取监管谈话、出具警示函、责令定期报告等监管措施。

交易对方超期未履行或者违反业绩补偿协议、承诺的，由中国证监会责令改正，并可以采取监管谈话、出具警示函、责令公开说明、认定为不适当人选等监管措施，将相关情况记入诚信档案。

第六十条 任何知悉重大资产重组信息的人员在相关信息依法公开前，泄露该信息、买卖或者建议他人买卖相关上市公司证券、利用重大资产重组散布虚假信息、操纵证券市场或者进行欺诈活动的，中国证监会依照《证券法》第一百九十一条、第一百九十二条、第一百九十三条予以处罚；涉嫌犯罪的，依法移送司法机关追究刑事责任。

第八章 附则

第六十一条 中国证监会对证券交易所相关板块上市公司重大资产重组另有规定的，从其规定。

第六十二条 本办法自 2014 年 11 月 23 日起施行。2008 年 4 月 16 日发布并于

2011年8月1日修改的《上市公司重大资产重组管理办法》（证监会令第73号）、2008年11月11日发布的《关于破产重整上市公司重大资产重组股份发行定价的补充规定》（证监会公告〔2008〕44号）同时废止。

可转换公司债券管理办法

中国证券监督管理委员会令第 178 号

《可转换公司债券管理办法》已经 2020 年 12 月 30 日中国证券监督管理委员会 2020 年第 9 次委务会议审议通过，现予以公布，自 2021 年 1 月 31 日起施行。

中国证券监督管理委员会主席：易会满

2020 年 12 月 31 日

可转换公司债券管理办法

第一条 为了规范可转换公司债券（以下简称可转债）的交易行为，保护投资者合法权益，维护市场秩序和社会公共利益，根据《证券法》《公司法》等法律法规，制定本办法。

第二条 可转债在证券交易所或者国务院批准的其他全国性证券交易场所（以下简称证券交易场所）的交易、转让、信息披露、转股、赎回与回售等相关活动，适用本办法。

本办法所称可转债，是指公司依法发行、在一定期间内依据约定的条件可以转换成本公司股票的公司债券，属于《证券法》规定的具有股权性质的证券。

第三条 向不特定对象发行的可转债应当在依法设立的证券交易所上市交易或者在国务院批准的其他全国性证券交易场所交易。

证券交易场所应当根据可转债的风险和特点，完善交易规则，防范和抑制过度投机。

进行可转债程序化交易的，应当符合中国证监会的规定，并向证券交易所报告，不得影响证券交易所系统安全或者正常交易秩序。

第四条 发行人向特定对象发行的可转债不得采用公开的集中交易方式转让。

上市公司向特定对象发行的可转债转股的，所转换股票自可转债发行结束之日起十八个月内不得转让。

第五条 证券交易场所应当根据可转债的特点及正股所属板块的投资者适当性要求，制定相应的投资者适当性管理规则。

证券公司应当充分了解客户，对客户是否符合可转债投资者适当性要求进行核查和评估，不得接受不符合适当性要求的客户参与可转债交易。证券公司应当引导客户理性、规范地参与可转债交易。

第六条 证券交易场所应当加强对可转债的风险监测，建立跨正股与可转债的监测机制，并根据可转债的特点制定针对性的监测指标。

可转债交易出现异常波动时，证券交易场所可以根据业务规则要求发行人进行核查、披露异常波动公告，向市场充分提示风险，也可以根据业务规则采取临时停牌等处置措施。

第七条 发生可能对可转债的交易转让价格产生较大影响的重大事件，投资者尚未得知时，发行人应当立即将有关该重大事件的情况向中国证监会和证券交易场所报送临时报告，并予公告，说明事件的起因、目前的状态和可能产生的法律后果。

前款所称重大事件包括：

（一）《证券法》第八十条第二款、第八十一条第二款规定的重大事件；

（二）因配股、增发、送股、派息、分立、减资及其他原因引起发行人股份变动，需要调整转股价格，或者依据募集说明书约定的转股价格向下修正条款修正转股价格；

（三）募集说明书约定的赎回条件触发，发行人决定赎回或者不赎回；

（四）可转债转换为股票的数额累计达到可转债开始转股前公司已发行股票总额的百分之十；

（五）未转换的可转债总额少于三千万元；

（六）可转债担保人发生重大资产变动、重大诉讼、合并、分立等情况；

（七）中国证监会规定的其他事项。

第八条 可转债自发行结束之日起不少于六个月后方可转换为公司股票，转股期限由公司根据可转债的存续期限及公司财务状况确定。

可转债持有人对转股或者不转股有选择权，并于转股的次日成为发行人股东。

第九条 上市公司向不特定对象发行可转债的转股价格应当不低于募集说明书公告日前二十个交易日发行人股票交易均价和前一个交易日均价，且不得向上修正。

上市公司向特定对象发行可转债的转股价格应当不低于认购邀请书发出前二十个交易日发行人股票交易均价和前一个交易日均价，且不得向下修正。

第十条 募集说明书应当约定转股价格调整的原则及方式。

发行可转债后，因配股、增发、送股、派息、分立、减资及其他原因引起发行人股份变动的，应当同时调整转股价格。

上市公司可转债募集说明书约定转股价格向下修正条款的，应当同时约定：

（一）转股价格修正方案须提交发行人股东大会表决，且须经出席会议的股东所持表决权的三分之二以上同意，持有发行人可转债的股东应当回避；

（二）修正后的转股价格不低于前项通过修正方案的股东大会召开日前二十个交易日该发行人股票交易均价和前一个交易日均价。

第十一条 募集说明书可以约定赎回条款，规定发行人可按事先约定的条件和价格赎回尚未转股的可转债。

募集说明书可以约定回售条款，规定可转债持有人可按事先约定的条件和价格将所持可转债回售给发行人。募集说明书应当约定，发行人改变募集资金用途的，赋予可转债持有人一次回售的权利。

第十二条 发行人在决定是否行使赎回权或者对转股价格进行调整、修正时，应当遵守诚实信用的原则，不得误导投资者或者损害投资者的合法权益。保荐人应当在持续督导期内对上述行为予以监督。

第十三条 在可转债存续期内，发行人应当持续关注赎回条件是否满足，预计可能满足赎回条件的，应当在赎回条件满足的五个交易日前及时披露，向市场充分提示风险。

第十四条 发行人应当在赎回条件满足后及时披露，明确说明是否行使赎回权。

发行人决定行使赎回权的，应当披露赎回公告，明确赎回的期间、程序、价格等内容，并在赎回期结束后披露赎回结果公告。

发行人决定不行使赎回权的，在证券交易场所规定的期限内不得再次行使赎回权。

发行人决定行使或者不行使赎回权的，还应当充分披露其实际控制人、控股股东、持股百分之五以上的股东、董事、监事、高级管理人员在赎回条件满足前的六个月内交易该可转债的情况，上述主体应当予以配合。

第十五条 发行人应当在回售条件满足后披露回售公告，明确回售的期间、程序、价格等内容，并在回售期结束后披露回售结果公告。

第十六条 向不特定对象发行可转债的，发行人应当为可转债持有人聘请受托管理人，并订立可转债受托管理协议。向特定对象发行可转债的，发行人应当在募集说明书中约定可转债受托管理事项。

可转债受托管理人应当按照《公司债券发行与交易管理办法》的规定以及可转债受托管理协议的约定履行受托管理职责。

第十七条 募集说明书应当约定可转债持有人会议规则。可转债持有人会议规则应当公平、合理。

可转债持有人会议规则应当明确可转债持有人通过可转债持有人会议行使权利的范围，可转债持有人会议的召集、通知、决策机制和其他重要事项。

可转债持有人会议按照本办法的规定及会议规则的程序要求所形成的决议对全体可转债持有人具有约束力。

第十八条 可转债受托管理人应当按照《公司债券发行与交易管理办法》规定或者有关约定及时召集可转债持有人会议。在可转债受托管理人应当召集而未召集可转债持有人会议时，单独或合计持有本期可转债总额百分之十以上的持有人有权自行召集可转债持有人会议。

第十九条 发行人应当在募集说明书中约定构成可转债违约的情形、违约责任及其承担方式以及可转债发生违约后的诉讼、仲裁或其他争议解决机制。

第二十条 违反本办法规定的，中国证监会可以对当事人采取责令改正、监管谈话、出具警示函以及中国证监会规定的相关监管措施；依法应予行政处罚的，依照《证券法》《公司法》等法律法规和中国证监会的有关规定进行处罚；情节严重的，对有关责任人员采取证券市场禁入措施；涉嫌犯罪的，依法移送司法机关，追究其刑事责任。

第二十一条 可转债的发行活动，适用中国证监会有关发行的相关规定。

在并购重组活动中发行的可转债适用本办法，其重组报告书、财务顾问适用本办法关于募集说明书、保荐人的要求；中国证监会另有规定的，从其规定。

第二十二条 对于本办法施行日以前已经核准注册发行或者尚未核准注册但发行申请已被受理的可转债，其募集说明书、重组报告书的内容要求按照本办法施行日以前的规则执行。

第二十三条 本办法自 2021 年 1 月 31 日起施行。

优先股试点管理办法

中国证券监督管理委员会令第184号

（2013年12月9日中国证券监督管理委员会第16次主席办公会会议审议通过，根据2021年6月11日中国证券监督管理委员会《关于修改部分证券期货规章的决定》修正）

第一章　总则

第一条　为规范优先股发行和交易行为，保护投资者合法权益，根据《公司法》、《证券法》、《国务院关于开展优先股试点的指导意见》及相关法律法规，制定本办法。

第二条　本办法所称优先股是指依照《公司法》，在一般规定的普通种类股份之外，另行规定的其他种类股份，其股份持有人优先于普通股股东分配公司利润和剩余财产，但参与公司决策管理等权利受到限制。

第三条　上市公司可以发行优先股，非上市公众公司可以非公开发行优先股。

第四条　优先股试点应当符合《公司法》、《证券法》、《国务院关于开展优先股试点的指导意见》和本办法的相关规定，并遵循公开、公平、公正的原则，禁止欺诈、内幕交易和操纵市场的行为。

第五条　证券公司及其他证券服务机构参与优先股试点，应当遵守法律法规及中国证券监督管理委员会（以下简称中国证监会）相关规定，遵循行业公认的业务标准和行为规范，诚实守信、勤勉尽责。

第六条　试点期间不允许发行在股息分配和剩余财产分配上具有不同优先顺序的优先股，但允许发行在其他条款上具有不同设置的优先股。

同一公司既发行强制分红优先股，又发行不含强制分红条款优先股的，不属于发行在股息分配上具有不同优先顺序的优先股。

第七条　相同条款的优先股应当具有同等权利。同次发行的相同条款优先股，每股发行的条件、价格和票面股息率应当相同；任何单位或者个人认购的股份，每股应当支付相同价额。

第二章　优先股股东权利的行使

第八条　发行优先股的公司除按《国务院关于开展优先股试点的指导意见》制定章程有关条款外，还应当按本办法在章程中明确优先股股东的有关权利和义务。

第九条 优先股股东按照约定的股息率分配股息后，有权同普通股股东一起参加剩余利润分配的，公司章程应明确优先股股东参与剩余利润分配的比例、条件等事项。

第十条 出现以下情况之一的，公司召开股东大会会议应通知优先股股东，并遵循《公司法》及公司章程通知普通股股东的规定程序。优先股股东有权出席股东大会会议，就以下事项与普通股股东分类表决，其所持每一优先股有一表决权，但公司持有的本公司优先股没有表决权：

（一）修改公司章程中与优先股相关的内容；

（二）一次或累计减少公司注册资本超过百分之十；

（三）公司合并、分立、解散或变更公司形式；

（四）发行优先股；

（五）公司章程规定的其他情形。

上述事项的决议，除须经出席会议的普通股股东（含表决权恢复的优先股股东）所持表决权的三分之二以上通过之外，还须经出席会议的优先股股东（不含表决权恢复的优先股股东）所持表决权的三分之二以上通过。

第十一条 公司股东大会可授权公司董事会按公司章程的约定向优先股支付股息。公司累计三个会计年度或连续两个会计年度未按约定支付优先股股息的，股东大会批准当年不按约定分配利润的方案次日起，优先股股东有权出席股东大会与普通股股东共同表决，每股优先股股份享有公司章程规定的一定比例表决权。

对于股息可累积到下一会计年度的优先股，表决权恢复直至公司全额支付所欠股息。对于股息不可累积的优先股，表决权恢复直至公司全额支付当年股息。公司章程可规定优先股表决权恢复的其他情形。

第十二条 优先股股东有权查阅公司章程、股东名册、公司债券存根、股东大会会议记录、董事会会议决议、监事会会议决议、财务会计报告。

第十三条 发行人回购优先股包括发行人要求赎回优先股和投资者要求回售优先股两种情况，并应在公司章程和招股文件中规定其具体条件。发行人要求赎回优先股的，必须完全支付所欠股息，但商业银行发行优先股补充资本的除外。优先股回购后相应减记发行在外的优先股股份总数。

第十四条 公司董事、监事、高级管理人员应当向公司申报所持有的本公司优先股及其变动情况，在任职期间每年转让的股份不得超过其所持本公司优先股股份总数的百分之二十五。公司章程可以对公司董事、监事、高级管理人员转让其所持有的本公司优先股股份作出其他限制性规定。

第十五条 除《国务院关于开展优先股试点的指导意见》规定的事项外，计算股东人数和持股比例时应分别计算普通股和优先股。

第十六条 公司章程中规定优先股采用固定股息率的，可以在优先股存续期内采取相同的固定股息率，或明确每年的固定股息率，各年度的股息率可以不同；公司章程中规定优先股采用浮动股息率的，应当明确优先股存续期内票面股息率的计算方法。

第三章　上市公司发行优先股

第一节　一般规定

第十七条　上市公司应当与控股股东或实际控制人的人员、资产、财务分开，机构、业务独立。

第十八条　上市公司内部控制制度健全，能够有效保证公司运行效率、合法合规和财务报告的可靠性，内部控制的有效性应当不存在重大缺陷。

第十九条　上市公司发行优先股，最近三个会计年度实现的年均可分配利润应当不少于优先股一年的股息。

第二十条　上市公司最近三年现金分红情况应当符合公司章程及中国证监会的有关监管规定。

第二十一条　上市公司报告期不存在重大会计违规事项。公开发行优先股，最近三年财务报表被注册会计师出具的审计报告应当为标准审计报告或带强调事项段的无保留意见的审计报告；非公开发行优先股，最近一年财务报表被注册会计师出具的审计报告为非标准审计报告的，所涉及事项对公司无重大不利影响或者在发行前重大不利影响已经消除。

第二十二条　上市公司发行优先股募集资金应有明确用途，与公司业务范围、经营规模相匹配，募集资金用途符合国家产业政策和有关环境保护、土地管理等法律和行政法规的规定。

除金融类企业外，本次募集资金使用项目不得为持有交易性金融资产和可供出售的金融资产、借予他人等财务性投资，不得直接或间接投资于以买卖有价证券为主要业务的公司。

第二十三条　上市公司已发行的优先股不得超过公司普通股股份总数的百分之五十，且筹资金额不得超过发行前净资产的百分之五十，已回购、转换的优先股不纳入计算。

第二十四条　上市公司同一次发行的优先股，条款应当相同。每次优先股发行完毕前，不得再次发行优先股。

第二十五条　上市公司存在下列情形之一的，不得发行优先股：

（一）本次发行申请文件有虚假记载、误导性陈述或重大遗漏；

（二）最近十二个月内受到过中国证监会的行政处罚；

（三）因涉嫌犯罪正被司法机关立案侦查或涉嫌违法违规正被中国证监会立案调查；

（四）上市公司的权益被控股股东或实际控制人严重损害且尚未消除；

（五）上市公司及其附属公司违规对外提供担保且尚未解除；

（六）存在可能严重影响公司持续经营的担保、诉讼、仲裁、市场重大质疑或其他重大事项；

（七）其董事和高级管理人员不符合法律、行政法规和规章规定的任职资格；

（八）严重损害投资者合法权益和社会公共利益的其他情形。

第二节　公开发行的特别规定

第二十六条　上市公司公开发行优先股，应当符合以下情形之一：

（一）其普通股为上证 50 指数成份股；

（二）以公开发行优先股作为支付手段收购或吸收合并其他上市公司；

（三）以减少注册资本为目的回购普通股的，可以公开发行优先股作为支付手段，或者在回购方案实施完毕后，可公开发行不超过回购减资总额的优先股。

中国证监会核准公开发行优先股后不再符合本条第（一）项情形的，上市公司仍可实施本次发行。

第二十七条　上市公司最近三个会计年度应当连续盈利。扣除非经常性损益后的净利润与扣除前的净利润相比，以孰低者作为计算依据。

第二十八条　上市公司公开发行优先股应当在公司章程中规定以下事项：

（一）采取固定股息率；

（二）在有可分配税后利润的情况下必须向优先股股东分配股息；

（三）未向优先股股东足额派发股息的差额部分应当累积到下一会计年度；

（四）优先股股东按照约定的股息率分配股息后，不再同普通股股东一起参加剩余利润分配。

商业银行发行优先股补充资本的，可就第（二）项和第（三）项事项另行约定。

第二十九条　上市公司公开发行优先股的，可以向原股东优先配售。

第三十条　除本办法第二十五条的规定外，上市公司最近三十六个月内因违反工商、税收、土地、环保、海关法律、行政法规或规章，受到行政处罚且情节严重的，不得公开发行优先股。

第三十一条　上市公司公开发行优先股，公司及其控股股东或实际控制人最近十二个月内应当不存在违反向投资者作出的公开承诺的行为。

第三节　其他规定

第三十二条　优先股每股票面金额为一百元。

优先股发行价格和票面股息率应当公允、合理，不得损害股东或其他利益相关方的合法利益，发行价格不得低于优先股票面金额。

公开发行优先股的价格或票面股息率以市场询价或中国证监会认可的其他公开方

式确定。非公开发行优先股的票面股息率不得高于最近两个会计年度的年均加权平均净资产收益率。

第三十三条 上市公司不得发行可转换为普通股的优先股。但商业银行可根据商业银行资本监管规定，非公开发行触发事件发生时强制转换为普通股的优先股，并遵守有关规定。

第三十四条 上市公司非公开发行优先股仅向本办法规定的合格投资者发行，每次发行对象不得超过二百人，且相同条款优先股的发行对象累计不得超过二百人。

发行对象为境外战略投资者的，还应当符合国务院相关部门的规定。

第四节 发行程序

第三十五条 上市公司申请发行优先股，董事会应当按照中国证监会有关信息披露规定，公开披露本次优先股发行预案，并依法就以下事项作出决议，提请股东大会批准。

（一）本次优先股的发行方案；

（二）非公开发行优先股且发行对象确定的，上市公司与相应发行对象签订的附条件生效的优先股认购合同。认购合同应当载明发行对象拟认购优先股的数量、认购价格或定价原则、票面股息率或其确定原则，以及其他必要条款。认购合同应当约定发行对象不得以竞价方式参与认购，且本次发行一经上市公司董事会、股东大会批准并经中国证监会核准，该合同即应生效；

（三）非公开发行优先股且发行对象尚未确定的，决议应包括发行对象的范围和资格、定价原则、发行数量或数量区间。

上市公司的控股股东、实际控制人或其控制的关联人参与认购本次非公开发行优先股的，按照前款第（二）项执行。

第三十六条 上市公司独立董事应当就上市公司本次发行对公司各类股东权益的影响发表专项意见，并与董事会决议一同披露。

第三十七条 上市公司股东大会就发行优先股进行审议，应当就下列事项逐项进行表决：

（一）本次发行优先股的种类和数量；

（二）发行方式、发行对象及向原股东配售的安排；

（三）票面金额、发行价格或其确定原则；

（四）优先股股东参与分配利润的方式，包括：票面股息率或其确定原则、股息发放的条件、股息支付方式、股息是否累积、是否可以参与剩余利润分配等；

（五）回购条款，包括回购的条件、期间、价格及其确定原则、回购选择权的行使主体等（如有）；

（六）募集资金用途；

（七）公司与发行对象签订的附条件生效的优先股认购合同（如有）；

（八）决议的有效期；

（九）公司章程关于优先股股东和普通股股东利润分配、剩余财产分配、优先股表决权恢复等相关政策条款的修订方案；

（十）对董事会办理本次发行具体事宜的授权；

（十一）其他事项。

上述决议，须经出席会议的普通股股东（含表决权恢复的优先股股东）所持表决权的三分之二以上通过。已发行优先股的，还须经出席会议的优先股股东（不含表决权恢复的优先股股东）所持表决权的三分之二以上通过。上市公司向公司特定股东及其关联人发行优先股的，股东大会就发行方案进行表决时，关联股东应当回避。

第三十八条 上市公司就发行优先股事项召开股东大会，应当提供网络投票，还可以通过中国证监会认可的其他方式为股东参加股东大会提供便利。

第三十九条 上市公司申请发行优先股应当由保荐人保荐并向中国证监会申报，其申请、审核、核准、发行等相关程序参照《上市公司证券发行管理办法》和《证券发行与承销管理办法》的规定。发审委会议按照《中国证券监督管理委员会发行审核委员会办法》规定的特别程序，审核发行申请。

第四十条 上市公司发行优先股，可以申请一次核准，分次发行，不同次发行的优先股除票面股息率外，其他条款应当相同。自中国证监会核准发行之日起，公司应在六个月内实施首次发行，剩余数量应当在二十四个月内发行完毕。超过核准文件时限的，须申请中国证监会重新核准。首次发行数量应当不少于总发行数量的百分之五十，剩余各次发行的数量由公司自行确定，每次发行完毕后五个工作日内报中国证监会备案。

第四章　非上市公众公司非公开发行优先股

第四十一条 非上市公众公司非公开发行优先股应符合下列条件：

（一）合法规范经营；

（二）公司治理机制健全；

（三）依法履行信息披露义务。

第四十二条 非上市公众公司非公开发行优先股应当遵守本办法第二十三条、第二十四条、第二十五条、第三十二条、第三十三条的规定。

第四十三条 非上市公众公司非公开发行优先股仅向本办法规定的合格投资者发行，每次发行对象不得超过二百人，且相同条款优先股的发行对象累计不得超过二百人。

第四十四条 非上市公众公司拟发行优先股的，董事会应依法就具体方案、本次发行对公司各类股东权益的影响、发行优先股的目的、募集资金的用途及其他必须明确的事项作出决议，并提请股东大会批准。

董事会决议确定具体发行对象的，董事会决议应当确定具体的发行对象名称及其认购价格或定价原则、认购数量或数量区间等；同时应在召开董事会前与相应发行对象签订附条件生效的股份认购合同。董事会决议未确定具体发行对象的，董事会决议应当明确发行对象的范围和资格、定价原则等。

第四十五条 非上市公众公司股东大会就发行优先股进行审议，表决事项参照本办法第三十七条执行。发行优先股决议，须经出席会议的普通股股东（含表决权恢复的优先股股东）所持表决权的三分之二以上通过。已发行优先股的，还须经出席会议的优先股股东（不含表决权恢复的优先股股东）所持表决权的三分之二以上通过。非上市公众公司向公司特定股东及其关联人发行优先股的，股东大会就发行方案进行表决时，关联股东应当回避，公司普通股股东（不含表决权恢复的优先股股东）人数少于二百人的除外。

第四十六条 非上市公众公司发行优先股的申请、审核（豁免）、发行等相关程序应按照《非上市公众公司监督管理办法》等相关规定办理。

第五章　交易转让及登记结算

第四十七条 优先股发行后可以申请上市交易或转让，不设限售期。

公开发行的优先股可以在证券交易所上市交易。上市公司非公开发行的优先股可以在证券交易所转让，非上市公众公司非公开发行的优先股可以在全国中小企业股份转让系统转让，转让范围仅限合格投资者。交易或转让的具体办法由证券交易所或全国中小企业股份转让系统另行制定。

第四十八条 优先股交易或转让环节的投资者适当性标准应当与发行环节保持一致；非公开发行的相同条款优先股经交易或转让后，投资者不得超过二百人。

第四十九条 中国证券登记结算公司为优先股提供登记、存管、清算、交收等服务。

第六章　信息披露

第五十条 公司应当按照中国证监会有关信息披露规则编制募集优先股说明书或其他信息披露文件，依法履行信息披露义务。上市公司相关信息披露程序和要求参照《上市公司证券发行管理办法》和《上市公司非公开发行股票实施细则》及有关监管指引的规定。非上市公众公司非公开发行优先股的信息披露程序和要求参照《非上市公众公司监督管理办法》及有关监管指引的规定。

第五十一条 发行优先股的公司披露定期报告时，应当以专门章节披露已发行优先股情况、持有公司优先股股份最多的前十名股东的名单和持股数额、优先股股东的利润分配情况、优先股的回购情况、优先股股东表决权恢复及行使情况、优先股会计处理情况及其他与优先股有关的情况，具体内容与格式由中国证监会规定。

第五十二条 发行优先股的上市公司，发生表决权恢复、回购普通股等事项，以及其他可能对其普通股或优先股交易或转让价格产生较大影响事项的，上市公司应当按照《证券法》第八十条以及中国证监会的相关规定，履行临时报告、公告等信息披露义务。

第五十三条 发行优先股的非上市公众公司按照《非上市公众公司监督管理办法》及有关监管指引的规定履行日常信息披露义务。

第七章 回购与并购重组

第五十四条 上市公司可以非公开发行优先股作为支付手段，向公司特定股东回购普通股。上市公司回购普通股的价格应当公允、合理，不得损害股东或其他利益相关方的合法利益。

第五十五条 上市公司以减少注册资本为目的回购普通股公开发行优先股的，以及以非公开发行优先股为支付手段向公司特定股东回购普通股的，除应当符合优先股发行条件和程序，还应符合以下规定：

（一）上市公司回购普通股应当由董事会依法作出决议并提交股东大会批准；

（二）上市公司股东大会就回购普通股作出的决议，应当包括下列事项：回购普通股的价格区间，回购普通股的数量和比例，回购普通股的期限，决议的有效期，对董事会办理本次回购股份事宜的具体授权，其他相关事项。以发行优先股作为支付手段的，应当包括拟用于支付的优先股总金额以及支付比例；回购方案实施完毕之日起一年内公开发行优先股的，应当包括回购的资金总额以及资金来源；

（三）上市公司股东大会就回购普通股作出决议，必须经出席会议的普通股股东（含表决权恢复的优先股股东）所持表决权的三分之二以上通过；

（四）上市公司应当在股东大会作出回购普通股决议后的次日公告该决议；

（五）依法通知债权人。

本办法未做规定的应当符合中国证监会有关上市公司回购的其他规定。

第五十六条 上市公司收购要约适用于被收购公司的所有股东，但可以针对优先股股东和普通股股东提出不同的收购条件。

第五十七条 上市公司可以按照《上市公司重大资产重组管理办法》规定的条件发行优先股购买资产，同时应当遵守本办法第三十三条，以及第三十五条至第三十八条的规定，依法披露有关信息、履行相应程序。

第五十八条 上市公司发行优先股作为支付手段购买资产的，可以同时募集配套资金。

第五十九条 非上市公众公司发行优先股的方案涉及重大资产重组的，应当符合中国证监会有关重大资产重组的规定。

第八章　监管措施和法律责任

第六十条　公司及其控股股东或实际控制人，公司董事、监事、高级管理人员以及其他直接责任人员，相关市场中介机构及责任人员，以及优先股试点的其他市场参与者违反本办法规定的，依照《公司法》、《证券法》和中国证监会的有关规定处理；涉嫌犯罪的，依法移送司法机关，追究其刑事责任。

第六十一条　上市公司、非上市公众公司违反本办法规定，存在未按规定制定有关章程条款、不按照约定召集股东大会恢复优先股股东表决权等损害优先股股东和中小股东权益等行为的，中国证监会应当责令改正，对上市公司、非上市公众公司和其直接负责的主管人员和其他直接责任人员，可以采取相应的行政监管措施以及警告、三万元以下罚款等行政处罚。

第六十二条　上市公司违反本办法第二十二条第二款规定的，中国证监会可以责令改正，并在三十六个月内不受理该公司的公开发行证券申请。

第六十三条　上市公司、非上市公众公司向本办法规定的合格投资者以外的投资者非公开发行优先股，中国证监会应当责令改正，并可以自确认之日起在三十六个月内不受理该公司的发行优先股申请。

第六十四条　承销机构在承销非公开发行的优先股时，将优先股配售给不符合本办法合格投资者规定的对象的，中国证监会可以责令改正，并在三十六个月内不接受其参与证券承销。

第九章　附则

第六十五条　本办法所称合格投资者包括：

（一）经有关金融监管部门批准设立的金融机构，包括商业银行、证券公司、基金管理公司、信托公司和保险公司等；

（二）上述金融机构面向投资者发行的理财产品，包括但不限于银行理财产品、信托产品、投连险产品、基金产品、证券公司资产管理产品等；

（三）实收资本或实收股本总额不低于人民币五百万元的营利法人；

（四）实缴出资总额不低于人民币五百万元的合伙企业；

（五）合格境外机构投资者（QFII）、人民币合格境外机构投资者（RQFII）、符合国务院相关部门规定的境外战略投资者；

（六）除发行人董事、高级管理人员及其配偶以外的，名下各类证券账户、资金账户、资产管理账户的资产总额不低于人民币五百万元的个人投资者；

（七）经中国证监会认可的其他合格投资者。

第六十六条　非上市公众公司首次公开发行普通股并同时非公开发行优先股的，其优先股的发行与信息披露应符合本办法中关于上市公司非公开发行优先股的有关规定。

第六十七条 注册在境内的境外上市公司在境外发行优先股，应当符合境外募集股份及上市的有关规定。

注册在境内的境外上市公司在境内发行优先股，参照执行本办法关于非上市公众公司发行优先股的规定，以及《非上市公众公司监督管理办法》等相关规定，其优先股可以在全国中小企业股份转让系统进行转让。

第六十八条 本办法下列用语含义如下：

（一）强制分红：公司在有可分配税后利润的情况下必须向优先股股东分配股息；

（二）可分配税后利润：发行人股东依法享有的未分配利润；

（三）加权平均净资产收益率：按照《公开发行证券的公司信息披露编报规则第 9 号——净资产收益率和每股收益的计算及披露》计算的加权平均净资产收益率；

（四）上证 50 指数：中证指数有限公司发布的上证 50 指数。

第六十九条 本办法中计算合格投资者人数时，同一资产管理机构以其管理的两只以上产品认购或受让优先股的，视为一人。

第七十条 本办法自公布之日起施行。

证券期货投资者适当性管理办法

中国证券监督管理委员会令第 177 号

（2016 年 5 月 26 日中国证券监督管理委员会 2016 年第 7 次主席办公会议审议通过，根据 2020 年 10 月 30 日中国证券监督管理委员会《关于修改、废止部分证券期货规章的决定》修正）

第一条 为了规范证券期货投资者适当性管理，维护投资者合法权益，根据《证券法》《证券投资基金法》《证券公司监督管理条例》《期货交易管理条例》及其他相关法律、行政法规，制定本办法。

第二条 向投资者销售公开或者非公开发行的证券、公开或者非公开募集的证券投资基金和股权投资基金（包括创业投资基金，以下简称基金）、公开或者非公开转让的期货及其他衍生产品，或者为投资者提供相关业务服务的，适用本办法。

第三条 向投资者销售证券期货产品或者提供证券期货服务的机构（以下简称经营机构）应当遵守法律、行政法规、本办法及其他有关规定，在销售产品或者提供服务的过程中，勤勉尽责，审慎履职，全面了解投资者情况，深入调查分析产品或者服务信息，科学有效评估，充分揭示风险，基于投资者的不同风险承受能力以及产品或者服务的不同风险等级等因素，提出明确的适当性匹配意见，将适当的产品或者服务销售或者提供给适合的投资者，并对违法违规行为承担法律责任。

第四条 投资者应当在了解产品或者服务情况，听取经营机构适当性意见的基础上，根据自身能力审慎决策，独立承担投资风险。

经营机构的适当性匹配意见不表明其对产品或者服务的风险和收益做出实质性判断或者保证。

第五条 中国证券监督管理委员会（以下简称中国证监会）及其派出机构依照法律、行政法规、本办法及其他相关规定，对经营机构履行适当性义务进行监督管理。

证券期货交易场所、登记结算机构及中国证券业协会、中国期货业协会、中国证券投资基金业协会（以下统称行业协会）等自律组织对经营机构履行适当性义务进行自律管理。

第六条 经营机构向投资者销售产品或者提供服务时，应当了解投资者的下列信息：

（一）自然人的姓名、住址、职业、年龄、联系方式，法人或者其他组织的名称、注册地址、办公地址、性质、资质及经营范围等基本信息；

（二）收入来源和数额、资产、债务等财务状况；

（三）投资相关的学习、工作经历及投资经验；

（四）投资期限、品种、期望收益等投资目标；

（五）风险偏好及可承受的损失；

（六）诚信记录；

（七）实际控制投资者的自然人和交易的实际受益人；

（八）法律法规、自律规则规定的投资者准入要求相关信息；

（九）其他必要信息。

第七条 投资者分为普通投资者与专业投资者。

普通投资者在信息告知、风险警示、适当性匹配等方面享有特别保护。

第八条 符合下列条件之一的是专业投资者：

（一）经有关金融监管部门批准设立的金融机构，包括证券公司、期货公司、基金管理公司及其子公司、商业银行、保险公司、信托公司、财务公司等；经行业协会备案或者登记的证券公司子公司、期货公司子公司、私募基金管理人。

（二）上述机构面向投资者发行的理财产品，包括但不限于证券公司资产管理产品、基金管理公司及其子公司产品、期货公司资产管理产品、银行理财产品、保险产品、信托产品、经行业协会备案的私募基金。

（三）社会保障基金、企业年金等养老基金，慈善基金等社会公益基金，合格境外机构投资者（QFII）、人民币合格境外机构投资者（RQFII）。

（四）同时符合下列条件的法人或者其他组织：

1. 最近1年末净资产不低于2000万元；

2. 最近1年末金融资产不低于1000万元；

3. 具有2年以上证券、基金、期货、黄金、外汇等投资经历。

（五）同时符合下列条件的自然人：

1. 金融资产不低于500万元，或者最近3年个人年均收入不低于50万元；

2. 具有2年以上证券、基金、期货、黄金、外汇等投资经历，或者具有2年以上金融产品设计、投资、风险管理及相关工作经历，或者属于本条第（一）项规定的专业投资者的高级管理人员、获得职业资格认证的从事金融相关业务的注册会计师和律师。

前款所称金融资产，是指银行存款、股票、债券、基金份额、资产管理计划、银行理财产品、信托计划、保险产品、期货及其他衍生产品等。

第九条 经营机构可以根据专业投资者的业务资格、投资实力、投资经历等因素，对专业投资者进行细化分类和管理。

第十条 专业投资者之外的投资者为普通投资者。

经营机构应当按照有效维护投资者合法权益的要求，综合考虑收入来源、资产状况、债务、投资知识和经验、风险偏好、诚信状况等因素，确定普通投资者的风险承受能力，对其进行细化分类和管理。

第十一条 普通投资者和专业投资者在一定条件下可以互相转化。

符合本办法第八条第（四）、（五）项规定的专业投资者，可以书面告知经营机构选择成为普通投资者，经营机构应当对其履行相应的适当性义务。

符合下列条件之一的普通投资者可以申请转化成为专业投资者，但经营机构有权自主决定是否同意其转化：

（一）最近1年末净资产不低于1000万元，最近1年末金融资产不低于500万元，且具有1年以上证券、基金、期货、黄金、外汇等投资经历的除专业投资者外的法人或其他组织；

（二）金融资产不低于300万元或者最近3年个人年均收入不低于30万元，且具有1年以上证券、基金、期货、黄金、外汇等投资经历或者1年以上金融产品设计、投资、风险管理及相关工作经历的自然人投资者。

第十二条 普通投资者申请成为专业投资者应当以书面形式向经营机构提出申请并确认自主承担可能产生的风险和后果，提供相关证明材料。

经营机构应当通过追加了解信息、投资知识测试或者模拟交易等方式对投资者进行谨慎评估，确认其符合前条要求，说明对不同类别投资者履行适当性义务的差别，警示可能承担的投资风险，告知申请的审查结果及其理由。

第十三条 经营机构应当告知投资者，其根据本办法第六条规定所提供的信息发生重要变化、可能影响分类的，应及时告知经营机构。经营机构应当建立投资者评估数据库并及时更新，充分使用已了解信息和已有评估结果，避免重复采集，提高评估效率。

第十四条 中国证监会、自律组织在针对特定市场、产品或者服务制定规则时，可以考虑风险性、复杂性以及投资者的认知难度等因素，从资产规模、收入水平、风险识别能力和风险承担能力、投资认购最低金额等方面，规定投资者准入要求。投资者准入要求包含资产指标的，应当规定投资者在购买产品或者接受服务前一定时期内符合该指标。

现有市场、产品或者服务规定投资者准入要求的，应当符合前款规定。

第十五条 经营机构应当了解所销售产品或者所提供服务的信息，根据风险特征和程度，对销售的产品或者提供的服务划分风险等级。

第十六条 划分产品或者服务风险等级时应当综合考虑以下因素：

（一）流动性；

（二）到期时限；

（三）杠杆情况；

（四）结构复杂性；

（五）投资单位产品或者相关服务的最低金额；

（六）投资方向和投资范围；

（七）募集方式；

（八）发行人等相关主体的信用状况；

（九）同类产品或者服务过往业绩；

（十）其他因素。

涉及投资组合的产品或者服务，应当按照产品或者服务整体风险等级进行评估。

第十七条　产品或者服务存在下列因素的，应当审慎评估其风险等级：

（一）存在本金损失的可能性，因杠杆交易等因素容易导致本金大部分或者全部损失的产品或者服务；

（二）产品或者服务的流动变现能力，因无公开交易市场、参与投资者少等因素导致难以在短期内以合理价格顺利变现的产品或者服务；

（三）产品或者服务的可理解性，因结构复杂、不易估值等因素导致普通人难以理解其条款和特征的产品或者服务；

（四）产品或者服务的募集方式，涉及面广、影响力大的公募产品或者相关服务；

（五）产品或者服务的跨境因素，存在市场差异、适用境外法律等情形的跨境发行或者交易的产品或者服务；

（六）自律组织认定的高风险产品或者服务；

（七）其他有可能构成投资风险的因素。

第十八条　经营机构应当根据产品或者服务的不同风险等级，对其适合销售产品或者提供服务的投资者类型作出判断，根据投资者的不同分类，对其适合购买的产品或者接受的服务作出判断。

第十九条　经营机构告知投资者不适合购买相关产品或者接受相关服务后，投资者主动要求购买风险等级高于其风险承受能力的产品或者接受相关服务的，经营机构在确认其不属于风险承受能力最低类别的投资者后，应当就产品或者服务风险高于其承受能力进行特别的书面风险警示，投资者仍坚持购买的，可以向其销售相关产品或者提供相关服务。

第二十条　经营机构向普通投资者销售高风险产品或者提供相关服务，应当履行特别的注意义务，包括制定专门的工作程序，追加了解相关信息，告知特别的风险点，给予普通投资者更多的考虑时间，或者增加回访频次等。

第二十一条　经营机构应当根据投资者和产品或者服务的信息变化情况，主动调整投资者分类、产品或者服务分级以及适当性匹配意见，并告知投资者上述情况。

第二十二条　禁止经营机构进行下列销售产品或者提供服务的活动：

（一）向不符合准入要求的投资者销售产品或者提供服务；

（二）向投资者就不确定事项提供确定性的判断，或者告知投资者有可能使其误认为具有确定性的意见；

（三）向普通投资者主动推介风险等级高于其风险承受能力的产品或者服务；

（四）向普通投资者主动推介不符合其投资目标的产品或者服务；

（五）向风险承受能力最低类别的投资者销售或者提供风险等级高于其风险承受能力的产品或者服务；

（六）其他违背适当性要求，损害投资者合法权益的行为。

第二十三条 经营机构向普通投资者销售产品或者提供服务前，应当告知下列信息：

（一）可能直接导致本金亏损的事项；

（二）可能直接导致超过原始本金损失的事项；

（三）因经营机构的业务或者财产状况变化，可能导致本金或者原始本金亏损的事项；

（四）因经营机构的业务或者财产状况变化，影响客户判断的重要事由；

（五）限制销售对象权利行使期限或者可解除合同期限等全部限制内容；

（六）本办法第二十九条规定的适当性匹配意见。

第二十四条 经营机构对投资者进行告知、警示，内容应当真实、准确、完整，不存在虚假记载、误导性陈述或者重大遗漏，语言应当通俗易懂；告知、警示应当采用书面形式送达投资者，并由其确认已充分理解和接受。

第二十五条 经营机构通过营业网点向普通投资者进行本办法第十二条、第二十条、第二十一条和第二十三条规定的告知、警示，应当全过程录音或者录像；通过互联网等非现场方式进行的，经营机构应当完善配套留痕安排，由普通投资者通过符合法律、行政法规要求的电子方式进行确认。

第二十六条 经营机构委托其他机构销售本机构发行的产品或者提供服务，应当审慎选择受托方，确认受托方具备代销相关产品或者提供服务的资格和落实相应适当性义务要求的能力，应当制定并告知代销方所委托产品或者提供服务的适当性管理标准和要求，代销方应当严格执行，但法律、行政法规、中国证监会其他规章另有规定的除外。

第二十七条 经营机构代销其他机构发行的产品或者提供相关服务，应当在合同中约定要求委托方提供的信息，包括本办法第十六条、第十七条规定的产品或者服务分级考虑因素等，自行对该信息进行调查核实，并履行投资者评估、适当性匹配等适当性义务。委托方不提供规定的信息、提供信息不完整的，经营机构应当拒绝代销产品或者提供服务。

第二十八条 对在委托销售中违反适当性义务的行为，委托销售机构和受托销售机构应当依法承担相应法律责任，并在委托销售合同中予以明确。

第二十九条 经营机构应当制定适当性内部管理制度，明确投资者分类、产品或者服务分级、适当性匹配的具体依据、方法、流程等，严格按照内部管理制度进行分类、分级，定期汇总分类、分级结果，并对每名投资者提出匹配意见。

经营机构应当制定并严格落实与适当性内部管理有关的限制不匹配销售行为、客户回访检查、评估与销售隔离等风控制度，以及培训考核、执业规范、监督问责等制度机制，不得采取鼓励不适当销售的考核激励措施，确保从业人员切实履行适当性义务。

第三十条 经营机构应当每半年开展一次适当性自查，形成自查报告。发现违反本办法规定的问题，应当及时处理并主动报告住所地中国证监会派出机构。

第三十一条 鼓励经营机构将投资者分类政策、产品或者服务分级政策、自查报告在公司网站或者符合中国证监会规定条件的媒体进行披露。

第三十二条 经营机构应当按照相关规定妥善保存其履行适当性义务的相关信息资料，防止泄露或者被不当利用，接受中国证监会及其派出机构和自律组织的检查。对匹配方案、告知警示资料、录音录像资料、自查报告等的保存期限不得少于20年。

第三十三条 投资者购买产品或者接受服务，按规定需要提供信息的，所提供的信息应当真实、准确、完整。投资者根据本办法第六条规定所提供的信息发生重要变化、可能影响其分类的，应当及时告知经营机构。

投资者不按照规定提供相关信息，提供信息不真实、不准确、不完整的，应当依法承担相应法律责任，经营机构应当告知其后果，并拒绝向其销售产品或者提供服务。

第三十四条 经营机构应当妥善处理适当性相关的纠纷，与投资者协商解决争议，采取必要措施支持和配合投资者提出的调解。经营机构履行适当性义务存在过错并造成投资者损失的，应当依法承担相应法律责任。

经营机构与普通投资者发生纠纷的，经营机构应当提供相关资料，证明其已向投资者履行相应义务。

第三十五条 中国证监会及其派出机构在监管中应当审核或者关注产品或者服务的适当性安排，对适当性制度落实情况进行检查，督促经营机构严格落实适当性义务，强化适当性管理。

第三十六条 证券期货交易场所应当制定完善本市场相关产品或者服务的适当性管理自律规则。

行业协会应当制定完善会员落实适当性管理要求的自律规则，制定并定期更新本行业的产品或者服务风险等级名录以及本办法第十九条、第二十二条规定的风险承受能力最低的投资者类别，供经营机构参考。经营机构评估相关产品或者服务的风险等级不得低于名录规定的风险等级。

证券期货交易场所、行业协会应当督促、引导会员履行适当性义务，对备案产品或者相关服务应当重点关注高风险产品或者服务的适当性安排。

第三十七条 经营机构违反本办法规定的，中国证监会及其派出机构可以对经营机构及其直接负责的主管人员和其他直接责任人员，采取责令改正、监管谈话、出具警示函等监督管理措施。

第三十八条 证券公司、期货公司违反本办法规定，存在较大风险或者风险隐患的，中国证监会及其派出机构可以按照《证券法》第一百四十条、《证券公司监督管理条例》第七十条、《期货交易管理条例》第五十五条的规定，采取监督管理措施。

第三十九条 违反本办法第六条、第十八条、第十九条、第二十条、第二十一条、第二十二条第（三）项至第（六）项、第二十三条、第二十四条、第三十三条规定的，按照《证券法》第一百九十八条、《证券投资基金法》第一百三十七条、《证券公司监督管理条例》第八十四条、《期货交易管理条例》第六十七条予以处理。

第四十条 违反本办法第二十二条第（一）项至第（二）项、第二十六条、第二十七条规定的，按照《证券投资基金法》第一百三十五条、《证券公司监督管理条例》第八十三条、《期货交易管理条例》第六十六条予以处理。

第四十一条 经营机构有下列情形之一的，给予警告，并处以3万元以下罚款；对直接负责的主管人员和其他直接责任人员，给予警告，并处以3万元以下罚款：

（一）违反本办法第十条，未按规定对普通投资者进行细化分类和管理的；

（二）违反本办法第十一条、第十二条，未按规定进行投资者类别转化的；

（三）违反本办法第十三条，未建立或者更新投资者评估数据库的；

（四）违反本办法第十五条，未按规定了解所销售产品或者所提供服务信息或者履行分级义务的；

（五）违反本办法第十六条、第十七条，未按规定划分产品或者服务风险等级的；

（六）违反本办法第二十五条，未按规定录音录像或者采取配套留痕安排的；

（七）违反本办法第二十九条，未按规定制定或者落实适当性内部管理制度和相关制度机制的；

（八）违反本办法第三十条，未按规定开展适当性自查的；

（九）违反本办法第三十二条，未按规定妥善保存相关信息资料的；

（十）违反本办法第六条、第十八条至第二十四条、第二十六条、第二十七条、第三十三条规定，未构成《证券法》第一百九十八条，《证券投资基金法》第一百三十五条、第一百三十七条，《证券公司监督管理条例》第八十三条、第八十四条，《期货交易管理条例》第六十六条、第六十七条规定情形的。

第四十二条 经营机构从业人员违反相关法律法规和本办法规定，情节严重的，中国证监会可以依法采取市场禁入的措施。

第四十三条 本办法自2017年7月1日起施行。

合格境外机构投资者和人民币合格境外机构投资者境内证券期货投资管理办法

中国证券监督管理委员会、中国人民银行、
国家外汇管理局令（第 176 号）

经国务院批准，现公布《合格境外机构投资者和人民币合格境外机构投资者境内证券期货投资管理办法》，自 2020 年 11 月 1 日起施行。

中国证券监督管理委员会主席：易会满
中国人民银行行长：易纲
国家外汇管理局局长：潘功胜
2020 年 9 月 25 日

合格境外机构投资者和人民币合格境外机构投资者境内证券期货投资管理办法

第一条 为规范合格境外机构投资者和人民币合格境外机构投资者在境内证券期货市场的投资行为，促进证券期货市场稳定健康发展，根据有关法律、行政法规，制定本办法。

第二条 本办法所称合格境外机构投资者和人民币合格境外机构投资者（以下统称合格境外投资者），是指经中国证券监督管理委员会（以下简称中国证监会）批准，使用来自境外的资金进行境内证券期货投资的境外机构投资者，包括境外基金管理公司、商业银行、保险公司、证券公司、期货公司、信托公司、政府投资机构、主权基金、养老基金、慈善基金、捐赠基金、国际组织等中国证监会认可的机构。

鼓励使用来自境外的人民币资金进行境内证券期货投资。

第三条 合格境外投资者应当委托符合要求的境内机构作为托管人托管资产，依法委托境内证券公司、期货公司办理在境内的证券期货交易活动。

第四条 合格境外投资者应当建立并实施有效的内部控制和合规管理制度，确保投资运作、资金管理等行为符合境内法律法规和其他有关规定。

第五条 中国证监会、中国人民银行（以下简称人民银行）依法对合格境外投资者的境内证券期货投资实施监督管理，人民银行、国家外汇管理局（以下简称外汇局）依法对合格境外投资者境内银行账户、资金汇兑等实施监督管理。

合格境外投资者可参与的金融衍生品等交易品种和交易方式，由中国证监会商人民银行、外汇局同意后公布。

第六条 申请合格境外投资者资格，应当具备下列条件：

（一）财务稳健，资信良好，具备证券期货投资经验；

（二）境内投资业务主要负责人员符合申请人所在境外国家或者地区有关从业资格的要求（如有）；

（三）治理结构、内部控制和合规管理制度健全有效，按照规定指定督察员负责对申请人境内投资行为的合法合规性进行监督；

（四）经营行为规范，近3年或者自成立以来未受到监管机构的重大处罚；

（五）不存在对境内资本市场运行产生重大影响的情形。

第七条 申请人应当通过托管人向中国证监会报送合格境外投资者资格申请文件。

中国证监会自受理申请文件之日起10个工作日内，对申请材料进行审核，并作出批准或者不予批准的决定。决定批准的，作出书面批复，并颁发经营证券期货业务许可证（以下简称许可证）；决定不予批准的，书面通知申请人。

第八条 托管人首次开展合格境外投资者资产托管业务的，应当自签订托管协议之日起 5 个工作日内，报中国证监会备案。

第九条 托管人应当履行下列职责：

（一）安全保管合格境外投资者托管的全部资产；

（二）办理合格境外投资者的有关交易清算、交收、结汇、售汇、收汇、付汇和人民币资金结算业务；

（三）监督合格境外投资者的投资运作，发现其投资指令违法、违规的，及时向中国证监会、人民银行和外汇局报告；

（四）根据中国证监会、人民银行和外汇局的要求，报送合格境外投资者的开销户信息、资金跨境收付信息、境内证券期货投资资产配置情况信息等相关业务报告和报表，并进行国际收支统计申报；

（五）保存合格境外投资者的资金汇入、汇出、兑换、收汇、付汇和资金往来记录等相关资料，保存期限不少于 20 年；

（六）中国证监会、人民银行和外汇局根据审慎监管原则规定的其他职责。

第十条 托管人应当持续符合下列要求：

（一）有专门的资产托管部门和符合托管业务需要的人员、系统、制度；

（二）具有经营外汇业务和人民币业务的资格；

（三）未发生影响托管业务的重大违法违规行为；

（四）中国证监会、人民银行和外汇局根据审慎监管原则规定的其他要求。

第十一条 托管人应当将其自有资产和受托资产严格分开，对受托资产实行分账托管。

第十二条 合格境外投资者委托 2 个以上托管人的，应当指定 1 个主报告人，负责代其统一办理资格申请、重大事项报告、主体信息登记等事项。合格境外投资者应当在指定主报告人之日起 5 个工作日内，通过主报告人将所有托管人信息报中国证监会、外汇局备案。

合格境外投资者可以更换托管人。中国证监会、外汇局根据审慎监管原则可以要求合格境外投资者更换托管人。

第十三条 合格境外投资者应当依法申请开立证券期货账户。

合格境外投资者进行证券期货交易，应当委托具有相应结算资格的机构结算。

第十四条 合格境外投资者的投资本金及在境内的投资收益可以投资于符合规定的金融工具。

合格境外投资者投资银行间债券市场，参与境内外汇市场业务，应当根据人民银行、外汇局相关规定办理。

第十五条 合格境外投资者开展境内证券投资，应当遵守中国证监会规定的证券投资比例限制和国家其他有关规定。

第十六条 合格境外投资者履行信息披露义务时，应当依法合并计算其拥有的同一公司境内上市或者挂牌股票和境外上市外资股的权益，并遵守信息披露有关规则。

合格境外投资者应当按照信息披露规则合并披露一致行动人的相关证券投资信息。

第十七条 证券公司、期货公司等机构保存合格境外投资者的委托记录、交易记录等资料的期限应当不少于20年。

第十八条 合格境外投资者的境内证券期货投资活动，应当遵守证券期货交易场所、证券登记结算机构、证券期货市场监测监控机构的有关规定。

第十九条 合格境外投资者应当在托管人处开立外汇账户和（或）人民币专用存款账户，收支范围应当符合人民银行、外汇局的有关规定。

第二十条 合格境外投资者应当按照人民银行、外汇局相关规定汇入本金，以外汇形式汇入的本金应当是在中国外汇市场可挂牌交易的货币。

合格境外投资者可以按照人民银行、外汇局相关规定汇出资金。

第二十一条 中国证监会、人民银行和外汇局依法可以要求合格境外投资者、托管人、证券公司、期货公司等机构提供合格境外投资者的有关资料，并进行必要的询问、检查。

第二十二条 合格境外投资者有下列情形之一的，应当在相关情形发生之日起5个工作日内报中国证监会、人民银行和外汇局备案：

（一）变更托管人；

（二）控股股东、实际控制人变更；

（三）涉及重大诉讼及其他重大事件；

（四）在境外受到重大处罚；

（五）中国证监会、人民银行和外汇局规定的其他情形。

第二十三条 合格境外投资者有下列情形之一的，应当申请变更或者换领许可证：

（一）许可证信息发生变更；

（二）被其他机构吸收合并；

（三）中国证监会、人民银行和外汇局规定的其他情形。

变更或者换领许可证期间，合格境外投资者可以继续进行证券期货交易，但中国证监会根据审慎监管原则认为需要暂停的除外。

第二十四条 合格境外投资者有下列情形之一的，应当将许可证交还中国证监会，由中国证监会注销其业务许可：

（一）机构解散、进入破产程序或者由接管人接管；

（二）申请注销业务许可；

（三）中国证监会、人民银行和外汇局认定的其他情形。

第二十五条 合格境外投资者有下列情形之一的，中国证监会、人民银行和外汇局可以对其采取责令改正、监管谈话、出具警示函等监管措施；对直接负责的主管人员和其他直接责任人员，可以采取监管谈话、出具警示函、责令定期报告等监管措施：

（一）未按规定开立账户；

（二）未按规定开展境内证券期货投资；

（三）未按规定履行信息披露义务；

（四）未按规定有效实施内部控制和合规管理制度；

（五）未按规定变更、换领或者交还许可证；

（六）未按规定办理资金汇入、汇出、结汇或者收汇、付汇；

（七）未按规定报送有关报告、材料或者相关内容存在虚假记载、误导性陈述或者重大遗漏；

（八）不配合有关检查，拒绝、拖延提供有关资料；

（九）违反本办法规定的其他行为。

合格境外投资者违反《中华人民共和国证券法》、《期货交易管理条例》、《中华人民共和国外汇管理条例》等法律、行政法规的，按照有关规定实施行政处罚。涉嫌犯罪的，依法将案件移送司法机关追究刑事责任。

第二十六条 合格境外投资者在开展境内证券期货投资过程中发生重大违法违规行为的，中国证监会可以依法采取限制相关证券期货账户交易等措施。

第二十七条 托管人未按照规定进行备案，未履行本办法第九条规定的职责，或者违反本办法第十条等规定的，中国证监会可以对其采取责令改正、监管谈话、出具警示函等监管措施；对直接负责的主管人员和其他直接责任人员，可以采取监管谈话、出具警示函、责令定期报告等监管措施。违反有关法律、行政法规的，按照有关规定实施行政处罚。涉嫌犯罪的，依法将案件移送司法机关追究刑事责任。

第二十八条 在香港特别行政区、澳门特别行政区设立的机构投资者到内地从事证券期货投资，在台湾地区设立的机构投资者到大陆从事证券期货投资，适用本办法。

第二十九条 本办法自 2020 年 11 月 1 日起施行。2006 年 8 月 24 日中国证监会、人民银行、外汇局公布的《合格境外机构投资者境内证券投资管理办法》和 2013 年 3 月 1 日中国证监会公布的《人民币合格境外机构投资者境内证券投资试点办法》同时废止。

证券期货市场诚信监督管理办法

中国证券监督管理委员会令第 166 号

（2017 年 11 月 2 日中国证券监督管理委员会 2017 年第 7 次主席办公会议审议通过，根据 2020 年 3 月 20 日中国证券监督管理委员会《关于修改部分证券期货规章的决定》修正）

第一章　总则

第一条　为了加强证券期货市场诚信建设，保护投资者合法权益，维护证券期货市场秩序，促进证券期货市场健康稳定发展，根据《证券法》等法律、行政法规，制定本办法。

第二条　中国证券监督管理委员会（以下简称中国证监会）建立全国统一的证券期货市场诚信档案数据库（以下简称诚信档案），记录证券期货市场诚信信息。

第三条　记入诚信档案的诚信信息的界定、采集与管理，诚信信息的公开、查询，诚信约束、激励与引导等，适用本办法。

第四条　公民（自然人）、法人或者其他组织从事证券期货市场活动，应当诚实信用，遵守法律、行政法规、规章和依法制定的自律规则，禁止欺诈、内幕交易、操纵市场以及其他损害投资者合法权益的不诚实信用行为。

第五条　中国证监会鼓励、支持诚实信用的公民、法人或者其他组织从事证券期货市场活动，实施诚信约束、激励与引导。

第六条　中国证监会可以和国务院其他部门、地方人民政府、国家司法机关、行业组织、境外证券期货监管机构建立诚信监管合作机制，实施诚信信息共享，推动健全社会信用体系。

第二章　诚信信息的采集和管理

第七条　下列从事证券期货市场活动的公民、法人或者其他组织的诚信信息，记入诚信档案：

（一）证券业从业人员、期货从业人员和基金从业人员；

（二）证券期货市场投资者、交易者；

（三）证券发行人、上市公司、全国中小企业股份转让系统挂牌公司、区域性股权市场挂牌转让证券的企业及其董事、监事、高级管理人员、主要股东、实际控制人；

（四）区域性股权市场的运营机构及其董事、监事和高级管理人员，为区域性股权市场办理账户开立、资金存放、登记结算等业务的机构；

（五）证券公司、期货公司、基金管理人、债券受托管理人、债券发行担保人及其董事、监事、高级管理人员、主要股东和实际控制人或者执行事务合伙人，合格境外机构投资者、合格境内机构投资者及其主要投资管理人员，境外证券类机构驻华代表机构及其总代表、首席代表；

（六）会计师事务所、律师事务所、保荐机构、财务顾问机构、资产评估机构、投资咨询机构、信用评级机构、基金服务机构、期货合约交割仓库以及期货合约标的物质量检验检疫机构等证券期货服务机构及其相关从业人员；

（七）为证券期货业务提供存管、托管业务的商业银行或者其他金融机构，及其存管、托管部门的高级管理人员；

（八）为证券期货业提供信息技术服务或者软硬件产品的供应商；

（九）为发行人、上市公司、全国中小企业股份转让系统挂牌公司提供投资者关系管理及其他公关服务的服务机构及其人员；

（十）证券期货传播媒介机构、人员；

（十一）以不正当手段干扰中国证监会及其派出机构监管执法工作的人员；

（十二）其他有与证券期货市场活动相关的违法失信行为的公民、法人或者其他组织。

第八条 本办法所称诚信信息包括：

（一）公民的姓名、性别、国籍、身份证件号码，法人或者其他组织的名称、住所、统一社会信用代码等基本信息；

（二）中国证监会、国务院其他主管部门等其他省部级及以上单位和证券期货交易场所、证券期货市场行业协会、证券登记结算机构等全国性证券期货市场行业组织（以下简称证券期货市场行业组织）作出的表彰、奖励、评比，以及信用评级机构、诚信评估机构作出的信用评级、诚信评估；

（三）中国证监会及其派出机构作出的行政许可决定；

（四）发行人、上市公司、全国中小企业股份转让系统挂牌公司及其主要股东、实际控制人，董事、监事和高级管理人员，重大资产重组交易各方，及收购人所作的公开承诺的未履行或者未如期履行、正在履行、已如期履行等情况；

（五）中国证监会及其派出机构作出的行政处罚、市场禁入决定和采取的监督管理措施；

（六）证券期货市场行业组织实施的纪律处分措施和法律、行政法规、规章规定的管理措施；

（七）因涉嫌证券期货违法被中国证监会及其派出机构调查及采取强制措施；

（八）违反《证券法》第一百七十一条的规定，由于被调查当事人自身原因未履行承诺的情况；

（九）到期拒不执行中国证监会及其派出机构生效行政处罚决定及监督管理措施，因拒不配合中国证监会及其派出机构监督检查、调查被有关机关作出行政处罚或者处理决定，以及拒不履行已达成的证券期货纠纷调解协议；

（十）债券发行人未按期兑付本息等违约行为、担保人未按约定履行担保责任；

（十一）因涉嫌证券期货犯罪被中国证监会及其派出机构移送公安机关、人民检察院处理；

（十二）以不正当手段干扰中国证监会及其派出机构监管执法工作，被予以行政处罚、纪律处分，或者因情节较轻，未受到处罚处理，但被纪律检查或者行政监察机构认定的信息；

（十三）因证券期货犯罪或者其他犯罪被人民法院判处刑罚；

（十四）因证券期货侵权、违约行为被人民法院判决承担较大民事赔偿责任；

（十五）因违法开展经营活动被银行、保险、财政、税收、环保、工商、海关等相关主管部门予以行政处罚；

（十六）因非法开设证券期货交易场所或者组织证券期货交易被地方政府行政处罚或者采取清理整顿措施；

（十七）因违法失信行为被证券公司、期货公司、基金管理人、证券期货服务机构以及证券期货市场行业组织开除；

（十八）融资融券、转融通、证券质押式回购、约定式购回、期货交易等信用交易中的违约失信信息；

（十九）违背诚实信用原则的其他行为信息。

第九条　诚信档案不得采集公民的宗教信仰、基因、指纹、血型、疾病和病史信息以及法律、行政法规规定禁止采集的其他信息。

第十条　本办法第八条第（二）项所列公民、法人或者其他组织所受表彰、奖励、评比和信用评级、诚信评估信息，由其自行向中国证监会及其派出机构申报，记入诚信档案。

公民、法人或者其他组织按规定向中国证监会及其派出机构申报前款规定以外的其他诚信信息，记入诚信档案。

公民、法人或者其他组织申报的诚信信息应当真实、准确、完整。

第十一条　本办法第八条第（一）项、第（三）项至第（十二）项诚信信息，由中国证监会及其派出机构、证券期货市场行业组织依其职责采集并记入诚信档案；第（十七）项、第（十八）项诚信信息，由相关证券期货市场行业组织、证券期货经营机构采集并记入诚信档案；其他诚信信息由中国证监会及其派出机构通过政府信息公开、信用信息共享等途径采集并记入诚信档案。

第十二条　记入诚信档案的诚信信息所对应的决定或者行为经法定程序撤销、变更的，中国证监会及其派出机构相应删除、修改该诚信信息。

第十三条 本办法第八条规定的违法失信信息，在诚信档案中的效力期限为 3 年，但因证券期货违法行为被行政处罚、市场禁入、刑事处罚和判决承担较大侵权、违约民事赔偿责任的信息，其效力期限为 5 年。

法律、行政法规或者中国证监会规章对违法失信信息的效力期限另有规定的，国务院其他主管部门对其产生的违法失信信息的效力期限另有规定的，从其规定。

前款所规定的效力期限，自对违法失信行为的处理决定执行完毕之日起算。

超过效力期限的违法失信信息，不再进行诚信信息公开，并不再接受诚信信息申请查询，公民、法人或者其他组织根据本办法第十七条申请查询自己信息的除外。

第三章 诚信信息的公开与查询

第十四条 本办法第八条第（二）、（三）、（四）、（六）项信息和第（五）项的行政处罚、市场禁入信息依法向社会公开。

中国证监会在其网站建立证券期货市场违法失信信息公开查询平台，社会公众可通过该平台查询本办法第八条第（五）项行政处罚、市场禁入决定信息，第（六）项信息等违法失信信息。

第十五条 中国证监会对有下列严重违法失信情形的市场主体，在证券期货市场违法失信信息公开查询平台进行专项公示：

（一）因操纵市场、内幕交易、欺诈发行、虚假披露信息、非法从事证券期货业务、利用未公开信息交易以及编造、传播虚假信息被中国证监会及其派出机构作出行政处罚；

（二）被中国证监会及其派出机构采取市场禁入措施；

（三）因证券期货犯罪被人民法院判处刑罚；

（四）因拒不配合中国证监会及其派出机构监督检查、调查被有关机关作出行政处罚或者处理决定；

（五）到期拒不执行中国证监会及其派出机构生效行政处罚决定；

（六）经责令改正仍逾期不履行《证券法》第八十四条规定的公开承诺；

（七）严重侵害投资者合法权益、市场反应强烈的其他严重违法失信情形。

严重违法失信主体的专项公示期为一年，自公示之日起算。

中国证监会对有第（五）、（六）项情形的市场主体，统一归集至全国信用信息共享平台安排公示的，按照相关规定办理。

第十六条 除本办法第十四条、第十五条规定之外的诚信信息，公民、法人或者其他组织可以根据本办法规定向中国证监会及其派出机构申请查询。

第十七条 公民、法人或者其他组织提出诚信信息查询申请，符合以下条件之一的，中国证监会及其派出机构予以办理：

（一）公民、法人或者其他组织申请查询自己的诚信信息的；

（二）发行人、上市公司申请查询拟任董事、监事、高级管理人员的诚信信息的；

（三）发行人、上市公司申请查询拟参与本公司并购、重组的公民、法人或者其他组织的诚信信息的；

（四）发行人、上市公司申请查询拟委托的证券公司、证券服务机构及其相关从业人员的诚信信息的；

（五）证券公司、债券受托管理人、证券服务机构申请查询其所提供专业服务的发行人、上市公司及其董事、监事、高级管理人员、控股股东和实际控制人以及债券发行担保人的诚信信息的；

（六）证券公司、期货公司、基金管理人、证券期货服务机构申请查询已聘任或者拟聘任的董事、监事、高级管理人员或者其他从业人员的诚信信息的；

（七）中国证监会规定的其他条件。

第十八条 公民、法人或者其他组织提出诚信信息查询申请，应当如实提供如下材料：

（一）查询申请书；

（二）身份证明文件；

（三）办理本办法第十七条第（二）项至第（六）项查询申请的，查询申请书应经查询对象签字或者盖章同意，或者有查询对象的其他书面同意文件。

第十九条 公民、法人或者其他组织提出的查询申请，符合条件，材料齐备的，中国证监会及其派出机构自收到查询申请之日起5个工作日内反馈。

第二十条 公民、法人或者其他组织申请查询的诚信信息属于国家秘密，其他公民、法人或者其他组织的商业秘密及个人隐私的，中国证监会及其派出机构不予查询，但应当在答复中说明。

第二十一条 记入诚信档案的公民、法人或者其他组织，认为其诚信信息具有本办法第十二条规定的应予删除、修改情形的，或者具有其他重大、明显错误的，可以向中国证监会及其派出机构申请更正。

中国证监会及其派出机构收到公民、法人或者其他组织的信息更正申请后，应当在15个工作日内进行处理，并将处理结果告知申请人。确有本办法第十二条规定的应予删除、修改情形的，或者其他重大、明显错误情形的，应予更正。

第二十二条 公民、法人或者其他组织通过申请查询获取诚信信息的，不得泄露或者提供他人使用，不得进行以营利为目的的使用、加工或者处理，不得用于其他非法目的。

第四章 诚信约束、激励与引导

第二十三条 中国证监会建立发行人、上市公司、全国中小企业股份转让系统挂牌公司、证券公司、期货公司、基金管理人、证券期货服务机构、证券期货基金从业人员等主要市场主体的诚信积分制度，实行诚信分类监督管理。

诚信积分和诚信分类监督管理具体办法另行制定。

第二十四条 向中国证监会及其派出机构申请行政许可，申请人以及申请事项涉及的有关当事人应当书面承诺其所提交的申请材料真实、准确、完整，并诚信合法地参与证券期货市场活动。

第二十五条 中国证监会及其派出机构审查行政许可申请，应当查阅申请人以及申请事项所涉及的有关当事人的诚信档案，对其诚信状况进行审查。

证券期货市场行业组织在履行登记、备案、注册、会员批准等工作职责时，应当按照前款规定办理。

证券交易场所依法审核公开发行证券及上市交易或挂牌转让申请时，应当按照第一款规定办理。

第二十六条 中国证监会及其派出机构审查行政许可申请，发现申请人以及有关当事人有本办法第八条第（四）项中的未履行或者未如期履行承诺信息，或者第（五）项至第（十八）项规定的违法失信信息的，可以要求申请人或者受申请人委托为行政许可申请提供证券期货服务的有关机构提供书面反馈意见。

书面反馈意见应就如下事项进行说明：

（一）诚信信息所涉及相关事实的基本情况；

（二）有关部门所作决定、处理的执行及其他后续情况，并提供证明材料；

（三）有关证券期货服务机构关于诚信信息对行政许可事项是否构成影响的分析。

申请人或者有关证券期货服务机构应在规定期限内提交书面反馈意见。

第二十七条 申请人或者有关证券期货服务机构的书面反馈意见不明确，有关分析、说明不充分的，中国证监会及其派出机构可以直接或者委托有关机构对有关事项进行核查。

第二十八条 根据本办法第二十六条、第二十七条提供书面反馈意见或者进行核查的时间，不计入行政许可法定期限。

第二十九条 行政许可申请人以及申请事项所涉及的有关当事人有本办法第八条第（四）项中的未履行或者未如期履行承诺信息，或者第（五）项至第（十八）项规定的违法失信信息之一，属于法定不予许可条件范围的，中国证监会及其派出机构应当依法作出不予许可的决定。

申请人以及申请事项所涉及的有关当事人的诚信信息虽不属于法定不予许可条件范围，但有关法律、行政法规和规章对行政许可法定条件提出诚实信用要求、作出原则性规定或者设定授权性条款的，中国证监会及其派出机构可以综合考虑诚信状况等相关因素，审慎审查申请人提出的行政许可申请事项。

第三十条 业务创新试点申请人有本办法第八条第（四）项中的未履行或者未如

期履行承诺信息，或者第（五）项至第（十八）项规定的违法失信信息之一的，中国证监会及其派出机构、证券期货市场行业组织可以暂缓或者不予安排，但申请人能证明该违法失信信息与业务创新明显无关的除外。

第三十一条 中国证监会及其派出机构审查行政许可，对符合以下条件的，在受理后，即时进行审查：

（一）近三年没有违反证券期货法律、行政法规和中国证监会规定的失信记录；

（二）近三年没有因违法开展经营活动被银行、保险、税收、环保、海关等相关主管部门予以行政处罚；

（三）没有因证券期货犯罪或者其他犯罪被人民法院判处刑罚。

中国证监会及其派出机构审查行政许可，可以在同等条件下对诚信积分较高的申请人优先审查。

第三十二条 中国证监会及其派出机构、证券期货市场行业组织在业务创新试点安排中，可以在法律、行政法规规定的范围内，对于同等条件下诚信状况较好的申请人予以优先安排。

第三十三条 中国证监会及其派出机构在对公民、法人或者其他组织进行行政处罚、实施市场禁入和采取监督管理措施中，应当查阅当事人的诚信档案，在综合考虑当事人违法行为的性质、情节、损害投资者合法权益程度和当事人诚信状况等因素的基础上，依法作出处理。

第三十四条 中国证监会及其派出机构在开展监督检查等日常监管工作中，应当查阅被监管机构的诚信档案，根据被监管机构的诚信状况，有针对性地进行现场检查和非现场检查，或者适当调整、安排现场检查的对象、频率和内容。

第三十五条 证券登记结算机构、证券公司、期货公司等机构在为投资者、客户开立证券、期货相关账户时，应当查询投资者、客户的诚信档案，按照规定办理相关账户开立事宜。

第三十六条 证券公司在办理客户证券质押式回购、约定式购回以及融资融券业务申请时，可以查阅客户的诚信档案，根据申请人的诚信状况，决定是否予以办理，或者确定和调整授信额度。

证券金融公司在开展转融通业务时，可以查阅证券公司的诚信档案，根据证券公司的诚信状况，决定是否对其进行转融通，或者确定和调整授信额度。

第三十七条 发行人、上市公司、全国中小企业股份转让系统挂牌公司、证券公司、期货公司、基金管理人、证券期货服务机构拟聘任董事、监事、高级管理人员以及从业人员的，应当查询拟聘任人员的诚信档案，并将其诚信状况作为决定是否聘任的依据。

第三十八条 证券公司、证券服务机构受托为发行人、上市公司、全国中小企业股份转让系统挂牌公司等提供证券服务的，应当查询委托人的诚信档案，并将其诚信状况作为决定是否接受委托、确定收费标准的依据。

第三十九条 公民、法人或者其他组织公开发布证券期货市场评论信息，所述事实内容与实际情况不相符合的，或者存在其他显著误导公众情形的，中国证监会及其派出机构可以对其出具诚信关注函，记入诚信档案，并可将有关情况向其所在工作单位、所属主管部门或者行业自律组织通报。

证券期货投资咨询机构及其人员公开发布证券期货市场评论信息违反规定的，依照有关规定处理、处罚。

公民、法人或者其他组织利用公开发布证券期货市场评论信息进行操纵市场等违法行为的，依法予以处罚；构成犯罪的，由司法机关依法追究刑事责任。

第四十条 证券期货市场行业组织应当教育和鼓励其成员以及从业人员遵守法律，诚实信用。对遵守法律、诚实信用的成员以及从业人员，可以给予表彰、奖励。

中国证监会鼓励证券期货市场行业组织等建立证券期货市场诚信评估制度，组织开展对有关行业和市场主体的诚信状况评估，并将评估结果予以公示。

中国证券业协会、中国期货业协会、中国上市公司协会、中国证券投资基金业协会建立年度诚信会员制度。具体办法由相关协会制定，报中国证监会备案。

第四十一条 上市公司、全国中小企业股份转让系统挂牌公司、证券公司、期货公司、基金管理人和证券期货服务机构等应当不断完善内部诚信监督、约束制度机制，提高诚信水平。

中国证监会及其派出机构对前款规定机构的内部诚信监督、约束制度机制建设情况进行检查、指导，并可以将检查情况在行业和辖区内进行通报。

第四十二条 对有本办法第八条第（四）项中的未履行或者未如期履行承诺信息，或者第（五）项至第（十八）项规定的违法失信信息的公民，中国证监会及其派出机构、证券期货市场行业组织可以不聘任其担任下列职务：

（一）中国证监会股票发行审核委员会委员；

（二）中国证监会上市公司并购重组审核委员会委员；

（三）中国证监会及其派出机构、证券期货市场行业组织成立的负有审核、监督、核查、咨询职责的其他组织的成员。

第四十三条 中国证监会与国务院其他部门、地方人民政府、国家司法机关和有关组织建立对证券期货市场参与主体的失信联合惩戒和守信联合激励制度机制，提供证券期货市场主体的相关诚信信息，依法实施联合惩戒、激励。

第五章　监督与管理

第四十四条 中国证监会诚信监督管理机构履行下列职责：

（一）界定、组织采集证券期货市场诚信信息；

（二）建立、管理诚信档案，组织、督促诚信信息的记入；

（三）组织办理诚信信息的公开、查询和共享；

（四）建立、协调实施诚信监督、约束与激励机制；

（五）中国证监会规定的其他诚信监督管理与服务职责。

第四十五条 中国证监会各派出机构负责接收、办理公民、法人或者其他组织根据本办法规定提出的诚信信息记入申报、诚信信息查询申请、诚信信息更正申请等事项。

第四十六条 中国证监会及其派出机构、证券期货市场行业组织，未按照本办法规定及时、真实、准确、完整地记入诚信信息，造成不良后果的，按照有关规定对相关责任人员进行行政处分；情节严重的，依法追究法律责任。

第四十七条 违反本办法第十条、第十八条、第二十二条、第三十五条、第三十七条、第三十八条规定的，中国证监会及其派出机构可以采取责令改正、监管谈话、出具警示函、责令公开说明、在一定期限内不予接受其诚信信息申报和查询申请等监督管理措施；情节严重的，依法追究法律责任。

第六章　附则

第四十八条 中国证监会及其派出机构办理诚信信息查询，除可以收取打印、复制、装订、邮寄成本费用外，不得收取其他费用。

第四十九条 证券期货市场行业组织在履行自律管理职责中，查询诚信档案，实施诚信约束、激励的，参照本办法有关规定执行。

第五十条 本办法自 2018 年 7 月 1 日起施行。《证券期货市场诚信监督管理暂行办法》（证监会令第 106 号）同时废止。

（二）规范性文件

公开发行证券的公司信息披露内容与格式准则第 46 号——北京证券交易所公司招股说明书

中国证券监督管理委员会公告〔2021〕26 号

现公布《公开发行证券的公司信息披露内容与格式准则第 46 号——北京证券交易所公司招股说明书》，自 2021 年 11 月 15 日起施行。

中国证监会

2021 年 10 月 30 日

公开发行证券的公司信息披露内容与格式准则第 46 号——北京证券交易所公司招股说明书

第一章 总则

第一条 为了规范北京证券交易所（以下简称北交所）试点注册制向不特定合格投资者公开发行股票（以下简称公开发行）的信息披露行为，保护投资者的合法权益，根据《证券法》《北京证券交易所向不特定合格投资者公开发行股票注册管理办法（试行）》（证监会令第 187 号）的规定，制定本准则。

第二条 申请公开发行并在北交所上市的公司（以下简称发行人）应按本准则编制招股说明书，作为申请公开发行的必备法律文件，并按本准则规定进行披露。

第三条 本准则的规定是对招股说明书信息披露的最低要求。不论本准则是否有明确规定，凡对投资者作出价值判断和投资决策有重大影响的信息，均应披露。国家有关部门对发行人信息披露另有规定的，发行人还应当遵守其规定并履行信息披露义务。

招股说明书涉及未公开重大信息的，发行人应按有关规定及时履行信息披露义务。

第四条 发行人在招股说明书中披露预测性信息及其他涉及发行人未来经营和财务状况信息，应当谨慎、合理。

第五条 发行人作为信息披露第一责任人，应以投资者投资需求为导向编制招股说明书，为投资者作出价值判断和投资决策提供充分且必要的信息，保证相关信息的内容真实、准确、完整。

第六条 发行人应加强投资者权益保护，在招股说明书中充分披露投资者权益保护的情况，说明在保障投资者尤其是中小投资者依法享有获取公司信息、享有资产收益、参与重大决策和选择管理者等权利方面采取的措施。

第七条 本准则某些具体要求对发行人确实不适用的，发行人可根据实际情况，在不影响披露内容完整性的前提下作适当调整，但应在申报时作书面说明。

第八条 发行人有充分依据证明本准则要求披露的信息涉及国家秘密、商业秘密及其他因披露可能导致其违反国家有关保密法律法规或严重损害公司利益的，发行人可申请豁免按本准则披露。

第九条 招股说明书的编制应当符合下列一般要求：

（一）信息披露内容应当简明易懂，语言应当浅白平实，便于投资者阅读、理解，应使用事实描述性语言，尽量采用图表、图片或其他较为直观的方式披露公司及其产品、财务等情况；

（二）应准确引用与本次发行有关的中介机构的专业意见或报告，引用第三方数据或结论的，应注明资料来源，确保有权威、客观、独立的依据并符合时效性要求；

（三）引用的数字应采用阿拉伯数字，有关金额的资料除特别说明之外，应指人民币金额，并以元、千元、万元或亿元为单位；

（四）发行人可根据有关规定或其他需求，编制招股说明书外文译本，但应保证中外文文本的一致性，在对中外文本的理解上发生歧义时，以中文文本为准。

第十条 在不影响信息披露的完整性并保证阅读方便的前提下，发行人可采用相互引征的方法，对各相关部分的内容进行适当的技术处理；对于曾在全国中小企业股份转让系统（以下简称全国股转系统）挂牌期间公开披露过的信息，如事实未发生变化，发行人可以采用索引的方式进行披露。

第十一条 信息披露事项涉及重要性水平判断的，发行人应结合自身业务特点，披露重要性水平的确定标准和依据。

第十二条 发行人下属企业的资产、收入或利润规模对发行人有重大影响的，应参照本准则的规定披露相关信息。

第十三条 发行人在报送申请文件后，发生应予披露事项的，应按规定及时履行信息披露义务。

第十四条 发行人应按照中国证券监督管理委员会（以下简称中国证监会）和北交所的规定披露招股说明书（申报稿）。

发行人应当在招股说明书（申报稿）显要位置作如下声明："本公司的发行申请尚未经中国证监会注册。本招股说明书申报稿不具有据以发行股票的法律效力，投资者应当以正式公告的招股说明书全文作为投资决定的依据。"

"本次股票发行后拟在北京证券交易所上市，该市场具有较高的投资风险。北京证券交易所主要服务创新型中小企业，上市公司具有经营风险高、业绩不稳定、退市风险高等特点，投资者面临较大的市场风险。投资者应充分了解北京证券交易所市场的投资风险及本公司所披露的风险因素，审慎作出投资决定。"

第十五条 发行人应在符合《证券法》规定的信息披露平台披露招股说明书及其备查文件和中国证监会要求披露的其他文件，供投资者查阅。

发行人可以将招股说明书及其备查文件刊登于其他报刊、网站，但披露内容应完全一致，且不得早于在符合《证券法》规定的信息披露平台的披露时间。

第十六条 招股意向书除发行数量、发行价格及筹资金额等内容可不确定外，其内容和格式应与招股说明书一致。

招股意向书应载明"本招股意向书的所有内容构成招股说明书不可撤销的组成部

分，与招股说明书具有同等法律效力。”

第二章　招股说明书

第一节　封面、书脊、扉页、目录、释义

第十七条　招股说明书文本封面应标有“×××公司招股说明书”字样，并载明发行人名称、证券简称、证券代码和住所，保荐人、主承销商的名称和住所。

第十八条　招股说明书纸质文本书脊应标有“×××公司招股说明书”字样。

第十九条　招股说明书扉页应载明下列内容：

（一）发行股票类型；

（二）发行股数；

（三）每股面值；

（四）定价方式；

（五）每股发行价格；

（六）预计发行日期；

（七）发行后总股本，发行境外上市外资股的公司还应披露在境内上市流通的股份数量和在境外上市流通的股份数量；

（八）保荐人、主承销商；

（九）招股说明书签署日期。

第二十条　发行人应在招股说明书扉页的显要位置载明：

“中国证监会和北京证券交易所对本次发行所作的任何决定或意见，均不表明其对注册申请文件及所披露信息的真实性、准确性、完整性作出保证，也不表明其对发行人的盈利能力、投资价值或者对投资者的收益作出实质性判断或者保证。任何与之相反的声明均属虚假不实陈述。

根据《证券法》的规定，股票依法发行后，发行人经营与收益的变化，由发行人自行负责；投资者自主判断发行人的投资价值，自主作出投资决策，自行承担股票依法发行后因发行人经营与收益变化或者股票价格变动引致的投资风险。”

第二十一条　发行人应在招股说明书扉页作出如下声明：

“发行人及全体董事、监事、高级管理人员承诺招股说明书及其他信息披露资料不存在虚假记载、误导性陈述或重大遗漏，并对其真实性、准确性、完整性承担连带责任。

发行人控股股东、实际控制人承诺招股说明书不存在虚假记载、误导性陈述或重大遗漏，并对其真实性、准确性、完整性承担连带责任。

公司负责人和主管会计工作的负责人、会计机构负责人保证招股说明书中财务会计资料真实、准确、完整。

发行人及全体董事、监事、高级管理人员、发行人的控股股东、实际控制人以及保荐人、承销商承诺因发行人招股说明书及其他信息披露资料有虚假记载、误导性陈述或者重大遗漏，致使投资者在证券发行和交易中遭受损失的，将依法承担法律责任。

保荐人及证券服务机构承诺因其为发行人本次公开发行股票制作、出具的文件有虚假记载、误导性陈述或者重大遗漏，给投资者造成损失的，将依法承担法律责任。”

第二十二条 发行人应根据本准则及相关规定，针对实际情况在招股说明书首页作“重大事项提示”，提醒投资者需特别关注的重要事项，并提醒投资者认真阅读招股说明书正文内容。

第二十三条 招股说明书的目录应标明各章、节的标题及相应的页码，内容编排应符合通行的惯例。

第二十四条 发行人应对可能造成投资者理解障碍及有特定含义的术语作出释义。招股说明书的释义应在目录次页列示。

第二节 概览

第二十五条 发行人应声明：“本概览仅对招股说明书作扼要提示。投资者作出投资决策前，应认真阅读招股说明书全文。”

第二十六条 发行人应披露本次发行所履行的决策程序。本次发行依照法律法规的规定应取得其他监管机关审批的，应披露审批程序的办理情况。

第二十七条 发行人应披露本次发行的基本情况，主要包括：

（一）发行股票类型；

（二）每股面值；

（三）发行股数、占发行后总股本的比例；

（四）定价方式；

（五）每股发行价格；

（六）发行市盈率、市净率；

（七）预测净利润及发行后每股收益（如有）；

（八）发行前和发行后的每股净资产、净资产收益率；

（九）本次发行股票上市流通情况，包括各类投资者持有期的限制或承诺；

（十）发行方式和发行对象；

（十一）战略配售情况（如有）；

（十二）预计募集资金总额和净额，发行费用概算（包括保荐费用、承销费用、律师费用、审计费用、评估费用、发行手续费用等）；

（十三）承销方式及承销期；

（十四）询价对象范围及其他报价条件（如有）；

（十五）优先配售对象及条件（如有）。

第二十八条 发行人应披露下列机构的名称、法定代表人、住所、联系电话、传真，同时应披露有关经办人员的姓名：

（一）保荐人、承销商；

（二）律师事务所；

（三）会计师事务所；

（四）资产评估机构（如有）；

（五）股票登记机构；

（六）收款银行；

（七）其他与本次发行有关的机构。

第二十九条 发行人应披露其与本次发行有关的保荐人、承销商、证券服务机构及其负责人、高级管理人员、经办人员之间存在的直接或间接的股权关系或其他利害关系。

第三十条 发行人应简要披露发行人及其控股股东、实际控制人的情况，概述发行人主营业务的情况。

发行人应列表披露最近三年及一期的主要会计数据及财务指标，主要包括：资产总额、股东权益合计、归属于母公司所有者的股东权益、资产负债率（母公司）、营业收入、毛利率、净利润、归属于母公司所有者的净利润、归属于母公司所有者的扣除非经常性损益后的净利润、加权平均净资产收益率、扣除非经常性损益后净资产收益率、基本每股收益、稀释每股收益、经营活动产生的现金流量净额、研发投入占营业收入的比例。除特别指出外，上述财务指标应以合并财务报表的数据为基础进行计算。相关指标的计算应执行中国证监会的有关规定。

第三十一条 简要披露发行人自身的创新特征，包括但不限于技术创新、模式创新和科技成果转化等情况。

第三十二条 披露发行人选择的具体上市标准及对上市标准的分析说明。

第三十三条 发行人应简要披露公司治理特殊安排等重要事项。

第三十四条 发行人应简要披露募集资金用途。

第三节 风险因素

第三十五条 发行人应遵循重要性原则披露可能直接或间接对发行人及本次发行产生重大不利影响的所有风险因素。

第三十六条 发行人应针对自身实际情况描述相关风险因素，描述应充分、准确、具体，并作定量分析，无法进行定量分析的，应有针对性地作出定性描述，但不得采用普遍适用的模糊表述；有关风险因素对发行人生产经营状况和持续盈利能力有严重不利影响的，应作“重大事项提示”；风险因素中不得包含风险对策、发行人竞争优势及任何可能减轻风险因素的类似表述。

第三十七条 发行人应结合自身实际情况，披露由于技术、产品、政策、经营模式变化等可能导致的风险，包括但不限于：

（一）经营风险，包括市场或经营前景或行业政策变化，商业周期变化，经营模式失败，依赖单一客户、单一技术、单一原材料等风险；

（二）财务风险，包括现金流状况不佳，资产周转能力差，重大资产减值，重大担保或偿债风险等；

（三）技术风险，包括技术升级迭代、研发失败、技术专利许可或授权不具排他性、技术未能形成产品或实现产业化等风险；

（四）人力资源风险，公司董事、监事、高级管理人员或核心技术（业务）人员存在违反保密、竞业禁止等方面规定的情形，公司人力资源无法匹配公司发展需求，关键岗位人才流失，管理经验不足，公司业务依赖单一人员等；

（五）尚未盈利或存在累计未弥补亏损的风险，包括未来一定期间无法盈利或无法进行利润分配的风险，对发行人资金状况、业务拓展、人才引进、团队稳定、研发投入、市场拓展等方面产生不利影响的风险等；

（六）法律风险，包括重大技术、产品纠纷或诉讼风险，土地、资产权属瑕疵，股权纠纷，行政处罚等方面对发行人合法合规性及持续经营的影响；

（七）发行失败风险，包括发行认购不足等风险；

（八）特别表决权股份或类似公司治理特殊安排的风险；

（九）可能严重影响公司持续经营的其他因素。

第四节 发行人基本情况

第三十八条 发行人应披露其基本信息，主要包括：

（一）注册中、英文名称；

（二）统一社会信用代码；

（三）注册资本；

（四）法定代表人；

（五）成立日期；

（六）住所和邮政编码；

（七）电话、传真号码；

（八）互联网网址；

（九）电子信箱；

（十）负责信息披露和投资者关系的部门、负责人和电话号码。

第三十九条 发行人应披露在全国股转系统挂牌期间的基本情况，主要包括：

（一）证券简称、证券代码、挂牌日期和目前所属层级；

（二）主办券商及其变动情况；

（三）报告期内年报审计机构及其变动情况；

（四）股票交易方式及其变更情况；

（五）报告期内发行融资情况，包括但不限于发行方式、金额、资金用途等；

（六）报告期内重大资产重组情况，对发行人业务和管理、股权结构及经营业绩的影响；

（七）报告期内控制权变动情况；

（八）报告期内股利分配情况。

第四十条 发行人应采用图表等形式全面披露持有发行人5%以上股份或表决权的主要股东、实际控制人，控股股东、实际控制人所控制的其他企业，发行人的分公司、控股子公司、参股公司以及其他有重要影响的关联方。

第四十一条 发行人应披露持有发行人5%以上股份或表决权的主要股东及发行人实际控制人的基本情况，主要包括：

（一）持有发行人5%以上股份或表决权的主要股东及发行人实际控制人为法人的，应披露成立时间、注册资本、实收资本、注册地和主要生产经营地、股东构成、主营业务及其与发行人主营业务的关系；为自然人的，应披露其国籍及拥有境外居留权情况、身份证件类型及号码和其在发行人处担任的职务；为合伙企业等非法人组织的，应披露该合伙企业的合伙人构成、出资比例；

发行人的控股股东及实际控制人为法人的，还应披露其最近一年及一期末的总资产和净资产、最近一年及一期的净利润，并标明有关财务数据是否经过审计及审计机构名称；

（二）控股股东和实际控制人及持有发行人5%以上股份或表决权的主要股东直接或间接持有发行人的股份是否存在涉诉、质押、冻结或其他有争议的情况；

（三）实际控制人应披露至最终的国有控股主体、集体组织、自然人等；

（四）无控股股东、实际控制人的，应参照本条对发行人控股股东及实际控制人的要求披露对发行人有重大影响的股东情况。

第四十二条 发行人应披露有关股本的情况，主要包括：

（一）本次发行前的总股本、本次拟发行的股份及占发行后总股本的比例；

（二）本次发行前的前十名股东持股数量、股份性质及其限售情况。

第四十三条 发行人应披露本次公开发行申报前已经制定或实施的股权激励及相关安排（如限制性股票、股票期权等），发行人控股股东、实际控制人与其他股东签署的特殊投资约定等可能导致股权结构变化的事项，并说明其对公司经营状况、财务状况、控制权变化等方面的影响。

第四十四条 发行人应简要披露其控股子公司、有重大影响的参股公司的情况，主要包括成立时间、注册资本、实收资本、注册地和主要生产经营地、股东构成及控制情况、主营业务及其与发行人主营业务的关系、主要产品（或服务）、最近一年及一期末的总资产和净资产、最近一年及一期的净利润，并标明有关财务数据是否经过审计及审计机构名称。

发行人应列表简要披露其他参股公司的情况，包括出资金额、持股比例、入股时间、控股方及主营业务情况等。

第四十五条 发行人应披露董事、监事、高级管理人员的简要情况，主要包括：姓名，国籍及境外居留权，性别，出生年月，学历及专业背景，职称，职业经历（应包含曾经担任的重要职务及任期、主要负责内容及重大工作成果），现任职务及任期，兼职情况及兼职单位与发行人的关联关系，与其他董事、监事、高级管理人员的亲属关系，薪酬情况（应包含薪酬组成、确定依据、报告期内薪酬总额占各期发行人利润总额的比重等）。

第四十六条 发行人应列表披露董事、监事、高级管理人员及其近亲属直接或间接持有发行人股份的情况、持有人姓名，所持股份的涉诉、质押或冻结情况，以及是否履行相关信息披露义务。

发行人应披露董事、监事、高级管理人员与发行人业务相关的对外投资情况，包括投资金额、持股比例、有关承诺和协议，对于存在利益冲突情形的，应披露解决情况。

第四十七条 发行人应充分披露报告期内发行人、控股股东、实际控制人、持股5%以上股东以及发行人的董事、监事、高级管理人员等责任主体所作出的重要承诺及承诺的履行情况，以及其他与本次发行相关的承诺事项，如规范或避免同业竞争承诺、减持意向或价格承诺、稳定公司股价预案以及相关约束措施等。

第五节 业务和技术

第四十八条 发行人应清晰、准确、客观地披露主营业务、主要产品或服务的情况，包括：

（一）主营业务、主要产品或服务的基本情况，主营业务收入的主要构成；

（二）主要经营模式，如盈利模式、采购模式、生产或服务模式、营销及管理模式等，分析采用目前经营模式的原因、影响经营模式的关键因素、经营模式及其影响因素在报告期内的变化情况及未来变化趋势。发行人的业务及其模式具有创新性的，还应披露其独特性、创新内容及持续创新机制；

（三）设立以来主营业务、主要产品或服务、主要经营模式的演变情况；

（四）发行人应结合内部组织结构（包括部门、生产车间、子公司、分公司等）披露主要生产（或服务）流程、方式；

（五）生产经营中涉及的主要环境污染物、主要处理设施及处理能力。

第四十九条 发行人应结合所处行业基本情况披露其竞争状况，主要包括：

（一）所属行业及确定所属行业的依据；

（二）发行人所处行业的主管部门、监管体制、主要法律法规和政策及对发行人经营发展的影响等；

（三）行业技术水平及技术特点、主要技术门槛和技术壁垒，衡量核心竞争力的关键指标，行业技术的发展趋势，行业特有的经营模式、周期性、区域性或季节性特征等；

（四）发行人产品或服务的市场地位、行业内的主要企业、竞争优势与劣势、行业发展态势、面临的机遇与挑战，以及上述情况在报告期内的变化及未来可预见的变化趋势；

（五）发行人与同行业可比公司在经营情况、市场地位、技术实力、衡量核心竞争力的关键业务数据、指标等方面的比较情况。

第五十条 发行人应根据重要性原则披露主营业务的具体情况，主要包括：

（一）销售情况和主要客户：报告期内各期主要产品或服务的规模（产能、产量、销量，或服务能力、服务量）、销售收入、产品或服务的主要客户群体、销售价格的总体变动情况；存在多种销售模式的，应披露各销售模式的规模及占当期销售总额的比重。报告期内各期向前五名客户合计的销售额占各期销售总额的百分比，向单个客户的销售比例超过总额的50%的、前五名客户中存在新增客户的或严重依赖于少数客户的，应披露其名称或姓名、销售比例，该客户为发行人关联方的，应披露产品最终实现销售的情况。受同一实际控制人控制的客户，应合并计算销售额；

（二）采购情况和主要供应商：报告期内采购产品、原材料、能源或接受服务的情况，相关价格变动趋势；报告期内各期向前五名供应商合计的采购额占当期采购总额的百分比，向单个供应商的采购比例超过总额的50%的、前五名供应商中存在新增供应商的或严重依赖于少数供应商的，应披露其名称或姓名、采购比例。受同一实际控制人控制的供应商，应合并计算采购额；

（三）董事、监事、高级管理人员、主要关联方在上述客户或供应商中所占的权益；若无，应明确说明；

（四）报告期内对持续经营有重要影响的合同的基本情况，包括合同当事人、合同标的、合同价款或报酬、履行期限、实际履行情况等；与同一交易主体在一个会计年度内连续发生的相同内容或性质的合同应累计计算。发行人还应披露重大影响的判断标准。

第五十一条 发行人应遵循重要性原则披露与其业务相关的关键资源要素，主要包括：

（一）产品（或服务）所使用的主要技术、技术来源及所处阶段（如处于基础研究、试生产、小批量生产或大批量生产阶段），说明技术属于原始创新、集成创新或引进消化吸收再创新的情况；披露核心技术与已取得的专利及非专利技术的对应关系，以及在主营业务及产品（或服务）中的应用，并披露核心技术产品收入占营业收入的比例。产品（或服务）所使用的主要技术为外购的，应披露相关协议中的权利义务安排；

（二）取得的业务许可资格或资质情况，主要包括名称、内容、授予机构、有效期限；

（三）拥有的特许经营权的情况，主要包括特许经营权的取得、特许经营权的期限、费用标准，对发行人业务的影响；

（四）对主要业务有重大影响的主要固定资产、无形资产的构成，分析其与所提供产品或服务的内在联系，是否存在瑕疵、纠纷和潜在纠纷，是否对发行人持续经营存在重大不利影响。发行人允许他人使用自己所有的资产，或作为被许可方使用他人资产的，应披露许可合同的主要内容，主要包括许可人、被许可人、许可使用的具体资产内容、许可方式、许可年限、许可使用费等；

（五）员工情况，包括人数、年龄分布、专业构成、学历结构等。核心技术（业务）人员的姓名、年龄、主要业务经历及职务、现任职务与任期、所取得的专业资质及重要科研成果、获得的奖项、持有发行人的股份情况、对外投资情况及兼职情况，核心技术（业务）人员是否存在侵犯第三方知识产权或商业秘密、违反与第三方的竞业限制约定或保密协议的情况，报告期内核心技术（业务）人员的主要变动情况及对发行人的影响；

（六）正在从事的研发项目、所处阶段及进展情况、相应人员、经费投入、拟达到的目标；结合行业技术发展趋势，披露相关科研项目与行业技术水平的比较；披露报告期内研发投入的构成、占营业收入的比例。与其他单位合作研发的，还应披露合作协议的主要内容，权利义务划分约定及采取的保密措施等。

第五十二条　发行人在境外进行生产经营的，应对有关业务活动进行地域性分析。发行人拥有境外资产的，应详细披露该项资产的规模、所在地、经营管理情况等。

第六节　公司治理

第五十三条　发行人应披露股东大会、董事会、监事会、独立董事、董事会秘书制度的建立健全及运行情况，说明上述机构和人员履行职责的情况。

第五十四条　发行人存在特别表决权股份或类似安排的，应披露相关安排的基本情况，包括设置特别表决权安排的股东大会决议、特别表决权安排运行期限、持有人资格、特别表决权股份拥有的表决权数量与普通股份拥有表决权数量的比例安排、持有人所持特别表决权股份能够参与表决的股东大会事项范围、特别表决权股份锁定安排及转让限制等，还应披露特别表决权安排可能导致的相关风险、对公司治理的影响、相关投资者保护措施，以及保荐人和发行人律师针对上述事项是否合法合规发表的专业意见。

第五十五条　发行人应结合内部控制的要素简要说明公司内部控制的基本情况，

并披露公司管理层对内部控制完整性、合理性及有效性的自我评估意见以及注册会计师对公司内部控制的鉴证意见。注册会计师指出公司内部控制存在缺陷的，发行人应予披露并说明改进措施。

第五十六条 发行人应披露报告期内存在的违法违规行为及受到的行政处罚情况，并说明对发行人的影响。

第五十七条 发行人应披露报告期内是否存在资金被控股股东、实际控制人及其控制的其他企业以借款、代偿债务、代垫款项或者其他方式占用的情况，固定资产、无形资产等资产被控股股东、实际控制人及其控制的其他企业转移的情况，或者为控股股东、实际控制人及其控制的其他企业担保的情况。

第五十八条 发行人应披露是否存在与控股股东、实际控制人及其控制的其他企业从事相同、相似业务的情况，如存在的，应对不存在对发行人构成重大不利影响的同业竞争作出合理解释，并披露发行人防范利益输送、利益冲突及保持独立性的具体安排。

发行人控股股东、实际控制人作出规范或避免同业竞争承诺的，发行人应披露承诺的履行情况。

第五十九条 发行人应根据《公司法》、企业会计准则及中国证监会有关规定进行关联方认定，充分披露关联方、关联关系和关联交易。

发行人应披露报告期内发生的关联交易是否已履行《公司法》、公司章程规定的决策程序，以及是否履行相关信息披露义务。

发行人应根据交易的性质和频率，按照经常性和偶发性分类披露关联交易及关联交易对其财务状况和经营成果的影响。

购销商品、提供劳务等经常性关联交易，应分别披露报告期内关联方名称、交易内容、交易价格的确定方法、交易金额、占当期营业收入或营业成本的比重、占当期同类型交易的比重以及关联交易增减变化的趋势，与交易相关应收应付款项的余额及增减变化的原因，以及上述关联交易是否仍将持续进行。

偶发性关联交易，应披露关联方名称、交易时间、交易内容、交易金额、交易价格的确定方法、资金结算情况、交易产生的利润及对发行人当期经营成果的影响、交易对公司主营业务的影响。

发行人应披露报告期内关联方的变化情况。由关联方变为非关联方的，发行人应比照关联交易的要求持续披露与上述原关联方的后续交易情况，以及相关资产、人员的去向等。

发行人应披露报告期内所发生的全部关联交易的简要汇总表。

第七节 财务会计信息

第六十条 发行人应披露报告期内的资产负债表、利润表和现金流量表，以及会计师事务所的审计意见类型。发行人编制合并财务报表的，原则上只需披露合并财务报表，同时说明合并财务报表的编制基础、合并范围及变化情况。但合并财务报表与母公司财务报表存在显著差异的，应披露母公司财务报表。

第六十一条 发行人应结合业务活动实质、经营模式、关键审计事项等充分披露对公允反映公司财务状况和经营成果有重大影响的会计政策和会计估计。发行人重大会计政策或会计估计与可比公司存在较大差异的，应分析重大会计政策或会计估计的差异产生的原因及对公司的影响。

第六十二条 发行人存在多个业务或地区分部的，应披露分部信息。发行人分析公司财务会计信息时，应当利用分部信息。

第六十三条 发行人应依据经注册会计师鉴证的非经常性损益明细表，以合并财务报表的数据为基础，披露报告期非经常性损益的具体内容、金额及对当期经营成果的影响，并计算报告期扣除非经常性损益后的净利润金额。

第六十四条 发行人应列表披露最近三年及一期的主要会计数据及财务指标，主要包括：资产总额、股东权益合计、归属于母公司所有者的股东权益、每股净资产、归属于母公司所有者的每股净资产、资产负债率、营业收入、毛利率、净利润、归属于母公司所有者的净利润、扣除非经常性损益后的净利润、归属于母公司所有者的扣除非经常性损益后的净利润、息税折旧摊销前利润、加权平均净资产收益率、扣除非经常性损益后净资产收益率、基本每股收益、稀释每股收益、经营活动产生的现金流量净额、每股经营活动产生的现金流量净额、研发投入占营业收入的比例、应收账款周转率、存货周转率、流动比率、速动比率。除特别指出外，上述财务指标应以合并财务报表的数据为基础进行计算。相关指标的计算应执行中国证监会的有关规定。

第六十五条 发行人认为提供盈利预测报告将有助于投资者对发行人及投资于发行人的股票作出正确判断，且发行人确信能对最近的未来期间的盈利情况作出比较切合实际的预测的，发行人可以披露盈利预测报告。

发行人披露盈利预测报告的，应声明："本公司盈利预测报告是管理层在最佳估计假设的基础上编制的，但所依据的各种假设具有不确定性，投资者进行投资决策时应谨慎使用。"发行人应提示投资者阅读盈利预测报告及审核报告全文。发行人应在"重大事项提示"中提醒投资者关注已披露的盈利预测信息。

第八节　管理层讨论与分析

第六十六条 发行人应主要依据最近三年及一期的合并财务报表分析发行人财务状况、盈利能力及现金流量等情况。分析时不应仅以引述方式重复财务报表的内容，应选择使用逐年比较、与同行业对比分析等便于理解的形式。选择同行业公司对比分析时，发行人应披露选择相关公司的原因，分析所选公司与发行人之间的可比性。分析影响因素时不应仅限于财务因素，还应包括非财务因素，并将财务会计信息与业务经营信息对比印证。

第六十七条 发行人应结合“业务和技术”中披露的自身业务特点等要素深入分析影响收入、成本、费用和利润的主要因素，以及对发行人具有核心意义或其变动对业绩变动具有较强预示作用的财务或非财务指标；分析报告期内上述因素和指标对财务状况和盈利能力的影响程度，及其对公司未来财务状况和盈利能力可能产生的影响。目前已经存在新的趋势或变化，可能对公司未来财务状况和盈利能力产生重大影响的，发行人应分析具体的影响。

第六十八条 发行人财务状况分析应结合最近三年及一期末资产、负债的主要构成，对资产、负债结构变动的主要原因、影响因素及程度进行充分说明，包括但不限于下列内容：

（一）最近三年及一期末应收款项的账面原值、坏账准备、账面价值，结合应收款项的构成、账龄、信用期、主要债务人等，分析说明报告期内应收款项的变动情况及原因、期后回款进度；坏账准备的计提比例是否与实际状况相符、是否与同行业可比公司存在显著差异；最近三年及一期末主要客户和新增主要客户的应收款项金额、占比情况；

（二）最近三年及一期末存货的类别、账面价值、存货跌价准备，结合业务模式、内控制度、存货构成等因素，分析说明报告期内存货余额的变动情况及原因，并对存货跌价准备计提的充分性进行分析；

（三）最近一期末持有金额较大的金融资产、借与他人款项、委托理财等财务性投资的，应分析其投资目的、对发行人资金安排的影响、投资期限、发行人对投资的监管方案、投资的可回收性及减值准备计提的充足性；

（四）结合报告期内产能、业务量或生产经营情况等因素，说明固定资产结构与变动原因，重要固定资产折旧年限与同行业可比公司相比是否合理；报告期内大额在建工程的具体情况，包括项目名称、预算金额、实际金额及变动情况、利息资本化的情况、资金来源、预计未来转入固定资产的时间与条件、项目建设完成后相关产能情况等；固定资产与在建工程是否存在重大减值因素；

（五）最近三年及一期末无形资产的主要类别与变动原因，无形资产减值测试的方法与结果；报告期内存在研发支出资本化的，应披露开发阶段资本化及开发支出结转无形资产的具体时点和条件，研发支出资本化对公司损益的影响以及发行人在研发支出资本化方面的内控制度等，并说明具体项目、依据、时间及金额；

（六）最近一期末商誉的形成原因、增减变动情况，商誉减值测试过程与方法；

（七）最近一期末的主要债项，包括银行借款、关联方借款、合同承诺债务、或有负债等主要债项的金额、期限、利率及利息费用等情况。有逾期未偿还债项的，应说明其金额、利率、用途、未按期偿还的原因、预计还款期等。结合主要债项的构成、比例、用途等，分析说明报告期内债项的变动情况及原因，并说明借款费用资本化情况。发行人应分析可预见的未来需偿还的负债金额及相应利息金额，并结合发行人的现金流量状况、在银行的资信状况、可利用的融资渠道及授信额度、表内负债、表外融资情况及或有负债等情况，分析发行人的偿债能力和流动性风险。

第六十九条 发行人盈利能力分析应按照利润表项目对最近三年及一期经营成果变化的原因、影响因素、程度和风险趋势进行充分说明，包括但不限于下列内容：

（一）最近三年及一期营业收入构成情况，并分别按照产品（或服务）类别及业务、地区分布分类列示；分析营业收入增减变化的情况及原因；披露主要产品（或服务）的销售价格、销售量的变化情况及原因；营业收入存在季节性波动的，应分析说明其原因及合理性；

（二）最近三年及一期营业成本的主要构成情况；结合主要原材料和能源的采购数量及采购价格等，披露营业成本增减变化情况及原因；

（三）最近三年及一期的综合毛利率、分产品（或服务）的毛利率及变动情况；报告期内毛利率发生重大变化的，以数据分析方式说明相关因素对毛利率变动的影响程度；

（四）最近三年及一期销售费用、管理费用、财务费用的构成及变动情况，说明上述费用占同期营业收入的比例，以及与主营业务的匹配情况，并解释异常波动的原因；与同行业可比公司相比如存在显著差异，应结合业务特点和经营模式分析原因；

（五）最近三年及一期营业利润、利润总额和净利润金额，分析发行人净利润的主要来源及净利润增减变化情况及原因；

（六）最近三年及一期非经常性损益、合并财务报表范围以外的投资收益对公司经营成果有重大影响的，应当分析原因及对公司经营成果及盈利能力稳定性的影响；区分并分析与收益相关或与资产相关政府补助对发行人报告期与未来期间的影响。

第七十条 现金流量的分析一般应包括下列内容：

（一）最近三年及一期经营活动产生的现金流量、投资活动产生的现金流量、筹资活动产生的现金流量的基本情况和变动原因；

（二）最近三年及一期经营活动产生的现金流量净额为负数或者与净利润存在较大差异的，应分析披露原因。

第七十一条 资本性支出分析一般应包括：

（一）最近三年及一期重大资本性支出的情况；如果资本性支出导致发行人固定资产大规模增加或进行跨行业投资的，应当分析资本性支出对发行人主要业务和经营成果的影响；

（二）截至报告期末的重大资本性支出决议以及未来可预见的重大资本性支出计划及资金需求量，如涉及跨行业投资的，应说明其与发行人业务发展规划的关系。

第七十二条 发行人应披露最近三年及一期执行的税收政策、缴纳的税种，并按税种分项说明执行的税率。存在税收减、免、返、退或其他税收优惠的，应按税种分项说明相关法律法规或政策依据、批准或备案认定情况、具体幅度及有效期限。报告期内发行人税收政策存在重大变化或者税收优惠政策对发行人经营成果有重大影响的，发行人应披露税收政策变化对经营成果的影响情况或者报告期内每期税收优惠占税前利润的比例，并对发行人是否对税收优惠存在严重依赖、未来税收优惠的可持续性等进行分析。

第七十三条 发行人最近三年及一期存在会计政策变更、会计估计变更的，应披露变更的性质、内容、原因、变更影响数的处理方法及对发行人财务状况、经营成果的影响；发行人最近三年及一期存在会计差错更正的，应披露前期差错的性质、影响。

第七十四条 发行人存在重大期后事项和其他或有事项的，应说明其对发行人财务状况、盈利能力及持续经营的影响。

第七十五条 发行人应披露本次发行完成前滚存利润的分配安排和已履行的决策程序。若发行前的滚存利润归发行前的股东享有，应披露滚存利润的审计和实际派发情况，同时在招股说明书首页对滚存利润中由发行前股东单独享有的金额以及是否派发完毕作“重大事项提示”。

第九节 募集资金运用

第七十六条 发行人应结合公司现有主营业务、生产经营规模、财务状况、技术条件、管理能力、发展目标合理确定本次发行募集资金用途和规模。发行人应披露募集资金的具体用途和使用安排、募集资金管理制度、专户存储安排等情况。

第七十七条 发行人应根据重要性原则披露募集资金运用情况：

（一）募集资金拟用于项目建设的，应当说明资金需求和资金投入安排，是否符合国家产业政策和法律、行政法规的规定；并披露所涉及审批或备案程序、土地、房产和环保事项等相关情况；

（二）募集资金拟用于购买资产的，应当对标的资产的情况进行说明，并列明收购后对发行人资产质量及持续经营能力的影响、是否构成重大资产重组，如构成，应说明是否符合重大资产重组的有关规定并披露相关信息；募集资金拟用于向发行人控股股东、实际控制人或其关联方收购资产的，如对被收购资产有效益承诺，应披露效益无法完成时的补偿责任；

（三）募集资金拟用于补充流动资金的，应当说明主要用途及合理性；

（四）募集资金拟用于偿还银行贷款的，应当列明拟偿还贷款的明细情况及贷款的使用情况；

（五）募集资金拟用于其他用途的，应当明确披露募集资金用途、资金需求的测算过程及募集资金的投入安排。

第七十八条 发行人应披露报告期内募集资金运用的基本情况。如存在变更募集资金用途的，应列表披露历次变更情况、披露募集资金的变更金额及占所募集资金净额的比例，并说明变更事项是否已经公司董事会、股东大会审议以及变更后的具体用途。

第十节　其他重要事项

第七十九条　发行人尚未盈利或存在累计未弥补亏损的，应披露成因、影响及改善措施，包括但不限于：

（一）发行人应结合行业特点分析该等情形的成因，充分披露尚未盈利或存在累计未弥补亏损对公司现金流、业务拓展、人才吸引、团队稳定性、研发投入、战略性投入、生产经营可持续性等方面的影响；

（二）发行人改善盈利状况的经营策略，未来是否可实现盈利的前瞻性信息及其依据、基础假设等。

披露前瞻性信息的，发行人应声明："本公司前瞻性信息是建立在推测性假设的数据基础上的预测，具有重大不确定性，投资者进行投资决策时应谨慎使用。"

第八十条　发行人应披露当前对外担保的情况，主要包括：

（一）被担保人的名称、注册资本、实收资本、住所、生产经营情况、与发行人的关系以及最近一年及一期末的总资产、净资产和最近一年及一期的净利润，并标明有关财务数据是否经过审计及审计机构名称；

（二）主债务的种类、金额和履行债务的期限；

（三）担保方式：采用保证方式还是抵押、质押方式；采用抵押、质押方式的，应披露担保物的种类、数量、价值等相关情况；

（四）担保范围；

（五）担保期间；

（六）争议解决安排；

（七）其他对担保人有重大影响的条款；

（八）担保履行情况；

（九）如存在反担保的，应简要披露相关情况；

（十）该等担保对发行人业务经营与财务状况的影响。

第八十一条　发行人应披露对财务状况、经营成果、声誉、业务活动、未来前景等可能产生重大影响的诉讼或仲裁事项，以及控股股东或实际控制人、控股子公司，发行人董事、监事、高级管理人员和核心技术（业务）人员作为一方当事人可能对发行人产生影响的刑事诉讼、重大诉讼或仲裁事项，主要包括：

（一）案件受理情况和基本案情；

（二）诉讼或仲裁请求；

（三）判决、裁决结果及执行情况；

（四）诉讼、仲裁案件对发行人的影响。

第八十二条 发行人应披露控股股东、实际控制人、董事、监事、高级管理人员报告期内是否存在重大违法行为。

第十一节 声明与承诺

第八十三条 发行人全体董事、监事、高级管理人员应在招股说明书正文的尾页声明：

"本公司全体董事、监事、高级管理人员承诺本招股说明书不存在虚假记载、误导性陈述或重大遗漏，并对其真实性、准确性、完整性承担连带责任。"

声明应由发行人全体董事、监事、高级管理人员签名，并由发行人加盖公章。

第八十四条 发行人控股股东、实际控制人应在招股说明书正文后声明：

"本公司或本人承诺本招股说明书不存在虚假记载、误导性陈述或重大遗漏，并对其真实性、准确性、完整性承担连带责任。"

声明应由控股股东、实际控制人签名，加盖公章。

第八十五条 保荐人（主承销商）应在招股说明书正文后声明：

"本公司已对招股说明书进行了核查，确认不存在虚假记载、误导性陈述或重大遗漏，并对其真实性、准确性、完整性承担连带责任。"

声明应由法定代表人、保荐代表人、项目协办人签名，并由保荐人（主承销商）加盖公章。

第八十六条 发行人律师应在招股说明书正文后声明：

"本所及经办律师已阅读招股说明书，确认招股说明书与本所出具的法律意见书和律师工作报告无矛盾之处。本所及经办律师对发行人在招股说明书中引用的法律意见书和律师工作报告的内容无异议，确认招股说明书不致因上述内容而出现虚假记载、误导性陈述或重大遗漏，并对其真实性、准确性、完整性承担连带责任。"

声明应由经办律师及所在律师事务所负责人签名，并由律师事务所加盖公章。

第八十七条 承担审计业务的会计师事务所应在招股说明书正文后声明：

"本所及签字注册会计师已阅读招股说明书，确认招股说明书与本所出具的审计报告、盈利预测审核报告（如有）、内部控制鉴证报告、发行人前次募集资金使用情况的报告（如有）及经本所鉴证的非经常性损益明细表等无矛盾之处。本所及签字注册会计师对发行人在招股说明书中引用的审计报告、盈利预测审核报告（如有）、内部控制鉴证报告、发行人前次募集资金使用情况的报告（如有）及经本所鉴证的非经常性损益明细表内容无异议，确认招股说明书不致因上述内容而出现虚假记载、误导性陈述或重大遗漏，并对其真实性、准确性、完整性承担连带责任。"

声明应由签字注册会计师及所在会计师事务所负责人签名，并由会计师事务所加盖公章。

第八十八条 承担评估业务的资产评估机构应在招股说明书正文后声明：

“本机构及签字注册资产评估师已阅读招股说明书，确认招股说明书与本机构出具的资产评估报告无矛盾之处。本机构及签字注册资产评估师对发行人在招股说明书中引用的资产评估报告的内容无异议，确认招股说明书不致因上述内容而出现虚假记载、误导性陈述或重大遗漏，并对其真实性、准确性、完整性承担连带责任。”

声明应由签字注册资产评估师及所在资产评估机构负责人签名，并由资产评估机构加盖公章。

第八十九条 本准则所要求的有关人员的签名下方应以印刷体形式注明其姓名。

第十二节 备查文件

第九十条 招股说明书结尾应列明备查文件，应包括下列文件：

（一）发行保荐书；

（二）上市保荐书；

（三）法律意见书；

（四）财务报告及审计报告；

（五）资产评估报告（如有）；

（六）公司章程（草案）；

（七）发行人及其他责任主体作出的与发行人本次发行相关的承诺事项；

（八）盈利预测报告及审核报告（如有）；

（九）内部控制鉴证报告；

（十）经注册会计师鉴证的发行人前次募集资金使用情况报告；

（十一）经注册会计师鉴证的非经常性损益明细表；

（十二）中国证监会同意本次公开发行注册的文件；

（十三）其他与本次发行有关的重要文件。

第三章 附则

第九十一条 本准则自2021年11月15日起施行。

公开发行证券的公司信息披露内容与格式准则第 47 号——向不特定合格投资者公开发行股票并在北京证券交易所上市申请文件

中国证券监督管理委员会公告〔2021〕27 号

现公布《公开发行证券的公司信息披露内容与格式准则第 47 号——向不特定合格投资者公开发行股票并在北京证券交易所上市申请文件》，自 2021 年 11 月 15 日起施行。

中国证监会

2021 年 10 月 30 日

公开发行证券的公司信息披露内容与格式准则第 47 号——向不特定合格投资者公开发行股票并在北京证券交易所上市申请文件

第一条 为了规范向不特定合格投资者公开发行股票（以下简称公开发行）并在北京证券交易所上市申请文件的格式和报送行为，根据《证券法》《北京证券交易所向不特定合格投资者公开发行股票注册管理办法（试行）》（证监会令第 187 号）的规定，制定本准则。

第二条 申请公开发行并在北京证券交易所上市的公司（以下简称发行人）应按本准则的规定制作和报送申请文件，并通过北京证券交易所（以下简称北交所）发行上市审核业务系统报送电子文件。

报送的电子文件应和预留原件一致。发行人律师应对所报送电子文件与预留原件的一致性出具鉴证意见。报送的电子文件和预留原件具有同等的法律效力。

第三条 本准则规定的申请文件目录是对发行申请文件的最低要求，中国证券监督管理委员会（以下简称中国证监会）和北交所可以要求发行人和中介机构补充及更新材料。如果某些材料对发行人不适用，可不提供，但应作出书面说明。

第四条 招股说明书的有效期为 6 个月，自公开发行前最后一次签署之日起计算。

招股说明书引用的财务报告在其最近一期截止日后 6 个月内有效，特殊情况下发行人可申请适当延长，但最多不超过 3 个月。

第五条 申请文件一经受理，未经同意，不得增加、撤回或更换。

第六条 发行人应确保申请文件的原始纸质文件已存档。

发行人不能提供有关文件原件的，应由发行人律师提供鉴证意见，或由出文单位盖章，以保证与原件一致。如原出文单位不再存续，由承继其职能的单位或作出撤销决定的单位出文证明文件的真实性。

第七条 申请文件所有需要签名处，应载明签名字样的印刷体，并由签名人亲笔签名，不得以名章、签名章等代替。

申请文件中需要由发行人律师鉴证的文件，发行人律师应在该文件首页注明“以下第×××页至第×××页与原件一致”，并签名和签署鉴证日期，律师事务所应在该文件首页加盖公章，并在第×××页至第×××页侧面以公章加盖骑缝章。

第八条 发行人应根据北交所对申请文件的问询及中国证监会对申请文件的反馈问题提供补充材料或更新材料。有关中介机构应对相关问题进行尽职调查并补充出具专业意见。

第九条 未按本准则的要求制作和报送申请文件的，北交所按照有关规定不予受理。

第十条 本准则自 2021 年 11 月 15 日起施行。

附件：向不特定合格投资者公开发行股票并在北京证券交易所上市申请文件目录

附件

向不特定合格投资者公开发行股票并在北京证券交易所上市申请文件目录

一、发行文件

1-1　招股说明书（申报稿）

二、发行人关于本次发行上市的申请与授权文件

2-1　发行人关于本次公开发行股票并在北交所上市的申请报告

2-2　发行人董事会有关本次公开发行并在北交所上市的决议

2-3　发行人股东大会有关本次公开发行并在北交所上市的决议

2-4　发行人监事会对招股说明书真实性、准确性、完整性的书面审核意见

三、保荐人关于本次发行的文件

3-1　发行保荐书

3-2　上市保荐书

3-3　保荐工作报告

四、会计师关于本次发行的文件

4-1　最近三年及一期的财务报告和审计报告

4-2　盈利预测报告及审核报告（如有）

4-3　内部控制鉴证报告

4-4　经注册会计师鉴证的非经常性损益明细表

4-5　会计师事务所关于发行人前次募集资金使用情况的报告（如有）

五、律师关于本次发行的文件

5-1　法律意见书

5-2　律师工作报告

5-3　发行人律师关于发行人董事、监事、高级管理人员、发行人控股股东和实际控制人在相关文件上签名盖章的真实性的鉴证意见

5-4　关于申请电子文件与预留原件一致的鉴证意见

六、关于本次发行募集资金运用的文件

6-1　募集资金投资项目的审批、核准或备案文件（如有）

6-2　发行人拟收购资产（包括权益）的有关财务报告、审计报告、资产评估报告（如有）

6-3　发行人拟收购资产（包括权益）的合同或其草案（如有）

七、其他文件

7-1 发行人营业执照及公司章程（草案）

7-2 发行人控股股东、实际控制人最近一年及一期的财务报告及审计报告（如有）

7-3 承诺事项

7-3-1 发行人及其控股股东、实际控制人、持股5%以上股东以及发行人董事、监事、高级管理人员等责任主体的重要承诺及未履行承诺的约束措施

7-3-2 发行人及其控股股东、实际控制人、全体董事、监事、高级管理人员、保荐人（主承销商）、律师事务所、会计师事务所及其他证券服务机构对发行申请文件真实性、准确性、完整性的承诺书

7-3-3 发行人、保荐人关于申请电子文件与预留原件一致的承诺函

7-4 信息披露豁免申请及保荐人核查意见（如有）

7-5 特定行业（或企业）管理部门出具的相关意见（如有）

7-6 保荐协议

7-7 其他文件

公开发行证券的公司信息披露内容与格式准则第 48 号——北京证券交易所上市公司向不特定合格投资者公开发行股票募集说明书

中国证券监督管理委员会公告〔2021〕28 号

现公布《公开发行证券的公司信息披露内容与格式准则第 48 号——北京证券交易所上市公司向不特定合格投资者公开发行股票募集说明书》，自 2021 年 11 月 15 日起施行。

中国证监会

2021 年 10 月 30 日

公开发行证券的公司信息披露内容与格式准则第 48 号——北京证券交易所上市公司向不特定合格投资者公开发行股票募集说明书

第一章 总则

第一条 为了规范北京证券交易所（以下简称北交所）上市公司向不特定合格投资者公开发行股票（以下简称公开发行）的信息披露行为，保护投资者的合法权益，根据《公司法》《证券法》和《北京证券交易所上市公司证券发行注册管理办法（试行）》（证监会令第 188 号）的规定，制定本准则。

第二条 北交所上市公司（以下简称上市公司）申请公开发行的，应按照本准则编制上市公司向不特定合格投资者公开发行股票募集说明书（以下简称募集说明书），作为公开发行的必备法律文件，并按本准则的规定进行披露。

第三条 本准则的规定是对募集说明书信息披露的最低要求。不论本准则是否有明确规定，凡对投资者作出价值判断和投资决策有重大影响的信息，均应披露。国家有关部门对上市公司信息披露另有规定的，上市公司还应当遵守其规定并履行信息披露义务。

募集说明书涉及未公开重大信息的，上市公司应按有关规定及时履行信息披露义务。

第四条 上市公司在募集说明书中披露预测性信息及其他涉及上市公司未来经营和财务状况信息，应当谨慎、合理。

第五条 上市公司作为信息披露第一责任人，应以投资者投资需求为导向编制募集说明书，为投资者作出价值判断和投资决策提供充分且必要的信息，保证相关信息的内容真实、准确、完整。

第六条 本准则某些具体要求对上市公司确实不适用的，上市公司可根据实际情况，在不影响披露内容完整性的前提下作适当调整，但应在申报时作书面说明。

第七条 上市公司有充分依据证明本准则要求披露的信息涉及国家秘密、商业秘密及其他因披露可能导致其违反国家有关保密法律法规或严重损害公司利益的，上市公司可申请豁免按本准则披露。

第八条 募集说明书的编制应当符合下列一般要求：

（一）信息披露内容应当简明易懂，语言应当浅白平实，便于投资者阅读、理解，应使用事实描述性语言，尽量采用图表、图片或其他较为直观的方式披露公司及其产品、财务等情况；

（二）应准确引用与本次发行有关的中介机构的专业意见或报告，引用第三方数据或结论的，应注明资料来源，确保有权威、客观、独立的依据并符合时效性要求；

（三）引用的数字应采用阿拉伯数字，有关金额的资料除特别说明之外，应指人民币金额，并以元、千元、万元或亿元为单位；

（四）上市公司可根据有关规定或其他需求，编制募集说明书外文译本，但应保证中外文文本的一致性，在对中外文本的理解上发生歧义时，以中文文本为准。

第九条 在不影响信息披露的完整性并保证阅读方便的前提下，上市公司可采用相互引征的方法，对各相关部分的内容进行适当的技术处理；对于曾在定期报告、临时报告和其他信息披露文件中披露过的信息，如事实未发生变化，上市公司可以采用索引的方式进行披露。

第十条 信息披露事项涉及重要性水平判断的，上市公司应结合自身业务特点，披露重要性水平的确定标准和依据。

第十一条 上市公司下属企业的资产、收入或利润规模对上市公司有重大影响的，应参照本准则的规定披露相关信息。

第十二条 上市公司在报送申请文件后，发生应予披露事项的，应按规定及时履行信息披露义务。

第十三条 上市公司应按照中国证券监督管理委员会（以下简称中国证监会）规定披露募集说明书（申报稿）。

上市公司应当在募集说明书（申报稿）显要位置作如下声明：“本公司的发行申请尚未经中国证监会注册。本募集说明书申报稿不具有据以发行股票的法律效力，投资者应当以正式公告的募集说明书全文作为投资决定的依据。”

第十四条 上市公司应当在符合《证券法》规定的信息披露平台披露募集说明书及其备查文件和中国证监会要求披露的其他文件，供投资者查阅。

上市公司可以将募集说明书及其备查文件刊登于其他报刊、网站，但披露内容应完全一致，且不得早于在符合《证券法》规定的信息披露平台的披露时间。

第十五条 上市公司公开发行招股意向书除发行数量、发行价格及筹资金额等内容可不确定外，其内容和格式应与募集说明书一致。

招股意向书应载明“本招股意向书的所有内容构成募集说明书不可撤销的组成部分，与募集说明书具有同等法律效力。”

第二章　募集说明书

第一节　封面、书脊、扉页、目录、释义

第十六条　募集说明书文本封面应标有“×××公司向不特定合格投资者公开发行股票募集说明书”字样，并载明上市公司名称、证券简称、证券代码和住所，保荐人、主承销商的名称和住所。

第十七条　募集说明书纸质文本书脊应标有“×××公司向不特定合格投资者公开发行股票募集说明书”字样。

第十八条　募集说明书扉页应载明下列内容：

（一）发行股票类型；

（二）发行股数；

（三）每股面值；

（四）定价方式；

（五）每股发行价格；

（六）预计发行日期；

（七）发行后总股本，发行境外上市外资股的公司还应披露在境内上市流通的股份数量和在境外上市流通的股份数量；

（八）保荐人、主承销商；

（九）募集说明书签署日期。

第十九条　上市公司应在募集说明书扉页的显要位置载明：

“中国证监会和北京证券交易所对本次发行所作的任何决定或意见，均不表明其对公开发行申请文件及所披露信息的真实性、准确性、完整性作出保证，也不表明其对上市公司的盈利能力、投资价值或者对投资者的收益作出实质性判断或者保证。任何与之相反的声明均属虚假不实陈述。

根据《证券法》的规定，股票依法发行后，上市公司经营与收益的变化，由上市公司自行负责；投资者自主判断上市公司的投资价值，自主作出投资决策，自行承担股票依法发行后因上市公司经营与收益变化或者股票价格变动引致的投资风险。”

第二十条　上市公司应在募集说明书扉页作出如下声明：

“上市公司及全体董事、监事、高级管理人员承诺募集说明书及其他信息披露资料不存在虚假记载、误导性陈述或重大遗漏，并对其真实性、准确性、完整性承担连带责任。

上市公司控股股东、实际控制人承诺募集说明书不存在虚假记载、误导性陈述或重大遗漏，并对其真实性、准确性、完整性承担连带责任。

公司负责人和主管会计工作的负责人、会计机构负责人保证募集说明书中财务会

计资料真实、准确、完整。

上市公司及全体董事、监事、高级管理人员、上市公司的控股股东、实际控制人以及保荐人、承销商承诺因上市公司募集说明书及其他信息披露资料有虚假记载、误导性陈述或重大遗漏，致使投资者在证券发行和交易中遭受损失的，将依法承担法律责任。

保荐人及证券服务机构承诺因其为上市公司本次公开发行股票制作、出具的文件有虚假记载、误导性陈述或重大遗漏，给投资者造成损失的，将依法承担法律责任。”

第二十一条 上市公司应根据本准则及相关规定，针对实际情况在募集说明书首页作“重大事项提示”，提醒投资者需特别关注的重要事项，并提醒投资者认真阅读募集说明书正文内容。

第二十二条 募集说明书的目录应标明各章、节的标题及相应的页码，内容编排应符合通行的惯例。

第二十三条 上市公司应对可能造成投资者理解障碍及有特定含义的术语作出释义。募集说明书的释义应在目录次页列示。

第二节 本次发行概览

第二十四条 上市公司应声明：“本概览仅对募集说明书作扼要提示。投资者作出投资决策前，应认真阅读募集说明书全文。”

第二十五条 上市公司应披露本次发行所履行的决策程序。本次发行依照法律法规的规定应取得其他监管机关审批的，应披露审批程序的办理情况。

第二十六条 上市公司应披露本次发行的基本情况，主要包括：

（一）发行股票类型；

（二）每股面值；

（三）发行股数、占发行后总股本的比例；

（四）定价方式；

（五）每股发行价格；

（六）发行市盈率、市净率；

（七）预测净利润及发行后每股收益（如有）；

（八）发行前和发行后的每股净资产、净资产收益率；

（九）本次发行股票的上市流通情况，包括各类投资者持有期的限制或承诺；

（十）发行方式和发行对象；

（十一）预计募集资金总额和净额，发行费用概算（包括保荐费用、承销费用、律师费用、审计费用、评估费用、发行手续费用等）；

（十二）承销方式及承销期；

（十三）承销期间的停牌、复牌及本次发行股份上市的时间安排；

（十四）询价对象范围及其他报价条件（如有）；

（十五）优先配售对象及条件（如有）。

第二十七条 上市公司应披露下列机构的名称、法定代表人、住所、联系电话、传真，同时应披露有关经办人员的姓名：

（一）保荐人、承销商；

（二）律师事务所；

（三）会计师事务所；

（四）资产评估机构（如有）；

（五）股票登记机构；

（六）收款银行；

（七）其他与本次发行有关的机构。

第二十八条 上市公司应披露其与本次发行有关的保荐人、承销商、证券服务机构及其负责人、高级管理人员、经办人员之间存在的直接或间接的股权关系或其他利害关系。

第二十九条 上市公司应简要披露上市公司及其控股股东、实际控制人的情况，概述上市公司主营业务的情况。

上市公司应列表披露最近三年及一期的主要会计数据及财务指标，主要包括：资产总额、股东权益合计、归属于母公司所有者的股东权益、资产负债率（母公司）、营业收入、毛利率、净利润、归属于母公司所有者的净利润、扣除非经常性损益后的净利润、归属于母公司所有者的扣除非经常性损益后的净利润、加权平均净资产收益率、扣除非经常性损益后净资产收益率、基本每股收益、稀释每股收益、经营活动产生的现金流量净额、研发投入占营业收入的比例。除特别指出外，上述财务指标应以合并财务报表的数据为基础进行计算。相关指标的计算应执行中国证监会的有关规定。

第三十条 上市公司应简要披露公司治理特殊安排等重要事项。

第三十一条 上市公司应简要披露募集资金用途。

第三节 风险因素

第三十二条 上市公司应遵循重要性原则披露可能直接或间接对上市公司及本次发行产生重大不利影响的所有风险因素。

第三十三条 上市公司应针对自身实际情况描述相关风险因素，描述应充分、准确、具体，并作定量分析，无法进行定量分析的，应有针对性地作出定性描述，但不得采用普遍适用的模糊表述；有关风险因素对上市公司生产经营状况和持续盈利能力有严重不利影响的，应作“重大事项提示”；风险因素中不得包含风险对策、上市公司竞争优势及任何可能减轻风险因素的类似表述。

第三十四条 上市公司应结合自身实际情况，披露由于技术、产品、政策、经营模式变化等可能导致的风险，包括但不限于：

（一）经营风险；

（二）财务风险；

（三）技术风险；

（四）人力资源风险；

（五）尚未盈利或存在累计未弥补亏损的风险，包括未来一定期间无法盈利或无法进行利润分配的风险，对上市公司资金状况、业务拓展、人才引进、团队稳定、研发投入、市场拓展等方面产生不利影响的风险等；

（六）法律风险；

（七）发行失败风险；

（八）特别表决权股份或类似公司治理特殊安排的风险；

（九）可能严重影响公司持续经营的其他因素。

第四节　上市公司基本情况

第三十五条　上市公司应披露其基本信息，主要包括：

（一）注册中、英文名称，证券简称、证券代码；

（二）统一社会信用代码；

（三）注册资本；

（四）法定代表人；

（五）成立日期；

（六）住所和邮政编码；

（七）电话、传真号码；

（八）互联网网址；

（九）电子信箱；

（十）负责信息披露和投资者关系的部门、负责人和电话号码。

第三十六条　上市公司应披露在北交所上市期间的基本情况，主要包括：

（一）报告期内发行融资情况，包括但不限于发行方式、金额、资金用途等；

（二）报告期内重大资产重组情况，对上市公司业务和管理、股权结构及经营业绩的影响；

（三）报告期内控制权变动情况；

（四）报告期内股利分配情况。

第三十七条　上市公司应采用图表等形式全面披露持有上市公司5%以上股份或表决权的主要股东、实际控制人，控股股东、实际控制人所控制的其他企业，上市公司的分公司、控股子公司、参股公司以及其他有重要影响的关联方。

第三十八条　上市公司应当披露控股股东、实际控制人的基本情况及上市以来

（上市超过三年的为最近三年）的变化情况，具体如下：

（一）实际控制人应披露至最终的国有控股主体、集体组织、自然人；

（二）上市公司的控股股东或实际控制人为自然人的，应披露其国籍及拥有境外居留权情况、身份证件类型及号码和其在上市公司处担任的职务；

（三）上市公司的控股股东或实际控制人为合伙企业等非法人组织的，应披露该合伙企业的合伙人构成、出资比例；

（四）上市公司的控股股东或实际控制人为法人的，应披露其最近一年及一期末的总资产和净资产、最近一年及一期的净利润，并标明有关财务数据是否经过审计及审计机构名称；

（五）控股股东和实际控制人直接或间接持有上市公司的股份是否存在涉诉、质押、冻结或其他有争议的情况；

（六）无控股股东、实际控制人的，应参照本条对上市公司控股股东及实际控制人的要求披露对上市公司有重大影响的股东情况。

第三十九条 上市公司应披露本次发行前的股本总额及前十大股东的姓名或名称、持股数量、股份性质、股份限售的有关情况。

第四十条 上市公司应披露本次公开发行申报前已经制定或实施的股权激励及相关安排（如限制性股票、股票期权等），上市公司控股股东、实际控制人与其他股东签署的特殊投资约定等可能导致股权结构变化的事项，并说明其对公司经营状况、财务状况、控制权变化等方面的影响。

第四十一条 上市公司应简要披露其控股子公司、有重大影响的参股公司的情况，主要包括成立时间、注册资本、实收资本、注册地和主要生产经营地、股东构成及控制情况、主营业务及其与上市公司主营业务的关系、主要产品或服务、最近一年及一期末的总资产和净资产、最近一年及一期的净利润，并标明有关财务数据是否经过审计及审计机构名称。

第四十二条 上市公司应披露董事、监事、高级管理人员的简要情况，主要包括：姓名，国籍及境外居留权，性别，出生年月，学历及专业背景，职称，职业经历，现任职务及任期，兼职情况及兼职单位与上市公司的关联关系，与其他董事、监事、高级管理人员的亲属关系，薪酬情况。

第四十三条 上市公司应列表披露董事、监事、高级管理人员及其近亲属直接或间接持有上市公司股份的情况，持有人姓名，所持股份的涉诉、质押或冻结情况，以及是否履行相关信息披露义务。

第四十四条 上市公司应充分披露报告期内上市公司、控股股东、实际控制人、持股5%以上的股东以及上市公司的董事、监事、高级管理人员等责任主体所作出的重要承诺及承诺的履行情况，以及其他与本次发行相关的承诺事项。

第五节　业务和技术

第四十五条　上市公司应清晰、准确、客观地披露主营业务、主要产品或服务的情况，包括：

（一）主营业务、主要产品或服务的基本情况，主营业务收入的主要构成；

（二）主要经营模式，如盈利模式、采购模式、生产或服务模式、营销及管理模式等；上市公司的业务及其模式具有创新性的，还应披露其独特性、创新内容及持续创新机制；

（三）上市以来（上市超过三年的为最近三年）主营业务、主要产品或服务、主要经营模式是否发生变化，以及演变情况；

（四）上市公司应结合内部组织结构（包括部门、生产车间、子公司、分公司等）披露主要生产或服务流程、方式；

（五）存在高危险、重污染情况的，还应当披露生产经营中涉及的主要环境污染物、主要处理设施及处理能力。

第四十六条　上市公司应结合所处行业基本情况披露其竞争状况，主要包括：

（一）所属行业及确定所属行业的依据，最近三年是否发生变化及变化情况；

（二）上市公司所处行业的主管部门、监管体制、主要法律法规和政策最近三年的变化情况，以及对上市公司经营发展的影响等；

（三）行业技术水平及技术特点、主要技术门槛和技术壁垒，衡量核心竞争力的关键指标，行业技术的发展趋势，行业特有的经营模式、周期性、区域性或季节性特征等；

（四）上市公司产品或服务的市场地位、行业内的主要企业、竞争优势与劣势、行业发展态势、面临的机遇与挑战，以及上述情况在报告期内的变化及未来可预见的变化趋势。

第四十七条　上市公司应根据重要性原则披露主营业务的具体情况，主要包括：

（一）销售情况和主要客户：报告期内各期主要产品或服务的规模（产能、产量、销量，或服务能力、服务量）、销售收入、产品或服务的主要客户群体、销售价格的总体变动情况，以及向前五大客户的销售金额及占比；

（二）采购情况和主要供应商：报告期内采购产品、原材料、能源或接受服务的情况，相关价格变动趋势，以及向前五大供应商采购的金额及占比；

（三）董事、监事、高级管理人员、主要关联方在上述客户或供应商中所占的权益；若无，应明确说明；

（四）报告期内对持续经营有重要影响的合同的基本情况，包括合同当事人、合同标的、合同价款或报酬、履行期限、实际履行情况等；与同一交易主体在一个会计年度内连续发生的相同内容或性质的合同应累计计算。上市公司还应披露重大影响的判断标准。

第四十八条 上市公司应遵循重要性原则披露与其业务相关的关键资源要素，主要包括：

（一）产品或服务所使用的主要技术、技术来源及所处阶段（如处于基础研究、试生产、小批量生产或大批量生产阶段），说明技术属于原始创新、集成创新或引进消化吸收再创新的情况；披露核心技术与已取得的专利及非专利技术的对应关系，以及在主营业务及产品或服务中的应用，并披露核心技术产品收入占营业收入的比例。产品或服务所使用的主要技术为外购的，应披露相关协议中的权利义务安排；

（二）取得的业务许可资格或资质情况，主要包括名称、内容、授予机构、有效期限；

（三）拥有的特许经营权的情况，主要包括特许经营权的取得、特许经营权的期限、费用标准，对上市公司业务的影响；

（四）对主要业务有重大影响的主要固定资产、无形资产的构成，分析其与所提供产品或服务的内在联系，是否存在瑕疵、纠纷和潜在纠纷，是否对上市公司持续经营存在重大不利影响。上市公司允许他人使用自己所有的资产，或作为被许可方使用他人资产的，应披露许可合同的主要内容，主要包括许可人、被许可人、许可使用的具体资产内容、许可方式、许可年限、许可使用费等；

（五）核心技术（业务）人员占员工总数的比例，报告期内前述人员的主要变动情况及对上市公司的影响；

（六）正在从事的研发项目、所处阶段及进展情况、相应人员、经费投入、拟达到的目标；结合行业技术发展趋势，披露相关科研项目与行业技术水平的比较；披露报告期内研发投入的构成、占营业收入的比例。与其他单位合作研发的，还应披露合作协议的主要内容，权利义务划分约定及采取的保密措施等。

第四十九条 上市公司在境外进行生产经营的，应对有关业务活动进行地域性分析。上市公司拥有境外资产的，应详细披露该项资产的规模、所在地、经营管理情况等。

第六节 公司治理

第五十条 上市公司应披露报告期内存在的违法违规行为及受到的行政处罚情况，并说明对上市公司的影响。

上市公司应披露报告期内上市公司及其董事、监事、高级管理人员、控股股东、实际控制人被证监会行政处罚或采取监管措施及整改情况，被证券交易所公开谴责的情况，以及因涉嫌犯罪正在被司法机关立案侦查或者涉嫌违法违规正在被证监会立案调查的情况。

第五十一条 上市公司应结合内部控制的要素简要说明公司内部控制的基本情况，

并披露公司管理层对内部控制完整性、合理性及有效性的自我评估意见以及注册会计师对公司内部控制的鉴证意见。注册会计师指出公司内部控制存在缺陷的，上市公司应予披露并说明改进措施。

第五十二条 上市公司应披露报告期内是否存在资金被控股股东、实际控制人及其控制的其他企业以借款、代偿债务、代垫款项或者其他方式占用的情况，固定资产、无形资产等资产被控股股东、实际控制人及其控制的其他企业转移的情况，或者为控股股东、实际控制人及其控制的其他企业担保的情况。

第五十三条 上市公司应披露是否存在与控股股东、实际控制人及其控制的其他企业从事相同、相似业务的情况，如存在的，应对不存在对上市公司构成重大不利影响的同业竞争作出合理解释，并披露上市公司防范利益输送、利益冲突及保持独立性的具体安排。

上市公司控股股东、实际控制人作出规范或避免同业竞争承诺的，上市公司应披露承诺的履行情况。

第五十四条 上市公司应根据《公司法》、企业会计准则及中国证监会有关规定进行关联方认定，充分披露关联方、关联关系和关联交易。上市公司控股子公司可免于作为关联方披露。

上市公司应披露报告期内发生的关联交易是否已履行《公司法》、公司章程规定的决策程序，以及是否履行相关信息披露义务。

上市公司应根据交易的性质和频率，按照经常性和偶发性分类披露关联交易及关联交易对其财务状况和经营成果的影响。

购销商品、提供劳务等经常性关联交易，应分别披露报告期内关联方名称、交易内容、交易价格的确定方法、交易金额、占当期营业收入或营业成本的比重，与交易相关应收应付款项的余额及增减变化的原因。

偶发性关联交易，应披露关联方名称、交易时间、交易内容、交易金额、交易价格的确定方法、资金结算情况、交易产生的利润及对上市公司当期经营成果的影响、交易对公司主营业务的影响。

第七节 财务会计信息

第五十五条 上市公司应披露最近三年及一期的资产负债表、利润表、现金流量表和所有者权益变动表，以及会计师事务所的审计意见类型。上市公司编制合并财务报表的，应同时披露合并财务报表和母公司财务报表。最近三年及一期合并财务报表范围发生重大变化的，还应披露合并财务报表范围的具体变化情况、变化原因及其影响。

第五十六条 上市公司应结合业务活动实质、经营模式、关键审计事项等充分披露对公允反映公司财务状况和经营成果有重大影响的会计政策和会计估计。上市公司重大会计政策或会计估计与可比公司存在较大差异的，应分析重大会计政策或会计估计的差异产生的原因及对公司的影响。

第五十七条 上市公司存在多个业务或地区分部的，应披露分部信息。上市公司分析公司财务会计信息时，应当利用分部信息。

第五十八条 上市公司应依据经注册会计师鉴证的非经常性损益明细表，以合并财务报表的数据为基础，披露报告期非经常性损益的具体内容、金额及对当期经营成果的影响，并计算报告期扣除非经常性损益后的净利润金额。

第五十九条 上市公司应列表披露最近三年及一期的主要会计数据及财务指标，主要包括：资产总额、股东权益合计、归属于母公司所有者的股东权益、每股净资产、归属于母公司所有者的每股净资产、资产负债率、营业收入、毛利率、净利润、归属于母公司所有者的净利润、扣除非经常性损益后的净利润、归属于母公司所有者的扣除非经常性损益后的净利润、息税折旧摊销前利润、加权平均净资产收益率、扣除非经常性损益后净资产收益率、基本每股收益、稀释每股收益、经营活动产生的现金流量净额、每股经营活动产生的现金流量净额、研发投入占营业收入的比例、应收账款周转率、存货周转率、流动比率、速动比率。除特别指出外，上述财务指标应以合并财务报表的数据为基础进行计算。相关指标的计算应执行中国证监会的有关规定。

第六十条 上市公司认为提供盈利预测报告将有助于投资者对上市公司及投资于上市公司的股票作出正确判断，且上市公司确信能对最近的未来期间的盈利情况作出比较切合实际的预测的，上市公司可以披露盈利预测报告。

第六十一条 上市公司披露盈利预测报告的，应声明："本公司盈利预测报告是管理层在最佳估计假设的基础上编制的，但所依据的各种假设具有不确定性，投资者进行投资决策时应谨慎使用。"上市公司应提示投资者阅读盈利预测报告及审核报告全文。上市公司应在"重大事项提示"中提醒投资者关注已披露的盈利预测信息。

第八节 管理层讨论与分析

第六十二条 上市公司应主要依据最近三年及一期的合并财务报表分析上市公司财务状况、盈利能力及现金流量等情况。分析时不应仅以引述方式重复财务报表的内容，应选择使用逐年比较、与同行业对比分析等便于理解的形式。选择同行业公司对比分析时，上市公司应披露选择相关公司的原因，分析所选公司与上市公司之间的可比性。分析影响因素时不应仅限于财务因素，还应包括非财务因素，并将财务会计信息与业务经营信息对比印证。

第六十三条 上市公司应结合"业务和技术"中披露的自身业务特点等要素深入分析影响收入、成本、费用和利润的主要因素，以及对上市公司具有核心意义或其变动对业绩变动具有较强预示作用的财务或非财务指标；分析报告期内上述因素和指标对财务状况和盈利能力的影响程度，及其对公司未来财务状况和盈利能力可能产生的影响。目前已经存在新的趋势或变化，可能对公司未来财务状况和盈利能力产生重大影响的，上市公司应分析具体的影响。

第六十四条 上市公司财务状况分析应结合最近三年及一期末资产、负债的主要构成，对资产、负债结构变动的主要原因、影响因素及程度进行充分说明，包括但不限于下列内容：

（一）最近三年及一期末应收款项的账面原值、坏账准备、账面价值，结合应收款项的构成、比例、账龄、信用期、主要债务人等，分析说明报告期内应收款项的变动情况及原因、期后回款进度；坏账准备的计提比例是否与实际状况相符、是否与同行业可比公司存在显著差异；最近三年及一期末主要客户和新增主要客户的应收款项金额、占比情况；

（二）最近三年及一期末存货的类别、账面价值、存货跌价准备，结合业务模式、内控制度、存货构成等因素，分析说明报告期内存货余额的变动情况及原因；

（三）最近一期末持有金额较大的金融资产、借与他人款项、委托理财等财务性投资的，应分析其投资目的、对上市公司资金安排的影响、投资期限、上市公司对投资的监管方案、投资的可回收性及减值准备的计提充足性；

（四）结合报告期内产能、业务量或生产经营情况等因素，说明固定资产结构与变动原因，重要固定资产折旧年限与同行业可比公司相比是否合理；报告期内大额在建工程的具体情况，包括项目名称、预算金额、实际金额及变动情况、利息资本化的情况、资金来源、预计未来转入固定资产的时间与条件、项目建设完成后相关产能情况等；固定资产与在建工程是否存在重大减值因素；

（五）最近三年及一期末无形资产的主要类别与变动原因，无形资产减值测试的方法与结果；报告期内存在研发支出资本化的，应披露开发阶段资本化及开发支出结转无形资产的具体时点和条件，研发支出资本化对公司损益的影响以及上市公司在研发支出资本化方面的内控制度等，并说明具体项目、依据、时间及金额；

（六）最近一期末商誉的形成原因、增减变动情况，商誉减值测试过程与方法；

（七）最近一期末的主要债项，包括银行借款、关联方借款、合同承诺债务、或有负债等主要债项的金额、期限、利率及利息费用等情况。有逾期未偿还债项的，应说明其金额、利率、用途、未按期偿还的原因、预计还款期等。结合主要债项的构成、比例、借款费用资本化情况、用途等，分析说明报告期内债项的变动情况及原因。上市公司应分析可预见的未来需偿还的负债金额及相应利息金额，并结合上市公司的现金流量状况、在银行的资信状况、可利用的融资渠道及授信额度、表内负债、表外融资情况及或有负债等情况，分析上市公司的偿债能力和流动性风险。

第六十五条 上市公司盈利能力分析应按照利润表项目对最近三年及一期经营成果变化的原因、影响因素、程度和风险趋势进行充分说明，包括但不限于下列内容：

（一）最近三年及一期营业收入构成情况，并分别按照产品或服务类别及业务、地区分布分类列示；分析营业收入增减变化的情况及原因；披露主要产品或服务的销售价格、销售量的变化情况及原因；营业收入存在季节性波动的，应分析说明其影响情况；

（二）最近三年及一期营业成本的主要构成情况；结合主要原材料和能源的采购数量及采购价格等，披露营业成本增减变化情况及原因；

（三）最近三年及一期的综合毛利率、分产品或服务的毛利率及变动情况；报告期内毛利率发生重大变化的，以数据分析方式说明相关因素对毛利率变动的影响程度；

（四）最近三年及一期销售费用、管理费用、财务费用的构成及变动情况，说明上述费用占同期营业收入的比例，以及与主营业务的匹配情况，并解释异常波动的原因；与同行业可比公司相比如存在显著差异，应结合业务特点和经营模式分析原因；

（五）最近三年及一期营业利润、利润总额和净利润金额，分析上市公司净利润的主要来源及净利润增减变化情况及原因；

（六）最近三年及一期非经常性损益、合并财务报表范围以外的投资收益对公司经营成果有重大影响的，应当分析原因及对公司经营成果及盈利能力稳定性的影响；区分并分析与收益相关或与资产相关政府补助对上市公司报告期与未来期间的影响。

第六十六条 现金流量的分析一般应包括下列内容：

（一）最近三年及一期经营活动产生的现金流量、投资活动产生的现金流量、筹资活动产生的现金流量的基本情况和变动原因；

（二）最近三年及一期经营活动产生的现金流量净额为负数或者与净利润存在较大差异的，应分析披露原因。

第六十七条 资本性支出分析一般应包括：

（一）最近三年及一期重大资本性支出的情况；如果资本性支出导致上市公司固定资产大规模增加或进行跨行业投资的，应当分析资本性支出对上市公司主要业务和经营成果的影响；

（二）截至报告期末的重大资本性支出决议以及未来可预见的重大资本性支出计划及资金需求量，如涉及跨行业投资的，应说明其与上市公司业务发展规划的关系。

第六十八条 上市公司尚未盈利或存在累计未弥补亏损的，应披露成因、影响及改善措施，包括但不限于：

（一）上市公司应结合行业特点分析该等情形的成因，充分披露尚未盈利或存在累计未弥补亏损对公司现金流、业务拓展、人才吸引、团队稳定性、研发投入、战略性投入、生产经营可持续性等方面的影响；

（二）上市公司改善盈利状况的经营策略，未来是否可实现盈利的前瞻性信息及其依据、基础假设等。

第六十九条 上市公司最近三年及一期存在会计政策变更、会计估计变更的，应披露变更的性质、内容、原因、变更影响数的处理方法及对上市公司财务状况、经营成果的影响；上市公司最近三年及一期存在会计差错更正的，应披露前期差错的性质、影响。

第七十条 上市公司存在重大担保、诉讼、仲裁，重大期后事项和其他或有事项的，应说明其对上市公司财务状况、盈利能力及持续经营的影响。

第七十一条 上市公司应披露本次发行完成前滚存利润的分配安排和已履行的决策程序。若发行前的滚存利润归发行前的股东享有，应披露滚存利润的审计和实际派发情况，同时在募集说明书首页对滚存利润中由发行前股东单独享有的金额以及是否派发完毕作“重大事项提示”。

第九节 募集资金运用

第七十二条 上市公司应结合公司现有主营业务、生产经营规模、财务状况、技术条件、管理能力、发展目标合理确定本次发行募集资金用途和规模。上市公司应披露募集资金的具体用途和使用安排、必要性、合理性、可行性及募集资金管理制度、专户存储安排等情况。

第七十三条 上市公司应根据重要性原则披露本次发行募集资金运用情况：

（一）募集资金拟用于项目建设的，应当说明资金需求和资金投入安排，是否符合国家产业政策和法律、行政法规的规定，并披露所涉及审批或备案程序、土地、房产和环保事项等相关情况；

（二）募集资金拟用于购买资产的，应当对标的资产的情况进行说明，并列明资产定价的合理性、收购后对上市公司资产质量及持续经营能力的影响；相关资产独立运营的，披露其最近一年一期的业务发展情况和经审计的财务信息摘要，分析主要财务指标状况及发展趋势；按照本次发行前最近一期经审计的财务数据，是否构成重大资产重组，如构成，应说明是否符合重大资产重组的有关规定并披露相关信息；

（三）募集资金拟用于补充流动资金的，应当说明主要用途及合理性；

（四）募集资金拟用于偿还银行贷款的，应当列明拟偿还贷款的明细情况及贷款的使用情况；

（五）募集资金拟用于其他用途的，应当明确披露募集资金用途、资金需求的测算过程及募集资金的投入安排；形成商誉的，应披露商誉相关情况。

第七十四条 上市公司应披露报告期内募集资金运用的基本情况。如存在变更募集资金用途的，应列表披露历次变更情况、披露募集资金的变更金额及占所募集资金净额的比例，并说明变更事项是否已经公司董事会、股东大会审议以及变更后的具体用途。

第十节 声明与承诺

第七十五条 上市公司全体董事、监事、高级管理人员应在募集说明书正文的尾页声明：

"本公司全体董事、监事、高级管理人员承诺本募集说明书不存在虚假记载、误导性陈述或重大遗漏，并对其真实性、准确性、完整性承担连带责任。"

声明应由上市公司全体董事、监事、高级管理人员签名，并由上市公司加盖公章。

第七十六条 上市公司控股股东、实际控制人应在募集说明书正文后声明：

"本公司或本人承诺本募集说明书不存在虚假记载、误导性陈述或重大遗漏，并对其真实性、准确性、完整性承担连带责任。"

声明应由控股股东、实际控制人签名，加盖公章。

第七十七条 保荐人（主承销商）应在募集说明书正文后声明：

"本公司已对募集说明书进行了核查，确认不存在虚假记载、误导性陈述或重大遗漏，并对其真实性、准确性、完整性承担连带责任。"

声明应由法定代表人、保荐代表人、项目协办人签名，并由保荐人（主承销商）加盖公章。

第七十八条 上市公司律师应在募集说明书正文后声明：

"本所及经办律师已阅读募集说明书，确认募集说明书与本所出具的法律意见书和律师工作报告无矛盾之处。本所及经办律师对上市公司在募集说明书中引用的法律意见书和律师工作报告的内容无异议，确认募集说明书不致因上述内容而出现虚假记载、误导性陈述或重大遗漏，并对其真实性、准确性、完整性承担连带责任。"

声明应由经办律师及所在律师事务所负责人签名，并由律师事务所加盖公章。

第七十九条 承担审计业务的会计师事务所应在募集说明书正文后声明：

"本所及签字注册会计师已阅读募集说明书，确认募集说明书与本所出具的审计报告、盈利预测审核报告（如有）、内部控制鉴证报告、上市公司前次募集资金使用情况的报告（如有）及经本所鉴证的非经常性损益明细表等无矛盾之处。本所及签字注册会计师对上市公司在募集说明书中引用的审计报告、盈利预测审核报告（如有）、内部控制鉴证报告、上市公司前次募集资金使用情况的报告（如有）及经本所鉴证的非经常性损益明细表内容无异议，确认募集说明书不致因上述内容而出现虚假记载、误导性陈述或重大遗漏，并对其真实性、准确性、完整性承担连带责任。"

声明应由签字注册会计师及所在会计师事务所负责人签名，并由会计师事务所加盖公章。

第八十条 承担评估业务的资产评估机构应在募集说明书正文后声明：

"本机构及签字注册资产评估师已阅读募集说明书，确认募集说明书与本机构出具的资产评估报告无矛盾之处。本机构及签字注册资产评估师对上市公司在募集说明书中引用的资产评估报告的内容无异议，确认募集说明书不致因上述内容而出现虚假记载、误导性陈述或重大遗漏，并对其真实性、准确性、完整性承担连带责任。"

声明应由签字注册资产评估师及所在资产评估机构负责人签名，并由资产评估机构加盖公章。

第八十一条 本准则所要求的有关人员的签名下方应以印刷体形式注明其姓名。

第十一节 备查文件

第八十二条 募集说明书结尾应列明备查文件，应包括下列文件：

（一）发行保荐书；

（二）上市保荐书；

（三）法律意见书；

（四）财务报告及审计报告；

（五）上市公司及其他责任主体作出的与上市公司本次发行相关的承诺事项；

（六）盈利预测报告及审核报告（如有）；

（七）内部控制鉴证报告；

（八）经注册会计师鉴证的非经常性损益明细表；

（九）中国证监会对本次发行予以注册的文件；

（十）其他与本次发行有关的重要文件。

第三章 附则

第八十三条 本准则由中国证监会负责解释。

第八十四条 本准则自 2021 年 11 月 15 日起施行。

公开发行证券的公司信息披露内容与格式准则第49号——北京证券交易所上市公司向特定对象发行股票募集说明书和发行情况报告书

中国证券监督管理委员会公告〔2021〕29号

现公布《公开发行证券的公司信息披露内容与格式准则第49号——北京证券交易所上市公司向特定对象发行股票募集说明书和发行情况报告书》，自2021年11月15日起施行。

中国证监会

2021年10月30日

公开发行证券的公司信息披露内容与格式准则第 49 号——北京证券交易所上市公司向特定对象发行股票募集说明书和发行情况报告书

第一章　总则

第一条　为了规范北京证券交易所（以下简称北交所）上市公司向特定对象发行（以下简称定向发行）股票的信息披露行为，根据《公司法》《证券法》《北京证券交易所上市公司证券发行注册管理办法（试行）》（证监会令第 188 号）的规定，制定本准则。

第二条　北交所上市公司（以下简称上市公司）进行定向发行，应按照本准则编制向特定对象发行股票募集说明书（以下简称募集说明书），作为定向发行股票的必备法律文件，并按本准则的规定进行披露。

第三条　上市公司定向发行股票结束后，应按照本准则的要求编制并披露发行情况报告书。

第四条　在不影响信息披露的完整并保证阅读方便的前提下，对于曾在定期报告、临时公告或者其他信息披露文件中披露过的信息，如事实未发生变化，上市公司可以采用索引的方法进行披露。

第五条　本准则的规定是对信息披露的最低要求。不论本准则是否有明确规定，凡对投资者作出价值判断和投资决策有重大影响的信息，上市公司均应当予以披露。国家有关部门对上市公司信息披露另有规定的，上市公司还应当遵守其相关规定并履行信息披露义务。

本准则某些具体要求对本次定向发行股票确实不适用的，上市公司可以根据实际情况调整，但应在提交申请文件时作出专项说明。

本次发行涉及重大资产重组的，募集说明书的信息披露内容还应符合中国证监会关于重大资产重组的规定。

第六条　上市公司应在符合《证券法》规定的信息披露平台披露募集说明书及其备查文件、发行情况报告书和中国证监会要求披露的其他文件，供投资者查阅。

第二章　募集说明书

第七条　募集说明书扉页应载有如下声明：

"本公司及控股股东、实际控制人、全体董事、监事、高级管理人员承诺募集说明书不存在虚假记载、误导性陈述或重大遗漏，并对其真实性、准确性、完整性承担连带责任。

本公司负责人和主管会计工作的负责人、会计机构负责人保证募集说明书中财务会计资料真实、准确、完整。

对本公司发行证券申请予以注册，不表明中国证监会和北京证券交易所对该证券的投资价值或者投资者的收益作出实质性判断或者保证。任何与之相反的声明均属虚假不实陈述。

根据《证券法》的规定，本公司经营与收益的变化，由本公司自行负责，由此变化引致的投资风险，由投资者自行负责。"

第八条　上市公司应披露以下内容：

（一）上市公司基本情况，包括股权结构、控股股东及实际控制人情况、所处行业的主要特点及行业竞争情况、主要业务模式、产品或服务的主要内容；

（二）本次定向发行的目的；

（三）发行对象及公司现有股东优先认购安排。如董事会未确定具体发行对象的，应披露股票发行对象的范围和确定方法；董事会已确定发行对象的，应披露发行对象的基本情况、资金来源，以及本募集说明书披露前十二个月内，发行对象及其控股股东、实际控制人与上市公司之间的重大交易情况。发行对象是战略投资者的，还应披露战略投资者符合相关规定的情况；

（四）发行价格或定价方式；

（五）股票发行数量或数量上限；

（六）发行对象关于持有本次定向发行股票的限售安排及自愿锁定的承诺。如无限售安排，应说明；

（七）本次发行是否构成关联交易；

（八）本次发行是否将导致公司控制权发生变化；

（九）报告期内募集资金的使用情况；

（十）本次募集资金用途及募集资金的必要性、合理性、可行性。本次募集资金用于补充流动资金的，应当按照用途进行列举披露或测算相应需求量；用于偿还银行贷款的，应当列明拟偿还贷款的明细情况及贷款的使用情况；用于项目建设的，应当说明资金需求和资金投入安排，是否符合国家产业政策和法律、行政法规的规定；用于购买资产的，应按照本准则第九条至第十三条的规定披露相关内容；用于其他用途的，应当明确披露募集资金用途、资金需求的测算过程及募集资金的投入安排；

（十一）本次发行募集资金专项账户的设立情况以及保证募集资金合理使用的措施；

（十二）本次发行前滚存未分配利润的处置方案；

（十三）本次定向发行需要履行的国资、外资等相关主管部门审批、核准或备案等程序的情况。

除上述内容外，上市公司还应当按照本准则第十四条有关规定进行披露。

第九条 通过本次发行拟引入的资产为非股权资产的，上市公司应披露相关资产的下列基本情况：

（一）资产名称、类别以及所有者和经营管理者的基本情况；

（二）资产权属是否清晰、是否存在权利受限、权属争议或者妨碍权属转移的其他情况；

相关资产涉及许可他人使用，或者上市公司作为被许可方使用他人资产的，应当简要披露许可合同的主要内容；资产交易涉及债权债务转移的，应当披露相关债权债务的基本情况、债权人同意转移的证明及与此相关的解决方案；所从事业务需要取得许可资格或资质的，还应当披露当前许可资格或资质的状况；涉及需有关主管部门批准的，应说明是否已获得有效批准；

（三）资产独立运营和核算的，披露最近一年及一期（如有）经会计师事务所审计的财务信息摘要及审计意见；被出具非标准审计意见的，应当披露涉及事项及其影响；

（四）资产的交易价格及定价依据。披露相关资产经审计的账面值；交易价格以资产评估结果作为依据的，应披露资产评估方法和资产评估结果。

第十条 通过本次发行拟引入的资产为股权的，上市公司应披露相关股权的下列基本情况：

（一）股权所在公司的名称、企业性质、注册地、主要办公地点、法定代表人、注册资本；股权及控制关系，包括公司的主要股东及其持股比例、最近 2 年控股股东或实际控制人的变化情况、股东出资协议及公司章程中可能对本次交易产生影响的主要内容以及原董事、监事、高级管理人员的安排；

（二）股权权属是否清晰、是否存在权利受限、权属争议或者妨碍权属转移的其他情况；

股权资产为有限责任公司股权的，股权转让是否已取得其他股东同意，或有证据表明其他股东已放弃优先购买权；股权对应公司所从事业务需要取得许可资格或资质的，还应当披露当前许可资格或资质的状况；涉及需有关主管部门批准的，应说明是否已获得批准；

（三）股权所在公司主要资产的权属状况及对外担保和主要负债情况，重要专利或关键技术的纠纷情况；

（四）股权所在公司最近一年及一期（如有）的业务发展情况和经符合《证券法》规定的会计师事务所审计的财务信息摘要及审计意见，被出具非标准审计意见的应当披露涉及事项及其影响，分析主要财务指标状况及发展趋势；

（五）股权的评估方法及资产评估价值（如有）、交易价格及定价依据；

（六）本次收购完成后是否可能导致股权所在公司的现有管理团队、核心技术人员、主要客户及供应商、公司发展战略等产生重大变化。

第十一条 资产交易根据资产评估结果定价的，在评估机构出具资产评估报告后，公司董事会应当对评估机构的独立性、评估假设前提和评估结论的合理性、评估方法的适用性、主要参数的合理性、未来收益预测的谨慎性等问题发表意见，并说明定价的合理性，资产定价是否存在损害公司和股东合法权益的情形。

资产交易价格不以资产评估结果作为定价依据的，董事会应具体说明收购定价的过程、定价方法的合理性及定价结果的公允性。收购价格与评估报告结果存在显著差异的，上市公司应就差异的原因进行分析，并就收购价格是否可能损害上市公司及其中小股东的利益进行说明。

本次拟收购资产在最近三年曾进行过评估或交易的，上市公司应披露评估的目的、方法及结果，以及交易双方的名称、定价依据及交易价格。交易未达成的，也应披露上述信息。

第十二条 资产出让方存在业绩承诺的，上市公司应披露业绩承诺的金额、业绩口径及计算方法、补偿保障措施及保障措施的可行性。

第十三条 本次收购预计形成较大金额商誉的，上市公司应说明本次收购产生的协同效应以及能够从协同效应中受益的资产组或资产组组合。上市公司应同时说明预计形成商誉的金额及其确定方法，形成大额商誉的合理性以及该商誉对未来经营业绩的影响。

如本次收购的购买对价或盈利预测中包含已作出承诺的重要事项的，应披露该承诺事项的具体内容、预计发生时间及其对未来现金流的影响。

第十四条 附生效条件的股票认购合同的内容摘要应包括：

（一）合同主体、签订时间；

（二）认购方式、认购数量及价格、支付方式；

（三）合同的生效条件和生效时间；

（四）合同附带的任何保留条款、前置条件；

（五）相关股票限售安排；

（六）违约责任条款及纠纷解决机制。

附生效条件的资产转让合同的内容摘要除前款内容外，至少还应包括：

（一）目标资产及其价格或定价依据；

（二）资产交付或过户时间安排；

（三）资产自评估截止日至资产交付日所产生收益的归属；

（四）与资产相关的人员安排；

（五）与目标资产相关的业绩补偿安排（如有）。

第十五条 上市公司应当披露报告期内的主要财务数据和指标，并对其进行逐年比较。主要包括总资产、总负债、归属于母公司所有者的净资产、应收账款、预付账款、存货、应付账款、营业收入、归属于母公司所有者的净利润、经营活动产生的现金流量净额、资产负债率、归属于母公司所有者的每股净资产、流动比率、速动比率、应收账款周转率、存货周转率、毛利率、净资产收益率、每股收益等。除特别指出外，上述财务指标应以合并财务报表的数据为基础进行计算，相关指标的计算应执行中国证监会的有关规定。

第十六条 上市公司在定向发行股票前存在特别表决权股份的，应当充分披露并特别提示特别表决权股份的具体安排。

第十七条 本次定向发行股票对上市公司的影响。上市公司应披露以下内容：

（一）本次定向发行对上市公司经营管理的影响，上市公司的业务及资产的变动或整合计划；

（二）本次定向发行后，上市公司财务状况、持续经营能力及现金流量的变动情况；

（三）本次定向发行后，上市公司与发行对象及其控股股东、实际控制人存在同业竞争、潜在同业竞争以及可能存在关联交易等变化情况；

（四）通过本次发行引入资产的，是否导致增加本公司的债务或者或有负债；

（五）本次定向发行前后上市公司控制权变动情况；

（六）本次定向发行对其他股东权益的影响；

（七）本次定向发行相关特有风险的说明。

第十八条 上市公司应披露下列机构的名称、法定代表人、住所、联系电话、传真，同时应披露有关经办人员的姓名：

（一）保荐人；

（二）律师事务所；

（三）会计师事务所；

（四）资产评估机构（如有）；

（五）股票登记机构；

（六）其他与定向发行有关的机构。

第十九条 上市公司全体董事、监事、高级管理人员应在募集说明书正文的尾页声明：

“本公司全体董事、监事、高级管理人员承诺本募集说明书不存在虚假记载、误导性陈述或重大遗漏，并对其真实性、准确性、完整性承担连带责任。”

声明应由全体董事、监事、高级管理人员签名，并由上市公司加盖公章。

第二十条 上市公司控股股东、实际控制人应在募集说明书正文的尾页声明：

“本公司或本人承诺本募集说明书不存在虚假记载、误导性陈述或重大遗漏，并对其真实性、准确性和完整性承担连带责任。”

声明应由控股股东、实际控制人签名，加盖公章。

第二十一条 保荐人应对上市公司募集说明书的真实性、准确性、完整性进行核查，并在募集说明书正文后声明：

“本公司已对募集说明书进行了核查，确认不存在虚假记载、误导性陈述或重大遗漏，并对其真实性、准确性和完整性承担连带责任。”

声明应由法定代表人、保荐代表人、项目协办人签名，并由保荐人加盖公章。

第二十二条 为上市公司定向发行提供服务的证券服务机构应在募集说明书正文后声明：

“本机构及经办人员（经办律师、签字注册会计师、签字注册资产评估师）已阅读募集说明书，确认募集说明书与本机构出具的专业报告（法律意见书、审计报告、资产评估报告等）无矛盾之处。本机构及经办人员对上市公司在募集说明书中引用的专业报告的内容无异议，确认募集说明书不致因上述内容而出现虚假记载、误导性陈述或重大遗漏，并对其真实性、准确性和完整性承担连带责任。”

声明应由经办人员及所在机构负责人签名，并由机构加盖公章。

第二十三条 募集说明书结尾应列明备查文件，备查文件应包括：

（一）发行保荐书、发行保荐工作报告；

（二）法律意见书和律师工作报告；

（三）其他与本次定向发行有关的重要文件。

第三章　发行情况报告书

第二十四条 上市公司应在发行情况报告书中至少披露以下内容：

（一）本次发行履行的相关程序，包括但不限于董事会和股东大会表决的时间、中国证监会予以注册的时间、资金到账和验资时间，以及办理股份登记的时间；

（二）本次定向发行股票的数量、发行价格、认购方式、认购对象基本情况及与上市公司的关联关系、认购股票数量、认购资金来源、实际募集资金总额及投入安排、发行费用等；

（三）采用竞价方式发行的，说明各认购对象的申购报价及其获配情况，发行价格与基准价格（如有）的比率；

（四）新增股份限售安排；

（五）募集资金三方监管协议的签订情况；

（六）募集资金用于置换前期自有资金投入的，应当说明前期自有资金投入的具体使用情况等相关信息；

（七）本次发行涉及的国资、外资等相关主管机关核准、登记、备案程序等；

（八）本次发行相关机构的名称、法定代表人、经办人员、办公地址、联系电话、传真；相关机构包括保荐人和承销商、律师事务所、会计师事务所、资产评估机构、资信评级机构等。

第二十五条 上市公司应披露本次定向发行前后相关对比情况：

（一）本次定向发行前后前十名股东持股数量、持股比例、股份性质及限售等比较情况；

（二）本次定向发行前后股本结构、资产结构、业务结构、公司治理、关联交易、同业竞争、公司控制权、董事、监事和高级管理人员持股的变动情况；

（三）本次定向发行前后主要财务指标变化情况，包括但不限于上市公司最近两年主要财务指标、按定向发行完成后总股本计算的每股收益、归属于母公司所有者的每股净资产、资产负债率等指标。

第二十六条 上市公司定向发行股票导致公司控制权变动的，应当披露控制权变动的基本情况、是否已按照《北京证券交易所上市公司持续监管办法（试行）》《上市公司收购管理办法》等有关规定履行信息披露义务。

第二十七条 由于情况发生变化，导致董事会决议中关于本次定向发行的有关事项需要修正或者补充说明的，上市公司应在发行情况报告书中作出专门说明，并披露调整的内容及履行的审议程序。

第二十八条 上市公司全体董事、监事、高级管理人员应在发行情况报告书的扉页声明：

“本公司全体董事、监事、高级管理人员承诺本发行情况报告书不存在虚假记载、误导性陈述或重大遗漏，并对其真实性、准确性、完整性承担连带责任。”

声明应由全体董事、监事、高级管理人员签名，并由上市公司加盖公章。

第二十九条 上市公司控股股东、实际控制人应在发行情况报告书正文后声明：

“本公司或本人承诺本发行情况报告书不存在虚假记载、误导性陈述或重大遗漏，并对其真实性、准确性和完整性承担连带责任。”

声明应由控股股东、实际控制人签名，加盖公章。

第四章 中介机构意见

第三十条 上市公司进行定向发行聘请的保荐人应当按照本准则及有关规定出具发行保荐书、发行保荐工作报告，对以下事项进行说明和分析，并逐项发表明确意见：

（一）上市公司是否符合《北京证券交易所上市公司证券发行注册管理办法（试行）》规定的发行条件。

（二）上市公司的公司治理规范性。

（三）上市公司本次定向发行是否规范履行了信息披露义务；上市公司对其或相关责任主体在报告期内曾因信息披露违规或违法被中国证监会采取监管措施或给予行政处罚、被北交所依法采取自律管理措施或纪律处分的整改情况。

（四）本次定向发行对象或范围是否符合投资者适当性要求；核心员工参与认购的，上市公司是否已经履行相关认定程序；参与认购的私募投资基金管理人或私募投资基金完成登记或备案情况。上市公司向原股东配售股份的除外。

（五）本次定向发行对象认购资金来源的合法合规性，上市公司向原股东配售股份的除外。

（六）本次定向发行决策程序是否合法合规，是否已按规定履行了国资、外资等相关主管部门的审批、核准或备案等程序。

（七）本次发行定价的合法合规性、合理性；本次定向发行是否涉及股份支付。

（八）本次定向发行相关认购协议等法律文件的合法合规性，上市公司向原股东配售股份的除外。

（九）本次定向发行新增股份限售安排的合法合规性。

（十）上市公司建立健全募集资金内部控制及管理制度的情况；上市公司本次募集资金的必要性、合理性及可行性，本次募集资金用途的合规性；报告期内募集资金的管理及使用情况，如存在违规情形，应对违规事实、违规处理结果、相关责任主体的整改情况等进行核实并说明。

（十一）本次定向发行引入资产的合法合规性。

（十二）本次定向发行对上市公司的影响。

（十三）保荐人认为应当发表的其他意见。

第三十一条 上市公司进行定向发行聘请的律师应当按照本准则及有关规定出具法律意见书，并对照中国证监会的各项规定，在充分核查验证的基础上，对以下事项进行说明和分析，并逐项发表明确意见：

（一）上市公司是否符合《北京证券交易所上市公司证券发行注册管理办法（试行）》规定的发行条件。

（二）本次定向发行对象或范围是否符合投资者适当性要求；核心员工参与认购的，上市公司是否已经履行相关认定程序；参与认购的私募投资基金管理人或私募投资基金完成登记或备案的情况。上市公司向原股东配售股份的除外。

（三）本次定向发行对象认购资金来源的合法合规性，上市公司向原股东配售股份的除外。

（四）本次定向发行决策程序是否合法合规，是否已按规定履行了国资、外资等相关主管部门的审批、核准或备案等程序。

（五）本次定向发行相关认购协议等法律文件的合法合规性，上市公司向原股东配售股份的除外。

（六）本次定向发行新增股份限售安排的合法合规性。

（七）本次发行涉及资产转让或者其他后续事项的，关于办理资产过户或其他后续事项的程序、期限及法律风险的说明。

（八）律师认为应当发表的其他意见。

第五章　附则

第三十二条　上市公司定向发行符合《北京证券交易所上市公司证券发行注册管理办法（试行）》第二十八条规定的，无需提供保荐人出具的保荐文件以及律师事务所出具的法律意见书。

上市公司定向发行依法未聘请保荐人的，无需提供保荐人出具的保荐文件。

第三十三条　本准则自 2021 年 11 月 15 日起施行。

公开发行证券的公司信息披露内容与格式准则第50号——北京证券交易所上市公司向特定对象发行可转换公司债券募集说明书和发行情况报告书

中国证券监督管理委员会公告〔2021〕30号

现公布《公开发行证券的公司信息披露内容与格式准则第50号——北京证券交易所上市公司向特定对象发行可转换公司债券募集说明书和发行情况报告书》，自2021年11月15日起施行。

中国证监会

2021年10月30日

公开发行证券的公司信息披露内容与格式准则第 50 号——北京证券交易所上市公司向特定对象发行可转换公司债券募集说明书和发行情况报告书

第一章　总则

第一条　为规范北京证券交易所（以下简称北交所）上市公司向特定对象发行可转换公司债券（以下简称定向发行可转债）的信息披露行为，保护投资者合法权益，根据《公司法》《证券法》《北京证券交易所上市公司证券发行注册管理办法（试行）》（证监会令第 188 号）、《可转换公司债券管理办法》（证监会令第 178 号）等规定，制定本准则。

第二条　北交所上市公司（以下简称上市公司）定向发行可转债，应按照本准则编制定向发行可转债募集说明书，作为定向发行可转债的必备法律文件，并按本准则的规定进行披露。

第三条　上市公司定向发行可转债结束后，应按照本准则的要求编制并披露发行情况报告书。

第四条　在不影响信息披露的完整性并保证阅读方便的前提下，对于曾在定期报告、临时公告或者其他信息披露文件中披露过的信息，如事实未发生变化，上市公司可以采用索引的方式进行披露。

第五条　本准则的规定是对信息披露的最低要求。不论本准则是否有明确规定，凡对投资者作出价值判断和投资决策有重大影响的信息，上市公司均应当予以披露。

本准则某些具体要求对本次定向发行可转债确实不适用的，上市公司可以根据实际情况适当调整，但应在提交申请文件时作出专项说明。

第六条　上市公司应在符合《证券法》规定的信息披露平台披露定向发行可转债募集说明书及其备查文件、发行情况报告书和中国证监会要求披露的其他文件，供投资者查阅。

第二章　定向发行可转债募集说明书

第七条　定向发行可转债募集说明书扉页应载有如下声明：

"本公司及控股股东、实际控制人、全体董事、监事、高级管理人员承诺定向发行可转债募集说明书不存在虚假记载、误导性陈述或重大遗漏，并对其真实性、准确性、完整性承担连带责任。

公司负责人和主管会计工作的负责人、会计机构负责人保证定向发行可转债募集说明书中财务会计资料真实、准确、完整。

对本公司发行证券申请予以注册，不表明中国证监会和北京证券交易所对该证券的投资价值或者投资者的收益作出实质性判断或者保证。任何与之相反的声明均属虚假不实陈述。

根据《证券法》的规定，本公司经营与收益的变化，由本公司自行负责，由此变化引致的投资风险，由投资者自行负责。"

第八条 上市公司应披露本次定向发行可转债的基本情况：

（一）上市公司基本情况，包括股权结构、控股股东及实际控制人情况、所处行业的主要特点及行业竞争情况、主要业务模式、产品或服务的主要内容；

（二）本次定向发行可转债的目的；

（三）发行对象及公司现有股东优先认购安排。如董事会未确定具体发行对象的，应披露发行对象的范围和确定方法；董事会已确定发行对象的，应披露发行对象的资金来源；

（四）发行价格、发行数量或者数量上限；

（五）本次定向发行可转债发行对象的自愿锁定承诺及转股后新增股份的限售安排；

（六）本次定向发行可转债约定的受托管理事项；

（七）本次募集资金用途及募集资金的必要性、合理性、可行性。本次募集资金用于补充流动资金的，应当按照用途进行列举披露或测算相应需求量；用于偿还银行贷款的，应当列明拟偿还贷款的明细情况及贷款的使用情况；用于项目建设的，应当说明资金需求和资金投入安排，是否符合国家产业政策和法律、行政法规的规定；用于购买资产的，应按照《公开发行证券的公司信息披露内容与格式准则第 49 号——北京证券交易所上市公司向特定对象发行股票募集说明书和发行情况报告书》第九条至第十三条的规定披露相关内容；用于其他用途的，应当明确披露募集资金用途、资金需求的测算过程及募集资金的投入安排；

（八）本次发行募集资金专项账户的设立情况以及保证募集资金合理使用的措施；

（九）报告期内募集资金的使用情况；

（十）本次定向发行可转债需要履行的国资、外资等相关主管部门审批、核准或备案等程序的情况。

除上述内容外，上市公司还应按向特定对象发行股票的规定披露附生效条件的可转债认购合同的内容摘要。

第九条 上市公司应当披露可转债的基本条款，包括：

（一）期限，最短为一年，最长为六年；

（二）面值，每张面值一百元；

（三）利率确定方式；

（四）转股价格或其确定方式；

（五）转股期限，可转债自发行结束之日起六个月后方可转换为公司股票；

（六）转股价格调整的原则及方式。发行可转债后，因配股、增发、送股、派息、分立、减资及其他原因引起公司股份变动的，应当同时调整转股价格；

（七）转股时不足转换成一股的补偿方式；

（八）评级、担保情况（如有）；

（九）赎回条款（如有）；

（十）回售条款（如有），但公司改变公告的募集资金用途的，应当赋予债券持有人一次回售权利；

（十一）还本付息期限、方式等，应当约定可转债期满后五个工作日内办理完毕偿还债券余额本息的事项；

（十二）转换年度有关股利的归属安排；

（十三）其他中国证监会认为有必要明确的事项。

第十条 上市公司应披露保护债券持有人权利的具体安排，以及债券持有人会议的权利、程序和决议生效条件。存在下列事项之一的，应当召开债券持有人会议：拟变更定向发行可转债募集说明书的约定，上市公司不能按期支付本息，上市公司减资、合并、分立、解散或者申请破产，保证人或者担保物发生重大变化，以及其他影响债券持有人重大权益的事项。

第十一条 除应当按向特定对象发行股票的规定披露报告期内主要财务数据和指标外，上市公司还应披露报告期各期利息保障倍数、贷款偿还率、利息偿付率等财务指标。

上市公司应当披露报告期内发行债券和债券偿还情况，以及资信评级情况（如有）。

第十二条 上市公司应披露已发行在外可转债的简要情况，包括发行时间、发行总量及融资总额、已转股金额、转股数量、已赎回或回售可转债的数量等。

上市公司应列表披露本次可转债与已发行在外可转债主要条款的差异比较。

第十三条 上市公司在定向发行可转债前存在特别表决权股份的，应当充分披露并特别提示特别表决权股份的具体安排。

第十四条 本次定向发行可转债对上市公司的影响。上市公司应披露以下内容：

（一）本次定向发行可转债对上市公司经营管理的影响，上市公司的业务及资产的变动或整合计划；

（二）本次定向发行可转债后上市公司财务状况、持续经营能力及现金流量的变动情况，上市公司应重点披露本次定向发行可转债后公司负债结构的变化；

（三）本次定向发行后，上市公司与发行对象及其控股股东、实际控制人存在同业竞争、潜在同业竞争以及可能存在关联交易等变化情况；

（四）本次定向发行可转债部分或全部转股后对公司控制权结构的影响；

（五）本次定向发行可转债相关特有风险的说明。上市公司应有针对性、差异化地披露属于本公司或者本行业的特有风险以及经营过程中的不确定性因素。

第十五条 上市公司应披露下列机构的名称、法定代表人、住所、联系电话、传真，同时应披露有关经办人员的姓名：

（一）保荐人；

（二）律师事务所；

（三）会计师事务所；

（四）资产评估机构（如有）；

（五）登记机构；

（六）评级机构/担保机构（如有）；

（七）其他与本次发行有关的机构。

第十六条 上市公司全体董事、监事、高级管理人员应在定向发行可转债募集说明书正文的尾页声明：

"本公司全体董事、监事、高级管理人员承诺本定向发行可转债募集说明书不存在虚假记载、误导性陈述或重大遗漏，并对其真实性、准确性、完整性承担连带责任。"

声明应由全体董事、监事、高级管理人员签名，并由上市公司加盖公章。

第十七条 上市公司控股股东、实际控制人应在定向发行可转债募集说明书正文的尾页声明：

"本公司或本人承诺本定向发行可转债募集说明书不存在虚假记载、误导性陈述或重大遗漏，并对其真实性、准确性和完整性承担连带责任。"

声明应由控股股东、实际控制人签名，并加盖公章。

第十八条 保荐人应对上市公司定向发行可转债募集说明书的真实性、准确性、完整性进行核查，并在定向发行可转债募集说明书正文后声明：

"本公司已对定向发行可转债募集说明书进行了核查，确认不存在虚假记载、误导性陈述或重大遗漏，并对其真实性、准确性和完整性承担连带责任。"

声明应由法定代表人、保荐代表人、项目协办人签名，并由保荐人加盖公章。

第十九条 为上市公司定向发行可转债提供服务的证券服务机构应在定向发行可转债募集说明书正文后声明：

"本机构及经办人员（经办律师、签字注册会计师、签字注册资产评估师、签字资信评级人员）已阅读定向发行可转债募集说明书，确认定向发行可转债募集说明书与本机构出具的专业报告（法律意见书、审计报告、资产评估报告、资信评级报告等）无矛盾之处。本机构及经办人员对上市公司在定向发行可转债募集说明书中引用的专业报告的内容无异议，确认定向发行可转债募集说明书不致因上述内容而出现虚假记载、误导性陈述或重大遗漏，并对其真实性、准确性和完整性承担连带责任。”

声明应由经办人员及所在机构负责人签名，并由机构加盖公章。

第二十条 定向发行可转债募集说明书结尾应列明备查文件，备查文件应包括：

（一）发行保荐书、发行保荐工作报告；

（二）法律意见书和律师工作报告；

（三）中国证监会同意本次定向发行可转债注册的文件；

（四）其他与本次定向发行可转债有关的重要文件。

如有下列文件，也应作为备查文件披露：

（一）资信评级报告；

（二）担保合同和担保函；

（三）上市公司董事会关于近一年保留意见审计报告涉及事项处理情况的说明；

（四）会计师事务所及注册会计师关于近一年保留意见审计报告的专项说明。

第三章 发行情况报告书

第二十一条 上市公司应在发行情况报告书中至少披露以下内容：

（一）本次发行履行的相关程序，包括但不限于董事会和股东大会表决的时间、中国证监会予以注册的时间、资金到账和验资时间，以及办理证券登记的时间；

（二）本次定向发行可转债的数量、票面金额、利率、期限、转股期、转股价格及其调整安排、认购方式、认购人、认购数量、认购资金来源、限售安排、现有股东优先认购情况、实际募集资金总额、发行费用等；

（三）本次发行实际募集金额未达到预计募集金额时，实际募集资金的投入安排；

（四）限售安排及自愿锁定承诺；

（五）募集资金三方监管协议的签订情况；

（六）募集资金用于置换前期自有资金投入的，应当说明前期自有资金投入的具体使用情况等相关信息；

（七）本次发行涉及的国资、外资等相关主管机关核准、登记、备案程序等。

第二十二条 上市公司应披露本次发行前后可转债数量、资产负债结构、业务结构、主要财务指标等变化情况，以及可转债部分或全部转股后对公司控制权结构的影响。

上市公司应披露本次可转债部分或全部转股后关联交易、同业竞争、公司控制权、董事、监事和高级管理人员持股的变动情况。

第二十三条 由于情况发生变化，导致董事会决议中关于本次定向发行可转债的有关事项需要修正或者补充说明的，上市公司应在发行情况报告书中作出专门说明，并披露调整的内容及履行的审议程序。

第二十四条 上市公司全体董事、监事、高级管理人员应在发行情况报告书的首页声明：

“公司全体董事、监事、高级管理人员承诺本发行情况报告书不存在虚假记载、误导性陈述或重大遗漏，并对其真实性、准确性、完整性承担连带责任。”

声明应由全体董事、监事、高级管理人员签名，并由上市公司加盖公章。

第二十五条 上市公司控股股东、实际控制人应在发行情况报告书正文后声明：

“本公司或本人承诺本发行情况报告书不存在虚假记载、误导性陈述或重大遗漏，并对其真实性、准确性和完整性承担连带责任。”

声明应由控股股东、实际控制人签名，并加盖公章。

第四章 中介机构意见

第二十六条 上市公司进行定向发行可转债聘请的保荐人应当按照本准则及有关规定出具发行保荐书、发行保荐工作报告，对以下事项进行说明和分析，并逐项发表明确意见：

（一）上市公司是否符合《北京证券交易所上市公司证券发行注册管理办法（试行）》规定的发行条件；

（二）上市公司的公司治理规范性；

（三）上市公司本次定向发行可转债是否规范履行了信息披露义务；上市公司对其或相关责任主体在报告期内曾因信息披露违规或违法被中国证监会采取监管措施或给予行政处罚、被北交所依法采取自律管理措施或纪律处分的整改情况；

（四）上市公司对现有股东优先认购安排的合法合规性；

（五）本次定向发行可转债发行对象或范围是否符合投资者适当性要求；参与认购的私募投资基金管理人或私募投资基金完成登记或备案情况；

（六）本次定向发行可转债发行对象认购资金来源的合法合规性；

（七）本次定向发行可转债决策程序是否合法合规，是否已按规定履行了国资、外资等相关主管部门的审批、核准或备案等程序；

（八）本次定向发行可转债的转股价格、利率及其他条款内容的合法合规性、合理性；

（九）本次定向发行可转债相关认购协议等法律文件的合法合规性；

（十）本次定向发行可转债转股后新增股份限售安排的合法合规性；

（十一）上市公司建立健全募集资金内部控制及管理制度的情况；上市公司本次募集资金的必要性及合理性，本次募集资金用途的合规性；

（十二）本次定向发行可转债对上市公司的影响；

（十三）保荐人认为应当发表的其他意见。

第二十七条 上市公司聘请的律师应当按照本准则及有关规定出具法律意见书，并对照中国证监会的各项规定，在充分核查验证的基础上，对以下事项进行说明和分析，并逐项发表明确意见：

（一）上市公司是否符合《北京证券交易所上市公司证券发行注册管理办法（试行）》规定的发行条件；

（二）上市公司对现有股东优先认购安排的合法合规性；

（三）本次定向发行可转债发行对象或范围是否符合投资者适当性要求；参与认购的私募投资基金管理人或私募投资基金完成登记或备案的情况；

（四）本次定向发行可转债发行对象认购资金来源的合法合规性；

（五）本次定向发行可转债决策程序是否合法合规，是否已按规定履行了国资、外资等相关主管部门的审批、核准或备案等程序；

（六）本次定向发行可转债的转股价格、利率及其他条款内容的合法合规性、合理性；

（七）本次定向发行可转债相关认购协议等法律文件的合法合规性；

（八）本次定向发行可转债转股后新增股份限售安排的合法合规性；

（九）律师认为应当发表的其他意见。

第五章 附则

第二十八条 以资产认购本次定向发行可转债的，还应根据中国证监会及北交所其他相关规定进行信息披露。

第二十九条 国家有关部门对上市公司信息披露另有规定的，上市公司还应当遵守相关规定并履行信息披露义务。

第三十条 上市公司定向发行可转债依法未聘请保荐人的，无需提供保荐人出具的保荐文件。

第三十一条 本准则由中国证监会负责解释。

第三十二条 本准则自2021年11月15日起施行。

公开发行证券的公司信息披露内容与格式准则第51号——北京证券交易所上市公司向特定对象发行优先股募集说明书和发行情况报告书

中国证券监督管理委员会公告〔2021〕31号

现公布《公开发行证券的公司信息披露内容与格式准则第51号——北京证券交易所上市公司向特定对象发行优先股募集说明书和发行情况报告书》，自2021年11月15日起施行。

中国证监会

2021年10月30日

公开发行证券的公司信息披露内容与格式准则第 51 号——北京证券交易所上市公司向特定对象发行优先股募集说明书和发行情况报告书

第一章　总则

第一条　为了规范北京证券交易所（以下简称北交所）上市公司向特定对象发行（以下简称定向发行）优先股的信息披露行为，根据《公司法》《证券法》《优先股试点管理办法》（证监会令第 184 号）、《北京证券交易所上市公司证券发行注册管理办法（试行）》（证监会令第 188 号）的规定，制定本准则。

第二条　北交所上市公司（以下简称上市公司）定向发行优先股，应按照本准则编制定向发行优先股募集说明书（以下简称募集说明书），作为定向发行优先股的必备法律文件，并按本准则的规定进行披露。

第三条　上市公司定向发行优先股结束后，应按照本准则的要求编制并披露发行情况报告书。

第四条　在不影响信息披露的完整性并保证阅读方便的前提下，对于曾在定期报告、临时公告或者其他信息披露文件中披露过的信息，如事实未发生变化，上市公司可以采用索引的方法进行披露。

第五条　本准则某些具体要求对本次定向发行优先股确实不适用或者需要豁免适用的，上市公司可以根据实际情况调整，但应在提交申请文件时作出专项说明。

第六条　上市公司应当在符合《证券法》规定的信息披露平台披露募集说明书及其备查文件、发行情况报告书和中国证券监督管理委员会（以下简称中国证监会）要求披露的其他文件，供投资者查阅。

国家有关部门对上市公司信息披露另有规定的，上市公司还应当遵守其规定并履行信息披露义务。

第二章　募集说明书

第七条　募集说明书扉页应载有如下声明：

“本公司及控股股东、实际控制人、全体董事、监事、高级管理人员承诺募集说明书不存在虚假记载、误导性陈述或重大遗漏，并对其真实性、准确性、完整性承担连带责任。

本公司负责人和主管会计工作的负责人、会计机构负责人保证募集说明书中财务会计资料真实、准确、完整。

中国证监会、北京证券交易所对本公司定向发行优先股所作的任何决定或意见，均不表明其对本公司优先股的价值或投资者的收益作出实质性判断或者保证。任何与之相反的声明均属虚假不实陈述。

根据《证券法》的规定，本公司经营与收益的变化，由本公司自行负责，由此变化引致的投资风险，由投资者自行负责。”

第八条 上市公司应披露本次定向发行优先股的基本情况：

（一）发行目的和发行总额。拟分次发行的，披露分次发行安排；

（二）发行方式、发行对象及公司现有股东认购安排（如有）。如董事会未确定具体发行对象的，应披露发行对象的范围和确定方法；

（三）票面金额、发行价格或定价原则；

（四）本次发行优先股的种类、数量或数量上限；

（五）募集资金的必要性、合理性、可行性及募集投向；

（六）本次发行涉及的主管部门审批、核准、注册或备案事项情况。

除上述内容外，上市公司还应披露本准则第十五条规定的附生效条件的优先股认购合同的内容摘要。

第九条 上市公司应在基本情况中披露本次定向发行优先股的具体条款设置：

（一）优先股股东参与利润分配的方式，包括：票面股息率或其确定原则、股息发放的条件、股息支付方式、股息是否累积、是否可以参与剩余利润分配等；涉及财务数据或财务指标的，应注明相关报表口径；

（二）优先股的回购条款，包括：回购选择权的行使主体、回购条件、回购期间、回购价格或确定原则及其调整方法等；

（三）表决权的限制和恢复，包括表决权恢复的情形及恢复的具体计算方法；

（四）清偿顺序及每股清算金额的确定方法；

（五）有评级安排的，需披露信用评级情况；

（六）有担保安排的，需披露担保及授权情况；

（七）其他中国证监会认为有必要披露的重大事项。

第十条 上市公司应列表披露本次募集资金的使用计划：

（一）募集资金拟用于补充流动资金的，应当分析与同行业上市公司对流动资金的需求水平是否相当；

（二）募集资金拟用于偿还银行贷款的，应当结合市场利率水平、公司融资成本说明偿还银行贷款后公司负债结构是否合理；

（三）募集资金拟用于项目投资的，应披露项目所需的资金数额、项目内容及进度和涉及的审批情况，是否符合国家产业政策和法律、行政法规的规定。募集资金投入项目导致上市公司生产经营模式发生变化的，上市公司应结合其在新模式下的经营管理能力、技术准备情况、产品市场开拓情况等，对项目的可行性进行分析。

第十一条 通过本次发行引入资产的，上市公司还应按照本准则第十二条、第十三条、第十四条的规定披露相关内容，同时披露本准则第十五条规定的附生效条件的资产转让合同的内容摘要。

第十二条 通过本次发行拟引入的资产为非股权资产的，上市公司应披露相关资产的下列基本情况：

（一）资产名称、类别以及所有者和经营管理者的基本情况；

（二）资产权属是否清晰、是否存在权利受限、权属争议或者妨碍资产转移的其他情况；

（三）资产独立运营和核算的，披露最近1年及1期经会计师事务所审计的主要财务数据；

（四）资产的交易价格及定价依据。披露相关资产经审计的账面值；交易价格以资产评估结果作为依据的，应披露资产评估方法和资产评估结果。

第十三条 通过本次发行拟引入的资产为股权的，上市公司应披露相关股权的下列基本情况：

（一）股权所在的公司的名称、企业性质、注册地、主要办公地点、法定代表人、注册资本；股权及控制关系，包括公司的主要股东及其持股比例、最近2年控股股东或实际控制人的变化情况、股东出资协议及公司章程中可能对本次交易产生影响的主要内容、原高管人员的安排；

（二）股权所在的公司主要资产的权属状况及对外担保和主要负债情况；

（三）股权所在的公司最近1年及1期的业务发展情况和经会计师事务所审计的主要财务数据和财务指标；

（四）股权的资产评估价值（如有）、交易价格及定价依据。

第十四条 资产交易根据资产评估结果定价的，在评估机构出具资产评估报告后，公司董事会应当对评估机构的独立性、评估假设前提和评估结论的合理性、评估方法的适用性、主要参数的合理性、未来收益预测的谨慎性等问题发表意见，并说明定价的合理性，资产定价是否存在损害公司和股东合法权益的情形。

资产交易价格不以资产评估结果作为定价依据的，董事会应具体说明收购定价的过程、定价方法的合理性及定价结果的公允性。收购价格与评估报告结果存在显著差异的，上市公司应就差异的原因进行分析，并就收购价格是否可能损害上市公司及其中小股东的利益进行说明。

本次拟收购资产在最近三年曾进行过评估或交易的，上市公司应披露评估的目的、方法及结果，以及交易双方的名称、定价依据及交易价格。交易未达成的，也应披露上述信息。

第十五条 董事会决议确定具体发行对象的，应披露附生效条件的优先股认购合同内容摘要，认购合同内容摘要应包括以下内容：

（一）合同主体、签订时间；

（二）认购价格、认购方式、支付方式；

（三）合同的生效条件和生效时间；

（四）合同附带的任何保留条款、前置条件；

（五）违约责任条款；

（六）优先股股东参与利润分配和剩余财产分配的相关约定；

（七）优先股回购的相关约定；

（八）优先股股东表决权限制与恢复的约定；

（九）其他与定向发行相关的条款。

附生效条件的资产转让合同的内容摘要除前款第（一）项至第（五）项内容外，至少还应包括：

（一）目标资产及其价格或定价依据；

（二）资产交付或过户时间安排；

（三）资产自评估截止日至资产交付日所产生收益的归属（如有）；

（四）与资产相关的人员安排。

第十六条 上市公司应披露已发行在外优先股的简要情况，包括发行时间、发行总量及融资总额、现有发行在外数量、已回购优先股的数量、各期股息实际发放情况等。

上市公司应列表披露本次定向发行优先股与已发行在外优先股主要条款的差异比较。

第十七条 上市公司应当结合以下方面详细披露本次定向发行优先股对上市公司的影响：

（一）本次发行对上市公司经营管理的影响；

（二）本次发行后上市公司财务状况、盈利能力、偿债能力及现金流量的变动情况，上市公司应重点披露本次发行优先股后公司资产负债结构的变化；

（三）本次发行对公司股本、净资产（净资本）、资产负债率、净资产收益率、归属于普通股股东的每股收益等主要财务数据和财务指标的影响；

（四）上市公司与控股股东及其关联人之间的业务关系、管理关系、关联交易及同业竞争等变化情况；

（五）以资产认购优先股的行为是否导致增加本公司的债务或者或有负债；

（六）本次发行对上市公司的税务影响；

（七）上市公司应有针对性、差异化地披露属于本公司或者本行业的特有风险以及经营过程中的不确定性因素。

第十八条 上市公司应当披露最近三年的现金分红情况，并分析披露对本次定向发行优先股股息或优先股回购的支付能力。

第十九条 上市公司应披露本次定向发行优先股对上市公司普通股股东权益的影响；已发行优先股的，还应说明对其他优先股股东权益的影响。

第二十条 上市公司应结合自身的实际情况及优先股的条款设置，披露可能直接或间接对上市公司以及优先股投资者产生重大不利影响的相关风险因素，如不能足额派息的风险、表决权受限的风险、回购风险、交易风险、分红减少和权益摊薄风险、税务风险等。

第二十一条 上市公司应披露本次定向发行优先股相关的会计处理方法以及本次发行的优先股发放的股息是否在所得税前列支及政策依据。

第二十二条 上市公司应披露投资者与本次发行的优先股转让、股息发放、回购等相关的税费、征收依据及缴纳方式。

第二十三条 上市公司应披露公司最近一期末的对外担保情况，并披露对公司财务状况、经营成果、声誉、业务活动、未来前景等可能产生较大影响的未决诉讼或仲裁事项，可能出现的处理结果或已生效法律文书的执行情况。

第二十四条 上市公司应披露下列机构的名称、法定代表人、住所、联系电话、传真，同时应披露有关经办人员的姓名：

（一）保荐人；

（二）律师事务所；

（三）会计师事务所；

（四）资产评估机构（如有）；

（五）资信评级机构（如有）；

（六）优先股登记机构；

（七）担保人（如有）；

（八）其他与本次发行有关的机构。

第二十五条 上市公司全体董事、监事、高级管理人员应在募集说明书正文的尾页声明：

“本公司全体董事、监事、高级管理人员承诺本募集说明书不存在虚假记载、误导性陈述或重大遗漏，并对其真实性、准确性、完整性承担连带责任。”

声明应由全体董事、监事、高级管理人员签名，并由上市公司加盖公章。

第二十六条 上市公司控股股东、实际控制人应在募集说明书正文的尾页声明：

“本公司或本人承诺本募集说明书不存在虚假记载、误导性陈述或重大遗漏，并对其真实性、准确性和完整性承担连带责任。”

声明应由控股股东、实际控制人签名，加盖公章。

第二十七条 保荐人应对募集说明书的真实性、准确性、完整性进行核查，并在募集说明书正文后声明：

“本公司已对募集说明书进行了核查，确认不存在虚假记载、误导性陈述或重大遗漏，并对其真实性、准确性和完整性承担连带责任。”

声明应由法定代表人、保荐代表人、项目协办人签名，并加盖保荐人公章。

第二十八条 为上市公司定向发行优先股提供服务的证券服务机构应在募集说明书正文后声明：

“本机构及经办人员（经办律师、签字注册会计师、签字注册资产评估师、资信评级人员）已阅读募集说明书，确认募集说明书与本机构出具的专业报告（法律意见书、审计报告、资产评估报告或资产估值报告、资信评级报告等）无矛盾之处。本机构及经办人员对上市公司在募集说明书中引用的专业报告的内容无异议，确认募集说明书不致因上述内容而出现虚假记载、误导性陈述或重大遗漏，并对其真实性、准确性和完整性承担连带责任。”

声明应由经办人员及所在机构负责人签名，并加盖所在机构公章。

第二十九条 募集说明书结尾应列明备查文件，备查文件应包括：

（一）上市公司最近 2 年的财务报告和审计报告及最近 1 期（如有）的财务报告；

（二）定向发行优先股发行保荐书；

（三）法律意见书；

（四）中国证监会同意本次定向发行注册的文件；

（五）公司章程及其修订情况的说明；

（六）其他与本次定向发行有关的重要文件。

如有下列文件，也应作为备查文件披露：

（一）资产评估报告或资产估值报告；

（二）资信评级报告；

（三）担保合同和担保函；

（四）上市公司董事会关于非标准无保留意见审计报告涉及事项处理情况的说明；

（五）会计师事务所及注册会计师关于非标准无保留意见审计报告的补充意见；

（六）通过本次定向发行拟引入资产的资产评估报告或资产估值报告及有关审核文件。

第三章 发行情况报告书

第三十条 上市公司应在发行情况报告书中至少披露以下内容：

（一）本次定向发行优先股的类型及主要条款，包括发行数量、发行价格、票面股息率、转换安排、回购安排等；

（二）本次发行履行的相关程序；

（三）各发行对象的名称、类型和认购数量，并备注与上市公司的关联关系及关联交易情况；

（四）限售安排及自愿锁定承诺；

（五）募集资金三方监管协议的签订情况；

（六）本次发行实际募集金额未达到预计募集金额时，实际募集资金的投入安排；

（七）募集资金用于置换前期自有资金投入的，应当说明前期自有资金投入的具体使用情况等相关信息；

（八）本次发行涉及的国资、外资等相关主管机关审批、核准、注册或备案程序等。

第三十一条 上市公司应披露本次发行前后股本结构、资产结构、业务结构、主要财务指标的变化情况。

第三十二条 认购人以非现金资产认购定向发行优先股的，上市公司应当披露非现金资产的过户或交付情况，并说明资产相关实际情况与募集说明书中披露的信息是否存在差异。

第三十三条 由于情况发生变化，导致董事会决议中关于本次定向发行的有关事项需要修正或者补充说明的，上市公司应在发行情况报告书中作出专门说明。

第三十四条 上市公司全体董事、监事、高级管理人员应在发行情况报告书的首页声明：

“本公司全体董事、监事、高级管理人员承诺本发行情况报告书不存在虚假记载、误导性陈述或重大遗漏，并对其真实性、准确性、完整性承担连带责任。”

声明应由全体董事、监事、高级管理人员签名，并加盖上市公司公章。

第三十五条 上市公司控股股东、实际控制人应在发行情况报告书正文后声明：

“本公司或本人承诺本发行情况报告书不存在虚假记载、误导性陈述或重大遗漏，并对其真实性、准确性和完整性承担连带责任。”

声明应由控股股东、实际控制人签名，加盖公章。

第四章 中介机构意见

第三十六条 保荐人应当按照本准则及有关规定出具发行保荐书，对以下事项进行说明和分析，并逐项发表明确意见：

（一）上市公司是否符合《优先股试点管理办法》规定的发行条件；

（二）上市公司是否存在《优先股试点管理办法》规定的不得发行优先股的情形；

（三）上市公司的财务状况、偿付能力；

（四）上市公司的对外担保情况、未决诉讼或仲裁事项；

（五）本次发行优先股决策程序是否合法合规，是否已按规定履行了国资、外资等相关主管部门的审批、核准、注册或备案等程序；

（六）本次优先股发行的规模、募集金额、票面股息率或发行价格的合法合规性；

（七）本次发行优先股具体条款设置的合法合规性；

（八）上市公司建立健全募集资金内部控制及管理制度的情况；上市公司本次募集资金的必要性、合理性和可行性，本次募集资金用途的合规性；报告期内募集资金的管理及使用情况，如存在违规情形，应对违规事实、违规处理结果、相关责任主体的整改情况等进行核实并说明；

（九）本次优先股发行对象的投资者适当性；

（十）本次优先股发行对象认购资金来源的合法合规性；

（十一）本次发行优先股的风险因素；

（十二）本次发行优先股对上市公司、普通股股东、其他优先股股东（如有）的影响；

（十三）本次发行涉及公司章程修改的事项；

（十四）本次发行优先股的会计处理方法，以及相关税费政策和依据；

（十五）非现金资产认购的相关事项（如有）；

（十六）保荐人认为需要说明的其他事项。

第三十七条 上市公司进行定向发行优先股聘请的律师应当按照本准则及有关规定出具法律意见书，并对照中国证监会的各项规定，在充分核查验证的基础上，对以下事项进行说明和分析，并逐项发表明确意见：

（一）上市公司是否符合《优先股试点管理办法》规定的发行条件；

（二）上市公司是否存在《优先股试点管理办法》规定的不得发行优先股的情形；

（三）本次定向发行对象或范围是否符合投资者适当性要求；

（四）本次定向发行对象认购资金来源的合法合规性；

（五）本次定向发行决策程序是否合法合规，是否已按规定履行了国资、外资等相关主管部门的审批、核准、注册或备案等程序；

（六）本次定向发行相关认购协议、公司章程等法律文件的合法合规性；

（七）本次定向发行的规模、募集金额、票面股息率或发行价格及具体条款设置的合法合规性；

（八）律师认为应当发表的其他意见。

第五章 附则

第三十八条 上市公司定向发行优先股依法未聘请保荐人的，无需提供保荐人出具的保荐文件。

第三十九条 本准则自 2021 年 11 月 15 日起施行。

公开发行证券的公司信息披露内容与格式准则第 52 号——北京证券交易所上市公司发行证券申请文件

中国证券监督管理委员会公告〔2021〕32 号

现公布《公开发行证券的公司信息披露内容与格式准则第 52 号——北京证券交易所上市公司发行证券申请文件》，自 2021 年 11 月 15 日起施行。

中国证监会

2021 年 10 月 30 日

公开发行证券的公司信息披露内容与格式准则第52号——北京证券交易所上市公司发行证券申请文件

第一条 为了规范北京证券交易所（以下简称北交所）上市公司发行证券申请文件的报送行为，根据《证券法》《北京证券交易所上市公司证券发行注册管理办法（试行）》（证监会令第188号）、《优先股试点管理办法》（证监会令第184号）、《可转换公司债券管理办法》（证监会令第178号）规定，制定本准则。

第二条 北交所上市公司进行证券发行，应按本准则要求制作和报送申请文件。

需要报送电子文件的，电子文件应和预留原件一致。上市公司律师应对报送的电子文件与原件的一致性出具鉴证意见。报送的电子文件和原件具有同等的法律效力。

第三条 本准则规定的申请文件目录（见附件）是证券发行申请文件的最低要求。根据审核需要，中国证券监督管理委员会（以下简称中国证监会）和北交所可以要求上市公司和相关证券服务机构补充文件。上市公司认为某些文件对其不适用的，应作出书面说明。

第四条 北交所上市公司发行证券募集说明书自最后签署之日起6个月内有效。

募集说明书引用的财务报告在其最近一期截止日后6个月内有效，特殊情况下上市公司可以申请适当延长，但最多不超过1个月。

第五条 申请文件一经受理，未经同意，不得增加、撤回或者更换。

第六条 对于申请文件的原始纸质文件，上市公司不能提供有关文件原件的，应由上市公司律师提供鉴证意见，或由出文单位盖章，以保证与原件一致。如原出文单位不再存续，由承继其职权的单位或作出撤销决定的单位出文证明文件的真实性。

第七条 申请文件所有需要签名处，应载明签名字样的印刷体，并由签名人亲笔签名，不得以名章、签名章等代替。

申请文件中需要由上市公司律师鉴证的文件，上市公司律师应在该文件首页注明“以下第××页至第××页与原件一致”，并签名和签署鉴证日期，律师事务所应在该文件首页加盖公章，并在第××页至第××页侧面以公章加盖骑缝章。

第八条 上市公司应根据北交所对发行申请文件的审核问询以及中国证监会对申请文件的注册反馈问题，提供补充材料。保荐人和相关证券服务机构应对相关问题进行尽职调查并补充出具专业意见。

第九条 申请文件的扉页应标明上市公司信息披露事务负责人、保荐人及相关证券服务机构项目负责人的姓名、电话、传真及其他方便的联系方式。

第十条 未按本准则的要求制作和报送申请文件的，北交所按照有关规定不予受理。

第十一条 上市公司发行证券依法未聘请保荐人的，无需提供保荐人出具的保荐文件。

第十二条 本准则自2021年11月15日起施行。

附件：1. 北交所上市公司向不特定合格投资者公开发行股票申请文件

2. 北交所上市公司向特定对象发行股票申请文件

3. 北交所上市公司向特定对象发行可转换公司债券申请文件

4. 北交所上市公司向特定对象发行优先股申请文件

附件1

北交所上市公司向不特定合格投资者公开发行股票申请文件目录

一、发行文件

1-1　上市公司向不特定合格投资者公开发行股票募集说明书

二、上市公司关于本次发行的申请与授权文件

2-1　上市公司关于本次向不特定合格投资者公开发行股票的申请报告

2-2　上市公司董事会有关本次向不特定合格投资者公开发行股票的决议

2-3　上市公司股东大会有关本次向不特定合格投资者公开发行股票的决议

2-4　上市公司监事会对募集说明书真实性、准确性、完整性的审核意见

三、保荐人关于本次发行的文件

3-1　发行保荐书

3-2　保荐工作报告

四、会计师关于本次发行的文件

4-1　最近3年的财务报告和审计报告及最近1期的财务报告

4-2　盈利预测报告及审核报告（如有）

4-3　会计师事务所关于上市公司的内部控制鉴证报告

4-4　会计师事务所关于前次募集资金使用情况的报告（如有）

4-5　经注册会计师核验的上市公司非经常性损益明细表

五、律师关于本次发行的文件

5-1　法律意见书

5-2　律师工作报告

5-3　上市公司律师关于上市公司董事、监事、高级管理人员、上市公司控股股东和实际控制人在相关文件上签名盖章的真实性的鉴证意见

5-4　关于申请电子文件与预留原件一致的鉴证意见

六、关于本次发行募集资金运用的文件

6-1　有关部门募集资金投资项目的审批、核准或备案文件（如有）

6-2　上市公司拟收购资产（包括权益）的有关财务报告、审计报告、资产评估报告（如有）

6-3　上市公司拟收购资产（包括权益）的合同或其草案（如有）

七、其他文件

7-1　上市公司信息披露豁免说明

7-2　上市公司关于本次发行是否涉及重大资产重组的说明

7-3　上市公司全体董事、监事、高级管理人员对发行申请文件真实性、准确性和完整性的承诺书

7-4　上市公司、保荐人关于申请电子文件与预留原件一致的承诺函

7-5　其他相关文件

附件 2

北交所上市公司向特定对象发行股票申请文件目录

一、发行文件

1-1 上市公司向特定对象发行股票募集说明书

二、上市公司关于本次发行的申请与授权文件

2-1 上市公司关于本次向特定对象发行股票的申请报告

2-2 上市公司董事会有关本次向特定对象发行股票的决议

2-3 上市公司股东大会有关本次向特定对象发行股票的决议

2-4 上市公司监事会对募集说明书真实性、准确性、完整性的审核意见

三、保荐人关于本次发行的文件

3-1 发行保荐书

3-2 发行保荐工作报告

3-3 关于战略投资者适格性的专项意见（如有）

四、会计师关于本次发行的文件

4-1 最近 2 年的财务报告和审计报告及最近 1 期（如有）的财务报告

4-2 盈利预测报告及其审核报告（如有）

4-3 会计师事务所关于上市公司的内部控制鉴证报告

4-4 经注册会计师核验的上市公司非经常性损益明细表

4-5 上市公司董事会、会计师事务所及注册会计师关于最近一年保留意见审计报告的补充意见（如有）

五、律师关于本次发行的文件

5-1 法律意见书

5-2 律师工作报告

5-3 关于上市公司董事、监事、高级管理人员以及上市公司控股股东、实际控制人在相关文件上签名盖章的真实性的鉴证意见

5-4 关于申请电子文件与预留文件一致的鉴证意见

六、关于本次发行募集资金运用的文件

6-1 有关部门对募集资金投资项目的审批、核准或备案文件（如有）

6-2 本次向特定对象发行收购资产相关的最近 1 年及 1 期（如有）的财务报告及其审计报告、资产评估报告（如有）

6-3 上市公司拟收购资产或股权的合同或其草案（如有）

七、其他文件

7-1　国务院主管部门关于引入境外战略投资者的有关文件（如有）

7-2　上市公司信息披露豁免说明

7-3　上市公司关于本次发行是否涉及重大资产重组的说明

7-4　上市公司全体董事、监事、高级管理人员对发行申请文件真实性、准确性和完整性的承诺书

7-5　上市公司、保荐人关于申请电子文件与预留原件一致的承诺函

7-6　其他相关文件

附件 3

北交所上市公司向特定对象发行可转换公司债券申请文件目录

一、发行文件

1-1 上市公司向特定对象发行可转换公司债券募集说明书

二、上市公司关于向特定对象发行可转换公司债券的申请与授权文件

2-1 上市公司关于本次向特定对象发行可转换公司债券的申请报告

2-2 上市公司董事会有关本次向特定对象发行可转换公司债券的决议

2-3 上市公司股东大会有关本次向特定对象发行可转换公司债券的决议

2-4 上市公司监事会对向特定对象发行可转换公司债券募集说明书真实性、准确性、完整性的审核意见

三、保荐人关于本次发行的文件

3-1 发行保荐书

3-2 发行保荐工作报告

四、会计师关于本次发行的文件

4-1 最近 2 年的财务报告和审计报告及最近 1 期（如有）的财务报告

4-2 盈利预测报告及其审核报告（如有）

4-3 会计师事务所关于上市公司的内部控制鉴证报告

4-4 经注册会计师核验的上市公司非经常性损益明细表

4-5 上市公司董事会、会计师事务所及注册会计师关于最近一年保留意见审计报告的补充意见（如有）

五、律师关于本次发行的文件

5-1 法律意见书

5-2 律师工作报告

5-3 关于上市公司董事、监事、高级管理人员以及上市公司控股股东、实际控制人在相关文件上签名盖章的真实性的鉴证意见

5-4 关于申请电子文件与预留文件一致的鉴证意见

六、关于本次发行募集资金运用的文件

6-1 有关部门对募集资金投资项目的审批、核准或备案文件（如有）

6-2 本次拟收购资产相关的最近 1 年及 1 期（如有）的财务报告及其审计报告、资产评估报告（如有）

6-3 上市公司拟收购资产或股权的合同或其草案（如有）

七、其他文件

7-1　本次向特定对象发行可转换公司债券的资信评级报告（如有）

7-2　本次向特定对象发行可转换公司债券的担保合同、担保函、担保人就提供担保获得的授权文件（如有）

7-3　上市公司信息披露豁免说明

7-4　上市公司全体董事、监事、高级管理人员对发行申请文件真实性、准确性和完整性的承诺书

7-5　上市公司、保荐人关于申请电子文件与预留原件一致的承诺函

7-6　其他相关文件

附件 4

北交所上市公司向特定对象发行优先股申请文件目录

一、发行文件

1-1　上市公司向特定对象发行优先股募集说明书

二、上市公司关于本次发行优先股的申请与授权文件

2-1　上市公司关于本次向特定对象发行优先股的申请报告

2-2　上市公司董事会有关本次向特定对象发行优先股的决议

2-3　上市公司股东大会有关本次向特定对象发行优先股的决议

2-4　上市公司监事会对募集说明书真实性、准确性、完整性的审核意见

三、保荐人关于本次发行的文件

3-1　发行保荐书

3-2　发行保荐工作报告

四、证券服务机构关于本次发行的文件

4-1　上市公司最近 2 年的财务报告及其审计报告及最近 1 期（如有）的财务报告

4-2　法律意见书

4-3　律师工作报告

4-4　会计师事务所关于上市公司最近一年末内部控制的审计报告或鉴证报告

4-5　上市公司董事会、会计师事务所关于报告期内非标准审计报告涉及事项对公司是否有重大不利影响或重大不利影响是否已经消除的说明（如有）

4-6　本次向特定对象发行优先股收购资产相关的最近 1 年及 1 期（如有）的财务报告及其审计报告、资产评估报告或资产估值报告（如有）

4-7　资信评级机构为本次向特定对象发行优先股出具的资信评级报告（如有）

4-8　本次向特定对象发行优先股的担保合同、担保函、担保人就提供担保获得的授权文件（如有）

公开发行证券的公司信息披露内容与格式准则第 53 号——北京证券交易所上市公司年度报告

中国证券监督管理委员会公告〔2021〕33 号

现公布《公开发行证券的公司信息披露内容与格式准则第 53 号——北京证券交易所上市公司年度报告》，自 2021 年 11 月 15 日起施行。

中国证监会

2021 年 10 月 30 日

公开发行证券的公司信息披露内容与格式准则第 53 号——北京证券交易所上市公司年度报告

第一章　总则

第一条　为规范北京证券交易所（以下简称北交所）上市公司年度报告的编制及信息披露行为，保护投资者合法权益，根据《公司法》《证券法》等法律、法规及中国证券监督管理委员会（以下简称中国证监会）的有关规定，制定本准则。

第二条　北交所上市公司（以下简称公司）年度报告的全文应当遵循本准则的要求进行编制和披露。

公司年度报告的摘要应当按照北交所的相关规定进行编制和披露。

第三条　本准则的规定是对公司年度报告信息披露的最低要求；凡是对投资者作出投资决策有重大影响的信息，不论本准则是否有明确规定，公司均应当披露。

鼓励公司结合自身特点，以简明易懂的方式披露对投资者特别是中小投资者决策有用的信息，但披露的信息应当保持持续性和一致性，不得选择性披露。

第四条　本准则某些具体要求对公司确实不适用的，公司可以根据实际情况在不影响披露内容完整性的前提下做出适当修改，并说明修改原因。

第五条　同时在境外证券市场上市的公司，如果境外证券市场对年度报告的编制和披露要求与本准则不同，应当遵循报告内容从多不从少、报告要求从严不从宽的原则，并应当同时公布年度报告。

年度报告应当采用中文文本。同时采用外文文本的，公司应当保证两种文本的内容一致。两种文本发生歧义时，以中文文本为准。

第六条　公司年度报告中的财务会计报告应经符合《证券法》规定的会计师事务所审计，审计报告须由该所至少两名注册会计师签字。

第七条　公司在编制年度报告时应遵循以下一般要求：

（一）年度报告中引用的数字应当采用阿拉伯数字，有关货币金额除特别说明外，通常指人民币金额，并以元、万元或亿元为单位。

（二）年度报告正文前可刊载宣传本公司的照片、图表或致投资者信，但不得刊登任何祝贺性、推荐性的词句、题字或照片，不得含有夸大、欺诈、误导或内容不准确、不客观的词句。

（三）年度报告中若涉及行业分类，应遵循中国证监会、北交所行业分类的有关规定。

（四）年度报告披露内容应侧重说明本准则要求披露事项与上一年度披露内容上的重大变化之处，如无变化，亦应说明。

（五）在不影响信息披露完整性和不致引起阅读不便的前提下，公司可以采取相互引证的方法，对年度报告相关部分进行适当的技术处理，以避免不必要的重复和保持文字简洁。

第八条 中国证监会、北交所对特殊行业公司信息披露另有规定的，公司应当遵循其规定。

国家有关部门对公司另有规定的，公司在编制和披露年度报告时还应当遵循其规定。

第九条 由于国家秘密、商业秘密等特殊原因导致本准则规定的某些信息确实不便披露的，公司可以不予披露，但应当在相关章节详细说明未按本准则要求进行披露的原因。中国证监会、北交所认为需要披露的，公司应当披露。公司在编制和披露年度报告时应当严格遵守国家有关保密的法律法规，不得泄露国家保密信息。

第十条 公司的年度报告披露时间应不晚于母公司及合并报表范围内的控股子公司的年度报告披露时间。

第十一条 公司董事、监事、高级管理人员应当保证年度报告内容的真实、准确、完整，不存在虚假记载、误导性陈述或重大遗漏，并承担个别和连带的法律责任。

如董事、监事无法保证年度报告内容的真实性、准确性、完整性或者有异议的，应当在董事会或者监事会审议、审核年度报告时投反对票或者弃权票。

如公司董事、监事、高级管理人员对年度报告内容存在异议或无法保证其真实、准确、完整的，应当在书面确认意见中发表意见并陈述理由，公司应当披露。公司不予披露的，董事、监事和高级管理人员可以直接申请披露。

董事、监事和高级管理人员按照前款规定发表意见，应当遵循审慎原则，其保证年度报告内容的真实性、准确性、完整性的责任不仅因发表意见而当然免除。

第二章　年度报告正文

第一节　重要提示、目录和释义

第十二条 公司董事、监事、高级管理人员对年度报告内容无异议并能够保证其真实性、准确性、完整性的，公司应在年度报告文本扉页刊登如下重要提示：公司董事、监事、高级管理人员保证本报告所载资料不存在虚假记载、误导性陈述或者重大遗漏，并对其内容的真实性、准确性和完整性承担个别及连带责任。

公司负责人、主管会计工作负责人及会计机构负责人（会计主管人员）应当声明并保证年度报告中财务会计报告的真实、准确、完整。

如有董事、监事、高级管理人员对年度报告内容存在异议或无法保证其真实、准确、完整的，应当声明××无法保证本报告内容的真实、准确、完整，并说明理由，请投资者特别关注。同时，单独列示未出席董事会审议年度报告的董事姓名及原因。

如执行审计的会计师事务所对公司出具了非标准审计报告，重要提示中应当声明××会计师事务所为本公司出具了非无保留意见（保留意见、否定意见、无法表示意见），或带有解释性说明的无保留意见（带有强调事项段、持续经营重大不确定性段落、其他信息段落中包含其他信息未更正重大错报说明的无保留意见）的审计报告，本公司董事会、监事会对相关事项已有详细说明，请投资者注意阅读。

如年度报告涉及未来计划等前瞻性陈述，同时附有相应的警示性陈述，则应当具有合理的预测基础或依据，并声明该计划不构成公司对投资者的实质承诺，投资者及相关人士均应当对此保持足够的风险认识，并且应当理解计划、预测与承诺之间的差异。

第十三条 公司应当单独刊登重大风险提示。公司对风险因素的描述应当围绕自身经营状况展开，遵循关联性原则和重要性原则，客观披露公司重大特有风险，如技术风险、经营风险、内部控制风险、财务风险、法律风险、尚未盈利或存在累计未弥补亏损的风险、特别表决权股份相关安排可能产生的风险等。公司应当重点说明与上一年度所提示重大风险的变化之处。

公司如存在退市风险，应当进行特别提示。

第十四条 公司应当对可能造成投资者理解障碍以及具有特定含义的术语作出通俗易懂的解释，年度报告的释义应当在目录次页排印。

年度报告目录应当标明各章、节的标题及其对应的页码。

第二节 公司概况

第十五条 公司应当披露如下内容：

（一）公司的中文名称及证券简称、证券代码，外文名称及缩写（如有）。

（二）公司的法定代表人。

（三）公司董事会秘书的姓名、联系地址、电话、传真、电子信箱。

（四）公司注册地址，公司办公地址及其邮政编码，公司网址、电子信箱。

（五）公司披露年度报告的证券交易所网站和媒体名称及网址，公司年度报告备置地。

（六）公司股票上市交易所、上市时间。

（七）公司行业分类、主要产品与服务项目。

（八）公司普通股总股本、优先股总股本、控股股东、实际控制人。

（九）公司年度内的注册变更情况，包括统一社会信用代码、注册资本变更情况。

（十）其他有关信息：公司聘请的会计师事务所名称、办公地址及签字会计师姓名；保荐机构或财务顾问名称、办公地址、签字的保荐代表人或财务顾问主办人的姓名及持续督导的期间（如有）。

第三节　会计数据和财务指标

第十六条　公司应采用数据列表方式，提供截至本年度末公司近三年的主要会计数据和财务指标，包括但不限于：

（一）营业收入、毛利率、归属于上市公司股东的净利润、归属于上市公司股东的扣除非经常性损益后的净利润、净资产收益率、每股收益。

（二）资产总计、负债总计、归属于上市公司股东的净资产、归属于上市公司股东的每股净资产、资产负债率、流动比率、利息保障倍数。

（三）经营活动产生的现金流量净额、应收账款周转率、存货周转率。

（四）总资产增长率、营业收入增长率、净利润增长率。

公司报告期扣除非经营性损益前后归属于上市公司股东的净利润孰低者为负值的，应当披露营业收入扣除与主营业务无关的业务收入、不具备商业实质的收入情况，以及扣除后的营业收入金额。公司应当同时披露负责审计的会计师事务所对营业收入扣除事项及扣除后营业收入金额出具的专项核查意见。

公司在披露“归属于上市公司股东的扣除非经常性损益后的净利润”时，应当同时说明报告期内非经常性损益的项目及金额。

同时发行境外上市外资股的公司，若按不同会计准则计算的归属于上市公司股东的净利润和归属于上市公司股东的净资产存在重大差异的，应当列表披露差异情况并说明主要原因。

第十七条　公司披露业绩预告、业绩快报的，应当说明年度报告中披露的财务数据与最近一次业绩预告、业绩快报中披露的财务数据是否存在差异，若存在差异且差异幅度达到20%以上的，应说明差异的原因。

第十八条　公司主要会计数据和财务指标的计算和披露应当遵循如下要求：

（一）因会计政策变更及会计差错更正等追溯调整或重述以前年度会计数据的，应当同时披露调整前后的数据。

（二）编制合并财务报表的公司应当以合并财务报表数据填列或计算以上数据和指标。

（三）财务数据按照时间顺序自左至右排列，左起为本年度的数据，向右依次列示前一期的数据。

（四）对非经常性损益、净资产收益率和每股收益的确定和计算，中国证监会另有规定的，应当遵照执行。

第四节　管理层讨论与分析

第十九条　公司应结合财务会计报告进一步解释和分析公司本年度财务报表及附注中的重要历史信息，对本年度公司经营情况进行回顾，对下一年度的经营计划或目标进行说明。

第二十条　公司可以运用逐年比较、数据列表或其他方式对相关事项进行列示，以增进投资者的理解。披露应当遵守以下的原则：

（一）披露内容应当具有充分的可靠性。引用的数据、资料应当有充分的依据，如果引用第三方的数据、资料作为讨论与分析的依据，应当注明来源，并判断第三方的数据、资料是否具有足够的权威性。

（二）披露内容应当具有充分的相关性。公司应当充分考虑并尊重投资者的投资需要，披露的内容应当能够帮助投资者更加充分地理解公司未来变化的趋势。公司应当重点讨论和分析重大的投资项目、资产购买、兼并重组、在建工程、研发项目、人才培养和储备等方面在报告期内的执行情况和未来的计划。

（三）披露内容应当具有充分的关联性。分析与讨论公司的外部环境、市场格局、风险因素等内容时，所述内容应当与公司的经营成果、财务状况具有足够的关联度，应当充分考虑公司的外部经营环境（包括但不限于经济环境、行业环境等）和内部资源条件（包括但不限于资产、技术、人员、经营权等），结合公司的战略和营销等管理政策，以及公司所从事的业务特征，进行有针对性的讨论与分析，并且保持逻辑的连贯性。

（四）鼓励公司披露管理层在经营管理活动中使用的关键业绩指标。可以披露指标的假定条件和计算方法以及公司选择这些指标的依据，重点讨论与分析指标变化的原因和趋势。关键业绩指标由公司根据行业、自身特点，选择对业绩敏感度较高且公司有一定控制能力的要素确定。

（五）讨论与分析应当从业务层面充分解释导致财务数据变动的根本原因及其反映的可能趋势，而不能只是重复财务会计报告的内容。

（六）公司应当保持业务数据统计口径的一致性、可比性，如确需调整的，公司应当披露变更口径的理由，并同时提供调整后的过去一年的对比数据。

（七）语言表述应便于投资者阅读，浅白易懂、简明扼要、突出重点、逻辑清晰，尽量使用图表、图片或其他较为直观的披露方式，具有可读性和可理解性。

第二十一条　公司应当简要介绍报告期内公司从事的主要业务，包括但不限于公司的产品与服务、经营模式、客户类型、销售渠道、收入模式等，并说明报告期内的变化情况。

公司应当披露报告期内核心竞争力（包括核心管理团队、关键技术人员、关键资源、专有设备、专利、非专利技术、特许经营权等）的重要变化及对公司所产生的影响。如发生因核心管理团队或关键技术人员离职、设备或技术升级换代、特许经营权丧失等导致公司核心竞争力受到严重影响的，公司应当详细分析，并说明拟采取的相应措施。

第二十二条 公司应回顾分析报告期内的主要经营情况，尤其应着重分析导致公司财务状况、经营成果、现金流量发生重大变化的事项或原因。分析内容包括但不限于：

（一）报告期内业务、产品或服务有关经营计划的实现情况；业务、产品或服务的重大变化及对公司经营情况的影响。公司在以前年度披露的经营计划或目标延续到本年度的，公司应对计划或目标的实施进度进行分析，实施进度与计划不符的，应说明原因。

（二）报告期内行业发展、周期波动等情况；应说明行业发展因素、行业法律法规等的变动及对公司经营情况的影响。

（三）对财务报表中主要财务数据进行讨论、分析，可以采用逐年比较、数据列表或其他方式。对与上一年度相比变动达到或超过30%的重要财务数据或指标，公司应充分解释导致变动的原因，以便于投资者充分了解其财务状况、经营成果、现金流量及未来变化情况。内容包括但不限于：

1. 公司资产、负债构成（货币资金、应收款项、存货、投资性房地产、长期股权投资、固定资产、在建工程、无形资产、商誉、短期借款、长期借款等占总资产的比重）同比发生重大变动的，应当说明产生变化的主要影响因素。若境外资产占比较高的，应当披露境外资产的形成原因、资产规模、运营模式、收益状况等。

2. 公司应当结合行业特征和自身实际情况，分别按产品、地区说明报告期内公司营业收入、营业成本及毛利率情况。若公司的收入构成、营业成本构成同比发生重大变动的，应当详细说明具体变动情况及原因。

公司应当披露报告期内主要客户与主要供应商的情况，包括公司向前五名客户的销售额及占当期销售总额的百分比，向前五名供应商的采购额及占当期采购总额的百分比，并说明前五名客户和供应商与公司是否存在关联关系。受同一控制人控制的客户或供应商，应合并计算其销售额或采购额，受同一国有资产管理机构控制的除外。

3. 公司销售费用、管理费用、财务费用、研发费用等财务数据同比发生重大变动的，应当结合业务模式和费用构成，说明产生变化的原因。

4. 若公司的利润构成或利润来源同比发生重大变动的，应当详细说明具体变动情况及原因；若公司利润构成或利润来源的重大变化源自非主要经营业务，包括但不限于投资收益、公允价值变动损益、资产减值、信用减值、营业外收支等，应当详细说明涉及金额、形成原因、是否具有可持续性。

5. 结合公司现金流量表相关数据，说明公司经营活动、投资活动和筹资活动产生的现金流量的构成情况，若相关数据同比发生重大变动，公司应当分析主要影响因素。

若本年度公司经营活动产生的现金流量与本年度净利润存在重大差异的，公司应当详细解释原因。

（四）主要控股子公司、参股公司经营情况及业绩分析。其中对于参股公司应当重点披露其与公司从事业务的关联性，并说明持有目的。如来源于单个子公司的净利润或单个参股公司的投资收益对公司净利润影响达到10%以上，还应当介绍该公司主营业务收入、主营业务利润等数据。若单个子公司或参股公司的经营业绩同比出现大幅波动，且对公司合并经营业绩造成重大影响的，公司应当对其业绩波动情况及其变动原因进行分析。

本年度取得和处置子公司导致合并范围变化的，应说明取得和处置的方式及对公司整体生产经营和业绩的影响。

公司存在其控制的结构化主体时，应介绍公司对其的控制方式和控制权内容，并说明从中可以获取的利益及承担的风险。公司控制的结构化主体为《企业会计准则第41号——在其他主体中权益的披露》中所规定的“结构化主体”。

（五）公司应当介绍本年度投资情况，分析报告期内公司投资额同比变化情况。

1. 对报告期内获取的重大的股权投资，公司应当披露被投资公司名称、主要业务、投资份额和持股比例、资金来源、合作方、投资期限、产品类型、预计收益、本期投资盈亏、是否涉诉等信息。

2. 对报告期内正在进行的重大的非股权投资，公司应当披露项目本年度和累计实际投入情况、资金来源、项目的进度及预计收益。若项目已产生收益，应当说明收益情况；未达到计划进度和收益的，应当说明原因。

3. 对报告期内持有的以公允价值计量的境内外股票、基金、债券、信托产品、期货、金融衍生工具等金融资产的初始投资成本、资金来源、报告期内购入或售出及投资收益情况、公允价值变动情况等进行披露。

（六）公司应当按照银行理财产品、券商理财产品、信托理财产品、其他等类型分别披露报告期内委托理财的资金来源、发生额、未到期余额及逾期未收回金额情况。

对于单项金额重大的委托理财，或安全性较低、流动性较差的高风险委托理财，应披露委托理财发生额、未到期余额及逾期未收回金额的具体情况，包括资金来源、受托机构名称（或受托人姓名）及类型、金额、产品期限、资金投向、报酬确定方式、参考年化收益率、预期收益（如有）、当年度实际收益或损失和实际收回情况等；公司还应说明该项委托是否经过法定程序，未来是否还有委托理财计划。公司若就该项委托计提投资减值准备，应当披露当年度计提金额。

若委托理财出现预期无法收回本金或存在其他可能导致减值的情形，预计对公司具有较大影响的，公司应当说明对财务状况或当期利润的影响。

若公司存在委托贷款事项，也应当比照上述委托行为予以披露。

（七）报告期内存在税收减、免、返、退或其他税收优惠的，应按税种分项说明相关法律法规或政策依据、批准或备案认定情况、具体幅度及有效期限。报告期内税收政策存在重大变化或者税收优惠政策对公司经营成果有重大影响的，应披露税收政策变化对经营成果的影响情况或者报告期内每期税收优惠占税前利润的比例，并对公司是否对税收优惠存在严重依赖、未来税收优惠的可持续性等进行分析。

（八）公司应当说明核心技术的科研实力和成果情况，包括获得重要奖项，承担的重大科研项目，核心学术期刊论文发表情况等；本年度所进行研发项目的目的、所处阶段及进展情况和拟达到的目标，并预计对公司未来发展的影响，同时结合行业技术发展趋势，分析相关科研项目与行业技术水平的比较。公司应当披露研发人员的数量、占比及学历情况；说明本年度研发投入总额及占营业收入的比重，如数据较上年发生重大变化，还应当解释变化的原因；应当披露研发投入资本化的比重及变化情况，并对其合理性进行分析。与其他单位合作研发的，还应披露合作协议的主要内容，权利义务划分约定及采取的保密措施等。

（九）公司本年度财务会计报告被会计师事务所出具非标准审计意见的，董事会应当根据《公开发行证券的公司信息披露编报规则第 14 号——非标准审计意见及其涉及事项的处理》规定，就所涉及事项作出说明。说明中应当明确说明非标准审计意见涉及事项是否违反企业会计准则及其相关信息披露规范性规定。

公司应当披露关键审计事项的具体内容，并分析对公司的影响。

（十）公司作出会计政策、会计估计变更或重大会计差错更正的，应当披露变更、更正的原因及影响；涉及追溯调整或重述的，应当披露对以往各年度经营成果和财务状况的影响金额。

同时适用境内外会计准则的公司应当对产生差异的情况进行详细说明。

（十一）公司应披露承担社会责任的工作情况，包括公司在保护债权人、职工、消费者、供应商、社区等利益相关者合法权益方面所承担的社会责任；鼓励公司积极披露报告期内巩固拓展脱贫攻坚成果、乡村振兴等工作具体情况。

（十二）属于环境保护部门公布的重点排污单位的公司或其重要子公司，应当根据法律、法规及部门规章的规定披露主要环境信息，包括排污信息、防治污染设施的建设和运行情况、建设项目环境影响评价及其他环境保护行政许可情况、突发环境事件应急预案、环境自行监测方案及其他应当公开的环境信息。鼓励公司自愿披露报告期内为减少其碳排放所采取的措施及效果。

（十三）公司在报告期内未盈利或存在累计未弥补亏损的，公司应结合行业特点分析未盈利的成因，对公司现金流、业务拓展、人才吸引、团队稳定性、研发投入、战略性投入、生产经营可持续性等方面的影响。公司还应披露改善盈利状况的经营策略，未来是否可实现盈利的前瞻性信息及其依据、基础假设等。

如本条规定披露的部分内容与财务报表附注相同的，公司可以建立相关查询索引，避免重复。

第二十三条 公司应对下一年度经营计划或目标进行说明。说明应当结合行业发展趋势、公司发展战略及其他可能影响经营计划或目标实现的不确定性因素展开。说明包括但不限于:

(一) 行业发展趋势。公司可介绍与公司业务关联的宏观经济层面或行业环境层面的发展趋势、公司的行业地位或区域市场地位的变动趋势,并说明上述发展趋势对公司未来经营业绩和盈利能力的影响。

(二) 公司发展战略。公司应披露公司发展战略或规划,以及拟开展的新业务、拟开发的新产品、拟投资的新项目等。若公司存在多种业务的,还应当说明各项业务的发展战略或规划。

(三) 经营计划或目标。披露经营计划或目标的,公司应同时简要披露公司经营计划涉及的投资资金的来源、成本及使用情况。

(四) 不确定性因素。公司应遵循关联性原则和重要性原则披露对未来发展战略或经营计划有重大影响的不确定性因素并进行说明与分析。

第二十四条 公司应当对存续到本年度的重大风险因素、本年度较上一年度新增的重大风险因素进行逐一分析,说明其持续或产生的原因、对公司的影响、已经采取或拟采取的措施及风险管理效果。在分析影响程度时公司应当尽可能定量分析。

第五节 重大事件

第二十五条 公司应当分类披露报告期内发生的所有诉讼、仲裁事项涉及的累计金额。

对于以临时报告形式披露,但尚未在报告期内结案的重大诉讼、仲裁事项,公司应当披露案件进展情况、涉及金额、是否形成预计负债,以及对公司未来的影响;对在报告期内结案的重大诉讼、仲裁事项,公司应当披露案件执行情况,以及对公司的影响。

如报告期内无应当披露的重大诉讼、仲裁事项,应当明确说明“本年度公司无重大诉讼、仲裁事项”。

第二十六条 公司应当披露报告期内履行的及尚未履行完毕的对外担保合同,包括担保金额、担保期限、担保对象、担保类型、担保的决策程序,以及对公司的影响等;对于未到期担保合同,如有明显迹象表明有可能承担连带清偿责任,应明确说明。

公司应当披露公司及其控股子公司为股东、实际控制人及其关联方提供担保的金额,公司直接或间接为资产负债率超过 70%(不含本数)的被担保对象提供的债务担保金额,公司担保总额超过净资产 50%(不含本数)部分的金额,以及对公司的影响。

公司应当说明本年度公司及其控股子公司是否存在未经内部审议程序而实施的担保事项,如有应说明具体情况,包括但不限于担保对象、提供担保的发生额和报告期末的担保余额,以及对公司的影响。

第二十七条 公司应当披露报告期内对外提供借款情形，包括与债务人的关联关系、债权的期初余额、本期发生额、期末余额、抵质押情况以及对公司的影响。

第二十八条 报告期内发生股东及其关联方以各种形式占用或者转移公司的资金、资产及其他资源的，公司应当说明发生原因、整改情况及对公司的影响，其中发生控股股东、实际控制人及其关联方占用资金情形的，应当充分披露相关的决策程序，以及占用资金的期初金额、发生额、期末余额、日最大占用额、占用资金原因、预计归还方式及时间。

如果不存在上述情形，公司应当予以明确说明。

公司应当同时披露会计师事务所对资金占用的专项审核意见。

第二十九条 公司应当披露报告期内发生的重大关联交易事项。若对于某一关联方，报告期内累计关联交易总额高于3000万元且占公司最近一期经审计总资产值2%以上，应当按照以下发生关联交易的不同类型分别披露：

（一）日常性关联交易，至少应当披露以下内容：关联交易方、交易内容、定价原则、交易价格、交易金额、结算方式；可获得的同类交易市价，如实际交易价与市价存在较大差异，应当说明原因。大额销货退回需披露详细情况。

公司按类别对报告期内发生的日常性关联交易进行总额预计的，应当披露报告期内的日常性关联交易的预计及执行情况，预计金额与发生金额存在较大差异的，应当说明具体原因。

（二）资产或股权收购、出售发生的关联交易，至少应当披露以下内容：关联交易方、交易内容、定价原则、资产的账面价值、评估价值、交易价格、结算方式及交易对公司经营成果和财务状况的影响情况，交易价格与账面价值或评估价值差异较大的，应当说明原因。如相关交易涉及业绩约定的，应当披露报告期内的业绩实现情况。

（三）公司与关联方共同对外投资发生关联交易的，应当至少披露以下内容：共同投资方、被投资企业的名称、主营业务、注册资本、总资产、净资产、净利润、重大在建项目的进展情况。

（四）公司与关联方存在债权债务往来或担保等事项的，应当披露形成原因，债权债务期初余额、本期发生额、期末余额，及其对公司的影响。

（五）公司与存在关联关系的财务公司、公司控股的财务公司与关联方之间存在存款、贷款、授信或其他金融业务的，应当至少披露以下内容：每日最高存款限额、存款利率范围、期初余额、发生额、期末余额；贷款额度、贷款利率范围、期初余额、发生额、期末余额；授信总额、其他金融业务额度及实际发生额等情况。

（六）其他重大关联交易。

第三十条 公司应当披露报告期内经股东大会审议通过的收购及出售资产、对外投资，以及报告期内发生的企业合并事项的简要情况及进展，分析上述事项对公司业务连续性、管理层稳定性及其他方面的影响。

第三十一条 公司如在报告期内存在其他重大合同的，还应当披露该重大合同及履行情况，包括合同订立双方的名称、签订日期、合同标的所涉及资产的账面价值、评估价值、相关评估机构名称、评估基准日、定价原则以及最终交易价格等，并披露截至报告期末合同的执行情况。

第三十二条 公司应当披露股权激励计划、员工持股计划或其他员工激励措施在本报告期的具体实施情况。

第三十三条 公司应披露报告期内的股份回购情况，包括已履行的审议程序和回购股份方案的主要内容，并说明回购进展情况（包括已回购股份数量、比例、价格、已支付的总金额等）或回购结果情况（包括实际回购股份的数量、比例、价格、使用资金总额等，并与回购股份方案相应内容进行对照），以及已回购股份的处理或后续安排等。

第三十四条 公司及其董事、监事、高级管理人员或股东、实际控制人及其他承诺相关方如存在本年度或持续到本年度已披露的承诺，应当披露承诺的具体情况，详细列示承诺方、承诺类型、承诺事项、承诺时间、承诺期限、承诺的履行情况等。如承诺超期未履行完毕的，应当详细说明未完成履行的原因及下一步的工作计划。

在股票发行、收购或重大资产重组中，如果公司、认购对象、收购方或重大资产重组交易对手方等存在业绩承诺等事项，需说明承诺相关方在报告期内履行完毕及截至报告期末尚未履行完毕的承诺事项。

如果没有已披露承诺事项，公司亦应予以说明。

第三十五条 公司应披露本年度末资产中被查封、扣押、冻结或者被抵押、质押的资产类别、发生原因、账面价值和累计值及其占总资产的比例，并说明对公司的影响。

第三十六条 年度报告披露后面临退市风险警示情形的公司，应当披露导致退市风险警示的原因以及公司拟采取的应对措施。年度报告披露后面临终止上市情形的公司、因重大违法或规范类原因面临终止上市风险的公司和已披露主动终止上市方案的公司，应当披露公司存在的具体终止上市的情形，退市对公司生产经营及股票交易状态的影响、投资者保护的安排计划等。

第三十七条 报告期内存在以下情形的，公司应当说明相关情况：公司涉嫌违法违规被中国证监会或其他有权机关调查，被移送司法机关或追究刑事责任，被中国证监会采取行政监管措施或行政处罚，受到其他对公司生产经营有重大影响的行政处罚，或被北交所公开纪律处分；公司董事、监事、高级管理人员、控股股东或实际控制人涉嫌违法违规被中国证监会或其他有权机关调查、采取留置措施或强制措施或者追究重大刑事责任，被中国证监会处以证券市场禁入、认定为不适当人选，受到对公司生产经营有重大影响的行政处罚，或被北交所公开纪律处分。

第三十八条 公司应当披露报告期内公司及其控股股东、实际控制人、董事、监事、高级管理人员以及控股子公司是否被纳入失信联合惩戒对象，如有应说明具体情况。

第三十九条 公司应当披露其他在报告期内发生的可能对上市公司股票及其他证券品种交易价格产生较大影响，或者对投资者作出投资决策有较大影响的重大事件，以及公司董事会判断为重大事件的事项。

第四十条 公司的控股子公司发生的本节所列重大事项，可能对投资者决策或者公司股票及其他证券品种交易价格产生较大影响的，公司应当视同公司的重大事项予以披露。

第四十一条 若上述事项已在临时报告披露且后续实施无变化的，仅需披露该事项概述，并提供所披露的临时报告的相关查询索引。

第六节 股份变动及股东情况

第四十二条 公司应当披露本年度期初、期末的股本结构，以及报告期内股份限售解除情况。对报告期内因送股、转增股本、增发新股、实施股权激励计划、可转换公司债券（以下简称可转债）转股、股份回购等原因引起公司股份总数及股东结构的变动、公司资产和负债结构的变动，应当予以说明。

第四十三条 公司应当披露股东总数、持有本公司5%以上股份的股东、持股数量及占总股本比例、报告期内持股变动情况、本年度末持有的无限售股份数量，并对持股5%以上的股东相互间关系及持股变动情况进行说明。如持股5%以上的股东少于十人，则应当列出至少前十名股东的持股情况。如所持股份中包括无限售条件股份、有限售条件股份、质押或司法冻结股份，应当分别披露其数量。

如有战略投资者或其他投资者认购公司公开发行的股票成为前十名股东的，应当予以注明，并披露约定持股期间的起止日期（如有）。

第四十四条 公司发行优先股的，应当披露优先股的总股本，包括计入权益的优先股及计入负债的优先股情况。

第四十五条 公司如存在控股股东，应对控股股东进行介绍，内容包括但不限于：若控股股东为法人或非法人组织的，应当披露名称、单位负责人或法定代表人、成立日期、统一社会信用代码、注册资本或注册资金、主要经营业务；若控股股东为自然人的，应当披露其姓名、国籍、是否取得其他国家或地区居留权、职业经历。首次披露后控股股东上述信息没有变动时，可以索引披露。

如不存在控股股东，公司应当就认定依据予以特别说明。

第四十六条 公司应当比照第四十五条披露公司实际控制人的情况，并以方框图及文字的形式披露公司与实际控制人之间的产权和控制关系。实际控制人应当披露到自然人、国有资产管理部门，或者股东之间达成某种协议或安排的其他机构或自然人，包括以信托或其他资产管理方式形成实际控制的情况。首次披露后实际控制人上述信息没有变动时，可以索引披露。

如不存在实际控制人，公司应当就认定依据予以特别说明。

第七节　融资与利润分配情况

第四十七条　公司应当披露报告期内的股票发行情况，包括但不限于发行价格、发行时间、发行数量、募集金额、发行对象、募集资金的使用情况等。

如存在募集资金用途变更的，应当说明变动的具体情况以及履行的决策程序。

第四十八条　如公司报告期内存在存续至本期的优先股，应当披露优先股发行的基本情况、前十名股东情况、利润分配情况、回购情况、转换情况、表决权恢复及行使情况等。

第四十九条　如公司存在存续至年度报告批准报出日的债券，应当披露债券的类型、简称、存续时间、债券余额、利率、还本付息方式、相关中介机构情况等。存在债券违约的，应当说明违约的具体情况、偿债措施以及对公司的影响。

如存续公开发行的债券，还应当披露报告期内信用评级结果调整情况、各债项募集资金使用情况、债券特殊条款触发和执行情况（如有）、偿债保障措施情况等。存在募集资金用途变更的，应当说明变动的具体情况以及履行的决策程序。如存续面向普通投资者交易的债券，应当列表披露公司近两年的EBITDA全部债务比、现金利息保障倍数、利息偿付率等财务指标。

第五十条　如公司报告期内存在未到期可转债的，应当披露可转债的相关情况，包括但不限于可转债的期初数量、期末数量、期限，转股价格及其历次调整或者修正情况，可转债发行后累计转股情况，期末前十名可转债持有人的名单和持有量，可转债赎回和回售情况，募集说明书约定的契约条款履行情况，以及可转债上市或挂牌的证券交易场所规定的其他事项。

第五十一条　公司应当披露报告期内的利润分配政策以及利润分配的执行情况，说明是否符合公司章程及审议程序的规定。如存在利润分配预案的，应披露预案的情况。报告期内盈利且未分配利润为正，但未提出现金红利分配预案的，公司应当详细披露原因以及未分配利润的用途和使用计划。

第八节　董事、监事、高级管理人员及员工情况

第五十二条　公司应当披露现任及报告期内离任的董事、监事和高级管理人员的情况，内容包括但不限于：姓名、职务、性别、出生年月、任期起止日期、年度税前报酬、年初和年末持有本公司股份、股票期权、被授予的限制性股票数量、报告期内股份增减变动量、持股比例、与股东之间的关系。

公司应当披露报告期内董事、监事、高级管理人员的变动情况；新任董事、监事和高级管理人员的专业背景、主要工作经历等情况；董事、监事和高级管理人员报酬

的决策程序、报酬确定依据、实际支付情况，以及是否在公司关联方获取报酬。如为独立董事，需单独注明。

对于董事、高级管理人员获得的股权激励，公司应当按照已解锁股份、未解锁股份、可行权股份、已行权股份、行权价以及报告期末市价单独列示。

第五十三条 公司应披露公司及其控股子公司的核心员工的基本情况（包括任职和持股情况）和变动情况，并说明变动对公司经营的影响及公司采取的应对措施。

第五十四条 公司应当披露公司及其控股子公司员工情况，包括在职员工的数量、人员构成（如管理人员、生产人员、销售人员、技术人员、财务人员、行政人员等）、教育程度、员工薪酬政策、培训计划以及需公司承担费用的离退休职工人数。

对于劳务外包数量较大的，公司应当披露劳务外包的工时总数和支付的报酬总额。

第九节 行业信息

第五十五条 公司应遵循中国证监会、北交所关于特定行业公司信息披露的有关规定，履行与年度报告相关的信息披露义务。

第十节 公司治理、内部控制和投资者保护

第五十六条 公司应当披露公司治理的基本状况，列示公司报告期内建立的各项公司治理制度，董事会应当对公司治理机制是否给所有股东提供合适的保护和平等权利等情况进行评估。

第五十七条 公司应当披露对公司治理的改进情况，包括来自控股股东及实际控制人以外的股东或其代表参与公司经营管理的情况，以及公司管理层是否引入职业经理人等情况。

第五十八条 公司在董事会下设专门委员会的，应当披露专门委员会在报告期内履行职责时所提出的重要意见和建议。存在异议事项的，应当披露具体情况。

公司应当披露报告期内每位独立董事履行职责的情况，包括但不限于：独立董事的姓名、出席董事会和股东大会的次数、方式，独立董事曾提出异议的有关事项及异议的内容，独立董事对公司所提建议及是否被采纳的说明。

第五十九条 监事会在报告期内的监督活动中发现公司存在风险的，公司应当披露监事会就有关风险的简要意见；否则，公司应当披露监事会对报告期内的监督事项无异议。

第六十条 公司应当就与控股股东或实际控制人在业务、人员、资产、机构、财务等方面存在的不能保证独立性、不能保持自主经营能力的情况进行说明。存在同业竞争的，公司应当披露相应的解决措施、工作进度及后续工作计划。

第六十一条 公司应当披露报告期内的内部控制制度建设及实施情况。报告期内若发现公司内部控制存在重大缺陷，应当披露具体情况，包括缺陷发生的时间、对缺

陷的具体描述、缺陷对财务会计报告的潜在影响，已实施或拟实施的整改措施、时间、责任人及效果。

第六十二条 公司应当披露年度报告重大差错责任追究制度的建立与执行情况，披露董事会对有关责任人采取的问责措施及处理结果。

第六十三条 鼓励公司详细披露报告期内对高级管理人员的考评机制，以及激励机制的建立、实施情况。

第六十四条 公司股东大会实行累积投票制和网络投票安排的，应当披露具体实施情况。

第六十五条 公司存在特别表决权股份的，应当披露特别表决权股份的持有和变化情况，以及相关投资者合法权益保护措施的实施情况。

第六十六条 鼓励公司披露投资者关系的主要安排，包括信息披露制度和流程、投资者沟通渠道的建立情况以及未来开展投资者关系管理的规划等。

第十一节 财务会计报告

第六十七条 公司的财务会计报告包括财务报表和其他应当在财务会计报告中披露的相关信息和资料。

第六十八条 公司应当披露审计报告正文和经审计的财务报表。

财务报表包括公司近两年的比较式资产负债表、比较式利润表和比较式现金流量表，以及比较式所有者权益（股东权益）变动表和财务报表附注。编制合并财务报表的公司，除提供合并财务报表外，还应提供母公司财务报表。

第六十九条 公司应披露审计机构连续服务年限和审计报酬。

第七十条 财务报表附注应当按照企业会计准则、中国证监会制定的有关财务会计报告的规定编制。

第七十一条 公司应结合自身业务活动实质、经营模式特点及关键审计事项等，披露对公司财务状况和经营成果有重大影响的会计政策和会计估计，针对性披露相关会计政策和会计估计的具体执行标准，不应简单重述一般会计原则。

第十二节 备查文件目录

第七十二条 公司应当披露备查文件的目录，包括：

（一）载有公司负责人、主管会计工作负责人、会计机构负责人（会计主管人员）签名并盖章的财务报表。

（二）载有会计师事务所盖章、注册会计师签名并盖章的审计报告原件。

（三）年度内在指定信息披露平台上公开披露过的所有公司文件的正本及公告的原稿。

公司应当在公司住所、证券交易所置备上述文件。中国证监会、北交所要求提供时，或股东依据法律、法规或公司章程要求查阅时，公司应当及时提供。

第三章　附则

第七十三条　本准则自 2021 年 11 月 15 日起施行。

公开发行证券的公司信息披露内容与格式准则第 54 号——北京证券交易所上市公司中期报告

中国证券监督管理委员会公告〔2021〕34 号

现公布《公开发行证券的公司信息披露内容与格式准则第 54 号——北京证券交易所上市公司中期报告》，自 2021 年 11 月 15 日起施行。

中国证监会

2021 年 10 月 30 日

公开发行证券的公司信息披露内容与格式准则第54号——北京证券交易所上市公司中期报告

第一章　总则

第一条　为规范北京证券交易所（以下简称北交所）上市公司中期报告的编制及信息披露行为，保护投资者合法权益，根据《公司法》《证券法》等法律、法规及中国证券监督管理委员会（以下简称中国证监会）的有关规定，制定本准则。

第二条　北交所上市公司（以下简称公司）中期报告的全文应当遵循本准则的要求进行编制和披露。

公司中期报告的摘要应当按照北交所的相关规定进行编制和披露。

第三条　本准则的规定是对公司中期报告信息披露的最低要求；凡是对投资者作出投资决策有重大影响的信息，不论本准则是否有明确规定，公司均应当披露。

鼓励公司结合自身特点，以简明易懂的方式披露对投资者特别是中小投资者决策有用的信息，但披露的信息应当保持持续性和一致性，不得选择性披露。

第四条　本准则某些具体要求对公司确实不适用的，公司可以根据实际情况在不影响披露内容完整性的前提下做出适当修改，并说明修改原因。

第五条　同时在境外证券市场上市的公司，如果境外证券市场对中期报告的编制和披露要求与本准则不同，应当遵循报告内容从多不从少、报告要求从严不从宽的原则，并应当同时公布中期报告。

中期报告应当采用中文文本。同时采用外文文本的，公司应当保证两种文本的内容一致。两种文本发生歧义时，以中文文本为准。

第六条　公司中期报告中的财务会计报告可以不经审计，但中国证监会、北交所另有规定的除外。

第七条　公司在编制中期报告时应遵循以下一般要求：

（一）中期报告中引用的数字应当采用阿拉伯数字，有关货币金额除特别说明外，通常指人民币金额，并以元、万元或亿元为单位。

（二）中期报告正文前可刊载宣传本公司的照片、图表或致投资者信，但不得刊登任何祝贺性、推荐性的词句、题字或照片，不得含有夸大、欺诈、误导或内容不准确、不客观的词句。

（三）中期报告中若涉及行业分类，应遵循中国证监会、北交所行业分类的有关规定。

（四）中期报告披露内容应侧重说明本准则要求披露事项与上年同期或上年期末披露内容上的重大变化之处，如无变化，亦应说明。

（五）在不影响信息披露完整性和不致引起阅读不便的前提下，公司可以采取相互引证的方法，对中期报告相关部分进行适当的技术处理，以避免不必要的重复和保持文字简洁。

第八条 中国证监会、北交所对特殊行业公司信息披露另有规定的，公司应当遵循其规定。

国家有关部门对公司另有规定的，公司在编制和披露中期报告时还应当遵循其规定。

第九条 由于国家秘密、商业秘密等特殊原因导致本准则规定的某些信息确实不便披露的，公司可以不予披露，但应当在相关章节详细说明未按本准则要求进行披露的原因。中国证监会、北交所认为需要披露的，公司应当披露。公司在编制和披露中期报告时应当严格遵守国家有关保密的法律法规，不得泄露国家保密信息。

第十条 公司的中期报告披露时间应不晚于母公司及合并报表范围内的控股子公司的中期报告披露时间。

第十一条 公司董事、监事、高级管理人员应当保证中期报告内容的真实、准确、完整，不存在虚假记载、误导性陈述或重大遗漏，并承担个别和连带的法律责任。

如董事、监事无法保证中期报告内容的真实性、准确性、完整性或者有异议的，应当在董事会或者监事会审议、审核中期报告时投反对票或者弃权票。

如公司董事、监事、高级管理人员对中期报告内容存在异议或无法保证其真实、准确、完整的，应当在书面确认意见中发表意见并陈述理由，公司应当披露。公司不予披露的，董事、监事和高级管理人员可以直接申请披露。

董事、监事和高级管理人员按照前款规定发表意见，应当遵循审慎原则，其保证中期报告内容的真实性、准确性、完整性的责任不仅因发表意见而当然免除。

第二章　中期报告正文

第一节　重要提示、目录和释义

第十二条 公司董事、监事、高级管理人员对中期报告内容无异议并能够保证其真实性、准确性、完整性的，公司应在中期报告文本扉页刊登如下重要提示：公司董事、监事、高级管理人员保证本报告所载资料不存在虚假记载、误导性陈述或者重大遗漏，并对其内容的真实性、准确性和完整性承担个别及连带责任。

公司负责人、主管会计工作负责人及会计机构负责人（会计主管人员）应当声明并保证中期报告中财务会计报告的真实、准确、完整。

如有董事、监事、高级管理人员对中期报告内容存在异议或无法保证其真实、准确、完整的，应当声明××无法保证本报告内容的真实、准确、完整，并说明理由，请投资者特别关注。同时，单独列示未出席董事会审议中期报告的董事姓名及原因。

如中期报告中的财务会计报告已经审计并被出具非标准审计报告，重要提示中应当声明××会计师事务所为本公司出具了非无保留意见（保留意见、否定意见、无法表示意见），或带有解释性说明的无保留意见（带有强调事项段、持续经营重大不确定性段落、其他信息段落中包含其他信息未更正重大错报说明的无保留意见）的审计报告，本公司董事会、监事会对相关事项已有详细说明，请投资者注意阅读。

如中期报告涉及未来计划等前瞻性陈述，同时附有相应的警示性陈述，则应当具有合理的预测基础或依据，并声明该计划不构成公司对投资者的实质承诺，投资者及相关人士均应当对此保持足够的风险认识，并且应当理解计划、预测与承诺之间的差异。

第十三条 公司应当单独刊登重大风险提示。公司对风险因素的描述应当围绕自身经营状况展开，遵循关联性原则和重要性原则，客观披露公司重大特有风险，如技术风险、经营风险、内部控制风险、财务风险、法律风险、尚未盈利或存在累计未弥补亏损的风险、特别表决权股份相关安排可能产生的风险等。公司应当重点说明与上一年度所提示重大风险的变化之处。

公司如存在退市风险，应当进行特别提示。

第十四条 公司应当对可能造成投资者理解障碍以及具有特定含义的术语作出通俗易懂的解释，中期报告的释义应当在目录次页排印。

中期报告目录应当标明各章、节的标题及其对应的页码。

第二节 公司概况

第十五条 公司应当披露如下内容：

（一）公司的中文名称及证券简称、证券代码，外文名称及缩写（如有）。

（二）公司的法定代表人。

（三）公司董事会秘书的姓名、联系地址、电话、传真、电子信箱。

（四）公司注册地址，公司办公地址及其邮政编码，公司网址、电子信箱。

（五）公司披露中期报告的证券交易所网站和媒体名称及网址，公司中期报告备置地。

（六）公司股票上市交易所、上市时间。

（七）公司行业分类、主要产品与服务项目。

（八）公司普通股总股本、优先股总股本、控股股东、实际控制人。

（九）公司报告期内的注册变更情况，包括统一社会信用代码、注册资本变更情况。

（十）其他有关信息：公司聘请的会计师事务所名称、办公地址及签字会计师姓名（如有）；保荐机构或财务顾问名称、办公地址、签字的保荐代表人或财务顾问主办人的姓名及持续督导的期间（如有）。

第三节　会计数据和经营情况

第十六条　公司应采用数据列表方式，提供截至报告期末和上年期末（或报告期和上年同期）的主要会计数据和财务指标，包括但不限于：

（一）营业收入、毛利率、归属于上市公司股东的净利润、归属于上市公司股东的扣除非经常性损益后的净利润、净资产收益率、每股收益。

（二）资产总计、负债总计、归属于上市公司股东的净资产、归属于上市公司股东的每股净资产、资产负债率、流动比率、利息保障倍数。

（三）经营活动产生的现金流量净额、应收账款周转率、存货周转率。

（四）总资产增长率、营业收入增长率、净利润增长率。

公司在披露“归属于上市公司股东的扣除非经常性损益后的净利润”时，应当同时说明报告期内非经常性损益的项目及金额。

同时发行境外上市外资股的公司，若按不同会计准则计算的归属于上市公司股东的净利润和归属于上市公司股东的净资产存在重大差异的，应当列表披露差异情况并说明主要原因。

第十七条　公司主要会计数据和财务指标的计算和披露应当遵循如下要求：

（一）因会计政策变更及会计差错更正等追溯调整或重述以前年度会计数据的，应当同时披露调整前后的数据。

（二）编制合并财务报表的公司应当以合并财务报表数据填列或计算以上数据和指标。

（三）财务数据按照时间顺序自左至右排列，左起为本报告期的数据，向右依次列示前一期的数据。

（四）对非经常性损益、净资产收益率和每股收益的确定和计算，中国证监会另有规定的，应当遵照执行。

第十八条　公司披露内容应具有充分的可靠性。分析中如引用第三方资料及数据，应注明来源及发布者，并判断第三方资料、数据是否拥有足够的权威性；公司自行整理编制的资料及数据，应说明并注明编制依据。披露内容应突出重要性，避免过多披露不重要的信息而掩盖重要信息。

第十九条　公司作出会计政策、会计估计变更或重大会计差错更正的，应当披露变更、更正的原因及影响；涉及追溯调整或重述的，应当披露对以往各年度经营成果和财务状况的影响金额。

第二十条 公司应当简要介绍报告期内公司从事的主要业务，包括但不限于公司的产品与服务、经营模式、客户类型、销售渠道、收入模式等，并说明报告期内的变化情况。

公司应当披露报告期内核心竞争力（包括核心管理团队、关键技术人员、关键资源、专有设备、专利、非专利技术、特许经营权等）的重要变化及对公司所产生的影响。如发生因核心管理团队或关键技术人员离职、设备或技术升级换代、特许经营权丧失等导致公司核心竞争力受到严重影响的，公司应当详细分析，并说明拟采取的相应措施。

第二十一条 公司应回顾分析报告期内的主要经营情况，尤其应着重分析导致公司财务状况、经营成果、现金流量发生重大变化的事项或原因。分析内容包括但不限于：

（一）报告期内业务、产品或服务有关经营计划的实现情况；业务、产品或服务的重大变化及对公司经营情况的影响。公司在以前年度披露的经营计划或目标延续到本报告期的，公司应对计划或目标的实施进度进行分析，实施进度与计划不符的，应说明原因。

（二）报告期内行业发展、周期波动等情况；应说明行业发展因素、行业法律法规等的变动及对公司经营情况的影响。

（三）对财务报表中主要财务数据进行讨论、分析，可以采用逐年比较、数据列表或其他方式。对与上年同期或上年期末相比变动达到或超过30%的重要财务数据或指标，公司应充分解释导致变动的原因，以便于投资者充分了解其财务状况、经营成果、现金流量及未来变化情况。讨论与分析应当从业务层面充分解释导致财务数据变动的根本原因及其反映的可能趋势，而不能只是重复财务会计报告的内容。内容包括但不限于：

1. 公司资产、负债构成（货币资金、应收款项、存货、投资性房地产、长期股权投资、固定资产、在建工程、无形资产、商誉、短期借款、长期借款等占总资产的比重）同比发生重大变动的，应当说明产生变化的主要影响因素。

2. 公司应当结合行业特征和自身实际情况，分别按产品、地区说明报告期内公司营业收入、营业成本及毛利率情况。若公司的收入构成、利润构成和利润来源发生重大变动的，应当详细说明具体变动情况及原因。

3. 结合公司现金流量表相关数据，说明公司经营活动、投资活动和筹资活动产生的现金流量的构成情况，若相关数据同比发生重大变动，公司应当分析主要影响因素。若报告期内公司经营活动产生的现金流量与本报告期净利润存在重大差异的，公司应当详细解释原因。

（四）主要控股子公司、参股公司经营情况及业绩分析。其中对于参股公司应当重点披露其与公司从事业务的关联性，并说明持有目的。

本报告期取得和处置子公司导致合并范围变化的，应说明取得和处置的方式及对公司整体生产经营和业绩的影响。

公司存在其控制的结构化主体时，应介绍公司对其的控制方式和控制权内容，并说明从中可以获取的利益及承担的风险。公司控制的结构化主体为《企业会计准则第41号——在其他主体中权益的披露》中所规定的“结构化主体”。

（五）公司中期报告的财务会计报告被会计师事务所出具非标准审计意见的，董事会应当根据《公开发行证券的公司信息披露编报规则第14号——非标准审计意见及其涉及事项的处理》规定，就所涉及事项作出说明。说明中应当明确说明非标准审计意见涉及事项是否违反企业会计准则及其相关信息披露规范性规定。

中期报告中的财务会计报告已经审计的，公司应当披露关键审计事项的具体内容，并分析对公司的影响。

（六）鼓励公司披露报告期内承担社会责任、巩固拓展脱贫攻坚成果、乡村振兴等工作的具体情况。

（七）属于环境保护部门公布的重点排污单位的公司或其重要子公司，应当根据法律、法规及部门规章的规定披露主要环境信息，包括排污信息、防治污染设施的建设和运行情况、建设项目环境影响评价及其他环境保护行政许可情况、突发环境事件应急预案、环境自行监测方案及其他应当公开的环境信息。鼓励公司自愿披露报告期内为减少其碳排放所采取的措施及效果。

（八）公司在报告期内未盈利或存在累计未弥补亏损的，公司应结合行业特点分析未盈利的成因，对公司现金流、业务拓展、人才吸引、团队稳定性、研发投入、战略性投入、生产经营可持续性等方面的影响。公司还应披露改善盈利状况的经营策略，未来是否可实现盈利的前瞻性信息及其依据、基础假设等。

如本条规定披露的部分内容与财务报表附注相同的，公司可以建立相关查询索引，避免重复。

第二十二条 公司如果预测年初至下一报告期期末的累计净利润可能为亏损、扭亏为盈或者与上年同期相比发生重大变动，应当予以警示并说明原因。

第二十三条 公司应当说明重大风险因素对公司的影响、已经采取或拟采取的措施及风险管理效果。在分析影响程度时公司应当尽可能定量分析。

第四节 重大事件

第二十四条 公司应当分类披露报告期内发生的所有诉讼、仲裁事项涉及的累计金额。

对于以临时报告形式披露，但尚未在报告期内结案的重大诉讼、仲裁事项，公司应当披露案件进展情况、涉及金额、是否形成预计负债，以及对公司未来的影响；对在报告期内结案的重大诉讼、仲裁事项，公司应当披露案件执行情况，以及对公司的影响。

如报告期内无应当披露的重大诉讼、仲裁事项，应当明确说明“本报告期公司无重大诉讼、仲裁事项”。

第二十五条 公司应当披露报告期内履行的及尚未履行完毕的对外担保合同，包括担保金额、担保期限、担保对象、担保类型、担保的决策程序，以及对公司的影响等；对于未到期担保合同，如有明显迹象表明有可能承担连带清偿责任，应明确说明。

公司应当披露公司及其控股子公司为股东、实际控制人及其关联方提供担保的金额，公司直接或间接为资产负债率超过 70%（不含本数）的被担保对象提供的债务担保金额，公司担保总额超过净资产 50%（不含本数）部分的金额，以及对公司的影响。

公司应当说明本报告期公司及其控股子公司是否存在未经内部审议程序而实施的担保事项，如有应说明具体情况，包括但不限于担保对象、提供担保的发生额和报告期末的担保余额，以及对公司的影响。

第二十六条 公司应当披露报告期内对外提供借款情形，包括与债务人的关联关系、债权的期初余额、本期发生额、期末余额、抵质押情况以及对公司的影响。

第二十七条 报告期内发生股东及其关联方以各种形式占用或者转移公司的资金、资产及其他资源的，公司应当说明发生原因、整改情况及对公司的影响，其中发生控股股东、实际控制人及其关联方占用资金情形的，应当充分披露相关的决策程序，以及占用资金的期初金额、发生额、期末余额、日最大占用额、占用资金原因、预计归还方式及时间。

如果不存在上述情形，公司应当予以明确说明。

第二十八条 公司应当披露报告期内发生的重大关联交易事项。若对于某一关联方，报告期内累计关联交易总额高于 3000 万元且占公司最近一期经审计总资产值 2% 以上，应当按照以下发生关联交易的不同类型分别披露：

（一）日常性关联交易，至少应当披露以下内容：关联交易方、交易内容、定价原则、交易价格、交易金额、结算方式；可获得的同类交易市价，如实际交易价与市价存在较大差异，应当说明原因。大额销货退回需披露详细情况。

公司按类别对报告期内发生的日常性关联交易进行总额预计的，应当披露报告期内的日常性关联交易的预计及执行情况。

（二）资产或股权收购、出售发生的关联交易，至少应当披露以下内容：关联交易方、交易内容、定价原则、资产的账面价值、评估价值、交易价格、结算方式及交易对公司经营成果和财务状况的影响情况，交易价格与账面价值或评估价值差异较大的，应当说明原因。如相关交易涉及业绩约定的，应当披露报告期内的业绩实现情况。

（三）公司与关联方共同对外投资发生关联交易的，应当至少披露以下内容：共同投资方、被投资企业的名称、主营业务、注册资本、总资产、净资产、净利润、重大在建项目的进展情况。

（四）公司与关联方存在债权债务往来或担保等事项的，应当披露形成原因，债权债务期初余额、本期发生额、期末余额，及其对公司的影响。

（五）公司与存在关联关系的财务公司、公司控股的财务公司与关联方之间存在存款、贷款、授信或其他金融业务的，应当至少披露以下内容：每日最高存款限额、存款利率范围、期初余额、发生额、期末余额；贷款额度、贷款利率范围、期初余额、发生额、期末余额；授信总额、其他金融业务额度及实际发生额等情况。

（六）其他重大关联交易。

第二十九条 公司应当披露报告期内经股东大会审议通过的收购及出售资产、对外投资，以及报告期内发生的企业合并事项的简要情况及进展，分析上述事项对公司业务连续性、管理层稳定性及其他方面的影响。

第三十条 公司如在报告期内存在其他重大合同的，还应当披露该重大合同及履行情况，包括合同订立双方的名称、签订日期、合同标的所涉及资产的账面价值、评估价值、相关评估机构名称、评估基准日、定价原则以及最终交易价格等，并披露截至报告期末合同的执行情况。

第三十一条 公司应当披露股权激励计划、员工持股计划或其他员工激励措施在本报告期的具体实施情况。

第三十二条 公司应披露报告期内的股份回购情况，包括已履行的审议程序和回购股份方案的主要内容，并说明回购进展情况（包括已回购股份数量、比例、价格、已支付的总金额等）或回购结果情况（包括实际回购股份的数量、比例、价格、使用资金总额等，并与回购股份方案相应内容进行对照），以及已回购股份的处理或后续安排等。

第三十三条 公司及其董事、监事、高级管理人员或股东、实际控制人及其他承诺相关方如存在报告期或持续到报告期已披露的承诺，公司应当披露承诺的具体情况，详细列示承诺方、承诺类型、承诺事项、承诺时间、承诺期限、承诺的履行情况等。如承诺超期未履行完毕的，应当详细说明未完成履行的原因及下一步的工作计划。

在股票发行、收购或重大资产重组中，如果公司、认购对象、收购方或重大资产重组交易对手方等存在业绩承诺等事项，需说明承诺相关方在报告期内履行完毕及截至报告期末尚未履行完毕的承诺事项。

如果没有已披露承诺事项，公司亦应予以说明。

第三十四条 公司应披露本报告期末资产中被查封、扣押、冻结或者被抵押、质押的资产类别、发生原因、账面价值和累计值及其占总资产的比例，并说明对公司的影响。

第三十五条 报告期内存在以下情形的，公司应当说明相关情况：公司涉嫌违法违规被中国证监会或其他有权机关调查，被移送司法机关或追究刑事责任，被中国证监会采取行政监管措施或行政处罚，受到其他对公司生产经营有重大影响的行政处罚，或被北交所公开纪律处分；公司董事、监事、高级管理人员、控股股东或实际控制人涉嫌违法违规被中国证监会或其他有权机关调查、采取留置措施或强制措施或者追究重大刑事责任，被中国证监会处以证券市场禁入、认定为不适当人选，受到对公司生产经营有重大影响的行政处罚，或被北交所公开纪律处分。

第三十六条 公司应当披露报告期内公司及其控股股东、实际控制人、董事、监事、高级管理人员以及控股子公司是否被纳入失信联合惩戒对象，如有应说明具体情况。

第三十七条 公司应当披露其他在报告期内发生的可能对上市公司股票及其他证券品种交易价格产生较大影响，或者对投资者作出投资决策有较大影响的重大事件，以及公司董事会判断为重大事件的事项。

第三十八条 公司的控股子公司发生的本节所列重大事项，可能对投资者决策或者公司股票及其他证券品种交易价格产生较大影响的，公司应当视同公司的重大事项予以披露。

第三十九条 若上述事项已在临时报告披露且后续实施无变化的，仅需披露该事项概述，并提供所披露的临时报告的相关查询索引。

第五节 股份变动和融资

第四十条 公司应当披露本报告期期初、期末的股本结构，以及报告期内股份限售解除情况。对报告期内因送股、转增股本、增发新股、实施股权激励计划、可转换公司债券（以下简称可转债）转股、股份回购等原因引起公司股份总数及股东结构的变动、公司资产和负债结构的变动，应当予以说明。

第四十一条 公司应当披露股东总数、持有本公司5%以上股份的股东、持股数量及占总股本比例、报告期内持股变动情况、本报告期末持有的无限售股份数量，并对持股5%以上的股东相互间关系及持股变动情况进行说明。如持股5%以上的股东少于十人，则应当列出至少前十名股东的持股情况。如所持股份中包括无限售条件股份、有限售条件股份、质押或司法冻结股份，应当分别披露其数量。

如有战略投资者或其他投资者认购公司公开发行的股票成为前十名股东的，应当予以注明，并披露约定持股期间的起止日期（如有）。

第四十二条 公司控股股东及实际控制人报告期内发生变化的，应当披露变化情况。

第四十三条 公司应当披露报告期内的股票发行情况，包括但不限于发行价格、发行时间、发行数量、募集金额、发行对象、募集资金的使用情况等。

如存在募集资金用途变更的，应当说明变动的具体情况以及履行的决策程序。

第四十四条 如公司报告期内存在存续至本期的优先股，应当披露优先股发行的基本情况、前十名股东情况、利润分配情况、回购情况、转换情况、表决权恢复及行使情况等。

公司发行优先股的，应当披露优先股的总股本，包括计入权益的优先股及计入负债的优先股情况。

第四十五条 如公司存在存续至中期报告批准报出日的债券，应当披露债券的类型、简称、存续时间、债券余额、利率、还本付息方式等。存在债券违约的，应当说明违约的具体情况、偿债措施以及对公司的影响。

如存续公开发行的债券，还应当披露报告期内信用评级结果调整情况、债券特殊条款触发和执行情况（如有）、偿债保障措施情况等。如存续面向普通投资者交易的债券，应当列表披露公司近两年的EBITDA全部债务比、现金利息保障倍数、利息偿付率等财务指标。

第四十六条 如公司报告期内存在未到期可转债的，应当披露可转债的相关情况，包括但不限于可转债的期初数量、期末数量、期限，转股价格及其历次调整或者修正情况，可转债发行后累计转股情况，期末前十名可转债持有人的名单和持有量，可转债赎回和回售情况，募集说明书约定的契约条款履行情况，以及可转债上市或挂牌的证券交易场所规定的其他事项。

第四十七条 公司应当披露报告期内的利润分配政策以及利润分配的执行情况，说明是否符合公司章程及审议程序的规定。如存在利润分配预案的，应披露预案和财务会计报告审计情况（如需）。

第四十八条 公司存在特别表决权股份的，应当在中期报告中披露表决权差异安排的运行情况、特别表决权股份的变动情况以及投资者保护措施的落实情况等。

第六节 董事、监事、高级管理人员及员工变动情况

第四十九条 公司应当披露现任及报告期内离任的董事、监事和高级管理人员的情况，内容包括但不限于：姓名、职务、性别、出生年月、任期起止日期、期初和期末持有本公司股份、股票期权、被授予的限制性股票数量、报告期内股份增减变动量、持股比例、与股东之间的关系。

公司应当披露报告期内董事、监事、高级管理人员的变动情况；新任董事、监事和高级管理人员的专业背景、主要工作经历等情况。如为独立董事，需单独注明。

对于董事、高级管理人员获得的股权激励，公司应当按照已解锁股份、未解锁股份、可行权股份、已行权股份、行权价以及报告期末市价单独列示。

第五十条 公司应披露公司及其控股子公司的核心员工的变动情况，并说明变动对公司经营的影响及公司采取的应对措施。

公司应当披露公司及其控股子公司在职员工的数量、人员构成（如管理人员、生产人员、销售人员、技术人员、财务人员、行政人员等）变动情况。

第七节 财务会计报告

第五十一条 公司应当注明财务会计报告是否已经审计。已经审计的，公司应当披露审计意见类型；若被注册会计师出具非标准审计报告，公司还应当披露审计报告正文。

第五十二条 公司的财务会计报告包括财务报表和其他应当在财务会计报告中披露的相关信息和资料。

第五十三条 公司应当在中期报告中披露比较式资产负债表、比较式利润表和比较式现金流量表，以及比较式所有者权益（股东权益）变动表和财务报表附注。编制合并财务报表的公司，除提供合并财务报表外，还应提供母公司财务报表。

第五十四条 财务报表附注应当按照企业会计准则、中国证监会制定的有关财务会计报告的规定编制。

第八节 备查文件目录

第五十五条 公司应当披露备查文件的目录，包括：

（一）载有公司负责人、主管会计工作负责人、会计机构负责人（会计主管人员）签名并盖章的财务报表。

（二）载有会计师事务所盖章、注册会计师签名并盖章的审计报告原件（如有）。

（三）报告期内在指定信息披露平台上公开披露过的所有公司文件的正本及公告的原稿。

公司应当在公司住所、证券交易所置备上述文件。中国证监会、北交所要求提供时，或股东依据法律、法规或公司章程要求查阅时，公司应当及时提供。

第三章 附则

第五十六条 本准则自2021年11月15日起施行。

公开发行证券的公司信息披露内容与格式准则第55号——北京证券交易所上市公司权益变动报告书、上市公司收购报告书、要约收购报告书、被收购公司董事会报告书

中国证券监督管理委员会公告〔2021〕35号

现公布《公开发行证券的公司信息披露内容与格式准则第55号——北京证券交易所上市公司权益变动报告书、上市公司收购报告书、要约收购报告书、被收购公司董事会报告书》，自2021年11月15日起施行。

中国证监会

2021年10月30日

公开发行证券的公司信息披露内容与格式准则第 55 号——北京证券交易所上市公司权益变动报告书、上市公司收购报告书、要约收购报告书、被收购公司董事会报告书

第一章　总则

第一条　为了规范北京证券交易所上市公司（以下简称上市公司）的收购及相关股份权益变动活动中的信息披露行为，保护投资者的合法权益，维护证券市场秩序，根据《证券法》《公司法》《上市公司收购管理办法》（证监会令第 166 号，以下简称《收购办法》）、《北京证券交易所上市公司持续监管办法（试行）》（证监会令第 189 号）及其他相关法律、行政法规及部门规章的有关规定，制订本准则。

第二条　《证券法》《收购办法》规定的信息披露义务人，应当按照《收购办法》、本准则的要求编制和披露权益变动报告书、上市公司收购报告书（以下简称收购报告书）、要约收购报告书或者被收购公司董事会报告书（以下简称董事会报告书）。

第三条　信息披露义务人是多人的，可以书面形式约定由其中一人作为指定代表以共同名义负责统一编制和报送权益变动报告书、收购报告书或者要约收购报告书，依照《收购办法》及本准则的规定披露相关信息，并同意授权指定代表在信息披露文件上签字、盖章。

各信息披露义务人应当对信息披露文件中涉及其自身的信息承担责任；对信息披露文件中涉及的与多个信息披露义务人相关的信息，各信息披露义务人对相关部分承担连带责任。

第四条　本准则的规定是对上市公司收购及相关股份权益变动信息披露的最低要求。不论本准则中是否有明确规定，凡对投资者作出投资决策有重大影响的信息，信息披露义务人均应当予以披露。

第五条　本准则某些具体要求对信息披露义务人确实不适用的，信息披露义务人可以针对实际情况，在不影响披露内容完整性的前提下作适当修改，但应在报送时作书面说明。信息披露义务人认为无本准则要求披露的情况，必须明确注明“无此类情形”的字样。

由于商业秘密（如核心技术的保密资料、商业合同的具体内容等）等特殊原因，

本准则规定的某些信息确实不便披露的，信息披露义务人可以免于披露，并在报告书中予以说明。但中国证券监督管理委员会（以下简称中国证监会）认为需要披露的，应当披露。

第六条 在不影响信息披露的完整性和不致引起阅读不便的前提下，信息披露义务人可以采用相互引证的方法，对各相关部分的内容进行适当的技术处理，以避免重复和保持文字简洁。

第七条 信息披露义务人在编制本准则第二条规定的报告书时，应当遵循以下一般要求：

（一）文字应当简洁、通俗、平实和明确，引用的数据应当提供资料来源，事实应有充分、客观、公正的依据；

（二）引用的数字应当采用阿拉伯数字，货币金额除特别说明外，应指人民币金额，并以元、千元或百万元为单位；

（三）信息披露义务人可以根据有关规定或其他需求，编制报告书外文译本，但应当保证中、外文本的一致性，并在外文文本上注明："本报告书分别以中、英（或日、法等）文编制，在对中外文本的理解上发生歧义时，以中文文本为准"；

（四）不得刊载任何有祝贺性、广告性和恭维性的词句。

第八条 信息披露义务人如在权益变动报告书、收购报告书、要约收购报告书或者董事会报告书中援引财务顾问、律师等专业机构出具的专业报告或意见的内容，应当说明相关专业机构已书面同意上述援引。

第九条 信息披露义务人董事会及其董事或者主要负责人，应当保证权益变动报告书、收购报告书、要约收购报告书和董事会报告书内容的真实性、准确性、完整性，承诺其中不存在虚假记载、误导性陈述或者重大遗漏，并就其保证承担个别和连带的法律责任。

如个别董事或主要负责人对报告内容的真实性、准确性、完整性无法做出保证或者存在异议的，应当单独陈述理由和发表意见。

第十条 信息披露义务人应在符合《证券法》规定的信息披露平台（在其他媒体上进行披露的，披露内容应当一致，披露时间不得早于前述披露的时间）上披露权益变动报告书、收购报告书、要约收购报告书或者董事会报告书及中国证监会要求披露的其他文件，并列示备查文件目录，同时将其置备于公司住所、北京证券交易所（以下简称北交所），供社会公众查阅。

信息披露义务人应告知投资者备查文件的备置地点或披露网址。

第二章　基本情况

第十一条 信息披露义务人应当按照如下要求披露其基本情况：

（一）信息披露义务人为法人或者其他经济组织的，应当披露公司名称、法定代表人、设立日期、注册资本、注册地、邮编、所属行业、主要业务、经营范围、统一社会信用代码、企业类型及经济性质、主要股东或者发起人的姓名或者名称（如为有限责任公司或者股份有限公司）、通讯方式等；董事及其主要负责人的姓名（包括曾用名）、性别、身份证件号码（可不公开披露）、国籍、长期居住地及是否取得其他国家或者地区的居留权、在公司任职或在其他公司兼职情况；以及做出本次收购及相关股份权益变动决定所履行的相关程序及具体时间；

（二）信息披露义务人为自然人的，应当披露姓名（包括曾用名）、性别、国籍、身份证件号码、住所、通讯地址、通讯方式以及是否拥有永久境外居留权等，其中，身份证件号码、住所、通讯方式可不公开披露；

（三）信息披露义务人还应当简要披露其在境内、境外其他上市公司中拥有权益的股份达到或超过该公司已发行股份 5%的情况。

第十二条　信息披露义务人为多人的，除应当分别按照本准则第十一条披露各信息披露义务人的情况外，还应当披露：

（一）各信息披露义务人之间在股权、资产、业务、人员等方面的关系，并以方框图的形式加以说明；

（二）信息披露义务人为一致行动人的，应当说明一致行动的目的、达成一致行动协议或者意向的时间、一致行动协议或者意向的内容（特别是一致行动人行使股份表决权的程序和方式）、是否已向证券登记结算机构申请临时保管各自持有的该上市公司的全部股票以及保管期限；

（三）各信息披露义务人在上市公司中拥有权益的股份详细名称、种类、数量、占上市公司已发行股份的比例。

第十三条　上市公司收购及相关股份权益变动活动需要取得国家相关部门批准的，信息披露义务人应当披露须履行的批准程序及相关批准情况。

第十四条　信息披露义务人应当披露其在上市公司中拥有权益的股份是否存在任何权利限制，包括但不限于股份被质押、冻结等。

第三章　权益变动报告书

第十五条　信息披露义务人因增加其在一个上市公司中拥有权益的股份，导致其在该上市公司中拥有权益的股份达到或超过该上市公司已发行股份的 20%但未超过 30%，或者虽未超过 20%但成为该上市公司第一大股东或者实际控制人的，应当按照本准则的规定编制详式权益变动报告书。

除依法须编制收购报告书、要约收购报告书、详式权益变动报告书的情形外，信息披露义务人（包括出让人和受让人）增加或减少其在一个上市公司中拥有权益的股份变动达到法定比例的，应当按照本准则第十六条至第二十七条的规定编制简式权益变动报告书。

第十六条 信息披露义务人除应当披露本准则第二章要求的基本情况外，还应当按照《收购办法》的规定计算并披露其持有、控制上市公司股份的详细名称、种类、数量、占上市公司已发行股份的比例、所持股份性质及性质变动情况，以及该类股份变动的时间及方式；其拥有权益的股份增减变动达到法定比例的日期；增持目的及资金来源，是否有意在未来12个月内继续增加或减少其在上市公司中拥有权益的股份；权益变动事实发生之日起前6个月通过证券交易所的集中交易买卖该上市公司股票的简要情况。

信息披露义务人应披露权益变动涉及的相关协议、行政划转或变更、法院裁定、继承或赠与等文件的主要内容。

信息披露义务人持有表决权未恢复的优先股的，还应当披露持有数量和比例。

信息披露义务人应当在报告书中声明："除本报告书披露的信息外，没有通过任何其他方式增加或减少其在上市公司中拥有权益的股份。"

第十七条 通过协议转让导致信息披露义务人在上市公司中拥有权益的股份变动达到法定比例的，信息披露义务人还应当披露转让协议的主要内容，包括协议转让的当事人、转让股份的种类、数量、比例、股份性质及性质变动情况、转让价款、股份转让的支付对价（如现金、资产、债权、股权或其他安排）及其来源、付款安排、协议签订时间、生效时间及条件、特别条款等；本次拟转让的股份是否存在被限制转让的情况、本次股份转让是否附加特殊条件、是否存在补充协议、协议双方是否就股份表决权的行使存在其他安排、是否就出让人在该上市公司中拥有权益的其余股份存在其他安排。

第十八条 通过信托或其他资产管理方式导致信息披露义务人在上市公司中拥有权益的股份变动达到法定比例的双方当事人，还应当披露信托合同或者其他资产管理安排的主要内容，包括信托或其他资产管理的具体方式、信托管理权限（包括上市公司股份表决权的行使等）、涉及的股份种类、数量及占上市公司已发行股份的比例、信托或资产管理费用、合同的期限及变更、终止的条件、信托资产处理安排、合同签订的时间及其他特别条款等。

第十九条 虽不是上市公司股东，但通过股权控制关系、协议或其他安排在上市公司中拥有权益的股份变动达到法定比例的，信息披露义务人还应当披露其形成股权控制关系或者达成协议或其他安排的时间、与控制关系相关的协议（如取得对上市公司股东的控制权所达成的协议）的主要内容及其生效和终止条件、控制方式（包括相关股份表决权的行使权限）、控制关系结构图及各层控制关系下的各主体及其持股比例、以及是否存在其他共同控制人及其身份介绍等。

第二十条 出让人为上市公司股东的股东，通过证券交易所以外的市场采用公开征集受让人方式出让其所持有的上市公司股东的股份的，应当在该市场挂牌出让之日起3日内通知上市公司进行提示性公告，并予以披露。与受让人签署协议后，出让人应当按照本准则第十七条的规定披露相关信息。

第二十一条 因国有股份行政划转、变更、国有单位合并等导致信息披露义务人拥有权益的股份变动达到法定比例的，信息披露义务人（国有单位包括划出方和划入方、合并双方）还应当在上市公司所在地国资部门批准之日起 3 日内披露股权划出方及划入方（变更方、合并双方）的名称、划转（变更、合并）股份的种类、数量、比例及性质、批准划转（变更、合并）的时间及机构，如需进一步取得有关部门批准的，说明其批准情况。

第二十二条 信息披露义务人拟取得上市公司向其发行的新股而导致其在上市公司中拥有权益的股份变动达到法定比例的，应当在上市公司董事会作出向信息披露义务人发行新股决议之日起 3 日内，按照本准则的规定编制简式或详式权益变动报告书，说明取得本次发行新股的种类、数量和比例、发行价格和定价依据、支付条件和支付方式、已履行及尚未履行的批准程序、转让限制或承诺、最近一年及一期内与上市公司之间的重大交易情况及未来与上市公司之间的其他安排，并予以公告，在报告书中应当声明“本次取得上市公司发行的新股尚须经股东大会批准及中国证监会注册”。

信息披露义务人以其非现金资产认购上市公司发行的新股的，还应当披露非现金资产最近两年经符合《证券法》规定的会计师事务所审计的财务会计报告，或经符合《证券法》规定的评估机构出具的有效期内的资产评估报告。

经中国证监会注册后，上市公司负责办理股份过户手续，公告发行结果。

上市公司董事会作出发行新股决议时未确定发行对象，信息披露义务人因取得上市公司发行新股导致其在公司拥有权益的股份变动达到法定比例的，应当在上市公司公告发行结果之日起 3 日内，按照本条第一款的要求予以公告。

第二十三条 因执行法院裁定对上市公司股份采取公开拍卖措施，导致申请执行人在上市公司中拥有权益的股份变动达到法定比例的，申请执行人还应当在收到裁定之日起 3 日内披露作出裁定决定的法院名称、裁定的日期、案由、申请执行人收到裁定的时间、裁定书的主要内容、拍卖机构名称、拍卖事由、拍卖结果。

第二十四条 因继承或赠与导致信息披露义务人在上市公司中拥有权益的股份变动达到法定比例的，信息披露义务人还应当披露其与被继承人或赠与人之间的关系、继承或赠与开始的时间、是否为遗嘱继承、遗嘱执行情况的说明等。

第二十五条 信息披露义务人为上市公司董事、监事、高级管理人员及员工或者其所控制或委托的法人或者其他组织的，还应当披露上市公司董事、监事、高级管理人员及员工在上市公司中拥有权益的股份种类、数量、比例，以及董事、监事、高级管理人员个人持股的种类、数量、比例，如通过上市公司董事、监事、高级管理人员及员工所控制或委托的法人或者其他组织持有上市公司股份，还应当披露该控制或委托关系、相关法人或其他组织的股本结构、内部组织架构、内部管理程序、公司章程的主要内容、所涉及的人员范围等；在上市公司中拥有权益的股份变动达到法定比例的时间、方式及定价依据、支付方式及资金来源，是否向第三方借款，该股份取得、处分及表决权的行使是否与第三方存在特殊安排，是否通过赠与方式取得股份；董事、监事、高级管理人员是否在其他公司任职、是否存在《公司法》第一百四十八条规定的情形，最近3年是否有证券市场不良诚信记录的情形；上市公司是否已履行必要的批准程序；上市公司实行董事、监事、高级管理人员及员工持股的目的及后续计划，是否将于近期提出利润分配方案等；上市公司董事会、监事会声明等。

第二十六条 因可转换优先股转换为普通股导致信息披露义务人在上市公司中拥有权益的股份变动达到法定比例的，信息披露义务人应当披露可转换优先股的转股条件、转股价格、转股比例及占上市公司已发行股份的比例。

因优先股表决权恢复导致信息披露义务人在上市公司中拥有权益的股份变动达到法定比例的，信息披露义务人应当披露表决权恢复的条件和原因，及其在上市公司中拥有权益的股份变动的时间及方式。

第二十七条 协议转让股份的出让人或国有股权行政划转的划出方为上市公司控股股东或者实际控制人的，还应当披露以下内容：

（一）本次股权转让或划转后是否失去对上市公司的控制权；在本次转让控制权前，是否对受让人的主体资格、资信情况、受让意图等已进行合理调查和了解，说明相关调查情况；

（二）出让人或者划出方及其关联方是否存在未清偿其对上市公司的负债，未解除上市公司为其负债提供的担保，或者损害上市公司利益的其他情形；如有前述情形，应披露具体的解决方案。

第二十八条 根据本准则规定须编制详式权益变动报告书的信息披露义务人，应当比照本准则对收购报告书的要求编制详式权益变动报告书，同时说明信息披露义务人是否存在《收购办法》第六条规定的情形、是否能够按照《收购办法》第五十条的规定提供相关文件。

第二十九条 信息披露义务人在披露之日前6个月内，已经披露过权益变动报告书或收购报告书的，因拥有权益的股份变动需要再次披露权益变动报告书的，可以仅就与前次报告书不同的部分作出披露。自前次披露之日起超过6个月的，信息披露义务人应当按照《收购办法》和本准则的规定编制并披露权益变动报告书。

第三十条 按照《收购办法》规定仅须就拥有权益的股份变动予以公告，但无须编制权益变动报告书的，信息披露义务人应当披露以下情况：

（一）信息披露义务人的姓名或者名称；

（二）信息披露义务人在上市公司中拥有权益的股份的详细名称、股份性质、股份种类、股份数量、占上市公司已发行股份的比例；

（三）本次拥有权益的股份变动达到法定比例的日期及方式。

第三十一条 如已经编制并披露权益变动报告书，信息披露义务人除按照本章要求就股份变动情况予以披露外，还应当简要提示前次权益变动报告书披露的日期、前次持股种类和数量。

第四章　收购报告书

第三十二条　通过协议收购、间接收购和其他合法方式，在上市公司中拥有权益的股份超过该上市公司已发行股份的 30%的投资者及其一致行动人（以下简称收购人），应当按照本准则的要求编制和披露收购报告书。

第三十三条　收购人应当按照《收购办法》以及本准则第二章和第三章的要求，披露收购人基本情况和权益变动等相关内容。

收购人为法人或者其他组织的，还应当披露其控股股东、实际控制人的有关情况，并以方框图或者其他有效方式，全面披露与控股股东、实际控制人之间的股权控制关系，实际控制人原则上应披露到自然人、国有资产管理部门或者股东之间达成某种协议或安排的其他机构；控股股东、实际控制人所控制的核心企业和核心业务、关联企业及主营业务的情况；收购人最近 3 年财务状况的简要说明；收购人最近 5 年受到的行政处罚（与证券市场明显无关的除外）、刑事处罚、或者涉及与经济纠纷有关的重大民事诉讼或者仲裁；收购人董事、监事、高级管理人员（或者主要负责人）的姓名、最近 5 年受到的行政处罚（与证券市场明显无关的除外）、刑事处罚、或者涉及与经济纠纷有关的重大民事诉讼或者仲裁；收购人为两个或两个以上上市公司控股股东或实际控制人的，还应当披露持股 5%以上的银行、信托公司、证券公司、保险公司等其他金融机构的简要情况。

收购人是自然人的，还应当披露最近 5 年内的职业、职务、所任职单位的名称、主营业务及注册地，以及是否与所任职单位存在产权关系；其所控制的核心企业和核心业务、关联企业及主营业务的情况说明；最近 5 年受到的行政处罚（与证券市场明显无关的除外）、刑事处罚、或者涉及与经济纠纷有关的重大民事诉讼或者仲裁；收购人为两个或两个以上上市公司控股股东或实际控制人的，还应当披露持股 5%以上的银行、信托公司、证券公司、保险公司等其他金融机构的简要情况。

第三十四条　收购人应披露是否具备收购人资格且不存在《收购办法》第六条规定的情形，并作出相应的承诺。

第三十五条　上市公司董事、监事、高级管理人员及员工或者其所控制或委托的法人或其他组织收购本公司股份并取得控制权，或者通过投资关系、协议或其他安排导致其拥有权益的股份超过本公司已发行股份 30%的，还应当披露上市公司是否具备健全且运行良好的组织机构以及有效的内部控制制度、公司董事会成员中独立董事的比例是否达到或者超过一半，收购的定价依据、资产评估方法和评估结果等基本情况。

第三十六条　收购人应当披露本次为取得在上市公司中拥有权益的股份所支付的资金总额、资金来源及支付方式，并就下列事项作出说明：

（一）如果其资金或者其他对价直接或者间接来源于借贷，应简要说明借贷协议的主要内容，包括借贷方、借贷数额、利息、借贷期限、担保及其他重要条款；

（二）收购人应当声明其收购资金是否直接或者间接来源于上市公司及其关联方，如通过与上市公司进行资产置换或者其他交易取得资金；如收购资金直接或者间接来源于上市公司及其关联方，应当披露相关的安排；

（三）上述资金或者对价的支付或者交付方式（一次或分次支付的安排或者其他条件）。

第三十七条 收购人应当披露各成员以及各自的董事、监事、高级管理人员（或者主要负责人），以及上述人员的直系亲属，在收购事实发生之日起前 6 个月内有通过证券交易所的证券交易买卖被收购公司股票的情况：每个月买卖股票的种类和数量（按买入和卖出分别统计）、交易的价格区间（按买入和卖出分别统计）。

前款所述收购人的关联方未参与收购决定且未知悉有关收购信息的，收购人及关联方可以向中国证监会提出免于披露相关交易情况的申请。

第三十八条 收购人应当披露各成员以及各自的董事、监事、高级管理人员（或者主要负责人），在报告日前 24 个月内，与下列当事人发生的以下重大交易：

（一）与上市公司及其子公司进行资产交易的合计金额高于 3000 万元或者高于被收购公司最近经审计的合并财务报表总资产的 2%以上的交易的具体情况（前述交易按累计金额计算）；

（二）与上市公司的董事、监事、高级管理人员进行的合计金额超过人民币 5 万元以上的交易；

（三）是否存在对拟更换的上市公司董事、监事、高级管理人员进行补偿或者存在其他任何类似安排；

（四）对上市公司有重大影响的其他正在签署或者谈判的合同、默契或者安排。

第三十九条 收购人为法人或者其他组织的，收购人应当披露最近 3 年的财务会计报表，并提供最近 1 个会计年度经符合《证券法》规定的会计师事务所审计的财务会计报告，注明审计意见的主要内容及采用的会计制度及主要会计政策、主要科目的注释等。会计师应当说明公司前 2 年所采用的会计制度及主要会计政策与最近 1 年是否一致，如不一致，应做出相应的调整。

如截至收购报告书摘要公告之日，收购人的财务状况较最近一个会计年度的财务会计报告有重大变动的，收购人应当提供最近一期财务会计报告并予以说明。

如果该法人或其他组织成立不足 1 年或者是专为本次上市公司收购而设立的，则应当比照前述规定披露其实际控制人或者控股公司的财务资料。

收购人是境内上市公司的，可以免于披露最近 3 年的财务会计报表，但应当说明刊登其年度报告的网站地址及时间。

收购人为境外投资者的，应当提供依据中国会计准则或国际会计准则编制的财务会计报告。

收购人因业务规模巨大、下属子公司繁多等原因，难以按照前述要求提供相关财务资料的，须请财务顾问就其具体情况进行核查，在所出具的核查意见中说明收购人无法按规定提供财务资料的原因、收购人具备收购上市公司的实力、且没有规避信息披露义务的意图。

第四十条 收购人应当披露本次收购的目的、后续计划，包括是否拟在未来 12 个月内对上市公司或其子公司的主营业务、资产作出重大调整，是否拟改变上市公司现有董事会及管理层的组成、可能阻碍收购上市公司控制权的公司章程条款、被收购公司现有员工聘用计划、分红政策、业务及组织结构等。

收购人应充分披露收购完成后对上市公司的影响和风险，并披露上市公司与收购人之间是否人员独立、资产完整、财务独立，上市公司是否具有独立经营能力，收购人所从事的业务与上市公司的业务之间是否存在同业竞争或潜在的同业竞争，是否存在关联交易；如存在，收购人已做出的确保收购人及其关联方与上市公司之间避免同业竞争以及保持上市公司独立性的相应安排。

第四十一条 收购人应当披露所作公开承诺事项及未能履行承诺事项时的约束措施。

第四十二条 收购人拟根据《收购办法》第六章的规定免于发出要约的，应当详细披露免于发出要约的事项及理由，本次收购前后上市公司股权结构，有关本次股权变动的证明文件，本次受让的股份是否存在质押、担保等限制转让的情形，以及中国证监会或北交所要求披露的其他内容。

第四十三条 收购人应当聘请律师事务所就本次免于发出要约事项出具法律意见书，该法律意见书至少应当就下列事项发表明确的法律意见，并就本次免除发出要约事项发表整体结论性意见：

（一）收购人是否具有合法的主体资格；

（二）本次收购是否属于《收购办法》规定的免除发出要约情形；

（三）本次收购是否已经履行法定程序；

（四）本次收购是否存在或者可能存在法律障碍；

（五）收购人是否已经按照《收购办法》履行信息披露义务；

（六）收购人在本次收购过程中是否存在证券违法行为等。

第四十四条 收购人通过协议方式收购上市公司的，如存在被收购公司原控股股东及其关联方未清偿对被收购公司的负债、未解除被收购公司为其负债提供的担保或者其他损害公司利益情形的，应当披露原控股股东和其他实际控制人就上述问题提出的解决方案，被收购公司董事会、独立董事应当对解决方案是否切实可行发表意见。

为挽救出现严重财务困难的上市公司而进行收购的，收购人应当在披露公告的同时提出切实可行的重组方案，并披露上市公司董事会的意见及独立财务顾问对该方案出具的专业意见。

第四十五条 收购人应当列明参与本次收购的各专业机构名称，说明各专业机构与收购人、被收购公司以及本次收购行为之间是否存在关联关系及其具体情况。

第四十六条 收购人应当按照《收购办法》及本准则的相关要求披露收购报告书摘要，并在该摘要中披露被收购公司和收购人基本情况、收购决定和目的、收购方式和免于发出要约的情况等本次收购的重要事项，以及收购人声明。

第五章 要约收购报告书

第四十七条 以要约收购方式增持被收购上市公司股份的收购人应当按照本准则的要求编制要约收购报告书。

收购人应当自公告收购要约文件之日起 30 日内就本次要约收购在符合《证券法》规定的信息披露平台上至少做出 3 次提示性公告。

第四十八条 收购人应当按照本准则第二章、第三章及第四章的要求，披露收购人基本情况、收购方式、财务信息以及后续计划等相关内容。

第四十九条 收购人应当披露要约收购上市公司的目的，包括是否为了取得上市公司控制权、是否为履行法定要约收购义务、是否为终止上市公司的上市地位，是否拟在未来 12 个月内继续增持上市公司股份或者处置其已拥有权益的股份。

第五十条 采取要约收购方式的，收购人应当详细披露要约收购的方案，包括：

（一）被收购公司名称、收购股份的种类、预定收购的股份数量及其占被收购公司已发行股份的比例；涉及多人收购的，还应当注明每个成员预定收购股份的种类、数量及其占被收购公司已发行股份的比例；

（二）要约价格及其计算基础：在要约收购报告书摘要提示性公告日前 6 个月内，收购人买入该种股票所支付的最高价格；在提示性公告日前 30 个交易日内，该种股票的每日加权平均价格的算术平均值；

（三）收购资金总额、资金来源及资金保证、其他支付安排及支付方式；

（四）要约收购的约定条件；

（五）要约收购期限；

（六）受要约人预受要约的方式和程序；

（七）受要约人撤回预受要约的方式和程序；

（八）受要约人委托办理要约收购中相关股份预受、撤回、结算、过户登记等事宜的证券公司名称及其通讯方式；

（九）本次要约收购以终止被收购公司的上市地位为目的的，说明终止上市后收购行为完成的合理时间及仍持有上市公司股份的剩余股东出售其股票的其他后续安排。

第五十一条 收购人除应当按照本准则第三十六条的规定披露要约收购的资金来源，还应当就以下事项作出说明：

（一）采用证券支付方式的，收购人应当披露证券发行人及本次证券发行的有关信息，提供相关证券的估值分析；

（二）收购人保证其具备履约能力的安排：

1. 如采取缴纳履约保证金方式，应按现金支付方式或者证券支付方式，在要约收购报告书中做出承诺具备履约能力的相关声明；

2. 如采取银行保函方式，收购人和出具保函的银行应当在要约收购报告书中做出承诺具备履约能力的相关声明；

3. 如采取财务顾问出具承担连带保证责任的书面承诺方式的，收购人和出具承担连带保证责任书面承诺的财务顾问均应当在要约收购报告书中做出承诺具备履约能力的相关声明。

第五十二条 收购人各成员及其各自董事、监事、高级管理人员（或者主要负责人），以及上述人员的直系亲属，应当如实披露在要约收购报告书摘要公告日各自在被收购公司中拥有权益的股份的详细名称、数量及占被收购公司已发行股份的比例。

收购人应当披露各成员以及各自的董事、监事、高级管理人员（或者主要负责人），以及上述人员的直系亲属，在要约收购报告书摘要公告之日起前6个月内有通过证券交易所的证券交易买卖被收购公司股票行为的，应当按本准则第三十七条的规定披露其具体的交易情况。

前两款所述关联方未参与要约收购决定、且未知悉有关要约收购信息的，收购人及关联方可以免于披露。但中国证监会认为需要披露的，收购人及关联方应当披露。

第五十三条 收购人应当如实披露其与被收购公司股份有关的全部交易。

如就被收购公司股份的转让、质押、表决权行使的委托或者撤销等方面与他人存在其他安排，应当予以披露。

第五十四条 收购人应当按照《收购办法》及本准则的相关要求披露要约收购报告书摘要，在该摘要中披露收购人及被收购公司基本情况、要约收购目的、要约价格及数量等本次要约的重要事项，收购人声明，以及专业机构的结论性意见。

第六章 董事会报告书

第五十五条 被收购公司董事会（以下简称董事会）应当在收购人要约收购上市公司或管理层收购本公司时，按照本准则本章的要求编制董事会报告书。

第五十六条 董事会应当披露被收购公司的如下基本情况：

（一）被收购公司的名称、股票上市地点、股票简称、股票代码；

（二）被收购公司注册地、主要办公地点、联系人、通讯方式；

（三）被收购公司的主营业务及最近3年的发展情况，并以列表形式介绍其最近3年主要会计数据和财务指标，包括：总资产、净资产、主营业务收入、净利润、净资产收益率、资产负债率等，注明最近3年年报披露的信息披露平台或者刊登的媒体名称及时间；

（四）被收购公司在本次收购发生前，其资产、业务、人员等与最近一期披露的情况相比是否发生重大变化。

被收购公司如在本次收购发生前未就前次募集资金使用情况做出说明的，应当披露前次募集资金的使用情况及会计师所出具的专项核查报告。

第五十七条 董事会应当披露与被收购公司股本相关的如下情况：

（一）被收购公司已发行股本总额、股本结构；

（二）收购人在被收购公司中拥有权益的股份的种类、数量、比例；

（三）收购人公告要约收购报告书摘要或者收购报告书摘要之日的被收购公司前10名股东名单及其持股数量、比例；

（四）被收购公司持有或通过第三人持有收购人的股份数量、比例（如有）。

第五十八条 董事会应当说明被收购公司及其董事、监事、高级管理人员是否与收购人存在关联方关系。

董事会报告书中应当说明被收购公司董事、监事、高级管理人员在收购报告书摘要或者要约收购报告书摘要公告之前12个月内是否持有或通过第三人持有收购人的股份，持有股份的数量及最近6个月的交易情况；上述人员及其家属是否在收购人及其关联企业任职等。

第五十九条 董事会应当说明公司董事、监事、高级管理人员是否存在与收购相关的利益冲突，该利益冲突的重要细节，包括是否订有任何合同以及收购成功与否将对该合同产生重大影响。

董事会应当披露收购人是否存在对拟更换的上市公司董事、监事、高级管理人员进行补偿或者其他任何类似安排。

第六十条 董事会应当说明公司董事、监事、高级管理人员及其直系亲属在收购报告书摘要或者要约收购报告书摘要公告之日是否持有被收购公司股份，如持有被收购公司股份的，应当披露其最近6个月的交易情况。

如果本准则要求披露的交易情况过于复杂，董事会在其他媒体公告本报告时，无须公告具体交易记录，但应将该记录报送北交所备查，并在公告时予以说明。

第六十一条 董事会应当对下列情形予以详细披露：

（一）被收购公司的董事将因该项收购而获得利益，以补偿其失去职位或者其他有关损失；

（二）被收购公司的董事与其他任何人之间的合同或者安排取决于收购结果；

（三）被收购公司的董事在收购人订立的重大合同中拥有重大个人利益；

（四）被收购公司董事及其关联方与收购人及其董事、监事、高级管理人员（或者主要负责人）之间有重要的合同、安排以及利益冲突；

（五）最近12个月内作出的涉及可能阻碍收购上市公司控制权的公司章程条款的

修改。

第六十二条 在要约收购中，被收购公司董事会应当按照下列要求就收购人的要约提出建议或者发表声明：

（一）就本次收购要约向股东提出接受要约或者不接受要约的建议；董事会确实无法依前款要求发表意见的，应当充分说明理由；

（二）披露董事会表决情况、持不同意见的董事姓名及其理由；

（三）独立董事应当就本次收购单独发表意见；

（四）董事会做出上述建议或者声明的理由。

第六十三条 在管理层收购中，被收购公司的独立董事应当就收购的资金来源、还款计划、管理层收购是否符合《收购办法》规定的条件和批准程序、收购条件是否公平合理、是否存在损害上市公司和其他股东利益的行为、对上市公司可能产生的影响等事项发表独立意见。

第六十四条 董事会应当披露被收购公司及其关联方在公司收购发生前24个月内发生的、对公司收购产生重大影响的以下事件：

（一）被收购公司订立的重大合同；

（二）被收购公司进行资产重组或者其他重大资产处置、投资等行为；

（三）第三方拟对被收购公司的股份以要约或者其他方式进行收购，或者被收购公司对其他公司的股份进行收购；

（四）正在进行的其他与上市公司收购有关的谈判。

第七章 其他重大事项

第六十五条 各信息披露义务人（如为法人或者其他组织）的董事会及其董事（或者主要负责人）或者自然人（如信息披露义务人为自然人）应当在权益变动报告书、收购报告书、要约收购报告书或者董事会报告书上签字、盖章、签注日期，并载明相关声明。

权益变动报告书及收购报告书应载明以下声明：

“本人（以及本人所代表的机构）承诺本报告不存在虚假记载、误导性陈述或重大遗漏，并对其真实性、准确性、完整性承担个别和连带的法律责任。”

要约收购报告书应载明以下声明：

“本人（以及本人所代表的机构）已经采取审慎合理的措施，对本要约收购报告书及其摘要所涉及内容均已进行详细审查，报告内容真实、准确、完整，并对此承担个别和连带的法律责任。”

董事会报告书应载明以下声明：

“董事会已履行诚信义务，采取审慎合理的措施，对本报告书所涉及的内容均已进行详细审查；

董事会向股东提出的建议是基于公司和全体股东的利益做出的，该建议是客观审慎的（本项声明仅限于要约收购）；

董事会承诺本报告书不存在虚假记载、误导性陈述或重大遗漏，并对其真实性、准确性、完整性承担个别和连带的法律责任。”

第六十六条 各信息披露义务人应当在报告书中披露聘请的财务顾问就本次收购或权益变动所发表的结论性意见。

财务顾问及其法定代表人或授权代表人、财务顾问主办人应当在相应报告书上签字、盖章、签注日期，并作出相应声明。

要约收购报告书应载明以下声明：

“本人及本人所代表的机构已按照执业规则规定的工作程序履行尽职调查义务，经过审慎调查，本人及本人所代表的机构确认收购人有能力按照收购要约所列条件实际履行收购要约，并对此承担相应的法律责任。”

其他报告书应载明以下声明：

“本人及本人所代表的机构已履行勤勉尽责义务，对本报告书的内容进行了核查和验证，未发现虚假记载、误导性陈述或重大遗漏，并对此承担相应的责任。”

第六十七条 各信息披露义务人应当在报告书中披露聘请的律师在法律意见书中就本报告书内容的真实性、准确性、完整性所发表的结论性意见。

律师及其所就职的律师事务所应当在报告书上签字、盖章、签注日期，并载明以下声明：

“本人及本人所代表的机构已按照执业规则规定的工作程序履行勤勉尽责义务，对本报告书的内容进行核查和验证，未发现虚假记载、误导性陈述或重大遗漏，并对此承担相应的责任。”

第六十八条 涉及权益变动报告书、收购报告书或要约收购报告书的，信息披露义务人应当将备查文件报送北交所及上市公司，并告知投资者披露方式。涉及董事会报告书的，董事会应当按照规定将备查文件备置于其住所或办公场所以及证券交易所等方便公众查阅的地方。该备查文件应当为原件或有法律效力的复印件。备查文件范围包括：

（一）信息披露义务人为法人或其他组织的，提供营业执照和税务登记证或在中国境外登记注册的文件；信息披露义务人为自然人的，提供身份证明文件；

（二）权益变动信息披露义务人董事及其主要负责人的名单及其身份证明文件，收购人董事、监事、高级管理人员（或者主要负责人）的名单及其身份证明文件，要约收购人董事、监事、高级管理人员（或者主要负责人）直系亲属的名单及身份证明文件；

（三）信息披露义务人关于收购上市公司的相关决定；通过协议方式进行上市公司收购的，有关当事人就本次股份转让事宜开始接触的时间、进入实质性洽谈阶段的具体情况说明；

（四）涉及收购资金来源的协议（如有）；

（五）收购人将履约保证金存入并冻结于指定银行等金融机构的存单、收购人将用以支付的全部证券委托中国证券登记结算有限责任公司保管的证明文件、银行对于要约收购所需价款出具的保函或者财务顾问出具承担连带担保责任的书面承诺；

（六）收购人所聘请的专业机构及相关人员在要约收购报告书摘要公告之日起前6个月内持有或买卖被收购公司、收购人（如收购人为上市公司）股票的情况；

（七）收购人与上市公司、上市公司的关联方之间在报告日前24个月内发生的相关交易的协议、合同；收购人与上市公司、上市公司的关联方之间已签署但尚未履行的协议、合同，或者正在谈判的其他合作意向；

（八）收购人为法人或其他组织的，其控股股东、实际控制人最近2年未发生变化的证明；

（九）在事实发生之日起前6个月内，收购人各成员及各自的董事、监事、高级管理人员（或者主要负责人）以及上述人员的直系亲属的名单及其持有或买卖该上市公司股份的说明；

（十）收购人就本次股份转让协议收购应履行的义务所做出的承诺（如有）；

（十一）收购人不存在《收购办法》第六条规定情形及符合《收购办法》第五十条规定的说明；

（十二）按照本准则第三十九条要求提供的收购人的财务资料，包括但不限于收购人最近3年财务会计报告及最近一个会计年度经审计的财务会计报告；最近1年经审计的财务会计报告应包括审计意见、财务报表和附注；

（十三）任何与本次收购及相关股份权益活动有关的合同、协议和其他安排的文件；

（十四）被收购公司的公司章程（如适用）；

（十五）财务顾问意见或者载有法定代表人签字并盖章的独立财务顾问报告（如适用）；

（十六）法律意见书（如适用）；

（十七）中国证监会或者北交所依法要求的其他备查文件。

第八章　附则

第六十九条　本准则由中国证监会负责解释。

第七十条　国家有关部门对上市公司信息披露另有规定的，上市公司还应当遵守相关规定并履行信息披露义务。

第七十一条　本准则自2021年11月15日起施行。

公开发行证券的公司信息披露内容与格式准则第 56 号——北京证券交易所上市公司重大资产重组

中国证券监督管理委员会公告〔2021〕36 号

现公布《公开发行证券的公司信息披露内容与格式准则第 56 号——北京证券交易所上市公司重大资产重组》，自 2021 年 11 月 15 日起施行。

中国证监会

2021 年 10 月 30 日

公开发行证券的公司信息披露内容与格式准则第 56 号——北京证券交易所上市公司重大资产重组

第一章　总则

第一条　为了规范北京证券交易所上市公司（以下简称上市公司）重大资产重组的信息披露行为，根据《公司法》《证券法》《上市公司重大资产重组管理办法》（证监会令第 166 号，以下简称《重组办法》）、《北京证券交易所上市公司持续监管办法（试行）》（证监会令第 189 号）及其他相关法律、行政法规及部门规章的规定，制定本准则。

第二条　上市公司实施《重组办法》规定的资产交易行为（以下简称重大资产重组），应当按照《重组办法》、本准则的要求编制并披露重大资产重组报告书（以下简称重组报告书）及其他相关信息披露文件。上市公司披露的所有信息应真实、准确、完整，简明清晰、通俗易懂，不得有虚假记载、误导性陈述或重大遗漏。

上市公司发行股份购买资产的，还应当按照本准则的要求制作和报送申请文件。

第三条　本准则的规定是对重组报告书及其他相关信息披露文件的最低要求。不论本准则是否有明确规定，凡对上市公司股票及其衍生品交易价格可能产生较大影响或对投资者投资决策有重大影响的信息，均应披露。

上市公司根据自身及所属行业或业态特征，可在本准则基础上增加有利于投资者判断和信息披露完整性的相关内容。本准则某些具体要求对上市公司不适用的，上市公司可根据实际情况，在不影响内容完整性的前提下作适当调整，但应在披露时作出相应说明。

中国证券监督管理委员会（以下简称中国证监会）、北京证券交易所（以下简称北交所）可以根据监管实际需要，要求上市公司补充披露其他有关信息或提供其他有关文件。

有充分依据证明本准则要求披露的信息涉及国家秘密、商业秘密及其他因披露可能导致其违反国家有关保密法律法规或严重损害公司利益的，上市公司可不予披露或提供，但应当在相关章节中详细说明未按本准则要求进行披露或提供的原因。

第四条　重大资产重组有关各方应当及时、公平地披露或提供信息，披露或提供的所有信息应当真实、准确、完整，所描述的事实应当有充分、客观、公正的依据，所引用的数据应当注明资料来源，不得有虚假记载、误导性陈述或者重大遗漏。

上市公司全体董事、监事、高级管理人员及相关证券服务机构及其人员应当按要求在所披露或提供的有关文件上发表声明，确保披露或提供文件的真实性、准确性和完整性。

交易对方应当按要求在所披露或申请的有关文件上发表声明，确保为本次重组所提供的信息的真实性、准确性和完整性。

第五条 上市公司应当在符合《证券法》规定的信息披露平台披露重组报告书及其备查文件，以及中国证监会、北交所要求披露的其他文件，供投资者查阅。

第二章 重组预案

第六条 上市公司披露重大资产重组预案（以下简称重组预案），应当至少包括以下内容：

（一）重大事项提示、重大风险提示；

（二）公司基本情况、交易对方基本情况、本次交易的背景和目的、本次交易的方案概况、交易标的基本情况，披露本次交易是否构成《重组办法》第十三条规定的交易情形（以下简称重组上市）及其判断依据。

以公开招标、公开拍卖等方式购买或出售资产的，如确实无法在重组预案中披露交易对方基本情况，应说明无法披露的原因及影响。交易标的属于境外资产或者通过公开招标、公开拍卖等方式购买的，如确实无法披露财务数据，应说明无法披露的原因和影响，并提出解决方案；

（三）重组支付方式、募集配套资金等情况（如涉及）；

（四）公司最近三十六个月的控制权变动情况，最近三年的主营业务发展情况以及因本次交易导致的股权控制结构的预计变化情况；

（五）本次交易对公司的影响以及交易过程中对保护投资者合法权益的相关安排；

（六）本次交易存在其他重大不确定性因素，应当对相关风险作出充分说明和特别提示，涉及有关报批事项的，应当详细说明已向有关主管部门报批的进展情况和尚需呈报批准的程序，并对可能无法获得批准的风险作出特别提示；

（七）独立财务顾问、律师事务所、会计师事务所等证券服务机构的结论性意见；证券服务机构尚未出具意见的，应当作出关于“证券服务机构意见将在重大资产重组报告书中予以披露”的特别提示；

（八）上市公司的控股股东及其一致行动人对本次重组的原则性意见，及控股股东及其一致行动人、董事、监事、高级管理人员自本次重组复牌之日起至实施完毕期间的股份减持计划。上市公司披露为无控股股东的，应当比照前述要求，披露第一大股东及持股5%以上股东的意见及减持计划。

第三章　重大资产重组报告书

第七条　上市公司披露重组报告书，应当就与本次重组有关的重大事项进行“重大事项提示”，至少包括以下内容：

（一）本次重组方案简要介绍，以及按《重组办法》规定计算的相关指标、是否构成关联交易、是否构成重组上市及判断依据、重组支付方式及募集配套资金安排（如涉及）、交易标的评估或估值情况、重组对上市公司影响等简要介绍；

（二）如披露本次交易不构成重组上市，但交易完成后，持有上市公司5%以上股份的股东或者实际控制人持股情况或者控制公司的情况以及上市公司的业务构成都将发生较大变化的，应当披露未来三十六个月上市公司维持或变更控制权、调整主营业务的相关安排、承诺、协议等，如存在，应当详细披露主要内容；

（三）本次重组已履行的和尚未履行的决策程序及报批程序，本次重组方案实施前尚需取得的有关批准。涉及并联审批的，应当明确取得批准前不得实施本次重组方案；

（四）披露本次重组相关方作出的重要承诺；

（五）上市公司的控股股东及其一致行动人对本次重组的原则性意见，及控股股东及其一致行动人、董事、监事、高级管理人员自本次重组复牌之日起至实施完毕期间的股份减持计划。上市公司披露为无控股股东的，应当比照前述要求，披露第一大股东及持股5%以上股东的意见及减持计划；

（六）本次重组对中小投资者权益保护的安排；

（七）其他需要提醒投资者重点关注的事项。

第八条　上市公司应当在重组报告书中针对本次重组的实际情况，遵循重要性和相关性原则，在所披露的“风险因素”基础上选择若干可能直接或间接对本次重组及重组后上市公司生产经营状况、财务状况和持续盈利能力等产生严重不利影响的风险因素，进行“重大风险提示”。

第九条　重组报告书中应当介绍本次重组的基本情况，包括交易背景及目的、交易决策过程和批准情况、交易具体方案、重组对上市公司的影响。

第十条　重组报告书中应当披露本次交易各方情况，包括：

（一）上市公司基本情况，包括公司设立情况及曾用名称，最近三十六个月的控股权变动情况及重大资产重组情况、主要业务发展情况和主要财务指标，以及控股股东、实际控制人概况。

上市公司是否因涉嫌犯罪被司法机关立案侦查或者涉嫌违法违规被中国证监会立案调查，最近三年是否受到行政处罚或者刑事处罚，如存在，应当披露相关情况，并说明对本次重组的影响。构成重组上市的，还应当说明上市公司及其最近三年内的控股股东、实际控制人是否存在因涉嫌犯罪正被司法机关立案侦查或涉嫌违法违规被中国证监会立案调查的情形，如存在，涉嫌犯罪或违法违规的行为终止是否已满三年，交易方案是否能够消除该行为可能造成的不良后果，是否影响对相关行为人追究责任。上市公司及其控股股东、实际控制人最近十二个月内是否受到证券交易所公开谴责，是否存在其他重大失信行为；

（二）交易对方基本情况及其与上市公司之间的关联关系情况、向上市公司推荐董事或者高级管理人员的情况，交易对方及其主要管理人员最近三年内的违法违规情况及说明（与证券市场明显无关的除外）、诚信情况以及涉及与经济纠纷有关的重大民事诉讼或者仲裁的情况说明。交易对方为多个主体的，应当披露交易对方之间是否存在关联关系及其情况说明。交易对方成立不足一个完整会计年度、没有具体经营业务或者专为本次交易而设立的，应当充分披露交易对方的实际控制人或者相关控股公司的相关资料。

第十一条 交易标的为完整经营性资产的（包括股权或其他构成可独立核算会计主体的经营性资产），应当披露：

（一）该经营性资产的名称、企业性质、注册地、主要办公地点、法定代表人、注册资本、成立日期、统一社会信用代码、历史沿革情况；

（二）该经营性资产的产权或控制关系，包括其主要股东或权益持有人及持有股权或权益的比例、公司章程中可能对本次交易产生影响的主要内容或相关投资协议、原高级管理人员的安排、是否存在影响该资产独立性的协议或其他安排（如让渡经营管理权、收益权等）；

（三）主要资产的权属状况、对外担保情况、主要负债情况、或有负债情况、权利限制情况、违法违规、涉及诉讼等重大争议或存在妨碍权属转移的其他情况；

（四）最近三年业务发展情况及报告期经审计的主要财务指标；

（五）交易标的为企业股权的，应当披露该企业是否存在出资瑕疵或影响其合法存续的情况；上市公司在交易完成后将成为持股型公司的，应当披露作为主要交易标的的企业股权是否为控股权；交易标的为有限责任公司股权的，应当披露是否已取得该公司其他股东的同意或者符合公司章程规定的股权转让前置条件；

（六）该经营性资产的权益最近三年曾进行与交易、增资或改制相关的评估或估值的，应当披露相关评估或估值的方法、评估或估值结果及其与账面值的增减情况，交易价格、交易对方和增资改制的情况，并列表说明该经营性资产最近三年评估或估值情况与本次重组评估或估值情况的差异原因；

（七）该经营性资产的下属企业构成该经营性资产最近一期经审计的资产总额、营业收入、净资产额或净利润来源20%以上且有重大影响的，应参照上述要求披露该下属企业的相关信息。

第十二条 交易标的不构成完整经营性资产的，应当披露：

（一）相关资产的名称、类别及最近三年的运营情况和报告期经审计的财务数据，包括但不限于资产总额、资产净额、可准确核算的收入或费用额；

（二）相关资产的权属状况，包括产权是否清晰，是否存在抵押、质押等权利限制，是否涉及诉讼、仲裁、司法强制执行等重大争议或存在妨碍权属转移的其他情况；

（三）相关资产在最近三年曾进行资产评估、估值或者交易的，应当披露评估或估值结果、交易价格、交易对方等情况。

第十三条 重大资产重组中相关资产以资产评估结果或估值报告结果作为定价依据的，应当至少披露以下信息：

（一）评估或估值的基本情况，分析评估或估值增减值主要原因、不同评估或估值方法的评估或估值结果的差异及其原因、最终确定评估或估值结论的理由；

（二）对评估或估值结论有重要影响的评估或估值假设；

（三）选用的评估或估值方法和重要评估或估值参数以及相关依据；

（四）引用其他评估机构或估值机构报告内容、特殊类别资产相关第三方专业鉴定等资料的，应对其相关专业机构、业务资质、签字评估师或鉴定师、评估或估值情况进行必要披露；

（五）存在评估或估值特殊处理、对评估或估值结论有重大影响事项的，应当进行说明并分析其对评估或估值结论的影响；存在前述情况或因评估或估值程序受限造成评估报告或估值报告使用受限的，应提请报告使用者关注；

（六）评估或估值基准日至重组报告书签署日的重要变化事项及其对评估或估值结果的影响；

（七）该交易标的的下属企业构成该交易标的最近一期经审计的资产总额、营业收入、净资产额或净利润来源20%以上且有重大影响的，应参照上述要求披露。交易标的涉及其他长期股权投资的，应当列表披露评估或估值的基本情况。

第十四条 上市公司董事会应当对本次交易标的评估或估值的合理性以及定价的公允性做出分析，包括但不限于：

（一）资产评估机构或估值机构的独立性、假设前提的合理性、评估或估值方法与目的的相关性；

（二）评估或估值依据的合理性；

（三）交易标的后续经营中行业、技术等方面的变化趋势、拟采取的应对措施及其对评估或估值的影响；

（四）报告期变动频繁且影响较大的指标对评估或估值的影响，并进行敏感性分析；

（五）交易标的与上市公司现有业务的协同效应、对未来上市公司业绩的影响，对交易定价的影响；

（六）结合交易标的的市场可比交易价格、同行业上市公司的市盈率或者市净率等指标，分析交易定价的公允性；

（七）说明评估或估值基准日至重组报告书披露日交易标的发生的重要变化事项，

分析其对交易作价的影响；

（八）如交易定价与评估或估值结果存在较大差异，分析说明差异的原因及其合理性。

上市公司独立董事对评估机构或者估值机构的独立性、评估或者估值假设前提的合理性和交易定价的公允性发表的独立意见。

第十五条 资产交易涉及重大资产购买的，上市公司应当根据重要性原则披露拟购买资产主要业务的具体情况，包括：

（一）主要业务、主要产品或服务及其用途、报告期内的变化情况；

（二）业务模式或商业模式；

（三）与主要业务相关的情况，主要包括：

1. 报告期内各期主要产品或服务的规模、产能、产量、期初及期末库存、销售收入，产品或服务的主要消费群体、销售价格的变动情况，报告期内各期向前五名客户的销售及关联关系情况，如前五大客户为交易对方及其关联方的，应当披露产品最终实现销售的情况；

2. 报告期内主要产品或服务的原材料、能源及其供应情况，价格变动趋势及占成本的比重，报告期内各期向前五名供应商的采购及关联关系情况；

3. 报告期董事、监事、高级管理人员和核心技术人员，其他关联方或持有拟购买资产5%以上股份的股东在前五名供应商或客户中所占的权益情况；

4. 主要产品或服务所处行业的主管部门、监管体制、主要法律法规及政策，所从事的业务需要取得许可资格或资质的，还应当披露当前许可资格或资质的情况；

5. 安全生产、环保、质量控制等合规经营情况。

（四）与其业务相关的资源要素，主要包括：

1. 产品或服务所使用的主要技术及其所处阶段；

2. 主要生产设备、房屋建筑物的取得和使用情况、成新率或尚可使用年限等；

3. 主要无形资产的取得方式和时间、使用情况、使用期限或保护期、最近一期末账面价值及上述资产对拟购买资产生产经营的重要程度；

4. 拟购买所从事的业务需要取得许可资格或资质的，还应当披露当前许可资格或资质的情况；

5. 特许经营权的取得、期限、费用标准及对拟购买资产持续生产经营的影响；

6. 员工的简要情况，其中核心业务和技术人员应披露姓名、年龄、主要业务经历及职务、现任职务及任期以及持有上市公司股份情况；

7. 其他体现所属行业或业态特征的资源要素。

（五）拟购买资产报告期的会计政策及相关会计处理，主要包括：

1. 收入成本的确认原则和计量方法；

2. 比较分析会计政策和会计估计与同行业或同类资产之间的差异及对拟购买资产

利润的影响；

3. 财务报表编制基础，确定合并报表时的重大判断和假设，合并财务报表范围、变化情况及变化原因；

4. 报告期存在资产转移剥离调整的，还应披露资产转移剥离调整的原则、方法和具体剥离情况，及对拟购买资产利润产生的影响；

5. 拟购买资产的重大会计政策或会计估计与上市公司存在较大差异的，报告期发生变更的或者按规定将要进行变更的，应当分析重大会计政策或会计估计的差异或变更对拟购买资产利润产生的影响；

6. 行业特殊的会计处理政策。

第十六条 资产交易涉及重大资产出售的，上市公司应当按照第十五条（一）、（二）的要求进行披露，简要介绍拟出售资产主要业务及与其相关的资源要素的基本情况。

第十七条 资产交易涉及债权债务转移的，应当披露该等债权债务的基本情况、债权人同意转移的情况及与此相关的解决方案，交易完成后上市公司是否存在偿债风险和其他或有风险及应对措施。

第十八条 上市公司应当披露本次交易合同的主要内容，包括但不限于：

（一）资产出售或购买协议：

1. 合同主体、签订时间；

2. 交易价格、定价依据以及支付方式（一次或分次支付的安排及特别条款、股份发行条款等）；

3. 资产交付或过户的时间安排；

4. 交易标的自定价基准日至交割日期间损益的归属和实现方式；

5. 合同的生效条件和生效时间；合同附带的任何形式的保留条款、补充协议和前置条件；

6. 与资产相关的人员安排；

7. 违约责任条款。

（二）业绩补偿协议（如有）；

（三）募集配套资金股份认购协议（如有）；

（四）其他重要协议。

上市公司应当披露本次资产交易中相关当事人的公开承诺事项及提出的未能履行承诺时的约束措施（如有）。

第十九条 上市公司应当对照《重组办法》第十一条，逐项说明本次交易是否符合《重组办法》的规定。

独立财务顾问和律师对本次交易是否符合《重组办法》的规定发表的明确意见。

其他证券服务机构出具的相关报告的结论性意见。

第二十条 上市公司应当按照《重组办法》第十九条披露管理层就本次交易对上市公司影响的讨论与分析，包括且不限于：

（一）本次交易前上市公司财务状况和经营成果的讨论与分析；上市公司主要资产或利润构成在本次交易前一年发生重大变动的，应当详细说明具体变动情况及原因；

（二）交易标的的行业特点，包括但不限于行业的竞争格局、发展影响因素、行业特征、进入壁垒、上下游发展状况、进出口相关政策与环境影响等；交易标的技术及管理水平等核心竞争力情况、产品的市场占有率及变化等行业地位情况；

（三）交易标的的财务状况及盈利能力分析，至少包括：

1. 资产、负债的主要构成及其变动情况；

2. 主要财务指标的变动分析；

3. 结合交易标的具体情况，分别按各产品（或服务）类别及各业务、各地区的收入构成，分析营业收入增减变化的情况及原因；

4. 逐项分析报告期利润表项目变化的原因，列表披露报告期交易标的毛利率的数据及变动情况；报告期上述指标发生重大变化的，应重点分析；

5. 其他可能影响其财务状况和盈利能力的主要情况。

（四）本次交易对上市公司的持续经营能力、未来发展前景、当期每股收益等财务指标和非财务指标的影响。

第二十一条 交易标的为完整经营性资产的，应当披露报告期的简要财务报表。

上市公司可自愿披露拟购买资产盈利预测的主要数据。

第二十二条 上市公司应当披露交易标的在报告期是否存在关联交易、关联交易的具体内容、必要性及定价公允性。

本次交易完成后，上市公司与实际控制人及其关联企业之间是否存在同业竞争或关联交易、同业竞争或关联交易的具体内容和拟采取的具体解决或规范措施。

第二十三条 上市公司应以简明扼要的方式，遵循重要性原则，对本次重组及重组后上市公司的相关风险予以揭示，并进行定量分析，无法进行定量分析的，应有针对性地作出定性描述。

上市公司应披露的风险包括但不限于本次重组审批风险、交易标的权属风险、债权债务转移风险、交易标的评估或估值风险，交易标的由于政策、市场、经营、技术、汇率等因素对上市公司持续经营影响的风险，以及整合风险、业务转型风险、财务风险等。

上市公司和相关各方应全面、审慎评估可能对本次重组以及重组后上市公司产生重大不利影响的所有因素，如有除上述风险之外的因素，应予以充分披露。

第二十四条 上市公司应当披露重组涉及的其他重要事项，包括：

（一）本次交易完成后，上市公司是否存在资金、资产被实际控制人或其他关联人占用的情形；上市公司是否存在为实际控制人或其他关联人提供担保的情形；

（二）上市公司负债结构是否合理，是否存在因本次交易大量增加负债（包括或有负债）的情况；

（三）上市公司在最近十二个月内曾发生资产交易的，应当说明与本次交易的关系；

（四）本次交易对上市公司治理机制的影响；

（五）本次交易后上市公司的现金分红政策及相应的安排、董事会对上述情况的说明；

（六）本次交易涉及的相关主体买卖上市公司股票的自查情况；

（七）独立财务顾问和律师事务所对本次交易出具的结论性意见；

（八）本次交易聘请的独立财务顾问、律师事务所、会计师事务所、资产评估机构（如有）等专业机构名称、法定代表人、住所、联系电话、传真，以及有关经办人员的姓名；

（九）其他能够影响股东及其他投资者做出合理判断的、有关本次交易的所有信息，以及中国证监会及北交所要求披露的其他信息。

第二十五条　上市公司重大资产重组构成重组上市的，除应按本章规定编制重组报告书外，还应当按照《公开发行证券的公司信息披露内容与格式准则第46号——北京证券交易所公司招股说明书》第二章第三节至第八节等相关章节的要求，对重组报告书的相关内容加以补充。上市公司应当逐项说明其购买的资产对应的经营实体是否符合《北京证券交易所向不特定合格投资者公开发行股票注册管理办法（试行）》（以下简称《注册管理办法》）规定的发行条件和北交所规定的置入资产的条件，证券服务机构应当发表明确的结论性意见。

第二十六条　上市公司以发行普通股作为对价向特定对象购买资产（以下简称发行股份购买资产）的，重组报告书中除包括前条规定的内容外，还应当包括以下内容：

（一）披露发行股份情况：

1. 上市公司发行股份的价格、定价原则、发行价格调整方案（如有），并充分说明定价的依据及合理性；

2. 上市公司拟发行股份的种类、每股面值、拟发行股份的数量及占发行后总股本的比例；

3. 特定对象所持股份的转让或交易限制，股东关于自愿锁定所持股份的相关承诺，本次重组涉及的业绩承诺；

4. 上市公司发行股份前后主要财务数据（如每股收益、每股净资产等）和其他重要财务指标的对照表；

5. 本次发行股份前后上市公司的股权结构，说明本次发行股份是否导致上市公司控制权发生变化。

（二）披露董事会结合股份发行价对应的市盈率、市净率水平以及本次发行对上市公司盈利能力、持续发展能力的影响等对股份发行定价合理性所作的分析；

（三）逐项说明是否符合《重组办法》第四十三条的规定。

上市公司重大资产重组以优先股、可转换为股票的公司债券等支付手段作为支付对价的，应当比照上述要求，并按照中国证监会及北交所的相关规定进行披露。

第二十七条 换股吸收合并涉及上市公司的，除比照第二十六条相关要求进行披露之外，还应当包括以下内容：

（一）换股各方名称；

（二）换股价格及确定方法、换股价格调整方案；

（三）异议股东权利保护及现金选择权的相关安排；

（四）债权债务处置及债权人权利保护的相关安排；

（五）相关资产过户或交付的安排、员工安置情况。

上市公司发行优先股、向特定对象发行可转换为股票的公司债券等用于与其他公司合并的，应当比照上述要求，并按照中国证监会及北交所的相关规定进行披露。

第二十八条 上市公司发行股份购买资产同时募集部分配套资金的，在重组报告书“发行股份情况”部分还应当披露以下内容：

（一）募集配套资金的金额及占交易总金额的比例；

（二）募集配套资金发行股份的种类、每股面值、定价原则、发行数量及占本次交易前总股本的比例、占发行后总股本的比例；

（三）募集配套资金的必要性、具体用途、资金安排、测试依据、使用计划进度和预期收益；

（四）其他信息。本次募集配套资金管理和使用的内部控制制度，募集配套资金使用的分级审批权限、决策程序、风险控制措施及信息披露程序；本次募集配套资金失败的补救措施；对交易标的采取收益法评估时，预测现金流中是否包含了募集配套资金投入带来的收益。

第二十九条 上市公司应当编制重组报告书摘要，向公众提供有关本次重组的简要情况。摘要内容必须忠实于重组报告书全文，不得出现与全文相矛盾之处。上市公司编制的重组报告书摘要应当至少包括以下内容：

（一）本准则第七条到第九条的内容；

（二）上市公司应当在重组报告书摘要的显著位置载明：

“本重大资产重组报告书摘要的目的仅为向公众提供有关本次重组的简要情况，并不包括重大资产重组报告书全文的各部分内容。重大资产重组报告书全文同时刊载于×××网站；备查文件的查阅方式为：×××。”

“本公司及董事会全体成员保证重大资产重组报告书及其摘要内容的真实、准确、完整，对报告书及其摘要的虚假记载、误导性陈述或重大遗漏负连带责任”。

第四章 中介机构的意见

第三十条 独立财务顾问应当按照本准则及有关业务准则的规定出具独立财务顾问报告，报告应当至少包括以下内容：

（一）说明本次重组是否符合《重组办法》的规定；是否构成重组上市，如构成，购买的资产对应的经营实体是否符合《注册管理办法》规定的发行条件和北交所规定的置入资产的条件；

（二）全面分析本次交易所涉及的资产定价和支付手段定价，并对定价的合理性发表明确意见；

（三）本次交易根据资产评估结果定价，应当对所选取的评估方法的适当性、评估假设前提的合理性、重要评估参数取值的合理性发表明确意见；本次交易不以资产评估结果作为定价依据的，应当对相关资产的估值方法、参数选择的合理性及其他影响估值结果的指标和因素发表明确意见；

（四）说明本次交易完成后上市公司的盈利能力、市场地位、持续发展能力、公司治理机制、财务状况及是否存在损害股东合法权益的问题；

（五）对交易合同约定的资产交付安排是否可能导致上市公司交付现金或其他资产后不能及时获得对价的风险、相关的违约责任是否切实有效发表明确意见；

（六）对本次重组是否构成关联交易进行核查，并依据核查确认的相关事实发表明确意见。涉及关联交易的，还应当充分分析本次交易的必要性及本次交易是否损害上市公司及非关联股东的利益；

（七）交易对方与上市公司就相关资产实际盈利数不足利润预测数的情况签订补偿协议或提出填补每股收益具体措施的，独立财务顾问应当对补偿安排或具体措施的可行性、合理性发表意见（如有）。

第三十一条 上市公司应当提供由律师事务所按照本准则及有关业务准则的规定出具的法律意见书。律师事务所应当对照中国证监会的各项规定，在充分核查验证的基础上，至少就上市公司本次重组涉及的以下法律问题和事项发表明确的结论性意见：

（一）上市公司和交易对方是否具备相应的主体资格、是否依法有效存续；

（二）本次交易是否构成重组上市，如构成，购买的资产对应的经营实体是否符合《注册管理办法》规定的发行条件和北交所规定的置入资产的条件；

（三）本次交易是否已履行必要的批准或授权程序，相关的批准和授权是否合法有效；本次交易是否构成关联交易，构成关联交易的，是否已依法履行必要的审议批准程序和信息披露义务；本次交易涉及的须呈报有关主管部门批准的事项是否已获得有效批准；本次交易的相关合同和协议是否合法有效；

（四）标的资产（包括标的股权所涉及企业的主要资产）的权属状况是否清晰，权属证书是否完备有效，尚未取得完备权属证书的，应说明取得权属证书是否存在法律障碍；标的资产是否存在产权纠纷或潜在纠纷，如有，应说明对本次交易的影响；标的资产是否存在抵押、担保或其他权利受到限制的情况，如有，应说明对本次交易的影响；

（五）本次交易所涉及的债权债务的处理及其他相关权利、义务的处理是否合法有效，其实施或履行是否存在法律障碍和风险；

（六）上市公司、交易对方和其他相关各方是否已履行法定的披露和报告义务，是否存在应当披露而未披露的合同、协议、安排或其他事项；

（七）本次交易是否符合《重组办法》和相关规范性文件规定的原则和实质性条件；

（八）参与上市公司本次交易活动的证券服务机构是否具备必要的资格；

（九）本次交易是否符合相关法律、行政法规、部门规章和规范性文件的规定，是否存在法律障碍，是否存在其他可能对本次交易构成影响的法律问题和风险。

第三十二条 上市公司应当提供本次交易所涉及的相关资产的财务报告和审计报告。经审计的最近一期财务资料在财务会计报表截止日后6个月内有效，特别情况下可申请适当延长，但延长时间至多不超过1个月。

财务报告和审计报告应当按照与上市公司相同的会计制度和会计政策编制。

上市公司拟进行《重组办法》第十三条规定的重大资产重组的，还应当披露依据重组完成后的资产架构编制的上市公司最近一年及一期的备考财务报告和审计报告。其他重大资产重组，应当披露最近一年及一期的备考财务报告和审阅报告。

截至重组报告书披露之日，交易标的资产的财务状况和经营成果发生重大变动的，应当补充披露最近一期相关财务资料。

第三十三条 上市公司重大资产重组以评估值或资产估值报告中的估值金额作为交易标的定价依据的，应当披露相关资产的资产评估报告或资产估值报告。

资产评估机构或估值机构为本次重组而出具的评估或估值资料中应明确声明在评估或估值基准日后××月内（最长十二个月）有效。

第五章 声明及附件

第三十四条 上市公司全体董事、监事、高级管理人员应当在重组报告书正文的尾页声明：

“本公司全体董事、监事、高级管理人员承诺本重大资产重组报告书不存在虚假记载、误导性陈述或重大遗漏，并对其真实性、准确性、完整性承担个别和连带的法律责任。”

声明应由全体董事、监事、高级管理人员签名，并加盖上市公司公章。

第三十五条 独立财务顾问应当对重组报告书的真实性、准确性、完整性进行核查，并在重组报告书正文后声明：

“本公司已对重大资产重组报告书进行了核查，确认不存在虚假记载、误导性陈述或重大遗漏，并对其真实性、准确性和完整性承担相应的法律责任。”

声明应由法定代表人或授权代表人、项目负责人、独立财务顾问主办人签名，并由独立财务顾问加盖公章。

第三十六条 为上市公司重大资产重组提供服务的其他证券服务机构应在重组报告书正文后声明：

“本机构及经办人员（经办律师、签字注册会计师、签字注册资产评估师）已阅读重大资产重组报告书，确认重大资产重组报告书与本机构出具的专业报告（法律意见书、审计报告、资产评估报告）无矛盾之处。本机构及经办人员对上市公司在重大资产重组报告书中引用的专业报告的内容无异议，确认重大资产重组报告书不致因上述内容而出现虚假记载、误导性陈述或重大遗漏，并对其真实性、准确性和完整性承担相应的法律责任。”

声明应由经办人员及所在机构负责人签名，并由机构加盖公章。

第三十七条 重组报告书结尾应列明附件并披露。附件应包括下列文件：

（一）独立财务顾问报告；

（二）财务会计报表及审计报告；

（三）法律意见书；

（四）资产评估报告、资产估值报告（如有）；

（五）拟购买资产盈利预测报告（如有）；

（六）自查报告及相关说明；

（七）其他与本次重组有关的重要文件。

第三十八条 上市公司董事会应当就本次重组申请挂牌停止交易前或首次作出决议前（孰早）六个月至重组报告书披露之前一日止，上市公司及其董事、监事、高级管理人员，交易对方及其董事、监事、高级管理人员（或主要负责人），相关专业机构及其他知悉本次重大资产交易内幕信息的法人和自然人，以及上述相关人员的直系亲属买卖上市公司股票及其他相关证券情况进行自查并制作自查报告。

前述主体在上述期限内存在买卖上市公司股票行为的，当事人应当书面说明其买卖股票行为是否利用了相关内幕信息；上市公司及相关方应当书面说明相关申请事项的动议时间，买卖股票人员是否参与决策，买卖行为与本次申请事项是否存在关联关系；律师事务所应当对相关当事人及其买卖行为进行核查，对该行为是否涉嫌内幕交易、是否对本次交易构成法律障碍发表明确意见。

第六章 持续披露

第三十九条 上市公司重大资产重组申请经中国证监会同意注册的，上市公司及相关证券服务机构应当根据中国证监会的注册情况重新修订重组报告书及相关证券服务机构的报告或意见，并作出补充披露。

第四十条 上市公司重大资产重组实施完毕后应当编制并披露至少包含以下内容的重大资产重组实施情况报告书：

（一）本次重组的实施过程，相关资产过户或交付、相关债权债务处理以及证券发行登记等事宜的办理状况；

（二）相关实际情况与此前披露的信息是否存在差异，包括相关资产的权属情况及历史财务数据是否如实披露、相关盈利预测或者管理层预计达到的目标是否实现、控股股东及其一致行动人、董事、监事、高级管理人员等特定主体自本次重组复牌之日起至实施完毕期间的股份减持情况是否与计划一致等；

（三）董事、监事、高级管理人员的更换情况及其他相关人员的调整情况；重组过程中，是否存在上市公司资产被实际控制人及其他关联人占用、为实际控制人及其关联方提供担保的情形；

（四）相关协议、承诺的履行情况及未能履行承诺时相关约束措施的执行情况、后续事项的合规性及风险；

（五）其他需要披露的事项。

独立财务顾问应当对前款所述内容逐项进行核查，并发表明确意见。律师事务所应当对前款所述内容涉及的法律问题逐项进行核查，并发表明确意见。

第七章 附则

第四十一条 本准则所述报告期指最近两年及一期，涉及重组上市情形的，报告期指最近三年及一期。

第四十二条 国家有关部门对上市公司信息披露另有规定的，上市公司还应当遵守相关规定并履行信息披露义务。

第四十三条 本准则由中国证监会负责解释。

第四十四条 本准则自2021年11月15日起施行。

附件：上市公司重大资产重组申请文件目录

附件

上市公司重大资产重组申请文件目录

一、报送要求

上市公司应按本准则的规定制作和报送重大资产重组申请文件。需要报送电子文件的，报送的电子文件应和预留原件一致。上市公司律师应对所报送电子文件与预留原件的一致性出具鉴证意见。

上市公司不能提供有关文件原件的，应由其聘请的律师提供鉴证意见，或由出文单位盖章，以保证与原件一致。如原出文单位不再存续，由承继其职权的单位或作出撤销决定的单位出文证明文件的真实性。

申请文件所有需要签名处，均应为签名人亲笔签名，不得以名章、签名章等代替。

申请文件一经受理，未经中国证监会同意，不得增加、撤回或更换。

二、报送的具体文件

（一）上市公司重大资产重组报告书

1-1　发行股份购买资产申请报告

1-2　重大资产重组报告书

1-3　重大资产重组的董事会决议和股东大会决议

1-4　上市公司独立董事意见

1-5　公告的其他相关信息披露文件

（二）独立财务顾问和律师事务所出具的文件

2-1　独立财务顾问报告

2-2　法律意见书

2-3　关于本次交易产业政策和交易类型的独立财务顾问核查意见

2-4　关于申请电子文件与预留原件一致的鉴证意见

（三）本次重大资产重组涉及的财务信息相关文件

3-1　本次重大资产重组涉及的拟购买、出售资产的财务报告和审计报告（确实无法提供的，应当说明原因及相关资产的财务状况和经营成果）

3-2　本次重大资产重组涉及的拟购买、出售资产的评估报告及评估说明，资产估值报告（如有）

3-3　交易对方最近 1 年的财务报告和审计报告（如有）

3-4　拟购买资产盈利预测报告（如有）

3-5　根据本次重大资产重组完成后的架构编制的上市公司最近一年及一期的备考财务报告及其审阅报告

3-6 上市公司董事会、注册会计师关于上市公司最近一年及一期的非标准保留意见审计报告的补充意见（如有）

（四）重组上市的申请文件要求（如涉及）

4-1 内部控制鉴证报告

4-2 标的资产最近三年及一期的财务报告和审计报告

4-3 标的资产最近三年原始报表及其与申报财务报表的差异比较表及会计师事务所出具的意见

4-4 标的资产最近三年及一期非经常性损益明细表及会计师事务所出具的专项说明

4-5 标的资产最近三年及一期的纳税证明文件

4-6 根据本次重大资产重组完成后的架构编制的上市公司最近一年及一期的备考财务报告及其审计报告

（五）本次重大资产重组涉及的有关协议、合同和决议

5-1 重大资产重组的协议或合同

5-2 涉及本次重大资产重组的其他重要协议或合同

5-3 交易对方内部权力机关批准本次交易事项的相关决议

5-4 涉及本次重大资产重组的承诺函

5-5 交易对方与上市公司就相关资产实际盈利数不足利润预测数的情况签订的补偿协议（如有）

（六）本次重大资产重组的其他文件

6-1 有关部门对重大资产重组的审批、核准或备案文件

6-2 关于股份锁定期的承诺

6-3 交易对方的营业执照复印件

6-4 拟购买资产的权属证明文件

6-5 与拟购买资产生产经营有关的资质证明或批准文件

6-6 上市公司全体董事和独立财务顾问、律师事务所、会计师事务所、资产评估机构等证券服务机构及其签字人员对重大资产重组申请文件真实性、准确性和完整性的承诺书

6-7 上市公司与交易对方就重大资产重组事宜采取的保密措施及保密制度的说明，并提供与所聘请的证券服务机构签署的保密协议及交易进程备忘录

6-8 本次重大资产重组前 12 个月内上市公司购买、出售资产的说明及专业机构意见（如有）

6-9 上市公司、交易对方和相关证券服务机构以及其他知悉本次重大资产重组内幕信息的单位和自然人在董事会就本次重组申请股票停止交易前或第一次作出决议前（孰早）六个月至重大资产重组报告书披露之前一日止，买卖该上市公司股票及其他相

关证券情况的自查报告，并提供证券登记结算机构就前述单位及自然人二级市场交易情况出具的证明文件

6-10　资产评估结果备案或核准文件（如有）

6-11　中国证监会要求提供的其他文件

四、北京证券交易所业务规则

（一）发行融资

关于发布《北京证券交易所向不特定合格投资者公开发行股票并上市审核规则（试行）》的公告

北证公告〔2021〕5号

为了规范北京证券交易所（以下简称本所）向不特定合格投资者公开发行股票并上市的审核工作，本所制定了《北京证券交易所向不特定合格投资者公开发行股票并上市审核规则（试行）》，经中国证监会批准，现予以发布，自2021年11月15日起施行。

本规则施行前，股票向不特定合格投资者公开发行并在全国中小企业股份转让系统（以下简称全国股转系统）精选层挂牌的受理、审查、发行及挂牌等工作继续按照现行相关规则开展。本规则施行后，精选层在审项目平移至本所，审核工作安排如下：

一、已经中国证监会核准且完成公开发行，但尚未在精选层挂牌的，无需重新履行公开发行的注册程序，发行人应按照本所相关规则提交上市申请文件，并在本所作出同意上市的决定后，披露上市提示性公告、上市公告书等文件。

二、已经全国股转系统挂牌委员会审议通过，但尚未向中国证监会报送公开发行申请文件的，无需重新履行本所上市委员会审议程序，按规定应当再次审议的除外。发行人应当按照本所发行上市相关业务规则，更新发行上市申请文件。本所出具审核意见后，报中国证监会履行注册程序。

三、尚未提交全国股转系统挂牌委员会审议的，发行人应当按照本所发行上市相关业务规则更新发行上市申请文件，并及时披露。本所按照项目原所处阶段继续推进审核工作。

四、发行人更新发行上市申请文件的，应当就申请公开发行股票并在精选层挂牌变更为在本所上市相关事宜，依法依规履行公司决策程序。平移至本所的在审项目审核时限、回复时限自本规则施行之日起算。

特此公告。

附件：北京证券交易所向不特定合格投资者公开发行股票并上市审核规则（试行）

北京证券交易所

2021年10月30日

北京证券交易所向不特定合格投资者公开发行股票并上市审核规则（试行）

第一章　总则

第一条　为了规范北京证券交易所（以下简称本所）试点注册制的向不特定合格投资者公开发行股票并上市的审核工作，保护投资者合法权益，根据《中华人民共和国证券法》《中华人民共和国公司法》《国务院办公厅关于贯彻实施修订后的证券法有关工作的通知》《北京证券交易所向不特定合格投资者公开发行股票注册管理办法（试行）》（以下简称《发行注册办法》）等法律法规、部门规章和规范性文件，制定本规则。

第二条　发行人申请向不特定合格投资者公开发行股票并在北京证券交易所上市（以下简称公开发行股票并上市）的审核，适用本规则。

第三条　本所充分发挥对全国中小企业股份转让系统的示范引领作用，深入贯彻创新驱动发展战略，聚焦实体经济，主要服务创新型中小企业，重点支持先进制造业和现代服务业等领域的企业，推动传统产业转型升级，培育经济发展新动能，促进经济高质量发展。

第四条　发行人申请公开发行股票并上市，应当向本所提交发行上市申请文件。

本所对发行上市申请文件进行审核，认为发行人符合发行条件、上市条件和信息披露要求的，将审核意见、发行上市申请文件及相关审核资料报中国证券监督管理委员会（以下简称中国证监会）注册；认为发行人不符合发行条件、上市条件或信息披露要求的，作出终止发行上市审核的决定。

第五条　本所设立专门的发行上市审核机构（以下简称审核机构），对发行人的发行上市申请文件进行审核，出具审核报告；设立上市委员会，对审核机构出具的审核报告和发行上市申请文件进行审议，形成审议意见。本所可以设立行业咨询委员会，为发行上市审核提供专业咨询和政策建议。

本所结合上市委员会的审议意见，出具发行人符合发行条件、上市条件和信息披露要求的审核意见或者作出终止发行上市审核的决定。

上市委员会、行业咨询委员会的职责、人员组成、工作程序等事项，由本所另行规定。

第六条　本所通过审核发行上市申请文件，督促发行人真实、准确、完整地披露信息，保荐机构、证券服务机构切实履行信息披露的把关责任；督促发行人及其保荐机构、证券服务机构提高信息披露质量，便于投资者在信息充分的情况下作出投资决策。

本所审核工作遵循依法合规、公开透明、便捷高效的原则。

第七条 本所实行电子化审核，申请、受理、问询、回复等事项通过本所发行上市审核业务系统（以下简称审核系统）办理。

第八条 本所建立公开透明的审核机制，向市场公开发行上市审核业务规则和相关业务细则、在审企业名单与基本情况、审核工作进度、审核问询及回复情况、上市委员会召开与审议情况、自律监管措施和纪律处分等信息，接受社会公众监督。

第九条 本所出具发行人符合发行条件、上市条件和信息披露要求的审核意见，不表明本所对该股票的投资价值或者投资者的收益作出实质性判断或者保证，也不表明本所对发行上市申请文件及所披露信息的真实性、准确性、完整性作出保证。

第二章 申请与受理

第十条 发行人申请公开发行股票并上市的，应当按照规定聘请保荐机构进行保荐，并委托保荐机构通过审核系统报送下列文件：

（一）中国证监会规定的招股说明书、发行保荐书、审计报告、法律意见书、公司章程、股东大会决议等注册申请文件；

（二）上市保荐书；

（三）本所要求的其他文件。

发行上市申请文件的内容与格式应当符合中国证监会和本所的相关规定。

第十一条 在提交发行上市申请文件前，发行人及其保荐机构可以就重大疑难、重大无先例事项等涉及业务规则理解与适用的问题，向本所提出书面咨询；确需当面咨询的，应当预约。

第十二条 本所收到发行上市申请文件后，对申请文件的齐备性进行核对，并在五个工作日内作出是否受理的决定。

发行上市申请文件齐备的，出具受理通知；发行上市申请文件不齐备的，一次性告知需要补正的事项。补正时限最长不得超过三十个工作日。多次补正的，补正时间累计计算。

发行人补正发行上市申请文件的，本所收到发行上市申请文件的时间以发行人最终提交补正文件的时间为准。

本所按照收到发行人发行上市申请文件的先后顺序予以受理。

第十三条 存在下列情形之一的，本所不予受理：

（一）发行上市申请文件不齐备且未按要求补正；

（二）保荐机构、证券服务机构及其相关人员不具备相关资质；或者因证券违法违规，被采取认定为不适当人选、限制业务活动、一定期限内不接受其出具的相关文件等相关措施，尚未解除；或者因公开发行股票并上市、上市公司证券发行、并购重组业务涉嫌违法违规，或其他业务涉嫌违法违规且对市场有重大影响被立案调查、侦查，尚未结案；

（三）存在尚未实施完毕的股票发行、重大资产重组、可转换为股票的公司债券发行、收购、股票回购等情形；

（四）本所规定的其他情形。

保荐机构报送的发行上市申请文件在十二个月内累计两次被不予受理的，自第二次收到本所不予受理通知之日起三个月后，方可报送新的发行上市申请文件。

第十四条 发行人提交的发行上市申请文件的内容应当真实、准确、完整。

自发行上市申请文件申报之日起，发行人及其控股股东、实际控制人、董事、监事和高级管理人员，以及保荐机构、证券服务机构及其相关人员即须承担相应的法律责任。

未经本所同意，不得对已受理的发行上市申请文件进行更改。

第十五条 本所受理发行上市申请文件当日，发行人应当在本所网站预先披露招股说明书、发行保荐书、上市保荐书、审计报告和法律意见书等文件。

本所受理发行上市申请后至中国证监会作出注册决定前，发行人应当按照本规则的规定，对预先披露的招股说明书、发行保荐书、上市保荐书、审计报告和法律意见书等文件予以更新并披露。

依照前两款规定预先披露的招股说明书等文件不是发行人发行股票的正式文件，不能含有股票发行价格信息，发行人不得据此发行股票。

发行人应当在预先披露的招股说明书的显要位置声明："本公司的发行申请尚需经北京证券交易所和中国证监会履行相应程序。本招股说明书不具有据以发行股票的法律效力，仅供预先披露之用。投资者应当以正式公告的招股说明书作为投资决定的依据。"

第三章　审核内容与方式

第十六条 本所在发行条件、上市条件的审核中重点关注下列事项：

（一）发行人是否符合《发行注册办法》及中国证监会规定的发行条件；

（二）发行人是否符合《北京证券交易所股票上市规则（试行）》及本所规定的上市条件；

（三）保荐机构、证券服务机构出具的文件是否就发行人符合发行条件、上市条件逐项发表明确意见，且具备充分的理由和依据。

本所对前款规定的事项存在疑问的，发行人应当按照本所要求作出解释说明，保荐机构及证券服务机构应当进行核查，并相应修改发行上市申请文件。

第十七条 本所在公开发行股票并上市的信息披露审核中重点关注以下事项：

（一）发行上市申请文件及信息披露内容是否达到真实、准确、完整的要求，是否符合中国证监会和本所有关要求；

（二）发行上市申请文件及信息披露内容是否包含对投资者作出投资决策有重大影响的信息，披露程度是否达到投资者作出投资决策所必需的水平，包括但不限于是否充分、全面披露相关规则要求的内容，是否充分揭示可能对发行人经营状况、财务状况产生重大不利影响的所有因素；

（三）发行上市申请文件及信息披露内容是否一致、合理和具有内在逻辑性，包括但不限于财务数据是否勾稽合理，是否符合发行人实际情况，财务信息与非财务信息是否相互印证，保荐机构、证券服务机构核查依据是否充分，能否对财务数据的变动或者与同行业公司存在的差异作出合理解释；

（四）发行上市申请文件披露的内容是否简明易懂，是否便于投资者阅读和理解，包括但不限于是否使用事实描述性语言，是否言简意赅、通俗易懂、逻辑清晰，是否结合发行人自身特点进行有针对性的信息披露。

第十八条 本所在发行上市审核中，对发行条件具体审核标准等涉及中国证监会部门规章及规范性文件理解和适用的重大疑难问题、重大无先例情况以及其他需要中国证监会决定的事项，将及时请示中国证监会。

第十九条 本所主要通过提出问题、回答问题等多种方式，督促发行人及其保荐机构、证券服务机构真实、准确、完整地披露信息。

本所可以视情况在审核问询中对发行人、保荐机构及证券服务机构，提出下列要求：

（一）解释和说明相关问题及原因；

（二）补充核查相关事项；

（三）补充提供新的证据或材料；

（四）修改或更新信息披露内容。

第二十条 发行人应当诚实守信，依法充分披露投资者作出价值判断和投资决策所必需的信息，保证发行上市申请文件和信息披露的真实、准确、完整，简明清晰、通俗易懂，不得有虚假记载、误导性陈述或者重大遗漏。

发行人应当按保荐机构、证券服务机构要求，依法向其提供真实、准确、完整的财务会计资料和其他资料，配合相关机构开展尽职调查和其他相关工作。

第二十一条 发行人的控股股东、实际控制人、董事、监事、高级管理人员等相关主体应当诚实守信，保证发行上市申请文件和信息披露的真实、准确、完整，依法作出并履行相关承诺，不得损害投资者合法权益。

前款规定的相关主体应当配合相关机构开展尽职调查和其他相关工作。发行人的控股股东、实际控制人不得指使或者协助发行人进行虚假记载、误导性陈述或者重大遗漏等违法违规行为。

第二十二条 保荐机构应当诚实守信、勤勉尽责，按照依法制定的业务规则和行业自律规范的要求，充分了解发行人经营情况和风险，对发行上市申请文件和信息披露资料进行全面核查验证，对发行人是否符合发行条件、上市条件独立作出专业判断，审慎作出保荐决定，并对招股说明书及其所出具的相关文件的真实性、准确性、完整性负责。

第二十三条 证券服务机构应当严格遵守法律法规、中国证监会制定的监管规则、业务规则和本行业公认的业务标准、道德规范，建立并保持有效的质量控制体系，保护投资者合法权益，审慎履行职责，作出专业判断与认定，并对招股说明书或者其他信息披露文件中与其专业职责有关的内容及其所出具的文件的真实性、准确性、完整性负责。

证券服务机构及其相关人员应当对与本专业相关的业务事项履行特别注意义务，对其他业务事项履行普通注意义务，并承担相应法律责任。

证券服务机构及其相关人员从事证券服务应当配合本所的自律管理，在规定的期限内提供、报送或披露相关资料、信息，并保证其提供、报送或披露的资料、信息真实、准确、完整，不得有虚假记载、误导性陈述或者重大遗漏。

证券服务机构应当妥善保存客户委托文件、核查和验证资料、工作底稿以及与质量控制、内部管理、业务经营有关的信息和资料。

第四章 审核程序

第一节 审核机构审核

第二十四条 本所审核机构按照发行上市申请文件受理顺序开始审核，自受理之日起二十个工作日内，通过审核系统发出首轮审核问询。

第二十五条 在首轮审核问询发出前，发行人、保荐机构、证券服务机构及其相关人员不得与审核人员接触，不得以任何形式干扰审核工作。

第二十六条 在首轮审核问询发出后，发行人及其保荐机构、证券服务机构对本所审核问询存在疑问的，可与本所审核机构进行沟通；确需当面沟通的，应当预约。

第二十七条 发行人及其保荐机构、证券服务机构应当按照审核问询要求进行必要的补充调查和核查，及时、逐项回复审核问询事项，补充或者修改相应发行上市申请文件，在收到审核问询之日起二十个工作日内通过审核系统提交回复文件。预计难以在规定的时间内回复的，保荐机构应当及时提交延期回复申请，说明延期理由及具体回复时限，延期一般不超过二十个工作日。

发行人及其保荐机构、证券服务机构对本所审核问询的回复是发行上市申请文件的组成部分，发行人及其保荐机构、证券服务机构应当保证回复的真实、准确、完整。

第二十八条 首轮审核问询后，存在下列情形之一的，本所审核机构收到发行人回复后十个工作日内可以继续提出审核问询：

（一）首轮审核问询后，发现新的需要问询事项；

（二）发行人及其保荐机构、证券服务机构的回复未能有针对性地回答本所审核机构提出的审核问询，或者本所就其回复需要继续审核问询；

（三）发行人的信息披露仍未满足中国证监会和本所规定的要求；

（四）本所认为需要继续审核问询的其他情形。

第二十九条 发行上市申请文件和对本所审核机构审核问询的回复中，拟披露的信息属于国家秘密、商业秘密，披露后可能导致其违反国家有关保密的法律法规或者严重损害公司利益的，可以豁免披露。发行人应当说明豁免披露的理由，本所认为豁免披露理由不成立的，发行人应当按照规定予以披露。

第三十条 本所在审核过程中，可以根据需要，约见问询发行人的控股股东、实际控制人、董事、监事、高级管理人员以及保荐机构、证券服务机构及其相关人员，调阅发行人、保荐机构、证券服务机构与本次发行上市申请相关的资料。

第三十一条 本所在审核过程中，发现发行上市申请文件存在重大疑问且发行人及其保荐机构、证券服务机构回复中无法作出合理解释的，可以对发行人及其保荐机构、证券服务机构进行现场检查。

第三十二条 发行人回复本所审核问询或者发生其他情形时，需更新发行上市申请文件的，应当进行修改、更新。在本所发出上市委员会审议会议通知时，更新后的招股说明书、发行保荐书、上市保荐书、审计报告和法律意见书等文件在本所网站披露。

第三十三条 本所审核机构收到问询回复后，认为不需要进一步问询的，出具审核报告并提请上市委员会审议。

第二节 上市委员会审议

第三十四条 上市委员会召开审议会议，对发行上市申请文件和审核机构的审核报告进行审议。

第三十五条 上市委员会进行审议时要求对发行人及其保荐机构进行现场问询的，发行人代表及保荐代表人应当到会接受问询，回答参会委员提出的问题。

第三十六条 上市委员会审议时，参会委员就审核报告的内容和审核机构提出的初步审核意见发表意见，通过合议形成发行人是否符合发行条件、上市条件和信息披露要求的审议意见。

发行人存在发行条件、上市条件或者信息披露方面的重大事项有待进一步核实，无法形成审议意见的，经会议合议，上市委员会可以对该发行人的发行上市申请暂缓审议，暂缓审议时间不超过两个月。对发行人的同一发行上市申请，上市委员会只能暂缓审议一次。

第三十七条 本所结合上市委员会审议意见，出具发行人符合发行条件、上市条件和信息披露要求的审核意见或作出终止发行上市审核的决定。

上市委员会认为发行人符合发行条件、上市条件和信息披露要求，但要求发行人补充披露有关信息的，本所审核机构通知保荐机构组织落实，并对落实情况进行核对，通报参会委员。发行人补充披露相关事项后，本所出具发行人符合发行条件、上市条件和信息披露要求的审核意见。

第三十八条 本所自受理发行上市申请文件之日起两个月内形成审核意见，但发行人及其保荐机构、证券服务机构回复本所审核问询的时间不计算在内。发行人及其保荐机构、证券服务机构回复本所审核问询的时间总计不超过三个月。

本规则规定的中止审核、请示有权机关、落实上市委员会意见、暂缓审议、处理会后事项、实施现场检查、实施现场督导、要求进行专项核查，并要求发行人补充、修改申请文件等情形，不计算在前款规定的时限内。

第三节 向中国证监会报送审核意见

第三十九条 本所审核通过的，向中国证监会报送发行人符合发行条件、上市条件和信息披露要求的审核意见、相关审核资料和发行人的发行上市申请文件。

中国证监会要求本所进一步问询的，本所向发行人及其保荐机构、证券服务机构提出反馈问题。

中国证监会在注册程序中，决定退回本所补充审核的，本所审核机构对要求补充审核的事项重新审核，并提交上市委员会审议。本所审核通过的，重新向中国证监会报送审核意见及相关资料；审核不通过的，作出终止发行上市审核的决定。

第四十条 发行人应当根据本所审核意见或者其他需要更新预先披露文件的情形，修改相关信息披露文件；本所向中国证监会报送发行人符合发行条件、上市条件和信息披露要求的审核意见时，发行人应当将修改后的招股说明书、发行保荐书、上市保荐书、审计报告和法律意见书等文件在本所网站公开。

第四十一条 发行人在取得中国证监会予以注册决定后，启动股票公开发行前，应当在本所网站披露招股意向书或招股说明书。

第四十二条 发行人采取询价或竞价方式发行的，发行价格确定后五个工作日内，发行人应当在本所网站刊登招股说明书。

第四十三条 招股说明书的有效期为六个月，自公开发行前最后一次签署之日起算。发行人应当使用有效期内的招股说明书完成本次发行。

招股说明书中引用的财务报表在其最近一期截止日后六个月内有效。特别情况下发行人可以申请适当延长，延长至多不超过三个月。财务报表应当以年度末、半年度末或者季度末为截止日。

第五章　特殊情形处理

第一节　重大事项报告与处理

第四十四条　本节所称重大事项，是指可能对发行人符合发行条件、上市条件或者信息披露要求产生重大影响的事项。

第四十五条　本所受理发行上市申请后至股票上市交易前，发生重大事项的，发行人及其保荐机构应当及时向本所报告，并按要求更新发行上市申请文件。发行人的保荐机构、证券服务机构应当持续履行尽职调查职责，并向本所提交专项核查意见。

第四十六条　上市委员会审议会议后至股票上市交易前，发生重大事项，对发行人是否符合发行条件、上市条件或者信息披露要求产生重大影响的，审核机构经重新审核后决定是否重新提交上市委员会审议。

重新提交上市委员会审议的，应当向中国证监会报告，并按照本规则第四章的相关规定办理。

第四十七条　中国证监会作出注册决定后至股票上市交易前，发生重大事项，可能导致发行人不符合发行条件、上市条件或者信息披露要求的，发行人应当暂停发行；已经发行的，暂缓上市。本所发现发行人存在上述情形的，有权要求发行人暂缓上市。

发行人及其保荐机构应当将上述情况及时报告本所并作出公告，说明重大事项相关情况及发行人将暂停发行、暂缓上市。

本所经审核认为相关重大事项导致发行人不符合发行条件、上市条件或者信息披露要求的，将出具明确意见并向中国证监会报告。

第四十八条　本所受理发行上市申请文件后至发行人股票上市交易前，发行人及其保荐机构应当密切关注公共媒体关于发行人的重大报道、市场传闻。

相关报道、传闻与发行人信息披露存在重大差异，所涉事项可能对发行人股票上市产生重大影响，发行人及其保荐机构应当向本所作出解释说明，并按规定履行信息披露义务；保荐机构、证券服务机构应当进行必要的核查并将核查结果向本所报告。

第四十九条　本所受理发行上市申请文件后至发行人股票上市交易前，本所收到与发行人发行上市相关投诉举报的，可以就投诉举报涉及的事项向发行人及其保荐机构、证券服务机构进行问询，要求发行人及其保荐机构作出解释说明，并按规定履行信息披露义务；要求保荐机构、证券服务机构进行必要核查并将核查结果向本所报告。

第二节　中止、终止审核

第五十条　出现下列情形之一的，发行人、保荐机构和证券服务机构应当及时报告本所，本所中止发行上市审核：

（一）发行人及其控股股东、实际控制人涉嫌贪污、贿赂、侵占财产、挪用财产或者破坏社会主义市场经济秩序的犯罪，或者涉嫌欺诈发行、重大信息披露违法或其他涉及国家安全、公共安全、生态安全、生产安全、公众健康安全等领域的重大违法行为，被立案调查或者被司法机关立案侦查，尚未结案；

（二）发行人的保荐机构或者签字保荐代表人以及律师事务所、会计师事务所等证券服务机构或者相关签字人员因公开发行股票并上市、上市公司证券发行、并购重组业务涉嫌违法违规，或者其他业务涉嫌违法违规且对市场有重大影响，正在被中国证监会立案调查，或者正在被司法机关侦查，尚未结案；

（三）发行人的保荐机构以及律师事务所、会计师事务所等证券服务机构被中国证监会依法采取限制业务活动、责令停业整顿、指定其他机构托管、接管等措施，或者被本所实施一定期限内不接受其出具的相关文件的纪律处分，尚未解除；

（四）发行人的签字保荐代表人、签字律师、签字会计师等中介机构签字人员被中国证监会依法采取认定为不适当人选等监管措施或者证券市场禁入的措施，或者被本所实施一定期限内不接受其出具的相关文件的纪律处分，尚未解除；

（五）发行上市申请文件中记载的财务资料已过有效期，需要补充提交；

（六）发行人及保荐机构主动要求中止审核，理由正当并经本所同意；

（七）本所规定的其他情形。

出现前款第一项至第五项所列情形，发行人、保荐机构和证券服务机构未及时告知本所，本所经核实符合中止审核情形的，将直接中止审核。

第五十一条　因本规则第五十条第一款第二项至第四项中止审核后，发行人根据规定需要更换保荐机构或者证券服务机构的，更换后的保荐机构或者证券服务机构应当自中止审核之日起三个月内完成尽职调查，重新出具相关文件，并对原保荐机构或者证券服务机构出具的文件进行复核，出具复核意见，对差异情况作出说明。发行人根据规定无需更换保荐机构或者证券服务机构的，保荐机构或者证券服务机构应当及时向本所出具复核报告。

因本规则第五十条第一款第二项至第四项中止审核后，发行人更换签字保荐代表人或相关签字人员，或者证券服务机构相关签字人员的，更换后的保荐代表人或者相关签字人员应当自中止审核之日起一个月内，对原保荐代表人或者相关人员签字的文件进行复核，出具复核意见，对差异情况作出说明。

因本规则第五十条第一款第五项、第六项中止审核的，发行人应当在中止审核后三个月内补充提交有效文件或者消除主动要求中止审核的相关情形。

第五十二条　本规则第五十条第一款所列中止审核的情形消除后或者在本规则第五十一条规定的时限内完成相关事项后，发行人、保荐机构应当及时告知本所。本所经审核确认后，恢复审核，并通知发行人及其保荐机构。

依照前款规定恢复审核的，审核时限自恢复审核之日起继续计算。但发行人对其财务报告期进行调整达到一个或一个以上会计年度的，审核时限自恢复审核之日起重新起算。

第五十三条 出现下列情形之一的，本所将终止审核，通知发行人及其保荐机构：

（一）发行人撤回申请或者保荐机构撤销保荐；

（二）发行人的法人资格终止；

（三）发行上市申请文件被认定存在虚假记载、误导性陈述或者重大遗漏；

（四）发行上市申请文件内容存在重大缺陷，严重影响投资者理解和本所审核；

（五）发行人未在规定时限内回复本所审核问询或者未对发行上市申请文件作出解释说明、补充修改；

（六）本规则第五十条第一款规定的中止审核情形未能在三个月内消除，或者未能在本规则第五十一条规定的时限内完成相关事项；

（七）发行人拒绝、阻碍或逃避本所依法实施的检查、核查；

（八）发行人及其关联方以不正当手段严重干扰本所审核工作；

（九）本所审核认为发行人不符合发行条件、上市条件或信息披露要求。

第三节 复审与复核

第五十四条 发行人对本所作出的终止发行上市审核的决定有异议的，可以在收到终止审核决定后五个工作日内，向本所申请复审。但因发行人撤回发行上市申请或者保荐机构撤销保荐而终止审核的，发行人不得申请复审。

发行人申请复审的，应当提交下列申请文件：

（一）复审申请书；

（二）保荐机构就复审事项出具的意见书；

（三）律师事务所就复审事项出具的法律意见书；

（四）本所规定的其他文件。

第五十五条 本所收到复审申请后二十个工作日内，召开上市委员会复审会议，审议复审申请。复审期间，原决定效力不受影响。

上市委员会复审会议认为申请复审理由成立的，本所对发行人的发行上市申请重新审核，审核时限自重新审核之日起算，本所另有规定的除外；复审会议认为申请复审理由不成立的，本所维持原决定。

对本所作出的终止发行上市审核的决定，发行人只能提出一次复审申请。复审决议作出后，发行人不得再次申请复审。

第五十六条 发行人对本所作出的不予受理决定或按照本规则第五十五条规定作出的复审决定存在异议的，可以按照本所相关规定申请复核。

第六章 自律管理

第五十七条 违反本规则的，本所可以视情节轻重采取下列自律监管措施：

（一）口头警示；

（二）约见谈话；

（三）要求提交书面承诺；

（四）出具警示函；

（五）限期改正；

（六）要求公开更正、澄清或说明；

（七）要求公开致歉；

（八）本所规定的其他自律监管措施。

第五十八条 本所在发行上市审核中，可以根据本规则及本所相关规则实施下列纪律处分：

（一）通报批评；

（二）公开谴责；

（三）六个月至五年内不接受发行人提交的发行上市申请文件；

（四）三个月至三年内不接受保荐机构、证券服务机构提交的发行上市申请文件、信息披露文件；

（五）三个月至三年内不接受保荐代表人及保荐机构其他相关责任人员、证券服务机构相关责任人员签字的发行上市申请文件、信息披露文件；

（六）公开认定发行人董事、监事、高级管理人员三年以上不适合担任上市公司董事、监事、高级管理人员；

（七）本所规定的其他纪律处分。

第五十九条 发行人或者其董事、监事、高级管理人员，发行人的控股股东、实际控制人、保荐机构、证券服务机构及其相关人员，出现下列情形之一的，本所可以视情节轻重采取口头警示、约见谈话、要求限期改正等自律监管措施，或者给予通报批评、公开谴责、三个月至一年内不接受保荐机构、证券服务机构及相关责任人员提交或签字的发行上市申请文件及信息披露文件、六个月至一年内不接受发行人提交的发行上市申请文件等纪律处分：

（一）制作、出具的发行上市申请文件不符合要求，或者擅自改动招股说明书等发行上市申请文件；

（二）发行上市申请文件、信息披露文件内容存在重大缺陷，严重影响投资者理解和本所审核；

（三）发行上市申请文件、信息披露文件未做到真实、准确、完整，但未达到虚假记载、误导性陈述和重大遗漏的程度；

（四）发行上市申请文件前后存在实质性差异且无合理理由；

（五）未在规定时限内回复本所审核问询，且未说明理由；

（六）未及时向本所报告相关重大事项或者未及时披露；

（七）本所认定的其他情形。

第六十条 存在下列情形之一的，本所对发行人给予一年至五年内不接受其提交的发行上市申请文件的纪律处分：

（一）发行人向本所报送的发行上市申请文件、信息披露文件被认定存在虚假记载、误导性陈述或者重大遗漏；

（二）发行人拒绝、阻碍、逃避本所检查，谎报、隐匿、销毁相关证据材料；

（三）发行人及其关联方以不正当手段严重干扰本所发行上市审核工作；

（四）重大事项未向本所报告或者未披露；

（五）发行上市申请文件中发行人或者其控股股东、实际控制人、董事、监事、高级管理人员的签字、盖章系伪造、变造。

发行人在发行上市申请文件中隐瞒重要事实或者编造重大虚假内容的，本所对发行人给予五年内不接受其提交的发行上市申请文件的纪律处分；对相关责任人员，可以视情节轻重，采取公开认定三年以上不适合担任上市公司董事、监事、高级管理人员的纪律处分。

第六十一条 发行人的控股股东、实际控制人违反本规则规定，致使发行人报送的发行上市申请文件、信息披露文件被认定存在虚假记载、误导性陈述或者重大遗漏，或者组织、指使发行人进行财务造假、利润操纵或者在发行上市申请文件中隐瞒重要事实或编造重大虚假内容的，本所可以视情节轻重，对相关主体给予通报批评、公开谴责，或者一年至五年内不接受控股股东、实际控制人及其控制的其他发行人提交的发行上市申请文件等纪律处分，对相关责任人员采取公开认定三年以上不适合担任上市公司董事、监事、高级管理人员的纪律处分。

发行人的董事、监事、高级管理人员违反本规则规定，致使发行人报送的发行上市申请文件、信息披露文件被认定存在虚假记载、误导性陈述或者重大遗漏的，本所可以视情节轻重，给予通报批评、公开谴责、公开认定三年以上不适合担任上市公司董事、监事、高级管理人员等纪律处分。

第六十二条 保荐机构未勤勉尽责，致使发行上市申请文件、信息披露文件被认定存在虚假记载、误导性陈述或者重大遗漏的，本所可以视情节轻重，对保荐机构、保荐代表人及相关责任人员给予一年至三年内不接受其提交或签字的发行上市申请文件、信息披露文件的纪律处分。

证券服务机构未勤勉尽责，致使发行上市申请文件、信息披露文件中与其职责有关的内容及其所出具的文件被认定存在虚假记载、误导性陈述或者重大遗漏的，本所可以视情节轻重，对相关机构及其责任人员给予三个月至三年内不接受其提交或签字的发行上市申请文件、信息披露文件的纪律处分。

保荐机构、证券服务机构及其相关责任人员存在下列情形之一的，本所可以视情节轻重，给予三个月至三年内不接受其提交或者签字的发行上市申请文件、信息披露文件的纪律处分：

（一）伪造、变造发行上市申请文件中的签字、盖章；

（二）重大事项未报告或者未披露；

（三）以不正当手段干扰本所发行上市审核工作；

（四）内部控制、尽职调查等制度存在缺陷或者未有效执行；

（五）通过相关业务谋取不正当利益；

（六）不履行其他法定职责。

第六十三条 本所审核认为发行人不符合发行条件、上市条件或信息披露要求，作出终止发行上市审核的决定或者中国证监会作出不予注册决定的，自决定作出之日起六个月后，发行人方可再次向本所提交发行上市申请。

第六十四条 发行人披露盈利预测的，利润实现数未达到盈利预测百分之八十的，除因不可抗力外，本所可以对发行人及其董事长、总经理、财务负责人给予通报批评、公开谴责或者一年内不接受发行人提交的发行上市申请文件的纪律处分；对签字保荐代表人给予通报批评、公开谴责或者三个月至一年内不接受其签字的发行上市申请文件、信息披露文件的纪律处分。

利润实现数未达到盈利预测百分之五十的，除因不可抗力外，本所可以对发行人及其董事长、总经理、财务负责人给予公开谴责或者三年内不接受发行人提交的发行上市申请文件的纪律处分；对签字保荐代表人给予公开谴责或者一年至二年内不接受其签字的发行上市申请文件、信息披露文件的纪律处分。

注册会计师在对前两款规定的盈利预测出具审核报告的过程中未勤勉尽责的，本所可以对签字注册会计师给予通报批评、公开谴责或者一年内不接受其签字的发行上市申请文件、信息披露文件的纪律处分。

第六十五条 本所在发行上市审核中，发现发行人及其控股股东、实际控制人、保荐机构、证券服务机构及其相关人员涉嫌违反法律法规和中国证监会相关规定的，应当向中国证监会报告。

第七章 附则

第六十六条 本规则须经中国证监会批准后生效，修改时亦同。

第六十七条 本规则自 2021 年 11 月 15 日起施行。

关于发布《北京证券交易所上市委员会管理细则》的公告

北证公告〔2021〕6号

为了保障北京证券交易所（以下简称本所）上市委员会规范高效运行，提高上市委员会工作质量与透明度，本所制定了《北京证券交易所上市委员会管理细则》，现予以发布，自2021年11月15日起施行。

特此公告。

附件：北京证券交易所上市委员会管理细则

北京证券交易所

2021年10月30日

北京证券交易所上市委员会管理细则

第一章 总则

第一条 为了规范北京证券交易所（以下简称本所）上市委员会工作，提高审核工作的质量、效率和透明度，根据《北京证券交易所股票上市规则（试行）》《北京证券交易所向不特定合格投资者公开发行股票并上市审核规则（试行）》《北京证券交易所上市公司证券发行上市审核规则（试行）》《北京证券交易所上市公司重大资产重组审核规则（试行）》的有关规定，制定本细则。

第二条 本所设立上市委员会（以下简称上市委）。上市委的组成、职责与权利、工作程序、工作纪律与管理监督等，适用本细则。

第三条 上市委通过召开会议的方式履行职责，依照法律法规、部门规章和本所业务规则开展审议工作，通过集体讨论，形成合议意见。

第四条 上市委应当依法合规、独立公正、勤勉尽责地开展工作。

第五条 本所负责上市委日常工作的管理，为上市委及委员履职提供必要的条件和便利，对上市委及委员的工作进行考核和监督。

第二章 上市委的组成

第六条 上市委委员主要由本所的专业人员和本所外的专业人士组成，由本所聘任。本所可以根据实际情况设置一定比例的专职委员。

上市委由不超过六十名委员组成。本所可以根据需要对上市委委员人数和构成等进行调整。

第七条 上市委委员应当符合下列条件：

（一）具有较高的政治思想素质、理论水平和道德修养；

（二）坚持原则，公正廉洁，忠于职守，诚实守信，严格遵守法律法规、部门规章和相关组织的自律规则，最近三年没有违法、违规记录以及严重不良诚信记录；

（三）熟悉证券相关法律法规、部门规章和本所业务规则，精通所从事行业的专业知识，具备良好的个人声誉；

（四）本所要求的其他条件。

第八条 本所成立选聘委员会负责上市委委员的选聘工作，按照以下程序选聘上市委委员：

（一）本所提请相关单位推荐上市委委员人选；

（二）本所将委员候选人名单在本所网站公示，公示期不少于5个工作日；

（三）公示期满后，本所选聘委员会根据委员选任条件进行遴选，拟订拟聘任委员名单后履行本所决策程序；

（四）本所作出聘任决定，接受聘任的委员按照本所规定签署履职相关承诺。

第九条 上市委委员每届任期2年，可以连任，连续任期最长不超过2届。上市委完成换届前，上市委委员仍应当依照本细则的规定履行相应职责。

上市委委员每届任期届满时，本所按照本细则予以续聘或更换。

第十条 上市委委员存在下列情形之一的，本所予以解聘：

（一）不符合本细则第七条规定的条件；

（二）违反回避制度、利用委员身份开展商业活动等；

（三）两次及以上无故不出席上市委会议；

（四）因工作变动或者健康等原因不宜继续担任委员；

（五）本人提出辞职申请，或者推荐单位提出解聘要求，经本所同意；

（六）本所认为不适合担任上市委委员的其他情形。

上市委委员的解聘不受任期是否届满的限制。委员被解聘后，本所可以选聘增补委员，增补委员任期为被解聘委员的剩余任期。

上市委委员因违法违规被解聘的，取消其所在单位2年内再次推荐上市委委员的资格。

第十一条 本所设立上市委秘书处，负责上市委的日常事务工作。

第三章 上市委职责与权利

第十二条 上市委对下列事项进行审议：

（一）发行人向不特定合格投资者公开发行股票并在本所上市；

（二）本所上市公司向不特定合格投资者公开发行股票并上市；

（三）本所上市公司股票被强制退市；

（四）本所上市公司股票退市后重新上市；

（五）本所规定的其他事项。

第十三条 上市委履行下列职责：

（一）对本细则第十二条所列事项进行审议，提出审议意见；

（二）对本细则第十二条第（一）至（二）项的复审申请进行审议，提出复审意见；

（三）对审核机构提交的咨询事项进行讨论，提出咨询意见；

（四）对上市委年度工作进行讨论、研究；

（五）本所规定的其他职责。

第十四条 上市委履行职责时，享有下列权利：

（一）要求本所相关职能部门提供履行职责所需的文件；

（二）要求审议事项相关主体到会接受问询；

（三）不受任何单位或者个人的影响，独立形成审议意见。

第十五条 上市委委员应当保证足够的时间和精力参与上市委工作，履行下列职责：

（一）对相关职能部门提交审议的文件进行审核；

（二）以个人身份按时出席上市委会议、独立发表意见，对会议纪要等文件签字确认；

（三）及时向本所报告影响或可能影响其公正履职的有关事项；

（四）本所要求履行的其他职责。

第十六条 上市委委员在履行职责时，享有下列权利：

（一）上市委会议召开前，获取审议事项相关文件；

（二）通过本所相关职能部门调阅履行职责所必需的文件。

第十七条 上市委委员履行职责时，有下列情形之一的，应当回避：

（一）委员或者其亲属近两年内担任所审议的公司或其控股股东、实际控制人或者其保荐机构的董事、监事、高级管理人员；

（二）委员或者其亲属、委员所在工作单位与所审议的公司或其控股股东、实际控制人或者其保荐机构存在股权关系，可能影响其公正履行职责；

（三）委员或者其亲属、委员所在工作单位近两年内为所审议的公司提供保荐、承销、财务顾问、审计、评估、法律、咨询等服务，可能影响其公正履行职责；

（四）委员或者其亲属担任董事、监事、高级管理人员的公司与所审议的公司存在行业竞争关系，或者与所审议的公司或其保荐机构有利害关系，经认定可能影响其公正履行职责；

（五）上市委会议召开前，与所审议的公司、保荐机构及其他相关单位或者个人进行过接触，可能影响其公正履行职责；

（六）本所认定的可能产生利害冲突或者上市委委员认为可能影响其公正履行职责的其他情形。

前款所称亲属，包括上市委委员的配偶、父母、子女、兄弟姐妹、配偶的父母、子女的配偶、兄弟姐妹的配偶。

第十八条 秘书处负责办理下列具体事务：

（一）选定上市委会议参会委员，安排会议的召开时间和场地设施，通知委员并送达会议文件；

（二）协助召集人维护会场秩序，负责会议录音录像，起草会议纪要等会议文件；

（三）发布上市委会议相关公告；

（四）上市委委员选聘日常事务；

（五）上市委委员的联络沟通、服务保障、考核监督等日常工作；

（六）归档并保管上市委资料；

（七）上市委要求办理的其他事项。

第四章　上市委工作程序

第一节　审议会议

第十九条　上市委召开审议会议对本细则第十二条规定的事项进行审议，每次会议由5名委员参加，会计、法律专家应当至少各一名参会。参会委员由本所的委员和本所外的委员共同组成。会议召开前，本所依照公平公正的原则，随机抽选参会委员。抽选的委员因回避等事由无法参会的，可以抽选其他委员补足。

审议会议可以采用现场会议、视频会议等形式，一般应采用现场会议形式。审议会议应当全程录音录像。

第二十条　上市委设会议召集人，负责召集和主持审议会议、组织委员讨论和提出问询问题、总结委员意见并形成审议意见等。

第二十一条　秘书处收到审核机构提交的审核报告后安排审议会议，于会议召开5个工作日前向参会委员发送会议通知、拟审议的公司名单、审议事项的申请文件和审核资料，同时通知公司及其保荐机构，并在本所网站公布审议会议的召开时间、拟参会委员名单和拟审议公司名单等。

第二十二条　委员应当于会议召开4个工作日前向秘书处回复是否参会。委员确认参会后，不得无故不出席会议，确因特殊事由无法按时参会的，应当向秘书处提交书面申请，秘书处应当及时更换委员，无法更换的，另行安排会议。

第二十三条　委员存在应当回避的情形或因其他特殊事由不能参加会议的，应当于审议会议召开4个工作日前提出回避或缺席申请。本所收到委员回避或缺席申请的，应当及时更换委员。

公司、保荐机构及其他相关单位或个人认为上市委委员与审议事项存在利害冲突或者潜在的利害冲突，可能影响委员独立、客观、公正履行职责的，应当于会议召开4个工作日前向本所提交要求委员回避的书面申请，并说明理由。本所核实后决定相关委员是否回避。

第二十四条　发生不可抗力、意外事件或其他特殊情形导致审议会议无法按照原定安排召开的，秘书处可以取消或另行安排会议。

发现公司存在尚待调查核实的重大事项，秘书处可以取消该公司的审议会议。

会议安排变更的，秘书处应当及时通知公司及其保荐机构，并在本所网站公布。

第二十五条　委员要求公司及其保荐机构、证券服务机构代表到会接受问询的，应当于审议会议召开 2 个工作日前提交问询问题清单，秘书处通知相关人员到会接受问询。

公司及其保荐机构等代表按要求到会接受问询的，至少应当包含公司代表和保荐代表人。委员应当基于问题清单提出问询。

第二十六条 参会委员应审阅相关文件，填写工作底稿并提出依据充分、观点明确的审核意见。参会委员应根据工作底稿进行审议，并于会议结束时将签字确认的工作底稿提交至秘书处。

第二十七条 现场会议原则上按照以下程序进行：

（一）出席会议的委员到达后，召集人宣布会议开始并主持会议；

（二）审核人员向委员说明公司的有关情况，并接受委员问询；

（三）公司、保荐机构等代表到会接受问询（如需）；

（四）委员进行充分讨论并逐一发表意见；

（五）召集人根据参会委员的意见及讨论情况进行总结，经合议，按委员一致或多数意见形成审议意见；

（六）委员对会议纪要签字确认。

第二十八条 本所结合上市委审议意见分别作出处理：

（一）审议意见为符合发行条件、上市条件和信息披露要求的，本所结合审议意见出具审核意见；

（二）审议意见为符合发行条件、上市条件和信息披露要求，但要求发行人补充披露有关信息的，待相关事项完善并通报委员后，本所结合审议意见出具审核意见；

（三）审议意见为不符合发行条件、上市条件或信息披露要求的，本所结合审议意见作出终止审核的决定。

第二十九条 参会委员发现公司存在尚待调查核实的重大问题无法形成审议意见的，经会议合议，可以暂缓审议。秘书处应于会议结束当日将会议结果在本所网站公布。

同一公司的申请只能暂缓审议一次，待相关事项核查完毕后，再次提请上市委审议。

暂缓审议时间不超过二个月，因审议意见涉及政策咨询、重大无先例事项，需向有关部门征求意见的时间，不计入暂缓审议时间内。

第三十条 公司在审议会议后至股票上市交易前发生重大事项，审核机构审核后提交上市委再次审议的，上市委应再次召开审议会议，一般应由原参会委员参加。原委员无法参会的，应向本所提出书面申请。

第三十一条 秘书处应当按照本所关于档案管理的规定，对会议档案进行立卷、归档和移交。未经规定程序，不得调阅会议档案。

第二节　审议会议特别程序

第三十二条　上市公司股票被强制退市、上市公司股票退市后重新上市的，适用本节规定。

第三十三条　秘书处在收到审议文件后安排审议会议，并于会议召开 2 个交易日前向参会委员发送会议通知和会议文件。审议会议安排和审议结果无需公告。

第三十四条　审议意见分为通过和不通过。本所结合上市委审议意见作出同意或者不同意上市公司股票退市或者股票退市后重新上市的决定。

第三十五条　公司收到本所发出的拟终止其股票上市的事先告知书后，提出听证的，本所在收到听证申请的 20 个交易日内召开听证会，听证会程序适用本所关于听证的相关规定。

第三十六条　本节未有规定的，参照适用本章第一节审议会议相关规定。

第三节　其他会议

第三十七条　公司对本所作出的终止审核决定有异议的，可以于收到相关决定之日起 5 个工作日内提交书面复审申请。

第三十八条　公司提出复审申请的，应当提交下列文件：

（一）复审申请书；

（二）保荐机构就复审事项出具的意见书；

（三）律师事务所就复审事项出具的法律意见书；

（四）本所规定的其他文件。

第三十九条　上市委召开复审会议审议公司的复审申请。公司因本所审核认为发行人不符合发行条件、上市条件或信息披露要求被终止审核的，复审会议由原参会委员以外的委员参加。复审会议适用审议会议程序。

参会委员经合议认为申请复审理由成立的，本所结合复审意见作出重新审核的决定；认为理由不成立的，本所维持原决定。

复审期间，本所相关决定的执行不受影响。

第四十条　上市委可以根据需要，不定期召开专项会议，对相关职能部门提交咨询或上市委审议中遇到的重大、疑难、无先例事项等进行研究讨论。

第四十一条　上市委每年至少召开一次年度工作会议，研讨重大政策问题，总结上市委本年度工作并提出改进意见。年度工作会议由全体委员参加。

第五章　并购重组委员会

第四十二条　本所在上市委中设立并购重组委员会（以下简称重组委），对本所上市公司发行股份购买资产或者重组上市进行审议。

第四十三条 重组委由不超过三十名委员组成，可以由上市委委员兼任。

第四十四条 上市公司实施发行股份购买资产的，本所结合重组委审议意见作出如下处理：

（一）审议意见为符合法定条件和信息披露要求的，本所结合审议意见出具审核意见；

（二）审议意见为符合法定条件和信息披露要求，但要求公司补充披露有关信息的，待相关事项完善并通报委员后，本所结合审议意见出具审核意见；

（三）审议意见为不符合法定条件或信息披露要求的，本所结合审议意见作出终止审核的决定。

第四十五条 上市公司实施重组上市的，本所结合重组委审议意见作出如下处理：

（一）涉及股份发行，审议意见为符合法定条件和信息披露要求的，本所结合审议意见出具审核意见；

（二）涉及股份发行，审议意见为符合法定条件和信息披露要求，但要求公司补充披露有关信息的，待相关事项完善并通报委员后，本所结合审议意见出具审核意见；

（三）不涉及股份发行，审议意见为符合法定条件和信息披露要求的，本所结合审议意见作出同意重组上市的决定；

（四）不涉及股份发行，审议意见为符合法定条件和信息披露要求，但要求公司补充披露有关信息的，待相关事项完善并通报委员后，本所结合审议意见作出同意重组上市的决定；

（五）审议意见为不符合法定条件或信息披露要求的，本所结合审议意见作出终止审核的决定。

第四十六条 重组委的组成、职责与权利、工作程序、工作纪律与监督管理等，适用本细则。

第四十七条 本细则中对于保荐机构的相关规定适用于重组申请人的独立财务顾问。

第六章　上市委工作纪律与监督管理

第四十八条 上市委委员应当遵守下列规定：

（一）按时出席上市委会议，不得委托他人代为出席，遵守会议纪律；会议期间不得无故离开会场，不得携带手机及其他通讯工具进入会场；审议会议以视频形式召开的，会议期间不得接打电话、无故离席，不得允许他人进入会场；

（二）保守国家秘密、所审议公司的商业秘密；

（三）妥善保管会议材料和系统电子密钥，不得泄露上市委会议讨论内容、提问与合议情况以及其他有关情况，不得将电子密钥出借给他人使用；

（四）独立、客观、公正地发表意见，不得串通发表意见；

（五）不得利用上市委委员身份或者在履行职责中所获得的非公开信息，为本人或者他人直接或者间接谋取利益；不得直接或间接接受所审议公司及相关单位或个人提供的资金、物品等馈赠和其他利益；不得私下与所审议公司及相关单位或个人进行接触；

（六）未经授权或许可，不得以上市委委员名义对外公开发表言论及从事与上市委有关的工作；

（七）委员受聘时应当向本所报告本人及其配偶、父母、子女及其配偶持有的上市公司及全国中小企业股份转让系统挂牌公司（以下简称挂牌公司）股票的情况，并在受聘期间持续报告；受聘期间上述主体不得买入上市公司及挂牌公司股票，不得持有所审议、复审公司的股票，但因上市公司、挂牌公司配股、送转股等情形增持股票的除外；持有的上市公司及挂牌公司股票发生变动的，应当在所持有股票变动后两个工作日内向本所备案；

（八）本所其他有关规定。

第四十九条 公司、保荐机构及其他单位和个人，不得直接或者间接以不正当手段影响上市委委员的专业判断，或者以其他方式干扰上市委委员审议。

保荐机构有义务督促公司遵守本所有关规定，唆使、协助或者参与干扰上市委工作的，本所可以按照相关规定进行处理。

第五十条 本所对上市委委员履职情况进行考核，并将考核结果作为再次聘任的重要依据。

第五十一条 本所建立监督检查工作机制，调查处理对上市委委员的举报事项、违规线索，并对上市委工作进行检查。

第五十二条 上市委委员存在违反本细则规定行为的，本所根据情节轻重采取谈话提醒、批评、解聘等处理措施，并将相关事项通报委员所在单位。情节严重的，向中国证监会报告。

上市委委员因涉嫌违反本细则或者本所其他相关规定接受调查期间，本所可以暂停相关委员参加上市委会议。

本所可以公开上市委委员被采取的批评或解聘的处理措施。

第七章　附则

第五十三条 本细则所称“公司”包含申请向不特定合格投资者公开发行股票并在本所上市的公司、本所上市公司。

第五十四条 本细则由本所负责解释。

第五十五条 本细则自 2021 年 11 月 15 日起施行。

关于发布《北京证券交易所证券发行上市保荐业务管理细则》的公告

北证公告〔2021〕7号

为了规范保荐机构在北京证券交易所（以下简称本所）证券发行上市保荐业务的开展，压实保荐机构责任，本所制定了《北京证券交易所证券发行上市保荐业务管理细则》，经中国证监会批准，现予以发布，自2021年11月15日起施行。

特此公告。

附件：北京证券交易所证券发行上市保荐业务管理细则

北京证券交易所

2021年10月30日

北京证券交易所证券发行上市保荐业务管理细则

第一章 总则

第一条 为了规范保荐机构在北京证券交易所（以下简称本所）开展的证券发行上市保荐业务，提高上市公司质量和保荐机构执业水平，保护投资者合法权益，促进市场健康发展，根据《中华人民共和国证券法》（以下简称《证券法》）《证券发行上市保荐业务管理办法》（以下简称《保荐办法》）《北京证券交易所向不特定合格投资者公开发行股票注册管理办法（试行）》《北京证券交易所上市公司证券发行注册管理办法（试行）》以及《北京证券交易所股票上市规则（试行）》等法律法规、部门规章及本所业务规则，制定本细则。

第二条 保荐机构、保荐代表人在本所开展证券发行上市保荐业务，适用本细则。

第三条 保荐机构应当为具有保荐业务资格，且取得本所会员资格的证券公司。

第四条 保荐机构及其保荐代表人应当遵守法律法规、部门规章、规范性文件及本所业务规则，诚实守信、勤勉尽责、公正独立，尽职开展保荐业务。

保荐机构、保荐代表人和保荐工作其他参与人员不得通过从事保荐业务谋取任何不正当利益。

第五条 保荐机构及其保荐代表人开展保荐业务，应当切实履行尽职调查、辅导、内部核查、制作和报送文件、信息披露、持续督导等各项职责，配合中国证券监督管理委员会（以下简称中国证监会）和本所的审核注册及日常监管工作。

第六条 保荐机构应当承诺已按照法律法规和中国证监会及本所的相关规定，对发行人及其控股股东、实际控制人进行了尽职调查、审慎核查，充分了解发行人经营状况及其面临的风险和问题，履行了相应的内部核查程序。

保荐机构应当对本次证券发行上市发表明确的推荐结论，并具备相应的保荐工作底稿支持。

第七条 发行人及其控股股东、实际控制人、董事、监事、高级管理人员，为发行人证券发行制作、出具有关文件的律师事务所、会计师事务所等证券服务机构及其签字人员，应当根据法律法规、中国证监会和本所有关规定，配合保荐机构及其保荐代表人履行保荐职责，并承担相应责任。

保荐机构及其保荐代表人履行保荐职责，不能减轻或免除发行人及其控股股东、实际控制人、董事、监事、高级管理人员、证券服务机构及其签字人员的责任。

第二章　发行上市保荐工作

第八条　保荐机构推荐发行人证券发行上市前，应当与发行人签订保荐协议，明确双方在保荐和持续督导期间的权利和义务，合理确定保荐费用的金额和支付时间。

保荐协议签订后，保荐机构应当在5个工作日内向承担辅导验收职责的中国证监会派出机构报告。

第九条　保荐机构和发行人应当在保荐协议中约定，保荐机构及其保荐代表人具有下列权利：

（一）要求发行人按照中国证监会、本所有关规定和保荐协议约定的方式，及时通报信息；

（二）定期或不定期对发行人进行回访，查阅发行人募集资金专项账户资料，以及其他保荐工作需要的发行人材料；

（三）列席发行人的股东大会、董事会和监事会；

（四）对发行人的信息披露文件及向中国证监会和本所提交的其他文件进行事前审阅；

（五）对发行人存在的可能严重影响公司或者投资者合法权益的事项，以及中国证监会和本所等有关部门关注事项进行核查，必要时可聘请相关证券服务机构予以配合；

（六）按照中国证监会和本所有关规定，披露专项现场核查报告、发表意见、发布风险揭示公告；

（七）中国证监会和本所规定的其他权利。

第十条　保荐机构与发行人应当在保荐协议中约定，发行人应当按照下列要求，积极配合保荐机构及其保荐代表人履行职责：

（一）根据保荐协议、保荐机构和保荐代表人的要求，及时提供履行保荐职责必需的信息；

（二）发生应当披露的重大事项或者出现重大风险的，及时告知保荐机构和保荐代表人；

（三）根据保荐机构和保荐代表人的意见，及时履行信息披露义务或者采取相应整改措施；

（四）为保荐机构和保荐代表人履行保荐职责提供其他必要的条件和便利。

发行人不配合保荐工作的，保荐机构及其保荐代表人应当督促其改正；情节严重的，及时报告本所。

第十一条　保荐机构应当指定2名保荐代表人具体负责1家发行人的保荐工作，出具由法定代表人签字的专项授权书，并确保保荐机构有关部门和人员有效分工协作。保荐机构可以指定1名项目协办人。

第十二条　保荐机构推荐发行人证券发行上市的，应当按照中国证监会和本所有关规定，对发行人进行全面调查，充分了解发行人的经营情况及其面临的风险和问题。

第十三条 保荐机构在推荐发行人向不特定合格投资者公开发行股票并在本所上市前，应当按照中国证监会有关规定，对发行人进行辅导，上市公司发行证券的除外。

保荐机构辅导工作完成后，应由发行人所在地的中国证监会派出机构进行辅导验收。

第十四条 保荐机构应当确信发行人符合法律法规以及中国证监会和本所有关规定，方可推荐其证券发行上市。

保荐机构决定推荐发行人证券发行上市的，可以根据发行人的委托，组织编制申请文件，并应当按照中国证监会和本所有关规定，履行内部核查程序，出具推荐文件。

第十五条 保荐机构推荐发行人发行证券，应当向本所提交发行保荐书、保荐代表人专项授权书以及中国证监会和本所要求的其他与保荐业务有关的文件。发行保荐书应当包括下列内容：

（一）逐项说明本次发行是否符合《公司法》《证券法》规定的发行条件和程序；

（二）逐项说明本次发行是否符合中国证监会和本所有关规定，并载明得出每项结论的查证过程及事实依据；

（三）发行人存在的主要风险；

（四）对发行人发展前景的评价；

（五）保荐机构内部审核程序简介及内核意见；

（六）保荐机构及其关联方与发行人及其关联方之间的利害关系及主要业务往来情况；

（七）保荐机构按照《保荐办法》及中国证监会和本所有关规定应当承诺的事项；

（八）中国证监会和本所要求的其他事项。

第十六条 保荐机构推荐发行人证券上市，应当向本所提交上市保荐书以及本所要求的其他文件。上市保荐书应当包括下列内容：

（一）发行人概况及本次证券发行情况；

（二）逐项说明本次证券上市是否符合本所规定的上市条件；

（三）保荐机构是否存在可能影响公正履行保荐职责的情况；

（四）保荐机构按照《保荐办法》及中国证监会和本所有关规定应当承诺的事项；

（五）持续督导期间的工作安排；

（六）保荐机构和相关保荐代表人的联系地址、电话和其他通讯方式；

（七）保荐机构认为应当说明的其他事项；

（八）中国证监会和本所要求的其他内容。

上市保荐书应当由保荐机构的法定代表人（或者授权代表）、保荐业务负责人、内核负责人、保荐代表人和项目协办人签字，注明签署日期并加盖保荐机构公章。

第十七条 未经中国证监会或本所同意，保荐机构、保荐代表人不得擅自改动申请文件、信息披露资料和其他已提交文件。

发生重大事项的，保荐机构、保荐代表人应当及时向中国证监会和本所报告，并按要求补充、更新申请文件和信息披露资料等。

第十八条 保荐机构提交保荐文件后，应当配合审核工作，履行下列职责：

（一）组织发行人、证券服务机构对中国证监会和本所的意见进行答复；

（二）指定保荐代表人与中国证监会和本所进行沟通，并接受本所上市委员会问询；

（三）按照中国证监会和本所的要求对涉及证券发行上市的特定事项进行尽职调查或者核查；

（四）中国证监会和本所规定的其他职责。

第三章 持续督导工作

第十九条 保荐机构、保荐代表人应当按照中国证监会和本所的规定，针对上市公司的具体情况，制定持续督导工作计划和实施方案，就持续督导工作的主要内容、重点、实施方式、步骤等做出完整、有效的安排。

第二十条 保荐机构在持续督导期间，应当履行下列职责：

（一）审阅上市公司信息披露文件及向中国证监会和本所提交的其他文件；

（二）督促上市公司建立健全并有效执行信息披露制度，发布风险揭示公告；

（三）督促上市公司建立健全并有效执行公司治理、内部控制等各项制度：

1. 对上市公司发生的关联交易、对外担保、变更募集资金用途，以及其他可能影响持续经营能力、控制权稳定的风险事项发表意见；

2. 对上市公司发生的资金占用、关联交易显失公允、违规对外担保、违规使用募集资金及其他可能严重影响公司和投资者合法权益的事项开展专项现场核查；

3. 就上市公司存在的重大违法违规行为和其他重大事项及时向本所报告；

（四）督促上市公司或其控股股东、实际控制人信守承诺，持续关注上市公司募集资金的专户存储、投资项目的实施等承诺事项；

（五）中国证监会和本所规定的或者保荐协议约定的其他职责。

第二十一条 保荐机构和保荐代表人应当督导上市公司建立健全并有效执行信息披露制度，及时审阅信息披露文件及其他相关文件，并有充分理由确信上市公司向本所提交的文件不存在虚假记载、误导性陈述或者重大遗漏。

保荐机构和保荐代表人可以对上市公司的信息披露文件事前审阅。未进行事前审阅的，应当在上市公司履行信息披露义务后及时完成对有关文件的审阅工作，发现问题的应当及时督促上市公司更正或者补充。上市公司拒不配合的，应当及时向本所报告，并发布风险揭示公告。

保荐机构和保荐代表人应当对上市公司向中国证监会、本所提交的其他文件进行事前审阅，发现问题的及时督促上市公司更正或者补充。

第二十二条 保荐机构及其保荐代表人应当持续关注上市公司运作情况，充分了解公司及其业务，通过日常沟通、定期或不定期回访、查阅资料，列席股东大会、董事会、监事会等方式，关注公司日常经营、证券交易和媒体报道等情况，督促公司履行相应信息披露义务。

第二十三条 上市公司或其控股股东、实际控制人对募集资金使用、投资项目的实施等作出承诺的，保荐机构和保荐代表人应当督促其对承诺事项的具体内容、履约方式及时间、履约能力分析、履约风险及对策、不能履约时的救济措施等进行充分信息披露。

保荐机构及其保荐代表人应当针对前款规定的承诺披露事项，持续跟进相关主体履行承诺的进展情况，督促相关主体及时、充分履行承诺。

上市公司或其控股股东、实际控制人披露、履行或者变更承诺事项，不符合中国证监会和本所有关规定的，保荐机构及其保荐代表人应当及时提出督导意见，并督促相关主体进行补正。

第二十四条 保荐机构及其保荐代表人应当按照中国证监会和本所有关规定做好募集资金使用的督导、核查工作，每年就上市公司募集资金存放和使用情况至少进行一次现场核查，出具核查报告，并在上市公司披露年度报告时一并披露。

第二十五条 保荐机构及其保荐代表人应当协助和督促上市公司建立健全并有效执行内部控制制度，包括财务管理制度、会计核算制度，以及募集资金使用、关联交易、对外担保等重大经营决策的程序和要求等。

第二十六条 上市公司出现下列情形之一的，保荐机构及其保荐代表人应当督促上市公司按规定履行信息披露义务，就信息披露是否真实、准确、完整，对公司经营的影响，以及是否存在其他未披露重大风险等内容发表意见，并于上市公司披露公告时在符合《证券法》规定的信息披露平台予以披露：

（一）关联交易；

（二）对外担保；

（三）变更募集资金用途；

（四）主要业务停滞或出现可能导致主要业务停滞的重大风险事件；

（五）公司经营业绩异常波动；

（六）控股股东、实际控制人及其一致行动人所持股份被司法冻结且可能导致控制权发生变动；

（七）控股股东、实际控制人及其一致行动人质押公司股份比例超过所持股份的80%或者被强制处置；

（八）本所或者保荐机构认为需要发表意见的其他事项。

保荐机构及其保荐代表人无法履行前款所述职责的，应当在符合《证券法》规定的信息披露平台披露尚待核实的事项及预计发表意见的时间，并充分提示风险。

第二十七条 上市公司出现下列情形之一的，保荐机构及其保荐代表人应自知道或应当知道之日起15个工作日内进行专项现场核查：

（一）未在规定期限内披露年度报告或中期报告；

（二）控股股东、实际控制人或其他关联方涉嫌违规占用或转移上市公司的资金、资产及其他资源；

（三）关联交易显失公允或未履行审议程序和信息披露义务；

（四）违规使用募集资金；

（五）违规为他人提供担保或借款；

（六）上市公司及其董事、监事、高级管理人员、控股股东、实际控制人涉嫌重大违法违规；

（七）存在重大财务造假嫌疑；

（八）本所或保荐机构认为应当进行核查的其他情形。

第二十八条 专项现场核查至少应有1名保荐代表人参加，保荐机构及其保荐代表人在实施现场核查前应当制定工作计划，工作计划至少应包括核查内容、工作进度、人员安排和具体事项的核查方案。

第二十九条 保荐机构和保荐代表人可以采取下列核查手段，以获取充分和恰当的资料和证据：

（一）对上市公司董事、监事、高级管理人员及有关人员进行访谈；

（二）察看上市公司的主要生产、经营、管理场所；

（三）对有关文件、原始凭证及其他资料或者客观状况进行查阅、复制、记录、录音、录像、照相；

（四）核查或者走访对上市公司损益影响重大的控股或参股公司；

（五）走访或者函证上市公司的控股股东、实际控制人及其关联方；

（六）走访或者函证上市公司重要的供应商或者客户；

（七）聘请会计师事务所、律师事务所、资产评估机构以及其他证券服务机构提供专业意见；

（八）保荐机构、保荐代表人认为必要的其他手段。

第三十条 保荐机构应当就本次现场核查情况、核查结论等事项出具专项现场核查报告，并在现场核查结束后15个工作日内在符合《证券法》规定的信息披露平台披露。核查报告至少应当包括核查时间、地点、人员、涉及的事项、方法、获取的资料和证据、结论及整改建议（如有）等内容。

保荐机构、保荐代表人应当同时将核查结果、整改建议（如有）以书面方式告知上市公司，并督促上市公司就整改情况向本所报告。

第三十一条 保荐机构及其保荐代表人在持续督导过程中发现下列情形之一的，

应当采取必要措施；情节严重的，及时向本所报告，报告内容包括有关事项的具体情况、保荐机构采取的督导措施等：

（一）上市公司及其控股股东、实际控制人、董事、监事、高级管理人员等可能存在违法违规以及其他严重不当行为；

（二）证券服务机构及其签字人员出具的专业意见可能存在虚假记载、误导性陈述或重大遗漏等违法违规或其他严重不当行为；

（三）本所或保荐机构认为需要报告的其他情形。

第三十二条 向不特定合格投资者公开发行股票并在本所上市的，保荐机构持续督导期间为向不特定合格投资者公开发行股票上市当年剩余时间及其后 3 个完整会计年度；本所上市公司发行新股、可转换公司债券的，持续督导的期间为证券上市当年剩余时间及其后 2 个完整会计年度。

第三十三条 保荐持续督导期届满，上市公司募集资金尚未使用完毕的，保荐机构应继续履行募集资金相关的持续督导职责，如有其他尚未完结的保荐工作，保荐机构应当继续完成。

第三十四条 保荐机构持续督导期间，上市公司出现下列情形之一的，本所可以视情况要求保荐机构延长持续督导时间：

（一）上市公司在规范运作、公司治理、内部控制等方面存在重大缺陷或者重大风险；

（二）上市公司受到中国证监会行政处罚或者本所公开谴责；

（三）本所认定的其他情形。

保荐机构的持续督导时间应当延长至上述情形发生当年剩余时间及其后一个完整的会计年度，且相关违规行为已经得到纠正、重大风险已经消除。

第四章　工作规程

第三十五条 保荐机构应当完善保荐业务内部控制机制，规范尽职调查、辅导、内部核查、持续督导、制作工作底稿等工作标准及业务流程，严格控制风险，提高保荐业务质量。

第三十六条 保荐机构应当指定 1 名保荐业务负责人，负责与本所的日常联络，及保荐业务的组织协调；同时指定 1~2 名保荐业务联络人，协助业务负责人履行相应职责。

第三十七条 披露证券发行募集文件至持续督导工作结束期间，除确有正当理由外，保荐机构和发行人不得终止保荐协议。

发行人因再次申请证券发行另行聘请保荐机构，或者保荐机构被中国证监会撤销保荐业务资格的，应当终止保荐协议。

保荐机构和发行人终止保荐协议的，应当自终止之日起 5 个工作日内向本所报告，说明原因并由发行人按照规定履行信息披露义务。

第三十八条 发行人另行聘请保荐机构的，应当及时向本所报告并在符合《证券法》规定的信息披露平台予以公告。

新聘请的保荐机构应当及时向本所提交保荐协议、保荐代表人专项授权书，以及本所要求的其他文件。

第三十九条 持续督导期间，保荐机构被撤销保荐业务资格的，发行人应当在1个月内另行聘请保荐机构，未在规定期限内另行聘请的，中国证监会可以为其指定保荐机构。

第四十条 发行人另行聘请的保荐机构应当完成原保荐机构未完成的持续督导工作。

因原保荐机构被中国证监会撤销保荐业务资格而另行聘请保荐机构的，另行聘请的保荐机构持续督导时间不得少于一个完整的会计年度。

第四十一条 保荐机构发生变更的，原保荐机构应当配合做好交接工作，并在发生变更的5个工作日内向新保荐机构提交下列文件，但已公开披露的文件除外：

（一）关于发行人或相关当事人存在的问题、风险以及需重点关注事项的书面说明；

（二）向中国证监会和本所报送的与发行人相关的其他报告；

（三）其他需要移交的文件。

新保荐机构应当自保荐协议签订之日起开展保荐工作并承担相应的责任。

原保荐机构在履行保荐职责期间未勤勉尽责的，其责任不因保荐机构的更换而免除或者终止。

第四十二条 证券发行后，保荐机构不得更换保荐代表人，但因保荐代表人离职或者不符合保荐代表人要求的，应当更换保荐代表人。

保荐机构更换保荐代表人的，应当通知发行人，并在5个工作日内向本所报告，说明原因并提供更换后保荐代表人的相关资料。原保荐代表人在具体负责保荐工作期间未勤勉尽责的，其责任不因保荐代表人的更换而免除或者终止。

发行人应当在收到通知后及时在符合《证券法》规定的信息披露平台披露保荐代表人变更事宜。

第四十三条 持续督导工作结束后，保荐机构应当在发行人年度报告披露之日起10个工作日内，向发行人所在地的中国证监会派出机构、本所报送保荐工作总结。保荐工作总结应当包括下列内容：

（一）发行人基本情况；

（二）保荐工作概述；

（三）履行保荐职责期间发生的重大事项及处理情况；

（四）对发行人配合保荐工作情况的说明及评价；

（五）对证券服务机构相关工作情况的说明及评价；

（六）中国证监会和本所要求的其他事项。

第五章 监管措施和违规处分

第四十四条 本所可以对保荐机构及其保荐代表人从事本所保荐业务的情况进行检查，保荐机构及其保荐代表人应当积极配合检查，如实提供有关资料，不得拒绝、阻挠、逃避检查，不得谎报、隐匿、销毁相关证据材料。

第四十五条 保荐机构存在下列情形之一的，本所可以视情节轻重采取自律监管措施或纪律处分：

（一）未按规定向本所提交文件；

（二）未及时报告或履行信息披露义务；

（三）向本所出具的与保荐工作相关的文件或信息披露文件存在虚假记载、误导性陈述或者重大遗漏；

（四）发行保荐书、上市保荐书等申请文件与信息披露资料存在矛盾，或者就同一事实表述不一致且存在实质差异；

（五）未有效执行内部控制、尽职调查、辅导、内部核查、持续督导和工作底稿管理等制度；

（六）保荐工作底稿存在虚假记载、误导性陈述或者重大遗漏；

（七）唆使、协助或者参与发行人、证券服务机构提供存在虚假记载、误导性陈述或者重大遗漏的文件；

（八）唆使、协助或者参与发行人干扰审核工作；

（九）通过从事保荐业务谋取不正当利益；

（十）其他严重违反诚实守信、勤勉尽责义务的情形。

第四十六条 保荐代表人存在下列情形之一的，本所可以视情节轻重采取自律监管措施或纪律处分：

（一）尽职调查工作日志、持续督导工作底稿缺失或者遗漏、隐瞒重要问题；

（二）未完成或者未参加辅导工作；

（三）未参加持续督导工作，或者持续督导工作未勤勉尽责；

（四）其具体负责保荐工作的发行人在保荐期间被中国证监会采取行政处罚、行政监管措施或被本所采取纪律处分；

（五）唆使、协助或者参与发行人干扰审核工作；

（六）通过从事保荐业务谋取不正当利益；

（七）不配合本所自律管理工作，或存在其他严重违反诚实守信、勤勉尽责义务的情形。

第四十七条 保荐机构、保荐代表人因保荐业务涉嫌违法违规被中国证监会立案调查的，本所暂不受理该保荐机构的保荐；暂不受理相关保荐代表人具体负责的保荐。

第四十八条 发行人出现下列情形之一的，本所可以视情节轻重，对保荐机构、保荐代表人采取自律监管措施或纪律处分：

（一）证券发行募集文件等申请文件存在虚假记载、误导性陈述或者重大遗漏；

（二）保荐机构持续督导期间信息披露文件存在虚假记载、误导性陈述或者重大遗漏；

（三）本所规定的其他情形。

第四十九条 发行人存在下列情形之一，保荐代表人未能诚实守信、勤勉尽责的，本所可以视情节轻重，对保荐代表人采取自律监管措施或纪律处分：

（一）向不特定合格投资者公开发行股票并在本所上市之日起 12 个月内，控股股东或者实际控制人发生变更，上市公司发行新股上市除外；

（二）证券上市当年累计 50%以上募集资金的用途与承诺不符；

（三）证券上市之日起 12 个月内，累计 50%以上资产或者主营业务发生重组，且未在证券发行募集文件中披露；

（四）实际盈利低于盈利预测达 20%以上；

（五）关联交易显失公允或者程序违规，涉及金额较大；

（六）控股股东、实际控制人或其他关联方违规占用或转移发行人的资金、资产及其他资源，涉及金额较大；

（七）违规为他人提供担保，涉及金额较大；

（八）违规购买或出售资产、借款、委托资产管理等，涉及金额较大；

（九）董事、监事、高级管理人员侵占发行人资金、资产及其他资源，受到行政处罚或者被追究刑事责任；

（十）违反上市公司规范运作和信息披露等有关规定，情节较为严重的；

（十一）本所规定的其他情形。

第五十条 发行人及其控股股东、实际控制人、董事、监事和高级管理人员存在下列情形之一的，本所可以视情节轻重采取自律监管措施或纪律处分：

（一）终止保荐协议后未另行聘请保荐机构；

（二）持续督导期间违法违规且拒不纠正；

（三）发生重大事项未及时通知保荐机构；

（四）发生其他严重不配合保荐工作情形。

第五十一条 证券服务机构及其签字人员存在下列情形之一的，本所可以视情节轻重采取自律监管措施或纪律处分：

（一）出具的专业意见存在虚假记载、误导性陈述或重大遗漏；

（二）因不配合保荐工作而导致严重后果；

（三）本所规定的其他情形。

第五十二条 本所发现相关主体涉嫌违反法律法规和中国证监会相关规定的，应当向中国证监会报告。

第六章 附则

第五十三条 本细则由本所负责解释。

第五十四条 本细则自 2021 年 11 月 15 日起施行。

关于发布《北京证券交易所证券发行与承销管理细则》的公告

北证公告〔2021〕8号

为了规范北京证券交易所（以下简称本所）市场证券发行及承销行为，保护投资者合法权益，本所制定了《北京证券交易所证券发行与承销管理细则》，经中国证监会批准，现予以发布，自2021年11月15日起施行。

特此公告。

附件：北京证券交易所证券发行与承销管理细则

北京证券交易所

2021年10月30日

北京证券交易所证券发行与承销管理细则

第一章　总则

第一条　为了规范北京证券交易所（以下简称本所）证券发行及承销行为，保护投资者合法权益，维护市场秩序，根据《中华人民共和国证券法》（以下简称《证券法》）《北京证券交易所向不特定合格投资者公开发行股票注册管理办法（试行）》《北京证券交易所上市公司证券发行注册管理办法（试行）》等相关规定，制定本细则。

第二条　以下证券发行及承销行为适用本细则的规定，本细则未作规定的，适用本所其他有关规定：

（一）向不特定合格投资者公开发行股票并在本所上市（以下简称公开发行并上市）；

（二）上市公司向不特定合格投资者公开发行股票（以下简称上市公司公开发行）；

（三）上市公司向特定对象发行股票（以下简称上市公司定向发行）；

（四）上市公司向特定对象发行可转换为股票的公司债券；

（五）本所认定的其他情形。

第三条　本所根据相关法律法规、部门规章、本所业务规则及本细则的规定，对证券发行与承销活动及发行人、证券公司、证券服务机构、投资者等参与主体实施自律管理。

第四条　证券公司开展承销业务，应当依据中国证监会、中国证券业协会和本所的相关规定，制定并严格执行完善的风险管理制度和内部控制制度，加强定价和配售过程管理，落实承销责任，防范利益冲突，防控发行风险。

第五条　证券服务机构和人员应当按照本行业公认的业务标准和执业规范，严格履行法定职责，对其所出具文件的真实性、准确性和完整性承担责任。

第二章　定价与配售

第一节　一般规定

第六条　公开发行并上市、上市公司公开发行（以下统称股票公开发行）可以通过发行人和主承销商自主协商直接定价、合格投资者网上竞价或网下询价等方式确定发行价格。发行人和主承销商应当在发行方案中说明本次发行采用的定价方式，并在招股文件和发行公告中披露。

本细则所称招股文件，是指股票公开发行申请经中国证监会注册后，发行人公告的招股说明书、招股意向书、募集说明书。

第七条 公开发行并上市采用询价方式的，承销商应当向网下投资者提供投资价值研究报告；采用竞价方式的，承销商应当提供投资价值研究报告并公开披露。投资价值研究报告应当符合中国证券业协会的相关规定。

投资价值研究报告应当说明估值区间与历史交易价格和历史发行价格的偏离情况及原因。

本细则所称历史交易价格，是指本次申请公开发行前六个月内最近20个有成交的交易日的平均收盘价；历史发行价格，是指本次申请公开发行前一年内在全国中小企业股份转让系统历次股票发行的价格。

第八条 公开发行并上市采用直接定价或询价方式，发行人和主承销商确定的发行价格存在下列情形之一的，应当至少在申购日一周前发布投资风险特别公告：

（一）超过历史交易价格或历史发行价格1倍；

（二）超过网下投资者有效报价剔除最高报价部分后的中位数或加权平均数。

第九条 公开发行并上市采用直接定价或竞价方式的，全部向网上投资者发行，不进行网下询价和配售。

第十条 投资者应当按照发行人和主承销商的要求在申购时全额缴付申购资金、缴付申购保证金或以其他方式参与申购。冻结资金产生的利息划入本所设立的风险基金，风险基金的使用应当符合中国证监会的规定。

第十一条 网上投资者有效申购总量大于网上发行数量时，根据网上发行数量和有效申购总量的比例计算各投资者获得配售股票的数量。其中不足100股的部分，汇总后按申购数量优先、数量相同的时间优先原则向每个投资者依次配售100股，直至无剩余股票。

第十二条 上市公司公开发行的，可以向原股东优先配售，优先配售比例应当在发行公告中披露。

第十三条 上市公司发行股票的，拟发行数量不得超过本次发行前股本总额的30%，本次发行涉及上市公司收购、发行股份购买资产或发行人向原股东配售股份的除外。

第十四条 上市公司向原股东配售股份的，拟配售股份数量不得超过本次配售前股本总额的50%。

第二节 询价发行

第十五条 股票公开发行采用询价方式的，应当通过初步询价确定发行价格。

第十六条 在中国证券业协会注册、符合中国证券业协会规定条件并已开通本所交易权限的网下投资者可以参与询价。

参与询价的网下投资者须具备丰富的投资经验和良好的定价能力，应当接受中国证券业协会的自律管理，遵守中国证券业协会的自律规则。

第十七条 发行人和主承销商可以自主协商设置网下投资者的具体条件，并预先披露。主承销商应当对网下投资者是否符合预先披露的条件进行核查，对不符合条件的投资者，应当拒绝或剔除其报价。

第十八条 网下投资者可以自主决定是否报价，主承销商无正当理由不得拒绝。网下投资者应当遵循独立、客观、诚信的原则报价，不得协商报价或者故意压低、抬高价格。

参与询价的网下投资者应当以其管理的配售对象为单位进行报价，报价应当包括每股价格和对应的拟申购股数，每个配售对象只能申报一个报价，同一网下投资者全部报价中的不同拟申购价格不得超过三个。

第十九条 发行人和主承销商应当剔除拟申购总量中报价最高的部分，并根据剩余报价及拟申购数量协商确定发行价格。剔除部分不得低于所有网下投资者拟申购总量的5%，因剔除导致拟申购总量不足的，相应部分可不剔除。

网下投资者拟申购总量超过网下初始发行量15倍的，剔除部分不得低于所有网下投资者拟申购总量的10%。

第二十条 股票发行价格确定后，提供有效报价的网下投资者方可参与申购，网下投资者应当以配售对象为单位进行申购。

前款所称有效报价，是指网下投资者申报的不低于发行人和主承销商确定的发行价格，且未作为最高报价部分被剔除，同时符合发行人和主承销商事先确定并公告的其他条件的报价。

第二十一条 发行人和主承销商可以自主协商确定有效报价条件、配售原则和配售方式，并按照事先确定的配售原则在有效申购的网下投资者中确定配售对象。

第二十二条 公开发行并上市的，网下初始发行比例应当不低于60%且不高于80%。有战略投资者配售股票安排的，应当扣除向战略投资者配售部分后确定网上网下发行比例。

第二十三条 公开发行并上市对网下投资者进行分类配售的，同类投资者获得配售的比例应当相同。公开募集方式设立的证券投资基金和其他偏股型资产管理产品、全国社会保障基金、基本养老保险基金、企业年金基金和保险资金的配售比例应当不低于其他投资者。

第二十四条 网下投资者可与发行人和主承销商自主约定网下配售股票的持有期限并公开披露。

第二十五条 公开发行并上市的，网下配售时，发行人和主承销商不得向下列投资者配售股票：

（一）发行人及其股东、实际控制人、董事、监事、高级管理人员和其他员工；发行人及其股东、实际控制人、董事、监事、高级管理人员能够直接或间接实施控制、共同控制或施加重大影响的公司，以及该公司控股股东、控股子公司和控股股东控制的其他子公司；

（二）主承销商及其持股比例5%以上的股东，主承销商的董事、监事、高级管理人员和其他员工；主承销商及其持股比例5%以上的股东、董事、监事、高级管理人员能够直接或间接实施控制、共同控制或施加重大影响的公司，以及该公司控股股东、控股子公司和控股股东控制的其他子公司；

（三）承销商及其控股股东、董事、监事、高级管理人员和其他员工；

（四）本条第（一）、（二）、（三）项所述主体的关系密切的家庭成员，包括配偶、子女及其配偶、父母及配偶的父母、兄弟姐妹及其配偶、配偶的兄弟姐妹、子女配偶的父母；

（五）过去6个月内与主承销商存在保荐、承销业务关系的公司及其持股5%以上的股东、实际控制人、董事、监事、高级管理人员，或已与主承销商签署保荐、承销业务合同或达成相关意向的公司及其持股5%以上的股东、实际控制人、董事、监事、高级管理人员；

（六）其他参与配售可能导致不当行为或不正当利益的自然人、法人和组织。

本条第（二）、（三）项规定的禁止对象所管理的公募基金不受前款规定的限制，但是应符合中国证监会的有关规定。

第二十六条 公开发行并上市的，网下投资者有效申购数量低于网下初始发行量的，发行人和主承销商不得将网下发行部分向网上回拨，应当中止发行。网上投资者有效申购数量不足网上初始发行量的，不足部分可以向网下投资者回拨。

网上投资者有效申购倍数超过15倍，不超过50倍的，应当从网下向网上回拨，回拨比例为本次公开发行数量的5%；网上投资者有效申购倍数超过50倍的，回拨比例为本次公开发行数量的10%。

有战略投资者配售股票安排的，本条所称公开发行数量应扣除战略配售数量计算。

第二十七条 网下发行与网上发行应同时进行。公开发行并上市的，投资者应当选择参与网下或网上发行，不得同时参与。

第三节 竞价发行

第二十八条 股票公开发行采用竞价方式的，除本细则第二十五条规定的投资者外，均可参与申购。

每个投资者只能申报一次。申购信息应当包括每股价格和对应的拟申购股数。

发行人和主承销商可以设置最低申购价格并在发行公告中予以披露，投资者申报的每股价格不得低于最低申购价格。

第二十九条 发行人和主承销商应当在发行公告中披露价格确定机制。

投资者有效申购总量小于或等于网上发行数量且已设置最低申购价格的，发行价格为最低申购价格；未设置最低申购价格的，发行价格为投资者的最低报价。

投资者有效申购总量大于网上发行数量的，发行人和主承销商可以选择下列方式之一确定发行价格：

（一）剔除最高报价部分后，将投资者申购报单按照价格从高到低排序计算累计申购数量，当累计申购数量达到网上发行数量或其一定倍数时，对应的最低申购价格为发行价格。

剔除部分不得低于拟申购总量的5%，因剔除导致拟申购总量不足的，相应部分可不剔除。拟申购总量超过网上发行数量15倍的，剔除部分不得低于拟申购总量的10%。

报价大于或等于发行价格且未被剔除的投资者为有效报价投资者。

（二）按照事先确定并公告的方法（加权平均价格或算数平均价格）计算申购报单的基准价格，以0.01元为一个价格变动单位向基准价格上下扩大价格区间，直至累计申购数量达到网上发行股票数量或其一定倍数，较低的临界价格为发行价格。

报价在上下两个临界价格以内（含临界价格）的投资者为有效报价投资者。

发行人和主承销商可以在竞价申购结束后根据申购情况协商确定剔除比例和累计申购倍数。

第三十条 投资者有效申购总量小于或等于网上发行数量的，向投资者按有效申购数量配售股票。投资者有效申购总量大于网上发行数量的，向有效报价投资者按比例配售股票。

第四节 直接定价发行

第三十一条 股票公开发行采用直接定价方式的，发行人与主承销商应当结合发行人所属行业、市场情况、同行业公司估值水平等因素审慎确定发行价格，并在招股文件和发行公告中披露。

第五节 战略配售

第三十二条 公开发行并上市的，可以向战略投资者配售股票，战略投资者不得超过10名。公开发行股票数量在5000万股以上的，战略投资者获得配售的股票总量原则上不得超过本次公开发行股票数量的30%，超过的应当在发行方案中充分说明理由。公开发行股票数量不足5000万股的，战略投资者获得配售的股票总量不得超过本次公开发行股票数量的20%。

第三十三条 参与战略配售的投资者，应当具备良好的市场声誉和影响力，具有较强资金实力，认可发行人长期投资价值，并按照最终确定的发行价格认购其承诺认购的发行人股票。

第三十四条 发行人应当与战略投资者事先签署配售协议。发行人与主承销商应向本所报备战略配售方案，包括战略投资者名称、承诺认购金额或者股票数量、持有期限等情况。

战略投资者参与股票配售，应当使用自有资金，不得接受他人委托或者委托他人参与，但以公开方式募集设立、主要投资策略包括投资战略配售股票且以封闭方式运作的证券投资基金等主体除外。

战略投资者本次获得配售的股票持有期限应当不少于 6 个月，持有期自本次发行的股票在本所上市之日起计算。

第三十五条 经发行人董事会审议通过，发行人高级管理人员与核心员工可以通过专项资产管理计划、员工持股计划等参与战略配售，获配的股票数量不得超过本次公开发行股票数量的 10%，且股票持有期限不得少于 12 个月。

前款规定的专项资产管理计划、员工持股计划的实际支配主体为发行人高级管理人员的，该专项资产管理计划、员工持股计划获配的股份不计入社会公众股东持有的股份。

第三十六条 参与本次战略配售的投资者不得参与网上发行与网下发行，但证券投资基金管理人管理的未参与战略配售的证券投资基金除外。

第三十七条 发行人和主承销商向战略投资者配售股票的，不得存在以下情形：

（一）发行人和主承销商向战略投资者承诺股票在本所上市后股价将上涨，或者股价如未上涨将由发行人购回股票或者给予任何形式的经济补偿；

（二）主承销商以承诺对承销费用分成、介绍参与其他发行人战略配售等作为条件引入战略投资者；

（三）股票在本所上市后发行人认购发行人战略投资者及其控股子公司管理的证券投资基金；

（四）发行人承诺在战略投资者获配股份的限售期内，任命与该战略投资者存在关联关系的人员担任发行人的董事、监事及高级管理人员，但发行人高级管理人员与核心员工设立专项资产管理计划、员工持股计划等参与战略配售的除外；

（五）除本细则第三十四条第二款规定主体外，战略投资者使用非自有资金认购发行人股票，或者存在接受其他投资者委托或委托其他投资者参与本次战略配售的情形；

（六）其他直接或间接进行利益输送的行为。

第三十八条 主承销商应当对战略投资者的选择标准、配售资格及是否存在本细则规定的禁止性情形进行核查、出具专项核查文件并公开披露，要求发行人就核查事项出具承诺函。

第三十九条 发行人和主承销商应当在招股文件和发行公告中披露是否采用战略

配售方式、战略投资者的选择标准、战略配售股票总量上限、战略投资者名称、承诺认购金额或者股票数量、占本次发行股票数量的比例以及限售期安排等。

在发行结果公告中披露最终获配的战略投资者名称、股票数量以及限售期安排等。

发行人高级管理人员与核心员工通过专项资产管理计划、员工持股计划等参与本次发行战略配售的，应当在招股文件和发行公告中披露专项资产管理计划、员工持股计划的具体名称、设立时间、募集资金规模、管理人、实际支配主体以及参与人姓名、职务与持有份额等。

第六节　超额配售选择权

第四十条　股票公开发行的，发行人和主承销商可以采用超额配售选择权。采用超额配售选择权发行股票数量不得超过本次公开发行股票数量的15%。

第四十一条　采用超额配售选择权的，发行人应当授予主承销商超额配售股票并使用超额配售股票募集的资金从二级市场竞价交易购买发行人股票的权利。通过联合主承销商发行股票的，发行人应当授予其中1家主承销商前述权利。

主承销商与发行人签订的承销协议中，应当明确发行人对主承销商采用超额配售选择权的授权，以及获授权的主承销商的相应责任。

获授权的主承销商，应当勤勉尽责，建立独立的投资决策流程及防火墙制度，严格执行内部控制制度，有效防范利益输送和利益冲突。

第四十二条　采用超额配售选择权的主承销商，可以在征集投资者认购意向时，与投资者达成预售拟行使超额配售选择权所对应股份的协议，明确投资者同意预先付款并向其延期交付股票。主承销商应当将延期交付股票的协议报本所和中国证券登记结算有限责任公司北京分公司备案。

第四十三条　发行人股票在本所上市之日起30日内，获授权的主承销商有权使用超额配售股票募集的资金，以竞价交易方式从二级市场购买发行人股票，申报买入价格不得高于本次发行的发行价格，获授权的主承销商未购买发行人股票或者购买发行人股票数量未达到全额行使超额配售选择权拟发行股票数量的，可以要求发行人按照超额配售选择权方案以发行价格增发相应数量股票。

主承销商按照前款规定，以竞价交易方式购买的发行人股票与要求发行人增发的股票之和，不得超过发行公告中披露的全额行使超额配售选择权拟发行股票数量。

主承销商按照第一款规定买入的股票不得卖出。

第四十四条　采用超额配售选择权的，获授权的主承销商使用超额配售募集的资金从二级市场购入股票，应当在超额配售选择权行使期届满或者累计购回股票数量达到采用超额配售选择权发行股票数量限额的5个交易日内，向发行人支付超额配售股票募集的资金，向同意延期交付股票的投资者交付股票。除购回股票使用的资金及划转给发行人增发股票的资金外的剩余资金，纳入本所设立的风险基金。

第四十五条 获授权的主承销商应当保存使用超额配售股票募集资金买入股票的完整记录，保存时间不得少于10年，记录应当包括以下信息：

（一）每次申报买入股票的时间、价格与数量；

（二）每次申报买入股票的价格确定情况；

（三）买入股票的每笔成交信息，包括成交时间、成交价格、成交数量等。

第四十六条 超额配售选择权行使期届满或者累计购回数量达到采用超额配售选择权发行股票数量限额的10个交易日内，获授权的主承销商应当将超额配售选择权的实施情况和使用超额配售股票募集资金买入股票的完整记录报本所备案。

第四十七条 发行人和主承销商应当于提交发行申请时，在招股说明书或募集说明书中明确是否采用超额配售选择权以及采用超额配售选择权发行股票的数量上限。

发行人和主承销商应当在发行方案中明确并在招股文件中披露超额配售选择权实施方案，包括实施目标、操作策略、可能发生的情形以及预期达到的效果等；在发行公告中披露全额行使超额配售选择权拟发行股票的具体数量。

在超额配售选择权行使期届满或者累计购回股票数量达到采用超额配售选择权发行股票数量限额的2个交易日内，发行人与获授权的主承销商应当披露以下情况：

（一）超额配售选择权行使期届满或者累计购回股票数量达到采用超额配售选择权发行股票数量限额的日期；

（二）超额配售选择权实施情况是否合法、合规，是否符合所披露的有关超额配售选择权的实施方案要求，是否实现预期达到的效果；

（三）因行使超额配售选择权而发行的新股数量；如未行使或部分行使，应当说明买入发行人股票的数量及所支付的总金额、平均价格、最高与最低价格；

（四）发行人本次筹资总金额；

（五）本所要求披露的其他信息。

第三章 证券承销

第四十八条 主承销商可以由发行人保荐机构担任，也可以由发行人保荐机构与其他具有保荐业务资格的证券公司共同担任。

第四十九条 发行人和主承销商应当签订承销协议，在承销协议中界定双方的权利义务关系，约定明确的承销基数。采用包销方式的，应当明确包销责任；采用代销方式的，应当约定发行失败后的处理措施。

上市公司定向发行，应当采用代销方式，但上市公司董事会提前确定全部发行对象的除外。

股票公开发行依据法律、行政法规的规定应当由承销团承销的，组成承销团的承销商应当签订承销团协议，由主承销商负责组织承销工作。股票公开发行由两家以上证券公司联合主承销的，所有担任主承销商的证券公司应当共同承担主承销责任，履行相关义务。

承销团成员应当按照承销团协议和承销协议的约定进行承销活动，不得进行虚假承销。

第五十条 获中国证监会同意注册后，发行人与主承销商应当及时向本所报送发行与承销方案。

第五十一条 上市公司定向发行的，发行人及承销商应当按照公正、透明的原则，在认购邀请书中事先约定选择发行对象、收取认购保证金及投资者违约时保证金的处理方式、确定认购价格、分配认购数量等事项的操作规则。

第五十二条 上市公司发行证券，存在利润分配方案、公积金转增股本方案尚未提交股东大会表决或经股东大会表决通过尚未实施的，应当在方案实施后发行。相关方案实施前，主承销商不得承销上市公司发行的证券。

第五十三条 发行人和主承销商应当事先约定中止发行和发行失败的情形及安排，并在发行公告中予以披露。

采用代销方式的，代销期届满，向投资者出售的股票数量未达到拟公开发行股票数量的70%，本次发行失败。

第五十四条 公开发行并上市的，发行承销过程中出现以下情形之一的，发行人和主承销商应当中止发行：

（一）采用询价方式的，有效报价的网下投资者数量不足10家或网下投资者有效申购数量低于网下初始发行量；

（二）预计发行后无法满足其在招股文件中选择的股票在本所上市标准；

（三）发行价格未在股东大会确定的发行价格区间内或低于股东大会确定的发行底价；

（四）发行人和主承销商事先约定并披露的其他情形；

（五）本所认定的其他情形。

中止发行后，发行人和主承销商在发行注册文件有效期内，报经本所备案，可重新启动发行。

第五十五条 股票中止发行或发行失败涉及投资者资金缴付的，主承销商应当协助发行人将投资者的申购资金加算银行同期存款利息返还投资者。

第五十六条 发行完成后，发行人应当聘请符合《证券法》规定的会计师事务所对募集资金进行验证，出具验资报告并报送本所备案。

发行人和主承销商还应当聘请律师事务所对网下发行过程、配售行为、参与定价与配售的投资者资质条件及其与发行人和承销商的关联关系、资金划拨等事项进行见证，并出具专项法律意见书。

本次发行的证券上市之日起10日内，主承销商应当将专项法律意见书、承销总结报告等文件报送本所备案。

第四章　信息披露

第五十七条　发行人和主承销商在股票发行过程中，应当按照中国证监会和本所的规定编制信息披露文件，履行信息披露义务。发行人和承销商在发行过程中披露信息，应当真实、准确、完整，不得有虚假记载、误导性陈述或者重大遗漏。

第五十八条　发行过程中，发行人和主承销商公告的信息应当在符合《证券法》规定的信息披露平台披露。通过其他途径披露信息的，披露内容应当完全一致，且不得早于在上述信息披露平台的披露时间。

第五十九条　股票公开发行招股文件披露后，发行人和承销商可以向网下投资者进行推介和询价，并通过互联网等方式向投资者进行推介。发行人和承销商向网下投资者推介和询价应当符合中国证券业协会的相关规定。

发行人和承销商推介时向投资者提供的发行人信息的内容应当一致。

第六十条　发行人和承销商在推介过程中不得夸大宣传，或以虚假广告等不正当手段诱导、误导投资者，不得披露发行人公开信息以外的其他信息。

第六十一条　承销商应当保留推介、定价、配售等承销过程中的相关资料至少三年并存档备查，包括推介宣传材料、路演现场录音等，如实、全面反映定价和配售过程。

第六十二条　发行人披露的招股意向书除不含发行价格、筹资金额以外，其内容与格式应当与招股说明书一致，并与招股说明书具有同等法律效力。

第六十三条　采用询价方式的，发行人与主承销商应当在询价公告中披露本次发行的定价方式、定价程序、网下投资者条件、股票配售原则及配售方式、有效报价的确定方式、中止发行安排、发行时间安排和路演推介相关安排等信息。

第六十四条　申购前，发行人与主承销商应当在发行公告中披露发行定价方式、发行股票数量、定价程序、申购缴款要求、股票配售原则及配售方式、中止发行安排、发行时间安排、余股包销安排等信息。

采用直接定价或询价方式的，还应当披露发行价格及其确定依据、对应的市盈率，公开发行并上市的还应披露发行价格与历史交易价格和历史发行价格的偏离情况及原因。

采用询价方式的，还应当披露网下投资者的详细报价情况，包括参与报价的网下投资者名称、申报的每股价格和对应的拟申购股数，剔除最高报价情况，剔除最高报价部分后网下投资者有效报价的中位数和加权平均数，网下和网上发行股票数量，回拨机制等。

第六十五条　申购前，发行人与主承销商应当披露投资风险特别公告，提示可能存在发行价格过高给投资者带来损失的风险，提醒投资者关注。公告内容应包括：

（一）公开发行并上市的，发行价格存在本细则第八条所列情形的，应披露原因及合理性，并提请投资者关注上述情况；

（二）提请投资者关注投资风险，审慎研判发行定价的合理性，理性作出投资决策；

（三）本所认为应当公告的其他内容。

第六十六条 股票公开发行采用竞价方式的，发行价格确定后，发行人和主承销商应当披露竞价结果，包括网上发行股票数量、申购数量、确定发行价格的机制、累计认购倍数、最高报价剔除数量、定价过程和发行价格等信息。

第六十七条 发行完成后，发行人与主承销商应披露发行结果公告，内容应包括：

（一）网上网下投资者申购数量和获配数量；

（二）获配网下投资者名称及其申购数量和获配数量明细；

（三）自主配售的结果是否符合事先公布的配售原则；

（四）投资者提供有效报价但未参与申购、实际申购数量少于询价时拟申购数量和由于申购资金不足导致申购无效的情况；

（五）主承销商的包销情况；

（六）保荐费用、承销费用、其他中介费用等发行费用信息；

（七）本所认为应当说明的其他情况。

第五章 监管措施和违规处分

第六十八条 发行承销涉嫌违法违规或存在异常情形的，本所可以要求发行人和承销商暂停、暂缓或中止发行，并对相关事项进行调查处理。

第六十九条 网上投资者因申购资金不足导致申购无效的，六个月内不得参与本所市场股票公开发行网上申购。

第七十条 发行人、证券公司、证券服务机构、投资者及其直接负责的主管人员和其他直接责任人员存在下列情形的，本所可以视情节轻重对其采取自律监管措施或纪律处分：

（一）未按照事先披露的原则和方式配售股票，或其他未按照披露文件实施的行为；

（二）未按照本细则的规定提供投资价值研究报告或者发布投资风险特别公告；

（三）发行人高级管理人员与核心员工通过专项资产管理计划、员工持股计划等参与战略配售，未按规定履行决策程序或信息披露义务；

（四）未按规定编制信息披露文件、履行信息披露义务，或信息披露不真实、不准确、不完整，存在虚假记载、误导性陈述或重大遗漏；

（五）未按照相关规定保留推介、定价、配售等承销过程相关资料；

（六）发行过程中应当中止发行而未中止发行；

（七）发行人和主承销商向战略投资者配售股票的，存在本细则第三十七条规定的禁止性行为；

（八）参与发行的投资者违反其作出的限售期等承诺；

（九）向投资者提供除发行人公开信息以外的其他信息；

（十）无定价依据、未在充分研究的基础上理性报价，没有严格履行报价评估和决策程序审慎报价或故意压低、抬高价格；

（十一）本所认定的其他情形。

第七十一条 发行人、证券公司、证券服务机构、投资者及其直接负责的主管人员和其他直接责任人员存在下列情形的，本所可以对其采取纪律处分：

（一）夸大宣传，或者以虚假广告等不正当手段诱导、误导投资者；

（二）以不正当竞争手段招揽承销业务；

（三）泄露询价、定价信息；

（四）以任何方式操纵发行定价、劝诱投资者抬高报价或干扰投资者正常报价和申购；

（五）以提供透支、回扣或本所认定的其他不正当手段诱使他人申购股票；

（六）以代持、信托持股等方式谋取不正当利益或向其他相关利益主体输送利益；

（七）发行人和承销商及相关人员直接或通过其利益相关方向参与认购的投资者提供财务资助或者补偿；

（八）发行人和承销商及相关人员以自有资金或者变相通过自有资金参与网下配售和竞价配售；

（九）与投资者互相串通、协商报价或配售，收取投资者回扣或其他相关利益；

（十）向不符合要求或禁止配售的投资者配售股票；

（十一）本所认定的其他情形。

第七十二条 本所发现承销商或网下投资者存在中国证券业协会发布的相关规则所述违规行为的，及时将有关情况通报中国证券业协会。

第七十三条 本所发现发行承销过程中相关主体涉嫌违反法律法规和中国证监会相关规定的，及时向中国证监会报告。

第六章 附则

第七十四条 本细则由本所负责解释。

第七十五条 本细则自 2021 年 11 月 15 日起施行。

关于发布《北京证券交易所股票向不特定合格投资者公开发行与承销业务实施细则》的公告

北证公告〔2021〕23号

为了规范发行人向不特定合格投资者公开发行股票并在北京证券交易所（以下简称北交所）上市的行为，提高发行定价、申购、资金结算及股份登记效率，北交所和中国证券登记结算有限责任公司共同制定了《北京证券交易所股票向不特定合格投资者公开发行与承销业务实施细则》，现予以发布，自2021年11月15日起施行。

特此公告。

附件：北京证券交易所股票向不特定合格投资者公开发行与承销业务实施细则

北京证券交易所　　中国证券登记结算有限责任公司

2021年11月2日　　2021年11月2日

北京证券交易所股票向不特定合格投资者公开发行与承销业务实施细则

第一章　总则

第一条　为规范发行人向不特定合格投资者公开发行股票并在北京证券交易所上市（以下简称公开发行并上市）的行为，提高发行定价、申购、资金结算及股份登记效率，根据《北京证券交易所向不特定合格投资者公开发行股票注册管理办法（试行）》《北京证券交易所证券发行与承销管理细则》等相关规定，制定本细则。

第二条　发行人股票通过北京证券交易所（以下简称北交所）业务支持平台（以下称 BPM 系统）、交易系统和中国证券登记结算有限责任公司（以下简称中国结算）北京分公司登记结算系统公开发行并上市，适用本细则。

第二章　一般规定

第三条　股票公开发行前，发行人和主承销商应当向北交所提交通过交易系统进行股票公开发行询价、申购的书面申请。

第四条　采用询价方式的，参与询价的网下投资者信息以中国证券业协会注册的数据为准。网下投资者应当于 X-1 日（X 日为询价初始日，下同）12：00 前在中国证券业协会完成注册，并开通北交所交易权限。

第五条　投资者参与报价即视为授权北交所向本次公开发行股票的主承销商提供其报价信息及必要的身份信息。主承销商应当根据法律法规和自律规则的规定合理使用上述信息。

第六条　投资者应委托证券公司通过北交所交易系统参与询价、申购。

第七条　投资者参与询价、申购时，每一个申购单位为 100 股，申购数量应当为 100 股或其整数倍，且不得超过 9999.99 万股，如超过则该笔申报无效。

为保证询价、申购的有序进行，北交所可根据市场情况和技术系统承载能力对申购单位、最大申购数量进行调整，并向市场公告。

第八条　网下投资者应当以其管理的配售对象为单位参与询价。询价时，每个配售对象应使用一个证券账户申报一次。同一配售对象对同一只股票使用多个证券账户申报，或者使用同一证券账户申报多次的，以最后一笔申报为准。

证券账户注册资料中的“账户持有人名称”“有效身份证明文件号码”均相同的，

确认证券账户为同一配售对象持有，证券公司定向资产管理专用证券账户和企业年金计划证券账户除外。证券账户注册资料以 X-1 日日终为准。

第九条 询价期间，网下投资者管理的配售对象填报的拟申购股数不得超过网下初始发行量，如超过则该笔申报无效。

同一网下投资者全部报价中的不同拟申购价格不得超过三个，最高价格与最低价格的差额不得超过最低价格的 20%。不符合上述规定的，按照价格优先原则保留有效价格，其他价格对应的报价无效。

第十条 投资者参与申购，应使用一个证券账户申购一次。同一投资者对同一只股票使用多个证券账户申购，或者使用同一证券账户申购多次的，以第一笔申购为准。证券账户注册资料以 T-1 日（T 日为申购日，下同）日终为准。

网下投资者参与申购，使用的证券账户应与询价时使用的证券账户相同。证券账户不同的，则申购无效。

第十一条 采用询价方式的，提供有效报价的配售对象应当参与申购，其申购股数不得低于询价时填报的拟申购股数，且不得超过网下发行数量，否则该笔申购无效。

网上投资者进行申购时，申购股数不得超过网上初始发行量的 5%，如超过则该笔申购无效。

第十二条 对于同一只股票发行，已参与网下发行的配售对象及其关联账户，不得再参与网上申购。

配售对象关联账户认定标准参照本细则第八条的规定。

第十三条 投资者应自主表达股票公开发行报价、申购意向，证券公司不得接受投资者的全权委托代其进行报价、申购。

第十四条 投资者通过交易系统参与询价、申购的时间为询价日、申购日的 9：15-11：30，13：00-15：00。

第十五条 投资者在申购前，应将申购资金足额存入其在证券公司开立的资金账户，证券公司应确保其有足额的申购资金。投资者申购申报经北交所交易主机确认后生效，一经确认不得撤销。

第十六条 中国结算北京分公司对股票公开发行申购实行非担保交收。

结算参与人应使用其在中国结算北京分公司的资金交收账户（即结算备付金账户）完成股票公开发行申购的资金交收，并确保其资金交收账户在规定的时点有足额资金。

第十七条 采用超额配售选择权的，获授权的主承销商应当开立专用账户（以下称超额配售选择权专用账户），通过该账户使用超额配售股票募集的资金买入该只股票，不得通过该账户买卖其他证券。获授权的主承销商应当将超额配售股票募集的资金存入其在商业银行开设的独立账户。获授权的主承销商自发行人股票在北交所上市之日起 30 个自然日内，不得使用该账户资金外的其他资金或者通过他人账户交易发行人股票。

第三章　定价与申购流程

第一节　询价发行

第十八条　X-2 日或之前，主承销商应通过 BPM 系统上传询价公告等文件，并填写询价信息。

第十九条　初步询价应当在交易日进行，询价期间，投资者通过证券公司进行询价委托。初步询价不得超过 3 日，询价应当在 T-3 日 15：00 前完成。

第二十条　询价结束后，主承销商通过 BPM 系统查看询价结果，根据与发行人事先确定并公告的有效报价条件等，剔除不符合条件的报价，根据剩余的报价确定发行价格。

第二十一条　T-2 日，主承销商通过 BPM 系统上传发行公告等文件，并填写申购信息。

第二十二条　T 日，投资者在申购时间内，按照发行价格，通过证券公司进行申购委托。T 日日终，主承销商应通过 BPM 系统查看申购结果。

第二十三条　主承销商应根据事先确定并公告的配售原则、配售方式对网下投资者进行配售，并于 T+2 日通过 BPM 系统上传网下配售结果，北交所于收到当日将上述结果发送至中国结算北京分公司。

第二节　竞价发行

第二十四条　T-3 日或之前，主承销商应通过 BPM 系统上传竞价发行公告等文件，并填写申购信息。

第二十五条　T 日，投资者在申购时间内，通过证券公司进行申购委托。T 日日终，主承销商应通过 BPM 系统查看申购结果。

第二十六条　主承销商应根据有效申购结果按照事先公告的发行价格确定机制确定发行价格，并于 T+2 日通过 BPM 系统上传竞价结果公告。

主承销商需剔除申购总量中报价最高部分的，应按照价格从高到低的顺序进行，同一价格的，按照申报顺序由后向前剔除。

第二十七条　主承销商应于 T+2 日通过 BPM 系统查看配售结果。

第三节　直接定价发行

第二十八条　T-3 日或之前，主承销商应通过 BPM 系统上传发行公告等文件，并填写申购信息。

第二十九条　T 日，投资者在申购时间内，按照发行价格，通过证券公司进行申购委托。T 日日终，主承销商通过 BPM 系统查看申购结果。

第三十条 主承销商应于T+2日通过BPM系统查看配售结果。

第四章 资金交收与股份登记

第三十一条 T日日终，中国结算北京分公司按照北交所发送的申购数据进行日终清算，并将清算数据发送结算参与人。结算参与人根据清算数据冻结投资者的申购资金。

第三十二条 T+1日日终，中国结算北京分公司组织结算参与人完成股票申购资金交收，并将交收结果发送北交所和结算参与人。

第三十三条 在规定的资金交收时点，如结算参与人资金不足以完成股票申购的资金交收，则不足部分确认为无效申购。

结算参与人应在T+1日15：30前如实向中国结算北京分公司申报投资者无效申购信息。无效申购信息中的资金总额应与该结算参与人资金缺口相一致，无效申购信息中的股数按实际不足的资金除以申购价格计算，最小单位为1股，不足1股的按1股计算。T+1日日终，北交所根据中国结算北京分公司发送的无效申购信息对投资者的申购进行无效处理。

如结算参与人漏报或未及时申报无效申购信息，北交所根据以下原则处理：同一日申购多只股票的，对资金不足总额按该结算参与人各只股票申购资金比例进行分配；同一只股票的申购，北交所按照投资者申购的时间顺序，由后向前进行无效处理。无效处理股数的计算方式与前款一致。

因漏报、错报或未及时申报无效申购信息而产生的后果及相关法律责任，由结算参与人承担。

第三十四条 T+2日日终，中国结算北京分公司根据北交所发送的配售结果数据扣除配售部分对应认购资金，将剩余资金予以解冻，并将相关清算交收数据发送结算参与人。

T+1日至T+3日的前一自然日，申购资金由中国结算北京分公司予以冻结，冻结资金产生的利息由中国结算北京分公司划入北交所设立的风险基金。

发行失败或中止发行涉及投资者缴付资金的，主承销商应当协助发行人将申购资金加算银行同期存款利息返还投资者。

证券公司应于T+3日向投资者推送配售结果。

第三十五条 中国结算北京分公司根据主承销商申请，将认购资金划转至主承销商的资金交收账户。

主承销商收到中国结算北京分公司划入的认购资金后，应依据承销协议将股票认购资金扣除承销费用后划转至发行人指定的银行账户。

第三十六条 发行人应向中国结算北京分公司提交股份登记申请，中国结算北京分公司根据发行人申请和北交所发送的配售结果完成股份登记。

采用包销方式的，包销部分由主承销商自行与发行人完成相关资金的划付，并由发行人向中国结算北京分公司提交股份登记申请，中国结算北京分公司据此完成相应股份的登记。采用代销方式的，未认购的部分不进行股份登记。

由于主承销商报送的网下配售结果数据有误，或发行人报送的股份登记数据有误，导致投资者股份登记不实的，相关后果和法律责任由主承销商和发行人承担。

第三十七条 战略投资者应当于T-3日前缴纳认购资金。

第三十八条 采用超额配售选择权的，在超额配售选择权行使期届满或者累计购回股票数量达到采用超额配售选择权发行股票数量限额的5日内，获授权的主承销商应当根据超额配售选择权行使情况，将应付发行人的资金（如有）支付给发行人。

发行人和主承销商应当向中国结算北京分公司提出申请，将超额配售选择权专用账户上所有股票（如有）及增发的股票（如有）交付给同意延期交付股票的投资者。

第五章 法律责任与监管

第三十九条 投资者应根据相关法律法规、部门规章及中国结算相关规定使用其证券账户。

投资者参与询价或申购，因使用多个证券账户申报同一只股票、以同一证券账户多次申报同一只股票，以及因申报量超过可申报额度，导致申报无效的，由投资者自行承担相关后果。

第四十条 证券公司违反本细则接受投资者全权委托代其进行报价或申购的，由证券公司承担相关责任。

第四十一条 参与登记结算业务的发行人、投资者、结算参与人等主体违反本细则的，中国结算视情节轻重可采取相应的自律管理措施，并按照相关规定记入诚信档案。

第四十二条 网上投资者因申购资金不足导致申购无效的，自结算参与人最近一次申报其无效申购信息的次日起六个月（按180个自然日计算，含次日）内，不得使用其名下任何一个证券账户参与股票公开发行网上申购。确认证券账户为同一投资者持有的原则适用本细则第八条的规定。

北交所根据结算参与人申报的投资者无效申购信息，形成不得参与股票公开发行网上申购的投资者名单，在符合《证券法》规定的信息披露平台公告。

第四十三条 证券公司违反本细则的，北交所视情节轻重对其采取自律监管措施或纪律处分。

第六章 附则

第四十四条 北交所决定临时停市的，可以暂停提供股票公开发行相关服务，或者推迟询价或申购日期。

除北交所认定的特殊情况外，北交所暂停提供相关服务前交易系统已经接受的申报或者其他数据自动失效。北交所决定恢复股票公开发行的，重新确定X日或T日。

因不可抗力、意外事件、技术故障等情况导致或者可能导致股票发行全部或者部分不能正常进行的，北交所可以视情况调整股票发行安排，中国结算相应调整清算交收安排。因上述情况及北交所和中国结算采取相应措施造成损失的，北交所和中国结算不承担责任。

第四十五条 除另有说明外，本细则所称“日”是指北交所交易日。

第四十六条 本细则由北交所和中国结算负责解释。

第四十七条 本细则自2021年11月15日起施行。

关于发布《北京证券交易所向不特定合格投资者公开发行股票并上市业务规则适用指引第 1 号》的公告

为了进一步明确市场预期，提高北京证券交易所（以下简称本所）发行上市审核透明度，本所制定了《北京证券交易所向不特定合格投资者公开发行股票并上市业务规则适用指引第 1 号》，现予以发布，自 2021 年 11 月 15 日起施行。

特此公告。

附件：《北京证券交易所向不特定合格投资者公开发行股票并上市业务规则适用指引第 1 号》

北京证券交易所

2021 年 11 月 12 日

北京证券交易所向不特定合格投资者公开发行股票并上市业务规则适用指引第1号

1-1　上市标准的选择与变更

《北京证券交易所股票上市规则（试行）》（以下简称《上市规则》）以市值为中心，结合净利润、净资产收益率、营业收入及增长率、研发投入和经营活动产生的现金流量净额等财务指标，设置了四套上市标准。

一、发行人应当选择一项具体上市标准

发行人申请向不特定合格投资者公开发行股票并在北京证券交易所（以下简称本所）上市的，应当在相关申请文件中明确说明所选择的一项具体的上市标准，即《上市规则》第2.1.3条规定的四套标准之一。发行人应当结合自身财务状况、公司治理特点、发展阶段以及上市后的持续监管要求等，审慎选择上市标准。

保荐机构应当为发行人选择适当的上市标准提供专业指导，审慎推荐，并在上市保荐书中就发行人选择的上市标准逐项说明适用理由，并就发行人是否符合上市条件发表明确意见。

二、发行人申请变更上市标准的处理

本所上市委员会召开审议会议前，发行人因更新财务报告等情形导致不再符合申报时选定的上市标准，需要变更为其他标准的，应当及时向本所提出变更申请、说明原因并更新相关文件；不再符合任何一套上市标准的，可以撤回发行上市申请。

保荐机构应当核查发行人变更上市标准的理由是否充分，就发行人新选择的上市标准逐项说明适用理由，并就发行人是否符合上市条件重新发表明确意见。

1-2　上市标准的理解与适用

发行人选择适用《上市规则》第2.1.3条规定的第一套标准上市的，保荐机构应重点关注：发行人最近一年的净利润对关联方或者有重大不确定性的客户是否存在重大依赖，最近一年的净利润是否主要来自合并报表范围以外的投资收益，最近一年的净利润对税收优惠、政府补助等非经常性损益是否存在较大依赖，净利润等经营业绩指标大幅下滑是否对发行人经营业绩构成重大不利影响等。

发行人选择适用《上市规则》第2.1.3条规定的第一、二、三套标准上市的，保荐机构均应重点关注：发行人最近一年的营业收入对关联方或者有重大不确定性的客户是否存在重大依赖，营业收入大幅下滑是否对发行人经营业绩构成重大不利影响。

发行人选择适用《上市规则》第2.1.3条规定的第三套标准上市的，其最近一年营业收入应主要源于前期研发成果产业化。

发行人选择适用《上市规则》第2.1.3条规定的第四套标准上市的，其主营业务应属于新一代信息技术、高端装备、生物医药等国家重点鼓励发展的战略性新兴产业。保荐机构应重点关注：发行人创新能力是否突出、是否具备明显的技术优势、是否已取得阶段性研发或经营成果。

发行人若尚未盈利或最近一期存在累计未弥补亏损的情形，保荐机构应重点关注：发行人是否按照《公开发行证券的公司信息披露内容与格式准则第46号——北京证券交易所公司招股说明书》（以下简称招股说明书准则）要求，在招股说明书“风险因素”和“其他重要事项”章节充分披露相关信息；发行人尚未盈利或最近一期存在累计未弥补亏损是偶发性因素还是经常性因素导致；发行人产品、服务或者业务的发展趋势、研发阶段以及达到盈亏平衡状态时主要经营要素需要达到的水平；发行人尚未盈利或最近一期存在累计未弥补亏损是否影响发行人持续经营能力；未盈利状态持续存在或累计未弥补亏损继续扩大是否会触发退市情形。

发行人应当在招股说明书中分析并披露对其经营业绩产生重大不利影响的所有因素，充分揭示相关风险。保荐机构应结合上述关注事项和发行人相关信息披露情况，就发行人是否符合发行条件和上市条件发表明确意见。

1-3　市值指标

《上市规则》第2.1.3条规定的四套上市标准均以市值为中心，针对申请文件涉及的预计市值、发行承销过程中涉及的预计发行后市值，应注意以下事项：

保荐机构应当对发行人的市值进行预先评估，并在《关于发行人预计市值的分析报告》中充分说明发行人市值评估的依据、方法、结果以及是否满足所选择上市标准中市值指标的结论性意见等。保荐机构应当根据发行人特点、市场数据的可获得性及评估方法的可靠性等，谨慎、合理地选用评估方法，结合发行人报告期股票交易价格、定向发行价格以及同行业可比公众公司在境内外市场的估值情况等进行综合判断。

发行价格确定后，对于预计发行后总市值与申报时市值评估结果存在重大差异的，保荐机构应当向本所说明相关差异情况。发行人预计发行后总市值不满足上市标准的，应当根据《北京证券交易所证券发行与承销管理细则》的相关规定中止发行。

1-4　研发投入指标

一、研发投入认定

研发投入为企业研究开发活动形成的总支出。研发投入通常包括研发人员工资费用、直接投入费用、折旧费用与长期待摊费用、设计费用、装备调试费、无形资产摊销费用、委托外部研究开发费用、其他费用等。

本期研发投入为本期费用化的研发费用与本期资本化的开发支出之和。

二、研发相关内控要求

发行人应制定并严格执行研发相关内控制度，明确研发支出的开支范围、标准、审批程序以及研发支出资本化的起始时点、依据、内部控制流程。同时，应按照研发项目设立台账归集核算研发支出。发行人应审慎制定研发支出资本化的标准，并在报告期内保持一致。

三、中介机构核查要求

（一）保荐机构及申报会计师应对报告期内发行人的研发投入归集是否准确、相关数据来源及计算是否合规、相关信息披露是否符合招股说明书准则要求进行核查，并发表核查意见。

（二）保荐机构及申报会计师应对发行人研发相关内控制度是否健全且被有效执行进行核查，就发行人以下事项作出说明，并发表核查意见：1. 是否建立研发项目的跟踪管理系统，有效监控、记录各研发项目的进展情况，并合理评估技术上的可行性；2. 是否建立与研发项目相对应的人财物管理机制；3. 是否已明确研发支出开支范围和标准，并得到有效执行；4. 报告期内是否严格按照研发开支用途、性质据实列支研发支出，是否存在将与研发无关的费用在研发支出中核算的情形；5. 是否建立研发支出审批程序。

（三）对于合作研发项目，保荐机构及申报会计师还应核查项目的基本情况并发表核查意见，基本情况包括项目合作背景、合作方基本情况、相关资质、合作内容、合作时间、主要权利义务、知识产权的归属、收入成本费用的分摊情况、合作方是否为关联方；若存在关联方关系，需要进一步核查合作项目的合理性、必要性、交易价格的公允性。

1-5　经营稳定性

《上市规则》第2.1.4条第（六）项规定了发行人不得存在对经营稳定性具有重大不利影响的情形。发行人应当保持主营业务、控制权、管理团队的稳定，最近24个月内主营业务未发生重大变化；最近12个月内曾实施重大资产重组的，在重组实施前发行人应当符合《上市规则》第2.1.3条规定的四套标准之一（市值除外）；最近24个月内实际控制人未发生变更；最近24个月内董事、高级管理人员未发生重大不利变化。

保荐机构对发行人的董事、高级管理人员是否发生重大不利变化的认定，应当本着实质重于形式的原则，综合两方面因素分析：一是最近24个月内变动人数及比例，在计算人数比例时，以上述人员合计总数作为基数；二是上述人员离职或无法正常参与发行人的生产经营是否对发行人生产经营产生重大不利影响。变动后新增的上述人员来自原股东委派或发行人内部培养产生的，原则上不构成重大不利变化；发行人管理层因退休、调任、亲属间继承等原因发生岗位变化的，原则上不构成重大不利变化，但发行人应当披露相关人员变动对公司生产经营的影响。如果最近24个月内发行人上述人员变动人数比例较大或上述人员中的核心人员发生变化，进而对发行人的生产经营产生重大不利影响的，应视为发生重大不利变化。

实际控制人为单名自然人或有亲属关系多名自然人，实际控制人去世导致股权变动，股份受让人为继承人的，通常不视为公司控制权发生变更。其他多名自然人为实际控制人，实际控制人之一去世的，保荐机构及发行人律师应结合股权结构、去世自然人在股东大会或董事会决策中的作用、对发行人持续经营的影响等因素综合判断。

1-6　直接面向市场独立持续经营的能力

《上市规则》第2.1.4条第（六）项规定了发行人不得存在对直接面向市场独立持续经营的能力有重大不利影响的情形。

一、关于“直接面向市场独立持续经营的能力”，发行人应满足下列要求：

（一）发行人业务、资产、人员、财务、机构独立，与控股股东、实际控制人及其控制的其他企业间不存在对发行人构成重大不利影响的同业竞争，不存在严重影响发行人独立性或者显失公平的关联交易。

（二）发行人或其控股股东、实际控制人、对发行人主营业务收入或净利润占比超过10%的重要子公司在申报受理后至上市前不存在被列入失信被执行人名单且尚未消除的情形。

（三）不存在其他对发行人持续经营能力构成重大不利影响的情形。

二、发行人存在以下情形的，保荐机构及申报会计师应重点关注是否影响发行人持续经营能力，具体包括：

（一）发行人所处行业受国家政策限制或国际贸易条件影响存在重大不利变化风险；

（二）发行人所处行业出现周期性衰退、产能过剩、市场容量骤减、增长停滞等情况；

（三）发行人所处行业准入门槛低、竞争激烈，相比竞争者发行人在技术、资金、规模效应等方面不具有明显优势；

（四）发行人所处行业上下游供求关系发生重大变化，导致原材料采购价格或产品售价出现重大不利变化；

（五）发行人因业务转型的负面影响导致营业收入、毛利率、成本费用及盈利水平出现重大不利变化，且最近一期经营业绩尚未出现明显好转趋势；

（六）发行人重要客户本身发生重大不利变化，进而对发行人业务的稳定性和持续性产生重大不利影响；

（七）发行人由于工艺过时、产品落后、技术更迭、研发失败等原因导致市场占有率持续下降、重要资产或主要生产线出现重大减值风险、主要业务停滞或萎缩；

（八）发行人多项业务数据和财务指标呈现恶化趋势，短期内没有好转迹象；

（九）对发行人业务经营或收入实现有重大影响的商标、专利、专有技术以及特许经营权等重要资产或技术存在重大纠纷或诉讼，已经或者未来将对发行人财务状况或经营成果产生重大影响；

（十）其他明显影响或丧失持续经营能力的情形。

保荐机构及申报会计师应详细分析和评估上述情形的具体表现、影响程度和预期结果，综合判断是否对发行人持续经营能力构成重大不利影响，审慎发表明确核查意见，并督促发行人充分披露可能存在的持续经营风险。

1-7　重大违法行为

《上市规则》第 2. 1. 4 条第（一）项规定了发行人及其控股股东、实际控制人最近三年内不得存在重大违法行为。

最近 36 个月内，发行人及其控股股东、实际控制人在国家安全、公共安全、生态安全、生产安全、公众健康安全等领域，存在以下违法行为之一的，原则上视为重大违法行为：被处以罚款等处罚且情节严重；导致严重环境污染、重大人员伤亡、社会影响恶劣等。

有以下情形之一且保荐机构及发行人律师出具明确核查结论的，可以不认定为重大违法：违法行为显著轻微、罚款数额较小；相关规定或处罚决定未认定该行为属于情节严重；有权机关证明该行为不属于重大违法。但违法行为导致严重环境污染、重大人员伤亡、社会影响恶劣等并被处以罚款等处罚的，不适用上述情形。

1-8　业务、资产和股份权属

关于发行人的业务、资产和股份权属等事项，保荐机构、发行人律师及申报会计师应重点关注发行人报告期内的业务变化、主要股东所持股份变化以及主要资产和核心技术的权属情况，核查发行人是否符合以下要求并发表明确意见：

（一）发行人的主营业务、主要产品或服务、用途及其商业模式明确、具体，发行人经营一种或多种业务的，每种业务应具有相应的关键资源要素，该要素组成应具有投入、处理和产出能力，能够与合同、收入或成本费用等相匹配。

（二）对发行人主要业务有重大影响的土地使用权、房屋所有权、生产设备、专利、商标和著作权等不存在对发行人持续经营能力构成重大不利影响的权属纠纷。

（三）发行人控股股东和受控股股东、实际控制人支配的股东所持有的发行人股份不存在重大权属纠纷。

1-9　行业相关要求

发行人应当结合行业特点、经营特点、产品用途、业务模式、市场竞争力、技术创新或模式创新、研发投入与科技成果转化等情况，在招股说明书中充分披露发行人自身的创新特征。保荐机构应当对发行人的创新发展能力进行充分核查，在发行保荐书中说明核查过程、依据和结论意见。

发行人属于金融业、房地产业企业的，不支持其申报在本所发行上市。

发行人生产经营应当符合国家产业政策。发行人不得属于产能过剩行业（产能过剩行业的认定以国务院主管部门的规定为准）、《产业结构调整指导目录》中规定的淘汰类行业，以及从事学前教育、学科类培训等业务的企业。

1-10　财务信息披露质量

发行人申请文件中提交的财务报告应当已在法定期限内披露，且符合企业会计准则和相关信息披露规则的规定，在所有重大方面公允地反映了发行人的财务状况、经营成果和现金流量，由注册会计师出具无保留意见的审计报告。保荐机构及申报会计师应当严格按照执业准则勤勉尽责，审慎作出专业判断与认定，并对招股说明书的真实性、准确性和完整性承担连带责任。

报告期内发行人会计政策和会计估计应保持一致性，不得随意变更，若有变更应符合企业会计准则的规定。变更时，保荐机构及申报会计师应关注是否有充分、合理的证据表明变更的合理性，并说明变更会计政策或会计估计后，能够提供更可靠、更相关的会计信息的理由；对会计政策、会计估计的变更，应履行必要的审批程序，并依据《企业会计准则第28号——会计政策、会计估计变更和差错更正》的规定披露相关信息。相关变更事项应符合专业审慎原则，与同行业公众公司不存在重大差异，不存在对发行人会计基础工作规范及内控有效性产生重大影响的情形。保荐机构及申报会计师应当充分说明专业判断的依据，对相关调整变更事项的合规性发表明确意见。如无充分、合理的证据表明会计政策或会计估计变更的合理性，或者未经批准擅自变更会计政策或会计估计的，视为滥用会计政策或会计估计。

报告期内发行人如出现会计差错更正事项，保荐机构及申报会计师应重点核查以下方面并发表明确意见：会计差错更正的时间和范围，是否反映发行人存在故意遗漏或虚构交易、事项或者其他重要信息，滥用会计政策或者会计估计，操纵、伪造或篡改编制财务报表所依据的会计记录等情形；差错更正对发行人的影响程度，是否符合《企业会计准则第28号——会计政策、会计估计变更和差错更正》的规定。发行人是否存在会计基础工作薄弱和内控缺失，是否按照《公开发行证券的公司信息披露编报规则第19号——财务信息的更正及相关披露》及相关日常监管要求进行了信息披露。

申报前后，发行人因会计基础薄弱、内控不完善、未及时进行审计调整的重大会计核算疏漏、滥用会计政策或者会计估计以及恶意隐瞒或舞弊行为，导致重大会计差错更正的，将依据相关制度采取自律监管措施或纪律处分，进行严肃处理；涉及财务会计文件虚假记载的，将依法移送中国证监会查处。

1-11　招股说明书财务报告审计截止日后的信息披露

发行人提交的招股说明书应当充分披露财务报告审计截止日后的财务信息及主要经营状况，保荐机构应关注发行人在财务报告审计截止日后经营状况是否发生重大变化，并督促发行人做好信息披露工作。

一、申请文件信息披露要求

（一）发行人财务报告审计截止日至招股说明书签署日之间超过1个月的，应在招股说明书“重大事项提示”中披露审计截止日后的主要经营状况。相关情况披露的截止时点应尽可能接近招股说明书签署日。如果发行人生产经营的内外部环境发生或将要发生重大变化，应就该情况及其可能对发行人经营状况和未来经营业绩产生的不利影响进行充分分析并就相关风险作重大事项提示。

（二）发行人财务报告审计截止日至招股说明书签署日之间超过4个月的，应补充提供经会计师事务所审阅的期间1个季度的财务报表，超过7个月的，应补充提供经会计师事务所审阅的期间2个季度的财务报表。发行人提供季度经审阅的财务报表的，应在招股说明书管理层分析中以列表方式披露该季度末和上年末、该季度和上年度同期及年初至该季度末和上年同期的主要财务信息，包括但不限于：总资产、所有者权益、营业收入、营业利润、利润总额、净利润、归属于母公司股东的净利润、扣除非经常性损益后归属于母公司股东的净利润、经营活动产生的现金流量净额等，并披露纳入非经常性损益的主要项目和金额。若该期的主要会计报表项目与财务报告审计截止日或上年同期相比发生较大变化，应披露变化情况、变化原因以及由此可能产生的影响，并在“重大事项提示”中披露相关风险。发行人应在招股说明书“重大事项提示”中提醒投资者，发行人已披露财务报告审计截止日后经会计师事务所审阅的主要财务信息（如有）及经营状况。

（三）发行人应在招股说明书“重大事项提示”中补充披露下一报告期业绩预告

信息，主要包括年初至下一报告期末营业收入、扣除非经常性损益前后净利润的预计情况、同比变化趋势及原因等；较上年同期可能发生重大变化的，应分析披露其性质、程度及对持续经营的影响。若审计截止日后发行人经营状况发生较大不利变化，或经营业绩呈下降趋势，应在招股说明书“风险因素”章节及“重大事项提示”中披露相关风险。

（四）前述经会计师事务所审阅的季度财务报表应当在申报、回复问询等提交申请文件或发行阶段更新招股说明书时提供，提供时需一并完成相关信息披露文件的更新。

二、发行人及中介机构相关监管要求

（一）发行人及其董事、监事、高级管理人员需出具专项声明，保证审计截止日后的财务报告不存在虚假记载、误导性陈述或者重大遗漏，并对其内容的真实性、准确性及完整性承担连带责任。发行人单位负责人、主管会计工作负责人及会计机构负责人（会计主管人员）应出具专项声明，保证该等财务报告的真实、准确、完整。会计师事务所就该等财务报表出具审阅意见的，应当切实履行审阅责任，保持应有的职业谨慎。

（二）前述经审阅财务报表与对应经审计财务报表存在重大差异的，保荐机构及申报会计师应在 15 个工作日内向中国证监会、本所报告，说明差异原因、性质及影响程度。发行人按规定因终止审核等事项拟申请复牌或者因公开发行股票完毕拟上市的，如前述经审阅财务报表尚未完成审计，保荐机构及申报会计师应当结合当前审计程序执行情况，就经审阅财务报表与将完成的对应经审计财务报表（如有）的差异情况进行核查并出具专项说明，在申请复牌或上市时提交公司监管部门并同步报送上市审核机构；如存在较大差异，发行人应依规及时披露修正公告，并在修正公告中向投资者致歉、说明差异原因。

（三）保荐机构应督促发行人切实做好审计截止日后主要财务信息及经营状况信息披露，核查发行人生产经营的内外部环境是否发生或将要发生重大变化，包括但不限于：产业政策重大调整，进出口业务受到重大限制，税收政策出现重大变化，行业周期性变化，业务模式及竞争趋势发生重大变化，主要原材料的采购规模及采购价格或主要产品的生产、销售规模及销售价格出现大幅变化，新增对未来经营可能产生较大影响的诉讼或仲裁事项，主要客户或供应商出现重大变化，重大合同条款或实际执行情况发生重大变化，重大安全事故，以及其他可能影响投资者判断的重大事项等。保荐机构应当在发行保荐书中说明相关结论，并在发行保荐工作报告中详细说明核查的过程、了解并收集到的相关情况、得出结论的依据，并在此基础上就发行人审计截止日后经营状况是否出现重大不利变化出具核查意见。

三、与挂牌公司定期报告和临时报告信息披露的衔接

（一）发行人提供经审阅的季度财务报表前，应先按照挂牌公司信息披露相关监管规定，通过临时公告或在法定期限内披露的定期报告披露经审阅的季度财务报表。

发行人拟提供经审阅的第一季度财务报表的，其公告披露时间不得早于上一年的年度报告的披露时间；发行人拟提供经审阅的第二季度财务报表的，其公告披露时间不得早于对应的半年度报告的披露时间。

（二）发行人在财务报告审计截止日至发行启动前披露年度报告的，招股说明书引用的财务报表应当包括该定期报告对应年度经审计的财务报表。发行人应及时更新招股说明书对应期间的财务信息及经营状况，依规做好信息披露和风险揭示。

1-12　同业竞争

发行人与控股股东、实际控制人及其控制的其他企业间如存在同业竞争情形，认定同业竞争是否对发行人构成重大不利影响时，保荐机构及发行人律师应结合竞争方与发行人的经营地域、产品或服务的定位，同业竞争是否会导致发行人与竞争方之间的非公平竞争、是否会导致发行人与竞争方之间存在利益输送、是否会导致发行人与竞争方之间相互或者单方让渡商业机会情形，对未来发展的潜在影响等方面，核查并出具明确意见。

发行人应在招股说明书中，披露保荐机构及发行人律师针对同业竞争是否对发行人构成重大不利影响的核查意见和认定依据。

1-13　关联交易

发行人应严格按照《企业会计准则第 36 号——关联方披露》《上市规则》以及相关业务规则中的有关规定，完整、准确地披露关联方关系及其交易。发行人的控股股东、实际控制人应协助发行人完整、准确地披露关联方关系及其交易。发行人与控股股东、实际控制人及其关联方之间的关联交易应根据业务模式控制在合理范围。

保荐机构、申报会计师及发行人律师应重点关注：关联方的财务状况和经营情况；发行人报告期内关联方注销及非关联化的情况，非关联化后发行人与上述原关联方的后续交易情况；关联交易产生的收入、利润总额合理性，关联交易是否影响发行人的经营独立性、是否构成对控股股东或实际控制人的依赖，是否存在通过关联交易调节发行人收入利润或成本费用、对发行人利益输送的情形；发行人披露的未来减少关联交易的具体措施是否切实可行。

保荐机构、申报会计师及发行人律师在核查发行人与其客户、供应商之间是否存在关联方关系时，不应仅限于查阅书面资料，应采取实地走访，核对工商、税务、银行等部门提供的资料，甄别客户和供应商的实际控制人及关键经办人员与发行人是否存在关联方关系。

保荐机构、申报会计师及发行人律师应对发行人的关联方认定，关联交易信息披露的完整性，关联交易的必要性、合理性和公允性，关联交易是否影响发行人的独立性、是否可能对发行人产生重大不利影响，以及是否已履行关联交易决策程序等进行充分核查并发表意见。

1–14　客户集中度较高

发行人存在客户集中度较高情形的，保荐机构应重点关注该情形的合理性、客户的稳定性和业务的持续性，督促发行人做好信息披露和风险揭示。

对于非因行业特殊性、行业普遍性导致客户集中度偏高的，保荐机构在执业过程中，应充分考虑相关大客户是否为关联方或者存在重大不确定性客户；该集中是否可能导致发行人未来持续经营能力存在重大不确定性。

对于发行人由于下游客户的行业分布集中而导致的客户集中具备合理性的特殊行业（如电力、电网、电信、石油、银行、军工等行业），发行人应与同行业可比公众公司进行比较，充分说明客户集中是否符合行业特性，发行人与客户的合作关系是否具有一定的历史基础，是否有充分的证据表明发行人采用公开、公平的手段或方式独立获取业务，相关的业务是否具有稳定性以及可持续性，并予以充分的信息披露。

针对因上述特殊行业分布或行业产业链关系导致发行人客户集中情况，保荐机构应当综合分析考量以下因素的影响：一是发行人客户集中的原因，与行业经营特点是否一致，是否存在下游行业较为分散而发行人自身客户较为集中的情况及其合理性。二是发行人客户在其行业中的地位、透明度与经营状况，是否存在重大不确定性风险。三是发行人与客户合作的历史、业务稳定性及可持续性，相关交易的定价原则及公允性。四是发行人与重大客户是否存在关联关系，发行人的业务获取方式是否影响独立性，发行人是否具备独立面向市场获取业务的能力。

保荐机构如发表意见认为发行人客户集中不对持续经营能力构成重大不利影响的，应当提供充分的依据说明上述客户本身不存在重大不确定性，发行人已与其建立长期稳定的合作关系，客户集中具有行业普遍性，发行人在客户稳定性与业务持续性方面没有重大风险。发行人应在招股说明书中披露上述情况，充分揭示客户集中度较高可能带来的风险。

1–15　经营业绩大幅下滑

发行人在报告期内出现营业收入、净利润等经营业绩指标大幅下滑情形的，保荐机构及申报会计师应当从以下方面充分核查经营业绩下滑的程度、性质、持续时间等：1. 经营能力或经营环境是否发生变化，如发生变化应关注具体原因，变化的时间节点、趋势方向及具体影响程度；2. 发行人正在采取或拟采取的改善措施及预计效果，结合前瞻性信息或经审核的盈利预测（如有）情况，判断经营业绩下滑趋势是否已扭转，是否仍存在对经营业绩产生重大不利影响的事项；3. 发行人所处行业是否具备强周期特征、是否存在严重产能过剩、是否呈现整体持续衰退，发行人收入、利润变动情况与同行业可比公众公司情况是否基本一致；4. 因不可抗力或偶发性特殊业务事项导致经营业绩下滑的，相关事项对经营业绩的不利影响是否已完全消化或基本消除。

发行人最近一年（期）经营业绩指标较上一年（期）下滑幅度超过50%，如无充分相反证据或其他特殊原因，一般应认定对发行人持续经营能力构成重大不利影响。

保荐机构及申报会计师应结合上述情况，就经营业绩下滑是否对发行人持续经营能力构成重大不利影响发表明确意见。

1-16　承诺事项

发行人及其控股股东或实际控制人曾出具公开承诺的，应当诚实守信，最近12个月内不得存在违反公开承诺的情形。

针对发行人及其控股股东或实际控制人作出的尚未履行完毕和新增的公开承诺，发行人和中介机构在进行信息披露和核查时应当重点关注下列事项：

（一）承诺事项内容应当具体、明确、无歧义、具有可操作性，符合法律法规和业务规则的相关要求。承诺无法履行或者无法按期履行的，发行人应及时履行变更程序并作重大事项提示。

（二）承诺事项不符合《上市规则》相关规定的，承诺相关方应当进行规范，中介机构应当对规范后的承诺事项是否符合《上市规则》的规定发表意见。

1-17　政府补助

发行人应结合政府补助的具体来源、获取条件、形式、金额、时间及持续情况、分类、政府补助与公司日常活动的相关性等，在招股说明书中披露报告期各期取得政府补助资金的具体情况和使用情况、计入经常性损益与非经常性损益的政府补助金额，以及政府补助相关收益的列报情况是否符合《公开发行证券的公司信息披露解释性公告第1号——非经常性损益》的规定；结合报告期各期计入损益的政府补助金额占同期净利润的比例说明对政府补助的依赖情况，报告期内经营业绩对政府补助存在较大依赖的，应当进行重大事项提示，并分析披露对发行人经营业绩和持续经营能力的影响。

保荐机构及申报会计师应对发行人上述事项进行核查，就发行人是否已在招股说明书中充分披露上述情况及风险，报告期内经营业绩是否对政府补助存在较大依赖发表明确意见。

1-18　税收优惠

对于税收优惠，发行人应遵循如下原则进行处理：1. 如果很可能获得相关税收优惠批复，按优惠税率预提预缴经税务部门同意，可暂按优惠税率预提并做风险提示，并说明如果未来被追缴税款的处理安排；同时，发行人应在招股说明书中披露税收优惠不确定性风险。2. 如果获得相关税收优惠批复的可能性较小，需按照谨慎性原则按正常税率预提，未来根据实际的税收优惠批复情况进行相应调整。3. 发行人依法取得的税收优惠，在《公开发行证券的公司信息披露解释性公告第 1 号——非经常性损益》规定项目之外的，可以计入经常性损益。

保荐机构、发行人律师及申报会计师应对照税收优惠的相关条件和履行程序的相关规定，对发行人税收优惠相关事项的处理及披露是否合规，发行人对税收优惠是否存在较大依赖，税收优惠政策到期后是否能够继续享受优惠进行专业判断并发表明确意见。

1-19 现金交易

发行人存在销售或采购环节现金交易金额较大或占比较高情形的，应在招股说明书中披露以下信息：1. 现金交易的必要性与合理性，是否与发行人业务情况或行业惯例相符，现金交易比例及其变动情况与同行业可比公众公司是否存在重大差异，现金使用是否依法合规；2. 现金交易的客户或供应商的基本情况，是否为自然人或发行人的关联方，现金交易对象含自然人的，还应披露向自然人客户（或供应商）销售（或采购）的金额及占比；3. 现金交易相关收入确认及成本核算的原则与依据，是否存在体外循环或虚构业务情形；4. 现金交易是否具有可验证性，与现金交易相关的内部控制制度的完备性、合理性与执行有效性；5. 现金交易流水的发生与相关业务发生是否真实一致，是否存在异常分布；6. 实际控制人及发行人董事、监事、高级管理人员等关联方是否与相关客户或供应商存在资金往来；7. 发行人为减少现金交易所采取的改进措施及进展情况。

保荐机构及申报会计师应对发行人上述事项进行核查，说明对发行人现金交易可验证性及相关内控有效性的核查方法、过程与证据，以及发行人是否已在招股说明书中充分披露上述情况及风险，并对发行人报告期现金交易的真实性、合理性和必要性发表明确意见。

1-20 境外销售

发行人报告期存在来自境外的销售收入的，保荐机构、发行人律师及申报会计师应重点关注下列事项：1. 境外销售业务的开展情况，包括但不限于主要进口国和地区情况，主要客户情况、与发行人是否签订框架协议及相关协议的主要条款内容，境外销售模式、订单获取方式、定价原则、信用政策等；2. 发行人在销售所涉国家和地区是否依法取得从事相关业务所必须的法律法规规定的资质、许可，报告期内是否存在被境外销售所涉及国家和地区处罚或者立案调查的情形；3. 相关业务模式下的结算方式、跨境资金流动情况、结换汇情况，是否符合国家外汇及税务等相关法律法规的规定；4. 报告期境外销售收入与海关报关数据是否存在较大差异及差异原因是否真实合理；5. 出口退税等税收优惠的具体情况；6. 进口国和地区的有关进口政策、汇率变动等贸易环境对发行人持续经营能力的影响；7. 主要境外客户与发行人及其关联方是否存在关联方关系及资金往来。

境外销售业务对发行人报告期经营业绩影响较大的，保荐机构、发行人律师及申报会计师应结合上述事项全面核查发行人的境外销售业务，说明采取的核查程序及方法。保荐机构及发行人律师应就境外销售业务的合规经营情况发表明确意见；保荐机构及申报会计师应就境外销售收入的真实性、准确性、完整性，收入确认是否符合企业会计准则规定，境外销售业务发展趋势是否对发行人持续经营能力构成重大不利影响等发表明确意见。

发行人应在招股说明书中对境外销售业务可能存在的风险进行充分披露。

1-21　第三方回款

第三方回款通常是指发行人收到的销售回款的支付方（如银行汇款的汇款方、银行承兑汇票或商业承兑汇票的出票方或背书转让方）与签订经济合同的往来客户（或实际交易对手）不一致的情况。

企业在正常经营活动中存在的第三方回款，通常情况下应考虑是否符合以下条件：1. 与自身经营模式相关，符合行业经营特点，具有必要性和合理性，例如：（1）客户为个体工商户或自然人，其通过家庭约定由直系亲属代为支付货款，经中介机构核查无异常的；（2）客户为自然人控制的企业，该企业的法定代表人、实际控制人代为支付货款，经中介机构核查无异常的；（3）客户所属集团通过集团财务公司或指定相关公司代客户统一对外付款，经中介机构核查无异常的；（4）政府采购项目指定财政部门或专门部门统一付款，经中介机构核查无异常的；（5）通过应收账款保理、供应链物流等合规方式或渠道完成付款，经中介机构核查无异常的；（6）境外客户指定付款，经中介机构核查无异常的；2. 第三方回款的付款方不是发行人的关联方；3. 第三方回款与相关销售收入勾稽一致，具有可验证性，不影响销售循环内部控制有效性的认定，申报会计师已对第三方回款及销售确认相关内部控制有效性发表明确核查意见；4. 能够合理区分不同类别的第三方回款，相关金额及比例处于合理可控范围。

如发行人报告期存在第三方回款，保荐机构及申报会计师通常应重点核查以下方面：1. 第三方回款的真实性，是否存在虚构交易或调节账龄情形；2. 第三方回款形成收入占营业收入的比例；3. 第三方回款的原因、必要性及商业合理性；4. 发行人及其实际控制人、董事、监事、高级管理人员或其他关联方与第三方回款的支付方是否存在关联关系或其他利益安排；5. 境外销售涉及境外第三方的，其代付行为的商业合理性或合法合规性；6. 报告期内是否存在因第三方回款导致的货款归属纠纷；7. 如签订合同时已明确约定由其他第三方代购买方付款，该交易安排是否具有合理原因；8. 资金流、实物流与合同约定及商业实质是否一致。

同时，保荐机构及申报会计师还应详细说明对实际付款人和合同签订方不一致情形的核查情况，包括但不限于：抽样选取不一致业务的明细样本和银行对账单回款记录，追查至相关业务合同、业务执行记录及资金流水凭证，获取相关客户代付款确认依据，以核实和确认委托付款的真实性、代付金额的准确性及付款方和委托方之间的关系，说明合同签约方和付款方存在不一致情形的合理原因及第三方回款统计明细记录的完整性，并对第三方回款所对应营业收入的真实性发表明确意见。保荐机构应当督促发行人在招股说明书中充分披露第三方回款相关情况。

1-22　转贷

"转贷"行为通常是指发行人为满足贷款银行受托支付要求，在无真实业务支持情况下，通过供应商等取得银行贷款或为客户提供银行贷款资金走账通道。首次申报审计截止日后，发行人原则上不能再出现"转贷"情形。中介机构应关注发行人连续12个月内银行贷款受托支付累计金额与相关采购或销售（同一交易对手或同一业务）累计金额是否基本一致或匹配，是否属于"转贷"行为。

如发行人存在"转贷"行为，保荐机构、发行人律师及申报会计师应重点关注下列事项：

（一）关注"转贷"行为的合法合规性，由中介机构对公司前述行为违反法律法规（如《贷款通则》等）的事实情况进行说明认定，是否存在被处罚情形或风险，是否构成重大违法违规，是否满足相关发行上市条件的要求。

（二）发行人对前述行为的财务核算是否真实、准确，与相关方资金往来的实际流向和使用情况，是否通过体外资金循环粉饰业绩。

（三）发行人是否已通过收回资金、完善制度、加强内控等方式积极整改，是否已建立针对性的内控制度并有效执行，且申报后未发生新的不合规资金往来等行为。

（四）相关行为不存在后续影响，已排除或不存在重大风险隐患。

（五）发行人前述行为信息披露充分性，如相关交易形成原因、资金流向和使用用途、利息、违反有关法律法规具体情况及后果、后续潜在影响的承担机制、整改措施、相关内控建立及运行情况等。

1-23　特殊经营模式

发行人业务涉及委托加工、线上销售、经销商模式、加盟模式等特殊经营模式的，具体核查要求包括但不限于：

一、委托加工

委托加工一般是指由委托方提供原材料和主要材料，受托方按照委托方的要求制造货物并收取加工费和代垫部分辅助材料加工的业务。当发行人与同一主体既有采购又有销售业务时，应结合业务合同的属性类别及主要条款、原材料的保管和灭失及价格波动等风险承担、最终产品的完整销售定价权、最终产品对应账款的信用风险承担、对原材料加工的复杂程度等方面判断业务作为独立购销业务，还是作为委托加工或受托加工处理。

如为委托加工，保荐机构及申报会计师应核查以下事项并发表明确意见：委托加工的主要合同条款、具体内容及必要性、交易价格是否公允，会计处理是否合规，是否存在受托方代垫成本费用的情形；受托加工方的基本情况、与发行人的合作历史以及是否与发行人及其关联方存在关联关系；发行人委托加工产品质量控制的具体措施以及公司与受托加工方关于产品质量责任分摊的具体安排；结合委托加工产品的产量占比量化分析报告期内委托加工价格变动情况以及对发行人经营情况的影响。

二、线上销售

保荐机构及申报会计师应结合客户名称、送货地址、购买数量、消费次数、消费金额及付款等实际情况，以及其他数据、指标、证明资料等，对线上销售收入确认是否符合企业会计准则规定、是否存在通过刷单虚增收入的情形以及收入的真实性等进行核查，说明采取的核查方法、程序以及核查结果或结论，并就报告期发行人线上销售收入的真实性、准确性、完整性发表明确意见。

三、经销商模式

保荐机构及申报会计师应对经销业务进行充分核查，并对经销商模式下收入的真实性发表明确意见。主要核查事项包括但不限于：

（一）采取经销商模式的必要性及经销商具体业务模式，经销商的主体资格及资信能力；

（二）发行人报告期内经销商模式下的收入确认原则、费用承担原则及给经销商的补贴或返利情况，经销商模式下收入确认是否符合企业会计准则的规定；

（三）发行人经销商销售模式、占比等情况与同行业可比公众公司是否存在显著差异及原因；

（四）经销商管理相关内控是否健全并有效执行；

（五）经销商是否与发行人存在关联关系；

（六）对经销商的信用政策是否合理；

（七）结合经销商模式检查经销商与发行人的交易记录及银行流水记录；

（八）经销商的存货进销存情况、退换货情况及主要客户情况，经销商所购产品是否实现终端客户销售。

四、加盟模式

保荐机构及申报会计师应结合加盟协议关键条款、行业惯例、加盟商的经营情况、终端客户销售、退换货情况等，核查加盟相关业务收入确认政策是否符合企业会计准则规定。发行人频繁发生加盟商开业或退出的，保荐机构及申报会计师应核查发行人加盟相关收入确认政策是否谨慎、对部分不稳定加盟商的收入确认是否恰当，并结合与相关加盟商的具体合作情况说明发行人会计处理是否符合企业会计准则规定。保荐机构及发行人律师应核查发行人加盟协议的主要内容、加盟业务经营过程，并对其合法合规性发表明确意见。

1-24　与上市公司监管规定的衔接

一、关于发行人上市前公司治理方面的衔接准备情况，保荐机构及发行人律师应重点核查发行人是否符合以下要求并发表明确意见：

（一）发行人申报时提交的公司章程（草案）内容应当符合《上市规则》等相关规定，对利润分配、投资者关系管理、独立董事、累积投票等内容在公司章程（草案）中予以明确或者单独制定规则。

（二）发行人申报时的董事（独立董事除外）、监事、高级管理人员（包括董事会秘书和财务负责人）应当符合《上市规则》等规则规定的任职要求，并符合本所上市公司董事兼任高级管理人员的人数比例、董事或高级管理人员的亲属不得担任监事的相关要求。

（三）在上市委员会审议之前，发行人独立董事的设置应当符合本所上市公司独立董事的相关规定。

二、发行人申报时存在全国中小企业股份转让系统（以下简称全国股转系统）挂牌期间发行的可转换公司债券（以下简称可转债）的，保荐机构及发行人律师应重点核查发行人是否符合以下要求并发表明确意见：

（一）发行人应当在董事会、股东大会审议通过公开发行股票并上市议案时，同步审议通过已发行可转债在本所挂牌转让的议案。

（二）发行人应当按照全国股转系统可转债暂停与恢复转股的相关规定，在申报当日办理完成暂停转股事宜并披露可转债暂停转股的公告，在收到终止审核决定书或者股票上市后及时办理恢复转股事宜。

（三）发行人应当在招股说明书中充分披露以下事项：报告期初至申报前可转债的发行、转股、赎回与回售等情况，历次可转债转股价格调整情况；在申报前调整转股价格、限售安排等可转债基本条款的，相应决策程序的合规性，是否存在损害可转债持有人利益的情形；转股价格的公允性；上市后可转债的转股、赎回、回售及价格修正等条款的执行对发行人控制权稳定性、财务状况等可能存在的不利影响。

三、发行人申报时存在全国股转系统挂牌期间发行的优先股的，保荐机构及发行人律师应重点核查发行人是否符合以下要求并发表明确意见：

（一）发行人应当在董事会、股东大会审议通过公开发行股票并上市议案时，同步审议通过已发行优先股在本所挂牌转让的议案。

（二）发行人应当在招股说明书中充分披露以下事项：报告期初至申报前优先股的发行、付息与调息、赎回与回售等情况，优先股股东表决权的恢复、行使、变动及优先股股东分类表决情况等，前述事项对发行人控制权稳定性、财务状况可能存在的不利影响。

四、发行人申报时存在全国股转系统挂牌期间依法实行的期权激励计划的，保荐机构及发行人律师应重点核查发行人是否符合以下要求并发表明确意见：

（一）发行人应当在招股说明书中充分披露以下事项：期权激励计划的基本内容、制定计划履行的决策程序、目前的执行情况；期权行权价格的确定原则，与最近一年经审计的净资产或评估值的差异与原因；期权激励计划对公司经营状况、财务状况、控制权变化等方面的影响；涉及股份支付费用的会计处理等。

（二）在审期间，发行人不应新增期权激励计划，相关激励对象原则上不得行权。

1-25　上市公司直接或间接控制

发行人为上市公司直接或间接控制的公司的，应当独立于上市公司并在信息披露方面与上市公司一致、同步。中介机构应当重点核查下列事项并发表明确意见：

（一）发行人是否存在上市公司为发行人承担成本费用、利益输送或其他利益安排等情形，对上市公司是否存在重大依赖，是否具有直接面向市场独立持续经营的能力；

（二）发行人信息披露与上市公司是否一致、同步；

（三）发行人及上市公司关于发行人本次申请向不特定合格投资者公开发行股票并上市的决策程序、审批程序与信息披露等是否符合中国证监会、证券交易所的相关规定，是否符合境外监管的相关规定（上市公司在境外上市的），如果存在信息披露、决策程序等方面的瑕疵，是否存在影响本次发行的争议、潜在纠纷或其他法律风险。

1-26　共同投资

发行人如存在与其控股股东、实际控制人、董事、监事、高级管理人员及其亲属直接或者间接共同设立公司情形，发行人及中介机构应主要披露及核查以下事项：

（一）发行人应当披露相关公司的基本情况，包括但不限于公司名称、成立时间、注册资本、住所、经营范围、股权结构、最近一年及一期主要财务数据及简要历史沿革。

中介机构应当核查发行人与上述主体共同设立公司的背景、原因和必要性，说明发行人出资是否合法合规、出资价格是否公允。

（二）如发行人与共同设立的公司存在业务或资金往来的，还应当披露相关交易的交易内容、交易金额、交易背景以及相关交易与发行人主营业务之间的关系。中介机构应当核查相关交易的真实性、合法性、必要性、合理性及公允性，是否存在损害发行人利益的行为。

（三）如公司共同投资方为董事、高级管理人员及其近亲属，中介机构应核查说明公司是否符合《公司法》第一百四十八条规定，即董事、高级管理人员未经股东会或者股东大会同意，不得利用职务便利为自己或者他人谋取属于公司的商业机会，自营或者为他人经营与所任职公司同类的业务。

1-27 重大事项报告

发行人及中介机构应当按照本所发行上市审核相关规定，对下列重大事项进行报告、核查并发表明确意见：

（一）发行人及其实际控制人、控股股东等发生重大媒体质疑、涉及重大违法行为的突发事件或被列入失信被执行人名单；

（二）发生涉及公司主要资产、核心技术等诉讼仲裁，或者公司主要资产被查封、扣押等；

（三）发行人控股股东和受控股股东、实际控制人支配的股东所持发行人股份被质押、冻结、拍卖、托管、设定信托或者被依法限制表决权，或发生其他可能导致控制权变更的权属纠纷；

（四）发行人发生重大资产置换、债务重组等公司架构变化的情形；

（五）发生影响公司经营的法律、政策、市场等方面的重大变化；

（六）发生违规对外担保、资金占用或其他权益被控股股东、实际控制人严重损害的情形，或者损害投资者合法权益和社会公共利益的其他情形；

（七）披露审计报告、重大事项临时公告或者调整盈利预测；

（八）发生可能导致中止或终止审核的情形；

（九）存在其他可能影响发行人符合发行条件、上市条件和相应信息披露要求，或者影响投资者判断的重大事项。

1-28 权益分派

一、申报前提出权益分派方案

发行人申报前就已提出了现金分红、分派股票股利或资本公积转增股本方案的，应充分披露相关方案的执行是否对发行人符合发行条件和上市条件造成影响，相关方案应在中国证监会同意注册前执行完毕；保荐机构应对前述事项的披露情况和相关方案执行完毕后发行人是否符合发行条件和上市条件发表明确意见。

二、审核期间新增现金分红方案

发行人在申报受理后至上市前原则上不应提出分派股票股利或资本公积转增股本的方案。

发行人在审期间提出现金分红方案的，保荐机构和发行人应按重大事项报告要求及时进行报告，并遵循如下原则进行处理：

（一）发行人如拟现金分红的，应依据公司章程和相关监管要求，充分论证现金分红的必要性和恰当性，以最近一期经审计的财务数据为基础，测算和确定与发行人财务状况相匹配的现金分红方案，并履行相关决策程序。如存在大额分红并可能对财务状况和新老股东利益产生重大影响的，发行人应谨慎决策。

（二）发行人的现金分红方案应在中国证监会同意注册前执行完毕。

（三）已通过上市委员会审议的企业，在上市前原则上不应提出新的现金分红方案。

保荐机构应对发行人在审核期间进行现金分红的必要性、合理性、合规性进行专项核查，就实施现金分红对发行人财务状况、生产运营的影响，相关方案执行完毕后发行人是否符合发行条件和上市条件发表明确意见。

1-29　第三方数据

第三方数据主要指涉及发行人及其交易对手之外的第三方相关交易信息，例如发行人的交易对手与其客户或供应商之间的交易单价及数量、可比公司或可比业务财务数据等。考虑到第三方数据一般较难获取并具有一定隐私性，发行人及中介机构在公开披露的文件中引用的第三方数据可以限于公开信息，并注明资料来源，一般不要求披露未公开的第三方数据。

中介机构应当核查第三方数据来源的真实性及权威性、引用数据的必要性及完整性、与其他披露信息是否存在不一致，说明第三方数据是否已公开、是否专门为本次发行准备以及发行人是否为此支付费用或提供帮助，确保直接或间接引用的第三方数据有充分、客观、独立的依据。

1-30　国家秘密、商业秘密

发行人有充分依据证明拟披露的某些信息涉及国家秘密、商业秘密的，发行人及其保荐机构、证券服务机构应当在提交发行上市申请文件或问询回复时，一并提交关于信息披露豁免的申请文件（以下简称豁免申请）。

一、豁免申请的内容

发行人应在豁免申请中逐项说明需要豁免披露的信息，认定国家秘密或商业秘密的依据和理由，并说明相关信息披露文件是否符合招股说明书准则及相关规定要求，豁免披露后的信息是否对投资者决策判断构成重大障碍。

二、涉及国家秘密的要求

发行人从事军工等涉及国家秘密业务的，应当符合以下要求：

（一）按规定提供国家主管部门关于发行人申请豁免披露的信息为涉密信息的认定文件；

（二）提供发行人全体董事、监事、高级管理人员出具的关于公开发行股票并上市的申请文件不存在泄密事项且能够持续履行保密义务的声明；

（三）提供发行人控股股东、实际控制人对其已履行和能够持续履行相关保密义务出具的承诺文件；

（四）在豁免申请中说明相关信息披露文件是否符合《军工企业对外融资特殊财务信息披露管理暂行办法》及有关保密规定；

（五）说明内部保密制度的制定和执行情况，是否符合《保密法》等法律法规的规定，是否存在因违反保密规定受到处罚的情形；

（六）说明中介机构是否符合《军工涉密业务咨询服务安全保密监督管理办法》及其他相关规定对中介机构军工涉密业务咨询服务的安全保密要求；

（七）对审核中提出的信息豁免披露或调整意见，发行人应相应回复、补充相关文件的内容，有实质性增减的，应当说明调整后的内容是否符合相关规定、是否存在泄密风险。

三、涉及商业秘密的要求

发行人因涉及商业秘密提交豁免申请的，应当符合以下要求：

（一）发行人应当建立相应的内部管理制度，并明确相关内部审核程序，审慎认定豁免披露事项；

（二）发行人的董事长应当在豁免申请中签字确认；

（三）豁免披露的信息应当尚未泄露。

四、中介机构核查要求

保荐机构及发行人律师应当对发行人信息豁免披露符合相关规定、不影响投资者决策判断、不存在泄密风险出具专项核查报告。申报会计师应当对发行人审计范围是否受到限制、审计证据的充分性、豁免披露相关信息是否影响投资者决策判断出具核查报告。

关于发布《北京证券交易所向不特定合格投资者公开发行股票并上市业务办理指南第1号——申报与审核》的公告

北证公告〔2021〕26号

为了规范发行人向不特定合格投资者公开发行股票并在北京证券交易所（以下简称本所）上市业务，明确申报与审核阶段的业务办理流程，本所制定了《北京证券交易所向不特定合格投资者公开发行股票并上市业务办理指南第1号——申报与审核》，现予以发布，自2021年11月15日起施行。

特此公告。

附件：北京证券交易所向不特定合格投资者公开发行股票并上市业务办理指南第1号——申报与审核

北京证券交易所

2021年11月2日

北京证券交易所向不特定合格投资者公开发行股票并上市业务办理指南第1号——申报与审核

第一章　一般要求

第一条　为了规范北京证券交易所（以下简称本所）试点注册制的向不特定合格投资者公开发行股票并上市（以下简称公开发行股票并上市）申报与审核阶段的业务办理，根据《北京证券交易所股票上市规则（试行）》（以下简称《上市规则》）、《北京证券交易所向不特定合格投资者公开发行股票并上市审核规则（试行）》（以下简称《公开发行并上市审核规则》）等有关规定，制定本指南。

第二条　发行人及其保荐机构办理公开发行股票并上市申报与审核阶段相关事项，包括申报前准备、提交及预先披露申请文件、查收审核问询函、提交问询回复及更新申请文件、咨询与沟通、申请中止与终止审核、重大事项报告等事项，适用本指南。

第三条　本所实行电子化审核。发行人及其保荐机构、证券服务机构应当按照公开发行股票并上市相关规则准备申请文件、办理相关事项，并遵守本指南的规定，由保荐机构通过本所发行上市审核系统（以下简称审核系统）进行相关业务操作。

第四条　保荐机构应当安排专人跟踪审核系统中在办项目，确保及时收阅审核系统信息及函件、查看项目进度、提醒相关人员及时处理待办任务、遵守审核时限、提醒及时归档等，并协调发行人、证券服务机构配合开展相关工作。

第五条　发行人应当按照全国中小企业股份转让系统有限责任公司（以下简称全国股转公司）的相关规定，办理公开发行股票并上市申报与审核阶段的停复牌事项。

第二章　申报前准备

第六条　发行人董事会应当依法就公开发行股票并上市的具体方案、募集资金使用的可行性及其他必须明确的事项作出决议，并提请股东大会批准。

发行人应当按照挂牌公司相关监管规定，于董事会审议后两个交易日内，披露董事会决议、股东大会通知、关于董事会审议通过或审议未通过公开发行股票并上市事项的临时公告等。

发行人监事会应当对董事会编制的公开发行股票并上市的具体方案进行审核并提出书面审核意见。

第七条 发行人筹划公开发行股票并上市事项的，应当按照挂牌公司相关监管规定做好内幕信息知情人登记管理工作。

第八条 发行人应当在审议通过公开发行股票并上市具体方案的董事会决议披露之日起十个交易日内，通过内幕信息知情人报备系统或本所规定的其他方式，提交下列内幕信息知情人报备文件（附件 1）：

（一）内幕信息知情人登记表；

（二）相关人员买卖发行人股票的自查报告。自查期间为首次披露公开发行股票并上市事项的前六个月至董事会决议披露之日；

（三）进程备忘录；

（四）发行人全体董事对内幕信息知情人报备文件真实性、准确性和完整性的承诺书；

（五）本所要求的其他文件。

第九条 本所对自查期间发行人股票交易情况进行核查，发现明显异常的，可以要求发行人提交股票交易情况说明。

发行人决定继续推进本次公开发行股票并上市事项的，应当采取措施消除相关事项对发行人的影响；无法完全消除的，应当在申报前，就股票交易存在明显异常，可能被中国证监会立案调查或司法机关立案侦查，而导致本次公开发行股票并上市被中止或者终止的情况披露特别风险提示公告。发行人的主办券商、律师应当对公司股票交易情况是否涉嫌内幕交易、是否会影响本次公开发行并上市发表明确意见。

发行人自主决定终止本次公开发行股票并上市事项的，应当按照挂牌公司相关监管规定履行决策程序和信息披露义务。

第十条 发行人控股股东、实际控制人、董事、监事、高级管理人员应当严格遵守法律法规、挂牌公司治理监管规则等关于敏感期交易的规定，在规定的期限内不得买卖公司股票。

第十一条 发行人股东大会就公开发行股票并上市事宜作出决议，至少应当包括下列事项：

（一）本次公开发行股票的种类和数量；

（二）发行对象的范围；

（三）定价方式、发行价格（区间）或发行底价；

（四）募集资金用途；

（五）决议的有效期；

（六）对董事会办理本次发行具体事宜的授权；

（七）发行前滚存利润的分配方案；

（八）其他必须明确的事项。

股东大会就本次公开发行股票并上市事宜作出决议，必须经出席股东大会的股东所持表决权的三分之二以上通过。发行人应当对出席会议的持股比例在5%以下的中小股东表决情况单独计票并予以披露。

前款所称持股比例在5%以下的中小股东，不包括发行人董事、监事、高级管理人员及其关联方，也不包括单独或者合计持有发行人5%以上股份的股东的关联方。

发行人就本次公开发行股票并上市事宜召开股东大会，应当通过网络投票等方式为股东参加股东大会提供便利。

第十二条 发行人应当按照挂牌公司相关监管规定，于股东大会审议后两个交易日内，披露股东大会决议等临时公告。股东大会通知公告中应当载明该次股东大会决议将作为公开发行股票并上市的申请文件。

发行人后续决定终止本次公开发行股票并上市事项的，应当再次召开董事会、股东大会审议终止公开发行股票并上市事宜，并及时发布终止公告披露终止原因。发行人应当通过网络投票等方式为股东参加股东大会提供便利。

第十三条 本指南第十一条规定的股东大会股权登记日的在册股东属于《上市规则》第2.4.2条和第2.4.3条规定的限售主体的，应当按照挂牌公司股票限售及解除限售业务办理的相关规定，自股权登记日次日起两个交易日内，通过发行人披露自愿限售公告，承诺自股权登记日次日起至完成股票发行并上市之日不减持发行人股票，并于公告披露当日向全国股转公司申请办理股票限售。公开发行股票并上市事项终止的，相关股东可以申请解除前述自愿限售。

第十四条 在提交申请文件前，对于重大疑难、重大无先例事项等涉及业务规则理解与适用的问题，保荐机构可以将咨询问题清单（加盖保荐机构公章）发送至申报前咨询邮箱（zixun1@bse.cn）；确需当面咨询的，可以通过前述邮箱进行预约，预约申请（加盖保荐机构公章）应当明确拟咨询的具体事项。本所对预约进行确认后，保荐机构相关人员应当按照约定来访。

预约及咨询时应当避免涉及发行人名称等具体项目信息，本所不就具体项目问题进行回复。

第三章 申报

第十五条 保荐机构通过审核系统"发行上市项目管理—项目报送"模块提交发行上市申请文件（附件2），并填写项目信息。

保荐机构提交申请文件前，应对项目信息和项目申请文件进行核查，确保符合公开发行股票并上市相关规则以及本指南《公开发行股票并上市申请文件受理检查要点》（以下简称《受理检查要点》，附件3）的要求。

第十六条 本所收到申请文件后五个工作日内，通过审核系统发送受理或不予受理的通知。

第十七条 申请文件不符合《受理检查要点》要求的，本所一次性告知需补正事项，保荐机构可以在审核系统“发行上市项目管理—项目办理”模块查询。发行人补正申请文件的，本所收到申请文件的时间以发行人最终提交补正文件的时间为准。

保荐机构应组织发行人、证券服务机构根据补正意见对相关申请文件进行补充完善，并及时通过审核系统提交补正后文件。补正时限最长不得超过三十个工作日。多次补正的，补正时间累计计算。

第十八条 本所作出受理或不予受理的决定前，发行人要求撤回申请的，应当提交撤回申请并说明撤回理由。

发行人应当按照挂牌公司相关监管规定及时披露相关决议公告、撤回申请文件的公告等临时公告。

第十九条 本所受理后，招股说明书、发行保荐书、上市保荐书、法律意见书、财务报告及审计报告等文件（以下合称招股说明书等披露文件）将在本所网站披露。

第二十条 本所受理申请文件之日起十个工作日内，保荐机构应当通过审核系统“发行上市项目管理—验证版招股说明书”模块报送验证版招股说明书。

第四章　审核程序

第一节　问询与回复

第二十一条 自受理之日起二十个工作日内，本所审核机构通过审核系统发出首轮审核问询，保荐机构可以在审核系统“发行上市项目管理—项目办理”模块查询，审核问询在本所网站同步披露。

第二十二条 收到审核问询后，发行人及保荐机构对审核问询存在疑问的，可以邮件咨询或预约当面沟通。拟邮件咨询的，保荐机构通过申报时填写的保荐代表人邮箱将汇总问题一次性发送至问询沟通邮箱（zixun2@ bse. cn）；确需当面沟通的，发送预约申请及拟咨询问题清单（加盖保荐机构公章）至前述邮箱。本所对预约进行确认后，发行人及其保荐机构、证券服务机构相关人员应当按照约定来访。

第二十三条 保荐机构应当组织发行人、证券服务机构等对审核问询事项进行核查、落实，并自收到审核问询之日起二十个工作日内，通过审核系统“发行上市项目管理—项目办理”模块提交回复文件，涉及更新申请文件的，应上传至对应的文件条目内。

回复文件命名要求包含回复人简称、发行人证券简称、轮次，例如“××（发行人证券简称）及××证券关于第一轮问询的回复”、“××会所关于××（发行人证券简称）第一轮问询的回复”、“ ××律所关于××（发行人证券简称）的补充法律意见书（一）”。

问询回复涉及对申请文件进行更新修改的，应当在问询回复中专门说明，并在申请文件中使用楷体加粗方式对修改的内容予以凸显标注。

发行人、保荐机构及相关证券服务机构的问询回复将在本所网站披露。

第二十四条 预计难以在规定时间内回复的，保荐机构应当在回复截止日前通过审核系统“发行上市项目管理—项目办理—延期回复”模块提交延期回复申请（加盖发行人或保荐机构公章），说明延期理由及预计回复日期，延期一般不超过二十个工作日。

第二十五条 发行人或保荐机构认为拟披露的回复信息属于国家秘密、商业秘密，披露后可能导致其违反国家有关保密的法律法规或者严重损害公司利益的，须提交脱密处理后的问询回复，并将信息披露豁免的申请文件上传至对应的文件条目内。本所经审核认为豁免理由不成立的，发行人应当按照规定予以披露。

第二十六条 首轮审核问询后，存在下列情形之一的，本所审核机构收到回复后十个工作日内可以继续提出审核问询：

（一）首轮审核问询后，发现新的需要问询事项；

（二）发行人及其保荐机构、证券服务机构的回复未能有针对性地回答本所审核机构提出的审核问询，或者本所就其回复需要继续审核问询；

（三）发行人的信息披露仍未满足中国证监会和本所规定的要求；

（四）本所认为需要继续审核问询的其他情形。

第二十七条 本所根据审核需要，要求发行人的控股股东、实际控制人、董事、监事、高级管理人员，保荐机构、证券服务机构及其相关人员当面问询的，相关人员应当在约定时间和地点接受问询。

第二十八条 本所根据审核需要，要求调阅相关资料的，发行人及其保荐机构、证券服务机构应当按照要求及时提交，确保相关资料真实、准确、完整，不得随意修改或损毁。

第二节 上市委员会审议

第二十九条 审核问询结束后，本所网站将公告上市委员会审议会议通知，同时披露招股说明书等披露文件。

第三十条 发行人或保荐机构认为参会委员存在利害关系，可能对审议结果造成影响的，应当在会议召开四个工作日前，通过审核系统“发行上市项目管理—特殊事项报送”模块提出相关委员的回避申请并充分说明理由（加盖发行人或保荐机构公章）。经本所核实申请理由成立的，相关委员应当回避，本所公告上市委员会审议会议变更的通知。

第三十一条 保荐机构应当最晚于上市委员会审议会议召开前两个工作日，通过审核系统“发行上市项目管理—项目查看”模块查询现场问询问题清单，收到问题清单的，应当按照要求安排上会人员，并做好上会准备。

第三十二条 保荐机构可以在审核系统“发行上市项目管理—项目查看”模块查

询审议会议结果，会议结果公告在本所网站同步披露。

第三十三条 上市委员会审议会议结束后十个工作日内，保荐机构应当通过审核系统“发行上市项目管理—验证版招股说明书”模块报送更新后的验证版招股说明书。

第三十四条 本所结合上市委员会的审议意见，出具发行人符合发行条件、上市条件和信息披露要求的审核意见或者作出终止发行上市审核的决定。保荐机构可以在审核系统“发行上市项目管理—项目查看”模块查询。

上市委员会认为发行人符合发行条件、上市条件和信息披露要求，但要求发行人补充披露有关信息的，本所向保荐机构发送关于落实上市委员会审议意见的函，保荐机构在审核系统“发行上市项目管理—项目办理”模块查询。

保荐机构组织发行人、证券服务机构对相关事项进行落实后，通过审核系统提交回复文件，并更新相应申请文件。回复文件命名参照本指南第二十三条要求，例如“××（发行人证券简称）及××证券关于上市委会议落实意见函的回复”、“××会所关于××（发行人证券简称）上市委会议落实意见函的回复”、“××律所关于××（发行人证券简称）的补充法律意见书（X）”。回复文件将在本所网站披露。

第三节 证监会注册

第三十五条 本所审核通过的，向中国证监会报送发行人符合发行条件、上市条件和信息披露要求的审核意见、发行人注册申请文件及相关审核资料。

本所向中国证监会报送审核意见时，招股说明书等披露文件在本所网站披露。

第三十六条 中国证监会在注册过程中，如要求本所进一步问询的，本所将通过审核系统发出问询。保荐机构可以在审核系统“发行上市项目管理—项目办理”模块查询。

第三十七条 保荐机构应当组织发行人、证券服务机构等对反馈问题进行核查、落实，并在反馈意见要求的期限内，通过审核系统“发行上市项目管理—项目办理”模块提交回复文件，涉及更新申请文件的，应上传至对应的文件条目内。

发行人、保荐机构及相关证券服务机构的回复文件、更新后的招股说明书等披露文件将在本所网站披露。

第三十八条 中国证监会作出注册决定文件后，本所将通过审核系统向保荐机构转发中国证监会的注册决定文件。保荐机构可以通过审核系统“发行上市项目管理—项目查看”模块下载注册决定文件。

第五章 特殊情形处理

第一节 重大事项报告

第三十九条 受理申请文件后至上市委员会审议前，发生《公开发行并上市审核规则》第四十四条规定的重大事项的（以下简称重大事项），保荐机构应当及时通过审核系统“发行上市项目管理—特殊事项报送”向本所报告，提交发行人就相关事项的情况说明。

重大事项报告发生在审核问询阶段的，本所可以视情况对相关事项进行问询；重大事项报告发生在问询回复阶段的，发行人应当在问询回复文件中就相关事项进行补充披露，充分说明相关事项具体内容及其影响等。保荐机构、相关证券服务机构应当进行相应核查，并在回复文件中发表明确意见。

第四十条 上市委员会审议会议通过后至股票上市交易前，发生重大事项，可能对发行人是否符合发行条件、上市条件或者信息披露要求产生重大影响的，保荐机构应及时通过审核系统“发行上市项目管理—特殊事项报送”向本所报告，提交发行人就相关事项的情况说明，以及保荐机构及相关证券服务机构出具的专项核查意见，并提交更新的申请文件。

经本所审核确认，重大事项不会对发行条件、上市条件及信息披露要求产生重大影响的，本所继续办理相关业务并通知其保荐机构；经本所审核确认，重大事项对发行条件、上市条件或信息披露要求产生重大影响的，将提交上市委员会重新审议，并向中国证监会报告。保荐机构可在审核系统“发行上市项目管理—项目查看”模块查询项目进度。

第四十一条 中国证监会作出注册决定后至股票上市交易前，发生重大事项，可能导致发行人不符合发行条件、上市条件或者信息披露要求的，发行人应当暂停发行；已经发行的，暂缓上市。本所发现发行人存在上述情形的，有权要求发行人暂缓上市。

发行人及其保荐机构应当将上述情况及时报告本所并作出公告，说明重大事项相关情况及发行人将暂停发行、暂缓上市。

本所经审核认为相关重大事项导致发行人不符合发行条件、上市条件或者信息披露要求的，将出具明确意见并向中国证监会报告。

第二节　中止、终止审核

第四十二条 发生《公开发行并上市审核规则》第五十条规定的中止审核情形的，保荐机构应当及时通过审核系统“发行上市项目管理—特殊事项报送”模块向本所提出中止审核申请（加盖发行人或保荐机构公章）。

发行人及其保荐机构、证券服务机构未及时告知本所，经确认符合中止审核情形的，本所将直接中止审核。

第四十三条 中止审核的情形消除后，保荐机构应当通过审核系统“发行上市项目管理—特殊事项报送”模块提交恢复审核申请（加盖发行人或保荐机构公章）及中止审核情形已消除的证明文件。本所确认后，恢复审核。

第四十四条 发行人撤回申请或者保荐机构撤销保荐的，保荐机构应当及时通过审核系统“发行上市项目管理—终止审核”模块向本所提出撤回的申请。

本所在作出终止审核决定后，通过审核系统向保荐机构发送终止审核的决定书，决定书在本所网站同步披露。保荐机构可以通过审核系统“发行上市项目管理—项目查看”模块查询。

发行人应当按挂牌公司相关监管规定及时披露相关决议公告、拟撤回申请文件的公告、收到终止审核决定的公告等临时公告。

第三节　复审及复核

第四十五条　发行人对本所作出的终止发行上市审核的决定有异议的，可以在收到终止审核决定之日起五个工作日内，由保荐机构通过审核系统向上市委员会秘书处报送下列复审申请文件：

（一）复审申请书及相应证据材料，复审申请书应当说明提请复审的事实、理由和要求；

（二）保荐机构就复审事项出具的意见书；

（三）律师事务所就复审事项出具的法律意见书；

（四）本所规定的其他文件。

上市委员会秘书处收到复审材料后，对复审申请文件的齐备性进行核对，在五个工作日内告知需要补正的事项。保荐机构应当在收到补正要求之日起五个工作日内，按照要求提交更新后的复审申请材料。

复审会议结果在本所网站披露。复审会议认为申请理由成立的，本所重新启动审核程序。

第四十六条　发行人对本所作出的不予受理决定或者复审决定存在异议的，可以在收到决定之日起五个工作日内，按照复核相关规定，向本所复核委员会秘书处提交下列复核申请文件：

（一）复核申请书及相应证据材料，复核申请书应当说明提请复核的事实、理由和要求；

（二）发行人有效身份证明材料及联系方式；

（三）复核事项有关决定书；

（四）证明复核申请时间在复核期间内的证明材料；

（五）保荐机构就申请复核事项出具的意见书；

（六）律师事务所就申请复核事项出具的法律意见书；

（七）本所规定的其他文件。

经复核，本所撤销不予受理决定或者终止审核决定的，重新启动受理或者审核程序。

第六章　附则

第四十七条　本指南由本所负责解释。

第四十八条　本指南自 2021 年 11 月 15 日起施行。

附件：1. 内幕信息知情人报备文件及要求

2. 公开发行股票并上市申请文件目录

3. 公开发行股票并上市申请文件受理检查要点

4. 业务咨询及业务办理邮箱

附件1

内幕信息知情人报备文件及要求

序号	文件名称	内容要求
1	内幕信息知情人登记表	内幕信息知情人范围，根据《证券法》第五十一条的有关规定确定，包括但不限于： (1) 发行人及其董事、监事、高级管理人员； (2) 持有发行人5%以上股份的股东和发行人的实际控制人，以及其董事、监事、高级管理人员（如有）； (3) 发行人控股或者实际控制的公司及其董事、监事、高级管理人员； (4) 由于所任公司职务或者因与公司业务往来可以获取本次公开发行股票并上市有关内幕信息的人员； (5) 为本次公开发行股票并上市提供服务以及参与该事项的咨询、筹划、论证、审批等各环节的相关单位和人员； (6) 前述自然人的直系亲属（配偶、父母、子女）； 发行人的所有董事、监事、高级管理人员及其直系亲属，无论是否知情，均属于内幕信息知情人报备范围； (7) 可以获取内幕信息的其他人员。 登记表加盖公司公章或公司董事会公章，并写明填报日期。
2	自查报告	自然人自查报告：应列明自然人的姓名、职务、身份证号码、股票账户、有无买卖股票行为，并经本人签字确认； 机构的自查报告：应列明机构的名称、统一社会信用代码、股票账户、有无买卖股票行为并加盖公章确认。
3	股票交易情况说明（如有）	相关人员存在买卖公司股票行为的，当事人应当书面说明其买卖股票行为是否利用了相关内幕信息；发行人应当书面说明与买卖股票人员相关事项的动议时间，买卖股票人员是否参与决策，买卖行为与该事项是否存在关联关系以及是否签订了保密协议书等。
4	承诺书	发行人全体董事对内幕信息知情人报备文件真实性、准确性和完整性的承诺书，由全体董事签字并加盖公司公章。
5	进程备忘录	包括但不限于筹划决策过程中各个关键时点的时间、参与筹划决策人员名单、筹划决策方式等。涉及的相关人员均应在备忘录上签名确认。
6	报备文件电子件与预留原件一致的鉴证意见	律师应当对报送的电子文件与原件的一致性出具鉴证意见，并签名和签署鉴证日期，律师事务所应当在鉴证意见首页加盖律师事务所公章，并在侧面加盖骑缝章。
发行人应提交与预留原件一致的电子文件（Word、Excel、PDF等文件格式）。 报备文件中应当注明发行人、主办券商联系人姓名、电话、联系邮箱等信息；报备文件所需签名处，均应为签名人亲笔签名，不得以名章、签名章等代替。		

内幕信息知情人登记表

公司简称：　　　　　　　　　　证券代码：

内幕信息事项：

序号	姓名或名称	证件类型	证件号码	证券账户	联系方式	所在单位/部门	职务/岗位	与发行人关系	知悉内幕信息时间	知悉内幕信息方式	内幕信息内容	内幕信息所处阶段	登记时间	登记人

（加盖公章或董事会章）

填报日期：

注：1. 本表所列项目为必备项目，发行人可根据自身内幕信息管理的需要增加内容。

2. 内幕信息事项应当采取一事一记的方式，即每份内幕信息知情人登记表仅涉及一个内幕信息事项，不同内幕信息事项涉及的知情人档案应当分别记录。

3. 填报获取内幕信息的方式，包括但不限于会谈、电话、传真、书面报告、电子邮件等。

4. 填报各内幕信息知情人员所获知的内幕信息的内容，可根据需要添加附页进行详细说明。

5. 填报内幕信息所处阶段，包括商议筹划，论证咨询，合同订立，公司内部的报告、传递、编制、决议等。

6. 如为发行人登记，填写发行人登记人姓名；如为发行人汇总，保留所汇总表格中原登记人姓名。

进程备忘录

公司简称：　　　　　　　　　　证券代码：　　　　　　　　　　所涉事项简述：

关键时点	时间	地点	参与筹划决策人员	筹划决策方式	商议和决议内容	签名

注：1. 本表所列项目为必备项目，发行人可根据自身内幕信息管理的需要增加内容。
　　2. 进程备忘录涉及的相关人员应当在备忘录上签名确认。

法定代表人签名：
公司公章或董事会章：

附件 2

公开发行股票并上市申请文件目录

一、发行文件

1-1　招股说明书（申报稿）

二、发行人关于本次发行上市的申请与授权文件

2-1　发行人关于本次公开发行股票并在北交所上市的申请报告

2-2　发行人董事会有关本次公开发行并在北交所上市的决议

2-3　发行人股东大会有关本次公开发行并在北交所上市的决议

2-4　发行人监事会对招股说明书真实性、准确性、完整性的书面审核意见

三、保荐机构关于本次发行上市的文件

3-1　发行保荐书

3-2　上市保荐书

3-3　保荐工作报告

3-4　关于发行人预计市值的分析报告（如适用）

四、会计师关于本次发行上市的文件

4-1　最近三年及一期的财务报告和审计报告

4-1-1　财务报告和审计报告（第一年）

4-1-2　财务报告和审计报告（第二年）

4-1-3　财务报告和审计报告（第三年）

4-1-4　财务报告和审计报告（最近一期，如有）

4-2　盈利预测报告及审核报告（如有）

4-3　内部控制鉴证报告

4-4　经注册会计师鉴证的非经常性损益明细表

4-5　会计师事务所关于发行人前次募集资金使用情况的报告（如有）

4-6　发行人审计报告基准日至招股说明书签署日之间的相关财务报表及审阅报告（如有）

五、律师关于本次发行上市的文件

5-1　法律意见书

5-2　律师工作报告

5-3　发行人律师关于发行人董事、监事、高级管理人员、发行人控股股东和实际控制人在相关文件上签名盖章的真实性的鉴证意见

5-4　关于申请电子文件与预留原件一致的鉴证意见

六、关于本次发行募集资金运用的文件

6-1　募集资金投资项目的审批、核准或备案文件（如有）

6-2　发行人拟收购资产（包括权益）的有关财务报告、审计报告、资产评估报告（如有）

6-3　发行人拟收购资产（包括权益）的合同或其草案（如有）

七、其他文件

7-1　发行人营业执照及公司章程（草案）

7-2　发行人控股股东、实际控制人最近一年及一期的财务报告及审计报告（如有）

7-3　承诺事项

7-3-1　发行人及其控股股东、实际控制人、持股5%以上股东以及发行人董事、监事、高级管理人员等责任主体的重要承诺以及未履行承诺的约束措施

7-3-2　发行人及其控股股东、实际控制人、全体董事、监事、高级管理人员、保荐机构（主承销商）、律师事务所、会计师事务所及其他证券服务机构对发行申请文件真实性、准确性、完整性的承诺书

7-3-3　发行人、保荐机构关于申请电子文件与预留原件一致的承诺函

7-4　信息披露豁免申请及保荐机构核查意见（如有）

7-5　特定行业（或企业）管理部门出具的相关意见（如有）

7-6　保荐协议

7-7　发行人、保荐机构关于本次申报符合受理要求的说明

7-8　辅导验收证明文件

7-9　其他文件

发行人、保荐机构关于本次申报符合受理要求的说明

北京证券交易所：

经过发行人自查，保荐机构审慎核查，发行人及保荐机构承诺，本次申报符合中国证监会、贵所有关公开发行股票并上市的相关规则要求，符合以下要求：

（一）申请文件齐备。

（二）发行人不存在尚未实施完毕的股票发行、重大资产重组、可转换为股票的公司债券发行、收购、股票回购等情形。

（三）保荐机构、证券服务机构及其相关人员具备相关资质。

（四）保荐机构、证券服务机构及其相关人员不存在以下情形：因证券违法违规，被采取认定为不适当人选、限制业务活动、一定期限内不接受其出具的相关文件等相关措施，尚未解除；因公开发行股票并上市、上市公司证券发行、并购重组业务涉嫌违法违规，或其他业务涉嫌违法违规且对市场有重大影响被立案调查、侦查，尚未结案。

（五）签字保荐代表人符合《证券发行上市保荐业务管理办法》第四条规定，且所签字保荐北交所公开发行项目数量符合相关监管要求，即每名保荐代表人在北交所同时负责的在审企业未超过 2 家；存在以下情形的，在北交所同时负责的在审企业未超过 1 家：最近三年内有过违规记录（包括被中国证监会采取过监管措施、受到过证券交易所公开谴责或中国证券业协会自律处分），或者最近三年内未曾担任过已完成的公开发行、再融资项目签字保荐代表人。

（六）已经完成内幕信息知情人报备，已经在中国结算办理完成自愿限售登记。

（七）不存在本所规定的其他不符合受理条件的情形。

××股份有限公司（加盖公章）×年×月×日

××保荐机构（加盖公章）×年×月×日

附件 3

公开发行股票并上市申请文件受理检查要点

申请文件目录	检查要点
文件形式要求	1. 申请文件与中国证监会及本所规定的文件目录相符； 2. 文档名称与文件内容相符； 3. 申请文件不存在无法打开或读取的情形，Word 版本文件应可编辑； 4. 文档字体排版等格式应符合中国证监会和本所要求； 5. 本检查要点要求提交的所有文件均应为原件，申请文件中的签字盖章页、电子扫描文件采取彩色扫描方式，保证格式内容与原件一致，扫描清晰可读；如使用黑白扫描件或复印件，应由律师鉴证，加盖鉴证律师所在律所公章和骑缝章；如鉴证律师与申报律师不一致，需同时附律师事务所及经办律师相关资质文件； 6. 本检查要点要求签字处，均应为本人亲笔签字，如由其他人代签，应同时提交授权书；法人授权书应加盖法人公章；有关人员的签名下方应以印刷体形式注明其姓名； 7. 申请文件盖章处加盖公章，印章清晰可读（部分境外公司如存在无公司印章的情况，请在相应文件提供说明）。
1-1 招股说明书	1. 材料正文后依次附以下签字盖章页： （1）发行人控股股东、实际控制人、全体董事、监事、高级管理人员声明："本公司控股股东、实际控制人、全体董事、监事、高级管理人员承诺本招股说明书不存在虚假记载、误导性陈述或重大遗漏，并对其真实性、准确性、完整性承担连带责任。"上述人员分类分别签名后加盖发行人公章，如控股股东和实际控制人为机构的，需该机构法定代表人或主要负责人签名并加盖机构公章。 （2）保荐机构（主承销商）声明："本公司已对招股说明书进行了核查，确认不存在虚假记载、误导性陈述或重大遗漏，并对其真实性、准确性、完整性承担连带责任。" 由保荐机构法定代表人、保荐代表人、项目协办人签名，并由保荐机构（主承销商）加盖公章。由保荐机构授权代表签字的需补充保荐机构出具的授权书，且加盖公章；联席主承销商（如有）需法定代表人签名，并加盖该承销机构公章。 保荐机构董事长、总经理（或类似职责人员）声明："本人已认真阅读××公司招股说明书的全部内容，确认招股说明书不存在虚假记载、误导性陈述或者重大遗漏，并对招股说明书真实性、准确性、完整性承担相应法律责任。"由保荐机构董事长、总经理（或类似职责人员）签名，并由保荐机构加盖公章。 （3）律师事务所声明："本所及经办律师已阅读招股说明书，确认招股说明书与本所出具的法律意见书和律师工作报告无矛盾之处。本所及经办律师对发行人在招股说明书中引用的法律意见书和律师工作报告的内容无异议，确认招股说明书不致因上述内容而出现虚假记载、误导性陈述或重大遗漏，并对其真实性、准确性、完整性承担连带责任。"由经办律师及所在律师事务所负责人签名，并由律师事务所加盖公章。 （4）承担审计业务的会计师事务所声明："本所及签字注册会计师已阅读招股说明书，确认招股说明书与本所出具的审计报告、盈利预测审核报告（如有）、内部控制鉴证报告、发行人前次募集资金使用情况的报告（如有）及经本所鉴证的非经常性损益明细表等无矛盾之处。本所及签字注册会计师对发行人在招股说明书中引用的审计报告、盈利预测审核报告（如有）、内部控制鉴证报告、发行人前次募集资金使用情况的报告（如有）及经本所鉴证的非经常性损益明细表内容无异议，确认招股说明书不致因上述内容而出现虚假记载、误导性陈述或重大遗漏，并对其真实性、准确性、完整性承担连带责任。"由签字注册会计师及所在会计师事务所负责人签名，并由会计师事务所加盖公章。

续表

申请文件目录	检查要点
1-1 招股说明书	(5) 承担评估业务的资产评估机构声明："本机构及签字注册资产评估师已阅读招股说明书，确认招股说明书与本机构出具的资产评估报告无矛盾之处。本机构及签字注册资产评估师对发行人在招股说明书中引用的资产评估报告的内容无异议，确认招股说明书不致因上述内容而出现虚假记载、误导性陈述或重大遗漏，并对其真实性、准确性、完整性承担连带责任。"由签字注册资产评估师及所在资产评估机构负责人签名，并由资产评估机构加盖公章。 2. 招股说明书引用的财务报表应在六个月有效期内。
2-1 发行人关于本次公开发行股票并在北交所上市的申请报告	1. 文件应有发行人发文文号； 2. 落款处由法定代表人签字并加盖发行人公章。
2-2 发行人董事会有关本次公开发行并在北交所上市的决议	1. 决议中有与"公开发行股票并上市"相关的议题； 2. 决议正文后，由参会董事签字，加盖发行人公章或董事会公章；如非董事本人参会的，需董事本人的授权委托书。
2-3 发行人股东大会有关本次公开发行并在北交所上市的决议	1. 决议中有与"公开发行股票并上市"相关的议题； 2. 决议正文后，由参会董事签字，并加盖发行人公章；如非董事本人参会的，需董事本人的授权委托书。
2-4 发行人监事会对招股说明书真实性、准确性、完整性的书面审核意见	由全体监事签字，加盖发行人公章或监事会公章。
3-1 发行保荐书	应由保荐机构法定代表人、董事长、总经理（或类似职责人员）、保荐业务负责人、内核负责人、保荐业务部门负责人、保荐代表人和项目协办人签字，并加盖公章。
3-2 上市保荐书	应由保荐机构法定代表人、保荐业务负责人、内核负责人、保荐代表人和项目协办人签字，加盖公章。
3-3 保荐工作报告	应由保荐机构法定代表人、董事长、总经理（或类似职责人员）、保荐业务负责人、内核负责人、保荐业务部门负责人、保荐代表人和项目协办人签字，并加盖公章。
3-4 关于发行人预计市值的分析报告（如适用）	加盖保荐机构公章。

续表

申请文件目录	检查要点
4-1 最近三年及一期的财务报告和审计报告 4-1-1 财务报告和审计报告（第一年） 4-1-2 财务报告和审计报告（第二年） 4-1-3 财务报告和审计报告（第三年） 4-1-4 财务报告和审计报告（最近一期，如有）	1. 保荐机构通过审核系统上传前述文件时，4-1 为 4-1-1、4-1-2、4-1-3、4-1-4 的汇总文件（PDF 和 Word 格式）；报告期内如存在会计差错更正事项的，上传审计报告和财务报告时，应当将更正前的审计报告和财务报告与会计差错更正专项鉴证报告汇总拼接为一个文件上传； 2. 最近一期的财务报告为在法定披露期限内披露的定期报告且经审计，还需列报上年度可比期间的财务数据； 3. 会计师事务所出具的审计报告，必须由总所出具，报告正文结尾应当由两名经办会计师签名盖章，并加盖会计师事务所公章，注册会计师盖章应当是标准私章； 4. 财务报表应有发行人单位负责人、主管会计工作负责人、会计机构负责人的签字并加盖发行人公章。
4-2 盈利预测报告及审核报告（如有）	1. 盈利预测报告需加盖发行人公章； 2. 审核报告必须由总所出具，报告正文结尾应当由两名经办会计师签名盖章，并加盖会计师事务所公章，注册会计师盖章应当是标准私章。
4-3 内部控制鉴证报告	1. 内部控制鉴证报告必须由总所出具，报告正文结尾应当由两名经办会计师签名盖章，并加盖会计师事务所公章，注册会计师盖章应当是标准私章； 2. 发行人董事会内部控制的自我评价报告应在落款处加盖公章。
4-4 经注册会计师鉴证的非经常性损益明细表	1. 非经常性损益明细表必须由总所出具，报告正文结尾应当由两名经办会计师签名盖章，并加盖会计师事务所公章，注册会计师盖章应当是标准私章； 2. 非经常性损益明细表应有发行人单位负责人、主管会计工作负责人、会计机构负责人的签字并加盖发行人公章。
4-5 会计师事务所关于发行人前次募集资金使用情况的报告（如有）	募集资金使用情况的报告必须由总所出具，报告正文结尾应当加盖会计师事务所公章。
4-6 发行人审计报告基准日至招股说明书签署日之间的相关财务报表及审阅报告（如有）	1. 财务报告审计截止日至招股说明书签署日之间超过 4 个月的，应当提供经会计师事务所审阅的期间 1 个季度的财务报表；提供前述经审阅的季度财务报表前，应先通过临时公告披露经审阅的季度财务报表； 2. 审阅报告必须由总所出具，报告正文结尾应当加盖审计机构公章、注册会计师签名盖章；并将发行人及其董事、监事、高级管理人员和发行人单位负责人、主管会计工作负责人及会计机构负责人出具的专项声明，汇总拼接为一个文件上传； 3. 财务报表应有发行人单位负责人、主管会计工作负责人、会计机构负责人的签字并加盖发行人公章。
5-1 法律意见书	1. 法律意见书由总所或分所出具均可； 2. 法律意见书正文结尾应当由律师事务所负责人、两名经办律师签名，并加盖律师事务所公章。
5-2 律师工作报告	1. 律师工作报告由总所或分所出具的均可； 2. 律师工作报告正文结尾应当由律师事务所负责人、两名经办律师签名，并加盖律师事务所公章。

续表

申请文件目录	检查要点
5-3 发行人律师关于发行人董事、监事、高级管理人员、发行人控股股东和实际控制人在相关文件上签名盖章的真实性的鉴证意见	律师事务所出具的“鉴证意见”，总所或分所出具的均可。
5-4 关于申请电子文件与预留原件一致的鉴证意见	
6-1 募集资金投资项目的审批、核准或备案文件（如有）	审批、核准或备案文件应为彩色扫描件，如扫描的审批、核准或备案文件为复印件，应当由发行人加盖公章或律师鉴证，确保复印件与原件内容一致。
6-2 发行人拟收购资产（包括权益）的有关财务报告、审计报告、资产评估报告（如有）	1. 会计师事务所出具的审计报告，参照 4-1 审计报告的相关检查要点； 2. 财务报表应加盖标的公司公章并由相关责任人签字并盖章； 3. 资产评估机构出具的资产评估报告，报告正文结尾应当由两名经办资产评估师签名并盖章，并加盖资产评估机构公章，资产评估师的盖章应当是标准私章。
6-3 发行人拟收购资产（包括权益）的合同或其草案（如有）	合同或其草案应为彩色扫描件，如扫描合同或其草案为复印件，应当由发行人加盖公章或律师鉴证，确保复印件与原件内容一致。
7-1 发行人营业执照及公司章程（草案）	1. 营业执照应为彩色扫描件，如为复印件，应当由发行人加盖公章或律师鉴证，确保复印件与原件内容一致； 2. 发行人公开发行后拟使用的公司章程，发行人应在章程标题处或落款处加盖公章。
7-2 发行人控股股东、实际控制人最近一年及一期的财务报告及审计报告（如有）	1. 会计师事务所出具的审计报告，参照 4-1 审计报告的相关检查要点； 2. 财务报表应有发行人控股股东、实际控制人的单位负责人、主管会计工作负责人、会计机构负责人的签字并加盖发行人控股股东、实际控制人公章。
7-3 承诺事项 7-3-1 发行人及其控股股东、实际控制人、持股 5%以上股东以及发行人董事、监事、高级管理人员等责任主体的重要承诺以及未履行承诺的约束措施 7-3-2 发行人及其控股股东、实际控制人、全体董事、监事、高级管理人员、保荐机构（主承销商）、律师事务所、会计师事务所及其他证券服务机构对发行申请文件真实性、准确性、完整性的承诺书 7-3-3 发行人、保荐机构关于申请电子文件与预留原件一致的承诺函	1. 全体董事、监事、高级管理人员声明分类签名后加盖发行人公章； 2. 董监高签字人员应与招股说明书签字人员情况一致； 3. 保荐机构（主承销商）、律师事务所、会计师事务所及其他证券服务机构出具的承诺书，应当加盖各自公章； 4. 发行人、保荐机构承诺函应加盖各自公章。

续表

申请文件目录	检查要点
7-4 信息披露豁免申请及保荐机构核查意见（如有）	1. 按照《北京证券交易所向不特定合格投资者公开发行股票并上市业务规则适用指引第 1 号》相关规定完整提交认定文件、声明文件和申请文件。如相关认定文件等本身涉密的，以保荐机构出具核查意见等替代，请将发行人豁免信息披露的申请、保荐机构核查专项说明和会计师事务所及律师事务所核查意见（如有）拼接在一个文件里上传； 2. 申请文件加盖发行人公章； 3. 核查意见加盖保荐机构公章、律师事务所、会计师事务所公章。
7-5 特定行业（或企业）管理部门出具的相关意见（如有）	相关意见应为彩色扫描件，如为复印件，应当由发行人加盖公章或律师鉴证，确保复印件与原件内容一致。
7-6 保荐协议	保荐协议应为彩色扫描件，如保荐协议为复印件，应当由发行人加盖公章或律师鉴证，确保复印件与原件内容一致。
7-7 发行人、保荐机构关于本次申报符合受理要求的说明	应使用模板，加盖发行人、保荐机构公章。
7-8 辅导验收证明文件	辅导验收证明文件应为彩色扫描件，如辅导验收证明文件为复印件，应当由发行人加盖公章或律师鉴证，确保复印件与原件内容一致。
7-9 其他文件	1. 无法确定文件归属的请在“7-9 其他文件”栏目处提交； 2. 7-9-1 为“公开发行诚信档案查询名单”；7-9-2 为“中介机构关于发行人是否存在证监会系统离职人员入股的专项核查意见”； 3. 存在联合保荐的，请提交联合保荐的说明文件，说明法律依据、理由等； 4. 存在翻译文件的，请提供翻译机构的资质文件。

附件 4

业务咨询及业务办理邮箱

部门	事项	联系方式
上市审核中心	申报前咨询	zixun1@ bse. cn
	问询沟通	zixun2@ bse. cn

关于发布《北京证券交易所向不特定合格投资者公开发行股票并上市业务办理指南第 2 号——发行与上市》的公告

北证公告〔2021〕27 号

为了规范发行人向不特定合格投资者公开发行股票并在北京证券交易所（以下简称本所）上市业务，明确发行人、保荐机构、主承销商在发行上市各环节的具体工作要求和工作流程，本所制定了《北京证券交易所向不特定合格投资者公开发行股票并上市业务办理指南第 2 号——发行与上市》，现予以发布，自 2021 年 11 月 15 日起施行。

特此公告。

附件：北京证券交易所向不特定合格投资者公开发行股票并上市业务办理指南第 2 号——发行与上市

北京证券交易所

2021 年 11 月 2 日

北京证券交易所向不特定合格投资者公开发行股票并上市业务办理指南第2号——发行与上市

为规范发行人向不特定合格投资者公开发行股票并在北京证券交易所上市（以下简称股票公开发行并上市）业务，明确发行人、保荐机构、主承销商在发行承销与在北京证券交易所（以下简称北交所或本所）上市各环节的具体工作要求和工作流程，根据《北京证券交易所证券发行与承销管理细则》（以下简称《发行与承销管理细则》）《北京证券交易所股票向不特定合格投资者公开发行与承销业务实施细则》等相关规则，制定本指南。

1. 总体要求

发行人股票公开发行并上市业务实行电子化办理。发行人、主承销商通过本所业务支持平台（以下称 BPM 系统）报送股票发行申请、定价与配售结果等文件，上传信息披露文件并接收申购数据等。主承销商通过 BPM 系统提交的文件，应当符合本指南的格式规范。

股票公开发行的申购代码为“889×××”。发行人应在《向不特定合格投资者公开发行股票并在北京证券交易所上市发行公告》（以下简称《发行公告》）中正确披露公开发行所采用的代码。

除另有说明外，本指南所称日均为交易日。询价初始日定义为 X 日，申购日定义为 T 日，在北交所上市日定义为 L 日。

2. 发行前准备

2.1 提交发行与承销方案

发行人公开发行股票经中国证监会同意注册后，主承销商通过 BPM 系统“发行承销—发行与承销方案填报”模块提交发行与承销方案等相关文件（文件明细详见表1）。发行与承销方案需明确本次发行股票数量、战略投资者的名单及认购配售安排（如有）、超额配售选择权的设置（如有）、发行阶段的时间安排等内容。

表1

序号	文件名称	披露要求	报送方式	报送时间
1	发行与承销方案	无需披露	BPM 提交	当日 10：00 前
2	关于通过北京证券交易所交易系统发行股票的申请	无需披露	BPM 提交	当日 10：00 前
3	投资价值研究报告（如有）	无需披露	BPM 提交	当日 10：00 前
4	重大事项确认函	无需披露	BPM 提交	当日 10：00 前
5	文件一致承诺函	无需披露	BPM 提交	当日 10：00 前
6	主承销商经办人员的身份证明文件及授权书	无需披露	BPM 提交	当日 10：00 前
7	发行人经办人员的身份证明文件及授权书	无需披露	BPM 提交	当日 10：00 前
8	战略配售方案（如有）	无需披露	BPM 提交	当日 10：00 前
9	主承销商关于战略投资者的专项核查报告及发行人承诺函（如有）	无需披露	BPM 提交	当日 10：00 前
10	高管和核心员工参与战略配售的合同及备案证明文件（如有）	无需披露	BPM 提交	当日 10：00 前
11	战略投资者配售协议（如有）	无需披露	BPM 提交	当日 10：00 前
12	超额配售选择权方案（如有）	无需披露	BPM 提交	当日 10：00 前
13	承销协议及补充协议	无需披露	BPM 提交	当日 10：00 前
14	承销团协议（如有）	无需披露	BPM 提交	当日 10：00 前
15	其他文件（如有）	无需披露	BPM 提交	当日 10：00 前

注1 发行与承销方案应由发行人和主承销商加盖公章。

注2 主承销商经办人员的身份证明文件及授权书：主承销商经办人员的身份证复印件以及主承销商出具的由董事长或者总经理签名的授权书。

注3 发行人经办人员的身份证明文件及授权书：发行人经办人员的身份证复印件及发行人出具的由董事长或者总经理签名的授权书。

注4 主承销商关于战略投资者的专项核查报告及发行人承诺函：主承销商对战略投资者的选取标准、配售资格及是否存在禁止性情形的专项核查报告（加盖公章），发行人就该核查事项出具的承诺函（加盖公章）。

注5 高管和核心员工参与战略配售的合同及备案证明文件：高管和核心员工参与战略配售的，设立专项资产管理计划或员工持股计划的合同、完成基金业协会等金融监管部门的备案文件。

注6 战略配售方案和超额配售选择权方案应由发行人和主承销商加盖公章。

注7 其他文件：发行人与主承销商认为需要提交或本所要求提交的其他类型文件（下同）。主承销商应通过该端口上传"ISIN 编码申请表"，由发行人加盖公章。

主承销商提交发行与承销方案等文件的同时需填写项目信息表单，上传发行人的logo图片（命名为"证券代码+证券简称"）。主承销商应在信息表单中填报定价方式、发行人确定的公开发行股票并上市选用的市值标准、中国证监会注册文件到期日、主承销商在中国结算北京分公司开立的自营结算备付金账户等内容。

发行人股票交易方式为做市交易方式的，做市商应当向主承销商提供股票划转信息，主承销商在BPM系统“发行承销—发行与承销方案填报”模块填写做市商提供的划转信息，用于办理做市商退出做市后的股票划转业务。做市商未及时向主承销商提供股票划转信息的，做市库存股票将无法完成统一划转。

2.2 与中国结算有关的准备事宜

主承销商应当协助发行人向中国结算北京分公司了解办理股份登记及资金结算等事宜。

发行与承销方案提交后，发行人与保荐机构应当及时核查停牌前一个交易日在册股东情况，相关股东属于《北京证券交易所上市规则（试行）》第2.4.1至2.4.6条规定的限售主体情形的，发行人应当最迟于申购前一日向中国结算北京分公司报送经保荐机构确认的限售申请文件，具体要求按中国结算北京分公司相关规定办理。

2.3 网上路演有关的准备事宜

发行人和主承销商确定网上路演日后，应及时与本所联系。

3. 发行

主承销商提交发行与承销方案后，本所两日内无异议的（主承销商于10：00后提交的，提交日不纳入计算），主承销商可在BPM系统“发行承销—选择发行代码”模块选择发行代码，启动发行。发行代码一经选择，不可更改。

主承销商应通过“发行时间安排和联系方式”模块填写发行时间安排，发行时间安排和联系方式发生变化的，主承销商应当及时在BPM系统“发行时间安排和联系方式”模块进行修改。

发行人和主承销商应当按照发行与承销方案中列明的发行承销相关工作安排及发行时间安排中填写的时间表推进发行工作。启动发行后，发行人和主承销商不得再对发行与承销方案作出修改。如因特殊情况需要对发行与承销方案作出重大调整的，应当及时通知本所。

向不特定合格投资者公开发行股票，根据《发行与承销管理细则》的规定，发行人和主承销商可以通过自主协商直接定价、合格投资者网上竞价或网下询价等方式确定发行价格。

3.1 直接定价发行

3.1.1 T-3日或之前

3.1.1.1 T-3日10：00前，主承销商在BPM系统“发行承销—申购申请”模块上传《向不特定合格投资者公开发行股票并在北京证券交易所上市网上路演公告》（以下简称《网上路演公告》）《发行公告》《向不特定合格投资者公开发行股票并在北京证券交易所上市投资风险特别公告》（以下简称《投资风险特别公告》）《向不特定合格投资者公开发行股票并在北京证券交易所上市招股说明书》（以下简称《招股说明书》）等文件，同时填写并提交申购信息单；

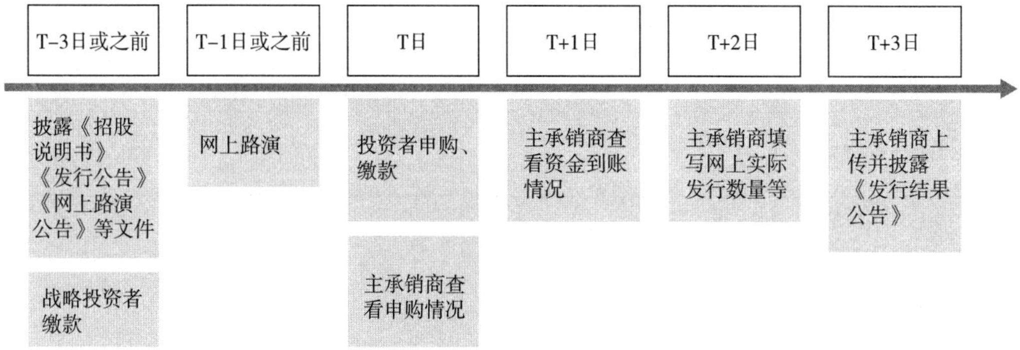

T-3日或之前	T-1日或之前	T日	T+1日	T+2日	T+3日
披露《招股说明书》《发行公告》《网上路演公告》等文件	网上路演	投资者申购、缴款	主承销商查看资金到账情况	主承销商填写网上实际发行数量等	主承销商上传并披露《发行结果公告》
战略投资者缴款		主承销商查看申购情况			

如出现《发行与承销管理细则》第八条规定的情形，主承销商应于 10：00 前上传《向不特定合格投资者公开发行股票并在北京证券交易所上市延期发行公告》《投资风险特别公告》《招股说明书》等文件，发行时间相应推迟；主承销商于延期后的 T-3 日在 BPM 系统“发行承销—特殊事项”模块上传《网上路演公告》《发行公告》；

存在战略投资者的，主承销商同时提交对战略投资者的专项核查报告；

3.1.1.2 公告于当日 15：30 后披露，主承销商可登陆本所网站查看公告文件标题、正文等信息是否正确，如有问题，及时与本所联系；

3.1.1.3 战略投资者（如有）应当缴纳认购资金。

表 2

序号	文件名称	披露要求	报送方式	报送时间
1	向不特定合格投资者公开发行股票并在北京证券交易所上市网上路演公告	披露	BPM 提交	T-3 日 10：00 前
2	向不特定合格投资者公开发行股票并在北京证券交易所上市招股说明书	披露	BPM 提交	T-3 日 10：00 前
3	向不特定合格投资者公开发行股票并在北京证券交易所上市发行公告（或向不特定合格投资者公开发行股票并在北京证券交易所上市延期发行公告）	披露	BPM 提交	T-3 日 10：00 前
4	向不特定合格投资者公开发行股票并在北京证券交易所上市投资风险特别公告	披露	BPM 提交	T-3 日 10：00 前
5	主承销商关于战略投资者的专项核查报告（如有）	披露	BPM 提交	T-3 日 10：00 前
6	发行保荐书	披露	系统自动提取	T-3 日 10：00 前
7	法律意见书	披露	系统自动提取	T-3 日 10：00 前
8	财务报告及审计报告	披露	系统自动提取	T-3 日 10：00 前
9	发行人公司章程（草案）	披露	系统自动提取	T-3 日 10：00 前
10	内部控制鉴证报告	披露	系统自动提取	T-3 日 10：00 前
11	经注册会计师鉴证的非经常性损益明细表	披露	系统自动提取	T-3 日 10：00 前
12	盈利预测报告及审核报告（如有）	披露	系统自动提取	T-3 日 10：00 前

续表

序号	文件名称	披露要求	报送方式	报送时间
13	上市保荐书	披露	系统自动提取	T-3 日 10：00 前
14	其他文件（如有）	披露/无需披露	BPM 提交	T-3 日 10：00 前

3.1.2 T-1 日或之前

发行人、主承销商进行网上路演。

3.1.3 T 日

3.1.3.1 申购日 9：15-11：30，13：00-15：00，投资者通过证券公司进行申购委托；

3.1.3.2 同一投资者对同一只股票使用多个证券账户申购，或者使用同一证券账户申购多次的，以第一笔申购为准；

3.1.3.3 本所对重复申报等不符合要求的申报进行剔除；

3.1.3.4 16：00 后，主承销商在 BPM 系统“发行承销—申购结果”模块查看投资者申购结果。

3.1.4 T+1 日

3.1.4.1 15：30 前，结算参与人应当向中国结算北京分公司申报投资者资金不足导致的无效申购信息；

3.1.4.2 16：00 前，结算参与人应当根据中国结算北京分公司提供的清算数据将申购资金足额存入综合结算备付金账户，中国结算北京分公司与结算参与人完成股票申购资金交收；

3.1.4.3 本所根据中国结算北京分公司发送的资金缺口数据及无效申购信息进行申购无效处理；

3.1.4.4 20：00 后，主承销商在 BPM 系统“发行承销—申购结果”模块查看投资者缴款资金到账情况。

3.1.5 T+2 日

3.1.5.1 10：00 前，主承销商在 BPM 系统“发行承销—配售申请”模块填写网上实际发行数量（含超额配售选择权）、最终战略投资者配售数量（非延期交付）、延期交付总量、拟包销数量，并上传主要股东明细表、拟包销明细表（如有）。其中，网上实际发行数量不包含主承销商包销部分；如不存在上述情形对应数据的，应填写“0”；

存在战略投资者的，需上传战略投资者配售明细表（非延期交付），设置超额配售选择权的，还需上传战略投资者配售明细表（延期交付），不存在前述情形的，无需上传相应文件；

3.1.5.2 14：00 后，主承销商通过 BPM 系统“发行承销—配售结果”模块查看发行人配售结果相关数据；

3.1.5.3 16：00 前，本所交易系统将配售结果发送中国结算北京分公司；

3.1.5.4 中国结算北京分公司根据配售结果解冻剩余资金，完成认购资金的清算交收。

表 3

序号	文件名称	披露要求	报送方式	报送时间
1	主要股东明细表	无需披露	BPM 提交	T+2 日 10：00 前
2	战略投资者配售明细表（非延期交付）（如有）	无需披露	BPM 提交	T+2 日 10：00 前
3	战略投资者配售明细表（延期交付）（如有）	无需披露	BPM 提交	T+2 日 10：00 前
4	拟包销明细表（如有）	无需披露	BPM 提交	T+2 日 10：00 前
5	其他文件（如有）	披露/无需披露	BPM 提交	T+2 日 10：00 前
注：主要股东明细表需在 BPM 系统提交文件页面下载模板，发行人和主承销商应当分别上传 PDF、Excel 格式文件，并对 PDF 格式文件加盖公章，下同。				

3.1.6 T+3 日

3.1.6.1 12：00 前，主承销商在 BPM 系统“发行承销—发行结果公告”模块上传《向不特定合格投资者公开发行股票并在北京证券交易所上市发行结果公告》；

3.1.6.2 公告于当日 15：30 后披露，主承销商可登陆本所网站查看公告文件标题、正文等信息是否正确，如有问题，及时与本所联系；

3.1.6.3 解冻的剩余资金返还到账；

3.1.6.4 主承销商收到中国结算北京分公司划转的认购资金后，将认购资金款项由其自营结算备付金账户提取至其银行账户，并按约定划至发行人指定的银行账户；

3.1.6.5 发行人聘请会计师事务所验资并出具验资报告；

3.1.6.6 发行人向中国结算北京分公司申报余股登记（如有）、战略投资者登记明细数据（如有）。

表 4

序号	文件名称	披露要求	报送方式	报送时间
1	向不特定合格投资者公开发行股票并在北京证券交易所上市发行结果公告	披露	BPM 提交	T+3 日 12：00 前
2	其他文件（如有）	披露/无需披露	BPM 提交	T+3 日 12：00 前

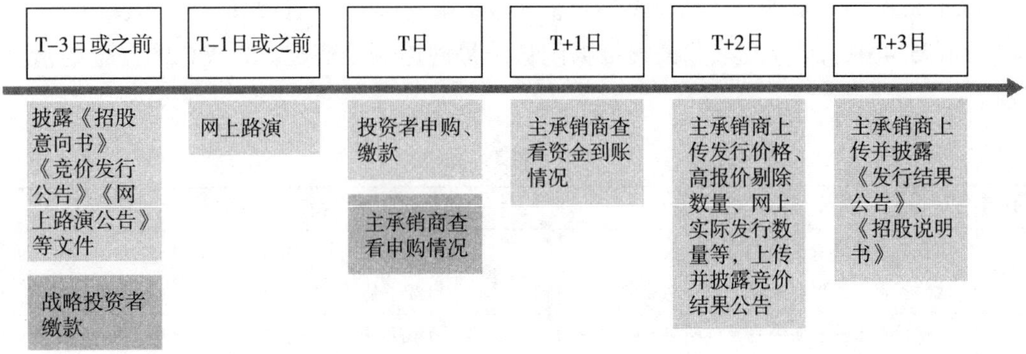

T-3日或之前
披露《招股意向书》《竞价发行公告》《网上路演公告》等文件
战略投资者缴款

T-1日或之前
网上路演

T日
投资者申购、缴款
主承销商查看申购情况

T+1日
主承销商查看资金到账情况

T+2日
主承销商上传发行价格、高报价剔除数量、网上实际发行数量等，上传并披露竞价结果公告

T+3日
主承销商上传并披露《发行结果公告》、《招股说明书》

3.2 竞价发行

3.2.1 T-3 日或之前

3.2.1.1 T-3 日 10：00 前，主承销商在 BPM 系统“发行承销—申购申请”模块上传《网上路演公告》《向不特定合格投资者公开发行股票并在北京证券交易所上市竞价发行公告》《向不特定合格投资者公开发行股票并在北京证券交易所上市招股意向书》以及关联方明细表等文件，同时填写并提交申购信息单；

如存在战略投资者的，主承销商同时提交战略投资者的专项核查报告；

3.2.1.2 公告于当日 15：30 后披露，主承销商可登陆本所网站查看公告文件标题、正文等信息是否正确，如有问题，及时与本所联系；

3.2.1.3 战略投资者（如有）应当缴纳认购资金。

表 5

序号	文件名称	披露要求	报送方式	报送时间
1	向不特定合格投资者公开发行股票并在北京证券交易所上市网上路演公告	披露	BPM 提交	T-3 日 10：00 前
2	向不特定合格投资者公开发行股票并在北京证券交易所上市招股意向书	披露	BPM 提交	T-3 日 10：00 前
3	向不特定合格投资者公开发行股票并在北京证券交易所上市竞价发行公告	披露	BPM 提交	T-3 日 10：00 前
4	关联方明细表	无需披露	BPM 提交	T-3 日 10：00 前
5	投资价值研究报告	披露	BPM 提交	T-3 日 10：00 前
6	主承销商关于战略投资者的专项核查报告（如有）	披露	BPM 提交	T-3 日 10：00 前
7	发行保荐书	披露	系统自动提取	T-3 日 10：00 前
8	法律意见书	披露	系统自动提取	T-3 日 10：00 前
9	财务报告及审计报告	披露	系统自动提取	T-3 日 10：00 前
10	发行人公司章程（草案）	披露	系统自动提取	T-3 日 10：00 前
11	内部控制鉴证报告	披露	系统自动提取	T-3 日 10：00 前
12	经注册会计师鉴证的非经常性损益明细表	披露	系统自动提取	T-3 日 10：00 前

续表

序号	文件名称	披露要求	报送方式	报送时间
13	盈利预测报告及审核报告（如有）	披露	系统自动提取	T-3 日 10：00 前
14	上市保荐书	披露	系统自动提取	T-3 日 10：00 前
15	其他文件（如有）	披露/无需披露	BPM 提交	T-3 日 10：00 前
注：关联方明细表为本所规定的不得向其配售的投资者名单，发行人和主承销商应当分别上传 PDF、Excel 格式文件，并对 PDF 格式文件加盖公章。				

3.2.2 T-1 日或之前

发行人、主承销商进行网上路演。

3.2.3 T 日

3.2.3.1 申购日 9：15-11：30，13：00-15：00，投资者通过证券公司进行申购委托；

3.2.3.2 同一投资者对同一只股票使用多个证券账户申购，或者使用同一证券账户申购多次的，以第一笔申购为准；

3.2.3.3 本所对重复申报等不符合要求的申报进行剔除；

3.2.3.4 16：00 后，主承销商在 BPM 系统“发行承销—申购结果”模块查看竞价申购明细、竞价申购结果。

3.2.4 T+1 日

3.2.4.1 15：30 前，结算参与人将投资者资金不足导致的无效申购信息向中国结算北京分公司申报；

3.2.4.2 16：00 前，结算参与人根据中国结算北京分公司提供的清算数据将申购资金足额存入综合结算备付金账户，中国结算北京分公司与结算参与人完成股票申购资金交收；

3.2.4.3 本所根据中国结算北京分公司发送的资金缺口数据及无效申购信息进行申购无效处理；

3.2.4.4 20：00 后，主承销商在 BPM 系统“发行承销—申购结果”模块查看投资者缴款资金到账情况。

3.2.5 T+2 日

3.2.5.1 10：00 前，主承销商在 BPM 系统“发行承销—配售申请”模块上传《向不特定合格投资者公开发行股票并在北京证券交易所上市竞价结果公告》、主要股东明细表、拟包销明细表（如有），填写发行价格、发行市盈率、高报价剔除数量、网上实际发行数量（含超额配售选择权）、最终战略投资者配售数量（非延期交付）、延期交付数量、拟包销数量。其中，网上实际发行数量不包含主承销商包销部分；如不存在上述情形对应数据的，应填写“0”；

存在战略投资者的，需上传战略投资者配售明细表（非延期交付），设置超额配售选择权的，还需上传战略投资者配售明细表（延期交付），不存在前述情形的，无需上传相应文件；

3.2.5.2 公告于当日 15：30 后披露，主承销商可登陆本所网站查看公告文件标题、正文等信息是否正确，如有问题，及时与本所联系；

3.2.5.3 14：00 后，主承销商在 BPM 系统“发行承销—配售结果”模块查看发行人是否符合上市条件以及配售结果；

3.2.5.4 16：00 前，本所交易系统将配售结果发送至中国结算北京分公司；

3.2.5.5 中国结算北京分公司根据配售结果解冻剩余资金，完成认购资金的清算交收。

表 6

序号	文件名称	披露要求	报送方式	报送时间
1	向不特定合格投资者公开发行股票并在北京证券交易所上市竞价结果公告	披露	BPM 提交	T+2 日 10：00 前
2	主要股东明细表	无需披露	BPM 提交	T+2 日 10：00 前
3	战略投资者配售明细表（非延期交付）（如有）	无需披露	BPM 提交	T+2 日 10：00 前
4	战略投资者配售明细表（延期交付）（如有）	无需披露	BPM 提交	T+2 日 10：00 前
5	拟包销明细表（如有）	无需披露	BPM 提交	T+2 日 10：00 前
6	其他文件（如有）	披露/无需披露	BPM 提交	T+2 日 10：00 前

3.2.6 T+3 日

3.2.6.1 12：00 前，主承销商在 BPM 系统“发行承销—发行结果公告”模块上传《向不特定合格投资者公开发行股票并在北京证券交易所上市发行结果公告》《招股说明书》；

3.2.6.2 公告于当日 15：30 后披露，主承销商可登陆本所网站查看公告文件标题、正文等信息是否正确，如有问题，及时与本所联系；

3.2.6.3 解冻的剩余资金返还到账；

3.2.6.4 主承销商收到中国结算北京分公司划转的认购资金后，将认购资金款项由其自营结算备付金账户提取至其银行账户，并按约定划至发行人指定的银行账户；

3.2.6.5 发行人聘请会计师事务所验资并出具验资报告；

3.2.6.6 发行人向中国结算北京分公司申报余股登记（如有）、战略投资者登记明细数据（如有）。

表 7

序号	文件名称	披露要求	报送方式	报送时间
1	向不特定合格投资者公开发行股票并在北京证券交易所上市发行结果公告	披露	BPM 提交	T+3 日 12：00 前
2	向不特定合格投资者公开发行股票并在北京证券交易所上市招股说明书	披露	BPM 提交	T+3 日 12：00 前
3	其他文件（如有）	披露/无需披露	BPM 提交	T+3 日 12：00 前

3.3 询价发行

3.3.1 X-2 日或之前

3.3.1.1 X-2 日 10：00 前，主承销商通过 BPM 系统“发行承销—询价申请”模块上传《向不特定合格投资者公开发行股票并在北京证券交易所上市发行安排及询价公告》《向不特定合格投资者公开发行股票并在北京证券交易所上市招股意向书》等文件，同时填写并提交询价信息单；

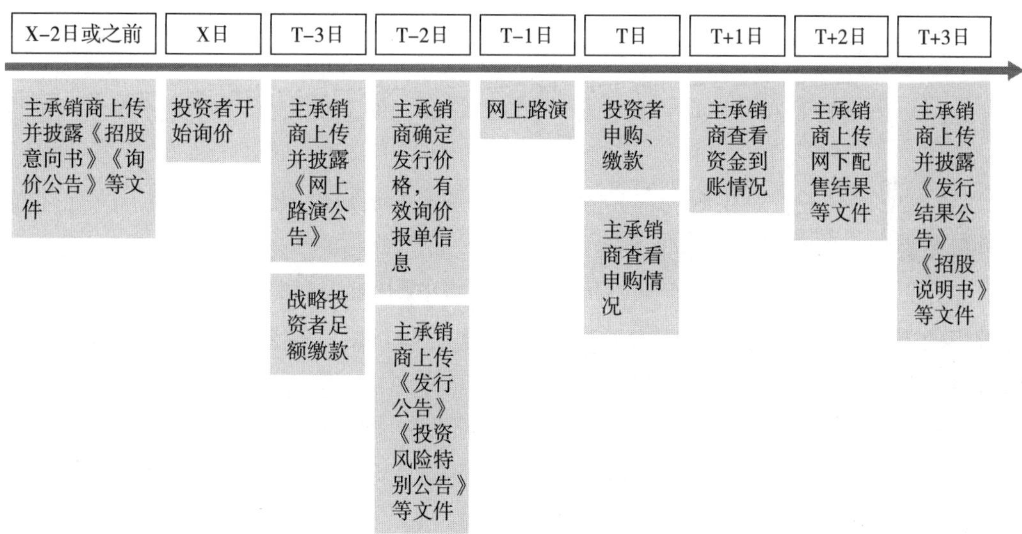

3.3.1.2 公告于当日 15：30 后披露，主承销商可登陆本所网站查看公告文件标题、正文等信息是否正确，如有问题，及时与本所联系。

表 8

序号	文件名称	披露要求	报送方式	报送时间
1	向不特定合格投资者公开发行股票并在北京证券交易所上市发行安排及询价公告	披露	BPM 提交	X-2 日 10：00 前

续表

序号	文件名称	披露要求	报送方式	报送时间
2	向不特定合格投资者公开发行股票并在北京证券交易所上市招股意向书	披露	BPM 提交	X-2 日 10：00 前
3	发行保荐书	披露	系统自动提取	X-2 日 10：00 前
4	法律意见书	披露	系统自动提取	X-2 日 10：00 前
5	财务报告及审计报告	披露	系统自动提取	X-2 日 10：00 前
6	发行人公司章程（草案）	披露	系统自动提取	X-2 日 10：00 前
7	内部控制鉴证报告	披露	系统自动提取	X-2 日 10：00 前
8	经注册会计师鉴证的非经常性损益明细表	披露	系统自动提取	X-2 日 10：00 前
9	盈利预测报告及审核报告（如有）	披露	系统自动提取	X-2 日 10：00 前
10	上市保荐书	披露	系统自动提取	X-2 日 10：00 前
11	其他文件（如有）	披露/无需披露	BPM 提交	X-2 日 10：00 前

3.3.2 X-1 日

12：00 前，拟参与询价的网下投资者应开通北交所交易权限并在中国证券业协会完成注册。

3.3.3 询价日

3.3.3.1 询价日 9：15-11：30，13：00-15：00，网下投资者可通过证券公司进行询价委托；

3.3.3.2 同一配售对象对同一只股票使用多个证券账户申报，或者使用同一证券账户申报多次的，以最后一笔申报为准；

3.3.3.3 同一网下投资者全部报价中的不同拟申购价格不超过三个，最高价格与最低价格的差额不超过最低价格的 20%。不符合上述规定的，按照价格优先原则保留有效价格，其他价格对应的报价无效；

3.3.3.4 本所对重复申报等不符合要求的申报进行剔除；

3.3.3.5 每个询价日 16：00 后，主承销商在 BPM 系统“发行承销—询价结果”模块下载询价申报明细。

3.3.4 T-3 日

3.3.4.1 15：00 前，主承销商在 BPM 系统“发行承销—询价路演公告”模块上传《网上路演公告》；

3.3.4.2 公告于当日 15：30 后披露，主承销商可登陆本所网站查看公告文件标题、正文等信息是否正确，如有问题，及时与本所联系；

3.3.4.3 战略投资者（如有）应当缴纳认购资金。

表 9

序号	文件名称	披露要求	报送方式	报送时间
1	向不特定合格投资者公开发行股票并在北京证券交易所上市网上路演公告	披露	BPM 提交	T-3 日 15：00 前
2	其他文件（如有）	披露/无需披露	BPM 提交	T-3 日 15：00 前

3. 3. 5 T-2 日

3. 3. 5. 1 主承销商根据《发行与承销管理细则》规定以及公告的有效报价条件，依次剔除关联方报价、不符合参与询价条件的投资者报价、报价最高部分和低价未入围的报价，确定有效询价申报；

3. 3. 5. 2 10：00 前，主承销商在 BPM 系统“发行承销—申购申请”模块上传《发行公告》《投资风险特别公告》及有效询价申报明细表，有效询价申报明细表除包含有效询价申报明细外，还需包含剔除的询价申报明细及剔除原因，同时填写并提交申购信息单；

如出现《发行与承销管理细则》第八条规定的情形，主承销商应于 10：00 前上传《向不特定合格投资者公开发行股票并在北京证券交易所上市询价结果及延期发行公告》《投资风险特别公告》及有效询价申报明细表，发行时间相应推迟；主承销商于延期后的 T-2 日在 BPM 系统“发行承销—特殊事项”模块上传《发行公告》；

存在战略投资者的，主承销商同时提交对战略投资者的专项核查报告；

3. 3. 5. 3 公告于当日 15：30 后披露，主承销商可登陆本所网站查看公告文件标题、正文等信息是否正确，如有问题，及时与本所联系。

表 10

序号	文件名称	披露要求	报送方式	报送时间
1	有效询价申报明细表	无需披露	BPM 提交	T-2 日 10：00 前
2	向不特定合格投资者公开发行股票并在北京证券交易所上市发行公告（或向不特定合格投资者公开发行股票并在北京证券交易所上市询价结果及延期发行公告）	披露	BPM 提交	T-2 日 10：00 前
3	向不特定合格投资者公开发行股票并在北京证券交易所上市投资风险特别公告	披露	BPM 提交	T-2 日 10：00 前
4	主承销商关于战略投资者的专项核查报告（如有）	披露	BPM 提交	T-2 日 10：00 前
5	其他文件（如有）	披露/无需披露	BPM 提交	T-2 日 10：00 前
注：有效询价申报明细表应区别列示关联方申报、有效询价申报、高价剔除申报、低价未入围申报、其他原因剔除申报。				

3.3.6 T-1 日

发行人、主承销商进行网上路演。

3.3.7 T 日

3.3.7.1 申购日 9：15-11：30，13：00-15：00，投资者可通过证券公司进行申购委托；

3.3.7.2 同一投资者对同一只股票使用多个证券账户申购，或者使用同一证券账户申购多次的，以第一笔申购为准；

3.3.7.3 本所对重复申报等不符合要求的申报进行剔除；

3.3.7.4 16：00 后，主承销商在 BPM 系统“发行承销—申购结果”模块查看网下申购明细、网上申购结果。

3.3.8 T+1 日

3.3.8.1 15：30 前，结算参与人将投资者资金不足导致的无效申购信息向中国结算北京分公司申报；

3.3.8.2 16：00 前，结算参与人根据中国结算北京分公司提供的清算数据将申购资金足额存入综合结算备付金账户，中国结算北京分公司与结算参与人完成股票申购资金交收；

3.3.8.3 本所根据中国结算北京分公司发送的资金缺口数据及无效申购信息进行申购无效处理；

3.3.8.4 20：00 后，主承销商在 BPM 系统“发行承销—申购结果”模块查看投资者缴款资金到账情况并制作网下配售情况表。

3.3.9 T+2 日

3.3.9.1 10：00 前，主承销商在 BPM 系统“发行承销—配售申请”模块上传网下配售情况表、主要股东明细表、拟包销明细表（如有），同时填写是否回拨、网上向网下回拨数量、网下向网上回拨数量、回拨后网下实际发行数量、回拨后网上实际发行数量（含超额配售选择权）、最终战略投资者配售数量（非延期交付）、延期交付数量、拟包销数量。其中，回拨后网上实际发行数量不包含主承销商包销部分；回拨后网下实际发行数量应当与网下配售情况表中获配总量一致；如不存在上述情形对应数据的，应填写“0”；

存在战略投资者的，需上传战略投资者配售明细表（非延期交付），设置超额配售选择权的，还需上传战略投资者配售明细表（延期交付），不存在前述情形的，无需上传相应文件；

3.3.9.2 14：00 后，主承销商在 BPM 系统“发行承销—配售结果”模块查看发行人配售结果；

3.3.9.3 16：00 前，本所交易系统将配售结果发送至中国结算北京分公司；

3.3.9.4 中国结算北京分公司根据配售结果解冻剩余资金，完成认购资金的清算交收。

表11

序号	文件名称	披露要求	报送方式	报送时间
1	网下配售情况表	无需披露	BPM提交	T+2日10：00前
2	主要股东明细表	无需披露	BPM提交	T+2日10：00前
3	战略投资者配售明细表（非延期交付）（如有）	无需披露	BPM提交	T+2日10：00前
4	战略投资者配售明细表（延期交付）（如有）	无需披露	BPM提交	T+2日10：00前
5	拟包销明细表（如有）	无需披露	BPM提交	T+2日10：00前
6	其他文件（如有）	披露/无需披露	BPM提交	T+2日10：00前

3.3.10 T+3日

3.3.10.1 12：00前，主承销商在BPM系统“发行承销—发行结果公告”模块上传《向不特定合格投资者公开发行股票并在北京证券交易所上市发行结果公告》《招股说明书》；

3.3.10.2 公告于当日15：30后披露，主承销商可登陆本所网站查看公告文件标题、正文等信息是否正确，如有问题，及时与本所联系；

3.3.10.3 解冻的剩余资金返还到账；

3.3.10.4 主承销商收到中国结算北京分公司划转的认购资金后，将认购资金款项由其自营结算备付金账户提取至其银行账户，并按约定划至发行人指定的银行账户；

3.3.10.5 发行人聘请会计师事务所验资并出具验资报告；

3.3.10.6 发行人向中国结算北京分公司申报余股登记（如有）、战略投资者登记明细数据（如有）。

表12

序号	文件名称	披露要求	报送方式	报送时间
1	向不特定合格投资者公开发行股票并在北京证券交易所上市发行结果公告	披露	BPM提交	T+3日12：00前
2	向不特定合格投资者公开发行股票并在北京证券交易所上市招股说明书	披露	BPM提交	T+3日12：00前
3	其他文件（如有）	披露/无需披露	BPM提交	T+3日12：00前

3.4 主承销商发行各时间节点涉及事项

3.4.1 直接定价方式发行

表 13

时间节点	角色	主要任务
提交发行与承销方案	主承销商	发行人向不特定合格投资者公开发行股票经中国证监会同意注册后，应当在 BPM 系统“发行承销—发行与承销方案填报”模块提交发行与承销方案及相关材料，同时填写申请项目的信息表单。
启动发行	主承销商	本所对发行与承销方案无异议的，应当在 BPM 系统“发行承销—启动发行”模块选择发行代码，并通过“发行时间安排和联系方式”模块填写发行时间安排。
T-3 日	主承销商	①获得发行代码后，T-3 日 10：00 前，在 BPM 系统“发行承销—申购申请”模块提交网上路演公告、招股说明书、发行公告、风险特别公告、专项核查报告（如有）等文件，同时填写申购信息单； ②相关文件上传当日 15：30 后公告披露，可登陆本所网站查看。
T 日	主承销商	16：00 后，在 BPM 系统“发行承销—申购结果”模块查看定价申购结果。
T+1 日	主承销商	20：00 后，在 BPM 系统“发行承销—申购结果”模块查看投资者缴款资金到账情况。
T+2 日	主承销商	①10：00 前，在 BPM 系统“发行承销—配售申请”模块填写网上实际发行数量（含超额配售选择权）、最终战略投资者配售数量（非延期交付）、延期交付总量、拟包销数量，并上传主要股东明细表、拟包销明细表（如有）。存在战略投资者的，需上传战略投资者配售明细表（非延期交付），设置超额配售选择权的，还需上传战略投资者配售明细表（延期交付）； ②14：00 后，在 BPM 系统“发行承销—配售结果”模块查看配售结果相关数据。
T+3 日	主承销商	①12：00 前，在 BPM 系统“发行承销—发行结果公告”模块上传发行结果公告； ②15：30 后公告披露，可登陆本所网站查看； ③收到中国结算北京分公司划转的认购资金后，扣除承销费用后划转发行人指定的银行账户。
	发行人	①聘请会计师事务所验资并出具验资报告； ②向中国结算申报余股登记（如有）、战略投资者登记明细数据（如有）。

3. 4. 2 竞价方式发行

表 14

时间节点	角色	主要任务
提交发行与承销方案	主承销商	发行人向不特定合格投资者公开发行股票经中国证监会同意注册后，应当在 BPM 系统“发行承销—发行与承销方案填报”模块提交发行与承销方案及相关材料，同时填写申请项目的信息表单。
启动发行	主承销商	本所对发行与承销方案无异议的，应当在 BPM 系统“发行承销—启动发行”模块选择发行代码，并通过“发行时间安排和联系方式”模块填写发行时间安排。

续表

时间节点	角色	主要任务
T-3 日	主承销商	①获得发行代码后，T-3 日 10：00 前，在 BPM 系统“发行承销—申购申请”模块提交网上路演公告、招股意向书、竞价发行公告、关联方明细表、专项核查报告（如有）等文件，同时填写申购信息单； ②相关文件上传当日 15：30 后公告披露，可登陆本所网站查看。
T 日	主承销商	16：00 后，在 BPM 系统“发行承销—申购结果”模块查看竞价申购明细。
T+1 日	主承销商	20：00 后，在 BPM 系统“发行承销—申购结果”模块查看投资者缴款资金到账情况。
T+2 日	主承销商	①10：00 前，在 BPM 系统“发行承销—配售申请”模块上传公开发行股票并上市竞价结果公告、主要股东明细表、拟包销明细表（如有），并填写发行价格、发行市盈率、高报价剔除数量、网上实际发行数量（含超额配售选择权）、最终战略投资者配售数量（非延期交付）、延期交付数量、拟包销数量。存在战略投资者的，需上传战略投资者配售明细表（非延期交付），设置超额配售选择权的，还需上传战略投资者配售明细表（延期交付）； ②14：00 后，主承销商在 BPM 系统“发行承销—发行结果公告”模块查看配售结果。
T+3 日	主承销商	①12：00 前，在 BPM 系统“发行承销—发行结果公告”模块上传发行结果公告、招股说明书； ②15：30 后公告披露，可登陆本所网站查看； ③收到中国结算北京分公司划转的认购资金后，扣除承销费用后划转发行人指定的银行账户。
	发行人	①聘请会计师事务所验资并出具验资报告； ②向中国结算申报余股登记（如有）、战略投资者登记明细数据（如有）。

3.4.3 询价方式发行

表 15

时间节点	角色	主要任务
提交发行与承销方案	主承销商	发行人向不特定合格投资者公开发行股票经中国证监会同意注册后，应当在 BPM 系统“发行承销—发行与承销方案填报”模块提交发行与承销方案及相关材料，同时填写申请项目的信息表单。
启动发行	主承销商	本所对发行与承销方案无异议的，在 BPM 系统“发行承销—启动发行”模块选择发行代码，并通过“发行时间安排和联系方式”模块填写发行时间安排。
X－2 日或之前	主承销商	①获得发行代码后，X-2 日 10 点前，在 BPM 系统“发行承销—询价申请”模块提交发行安排及询价公告、招股意向书等文件，同时填写询价信息单； ②相关文件于上传当日 15：30 后披露，可登陆本所网站查看。

续表

时间节点	角色	主要任务
X 日	主承销商	每个询价日 16：00 后，在 BPM 系统“发行承销—询价结果”模块下载询价申报明细。
T-3 日	主承销商	①15：00 前，在 BPM 系统“发行承销—询价路演公告”模块上传网上路演公告； ②15：30 后公告披露，可登陆本所网站查看。
T-2 日	主承销商	① 10：00 前，在 BPM 系统“发行承销—申购申请”模块提交有效询价申报明细表、发行公告、投资风险特别公告、专项核查报告（如有）等文件，同时填写申购信息单； ②15：30 后公告披露，可登陆本所网站查看。
T 日	主承销商	16：00 后，在 BPM 系统“发行承销—申购结果”模块查看并下载网下投资者申购明细、网上投资者申购结果。
T+1 日	主承销商	20：00 后，在 BPM 系统“发行承销—申购结果”模块查看投资者缴款资金到账情况。
T+2 日	主承销商	①10：00 前，在 BPM 系统“发行承销—配售申请”模块上传网下配售情况表、主要股东明细表、拟包销明细表（如有），填写是否回拨、网上向网下回拨数量、网下向网上回拨数量、回拨后网下实际发行数量、回拨后网上实际发行数量（含超额配售选择权）、最终战略投资者配售数量（非延期交付）、延期交付数量、拟包销数量。存在战略投资者的，需上传战略投资者配售明细表（非延期交付），设置超额配售选择权的，还需上传战略投资者配售明细表（延期交付）； ②14：00 后，在 BPM 系统“发行承销—配售结果”模块查看配售结果。
T+3 日	主承销商	①12：00 前，在 BPM 系统“发行承销—发行结果公告”模块上传发行结果公告、招股说明书； ②15：30 后公告披露，可登陆本所网站查看； ③收到中国结算北京分公司划转的认购资金后，扣除承销费用后划转发行人指定的银行账户。
	发行人	①发行人聘请会计师事务所验资并出具验资报告； ②发行人向中国结算申报余股登记（如有）、战略投资者登记明细数据（如有）。

4. 在北京证券交易所上市

4.1 取得同意发行人股票在北京证券交易所上市的函

T+3 日及以后，主承销商需在 BPM 系统“发行承销—上市申请”模块提交上市申请书、更新后的上市保荐书、验资报告、重大事项专项报告（如有）、法律意见书等文件。本所对上述文件进行审查确认后，向发行人出具同意其股票在北京证券交易所上市的函。

发行人挂牌期间已发行优先股、可转换为股票的公司债券或其他证券并在全国股转系统挂牌转让的，发行人应在上市申请书中一并申请其发行的优先股、可转换为股票的公司债券或其他证券在北交所挂牌转让。

表16

序号	文件名称	披露要求	报送方式	报送时间
1	上市申请书	无需披露	BPM提交	T+3日及以后
2	更新后的上市保荐书	无需披露	BPM提交	T+3日及以后
3	验资报告	无需披露	BPM提交	T+3日及以后
4	重大事项专项报告（如有）	无需披露	BPM提交	T+3日及以后
5	法律意见书	无需披露	BPM提交	T+3日及以后
6	保荐机构关于办理完成限售登记及符合相关规定的承诺	无需披露	BPM提交	T+3日及以后
7	其他文件（如有）	披露/无需披露	BPM提交	T+3日及以后
注1上市申请书：发行人应根据《北京证券交易所股票上市规则（试行）》逐条分析其是否符合北京证券交易所上市条件，上市申请书应由发行人加盖公章。 注2保荐机构关于发行人限售股份符合相关规定的承诺：保荐机构承诺发行人属于《北京证券交易所股票上市规则（试行）》第2.4.1~2.4.6条规定范围的股东所持股份已完成限售登记。				

4.2 股票在北京证券交易所上市手续

4.2.1 L-3日

发行人取得同意其股票在北京证券交易所上市的函后，于L-3日10：00前，在BPM系统“发行承销—北京证券交易所上市公告”模块上传《向不特定合格投资者公开发行股票并在北京证券交易所上市提示性公告》《向不特定合格投资者公开发行股票并在北京证券交易所上市公告书》以及重大事项确认函，中国结算北京分公司出具的股份登记相关文件。

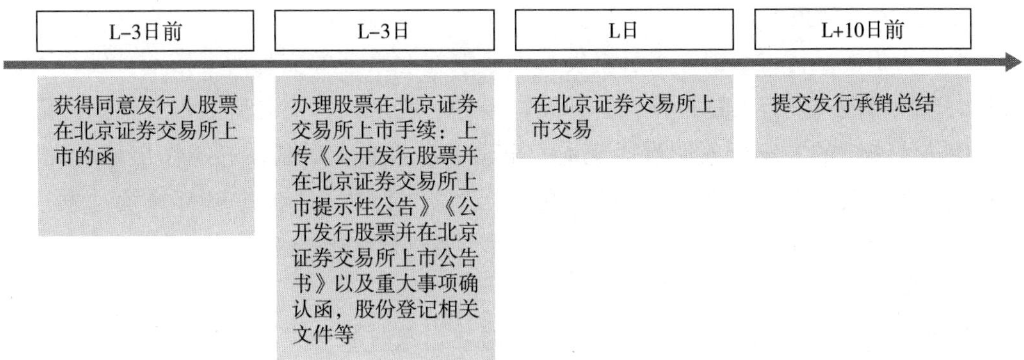

对于发行人为全国股转公司挂牌公司且采取做市交易方式的股票，全国股转公司进行做市商退出做市操作，同时将做市商股票划转信息发送中国结算办理股票划转。

表 17

序号	文件名称	披露要求	报送方式	报送时间
1	向不特定合格投资者公开发行股票并在北京证券交易所上市提示性公告	披露	BPM 提交	L-3 日 10：00 前
2	向不特定合格投资者公开发行股票并在北京证券交易所上市公告书	披露	BPM 提交	L-3 日 10：00 前
3	重大事项确认函	无需披露	BPM 提交	L-3 日 10：00 前
4	股份登记相关文件	无需披露	BPM 提交	L-3 日 10：00 前
5	其他文件（如有）	披露/无需披露	BPM 提交	L-3 日 10：00 前

4.2.2 L 日

（1）中国结算北京分公司向发行人出具登记证明材料；

（2）发行人股票在北京证券交易所上市交易。

4.2.3 L+10 日内

股票上市交易后十日内，主承销商应当在 BPM 系统“发行承销—发行项目归档”模块上传承销总结报告、专项法律意见书、承销补充协议（如有）、承销团补充协议（如有）、其他文件（如有）等文件，经本所确认，点击完成归档。

如存在超额配售选择权的情形，主承销商在超额配售选择权行使期届满或者累计购回股票数量达到超额配售选择权发行股票数量限额的十日内，应当上传前款所列文件以及超额配售选择权的实施情况报告、超额配售股票募集资金买入股票完整记录，经本所确认，点击完成归档。

5. 特殊情形处理

5.1 重大事项报告

发行人提交发行与承销方案后至发行人股票在北京证券交易所上市前，发行人发生重大事项可能对发行人是否符合公开发行条件、北京证券交易所上市及信息披露要求产生重大影响的，发行人应当提交重大事项专项报告，对具体影响作出解释说明，保荐机构及相关证券服务机构应出具专项核查意见。上述文件通过 BPM 系统“发行承销—特殊事项”模块提交。

5.2 中止发行

出现中止发行情形时，发行人和主承销商应当及时联系本所，并根据相关规则启动中止发行流程，通过 BPM 系统“发行承销—中止发行”模块上传中止申请文件、中止发行公告。

中止发行公告披露后，在中国证监会注册文件有效期内，发行人和主承销商可再次启动发行。

6. 附则

股票公开发行并上市业务发布的所有公告应当由发行人和主承销商共同落款（加盖公章）。

发行人和主承销商上传的文件模板在附件中未作要求的，可在 BPM 系统“发行承销—模板下载”模块下载。

本所负责对本指南解释。

附件：1. 关于通过北京证券交易所交易系统发行股票的申请

2. 文件一致承诺函

3. 申购信息单——直接定价方式

4. 申购信息单——竞价定价方式

5. 询价信息单

6. 申购信息单——询价定价方式

7. 发行与承销方案

8. 发行承销阶段信息披露文件命名规范

9. 向不特定合格投资者公开发行股票并在北京证券交易所上市公告书

10. 联系方式

附件 1

关于通过北京证券交易所交易系统
发行股票的申请

北京证券交易所：

××股份有限公司（以下简称××××或发行人）公开发行××万股普通股股票已经中国证监会同意注册。为了确保本次股票发行工作顺利进行，发行人和主承销商特此申请于×年×月×日披露招股意向书/招股说明书，于×年×月×日通过北京证券交易所交易系统进行询价（采用询价方式发行的适用），并于×年×月×日通过北京证券交易所交易系统进行申购。

在本次“××××”股票发行过程中，发行人和主承销商承诺将按照北京证券交易所发布的相关规则，公开、公平、公正地组织本次发行工作。在本次“××××”股票发行过程中，主承销商将通过贵所的交易系统接受投资者的申报委托。主承销商将按照规定与发行人进行募集资金的清算与划转。

特此申请。

发行人（盖章）　　×年×月×日

主承销商（盖章）　×年×月×日

附件 2

发行人：____________________________________公司，

主承销商：____________________________________公司

文件一致承诺函

北京证券交易所：

发行人和主承销商共同承诺，本次报送贵所的招股意向书/招股说明书与中国证监会予以注册的相关文件一致。

发行人（盖章）　　×年×月×日

主承销商（盖章）　　×年×月×日

附件 3

申购信息单——直接定价方式

公司全称			
受理编号		证券代码	
证券简称		发行代码	
ISIN 编码（如有）		英文名称（如有）	
承销方式		转让单位（倍）	
每股面值（元）		货币种类	
发行前总股本（万股）		拟发行数量（万股）	
网上发行数量（万股）		最终战略配售数量（万股）（非延期交付）	
是否采用超额配售选择权		超额配售选择权股数（万股）	
中止阈值		发行价格（元/股）	
申购日		发行市盈率（倍）	
特别表决权股份数量（万股）（如有）		每份特别表决权股份的表决权数量（如有）	
网上每笔申购数量上限（万股）			
备注：本表的各个发行数量均不含超额配售选择权； 中止阈值：申购数量与战略配售数量之和占拟发行数量的比例低于中止阈值时，系统将提示触发中止发行事项。 发行市盈率=发行价格/每股收益，其中每股收益按照上年度经会计师事务所审计的扣除非经常性损益后归属于母公司股东净利润除以本次发行后总股本计算。			
承销商备注：			

附件4

申购信息单——竞价定价方式

公司全称			
受理编号		证券代码	
证券简称		发行代码	
ISIN 编码（如有）		英文名称（如有）	
承销方式		转让单位（倍）	
每股面值（元）		货币种类	
发行前总股本（万股）		拟发行数量（万股）	
网上发行数量（万股）		初始战略配售数量（万股）	
是否采用超额配售选择权		超额配售选择权股数（万股）	
申购日		最低申购价格（元/股）	
价格确定机制（一/二）		中止阈值	
特别表决权股份数量（万股）（如有）		每份特别表决权股份的表决权数量（如有）	
网上每笔申购数量上限（万股）			
备注：本表的各个发行数量均不含超额配售选择权； 中止阈值：申购数量与战略配售数量之和占拟发行数量的比例低于中止阈值时，系统将提示触发中止发行事项； 价格确定机制一：剔除最高报价部分后，将投资者申购报单按照价格从高到低排序计算累计申购数量，当累计申购数量达到网上发行数量或其一定倍数时，对应的最低申购价格为发行价格； 价格确定机制二：按照事先确定并公告的方法（加权平均价格或算数平均价格）计算申购报单的基准价格，以0.01元为一个价格变动单位向基准价格上下扩大价格区间，直至累计申购数量达到网上发行股票数量或其一定倍数，较低的临界价格为发行价格。			
承销商备注：			

附件 5

询价信息单

公司全称			
受理编号		发行代码	
证券代码		证券简称	
ISIN 编码（如有）		英文简称（如有）	
证券级别		转让单位（倍）	
每股面值（元）		货币种类	
发行前总股本（万股）		拟发行数量（万股）	
是否采用超额配售选择权		超额配售选择权股数（万股）（如有）	
网下初始发行数量（万股）		网下初始发行比例	
网上初始发行数量（万股）		网上初始发行比例	
承销方式		初始战略配售数量（万股）	
中止阈值		限售期	
询价开始日		询价截止日	
网下每笔拟申购数量下限（万股）		网下每笔拟申购数量上限（万股）	
特别表决权股份数量（万股）（如有）		每份特别表决权股份的表决权数量（如有）	
拟申购价格下限（元）		拟申购价格上限（元）	
可申购倍数			

备注：本表的各个发行数量均不含超额配售选择权；
网下初始发行数量不含战略配售数量，网下初始发行比例、网上初始发行比例应扣除战略配售部分计算；
中止阈值：网上网下申购数量与战略配售数量之和占拟发行数量的比例低于中止阈值时，系统将提示触发中止发行事项；
限售期：如有差异化限售期，请在下方备注。

承销商备注：

附件6

申购信息单——询价定价方式

<table>
<tr><td>公司全称</td><td colspan="3"></td></tr>
<tr><td>发行代码</td><td></td><td>证券简称</td><td></td></tr>
<tr><td>证券代码</td><td></td><td>申购日</td><td></td></tr>
<tr><td>发行价格（元/股）</td><td></td><td>可申购倍数</td><td></td></tr>
<tr><td>拟发行数量（万股）</td><td></td><td>最终战略配售数量（万股）（非延期交付）</td><td></td></tr>
<tr><td>战略配售回拨后网下发行数量（万股）</td><td></td><td>战略配售回拨后网上发行数量（万股）</td><td></td></tr>
<tr><td>发行市盈率（倍）</td><td></td><td>网上每笔申购数量上限（万股）</td><td></td></tr>
<tr><td colspan="4">备注：本表的各个发行数量均不含超额配售选择权；
发行市盈率=发行价格/每股收益，其中每股收益按照上年度经会计师事务所审计的扣除非经常性损益后归属于母公司股东净利润除以本次发行后总股本计算。</td></tr>
<tr><td colspan="4">承销商备注：</td></tr>
</table>

附件 7

________________股份有限公司发行与承销方案

发行与承销方案包括但不限于：

一、发行人的基本情况。

二、本次发行的主要安排，包括发行规模、发行方式、发行对象、发行定价、回拨机制（如有）、配售原则和配售方式、中止发行安排、战略配售和超额配售选择权设置情况（如有）等内容。

三、本次发行的重要日期安排。

四、发行费用。

五、本次发行的准备工作。

六、本次发行可能存在的风险及应对措施。

七、发行人和保荐机构（主承销商）及联系方式。

发行人（盖章）	主承销商（盖章）
×年×月×日	×年×月×日

附件8

发行承销阶段信息披露文件命名规范
直接定价发行

编号	发行阶段	系统上传公告名称	正文标题名
1	招股公告	招股说明书	×××公司（全称）向不特定合格投资者公开发行股票并在北京证券交易所上市招股说明书
2	路演公告	向不特定合格投资者公开发行股票并在北京证券交易所上市网上路演公告	×××公司（全称）向不特定合格投资者公开发行股票并在北京证券交易所上市网上路演公告
3	发行公告	向不特定合格投资者公开发行股票并在北京证券交易所上市发行公告	×××公司（全称）向不特定合格投资者公开发行股票并在北京证券交易所上市发行公告
4		向不特定合格投资者公开发行股票并在北京证券交易所上市投资风险特别公告	×××公司（全称）向不特定合格投资者公开发行股票并在北京证券交易所上市投资风险特别公告
5	公布发行结果	向不特定合格投资者公开发行股票并在北京证券交易所上市发行结果公告	×××公司（全称）向不特定合格投资者公开发行股票并在北京证券交易所上市发行结果公告
6	上市公告	向不特定合格投资者公开发行股票并在北京证券交易所上市提示性公告	×××公司（全称）向不特定合格投资者公开发行股票并在北京证券交易所上市提示性公告
7		向不特定合格投资者公开发行股票并在北京证券交易所上市公告书	×××公司（全称）向不特定合格投资者公开发行股票并在北京证券交易所上市公告书
8	或有公告	向不特定合格投资者公开发行股票并在北京证券交易所上市延期发行公告	×××公司（全称）向不特定合格投资者公开发行股票并在北京证券交易所上市延期发行公告

竞价发行

编号	发行阶段	系统上传公告名称	正文标题名
1	招股公告	招股意向书	×××公司（全称）向不特定合格投资者公开发行股票并在北京证券交易所上市招股意向书
2	路演公告	向不特定合格投资者公开发行股票并在北京证券交易所上市网上路演公告	×××公司（全称）向不特定合格投资者公开发行股票并在北京证券交易所上市网上路演公告
3	发行公告	向不特定合格投资者公开发行股票并在北京证券交易所上市竞价发行公告	×××公司（全称）向不特定合格投资者公开发行股票并在北京证券交易所上市竞价发行公告
4	公布竞价结果	向不特定合格投资者公开发行股票并在北京证券交易所上市竞价结果公告	×××公司（全称）向不特定合格投资者公开发行股票并在北京证券交易所上市竞价结果公告
5	公布发行结果	向不特定合格投资者公开发行股票并在北京证券交易所上市发行结果公告	×××公司（全称）向不特定合格投资者公开发行股票并在北京证券交易所上市发行结果公告
6		向不特定合格投资者公开发行股票并在北京证券交易所上市招股说明书	×××公司（全称）向不特定合格投资者公开发行股票并在北京证券交易所上市招股说明书
7	上市公告	向不特定合格投资者公开发行股票并在北京证券交易所上市提示性公告	×××公司（全称）向不特定合格投资者公开发行股票并在北京证券交易所上市提示性公告
8		向不特定合格投资者公开发行股票并在北京证券交易所上市公告书	×××公司（全称）向不特定合格投资者公开发行股票并在北京证券交易所上市公告书

询价发行

编号	发行阶段	系统上传公告名称	正文标题名
1	招股公告	招股意向书	×××公司（全称）向不特定合格投资者公开发行股票并在北京证券交易所上市招股意向书
2	询价公告	向不特定合格投资者公开发行股票并在北京证券交易所上市发行安排及询价公告	×××公司（全称）向不特定合格投资者公开发行股票并在北京证券交易所上市发行安排及询价公告
3	路演公告	向不特定合格投资者公开发行股票并在北京证券交易所上市网上路演公告	×××公司（全称）向不特定合格投资者公开发行股票并在北京证券交易所上市网上路演公告
4	发行公告	向不特定合格投资者公开发行股票并在北京证券交易所上市发行公告	×××公司（全称）向不特定合格投资者公开发行股票并在北京证券交易所上市发行公告
5		向不特定合格投资者公开发行股票并在北京证券交易所上市投资风险特别公告	×××公司（全称）向不特定合格投资者公开发行股票并在北京证券交易所上市投资风险特别公告
6	公布发行结果	向不特定合格投资者公开发行股票并在北京证券交易所上市发行结果公告	×××公司（全称）向不特定合格投资者公开发行股票并在北京证券交易所上市发行结果公告
7		招股说明书	×××公司（全称）向不特定合格投资者公开发行股票并在北京证券交易所上市招股说明书
8	上市公告	向不特定合格投资者公开发行股票并在北京证券交易所上市提示性公告	×××公司（全称）向不特定合格投资者公开发行股票并在北京证券交易所上市提示性公告
9		向不特定合格投资者公开发行股票并在北京证券交易所上市公告书	×××公司（全称）向不特定合格投资者公开发行股票并在北京证券交易所上市公告书
10	或有公告	向不特定合格投资者公开发行股票并在北京证券交易所上市询价结果及延期发行公告	×××公司（全称）向不特定合格投资者公开发行股票并在北京证券交易所上市询价结果及延期发行公告

附件 9

____________________公司
向不特定合格投资者公开发行股票并在北京证券交易所上市公告书格式

封面：

证券简称：　　　　　　　　　　　　　　证券代码：

发行人全称（中英文）

（发行人地址）

向不特定合格投资者公开发行股票并在
北京证券交易所上市公告书

保荐机构（主承销商）名称

年　月　日

第一节　重要声明与提示

本公司及全体董事、监事、高级管理人员保证公告书所披露信息的真实、准确、完整，承诺公告书不存在虚假记载、误导性陈述或重大遗漏，并依法承担法律责任。

北京证券交易所、有关政府机关对本公司股票在北京证券交易所上市及有关事项的意见，均不表明对本公司的任何保证。

本公司提醒广大投资者认真阅读北京证券交易所网站披露的本公司招股说明书“风险因素”章节的内容，注意风险，审慎决策，理性投资。

本公司提醒广大投资者注意，凡本公告书未涉及的有关内容，请投资者查阅本公司招股说明书全文。

一、重要承诺。发行人应充分披露发行人、控股股东、实际控制人、发行人的董事、监事、高级管理人员等责任主体所作出的重要承诺，以及其他与本次发行相关的承诺事项，如信息披露责任的承诺、避免同业竞争承诺、减持意向或价格承诺、稳定公司股价预案以及相关约束措施等。

二、保荐机构及证券服务机构关于发行人招股说明书及其他信息披露责任的声明。

三、在北京证券交易所上市初期风险及特别风险提示。发行人应在上市公告书显要位置，就公开发行股票并在北京证券交易所上市初期的投资风险及特别风险作提示。

第二节　股票在北京证券交易所上市情况

一、中国证监会对公开发行的予以注册决定及其主要内容

二、北京证券交易所同意股票在北京证券交易所上市的意见及其主要内容

三、在北京证券交易所上市相关信息，包括：

（一）北京证券交易所上市时间

（二）证券简称

（三）证券代码

（四）本次公开发行后的总股本

（五）本次公开发行的股票数量

（六）本次上市的无流通限制及限售安排的股票数量

（七）本次上市的有流通限制或限售安排的股票数量

（八）战略投资者在本次公开发行中获得配售的股票数量（如有）

（九）股票登记机构

（十）保荐机构

（十一）发行前股东所持股份的流通限制及期限

（十二）本次上市股份的其他限售安排

四、发行人申请公开发行股票并在北京证券交易所上市时选择的具体上市标准，公开发行后达到所选定的标准及其说明

第三节　发行人、实际控制人及股东持股情况

一、发行人基本情况

中文名称：	
英文名称：	
注册资本：	
法定代表人：	
有限公司成立日期：	
股份公司成立日期：	
住所：	
经营范围：	
主营业务：	

续表

所属行业：	
邮政编码：	
电话：	
传真：	
互联网网址：	
电子信箱：	
信息披露部门：	
信息披露联系人：	
信息披露联系人电话：	

二、控股股东、实际控制人的基本情况

（一）公司控股股东及实际控制人的基本情况

（二）本次发行后股权结构控制关系图

三、董事、监事、高级管理人员及其持有发行人股票情况

序号	姓名	持股方式	持股数量（股）	职务	任职期间

四、员工持股计划的人员构成、限售安排等内容（如有）

五、本次发行前后的股本结构变动情况

股东名称	本次发行前		本次发行后（未行使超额配售选择权）		本次发行后（全额行使超额配售选择权）		限售期限	备注
	数量（股）	占比（%）	数量（股）	占比（%）	数量（股）	占比（%）		
一、限售流通股								
小计								
二、无限售流通股								
小计								
合计								

注1：发行人应单独列示高级管理人员与核心员工设立的专项资产管理计划参与本次发行战略配售的情况。

注2：发行人如有表决权差异安排的，应单独列示特别表决权股份相关情况。

六、本次发行后公司前十名股东持股情况

序号	股东名称	持股数量（股）	持股比例（%）	限售期限
合计				

第四节　股票发行情况

一、发行人公开发行股票的情况，包括：

（一）发行数量

（二）发行价格及对应市盈率（说明计算基础和口径）

（三）发行后每股收益

（四）发行后每股净资产

（五）募集资金总额及注册会计师对资金到位的验证情况

（六）发行费用（不含税）总额及明细构成

（七）募集资金净额

二、发行人和主承销商在发行与承销方案中采用超额配售选择权的，披露其相关情况。

第五节　其他重要事项

一、募集资金专户存储三方监管协议的安排。

二、其他事项。招股说明书披露的事项，截至目前发生重大变化的，发行人需在上市公告书详细披露相关变化情况及其对公司的影响。

第六节　保荐机构及其意见

一、保荐机构相关信息

保荐机构（主承销商）	
法定代表人：	
保荐代表人：	
项目协办人：	
项目其他成员：	
联系电话：	
传真：	
公司地址：	

二、保荐机构推荐意见

发行人	主承销商
（盖章）	（盖章）
×年×月×日	×年×月×日

附件 10

联系方式

机构名称	负责事项	联系方式
北京证券交易所	发行承销相关事项	电话：010-63889546； 邮箱：cxzx@ bse. cn
	路演相关事项	电话：010-63889551； 邮箱：luyan@ bse. cn

关于发布《北京证券交易所上市公司证券发行上市审核规则（试行）》的公告

北证公告〔2021〕9号

为了规范北京证券交易所（以下简称本所）上市公司证券发行上市的审核工作，保护投资者合法权益，本所制定了《北京证券交易所上市公司证券发行上市审核规则（试行）》，经中国证监会批准，现予以发布，自2021年11月15日起施行。

特此公告。

附件：北京证券交易所上市公司证券发行上市审核规则（试行）

北京证券交易所

2021年10月30日

北京证券交易所上市公司证券发行上市审核规则（试行）

第一章　总则

第一条　为了规范北京证券交易所（以下简称本所）上市公司证券发行上市的审核工作，保护投资者合法权益，根据《中华人民共和国证券法》《国务院办公厅关于贯彻实施修订后的证券法有关工作的通知》《北京证券交易所上市公司证券发行注册管理办法（试行）》（以下简称《再融资办法》）等法律法规、部门规章和规范性文件，制定本规则。

第二条　上市公司申请在境内发行股票、可转换为股票的公司债券及中国证券监督管理委员会（以下简称中国证监会）认可的其他证券并上市的审核，适用本规则。

第三条　上市公司申请证券发行上市的，应当向本所提交相关申请文件。

本所对上市公司提交的申请文件进行审核，认为符合发行条件、上市条件和信息披露要求的，将审核意见、上市公司的发行上市申请文件及相关审核资料报中国证监会注册；认为不符合发行条件、上市条件或信息披露要求的，作出终止发行上市审核的决定。

第四条　本所通过审核发行上市申请文件，督促上市公司真实、准确、完整地披露信息，保荐机构、证券服务机构切实履行信息披露的把关责任；督促上市公司及其保荐机构、证券服务机构提高信息披露质量，便于投资者在信息充分的情况下作出投资决策。

第五条　本所发行上市审核遵循依法合规、公开透明、便捷高效的原则，提高审核透明度，明确市场预期。

本所对上市公司证券发行上市实行电子化审核，通过本所发行上市审核业务系统（以下简称审核系统）办理。

第六条　本所依据法律、行政法规、部门规章、规范性文件、本规则及本所其他相关规定，对下列机构和人员在上市公司证券发行上市中的相关活动进行自律监管：

（一）上市公司及其董事、监事、高级管理人员；

（二）上市公司的控股股东、实际控制人及其相关人员；

（三）保荐机构、保荐代表人及保荐机构其他相关人员；

（四）会计师事务所、律师事务所等证券服务机构及其相关人员。

前款规定的机构和人员应当积极配合本所发行上市审核工作，接受本所自律监管并承担相应的法律责任。

第七条 本所出具符合发行条件、上市条件和信息披露要求的审核意见或者作出终止发行上市审核的决定，不表明本所对该证券的投资价值或者投资者的收益作出实质性判断或者保证，也不表明本所对发行上市申请文件及所披露信息的真实性、准确性、完整性作出保证。

第二章 审核内容与要求

第八条 本所发行上市审核重点关注下列事项：

（一）是否符合中国证监会规定的发行条件；

（二）是否符合本所规定的上市条件；

（三）是否符合中国证监会和本所关于信息披露的要求。

第九条 本所对发行条件、上市条件的审核，将重点关注以下事项：

（一）上市公司是否符合《再融资办法》及中国证监会规定的发行条件；

（二）本次发行的证券是否符合本所相关规则规定的上市条件；

（三）保荐机构、证券服务机构出具的文件是否就本次证券发行上市申请符合发行条件、上市条件逐项发表明确意见，且具备充分的理由和依据。

本所对本条规定的事项存在疑问的，上市公司应当按照本所要求作出解释说明，保荐机构、证券服务机构应当进行核查，并相应修改发行上市申请文件。

第十条 本所在发行上市审核中，对发行条件具体审核标准等涉及中国证监会部门规章及规范性文件理解和适用的重大疑难问题、重大无先例情况及其他需要中国证监会决定的事项，及时请示中国证监会。

第十一条 本所在信息披露审核中，重点关注上市公司的募集说明书及其他信息披露文件是否达到真实、准确、完整的要求，是否符合中国证监会制定的内容与格式准则和本所的信息披露要求。

本所在信息披露审核中，重点关注发行上市申请文件及信息披露是否达到下列要求：

（一）充分、全面披露对投资者作出投资决策有重大影响的信息，披露程度达到投资者作出投资决策所必需的水平；

（二）所披露的信息一致、合理且具有内在逻辑性；

（三）简明易懂，便于一般投资者阅读和理解。

第十二条 本所通过提出问题、回答问题等多种方式对发行上市申请文件进行审核，督促上市公司及其保荐机构、证券服务机构完善信息披露，真实、准确、完整地披露信息，提高信息披露质量。

第十三条 本所对发行上市申请文件进行审核时，可以视情况在审核问询中对上市公司及其保荐机构、证券服务机构提出下列要求：

（一）说明或披露相关问题及原因；

（二）补充核查相关事项；

（三）补充提供新的证据或材料；

（四）修改或者更新信息披露内容。

第十四条 上市公司申请证券发行上市的，应当按照中国证监会和本所的规定，编制募集说明书及其他信息披露文件，上市公司及其控股股东、实际控制人、董事、监事和高级管理人员应当依法履行信息披露义务。保荐机构、证券服务机构应当依法对上市公司的信息披露进行核查把关。

第十五条 上市公司应当诚实守信，依法充分披露投资者作出价值判断和投资决策所必需的信息，所披露信息必须真实、准确、完整，简明清晰、通俗易懂，不得有虚假记载、误导性陈述或者重大遗漏。

上市公司应当按照保荐机构、证券服务机构要求，依法向其提供真实、准确、完整的财务会计资料和其他资料，配合相关机构开展尽职调查和其他相关工作。

上市公司的控股股东、实际控制人、董事、监事和高级管理人员应当诚实守信，保证发行上市申请文件和信息披露的真实、准确、完整，依法作出并履行相关承诺，配合相关机构开展尽职调查和其他相关工作，不得要求或者协助上市公司隐瞒应当提供的资料或者应当披露的信息。

第十六条 保荐机构应当诚实守信、勤勉尽责，按照依法制定的业务规则和行业自律规范的要求，充分了解上市公司经营情况和风险，对发行上市申请文件和信息披露资料进行全面核查验证，对上市公司是否符合发行条件独立作出专业判断，审慎作出保荐决定，并对募集说明书、发行情况报告书或者其他信息披露文件及其所出具的相关文件的真实性、准确性、完整性负责。

第十七条 会计师事务所、律师事务所、资产评估机构、资信评级机构等证券服务机构应当严格遵守法律法规、中国证监会制定的监管规则、业务规则和本行业公认的业务标准和道德规范，建立并保持有效的质量控制体系，保护投资者合法权益，审慎履行职责，作出专业判断与认定，并对募集说明书、发行情况报告书或者其他信息披露文件中与其专业职责有关的内容及其所出具文件的真实性、准确性、完整性负责。

证券服务机构及其相关执业人员应当对与本专业相关的业务事项履行特别注意义务，对其他业务事项履行普通注意义务，并承担相应法律责任。

证券服务机构及其执业人员从事证券服务应当配合本所的自律管理，在规定的期限内提供、报送或披露相关资料、信息，并保证其提供、报送或披露的资料、信息真实、准确、完整，不得有虚假记载、误导性陈述或者重大遗漏。

证券服务机构应当妥善保存客户委托文件、核查和验证资料、工作底稿以及与质量控制、内部管理、业务经营有关的信息和资料。

第三章　审核程序

第一节　一般规定

第十八条　除本所另有规定外，上市公司申请发行股票，应当按照规定聘请保荐机构进行保荐，并委托保荐机构通过本所审核系统报送下列股票发行上市申请文件：

（一）募集说明书；

（二）发行保荐书及相关文件；

（三）上市保荐书；

（四）法律意见书、审计报告等证券服务机构出具的文件；

（五）中国证监会或者本所要求的其他文件。

在本所上市六个月后，上市公司董事会可以依照《再融资办法》的规定对股票发行上市申请作出决议，本次发行涉及发行股份购买资产的除外。董事会作出决议后，应当及时披露募集说明书草案等文件。

第十九条　发行上市申请文件的内容应当真实、准确、完整，简明清晰、通俗易懂。

自发行上市申请文件申报之日起，上市公司及其控股股东、实际控制人、董事、监事和高级管理人员，以及与本次股票发行上市相关的保荐机构、证券服务机构及其相关人员即须承担相应的法律责任。

未经本所同意，不得对已受理的申请文件进行更改。

第二十条　本所收到发行上市申请文件后，对申请文件的齐备性进行核对，并在五个工作日内作出是否受理的决定，本规则另有规定的除外。

申请文件齐备的，出具受理通知。申请文件不齐备的，一次性告知需要补正的事项。补正时限最长不得超过三十个工作日。多次补正的，补正时间累计计算。

上市公司补正申请文件的，本所收到申请文件的时间以上市公司最终提交补正文件的时间为准。

第二十一条　存在下列情形之一的，本所不予受理：

（一）申请文件不齐备且未按要求补正；

（二）保荐机构、证券服务机构及其相关人员不具备相关资质；或者因证券违法违规，被采取认定为不适当人选、限制业务活动、一定期限内不接受其出具的相关文件等相关措施，尚未解除；或者因公开发行股票并上市、上市公司证券发行、并购重组业务涉嫌违法违规，或其他业务涉嫌违法违规且对市场有重大影响被立案调查、侦查，尚未结案；

（三）上市公司存在尚未实施完毕的股票发行、可转换为股票的公司债券发行、收购、股票回购等情形；

（四）本所规定的其他情形。

第二十二条 本所受理发行上市申请文件当日，上市公司应当通过本所网站披露募集说明书等申请文件。

由于国家秘密、商业秘密等特殊原因导致申请文件中相关信息确实不便披露的，上市公司可以豁免披露，但应当在申请文件中说明未按照规定进行披露的原因。本所认为需要披露的，上市公司应当披露。

第二十三条 本所按照收到发行上市申请文件的先后顺序予以受理。

本所发行上市审核机构按照发行上市申请文件受理的先后顺序开始审核。

第二十四条 本所发行上市审核机构自受理之日起十五个工作日内，通过审核系统发出首轮审核问询。

在首轮审核问询发出前，上市公司、保荐机构、证券服务机构及其相关人员不得与审核人员接触，不得以任何形式干扰审核工作。在首轮审核问询发出后，上市公司及其保荐机构、证券服务机构对本所审核问询存在疑问的，可与本所发行上市审核机构进行沟通；确需当面沟通的，应当预约。

第二十五条 首轮审核问询回复后，存在下列情形之一的，本所发行上市审核机构可以继续提出审核问询：

（一）发现新的需要问询事项；

（二）上市公司及其保荐机构、证券服务机构的回复未能有针对性地回答本所发行上市审核机构提出的审核问询，或者本所就其回复需要继续审核问询；

（三）上市公司的信息披露仍未满足中国证监会和本所规定的要求；

（四）本所认为需要继续审核问询的其他情形。

第二十六条 上市公司及其保荐机构、证券服务机构应当按照审核问询要求进行必要的补充调查和核查，及时、逐项回复审核问询事项，补充或者修改相应申请文件，在收到审核问询之日起二十个工作日内通过审核系统提交回复文件。预计难以在规定的时间内回复的，保荐机构应当及时提交延期回复申请，说明延期理由及具体回复时限，延期一般不超过二十个工作日。上市公司及其保荐机构、证券服务机构回复本所审核问询的时间总计不超过两个月。

落实上市委员会意见、本所中止审核、请示有权机关、实施现场检查、实施现场督导、要求进行核查等情形，不计算在前款所规定的时限内。

上市公司及其保荐机构、证券服务机构对本所审核问询的回复是发行上市申请文件的组成部分，上市公司及其保荐机构、证券服务机构应当保证回复的真实、准确、完整。

上市公司应当及时披露对本所的审核问询回复，并在披露后委托保荐机构通过本所审核系统报送相关文件。

第二十七条 本所在审核过程中，可以根据需要，约见问询上市公司的控股股东、

实际控制人、董事、监事、高级管理人员以及保荐机构、证券服务机构及其相关人员，调阅上市公司、保荐机构、证券服务机构与本次申请相关的资料。

第二十八条 本所在审核过程中，发现上市公司申请文件存在重大疑问且上市公司及其保荐机构、证券服务机构回复中无法作出合理解释的，可以对上市公司、保荐机构等主体进行现场检查。

第二十九条 上市公司回复本所审核问询或者发生其他情形时，需更新申请文件的，应当进行修改、更新。

第三十条 上市公司发行股票的，本所自受理之日起两个月内出具符合发行条件、上市条件和信息披露要求的审核意见或者作出终止发行上市审核的决定。

上市公司及其保荐机构、证券服务机构回复本所审核问询的时间不计算在本条规定的时限内。

发行上市审核过程的中止审核、请示有权机关、落实上市委员会意见、暂缓审议、处理会后事项、实施现场检查、实施现场督导、要求进行专项核查，并要求上市公司补充、修改申请文件等情形，不计算在本条规定的时限内。

第三十一条 本所审核完成，认为符合发行条件、上市条件和信息披露要求的，向中国证监会报送审核意见、相关审核资料和上市公司的股票发行上市申请文件。

中国证监会要求本所进一步问询的，本所向发行人及其保荐机构、证券服务机构提出反馈问题。

中国证监会在注册程序中，决定退回本所补充审核的，本所发行上市审核机构对要求补充审核的事项重新审核。本所审核通过的，重新向中国证监会报送审核意见及相关资料；审核不通过的，作出终止发行上市审核的决定。

第二节 上市公司向不特定合格投资者公开发行股票的审核

第三十二条 上市公司向不特定合格投资者公开发行股票的申请与受理、审核机构审核、上市委员会会议、向中国证监会报送审核意见、特殊情形处理，本规则已作规定的，适用本规则；本规则未作规定的，参照适用《北京证券交易所向不特定合格投资者公开发行股票并上市审核规则（试行）》（以下简称《公开发行并上市审核规则》）的相关规定。

第三十三条 本所发行上市审核机构按照规定对上市公司向不特定合格投资者公开发行股票的申请文件进行审核，出具审核报告。发行上市审核机构经审核提出初步审核意见后，由本所上市委员会按照规定程序进行审议，提出审议意见。

第三十四条 上市公司向不特定合格投资者公开发行股票的，本所发行上市审核机构收到问询回复后，认为不需要进一步问询的，提请上市委员会审议。

在本所发出上市委员会审议会议通知时，上市公司应当披露更新后的募集说明书等申请文件。

第三十五条 上市委员会召开审议会议，对本所发行上市审核机构出具的审核报告及上市公司发行上市申请文件进行审议，通过合议形成是否符合发行条件、上市条件和信息披露要求的审议意见。

上市委员会要求对上市公司及其保荐机构进行现场问询的，上市公司代表及保荐代表人应当到会接受问询，回答参会委员提出的问题。

上市公司存在尚待核实的重大问题，无法形成审议意见的，经会议合议，可以对该上市公司的发行上市申请暂缓审议，暂缓审议时间不超过两个月。待相关事项核查完毕后，本所发行上市审核机构再次提请上市委员会审议。对上市公司同一发行上市申请，上市委员会只能暂缓审议一次。

第三十六条 上市公司申请向不特定合格投资者公开发行股票的，本所结合上市委员会的审议意见，出具符合发行条件、上市条件和信息披露要求的审核意见，或者作出终止发行上市审核的决定。

上市委员会审议通过但要求上市公司补充披露有关信息的，本所发行上市审核机构通知保荐机构组织落实，并对落实情况进行核对，通报参会委员。上市公司补充披露相关事项后，本所出具审核意见。

第三节 上市公司向特定对象发行股票的审核

第三十七条 本所发行上市审核机构按照规定对上市公司向特定对象发行股票的申请文件进行审核，出具审核报告。

本所结合发行上市审核机构出具的审核报告，出具符合发行条件、上市条件和信息披露要求的审核意见，或者作出终止发行上市审核的决定。

第三十八条 上市公司按照《再融资办法》第二十八条的规定无需提供证券公司出具的保荐文件以及律师事务所出具的法律意见书的，应当向本所提交募集说明书等股票发行上市申请文件。

本所发行上市审核机构提出审核问询的，上市公司应当按照本所审核问询要求进行必要的补充调查和核查，及时、逐项回复审核问询事项，补充或者修改相应申请文件。

第三十九条 上市公司适用《再融资办法》第三十二条第二款规定的审核程序（以下简称简易程序）发行股票的，应当在经年度股东大会授权的董事会审议本次向特定对象发行股票有关事项前，以竞价方式确定发行价格和发行对象，并与发行对象签订认购合同，经年度股东大会授权的董事会应当对竞价结果等发行事项作出决议。

上市公司及其控股股东、实际控制人、董事、监事、高级管理人员应当在募集说明书中就本次发行上市符合发行条件、上市条件、信息披露要求及适用简易程序要求作出承诺。保荐机构应当在发行保荐书、上市保荐书中，就本次发行上市符合发行条件、上市条件和信息披露要求及适用简易程序要求发表明确核查意见。

第四十条 存在下列情形之一的，不得适用简易程序：

（一）上市公司股票被实施退市风险警示或其他风险警示；

（二）上市公司及其控股股东、实际控制人、现任董事、监事、高级管理人员最近三年受到中国证监会行政处罚，最近一年受到中国证监会行政监管措施或证券交易所、全国中小企业股份转让系统有限责任公司（以下简称全国股转公司）纪律处分；

（三）本次发行上市的保荐机构或保荐代表人、证券服务机构或相关签字人员最近一年因同类业务受到中国证监会行政处罚或者受到证券交易所、全国股转公司纪律处分；

（四）本所规定的其他情形。

简易程序规定的融资总额仅包括通过简易程序募集的资金金额，不通过简易程序募集的资金不纳入计算的范围。

第四十一条 适用简易程序的，上市公司及其保荐机构应当在年度股东大会授权的董事会通过本次发行事项后的二十个工作日内向本所提交下列申请文件：

（一）募集说明书、发行保荐书、审计报告、法律意见书、股东大会决议、经股东大会授权的董事会决议等发行上市申请文件；

（二）上市保荐书；

（三）与发行对象签订的附生效条件股份认购合同；

（四）中国证监会或者本所要求的其他文件。

上市公司及其保荐机构未在前款规定的时限内提交发行上市申请文件的，不再适用简易程序。

第四十二条 采用简易程序发行股票的，本所在收到申请文件后两个工作日内，对申请文件进行齐备性核对，作出是否受理的决定。申请文件不符合齐备性要求的，本所不予受理。

保荐机构就本次发行上市发表明确肯定的核查意见的，本所自受理之日起三个工作日内，出具符合发行条件、上市条件和信息披露要求的审核意见，并向中国证监会报送相关审核意见和上市公司的证券发行上市申请文件。

前款期限不包含上市公司及其保荐机构、律师事务所、会计师事务所及其他证券服务机构回复本所审核问询的时间。

本所发行上市审核机构发现本次发行上市申请明显不符合简易程序适用条件的，本所作出终止发行上市审核的决定。

第四章 特殊情形处理

第四十三条 本章所称重大事项，是指可能对上市公司符合发行条件、上市条件或者信息披露要求产生重大影响的事项。

第四十四条 本所受理上市公司的发行上市申请文件后至新增股票上市交易前，

发生重大事项的，上市公司及其保荐机构、证券服务机构应当及时向本所报告，并按要求更新发行上市申请文件和信息披露资料。

第四十五条 重大事项报告与处理的具体要求参照适用《公开发行并上市审核规则》的相关规定。

第四十六条 上市公司证券发行上市审核程序的中止、终止等情形参照适用《公开发行并上市审核规则》的相关规定。

第四十七条 上市公司向不特定合格投资者公开发行股票的，可以参照《公开发行并上市审核规则》的规定向本所申请复审。

第四十八条 上市公司对本所作出的不予受理决定、向不特定合格投资者公开发行股票的复审决定或向特定对象发行股票的终止审核决定存在异议的，可以按照本所相关规定申请复核。

第五章 自律管理

第四十九条 违反本规则，本所可以视情节轻重采取以下自律监管措施：

（一）口头警示；

（二）约见谈话；

（三）要求提交书面承诺；

（四）出具警示函；

（五）限期改正；

（六）要求公开更正、澄清或说明；

（七）要求公开致歉；

（八）本所规定的其他自律监管措施。

第五十条 违反本规则，本所可以视情节轻重采取以下纪律处分：

（一）通报批评；

（二）公开谴责；

（三）六个月至五年内不接受上市公司提交的发行上市申请文件；

（四）三个月至三年内不接受保荐机构、证券服务机构提交的发行上市申请文件、信息披露文件；

（五）三个月至三年内不接受保荐代表人及保荐机构其他相关责任人员、证券服务机构相关责任人员签字的发行上市申请文件、信息披露文件；

（六）公开认定上市公司董事、监事、高级管理人员三年以上不适合担任上市公司董事、监事、高级管理人员；

（七）本所规定的其他纪律处分。

第五十一条 本规则第六条规定的主体出现下列情形之一的，本所可以视情节轻重采取口头警示、约见谈话、要求限期改正等自律监管措施，或者给予通报批评、公开谴责、三个月至一年内不接受保荐机构、证券服务机构及相关责任人员提交或签字的发行上市申请文件及信息披露文件、六个月至一年内不接受上市公司提交的发行上市申请文件等纪律处分：

（一）制作、出具的发行上市申请文件不符合要求，或者擅自改动募集说明书等发行上市申请文件；

（二）发行上市申请文件、信息披露文件内容存在重大缺陷，严重影响投资者理解和本所审核；

（三）发行上市申请文件、信息披露文件未做到真实、准确、完整，但未达到虚假记载、误导性陈述和重大遗漏的程度；

（四）发行上市申请文件前后存在实质性差异且无合理理由；

（五）未在规定时限内回复本所审核问询，且未说明理由；

（六）未及时向本所报告相关重大事项或者未及时披露；

（七）本所认定的其他情形。

第五十二条 存在下列情形之一的，本所可以对上市公司给予一年至五年内不接受其提交的发行上市申请文件的纪律处分：

（一）上市公司向本所报送的发行上市申请文件、信息披露文件被认定存在虚假记载、误导性陈述或者重大遗漏；

（二）上市公司拒绝、阻碍、逃避本所检查，谎报、隐匿、销毁相关证据材料；

（三）上市公司及其关联方以不正当手段严重干扰本所发行上市审核工作；

（四）重大事项未向本所报告或者未披露；

（五）发行上市申请文件中上市公司或者其控股股东、实际控制人、董事、监事、高级管理人员的签字、盖章系伪造、变造。

上市公司在发行上市申请文件中隐瞒重要事实或者编造重大虚假内容的，本所对上市公司给予五年内不接受其提交的发行上市申请文件的纪律处分；对相关责任人员，可以视情节轻重，采取公开认定三年以上不适合担任上市公司董事、监事、高级管理人员的纪律处分。

第五十三条 上市公司的控股股东、实际控制人违反本规则规定，致使上市公司报送的发行上市申请文件、信息披露文件被认定存在虚假记载、误导性陈述或者重大遗漏，或者组织、指使上市公司进行财务造假、利润操纵或者在发行上市申请文件中隐瞒重要事实或编造重大虚假内容的，本所可以视情节轻重，对相关主体给予通报批评、公开谴责，或者一年至五年内不接受控股股东、实际控制人及其控制的其他发行人提交的发行上市申请文件等纪律处分，对相关责任人员采取公开认定三年以上不适合担任上市公司董事、监事、高级管理人员的纪律处分。

上市公司的董事、监事、高级管理人员违反本规则规定，致使上市公司报送的发行上市申请文件、信息披露文件被认定存在虚假记载、误导性陈述或者重大遗漏的，本所可以视情节轻重，给予通报批评、公开谴责、公开认定三年以上不适合担任上市公司董事、监事、高级管理人员等纪律处分。

第五十四条 保荐机构未勤勉尽责，致使发行上市申请文件、信息披露文件被认定存在虚假记载、误导性陈述或者重大遗漏的，本所可以视情节轻重，对保荐机构、保荐代表人及相关责任人员给予一年至三年内不接受其提交或签字的发行上市申请文件、信息披露文件的纪律处分。

证券服务机构未勤勉尽责，致使发行上市申请文件、信息披露文件中与其职责有关的内容及其所出具的文件被认定存在虚假记载、误导性陈述或者重大遗漏的，本所可以视情节轻重，对相关机构及其责任人员给予三个月至三年内不接受其提交或签字的发行上市申请文件、信息披露文件的纪律处分。

保荐机构、证券服务机构及其相关责任人员存在下列情形之一的，本所可以视情节轻重，给予三个月至三年内不接受其提交或者签字的发行上市申请文件、信息披露文件的纪律处分：

（一）伪造、变造发行上市申请文件中的签字、盖章；

（二）重大事项未报告或者未披露；

（三）以不正当手段干扰本所发行上市审核工作；

（四）内部控制、尽职调查等制度存在缺陷或者未有效执行；

（五）通过相关业务谋取不正当利益；

（六）不履行其他法定职责。

第五十五条 上市公司按照《再融资办法》第二十八条的规定无需提供证券公司出具的保荐文件以及律师事务所出具的法律意见书的，本所对相关发行上市加强监管。

本所在监管中发现相关主体违反相关规则的，按照本规则从重处理。

第五十六条 上市公司适用简易程序发行股票的，本所对相关发行上市加强事后监管。

本所在监管中发现相关主体违反相关规则的，按照本规则从重处理，并给予一年至五年内不接受相关上市公司和保荐机构简易程序发行上市申请的纪律处分。

第五十七条 保荐机构报送的发行上市申请文件在十二个月内累计两次被不予受理的，自第二次收到本所不予受理通知之日起三个月后，方可报送新的申请文件。

本所认为上市公司不符合发行条件、上市条件或信息披露要求，作出终止发行上市审核决定，或者中国证监会作出不予注册决定的，自决定作出之日起六个月后，上市公司方可再次提出发行上市申请。

第五十八条 本所发现相关主体涉嫌违反法律法规和中国证监会相关规定的，应当向中国证监会报告。

第六章 附则

第五十九条 上市公司发行可转换为股票的公司债券、优先股等中国证监会认可的其他证券的审核程序，适用本规则关于发行股票的相关审核程序，本所另有规定的除外。

第六十条 本规则须经中国证监会批准后生效，修改时亦同。

第六十一条 本规则自 2021 年 11 月 15 日起施行。

关于发布《北京证券交易所上市公司证券发行与承销业务指引》的公告

北证公告〔2021〕28号

为了规范北京证券交易所（以下简称本所）上市公司证券发行与承销行为，保护投资者合法权益，本所制定了《北京证券交易所上市公司证券发行与承销业务指引》，现予以发布，自2021年11月15日起施行。

特此公告。

附件：北京证券交易所上市公司证券发行与承销业务指引

北京证券交易所

2021年11月2日

北京证券交易所上市公司证券发行与承销业务指引

第一章　总则

第一条　为规范北京证券交易所（以下简称本所）上市公司证券发行行为，保护投资者合法权益，根据《北京证券交易所上市公司证券发行注册管理办法（试行）》（以下简称《再融资办法》）、《北京证券交易所股票上市规则（试行）》《北京证券交易所证券发行与承销管理细则》（以下简称《发行承销管理细则》）等规定，制定本指引。

第二条　上市公司向不特定合格投资者公开发行股票，向特定对象发行股票、可转换为股票的公司债券（以下简称可转换公司债券）或本所认定的其他情形的有关发行承销事宜适用本指引。本指引未作规定的，适用本所其他相关规定。

第三条　上市公司的控股股东、实际控制人、董事、监事、高级管理人员以及证券公司、证券服务机构及其相关人员，不得利用证券发行谋取不正当利益，禁止泄露内幕信息和利用内幕信息进行证券交易或者操纵交易价格。

上市公司发行证券的，应当遵循本所有关内幕信息知情人登记管理制度。

第四条　上市公司应当按照《北京证券交易所股票上市规则（试行）》规定建立募集资金存储、使用、监管和责任追究的内部制度，明确募集资金使用的分级审批权限、决策程序、风险防控措施和信息披露要求。

第二章　上市公司向不特定合格投资者公开发行

第五条　上市公司向不特定合格投资者公开发行股票的，发行承销实施安排适用本指引；本指引未作规定的，参照适用《北京证券交易所股票向不特定合格投资者公开发行与承销业务实施细则》（以下简称《发行承销实施细则》）的相关规定。

第六条　上市公司和主承销商应当在取得中国证监会注册文件后，及时向本所提交发行与承销方案。

第七条　上市公司向不特定合格投资者公开发行股票的，发行价格可以由发行人与主承销商协商确定，但是应当不低于公告招股意向书前二十个交易日或者前一个交易日公司股票均价。

第八条　上市公司向不特定合格投资者公开发行股票可以通过网上方式或网上、

网下两种方式进行。网上发行应当通过本所交易系统进行，网下发行可以由发行人和主承销商自行组织。

参与网下发行的投资者的具体条件、发行程序应当在发行公告中确定并披露。符合前述条件的投资者可以同时通过网上、网下两种方式参与申购。其他合格投资者通过网上方式参与申购。

第九条 向股权登记日登记在册的原股东优先配售的，优先配售比例应当在发行公告中披露。

原股东参与优先配售应当通过网上方式进行，无法通过网上方式参与的，可以通过网下方式进行。

原股东除可参与优先配售外，也可参与优先配售后剩余部分的网上、网下发行。

第十条 发行人和主承销商应当在发行公告中明确，参与网上发行的投资者、参与优先配售的原股东在申购时全额缴纳申购资金。

网下发行由发行人和主承销商自行组织的，主承销商可以向参与网下发行的投资者收取不超过拟申购金额20%的保证金，主承销商对投资者分类配售的，可以根据投资者类别设定不同的保证金比例。

第十一条 发行人和主承销商应当合理确定并在发行公告中披露网上申购上限。投资者申购数量不得高于发行公告中确定的申购上限，如超过则该笔申购无效。

第十二条 网上投资者有效申购总量大于网上发行数量时，发行人和主承销商应当按照比例配售原则或者本所规定的其他配售原则向网上投资者配售股票。

第十三条 主承销商对参与网下发行的投资者进行分类的，应当在发行公告中充分说明分类配售的理由、必要性和分类标准，可以对不同类别的投资者设定不同的配售比例，但对同一类别的投资者应当按照相同比例配售。

第十四条 发行人和主承销商应当在网下配售和网上发行之间建立回拨机制，回拨后网上发行获配率和网下发行的最低获配比例趋于一致。

主承销商应当根据网上有效申购总量和回拨后的网上发行数量确定配售比例并公布配售结果。

第十五条 市场发生重大变化，投资者弃购数量超过本次发行股票数量10%的，发行人和主承销商可以将投资者弃购部分向参与网下发行的投资者进行二次配售。

安排二次配售的，发行人与主承销商应当在发行与承销方案中约定二次配售的程序、投资者条件和配售原则等。

启动二次配售时，发行人和主承销商应当披露二次配售公告，披露参与二次配售股份的数量、投资者范围、配售原则、实施程序、获配投资者的缴款安排及二次配售后剩余股份的安排。

二次配售完成后，应当披露网上、网下以及原股东优先配售的最终发行认购结果。

第十六条 上市公司公开发行采用超额配售选择权的，参照适用《发行承销管理细则》和《发行承销实施细则》等规则的相关规定。

第三章　上市公司向特定对象发行

第一节　一般规定

第十七条　董事、股东参与认购或者与发行对象存在关联关系的，应当在董事会、股东大会审议发行方案时回避表决，上市公司向原股东配售股份的除外。

第十八条　上市公司和主承销商向投资者进行推介路演不得早于董事会决议公告日，且不得采取任何公开方式。

适用《再融资办法》第三十二条第二款规定的审核程序（以下简称简易程序）向特定对象发行的，上市公司和主承销商可以在年度股东大会后，按照前款规定向符合条件的投资者进行推介。参加推介路演的投资者、上市公司和主承销商等机构及其人员应当纳入上市公司内幕信息知情人范围进行登记和管理。

第二节　向特定对象发行股票

第十九条　上市公司董事会决议确定全部发行对象的，应当同时确定发行对象的认购数量或金额、认购价格或定价原则，并提交股东大会审议。

上市公司和主承销商在取得中国证监会的予以注册决定后，应当按照股东大会决议及认购合同的约定发行股票。

第二十条　上市公司董事会决议未确定全部发行对象的，上市公司和主承销商应当向符合条件的特定对象提供认购邀请书，且应当通过竞价方式确定发行价格和其他发行对象。董事会决议确定的发行对象不得参与本次发行的竞价，且应当接受竞价结果。

上市公司董事会应当对本次发行的定价原则以及发行对象的范围、资格、确定依据进行决议。董事会决议还应当明确通过竞价方式无法确定发行价格时，已确定的发行对象是否继续参与认购、认购股份数量及认购价格的确定原则。股东大会应当对前述事项进行审议。

第二十一条　上市公司向特定对象发行股票的，发行价格应当不低于定价基准日前二十个交易日公司股票均价的80%。

第二十二条　董事会决议确定发行对象的，上市公司应当在召开董事会的当日或者前一日与具体发行对象签订附生效条件的认购合同。

前款所述认购合同应当载明该发行对象拟认购股份的数量或数量区间或者金额或金额区间、认购价格或定价原则、限售期及违约情形处置安排，同时约定本次发行一经上市公司董事会、股东大会或经年度股东大会授权的董事会批准并经中国证监会注册，该合同即应生效。

第二十三条 适用简易程序的，上市公司和主承销商应当在召开年度股东大会授权的董事会前向发行对象提供认购邀请书，以竞价方式确定发行价格和发行对象，由上市公司董事会对本次竞价结果等发行上市事项进行审议。

认购合同应当约定，本次发行一经年度股东大会授权的董事会批准并经中国证监会注册，该合同即应生效。

第二十四条 上市公司向特定对象发行股票董事会决议公告后，符合条件的特定对象可以向上市公司和主承销商提交认购意向书。

适用简易程序的，上市公司向特定对象发行股票年度股东大会决议公告后，符合条件的特定对象可以向上市公司和主承销商提交认购意向书。

第二十五条 上市公司和主承销商应当在取得中国证监会注册文件后，及时向本所提交发行与承销方案。本所 2 个交易日内未提出异议的，上市公司和主承销商可以启动发行工作。

适用简易程序的，上市公司及主承销商应当在中国证监会作出予以注册决定后 2 个交易日内向本所提交发行相关文件。

第二十六条 上市公司和主承销商应当在发行与承销方案及认购邀请书中明确中止发行和发行失败的情形及安排，约定认购不足或者缴款不足时追加认购的操作程序、对象要求等。追加认购的实施期限累计不得超过 10 个工作日。

主承销商、律师应当就约定的中止发行情形是否符合法律法规，是否符合公平、公正原则及其合理性、必要性发表明确意见。

第二十七条 上市公司及主承销商应当按照公正、透明的原则，在认购邀请书中事先约定选择发行对象、收取认购保证金及投资者违约时保证金的处理方式、确定认购价格、分配认购数量等事项的操作规则。主承销商向发行对象收取的认购保证金不得超过拟认购金额的 20%。

上市公司和主承销商应当根据《再融资办法》及认购邀请书中事先约定的原则发送认购邀请书。

第二十八条 认购邀请书发出后，上市公司和主承销商应当在认购邀请书约定的时间内收集投资者签署的申购报价表。

在申购报价期间，上市公司和承销商应当确保任何工作人员不泄露发行对象的申购报价情况，申购报价过程应当由律师现场见证。

第二十九条 上市公司和承销商的控股股东、实际控制人、董事、监事、高级管理人员及其控制或施加重大影响的关联方不得参与竞价。

第三十条 申购报价结束后，上市公司及主承销商应当对有效申购按照报价高低进行累计统计，按照价格优先等董事会决议确定的原则合理确定发行对象、发行价格和发行数量。

第三十一条 主承销商出具的专项核查意见应当详细披露本次发行的全部过程，

列示发行对象的申购报价情况及其获得配售的情况，并对发行结果是否公平、公正，是否符合向特定对象发行股票的有关规定发表明确意见。

上市公司律师的专项法律意见书应当详细披露本次发行的全部过程，并对发行过程的合规性、发行结果是否公平、公正，是否符合向特定对象发行股票的有关规定发表明确意见。上市公司律师应当对认购邀请书、申购报价表、认购合同及其他有关法律文书进行见证，并在专项法律意见书中确认有关法律文书合法有效。

第三十二条 发行结果确定后，上市公司应当与发行对象签订正式认购合同，发行对象应当按照合同约定缴款。

发行对象认购资金应当先划入主承销商为本次发行专门开立的账户，验资完毕后，扣除相关费用再划入上市公司募集资金专项存储账户。

第三十三条 上市公司和主承销商应当在本次发行验资完成后的 2 个交易日内报送发行情况报告书、发行过程和认购对象合规性报告、专项法律意见书等。

第三十四条 适用《再融资办法》第三十七条规定分期发行的，每期发行应当向本所报送发行与承销方案，每期发行后 5 个工作日内将发行情况向本所报备。

第三十五条 适用《再融资办法》规定未聘用证券公司承销的，上市公司向本所报备发行与承销方案，并在验资完成后办理股份登记等事宜。

第三节 向特定对象发行可转换公司债券

第三十六条 上市公司向特定对象发行可转换公司债券的，应当由董事会确定本次发行对象的范围、资格和确定依据，以及票面利率确定原则，并提交股东大会审议。

第三十七条 上市公司和主承销商应当按照公正、透明的原则，在认购邀请书中事先约定选择发行对象、收取认购保证金及投资者违约时保证金的处理方式、确定转股价格、确定票面利率、分配认购数量等事项的操作规则，主承销商向发行对象收取的认购保证金不得超过拟认购金额的 20%。

第三十八条 认购邀请书发出后，上市公司和主承销商应当在认购邀请书约定的时间内收集投资者签署的利率申报表。

在利率申报期间，上市公司和承销商应当确保不以任何方式泄露发行对象的申报情况，申报过程应当由律师现场见证。

第三十九条 利率申报结束后，上市公司和主承销商应当对有效申购按照申报的利率由低到高进行累计统计，按照利率优先等董事会决议确定的原则合理确定发行对象、票面利率和发行数量。董事会决议确定的原则应当公平、公正，符合上市公司及其全体股东的利益。

第四十条 上市公司向特定对象发行可转换公司债券的，发行与承销方案报送、认购合同签订、认购缴款及验资完成后文件报送等程序，参照本指引关于向特定对象发行股票的相关规定执行。

第四节　向原股东配售股份

第四十一条　上市公司向原股东配售股份（以下简称配股）的，配股价格应当由上市公司和主承销商根据公司股票在二级市场的价格、市盈率及市净率、募集资金投资项目的资金需求量等因素协商确定，配股价格不得低于1元/股。

第四十二条　上市公司配股的，应当在发行与承销方案中明确发行失败后的退款及补偿安排、纠纷解决机制等，并按照本所相关规定披露发行阶段公告，办理股份登记等事宜。

第四章　其他事项

第四十三条　发行对象承诺对其认购股票进行限售的，应当按照其承诺办理自愿限售，并予以披露。

第四十四条　上市公司中止发行后，在中国证监会注册文件有效期内，符合《再融资办法》的发行条件，且未发生可能影响本次发行的重大事项的，发行人和主承销商报经本所备案可以重新启动发行。

第四十五条　取得中国证监会注册文件后，上市公司发生影响证券发行或投资者判断重大事项的，在处理完成相关事项且符合要求的前提下，方可启动发行。

第四十六条　上市公司及相关主体违反本指引及相关规定的，本所可以采取自律监管措施或纪律处分。

第五章　附则

第四十七条　上市公司发行前特定期间股票交易均价=特定期间内交易总额/股票交易总量，不包含大宗交易。特定期间指本指引第七条和第二十一条规定的均价期间。

第四十八条　上市公司发行证券购买资产同时募集配套资金的，募集配套资金部分的证券发行与承销参照适用本指引。

第四十九条　上市公司向特定对象发行优先股的，发行与承销参照适用本指引。

第五十条　本指引由本所负责解释。

第五十一条　本指引自2021年11月15日起施行。

关于发布《北京证券交易所上市公司证券发行业务办理指南第1号——向不特定合格投资者公开发行股票》的公告

北证公告〔2021〕29号

为了规范北京证券交易所（以下简称本所）上市公司向不特定合格投资者公开发行股票的信息披露和相关业务办理流程，本所制定了《北京证券交易所上市公司证券发行业务办理指南第1号——向不特定合格投资者公开发行股票》，现予以发布，自2021年11月15日起施行。

特此公告。

附件：北京证券交易所上市公司证券发行业务办理指南第1号——向不特定合格投资者公开发行股票

北京证券交易所

2021年11月2日

北京证券交易所上市公司证券发行业务办理指南第 1 号——向不特定合格投资者公开发行股票

为规范北京证券交易所上市公司（以下简称发行人）向不特定合格投资者公开发行股票的信息披露和相关业务办理流程，根据《北京证券交易所证券发行与承销管理细则》（以下简称《发行与承销管理细则》）《北京证券交易所上市公司证券发行与承销业务指引》（以下简称《发行业务指引》）等相关规定，制定本业务指南。

1. 基本规定

1.1 发行人向不特定合格投资者公开发行股票（以下简称公开发行）适用本指南的规定。发行人应当在中国证监会注册文件有效期内按照《发行与承销管理细则》《发行业务指引》组织发行。

1.2 公开发行申购代码为“889×××”；申购简称为“××增发”，其中“××”取自发行人股票简称。发行人应在发行公告中正确披露公开发行所采用的代码及对应简称。

1.3 原股东在股权登记日持有的有优先认购权的股票托管在两个或两个以上证券营业部的，只能在其中一家证券营业部申购，优先认购权按其拥有的有优先认购权的全部股票合并计算。

1.4 公开发行业务实行电子化办理。发行人、主承销商通过北京证券交易所（以下简称本所）业务支持平台（以下简称 BPM 系统）报送发行文件，上传信息披露文件并接收申购数据等。主承销商通过 BPM 系统提交的文件，应当符合本指南的格式规范。

1.5 本指南所称日均为交易日。申购日为 T 日，新增股份上市日为 L 日。

2. 发行前的准备

2.1 提交发行与承销方案

发行人公开发行申请经中国证监会同意注册后，主承销商通过 BPM 系统“发行承销—发行与承销方案填报”模块提交发行与承销方案等相关文件（见表 1）。

发行人经中国证监会同意注册后、发行前，如因发行人送股、转增及其他原因引起公司股份变动，发行数量做出相应调整的，需在发行与承销方案中说明原因和调整结果。

表 1

序号	文件名称	披露要求	报送方式	报送时间
1	公开发行股票的申请	无需披露	BPM 提交	当日 10：00 前
2	发行与承销方案	无需披露	BPM 提交	当日 10：00 前
3	重大事项确认函	无需披露	BPM 提交	当日 10：00 前
4	文件一致承诺函	无需披露	BPM 提交	当日 10：00 前
5	主承销商经办人员的身份证明文件及授权书	无需披露	BPM 提交	当日 10：00 前
6	发行人经办人员的身份证明文件及授权书	无需披露	BPM 提交	当日 10：00 前
7	发行人不存在未实施的利润分配方案的说明	无需披露	BPM 提交	当日 10：00 前
8	超额配售选择权方案（如有）	无需披露	BPM 提交	当日 10：00 前
9	延期交付协议（如有）	无需披露	BPM 提交	当日 10：00 前
10	承销协议及补充协议	无需披露	BPM 提交	当日 10：00 前
11	承销团协议（如有）	无需披露	BPM 提交	当日 10：00 前
12	其他文件（如有）	无需披露	BPM 提交	当日 10：00 前

注 1 发行与承销方案应由发行人和主承销商加盖公章。

注 2 主承销商经办人员的身份证明文件及授权书：主承销商经办人员的身份证复印件以及主承销商出具的由董事长或者总经理签名的授权书。

注 3 发行人经办人员的身份证明文件及授权书：发行人经办人员的身份证复印件及发行人出具的由董事长或者总经理签名的授权书。

注 4 超额配售选择权方案应由发行人和主承销商加盖公章。

注 5 其他文件：发行人与主承销商认为需要提交或本所要求提交的其他类型文件。(下同)

主承销商提交发行与承销方案等文件的同时需填写项目信息表单。主承销商应在信息表单中填报中国证监会注册文件到期日、主承销商在中国结算北京分公司开立的自营结算备付金账户等内容。

2.2 与中国结算北京分公司联系办理发行前的相关手续

发行人及主承销商应当提前与中国结算北京分公司发行人业务部、结算业务部等有关部门联系，了解公开发行的相关工作。

2.3 网上路演有关的准备事宜

发行人和主承销商确定网上路演日后，应及时与本所联系。

3. 发行

主承销商提交发行与承销方案后，本所 2 日内无异议的，主承销商可在 BPM 系统“发行承销—选择发行代码”模块选择发行代码，启动发行。发行代码一经选择，不可更改。

3.1 T-3 日

发行人、主承销商在 BPM 系统“发行承销—申购申请”模块上传《网上路演公告》《网上发行公告》《网下发行公告》、回购专用证券账户及其他无权参与配售的证券账户明细表等文件（见表 2）同时填写并提交申购信息单。

表 2

序号	文件名称	披露要求	报送方式
1	网上路演公告	披露	BPM 提交
2	招股意向书	披露	BPM 提交
3	网上发行公告	披露	BPM 提交
4	网下发行公告	披露	BPM 提交
5	发行保荐书	披露	系统自动提取
6	法律意见书	披露	系统自动提取
7	回购专用证券账户及其他无权参与配售的证券账户明细表	无需披露	BPM 提交
8	其他文件（如有）	选择披露/无需披露	BPM 提交

3.2 T-1 日

发行人、主承销商进行网上路演。发行人、主承销商应当于 15：00 前，提交《公开发行提示性公告》和《股票停牌申请》，停牌期限为 T 日至 T+2 日，共 3 个交易日。

3.3 T 日

3.3.1 投资者可于申购日 9：15-11：30 和 13：00-15：00，通过证券公司进行申购委托。

3.3.2 同一投资者对同一只股票使用多个证券账户申购，或者使用同一证券账户申购多次的，以第一笔申购为准。

3.3.3 本所对重复申报等不符合要求的申报进行剔除。

3.3.4 原股东通过交易系统申购的股票数量超过可优先认购股数的，超出部分视为参与网上申购。

3.3.5 申购日 16：00 后，主承销商可在 BPM 系统“发行承销—申购结果”模块查看《原股东优先配售认购情况表》和《网上发行情况表》。

3.4 T+1 日

3.4.1 结算参与人应当于 15：30 前向中国结算北京分公司申报投资者资金不足导致的无效申购信息。

3.4.2 结算参与人应当于 16：00 前根据中国结算北京分公司提供的清算数据将申购资金足额存入综合结算备付金账户，中国结算北京分公司与结算参与人完成股票申购资金交收。

3.4.3 本所根据中国结算北京分公司发送的资金缺口数据及无效申购信息进行申购无效处理。

3.4.4 主承销商可于 20：00 后在 BPM 系统“发行承销—申购结果”模块查看投资者缴款资金到账情况。

3.5 T+2 日

3.5.1 主承销商确定最终发行数量、网上网下配售比例。主承销商应当于 10：00 前在 BPM 系统“发行承销—配售申请”模块填写原股东获得优先配售的股票数量、回拨后网上发行数量、回拨后网下发行数量、拟包销数量等，并上传《包销明细表》（如有）《网下配售明细表》和《股票复牌申请》。

3.5.2 主承销商可于 14：00 后通过 BPM 系统“发行承销—配售结果”模块查看配售结果相关数据。

3.5.3 主承销商应当于 16：00 前向本所提交《公开发行结果公告》《法律意见书》及相关材料。

3.6 T+3 日

3.6.1 主承销商收到中国结算北京分公司划转的认购资金后，将认购资金款项由其自营结算备付金账户提取至其银行账户，并按约定划至发行人指定的银行账户。

3.6.2 会计师事务所对资金到位情况进行验资并出具验资报告。

3.6.3 发行人及主承销商应在发行结束后 2 日内向中国结算北京分公司申请办理新增股份登记。

4. 新增股份上市

收到中国结算出具的信息披露通知 2 日内，发行人及主承销商应申请新增股份上市。

4.1 L−4 日

主承销商于 L−4 日在 BPM 系统“发行承销—新增股份上市”模块上传《新增股份上市提示性公告》等文件（见表 3）。

表 3

序号	文件名称	披露要求	报送方式
1	新增股份上市申请书	无需披露	BPM 提交
2	新增股份上市提示性公告	披露	BPM 提交
3	新增股份上市公告书	披露	BPM 提交
4	股票在北京证券交易所上市保荐书（更新后）	披露	BPM 提交
5	中国结算出具的信息披露通知	无需披露	BPM 提交
6	董事、监事和高级管理人员持股情况变动的报告	披露	BPM 提交
7	验资报告	无需披露	BPM 提交
8	法律意见书	需披露	BPM 提交
9	重大事项确认函	无需披露	BPM 提交
10	其他文件（如有）	选择披露/无需披露	BPM 提交

4. 2 L 日

中国结算北京分公司向发行人出具登记证明材料。发行人股票在本所上市交易。

4. 3 L+10 日内

主承销商应当在 BPM 系统“发行承销—发行项目归档”模块上传承销总结报告、法律意见书、承销补充协议（如有）、承销团补充协议（如有）、其他文件（如有）等文件，经本所确认，点击完成归档。

如存在超额配售选择权的情形，主承销商在超额配售选择权行使期届满或者累计购回股票数量达到超额配售选择权发行股票数量限额的 10 日内，应当上传前款所列文件以及超额配售选择权的实施情况报告、超额配售股票募集资金买入股票完整记录，经本所确认，点击完成归档。

5. 特殊情形处理

5. 1 重大事项报告

发行人提交发行与承销方案后至发行人新增股票在北京证券交易所上市前，发行人发生重大事项可能对发行人是否符合公开发行条件及信息披露要求产生重大影响的，发行人应当提交重大事项专项报告，对具体影响作出解释说明，保荐机构及相关证券服务机构应出具专项核查意见。上述文件通过 BPM 系统“发行承销—特殊事项”模块提交。

5. 2 中止发行

5. 2. 1 出现中止发行情形时，发行人和主承销商应当及时联系本所，并根据相关规则启动中止发行流程，通过 BPM 系统“发行承销—中止发行”模块上传中止申请文件、中止发行公告。

5. 2. 2 中止发行公告披露后，在中国证监会注册文件有效期内，发行人和主承销商可再次启动发行。

6. 其他注意事项

6. 1 公开发行业务发布的所有公告应当由发行人和主承销商共同落款（加盖公章）。

6. 2 发行人和主承销商上传的文件模板在附件中未作要求的，可在 BPM 系统“发行承销—模板下载”模块下载。

附件：1. 发行与承销方案要点
2. 关于通过北京证券交易所交易系统公开发行股票的申请
3. 文件一致承诺函
4. 北京证券交易所上市公司向不特定合格投资者公开发行股票业务操作流程
5. 联系方式

附件 1

发行与承销方案要点

一、发行人的基本情况

包括主营业务、公司控股股东、实际控制人基本情况、公司财务情况简表、募集资金主要用途等。

二、本次发行的基本情况

包括股票种类、发行方式、原股东优先配售和网上网下投资者申购配售缴款安排、二次配售安排（如有）、承销方式、发行时间安排及流程、路演推介安排、中止发行安排、超额配售选择权安排（如有）、股份登记及在北京证券交易所上市安排、本次发行的相关费用等。

三、发行相关准备工作及风险应对

包括发行相关的主要准备工作、本次发行可能存在的风险及应对措施等。

四、发行人及保荐机构（主承销商）联系方式

五、其他需要说明的事项

附件 2

关于通过北京证券交易所交易系统公开发行股票的申请

北京证券交易所：

××股份有限公司（以下简称××××或发行人）公开发行×万股股票已经中国证监会同意注册。为了确保本次股票发行工作顺利进行，发行人和主承销商特此申请于×年×月×日披露招股意向书，并于×年×月×日通过北京证券交易所交易系统进行申购。

在本次“××××”股票发行过程中，发行人和主承销商承诺将按照北京证券交易所发布的相关规则，公开、公平、公正地组织本次发行工作。在本次“××××”股票发行过程中，主承销商将通过贵单位的交易系统接受投资者的申报委托。主承销商将按照规定与发行人进行募集资金的清算与划转。

特此申请。

发行人（盖章）　×年×月×日

主承销商（盖章）　×年×月×日

附件 3

发行人：________________________________公司，

主承销商：________________________________公司

文件一致承诺函

北京证券交易所：

发行人和主承销商共同承诺，本次报送贵单位的招股意向书与中国证监会同意注册的相关文件一致。

发行人（盖章）　　×年×月×日

主承销商（盖章）　×年×月×日

附件 4

北京证券交易所上市公司向不特定合格投资者公开发行股票业务操作流程

序号	阶段	时间	工作内容
1	报送《发行与承销方案》	T-3 日之前	发行人及主承销商应在公开发行经中国证监会同意注册后，通过 BPM 系统报送下列文件： 1. 公开发行股票的申请 2. 发行与承销方案 3. 重大事项确认函 4. 文件一致承诺函 5. 主承销商经办人员的身份证明文件及授权书 6. 发行人经办人员的身份证明文件及授权书 7. 发行人不存在未实施的利润分配方案的说明 8. 超额配售选择权方案（如有） 9. 延期交付协议（如有） 10. 承销协议及补充协议 11. 承销团协议（如有） 12. 其他文件（如有）
2	选择发行代码		本所 2 日内未对《发行与承销方案》提出异议的，主承销商可以选择发行代码，启动发行。
3	上传发行公告	T-3 日	发行人及主承销商通过 BPM 系统报送下列文件： 1. 网上路演公告 2. 招股意向书 3. 网上发行公告 4. 网下发行公告 5. 发行保荐书 6. 法律意见书 7. 回购专用证券账户及其他无权参与配售的证券账户明细表 8. 其他文件（如有）
4	申购准备	T-1 日	1. 网上路演； 2. 15：00 前，提交《公开发行提示性公告》和《股票停牌申请》。
5	申购	T 日（停牌）	16：00 后，查看《原股东优先配售认购情况表》和《网上发行情况表》。
6	查看资金到账	T+1 日（停牌）	20：00 后，查看投资者缴款资金到账情况。

续表

序号	阶段	时间	工作内容
7	确定配售结果	T+2 日（停牌）	1. 10：00 前，确定最终发行数量、网上网下配售比例，并上传《包销明细表》（如有）《网下配售明细表》和《股票复牌申请》； 2. 14：00 后，查看配售结果相关数据； 3. 16：00 前，提交《公开发行结果公告》《法律意见书》及相关材料。
8	募集资金划转	T+3 日（复牌）	1. 收到中国结算北京分公司划转的认购资金后，提取至主承销商银行账户，并按约定划至发行人指定的银行账户； 2. 会计师事务所出具验资报告。
9	新增股份登记手续	L-4 日	10：00 前，发行人及主承销商通过 BPM 系统报送下列文件： 1. 新增股份上市申请书 2. 新增股份上市提示性公告 3. 新增股份上市公告书 4. 股票在北京证券交易所上市保荐书（更新后） 5. 中国结算出具的信息披露通知 6. 董事、监事和高级管理人员持股情况变动的报告 7. 验资报告 8. 法律意见书 9. 重大事项确认函 10. 其他文件（如有）
10	新增股份上市	L 日	新增股份上市交易。

附件 5

联系方式

机构名称	负责事项	联系方式
北京证券交易所	发行承销相关事项	电话：010-63889546； 邮箱：cxzx@ bse. cn
	路演相关事项	电话：010-63889551； 邮箱：luyan@ bse. cn

关于发布《北京证券交易所上市公司证券发行业务办理指南第 2 号——向特定对象发行股票》的公告

北证公告〔2021〕30 号

为了规范北京证券交易所（以下简称本所）上市公司向特定对象发行股票的信息披露和相关业务办理流程，本所制定了《北京证券交易所上市公司证券发行业务办理指南第 2 号——向特定对象发行股票》，现予以发布，自 2021 年 11 月 15 日起施行。

特此公告。

附件：北京证券交易所上市公司证券发行业务办理指南第 2 号——向特定对象发行股票

北京证券交易所

2021 年 11 月 2 日

北京证券交易所上市公司证券发行业务办理指南第 2 号——向特定对象发行股票

为规范北京证券交易所（以下简称本所）上市公司向特定对象发行股票的信息披露和相关业务办理流程，根据《北京证券交易所上市公司证券发行上市审核规则（试行）》（以下简称《再融资审核规则》）、《北京证券交易所上市公司证券发行与承销业务指引》等有关规定，制定本业务指南。

1. 基本要求

1.1　上市公司应当通过本所发行上市审核业务系统（以下简称审核系统）办理向特定对象发行股票业务。保荐机构应当在审核系统中报送向特定对象发行股票申报与审核相关文件，并在次日 9：00 前在审核系统中完成公告关联等业务操作。

1.2　本所实行电子化审核，申请、受理、问询或反馈、回复等事项通过审核系统办理。

2. 申报前准备

2.1　上市公司应当在董事会审议通过向特定对象发行股票有关事项后 2 个交易日内披露董事会决议及向特定对象发行股票募集说明书草案等相关公告。

2.2　上市公司应当在股东大会审议通过向特定对象发行股票有关事项后 2 个交易日内披露股东大会决议等相关公告。

2.3　上市公司筹划向特定对象发行股票的，应当按照中国证监会及本所规定，做好内幕信息知情人登记管理工作。

2.4　上市公司应当在审议通过股票发行具体方案的董事会决议披露之日起 10 个交易日内，通过内幕信息知情人报备系统或本所规定的其他方式，向本所提交下列内幕信息知情人报备文件（附件 1）：

（1）内幕信息知情人登记表；

（2）相关人员买卖上市公司股票的自查报告。自查期间为首次披露股票发行事项的前 6 个月至董事会决议披露之日；

（3）进程备忘录；

（4）上市公司全体董事对内幕信息知情人报备文件真实性、准确性和完整性的承诺书；

（5）本所要求的其他文件。

通过认购新增股份，拟成为上市公司第一大股东、实际控制人，或者应当披露收购报告书、要约收购报告书的，上市公司应当做好各方内幕信息知情人报备文件的汇总，并统一向本所报备。

2.5　本所对自查期间上市公司股票交易情况进行核查，发现明显异常的，可以要求上市公司提交股票交易情况说明。

上市公司决定继续推进本次发行事项的，应当采取措施消除相关事项对上市公司的影响；无法完全消除的，应当在申报前，就股票交易存在明显异常，可能被中国证监会立案调查或司法机关立案侦查，而导致本次发行被中止或者终止的情况披露特别风险提示公告。上市公司的保荐机构、律师应当对公司股票交易情况是否涉嫌内幕交易、是否会影响本次发行发表明确意见。

上市公司自主决定终止本次发行事项的，应当再次召开董事会、股东大会审议终止股票发行事项，并及时发布终止公告披露终止原因。

3. 审核注册

3.1　上市公司应当委托保荐机构，通过审核系统提交向特定对象发行股票申请文件（附件2、3），并填写项目信息。

保荐机构提交申请文件前，应当对项目信息和项目申请文件进行核查，确保符合本所受理要求。

3.2　本所收到申请文件后5个工作日内，通过审核系统发送受理或不予受理的通知。保荐机构可以在审核系统查询。

申请文件不符合受理要求的，本所一次性告知需补正事项，保荐机构可以在审核系统查询。上市公司补正申请文件的，本所收到申请文件的时间以上市公司最终提交补正文件的时间为准。

保荐机构应当组织上市公司、证券服务机构根据补正意见对相关申请文件进行补充完善，并及时通过审核系统提交补正后文件。补正时限最长不得超过30个工作日。多次补正的，补正时间累计计算。

3.3　适用简易程序的，本所收到申请文件后2个工作日内，通过审核系统发送受理或不予受理的通知。

3.4　上市公司应当在取得本所受理通知书当日披露关于收到本所受理通知书的公告，同时披露募集说明书、发行保荐书、上市保荐书、审计报告、法律意见书。

3.5　出现下列情形之一的，上市公司应当在2个交易日内披露相关公告：

（1）收到本所不予受理决定；

（2）收到本所中止或者终止发行上市审核决定；

（3）收到中国证监会中止或者终止发行注册决定；

（4）收到中国证监会同意注册或者不予注册决定；

（5）上市公司撤回证券发行申请。

3.6　自受理之日起 15 个工作日内，本所审核机构通过审核系统发出首轮审核问询，保荐机构可以在审核系统查询，审核问询在本所网站同步披露。

3.7　保荐机构应当组织上市公司、证券服务机构等对审核问询事项进行核查、落实，并自收到审核问询之日起 20 个工作日内，通过审核系统提交回复文件，涉及更新申请文件的，应当上传至对应的文件条目内。

回复文件命名要求包含回复人简称、上市公司证券简称、轮次，例如"××（上市公司证券简称）及××证券关于第一轮问询的回复"、"××会所关于××（上市公司证券简称）第一轮问询的回复"、"××律所关于××（上市公司证券简称）的补充法律意见书（一）"。

问询回复涉及对申请文件进行更新修改的，应当在问询回复中专门说明，并在申请文件中使用楷体加粗方式对修改的内容予以凸显标注。

3.8　预计难以在规定时间内回复的，保荐机构应当在回复截止日前通过审核系统提交延期回复申请（加盖上市公司或保荐机构公章），说明延期理由及预计回复日期，延期一般不超过 20 个工作日。

3.9　上市公司或保荐机构认为拟披露的回复信息属于国家秘密、商业秘密，披露后可能导致其违反国家有关保密的法律法规或者严重损害公司利益的，须提交脱密处理后的问询回复，并将信息披露豁免的说明文件上传至对应的文件条目内。本所经审核认为豁免理由不成立的，上市公司应当按照规定予以披露。

3.10　首轮审核问询后，存在《再融资审核规则》规定情形的，本所继续提出审核问询，保荐机构可以在审核系统查询，审核问询在本所网站同步披露。

3.11　中国证监会认为存在需要进一步说明或者落实事项的，本所进一步问询，保荐机构可以在审核系统查询，审核问询在本所网站同步披露。

3.12　本所根据审核需要，需对上市公司的控股股东、实际控制人、董事、监事、高级管理人员，保荐机构、证券服务机构及其相关人员约见问询的，相关人员应当在约定时间和地点接受问询。

3.13　本所要求调阅相关资料的，上市公司及其保荐机构、证券服务机构应当按照要求及时提交，确保相关资料真实、准确、完整，不得随意修改或损毁。

3.14　上市公司披露收到中国证监会同意注册决定的公告时，应当说明取得注册批文的日期、注册发行的股份数量，并公告本次发行的保荐机构，公开上市公司和保荐机构指定办理本次发行的负责人及其有效联系方式。

3.15　上市公司应当在收到中国证监会同意注册决定后的 2 个交易日内，披露经中国证监会同意注册的募集说明书等相关文件。

4. 组织发行

4.1　上市公司应当在注册批文的有效期内，按照《北京证券交易所上市公司证券发行与承销业务指引》等有关规定组织发行。

4.2　上市公司应当在认购缴款结束后10个交易日内，与保荐机构、存放募集资金的商业银行签订募集资金专户三方监管协议（附件4），聘请符合《证券法》规定的会计师事务所验资。

5. 股份登记及上市

5.1　上市公司应当在本次发行验资完成后的2个交易日内，通过审核系统向本所报送以下文件：

（1）发行情况报告书（披露）；

（2）保荐机构关于本次发行过程和认购对象合规性的报告（披露）；

（3）律师关于本次发行过程和认购对象合规性的报告（披露）；

（4）符合《证券法》规定的会计师事务所出具的验资报告；

（5）向特定对象发行股票新增股票上市申请书；

（6）上市保荐书；

（7）募集资金专户三方监管协议（附件4）；

（8）股份登记明细表（附件5）；

（9）限售申请材料（附件6）；

（10）重大事项确认函（附件7）；

（11）本所要求的其他文件。

5.2　本所核实无误后，将股份登记相关信息推送中国证券登记结算有限责任公司（以下简称中国结算）北京分公司，并通知上市公司和保荐机构办理股份登记手续。

5.3　本所向上市公司送达办理股份登记手续通知后，保荐机构应当协助上市公司按照中国结算北京分公司相关规定办理新增股份登记，与中国结算北京分公司协商确定新增股票上市并公开交易日期，并按照相关要求披露新增股票上市并公开交易的公告、上市保荐书等文件。

5.4　特定对象拟认购本次发行股票，属于《上市公司收购管理办法》所规范的收购及股份权益变动的，应当按照《上市公司收购管理办法》及相关法律法规、规范性文件要求履行程序，在董事会作出申请股票发行的决议后3个交易日内披露简式权益变动报告书或详式权益变动报告书，收购报告书或要约收购报告书等文件。董事会未确定发行对象的，应当在发行情况报告书公告之日起3个交易日内披露上述权益变动公告。

6. 中止、终止审核及终止发行

6.1　发生《北京证券交易所上市公司证券发行注册管理办法（试行）》（以下简称《再融资办法》）、《再融资审核规则》规定的中止审核情形的，保荐机构应当及时通过审核系统向本所提出中止审核申请（加盖上市公司或保荐机构公章）。

上市公司及其保荐机构、证券服务机构未及时告知本所，经确认符合中止审核情形的，本所将直接中止审核。

6.2　中止审核的情形消除后，保荐机构应当通过审核系统提交恢复审核申请（加盖上市公司或保荐机构公章）及中止审核情形已消除的证明文件。本所确认后，恢复审核。

6.3　上市公司或保荐机构申请终止审核的，保荐机构应当及时通过审核系统向本所提交终止审核的相关申请文件。

本所在作出终止审核决定后，通过审核系统向保荐机构发送终止审核的决定书，决定书在本所网站同步披露。

6.4　中国证监会作出同意注册决定至上市公司完成新增股份登记前，出现《再融资办法》规定的终止发行情形的，上市公司、保荐机构应当及时向本所报告，上市公司应当终止向特定对象发行股票，并在 2 个交易日内披露终止发行相关公告，以及保荐机构对上市公司终止发行相关内部审议程序及信息披露义务履行情况、退款安排等事项的专项核查意见。

6.5　上市公司在中国证监会注册批文有效期截止日前未完成缴款验资的，本次股票发行自动终止。上市公司应当及时披露向特定对象发行股票终止公告。

7. 特殊程序

7.1　自办发行

7.1.1　上市公司按照《再融资办法》第二十八条的规定自办发行的，无需提供保荐机构、律师出具的相关文件，可以委托履行持续督导责任的保荐机构代为提交或接收发行申请文件（附件 2、3）、审核问询及问询回复、本所及中国证监会作出的相关决定、新增股份登记与上市文件等。

7.1.2　上市公司应当向本所提交关于上市公司及其控股股东、实际控制人、控股子公司以及本次发行对象是否属于失信被执行人的核查证明文件及相关承诺，认购合同文件（扫描版）。

7.1.3　上市公司应当为本次发行专门开立募集资金专项存储账户，并与商业银行、履行持续督导责任的保荐机构（如有）签订募集资金专户三方监管协议。

7.2　授权发行

7.2.1　上市公司按照《再融资办法》第二十三条的规定授权发行的，应当在披露年度股东大会通知的同时披露授权发行相关公告。

7.2.2　上市公司向特定对象发行股票募集说明书除包括《公开发行证券的公司信息披露内容与格式准则第 49 号——北京证券交易所上市公司向特定对象发行股票募集说明书和发行情况报告书》规定的内容外，还应当包括年度股东大会对董事会授权的基本情况。

7.2.3 发行保荐书、法律意见书除包括《公开发行证券的公司信息披露内容与格式准则第49号——北京证券交易所上市公司向特定对象发行股票募集说明书和发行情况报告书》规定的内容外，还应当包括保荐机构、律师对上市公司年度股东大会授权发行内容及程序等是否合法合规发表的明确意见。

7.3 向原股东配售股份

上市公司向原股东配售股份的业务办理流程，由本所另行规定。

附件：1. 内幕信息知情人报备文件及要求
2. 向特定对象发行股票申请文件目录
3. 向特定对象发行股票申请报告
4. 募集资金专户三方监管协议
5. 上市公司本次向特定对象发行股份登记明细表
6. 限售申请材料
7. 向特定对象发行股票重大事项确认函
8. 向特定对象发行股票发行上市参考流程

附件1

内幕信息知情人报备文件及要求

序号	文件名称	内容要求
1	内幕信息知情人登记表	内幕信息知情人范围，根据《证券法》第五十一条的有关规定确定，包括但不限于： （1）上市公司及其董事、监事、高级管理人员； （2）持有上市公司5%以上股份的股东和上市公司的实际控制人，以及其董事、监事、高级管理人员（如有）； （3）上市公司控股或者实际控制的公司及其董事、监事、高级管理人员； （4）由于所任公司职务或者因与公司业务往来可以获取本次股票发行有关内幕信息的人员； （5）为本次股票发行提供服务以及参与该事项的咨询、筹划、论证、审批等各环节的相关单位和人员； （6）收购人及其控股股东、实际控制人、董事、监事、高级管理人员（如有）； （7）前述自然人的直系亲属（配偶、父母、子女）； 上市公司的所有董事、监事、高级管理人员及其直系亲属，无论是否知情，均属于内幕信息知情人报备范围； （8）可以获取内幕信息的其他人员。 登记表加盖公司公章或公司董事会公章，并写明填报日期。
2	自查报告	自然人自查报告：应当列明自然人的姓名、职务、身份证号码、股票账户、有无买卖股票行为，并经本人签字确认； 机构的自查报告：应当列明机构的名称、统一社会信用代码、股票账户、有无买卖股票行为并加盖公章确认。
3	股票交易情况说明（如有）	相关人员存在买卖公司股票行为的，当事人应当书面说明其买卖股票行为是否利用了相关内幕信息；上市公司应当书面说明与买卖股票人员相关事项的动议时间，买卖股票人员是否参与决策，买卖行为与该事项是否存在关联关系以及是否签订了保密协议书等。
4	承诺书	上市公司全体董事对内幕信息知情人报备文件真实性、准确性和完整性的承诺书，由全体董事签字并加盖公司公章。
5	进程备忘录	包括但不限于筹划决策过程中各个关键时点的时间、参与筹划决策人员名单、筹划决策方式等。涉及的相关人员均应当在备忘录上签名确认。
6	报备文件电子件与预留原件一致的鉴证意见	律师应当对报送的电子文件与原件的一致性出具鉴证意见，并签名和签署鉴证日期，律师事务所应当在鉴证意见首页加盖律师事务所公章，并加盖骑缝章。
上市公司应当提交与预留原件一致的电子文件（Word、Excel、PDF等文件格式）。 报备文件中应当注明上市公司、保荐机构联系人姓名、电话、联系邮箱等信息；报备文件所需签名处，均应当为签名人亲笔签名，不得以名章、签名章等代替。		

内幕信息知情人登记表

公司简称：　　　　　　　　证券代码：

内幕信息事项：

序号	姓名或名称	证件类型	证件号码	证券账户	联系方式	所在单位/部门	职务/岗位	与上市公司关系	知悉内幕信息时间	知悉内幕信息方式	内幕信息内容	内幕信息所处阶段	登记时间	登记人

（加盖公章或董事会章）

填报日期：

注：1. 本表所列项目为必备项目，上市公司可根据自身内幕信息管理的需要增加内容。

2. 内幕信息事项应当采取一事一记的方式，即每份内幕信息知情人登记表仅涉及一个内幕信息事项，不同内幕信息事项涉及的知情人档案应当分别记录。

3. 填报获取内幕信息的方式，包括但不限于会谈、电话、传真、书面报告、电子邮件等。

4. 填报各内幕信息知情人员所获知的内幕信息的内容，可根据需要添加附页进行详细说明。

5. 填报内幕信息所处阶段，包括商议筹划，论证咨询，合同订立，公司内部的报告、传递、编制、决议等。

6. 如为上市公司登记，填写上市公司登记人姓名；如为上市公司汇总，保留所汇总表格中原登记人姓名。

进程备忘录

公司简称：　　　　　　　　　　　　　　　　证券代码：

所涉事项简述：

关键时点	时间	地点	参与筹划决策人员	筹划决策方式	商议和决议内容	签名

注：1. 本表所列项目为必备项目，上市公司可根据自身内幕信息管理的需要增加内容。

2. 进程备忘录涉及的相关人员应当在备忘录上签名确认。

法定代表人签名：

公司公章或董事会章：

附件 2

向特定对象发行股票申请文件目录

2-1　上市公司向特定对象发行股票申请文件目录

一、发行文件

1-1　上市公司向特定对象发行股票募集说明书（披露）

二、上市公司关于本次发行的申请与授权文件

2-1　上市公司关于本次向特定对象发行股票的申请报告

2-2　上市公司董事会有关本次向特定对象发行股票的决议

2-3　上市公司股东大会有关本次向特定对象发行股票的决议

2-4　上市公司监事会对募集说明书真实性、准确性、完整性的审核意见

三、保荐机构关于本次发行的文件

3-1　发行保荐书（披露）

3-2　发行保荐工作报告

3-3　关于战略投资者适格性的专项意见（如有）

3-4　上市保荐书（披露）

四、会计师关于本次发行的文件

4-1　最近 2 年的财务报告和审计报告及最近 1 期（如有）的财务报告（披露）

4-2　盈利预测报告及其审核报告（如有）

4-3　会计师事务所关于上市公司的内部控制鉴证报告

4-4　经注册会计师核验的上市公司非经常性损益明细表

4-5　上市公司董事会、会计师事务所及注册会计师关于最近一年保留意见审计报告的补充意见（如有）

五、律师关于本次发行的文件

5-1　法律意见书（披露）

5-2　律师工作报告

5-3　关于上市公司董事、监事、高级管理人员以及上市公司控股股东、实际控制人在相关文件上签名盖章的真实性的鉴证意见

5-4　关于申请电子文件与预留文件一致的鉴证意见

六、关于本次发行募集资金运用的文件

6-1　有关部门对募集资金投资项目的审批、核准或备案文件（如有）

6-2　本次向特定对象发行收购资产相关的最近1年及1期（如有）的财务报告及其审计报告、资产评估报告（如有）（披露）

6-3　上市公司拟收购资产或股权的合同或其草案（如有）

6-4　资产权属证明文件（如有）

6-5　资产生产经营所需行业资质的资质证明或批准文件（如有）

七、其他文件

7-1　国务院主管部门关于引入境外战略投资者的有关文件（如有）

7-2　上市公司信息披露豁免说明

7-3　上市公司关于本次发行是否涉及重大资产重组的说明

7-4　上市公司全体董事、监事、高级管理人员对发行申请文件真实性、准确性和完整性的承诺书

7-5　上市公司、保荐人关于申请电子文件与预留原件一致的承诺函

7-6　签字注册会计师、律师或者资产评估师的执业证书复印件及其所在机构的执业证书复印件

7-7　上市公司及中介机构联系方式

7-8　其他相关文件

2-2　上市公司向特定对象发行股票申请文件目录（自办发行适用）

一、发行文件

1-1　上市公司向特定对象发行股票募集说明书（披露）

二、上市公司关于本次发行的申请与授权文件

2-1　上市公司关于本次向特定对象发行股票的申请报告

2-2　上市公司董事会有关本次向特定对象发行股票的决议

2-3　上市公司股东大会有关本次向特定对象发行股票的决议

2-4　上市公司监事会对募集说明书真实性、准确性、完整性的审核意见

三、会计师关于本次发行的文件

3-1　最近2年的财务报告和审计报告及最近1期（如有）的财务报告（披露）

3-2　盈利预测报告及其审核报告（如有）

3-3　会计师事务所关于上市公司的内部控制鉴证报告

3-4　经注册会计师核验的上市公司非经常性损益明细表

3-5　上市公司董事会、会计师事务所及注册会计师关于最近一年保留意见审计报告的补充意见（如有）

四、关于本次发行募集资金运用的文件

4-1　有关部门对募集资金投资项目的审批、核准或备案文件（如有）

4-2　本次向特定对象发行收购资产相关的最近1年及1期（如有）的财务报告及其审计报告、资产评估报告（如有）（披露）

4-3　上市公司拟收购资产或股权的合同或其草案（如有）

4-4　资产权属证明文件（如有）

4-5　资产生产经营所需行业资质的资质证明或批准文件（如有）

五、其他文件

5-1　国务院主管部门关于引入境外战略投资者的有关文件（如有）

5-2　上市公司信息披露豁免说明

5-3　上市公司关于本次发行是否涉及重大资产重组的说明

5-4　上市公司全体董事、监事、高级管理人员对发行申请文件真实性、准确性和完整性的承诺书

5-5　上市公司关于申请电子文件与预留原件一致的承诺函

5-6　签字注册会计师或者资产评估师的执业证书复印件及其所在机构的执业证书复印件

5-7　上市公司及中介机构联系方式

5-8　本次发行认购合同

5-9　上市公司关于失信被执行人等事项核查过程的证明文件及相关承诺

5-10　其他相关文件

附件 3

向特定对象发行股票申请报告

3-1　上市公司向特定对象发行股票申请报告

××××股份（有限）公司向特定对象发行股票申请报告

北京证券交易所：

××××股份（有限）公司经××××证券股份有限（或有限责任）公司保荐，于××××年××月××日在北京证券交易所上市，证券简称：××××，证券代码：××××。

××××于××××年××月××日召开董事会，审议通过了拟向特定对象发行股票的决议。××××年××月××日公司召开股东大会，经出席会议的有表决权股东所持表决权 2/3 以上通过，决议批准本次向特定对象发行股票。本次向特定对象发行股票总计不超过××××万股。

现特就本次向特定对象发行股票事项提出申请。

（以下无正文）

××××股份（有限）公司（加盖公章）

年　月　日（提交日期）

3-2　上市公司向特定对象发行股票申请报告
(授权发行适用)
××××股份（有限）公司向特定对象发行股票申请报告

北京证券交易所：

××××股份（有限）公司经××××证券股份有限（或有限责任）公司保荐，于××××年××月××日在北京证券交易所上市，证券简称：××××，证券代码：××××。

××××于××××年××月××日召开年度股东大会，审议通过了授权董事会于本年度内向特定对象发行股票等相关决议。××××于××××年××月××日召开董事会，审议通过了拟向特定对象发行股票的决议。本次向特定对象发行股票总计不超过××××万股。

现特就本次向特定对象发行股票事项提出申请。

(以下无正文)

××××股份（有限）公司（加盖公章）

年　月　日（提交日期）

附件4

募集资金专户三方监管协议

甲方：____________________公司（以下简称“甲方”）

乙方：__________银行__________分行__________支行（以下简称“乙方”）

丙方：____________________（保荐机构）（以下简称“丙方”）

注释：协议甲方是实施募集资金投资项目的法人主体，如果募集资金投资项目由上市公司直接实施，则上市公司为协议甲方，如果由子公司或者上市公司控制的其他企业实施，则上市公司、子公司或者上市公司控制的其他企业为协议共同甲方。

本协议以北京证券交易所上市公司向特定对象发行股票相关业务规则中相关条款为依据制定。

为规范甲方募集资金管理，保护投资者合法权益，根据有关法律法规及北京证券交易所上市公司向特定对象发行股票相关业务规则的规定，甲、乙、丙三方经协商，达成如下协议：

一、甲方已在乙方开设募集资金专项账户（以下简称“专户”），账号为______________，专户金额为______________。该专户仅用于甲方______________（募集资金用途），不得用作其他用途。

二、甲乙双方应当共同遵守《中华人民共和国票据法》《支付结算办法》《人民币银行结算账户管理办法》等法律、行政法规、部门规章。

三、丙方应当依据有关规定指定保荐机构负责人或者其他工作人员对甲方募集资金使用情况进行监督。丙方应当依据北京证券交易所上市公司向特定对象发行股票相关业务规则要求履行持续督导职责，并有权采取现场核查、书面问询等方式行使其监督权。甲方和乙方应当配合丙方的核查与查询。丙方对甲方现场核查时应当同时检查募集资金专户存储情况。

四、甲方授权丙方指定的保荐机构负责人________、________可以随时到乙方查询、复印甲方专户的资料；乙方应当及时、准确、完整地向其提供所需的有关专户的资料。

保荐机构负责人向乙方查询甲方专户有关情况时应当出具本人的合法身份证明；丙方指定的其他工作人员向乙方查询甲方专户有关情况时应当出具本人的合法身份证明和单位介绍信。

五、乙方按月（每月________日之前）向甲方出具对账单，并抄送丙方。

乙方应当保证对账单内容真实、准确、完整。

六、甲方一次或者十二个月以内累计从专户中支取的金额超过________万元或募集资金净额的________%（具体金额由甲方与丙方协商确定）的，乙方应当及时以传真方式通知丙方，同时提供专户的支出清单。

七、丙方有权根据有关规定更换指定的保荐机构负责人。丙方更换保荐机构负责人的，应当将相关证明文件书面通知乙方，同时按本协议第十一条的要求向甲方、乙方书面通知更换后的保荐机构负责人联系方式。更换保荐机构负责人不影响本协议的效力。

八、乙方连续三次未及时向丙方出具对账单或者向丙方通知专户大额支取情况，以及存在未配合丙方调查专户情形的，丙方有权提示甲方及时更换专户，甲方有权单方面终止本协议并注销募集资金专户。

九、本协议自甲、乙、丙三方法定代表人或其授权代表签署并加盖各自单位公章之日起生效，至专户资金全部支出完毕后失效。

十、本协议一式________份，甲、乙、丙三方各持一份，向北京证券交易所报备一份，其余留甲方备用。

十一、联系方式：

1. ______________________________公司（甲方）

地址：____

邮编：________________________

传真：________________________

联系人：________________________

电话：________________________

手机：________________________

E-mail：________________________

2. ______________________________银行________________分行（乙方）

地址：____

邮编：________________________

传真：________________________

联系人：________________________

电话：________________________

手机：________________________

E-mail：________________________

3. ______________________________（保荐机构）（丙方）

地址：____

邮编：________________________

保荐机构负责人 A：________________________

电话：________________________

手机：________________________

E-mail：________________________

传真：________________________

保荐机构负责人 B：________________________

电话：________________________

手机：________________________

E-mail：________________________

传真：________________________

协议签署：

甲方：_____________________________股份（有限）公司（盖章）

法定代表人或授权代表：________________________

20 ______年______月______日

乙方：____________________银行____________分行____________支行（盖章）

法定代表人或授权代表：________________________

20 ______年______月______日

丙方：________________________证券股份有限（或有限责任）公司（盖章）

法定代表人或授权代表：________________________

20 ______年______月______日

附件 5

上市公司本次向特定对象发行股份登记明细表

公司全称：××××股份（有限）公司（盖章）　　证券简称：××××　　证券代码：××××

保荐机构：××证券　　单位：股

序号	股东姓名或名称	是否为董事、监事、高级管理人员	身份证号或统一社会信用代码	投资者类型（北交所投资者/受限投资者）	是否为做市股份	本次向特定对象发行股票新增股票数量（股）	本次限售股票数量（股）	不予限售的股票数量（股）
1								
2								
合计								

附件 6

限售申请材料

6-1　××××股份（有限）公司及相关股东关于提请协助办理限售股份登记的申请书

北京证券交易所：

××××股份（有限）公司（公司简称：××××；证券代码：××××）××等××名股东自愿锁定其持有××××股份（有限）公司的股票（具体锁定股票数量和锁定时间详见附表），经与××××股份（有限）公司协商一致，现向北京证券交易所申请协助办理限售股份登记，以便于在中国证券登记结算有限责任公司办理上述限售股份登记手续。

申请人：××××股份（有限）公司（加盖公章）股东××
（自然人签字、法人及其他经济组织盖章）
年　月　日（提交日期）

附表

上市公司股东所持股票限售明细表（＊. xls 格式）

公司全称：××××股份（有限）公司　证券简称：××××　证券代码：××××　单位：股

序号	股东名称	任职	是否为控股股东、实际控制人	身份证号或统一社会信用代码	本次向特定对象发行股票新增的股票数量	本次向特定对象发行股票新增的无限售股票数量	本次申请限售登记股票数量			自愿限售股票时间
							法定限售数量	自愿限售数量＊	限售数量合计＊	
1										
2										
合计										

保荐机构（加盖公章）
××××年××月××日

6-2　××证券关于××××股份（有限）公司限售股票申请限售登记的审查意见

北京证券交易所：

经核查，××××股份（有限）公司（公司简称：××××；证券代码：××××）××、××等××名股东与××××股份（有限）公司协商一致，承诺自愿锁定其持有××××股份（有限）公司的股票，××××股份（有限）公司于××××年××月××日向北京证券交易所提交的《××××股份（有限）公司及相关股东关于提请协助办理限售股份登记的申请书》真实、准确、完整，××、××等××名股东在《××××股份（有限）公司及相关股东关于提请协助办理限售股份登记的申请书》上的签字或盖章为其本人自愿、真实签署。

项目负责人（签名）

××证券（加盖公章）

年　月　日（提交日期）

附件 7

向特定对象发行股票重大事项确认函

7-1 向特定对象发行股票重大事项确认函

由我司保荐的________________________公司向特定对象发行股票申请已经中国证监会注册，取得了注册批复，且该公司已按规定完成了向特定对象发行股票，现申请新增股份登记。

截至该确认函提交之日，我司确认：

1. 该公司及发行对象符合《公司法》《北京证券交易所上市公司证券发行注册管理办法（试行）》《北京证券交易所上市公司证券发行上市审核规则（试行）》《北京证券交易所上市公司证券发行与承销业务指引》等法律法规、部门规章和业务规则关于向特定对象发行股票的相关规定。

2. 该公司不存在《北京证券交易所上市公司证券发行注册管理办法（试行）》《北京证券交易所上市公司证券发行上市审核规则（试行）》规定的终止审核情形以及其他影响本次发行的重大事项。

3. 该公司不存在严重损害投资者合法权益和社会公共利益的其他情形。

项目负责人（签名）

××证券（加盖公章）

年　月　日（提交日期）

7-2 向特定对象发行股票重大事项确认函（自办发行适用）

本公司向特定对象发行股票申请已经中国证监会注册，取得了向特定对象发行股票注册批复，且本公司已按规定完成了向特定对象发行股票，现申请新增股份登记。

截至该确认函提交之日，本公司确认：

1. 本公司及发行对象符合《公司法》《北京证券交易所上市公司证券发行注册管理办法（试行）》《北京证券交易所上市公司证券发行上市审核规则（试行）》《北京证券交易所上市公司证券发行与承销业务指引》等法律法规、部门规章和业务规则关于向特定对象发行股票的相关规定。

2. 本公司不存在《北京证券交易所上市公司证券发行注册管理办法（试行）》《北京证券交易所上市公司证券发行上市审核规则（试行）》规定的终止审核情形以及其他影响本次发行的重大事项。

3. 本公司不存在严重损害投资者合法权益和社会公共利益的其他情形。

法定代表人（签名）

××××股份（有限）公司（加盖公章）

年　月　日（提交日期）

附件 8

向特定对象发行股票发行上市参考流程

序号	阶段	时间	具体工作内容
1	取得注册批文	收到注册批文后的 2 个交易日内	披露经证监会同意注册的募集说明书等相关文件。
2	股票发行	向本所提交发行与承销方案	本所 2 个交易日内无异议的，上市公司和主承销商可以启动发行工作。 适用简易程序的，上市公司及主承销商应当在中国证监会作出予以注册决定后 2 个交易日内向本所提交发行相关文件。
		认购缴款结束后 10 个交易日内	上市公司与保荐机构、存放募集资金的商业银行签订募集资金专户三方监管协议，聘请符合《证券法》规定的会计师事务所验资。
3	股份登记及上市	本次发行验资完成后的 2 个交易日内	向本所提交以下文件： （1）发行情况报告书（披露）； （2）保荐机构关于本次发行过程和认购对象合规性的报告（披露）； （3）律师关于本次发行过程和认购对象合规性的报告（披露）； （4）符合《证券法》规定的会计师事务所出具的验资报告； （5）向特定对象发行股票新增股票上市申请书； （6）上市保荐书； （7）募集资金专户三方监管协议（附件 4）； （8）股份登记明细表（附件 5）； （9）限售申请材料（附件 6）； （10）重大事项确认函（附件 7）； （11）本所要求的其他文件。
		本所核实无误	本所将股份登记相关信息推送中国结算北京分公司，通知上市公司和保荐机构办理股份登记手续。 保荐机构协助上市公司与中国结算北京分公司协商确定新增股票上市并公开交易日期。
		L-4 日	上市公司披露以下文件： （1）上市公告； （2）上市保荐书。
		L 日	上市日。

关于发布《北京证券交易所上市公司证券发行业务办理指南第3号——向原股东配售股份》的公告

北证公告〔2021〕31号

为了规范北京证券交易所（以下简称本所）上市公司向原股东配售股份的信息披露和相关业务办理流程，本所制定了《北京证券交易所上市公司证券发行业务办理指南第3号——向原股东配售股份》，现予以发布，自2021年11月15日起施行。

特此公告。

附件：北京证券交易所上市公司证券发行业务办理指南第3号——向原股东配售股份

北京证券交易所

2021年11月2日

北京证券交易所上市公司证券发行业务办理指南第3号——向原股东配售股份

为规范北京证券交易所（以下简称本所）上市公司向原股东配售股份的信息披露和相关业务办理流程，根据《北京证券交易所上市公司证券发行上市审核规则（试行）》（以下简称《再融资审核规则》）《北京证券交易所上市公司证券发行与承销业务指引》等有关规定，制定本业务指南。

1. 基本规定

1.1 上市公司应当通过本所业务支持平台（以下简称BPM系统）和交易系统办理向原股东配售股份（以下简称配股）业务。保荐机构应当在BPM系统中报送配股的申报与审核相关文件，并在次日9：00前在BPM系统中完成公告关联等业务操作。

1.2 本所实行电子化审核，申请、受理、问询或反馈、回复等事项通过BPM系统办理。

1.3 上市公司配股代码为“869×××”，由本所按提交发行与承销方案顺序依次分配；配股简称为“××配”，其中“××”取自股票简称。上市公司应当在发行公告中正确披露配股所采用的代码及对应简称。

1.4 拟参与配售的股东原则上均应当通过本所交易系统进行网上认购，并通过结算参与人（证券公司、托管银行等）向中国证券登记结算有限责任公司北京分公司（以下简称中国结算北京分公司）缴款。中国结算北京分公司按规定将认购资金划至主承销商。

1.5 上市公司在披露配股发行公告至股权登记日期间，原则上应当避免可参与配售股数发生变化。可参与配售股数是指股权登记日收市后，中国结算北京分公司登记结算系统中的上市公司股本数量，其中，回购专户中的股份不享有配股权利。

1.6 如配股发行成功，按实际配股认购比例除权。

1.7 上市公司在配股结束后，应当按照法律法规、部门规章、规范性文件和本所有关规定办理股份限售。

1.8 确定本次配售对象的股权登记日为R日，新增股份上市日为L日。

2. 申报前准备

2.1 上市公司应当在董事会审议配股等事项后2个交易日内披露董事会决议及向特定对象发行股票募集说明书草案等相关公告。

2.2　上市公司应当在股东大会审议通过配股有关事项后2个交易日内披露股东大会决议等相关公告。

2.3　上市公司筹划向原股东配售股份的，应当做好内幕信息知情人登记管理工作。

2.4　上市公司应当在审议通过配股具体方案的董事会决议披露之日起10个交易日内，通过内幕信息知情人报备系统或本所规定的其他方式，向本所提交下列内幕信息知情人报备文件（附件1）：

（1）内幕信息知情人登记表；

（2）相关人员买卖上市公司股票的自查报告。自查期间为首次披露股票发行事项的前6个月至董事会决议披露之日；

（3）进程备忘录；

（4）上市公司全体董事对内幕信息知情人报备文件真实性、准确性和完整性的承诺书；

（5）本所要求的其他文件。

2.5　本所对自查期间上市公司股票交易情况进行核查，发现明显异常的，可以要求上市公司提交股票交易情况说明。

上市公司决定继续推进本次发行事项的，应当采取措施消除相关事项对上市公司的影响；无法完全消除的，应当在申报前，就股票交易存在明显异常，可能被中国证监会立案调查或司法机关立案侦查，而导致本次发行被中止或者终止的情况披露特别风险提示公告。上市公司的保荐机构、律师应当对公司股票交易情况是否涉嫌内幕交易、是否会影响本次发行发表明确意见。

上市公司自主决定终止本次发行事项的，应当再次召开董事会、股东大会审议终止股票发行事项，并及时发布终止公告披露终止原因。

3. 审核与注册

3.1　上市公司应当委托保荐机构，通过BPM系统提交申请文件（附件2、3），并填写项目信息。

保荐机构提交申请文件前，应当对项目信息和项目申请文件进行核查，确保符合本所相关受理要求。

3.2　本所收到申请文件后5个工作日内，通过BPM系统发送受理或不予受理的通知。保荐机构可以在BPM系统查询。

3.3　申请文件不符合受理要求的，本所一次性告知需补正事项，保荐机构可以在BPM系统查询。上市公司补正申请文件的，本所收到申请文件的时间以上市公司最终提交补正文件的时间为准。

保荐机构应当组织上市公司、证券服务机构根据补正意见对相关申请文件进行补充完善，并及时通过 BPM 系统提交补正后文件。补正时限最长不得超过 30 个工作日。多次补正的，补正时间累计计算。

3.4 上市公司应当在取得本所受理通知书当日披露关于收到本所受理通知书的公告，同时披露募集说明书、发行保荐书、上市保荐书、审计报告、法律意见书。

3.5 出现下列情形之一的，上市公司应当在 2 个交易日内披露相关公告：

（1）收到本所不予受理决定；

（2）收到本所中止或者终止发行上市审核决定；

（3）收到中国证监会中止或者终止发行注册决定；

（4）收到中国证监会同意注册或者不予注册决定；

（5）上市公司撤回证券发行申请。

3.6 自受理之日起 15 个工作日内，本所通过 BPM 系统发出首轮审核问询，保荐机构可以在 BPM 系统查询，审核问询在本所网站同步披露。

3.7 保荐机构应当组织上市公司、证券服务机构等对审核问询事项进行核查、落实，并自收到审核问询之日起 20 个工作日内，通过 BPM 系统提交回复文件，涉及更新申请文件的，应当上传至对应的文件条目内。

回复文件命名要求包含回复人简称、上市公司证券简称、轮次，例如“××（上市公司证券简称）及××证券关于第一轮问询的回复”、“××会所关于××（上市公司证券简称）第一轮问询的回复”、“××律所关于××（上市公司证券简称）的补充法律意见书（一）”。

问询回复涉及对申请文件进行更新修改的，应当在问询回复中专门说明，并在申请文件中使用楷体加粗方式对修改的内容予以凸显标注。

3.8 预计难以在规定时间内回复的，保荐机构应当在回复截止日前通过 BPM 系统提交延期回复申请（加盖上市公司或保荐机构公章），说明延期理由及预计回复日期，延期一般不超过 20 个工作日。

3.9 上市公司或保荐机构认为拟披露的回复信息属于国家秘密、商业秘密，披露后可能导致其违反国家有关保密的法律法规或者严重损害公司利益的，须提交脱密处理后的问询回复，并将信息披露豁免的说明文件上传至对应的文件条目内。本所经审核认为豁免理由不成立的，上市公司应当按照规定予以披露。

3.10 首轮审核问询后，存在《再融资审核规则》规定情形的，本所继续提出审核问询，保荐机构可以在 BPM 系统查询，审核问询在本所网站同步披露。

3.11 中国证监会认为存在需要进一步说明或者落实事项的，本所进一步问询，保荐机构可以在 BPM 系统查询，审核问询在本所网站同步披露。

3.12 本所根据审核需要，需对上市公司的控股股东、实际控制人、董事、监事、高级管理人员，保荐机构、证券服务机构及其相关人员约见问询的，相关人员应当在约定时间和地点接受问询。

3.13　本所要求调阅相关资料的，上市公司及其保荐机构、证券服务机构应当按照要求及时提交，确保相关资料真实、准确、完整，不得随意修改或损毁。

3.14　上市公司披露收到中国证监会同意注册决定的公告时，应当说明取得注册批文的日期、注册发行的股份数量，并公告本次发行的保荐机构，公开上市公司和保荐机构指定办理本次发行的负责人及其有效联系方式。

3.15　上市公司应当在收到中国证监会同意注册决定后的 2 个交易日内，披露经中国证监会同意注册的募集说明书等相关文件。

4. 发行前准备

4.1　提交发行方案

4.1.1　上市公司向原股东配售股份经中国证监会注册后，主承销商应当通过 BPM 系统提交发行与承销方案（附件 4）、关于通过本所交易系统向原股东配售股份的申请（附件 5）等相关文件。本所 2 个交易日内对发行方案无异议的（当日 10：00 后提交的，提交日不纳入计算），主承销商可以在 BPM 系统查看配股代码和配股简称，并启动发行。

4.1.2　上市公司和主承销商应当在发行与承销方案中明确可配售股份数量、发行方式、发行时间安排等信息，并按照发行与承销方案中列明的发行时间安排推进发行工作。

4.1.3　中国证监会同意注册后、发行前，如因公司送股、可转债转股及其他原因引起公司股份变动，发行数量做出相应调整的，需在发行与承销方案中说明原因和调整结果。

4.2　与中国结算北京分公司联系办理发行前的相关手续

上市公司与主承销商应当提前与中国结算北京分公司相关部门联系，沟通配股发行的相关工作。

5. 发行期间工作

5.1　R-3 日：披露《发行公告》及《募集说明书》

5.1.1　主承销商应当于 R-3 日 10：00 前，通过 BPM 系统上传以下文件，并且在系统中填写“配股关键要素信息表”。

（1）募集说明书（披露）；

（2）发行公告（披露）；

（3）不存在未实施的权益分派方案的说明。

5.1.2　《发行公告》至少应当包括募集说明书及发行公告的披露日、确定本次配售对象的股权登记日、配股认购期、可参与配售股数、配股价格、配售比例、配股代码及配股简称、发行方式、控股股东承诺认购数量、发行失败的退款处理等信息。

5.2 披露《配股提示性公告》

5.2.1 主承销商应当于R日通过BPM系统上传并披露《配股首次提示性公告》，并且当日办理停牌手续，通过本所系统提交停牌申请，申请上市公司股票及其衍生品种在R+1日至R+6日期间停牌。

5.2.2 上市公司应当在缴款截止日前，就配股事项至少再披露两次提示性公告。

5.3 R+1日到R+5日：认购缴款

5.3.1 交易日9：15—11：30，13：00—15：00，R日登记在册拟参与配售的股东通过交易系统认购获配股份并缴纳认购款。

5.3.2 配股缴款时，如投资者在多个证券营业部开户并持有该上市公司股票的，应当到各个相应的证券营业部进行配股认购。

5.3.3 投资者在认购缴款时可以多次申报，但总申报数量不得超过投资者的可获配数量，申报当日可以撤单。

5.3.4 R+5日18：00后，主承销商可通过BPM系统查看配股是否成功。控股股东不履行认配股份的承诺，或者约定期限届满，原股东认购股票的数量未达到拟配售数量70%的，本次配股失败。

5.4 R+6日：披露《配股结果公告》

5.4.1 R+6日10：00前，主承销商通过BPM系统提交《配股结果公告》。如配股成功，上市公司和主承销商在BPM系统提交除权业务申请；如配股失败，需提交“配股失败业务申请表”，以及主承销商、律师事务所关于本次发行失败的专项意见。

《配股结果公告》至少包括认购股数及比例、认购金额、配售股份是否成功等信息。

无论配股是否成功，上市公司和主承销商应于当日办理复牌手续，通过本所系统提交复牌申请，申请于次一交易日（R+7）公司股票及其衍生品种复牌。

5.5 R+7日：复牌及认购资金划转

5.5.1 配股发行结束，上市公司股票及其衍生品种于R+7日复牌。R+7日为除权基准日，即复牌当日股票价格进行除权，除权当日股票交易不放开涨跌幅；如配股发行失败，股票不除权。

5.5.2 中国结算北京分公司将网上认购资金划转至主承销商的自营结算备付金账户。

主承销商收到中国结算北京分公司划转的认购资金后，将认购资金款项由其自营结算备付金账户提取至其银行账户，并按约定划至上市公司指定的银行账户。

5.5.3 上市公司聘请符合《证券法》规定的会计师事务所完成验资。

5.5.4 上市公司应当与主承销商、存放募集资金的商业银行签订募集资金专户三方监管协议。

6. 新增股份登记及上市

6.1　L-4 日及之前：申请上市

6.1.1　上市公司及主承销商向中国结算北京分公司办理登记托管手续。

6.1.2　上市公司获取中国结算北京分公司出具的信息披露通知之后 2 个交易日内，通过业务系统提交以下申请文件：

（1）发行情况报告书（披露）；

（2）配股获配股份上市提示性公告（披露）；

（3）上市保荐书（披露）；

（4）符合《证券法》规定的会计师事务所出具的验资报告；

（5）重大事项确认函（附件 8）；

（6）公司仍符合发行条件的说明，说明截至上市申请日，公司仍符合配股发行条件；

（7）募集资金专户三方监管协议；

（8）关于发布新股上市提示性公告的通知；

（9）上市申请书。

6.1.3　特定对象拟认购本次发行股票，属于《上市公司收购管理办法》所规范的收购及股份权益变动的，应当按《上市公司收购管理办法》及相关法律法规、规范性文件要求履行权益变动的审议、审批及披露程序，应当在披露配股结果之日起 3 个交易日内披露上述权益变动公告。

6.2　L 日：新增股份上市

6.2.1　中国结算北京分公司向上市公司出具登记证明材料。

6.2.2　上市公司新增股份在本所上市交易。

7. 中止、终止审核与终止发行

上市公司出现《北京证券交易所上市公司证券发行注册管理办法（试行）》（以下简称《再融资办法》）、《再融资审核规则》规定的中止、终止审核情形，以及《再融资办法》规定的终止发行情形的，参照《北京证券交易所上市公司证券发行业务办理指南第 2 号——向特定对象发行股票》办理。

附件 1

内幕信息知情人报备文件及要求

序号	文件名称	内容要求
1	内幕信息知情人登记表	内幕信息知情人范围，根据《证券法》第五十一条的有关规定确定，包括但不限于： （1）上市公司及其董事、监事、高级管理人员； （2）持有上市公司 5%以上股份的股东和上市公司的实际控制人，以及其董事、监事、高级管理人员（如有）； （3）上市公司控股或者实际控制的公司及其董事、监事、高级管理人员； （4）由于所任公司职务或者因与公司业务往来可以获取本次股票发行有关内幕信息的人员； （5）为本次股票发行提供服务以及参与该事项的咨询、筹划、论证、审批等各环节的相关单位和人员； （6）前述自然人的直系亲属（配偶、父母、子女）； 上市公司的所有董事、监事、高级管理人员及其直系亲属，无论是否知情，均属于内幕信息知情人报备范围； （7）可以获取内幕信息的其他人员。 登记表加盖公司公章或公司董事会公章，并写明填报日期。
2	自查报告	自然人自查报告：应当列明自然人的姓名、职务、身份证号码、股票账户、有无买卖股票行为，并经本人签字确认； 机构的自查报告：应当列明机构的名称、统一社会信用代码、股票账户、有无买卖股票行为并加盖公章确认。
3	股票交易情况说明（如有）	相关人员存在买卖公司股票行为的，当事人应当书面说明其买卖股票行为是否利用了相关内幕信息；上市公司应当书面说明与买卖股票人员相关事项的动议时间，买卖股票人员是否参与决策，买卖行为与该事项是否存在关联关系以及是否签订了保密协议书等。
4	承诺书	上市公司全体董事对内幕信息知情人报备文件真实性、准确性和完整性的承诺书，由全体董事签字并加盖公司公章。
5	进程备忘录	包括但不限于筹划决策过程中各个关键时点的时间、参与筹划决策人员名单、筹划决策方式等。涉及的相关人员均应当在备忘录上签名确认。
6	报备文件电子件与预留原件一致的鉴证意见	律师应当对报送的电子文件与原件的一致性出具鉴证意见，并签名和签署鉴证日期，律师事务所应当在鉴证意见首页加盖律师事务所公章，并加盖骑缝章。
上市公司应当提交与预留原件一致的电子文件（Word、Excel、PDF 等文件格式）。 报备文件中应当注明上市公司、保荐机构联系人姓名、电话、联系邮箱等信息；报备文件所需签名处，均应当为签名人亲笔签名，不得以名章、签名章等代替。		

内幕信息知情人登记表

公司简称：　　　　　　　　　　证券代码：

内幕信息事项：

序号	姓名或名称	证件类型	证件号码	证券账户	联系方式	所在单位/部门	职务/岗位	与上市公司关系	知悉内幕信息时间	知悉内幕信息方式	内幕信息内容	内幕信息所处阶段	登记时间	登记人

（加盖公章或董事会章）

填报日期：

注：1. 本表所列项目为必备项目，上市公司可根据自身内幕信息管理的需要增加内容。

2. 内幕信息事项应当采取一事一记的方式，即每份内幕信息知情人登记表仅涉及一个内幕信息事项，不同内幕信息事项涉及的知情人档案应当分别记录。

3. 填报获取内幕信息的方式，包括但不限于会谈、电话、传真、书面报告、电子邮件等。

4. 填报各内幕信息知情人员所获知的内幕信息的内容，可根据需要添加附页进行详细说明。

5. 填报内幕信息所处阶段，包括商议筹划，论证咨询，合同订立，公司内部的报告、传递、编制、决议等。

6. 如为上市公司登记，填写上市公司登记人姓名；如为上市公司汇总，保留所汇总表格中原登记人姓名。

进程备忘录

公司简称：　　　　　　　　　　　　　　证券代码：

所涉事项简述：

关键时点	时间	地点	参与筹划决策人员	筹划决策方式	商议和决议内容	签名

注：1. 本表所列项目为必备项目，上市公司可根据自身内幕信息管理的需要增加内容。

2. 进程备忘录涉及的相关人员应当在备忘录上签名确认。

法定代表人签名：

公司公章或董事会章：

附件 2

申请文件目录
（向原股东配售股份适用）

一、发行文件

1-1　上市公司向特定对象发行股票募集说明书（披露）

二、上市公司关于本次发行的申请与授权文件

2-1　上市公司关于本次配股的申请报告

2-2　上市公司董事会有关本次配股的决议

2-3　上市公司股东大会有关本次配股的决议

2-4　上市公司监事会对募集说明书真实性、准确性、完整性的审核意见

三、保荐机构关于本次发行的文件

3-1　发行保荐书（披露）

3-2　发行保荐工作报告

3-3　关于战略投资者适格性的专项意见（如有）

3-4　上市保荐书（披露）

四、会计师关于本次发行的文件

4-1　最近 2 年的财务报告和审计报告及最近 1 期（如有）的财务报告（披露）

4-2　盈利预测报告及其审核报告（如有）

4-3　会计师事务所关于上市公司的内部控制鉴证报告

4-4　经注册会计师核验的上市公司非经常性损益明细表

4-5　上市公司董事会、会计师事务所及注册会计师关于最近一年保留意见审计报告的补充意见（如有）

五、律师关于本次发行的文件

5-1　法律意见书（披露）

5-2　律师工作报告

5-3　关于上市公司董事、监事、高级管理人员以及上市公司控股股东、实际控制人在相关文件上签名盖章的真实性的鉴证意见

5-4　关于申请电子文件与预留文件一致的鉴证意见

六、关于本次发行募集资金运用的文件

6-1　有关部门对募集资金投资项目的审批、核准或备案文件（如有）

6-2　本次向特定对象发行收购资产相关的最近 1 年及 1 期（如有）的财务报告及

其审计报告、资产评估报告（如有）（披露）

6-3　上市公司拟收购资产或股权的合同或其草案（如有）

6-4　资产权属证明文件（如有）

6-5　资产生产经营所需行业资质的资质证明或批准文件（如有）

七、其他文件

7-1　国务院主管部门关于引入境外战略投资者的有关文件（如有）

7-2　上市公司信息披露豁免说明

7-3　上市公司关于本次发行是否涉及重大资产重组的说明

7-4　上市公司全体董事、监事、高级管理人员对发行申请文件真实性、准确性和完整性的承诺书

7-5　上市公司、保荐人关于申请电子文件与预留原件一致的承诺函

7-6　签字注册会计师、律师或者资产评估师的执业证书复印件及其所在机构的执业证书复印件

7-7　上市公司及中介机构联系方式

7-8　其他相关文件

附件 3

向原股东配售股份的申请报告

××××股份（有限）公司向原股东配售股份的申请报告

北京证券交易所：

××××股份（有限）公司经××××证券股份有限（或有限责任）公司保荐，于××××年××月××日在北京证券交易所上市，证券简称：××××，证券代码：××××。

××××于××××年××月××日召开董事会，审议通过了向原股东配售股份的决议。××××年××月××日公司召开股东大会，经出席会议的有表决权股东所持表决权 2/3 以上通过，决议批准本次向原股东配售股份。本次向原股东配售股份总计不超过××××万股。

现特就本次向原股东配售股份事项提出申请。

（以下无正文）

××××公司（加盖公章）

年　月　日（提交日期）

附件4

发行与承销方案要点

一、上市公司的基本情况

包括主营业务、公司控股股东、实际控制人基本情况、公司主要财务指标简表、募集资金主要用途等。

二、本次发行的基本情况

包括配售股份数量、发行方式、配售比例、配股价格、预计募集资金总额、发行阶段的时间安排、发行失败后的退款及补偿安排、纠纷解决机制、股份登记托管及上市安排等信息。

三、发行相关准备工作及风险应对

包括发行相关的主要准备工作、本次发行可能存在的风险及应对措施等。

四、上市公司及主承销商联系方式

五、其他需要说明的事项

附件 5

关于通过北交所上市公司交易系统
向原股东配售股份的申请

北京证券交易所：

××××股份有限公司（以下简称“××××”）向原股东配售××万股普通股股票的申请已获中国证监会××号文同意注册。为了确保本次配股发行工作顺利进行，主承销商和上市公司特此申请于×年×月×日披露募集说明书，并于×年×月×日至×年×月×日通过北京证券交易所的交易系统上网发行本次“××××”股票。

在本次“××××”股票上网发行过程中，主承销商和上市公司承诺将按照北京证券交易所发布的相关规则、业务指引、指南，根据公开、公平、公正原则有序组织本次上网发行工作。

主承销商交易单元：

主承销商自营证券账户：

特此申请。

上市公司：××××公司（加盖公章）

主承销商：××××公司（加盖公章）

年　月　日

附件6

发行并上市参考流程

（R为股权登记日，L为获配股份上市日）

序号	阶段	时间	具体工作内容
1	发行安排	证监会注册后	提交发行与承销方案，北交所2个交易日内无异议的，可以启动发行。
2	披露《募集说明书》及《发行公告》	R-3日	通过业务系统报送以下电子材料： （1）《募集说明书》（披露） （2）《发行公告》（披露） （3）不存在未实施的权益分派方案的说明
3	披露《配股首次提示性公告》	R日	通过业务系统提交并披露《配股首次提示性公告》，通过业务系统提交停牌申请，办理停牌手续，申请于次一交易日起停牌，停牌期为R+1日至R+6日。
4	认购缴款期	R+1日至R+5日（停牌）	认购缴款期内应当至少再披露两次《配股提示性公告》 R+5日18：00后，主承销商可通过业务系统查看配股是否成功。
5	披露《配股结果公告》	R+6日（停牌）	10：00前，通过业务系统上传《配股结果公告》；如配股成功，当日在业务系统提交除权业务申请；无论配股是否成功，当日办理复牌手续，在业务系统提交复牌申请，申请于次一交易日（R+7）公司股票及衍生品种复牌。 除权参考价格的计算公式： 除权参考价格=（前收盘价格+配股价格×股份变动比例）/（1+股份变动比例）
6	复牌	R+7日（复牌）	如配股成功，股票将除权。
7	配股上市操作	L-4日及之前	上市公司及主承销商向中国结算北京分公司办理登记托管手续。
		L-4日及之前	通过业务系统上传下列文件： （1）发行情况报告书（披露） （2）配股获配股份上市提示性公告（披露） （3）上市保荐书（披露） （4）符合《证券法》规定的会计师事务所出具的验资报告 （5）重大事项确认函 （6）公司仍符合发行条件的说明，说明截至上市申请日，公司仍符合配股发行条件 （7）募集资金专户三方监管协议 （8）关于发布新股上市提示性公告的通知 （9）上市申请书
		L日	新增股份上市交易。

附件 7

配股信息披露文件命名规范

编号	发行阶段	文件名/正文标题名
1	募集说明书	××××公司（全称）募集说明书（向原股东配售股份）
2	发行公告	××××公司（全称）配股发行公告
3	配股提示性公告	××××公司（全称）配股提示性公告
4	配股结果公告	××××公司（全称）配股结果公告
5	上市提示性公告	××××公司（全称）配股获配股份上市提示性公告
6		××××公司（全称）发行情况报告书（向原股东配售股份）

附件 8

××××年××月××日向原股东配售股份重大事项确认函

由我司保荐的________________________公司配股业务申请已经中国证监会注册，取得了注册文件，且该公司已按规定完成了向原股东配售股份，现申请新增股份上市。截至该确认函提交之日，我司确认：

1. 该公司及发行对象符合《公司法》《北京证券交易所上市公司证券发行注册管理办法（试行）》《北京证券交易所上市公司证券发行上市审核规则（试行）》《北京证券交易所上市公司证券发行与承销业务指引》等法律法规、部门规章和业务规则关于向特定对象发行股票的相关规定。

2. 该公司不存在《北京证券交易所上市公司证券发行注册管理办法（试行）》《北京证券交易所上市公司证券发行上市审核规则（试行）》规定的终止审核情形以及其他影响本次发行的重大事项。

3. 该公司不存在严重损害投资者合法权益和社会公共利益的其他情形。

项目负责人（签名）　　××××证券公司（加盖公章）

关于发布《北京证券交易所上市公司向特定对象发行优先股业务细则》的公告

北证公告〔2021〕10号

为了规范北京证券交易所（以下简称本所）上市公司向特定对象发行优先股业务，丰富上市公司融资工具，本所制定了《北京证券交易所上市公司向特定对象发行优先股业务细则》，经中国证监会批准，现予以发布，自2021年11月15日起施行。

特此公告。

附件：北京证券交易所上市公司向特定对象发行优先股业务细则

北京证券交易所

2021年10月30日

北京证券交易所上市公司向特定对象发行优先股业务细则

第一章　总则

第一条　为规范北京证券交易所（以下简称本所）上市公司向特定对象发行优先股业务，保护投资者合法权益，根据《国务院关于开展优先股试点的指导意见》（以下简称《指导意见》）、《优先股试点管理办法》（以下简称《试点办法》）、《北京证券交易所上市公司证券发行注册管理办法（试行）》（以下简称《再融资办法》）、《北京证券交易所股票上市规则（试行）》（以下简称《上市规则》）、《北京证券交易所上市公司证券发行上市审核规则（试行）》（以下简称《再融资审核规则》）等相关规定，制定本细则。

第二条　本细则规定的优先股，是指依照《公司法》，在一般规定的普通种类股份之外，另行规定的其他种类股份，其股份持有人优先于普通股股东分配公司利润和剩余财产，但参与公司决策管理等权利受到限制。

第三条　本所上市公司向特定对象发行优先股及优先股的挂牌、转让、持续信息披露等业务，适用本细则的规定；本细则未作规定的，参照适用中国证监会及本所关于普通股的有关规定。

第四条　优先股的登记、存管和结算等业务，按中国证券登记结算有限责任公司的相关规定办理。

第五条　上市公司及其董事、监事、高级管理人员、股东、实际控制人及其他相关信息披露义务人，应当遵守法律、行政法规、部门规章、规范性文件（以下统称法律法规）及本所业务规则，履行信息披露义务，保证向本所提交和披露的文件真实、准确、完整，不存在虚假记载、误导性陈述或重大遗漏。

为上市公司及相关信息披露义务人提供服务的保荐机构及其保荐代表人、承销商、证券服务机构及其相关人员，应当遵守法律法规、本所业务规则和行业自律规范，诚实守信、勤勉尽责，对其出具文件的真实性、准确性和完整性负责。

上市公司的控股股东、实际控制人、董事、监事、高级管理人员以及证券公司、证券服务机构及其相关人员，不得利用优先股发行谋取不正当利益，不得泄露内幕信息和利用内幕信息进行优先股转让或者操纵优先股转让价格。

第二章 发行与挂牌

第六条 上市公司申请向特定对象发行优先股，应当符合《试点办法》规定的条件。

第七条 上市公司申请向特定对象发行优先股，应当聘请具有证券承销和保荐业务资格的证券公司承销与保荐。上市公司董事会提前确定全部发行对象的，无需由证券公司承销。

第八条 上市公司应当按照《试点办法》第三十五条至第三十八条的规定召开董事会、股东大会，履行表决权回避制度，对向特定对象发行优先股的相关事项作出决议。上市公司应当对出席会议的中小股东表决情况单独计票并予以披露。

独立董事应当就上市公司本次优先股发行对公司各类股东权益的影响发表专项意见，并与董事会决议一同披露。

第九条 上市公司应当按照《指导意见》《试点办法》的规定，修改公司章程，明确优先股股东参与利润和剩余财产分配、优先股股东的表决权限制与恢复、优先股的回购等事项，上市公司董事会应当就修改公司章程和发行优先股一并作出决议，并提交股东大会审议。

第十条 上市公司应当在董事会作出决议后 2 个交易日内，披露董事会决议等相关公告，同时披露向特定对象发行优先股募集说明书草案；在股东大会作出决议后 2 个交易日内，披露股东大会决议等相关公告。

第十一条 监事会应当对董事会编制的优先股募集说明书等文件进行审核并提出书面审核意见。

第十二条 上市公司董事会审议向特定对象发行优先股有关事项时，应当不存在尚未完成的股票发行、可转换公司债券发行、收购、股份回购等事宜。

第十三条 上市公司向特定对象发行优先股，应当符合《试点办法》关于合格投资者范围及数量的要求。

发行对象为境外战略投资者的，还应当符合国务院相关部门的规定。

第十四条 董事会决议未确定全部发行对象的，上市公司应当以竞价方式确定发行对象和票面股息率。

上市公司竞价确定发行对象和票面股息率的具体流程及相关要求，参照适用中国证监会及本所关于向特定对象发行普通股的有关规定。

第十五条 优先股的计价单位为“每股价格”，每股票面金额为 100 元人民币。

优先股发行价格和票面股息率应当公允、合理，不得损害股东或其他利益相关方的合法利益，发行价格不得低于优先股票面金额。

向特定对象发行优先股的票面股息率不得高于最近 2 个会计年度的年均加权平均净资产收益率。

第十六条 发行对象可以用现金或非现金资产认购优先股。发行对象以非现金资产认购优先股的，应当按照《试点办法》以及中国证监会、本所关于发行股份购买资产的相关规定，履行相应程序并进行信息披露。

第十七条 上市公司向特定对象发行优先股的申请与受理、审核、注册等相关程序，适用《再融资办法》《再融资审核规则》的有关规定。

第十八条 上市公司向特定对象发行优先股，可以申请一次注册，分次发行，不同次发行的优先股除票面股息率条款外，其他条款应当相同。自中国证监会同意注册之日起，公司应当在6个月内实施首次发行，剩余数量应当在24个月内发行完毕。首次发行数量应当不少于总发行数量的50%，剩余各次发行的数量由公司自行确定，每次发行完毕后5个工作日内报本所备案。

第十九条 上市公司应当在验资完成后，向本所申请办理优先股挂牌手续。

第三章 转让

第二十条 优先股申报价格最小变动单位为0.01元人民币。买卖优先股的申报数量应当为1000股或其整数倍；卖出优先股时，余额不足1000股部分，应当一次性申报卖出。

第二十一条 本所接受优先股转让申报的时间为每个交易日的9：15至11：30，13：00至15：00。

第二十二条 在本所转让的优先股可以采取以下委托方式：

（一）定价委托，是指投资者委托本所会员按其指定的价格买卖不超过其指定数量股票的指令。定价委托应当包括：证券账户号码、证券代码、买卖方向、委托数量、委托价格等内容。

（二）成交确认委托，是指投资者买卖双方达成成交协议，或投资者拟与定价委托成交，委托本所会员以指定价格和数量与指定对手方确认成交的指令。成交确认委托应当包括：证券账户号码、证券代码、买卖方向、委托数量、委托价格、成交约定号等内容；拟与对手方通过互报成交确认委托方式成交的，还应当注明对手方交易单元代码和对手方证券账户号码。

第二十三条 在本所转让的优先股可以采取以下申报方式：

（一）定价申报应当包括：证券账户号码、证券代码、交易单元代码、证券营业部识别码、买卖方向、申报数量、申报价格等内容。

（二）成交确认申报应当包括：证券账户号码、证券代码、交易单元代码、证券营业部识别码、买卖方向、申报数量、申报价格、成交约定号等内容；若投资者成交确认委托中包括对手方交易单元代码和对手方证券账户号码，其对应成交确认申报指令也应当包括相关内容。

第二十四条 本所收到拟与定价申报成交的成交确认申报后，如系统中无对应的定价申报，该成交确认申报以撤单处理。

第二十五条 每个交易日的9：30至11：30、13：00至15：00为本所优先股转让的成交确认时间。

第二十六条 本所按照申报时间先后顺序，将成交确认申报和与该成交确认申报证券代码、申报价格相同，买卖方向相反及成交约定号一致的定价申报进行确认成交。

成交确认申报与定价申报可以部分成交。

成交确认申报数量小于定价申报的，以成交确认申报的数量为成交数量。定价申报未成交部分当日继续有效。

成交确认申报数量大于定价申报的，以定价申报的数量为成交数量。成交确认申报未成交部分以撤单处理。

第二十七条 本所对证券代码、申报价格和申报数量相同，买卖方向相反，指定对手方交易单元、证券账户号码相符及成交约定号一致的成交确认申报进行确认成交。

第二十八条 投资者买入的优先股，在交收前不得卖出。

第二十九条 优先股的除息处理独立于普通股进行，并单独公布相应的除息参考价格。

第三十条 优先股转让环节的投资者适当性标准应当与发行环节保持一致。相同条款的优先股经转让后，投资者不得超过200人。

根据本细则所述成交原则，本所按照申报时间先后顺序对转让申报进行确认成交，对导致投资者超过200人的转让不予确认。

第三十一条 本所会员应当切实履行投资者适当性管理职责，通过现场问询、核对资料、签订确认书等方式，审查参与优先股转让的投资者是否为符合规定的合格投资者，并留存有关资料。

本所会员应当向首次参与优先股转让的投资者全面介绍优先股的产品特征和相关制度规则，充分揭示投资风险，并要求其签署优先股投资风险揭示书。

第三十二条 开盘价，为当日该优先股的第一笔成交价。

第三十三条 收盘价，为当日该优先股所有转让的成交量加权平均价；当日无成交的，以前收盘价为当日收盘价。优先股挂牌首日，以发行价为前收盘价。

第三十四条 本所会员应保证参与优先股转让的投资者账户具备与申报相对应的优先股或资金。

持有或者租用本所交易单元的机构参与优先股转让，应当通过持有或者租用的交易单元申报，并确保具备与申报相对应的优先股或资金。

第三十五条 本所向会员实时发送申报及成交信息，会员应当向其符合投资者适当性要求的投资者即时提供该信息。

第三十六条 本所每个交易日收市后公布当日每笔成交信息，内容包括证券代码、证券简称、成交价格、成交数量、买卖双方会员证券营业部或交易单元的名称等。

优先股转让公开信息涉及机构专用交易单元的，公布名称为“机构专用”。

第三十七条 本所会员应对优先股的转让信息予以独立显示。

第三十八条 优先股的转让限制、解除转让限制事宜，应当符合《试点办法》第十四条的规定，参照适用《上市规则》关于普通股股份变动的相关流程要求办理。

第三十九条 优先股的暂停、恢复转让事宜，按照《上市规则》关于普通股停牌、复牌的有关规定执行。

上市公司的普通股停牌、复牌的，其优先股应当同时暂停、恢复转让。

第四十条 出现下列情形之一的，本所将终止为上市公司优先股提供转让，并予以终止挂牌：

（一）上市公司的普通股终止上市；

（二）优先股全部赎回或者回售；

（三）中国证监会或者本所认为应当终止提供转让的其他情形。

第四章 信息披露

第四十一条 发行优先股的上市公司披露定期报告时，应当按照《试点办法》的规定，披露优先股的有关情况。

第四十二条 上市公司应当按照本所信息披露相关规则，及时披露对优先股转让价格产生较大影响的信息，包括但不限于优先股挂牌、付息、调息、赎回、回售，优先股股东表决权的恢复、行使、变动，优先股股东分类表决，优先股募集资金的存放、使用，分配利润或剩余财产等。

上市公司按照本所信息披露相关规则，对重大事件发布临时公告时，如该重大事件对优先股价格或优先股股东权益可能产生较大影响的，应当在临时公告中予以专门说明。

第四十三条 上市公司应当于优先股付息日的 2 个交易日前，披露优先股付息公告。完成股息支付后的 2 个交易日内，上市公司应当披露优先股股东的利润分配情况。

第四十四条 上市公司应当在满足优先股赎回条件或回售条件的 2 个交易日内，披露赎回或回售的提示性公告。赎回提示性公告中应当明确披露是否行使赎回权。上市公司还应当在赎回期或回售期结束前至少发布三次赎回提示性公告（如决定行使赎回权）或回售提示性公告。公告中应当载明赎回或回售的程序、价格、付款方法、付款时间等。

上市公司普通股终止上市的，满足回售条件日为审议相关事项股东大会决议公告日；满足其他约定回售条件的，满足回售条件日为触发回售条款的最后 1 个交易日。

优先股赎回或回售实施完成后，上市公司应当披露优先股赎回或回售结果公告。

第四十五条 按照法律法规和公司章程的规定，优先股股东对股东大会审议的特定事项享有表决权的，上市公司应当在召开股东大会的通知中予以提示。

第四十六条 上市公司累计3个会计年度或连续2个会计年度未按约定支付优先股股息的，应当在披露批准当年利润分配方案的股东大会决议同时，披露优先股表决权恢复的提示性公告。公告应当载明优先股表决权恢复的起始期限、每股优先股享有的表决权比例等内容。

对于股息可累积到下一会计年度的优先股，上市公司应当在其全额支付所欠股息后的2个交易日内，披露终止表决权恢复的提示性公告。对于股息不可累积的优先股，上市公司应当在其全额支付当年股息后的2个交易日内，披露终止表决权恢复的提示性公告。

上市公司出现公司章程规定的其他优先股表决权恢复情形的，应当参照前两款规定发布提示性公告。

第四十七条 根据本所《上市规则》等相关规定计算股东持股数额时，仅计算普通股和表决权恢复的优先股。

第四十八条 投资者持有上市公司已发行的优先股达到该公司优先股股本总额的20%时，应当在该事实发生之日起2个交易日内向本所报告，并予以公告。

持有上市公司已发行的优先股占该公司优先股股本总额20%以上的投资者，其所持上市公司已发行的优先股比例每增加或者减少10%时，应当在该事实发生之日起2个交易日内依照前款规定履行报告和公告义务。

第四十九条 优先股的风险警示事宜，按照《上市规则》关于普通股风险警示的规定执行，并予以公告。

上市公司的普通股被实施风险警示的，其优先股应当同时被实施风险警示。

第五章 自律管理

第五十条 上市公司及其董事、监事、高级管理人员、股东、实际控制人及其他相关信息披露义务人，证券公司、证券服务机构及其相关人员，以及投资者等市场主体，违反本细则相关规定的，本所可以依据《北京证券交易所自律监管措施和纪律处分实施细则》等有关规定采取自律监管措施或纪律处分。

第六章 附则

第五十一条 本细则由本所解释。

第五十二条 本细则自2021年11月15日起施行。

关于发布《北京证券交易所上市公司向特定对象发行可转换公司债券业务细则》的公告

北证公告〔2021〕11号

为了规范北京证券交易所（以下简称本所）上市公司向特定对象发行可转换公司债券业务，丰富上市公司融资工具，本所制定了《北京证券交易所上市公司向特定对象发行可转换公司债券业务细则》，经中国证监会批准，现予以发布，自2021年11月15日起施行。

特此公告。

附件：北京证券交易所上市公司向特定对象发行可转换公司债券业务细则

北京证券交易所

2021年10月30日

北京证券交易所上市公司向特定对象发行可转换公司债券业务细则

第一章　总则

第一条　为规范北京证券交易所（以下简称本所）上市公司向特定对象发行可转换公司债券（以下简称向特定对象发行可转债）业务，保护投资者合法权益，根据《公司债券发行与交易管理办法》《可转换公司债券管理办法》（以下简称《可转债管理办法》）、《北京证券交易所上市公司证券发行注册管理办法（试行）》（以下简称《再融资办法》）、《北京证券交易所股票上市规则（试行）》（以下简称《上市规则》）、《北京证券交易所上市公司证券发行上市审核规则（试行）》（以下简称《再融资审核规则》）等相关规定，制定本细则。

第二条　本细则规定的可转换公司债券（以下简称可转债），是指发行人依法发行、在一定期间内依据约定的条件可以转换成股票的公司债券。

第三条　本所上市公司向特定对象发行可转债及可转债的挂牌、转让、转股、赎回、回售、付息及本息兑付等业务，适用本细则。

第四条　可转债的登记、存管和结算等业务，按中国证券登记结算有限责任公司（以下简称中国结算）的相关规定办理。

第五条　上市公司及其董事、监事、高级管理人员、股东、实际控制人及其他相关信息披露义务人，应当遵守法律、行政法规、部门规章、规范性文件（以下统称法律法规）及本所业务规则，履行信息披露义务，保证向本所提交和披露的文件真实、准确、完整，不存在虚假记载、误导性陈述或重大遗漏。

为上市公司以及相关信息披露义务人提供服务的保荐机构及其保荐代表人、承销商、证券服务机构及其相关人员，应当遵守法律法规、本所业务规则和行业自律规范，诚实守信、勤勉尽责，对其出具文件的真实性、准确性、完整性负责。

上市公司的控股股东、实际控制人、董事、监事、高级管理人员以及证券公司、证券服务机构及其相关人员，不得利用可转债发行谋取不正当利益，不得泄露内幕信息和利用内幕信息进行可转债转让或者操纵可转债转让价格。

第二章　发行与挂牌

第六条　上市公司申请向特定对象发行可转债，应当聘请具有证券承销和保荐业务资格的证券公司承销与保荐。

第七条 可转债应当具有期限、面值、利率、债券持有人权利、转股价格及调整原则、赎回及回售、转股价格修正等要素。

第八条 向特定对象发行可转债应当采用竞价方式确定利率和发行对象，发行可转债购买资产的除外。

第九条 在发行期首日前一工作日，上市公司和承销商可以向符合条件的特定对象提供认购邀请书，认购邀请书发送对象至少应当包括：

（一）已经提交认购意向书的投资者；

（二）上市公司前二十名股东；

（三）合计不少于十家证券投资基金管理公司、证券公司或保险机构。

上市公司和承销商的控股股东、实际控制人、董事、监事、高级管理人员及其控制或者施加重大影响的关联方不得参与竞价。

第十条 认购邀请书发送后，上市公司及承销商应当在认购邀请书约定的时间内收集特定投资者签署的申购报价表。在申购报价期间，上市公司及承销商应当确保任何工作人员不泄露发行对象的申购报价情况。

申购报价结束后，上市公司及承销商应当对有效申购按照利率由低到高进行累计统计，按照利率优先及董事会确定的原则合理确定发行利率和发行对象。

第十一条 向特定对象发行可转债的转股价格应当不低于认购邀请书发出前二十个交易日上市公司股票交易均价和前一个交易日的均价，且不得向下修正，发行可转债购买资产的除外。

第十二条 上市公司应当制定可转债持有人会议规则，并与向特定对象发行可转债募集说明书（以下简称可转债募集说明书）同时披露。

可转债持有人会议规则应当公平、合理。可转债持有人会议规则应当明确可转债持有人通过可转债持有人会议行使权利的范围，可转债持有人会议的召集、通知、决策机制和其他重要事项。

债券持有人会议按照本细则的规定及会议规则的程序要求所形成的决议对全体债券持有人有约束力。

第十三条 上市公司应当在可转债募集说明书中约定受托管理事项。

上市公司聘请受托管理人的，受托管理人应当按照《公司债券发行与交易管理办法》的规定以及可转债受托管理协议的约定履行受托管理职责。

第十四条 上市公司董事会审议向特定对象发行可转债有关事项时，应当不存在尚未完成的股票发行、可转债发行、收购、股份回购事宜。

第十五条 上市公司董事会应当就本次向特定对象发行可转债的具体方案作出决议，并提请股东大会批准。股东大会决议必须经出席会议的股东所持表决权的 2/3 以上通过。上市公司应当对出席会议的中小股东表决情况单独计票并予以披露。上市公司应当提供网络投票的方式，还可以通过其他方式为股东参加股东大会提供便利。

上市公司监事会应当对董事会编制的向特定对象发行可转债发行文件进行审核并提出书面审核意见，独立董事应当就可转债发行事项的必要性、合理性、可行性、公平性发表专项意见。

上市公司股东大会就可转债发行作出的决议，至少应当包括下列事项：

（一）本次发行证券的种类和数量（数量上限）；

（二）发行方式、发行对象或范围、现有股东的优先认购安排（如有）；

（三）定价方式或者价格区间；

（四）债券利率；

（五）债券期限；

（六）赎回条款；

（七）回售条款；

（八）还本付息的期限和方式；

（九）转股期；

（十）转股价格的确定和修正；

（十一）限售情况；

（十二）募集资金用途；

（十三）对董事会办理本次可转债发行具体事宜的授权；

（十四）决议的有效期；

（十五）其他必须明确的事项。

第十六条 上市公司向特定对象发行可转债的申请与受理、审核、注册等相关程序，适用《再融资办法》《再融资审核规则》的有关规定。

第十七条 上市公司可转债的发行与挂牌，本节未作规定的，参照本所对股票的有关规定办理。

第三章 转让

第十八条 投资者参与可转债转让应当符合本所关于股票投资者适当性要求。

第十九条 可转债以100元面值为1张，申报价格最小变动单位为0.001元。

第二十条 可转债的转让申报数量应为10张或其整数倍，且单笔转让数量不低于1000张或者转让金额不低于10万元。卖出时余额不足1000张且转让金额低于10万元的，应当一次性申报卖出。

第二十一条 可转债采用全价转让方式并实行当日回转。

第二十二条 投资者可以采用定价委托、成交确认委托方式委托本所会员买卖可转债。

定价委托是指投资者委托本所会员按其指定的价格买卖不超过其指定数量可转债

的指令。定价委托指令应当包括：证券账户号码、证券代码、买卖方向、委托数量、委托价格等内容。

成交确认委托是指投资者买卖双方达成成交协议，或投资者拟与定价委托成交，委托本所会员按其指定的价格和数量与指定对手方确认成交的指令。成交确认委托指令应当包括：证券账户号码、证券代码、买卖方向、委托数量、委托价格、成交约定号等内容；拟与对手方通过互报成交确认委托方式成交的，还应注明对手方交易单元代码和对手方证券账户号码。

第二十三条 投资者可以撤销未匹配成交的委托。

第二十四条 本所接受会员可转债转让申报的时间为每个交易日的9：30至11：30，13：00至15：00，转让申报当日有效。

第二十五条 本所会员应按照接受投资者委托的时间先后顺序及时向本所申报，并按有关规定妥善保管委托和申报记录。

第二十六条 本所接受会员的定价申报和成交确认申报。

定价申报应当包括：证券账户号码、证券代码、交易单元代码、证券营业部识别码、买卖方向、申报数量、申报价格等内容。

成交确认申报应当包括：证券账户号码、证券代码、交易单元代码、证券营业部识别码、买卖方向、申报数量、申报价格、成交约定号等内容；若投资者成交确认委托指令中包括对手方交易单元代码和对手方证券账户号码，其对应成交确认申报指令也应包括相关内容。

第二十七条 本所收到拟与定价申报成交的成交确认申报后，如交易系统中无对应的定价申报，该成交确认申报以撤单处理。

第二十八条 每个交易日的9：30至11：30、13：00至15：00为可转债转让的成交确认时间。

第二十九条 本所按照申报时间先后顺序，将成交确认申报和与该成交确认申报证券代码、申报价格相同，买卖方向相反及成交约定号一致的定价申报进行确认成交。

成交确认申报与定价申报可以部分成交。

成交确认申报数量小于定价申报的，以成交确认申报的数量为成交数量。定价申报未成交部分当日继续有效。

成交确认申报数量大于定价申报的，以定价申报的数量为成交数量。成交确认申报未成交部分以撤单处理。

第三十条 本所对证券代码、申报价格和申报数量相同，买卖方向相反，指定对手方交易单元、证券账户号码相符及成交约定号一致的成交确认申报进行确认成交。

第三十一条 本所会员应保证参与可转债转让的投资者账户具备与申报相对应的可转债或资金。

持有或者租用本所交易单元的机构参与可转债转让，应当通过持有或者租用的交易单元申报，并确保具备与申报相对应的可转债或资金。

被撤销或失效的委托，本所会员应当在确认后及时向投资者返还相应的资金或可转债。

第三十二条 按照本细则达成的转让，买卖双方必须承认转让结果，履行清算交收义务。

第三十三条 收盘价为当日该可转债所有转让的成交量加权平均价；当日无成交的，以前收盘价为当日收盘价。可转债挂牌首日，以发行价为前收盘价。

第三十四条 可转债发生付息时，本所在债权登记日的次一交易日对该可转债进行除息处理。除息参考价计算公式为：除息参考价=前收盘价-应付利息。

可转债的除息处理独立于普通股进行，并单独公布相应的除息参考价。

第三十五条 上市公司的普通股停牌、复牌的，其可转债应当同时暂停、恢复转让，但因特殊原因可转债需单独暂停、恢复转让的除外。

第三十六条 可转债出现以下情形之一的，本所暂停可转债的转让：

（一）转股期结束前 10 个交易日；

（二）赎回期间；

（三）中国证监会和本所认为必须暂停转让的其他情况。

可转债暂停转让期间，转股、赎回、回售、付息、到期兑付等事项仍按照约定的时间及方式进行。

第三十七条 本所向会员实时发送申报及成交信息，会员应当向其符合投资者适当性要求的投资者即时提供该信息。

第三十八条 每个交易日结束后，本所公布当日每笔转让成交信息，内容包括证券代码、证券简称、成交价格、成交数量、买卖双方证券公司证券营业部或者交易单元的名称等。

转让公开信息涉及机构专用交易单元的，公布名称为“机构专用”。

第三十九条 可转债出现下列情形之一的，本所将终止为其提供转让服务，并予以终止挂牌：

（一）可转债标的股票终止上市；

（二）可转债到期全部兑付；

（三）存续期内可转债全部赎回；

（四）存续期内可转债全部回售；

（五）存续期内可转债全部转股；

（六）中国证监会或者本所认为应当终止提供转让服务的其他情形。

出现前款第（一）项情形的，上市公司应当在标的股票终止上市前给予债券持有人回售的选择权。

第四十条 本所可以根据市场发展情况，对可转债转让安排进行调整。

第四章　转股、赎回与回售

第一节　转股

第四十一条　向特定对象发行可转债转股的，所转股票自可转债发行结束之日起18个月内不得转让。

第四十二条　上市公司转股来源包括增发股份和回购股份。上市公司拟新增使用回购股份作为转股来源的，应当提交股东大会审议。

第四十三条　上市公司同时采用增发股份与回购股份作为转股来源的，按照以下原则转股：

（一）投资者使用无限售可转债转股的，优先使用回购股份作为转股来源，回购股份不足时使用增发股份作为转股来源；

（二）投资者使用限售可转债转股的，仅使用增发股份作为转股来源，转股所得股份的限售期限与可转债的剩余限售期限一致。

第四十四条　可转债募集说明书应当约定转股价格调整的原则及方式。发行可转债后，因配股、增发、送股、派息、分立、减资及其他原因引起上市公司股份变动的，应当同时调整转股价格。

第四十五条　自发行结束之日起6个月后，在符合约定条件时，债券持有人方可通过报盘方式申请转换为公司股票。

第四十六条　上市公司应当按照约定向可转债持有人换发股票，可转债持有人对转换股票或者不转换股票有选择权。

第四十七条　可转债进入转股期后，投资者可将当日买入的可转债申报转股，也可于当日转让时间内撤销转股申请。当日申报转股的，所转股票自转股登记完成后的次一交易日起转让。

第四十八条　转股的最小单位为1股。债券持有人申请转股后，所剩债券余额不足转换1股的部分，上市公司应当在该种情况发生后5个交易日内，以现金兑付该部分的票面金额。

第四十九条　债券持有人申请转股的可转债数额大于其实际拥有的可转债数额的，按其实际可用的数额进行转股，申请剩余部分予以取消。

第五十条　上市公司应当在可转债开始转股前三个交易日内披露实施转股的公告。公告内容应当包括可转债的基本情况、转股的起止时间、转股的程序、转股价格的历次调整和修正情况等。

第五十一条　可转债转换为股票的数额累计达到可转债开始转股前公司股本总额的10%时，上市公司应当及时披露股份变动公告，公告内容至少应包括可转债的基本情况、转股的起止时间、已转股数量及占比等。

第五十二条　上市公司涉及下列事项时，应当向本所申请暂停可转债的转股：

（一）进入转股期，可转债转股价格需要调整的；

（二）满足赎回条件且公司董事会决议部分或全部赎回可转债的；

（三）中国证监会和本所认为应当暂停转股的其他事项。

第五十三条　上市公司在转股期结束的20个交易日前应当至少发布3次提示性公告，提醒投资者有关在可转债转股期结束前10个交易日暂停转让的事项。

第五十四条　可转债持有人及其一致行动人因行使转股权触发权益变动或收购披露标准的，应按照《上市公司收购管理办法》等相关规定履行相应义务。

第二节　赎回

第五十五条　可转债募集说明书可以约定赎回条款。在赎回条件满足时，上市公司可以按照约定的条件和价格行使赎回权，也可以不行使赎回权。行使赎回权的，可以赎回全部或部分未转股的可转债。

在可转债存续期内，上市公司应当持续关注赎回条件是否满足，预计可能满足赎回条件的，应当在赎回条件满足的5个交易日前及时披露，向市场充分提示风险。

第五十六条　上市公司拟行使赎回权时，应当将行使赎回权事项提交董事会审议并予以公告，但公司章程或者可转债募集说明书另有约定除外。上市公司决定行使赎回权的，应当在满足赎回条件后的5个交易日内至少发布3次赎回公告。赎回公告应当载明赎回的条件、程序、价格、数量、付款方法、起止时间等内容。

上市公司决定不行使赎回权的，自董事会决议公告披露之日起6个月内不得再次行使赎回权。上市公司决定行使或者不行使赎回权的，还应当充分披露其实际控制人、控股股东、持股5%以上的股东、董事、监事、高级管理人员在赎回条件满足前的6个月内转让该可转债的情况，上述主体应当予以配合。

第五十七条　上市公司行使赎回权的，应当向本所申请赎回期间暂停该可转债的转让和转股。

第五十八条　上市公司根据暂停转让后登记在册的可转债数量，于赎回日结束后的6个交易日内通过中国结算进行赎回资金的划付。

第五十九条　自赎回期结束后的7个交易日内，上市公司披露赎回结果公告。赎回结果公告应当包括赎回价格、赎回数量、赎回的可转债金额以及赎回对公司财务状况、经营成果以及现金流量的影响。

上市公司全部赎回的，还应当披露可转债的终止挂牌公告。公告应当包括可转债基本情况、赎回情况、终止挂牌的起始时间等。上市公司按一定比例赎回的，未赎回的可转债，在赎回业务完成后恢复转让和转股。

第三节　回售

第六十条　可转债募集说明书可以约定回售条款。回售条件满足时，债券持有人可以按照约定的条件和价格行使回售权，也可以不行使回售权。行使回售权的，可以回售全部或部分未转股的可转债。

上市公司改变公告的募集资金用途或者股票终止上市的，应当在股东大会审议通过相关决议后20个交易日内，赋予债券持有人1次回售的权利。

第六十一条 向特定对象发行可转债回售公告至少发布3次。在满足回售条件后5个交易日内至少发布1次，在回售实施期间至少发布1次，余下1次回售公告的发布时间视需要而定。

第六十二条 在可转债的回售期内，债券持有人进行回售申报，回售申报当日可以撤单。在回售期结束后的6个交易日内，上市公司通过中国结算进行回售资金的划付。

第六十三条 自回售期结束后的7个交易日内，上市公司披露回售结果公告。回售结果公告应当包括回售价格、回售数量、回售的可转债金额以及回售对公司财务状况、经营成果及现金流量的影响。

债券持有人全部回售的，上市公司还应当披露可转债的终止挂牌公告。公告应当包括可转债基本情况、回售情况、终止挂牌的起始时间等。

第六十四条 如在同一交易日内分别收到可转债持有人的转让、转托管、转股、回售等两项或者以上报盘申请的，按以下顺序处理申请：转让、回售、转股、转托管。

第五章　付息及本息兑付

第六十五条 上市公司应当在约定的付息日完成付息，并在可转债期满后5个交易日内偿付尚未转股的可转债余额本息。

上市公司应当通过中国结算进行付息和本息兑付，并按本所和中国结算的相关规定办理。

第六十六条 上市公司应当在可转债付息日前，根据本所和中国结算的相关规定披露付息公告。付息公告应当载明付息方案、付息债权登记日与除息日、付息对象、付息方法等。

第六十七条 上市公司应当在可转债期满前，根据本所和中国结算的相关规定披露本息兑付公告。本息兑付公告应当载明本息兑付方案、兑付债权登记日、兑付对象、兑付方法等。

第六章　持续信息披露

第六十八条 上市公司披露定期报告时，应当披露可转债的有关情况，具体包括以下内容：

（一）前10名可转债持有人的名单和持有量；

（二）转股价格历次调整的情况，经调整后的最新转股价格；

（三）可转债发行后累计转股的情况；

（四）赎回和回售情况（如有）；

（五）可转债募集说明书其他约定条款的履行情况（如有）；

（六）募集资金存放、使用情况；

（七）上市公司因可转债转换为股份所引起的股份变动情况；

（八）本所规定的其他事项。

第六十九条 上市公司董事会应当每半年度对偿债能力情况进行审议，出具偿债能力分析报告，并在披露年度报告和中期报告时一并披露。保荐机构应当每年对偿债能力情况发表意见，并在上市公司披露年度报告时一并披露。

第七十条 上市公司在可转债存续期内发生《可转债管理办法》《上市规则》规定的可能对可转债交易转让价格产生较大影响的重要事项的，应当及时履行信息披露义务。

第七十一条 投资者持有上市公司已发行的可转债达到发行总量的20%时，应当在事实发生之日起两个交易日内通知公司予以公告。持有上市公司已发行的可转债20%及以上的投资者，其所持公司已发行的可转债比例每增加或减少10%时，应当按照前款规定履行通知公告义务。

第七十二条 上市公司股票被实施风险警示的，可转债应当同时被实施风险警示。

第七章 监管措施与违规处分

第七十三条 上市公司及其董事、监事、高级管理人员、股东、实际控制人及其他相关信息披露义务人，证券公司、证券服务机构及其相关人员，以及投资者等市场主体，违反本细则相关规定的，本所可以依据《北京证券交易所自律监管措施和纪律处分实施细则》等有关规定采取自律监管措施或纪律处分。

第八章 附则

第七十四条 本细则由本所负责解释。

第七十五条 本细则自2021年11月15日起施行。

关于发布《北京证券交易所上市公司向特定对象发行可转换公司债券业务办理指南第 1 号——发行与挂牌》的公告

北证公告〔2021〕32 号

为了规范北京证券交易所（以下简称本所）上市公司向特定对象发行可转换公司债券的发行与挂牌业务办理流程，保护投资者合法权益，本所制定了《北京证券交易所上市公司向特定对象发行可转换公司债券业务办理指南第 1 号——发行与挂牌》，现予以发布，自 2021 年 11 月 15 日起施行。

特此公告。

附件：北京证券交易所上市公司向特定对象发行可转换公司债券业务办理指南第 1 号——发行与挂牌

北京证券交易所

2021 年 11 月 2 日

北京证券交易所上市公司向特定对象发行可转换公司债券业务办理指南第1号——发行与挂牌

为了规范北京证券交易所（以下简称本所）上市公司（以下简称上市公司）向特定对象发行可转换公司债券（以下简称向特定对象发行可转债或定向可转债）的发行、挂牌业务办理流程，根据《北京证券交易所上市公司证券发行上市审核规则（试行）》（以下简称《再融资审核规则》）、《北京证券交易所上市公司向特定对象发行可转换公司债券业务细则》（以下简称《可转债细则》）、《北京证券交易所上市公司证券发行与承销业务指引》（以下简称《证券发行与承销业务指引》）等规则，制定本指南。

1. 申报前准备

1.1　基本要求

上市公司应当通过本所可转债审核业务系统（以下简称审核系统）办理向特定对象发行可转债业务。

1.2　董事会审议环节

1.2.1　上市公司应当召开董事会，对向特定对象发行可转债有关事项作出决议并在2个交易日内披露董事会决议及向特定对象发行可转债募集说明书草案等相关公告。

1.2.2　上市公司应当于股东大会召开15日前披露审议向特定对象发行可转债相关事项的股东大会通知公告，股东大会召开当日不计算在内。

1.2.3　董事会决议时发行对象确定的，应当在认购合同中约定，本合同在本次可转债发行经上市公司董事会、股东大会批准并履行相关审批程序后生效。

上市公司与发行对象签订的可转债认购合同应当载明发行对象拟认购可转债的数量或数量区间、票面金额、票面利率或其确定原则、转股价格及其调整的原则及方式、可转债还本付息期限和方式、保护债券持有人权利的具体安排、债券持有人会议的程序和决议生效条件、赎回条款、回售条款、发行终止后的退款及补偿安排、纠纷解决机制，以及其他必要条款。

上市公司与发行对象签订的可转债认购合同应当载明风险揭示条款（附件9），向投资者充分揭示可转债投资风险。

1.2.4　上市公司监事会应当对董事会编制的向特定对象发行可转债文件进行审核并提出书面审核意见。上市公司独立董事应当就可转债发行事项的必要性、合理性、可行性、公平性发表专项意见。

1.3　股东大会审议环节

1.3.1　上市公司应当按照《可转债细则》等相关规定，在股东大会审议通过可转债发行有关事项后2个交易日内披露股东大会决议等公告。

1.3.2　上市公司股东大会就向特定对象发行可转债事项作出决议，应当对出席会议的单独或合计持有未达到5%股份的中小股东表决情况实施单独计票并披露，并通过网络投票等方式为股东参加股东大会提供便利。

前款所称单独或合计持有未达到5%股份的中小股东，不包括上市公司董事、监事、高级管理人员及其关联方，也不包括单独或合计持有5%以上股份的股东的关联方。

1.4　内幕信息知情人登记

上市公司向特定对象发行可转债的，应当按照中国证监会、本所关于向特定对象发行股票的有关规定，做好内幕信息知情人登记工作。

2. 审核注册

2.1　提交发行申请文件

2.1.1　上市公司应当按照本指南的规定报送可转债发行申请文件（附件1、附件2）。

2.1.2　本所收到申请文件后，对申请文件的齐备性进行核对，并于5个工作日内作出受理或者不予受理的决定。申请文件齐备的，出具受理通知；申请文件不齐备的，本所一次性告知需补正事项，保荐机构可以在审核系统查询。上市公司补正申请文件的，本所收到申请文件的时间以上市公司最终提交补正文件的时间为准。

保荐机构应当组织上市公司、证券服务机构根据补正意见对相关申请文件进行补充完善，并及时通过审核系统提交补正后的文件。补正时限最长不得超过30个工作日。多次补正的，补正时间累计计算。

2.1.3　上市公司应当在取得受理通知书后当日披露关于收到本所向特定对象发行可转债受理通知书的公告，同时披露募集说明书、发行保荐书、申请挂牌转让保荐书、审计报告、法律意见书。

出现下列情形之一的，上市公司应当在2个交易日内披露相关公告：

（1）收到本所不予受理决定；

（2）收到本所中止或者终止发行上市审核决定；

（3）收到中国证监会中止或者终止发行注册决定；

（4）收到中国证监会予以注册或者不予注册决定；

（5）上市公司撤回证券发行申请。

2.2　发行申请文件审核

2.2.1　本所对可转债发行申请文件进行审核，通过审核系统向上市公司及中介机构发出问询。

上市公司应当以临时公告的形式及时披露对本所审核问询的回复。

2.2.2　上市公司及其保荐机构、证券服务机构原则上应当在20个工作日内按照问询意见要求进行必要的补充核查，及时、逐项回复问询意见，补充或者修改申请文件。

回复文件命名要求包含回复人简称、上市公司证券简称、轮次，例如“××（上市公司证券简称）及××证券关于第一轮问询的回复”、“××会所关于××（上市公司证券简称）第一轮问询的回复”、“××律所关于××（上市公司证券简称）的补充法律意见书（一）”。

问询回复涉及对申请文件进行更新、修改的，应当在问询回复中专门说明，并在申请文件中使用楷体加粗方式对修改的内容予以凸显标注。

2.2.3　预计难以在规定时间内回复的，保荐机构应当在回复截止日前通过审核系统提交延期回复申请（加盖上市公司或保荐机构公章），说明延期理由及预计回复日期，延期一般不超过20个工作日。

2.2.4　上市公司或保荐机构认为拟披露的回复信息属于国家秘密、商业秘密，披露后可能导致其违反国家有关保密的法律法规或者严重损害公司利益的，须提交脱密处理后的问询回复，并将信息披露豁免的说明文件上传至对应的文件条目内。本所经审核认为豁免理由不成立的，上市公司应当按照规定予以披露。

2.2.5　首轮审核问询后，本所可以继续提出审核问询，保荐机构可以在审核系统查询。

2.2.6　本所根据审核需要，需对上市公司的控股股东、实际控制人、董事、监事、高级管理人员，保荐机构、证券服务机构及其相关人员约见问询的，相关人员应当在约定时间和地点接受问询。

2.2.7　本所要求调阅相关资料的，上市公司及其保荐机构、证券服务机构应当按照要求及时提交，确保相关资料真实、准确、完整，不得随意修改或损毁。

2.3　提交中国证监会注册

2.3.1　中国证监会在注册过程中，如要求本所进一步问询的，本所将通过审核系统发出问询。

2.3.2　上市公司应当在中国证监会作出注册决定后，及时更新披露修改后的募集说明书、发行保荐书、法律意见书等文件。

2.3.3　上市公司披露收到中国证监会予以注册决定的公告时，应当说明取得注册批文的日期、注册发行的债券数量等，并公告本次发行的保荐机构，公开上市公司和保荐机构指定办理本次发行的负责人及其有效联系方式。

3. 组织发行

3.1　定价、认购与缴款

上市公司应当在注册批文的有效期内，按照《证券发行与承销业务指引》等有关规定组织发行。

3.2　签订募集资金专户三方监管协议与验资

3.2.1　上市公司应当在认购结束后，与保荐机构、存放募集资金的商业银行签订募集资金专户三方监管协议（附件4）。

3.2.2　上市公司应当在认购结束后10个工作日内，聘请符合《证券法》规定的会计师事务所对募集资金到位情况进行验资。

4. 可转债登记及挂牌转让

4.1　上市公司应当在本次发行验资完成后的2个交易日内，通过审核系统向本所报送以下文件：

（1）可转债发行情况报告书（披露）；

（2）保荐机构关于本次发行过程和认购对象合规性的报告（披露）；

（3）律师关于本次发行过程和认购对象合规性的报告（披露）；

（4）符合《证券法》规定的会计师事务所出具的验资报告；

（5）向特定对象发行可转债挂牌转让申请书；

（6）向特定对象发行可转债申请挂牌转让保荐书；

（7）可转债证券简称及证券代码申请书（附件3）；

（8）可转债登记明细表（附件5）；

（9）募集资金专户三方监管协议；

（10）自愿限售申请材料（附件6）；

（11）重大事项确认函（附件7）；

（12）资产转移手续完成的证明文件（购买资产时适用）；

（13）本所要求的其他文件。

可转债证券代码和证券简称应当符合本所的有关规定，证券代码为“810×××”，证券简称为“××定转”，其中“××”取自上市公司股票简称。

4.2　上市公司在领取可转债登记函之前，应当按规定缴纳挂牌费用（如需）。上市公司在领取可转债登记函的同时，应当一并领取本次发行可转债的证券代码和证券简称。

4.3　可转债发行结束并确定可转债代码和简称后，保荐机构应当协助上市公司及时向中国结算北京分公司申请办理新增可转债登记，具体流程按照中国结算北京分公司相关规定执行。

4.4　上市公司在取得中国结算北京分公司出具的可转债登记证明文件后，办理可转债挂牌手续，提交《可转债挂牌转让申请表》（附件8），并确定可转债挂牌转让日期。上市公司在可转债挂牌转让前，应当披露可转债挂牌转让公告。挂牌转让公告应当明确本次可转债的挂牌转让日等事项。

4.5　本所会员应当向首次参与定向可转债转让的投资者全面介绍定向可转债的产品特征和相关制度规则，充分揭示投资风险，并按照风险揭示条款（附件9）的相关内容，要求投资者签署《风险揭示书》。

5. 中止、终止审核及终止发行

5.1　中止审核

5.1.1　上市公司发生《北京证券交易所上市公司证券发行注册管理办法（试行）》（以下简称《再融资办法》）、《再融资审核规则》规定的中止审核情形的，保荐机构应当及时向本所报告并提交中止审核申请（加盖上市公司或保荐机构公章）。

上市公司及其保荐机构、证券服务机构未及时告知本所，经确认符合中止审核情形的，本所将直接中止审核。

5.1.2　中止审核情形消除后，保荐机构应当及时向本所报告并提交恢复审核申请（加盖上市公司或保荐机构公章）及中止审核情形已消除的证明文件。本所确认后，恢复审核。

依照前款规定恢复审核的，审核时限自恢复审核之日起继续计算。

5.2　终止审核

5.2.1　本所受理上市公司申请至中国证监会予以注册前，上市公司出现《再融资办法》《再融资审核规则》规定的终止审核情形的，本所将终止审核，并通知上市公司、保荐机构。

5.2.2　上市公司或保荐机构申请终止审核的，本所核实申请文件齐备后，向上市公司出具受理通知书。保荐机构应当及时通过审核系统向本所提交终止审核的相关申请。

5.2.3　上市公司应当在取得终止向特定对象发行可转债审核决定后2个交易日内披露向特定对象发行可转债终止公告。

5.3　终止发行

5.3.1　中国证监会作出注册决定后至上市公司完成新增可转债登记前，上市公司出现《再融资办法》规定的终止发行情形的，上市公司、保荐机构应当及时向本所报告，上市公司应当终止向特定对象发行可转债，并在2个交易日内披露终止发行相关公告，及保荐机构对上市公司终止发行相关内部审议程序及信息披露义务履行情况、退款安排等事项的专项核查意见。

5.3.2　上市公司在中国证监会注册决定有效期截止日前未完成缴款验资的，本次可转债发行自动终止。上市公司应当及时披露向特定对象发行可转债终止公告。

6. 附则

6.1 向特定对象发行可转债的其他事宜，本指南未做规定的，参照向特定对象发行股票的有关规定办理。

6.2 本指南由本所负责解释，自 2021 年 11 月 15 日起施行。

附件：1. 向特定对象发行可转债申请文件目录
2. 向特定对象发行可转债申请报告
3. 可转债证券简称及证券代码申请书
4. 募集资金专户三方监管协议
5. 向特定对象发行可转债登记明细表
6. 自愿限售申请材料
7. 向特定对象发行可转债重大事项确认函
8. 向特定对象发行可转债挂牌转让申请表
9. 可转债投资风险揭示必备条款

附件1

向特定对象发行可转债申请文件目录

一、发行文件

1-1 上市公司向特定对象发行可转换公司债券募集说明书

二、上市公司关于向特定对象发行可转换公司债券的申请与授权文件

2-1 上市公司关于本次向特定对象发行可转换公司债券的申请报告

2-2 上市公司董事会有关本次向特定对象发行可转换公司债券的决议

2-3 上市公司股东大会有关本次向特定对象发行可转换公司债券的决议

2-4 上市公司监事会对向特定对象发行可转换公司债券募集说明书真实性、准确性、完整性的审核意见

三、保荐人关于本次发行的文件

3-1 发行保荐书

3-2 发行保荐工作报告

3-3 向特定对象发行可转债申请挂牌转让保荐书

四、会计师关于本次发行的文件

4-1 最近2年的财务报告和审计报告及最近1期（如有）的财务报告

4-2 盈利预测报告及其审核报告（如有）

4-3 会计师事务所关于上市公司的内部控制鉴证报告

4-4 经注册会计师核验的上市公司非经常性损益明细表

4-5 上市公司董事会、会计师事务所及注册会计师关于最近一年保留意见审计报告的补充意见（如有）

五、律师关于本次发行的文件

5-1 法律意见书

5-2 律师工作报告

5-3 关于上市公司董事、监事、高级管理人员以及上市公司控股股东、实际控制人在相关文件上签名盖章的真实性的鉴证意见

5-4　关于申请电子文件与预留文件一致的鉴证意见

六、关于本次发行募集资金运用的文件

6-1　有关部门对募集资金投资项目的审批、核准或备案文件

6-2　本次拟收购资产相关的最近1年及1期（如有）的财务报告及其审计报告、资产评估报告（如有）

6-3　上市公司拟收购资产或股权的合同或其草案（如有）

七、其他文件

7-1　本次向特定对象发行可转换公司债券的资信评级报告（如有）

7-2　本次向特定对象发行可转换公司债券的担保合同、担保函、担保人就提供担保获得的授权文件（如有）

7-3　上市公司信息披露豁免说明

7-4　上市公司全体董事、监事、高级管理人员对发行申请文件真实性、准确性和完整性的承诺书

7-5　上市公司、保荐人关于申请电子文件与预留原件一致的承诺函

7-6　国资、外资等相关主管部门的审批、注册或备案文件（如有）

7-7　签字注册会计师、律师或者资产评估师的执业证书复印件及其所在机构的执业证书复印件

7-8　上市公司及中介机构联系方式

7-9　要求报送的其他文件

附件 2

向特定对象发行可转债申请报告

××××股份公司向特定对象发行可转债申请报告

北京证券交易所：

××××股份（有限）公司经××××证券股份有限（或有限责任）公司保荐，于××××年××月××日在北京证券交易所上市，证券简称：××××，证券代码：××××。

××××于××××年××月××日召开董事会，审议通过了拟进行向特定对象发行可转债的决议。××××年××月××日公司召开股东大会，经出席会议的有表决权股东所持表决权2/3以上通过，决议批准本次向特定对象发行可转债事项。

本次向特定对象发行可转债总计不超过××××万张，募集资金总额不超过××××万元。

现特就本次向特定对象发行可转债事项提出申请。

（以下无正文）

××××股份（有限）公司（加盖公章）

年　月　日

附件 3

可转债证券简称及证券代码申请书

________________________股份有限公司可转债
证券简称及证券代码申请书

北京证券交易所：

我公司定向可转债拟在北京证券交易所挂牌。特向贵所申请可转债证券简称及证券代码。可转债证券简称拟定为______________________，可转债扩位证券简称拟定为____________________。

请予核定。

申请公司经办人签名：

联系电话：

传真：

______________股份有限公司
（公章）
年　　月　　日

附件 4

募集资金专户三方监管协议

甲方：______________________公司（以下简称“甲方”）

乙方：_______________银行___________分行___________支行（以下简称“乙方”）

丙方：______________________（保荐机构）（以下简称“丙方”）

注释：协议甲方是实施募集资金投资项目的法人主体，如果募集资金投资项目由发行人直接实施，则发行人为协议甲方，如果由子公司或者发行人控制的其他企业实施，则发行人、子公司或者发行人控制的其他企业为协议共同甲方。

本协议以北京证券交易所可转债发行相关业务规则中相关条款为依据制定。

为规范甲方募集资金管理，保护投资者合法权益，根据有关法律法规及北京证券交易所可转债发行相关业务规则的规定，甲、乙、丙三方经协商，达成如下协议：

一、甲方已在乙方开设募集资金专项账户（以下简称“专户”），账号为______________________，专户金额为______________________。该专户仅用于甲方______________________（募集资金用途），不得用作其他用途。

二、甲乙双方应当共同遵守《中华人民共和国票据法》、《支付结算办法》、《人民币银行结算账户管理办法》等法律、行政法规、部门规章。

三、丙方应当依据有关规定指定保荐机构负责人或者其他工作人员对甲方募集资金使用情况进行监督。丙方应当依据北京证券交易所可转债发行相关业务规则要求履行持续督导职责，并有权采取现场核查、书面问询等方式行使其监督权。甲方和乙方应当配合丙方的核查与查询。丙方对甲方现场核查时应当同时检查募集资金专户存储情况。

四、甲方授权丙方指定的保荐机构负责人___________、___________可以随时到乙方查询、复印甲方专户的资料；乙方应当及时、准确、完整地向其提供所需的有关专户的资料。

保荐机构负责人向乙方查询甲方专户有关情况时应当出具本人的合法身份证明；丙方指定的其他工作人员向乙方查询甲方专户有关情况时应当出具本人的合法身份证明和单位介绍信。

五、乙方按月（每月______日之前）向甲方出具对账单，并抄送丙方。

乙方应保证对账单内容真实、准确、完整。

六、甲方一次或者十二个月以内累计从专户中支取的金额超过___________万元或募集资金净额的____________%（具体金额由甲方与丙方协商确定）的，乙方应当及时以传真方式通知丙方，同时提供专户的支出清单。

七、丙方有权根据有关规定更换指定的保荐机构负责人。丙方更换保荐机构负责人的，应将相关证明文件书面通知乙方，同时按本协议第十一条的要求向甲方、乙方书面通知更换后的保荐机构负责人联系方式。更换保荐机构负责人不影响本协议的效力。

八、乙方连续三次未及时向丙方出具对账单或者向丙方通知专户大额支取情况，以及存在未配合丙方调查专户情形的，丙方有权提示甲方及时更换专户，甲方有权单方面终止本协议并注销募集资金专户。

九、本协议自甲、乙、丙三方法定代表人或其授权代表签署并加盖各自单位公章之日起生效，至专户资金全部支出完毕后失效。

十、本协议一式____________份，甲、乙、丙三方各持一份，向北京证券交易所报备一份，其余留甲方备用。

十一、联系方式：

1. ______________________________公司（甲方）

地址：________________________

邮编：________________________

传真：________________________

联系人：________________________

电话：________________________

手机：________________________

E-mail：________________________

2. ________________________银行________________________分行（乙方）

地址：________________________

邮编：________________________

传真：________________________

联系人：________________________

电话：________________________

手机：________________________

E-mail：________________________

3. ________________________（保荐机构）（丙方）

地址：________________________

邮编：________________________

保荐机构负责人 A：________________________

电话：________________________

手机：________________________

E-mail：________________________

传真：________________________

保荐机构负责人 B：________________________

电话：________________________

手机：________________________

E-mail：________________________

传真：________________________

协议签署：

甲方：________________________股份（有限）公司（盖章）

法定代表人或授权代表：________________________

20 ______年______月______日

乙方：________________银行____________分行____________支行（盖章）

法定代表人或授权代表：________________

20 ______年______月______日

丙方：________________________证券股份有限（或有限责任）公司（盖章）

法定代表人或授权代表：________________

20 ______年______月______日

附件 5

向特定对象发行可转债登记明细表

公司全称：××股份（有限）公司（盖章）　　　　可转债证券简称：　　　可转债证券代码：

保荐机构：××证券　　　　　　　　　　　　　　　　　　　　　　　　　　单位：张

序号	可转债持有人姓名或名称	身份证号或统一社会信用代码	本次发行可转债认购数量	本次限售可转债数量	不予限售的可转债数量
1					
2					
3					
合计					

附件6

自愿限售申请材料

6-1 ××××股份（有限）公司及相关股东关于提请协助办理限售可转债登记的申请书

北京证券交易所：

××××股份（有限）公司（公司简称：××××；证券代码：××××）××等××名可转债持有人自愿锁定其持有××××股份（有限）公司的可转债（具体锁定可转债数量和锁定时间详见附表），经与××××股份（有限）公司协商一致，现向贵所申请协助办理限售可转债登记，以便于在中国证券登记结算有限责任公司办理上述限售可转债登记手续。

申请人：××××股份（有限）公司（加盖公章）
股东××（自然人签字、法人及其他经济组织盖章）
年 月 日

附表

可转债持有人所持可转债限售明细表

公司全称：××××股份（有限）公司　　可转债证券简称：　　可转债证券代码：　　单位：张

保荐机构（加盖公章）

序号	可转债持有人姓名或名称	身份证号或统一社会信用代码	本次发行可转债认购数量	本次限售可转债数量	不予限售的可转债数量
1					
2					
3					
合计					

××××年××月××日

6-2　××证券关于××××股份（有限）公司自愿限售可转债申请限售登记的审查意见

北京证券交易所：

经核查，××××股份（有限）公司（公司简称：××××；证券代码：××××）××、××等××名可转债持有人与××××股份（有限）公司协商一致，承诺自愿锁定其持有××××张股份（有限）公司的可转债，××××股份（有限）公司于××××年××月××日向贵所提交的《××××股份（有限）公司及相关股东关于提请协助办理限售可转债登记的申请书》真实、准确、完整，××、××等××名股东在《××××股份（有限）公司及相关股东关于提请协助办理限售可转债登记的申请书》上的签字或盖章为其本人自愿、真实签署。

项目负责人（签名）

××证券（加盖公章）

年　月　日（提交日期）

附件 7

向特定对象发行可转债重大事项确认函

由我司保荐的______________________公司向特定对象发行可转债申请已经中国证监会注册，取得了向特定对象发行可转债注册批复，且该公司已按规定完成了向特定对象发行可转债，现申请新增可转债登记。

截至该确认函提交之日，我司确认：

1. 该公司符合《公司法》《可转换公司债券管理办法》《北京证券交易所上市公司证券发行注册管理办法（试行）》《北京证券交易所上市公司向特定对象发行可转换公司债券业务细则》等法律法规、部门规章和业务规则关于向特定对象发行可转债的相关规定。

2. 该公司不存在北京证券交易所规定的终止审核情形以及其他影响本次发行的重大事项。

3. 该公司不存在严重损害投资者合法权益和社会公共利益的其他情形。

项目负责人（签名）

××证券（加盖公章）

年　月　日（提交日期）

附件 8

向特定对象发行可转债挂牌转让申请表

项目	内容	备注
一、发行基本信息		
发行人名称		
发行前的未转股可转债张数		
本次新增可转债张数		
发行价格、票面利率		
初始转股价格		
募集资金总额		
本次发行可转债的会计处理方式		
募集资金用途		
二、中介机构信息		
保荐机构		
会计师事务所		
律师事务所		
资产评估机构（如有）		

×××股份（有限）公司全体董事承诺：

"以上所有材料及后续申请材料均不存在虚假记载、误导性陈述或重大遗漏，且电子文件内容、格式与纸质材料一致。×××股份（有限）公司全体董事对其真实性、准确性、完整性、一致性承担连带责任。"

（全体董事签字处）

×××股份（有限）公司（签章处）

20××年×月×日

附件9

可转债投资风险揭示必备条款

上市公司与发行对象签订的可转债认购合同应当明确载明风险揭示条款，上市公司、保荐机构应当向可转债投资者充分揭示风险，风险揭示条款至少应当包括以下内容：

一、【条款复杂多样】定向可转债条款复杂多样，不同定向可转债之间条款存在较大差别，且不排除后续存在条款变更或实施的相关风险。投资者需要认真阅读定向可转债的重组报告书或者募集说明书，了解具体条款。

二、【价格波动的风险】定向可转债价格受上市公司股票价格、转股价格、赎回及回售条款、市场利率、票面利率、市场预期、交易机制等多重因素影响，可能出现价格大幅波动、与投资价值相背离，甚至价格低于面值的情况。

三、【赎回的风险】当定向可转债满足重组报告书或者募集说明书约定的赎回条件时，上市公司可以行使赎回权，按约定的价格赎回定向可转债。定向可转债赎回价格可能与市场价格差异较大，投资者需关注重组报告书或者募集说明书中约定的赎回条款及赎回有关风险。

四、【强制转股的风险】部分上市公司重组报告书或者募集说明书约定了强制转股条款，当上市公司股价持续高于转股价格某一幅度，上市公司有权将满足解锁条件的定向可转债按照当时有效的转股价格强制转化为上市公司普通股股票，投资者需关注重组报告书或者募集说明书中约定的强制转股条款有关风险。

五、【错过回售期的风险】当定向可转债满足重组报告书或者募集说明书约定的回售条件时，投资者可在回售期内回售部分或者全部未转股的已解除限售的定向可转债。投资者应当关注定向可转债的回售期限，以免错过回售期。

六、【本息兑付风险】上市公司按约定向到期未转股的定向可转债投资者还本付息，或者承兑投资者的回售要求，公司经营情况、财务状况可能影响上市公司兑付本息、承兑回售的能力，定向可转债可能发生不能偿还本金、利息等情形，导致重大投资损失。

七、【转股期限风险】定向可转债不能在存续期内随时申请转股，进入转股期后，投资者方可通过转股申报将定向可转债申请转换为上市公司股票。转股期由发行人根据定向可转债的存续期限、发行人的财务状况等确定。投资者需关注转股价格、转股期限等有关安排。

八、【摊薄回报的风险】如转股期间较短时间内发生大规模转股，可能导致上市公司当期每股收益和净资产收益率被摊薄。如发生转股价格向下修正，可能导致上市公司股本摊薄程度扩大。

九、【转股价格调整的风险】定向可转债的转股价格在定向可转债存续期内可能发生调整。因配股、增发、送股、派息、分立、合并及其他原因引起上市公司股份变动的，上市公司将同时调整转股价格。投资者需关注重组报告书或者募集说明书中约定的转股价格调整原则及方式。

十、【转股价格向下修正未实施及修正幅度不确定的风险】当股票价格在一定期间持续低于转股价格某一幅度，可能触发转股价格向下修正条款。但定向可转债存续期内转股价格是否向下修正及转股价格向下修正幅度存在不确定性。投资者需关注重组报告书或者募集说明书中约定的转股价格向下修正条款及相关公告。

十一、【公司股价低于转股价格的风险】如上市公司股价持续低于转股价格，且未及时进行转股价格向下修正，或者向下修正后，上市公司股价仍低于转股价格的，可能导致定向可转债转股后获得的股票价值低于用于转股的定向可转债的本息和，投资者利益可能受到不利影响。

十二、【转股价格向上修正的风险】部分上市公司重组报告书或者募集说明书约定了转股价格向上修正条款，当股票价格在一定期间持续高于转股价格某一幅度，可能触发转股价格向上修正条款。转股价格可能在触发条款后的约定生效日上调，若后续股票价格下跌不再满足转股价格向上修正条件时，转股价格可能在约定生效日恢复原转股价格。投资者需关注重组报告书或者募集说明书中约定的转股价格向上修正条款的具体内容、上市公司股价变动情况和相关公告。

十三、【转股申报方式】定向可转债转股申报的要素应当包含转股价格，申报的转股价格应当与上市公司公开披露的转股价格一致，否则转股申报无效，投资者申报转股前应当查看上市公司公告确认当日的有效转股价格。

十四、【利率风险】因定向可转债附有转股权利，定向可转债的利率可能低于评级及期限相同的一般公司债券利率。

十五、【未提供担保的风险】根据相关法律、行政法规、部门规章、规范性文件（以下合称法律法规），部分发行定向可转债的上市公司可能不提供担保，可能因未设定担保增加兑付风险。

十六、【信用评级风险】定向可转债可能不进行信用评级和跟踪评级，也可能因上市公司经营管理或者财务状况等因素导致信用评级出现下调，继而影响定向可转债的市场价格。投资者需关注定向可转债的评级情况。

十七、【投资者适当性要求】投资者参与定向可转债转让应当符合股票投资者适当性管理的相关规定。

十八、【及时关注相关公告】投资者应当特别关注上市公司发布的定向可转债相关公告，及时从北京证券交易所网站、上市公司网站或者其他符合中国证监会规定条件的信息披露媒体、证券公司网站等渠道获取相关信息。

十九、【及时关注相关法律法规的更新】定向可转债相关法律法规、北交所和登记结算机构业务规则，可能根据市场情况进行制定、修改和废止，投资者应当及时予以关注和了解。

二十、【不可抗力风险】在定向可转债的存续期间，如果出现火灾、地震、瘟疫、社会动乱等不能预见、避免或者克服的不可抗力情形，可能会给投资者造成经济损失。

二十一、【技术、操作风险】在定向可转债的存续期间，可能因为证券公司、交易所或者登记结算机构等的系统故障或者差错而影响定向可转债转让、转股、回售、赎回等业务的正常进行或者使投资者利益受到影响。

由于投资者或者证券公司未按规定进行各项申报、申报要素填报错误、证券公司或者结算代理人未履行职责等原因，可能导致操作失败的风险。

参与可转债转让的投资者，应当按照上述必备条款内容，签署《风险揭示书》。

上述各项条款仅为风险揭示的必备条款，揭示事项仅为列举性质，未能详尽列明定向可转债业务的所有风险，投资者在参与定向可转债业务前，应当认真阅读有关法律法规和北交所、登记结算机构业务规则等相关规定和《风险揭示书》的全部内容，对定向可转债所特有的规则必须了解和掌握，自愿遵守，对其他可能存在的风险因素也应当有所了解和掌握，并确信自己已做好足够的风险评估与财务安排，避免因参与定向可转债交易遭受难以承受的损失。

各证券公司还可以根据具体情况对定向可转债业务存在的风险做进一步列举。应当要求定向可转债投资者签署认购合同或签署《风险揭示书》时，确认已知晓并理解风险揭示的全部内容，愿意承担参与定向可转债业务的风险和损失。

关于发布《北京证券交易所上市公司向特定对象发行可转换公司债券业务办理指南第 2 号——存续期业务办理》的公告

北证公告〔2021〕33 号

为了规范北京证券交易所（以下简称本所）上市公司向特定对象发行可转换公司债券的存续期业务办理流程，保护投资者合法权益，本所制定了《北京证券交易所上市公司向特定对象发行可转换公司债券业务办理指南第 2 号——存续期业务办理》，现予以发布，自 2021 年 11 月 15 日起施行。

特此公告。

附件：北京证券交易所上市公司向特定对象发行可转换公司债券业务办理指南第 2 号——存续期业务办理

北京证券交易所

2021 年 11 月 2 日

北京证券交易所上市公司向特定对象发行可转换公司债券业务办理指南第 2 号——存续期业务办理

为了规范北京证券交易所（以下简称北交所或本所）上市公司向特定对象发行的可转换公司债券（以下简称可转债）存续期的转股、赎回、回售、付息等业务办理流程，根据《北京证券交易所上市公司向特定对象发行可转换公司债券业务细则》等业务规则，制定本指南。

1. 转股

1.1　开始转股

1.1.1　上市公司应当最晚于 T-3 日（T 日为募集说明书约定的开始转股日）前向本所提交《可转债开始转股申请表》（附件 1）以及《可转债开始转股的公告》，并在开始转股前披露《可转债开始转股的公告》。《可转债开始转股的公告》至少应当包括可转债的基本情况、转股的起止时间、转股申报事项、转股价格的历次调整和修正情况。

1.1.2　上市公司应当明确可转债的转股来源为新增股份或回购股份。上市公司拟使用回购股份用于转股的，应当向中国结算北京分公司申请指定其持有的一个回购专用账户作为转股专门账户，并使用该转股专门账户回购股份用于转股。

1.2　暂停与恢复转股

1.2.1　可转债进入转股期后，根据可转债募集说明书规定情形需要暂停转股的，上市公司应当最晚于 T-2 日（T 日为暂停转股日）向本所提交《可转债暂停转股申请表》（附件 2）以及《可转债暂停转股的公告》，并在暂停转股前披露《可转债暂停转股的公告》。《可转债暂停转股的公告》至少应当包括可转债的基本情况、暂停转股的原因、暂停转股的日期、预计恢复转股的日期（如有）等。

1.2.2　暂停转股的情形消除后，上市公司应当最晚于 T-2 日（T 日为恢复转股生效日）向本所提交《可转债恢复转股申请表》（附件 2）以及《可转债恢复转股的公告》，并在恢复转股前披露《可转债恢复转股的公告》。《可转债恢复转股的公告》至少应当包括可转债的基本情况、暂停转股事项及起始日期、恢复转股起始日期等。

1.2.3　因可转债调整转股价格、赎回导致暂停与恢复转股的，按照可转债调整转股价格、赎回章节办理。

1.3　可转债调整转股价格

1.3.1 因权益分派引起的转股价格调整

因权益分派引起转股价格调整的，上市公司应当在披露《权益分派实施公告》的同时，披露《转股价格调整公告》。《转股价格调整公告》至少应当包括转债代码、转债简称、原转股价格、调整后转股价格、新转股价生效日期及调整转股价格的依据。R+1 日（即除权除息日，R 日为实施权益分派的股权登记日），中国结算北京分公司完成权益分派，本所完成除权除息，可转债转股价格调整生效。转股价格调整的计算公式为：派送股票股利或转增股本，$P1=P0/(1+n)$；派送现金股利，$P1=P0-D$。其中 P0 为调整前转股价，n 为派送股票股利或转增股本率，D 为每股派送现金股利，P1 为调整后转股价。

已进入转股期的，上市公司还应当最晚于《权益分派实施公告》披露日 1 个交易日前向本所提交《可转债暂停转股申请表》（附件 2）和《可转债暂停转股的公告》，并于《权益分派实施公告》披露日披露《可转债暂停转股的公告》。同时，向本所提交除权除息业务申请时，应当一并提交《可转债转股价格调整申请表》（附件 3）。《权益分派实施公告》披露日次日，可转债暂停转股；除权除息日，可转债恢复转股。

1.3.2 因实施修正条款引发的转股价格调整

触发募集说明书或重组报告书约定的转股价格修正条款后，上市公司拟调整转股价格的，应当及时披露董事会决议（如有）和《转股价格修正提示性公告》；股东大会审议通过修正议案后，及时披露股东大会决议（如有）和《转股价格修正公告》。

已进入转股期的，上市公司应当在触发约定的转股价格向上修正条款后，于 T-2 日（T 日为暂停转股日，T-2 日最晚为触发约定的转股价格向上修正条款后次一交易日）向本所提交《可转债转股价格调整暨暂停转股申请表》（附件 3）（暂停转股 1 个交易日后自动恢复转股）和《可转债转股价格调整暨暂停转股的公告》，并于 T 日前披露上述公告。《可转债转股价格调整暨暂停转股的公告》至少应当包括转债代码、转债简称、原转股价格、调整后转股价格、新转股价生效日期及调整转股价格的依据、暂停转股的原因、暂停转股的日期、预计恢复转股的日期等。T 日，暂停转股并修正转股价格。T+1 日转股价格修正生效，恢复转股。

1.3.3 因股票发行引发的转股价格调整

因股票发行引发的转股价格调整的，上市公司应当在披露新增股票上市并公开交易公告的同时，披露转股价格修正公告。转股价格调整的计算公式：$P1=(P0+A\times k)/(1+k)$，其中，P0 为调整前转股价，k 为增发新股率，A 为增发新股价，P1 为调整后转股价。

已进入转股期的，上市公司还应当最晚于 T-2 日（T 日为暂停转股日）前向本所提交《可转债转股价格调整申请表暨暂停转股申请表》（附件 3）（暂停转股 1 个交易日后自动恢复转股）和《可转债转股价格调整暨暂停转股的公告》，并于 T 日前披露上述公告。T 日，暂停转股并修正转股价格。T+1 日转股价格调整生效，恢复转股。

2. 暂停与恢复转让

2.1 转股期结束前10个交易日暂停转让

2.1.1 在可转债转股期结束的20个交易日前，上市公司应当至少发布3次《可转债暂停转让的提示性公告》，提醒投资者可转债将在转股期结束前的10个交易日暂停转让，以及可转债在暂停转让期间可以继续转股。

2.1.2 上市公司应当最晚于T-2日（T日为可转债暂停转让日，即转股期结束前的第10个交易日）向本所提交《可转债暂停转让申请表》（附件4）以及《可转债暂停转让的公告》，并在暂停转让前披露《可转债暂停转让的公告》。《可转债暂停转让的公告》至少应当包括可转债基本情况、暂停转让的原因、暂停转让日期等。

2.2 可转债赎回期间暂停与恢复转让

因可转债赎回导致暂停与恢复转让的，按照赎回一章办理。

2.3 普通股停复牌、被实施风险警示引起的可转债暂停与恢复转让、实施风险警示

上市公司普通股停牌、复牌或者被实施风险警示的，本所对其可转债同步实施暂停、恢复转让或实施风险警示，上市公司无需另行申请可转债暂停、恢复转让，但因特殊原因可转债需单独暂停、恢复转让的除外。上市公司应当在停复牌公告或者实施风险警示公告中说明可转债同步暂停或恢复转让或实施风险警示的情况。

3. 赎回

3.1 上市公司应当在可转债满足赎回条件的当日或次一交易日召开董事会审议赎回事项，在2个交易日内披露董事会决议公告。上市公司拟不行使赎回权的，应当同时披露《不提前赎回可转债的公告》；拟行使赎回权的，应当同时披露《可转债赎回的提示性公告》，并在满足赎回条件后5个交易日内累计披露3次《可转债赎回的提示性公告》。《不提前赎回可转债的公告》至少应当包括赎回的条件、不提前赎回的审议程序，公司控股股东、实际控制人、持股5%以上的股东、董事、监事、高级管理人员在赎回条件满足前的6个月内转让该可转债的情况。《可转债赎回的提示性公告》至少应当包括赎回的条件、程序、价格、数量、付款方法、起止时间等内容，并充分提示可转债持有人该可转债即将暂停转让、暂停转股并被强制赎回，不及时申请转股可能遭受损失的风险，公司控股股东、实际控制人、持股5%以上的股东、董事、监事、高级管理人员在赎回条件满足前的6个月内转让该可转债的情况。

3.2 上市公司最晚应于S-2日（S日为赎回日）前向本所提交《可转债赎回暨暂停转让、暂停转股申请表》（附件5）、《可转债赎回暨暂停转让、暂停转股的公告》，并在S日前披露《可转债赎回暨暂停转让、暂停转股的公告》。《可转债赎回暨暂停转让、暂停转股的公告》至少应当包括赎回的条件、程序、价格、付款方法、起止时间

以及暂停转让和暂停转股时间等内容。

3.3　S 日，可转债暂停转让并暂停转股。

3.4　上市公司应于 S+4 日 12：00 前将赎回可转债所需全部资金划入中国结算北京分公司指定的账户。中国结算北京分公司于 S+6 日向上市公司出具赎回结果确认证明。如可转债按比例部分赎回的，剩余未赎回的部分在赎回业务办理完成后恢复转让和转股。上市公司应当最晚于 T-2 日（T 日为恢复转让生效日）向本所提交《可转债恢复转让申请表》（附件 4）、《可转债恢复转股申请表》（附件 2）以及《可转债恢复转让的公告》《可转债恢复转股的公告》，并在恢复转让、转股前披露《可转债恢复转让的公告》《可转债恢复转股的公告》。《可转债恢复转让的公告》至少应当包括可转债的基本情况、暂停转让事项及起始日期、恢复转让起始日期等；《可转债恢复转股的公告》至少应当包括可转债的基本情况、暂停转股事项及起始日期、恢复转股起始日期等。

3.5　上市公司应于 S+7 日前披露《可转债赎回结果的公告》。《可转债赎回结果的公告》至少应当包括赎回价格、赎回数量、赎回的可转债金额以及赎回对公司财务状况、经营成果及现金流量的影响。如果是全部赎回，上市公司应当披露《可转债赎回结果暨终止挂牌公告》。《可转债赎回结果暨终止挂牌的公告》除了包括《可转债赎回结果的公告》的内容以外，还应当至少包括终止挂牌的起始时间等。

4. 回售

4.1　上市公司应当于满足回售条件的当日或次一交易日向本所提交《可转债回售申请表》（附件 6）、《可转债回售的公告》，并在满足回售条件后 5 个交易日内披露《可转债回售的公告》。《可转债回售的公告》至少应当包括回售的程序、价格、付款方法、时间等内容。

其中对于改变募集资金用途或普通股终止上市的，满足回售条件日为审议相关事项股东大会决议公告日；对于满足其他约定回售条件的，满足回售条件日为触发回售条款的最后 1 个交易日。

4.2　H 日（回售申报开始日）至 K 日（回售申报结束日），投资者进行可转债回售申报。

4.3　上市公司在首次披露《可转债回售的公告》后，还需要至少披露 2 次《可转债回售的提示性公告》。其中，上市公司应当在回售实施期间至少发布 1 次。

4.4　K+1 日，上市公司收到中国结算北京分公司出具的回售申报结果，并于 K+4 日前将回售所需资金划拨至中国结算北京分公司的指定账户。

4.5　中国结算北京分公司收到足额回售资金后，于 K+6 日向上市公司出具回售结果确认证明。上市公司应于 K+7 日前披露《可转债回售结果的公告》。《可转债回售结果的公告》至少应当包括回售价格、回售数量、回售的债券金额以及回售对公司财务状况、经营成果及现金流量的影响。如果是全部回售，上市公司应当披露《可转债回售结果暨终止挂牌的公告》。《可转债回售结果暨终止挂牌的公告》除包括《可转债回售结果的公告》的内容以外，还应当至少包括终止挂牌的起始时间等。

5. 付息、本息兑付

5.1　付息

5.1.1　上市公司应当根据中国结算北京分公司有关规定向其申请办理付息业务，填报相关信息并上传所需材料。

5.1.2　付息申请经中国结算北京分公司审核通过后，上市公司应于R-4日（R日为可转债付息权益登记日）前向本所提交《付息业务申请表》（附件7），并披露《可转债付息公告》。《可转债付息公告》至少应当包括付息方案、付息权益登记日与除息日、付息对象、付息方法等。

上市公司披露的《可转债付息公告》应当与中国结算北京分公司审查的公告一致。如不一致，应于R-3日20：00前更正《可转债付息公告》，并与本所联系修改业务申请。特殊情况下无法更正的，应及时与中国结算北京分公司及本所联系。

5.1.3　上市公司应在R-1日12：00前按照《中国结算北京分公司债券登记结算业务指南》的要求做好付息相关款项的划拨工作。

5.1.4　R+1日（付息日），中国结算北京分公司完成付息，本所完成除息。

5.2　本息兑付

5.2.1　上市公司应当在D-2日（D日为可转债期满日）前，披露《可转债本息兑付公告》。《可转债本息兑付公告》至少应当包括本息兑付方案、兑付权益登记日、兑付对象、兑付方法等。

5.2.2　上市公司应于D-1日前向中国结算北京分公司申请办理本息兑付业务，填报相关信息并上传所需材料。上市公司应当按照中国结算北京分公司有关规定做好本息兑付相关款项的划拨工作。

5.2.3　本息兑付申请经中国结算北京分公司审核通过后，上市公司应于D+1日前向本所提交《本息兑付业务暨终止挂牌申请表》（附件8）。

5.2.4　上市公司应于D+3日前向中国结算北京分公司划入兑付资金。

5.2.5　D+5日，中国结算北京分公司完成本息兑付，本所对其可转债实施终止挂牌。

5.3　重大事项报告

上市公司如发生以下异常情况，应当及时向本所及中国结算北京分公司报告并及时披露相关公告：

（1）上市公司不能如期向中国结算北京分公司划拨足额派息金额，将调整原确定的付息权益登记日和付息日的；

（2）影响可转债正常派息的其他情形。

6. 其他业务

6.1 可转债及可转债所转股票解除限售

可转债有限售期安排或可转债转股后的股票涉及限售的，可转债持有人或相关股东可在满足解除限售相关条件时，及时向本所申请办理解限售业务，办理流程和信息披露参照上市公司股票解除限售的相关规定执行。

6.2 因履行业绩补偿义务导致的可转债注销

如因履行业绩补偿义务等导致可转债需要注销的，应按照约定及时办理注销，办理流程和信息披露参照上市公司股份定向回购注销的相关流程执行。

7. 附则

7.1 本指南所称“日”，均为交易日。

7.2 本指南由本所负责解释，自 2021 年 11 月 15 日起施行。

附件：1. 可转债开始转股申请表

2. 可转债暂停/恢复转股申请表
3. 可转债转股价格调整（暨暂停转股）申请表
4. 可转债暂停/恢复转让申请表
5. 可转债赎回暨暂停转股、暂停转让申请表
6. 可转债回售申请表
7. 付息业务申请表
8. 本息兑付业务暨终止挂牌申请表
9. 上市公司可转债转股参考流程
10. 上市公司可转债暂停/恢复转让参考流程
11. 上市公司可转债赎回业务参考流程
12. 上市公司可转债回售业务参考流程
13. 上市公司可转债付息业务参考流程
14. 上市公司可转债本息兑付业务参考流程

附件 1

可转债开始转股申请表

公司全称			
证券简称		证券代码	
转债简称		转债代码	
可转债转股来源			
可转债转股价格			
转股起始日期			
转股终止日期			
发行结束 18 个月内是否限售			
转股股份不限售起始日			
申请人：××××股份有限公司（加盖公章） 联系电话： 年　　月　　日			

附件 2

可转债暂停/恢复转股申请表

<table>
<tr><td>业务类型</td><td colspan="3">□暂停转股　　□恢复转股</td></tr>
<tr><td>公司全称</td><td colspan="3"></td></tr>
<tr><td>证券简称</td><td></td><td>证券代码</td><td></td></tr>
<tr><td>转债简称</td><td></td><td>转债代码</td><td></td></tr>
<tr><td colspan="4">可转债暂停转股申请的原因：
□一、因权益分派引起的转股价格调整
□二、其他</td></tr>
<tr><td colspan="2">暂停转股生效日期</td><td colspan="2"></td></tr>
<tr><td colspan="2">预计恢复转股日期（申请暂停转股填写）</td><td colspan="2"></td></tr>
<tr><td colspan="2">上述所选事项是否已经消除或已充分披露（申请恢复转股填写）</td><td colspan="2"></td></tr>
<tr><td colspan="2">恢复转股生效日期（申请恢复转股填写）</td><td colspan="2"></td></tr>
<tr><td colspan="2">可转债转股价格（申请恢复转股填写）</td><td colspan="2"></td></tr>
<tr><td colspan="4">申请人：××××股份有限公司（加盖公章）

联系电话：

年　　　月　　　日</td></tr>
</table>

附件 3

可转债转股价格调整（暨暂停转股）申请表

<table>
<tr><td>公司全称</td><td colspan="3"></td></tr>
<tr><td>证券简称</td><td></td><td>证券代码</td><td></td></tr>
<tr><td>转债简称</td><td></td><td>转债代码</td><td></td></tr>
<tr><td colspan="4">可转债转股价格调整原因
□1. 因权益分派引发的转股价格调整
□2. 因实施修正条款引发的转股价格调整
□3. 因股票发行引发的转股价格调整
□4. 其他</td></tr>
<tr><td>调整前转股价格</td><td colspan="3"></td></tr>
<tr><td>调整后转股价格</td><td colspan="3"></td></tr>
<tr><td>转股价格调整生效日</td><td colspan="3"></td></tr>
<tr><td rowspan="3">是否已进入转股期</td><td rowspan="2">□是</td><td>暂停转股生效日期</td><td></td></tr>
<tr><td>恢复转股生效日期</td><td></td></tr>
<tr><td colspan="3">□否</td></tr>
<tr><td colspan="4">申请人：××××股份有限公司（加盖公章）

联系电话：

年　　　月　　　日</td></tr>
</table>

附注：

1. 若为权益分派导致转股价格调整，转股价格调整申请与暂停转股申请非同步提交，该表头名称为可转债转股价格调整申请表；若为转股价格修正或股票发行导致转股价格调整，转股价格调整申请与暂停转股申请同步提交，该表表头名称为可转债转股价格调整暨暂停转股申请表。

2. 若暂停转股原因为实施转股价格修正和股票发行引发的转股价格调整，适用暂停一天的情形，在该表中填写恢复转股日期，无需另行申请恢复转股。

附件4

可转债暂停/恢复转让申请表

<table>
<tr><td>业务类型</td><td colspan="3">□暂停转让　　□恢复转让</td></tr>
<tr><td colspan="4">公司全称</td></tr>
<tr><td>证券简称</td><td></td><td>证券代码</td><td></td></tr>
<tr><td>转债简称</td><td></td><td>转债代码</td><td></td></tr>
<tr><td colspan="4">可转债暂停转让的原因：
□一、转股期结束前10个交易日
□二、其他</td></tr>
<tr><td colspan="2">恢复转让日期（申请恢复转让填写）</td><td colspan="2"></td></tr>
<tr><td colspan="4">申请人：××××股份有限公司（加盖公章）

联系电话：

年　　月　　日</td></tr>
</table>

附件 5

可转债赎回暨暂停转股、暂停转让申请表

<table>
<tr><td>公司全称</td><td colspan="3"></td></tr>
<tr><td>证券简称</td><td></td><td>证券代码</td><td></td></tr>
<tr><td>转债简称</td><td></td><td>转债代码</td><td></td></tr>
<tr><td colspan="2">赎回登记日</td><td colspan="2"></td></tr>
<tr><td colspan="2">赎回日</td><td colspan="2"></td></tr>
<tr><td colspan="4">每张赎回价格（含税）</td></tr>
<tr><td colspan="2">个人投资者、证券投资基金</td><td colspan="2"></td></tr>
<tr><td colspan="2">机构投资者</td><td colspan="2"></td></tr>
<tr><td colspan="4">每张赎回价格（税后）</td></tr>
<tr><td colspan="2">QFII</td><td colspan="2"></td></tr>
<tr><td colspan="2">赎回款发放日</td><td colspan="2"></td></tr>
<tr><td colspan="2">赎回比例</td><td colspan="2"></td></tr>
<tr><td colspan="2">暂停转股生效日期</td><td colspan="2"></td></tr>
<tr><td colspan="2">暂停转让生效日期</td><td colspan="2"></td></tr>
<tr><td colspan="2">预计恢复转股日期（如有）</td><td colspan="2"></td></tr>
<tr><td colspan="2">预计恢复转让日期（如有）</td><td colspan="2"></td></tr>
<tr><td colspan="4">申请人：××××股份有限公司（加盖公章）

联系电话：

年　　月　　日</td></tr>
</table>

附件 6

可转债回售申请表

公司全称			
证券简称		证券代码	
转债简称		转债代码	
回售期间		至	
回售款发放日			
每张回售价格（含税）			
个人投资者、证券投资基金			
机构投资者			
每张回售价格（税后）			
QFII			
申请人：××××股份有限公司（加盖公章） 联系电话： 年　　月　　日			

附件 7

付息业务申请表

公司全称			
证券简称		证券代码	
转债简称		转债代码	
付息权益登记日			
兑息日			
除息日			
利率			
每张兑息金额（含税）			
个人投资者、证券投资基金			
机构投资者			
每张兑息金额（税后）			
QFII			
申请人：××××股份有限公司（加盖公章） 联系电话： 年　　月　　日			

附件 8

本息兑付业务暨终止挂牌申请表

公司全称			
证券简称		证券代码	
转债简称		转债代码	
兑付权益登记日			
可转债期满日			
利率			
每张本息金额（含税）			
个人投资者、证券投资基金			
机构投资者			
每张本息金额（税后）			
QFII			
可转债终止挂牌日			

申请人：××××股份有限公司（加盖公章）

联系电话：

年　　月　　日

附件 9

上市公司可转债转股参考流程

序号	阶段	时间	具体工作内容
（一）开始转股（注：T 日为开始转股日，不得早于发行结束日后 6 个月的第一个交易日）			
1	提交申请	T-3 日前	上市公司向本所提交《可转债开始转股申请表》及《可转债开始转股的公告》
2	披露公告	T 日前	经本所审查，上市公司披露《可转债开始转股的公告》
3	持续披露	T 日后	转股数额每达到转股前公司股份总额的 10%的，应及时披露《可转债转股结果暨股份变动的公告》
（二）暂停转股（T 日为暂停转股日）			
1	提交申请	T-2 日前	上市公司向本所提交《可转债暂停转股申请表》及《可转债暂停转股的公告》
2	披露公告	T 日前	经本所审查，上市公司披露《可转债暂停转股的公告》
3	暂停转股	T 日	暂停转股
（三）恢复转股（T 日为恢复转股日）			
1	提交申请	T-2 日前	上市公司向本所提交《可转债恢复转股申请表》及《可转债恢复转股的公告》
2	披露公告	T 日前	经本所审查，上市公司披露《可转债恢复转股的公告》
3	恢复转股	T 日	恢复转股
因可转债调整转股价格导致暂停与恢复转股的，依照调整转股价格流程办理			
因可转债赎回导致暂停与恢复转股的，依照赎回流程办理			
（四）调整转股价格			
情形一：权益分派导致的转股价格调整 （R 日为实施权益分派的股权登记日，仅适用于进入转股期）			
1	权益分派实施申请、暂停转股申请	R-5 日前	董事会、股东大会审议权益分派方案通过后，上市公司向中国结算北京分公司提交权益分派实施申请；中国结算北京分公司审核通过后，上市公司最晚于权益分派实施公告披露日前一个交易日向本所提交《可转债暂停转股申请表》及《可转债暂停转股的公告》

续表

序号	阶段	时间	具体工作内容
2	披露权益分派实施公告	R-4 日前	向本所提交除权除息业务申请，同时提交《可转债转股价格调整申请表》，披露《权益分派实施公告》的同时披露《可转债转股价格调整的公告》、《可转债暂停转股的公告》，披露日次日可转债暂停转股
3	划拨款项	R-1 日 12：00 前	向中国结算北京分公司的指定账户划拨款项；提交《可转债恢复转股申请表》及《可转债恢复转股的公告》
4	股权登记	R 日	R 日为实施权益分派的股权登记日
5	恢复转股申请	R+1 日前	披露《可转债恢复转股的公告》
6	调整生效	R+1 日	中国结算北京分公司完成权益分派，本所完成除权除息，转股价格调整生效，可转债恢复转股
未进入转股期拟进行权益分派的，上市公司应当在披露《权益分派实施公告》的同时披露《转股价格调整公告》，R+1 日，完成权益分派，转股价格调整生效。不涉及暂停与恢复转股			
情形二：转股价格修正（仅适用于已进入转股期）（T 日为暂停转股日）			
1	提交申请	T-2 日	触发募集说明书或重组报告书约定的转股价格修正条款后，向本所提交《可转债转股价格调整暨暂停转股申请表》和《可转债转股价格调整暨暂停转股的公告》
2	披露公告	T 日前	经本所审查，上市公司披露《可转债转股价格调整暨暂停转股的公告》
3	暂停转股	T 日	暂停转股
4	调整生效	T+1 日	转股价格修正生效，恢复转股
未进入转股期拟进行价格修正的，触发募集说明书或重组报告书约定的转股价格修正条款后，及时披露董事会决议（如有）和《转股价格修正提示性公告》；股东大会审议通过修正议案后，及时披露股东大会决议（如有）和《转股价格修正公告》			
情形三：股票发行引发的价格调整（仅适用于已进入转股期）（T 日为暂停转股日）			
1	提交申请	T-2 日前	上市公司向本所提交《可转债转股价格调整暨暂停转股申请表》和《可转债转股价格调整暨暂停转股的公告》
2	披露公告	T 日前	经本所审查，上市公司披露《可转债转股价格调整暨暂停转股的公告》
3	暂停转股	T 日	暂停转股并调整转股价格
4	调整生效	T+1 日	转股价格调整生效，恢复转股
未进入转股期，因发行股票导致转股价格调整的，上市公司应当在披露新增股票上市并公开交易公告的同时，披露转股价格修正公告			

附件 10

上市公司可转债暂停/恢复转让参考流程

（注：T 日：暂停转让日）

<table>
<tr><th>序号</th><th>阶段</th><th>时间</th><th>具体工作内容</th></tr>
<tr><td colspan="4">情形一：转股期结束前的十个交易日暂停转让</td></tr>
<tr><td>1</td><td>披露《可转债暂停转让的提示性公告》</td><td>转股期结束的 20 个交易日前</td><td>上市公司至少披露 3 次《可转债暂停转让的提示性公告》</td></tr>
<tr><td>2</td><td>提交《可转债暂停转让的申请表》和《可转债暂停转让的公告》</td><td>T-2 日前</td><td>向本所提交《可转债暂停转让的申请表》和《可转债暂停转让的公告》</td></tr>
<tr><td>3</td><td>披露《可转债暂停转让的公告》</td><td>T 日前</td><td>上市公司在经本所同意后、暂停转让日前披露《可转债暂停转让的公告》</td></tr>
<tr><td>4</td><td>暂停转让</td><td>T 日</td><td>暂停转让，为转股结束前的第 10 个交易日</td></tr>
<tr><td colspan="4">情形二：赎回期间暂停转让</td></tr>
<tr><td colspan="4">因可转债赎回导致暂停转让的，依照赎回流程办理</td></tr>
<tr><td colspan="4">因可转债部分赎回导致恢复转让的，T-2 日（T 日为恢复转让生效日）前向本所提交《可转债恢复转让申请表》以及《可转债恢复转让的公告》，T 日前披露《可转债恢复转让的公告》，T 日恢复转让</td></tr>
<tr><td colspan="4">情形三：普通股停复牌引起的可转债暂停转让</td></tr>
<tr><td colspan="4">普通股停复牌的，可转债同步暂停、恢复转让，无需提交可转债暂停、恢复转让申请。停复牌公告中说明可转债同步暂停或恢复转让的情况</td></tr>
</table>

附件 11

上市公司可转债赎回业务参考流程

（注：S 日：可转债赎回日）

阶段	日期	主要工作	是否暂停转让
（一）董事会决议阶段	可转债触发赎回条件的当日或次一交易日	董事会审议是否赎回	否
	董事会决议后 2 个交易日内	披露董事会决议公告和《可转债赎回的提示性公告》	否
（二）实施赎回阶段	满足赎回条件后 5 个交易日内	披露《可转债赎回提示性公告》（第 1 次） 披露《可转债赎回提示性公告》（第 2 次） 披露《可转债赎回提示性公告》（第 3 次）	否
	S-2 日前	上市公司向本所提交《可转债赎回暨暂停转让、暂停转股申请表》、《可转债赎回暨暂停转让、暂停转股的公告》	否
	S 日前	披露《可转债赎回暨暂停转让、暂停转股的公告》	否
	S 日	实施赎回，可转债暂停转让并暂停转股	是
	S+4 日 12：00 前	将赎回可转债所需全部资金划入中国结算北京分公司指定的账户	是
	S+6 日	中国结算北京分公司出具赎回结果确认证明	否
	S+7 日前	披露《可转债赎回结果的公告》 如全部赎回的，披露《可转债赎回结果暨终止挂牌的公告》	如果是全部赎回，需要终止挂牌；部分赎回的，未赎回部分在赎回业务办理完成后按照本指南 3.4 条办理恢复转让和转股等业务

附件 12

上市公司可转债回售业务参考流程

（注：H 日：回售申报开始日，K 日：回售申报结束日）

阶段	时 间	工作内容
披露《可转换公司债券回售公告》	H-3 日前	满足回售条件的，上市公司应当于当日或次一交易日向本所提交《可转债回售申请表》，同时提交《可转债回售的公告》 对于上述"满足回售条件"，对于改变募集资金用途或普通股终止上市的，满足回售条件日为审议回售事项的股东大会决议公告日；对于触发约定条件的，满足回售条件日为触发回售条款的最后一个交易日
	H-3 日前	满足回售条件后 5 个交易日内，披露《可转债回售的公告》
披露回售公告后至回售申报结束日	H-2 日至 K 日	上市公司首次披露可转债券回售公告后，还需要至少披露两次《可转债回售的提示性公告》，其中回售实施期间至少披露一次；可转债回售申报期间（H 日-K 日）不得少于 5 个交易日
划拨资金	K+4 日	上市公司将回售所需资金划拨至中国结算北京分公司的指定账户
披露回售结果	K+7 日前	上市公司收到中国结算北京分公司出具的回售结果确认证明后，披露《可转债回售结果公告》，如全部回售的，应同时披露《可转债回售结果暨终止挂牌公告》

附件 13

上市公司可转债付息业务参考流程

（注：R 日为可转债付息的权益登记日）

阶段	时 间	工作内容
提交付息业务申请	R-4 日前	向本所提交《付息业务申请表》，披露《可转债付息公告》
更正《可转债付息公告》	R-3 日 20：00 前	《可转债付息公告》与中国结算北京分公司的审查公告不一致的，上市公司应与本所联系更正
划拨资金	R-1 日 12：00 前	向中国结算北京分公司指定账户划拨付息所需资金
完成付息与除息	R+1 日	中国结算北京分公司完成付息，本所完成除息

附件 14

上市公司可转债本息兑付业务参考流程

（注：D 日为可转债期满日）

阶段	时 间	工作内容
披露本息兑付公告	D-2 日前	披露《可转债本息兑付公告》，公告应当载明本息兑付方案、兑付债券登记日、兑付对象、兑付方法等
申请兑付	D-1 日前	向中国结算北京分公司申请办理本息兑付业务
提交终止挂牌申请	D+1 日前	向本所完成提交《本息兑付业务暨终止挂牌申请》
划拨资金	D+3 日前	向中国结算北京分公司划拨兑付所需资金
终止挂牌	D+5 日	本所实施终止挂牌

关于发布《北京证券交易所上市公司重大资产重组审核规则（试行）》的公告

北证公告〔2021〕12号

为了规范北京证券交易所（以下简称本所）上市公司重大资产重组行为，提高上市公司质量，保护投资者合法权益，本所制定了《北京证券交易所上市公司重大资产重组审核规则（试行）》，经中国证监会批准，现予以发布，自2021年11月15日起施行。

特此公告。

附件：北京证券交易所上市公司重大资产重组审核规则（试行）

北京证券交易所

2021年10月30日

北京证券交易所上市公司重大资产重组审核规则（试行）

第一章　总则

第一条　为了规范北京证券交易所（以下简称本所）上市公司重大资产重组行为，保护上市公司和投资者合法权益，提高上市公司质量，根据《中华人民共和国证券法》《上市公司重大资产重组管理办法》（以下简称《重组办法》）《北京证券交易所上市公司持续监管办法（试行）》（以下简称《持续监管办法》）等法律法规、部门规章、规范性文件以及《北京证券交易所股票上市规则（试行）》（以下简称《上市规则》）及本所其他业务规则，制定本规则。

第二条　上市公司实施重大资产重组、发行股份购买资产或者重组上市的，适用本规则；本规则未作规定的，适用本所其他相关业务规则。

除重组上市外，上市公司实施不涉及股份发行的重大资产重组的，不适用本规则第三章至第五章的规定。

本规则所称重组上市，是指《重组办法》第十三条规定的重大资产重组行为。

第三条　本所对上市公司发行股份购买资产或者重组上市的申请文件（以下统称申请文件）进行审核。

本所审核通过的，将审核意见、申请文件及相关审核资料报送中国证券监督管理委员会（以下简称中国证监会）履行注册程序；审核不通过的，作出终止审核的决定。

对上市公司不涉及股份发行的重组上市申请，本所审核通过的，作出同意重组上市的决定；审核不通过的，作出终止审核的决定。

第四条　本所建立公开透明的重组审核机制，向市场公开在审企业名单及审核进度、审核问询与回复文件、并购重组委员会（以下简称并购重组委）审议会议通知与审议会议结果、注册结果、自律监管措施和纪律处分等信息，接受社会公众监督。

第五条　上市公司、交易对方及有关各方应当及时、公平地披露或者提供信息，保证所披露或者提供信息的真实、准确、完整，不得有虚假记载、误导性陈述或者重大遗漏。

独立财务顾问、证券服务机构及其相关人员，应当严格履行职责，对其所制作、出具文件的真实性、准确性和完整性承担相应法律责任。

第六条　本所依据法律、行政法规、部门规章、规范性文件、本规则及本所其他相关规定（以下简称相关法律法规），对前条规定的主体在上市公司发行股份购买资产或者重组上市中的相关活动进行自律监管。

前条规定的主体应当积极配合本所重组审核工作，接受本所自律监管并承担相应的法律责任。

第七条 同意上市公司实施发行股份购买资产或者重组上市，不表明本所对申请文件及所披露信息的真实性、准确性、完整性作出保证，也不表明本所对股票的投资价值、投资者的收益或者本次交易作出实质性判断或者保证。

第二章 重组标准与条件

第八条 上市公司实施重大资产重组的，按照《持续监管办法》关于重大资产重组的标准予以认定。

上市公司使用现金购买与主营业务和生产经营相关的土地、厂房、机械设备等，充分说明合理性和必要性的，可以视为日常经营行为，不纳入重大资产重组管理。

第九条 上市公司实施发行股份购买资产的，应当符合《重组办法》关于发行股份购买资产的规定，股份发行价格应当符合《持续监管办法》的相关规定。

上市公司向特定对象发行可转换为股票的公司债券购买资产的，应当符合《重组办法》《持续监管办法》及中国证监会和本所关于发行可转换为股票的公司债券购买资产的规定。

第十条 上市公司实施重组上市的，标的资产对应的经营实体应当是符合《北京证券交易所向不特定合格投资者公开发行股票注册管理办法（试行）》（以下简称《注册管理办法》）规定的发行条件的股份有限公司或者有限责任公司，不存在《上市规则》规定的不得申请公开发行并上市的情形，并符合下列条件之一：

（一）最近两年净利润均不低于 1500 万元且加权平均净资产收益率平均不低于 8%，或者最近一年净利润不低于 2500 万元且加权平均净资产收益率不低于 8%；

（二）最近两年营业收入平均不低于 1 亿元，且最近一年营业收入增长率不低于 30%，最近一年经营活动产生的现金流量净额为正。

前款所称净利润以扣除非经常性损益前后的孰低者为准，所称净利润、营业收入、经营活动产生的现金流量净额均指经审计的数值。

第十一条 上市公司重组标的资产对应的经营实体存在表决权差异安排的，除符合《注册管理办法》规定的发行条件外，其表决权安排等应当符合《上市规则》的规定。

第十二条 上市公司股东在公司实施发行股份购买资产或者重组上市中取得的股份，应当遵守《重组办法》关于股份限售期的有关规定；但控制关系清晰明确，易于判断，同一实际控制人控制之下不同主体之间转让上市公司股份的除外。

上市公司实施重组上市，标的资产对应的经营实体尚未盈利的，控股股东、实际控制人的股份减持应当符合《上市规则》关于公司上市时未盈利的减持相关规定。

第三章　重组信息披露要求

第十三条　上市公司、交易对方及有关各方应当依法披露信息，并为独立财务顾问、证券服务机构及时提供真实、准确、完整的业务运营、财务会计及其他资料，全面配合相关机构开展尽职调查和其他相关工作。独立财务顾问、证券服务机构应当依法对信息披露进行核查把关。

第十四条　上市公司及交易对方的控股股东、实际控制人、董事、监事、高级管理人员应当诚实守信，保证申请文件和信息披露的真实、准确、完整，依法审慎作出并履行相关承诺，不得利用控制地位或者影响能力要求上市公司实施显失公允的重组交易，不得指使或者协助上市公司、交易对方进行虚假记载、误导性陈述或者重大遗漏等违法违规行为，不得损害上市公司和投资者合法权益。

第十五条　独立财务顾问应当诚实守信、勤勉尽责，保证重大资产重组报告书及其出具的独立财务顾问报告等文件的真实、准确、完整，切实履行尽职调查、报告和披露以及持续督导等职责。

独立财务顾问应当严格遵守相关法律法规、行业自律规范的要求，严格执行内部控制制度，对申请文件进行全面核查验证，对本次交易是否符合法定条件和信息披露要求作出专业判断，审慎出具相关文件。

第十六条　会计师事务所、律师事务所、资产评估机构等证券服务机构应当诚实守信、勤勉尽责，保证其出具文件的真实、准确、完整。

证券服务机构应当严格遵守相关法律法规、业务规则、行业自律规范，严格执行内部控制制度，对与其专业职责有关的业务事项进行核查验证，履行特别注意义务，审慎发表专业意见。

第十七条　上市公司的申请文件及信息披露内容应当真实、准确、完整，并符合下列要求：

（一）包含对投资者作出投资决策有重大影响的信息，披露程度达到投资者作出投资决策所必需的水平；

（二）所披露的信息一致、合理且具有内在逻辑性；

（三）简明易懂，便于一般投资者阅读和理解。

第十八条　上市公司应当充分披露本次交易是否合法合规，至少包括下列事项：

（一）是否符合《重组办法》《持续监管办法》及中国证监会其他相关规定所规定的条件；

（二）是否符合本规则的规定及本所其他相关规则。

独立财务顾问、证券服务机构在出具的独立财务顾问报告、法律意见书等文件中，应当就本次交易是否合法合规逐项发表明确意见，且具备充分的理由和依据。

第十九条　上市公司应当结合本次交易是否与公司主营业务具有协同效应、交易后经营发展战略和业务管理模式，以及业务转型升级可能面临的风险等因素，说明本次交易是否有利于增强公司持续经营能力。

第二十条 上市公司应当充分披露本次交易的必要性，至少包括下列事项：

（一）是否具有明确可行的发展战略；

（二）是否存在不当市值管理行为；

（三）公司控股股东、实际控制人、董事、监事、高级管理人员在本次交易披露前后是否存在股份减持情形或者大比例减持计划；

（四）本次交易是否具有商业实质，是否存在利益输送的情形；

（五）是否违反国家相关产业政策。

第二十一条 上市公司应当充分披露本次交易资产定价的合理性，至少包括下列事项：

（一）资产定价过程是否经过充分的市场博弈，交易价格是否显失公允；

（二）所选取的评估或者估值方法与标的资产特征的匹配度，评估或者估值参数选取的合理性；

（三）标的资产交易作价与历史交易作价是否存在重大差异及存在重大差异的合理性；

（四）相同或者类似资产在可比交易中的估值水平；

（五）商誉确认是否符合会计准则的规定，是否足额确认可辨认无形资产。

第二十二条 上市公司应当充分披露本次交易中与业绩承诺相关的信息，至少包括下列事项：

（一）业绩承诺是否合理，是否存在异常增长，是否符合行业发展趋势和业务发展规律；

（二）交易对方是否按照规定与上市公司签订了明确可行的补偿协议；

（三）交易对方是否具备相应的履约能力，在承诺期内是否具有明确的履约保障措施。

第四章　重组审核内容与方式

第二十三条 本所重组审核遵循依法合规、公开透明、便捷高效的原则，提高审核透明度，明确市场预期。

本所实行电子化审核，申请、受理、问询、回复等事项通过本所并购重组审核业务系统（以下简称审核系统）办理。

第二十四条 本所重大资产重组审核机构（以下简称重组审核机构）按照规定对申请文件进行审核，出具审核报告，提出初步审核意见后，提交并购重组委审议，提出审议意见。

本所结合并购重组委审议意见，出具同意发行股份购买资产或者重组上市的审核意见，或者作出终止审核的决定；对上市公司不涉及股份发行的重组上市申请，本所结合并购重组委的审议意见，作出同意重组上市或者终止审核的决定。

第二十五条 本所对上市公司发行股份购买资产或者重组上市是否符合法定条件、是否符合中国证监会和本所信息披露要求进行审核。

第二十六条 本所通过提出问题、回答问题等多种方式，督促上市公司、交易对方、独立财务顾问、证券服务机构完善信息披露，真实、准确、完整地披露或者提供信息，提高信息披露质量。

本所对申请文件进行审核时，可以视情况在审核问询中对上市公司、交易对方、独立财务顾问、证券服务机构，提出下列要求：

（一）说明并披露相关问题及原因；

（二）补充核查相关事项并披露核查过程、结果；

（三）补充提供信息披露的证明文件；

（四）修改或者更新信息披露内容。

第五章　重组审核程序

第一节　申请与受理

第二十七条 上市公司实施发行股份购买资产或者重组上市的，应当按照规定聘请独立财务顾问，并委托独立财务顾问在股东大会作出重大资产重组决议后三个工作日内，通过本所审核系统报送下列申请文件：

（一）重大资产重组报告书及相关文件；

（二）独立财务顾问报告及相关文件；

（三）法律意见书、审计报告及资产评估报告或者估值报告等证券服务机构出具的文件；

（四）中国证监会或者本所要求的其他文件。

申请文件的内容与格式应当符合中国证监会和本所的相关规定。

第二十八条 本所收到申请文件后，对申请文件的齐备性进行核对，并在五个工作日内作出是否受理的决定，告知上市公司及其独立财务顾问。

申请文件齐备的，出具受理通知；申请文件不齐备的，一次性告知需要补正的事项。补正时限最长不得超过三十个工作日。多次补正的，补正时间累计计算。

上市公司补正申请文件的，本所收到申请文件的时间以上市公司最终提交补正文件的时间为准。本所按照收到上市公司申请文件的先后顺序予以受理。

第二十九条 存在下列情形之一的，本所不予受理申请文件：

（一）申请文件不齐备且未按要求补正；

（二）独立财务顾问、证券服务机构及其相关人员不具备相关资质；或者因证券违法违规被采取认定为不适当人选、限制业务活动、一定期限内不接受其出具的相关文件等相关措施，尚未解除；

（三）独立财务顾问、证券服务机构或者相关签字人员因公开发行股票并上市、上市公司证券发行、并购重组业务涉嫌违法违规，或者其他业务涉嫌违法违规且对市场有重大影响被中国证监会立案调查或者被司法机关立案侦查，尚未结案；

（四）上市公司存在尚未实施完毕的证券发行、重大资产重组、收购、股票回购等情形；

（五）本次交易涉嫌内幕交易被中国证监会立案调查或者被司法机关立案侦查，尚未结案，但中国证监会另有规定的除外；

（六）中国证监会及本所规定的其他情形。

第三十条 自申请文件申报之日起，上市公司、交易对方及有关各方，以及为本次交易提供服务的独立财务顾问、证券服务机构及其相关人员即须承担相应的法律责任。

本所受理申请文件后至中国证监会作出注册决定前，上市公司、独立财务顾问、证券服务机构应当按照本规则的规定，对披露的重大资产重组报告书、独立财务顾问报告、法律意见书、财务报告、审计报告、资产评估报告或者估值报告等文件予以修改、补充。

未经本所同意，申请文件不得更改。

第二节 审核机构审核

第三十一条 本所重组审核机构按照申请文件受理的先后顺序开始审核。

上市公司申请发行股份购买资产的，本所重组审核机构自受理申请文件之日起十个工作日内，发出首轮审核问询；上市公司申请重组上市的，本所重组审核机构自受理申请文件之日起二十个工作日内，发出首轮审核问询。

第三十二条 在首轮审核问询发出前，上市公司、交易对方及有关各方，独立财务顾问、证券服务机构及其相关人员不得就审核事项与审核人员接触，不得以任何形式干扰审核工作。

第三十三条 在首轮审核问询发出后，上市公司、交易对方、独立财务顾问、证券服务机构对本所审核问询存在疑问的，可与本所重组审核机构进行沟通；确需当面沟通的，应当预约。

第三十四条 上市公司、交易对方、独立财务顾问、证券服务机构应当按照审核问询要求进行必要的补充调查和核查，及时、逐项回复本所重组审核机构提出的审核问询，相应补充或者修改申请文件并披露。

上市公司、交易对方、独立财务顾问、证券服务机构对本所重组审核机构审核问询的回复是申请文件的组成部分，上市公司、交易对方、独立财务顾问、证券服务机构应当保证回复的真实、准确、完整。

第三十五条 本所重组审核机构收到上市公司对首轮审核问询的回复后，存在下列情形之一的，可以继续提出审核问询：

（一）首轮审核问询后，发现新的需要问询事项；

（二）上市公司、交易对方、独立财务顾问、证券服务机构的回复未能有针对性地回答本所重组审核机构提出的审核问询，或者本所就其回复需要继续审核问询；

（三）上市公司、交易对方、独立财务顾问、证券服务机构的信息披露仍未满足中国证监会和本所规定的要求；

（四）本所认为需要继续审核问询的其他情形。

第三十六条 本所重组审核机构收到上市公司、交易对方、独立财务顾问、证券服务机构对本所审核问询的回复后，认为不需要进一步审核问询的，将出具审核报告，并提交并购重组委审议，同时通知上市公司及其独立财务顾问。

第三十七条 本所在审核中，发现上市公司申请文件存在重大疑问且上市公司、交易对方、独立财务顾问、证券服务机构回复中无法作出合理解释，或者本次交易涉及重组上市的，本所可以对上市公司、交易对方、标的资产、独立财务顾问、证券服务机构进行现场检查或者核查。

第三十八条 上市公司申请发行股份购买资产的，本所自受理申请文件之日起两个月内出具同意发行股份购买资产的审核意见或者作出终止审核的决定。上市公司申请重组上市，涉及股份发行的，本所自受理申请文件之日起两个月内出具同意重组上市的审核意见或者作出终止审核的决定；不涉及股份发行的，本所自受理申请文件之日起三个月内作出同意重组上市的决定或者作出终止审核的决定。

上市公司、交易对方、独立财务顾问、证券服务机构回复本所审核问询的时间，以及本规则规定的中止审核、请示有权机关、实施现场检查、落实并购重组委意见、暂缓审议、处理会后事项、要求进行专项核查，并要求上市公司补充、修改申请文件等情形，不计算在前款规定的时限内。

第三十九条 上市公司申请发行股份购买资产的，回复审核问询的时间总计不得超过一个月；申请重组上市的，回复审核问询的时间总计不得超过三个月。逾期未回复的，上市公司应当在到期日的次日，披露本次交易的进展情况及未能及时回复的具体原因等事项。

上市公司难以在前款规定的时限内回复的，可以在期限届满前向本所申请延期一次，时间不得超过一个月。

本规则规定的中止审核、请示有权机关、实施现场检查、落实并购重组委意见、暂缓审议、处理会后事项、要求进行专项核查等情形的时间，不计算在前两款规定的时限内。

第三节　并购重组委员会审议

第四十条　并购重组委召开审议会议，对本所重组审核机构出具的审核报告及上市公司申请文件进行审议。并购重组委的审议程序等事项适用《北京证券交易所上市委员会管理细则》的相关规定。

第四十一条　并购重组委进行审议时，认为需要对上市公司、交易对方、独立财务顾问、证券服务机构等主体进行现场问询的，相关主体代表应当到会接受问询，回答并购重组委提出的问题。

第四十二条　并购重组委审议会议通过合议形成同意或不同意的审议意见。

审议会议过程中，发现上市公司存在法定条件或者信息披露方面的重大事项有待进一步核实，无法形成审议意见的，经会议合议，并购重组委可以对该公司的发行股份购买资产或者重组上市申请暂缓审议，暂缓审议时间不超过两个月。对上市公司的同一次申请，只能暂缓审议一次。

第四十三条　本所结合并购重组委审议意见，出具同意发行股份购买资产或者重组上市的审核意见，或者作出终止审核的决定；对上市公司不涉及股份发行的重组上市申请，本所结合并购重组委审议意见，作出同意重组上市或者终止审核的决定。

并购重组委审议意见同意上市公司发行股份购买资产或者重组上市，但要求补充披露有关信息的，本所重组审核机构告知独立财务顾问组织落实，并对落实情况进行核对，通报参会委员。上市公司补充披露相关事项后，本所出具同意发行股份购买资产或者重组上市的审核意见，或者作出同意重组上市的决定。

第四十四条　上市公司应当根据并购重组委审议意见，更新申请文件并披露。

第四节　向中国证监会报送审核意见

第四十五条　本所审核通过的，向中国证监会报送同意发行股份购买资产或者重组上市的审核意见、相关审核资料及上市公司申请文件，但不涉及股份发行的重组上市除外。

第四十六条　中国证监会在注册程序中，要求本所进一步问询的，由本所提出反馈问题。

中国证监会在注册程序中，决定退回本所补充审核的，本所重组审核机构对要求补充审核的事项重新审核，并提交并购重组委审议。本所审核通过的，重新向中国证监会报送审核意见、相关审核资料及上市公司申请文件；审核不通过的，作出终止审核的决定。

第四十七条　上市公司应当及时披露中国证监会反馈问题以及注册结果，并根据需要更新申请文件并披露。

第五节　审核中止与终止

第四十八条　出现下列情形之一的，上市公司、交易对方、独立财务顾问、证券服务机构应当及时告知本所，本所将中止审核：

（一）本次交易涉嫌内幕交易被中国证监会立案调查或者被司法机关立案侦查，尚未结案；

（二）上市公司因涉嫌违法违规被行政机关调查，或者被司法机关侦查，尚未结案，对本次交易影响重大；

（三）上市公司、独立财务顾问、证券服务机构被中国证监会依法采取限制业务活动、责令停业整顿、指定其他机构托管或者接管等监管措施，尚未解除；

（四）独立财务顾问、证券服务机构或者相关签字人员因公开发行股票并上市、上市公司证券发行、并购重组业务涉嫌违法违规，或者其他业务涉嫌违法违规且对市场有重大影响被中国证监会立案调查，或者被司法机关立案侦查，尚未结案；

（五）独立财务顾问、证券服务机构的相关签字人员，被中国证监会依法采取市场禁入、认定为不适当人选等监管措施，或者被本所实施一定期限内不接受其出具的相关文件的纪律处分，尚未解除；

（六）申请文件中记载的财务资料已过有效期，需要补充提交；

（七）中国证监会根据《重组办法》等规定责令暂停重组活动，或者责令相关主体作出公开说明或者披露专业意见；

（八）上市公司、独立财务顾问主动要求中止审核，理由正当并经本所同意；

（九）本所规定的其他情形。

出现前款第一项至第七项所列情形，上市公司、交易对方、独立财务顾问、证券服务机构未及时告知本所，本所经核实符合中止审核情形的，将直接中止审核。

因第一款第四项规定情形中止审核的，独立财务顾问、证券服务机构应当指派与被调查事项无关的人员，对该机构或者有关人员为被中止审核的申请事项制作、出具的申请材料进行复核。按照要求提交复核报告，并对申请事项符合本次交易法定条件、标准，所制作、出具的文件不存在虚假记载、误导性陈述或者重大遗漏发表明确复核意见的，本所经确认后恢复对申请文件的审核。

第一款所列情形消除后，上市公司、交易对方、独立财务顾问、证券服务机构应当及时告知本所。本所经审核确认后，恢复对申请文件的审核。审核时限自恢复审核之日起继续计算；但财务报告期调整达到一个或者一个以上会计年度的，审核时限自恢复审核之日重新起算。存在第一款第一项规定的情形，但符合中国证监会和本所有关规定的，视为相关情形已消除。

第四十九条　出现下列情形之一的，本所将终止审核：

（一）中国证监会根据《重组办法》等规定，责令上市公司终止重组活动；

（二）上市公司更换独立财务顾问、对交易方案进行重大调整或者撤回申请文件；

（三）上市公司未在规定时限内回复本所审核问询或者未对申请文件作出解释说明、补充修改；

（四）申请文件内容存在重大缺陷，严重影响本所正常审核，或者严重影响投资者作出价值判断或者投资决策；

（五）申请文件被认定存在虚假记载、误导性陈述或者重大遗漏；

（六）上市公司、交易对方、独立财务顾问、证券服务机构等主体阻碍或者拒绝中国证监会或者本所依法实施的检查或者核查；

（七）上市公司、交易对方、独立财务顾问、证券服务机构等主体以不正当手段严重干扰本所审核工作；

（八）前条第一款第三项至第八项规定的中止审核情形未能在两个月内消除；

（九）本所审核不通过。

第六节　复审与复核

第五十条　本所对上市公司发行股份购买资产或者重组上市申请终止审核的，上市公司可以在收到本所相关文件后五个工作日内，向本所申请复审；但因本规则第四十九条第二项终止审核的，不得申请复审。复审的有关事项，适用《北京证券交易所向不特定合格投资者公开发行股票并上市审核规则（试行）》关于复审的有关规定。

经复审，上市公司申请理由成立的，本所对申请文件重新审核，审核时限自重新审核之日重新起算；申请理由不成立的，本所维持原决定。

第五十一条　本所对上市公司发行股份购买资产或者重组上市申请作出不予受理决定或按照本规则第五十条的规定作出复审决定的，上市公司可以按照本所相关规定申请复核。

第七节　重大事项报告与处理

第五十二条　本所受理申请文件后至本次交易实施完毕前，发生重大事项的，上市公司、交易对方、独立财务顾问应当及时向本所报告，按照要求履行信息披露义务、更新申请文件。上市公司的独立财务顾问、证券服务机构应当持续履行尽职调查职责，并向本所提交专项核查意见。

第五十三条　并购重组委形成审议意见后至中国证监会作出注册决定前，发生重大事项，对上市公司本次交易是否符合法定条件或者信息披露要求产生重大影响的，本所重组审核机构经审核决定是否重新提交并购重组委审议。重新提交并购重组委审议的，应当报告中国证监会，并按照本章相关规定办理。

第五十四条　中国证监会作出注册决定后至本次交易实施完毕前，发生重大事项，可能导致上市公司本次交易不符合法定条件或者信息披露要求的，上市公司应当暂停本次交易。本所发现上市公司存在上述情形的，有权要求上市公司暂停本次交易。

上市公司、交易对方、独立财务顾问应当将上述情况及时报告本所并作出公告，说明重大事项相关情况及上市公司将暂停本次交易。

本所经审核认为相关重大事项导致上市公司本次交易不符合法定条件或者信息披露要求的，将出具明确意见并报告中国证监会。

第五十五条 本所受理申请文件后至本次交易实施完毕前，上市公司及其独立财务顾问应当密切关注公共媒体关于本次交易的重大报道、市场传闻。

相关报道、传闻与上市公司信息披露存在重大差异，或者所涉事项可能对本次交易产生重大影响的，上市公司、交易对方、独立财务顾问、证券服务机构应当向本所作出解释说明，并按照规定履行信息披露义务。独立财务顾问、证券服务机构应当进行必要的核查并向本所报告核查结果。

第五十六条 本所受理申请文件后至本次交易实施完毕前，本所收到与本次交易相关的投诉举报的，可以就投诉举报涉及的事项向上市公司、交易对方、独立财务顾问、证券服务机构进行问询，要求其向本所作出解释说明，并按照规定履行信息披露义务；要求独立财务顾问、证券服务机构进行必要的核查并向本所报告核查结果。

第六章 持续督导

第五十七条 为上市公司提供服务的独立财务顾问，应当按照中国证监会和本所的相关规定，履行持续督导职责。

独立财务顾问应当指定项目主办人负责持续督导工作，并在资产重组实施情况报告书中披露。前述项目主办人不能履职的，独立财务顾问应当另行指定履职能力相当的人员并披露。

上市公司、标的资产及其相关人员，应当积极配合独立财务顾问履行持续督导职责，及时提供必要的信息，保障履职所需的各项条件，协助披露持续督导意见。

第五十八条 上市公司实施除重组上市外的其他重大资产重组的，持续督导期限为本次交易实施完毕当年剩余时间以及其后一个完整会计年度。

前款规定的期限届满后，存在尚未完结事项的，独立财务顾问应当继续履行持续督导职责，并在各年度报告披露之日起十五日内就相关事项的进展情况出具核查意见。

第五十九条 独立财务顾问应当在各年度报告披露之日起十五日内，对重大资产重组实施的下列事项出具持续督导意见，报送本所并披露：

（一）交易资产的交付或者过户情况；

（二）交易各方当事人承诺的履行情况及未能履行承诺时相关约束措施的执行情况；

（三）公司治理结构与运行情况；

（四）本次重大资产重组对公司运营、经营业绩影响的状况；

（五）盈利预测的实现情况（如有）；

（六）与已公布的重组方案存在差异的其他事项。

第六十条 存在下列情形之一的，独立财务顾问应当对上市公司或者标的资产进行现场核查，出具核查报告并披露：

（一）标的资产存在重大财务造假嫌疑；

（二）上市公司可能无法有效控制标的资产；

（三）标的资产可能存在未披露担保；

（四）标的资产可能存在非经营性资金占用；

（五）标的资产股权可能存在重大未披露质押。

独立财务顾问进行现场核查的，应当就核查情况、提请上市公司及投资者关注的问题、本次现场核查结论等事项出具现场核查报告，并在现场核查结束后五个工作日内披露。

第六十一条 上市公司实施重大资产重组、发行股份购买资产或者重组上市，交易对方作出业绩承诺并与上市公司签订补偿协议的，独立财务顾问应当在业绩补偿期间内，持续关注业绩承诺方的资金、所持上市公司股份的质押等履约能力保障情况，督促其及时、足额履行业绩补偿承诺。

相关方丧失履行业绩补偿承诺的能力或者履行业绩补偿承诺存在重大不确定性的，独立财务顾问应当督促上市公司及时披露风险情况，并就披露信息是否真实、准确、完整，是否存在其他未披露重大风险发表意见并披露。

相关方未履行业绩补偿承诺或者履行业绩补偿承诺数额不足的，独立财务顾问应当督促上市公司在前述事项发生的十个工作日内，制定并披露追偿计划，并就追偿计划的可行性以及后续履行情况发表意见并披露。

第六十二条 上市公司实施重组上市的，独立财务顾问自本次交易实施完毕之日起，应当遵守《上市规则》关于股票公开发行并在本所上市持续督导的规定，以及《重组办法》《上市公司并购重组财务顾问业务管理办法》规定的持续督导职责。

第七章 自律管理

第六十三条 上市公司、交易对方未按照相关法律法规实施发行股份购买资产、重组上市，或者因定价显失公允、违反业绩承诺、不正当利益输送等问题损害上市公司、投资者合法权益的，本所可以要求限期改正，并可以采取《上市规则》规定的自律监管措施或者纪律处分；情节严重的，可以要求终止本次交易，并可以采取《上市规则》规定的纪律处分。

上市公司未经本所审核或者中国证监会注册擅自实施重组上市，交易尚未完成的，本所可以要求上市公司补充披露相关信息、中止交易并按照相关规定报送申请文件；交易已经完成的，本所可以采取《上市规则》规定的纪律处分。

第六十四条 上市公司、交易对方及有关各方存在下列情形之一的，本所可以要求限期改正，并可以对其单独或者合并采取《上市规则》规定的自律监管措施或者纪律处分：

（一）未按照相关法律法规报送重大资产重组申请文件、有关报告或者披露重大资产重组信息；

（二）申请文件、报送的报告或者披露的信息存在虚假记载、误导性陈述或者重大遗漏；

（三）拒绝、阻碍、逃避本所检查，谎报、隐匿、销毁相关证据材料；

（四）以不正当手段严重干扰本所审核工作；

（五）其他违反相关法律法规的行为。

第六十五条 上市公司董事、监事和高级管理人员未履行诚实守信、勤勉尽责义务，或者上市公司的控股股东、实际控制人及其有关负责人员未按照本规则的规定履行相关义务，导致发行股份购买资产或者重组上市损害上市公司利益的，本所可以视情节轻重对其单独或者合并采取《上市规则》规定的自律监管措施或者纪律处分。

第六十六条 为发行股份购买资产或者重组上市提供服务的独立财务顾问、证券服务机构及其相关人员未履行诚实守信、勤勉尽责义务，违反行业规范、业务规则，或者未依法履行尽职调查、报告和披露以及持续督导职责的，本所可以视情节轻重对其单独或者合并采取下列自律监管措施或者纪律处分：

（一）口头警示；

（二）约见谈话；

（三）要求提交书面承诺；

（四）出具警示函；

（五）限期改正；

（六）通报批评；

（七）公开谴责；

（八）三个月至三年内不接受独立财务顾问、证券服务机构提交的申请文件或者信息披露文件；

（九）一年至三年内不接受独立财务顾问、证券服务机构相关人员签字的申请文件或者信息披露文件。

第六十七条 上市公司股东减持因发行股份购买资产或者重组上市取得的股份，违反本规则的，本所可以视情节轻重，按照《上市规则》的规定，采取相应的自律监管措施或者纪律处分。

第六十八条 本所在审核中，发现上市公司、交易对方及有关各方，独立财务顾问、证券服务机构及其相关人员涉嫌证券违法的，将依法报告中国证监会。

第八章　附则

第六十九条　上市公司发行优先股、可转换为股票的公司债券购买资产或者募集配套资金，或者实施涉及股份发行的合并、分立的，其信息披露要求、审核程序等参照适用本规则。

第七十条　本规则所称有关各方，是指上市公司的控股股东、实际控制人、董事、监事、高级管理人员及其他相关方。

第七十一条　本规则须经中国证监会批准后生效，修改时亦同。

第七十二条　本规则自2021年11月15日起施行。

关于发布《北京证券交易所上市公司重大资产重组业务指引》的公告

北证公告〔2021〕34 号

为了规范北京证券交易所（以下简称本所）上市公司重大资产重组信息披露及相关行为，保护投资者合法权益，本所制定了《北京证券交易所上市公司重大资产重组业务指引》，现予以发布，自 2021 年 11 月 15 日起施行。

特此公告。

附件：北京证券交易所上市公司重大资产重组业务指引

北京证券交易所

2021 年 11 月 2 日

北京证券交易所上市公司重大资产重组业务指引

第一章　总则

第一条　为了规范北京证券交易所（以下简称本所或北交所）上市公司重大资产重组信息披露及相关行为，维护证券市场秩序，保护投资者合法权益，根据中国证监会《上市公司重大资产重组管理办法》（以下简称《重组办法》）、《北京证券交易所上市公司持续监管办法（试行）》（以下简称《持续监管办法》）、《公开发行证券的公司信息披露内容与格式准则第 56 号——北京证券交易所上市公司重大资产重组》（以下简称《内容与格式准则第 56 号》）、《北京证券交易所股票上市规则（试行）》（以下简称《上市规则》）、《北京证券交易所上市公司重大资产重组审核规则（试行）》（以下简称《重组审核规则》）等规定，制定本指引。

第二条　北交所上市公司及有关各方筹划、实施《重组办法》规定的资产交易行为（以下简称重大资产重组或重组），其信息披露及其他相关行为，应当遵守《重组办法》《持续监管办法》《内容与格式准则第 56 号》《上市规则》《重组审核规则》和本指引等规定。

前款所称有关各方，主要包括上市公司股东、实际控制人、董事、监事、高级管理人员和其他交易各方，以及为重大资产重组提供服务的证券服务机构和人员等相关方。

第三条　上市公司及有关各方应当及时、公平地披露或者提供信息，保证所披露或者提供信息的真实、准确、完整，不得有虚假记载、误导性陈述或者重大遗漏。

提供服务的证券服务机构和人员应当遵守法律法规及其他有关规定，遵循本行业公认的业务标准和道德规范，严格履行职责，对其所制作、出具文件的真实性、准确性和完整性承担责任。

第四条　上市公司及有关各方应当审慎筹划涉及上市公司的重大资产重组事项，保证筹划中的重大资产重组事项的真实性、可行性及可操作性，有利于提高上市公司质量。

第五条　上市公司应当维护证券交易连续性，上市公司应当审慎申请对上市公司股票及其衍生品种停牌，严格控制停牌时间，不得随意以存在重大资产重组事项为由向本所申请停牌或故意虚构重大资产重组信息损害投资者合法权益，不得滥用停牌或者无故拖延复牌时间，不得以申请停牌代替上市公司及有关各方的信息保密义务。

第六条 独立财务顾问应当按照《上市公司并购重组财务顾问业务管理办法》（以下简称《财务顾问管理办法》）关于诚实守信、勤勉尽责及独立性的相关要求，审慎接受业务委托，切实履行尽职调查义务，认真核查申报文件，独立出具专业意见，并督促、协助上市公司及有关各方及时履行信息披露义务。

其他提供服务的证券服务机构也应当按照相关规定履行职责。

第七条 本所对上市公司重大资产重组信息披露及其他申请文件进行审查，通过提出问题、回答问题等多种方式督促上市公司完善重组方案的信息披露，或要求上市公司解释说明、补充披露或提供其他有关文件；上市公司应当及时披露本所问询函回复，并披露修订后的信息披露文件。

第八条 上市公司在筹划、实施重大资产重组事项过程中，应当及时、公平地向所有投资者披露相关信息，回应市场或媒体重大质疑，并按照本指引等相关规定召开媒体说明会或投资者说明会。

媒体说明会及投资者说明会应当使用事实描述性的语言，确保真实准确、简明扼要、通俗易懂，不得有虚假记载、误导性陈述或者重大遗漏，不得利用说明会进行广告性、夸大性等不实宣传。

第九条 上市公司应当关注公共媒体或市场出现的关于本公司重大资产重组的相关报道和传闻。如相关报道或传闻可能或者已经对该公司股票及其衍生品种交易价格产生较大影响的，上市公司及有关各方应当按照《上市规则》等规定，及时予以核实并发布澄清公告。

第十条 上市公司及相关主体违反本指引及相关规定的，本所可以采取自律监管措施或纪律处分。

第二章 内幕交易防控

第十一条 上市公司及有关各方筹划重大资产重组，应当采取必要且充分的保密措施，制定严格有效的保密制度，限定相关敏感信息的知悉范围，并按照中国证监会及本所相关规定登记、报送内幕信息知情人档案，并编制交易进程备忘录（附件 1），做好内幕信息保密工作。

重大资产重组有关各方对所知悉的重大资产重组事项在依法依规披露前负有保密义务。

第十二条 上市公司应当在首次披露重组事项时填报内幕信息知情人名单，并通过内幕信息知情人报备系统或本所规定的其他方式提交相关内幕信息知情人登记表（附件 1）。前述首次披露重组事项是指首次披露筹划重组、披露重组预案或披露重组报告书孰早时点。

上市公司首次披露重组事项至披露重组报告书期间重组方案重大调整、终止重组的，或者首次披露重组事项未披露标的资产主要财务指标、预估值、拟定价等重要要素的，应当于披露重组方案重大变化或披露重要要素时补充提交内幕信息知情人名单。

上市公司首次披露重组事项后股票交易异常波动的，本所可以视情况要求上市公司更新或补充提交内幕信息知情人名单。

第十三条 上市公司筹划重大资产重组事项，应当编制重大资产重组交易进程备忘录。上市公司应当督促备忘录涉及的相关人员在备忘录上签名确认，并与内幕信息知情人名单一同报送本所。

第十四条 上市公司应当在披露重组报告书时披露内幕信息知情人股票交易自查报告。股票交易自查期间为首次披露重组事项或就本次重组申请股票停牌（孰早）前6个月至披露重组报告书。

上市公司披露重组报告书后重组方案重大调整、终止重组的，应当补充披露股票交易自查报告。股票交易自查期间为披露重组报告书至披露重组方案重大调整或终止重组。

上市公司披露股票交易自查报告时，独立财务顾问和律师应当核查并发表明确意见。

第三章 筹划重大资产重组停复牌

第十五条 上市公司因筹划重大资产重组或发行股份购买资产的，可以申请停牌，停牌时间不超过10个交易日。公司应当在停牌期限届满前披露经董事会审议通过的重组预案或者报告书，并申请复牌；未能按期披露重组预案或者报告书的，应当终止筹划本次重组并申请复牌。

上市公司可以在披露重组预案或者报告书后，以对相关方案作出重大调整为由申请停牌，停牌时间不超过5个交易日。公司应当及时披露重大调整的具体情况、当前进展、后续安排以及尚需履行的程序等事项，并申请复牌。

上市公司不停牌筹划重大资产重组的，应当做好信息保密工作，在按规定披露重组预案或者报告书等文件前，不得披露所筹划重组的相关信息。相关信息泄露的，公司应当及时申请停牌。

第十六条 上市公司因筹划重大资产重组或发行股份购买资产停牌的，应当披露交易标的名称、主要交易对方、交易方式、本次重组的意向性文件或框架协议、本次重组涉及的证券服务机构名称（如有）等基本信息。

相关交易涉及通过竞拍等方式进行，在停牌公告中披露交易标的名称等可能不利于公司获取交易标的的，公司可以暂缓披露。财务顾问（如有）应当就此发表核查意见并对外披露。暂缓披露的原因已消除的，公司应当及时披露交易标的名称等信息及本次交易的进展情况。

交易标的涉及境外上市公司，在停牌公告中披露交易标的名称可能影响交易标的在境外市场交易的，公司可以暂缓披露交易标的及交易对方名称，但需在停牌公告中披露交易标的行业类型。财务顾问（如有）应当就此发表核查意见并对外披露。公司应当与境外上市公司同步披露交易标的及交易对方。

第十七条 上市公司因筹划重大资产重组或发行股份购买资产申请停牌的，应当在复牌前披露截至停牌前一交易日的公司前10大股东的名称、前10大无限售条件流通股股东的名称、持股数量和所持股份类别、股东总人数。

第十八条 上市公司披露重组预案或者报告书后，本所按规定进行信息披露问询以及上市公司回复本所问询函期间，公司股票及衍生品种原则上不停牌。

第十九条 上市公司筹划重组期间更换财务顾问等证券服务机构的，不得以此为由申请停牌或者延期复牌，并应当及时披露有关事项，充分提示风险。

第二十条 上市公司因筹划重大资产重组或发行股份购买资产停牌期间，公司或其现任董事、高级管理人员因涉嫌违法违规被司法机关立案侦查或者被中国证监会立案调查的，公司应当核实并披露该事项对公司本次重组或发行的影响，不能继续推进的，应当及时申请复牌。

第四章　重组方案

第一节　重组方案披露

第二十一条 上市公司首次披露重组方案，可以披露重组预案，也可以直接披露重组报告书。重组预案或重组报告书均应符合《内容与格式准则第56号》以及本指引的要求（附件2）。上市公司发行股份购买资产的，应当在董事会首次决议后公告的预案或报告书中披露确定的发行对象。

有关各方应当积极推进重组事项，及时披露重组方案。上市公司筹划不需要中国证监会注册的重大资产重组，可以按照分阶段披露原则，在披露重组方案前披露筹划重大资产重组提示性公告（以下简称重组提示性公告）。重组提示性公告应当明确披露重组方案的预计时间、重组标的名称或标的范围、主要交易对方、交易方式等。上市公司应当在预计披露重组方案的时间过半后及时披露重组方案披露的进展公告，在预计时间届满前披露重组方案。公司未在预计时间内披露重组方案的，应当及时披露原因、风险及是否存在重大障碍。

第二十二条 重大资产重组报告书、独立财务顾问报告、法律意见书以及重组涉及的审计报告、资产评估报告或者估值报告至迟应当与召开股东大会的通知同时公告。

第二十三条 上市公司应当在重大资产重组预案中就本次重组存在的重大不确定性因素，可能对重组后上市公司的生产经营状况、财务状况和持续盈利能力产生不利影响的有关风险因素以及其他需要提醒投资者重点关注的事项，进行“重大事项提示”或“重大风险提示”，包括但不限于以下内容：

（一）本次交易的主要方案；

（二）本次交易与近期历次增减资及股权转让价格差异较大的原因及合理性（如适用）；

（三）拟注入资产评估增值较大的风险（如适用）；

（四）与拟注入资产经营相关的风险，以及尚需取得相关业务资质的风险（如适用）；

（五）业绩承诺与补偿安排，以及业绩补偿无法实现的风险（如适用）；

（六）审批风险，包括本次重组尚未履行的决策程序及报批程序未能获得批准的风险；

（七）剔除大盘因素和同行业板块因素影响，上市公司股价在重组停牌前或重组方案首次披露前二十个交易日内累计涨跌幅超过30%的相关情况及由此产生的风险（如适用）；

（八）本次拟购买资产的股东及其关联人、资产所有人及其关联人存在对拟购买资产非经营性资金占用的风险及解决措施，以及本次交易完成后，上市公司存在资金、资产被实际控制人及其关联人、重组交易对方及其关联人或其他关联人占用的风险及解决措施（如适用）；

（九）本次交易完成后，上市公司存在为实际控制人及其关联人、重组交易对方及其关联人提供担保情形的风险（如适用）；

（十）采用发行股份购买资产方式且上市公司最近一年及一期财务会计报告被会计师事务所出具非标准审计意见的，尚未经会计师事务所专项核查确认非标准审计意见所涉及事项的重大影响已经消除或者将通过本次交易予以消除的风险（如适用）；

（十一）上市公司被中国证监会或其派出机构立案调查尚未结案的风险（如适用）；

（十二）上市公司股票终止上市的风险（如适用）；

（十三）上市公司控股股东所持限售股份即将解除限售并减持的风险，以及控股股东、实际控制人的减持计划（如适用）；

（十四）对标的公司剩余股权的安排或者计划（如适用）；

（十五）其他与本次重组相关的风险。

重大资产重组预案、重组报告书中应当披露本次重组是否存在本指引第四十八条第（一）项、第（二）项所列主体参与上市公司重大资产重组的情形。

第二十四条 上市公司首次披露重组方案至发出审议本次重组方案的股东大会通知前，上市公司应当与交易各方保持沟通联系，并至少每30日发布一次进展公告，说明本次重组事项的具体进展情况。

重大资产重组进展公告内容至少应当包括：相关审计、评估或估值的具体进展和预计完成时间，有关协议或者决议的签署、推进情况，有关申报审批事项的进展以及获得反馈的情况等。同时，公告应当以特别提示的方式，充分披露本次重组事项尚存在的重大不确定风险，明确说明是否存在可能导致上市公司或者交易对方撤销、中止本次重组方案或者对本次重组方案作出重大调整的相关事项。

第二十五条 若本次重组发生重大进展或重大变化，上市公司应当立即披露。确实已不具备实施条件的，上市公司应当尽快终止。

本条所称重大进展包括但不限于以下内容：

（一）与独立财务顾问等证券服务机构签订重组服务协议等书面文件；

（二）与交易对方签订重组相关协议，或者对已签订的重组框架或意向协议作出重大修订或变更；

（三）取得有权部门关于重组事项的审批意见等；

（四）尽职调查、审计、评估等工作取得阶段性进展；

（五）筹划事项出现终止风险，如交易双方对价格产生严重分歧、市场出现大幅波动、税收政策及交易标的行业政策发生重大变化，可能导致交易失败。

本条所称重大变化包括但不限于以下内容：

（一）更换、增加、减少交易标的；

（二）更换独立财务顾问等证券服务机构；

（三）交易对方、配套融资方案、交易作价出现重大调整；

（四）重组交易标的所在产业、行业及市场环境等发生重大变化；

（五）重组交易标的经营及财务状况发生重大变化；

（六）重组标的资产经审计的财务数据与已经披露的财务数据出现重大差异；

（七）交易对方、重组交易标的涉及重大诉讼或仲裁；

（八）交易各方无法在预定时间内获得有关部门审批、达到重组先决条件或完成重组方案中做出的相关承诺；

（九）经核查发现公司股票交易存在明显异常；

（十）本次重大资产重组相关主体被中国证监会立案调查或者被司法机关立案侦查；

（十一）上市公司无法与交易对方取得联系并及时获取重组进展情况；

（十二）其他可能影响本次重组顺利推进的重大事项。

第二十六条 上市公司披露重组报告书的，独立财务顾问应当按照《重组办法》《内容与格式准则第 56 号》《财务顾问管理办法》的规定，出具独立财务顾问报告。

上市公司和有关各方存在不规范行为的，独立财务顾问应当督促其整改，并将整改情况在相关核查意见中予以说明。因上市公司或重组交易对方不配合，使尽职调查范围受限制，导致独立财务顾问无法做出判断的，独立财务顾问不得为上市公司出具独立财务顾问报告和相关核查意见。

第二十七条 上市公司与有关各方签订业绩承诺等补偿协议的，上市公司披露的补偿协议应当包含以下内容：业绩承诺方、补偿方式、计算方法、补偿的数量和金额、触发补偿的条件、补偿的执行程序、补偿的时间期限、补偿的保障措施、争议解决方式等。补偿协议条款应当清晰明确、切实可行，不存在争议。

上市公司董事会和独立财务顾问应当基于现有条件客观论证分析业绩承诺的可实现性，及业绩补偿机制的合规性、可操作性，包括补偿时间安排、股份解限安排、股份质押安排、补偿股份的表决权和股利分配权安排等，并说明业绩补偿协议是否合法合规、是否明确可行，业绩补偿保障措施是否完备，是否存在补偿不足的风险等。

第二节　重组方案审议程序

第二十八条　上市公司董事会审议重大资产重组事项，应至少对下列议案作出决议：

（一）《关于公司进行重大资产重组的议案》，至少应当包括：本次重大资产重组的方式、交易标的和交易对方，交易价格或者价格区间（如有），定价方式或者定价依据，相关资产自定价基准日至交割日期间损益的归属，相关资产办理权属转移的合同义务和违约责任，决议的有效期，对董事会办理本次重大资产重组事宜的具体授权，以及其他需要明确的事项（需逐项表决）；

（二）《关于评估机构或估值机构的独立性、评估（估值）假设前提的合理性、评估（估值）方法与评估（估值）目的的相关性以及评估（估值）定价的公允性的议案》（如有）；

（三）《关于本次重组是否构成关联交易的议案》；

（四）《关于签订重组相关协议的议案》（如有）；

（五）《关于批准本次重组有关审计、评估和盈利预测报告的议案》（如有）；

（六）《重大资产重组预案》或《重大资产重组报告书及其摘要》；

（七）《关于提请股东大会审议同意相关方免于按照有关规定向全体股东发出（全面）要约的议案》（如适用）；

（八）《关于本次重组符合〈重组办法〉第十三条及〈持续监管办法〉规定的议案》（适用于构成重组上市的情形）；

（九）《关于召开上市公司股东大会相关安排的议案》。

第二十九条　上市公司拟实施重大资产重组的，董事会应当就本次交易是否符合下列规定作出审慎判断，并记载于董事会决议记录中：

（一）交易标的资产涉及立项、环保、行业准入、用地、规划、建设施工等有关报批事项的，应当在重大资产重组预案和报告书中披露是否已取得相应的许可证书或有关主管部门的批复文件；本次交易行为涉及有关报批事项的，应当在重大资产重组预案和报告书中详细披露已向有关主管部门报批的进展情况和尚需呈报批准的程序。重大资产重组预案和报告书中应当对报批事项可能无法获得批准的风险作出特别提示。

（二）上市公司拟购买资产的，在本次交易的首次董事会决议公告前，资产出售方必须已经合法拥有标的资产的完整权利，不存在限制或者禁止转让的情形。

上市公司拟购买的资产为企业股权的，该企业应当不存在出资不实或者影响其合法存续的情况；上市公司在交易完成后成为持股型公司的，作为主要标的资产的企业股权应当为控股权。

上市公司拟购买的资产为土地使用权、矿业权等资源类权利的，应当已取得相应的权属证书，并具备相应的开发或者开采条件。

（三）上市公司购买资产应当有利于提高上市公司资产的完整性（包括取得生产经营所需要的商标权、专利权、非专利技术、采矿权、特许经营权等无形资产），有利于上市公司在人员、采购、生产、销售、知识产权等方面保持独立。

（四）本次交易应当有利于上市公司改善财务状况、增强持续盈利能力，有利于上市公司突出主业、增强抗风险能力，有利于上市公司增强独立性、减少关联交易、避免同业竞争。

第三十条 上市公司筹划重大资产重组应当按规定编制重组预案或重组报告书，经董事会审议通过后予以披露。

上市公司披露重组预案的，应当在董事会审议通过后的当日披露重组预案摘要及全文、董事会决议公告、独立董事意见、独立财务顾问核查意见（如适用）、其他证券服务机构出具的文件或意见（如适用），并根据披露内容提交下列备查文件：

（一）上市公司与交易对方签订的附生效条件的交易合同或协议；

（二）交易对方保证其所提供信息的真实性、准确性和完整性，保证不存在虚假记载、误导性陈述或者重大遗漏，并声明承担个别和连带的法律责任的相关承诺；

（三）国家相关有权主管部门出具的原则性批复（如适用）；

（四）上市公司拟购买资产的，在本次交易的首次董事会决议公告前，交易对方原则上应当提供已经合法拥有交易标的完整权利的证明文件，及不存在限制或者禁止转让情形的说明材料；

（五）上市公司拟采用发行股份购买资产方式，且最近一年及一期财务会计报告被会计师事务所出具保留意见、否定意见或者无法表示意见的审计报告的，会计师事务所就相关非标审计意见涉及事项的重大影响是否已经消除或者将通过本次交易予以消除出具的专项核查意见；

（六）被立案调查上市公司符合发行股份购买资产条件的说明（如适用）；

（七）交易进程备忘录；

（八）本所要求的其他文件。

第三十一条 上市公司披露重组报告书的，经董事会审议通过后，应当及时披露董事会决议公告、股东大会召开通知（如适用）、权益变动报告书或者收购报告书摘要（如适用）、重大资产重组报告书（草案）摘要及全文、独立财务顾问报告、独立核查意见和其他证券服务机构出具的报告和意见，并提交下列备查文件：

（一）第三十条第二款要求提交的备查文件；

（二）重组方案调整说明，包括：与预案相比，交易对方、重组方式、交易标的范围及估值、发行股份价格是否发生变化；

（三）盈利补偿具体协议（如适用）；

（四）有关部门对重大资产重组的审批、核准或备案文件（如适用）；

（五）上市公司与交易对方签订的附生效条件的交易合同或协议；

（六）本所要求的其他文件。

第三十二条 发行股份购买资产的首次董事会决议公告后，董事会在6个月内未发布召开股东大会通知的，上市公司应当披露关于6个月内未发布召开股东大会通知的专项说明。专项说明应当解释原因，并明确是否继续推进或终止。继续推进的，应当重新召开董事会审议发行股份购买资产事项，并以该次董事会决议公告日作为发行股份的定价基准日。

第三十三条 上市公司股东大会审议重大资产重组事项的，应当针对《重组办法》所列事项逐项表决。

上市公司发行股份购买资产同时募集配套资金的，如购买资产不以配套融资为前提，购买资产与配套融资的交易方案可以分拆为两项议案、分别表决；如购买资产与配套融资互为前提，购买资产与配套融资议案均获审议通过后，交易方案方可继续推进。

发行股份购买资产事项提交股东大会审议未获批准的，上市公司董事会如再次作出发行股份购买资产决议，应当以该次董事会决议公告日作为发行股份的定价基准日。

第三十四条 上市公司披露重组方案后，拟对交易对方、交易标的、交易价格等作出变更，构成对原交易方案重大调整的，应当在董事会审议通过后重新履行决策程序，并及时公告相关文件。

本指引所称重大调整应当符合以下要求：

（一）拟对交易对象进行变更的，原则上视为构成对重组方案重大调整，但是有以下两种情况的，可以视为不构成对重组方案重大调整：

1. 拟减少交易对象的，如交易各方同意将该交易对象及其持有的标的资产份额剔除出重组方案，且剔除相关标的资产后按照下述有关交易标的变更的规定不构成对重组方案重大调整的；

2. 拟调整交易对象所持标的资产份额的，如交易各方同意交易对象之间转让标的资产份额，且转让份额不超过交易作价20%的。

（二）拟对标的资产进行变更的，原则上视为构成对重组方案重大调整，但是同时满足以下条件的，可以视为不构成对重组方案重大调整。

1. 拟增加或减少的交易标的的交易作价、资产总额、资产净额及营业收入占原标的资产相应指标总量的比例均不超过20%；

2. 变更标的资产对交易标的的生产经营不构成实质性影响，包括不影响标的资产及业务完整性等。

（三）新增或调增配套募集资金，应当视为构成对重组方案重大调整。调减或取消配套募集资金不构成重组方案的重大调整。并购重组委会议可以审议通过申请人的重组方案，但要求申请人调减或取消配套募集资金。

第五章　重组相关说明会

第一节　媒体说明会

第三十五条　上市公司重大资产重组构成重组上市的，应当召开媒体说明会（附件3）。对于未构成重组上市的重大资产重组，中国证监会及派出机构或本所可以根据需要，要求公司召开媒体说明会。

第三十六条　上市公司召开媒体说明会后，出现如下情形的，本所可要求上市公司再次召开媒体说明会：

（一）对媒体说明会存在重大质疑或投诉举报的；

（二）重组方案发生重大调整的；

（三）终止重组的；

（四）中国证监会和本所认为必要的其他情形。

第三十七条　上市公司拟召开媒体说明会的，应当在披露重组问询回复公告时发出召开通知；上市公司按照中国证监会或本所要求召开媒体说明会的，应当在收到相关要求后2个交易日内发出召开通知。

媒体说明会召开通知应当包括说明会召开时间、地点、参与方式、网络直播地址、参与人员以及议程等事项。

媒体说明会应当在发出通知后2个交易日内召开。上市公司股票处于交易状态的，应当在非交易时间召开。

第三十八条　上市公司应当在不晚于媒体说明会召开后次一交易日，披露媒体说明会的召开情况，主要包括：

（一）时间、地点、参会人员及媒体；

（二）涉及重大资产重组的主要问题及答复情况；

（三）上市公司认为应说明的其他事项。

第三十九条　上市公司在媒体说明会上发布的信息未在重组方案中披露的，应当相应修改重组方案并及时披露。

独立财务顾问、会计师事务所、律师事务所及评估机构等证券服务机构应当对重组方案补充披露的内容与媒体说明会发布的信息是否一致发表意见，并予以披露。

第二节　投资者说明会

第四十条　上市公司披露重组事项后出现重大市场质疑的，上市公司在披露澄清公告的同时可以主动召开投资者说明会，本所可以视情况要求公司召开投资者说明会。

上市公司披露重组预案或重组报告书后终止重组的，在董事会审议通过终止重大资产重组决议后，应当及时召开投资者说明会。上市公司应当就终止重组事项的具体原因、决策过程以及对公司的影响等内容作出说明，并披露投资者说明会的相关情况。

第四十一条 上市公司应当在非交易时间召开投资者说明会，并履行通知和相应的信息披露义务。

参加投资者说明会的人员至少需包括上市公司董事长或总经理、董事会秘书、交易对方或其代表、重组标的主要董事和高级管理人员、独立财务顾问主办人。

第六章 重组暂停进程及终止

第四十二条 上市公司披露重组提示性公告后终止重大资产重组的，应当披露终止重大资产重组公告，公告应当包括重组框架介绍（如适用）、终止重组原因的说明等；上市公司披露重组预案或者重组报告书后终止重大资产重组，或者重大资产重组停牌后终止重大资产重组的，还应当在终止重大资产重组的公告中承诺自公告之日起至少 1 个月内不再筹划重大资产重组事项。

终止重组原因的说明应当至少包括以下内容：

（一）终止本次重大资产重组的原因；

（二）从交易一方提出终止重大资产重组动议到董事会审议终止本次重组事项的具体过程；

（三）本次终止事项是否充分履行相关审议程序；

（四）上市公司控股股东、交易对方及其他内幕信息知情人自重组方案首次披露至终止重大资产重组期间买卖上市公司股票及（或）其衍生品种的情况；

（五）本次重大资产重组终止事项是否构成交易一方或多方违约、违约责任及已采取或拟采取的措施（如适用）；

（六）本次重大资产重组终止对上市公司的影响分析。

第四十三条 上市公司披露重组预案或重组报告书后、股东大会召开前，上市公司或交易对方拟终止重大资产重组的，上市公司还应当及时召开董事会审议终止重大资产重组事项，披露董事会决议公告、独立董事意见及独立财务顾问核查意见（如适用），并提交以下备查文件：

（一）终止本次重大资产重组的协议；

（二）交易对方对终止本次重大资产重组事项的说明（如适用）；

（三）终止本次重大资产重组事项的交易进程备忘录。

交易对方可以通过上市公司同时披露其关于终止重大资产重组事项的说明，上市公司应当配合交易对方进行信息披露。

第四十四条 上市公司股东大会审议通过重组方案后，在股东大会决议有效期内董事会决议终止本次重大资产重组的，上市公司除适用本指引的规定履行决策程序和信息披露义务外，还应当根据股东大会的授权情况，决定是否召开股东大会审议终止重组事项。

第四十五条 上市公司因违反《重组办法》相关规定，被中国证监会责令暂停重组活动或被本所中止交易的，上市公司应当暂缓召开股东大会或实施重组方案，并及时披露；被中国证监会责令终止重组事项或被本所终止交易的，上市公司应当终止本次重组，并及时披露。

第四十六条 上市公司首次披露重组事项后，本所将启动二级市场股票交易核查程序，并在后续各阶段对二级市场股票交易情况进行持续监管。本所核查结果显示上市公司股票交易存在明显异常且告知上市公司核查结论的，上市公司可以自主决定是否终止本次重组进程。上市公司决定继续推进本次重组进程的，应当在首次披露重组方案的同时，就股票交易存在明显异常，可能导致本次重组进程被暂停或者被终止的情况披露特别风险提示公告。

第四十七条 上市公司首次披露重组方案后，如该重组事项涉嫌内幕交易被中国证监会立案调查或者被司法机关立案侦查的，上市公司应当暂停本次重组进程，尚未提交股东大会审议的，不得将重组事项提交股东大会进行审议。上市公司应当及时披露相关信息，并就本次重组可能被终止等情况进行风险提示。

在暂停期间，上市公司可以自主决定是否终止本次重组，决定终止的应当及时发布终止重大资产重组公告，并承诺自公告之日起至少1个月内不再筹划重大资产重组。

第四十八条 上市公司按照本指引第四十七条的规定暂停重组进程的，在满足下列条件后，可以恢复本次重组进程：

（一）中国证监会或者司法机关经调查核实未发现上市公司、占本次重组总交易金额的比例在20%以上的交易对方（如涉及多个交易对方违规的，交易金额应当合并计算），及上述主体的控股股东、实际控制人及其控制的机构存在内幕交易行为的。

（二）中国证监会或者司法机关经调查核实未发现上市公司董事、监事、高级管理人员，上市公司控股股东、实际控制人的董事、监事、高级管理人员，交易对方的董事、监事、高级管理人员，占本次重组总交易金额的比例在20%以下的交易对方及其控股股东、实际控制人及其控制的机构，为本次重大资产重组提供服务的证券公司、证券服务机构及其经办人员，参与本次重大资产重组的其他主体存在内幕交易行为的；或者上述主体虽涉嫌内幕交易，但已被撤换或者退出本次重大资产重组交易的。

（三）被立案调查或者立案侦查的事项未涉及前述第（一）项、第（二）项所列主体的。

上市公司有证据证明其重大资产重组符合恢复重组进程条件的，经聘请的独立财务顾问及律师事务所对本次重大资产重组有关的主体进行尽职调查，并出具确认意见，可以向本所提出拟恢复重组进程的报告。经中国证监会确认后，上市公司恢复重组进程。上市公司应当及时披露重组进程恢复情况，并同时披露独立财务顾问及律师事务所出具的确认意见。

第四十九条 上市公司筹划、实施重大资产重组期间，因上市公司控股股东或者实际控制人存在内幕交易被中国证监会行政处罚或者被司法机关依法追究刑事责任的，应当终止本次重组，并及时披露，同时承诺自公告之日起至少12个月内不再筹划重大资产重组。

第七章 重组注册及实施

第五十条 对于不需要中国证监会注册的重大资产重组，上市公司应当在股东大会审议通过重组方案并完成必要的批准程序后，尽快实施重组方案。

重组实施完毕的，上市公司应当在3个交易日内披露重组实施情况报告书，并披露独立财务顾问和律师事务所出具的意见。

重组方案在股东大会决议公告披露之日起60日内未实施完毕的，上市公司应当于期满后次一交易日披露重组实施情况公告，并在实施完毕前每30日披露一次进展公告。

第五十一条 对于实施前需经中国证监会注册以及其他部门批准的重大资产重组，在上市公司取得所有核准、注册前不得实施。

上市公司应当在本次重组方案中就重组可能无法获得批准的风险作出特别提示，明确未取得相关部门批准前，不能实施本次重大资产重组。

中国证监会或本所对需经中国证监会注册的上市公司重大资产重组申请作出受理、不予受理、中止审核、恢复审核或者终止审核决定，或者其他部门在批准程序中做出相关决定的，上市公司应当及时披露相关进展，并进行风险提示。

第五十二条 中国证监会或本所对重组方案审核期间，上市公司拟申请中止审核、恢复审核的，应当在董事会审议通过并在公告披露后，向中国证监会或本所提出申请。

第五十三条 上市公司应当在不晚于收到并购重组委审议会议通知的次一交易日，披露并购重组委审议提示性公告。

上市公司应当于并购重组委审议会议召开的前一交易日，申请股票在并购重组委审议会议期间直至审议结果披露前停牌，并披露相关停牌公告。并购重组委审议会议拟在非交易时段召开的除外。

上市公司应当在收到并购重组委审议结果的当日披露审议结果公告，公告中应当明确在收到中国证监会作出的予以注册或者不予注册的决定后将再行公告。上市公司披露审议结果公告时股票处于停牌状态的，公司股票自公告的次一交易日复牌交易。

第五十四条 中国证监会对重组方案作出予以注册或不予注册的决定的，上市公司应当及时披露收到中国证监会予以注册或不予注册文件的公告。

第五十五条 中国证监会对重组方案予以注册的，上市公司应当披露重组报告书修订说明公告（如适用），并披露修订后的重组报告书全文和相关证券服务机构意见，同时披露尚需取得有关部门核准的情况。独立财务顾问和律师事务所应当对此出具专业意见。

第五十六条 中国证监会对重组方案不予注册的或本所审核不通过的，上市公司董事会应当根据股东大会的授权，在收到中国证监会不予注册或本所终止审核的决定后 10 日内，就是否修改或终止本次重组方案做出决议并予以公告；如上市公司董事会根据股东大会的授权决定终止重组方案，应当在董事会公告中向投资者明确说明；如上市公司董事会根据股东大会的授权准备重新上报的，应当在董事会公告中明确说明重新上报的原因、计划等。

第五十七条 上市公司重大资产重组事项取得全部相关部门批准后，应当公告并尽快安排实施。

重组涉及发行股份购买资产的，上市公司应当在资产过户完成后的 3 个交易日内，公告相关情况，并及时向本所报送以下股份登记申请文件：

（一）重大资产重组实施情况报告书；

（二）独立财务顾问核查意见；

（三）法律意见书；

（四）股份登记申请表；

（五）申请出具股份登记函的报告；

（六）发行完成后经符合《证券法》规定的会计师事务所出具的验资报告；

（七）标的资产权属完成转移的证明文件；

（八）控股股东、实际控制人、其他重组方和上市公司在重大资产重组中作出的承诺（上市公司及有关各方签字盖章）。

上市公司在中国证券登记结算有限责任公司北京分公司办理新增股份登记手续并取得其出具的相关文件后，应当及时披露发行结果暨股份变动公告。

重组实施完毕后，上市公司应当及时披露重大资产重组实施情况报告书、独立财务顾问和律师事务所出具的意见。

第五十八条 上市公司重大资产重组方案涉及配套融资的，应当在注册文件规定时间内实施完毕并履行相应的信息披露义务。

第五十九条 上市公司未能在股东大会决议有效期内实施重大资产重组，拟继续推进本次重组的，应当在决议有效期结束前召开股东大会审议延长决议有效期。

第八章 重组实施后的持续信息披露

第六十条 上市公司向控股股东、实际控制人或者其控制的关联人购买资产，或者向除前述主体之外的特定对象购买资产导致控制权发生变更的，且采取收益现值法、假设开发法等基于未来收益预期的估值方法对购买资产进行评估或者估值并作为定价参考依据的，上市公司应当在重大资产重组实施完毕后业绩承诺期内的年度报告中单独披露相关资产的实际盈利数与利润预测数的差异情况，并由会计师事务所对此出具专项审核意见。上市公司在重组交易中自愿披露盈利预测报告或者交易对方自愿作出业绩承诺的，应当参照前述要求执行。

上市公司重组产生商誉的，上市公司应当按照《企业会计准则》等规定，每年年末进行减值测试，并在年度报告中披露资产组认定、选取的关键参数和假设等与商誉减值相关的重要信息。

第六十一条 上市公司与交易对方签订盈利补偿协议，且上市公司及相关资产的实际盈利数低于利润预测数的，上市公司董事会应当在审议年度报告的同时，对实际盈利数与利润预测数的差异情况进行单独审议，详细说明差异情况及上市公司已经或拟采取的措施，并督促交易对方履行承诺。

上市公司与交易对方存在每股收益填补措施安排的，应披露相关填补安排的具体履行情况。

第六十二条 上市公司应当在年度报告中披露承诺期内有关各方重大资产重组承诺的履行情况。在承诺事项履行完毕时，上市公司应当及时披露承诺事项完成情况公告。

重大资产重组承诺涉及业绩补偿的，交易对方应当及时、足额补偿，不得逃废、变更补偿义务。交易对方超期未履行或者违反业绩补偿协议、承诺的，上市公司应当及时披露，并说明相应解决措施。

第六十三条 上市公司应当在年度报告经营情况讨论与分析中披露重组整合的具体进展情况，包括但不限于上市公司在报告期内对交易标的进行整合的具体措施、是否与前期计划相符、面临的整合风险与阶段性效果评估等内容，独立董事应当对此发表意见。

整合效果的披露期限自本次重组交易实施完毕之日起，不少于 3 个会计年度；如重组交易存在业绩承诺的，直至相关业绩承诺事项全部完成。

第六十四条 独立财务顾问应当根据《重组办法》《财务顾问管理办法》《重组审核规则》等相关要求，勤勉尽责，出具持续督导意见，切实履行持续督导义务。

持续督导期内，独立财务顾问应当督促交易对方切实履行相关业绩补偿承诺和保障措施。独立财务顾问应当对公司的整合计划及实施效果发表意见。

独立财务顾问应当通过日常沟通、定期回访等方式，结合上市公司定期报告的披露，做好持续督导工作，如发现交易标的存在重大财务造假嫌疑、重大风险事项，可能损害上市公司利益情况的，应当及时向本所报告，并督促上市公司及有关各方提供解决措施。

第六十五条 独立财务顾问应当结合上市公司重大资产重组当年和实施完毕后的第一个会计年度的年报，自年报披露之日起 15 日内，对重组实施的下列事项出具持续督导意见，向本所报告并予以公告：

（一）交易资产（含负债）的交付或者过户情况；

（二）交易各方当事人承诺的履行情况；

（三）已公告的盈利预测或利润预测的实现情况；

（四）本次交易完成后6个月内上市公司股票是否存在连续20个交易日的收盘价低于发行价，或者交易完成后6个月期末收盘价低于发行价的情况，以及是否需提请相关股东公告其持有公司股票的锁定期自动延长至少6个月（如适用）；

（五）管理层讨论与分析部分提及的各项业务的发展现状；

（六）公司治理结构与运行情况；

（七）与已公布的重组方案存在差异的其他事项。

实施《重组办法》第十三条规定的重大资产重组，独立财务顾问应当结合重组实施完毕后的第二、三个会计年度的年报，自年报披露之日起15日内，对前款第（二）项至第（七）项事项出具持续督导意见，向本所报告并予以公告。

第九章　附则

第六十六条　上市公司发行可转债购买资产参照适用本指引关于发行股份购买资产的相关规定。

第六十七条　本指引由本所负责解释。

第六十八条　本指引自2021年11月15日起施行。

附件：1. 内幕信息知情人报备文件及要求
2. 上市公司重大资产重组预案格式
3. 上市公司重组上市媒体说明会流程

附件 1

内幕信息知情人报备文件及要求

<table>
<tr><th>序号</th><th>文件名称</th><th>内容要求</th></tr>
<tr><td>1</td><td>内幕信息知情人登记表</td><td>内幕信息知情人范围，根据《证券法》《重组办法》的有关规定确定，包括但不限于：
(1) 上市公司及其董事、监事、高级管理人员；
(2) 重大资产重组的交易对方及其关联方，交易对方及其关联方的董事、监事、高级管理人员或者主要负责人；
(3) 交易各方聘请的证券服务机构及其从业人员；
(4) 参与重大资产重组筹划、论证、决策、审批等环节的相关机构和人员；
(5) 因直系亲属关系（配偶、父母、子女）、提供服务和业务往来等知悉或者可能知悉股价敏感信息的其他相关机构和人员。
登记表加盖公司公章或公司董事会公章，并写明填报日期。</td></tr>
<tr><td>2</td><td>承诺书</td><td>上市公司全体董事对内幕信息知情人报备文件真实性、准确性和完整性的承诺书，由全体董事签字并加盖公司公章。</td></tr>
<tr><td>3</td><td>交易进程备忘录</td><td>包括但不限于筹划决策过程中各个关键时点的时间、参与筹划决策人员名单、筹划决策方式等。涉及的相关人员均应在备忘录上签名确认。</td></tr>
<tr><td>4</td><td>报备文件电子件与预留原件一致的鉴证意见</td><td>律师应当对报送的电子文件与原件的一致性出具鉴证意见，并签名和签署鉴证日期，律师事务所应当在鉴证意见首页加盖律师事务所公章，并加盖骑缝章。</td></tr>
<tr><td colspan="3">上市公司应提交与预留原件一致的电子文件（Word、Excel、PDF 等文件格式）。
报备文件中应当注明上市公司、券商联系人姓名、电话、联系邮箱等信息；报备文件所需签名处，均应为签名人亲笔签名，不得以名章、签名章等代替。</td></tr>
</table>

内幕信息知情人登记表

公司简称：　　　　　　　　　　　　证券代码：

内幕信息事项：

序号	姓名或名称	证件类型	证件号码	证券账户	联系方式	所在单位/部门	职务/岗位	与上市公司关系	知悉内幕信息时间	知悉内幕信息方式	内幕信息内容	内幕信息所处阶段	登记时间	登记人

（加盖公章或董事会章）

填报日期：

注：1. 本表所列项目为必备项目，上市公司可根据自身内幕信息管理的需要增加内容。

2. 内幕信息事项应当采取一事一记的方式，即每份内幕信息知情人登记表仅涉及一个内幕信息事项，不同内幕信息事项涉及的知情人档案应当分别记录。

3. 填报获取内幕信息的方式，包括但不限于会谈、电话、传真、书面报告、电子邮件等。

4. 填报各内幕信息知情人员所获知的内幕信息的内容，可根据需要添加附页进行详细说明。

5. 填报内幕信息所处阶段，包括商议筹划，论证咨询，合同订立，公司内部的报告、传递、编制、决议等。

6. 如为上市公司登记，填写上市公司登记人姓名；如为上市公司汇总，保留所汇总表格中原登记人姓名。

7. 应当分为以下四部分填列：（一）上市公司及其董事、监事、高级管理人员，以及前述自然人的直系亲属；（二）交易对方及其董事、监事、高级管理人员（或主要负责人），以及前述自然人的直系亲属；（三）本次重大资产重组聘请的中介机构及相关经办人员，以及前述自然人的直系亲属；（四）其他知悉本次重大资产重组内幕信息的法人和自然人，以及前述自然人的直系亲属。

交易进程备忘录

上市公司简称：　　　　　　　　　　　　　　　　证券代码：

所涉重大事项简述：

关键时点	时间	地点	参与筹划决策人员	筹划决策方式	商议和决议内容	签名

注：1. 本表所列项目为必备项目，上市公司可根据自身内幕信息管理的需要增加内容。

2. 交易进程备忘录涉及的相关人员应当在备忘录上签名确认。

法定代表人签名：

上市公司公章或董事会章：

附件 2

上市公司重大资产重组预案格式

第一节　总则

一、上市公司进行重大资产重组的，在首次召开董事会前，相关资产尚未完成审计、估值或评估，应当在首次董事会决议公告的同时按照本指引披露重大资产重组预案（以下简称重组预案）。

二、不论本指引是否有明确规定，凡对上市公司股票及其衍生品交易价格可能产生较大影响或对投资者做出投资决策有重大影响的信息，均应披露。

以下格式内容某些具体要求对本次重大资产重组预案确实不适用的，上市公司可根据实际情况，在不影响披露内容完整性的前提下予以适当调整，但应当在信息披露时作出说明。

本所可以根据监管实际需要，要求上市公司补充披露其他有关信息。

三、上市公司应当在本所网站披露重组预案全文。

第二节　封面、目录、释义

四、上市公司应当在重组预案文本封面列明重组预案的标题。重组预案标题应当明确具体交易形式，包括但不限于：××股份有限公司重大资产购买预案、××股份有限公司重大资产出售预案、××股份有限公司重大资产置换预案、××股份有限公司发行股份购买资产预案、××股份有限公司吸收合并××公司预案。资产重组采取其他交易形式的，应当在标题中予以明确。

资产重组采取两种以上交易形式组合的，应当在标题中列明，如“××股份有限公司重大资产置换及发行股份购买资产预案”；发行股份购买资产同时募集配套资金的，应当在标题中标明“并募集配套资金”，如“××股份有限公司发行股份购买资产并募集配套资金预案”；资产重组构成关联交易的，还应当在标题中标明“暨关联交易”的字样，如“××股份有限公司重大资产购买暨关联交易预案”。

封面应当载明上市公司名称、股票代码、股票简称、主要交易对方的名称或姓名、重组预案披露日期、独立财务顾问名称。

五、重组预案的目录应当标明各章、节的标题及相应的页码，内容编排应当符合通行的中文惯例。

六、上市公司应当在重组预案中对可能造成投资者理解障碍及有特定含义的术语作出释义，释义应当在目录次页排印。

第三节　交易各方声明

七、上市公司应当在重组预案中载明：“本公司及全体董事、监事、高级管理人员保证本预案内容的真实、准确、完整，对预案的虚假记载、误导性陈述或者重大遗漏负连带责任”。

上市公司董事会应当声明：“本预案所述事项并不代表中国证监会、北京证券交易所对于本次重大资产重组相关事项的实质性判断、确认或批准。本预案所述本次重大资产重组相关事项的生效和完成尚待取得中国证监会的注册（如适用）”。

八、交易对方应当声明：“本次重大资产重组的交易对方××已出具承诺函，将及时向上市公司提供本次重组相关信息，并保证所提供的信息真实、准确、完整，如因提供的信息存在虚假记载、误导性陈述或者重大遗漏，给上市公司或者投资者造成损失的，将依法承担个别和连带的法律责任”。

九、相关证券服务机构及人员应当声明（如适用）：“本次重大资产重组的证券服务机构××及人员××保证披露文件的真实、准确、完整，如本次重组申请文件存在虚假记载、误导性陈述或重大遗漏，且该证券服务机构未能勤勉尽责的，将承担连带赔偿责任”。

第四节　重大事项提示

十、上市公司应当在重大事项提示部分，就与本次重组有关的重大事项进行提示，包括但不限于以下内容：

（一）本次重组方案简要介绍；

（二）按《重组办法》规定计算的相关指标、本次重组是否构成关联交易（如构成关联交易，应披露构成关联交易的原因，涉及董事和股东的回避表决安排）、是否构成《重组办法》第十三条规定的交易情形（以下简称重组上市）及判断依据；

（三）本次重组支付方式、募集配套资金安排简要介绍（如适用）；

（四）交易标的预估作价情况简要介绍（如适用）。

第五节　重大风险提示

十一、就本次交易对重组后上市公司经营和财务产生严重不利影响的重大风险因素，及本次交易行为存在的重大不确定性风险等，进行“重大风险提示”，包括但不限于以下内容：

（一）本次重组审批风险。本次交易行为涉及有关报批事项的，应当详细说明已向有关主管部门报批的进展情况和尚需呈报批准的程序，以及可能无法获得批准的风险（如适用）；

（二）交易标的权属风险。如抵押、质押等权利限制，诉讼、仲裁或司法强制执行等重大争议或者妨碍权属转移的其他情形可能导致交易标的存在潜在不利影响和风险等（如适用）；

（三）交易标的评估或估值风险。本次评估或估值存在报告期变动频繁且对评估或估值影响较大的指标，该指标的预测对本次评估或估值的影响，进而对交易价格公允性的影响等（如适用）；

（四）交易标的对上市公司持续经营影响的风险。由于政策、市场、技术、汇率等因素引致的风险（如适用）；

（五）公司治理与整合风险：上市公司管理水平不能适应重组后上市公司规模扩张或业务变化的风险、交易标的与上市公司原有业务、资产、财务、人员、机构等方面的整合风险。如本次拟购买的主要交易标的不属于同行业或紧密相关的上下游行业的，应充分披露本次交易的必要性以及后续整合存在的不确定性及风险（如适用）；

（六）财务风险：本次重组导致上市公司财务结构发生重大变化的风险（如适用）；

（七）其他与本次重组相关的风险（如适用）。

第六节　本次交易概况

十二、本次交易的背景及目的概况。

十三、本次交易的方案概况，方案介绍中应当披露本次交易是否构成《重组办法》第十三条规定的交易情形及其判断依据。

第七节　上市公司基本情况

十四、上市公司最近36个月的控制权变动情况，最近3年的主营业务发展情况，以及因本次交易导致的股权控制结构的预计变化情况。

第八节　主要交易对方

十五、主要交易对方基本情况。

主要交易对方为法人的，应当披露其名称、注册地、法定代表人，与其控股股东、实际控制人之间的产权控制关系结构图；

主要交易对方为自然人的，应当披露其姓名（包括曾用名）、性别、国籍、是否取得其他国家或者地区的居留权等；

主要交易对方为其他主体的，应当披露其名称、性质，如为合伙企业，还应披露合伙企业及其相关的产权及控制关系、主要合伙人等情况。

上市公司以公开招标、公开拍卖等方式购买或出售资产的，如确实无法在重组预案中披露交易对方基本情况，应说明无法披露的原因及影响。

上市公司以公开招标、公开拍卖等方式购买或出售资产的，可以在履行相关授权程序（如涉及）后先行披露重组预案，也可以由上市公司及有关各方充分履行保密义务，在明确交易对方、交易价格等要素后直接披露重组报告书，并履行董事会、股东大会审议程序。

第九节　交易标的

十六、交易标的基本情况，包括：

（一）交易标的名称、企业性质、注册地、主要办公地点、法定代表人、注册资本、成立日期；

（二）交易标的产权或控制关系；

（三）交易标的报告期（指最近2年及一期，如初步估算属于重组上市的情形，报告期指最近3年及一期，下同）主营业务，包括主要产品或服务、盈利模式、核心竞争力等概要情况等；

（四）交易标的报告期主要财务指标（包括总资产、净资产、营业收入、净利润、经营活动产生的现金流量净额等），并说明是否为经审计数；

交易标的属于境外资产或者通过公开招标、公开拍卖等方式购买的，如确实无法披露财务数据，应说明无法披露的原因和影响，并提出解决方案；

（五）交易标的预估值及拟定价等（如适用）。上市公司应当披露交易标的价值预估的基本情况，包括所采用的估值方法、增减值幅度等，简要分析预估合理性（如适用）。如无法披露预估值及拟定价的，应当说明无法披露的原因及影响；

相关证券服务机构未完成审计、评估或估值、盈利预测审核的（如涉及），上市公司应当作出“相关资产经审计的财务数据、评估或估值结果、以及经审核的盈利预测数据（如涉及）将在重大资产重组报告书中予以披露”的特别提示以及“相关资产经审计的财务数据、评估或估值最终结果可能与预案披露情况存在较大差异”的风险揭示。

第十节　交易方式

十七、非现金支付方式情况（如适用）。上市公司发行股份购买资产的，应当披露发行股份的定价及依据、本次发行股份购买资产的董事会决议明确的发行价格调整方案等相关信息。

上市公司通过发行优先股、向特定对象发行可转换为股票的公司债券等非现金支付方式购买资产的，应当比照前述要求披露相关信息。

十八、交易方案涉及吸收合并的，应当披露换股价格及确定方法、本次吸收合并的董事会决议明确的换股价格调整方案、异议股东权利保护安排、债权人权利保护安排等相关信息。

十九、交易方案涉及募集配套资金的，应当简要披露募集配套资金的预计金额及占交易总金额的比例、股份发行情况、用途等相关信息。

第十一节　风险因素

二十、本次交易存在其他重大不确定性因素，包括尚需取得有关主管部门的报批等情况的，应当对相关风险作出充分说明和特别提示。

第十二节　其他重要事项

二十一、上市公司的控股股东及其一致行动人对本次重组的原则性意见，及控股股东及其一致行动人、董事、监事、高级管理人员自本次重组复牌之日起至实施完毕期间的股份减持计划。

上市公司披露为无控股股东的，应当比照前述要求，披露第一大股东及持股 5%以上股东的意见及减持计划。

二十二、本次重组是否存在本指引第四十八条第（一）项、第（二）项所列主体参与上市公司重大资产重组的情形。

二十三、相关证券服务机构对重组预案已披露内容发表的核查意见（如适用）。

附件 3

上市公司重组上市媒体说明会流程

一、上市公司应当在媒体说明会前，通过本所认可的渠道进行问题收集，及时整理汇总媒体和投资者关注的问题，并在媒体说明会上予以统一答复。

二、下列人员应当出席媒体说明会，并全程参加：

（一）上市公司相关人员，包括实际控制人、上市公司主要董事、独立董事、监事、总经理、董事会秘书及财务负责人等；

（二）标的资产相关人员，包括实际控制人、主要董事、总经理及财务负责人等；

（三）证券服务机构相关人员，包括独立财务顾问、会计师事务所、律师事务所和评估机构等的主办人员和签字人员等；

（四）停牌前 6 个月及停牌期间取得标的资产股权的个人或机构负责人。

公司或标的资产相关方认为有必要的，可以邀请相关行业专家、证券分析师等参会。

三、上市公司应当邀请至少三家中国证监会指定信息披露媒体出席会议。

中证中小投资者服务中心有限责任公司代表、依法持有国家新闻出版广电总局核发新闻记者证的新闻记者、证券分析师可以出席会议。

四、上市公司可以通过本所认可的方式召开媒体说明会。上市公司、重组上市交易对方、证券服务机构等相关方及人员应当在媒体说明会上全面、充分地回应市场关注和提出的问题。

五、媒体说明会应当包括重组上市交易各方陈述、媒体现场提问及现场答复问题等环节。

六、上市公司重组上市交易的相关人员应当在媒体说明会上简明扼要地说明有关事项，包括：

（一）上市公司现控股股东、实际控制人应充分说明本次交易的必要性、交易作价的合理性、承诺履行和上市公司规范运作等情况；

（二）上市公司董事、监事及高级管理人员应充分说明其对交易标的及其行业的了解情况、重大媒体质疑和投诉举报的主要内容及说明（如有），以及董事、监事及高级管理人员在本次重大资产重组项目的推进和筹划中是否切实履行了忠实、勤勉义务等；

（三）拟新进入的控股股东、实际控制人应详细说明交易作价的合理性、业绩承诺的合规性和合理性（如有）；

（四）交易对方和重组标的董事及高级管理人员应充分说明重组标的报告期生产经

营情况和未来发展规划，以及对相关的重大媒体质疑和投诉举报的说明（如有）；

（五）中介机构应充分说明核查过程和核查结果，评估机构应说明重组标的的估值假设、估值方法、估值过程的合规性和估值结果的合理性，披露重组预案但未披露交易标的预估值及拟定价的，应当说明原因及影响（如适用）；

（六）参会人员认为应说明的其他问题；

（七）中国证监会及其派出机构和本所要求说明的其他问题。

七、媒体说明会应当为媒体留出充足的提问时间，充分回应市场关注和质疑的问题。

八、参会人员应当在现场答复媒体提问和会前整理汇总的问题。上市公司现场不能答复的，应当说明不能答复的原因。

现场未能答复的，上市公司应当在媒体说明会公告中予以答复。

（二）持续监管

关于发布《北京证券交易所股票上市规则（试行）》的公告

北证公告〔2021〕13号

为了规范北京证券交易所（以下简称本所）股票上市和持续监管事宜，保护投资者的合法权益，本所制定了《北京证券交易所股票上市规则（试行）》，经中国证监会批准，现予以发布，自2021年11月15日起施行。

全国中小企业股份转让系统精选层（以下简称精选层）挂牌公司平移为本所上市公司，上市时间自其在精选层挂牌之日起连续计算。在精选层挂牌未满12个月的公司的董事、监事、高级管理人员，以及在精选层挂牌时未盈利公司的控股股东、实际控制人、董事、监事、高级管理人员所持有的非限售股份，应当在本规则施行前办理限售。

原精选层挂牌公司保荐机构的持续督导期间适用本规则的规定，自其在精选层挂牌之日起连续计算。本所对上市公司信息披露管理机制进行调整前，承担保荐职责的证券公司应当继续按照现行机制履行信息披露文件的审阅、上传，以及相关日常业务办理等职责，并做好内幕信息知情人登记管理。

特此公告。

附件：北京证券交易所股票上市规则（试行）

北京证券交易所

2021年10月30日

北京证券交易所股票上市规则（试行）

第一章　总则

1.1　为了规范北京证券交易所（以下简称本所）股票上市和持续监管事宜，维护证券市场公开、公平、公正，保护投资者的合法权益，根据《中华人民共和国公司法》（以下简称《公司法》）、《中华人民共和国证券法》（以下简称《证券法》）、《证券交易所管理办法》以及《北京证券交易所上市公司持续监管办法（试行）》（以下简称《持续监管办法》）等法律法规、部门规章，制定本规则。

1.2　股票在本所的上市和持续监管事宜，适用本规则；本规则未作规定的，适用本所其他相关规定。

可转换为股票的公司债券（以下简称可转换公司债券）、存托凭证、股票或者存托凭证衍生品种的上市和持续监管等事宜，适用本所相关规定；未规定的，参照适用本规则关于股票的相关规定。

1.3　发行人申请股票在本所上市，应当经本所审核同意，并在上市前与本所签订上市协议，明确双方的权利、义务和其他有关事项。

1.4　本所充分发挥对全国中小企业股份转让系统（以下简称全国股转系统）的示范引领作用，深入贯彻创新驱动发展战略，聚焦实体经济，主要服务创新型中小企业，重点支持先进制造业和现代服务业等领域的企业，推动传统产业转型升级，培育经济发展新动能，促进经济高质量发展。

1.5　发行人、上市公司及其董事、监事、高级管理人员、股东、实际控制人、收购人、重大资产重组交易对方、破产管理人等机构及其相关人员，应当遵守法律、行政法规、部门规章、规范性文件（以下统称法律法规），本规则以及本所其他业务规则（以下统称本所业务规则），履行信息披露义务，促进公司规范运作。

1.6　为发行人、上市公司以及相关信息披露义务人提供服务的保荐机构及其保荐代表人、证券服务机构及其相关人员，应当遵守法律法规、本所业务规则，诚实守信，勤勉尽责。

保荐机构、保荐代表人、证券服务机构制作、出具文件应当对所依据资料内容的真实性、准确性、完整性进行核查和验证，所制作、出具的文件不得有虚假记载、误导性陈述或者重大遗漏。

1.7　本所依据法律法规、本所业务规则、上市协议、相关主体的声明与承诺，对本规则第1.5条、第1.6条规定的机构及相关人员进行自律监管。

第二章　股票上市和交易

第一节　向不特定合格投资者公开发行股票并上市

2.1.1　发行人申请向不特定合格投资者公开发行股票并在本所上市的（以下简称公开发行并上市），适用本节规定。

2.1.2　发行人申请公开发行并上市，应当符合下列条件：

（一）发行人为在全国股转系统连续挂牌满12个月的创新层挂牌公司；

（二）符合中国证券监督管理委员会（以下简称中国证监会）规定的发行条件；

（三）最近一年期末净资产不低于5000万元；

（四）向不特定合格投资者公开发行（以下简称公开发行）的股份不少于100万股，发行对象不少于100人；

（五）公开发行后，公司股本总额不少于3000万元；

（六）公开发行后，公司股东人数不少于200人，公众股东持股比例不低于公司股本总额的25%；公司股本总额超过4亿元的，公众股东持股比例不低于公司股本总额的10%；

（七）市值及财务指标符合本规则规定的标准；

（八）本所规定的其他上市条件。

本所可以根据市场情况，经中国证监会批准，对上市条件和具体标准进行调整。

2.1.3　发行人申请公开发行并上市，市值及财务指标应当至少符合下列标准中的一项：

（一）预计市值不低于2亿元，最近两年净利润均不低于1500万元且加权平均净资产收益率平均不低于8%，或者最近一年净利润不低于2500万元且加权平均净资产收益率不低于8%；

（二）预计市值不低于4亿元，最近两年营业收入平均不低于1亿元，且最近一年营业收入增长率不低于30%，最近一年经营活动产生的现金流量净额为正；

（三）预计市值不低于8亿元，最近一年营业收入不低于2亿元，最近两年研发投入合计占最近两年营业收入合计比例不低于8%；

（四）预计市值不低于15亿元，最近两年研发投入合计不低于5000万元。

前款所称预计市值是指以发行人公开发行价格计算的股票市值。

2.1.4　发行人申请公开发行并上市，不得存在下列情形：

（一）最近36个月内，发行人及其控股股东、实际控制人，存在贪污、贿赂、侵占财产、挪用财产或者破坏社会主义市场经济秩序的刑事犯罪，存在欺诈发行、重大信息披露违法或者其他涉及国家安全、公共安全、生态安全、生产安全、公众健康安全等领域的重大违法行为；

（二）最近12个月内，发行人及其控股股东、实际控制人、董事、监事、高级管理人员受到中国证监会及其派出机构行政处罚，或因证券市场违法违规行为受到全国中小企业股份转让系统有限责任公司（以下简称全国股转公司）、证券交易所等自律监管机构公开谴责；

（三）发行人及其控股股东、实际控制人、董事、监事、高级管理人员因涉嫌犯罪正被司法机关立案侦查或涉嫌违法违规正被中国证监会及其派出机构立案调查，尚未有明确结论意见；

（四）发行人及其控股股东、实际控制人被列入失信被执行人名单且情形尚未消除；

（五）最近36个月内，未按照《证券法》和中国证监会的相关规定在每个会计年度结束之日起4个月内编制并披露年度报告，或者未在每个会计年度的上半年结束之日起2个月内编制并披露中期报告；

（六）中国证监会和本所规定的，对发行人经营稳定性、直接面向市场独立持续经营的能力具有重大不利影响，或者存在发行人利益受到损害等其他情形。

2.1.5　发行人具有表决权差异安排的，该安排应当平稳运行至少一个完整会计年度，且相关信息披露和公司治理应当符合中国证监会及全国股转公司相关规定。

2.1.6　发行人公开发行股票经中国证监会注册并完成发行后，应当提交下列文件，向本所提出股票上市申请：

（一）上市申请书；

（二）中国证监会同意注册的决定；

（三）公开发行结束后，符合《证券法》规定的会计师事务所出具的验资报告；

（四）中国证券登记结算有限责任公司北京分公司出具的股票登记相关文件；

（五）保荐机构关于办理完成限售登记及符合相关规定的承诺；

（六）公开发行后至上市前，按规定新增的财务资料和有关重大事项的说明（如适用）；

（七）本所要求的其他文件。

2.1.7　发行人及其董事、监事、高级管理人员应当保证上市申请文件真实、准确、完整，不存在虚假记载、误导性陈述或者重大遗漏。

2.1.8　本所收到发行人完备的上市申请文件后5个交易日内，作出是否同意上市的决定。

发行人发生对是否符合上市条件和信息披露要求产生重大影响的重大事项，本所可提请上市委员会进行审议，审议时间不计入前款规定期限。

2.1.9　发行人应当于股票上市前3个交易日内，在符合《证券法》规定的信息披露平台（以下简称规定信息披露平台）披露下列文件：

（一）上市公告书；

（二）公司章程；

（三）本所要求的其他文件。

第二节　上市公司股票的发行与上市

2.2.1　上市公司向不特定合格投资者公开发行股票的（以下简称上市公司公开发行），应当按照中国证监会及本所有关规定及时披露涉及股票发行的相关公告，并向本所申请办理发行事宜。

上市公司向特定对象发行股票的（以下简称上市公司定向发行），应当按照中国证监会和本所有关规定办理发行事宜。

2.2.2　上市公司在股票发行结束后，应当按照本所规定披露上市公告等相关文件，并向本所申请办理新增股份上市事宜。

2.2.3　上市公司申请股票在本所上市时仍应当符合相应的发行条件。

第三节　募集资金管理

2.3.1　发行人应当建立募集资金存储、使用、监管和责任追究的内部制度，明确募集资金使用的分级审批权限、决策程序、风险防控措施和信息披露要求。

2.3.2　发行人募集资金应当存放于募集资金专项账户，该账户不得存放非募集资金或用作其他用途。发行人应当与保荐机构、存放募集资金的商业银行签订三方监管协议。

2.3.3　发行人募集资金应当用于主营业务及相关业务领域。暂时闲置的募集资金可以进行现金管理，投资于安全性高、流动性好、可以保障投资本金安全的理财产品。

发行人使用闲置募集资金投资理财产品的，应当经公司董事会审议通过并披露，独立董事和保荐机构应当发表明确同意意见并披露。

除金融类企业外，募集资金不得用于持有交易性金融资产、其他权益工具投资、其他债权投资或借予他人、委托理财等财务性投资，不得直接或间接投资于以买卖有价证券为主营业务的公司，不得用于股票及其衍生品种、可转换公司债券等高风险投资，不得通过质押、委托贷款或其他方式变相改变募集资金用途。

2.3.4　发行人应当按照公开披露的用途使用募集资金；改变募集资金用途的，应当经公司董事会、股东大会审议通过并披露，独立董事和保荐机构应当发表明确同意意见并披露。

存在下列情形的，视为募集资金用途变更：

（一）取消或者终止原募集资金项目，实施新项目；

（二）变更募集资金投资项目实施主体（实施主体在发行人及其全资子公司之间变更的除外）；

（三）变更募集资金投资项目实施方式；

（四）本所认定为募集资金用途变更的其他情形。

发行人仅改变募集资金投资项目实施地点的，可免于提交股东大会审议。

2.3.5 暂时闲置的募集资金可暂时用于补充流动资金。暂时补充流动资金，仅限于与主营业务相关的生产经营使用，不得直接或间接用于股票及其衍生品种、可转换公司债券等高风险投资。

闲置募集资金暂时用于补充流动资金的，应当经发行人董事会审议通过并披露，独立董事和保荐机构应当发表明确同意意见并披露。单次补充流动资金最长不得超过12个月。

补充流动资金到期日之前，发行人应当将该部分资金归还至募集资金专户，并在资金全部归还后及时公告。

2.3.6 发行人实际募集资金净额超过计划募集资金金额的部分（即超募资金）用于永久补充流动资金和归还银行借款的，应当经公司董事会、股东大会审议通过并披露，独立董事和保荐机构应当发表明确同意意见并披露。发行人应当公开承诺，在补充流动资金后的12个月内不进行股票及其衍生品种、可转换公司债券等高风险投资，或者为他人提供财务资助。

2.3.7 发行人以自筹资金预先投入公开披露的募集资金用途后，以募集资金置换自筹资金的，应当经公司董事会审议通过并披露，独立董事和保荐机构应当发表明确同意意见并披露。发行人应当及时披露募集资金置换公告以及保荐机构关于发行人前期资金投入具体情况或安排的专项意见。

2.3.8 发行人董事会应当每半年度对募集资金使用情况进行自查，出具自查报告，并在披露年度报告及中期报告时一并披露。

发行人董事会应当聘请会计师事务所对募集资金存放和使用情况出具鉴证报告，并在发行人披露年度报告时一并披露。

保荐机构每年就发行人募集资金存放和使用情况至少进行一次现场核查，出具核查报告，并在公司披露年度报告时一并披露。

第四节 股份变动管理

2.4.1 上市公司股东以及董事、监事和高级管理人员所持股份的限售、减持及其他股份变动事宜，应当遵守《公司法》《证券法》，以及中国证监会和本所关于上市公司股份变动的相关规定。

2.4.2 上市公司控股股东、实际控制人及其亲属，以及上市前直接持有10%以上股份的股东或虽未直接持有但可实际支配10%以上股份表决权的相关主体，持有或控制的本公司向不特定合格投资者公开发行前的股份，自公开发行并上市之日起12个月内不得转让或委托他人代为管理。

前款所称亲属，是指上市公司控股股东、实际控制人的配偶、子女及其配偶、父母及配偶的父母、兄弟姐妹及其配偶、配偶的兄弟姐妹、子女配偶的父母以及其他关系密切的家庭成员。

2.4.3　上市公司董事、监事、高级管理人员持有的本公司股份，按照《公司法》规定，自上市之日起12个月内不得转让，在任职期间每年转让的股份不超过其所持本公司股份总数的25%，离职后6个月内不得转让。

2.4.4　上市公司董事、监事、高级管理人员应当按照本所规定的时间、方式报备个人信息和持有本公司股份的情况，其所持有的规定期间不得转让的股份，应当按照本所相关规定办理限售。

公司董事、监事、高级管理人员所持本公司股份发生变动的，应当及时向公司报告并由公司在规定信息披露平台的专区披露，但因权益分派导致的变动除外。

2.4.5　发行人高级管理人员、核心员工通过专项资产计划、员工持股计划等参与战略配售取得的股份，自公开发行并上市之日起12个月内不得转让或委托他人代为管理。其他投资者参与战略配售取得的股份，自公开发行并上市之日起6个月内不得转让或委托他人代为管理。

2.4.6　公司上市时未盈利的，在实现盈利前，控股股东、实际控制人、董事、监事、高级管理人员自公司股票上市之日起2个完整会计年度内，不得减持公开发行并上市前股份；公司实现盈利后，可以自当年年度报告披露后次日起减持公开发行并上市前股份，但应遵守本节相关规定。

董事、监事、高级管理人员在前款规定期间内离职的，应当继续遵守前款规定。

2.4.7　上市公司申请有限售条件的股份解除限售，应当按照本所相关规定办理，并在规定期限内披露提示性公告。

上市公司控股股东、实际控制人在限售期届满后减持公开发行并上市前所持股份的，应当明确并披露未来12个月的控制权安排，保证公司持续稳定经营。

2.4.8　具有下列情形之一的，上市公司控股股东和持股5%以上的股东（以下统称大股东）、实际控制人不得减持其所持有的本公司股份：

（一）上市公司或其大股东、实际控制人因涉嫌证券期货违法犯罪，在被中国证监会及其派出机构立案调查或者被司法机关立案侦查期间，以及在行政处罚决定、刑事判决作出之后未满6个月的；

（二）大股东、实际控制人因违反本所业务规则，被本所公开谴责未满3个月的；

（三）中国证监会及本所规定的其他情形。

大股东、公司实际控制人通过本所和全国股转系统的竞价或做市交易买入本公司股份，其减持不适用前款规定。

2.4.9　上市公司董事、监事、高级管理人员具有下列情形之一的，不得减持其所持有的本公司股份：

（一）因涉嫌证券期货违法犯罪，在被中国证监会及其派出机构立案调查或者被司法机关立案侦查期间，以及在行政处罚决定、刑事判决作出之后未满6个月的；

（二）因违反本所规则，被本所公开谴责未满3个月的；

（三）中国证监会及本所规定的其他情形。

2.4.10　上市公司大股东、实际控制人、董事、监事、高级管理人员计划通过集中竞价交易减持其所持有本公司股份的，应当及时通知公司，并按照下列规定履行信息披露义务：

（一）在首次卖出股份的15个交易日前预先披露减持计划，每次披露的减持时间区间不得超过6个月；

（二）拟在3个月内卖出股份总数超过公司股份总数1%的，除按照本条第一款第一项规定履行披露义务外，还应当在首次卖出的30个交易日前预先披露减持计划；

（三）在减持时间区间内，减持数量过半或减持时间过半时，披露减持进展情况；

（四）在股份减持计划实施完毕或者披露的减持时间区间届满后及时公告具体减持情况。

实际控制人、大股东通过本所和全国股转系统的竞价或做市交易买入本公司股份，其减持不适用前款规定。

2.4.11　上市公司控股股东、实际控制人减持股份，除遵守本规则第2.4.10条规定外，还应当在减持计划中披露上市公司是否存在重大负面事项、重大风险、控股股东或实际控制人认为应当说明的事项，以及本所要求披露的其他内容。

2.4.12　上市公司可能触及本规则第十章规定的重大违法强制退市情形的，自相关行政处罚事先告知书或者司法裁判作出之日起至下列任一情形发生前，公司控股股东、实际控制人以及董事、监事、高级管理人员不得减持公司股份：

（一）公司股票终止上市并摘牌；

（二）公司收到相关行政处罚决定或者人民法院司法裁判生效，显示公司未触及重大违法强制退市情形。

2.4.13　投资者及其一致行动人在上市公司拥有权益的股份变动涉及《证券法》《上市公司收购管理办法》等规定的收购或者股份权益变动情形的，应当按照规定履行报告和公告义务，并及时通知公司发布提示性公告。公司应当在知悉上述收购或者股份权益变动时，及时对外发布公告。

2.4.14　上市公司董事、监事和高级管理人员在下列期间不得买卖本公司股票：

（一）公司年度报告、中期报告公告前30日内及季度报告公告前10日内；因特殊原因推迟年度报告、中期报告公告日期的，自原预约公告日前30日起算，直至公告日日终；

（二）公司业绩预告、业绩快报公告前10日内；

（三）自可能对公司股票交易价格、投资者投资决策产生较大影响的重大事件（以下简称重大事件或重大事项）发生之日或者进入决策程序之日，至依法披露之日内；

（四）中国证监会、本所认定的其他期间。

2.4.15　上市公司控股股东、实际控制人在下列期间不得买卖本公司股票：

（一）公司年度报告公告前30日内，因特殊原因推迟年度报告公告日期的，自原预约公告日前30日起算，直至公告日日终；

（二）本规则第2.4.14条第二项至第四项规定的期间。

2.4.16　本节规定的上市公司股东所持股份应当与其一致行动人所持股份合并计算，一致行动人的认定适用《上市公司收购管理办法》的规定。

无控股股东、实际控制人的，上市公司第一大股东及其最终控制人应当参照适用本节关于控股股东、实际控制人的规定。

第三章　上市保荐和持续督导

第一节　上市保荐

3.1.1　发行人向本所申请公开发行并上市、上市公司发行的新股在本所上市，应当由保荐机构保荐，根据相关规定无需保荐的除外。保荐机构应当为具有保荐业务资格，且取得本所会员资格的证券公司。

公开发行并上市的发行人应当聘请在申报时为其提供持续督导服务的主办券商担任保荐机构，主办券商不具有保荐业务资格的，可以由其控股的具有保荐业务资格的子公司担任。

3.1.2　发行人应当与保荐机构签订保荐协议，明确双方在保荐和持续督导期间的权利和义务，合理确定保荐费用的金额和支付时间。

公开发行并上市的，持续督导期间为股票上市当年剩余时间及其后3个完整会计年度；上市后发行新股的，持续督导期间为股票上市当年剩余时间及其后2个完整会计年度。持续督导期间自股票上市之日计算。

3.1.3　保荐机构应当指定两名保荐代表人具体负责保荐工作。保荐代表人应当为具有保荐代表人资格的自然人。

3.1.4　保荐机构保荐股票上市时，应当向本所提交上市保荐书，以及与上市保荐工作有关的其他文件。

第二节　保荐持续督导

3.2.1　保荐机构应当督导上市公司建立健全并有效执行公司治理制度、财务内控制度和信息披露制度，督导上市公司按照本规则的规定履行信息披露及其他相关义务，审阅信息披露文件及其他相关文件，并保证制作、出具的文件真实、准确、完整，不存在虚假记载、误导性陈述和重大遗漏。

保荐机构及其保荐代表人应当督导上市公司的控股股东、实际控制人、董事、监事和高级管理人遵守本所业务规则，履行其所作出的承诺。

3.2.2 保荐机构应当指定为发行上市提供保荐服务的保荐代表人负责持续督导工作，并在上市公告书中予以披露。前述保荐代表人不能履职的，保荐机构应当另行指定履职能力相当的保荐代表人并披露。

3.2.3 除中国证监会和本所规定情形外，上市公司原则上不得变更履行持续督导职责的保荐机构。

上市公司因再次发行证券另行聘请保荐机构的，另行聘请的保荐机构应当履行剩余期限的持续督导职责。

保荐机构被撤销保荐资格的，上市公司应当在1个月内另行聘请保荐机构，履行剩余期限的持续督导职责。另行聘请的保荐机构持续督导的时间不得少于1个完整的会计年度。

原保荐机构在履行持续督导职责期间未勤勉尽责的，其责任不因保荐机构的更换而免除或者终止。

3.2.4 上市公司与保荐机构之间终止保荐协议、上市公司另行聘请保荐机构的，应当及时向本所报告并予以披露。

3.2.5 保荐机构更换保荐代表人的，应当及时通知上市公司。上市公司应当在收到通知后及时披露保荐代表人变更事宜。

3.2.6 保荐机构应当建立健全并有效执行持续督导业务管理制度。

保荐机构、保荐代表人应当制作并保存持续督导工作底稿。工作底稿应当真实、准确、完整地反映保荐机构、保荐代表人履行持续督导职责所开展的主要工作，并作为出具相关意见或者报告的基础。

3.2.7 保荐机构及其保荐代表人在持续督导期间，履行持续督导职责的具体事项，应当符合中国证监会和本所相关规定。

3.2.8 上市公司应当按照下列要求，积极配合保荐机构履行持续督导职责：

（一）根据保荐协议、保荐机构及其保荐代表人的要求，及时提供履行保荐职责必需的信息；

（二）发生应当披露的重大事项或者出现重大风险的，及时告知保荐机构及其保荐代表人；

（三）根据保荐机构及其保荐代表人的意见，及时履行信息披露义务或者采取相应整改措施；

（四）为保荐机构及其保荐代表人履行保荐职责提供其他必要的条件和便利；

（五）协助保荐机构及其保荐代表人披露持续督导意见。

上市公司不配合保荐工作的，保荐机构应当督促其改正；情节严重的，及时向本所报告。

3.2.9 保荐机构及其保荐代表人应当持续关注上市公司运作情况，充分了解公司及其业务，通过日常沟通、定期或不定期回访、查阅资料、列席股东大会、董事会、监事会等方式，关注公司日常经营、股票交易和媒体报道等情况，督促相关信息披露义务人履行信息披露义务。

3.2.10　保荐机构及其保荐代表人发现上市公司拟披露信息或已披露信息存在任何错误、遗漏或者误导的，或者发现存在应当披露而未披露事项的，应当要求公司进行更正或补充。上市公司拒不配合的，应当及时向本所报告，并发布风险揭示公告。

3.2.11　保荐机构及其保荐代表人应当督促上市公司或其控股股东、实际控制人切实履行所做出的公开承诺。

发行人或其控股股东、实际控制人披露、履行或者变更承诺事项，不符合中国证监会和本所相关规定的，保荐机构及其保荐代表人应当及时提出督导意见，并督促相关主体进行补正。

3.2.12　保荐机构及其保荐代表人应当按照中国证监会和本所的相关规定做好募集资金使用的督导、核查工作，出具核查报告。

3.2.13　上市公司出现下列情形之一的，上市公司在披露临时报告前应当告知保荐机构及其保荐代表人。保荐机构及其保荐代表人应当督促上市公司按规定履行信息披露义务，就信息披露是否真实、准确、完整，对公司经营的影响，以及是否存在其他未披露重大风险等内容发表意见，并于上市公司披露公告时予以披露：

（一）关联交易；

（二）提供担保；

（三）变更募集资金用途；

（四）主要业务停滞或出现可能导致主要业务停滞的重大风险事件；

（五）公司经营业绩异常波动；

（六）控股股东、实际控制人及其一致行动人所持股份被司法冻结且可能导致控制权发生变动；

（七）控股股东、实际控制人及其一致行动人质押公司股份比例超过所持股份的80%或者被强制处置；

（八）本所或者保荐机构认为需要发表意见的其他事项。

保荐机构、保荐代表人无法按时履行前款所述职责的，应当披露尚待核实的事项及预计发表意见的时间，并充分提示风险。

3.2.14　上市公司出现下列情形之一的，保荐机构及其保荐代表人应自知道或应当知道之日起15个交易日内进行专项现场核查：

（一）未在规定期限内披露年度报告或中期报告；

（二）控股股东、实际控制人或其他关联方涉嫌违规占用或转移上市公司的资金、资产及其他资源；

（三）关联交易显失公允或未履行审议程序和信息披露义务；

（四）违规使用募集资金；

（五）违规为他人提供担保或借款；

（六）上市公司及其董事、监事、高级管理人员、控股股东、实际控制人涉嫌重大违法违规；

（七）存在重大财务造假嫌疑；

（八）本所或保荐机构认为应当进行核查的其他情形。

保荐机构进行现场核查的，应当就核查情况、提请上市公司及投资者关注的问题、本次现场核查结论等事项出具现场核查报告，并在现场核查结束后15个交易日内披露。

3.2.15 保荐持续督导工作结束后，保荐机构应当在上市公司年度报告披露之日起10个交易日内，向发行人所在地的中国证监会派出机构、本所报送保荐工作总结。

3.2.16 保荐持续督导期届满，上市公司募集资金尚未使用完毕的，保荐机构应继续履行募集资金相关的持续督导职责，如有其他尚未完结的保荐工作，保荐机构应当继续完成。

第四章 公司治理

第一节 股东大会、董事会和监事会

4.1.1 上市公司应当在公司章程中载明股东大会、董事会、监事会的职责，以及召集、召开和表决等程序，规范股东大会、董事会、监事会运作机制。

上市公司应当制定股东大会议事规则、董事会议事规则和监事会议事规则，并列入公司章程或者作为章程附件。董事会议事规则、监事会议事规则，应当经股东大会审议通过。

4.1.2 上市公司股东大会应当在《公司法》和公司章程规定的范围内行使职权。

上市公司应当在公司章程中规定股东大会对董事会的授权原则，授权内容应当明确具体。股东大会不得将其法定职权授予董事会行使。

4.1.3 上市公司应当严格依照法律法规、本所业务规则和公司章程的规定召开临时股东大会和年度股东大会，保证股东能够依法行使权利。年度股东大会每年召开一次，应当在上一会计年度结束后的6个月内召开；临时股东大会不定期召开，出现《公司法》规定应当召开临时股东大会情形的，应当在2个月内召开。在上述期限内不能召开股东大会的，上市公司应当及时向公司所在地中国证监会派出机构和本所报告，说明原因并公告。

4.1.4 上市公司董事会应当切实履行职责，在本规则第4.1.3条规定的期限内按时召集股东大会。全体董事应当勤勉尽责，确保股东大会正常召开和依法行使职权。

监事会有权向董事会提议召开临时股东大会，并应当以书面形式提出。董事会不

同意召开，或者在收到提议后 10 日内未做出书面反馈的，监事会应当自行召集和主持临时股东大会。

单独或者合计持有公司 10%以上股份的股东可以书面提议董事会召开临时股东大会；董事会不同意召开，或者在收到提议后 10 日内未做出反馈的，上述股东可以书面提议监事会召开临时股东大会。监事会同意召开的，应当在收到提议后 5 日内发出召开股东大会的通知；未在规定期限内发出通知的，视为监事会不召集和主持股东大会，连续 90 日以上单独或者合计持有公司 10%以上股份的股东可以自行召集和主持临时股东大会。在股东大会决议公告之前，召集股东大会的股东合计持股比例不得低于 10%。

监事会或者股东依法自行召集股东大会的，上市公司董事会、董事会秘书应当予以配合，并及时履行信息披露义务。上市公司章程中应当载明监事会或者股东依法自行召集股东大会产生的必要费用由上市公司承担。

4.1.5　股东大会提案的内容应当符合法律法规和公司章程的相关规定，属于股东大会职权范围，有明确议题和具体决议事项。

4.1.6　上市公司召开股东大会应当将会议召开的时间、地点和审议的事项以公告的形式向全体股东发出通知。股东大会通知中应当列明会议时间、地点，并确定股权登记日。股权登记日与会议日期之间的间隔不得多于 7 个交易日，且应当晚于公告的披露时间。股权登记日一旦确定，不得变更。

4.1.7　上市公司应当在年度股东大会召开 20 日前或者临时股东大会召开 15 日前，以临时报告方式向股东发出股东大会通知。

4.1.8　单独或者合计持有公司 3%以上股份的股东可以在股东大会召开 10 日前提出临时提案并书面提交召集人；召集人应当在收到提案后 2 日内发出股东大会补充通知，并将该临时提案提交股东大会审议。

除前款规定外，在发出股东大会通知后，召集人不得修改或者增加新的提案。股东大会不得对股东大会通知中未列明或者不符合法律法规和公司章程规定的提案进行表决并作出决议。

股东大会通知和补充通知中应当充分、完整地披露提案的具体内容，以及为使股东对拟讨论事项做出合理判断所需的全部资料或解释。

4.1.9　股东大会通知发出后，无正当理由，不得延期或者取消，股东大会通知中列明的提案不得取消。确需延期或者取消的，公司应当在股东大会原定召开日前至少 2 个交易日公告，并说明延期或者取消的具体原因；延期召开的，应当在公告中说明延期后的召开日期。

4.1.10　上市公司股东大会应当设置会场，以现场会议方式召开。现场会议时间、地点的选择应当便于股东参加。上市公司应当保证股东大会会议合法、有效，为股东参加会议提供便利。股东大会应当给予每个提案合理的讨论时间。

上市公司召开股东大会，应当提供网络投票方式。股东通过网络投票方式参加股东大会的，视为出席。

4.1.11 股东大会由董事长主持。董事长不能履行职务或者不履行职务时，由副董事长主持；副董事长不能履行职务或者不履行职务时，由半数以上董事共同推举一名董事主持。

监事会自行召集的股东大会，由监事会主席主持。监事会主席不能履行职务或者不履行职务时，由监事会副主席主持；监事会副主席不能履行职务或不履行职务时，由半数以上监事共同推举一名监事主持。

股东依法自行召集的股东大会，由召集人推选代表主持。

4.1.12 股东以其有表决权的股份数额行使表决权，所持每一股份享有一表决权，法律法规另有规定的除外。

上市公司持有的本公司股份没有表决权，且该部分股份不计入出席股东大会有表决权的股份总数。

上市公司控股子公司不得取得该上市公司的股份。确因特殊原因持有股份的，应当在1年内依法消除该情形。前述情形消除前，相关子公司不得行使所持股份对应的表决权，且该部分股份不计入出席股东大会有表决权的股份总数。

4.1.13 股东与股东大会拟审议事项有关联关系的，应当回避表决，其所持有表决权的股份不计入出席股东大会有表决权的股份总数。

4.1.14 股东可以本人投票或者依法委托他人投票。股东依法委托他人投票的，上市公司不得拒绝。

4.1.15 上市公司董事会、独立董事、持有1%以上有表决权股份的股东或者《证券法》规定的投资者保护机构可以向公司股东征集其在股东大会上的投票权。征集投票权应当向被征集人充分披露具体投票意向等信息，且不得以有偿或者变相有偿的方式进行。

上市公司可以在公司章程中规定征集投票权制度，但是不得对征集投票权设定不适当障碍而损害股东的合法权益。

4.1.16 股东大会选举董事、监事时，应当充分反映中小股东意见。鼓励上市公司股东大会在董事、监事选举中推行累积投票制。上市公司单一股东及其一致行动人拥有权益的股份比例在30%及以上的，股东大会在董事、监事选举中应当推行累积投票制。采用累积投票制的公司应当在公司章程中规定具体实施办法。

4.1.17 除累积投票制外，股东大会对所有提案应当逐项表决。对同一事项有不同提案的，应当按照提案的时间顺序进行表决，股东在股东大会上不得对同一事项不同的提案同时投同意票。

除因不可抗力等特殊原因导致股东大会中止或不能作出决议外，股东大会不得对提案进行搁置或不予表决。

4.1.18 上市公司股东大会审议下列影响中小股东利益的重大事项时，对中小股东的表决情况应当单独计票并披露：

（一）任免董事；

（二）制定、修改利润分配政策，或者审议权益分派事项；

（三）关联交易、提供担保（不含对控股子公司提供担保）、提供财务资助、变更募集资金用途等；

（四）重大资产重组、股权激励、员工持股计划；

（五）公开发行股票、向境内其他证券交易所申请股票转板（以下简称申请转板）或向境外其他证券交易所申请股票上市；

（六）法律法规、本所业务规则及公司章程规定的其他事项。

4.1.19　上市公司召开股东大会，应当聘请律师对股东大会的召集、召开程序、出席会议人员的资格、召集人资格、表决程序和结果等事项是否合法有效出具法律意见书。

4.1.20　上市公司在股东大会上不得披露、泄露未公开的可能对公司股票交易价格、投资者投资决策产生较大影响的信息（以下简称重大信息），会议结束后应当及时披露股东大会决议公告，并在股东大会决议公告中披露法律意见书的结论性意见。

股东大会决议涉及本规则规定的重大事项，且股东大会审议未通过相关议案的，上市公司应当就该议案涉及的事项，以临时报告的形式披露事项未审议通过的原因及相关具体安排。

4.1.21　股东大会会议记录由董事会秘书负责。出席会议的董事、董事会秘书、召集人或者其代表、会议主持人应当在会议记录上签名，并保证会议记录真实、准确、完整。会议记录应当与现场出席股东的签名册和代理出席的授权委托书、网络及其他方式有效表决资料一并保存。

4.1.22　董事会的人数及人员构成应当符合法律法规、本所业务规则和公司章程的要求。董事会成员应当具备履行职责所必需的知识、技能和素质。

上市公司应当设立独立董事，独立董事的人数应当符合中国证监会相关规定，其中一名应当为会计专业人士。独立董事的管理及任职资格等事宜由本所另行规定。

董事会可以根据需要设立审计、战略、提名、薪酬与考核等相关专门委员会。专门委员会对董事会负责，依照公司章程和董事会授权履行职责。专门委员会的组成、职责等应当在公司章程中规定。

4.1.23　董事会对股东大会负责，执行股东大会的决议。董事会应当依法履行职责，确保上市公司遵守法律法规、本所业务规则和公司章程的规定，公平对待所有股东，并关注其他利益相关者的合法权益。

上市公司应当保障董事会依照法律法规、本所业务规则和公司章程的规定行使职权，为董事正常履行职责提供必要的条件。

4.1.24　上市公司应当建立健全内部控制制度，公司董事会负责内部控制制度的有效实施。

上市公司应当加强对控股子公司的管理控制，制定对控股子公司的控制政策及程序，并督促其充分结合自身业务特征等因素建立内部控制制度。

4.1.25　董事会授权董事长在董事会闭会期间行使董事会部分职权的，上市公司应当在公司章程中明确规定授权的原则和具体内容。

上市公司重大事项应当由董事会集体决策，董事会不得将法定职权授予个别董事或者他人行使。

4.1.26　上市公司应当严格依照法律法规、本所业务规则和公司章程的规定召开董事会，规范董事会议事方式和决策程序。

董事会每年度至少召开两次会议，每次会议应当于会议召开 10 日前通知全体董事和监事；董事会召开临时会议，应当按照公司章程的规定发出会议通知。董事会会议议题应当事先拟定，并提供足够的决策材料。2 名及以上独立董事认为资料不完整或者论证不充分的，可以联名书面向董事会提出延期召开会议或者延期审议该事项，董事会应当采纳，上市公司应当及时披露。

4.1.27　董事与董事会会议决议事项有关联关系的，应当回避表决，不得对该项决议行使表决权，也不得代理其他董事行使表决权。该董事会会议由过半数的无关联关系董事出席即可举行，董事会会议所作决议须经无关联关系董事过半数通过。出席董事会的无关联关系董事人数不足 3 人的，应将该事项提交上市公司股东大会审议。

4.1.28　董事会会议记录应当真实、准确、完整。出席会议的董事、董事会秘书和记录人应当在会议记录上签名。董事会会议记录应当妥善保存。

4.1.29　董事会决议涉及须经股东大会表决事项的，公司应当及时披露董事会决议公告，并在公告中简要说明议案内容。

董事会决议涉及本规则规定的应当披露的重大信息，公司应当在会议结束后及时披露董事会决议公告和相关公告。

4.1.30　监事会的人员和结构应当确保监事会能够独立有效地履行职责。监事应当具有相应的专业知识或者工作经验，具备有效的履职能力。

4.1.31　监事会应当了解公司经营情况，检查公司财务，监督董事、高级管理人员履职的合法合规性，行使公司章程规定的其他职权，维护上市公司及股东的合法权益。监事会可以独立聘请中介机构提供专业意见。

4.1.32　监事会发现董事、高级管理人员违反法律法规、本所业务规则或者公司章程的，应当履行监督职责，向董事会通报或者向股东大会报告，也可以直接向本所报告。

4.1.33　上市公司应当严格依照法律法规、本所业务规则和公司章程的规定召开监事会，规范监事会的议事方式和决策程序。

监事会每 6 个月至少召开一次会议，临时会议可以根据监事的提议召开。监事会应当按照公司章程的规定发出会议通知。监事会会议议题应当事先拟定，并提供相应的决策材料。

4.1.34 监事会可以要求董事、高级管理人员、内部及外部审计人员等列席监事会会议，回答所关注的问题。

4.1.35 上市公司监事会决议涉及本规则规定的应当披露的重大信息，公司应当在会议结束后及时披露监事会决议公告和相关公告。

4.1.36 监事会会议记录应当真实、准确、完整。出席会议的监事、记录人应当在会议记录上签名。监事会会议记录应当妥善保存。

4.1.37 本所要求提供经参会董事签字确认的董事会决议（包括所有提案均被否决的董事会决议）、经参会监事签字确认的监事会决议，或者董事会、监事会和股东大会会议记录等资料的，上市公司应当按要求提供。

4.1.38 股东大会、董事会或者监事会不能正常召开，或者决议效力存在争议的，上市公司应当及时披露相关事项、争议各方的主张、公司现状等有助于投资者了解公司实际情况的信息。

出现前款情形的，上市公司董事会应当维护公司正常生产经营秩序，保护公司及全体股东利益，公平对待所有股东。

第二节 董事、监事和高级管理人员

4.2.1 上市公司应当在公司章程中载明董事、监事、高级管理人员的提名、选聘程序，规范董事、监事、高级管理人员选聘行为。职工监事依照法律法规、本所业务规则和公司章程选举产生。

上市公司董事、高级管理人员不得兼任监事。

4.2.2 董事、监事、高级管理人员候选人的任职资格应当符合法律法规、本所业务规则和公司章程等规定。

上市公司应当在公司章程中明确，存在下列情形之一的，不得担任公司董事、监事或者高级管理人员：

（一）《公司法》规定不得担任董事、监事和高级管理人员的情形；

（二）被中国证监会及其派出机构采取证券市场禁入措施或者认定为不适当人选，期限尚未届满；

（三）被证券交易所或者全国股转公司认定其不适合担任公司董事、监事、高级管理人员，期限尚未届满；

（四）中国证监会和本所规定的其他情形。

财务负责人作为高级管理人员，除符合前款规定外，还应当具备会计师以上专业技术职务资格，或者具有会计专业知识背景并从事会计工作 3 年以上。

4.2.3 上市公司董事会中兼任高级管理人员的董事和由职工代表担任的董事，人数总计不得超过公司董事总数的二分之一。

上市公司董事、高级管理人员的配偶、父母和子女在公司董事、高级管理人员任职期间不得担任公司监事。

4.2.4 董事、监事和高级管理人员候选人存在下列情形之一的，上市公司应当披露该候选人具体情形、拟聘请该候选人的原因以及是否影响公司规范运作，并提示相关风险：

（一）最近3年内受到中国证监会及其派出机构行政处罚；

（二）最近3年内受到证券交易所或者全国股转公司公开谴责或者3次以上通报批评；

（三）因涉嫌犯罪被司法机关立案侦查或者涉嫌违法违规被中国证监会及其派出机构立案调查，尚未有明确结论意见。

上述期间，应当以公司董事会、股东大会等有权机构审议董事、监事和高级管理人员候选人聘任议案的日期为截止日。

4.2.5 董事、监事、高级管理人员候选人被提名后，应当自查是否符合任职资格，及时向公司提供其是否符合任职资格的书面说明和相关资格证明（如适用）。

董事会、监事会应当对候选人的任职资格进行核查，发现候选人不符合任职资格的，应当要求提名人撤销对该候选人的提名，提名人应当撤销。

4.2.6 董事、监事和高级管理人员辞职应当提交书面辞职报告，不得通过辞职等方式规避其应当承担的职责。除下列情形外，董事、监事和高级管理人员的辞职自辞职报告送达董事会或者监事会时生效：

（一）董事、监事辞职导致董事会、监事会成员低于法定最低人数；

（二）职工代表监事辞职导致职工代表监事人数少于监事会成员的三分之一；

（三）董事会秘书辞职未完成工作移交或相关公告未披露。

在上述情形下，辞职报告应当在下任董事、监事填补因其辞职产生的空缺，或者董事会秘书完成工作移交且相关公告披露后方能生效。在辞职报告尚未生效之前，拟辞职董事、监事或者董事会秘书仍应当继续履行职责。发生上述情形的，公司应当在2个月内完成董事、监事补选。

4.2.7 上市公司现任董事、监事和高级管理人员发生本规则第4.2.2条第二款规定情形的，应当及时向公司主动报告并自事实发生之日起1个月内离职。

4.2.8 上市公司应当在上市时向本所报备董事、监事和高级管理人员的任职、职业经历和持有公司股票的情况。

上市公司的董事、监事和高级管理人员发生变化，公司应当自相关决议通过之日起2个交易日内将最新资料向本所报备。

4.2.9 董事、监事和高级管理人员应当遵守公司上市时签署的《董事（监事、高级管理人员）声明及承诺书》。

新任董事、监事应当在股东大会或者职工代表大会通过其任命后1个月内，新任高级管理人员应当在董事会通过其任命后1个月内签署上述承诺书并报备。声明事项发生重大变化的（持有本公司股份情况除外），应当在5个交易日内更新并提交。

4.2.10　董事、监事、高级管理人员应当遵守法律法规、本所业务规则和公司章程，对公司负有忠实义务和勤勉义务，严格履行其作出的公开承诺，不得损害公司利益。

4.2.11　董事应当充分考虑所审议事项的合法合规性、对公司的影响以及存在的风险，审慎履行职责并对所审议事项表示明确的个人意见。对所审议事项有疑问的，应当主动调查或者要求董事会提供决策所需的进一步信息。

董事应当充分关注董事会审议事项的提议程序、决策权限、表决程序等相关事宜。

4.2.12　董事应当亲自出席董事会会议，因故不能出席的，可以书面形式委托其他董事代为出席。涉及表决事项的，委托人应当在委托书中明确对每一事项发表同意、反对或者弃权的意见。董事不得作出或者接受无表决意向的委托、全权委托或者授权范围不明确的委托。董事对表决事项的责任不因委托其他董事出席而免责。

一名董事不得在一次董事会会议上接受超过两名董事的委托代为出席会议。独立董事不得委托非独立董事代为投票。

4.2.13　上市公司董事在审议定期报告时，应当认真阅读定期报告全文，重点关注定期报告内容是否真实、准确、完整，是否存在重大编制错误或者遗漏，主要会计数据和财务指标是否发生大幅波动及波动原因的解释是否合理，是否存在异常情况，是否全面分析了公司报告期财务状况与经营成果并且充分披露了可能影响公司未来财务状况与经营成果的重大事项和不确定性因素等。

4.2.14　董事长应当积极推动公司制定、完善和执行各项内部制度。

董事长不得从事超越其职权范围的行为。董事长在其职权范围（包括授权）内行使权力时，遇到对公司经营可能产生重大影响的事项时，应当审慎决策，必要时应当提交董事会集体决策。对于授权事项的执行情况，董事长应当及时告知全体董事。

董事长应当保证董事会秘书的知情权，不得以任何形式阻挠其依法行使职权。董事长在接到重大事件的报告后，应当立即敦促董事会秘书及时履行信息披露义务。

4.2.15　上市公司的董事出现下列情形之一的，应当作出书面说明并对外披露：

（一）连续两次未亲自出席董事会会议；

（二）任职期内连续12个月未亲自出席董事会会议次数超过期间董事会会议总次数的二分之一。

董事连续两次未能出席，也不委托其他董事出席董事会会议，视为不能履行职责，董事会应当建议股东大会予以更换。

4.2.16　监事可以列席董事会会议，并对董事会决议事项提出质询或者建议。

监事有权了解公司经营情况。上市公司应当采取措施保障监事的知情权，为监事正常履行职责提供必要的协助，任何人不得干预、阻挠。监事履行职责所需的有关费用由公司承担。

4.2.17 监事应当对公司董事、高级管理人员遵守法律法规、本所业务规则和公司章程以及执行公司职务的行为进行监督。

监事在履行监督职责过程中，对违反法律法规、公司章程或者股东大会决议的董事、高级管理人员可以提出罢免的建议。

监事发现董事、高级管理人员及公司存在违反法律法规、本所业务规则、公司章程或者股东大会决议的行为，已经或者可能给公司造成重大损失的，应当及时向董事会、监事会报告，提请董事会及高级管理人员予以纠正。

4.2.18 高级管理人员应当严格执行董事会决议、股东大会决议等，不得擅自变更、拒绝或者消极执行相关决议。

4.2.19 财务负责人应当积极督促公司制定、完善和执行财务管理制度，重点关注资金往来的规范性。

4.2.20 经理由董事会决定聘任或者解聘。经理对董事会负责，主持公司的生产经营工作，组织实施董事会决议，依照法律法规、本所业务规则和公司章程的规定履行职责。

4.2.21 上市公司应当设董事会秘书，董事会秘书为公司的高级管理人员，负责信息披露事务、股东大会和董事会会议的筹备、投资者关系管理、股东资料管理等工作。上市公司应当为董事会秘书履行职责提供便利条件。

董事会秘书为履行职责有权了解公司的财务和经营情况，参加相关会议，查阅有关文件，并要求公司有关部门和人员及时提供相关资料和信息。董事、监事、财务负责人及其他高级管理人员和公司相关人员应当支持、配合董事会秘书的工作。董事会秘书在履行职责过程中受到不当妨碍或者严重阻挠时，可以向本所报告。

4.2.22 董事会秘书应当具备履行职责所必需的财务、管理、法律专业知识及相关工作经验，具有良好的职业道德和个人品德，且不存在本规则第4.2.2条第二款规定情形，或者为公司现任监事。

上市公司应当在董事会正式聘任、解聘董事会秘书或者董事会秘书辞职的2个交易日内发布公告，并向本所报备。

4.2.23 上市公司解聘董事会秘书应当有充分的理由，不得无故解聘。

董事会秘书有下列情形之一的，上市公司应当自该事实发生之日起1个月内解聘董事会秘书：

（一）出现本规则第4.2.22条第一款规定不得担任董事会秘书情形的；

（二）连续3个月以上不能履行职责的；

（三）违反法律法规、本所业务规则、公司章程，给上市公司或者股东造成重大损失的。

上市公司应当在原任董事会秘书离职 3 个月内聘任董事会秘书。董事会秘书空缺期间，董事会应当指定一名董事或者高级管理人员代行董事会秘书职责，并及时公告，同时向本所报备。公司指定代行人员之前，由董事长代行董事会秘书职责。

4.2.24　董事、监事、高级管理人员执行职务时违反法律法规、公司章程或股东大会决议，给上市公司造成严重损失的，应当依法承担赔偿责任，存在法定免责事由的除外。

第三节　股东、控股股东及实际控制人

4.3.1　股东依照法律法规和公司章程享有权利并承担义务。

上市公司章程、股东大会决议或者董事会决议等不得剥夺或者限制股东的法定权利。

4.3.2　上市公司应当建立与股东畅通有效的沟通渠道，保障股东对公司重大事项的知情权、参与决策和监督等权利。

4.3.3　上市公司应当制定利润分配制度，并可以对现金分红的具体条件和比例、未分配利润的使用原则等作出具体规定，保障股东的分红权。

上市公司应当根据实际情况在公司章程中明确一定比例的现金分红相对于股票股利在利润分配方式中的优先顺序。

4.3.4　上市公司控股股东、实际控制人应当采取切实措施保证公司资产独立、人员独立、财务独立、机构独立和业务独立，不得通过任何方式影响公司的独立性。

4.3.5　控股股东、实际控制人对上市公司及其他股东负有诚信义务，应当依法行使股东权利，履行股东义务。控股股东、实际控制人不得利用其控制权损害上市公司及其他股东的合法权益，不得利用控制地位谋取非法利益。

控股股东、实际控制人不得违反法律法规、本所业务规则和公司章程干预上市公司的正常决策程序，损害上市公司及其他股东的合法权益，不得对股东大会人事选举结果和董事会人事聘任决议设置批准程序，不得干预高级管理人员正常选聘程序，不得越过股东大会、董事会直接任免高级管理人员。

4.3.6　上市公司控股股东、实际控制人不得通过直接调阅、要求上市公司向其报告等方式获取公司未公开的重大信息，法律法规另有规定的除外。

4.3.7　上市公司控股股东、实际控制人及其关联方不得以下列任何方式占用公司资金：

（一）公司为控股股东、实际控制人及其关联方垫付工资、福利、保险、广告等费用和其他支出；

（二）公司代控股股东、实际控制人及其关联方偿还债务；

（三）有偿或者无偿、直接或者间接地从公司拆借资金给控股股东、实际控制人及其关联方；

（四）不及时偿还公司承担控股股东、实际控制人及其关联方的担保责任而形成的债务；

（五）公司在没有商品或者劳务对价情况下提供给控股股东、实际控制人及其关联方使用资金；

（六）中国证监会、本所认定的其他形式的占用资金情形。

4.3.8　控股股东、实际控制人及其控制的企业不得在公司上市后新增影响公司独立持续经营的同业竞争。

4.3.9　上市公司股东、实际控制人及其他知情人员在相关信息披露前负有保密义务，不得利用公司未公开的重大信息谋取利益，不得进行内幕交易、操纵市场或者其他违法违规活动。

4.3.10　通过接受委托或者信托等方式持有或实际控制的上市公司股份达到5%以上的股东或者实际控制人，应当及时将委托人或信托方情况告知上市公司，配合公司履行信息披露义务。

投资者不得通过委托他人持股等方式规避投资者适当性管理要求。

4.3.11　上市公司无控股股东、实际控制人的，公司第一大股东及其实际控制人应当比照本节关于控股股东、实际控制人的要求履行相关义务，并承担相应的责任。

第四节　表决权差异安排

4.4.1　存在特别表决权股份的上市公司，应当规范履行持续信息披露义务，完善公司治理，保护投资者合法权益。

特别表决权股东不得滥用其享有的特别表决权损害上市公司或者其他股东的利益。

上市前不具有表决权差异安排的公司，不得在上市后以任何方式设置此类安排。

4.4.2　特别表决权仅适用于公司章程约定的股东大会特定决议事项。除约定事项外，特别表决权股东与持有普通股份的股东享有的权利完全相同。

涉及权益变动等事项的，特别表决权股东持股比例以其拥有权益的股份数（包括登记在其名下的股份和虽未登记在其名下但该投资者可以实际支配表决权的股份）计算。

4.4.3　存在特别表决权股份的上市公司，除同比例配送股、转增股本方式外，不得在境内外新发行特别表决权股份，不得提高特别表决权比例。

因股份回购、减少注册资本等原因，可能导致特别表决权比例提高的，公司应当同时采取将相应数量特别表决权股份转换为普通股份等措施，保证特别表决权比例不高于原有水平。

4.4.4　特别表决权股份不得进行交易，本所业务规则另有规定的除外。

4.4.5　上市公司股东大会对下列事项进行决议时，每一特别表决权股份享有的表决权数量应当与每一普通股份的表决权数量相同：

（一）修改公司章程中与表决权差异安排相关的内容；

（二）合并、分立、解散或者变更公司形式；

（三）选举和更换非由职工代表担任的监事；

（四）决定非由职工代表担任的董事、监事的报酬事项；

（五）选举或罢免独立董事；

（六）聘请或解聘为上市公司定期报告出具审计意见的会计师事务所；

（七）股票从本所退市；

（八）公司章程规定的其他事项。

4.4.6　特别表决权股东可以申请将特别表决权股份按照 1∶1 的比例转换为普通股。

4.4.7　出现下列情形之一的，特别表决权股份应当按照 1∶1 的比例转换为普通股：

（一）特别表决权股东丧失相应履职能力、离任或者死亡；

（二）特别表决权股份因司法裁决、离婚、继承等原因需要办理过户；

（三）特别表决权股东以协议转让方式向他人转让所持有的特别表决权股份；

（四）表决权差异安排的实施期限届满或者失效事由发生；

（五）特别表决权股东不再符合设置表决权差异安排时有关规则规定的资格和最低持股要求；

（六）上市公司实际控制人发生变更；

（七）上市公司股东大会做出取消表决权差异安排的决议，或者上市公司不再符合设置表决权差异安排时有关规则规定的行业要求。

发生前款第四、六、七项情形的，上市公司全部特别表决权股份均应当转换为普通股份。

发生本条所述情形的，自相关情形发生时即应当申请办理特别表决权股份的转换，相关股东应当立即通知上市公司，上市公司应当及时披露具体情形、发生时间、转换为普通股份的特别表决权股份数量、剩余特别表决权股份数量等情况。

4.4.8　上市公司应当保证普通表决权比例不低于 10%。

单独或者合计持有公司 10%以上已发行有表决权股份的股东有权提议召开临时股东大会；单独或者合计持有公司 3%以上已发行有表决权股份的股东有权提出股东大会议案。股东大会决议时应对普通股东的表决票予以单独计票并披露。

4.4.9　监事会、独立董事应当在年度报告、中期报告中，就下列事项出具专项意见：

（一）特别表决权股东是否持续符合设置表决权差异安排时有关规则规定的资格要求；

（二）特别表决权股份是否出现本规则第 4.4.7 条规定的情形并及时转换为普通

股份；

（三）上市公司特别表决权比例是否持续符合其设置所依据的有关规则规定；

（四）特别表决权股东是否存在滥用特别表决权或者其他损害投资者合法权益的情形；

（五）公司及特别表决权股东遵守本规则其他关于表决权差异安排规定的情况。

4.4.10　保荐机构等中介机构在为上市公司提供服务的过程中发现特别表决权股东直接或者间接占用公司资金、资产以及利用控制地位损害其他股东权益等情形的，应当及时告知上市公司，并向本所报告。

4.4.11　存在特别表决权股份的上市公司应当在年度报告、中期报告中披露表决权差异安排的运行情况、特别表决权股份的变动情况以及投资者保护措施的落实情况等。

上市公司表决权差异安排的变更，应当按照设置表决权差异安排时有关规则规定履行相应程序并披露，变更后的安排应当符合设置时的规定。上市公司应当聘请律师事务所出具专项意见。

表决权差异安排运行中出现重大变化的，上市公司及相关信息披露义务人应当及时披露。

4.4.12　上市公司应当在年度股东大会向股东说明表决权差异安排的运行情况、公司生产经营状况等，回应股东质询。

4.4.13　特别表决权股份的登记和转换事宜，应当按照本所和证券登记结算机构的相关规定办理。

第五节　承诺事项管理

4.5.1　上市公司及其股东、实际控制人、关联方、收购人（以下简称承诺人）做出的公开承诺应当具体、明确、无歧义、具有可操作性，并符合法律法规和本所业务规则的要求。

上市公司应当及时将承诺人的承诺事项单独在规定信息披露平台的专区披露。

4.5.2　公开承诺应当包括以下内容：

（一）承诺的具体事项；

（二）履约方式、履约时限、履约能力分析、履约风险及防范对策、不能履约时的责任；

（三）履约担保安排，包括担保人、担保人资质、担保方式、担保协议（函）主要条款、担保责任等（如有）；

（四）违约责任和声明；

（五）中国证监会、本所要求的其他内容。

承诺事项应当有明确的履约时限，不得使用“尽快”、“时机成熟”等模糊性词语；承诺履行涉及行业政策限制的，应当在政策允许的基础上明确履约时限。

4.5.3 承诺人做出承诺后，应当诚实守信，严格按照承诺内容履行承诺，不得无故变更承诺内容或者不履行承诺。

当承诺履行条件即将达到或者已经达到时，承诺人应当及时通知公司，并履行承诺和信息披露义务。

4.5.4 因相关法律法规、政策变化、自然灾害等自身无法控制的客观原因导致承诺无法履行或者无法按期履行的，承诺人应当及时通知公司并披露相关信息。

4.5.5 除因相关法律法规、政策变化、自然灾害等自身无法控制的客观原因及本所另有要求外，承诺已无法履行或者履行承诺不利于维护公司权益的，承诺人应当充分披露原因，并向公司或者其他股东提出用新承诺替代原有承诺或者提出豁免履行承诺义务。

上述变更方案应当提交股东大会审议，承诺人及其关联方应当回避表决。变更方案未经股东大会审议通过且承诺到期的，视为未履行承诺。独立董事、监事会应当就承诺相关方提出的变更方案是否合法合规、是否有利于保护上市公司或者投资者利益发表意见。

4.5.6 上市公司被收购时，如原实际控制人承诺的相关事项未履行完毕，相关承诺义务应予以履行或由收购人予以承接，相关事项应当在收购相关信息披露文件中予以披露。

第六节 投资者关系

4.6.1 上市公司投资者关系管理工作应当体现公平、公正、公开原则。上市公司应当在投资者关系管理工作中，客观、真实、准确、完整地介绍和反映公司的实际状况，避免过度宣传可能给投资者决策造成误导。

上市公司应当积极做好投资者关系管理工作，及时回应投资者的意见建议，做好投资者咨询解释工作。

4.6.2 上市公司投资者关系管理工作应当严格遵守有关法律法规和本所业务规则的要求，不得在投资者关系活动中以任何方式发布或者泄露未公开重大信息。

上市公司在投资者关系活动中泄露未公开重大信息的，应当立即通过规定信息披露平台发布公告，并采取其他必要措施。

4.6.3 上市公司应当在公司章程中明确投资者与公司之间的纠纷解决机制。上市公司与投资者之间发生的纠纷，可以自行协商解决、提交证券期货纠纷专业调解机构进行调解、向仲裁机构申请仲裁或者向人民法院提起诉讼。

4.6.4 上市公司应当建立投资者关系管理制度，指定专人负责开展投资者关系管理活动。投资者关系管理的负责人可以由董事会秘书担任。

4.6.5 上市公司开展投资者关系管理活动，应当平等对待全体投资者，避免出现选择性信息披露。上市公司向特定对象提供已披露信息等相关资料的，如其他投资者也提出相同的要求，公司应当予以提供。

4.6.6 上市公司应当加强与中小投资者的沟通和交流，建立与投资者沟通的有效渠道。公司应当在不晚于年度股东大会召开之日举办年度报告说明会，公司董事长(或者经理)、财务负责人、董事会秘书、保荐代表人（如有）应当出席说明会，会议包括下列内容：

(一) 公司所处行业的状况、发展前景、存在的风险；

(二) 公司发展战略、生产经营、募集资金使用、新产品和新技术开发；

(三) 公司财务状况和经营业绩及其变化趋势；

(四) 公司在业务、市场营销、技术、财务、募集资金用途及发展前景等方面存在的困难、障碍、或有损失；

(五) 投资者关心的其他内容。

公司应当至少提前2个交易日发布召开年度报告说明会的通知，公告内容应当包括日期及时间、召开方式（现场或网络）、召开地点或者网址、公司出席人员名单等。

4.6.7 上市公司进行投资者关系活动应当建立完备的投资者关系管理档案制度，投资者关系管理档案至少应当包括下列内容：

(一) 投资者关系活动参与人员、时间、地点；

(二) 投资者关系活动的交流内容；

(三) 未公开重大信息泄密的处理过程及责任追究情况（如有）；

(四) 其他内容。

4.6.8 上市公司开展业绩说明会、分析师会议、路演等投资者关系活动，应当编制投资者关系活动记录，在活动结束后，活动记录应当及时披露或以本所规定的其他方式公开。

第七节 社会责任

4.7.1 上市公司应当积极承担社会责任，维护公共利益，保障生产及产品安全、维护员工与其他利益相关者合法权益。

4.7.2 上市公司应当根据自身生产经营模式，遵守产品安全法律法规和行业标准，建立安全可靠的生产环境和生产流程，切实承担生产及产品安全保障责任。

4.7.3 上市公司应当积极践行绿色发展理念，将生态环保要求融入发展战略和公司治理过程，并根据自身生产经营特点和实际情况，承担环境保护责任。

4.7.4 上市公司应当严格遵守科学伦理规范，尊重科学精神，恪守应有的价值观念、社会责任和行为规范，弘扬科学技术的正面效应。

上市公司在生命科学、人工智能、信息技术、生态环境、新材料等科技创新领域，避免研究、开发和使用危害自然环境、生命健康、公共安全、伦理道德的科学技术，不得以侵犯个人基本权利或者损害社会公共利益等方式从事研发和经营活动。

第五章　信息披露一般规定

第一节　信息披露基本原则

5.1.1　上市公司及相关信息披露义务人应当及时、公平地披露所有可能对公司股票交易价格、投资者投资决策产生较大影响的信息，并保证信息披露内容的真实、准确、完整，不存在虚假记载、误导性陈述或重大遗漏。

5.1.2　上市公司的董事、监事、高级管理人员应当忠实、勤勉地履行职责，保证公司及时、公平地披露信息，所披露的信息真实、准确、完整。

5.1.3　保荐机构、会计师事务所、律师事务所、其他证券服务机构及其从业人员根据本所业务规则的规定，对所出具文件的真实性、准确性、完整性负责。

5.1.4　上市公司及相关信息披露义务人披露的信息应当以客观事实或者具有事实基础的判断和意见为基础，如实反映客观情况，不得有虚假记载和不实陈述。

5.1.5　上市公司及相关信息披露义务人披露的信息应当使用明确、贴切的语言和简明扼要、通俗易懂的文字，内容应易于理解，不得含有任何宣传、广告、恭维或者夸大等性质的词句，不得有误导性陈述。

公司披露预测性信息及其他涉及公司未来经营和财务状况等信息时，应当合理、谨慎、客观，并充分披露相关信息所涉及的风险因素，以明确的警示性文字提示投资者可能出现的风险和不确定性。

5.1.6　上市公司及相关信息披露义务人披露的信息应当内容完整、文件齐备，格式符合规定要求，不得有重大遗漏。

5.1.7　上市公司及相关信息披露义务人应当在本规则规定的期限内披露重大信息。

5.1.8　上市公司及相关信息披露义务人应当同时向所有投资者公开披露重大信息，确保所有投资者可以平等地获取同一信息，不得实行差别对待政策，不得提前向特定对象单独披露、透露或者泄露未公开的重大信息。

上市公司向股东、实际控制人及其他第三方报送文件，涉及尚未公开的重大信息的，应当按照本规则予以披露。

第二节　信息披露一般要求

5.2.1　上市公司及相关信息披露义务人披露的信息包括定期报告和临时报告。

5.2.2　发生可能对公司股票交易价格、投资者投资决策产生较大影响的重大事件，上市公司及相关信息披露义务人应当及时披露临时报告。

除监事会公告外，临时报告应当加盖董事会公章并由公司董事会发布。

5.2.3　上市公司及相关信息披露义务人按照本所业务规则披露的信息，应当在规定信息披露平台发布。上市公司在其他媒体披露信息的时间不得早于在规定信息披露平台披露的时间。

上市公司同时有证券在境外证券交易所上市的，其在境外证券交易所披露的信息应当在规定信息披露平台同时披露。

5.2.4　上市公司应当在重大事件最先触及下列任一时点后，及时履行首次披露义务：

（一）董事会或者监事会作出决议时；

（二）有关各方签署意向书或协议时；

（三）董事、监事或者高级管理人员知悉或者应当知悉该重大事件发生时。

上市公司筹划的重大事项存在较大不确定性，立即披露可能会损害公司利益或者误导投资者，且有关内幕信息知情人已书面承诺保密的，公司可以暂不披露，但最迟应当在该重大事项形成最终决议、签署最终协议、交易确定能够达成时对外披露。

相关信息确实难以保密、已经泄露或者出现市场传闻，导致公司股票交易价格发生大幅波动的，公司应当立即披露相关筹划和进展情况。

5.2.5　上市公司筹划重大事项，持续时间较长的，应当按照重大性原则，分阶段披露进展情况，及时提示相关风险，不得仅以相关事项结果尚不确定为由不予披露。

5.2.6　上市公司和相关信息披露义务人确有需要的，可以在非交易时段对外发布重大信息，但应当在下一交易时段开始前披露相关公告，不得以新闻发布或者答记者问等形式替代信息披露。

5.2.7　上市公司履行首次披露义务时，应当按照本所业务规则披露重大事件的起因、目前的状态和可能产生的法律后果等。编制公告时相关事实尚未发生的，公司应当客观公告既有事实，待相关事实发生后，再按照要求披露重大事件的进展情况。

上市公司已披露的重大事件出现可能对上市公司股票交易价格或投资者决策产生较大影响的进展或者变化的，应当及时披露进展或者变化情况，包括协议执行发生重大变化、被有关部门批准或否决、无法交付过户等。

5.2.8　上市公司控股子公司发生本规则规定的重大事项，视同上市公司的重大事项，适用本规则。

上市公司参股公司发生本规则规定的重大事项，可能对上市公司股票交易价格或投资者决策产生较大影响的，上市公司应当参照本规则履行信息披露义务。

5.2.9　上市公司发生的或者与之有关的事件没有达到本规则规定的披露标准，或者本规则没有具体规定，但公司董事会认为该事件可能对上市公司股票交易价格或投资者决策产生较大影响的，公司应当及时披露。

5.2.10　除依法或者按照本所业务规则需要披露的信息外，上市公司及相关信息披露义务人可以自愿披露与投资者作出价值判断和投资决策有关的信息。

上市公司及相关信息披露义务人进行自愿性信息披露的，应当遵守公平信息披露原则，保持信息披露的完整性、持续性和一致性，避免选择性信息披露，不得与依法披露的信息相冲突，不得误导投资者，不得利用自愿性信息披露从事市场操纵、内幕交易或者其他违法违规行为。已披露的信息发生重大变化，有可能影响投资决策的，应当及时披露进展公告，直至该事项完全结束。

上市公司及相关信息披露义务人自愿披露信息的，在发生类似事件时，应当按照同一标准予以披露。

5.2.11　上市公司及相关信息披露义务人拟披露的信息属于商业秘密、商业敏感信息，按照本规则披露或者履行相关义务可能引致不当竞争、损害公司及投资者利益或者误导投资者的，可以按照本所相关规定暂缓或者豁免披露该信息。

拟披露的信息被依法认定为国家秘密，按本规则披露或者履行相关义务可能导致其违反法律法规或危害国家安全的，可以按照本所相关规定豁免披露。

上市公司和相关信息披露义务人应当审慎确定信息披露暂缓、豁免事项，不得随意扩大暂缓、豁免事项的范围。暂缓披露信息的，相关内幕信息知情人应当书面承诺做好保密；已经泄露的，应当及时披露。

5.2.12　上市公司及相关信息披露义务人适用本所相关信息披露要求，可能导致其难以反映经营活动的实际情况、难以符合行业监管要求等有关规定的，可以向本所申请调整适用，但应充分说明原因和替代方案。

本所认为不应当调整适用的，上市公司及相关信息披露义务人应当执行本所相关规定。

5.2.13　上市公司应当结合所属行业的特点，按照中国证监会和本所相关规定，充分披露行业经营信息，便于投资者合理决策。

5.2.14　上市公司应当充分披露可能对公司核心竞争力、经营活动和未来发展产生重大不利影响的风险因素。

公司尚未盈利的，应当充分披露尚未盈利的成因，以及对公司现金流、业务拓展、人才吸引、团队稳定性、研发投入、战略性投入、生产经营可持续性等方面的影响。

第三节　信息披露监管方式

5.3.1　本所根据有关法律法规、本所业务规则，对上市公司和相关信息披露义务人的信息披露文件进行形式审查，对其内容的真实性不承担责任。

5.3.2　本所对上市公司及相关信息披露义务人的信息披露文件进行审查，发现存在问题的，可以采用要求说明、公开问询等方式，要求上市公司及相关信息披露义务人、保荐机构和其他证券服务机构等相关主体进行解释、说明、更正和补充，相关主体应当及时回复，并保证回复内容的真实、准确、完整。

5.3.3　本所可以根据监管需要调阅、检查工作底稿、证券业务活动记录及相关资料，相关主体应当积极配合。

5.3.4　上市公司董事、监事、高级管理人员应当对公司信息披露的真实性、准确性、完整性、及时性、公平性负责，但有充分证据表明其已经履行勤勉尽责义务的除外。

上市公司董事长、经理、董事会秘书，应当对公司临时报告的真实性、准确性、完整性、及时性、公平性承担主要责任。

上市公司董事长、经理、财务负责人应当对公司财务会计报告的真实性、准确性、完整性、及时性、公平性承担主要责任。

第四节　信息披露事务管理

5.4.1　上市公司应当制定信息披露事务管理制度，经董事会审议并披露。信息披露事务管理制度应当包括：

（一）公司应当披露的信息和披露标准；

（二）未公开信息的传递、审核、披露流程；

（三）董事和董事会、监事和监事会、高级管理人员等在信息披露中的职责；

（四）董事、监事、高级管理人员履行职责的记录和保管制度；

（五）未公开信息的保密措施，内幕信息知情人的范围和保密责任；

（六）财务管理和会计核算的内部控制及监督机制；

（七）对外发布信息的申请、审核、发布流程，与投资者、证券服务机构、媒体等的信息沟通制度；

（八）信息披露相关文件、资料的档案管理；

（九）控股子公司的信息披露事务管理和报告制度；

（十）未按规定披露信息的责任追究机制，对违反规定人员的处理措施。

5.4.2　公司董事长对信息披露事务管理承担首要责任。上市公司董事会秘书负责组织和协调信息披露管理事务，应当积极督促公司制定、完善和执行信息披露事务管理制度，做好相关信息披露工作。

上市公司董事、监事、高级管理人员应当勤勉尽责，关注信息披露文件的编制情况，保证定期报告、临时报告在规定期限内披露，配合上市公司履行信息披露义务。

5.4.3　上市公司应当制定董事、监事、高级管理人员以及其他相关人员对外发布信息的内部规范，明确发布程序、方式和未经董事会许可不得对外发布的事项等。

5.4.4　上市公司和相关信息披露义务人通过业绩说明会、分析师会议、路演、接受投资者调研等形式，与任何机构和个人进行沟通时，不得提供公司尚未公开的重大信息。

5.4.5　上市公司及相关信息披露义务人应当密切关注媒体关于公司的报道，以及公司股票交易情况，及时向相关主体了解事实情况。

5.4.6　上市公司股东、实际控制人、收购人等相关信息披露义务人应当严格履行信息披露义务，及时告知上市公司控制权变更、权益变动和其他重大事项，主动配合公司履行信息披露义务，并保证披露的信息真实、准确、完整，不得有虚假记载、误导性陈述或者重大遗漏，不得要求或者协助公司隐瞒重要信息。

相关信息披露义务人通过上市公司披露信息的，上市公司应当予以协助。

5.4.7　上市公司及相关信息披露义务人应当配合为其提供服务的中介机构的工作，按要求提供与其执业相关的材料，不得要求中介机构出具与客观事实不符的文件或阻碍其工作。

上市公司在经营状况、公司治理、财务等方面发生重大变化的，应当及时告知保荐机构，并履行信息披露义务。

5.4.8　上市公司应当建立内幕信息管理制度。上市公司及其董事、监事、高级管理人员和其他内幕信息知情人在信息披露前，应当将内幕信息知情人控制在最小范围。

内幕信息知情人在内幕信息公开前，不得买卖公司股票、泄露内幕信息或者建议他人买卖公司股票。

5.4.9　上市公司应当按照中国证监会和本所相关规定，对内幕信息知情人进行登记管理，在披露以下重大事项时，应当按照本所相关规定报备内幕信息知情人档案：

（一）年度报告、中期报告；

（二）证券发行；

（三）股份回购；

（四）重大资产重组；

（五）公司被收购；

（六）公司合并、分立；

（七）申请转板或向境外其他证券交易所申请股票上市；

（八）中国证监会和本所规定其他重大事项。

公司披露重大事项后，相关事项发生重大变化的，应当及时向本所补充报送内幕信息知情人档案。

第六章　定期报告

第一节　定期报告编制和披露要求

6.1.1　上市公司应当披露的定期报告包括年度报告、中期报告和季度报告。

6.1.2　上市公司应当按照中国证监会和本所相关规定编制并披露定期报告，并按照《企业会计准则》的要求编制财务报告。

上市公司应当按照中国证监会和本所行业信息披露相关规定的要求在年度报告中披露相应信息。

6.1.3　上市公司应当在规定的期限内编制并披露定期报告，在每个会计年度结束之日起4个月内编制并披露年度报告，在每个会计年度的上半年结束之日起2个月内编制并披露中期报告；在每个会计年度前3个月、9个月结束后的1个月内编制并披露季度报告。第一季度报告的披露时间不得早于上一年的年度报告。

公司预计不能在规定期限内披露定期报告的，应当及时向本所报告，并公告不能按期披露的原因、解决方案及延期披露的最后期限。

6.1.4　上市公司应当向本所预约定期报告的披露时间，本所根据预约情况统筹安排。

上市公司应当按照本所安排的时间披露定期报告，因故需要变更披露时间的，根据本所相关规定办理。

6.1.5　上市公司年度报告的财务报告应当经符合《证券法》规定的会计师事务所审计。上市公司不得随意变更会计师事务所，如确需变更的，应当由董事会审议后提交股东大会审议。

上市公司拟实施送股或者以资本公积转增股本的，所依据的中期报告或者季度报告的财务报告应当经符合《证券法》规定的会计师事务所审计。仅实施现金分红的，可免于审计。

6.1.6　上市公司董事会应当编制和审议定期报告，确保公司定期报告按时披露。董事会因故无法对定期报告形成决议的，应当以董事会公告的方式披露具体原因和存在的风险，并披露独立董事意见。

上市公司不得披露未经董事会审议通过的定期报告，董事会已经审议通过的，不得以董事、高级管理人员对定期报告内容有异议为由不按时披露定期报告。

6.1.7　上市公司监事会应当对董事会编制的定期报告进行审核并提出书面审核意见，说明董事会对定期报告的编制和审核程序是否符合法律法规、中国证监会和本所的规定，报告的内容是否能够真实、准确、完整地反映公司实际情况。

6.1.8　上市公司董事、监事、高级管理人员应当对公司定期报告签署书面确认意见。董事、监事、高级管理人员不得以任何理由拒绝对定期报告签署书面意见。

上市公司董事、监事和高级管理人员无法保证定期报告内容的真实性、准确性、完整性或者有异议的，应当在书面确认意见中发表意见并陈述理由，公司应当在定期报告中披露相关情况。公司不予披露的，董事、监事和高级管理人员可以直接申请披露。

6.1.9　上市公司财务会计报告被会计师事务所出具非标准审计意见的，按照中国证监会关于非标准审计意见处理的相关规定，公司在披露定期报告的同时，应当披露下列文件：

（一）董事会对审计意见涉及事项的专项说明和决议；

（二）独立董事对审计意见涉及事项发表的意见；

（三）监事会对董事会专项说明的意见和决议；

（四）会计师事务所和注册会计师出具的专项说明；

（五）中国证监会和本所要求的其他文件。

6.1.10 上市公司财务报告的非标准审计意见涉及事项属于违反会计准则及相关信息披露规范性规定的，上市公司应当对有关事项进行纠正，并及时披露纠正后的财务会计资料和会计师事务所出具的审计报告或专项鉴证报告等有关材料。

6.1.11 上市公司定期报告存在差错或者虚假记载，被有关机构要求改正或者董事会决定更正的，应当在被要求改正或者董事会作出相应决定后，按照中国证监会关于财务信息更正与披露的相关规定及时披露。

第二节 业绩预告和业绩快报

6.2.1 上市公司定期报告披露前出现业绩泄露，或者出现业绩传闻且公司股票交易出现异常波动的，应当及时披露业绩快报。

上市公司预计不能在会计年度结束之日起 2 个月内披露年度报告的，应当在该会计年度结束之日起 2 个月内披露业绩快报。

业绩快报中的财务数据包括但不限于营业收入、净利润、总资产、净资产以及净资产收益率。

6.2.2 上市公司在年度报告披露前，预计上一会计年度净利润发生重大变化的，应当在本所规定的时间内进行业绩预告；预计半年度和季度净利润发生重大变化的，可以进行业绩预告。

业绩预告应当披露净利润的预计值以及重大变化的原因。重大变化的情形包括净利润同比变动超过 50%且大于 500 万元、发生亏损或者由亏损变为盈利。

6.2.3 上市公司因本规则第 10.3.1 条规定的情形，其股票被实施退市风险警示的，应当在会计年度结束之日起两个月内预告全年营业收入、净利润、扣除非经常性损益后的净利润和净资产。

6.2.4 公司业绩快报、业绩预告中的财务数据与实际数据差异幅度达到 20%以上的，应当及时披露修正公告，并在修正公告中向投资者致歉、说明差异的原因。

第七章 应披露的交易

第一节 重大交易

7.1.1 本章所称“交易”包括下列事项：

（一）购买或者出售资产；

（二）对外投资（含委托理财、对子公司投资等，设立或者增资全资子公司及购买银行理财产品除外）；

（三）提供担保（即上市公司为他人提供的担保，含对控股子公司的担保）；

（四）提供财务资助；

（五）租入或者租出资产；

（六）签订管理方面的合同（含委托经营、受托经营等）；

（七）赠与或者受赠资产；

（八）债权或者债务重组；

（九）研究与开发项目的转移；

（十）签订许可协议；

（十一）放弃权利；

（十二）中国证监会及本所认定的其他交易。

上述购买或者出售资产，不包括购买原材料、燃料和动力，以及出售产品或者商品等与日常经营相关的交易行为。

7.1.2 上市公司发生的交易（除提供担保、提供财务资助外）达到下列标准之一的，应当及时披露：

（一）交易涉及的资产总额（同时存在账面值和评估值的，以孰高为准）占上市公司最近一期经审计总资产的10%以上；

（二）交易的成交金额占上市公司最近一期经审计净资产的10%以上，且超过1000万元；

（三）交易标的（如股权）最近一个会计年度相关的营业收入占上市公司最近一个会计年度经审计营业收入的10%以上，且超过1000万元；

（四）交易产生的利润占上市公司最近一个会计年度经审计净利润的10%以上，且超过150万元；

（五）交易标的（如股权）最近一个会计年度相关的净利润占上市公司最近一个会计年度经审计净利润的10%以上，且超过150万元。

上述指标计算中涉及的数据如为负值，取其绝对值计算。

7.1.3 上市公司发生的交易（除提供担保、提供财务资助外）达到下列标准之一的，应当提交股东大会审议：

（一）交易涉及的资产总额（同时存在账面值和评估值的，以孰高为准）占上市公司最近一期经审计总资产的50%以上；

（二）交易的成交金额占上市公司最近一期经审计净资产的50%以上，且超过5000万元；

（三）交易标的（如股权）最近一个会计年度相关的营业收入占上市公司最近一个会计年度经审计营业收入的50%以上，且超过5000万元；

（四）交易产生的利润占上市公司最近一个会计年度经审计净利润的50%以上，且超过750万元；

（五）交易标的（如股权）最近一个会计年度相关的净利润占上市公司最近一个会计年度经审计净利润的50%以上，且超过750万元。

上述指标计算中涉及的数据如为负值，取其绝对值计算。

7.1.4　本规则第7.1.2条和第7.1.3条规定的成交金额，是指支付的交易金额和承担的债务及费用等。

交易安排涉及未来可能支付或者收取对价的、未涉及具体金额或者根据设定条件确定金额的，预计最高金额为成交金额。

7.1.5　上市公司与同一交易方同时发生本规则第7.1.1条规定的同一类别且方向相反的交易时，应当按照其中单向金额适用本规则第7.1.2条或者第7.1.3条。

7.1.6　上市公司发生股权交易，导致公司合并报表范围发生变更的，应当以该股权所对应公司的相关财务指标作为计算基础，适用本规则第7.1.2条或者第7.1.3条。

前述股权交易未导致合并报表范围发生变更的，应当按照上市公司所持权益变动比例计算相关财务指标，适用本规则第7.1.2条或者第7.1.3条。

7.1.7　上市公司直接或者间接放弃控股子公司股权的优先受让权或增资权，导致子公司不再纳入合并报表的，应当视为出售股权资产，以该股权所对应公司相关财务指标作为计算基础，适用本规则第7.1.2条或者第7.1.3条。

上市公司部分放弃控股子公司或者参股子公司股权的优先受让权或增资权，未导致合并报表范围发生变更，但是公司持股比例下降，应当按照公司所持权益变动比例计算相关财务指标，适用本规则第7.1.2条或者第7.1.3条。

上市公司对其下属非公司制主体放弃或部分放弃收益权的，参照适用前两款规定。

7.1.8　除提供担保、提供财务资助和委托理财等本所业务规则另有规定事项外，上市公司进行本规则第7.1.1条规定的同一类别且与标的相关的交易时，应当按照连续12个月累计计算的原则，适用本规则第7.1.2条或者第7.1.3条。

已经按照本章规定履行相关义务的，不再纳入相关的累计计算范围。

7.1.9　上市公司提供财务资助，应当以发生额作为成交金额，适用本规则第7.1.2条或者第7.1.3条。

7.1.10　上市公司连续12个月滚动发生委托理财的，以该期间最高余额为成交额，适用本规则第7.1.2条或者第7.1.3条。

7.1.11　上市公司提供担保的，应当提交公司董事会审议并对外披露。董事会审议担保事项时，必须经出席董事会会议的三分之二以上董事审议同意。

符合以下情形之一的，还应当提交公司股东大会审议：

（一）单笔担保额超过上市公司最近一期经审计净资产10%的担保；

（二）上市公司及其控股子公司提供担保的总额，超过上市公司最近一期经审计净资产50%以后提供的任何担保；

（三）为资产负债率超过70%的担保对象提供的担保；

（四）按照担保金额连续12个月累计计算原则，超过上市公司最近一期经审计总资产30%的担保；

（五）中国证监会、本所或者公司章程规定的其他担保。

股东大会审议前款第四项担保事项时，必须经出席会议的股东所持表决权的三分之二以上通过。

7.1.12　上市公司为全资子公司提供担保，或者为控股子公司提供担保且控股子公司其他股东按所享有的权益提供同等比例担保，不损害公司利益的，可以豁免适用本规则第7.1.11条第二款第一至三项的规定，但是公司章程另有规定除外。上市公司应当在年度报告和中期报告中汇总披露前述担保。

7.1.13　本规则所称提供财务资助，是指上市公司及其控股子公司有偿或无偿对外提供资金、委托贷款等行为。

上市公司资助对象为控股子公司的，不适用本规则第7.1.14条和第7.1.15条关于财务资助的规定。

7.1.14　上市公司提供财务资助，应当经出席董事会会议的三分之二以上董事同意并作出决议，及时履行信息披露义务。

上市公司对外提供财务资助事项属于下列情形之一的，经董事会审议通过后还应当提交公司股东大会审议：

（一）被资助对象最近一期的资产负债率超过70%；

（二）单次财务资助金额或者连续12个月内累计提供财务资助金额超过公司最近一期经审计净资产的10%；

（三）中国证监会、本所或者公司章程规定的其他情形。

7.1.15　上市公司不得为董事、监事、高级管理人员、控股股东、实际控制人及其控制的企业等关联方提供资金等财务资助。

对外财务资助款项逾期未收回的，上市公司不得对同一对象继续提供财务资助或者追加财务资助。

7.1.16　上市公司单方面获得利益的交易，包括受赠现金资产、获得债务减免、接受担保和资助等，可免于按照本规则第7.1.2条或者第7.1.3条的规定披露或审议。

7.1.17　交易标的为股权且达到本规则第7.1.3条规定标准的，上市公司应当提供交易标的最近一年又一期财务报告的审计报告；交易标的为股权以外的非现金资产的，应当提供评估报告。经审计的财务报告截止日距离审计报告使用日不得超过6个月，评估报告的评估基准日距离评估报告使用日不得超过一年。

前款规定的审计报告和评估报告应当由符合《证券法》规定的证券服务机构出具。交易虽未达到本规则第7.1.3条规定的标准，但是本所认为有必要的，上市公司应当提供审计或者评估报告。

7.1.18　上市公司购买、出售资产交易，涉及资产总额或者成交金额连续12个月内累计计算超过上市公司最近一期经审计总资产30%的，应当比照本规则第7.1.17条的规定提供评估报告或者审计报告，并提交股东大会审议，经出席会议的股东所持表决权的三分之二以上通过。

已按照前款规定履行相关义务的，不再纳入相关的累计计算范围。

7.1.19　上市公司与其控股子公司发生的或者上述控股子公司之间发生的交易，除另有规定或者损害股东合法权益的以外，免于按照本规则第7.1.2条或者第7.1.3条的规定披露或审议。

未盈利的上市公司可以豁免适用本规则第7.1.2条或第7.1.3条的净利润指标。

第二节　关联交易

7.2.1　上市公司的关联交易，是指上市公司或者其控股子公司等其他主体与上市公司关联方发生本规则第7.1.1条规定的交易和日常经营范围内发生的可能引致资源或者义务转移的事项。

7.2.2　上市公司应当采取有效措施防止关联方以垄断采购或者销售渠道等方式干预公司的经营，损害公司利益。关联交易应当具有商业实质，价格应当公允，原则上不偏离市场独立第三方的价格或者收费标准等交易条件。上市公司及其关联方不得利用关联交易输送利益或者调节利润，不得以任何方式隐瞒关联关系。

上市公司应当与关联方就关联交易签订书面协议。协议的签订应当遵循平等、自愿、等价、有偿的原则，协议内容应当明确、具体、可执行。

7.2.3　上市公司董事、监事、高级管理人员、持股5%以上的股东及其一致行动人、实际控制人，应当将与其存在关联关系的关联方情况及时告知上市公司。上市公司应当建立并及时更新关联方名单，确保关联方名单真实、准确、完整。

7.2.4　上市公司应当根据法律法规、本所业务规则在公司章程中规定关联交易的回避表决要求，规范履行审议程序，并在董事会、股东大会决议公告中披露关联交易的表决情况及表决权回避制度的执行情况。

7.2.5　上市公司发生符合以下标准的关联交易（除提供担保外），应当及时披露：

（一）公司与关联自然人发生的成交金额在30万元以上的关联交易；

（二）与关联法人发生的成交金额占公司最近一期经审计总资产0.2%以上的交易，且超过300万元。

7.2.6　上市公司与关联方发生的成交金额（除提供担保外）占公司最近一期经审计总资产2%以上且超过3000万元的交易，应当比照本规则第7.1.17条的规定提供评估报告或者审计报告，提交股东大会审议。与日常经营相关的关联交易可免于审计或者评估。

关联交易事项提交董事会审议前，应当取得独立董事事前认可意见。独立董事事前认可意见应当取得全体独立董事的半数以上同意，并在关联交易公告中披露。

7.2.7 上市公司为关联方提供担保的，应当具备合理的商业逻辑，在董事会审议通过后及时披露，提交股东大会审议。

上市公司为控股股东、实际控制人及其关联方提供担保的，控股股东、实际控制人及其关联方应当提供反担保。

7.2.8 对于每年与关联方发生的日常性关联交易，上市公司可以在披露上一年度报告之前，对本年度将发生的关联交易总金额进行合理预计，根据预计金额分别适用本规则第7.2.5条或者第7.2.6条的规定提交董事会或者股东大会审议。对于预计范围内的关联交易，公司应当在年度报告和中期报告中予以分类，列表披露执行情况并说明交易的公允性。

实际执行超出预计金额的，上市公司应当就超出金额所涉及事项履行相应审议程序并披露。

7.2.9 上市公司应当对下列交易，按照连续12个月内累计计算的原则，分别适用本规则第7.2.5条、第7.2.6条：

（一）与同一关联方进行的交易；

（二）与不同关联方进行交易标的类别相关的交易。

上述同一关联方，包括与该关联方受同一实际控制人控制，或者存在股权控制关系，或者由同一自然人担任董事或高级管理人员的法人或其他组织。

已经按照本章规定履行相关义务的，不再纳入累计计算范围。

7.2.10 上市公司与关联方进行下列关联交易时，可以免予按照关联交易的方式进行审议和披露：

（一）一方以现金方式认购另一方公开发行的股票、公司债券或者企业债券、可转换公司债券或者其他衍生品种；

（二）一方作为承销团成员承销另一方公开发行股票、公司债券或者企业债券、可转换公司债券或者其他衍生品种；

（三）一方依据另一方股东大会决议领取股息、红利或者报酬；

（四）一方参与另一方公开招标或者拍卖，但是招标或者拍卖难以形成公允价格的除外；

（五）上市公司单方面获得利益的交易，包括受赠现金资产、获得债务减免、接受担保和资助等；

（六）关联交易定价为国家规定的；

（七）关联方向上市公司提供资金，利率水平不高于中国人民银行规定的同期贷款基准利率，且上市公司对该项财务资助无相应担保的；

（八）上市公司按与非关联方同等交易条件，向董事、监事、高级管理人员提供产品和服务的；

（九）中国证监会、本所认定的其他交易。

第八章　应披露的其他重大事项

第一节　股票异常波动和传闻澄清

8.1.1　上市公司股票交易出现本所业务规则规定或者本所认定的异常波动的，本所可以根据异常波动程度和监管需要，采取下列措施：

（一）要求上市公司披露股票交易异常波动公告；

（二）要求上市公司停牌核查并披露核查公告；

（三）向市场提示异常波动股票投资风险；

（四）本所认为必要的其他措施。

8.1.2　上市公司股票交易出现本所业务规则规定或本所认定的异常波动的，公司应当于次一交易日开盘前披露异常波动公告。如次一交易日开盘前无法披露，上市公司应当向本所申请停牌直至披露后复牌。

保荐机构应当督促上市公司按照本节规定及时进行核查，履行相应信息披露义务。

8.1.3　上市公司异常波动公告应当包括以下内容：

（一）股票交易异常波动的具体情况；

（二）对信息披露相关重要问题的关注、核实情况说明；

（三）是否存在应当披露而未披露重大信息的声明；

（四）董事会核实公司及控股股东、实际控制人、董事、监事、高级管理人员异常波动期间是否存在交易公司股票的情况；

（五）向市场提示异常波动股票投资风险；

（六）本所要求的其他内容。

8.1.4　上市公司和相关信息披露义务人应当密切关注公共媒体关于公司的重大报道、市场传闻（以下统称传闻）。相关传闻可能或者已经对公司股票交易价格或者投资决策产生较大影响的，公司应当及时核实，并视情况披露或者澄清。

本所认为相关传闻可能对公司股票交易价格产生较大影响的，可以要求公司予以核实、澄清。公司应当在本所要求的期限内核实，及时披露传闻澄清公告。

第二节　股份质押和司法冻结

8.2.1　上市公司任一股东所持公司5%以上的股份被质押、冻结、司法拍卖、托管、设定信托或者被依法限制表决权的，应当及时通知公司并予以披露。

8.2.2　对于股份质押的情形，应当说明质押股东和质押权人基本情况，股份质押基本情况及质押登记办理情况等。质押股东是上市公司控股股东、实际控制人及其一致行动人的，还应当说明股份质押的目的、资金偿还能力、可能引发的风险及应对措施等。

对于股份司法冻结的情形，应当说明股份冻结基本情况，并说明是否可能导致上市公司控制权发生变化。被冻结人是上市公司控股股东、实际控制人及其一致行动人的，还应当披露股份冻结对上市公司控制权稳定和日常经营的影响，是否存在侵害公司利益的情形以及其他未披露重大风险，被冻结人拟采取的应对措施等。

8.2.3 上市公司控股股东、实际控制人及其一致行动人质押股份占其所持股份的比例达到50%以上，以及之后质押股份的，应当及时通知公司，并披露质押股份情况、质押融资款项的最终用途及资金偿还安排。

8.2.4 上市公司控股股东、实际控制人及其一致行动人出现质押处置风险的，还应当披露以下事项：

（一）是否可能导致上市公司控制权发生变更；

（二）拟采取的措施，如补充质押、提前还款、提前购回被质押股份、暂不采取措施等；

（三）可能面临的相关风险。

控股股东、实际控制人及其一致行动人质押股份被强制处置或处置风险解除的，应当持续披露进展。

第三节 其他应当披露的重大事项

8.3.1 上市公司董事会就股票发行、申请转板或向境外其他证券交易所申请股票上市、或者发行其他证券品种作出决议，应当自董事会决议之日起及时披露相关公告。

8.3.2 上市公司应当及时披露下列重大诉讼、仲裁：

（一）涉案金额超过1000万元，且占公司最近一期经审计净资产绝对值10%以上；

（二）股东大会、董事会决议被申请撤销或者宣告无效；

（三）可能对公司控制权稳定、生产经营或股票交易价格产生较大影响的其他诉讼、仲裁；

（四）本所认为有必要的其他情形。

上市公司发生的重大诉讼、仲裁事项应当采取连续12个月累计计算的原则，经累计计算达到前款标准的，适用前款规定。已经按照上述规定履行披露义务的，不再纳入累计计算范围。

上市公司应当及时披露重大诉讼、仲裁事项的重大进展情况及其对公司的影响，包括但不限于诉讼案件的一审和二审判决结果、仲裁裁决结果，以及判决、裁决执行情况等。

8.3.3 上市公司应当在董事会审议通过利润分配或资本公积转增股本方案后，及时披露方案具体内容，并于实施方案的股权登记日前披露方案实施公告。

8.3.4 限售股份在解除限售前，上市公司应当按照本所相关规定披露相关公告。

8.3.5 直接或间接持有公司5%以上股份的股东，所持股份占上市公司总股本的比例每增加或减少5%时，投资者应当按规定及时告知公司，并配合上市公司履行信息披露义务。上市公司应当及时披露股东持股变动情况。投资者及其一致行动人已按照《上市公司收购管理办法》的规定披露权益变动报告书等文件的，上市公司可以简化披露持股变动情况。

8.3.6 上市公司和相关信息披露义务人披露承诺事项的，应当严格遵守其披露的承诺事项。

上市公司应当及时披露承诺事项的履行进展情况。公司未履行承诺的，应当及时披露原因及相关当事人可能承担的法律责任；相关信息披露义务人未履行承诺的，公司应当主动询问，并及时披露原因以及董事会拟采取的措施。

8.3.7 上市公司出现下列重大风险情形之一的，应当自事实发生之日起及时披露：

（一）停产、主要业务陷入停顿；

（二）发生重大债务违约；

（三）发生重大亏损或重大损失；

（四）主要资产被查封、扣押、冻结，主要银行账号被冻结；

（五）公司董事会、股东大会无法正常召开会议并形成决议；

（六）董事长或者经理无法履行职责，控股股东、实际控制人无法取得联系；

（七）公司其他可能导致丧失持续经营能力的风险。

上述风险事项涉及具体金额的，比照适用本规则第7.1.2条的规定。

8.3.8 上市公司出现以下情形之一的，应当自事实发生或董事会决议之日起及时披露：

（一）变更公司名称、证券简称、公司章程、注册资本、注册地址、主要办公地址、联系电话等，其中公司章程发生变更的，还应在股东大会审议通过后披露新的公司章程；

（二）经营方针和经营范围发生重大变化；

（三）上市公司控股股东、实际控制人及其一致行动人，或第一大股东发生变更；

（四）上市公司控股股东、实际控制人及其关联方占用公司资金；

（五）上市公司控股股东、实际控制人及其控制的其他企业从事与公司相同或者相似业务的情况发生较大变化；

（六）法院裁定禁止控股股东、实际控制人转让其所持上市公司股份；

（七）上市公司董事、监事、高级管理人员发生变动；

（八）上市公司减资、合并、分立、解散及申请破产，或者依法进入破产程序、被责令关闭；

（九）订立重要合同、获得大额政府补贴等额外收益，可能对公司的资产、负债、权益和经营成果产生重大影响；

（十）上市公司提供担保，被担保人于债务到期后 15 个交易日内未履行偿债义务，或者被担保人出现破产、清算或其他严重影响其偿债能力的情形；

（十一）营业用主要资产的抵押、质押、出售或者报废一次超过该资产的 30%；

（十二）上市公司发生重大债务；

（十三）上市公司变更会计政策、会计估计（法律法规或者国家统一会计制度要求的除外），变更会计师事务所；

（十四）上市公司或其控股股东、实际控制人、董事、监事、高级管理人员被纳入失信联合惩戒对象；

（十五）上市公司取得或丧失重要生产资质、许可、特许经营权，或生产经营的外部条件、行业政策发生重大变化；

（十六）上市公司涉嫌违法违规被中国证监会及其派出机构或其他有权机关调查，被移送司法机关或追究刑事责任，受到对公司生产经营有重大影响的行政处罚，或者被中国证监会及其派出机构采取行政监管措施或行政处罚；

（十七）上市公司董事、监事、高级管理人员、控股股东或实际控制人涉嫌违法违规被中国证监会及其派出机构或其他有权机关调查、采取留置、强制措施或者追究重大刑事责任，被中国证监会及其派出机构处以证券市场禁入、认定为不适当人员等监管措施或行政处罚，受到对公司生产经营有重大影响的其他行政处罚；或者因身体、工作安排等原因无法正常履行职责达到或者预计达 3 个月以上；

（十八）因已披露的信息存在差错、虚假记载或者未按规定披露，被有关机构要求改正或者经董事会决定进行更正；

（十九）法律法规规定的，或者中国证监会、本所认定的其他情形。

上述事项涉及具体金额的，应当比照适用本规则第 7.1.2 条的规定。

上市公司发生第一款第十六、十七项规定情形，可能触及本规则第十章规定的重大违法类强制退市情形的，还应当同时披露可能被实施重大违法类强制退市的风险提示公告。

上市公司发生违规对外担保，或者资金、资产被控股股东、实际控制人及其关联方占用的，应当披露相关事项的整改进度情况。

8.3.9　上市公司出现以下情形之一的，应当自事实发生或董事会决议之日起及时披露：

（一）开展与主营业务行业不同的新业务；

（二）重要在研产品或项目取得阶段性成果或研发失败；

（三）主要产品或核心技术丧失竞争优势。

第四节　股权激励与员工持股计划

8.4.1　上市公司以限制性股票、股票期权实行股权激励，应当遵守《上市公司股权激励管理办法》《持续监管办法》和中国证监会其他相关规定，以及本所业务规则。

8.4.2　激励对象可以包括上市公司的董事、高级管理人员、核心技术人员或者核心业务人员（经法定程序认定的核心员工），以及公司认为应当激励的对公司经营业绩和未来发展有直接影响的其他员工，独立董事和监事除外。

单独或合计持有上市公司5%以上股份的股东或实际控制人及其配偶、父母、子女以及上市公司外籍员工，在上市公司担任董事、高级管理人员、核心技术人员或者核心业务人员的，可以成为激励对象。上市公司应当充分说明前述人员成为激励对象的必要性、合理性。

下列人员不得成为激励对象：

（一）最近12个月内被证券交易所认定为不适当人选；

（二）最近12个月内被中国证监会及其派出机构认定为不适当人选；

（三）最近12个月内因重大违法违规行为被中国证监会及其派出机构行政处罚或者采取市场禁入措施；

（四）具有《公司法》规定的不得担任公司董事、高级管理人员情形的；

（五）法律法规规定不得参与上市公司股权激励的；

（六）中国证监会认定的其他情形。

8.4.3　上市公司实施股权激励，应当合理确定限制性股票授予价格或股票期权行权价格，并在股权激励计划中对定价依据和定价方式进行说明。

限制性股票授予价格低于市场参考价的50%，或者股票期权行权价格低于市场参考价的，上市公司应当聘请独立财务顾问对股权激励计划的可行性、相关定价依据和定价方法的合理性、是否有利于公司持续发展、是否损害股东利益等发表意见。

前款所称的市场参考价是指股权激励计划草案公布前1个交易日、20个交易日、60个交易日或120个交易日股票交易均价孰高者。

8.4.4　上市公司全部在有效期内的股权激励计划所涉及的标的股票总数，累计不得超过公司股本总额的30%。

经出席会议的股东所持表决权的三分之二以上通过，单个激励对象通过全部在有效期内的股权激励计划获授的本公司股票，累计可以超过公司股本总额的1%。

8.4.5　上市公司实施员工持股计划，应当遵守中国证监会关于上市公司员工持股计划的相关规定和本所业务规则。

8.4.6　上市公司在全国股转系统挂牌期间依法实施的股权激励计划，上市后可以继续实施，限制性股票的限售安排和授予价格、股票期权的行权安排和行权价格等事项按已披露的股权激励计划方案执行。

上市公司在全国股转系统挂牌期间依法设立的员工持股计划，上市后可以继续实施，管理方式、持股期限等事宜按照已披露的员工持股计划方案办理。

第九章　停牌和复牌

第一节　一般规定

9.1.1　上市公司股票的停牌和复牌，应当遵守本所业务规则的规定。

本所可以根据相关业务规则决定对公司股票及其衍生品种实施停牌或者复牌。

证券市场交易出现极端异常情况的，本所可以根据中国证监会的决定或者市场实际情况，暂停办理上市公司停牌申请，维护市场交易的连续性和流动性，维护投资者正当的交易权利。

9.1.2　公司应当维护证券交易的连续性，谨慎申请停牌，不得滥用停牌或者复牌损害投资者的合法权益。

9.1.3　上市公司及其股东、实际控制人、董事、监事、高级管理人员和其他交易各方，以及提供服务的证券公司、证券服务机构等，在筹划重大事项过程中，应当严格履行保密义务，做好信息管理和内幕信息知情人登记工作，不得以停牌代替公司及有关各方在筹划重大事项过程中的信息保密义务。

9.1.4　上市公司筹划重大事项，应当在股票不停牌的情况下分阶段披露所筹划事项的具体情况，不得以相关事项结论尚不确定为由随意申请停牌。

9.1.5　公司难以分阶段披露所筹划重大事项，确有需要申请停牌的，应当明确停牌事由，合理确定停牌时间，缩短停牌时长，并及时申请复牌。

停牌期间，公司应当分阶段披露所筹划重大事项的进展情况，避免笼统、概况式披露，并至少每5个交易日披露一次进展公告。

9.1.6　上市公司完成重大事项筹划、停牌期限届满或者终止筹划重大事项的，应当立即申请复牌。公司应当披露停牌期间筹划的主要工作、事项进展、对公司的影响以及后续安排等事项，并充分提示相关事项的风险和不确定性。终止筹划重大事项的，还应当披露终止筹划的具体原因及决策程序。

9.1.7　上市公司停牌事项变更后，股票停牌安排应当符合变更后停牌事项的相关规定，自首次停牌之日起累计计算的停牌时长不得超过变更后停牌事项的规定停牌时长。

第二节　筹划重大事项申请停复牌

9.2.1　上市公司因筹划重大资产重组或发行股份购买资产的，可以申请停牌，停牌时间不超过10个交易日。公司应当在停牌期限届满前披露经董事会审议通过的重组预案或者报告书，并申请复牌；未能按期披露重组预案或者报告书的，应当终止筹划本次重组并申请复牌。

公司可以在披露重组预案或者报告书后，以对相关方案作出重大调整为由申请停牌，停牌时间不超过5个交易日。公司应当及时披露重大调整的具体情况、当前进展、后续安排以及尚需履行的程序等事项，并申请复牌。

9.2.2　上市公司不停牌筹划重大资产重组的，应当做好信息保密工作，在按规定披露重组预案或者报告书等文件前，不得披露所筹划重组的相关信息。相关信息泄露的，公司应当及时申请停牌。

9.2.3　上市公司筹划控制权变更、要约收购等事项的，原则上应当分阶段披露筹划进展，确有需要申请停牌的，停牌时间不超过5个交易日。

上市公司破产重整期间，应当分阶段披露重整事项进展，并充分提示相关风险，确有需要申请停牌的，应当披露停牌具体事由、重整事项进展和预计复牌时间等内容，停牌时间原则上不超过5个交易日。

9.2.4　上市公司无法在停牌期限届满前完成相关事项筹划，但国家有关部门对相关事项的停复牌时间另有要求的，公司可以向本所申请延期复牌，但连续停牌时间原则上不得超过25个交易日。涉及国家重大战略项目、国家军工秘密等事项，对停复牌时间另有要求的从其要求。

上市公司应当在延期复牌生效前披露延期复牌公告，公告内容应当包括筹划事项进展、延期复牌的原因及延期后预计复牌时间等具体信息。

9.2.5　上市公司因筹划重大事项申请停牌的，本所依据相关业务规则予以办理，停牌申请不符合本所规定的事由、条件和要求的，本所不予受理。上市公司无法按照本规则和本所相关规定在申请停牌时披露相关内容的，本所不予受理公司停牌申请，但国家有关部门对相关事项的披露内容另有要求的除外。

9.2.6　上市公司股票停牌后，本所发现公司的停牌事由不成立，或者其停牌申请不符合或不再符合本所规定的条件和要求的，本所可以要求公司立即申请复牌。公司未按要求申请复牌的，本所可以决定予以复牌，并要求公司披露相关情况，作出解释说明。

第三节　其他事项的停复牌

9.3.1　上市公司出现下列情形的，本所可以决定公司股票的停牌和复牌：

（一）严重违反法律法规、本所业务规则，且在规定期限内拒不按要求改正；

（二）信息披露存在重大遗漏或者误导性陈述，且拒不按照要求就有关内容进行更正、解释或者补充；

（三）公司运作和信息披露方面涉嫌违反法律法规、本所业务规则，情节严重而被有关部门调查；

（四）无法保证与本所的有效联系，或者拒不履行信息披露义务；

（五）本所认为应当停牌或者复牌的其他情形。

公司股票及其衍生品种被本所强制停牌或复牌，公司应当及时披露相关内容，向市场作出解释说明。

9.3.2 上市公司发生未在《证券法》规定期限内披露年度报告或者中期报告等涉及强制退市情形的，其股票停复牌按照本规则第十章的相关规定办理。

上市公司未在规定期限内披露季度报告，公司股票应当于报告披露期限届满的次一交易日停牌1天。

9.3.3 上市公司被要约收购的，要约收购期限届满后的次一交易日至披露要约收购查询结果期间，公司股票应当停牌。

根据收购结果，被收购上市公司股权分布仍符合上市条件的，公司股票应当于要约收购结果公告日申请复牌。不再符合上市条件的，公司股票应当继续停牌，并按照本规则第十章和要约收购相关规定办理后续程序。

9.3.4 上市公司向境内其他证券交易所申请股票转板（以下简称转板），应当申请股票于向境内其他证券交易所提交申报材料的次一交易日停牌。在收到境内其他证券交易所不予受理决定、终止审核决定等文书后，应当申请股票复牌。

9.3.5 上市公司发生风险事件等存在重大不确定性，可能严重影响市场秩序、损害投资者合法权益的事项，中国证监会或本所认为有必要的，公司可以申请停牌。

第十章 退市

第一节 一般规定

10.1.1 上市公司触及本规则规定的退市情形，导致其股票存在被终止上市风险的，本所对该公司股票启动退市程序。

本规则所称的退市包括强制终止上市（简称强制退市）和主动终止上市（简称主动退市）。强制退市分为交易类强制退市、财务类强制退市、规范类强制退市和重大违法类强制退市等四类情形。

10.1.2 上市公司出现财务状况异常情况或者其他异常情况导致其股票存在被强制退市风险，本所对该公司股票实施风险警示。上市公司股票被实施退市风险警示的，在公司股票简称前冠以“＊ST”字样。

本所可以规定对其他情形实施风险警示。

10.1.3 上市公司出现两项以上退市风险警示、退市情形的，其股票按照先触及先适用的原则实施退市风险警示和退市。

公司同时存在两项以上退市风险警示情形，其中一项退市风险警示情形已满足撤销条件的，公司应当在规定期限内申请撤销相关退市风险警示情形，经本所审核同意的，不再适用对应情形的退市程序。

公司同时存在两项以上退市风险警示情形的，须满足全部退市风险警示情形的撤销条件，方可撤销退市风险警示。

公司股票交易撤销退市风险警示，但还存在其他的风险警示情形的，本所对公司股票交易实施相应的风险警示。

10.1.4 强制退市由本所上市委员会审议，并形成审议意见。本所结合上市委员会的审议意见，作出决定。

10.1.5 本所在作出是否撤销风险警示、终止股票上市等决定前，可以要求上市公司提供补充材料或解释说明，公司提供补充材料或解释说明期间不计入本所作出有关决定的期限。

公司提供补充材料或解释说明的期限累计不得超过30个交易日。公司未按本所要求在前述期限内提交补充材料或解释说明的，本所在该期限届满后继续对其所提申请进行审核，并根据本规则作出相关决定。

本所在作出是否撤销风险警示、终止股票上市等决定前，可以委托相关机构就公司有关情况进行核查，核查期间不计入本所作出有关决定的期限。

第二节 交易类强制退市

10.2.1 上市公司连续60个交易日出现下列情形之一的，本所决定终止其股票上市：

（一）股票每日收盘价均低于每股面值；

（二）股东人数均少于200人；

（三）按照本规则第2.1.3条第一款第四项规定上市的公司，股票交易市值均低于3亿元；

（四）本所认定的其他情形。

前款规定的交易日，不包含公司股票停牌日和公开发行股票并上市之日起的20个交易日。

10.2.2 上市公司连续30个交易日出现本规则第10.2.1条第一款第一至三项规定情形的，应当在次一交易日披露公司股票可能被终止上市的风险提示公告，其后每5个交易日披露一次，直至相关的情形消除或者本所作出公司股票终止上市的决定。

10.2.3 公司股票可能被终止上市的风险提示公告，应当包括以下内容：

（一）公司股票可能被终止上市的原因；

（二）可能被终止上市的时间、影响因素等；

（三）公司为消除退市风险已采取或拟采取的措施；

（四）公司接受投资者咨询的联系人和联系方式；

（五）本所要求的其他内容。

10.2.4 上市公司出现本规则第10.2.1条规定情形之一的，应当在相应情形出现当日披露，公司股票自公告披露日的次一交易日起停牌。

10.2.5 上市公司因触发交易类强制退市情形停牌后，退市程序按照本章第六节的相关要求办理。

第三节　财务类强制退市

10.3.1　上市公司出现下列情形之一的，本所对其股票实施退市风险警示：

（一）最近一个会计年度经审计的净利润为负值且营业收入低于5000万元，或追溯重述后最近一个会计年度净利润为负值且营业收入低于5000万元；

（二）最近一个会计年度经审计的期末净资产为负值，或追溯重述后最近一个会计年度期末净资产为负值；

（三）最近一个会计年度的财务会计报告被出具无法表示意见或否定意见的审计报告；

（四）中国证监会及其派出机构行政处罚决定书表明公司已披露的最近一个会计年度经审计的年度报告存在虚假记载、误导性陈述或者重大遗漏，导致该年度相关财务指标实际已触及第一、二项情形的；

（五）本所认定的其他情形。

本节所述净利润以扣除非经常性损益前后孰低者为准，营业收入应当扣除不具备商业实质的收入。负责审计的会计师事务所应当就公司营业收入扣除事项是否符合前述规定及扣除后的营业收入金额出具专项核查意见。

公司因追溯重述或者本条第一款第四项规定情形导致相关财务指标触及本条第一款第一、二项规定情形的，最近一个会计年度指最近一个已经披露经审计财务会计报告的年度。

按照本规则第2.1.3条第一款第二至四项规定上市的公司，不适用本条第一款第一项的规定。

10.3.2　上市公司预计将出现本规则第10.3.1条规定情形之一的，原则上应当在相应的会计年度结束后1个月内，发布股票可能被实施退市风险警示的风险提示公告，并在披露年度报告前至少再发布两次风险提示公告。风险提示公告应当说明可能被实施退市风险警示的原因，已采取或拟采取的措施等内容。

公司预计因追溯重述导致可能出现本规则第10.3.1条第一款第一、二项规定情形的，或者可能出现本规则第10.3.1条第一款第四项规定情形的，应当在知悉相关风险情况时，及时发布股票可能被实施退市风险警示的风险提示公告。

10.3.3　上市公司出现本规则第10.3.1条第一款第一至三项情形的，应当在披露年度报告或者财务会计报告更正公告的同时，披露公司股票交易将被实施退市风险警示的公告，并立即向本所报告。公司股票于公告披露日的次一交易日起停牌1天。自复牌之日起，本所对公司股票交易实施退市风险警示。

上市公司出现本规则第10.3.1条第一款第四项情形的，应当在收到相关行政处罚决定书后，立即披露相关情况和公司股票交易将被实施退市风险警示的公告，并立即向本所报告。公司股票于公告披露日的次一交易日起停牌 1 天。自复牌之日起，本所对公司股票交易实施退市风险警示。

10.3.4　上市公司因出现本规则第 10.3.1 条第一款第一至三项情形，其股票交易被实施退市风险警示的，原则上应当在其股票被实施退市风险警示当年的会计年度结束后 1 个月内，发布股票可能被终止上市的风险提示公告，并在披露该年年度报告前至少再发布 2 次风险提示公告。

公司因出现本规则第 10.3.1 条第一款第四项情形，其股票交易被实施退市风险警示的，应当在披露实际触及退市风险警示指标相应年度的次一年度年度报告前至少发布 2 次风险提示公告。风险提示公告的内容适用本规则第 10.2.3 条的规定。

10.3.5　上市公司股票因出现本规则第 10.3.1 条情形，其股票交易被本所实施退市风险警示的，在退市风险警示期间，公司进行重大资产重组且满足以下全部条件的，可以向本所申请撤销退市风险警示：

（一）根据中国证监会有关重大资产重组规定出售全部经营性资产和负债、购买其他资产且已实施完毕；

（二）通过购买进入公司的资产是一个完整经营主体，该经营主体在进入公司前已在同一管理层之下持续经营 2 年以上；

（三）公司模拟财务报表的财务数据不存在本规则第 10.3.1 条第一款规定的情形；

（四）本所要求的其他条件。

10.3.6　上市公司因出现本规则第 10.3.1 条规定情形，其股票交易被实施退市风险警示后，首个会计年度审计结果表明公司未出现本规则第 10.3.9 条第一款第一至四项规定情形的，公司可以向本所申请撤销退市风险警示。公司应当在披露年度报告同时说明是否将向本所申请撤销退市风险警示。公司拟申请撤销退市风险警示的，应当在披露之日起 5 个交易日内，向本所提交申请。

公司因追溯重述或者行政处罚导致相关财务指标触及本规则第 10.3.1 条第一款第一、二项规定情形被实施退市风险警示的，首个会计年度指前述财务指标所属会计年度的下一个会计年度。

10.3.7　上市公司向本所提交撤销退市风险警示的申请后，应当在次一交易日披露公告。

公司提交完备的申请材料的，本所在 15 个交易日内决定是否撤销退市风险警示。

10.3.8　本所决定撤销退市风险警示的，公司应当披露公司股票撤销退市风险警示公告，公司股票在公告后停牌 1 天。自复牌之日起，本所撤销对公司股票交易的退市风险警示。

本所决定不予撤销退市风险警示的，上市公司应当在收到本所有关书面通知次一交易日披露公告。

10.3.9　上市公司出现下列情形之一的，本所决定终止其股票上市交易：

（一）因净利润和营业收入触及本规则第 10.3.1 条第一款第一项规定情形其股票被实施退市风险警示后，首个会计年度净利润继续为负值且营业收入继续低于 5000 万元；

（二）因净资产触及本规则第 10.3.1 条第一款第二项规定情形其股票被实施退市风险警示后，首个会计年度净资产继续为负值；

（三）因触及本规则第 10.3.1 条第一款第四项规定情形其股票被实施退市风险警示后，实际触及退市风险警示指标相应年度的次一年度，继续出现本条第一款第一、二项规定情形的；

（四）因触及本规则第 10.3.1 条第一款规定情形其股票被实施退市风险警示后，首个会计年度的财务会计报告被出具保留意见、无法表示意见或否定意见的审计报告；

（五）虽满足撤销退市风险警示的条件，但公司未在规定期限内向本所申请撤销的；

（六）因不满足撤销退市风险警示的条件，本所决定不予撤销的；

（七）本所认定的其他情形。

按照本规则第 2.1.3 条第一款第二至四项规定上市的公司，不适用本条第一款第一项的规定。

10.3.10　上市公司出现本规则第 10.3.9 条第一款第一至四项情形的，应当在披露年度报告的同时披露公司股票可能被终止上市的风险提示公告，并立即向本所报告。

公司出现本规则第 10.3.9 条第一款第五至七项情形的，应当在相应情形发生当日履行前款规定的披露和报告义务。

公司股票于公告披露日的次一交易日起停牌。风险提示公告的内容适用本规则第 10.2.3 条的规定。

10.3.11　上市公司因触发财务类强制退市情形停牌后，退市程序按照本章第六节的相关要求办理。

第四节　规范类强制退市

10.4.1　上市公司出现下列情形之一的，本所对其股票实施退市风险警示：

（一）未在法定期限内披露年度报告或者中期报告，且在公司股票停牌 2 个月内仍未披露；

（二）半数以上董事无法保证公司所披露年度报告或中期报告的真实性、准确性和完整性，且未在法定期限内改正，此后股票停牌 2 个月内仍未改正；

（三）财务会计报告存在重大会计差错或者虚假记载，被中国证监会及其派出机构责令改正，但公司未在要求期限内改正，且在公司股票停牌 2 个月内仍未改正；

（四）信息披露或者规范运作等方面存在重大缺陷，被本所限期改正但公司未在规定期限内改正，且公司在股票停牌 2 个月内仍未改正；

（五）公司股本总额或公众股东持股比例发生变化，导致连续 60 个交易日不再具备上市条件，且公司在股票停牌 1 个月内仍未解决；

（六）公司可能被依法强制解散；

（七）法院依法受理公司重整、和解或破产清算申请；

（八）本所认定的其他情形。

本条第一款第四项规定的信息披露或者规范运作等方面存在重大缺陷情形，具体包括以下情形：

（一）本所失去公司有效信息来源；

（二）公司拒不披露应当披露的重大信息；

（三）公司严重扰乱信息披露秩序，并造成恶劣影响；

（四）本所认为公司存在其他信息披露或者规范运作缺陷且情节严重的。

前款所述情形由本所上市委员会审议，本所结合上市委员会的审议意见作出认定。

10.4.2　上市公司出现本规则第 10.4.1 条第一款第一至四项规定的未在要求期限改正或者法定期限内披露相关定期报告情形的，公司股票自改正期限或者法定期限届满之日的次一交易日起停牌，并披露公司股票可能被实施退市风险警示的风险提示公告。其后公司应当至少每 10 个交易日披露一次相关进展情况和风险提示公告，直至相应情形消除或公司股票被本所实施退市风险警示。

上市公司在股票停牌后 2 个月内完成改正或者披露相关定期报告的，应当及时公告，公司股票自公告披露日的次两个交易日起复牌。

上市公司在股票停牌后 2 个月内仍未完成改正或者披露的，公司应当在停牌 2 个月届满的次一交易日披露股票被实施退市风险警示的公告。公司股票自公告披露日的次一交易日起复牌。自复牌之日起，本所对公司股票实施退市风险警示。

10.4.3　上市公司出现本规则第 10.4.1 条第一款第五项规定的股本总额或者公众股东持股比例连续 60 个交易日不具备上市条件的，公司股票自前述情形出现的次一交易日起停牌，并披露公司股票可能被实施退市风险警示的风险提示公告。其后公司应当至少每 10 个交易日披露一次相关进展情况和风险提示公告，直至相应情形消除或公司股票被本所实施退市风险警示。公司应当于停牌之日起 1 个月内披露解决方案并提示相关风险。

上市公司在股票停牌后 1 个月内披露解决股本总额或者公众股东持股比例问题的方案，应当同时披露股票被实施退市风险警示的公告，公司股票自公告披露日的次一交易日起复牌；公司未在股票停牌后 1 个月内披露解决方案的，应当在停牌 1 个月届满的次一交易日，披露股票被实施退市风险警示的公告，公司股票自公告披露日的次一交易日起复牌。自复牌之日起，本所对公司股票实施退市风险警示。

停牌期间股本总额或者公众股东持股比例重新具备上市条件的，上市公司应当及时披露并申请股票复牌。

10.4.4　上市公司出现本规则第10.4.1条第一款第六至八项规定情形之一的，公司应当在该情形出现的次一交易日披露，公司股票于公告后停牌1天，自复牌之日起，本所对公司股票交易实施退市风险警示。

10.4.5　上市公司因本规则第10.4.1条情形被实施退市风险警示的，股票被实施退市风险警示期间，上市公司应当每5个交易日披露一次风险提示公告，提示其股票可能被终止上市的风险。

10.4.6　上市公司股票因本规则第10.4.1条第一款第七项情形被实施退市风险警示的，公司应当分阶段及时披露法院裁定批准公司重整计划、和解协议或者终止重整、和解程序等重整事项的进展，并充分提示相关风险。

上市公司破产重整的停复牌应当遵守本所相关规定。

10.4.7　上市公司股票因本规则第10.4.1条第一款第一至六项情形被实施退市风险警示后，符合下列对应条件的，可以向本所申请撤销对其股票实施的退市风险警示：

（一）因本规则第10.4.1条第一款第一项情形被实施退市风险警示之日起的2个月内，披露相关年度报告或者中期报告，且不存在半数以上董事无法保证真实、准确、完整情形；

（二）因本规则第10.4.1条第一款第二项情形被实施退市风险警示之日起的2个月内，超过半数董事保证公司所披露相关定期报告的真实性、准确性和完整性；

（三）因本规则第10.4.1条第一款第三项情形被实施退市风险警示之日起的2个月内，按相关规定和要求披露经改正的财务会计报告；

（四）因本规则第10.4.1条第一款第四项情形被实施退市风险警示之日起2个月内，公司已按要求完成整改，具备健全的公司治理结构，运作规范，信息披露和内控制度无重大缺陷；

（五）因本规则第10.4.1条第一款第五项情形被实施退市风险警示之日起的6个月内，解决股本总额或公众股东持股比例问题，且其股本总额或公众股东持股比例重新具备上市条件；

（六）因本规则第10.4.1条第一款第六项情形被实施退市风险警示后，公司可能被依法强制解散的情形已消除。

前款规定的第四项情形，由本所上市委员会审议，本所结合上市委员会审核意见作出是否撤销退市风险警示的决定。

10.4.8　上市公司股票因本规则第10.4.1条第一款第七项情形被实施退市风险警示后，符合下列条件之一的，公司可以向本所申请撤销对其股票实施的退市风险警示：

（一）重整计划执行完毕；

（二）和解协议执行完毕；

（三）法院受理破产申请后至破产宣告前，依据《中华人民共和国企业破产法》（以下简称《企业破产法》）作出驳回破产申请的裁定，且申请人在法定期限内未提起上诉；

（四）因公司已清偿全部到期债务、第三人为公司提供足额担保或者清偿全部到期债务，法院受理破产申请后至破产宣告前，依据《企业破产法》作出终结破产程序的裁定。

公司因前款第一、二项情形向本所申请撤销对其股票实施的退市风险警示，应当提交法院指定管理人出具的监督报告、律师事务所出具的对公司重整计划或和解协议执行情况的法律意见书，以及本所要求的其他说明文件。

10.4.9　上市公司符合撤销退市风险警示条件的，应当于相关情形出现后及时披露，并说明是否将向本所申请撤销退市风险警示。公司应当在披露之日起的5个交易日内，向本所申请撤销对其股票实施的退市风险警示并于次一交易日披露。

10.4.10　上市公司提交完备的申请材料的，本所在15个交易日内作出是否撤销退市风险警示的决定。

10.4.11　本所决定撤销退市风险警示的，公司应当披露公司股票撤销退市风险警示公告，公司股票在公告后停牌1天。自复牌之日起，本所撤销对公司股票交易的退市风险警示。

本所决定不予撤销退市风险警示的，公司应当在收到本所有关书面通知的次一交易日披露公告。

10.4.12　上市公司出现下列情形之一的，本所决定终止其股票上市交易：

（一）因本规则第10.4.1条第一款第一项情形被实施退市风险警示之日起的2个月内仍未披露过半数董事保证真实、准确、完整的相关年度报告或者中期报告；

（二）因本规则第10.4.1条第一款第二项情形被实施退市风险警示之日起的2个月内仍有半数以上董事无法保证年度报告或者中期报告真实、准确、完整；

（三）因本规则第10.4.1条第一款第三项情形被实施退市风险警示之日起的2个月内仍未披露经改正的财务会计报告；

（四）因本规则第10.4.1条第一款第四项情形被实施退市风险警示之日起的2个月内仍未按要求完成改正；

（五）因本规则第10.4.1条第一款第五项情形被实施退市风险警示之日起的6个月内仍未解决股本总额或公众股东持股比例问题；

（六）因本规则第10.4.1条第一款第六、七项情形其股票被实施退市风险警示的，公司依法被吊销营业执照、被责令关闭或者被撤销等强制解散条件成就，或者法院裁定公司破产；

（七）虽满足撤销退市风险警示的条件，但公司未在规定期限内向本所申请撤销的；

（八）因不满足撤销退市风险警示的条件，本所决定不予撤销的；

（九）本所认定的其他情形。

10.4.13　上市公司出现本规则第10.4.12条情形的，应当在当日披露公司股票可能被终止上市的风险提示公告，并立即向本所报告。

公司股票自公告披露日的次一个交易日起停牌。风险提示公告的内容适用本规则第10.2.3条的规定。

10.4.14　上市公司因触发规范类强制退市情形停牌后，退市程序按照本章第六节的相关要求办理。

第五节　重大违法类强制退市

10.5.1　本规则所称重大违法类强制退市，包括下列情形：

（一）涉及国家安全、公共安全、生态安全、生产安全和公众健康安全等领域的重大违法行为被追究法律责任，导致上市公司或其主要子公司依法被吊销营业执照、责令关闭或者被撤销，依法被吊销主营业务生产经营许可证，或存在丧失继续生产经营法律资格的其他情形；

（二）上市公司公开发行并上市，申请或者披露文件存在虚假记载、误导性陈述或重大遗漏，被中国证监会及其派出机构依据《证券法》第一百八十一条作出行政处罚决定，或者被人民法院依据《刑法》第一百六十条作出有罪生效判决；

（三）上市公司发行股份购买资产并构成重组上市，申请或者披露文件存在虚假记载、误导性陈述或者重大遗漏，被中国证监会及其派出机构依据《证券法》第一百八十一条作出行政处罚决定，或者被人民法院依据《刑法》第一百六十条作出有罪生效判决；

（四）上市公司披露的年度报告存在虚假记载、误导性陈述或者重大遗漏，根据中国证监会及其派出机构行政处罚决定认定的事实，导致连续会计年度财务类指标已实际触及本章第三节规定的退市标准；

（五）本所认定的其他情形。

10.5.2　上市公司可能触及本节规定的重大违法强制退市情形的，应当于知悉相关行政机关行政处罚事先告知书或者人民法院作出司法裁判当日向本所报告，及时披露有关内容，就其股票可能被实施重大违法强制退市进行风险提示。公司股票于公告披露日的次一交易日起停牌1天，本所自复牌之日起对公司股票实施退市风险警示。

上市公司未及时披露的，本所可以在获悉相关情况后对公司股票实施停牌，并向市场公告。

上市公司股票因本条第一款情形被实施退市风险警示期间，公司应当每5个交易日披露一次相关事项进展，并就公司股票可能被实施重大违法强制退市进行风险提示。

10.5.3　上市公司在股票被实施退市风险警示期间，收到相关行政机关相应行政处罚决定或者人民法院生效司法裁判，未触及本节规定的重大违法强制退市情形的，应当及时披露。公司股票在公告披露日的次一交易日起停牌1天，本所自复牌之日起撤销对公司股票实施的退市风险警示。

10.5.4　上市公司在股票被实施退市风险警示期间，收到相关行政机关相应行政处罚决定或者人民法院生效司法裁判，可能触及本节规定的重大违法强制退市情形的，应当及时披露有关内容，就其股票可能被实施重大违法强制退市进行风险提示。

公司股票自公告披露日的次一交易日起停牌。风险提示公告的内容适用本规则第10.2.3条的规定。

10.5.5　上市公司因触发重大违法类强制退市情形停牌后，退市程序按照本章第六节的相关要求办理。

第六节　强制退市程序

10.6.1　公司因触发强制退市情形停牌的，本所在作出终止上市决定前，向公司发出拟终止其股票上市的事先告知书。公司收到事先告知书后，可以根据本所相关规定提出听证、陈述和申辩。

10.6.2　本所上市委员会在听证、陈述和申辩有关期限届满或者听证程序结束后15个交易日内，就是否终止上市进行审议，形成审议意见。

10.6.3　本所结合上市委员会的审议意见，作出是否终止股票上市的决定。本所作出终止上市决定的，出具相关文件，发布公告，并报中国证监会备案。

10.6.4　上市公司应当在收到终止上市决定后的次一交易日内披露相应公告，公告中应当包括以下内容：

（一）终止上市决定的主要内容；

（二）公司股票进入退市整理期的停复牌安排（如有）和终止上市日期；

（三）终止上市后的信息披露或保障股东依法查阅公司财务会计报告等知情权的具体安排、股东权益保护相关安排；

（四）终止上市后其股票登记、挂牌交易或转让事宜；

（五）公司联系人与联系方式；

（六）本所要求的其他内容。

10.6.5　上市公司被本所作出强制终止上市决定的，可以根据本所相关规定申请复核。

上市公司未提出复核申请的，应当在复核期限届满当日，披露关于未提出复核申请的提示性公告。

上市公司提出复核申请的，应在当日披露关于已提出复核申请的公告，并在收到本所复核决定当日披露公告，说明复核决定的主要内容以及公司股票停复牌的具体安排。

本所经复核作出撤销强制终止上市决定的，公司股票自作出撤销强制终止上市决定的次两个交易日起复牌。

10.6.6　本所根据本章第三节至第五节的规定，作出终止上市决定后，适用退市整理期的相关规定。

中国证监会或本所对存在已公告筹划重大资产重组事项或涉及破产重整程序等特殊情形的上市公司退市整理期有其他规定的，按其规定办理。

10.6.7　退市整理期的交易期限为15个交易日。上市公司股票在退市整理期全天停牌的，停牌期间不计入退市整理期，但停牌天数不超过5个交易日。

10.6.8　本所作出强制终止上市决定后，上市公司未提出复核申请的，公司股票自申请复核期限届满后的第6个交易日起复牌，进入退市整理期，并于退市整理期届满的次一交易日终止上市。

上市公司提出复核申请，本所作出维持强制终止上市决定的，公司股票自作出维持终止上市决定后的第6个交易日起复牌，进入退市整理期，并于退市整理期届满的次一交易日终止上市。

股票在退市整理期，上市公司应当于每个交易日开盘前披露一次股票将被终止上市的风险提示公告，本所对股票进行特殊标识，证券简称为“××退”。

10.6.9　上市公司股票终止上市后，符合全国股转系统挂牌条件或进入创新层条件的，可以转入相应层级挂牌交易；不符合全国股转系统挂牌条件，且股东人数超过200人的，转入全国股转公司代为管理的退市公司板块，其股份转让和信息披露按相关规定办理。

上市公司退市后转入全国股转公司代为管理的退市公司板块，应当聘请证券公司担任其主办券商，协助公司办理相关业务。公司无法自行聘请主办券商，原则上由本所随机抽选证券公司担任；因触发本规则第10.5.1条第二项或第三项情形强制退市的，原则上由其公开发行并上市或重组上市的保荐机构担任主办券商。中国证监会或本所另有规定的，按相关规定办理。

第七节　主动终止上市

10.7.1　上市公司股东大会审议通过的，可以向本所申请终止其股票上市。

上市公司出现下列情形之一的，应当向本所申请终止其股票上市：

（一）上市公司股东大会决议解散公司；

（二）上市公司因新设合并或者吸收合并，将不再具有独立主体资格并被注销；

（三）上市公司因回购或要约收购导致公众股东持股比例、股东人数等发生变化不再具备上市条件；

（四）转板申请已获同意；

（五）本所认定的其他申请终止上市的情形。

10.7.2　上市公司向本所申请终止股票上市，应当同时符合下列条件：

（一）终止上市决策程序、信息披露和股票停复牌安排符合本所业务规则的规定；

（二）上市公司已在法定期限内披露最近一期年度报告或中期报告，或未在法定期限内披露最近一期年度报告或中期报告，但已在期满后 2 个月内补充披露；

（三）上市公司应制定合理的异议股东保护措施，对股东权益保护作出安排，转板申请已获同意的除外；

（四）本所要求的其他条件。

10. 7. 3　上市公司按照本规则第 10. 7. 1 条第一款的规定，向本所申请终止上市，应召开董事会、股东大会审议终止上市相关事项，股东大会除须经出席会议的全体股东所持有效表决权的三分之二以上通过外，还须经出席会议的中小股东所持有效表决权的三分之二以上通过。

终止上市议案应当明确拟终止上市的具体原因、终止上市后的发展战略、异议股东保护措施、股票停复牌安排等。独立董事应当就终止上市是否有利于公司长远发展和全体股东利益充分征询中小股东意见，在此基础上发表独立意见，并与股东大会召开通知一并公告。

10. 7. 4　上市公司因本规则第 10. 7. 1 条第二款第一至三项规定情形引发主动终止上市的，应当按照法律法规、中国证监会和本所相关规定，履行公司解散或合并、股份回购、上市公司收购的决策、实施程序和信息披露义务；根据实施结果，及时向本所提交主动终止上市申请。

上市公司股东大会就本规则第 10. 7. 1 条第二款第一、二项规定情形作出决议时，应同时就终止上市事项作出相关安排。

10. 7. 5　上市公司应当分别在董事会和股东大会对终止上市事项作出决议之日起 2 个交易日内披露董事会和股东大会决议公告，并在披露董事会决议公告的同时披露关于拟终止上市的公告。股东大会通过后，上市公司应当及时披露主动终止上市实施进展情况。

本所对前述公告进行审查，可以要求上市公司进行更正或补充披露。

10. 7. 6　审议终止上市事项的董事会决议公告前，公司股票因筹划重大资产重组或其他重大事项处于停牌状态的，上市公司应当按规定披露或终止筹划相关事项，申请其股票于董事会决议公告之日起的 2 个交易日内复牌。

上市公司应当申请其股票自审议终止上市事项的股东大会股权登记日的次一交易日起停牌，且董事会决议公告日至股东大会股权登记日期间，复牌时间不得少于 5 个交易日。

终止上市决议未获股东大会审议通过的，上市公司应当申请其股票自披露股东大会决议公告之日起的 2 个交易日内复牌。

10. 7. 7　上市公司向本所申请股票终止上市的，应当聘请财务顾问和律师事务所分别出具财务顾问报告和法律意见书。

前款规定的财务顾问，应当为本所会员。

财务顾问报告和法律意见书应当包括主动终止上市是否合法合规，公司上市以来是否存在违反证券法律法规行为，相关义务方与异议股东签署协议或异议股东接受相关保护措施的情况等内容。

10.7.8　上市公司应当在终止上市事项获得股东大会决议通过后的1个月内向本所提交下列文件：

（一）终止上市的书面申请；

（二）董事会决议及独立董事意见；

（三）股东大会决议；

（四）财务顾问报告；

（五）法律意见书；

（六）本所要求的其他文件。

10.7.9　本所对申请材料进行确认，并于受理之日起20个交易日内作出是否同意股票终止上市的决定。本所作出决定前，上市公司申请撤回终止上市的，应当召开董事会、股东大会审议撤回终止上市相关事项，股东大会须经出席会议的股东所持表决权的三分之二以上通过。

10.7.10　本所同意股票终止上市的，出具同意终止上市函，发布相关公告，并报中国证监会备案。

上市公司应当最晚于终止上市日前一交易日披露股票终止上市公告，公告应当包括以下内容：

（一）股票终止上市日期；

（二）终止上市决定的主要内容；

（三）异议股东保护措施落实情况（转板情形除外）；

（四）终止上市后信息披露或保障股东依法查阅公司财务会计报告等知情权的具体安排；

（五）终止上市后股票登记、挂牌交易或转让事宜；

（六）公司终止上市后的联系人、联系方式；

（七）本所要求的其他内容。

本所不同意终止上市申请的，上市公司应当在收到本所相关书面决定当日披露相应公告，并申请其股票在2个交易日内复牌。

第八节　重新上市

10.8.1　上市公司股票终止上市后，其终止上市情形已消除，符合重新上市条件的可以向本所申请重新上市，重新上市条件由本所另行规定。

10.8.2　上市公司因触发重大违法强制退市情形，其股票被终止上市后，作为上市公司重大违法强制退市认定依据的行政处罚决定、司法裁判被依法撤销、确认无效或者因对违法行为性质、违法事实等的认定发生重大变化被依法变更的，公司可以在知道相关行政机关决定或者人民法院生效司法裁判后的10个交易日内，向本所申请撤销对公司股票作出的终止上市决定。本所撤销终止上市决定的，公司可以向本所申请重新上市。

财务类强制退市涉及的相关行政处罚决定被依法撤销或确认无效，或者因对违法行为性质、违法事实等的认定发生重大变化被依法变更的，参照前款规定办理。

10.8.3　上市公司因本规则第10.5.1条第二、三项被实施重大违法类强制退市，其股票终止上市后，除本规则第10.8.2条规定情形外，不得向本所申请重新上市。

10.8.4　本所上市委员会对股票重新上市申请进行审议，本所结合上市委员会的审议意见，作出是否同意公司股票重新上市的决定。

10.8.5　重新上市的其他事宜，由本所另行规定。

第十一章　日常监管和违规处理

11.1　本所可以对本规则第1.5条和第1.6条规定的监管对象采取以下工作措施：

（一）要求作出解释和说明；

（二）要求提供相关备查文件或者材料；

（三）要求聘请保荐机构、相关证券服务机构进行核查并发表意见；

（四）对相关人员进行监管工作谈话；

（五）调阅、查看工作底稿、证券业务活动记录及相关资料；

（六）发出监管工作提示；

（七）向中国证监会报告有关情况；

（八）向有关单位通报相关情况；

（九）其他措施。

11.2　本所根据相关业务规则和监管需要，可对上市公司及相关主体进行现场检查，相关主体应当积极配合。

前款所述现场检查，指本所在上市公司及相关主体的生产、经营、管理场所以及其他相关场所，采取查阅、复制文件和资料、查看实物、谈话及询问等方式，对上市公司及相关主体的信息披露、公司治理等规范运作情况进行监督检查的行为。

11.3　本规则第1.5条规定的监管对象违反本所业务规则或者其所作出的承诺的，本所可对其实施以下自律监管措施：

（一）口头警示；

（二）约见谈话；

（三）要求提交书面承诺；

（四）出具警示函；

（五）限期改正；

（六）要求公开更正、澄清或说明；

（七）要求公开致歉；

（八）要求限期参加培训或考试；

（九）要求限期召开投资者说明会；

（十）暂停解除上市公司控股股东、实际控制人的股票限售；

（十一）建议上市公司更换相关任职人员；

（十二）本所规定的其他自律监管措施。

11.4 保荐机构及其保荐代表人、证券服务机构及其相关人员违反本所业务规则的，本所可以实施本规则第11.3条第一至五项规定的自律监管措施。

11.5 发行人、上市公司、相关信息披露义务人及其相关人员违反本所业务规则或者其所作出的承诺的，本所视情节轻重给予以下纪律处分：

（一）通报批评；

（二）公开谴责；

（三）本所规定的其他纪律处分。

11.6 上市公司控股股东、实际控制人、董事、监事、高级管理人员违反本所业务规则或者其所作出的承诺的，本所视情节轻重给予以下纪律处分：

（一）通报批评；

（二）公开谴责；

（三）认定其不适合担任上市公司董事、监事、高级管理人员；

（四）本所规定的其他纪律处分。

11.7 保荐机构及其保荐代表人、证券服务机构及其相关人员出具的相关文件存在虚假记载、误导性陈述或者重大遗漏，或者存在违反本所业务规则或者其所作出的承诺的其他情形的，本所视情节轻重给予以下纪律处分：

（一）通报批评；

（二）公开谴责；

（三）暂不受理相关机构或其人员出具的文件；

（四）本所规定的其他纪律处分。

11.8 本所设立纪律处分委员会对涉及本规则第1.5条和第1.6条规定的监管对象的纪律处分事项进行审核，作出独立的专业判断并形成审核意见。

本所根据纪律处分委员会的审核意见，作出是否给予纪律处分的决定。

11.9 当事人对本所作出的相关纪律处分决定不服的，可以按照本所业务规则规定的受理范围和程序申请复核。

11.10 监管对象被本所实施自律监管措施或者纪律处分，本所要求其自查整改的，监管对象应当及时报送并按要求披露相关自查整改报告。

第十二章　释义

12.1　本规则下列用语的具体含义或计算方法如下：

（一）上市公司，是指股票及其衍生品种在本所上市的股份有限公司。

（二）高级管理人员，是指上市公司经理、副经理、董事会秘书、财务负责人及公司章程规定的其他人员。

（三）证券服务机构，是指为证券发行、上市、交易等证券业务活动制作、出具审计报告、资产评估报告、法律意见书、财务顾问报告、资信评级报告等文件的会计师事务所、资产评估机构、律师事务所、财务顾问机构、资信评级机构、投资咨询机构等。

（四）信息披露义务人，包括发行人，上市公司及其董事、监事、高级管理人员、股东、实际控制人，收购人及其相关人员，重大资产重组交易对方及其相关人员，破产管理人及其成员等。

（五）披露，是指上市公司或者其他信息披露义务人按法律法规、本规则和本所其他相关规定在符合《证券法》规定的信息披露平台上公告信息。

（六）及时，是指自起算日起或者触及本规则规定的披露时点的2个交易日内。

（七）承诺，是指上市公司就重要事项向公众或者监管部门所作的保证和相关解决措施；其他信息披露义务人就重要事项向上市公司、公众或者监管部门所作的保证和相关解决措施。

（八）实际控制人，是指通过投资关系、协议或者其他安排，能够支配、实际支配公司行为的自然人、法人或者其他组织。

（九）控股股东，是指其持有的股份占上市公司股本总额50%以上的股东；或者持有股份的比例虽然不足50%，但依其持有的股份所享有的表决权已足以对股东大会的决议产生重大影响的股东。

（十）控制，是指有权决定一个企业的财务和经营政策，并能据以从该公司的经营活动中获取利益。有下列情形之一的，为拥有上市公司控制权（有确凿证据表明其不能主导公司相关活动的除外）：

1. 为上市公司持股50%以上的控股股东；
2. 可以实际支配上市公司股份表决权超过30%；
3. 通过实际支配上市公司股份表决权能够决定公司董事会半数以上成员选任；
4. 依其可实际支配的上市公司股份表决权足以对公司股东大会的决议产生重大影响；
5. 中国证监会或者本所认定的其他情形。

（十一）上市公司控股子公司，是指上市公司合并报表范围内的子公司，即持有其50%以上股份，或者能够决定其董事会半数以上成员组成，或者通过协议或其他安排能够实际控制的公司。

（十二）关联方，是指上市公司的关联法人和关联自然人。

具有以下情形之一的法人或其他组织，为上市公司的关联法人：

1. 直接或者间接控制上市公司的法人或其他组织；

2. 由前项所述法人直接或者间接控制的除上市公司及其控股子公司以外的法人或其他组织；

3. 关联自然人直接或者间接控制的或者担任董事、高级管理人员的，除上市公司及其控股子公司以外的法人或其他组织；

4. 直接或者间接持有上市公司5%以上股份的法人或其他组织；

5. 在过去12个月内或者根据相关协议安排在未来12个月内，存在上述情形之一的；

6. 中国证监会、本所或者上市公司根据实质重于形式的原则认定的其他与公司有特殊关系，可能或者已经造成上市公司对其利益倾斜的法人或其他组织。

上市公司与上述第2目所列法人或其他组织受同一国有资产管理机构控制的，不因此构成关联关系，但该法人或其他组织的董事长、经理或者半数以上的董事兼任上市公司董事、监事或高级管理人员的除外。

具有以下情形之一的自然人，为上市公司的关联自然人：

1. 直接或者间接持有上市公司5%以上股份的自然人；

2. 上市公司董事、监事及高级管理人员；

3. 直接或者间接地控制上市公司的法人的董事、监事及高级管理人员；

4. 上述第1、2目所述人士的关系密切的家庭成员，包括配偶、父母、年满18周岁的子女及其配偶、兄弟姐妹及其配偶，配偶的父母、兄弟姐妹，子女配偶的父母；

5. 在过去12个月内或者根据相关协议安排在未来12个月内，存在上述情形之一的；

中国证监会、本所或者上市公司根据实质重于形式原则认定的其他与上市公司有特殊关系，可能或者已经造成上市公司对其利益倾斜的自然人。

（十三）净资产，是指上市公司资产负债表列报的所有者权益；上市公司编制合并财务报表的为合并资产负债表列报的归属于母公司所有者权益，不包括少数股东权益。

（十四）净利润，是指归属于上市公司股东的净利润，不包括少数股东损益，并以扣除非经常性损益前后孰低者为计算依据。

（十五）加权平均净资产收益率，以扣除非经常性损益前后孰低者为计算依据，并根据中国证监会发布的《公开发行证券的公司信息披露编报规则第9号——净资产收益率和每股收益的计算及披露》规定计算。

（十六）经营活动产生的现金流量净额，是指公司现金流量表列报的经营活动产生的现金流量净额；公司编制合并财务报表的，为合并现金流量表列报的经营活动产生的现金流量净额。

（十七）公众股东，是指除以下股东之外的发行人股东：

1. 持有发行人10%以上股份的股东及其一致行动人；

2. 发行人董事、监事、高级管理人员及其关系密切的家庭成员，发行人董事、监事、高级管理人员直接或间接控制的法人或者其他组织。关系密切的家庭成员，包括配偶、子女及其配偶、父母及配偶的父母、兄弟姐妹及其配偶、配偶的兄弟姐妹、子女配偶的父母。

（十八）中小股东，是指除上市公司董事、监事、高级管理人员及其关联方，以及单独或者合计持有公司5%以上股份的股东及其关联方以外的其他股东。

（十九）特别表决权股份，是指上市公司依照《公司法》第一百三十一条的规定，在一般规定的普通股份之外，发行拥有特别表决权的其他种类的股份；每一特别表决权股份拥有的表决权数量大于每一普通股份拥有的表决权数量，其他股东权利与普通股份相同。

（二十）特别表决权股东，是指持有特别表决权股份的股东。

（二十一）特别表决权比例，是指全部特别表决权股份的表决权数量占上市公司全部已发行股份表决权数量的比例。

（二十二）普通表决权比例，是指全部普通股份的表决权数量占上市公司全部已发行股份表决权数量的比例。特别表决权股东所持股份不计入比例计算。

（二十三）非标准审计意见，是指注册会计师发表非无保留意见（包括保留意见、否定意见、无法表示意见），和带有解释性说明的无保留意见（包括带有强调事项段、持续经营重大不确定性段落、其他信息段落中包含其他信息未更正重大错报说明的无保留意见）。

（二十四）日常性关联交易，是指上市公司和关联方之间发生的购买原材料、燃料、动力，出售产品、商品，提供或者接受劳务等与日常经营相关的交易行为；公司章程中约定适用于本公司的日常关联交易类型。

（二十五）违规对外担保，是指上市公司及其控股子公司未经公司章程等规定的审议程序而实施的对外担保事项。

（二十六）连续60个交易日及连续30个交易日，不包括上市公司股票停牌日。

12.2 本规则所称净利润、营业收入、经营活动产生的现金流量净额、净资产等均指经审计的数值。

12.3 本规则中“以上”“达到”“以内”“以下”均含本数；“超过”“少于”“低于”不含本数。

12.4 本规则所称“元”，如无特指，均指人民币；“日”未注明交易日的，为自然日。

12.5 本规则未定义的用语的含义，依照国家有关法律、行政法规、部门规章、规范性文件及本所业务规则确定。

第十三章　附则

13.1　本规则须经中国证监会批准后生效，修改时亦同。

13.2　本规则由本所负责解释。

13.3　本规则自2021年11月15日起施行。

关于发布《北京证券交易所上市公司持续监管指引第 1 号——独立董事》的公告

北证公告〔2021〕14 号

为了提升北京证券交易所（以下简称本所）上市公司治理水平，充分发挥独立董事作用，本所制定了《北京证券交易所上市公司持续监管指引第 1 号——独立董事》，现予以发布，自 2021 年 11 月 15 日起施行。

特此公告。

附件：北京证券交易所上市公司持续监管指引第 1 号——独立董事

北京证券交易所

2021 年 10 月 30 日

北京证券交易所上市公司持续监管指引第1号——独立董事

第一章　总则

第一条　为了进一步完善北京证券交易所（以下简称本所）上市公司治理结构，充分发挥公司独立董事作用，根据《中华人民共和国公司法》（以下简称《公司法》）、《中华人民共和国证券法》《北京证券交易所上市公司持续监管办法（试行）》以及《北京证券交易所股票上市规则（试行）》（以下简称《上市规则》）等相关规定，制定本指引。

第二条　本所上市公司应当遵守本指引的规定设立独立董事。

第三条　本指引所称独立董事，是指不在公司担任除董事及董事会专门委员会委员以外的其他职务，并与其所任职的上市公司及主要股东不存在可能妨碍其进行独立客观判断关系的董事。

第四条　独立董事对上市公司及全体股东负有诚信与勤勉义务。独立董事应当按照相关法律法规、部门规章、规范性文件、本所业务规则及公司章程的要求，认真履行职责，维护公司整体利益，尤其要关注中小股东的合法权益不受损害。独立董事应当独立履行职责，不受上市公司主要股东、实际控制人或者其他与上市公司存在利害关系的单位或个人的影响。

第五条　上市公司应当在公司章程中明确独立董事的权利义务、职责及履职程序。

第二章　独立董事的任职资格

第六条　独立董事及独立董事候选人应当符合法律法规、部门规章、规范性文件及本所业务规则有关独立董事任职资格、条件和要求的相关规定。

第七条　上市公司独立董事的人数应当符合中国证券监督管理委员会（以下简称中国证监会）相关规定，其中应至少包括一名会计专业人士。

第八条　独立董事及独立董事候选人应当同时符合以下条件：

（一）具备上市公司运作相关的基本知识，熟悉相关法律法规、部门规章、规范性文件及本所业务规则；

（二）具有五年以上法律、经济、财务、管理或者其他履行独立董事职责所必需的工作经验；

（三）本所规定的其他条件。

第九条 以会计专业人士身份被提名为独立董事候选人的，应具备较丰富的会计专业知识和经验，并至少符合下列条件之一：

（一）具有注册会计师职业资格；

（二）具有会计、审计或者财务管理专业的高级职称、副教授及以上职称或者博士学位；

（三）具有经济管理方面高级职称，且在会计、审计或者财务管理等专业岗位有五年以上全职工作经验。

第十条 独立董事及独立董事候选人应当具有独立性，下列人员不得担任独立董事或被提名为独立董事候选人：

（一）在上市公司或者其控制的企业任职的人员及其直系亲属和主要社会关系；

（二）直接或间接持有上市公司 1%以上股份或者是上市公司前十名股东中的自然人股东及其直系亲属；

（三）在直接或间接持有上市公司 5%以上股份的股东单位或者在上市公司前五名股东单位任职的人员及其直系亲属；

（四）在上市公司控股股东、实际控制人及其控制的企业任职的人员；

（五）为上市公司及其控股股东、实际控制人或者其各自控制的企业提供财务、法律、咨询等服务的人员，包括但不限于提供服务的中介机构的项目组全体人员、各级复核人员、在报告上签字的人员、合伙人及主要负责人；

（六）在与上市公司及其控股股东、实际控制人或者其各自控制的企业有重大业务往来的单位担任董事、监事或者高级管理人员，或者在有重大业务往来单位的控股股东单位担任董事、监事或者高级管理人员；

（七）最近十二个月内曾经具有前六项所列情形之一的人员；

（八）本所认定不具有独立性的其他人员。

前款第（四）项、第（五）项及第（六）项的上市公司控股股东、实际控制人控制的企业，不包括根据《上市规则》第 12.1 条规定，与上市公司不构成关联关系的企业。

第十一条 存在下列情形之一的，不得担任独立董事或被提名为独立董事候选人：

（一）存在《公司法》规定的不得担任董事、监事、高级管理人员的情形的；

（二）被中国证监会采取证券市场禁入措施，期限尚未届满的；

（三）被证券交易所或者全国中小企业股份转让系统有限责任公司（以下简称全国股转公司）采取认定其不适合担任公司董事、监事、高级管理人员的纪律处分，期限尚未届满的；

（四）最近三十六个月内因证券期货违法犯罪，受到中国证监会行政处罚或者司法机关刑事处罚的；

（五）因涉嫌证券期货违法犯罪，被中国证监会立案调查或者被司法机关立案侦查，尚未有明确结论意见的；

（六）最近三十六个月内受到证券交易所或者全国股转公司公开谴责或三次以上通报批评的；

（七）根据国家发改委等部委相关规定，作为失信联合惩戒对象被限制担任董事或独立董事的；

（八）在过往任职独立董事期间因连续三次未亲自出席董事会会议或者因连续两次未能出席也不委托其他董事出席董事会会议被董事会提请股东大会予以撤换，未满十二个月的；

（九）本所规定的其他情形。

第十二条 在同一公司连续任职独立董事已满六年的，自该事实发生之日起十二个月内不得被提名为该上市公司独立董事候选人。

前款规定的任职年限自公司在全国中小企业股份转让系统（以下简称全国股转系统）挂牌之日起计算。

第十三条 已在五家境内上市公司或全国股转系统挂牌公司担任独立董事的，不得再被提名为本所上市公司独立董事候选人。

第三章　独立董事的权利和义务

第十四条 为了保证独立董事有效行使职权，上市公司应当为独立董事提供必要的条件：

（一）上市公司应当保证独立董事享有与其他董事同等的知情权。凡须经董事会决策的事项，上市公司应当按法定的时间提前通知独立董事并同时提供足够的资料，独立董事认为资料不充分的，可以要求补充。当两名以上独立董事认为资料不充分或论证不明确时，可联名书面向董事会提出延期召开董事会会议或延期审议该事项的要求，董事会应予以采纳；

（二）上市公司应提供独立董事履行职责所必需的工作条件。上市公司信息披露负责人应积极为独立董事履行职责提供协助，如介绍情况、提供材料等。独立董事发表的独立意见、提案及书面说明应当公告的，上市公司应及时进行信息披露；

（三）独立董事行使职权时，上市公司有关人员应当积极配合，不得拒绝、阻碍或隐瞒，不得干预其独立行使职权；

（四）独立董事聘请中介机构的费用及其他行使职权时所需的费用由上市公司承担；

（五）上市公司应当给予独立董事适当的津贴。津贴的标准应当由董事会制订预案，股东大会审议通过，并在公司年报中进行披露。除上述津贴外，独立董事不应从该上市公司及其主要股东或有利害关系的机构和人员取得额外的、未予披露的其他利益；

（六）上市公司可以建立必要的独立董事责任保险制度，以降低独立董事正常履行职责可能引致的风险。

第十五条 上市公司独立董事除应当具有《公司法》和其他相关法律法规、部门规章、规范性文件及本所业务规则赋予董事的职权外，上市公司还应当赋予独立董事以下特别职权：

（一）需要提交股东大会审议的关联交易应当由独立董事认可后，提交董事会讨论。独立董事在作出判断前，可以聘请中介机构出具独立财务顾问报告；

（二）向董事会提议聘用或者解聘会计师事务所；

（三）向董事会提请召开临时股东大会；

（四）征集中小股东的意见，提出利润分配提案，并直接提交董事会审议；

（五）提议召开董事会；

（六）独立聘请外部审计机构和咨询机构；

（七）在股东大会召开前公开向股东征集投票权，但不得采取有偿或者变相有偿方式进行征集。

独立董事行使上述职权应当取得全体独立董事的二分之一以上同意。

第十六条 独立董事应当对上市公司下述重大事项发表独立意见：

（一）提名、任免董事；

（二）聘任、解聘高级管理人员；

（三）公司董事、高级管理人员的薪酬；

（四）公司现金分红政策的制定、调整、决策程序、执行情况及信息披露，以及利润分配政策是否损害中小投资者合法权益；

（五）需要披露的关联交易、对外担保（不含对合并报表范围内子公司提供担保）、委托理财、对外提供财务资助、股票及其衍生品种投资等重大事项；

（六）变更募集资金用途、使用闲置募集资金投资理财产品、闲置募集资金暂时用于补充流动资金、超募资金用于永久补充流动资金和归还银行借款、以募集资金置换自筹资金等；

（七）重大资产重组、股份回购、股权激励和员工持股计划；

（八）承诺相关方变更承诺事项；

（九）因会计准则变更以外的原因作出会计政策、会计估计变更或重大会计差错更正；

（十）财务会计报告被会计师事务所出具非标准审计意见；

（十一）董事会因故无法对定期报告形成决议；

（十二）公司拟申请股票从本所退市、申请转板或向境外其他证券交易所申请股票上市；

（十三）独立董事认为有可能损害中小股东合法权益的事项；

（十四）有关法律法规、部门规章、规范性文件、本所业务规则及公司章程规定的其他事项。

第十七条 独立董事对上市公司重大事项出具的独立意见至少应当包括下列内容：

（一）重大事项的基本情况；

（二）发表意见的依据，包括所履行的程序、核查的文件、现场检查的内容等；

（三）重大事项的合法合规性；

（四）对上市公司和中小股东权益的影响、可能存在的风险以及公司采取的措施是否有效；

（五）发表的结论性意见。

独立董事发表的独立意见类型包括同意、保留意见及其理由、反对意见及其理由和无法发表意见及其障碍，所发表的意见应当明确、清楚。

对重大事项提出保留意见、反对意见或者无法发表意见的，相关独立董事应当明确说明理由。

独立董事应当对出具的独立意见签字确认，并将上述意见及时报告董事会，与公司相关公告同时披露。

第十八条 独立董事发现上市公司存在下列情形之一的，应当积极主动履行尽职调查义务并及时向本所报告，必要时应当聘请中介机构进行专项调查：

（一）重要事项未按规定提交董事会或股东大会审议；

（二）未及时履行信息披露义务且造成重大影响的；

（三）公开信息中存在虚假记载、误导性陈述或者重大遗漏；

（四）其他涉嫌违法违规或者损害中小股东合法权益的情形。

第十九条 出现下列情形之一的，独立董事应当及时向本所和上市公司所在地中国证监会派出机构报告：

（一）被公司免职，本人认为免职理由不当的；

（二）因上市公司存在妨碍独立董事依法行使职权的情形致使其辞职的；

（三）董事会会议材料不充分，两名以上独立董事书面要求延期召开董事会会议或者延期审议相关事项的提议未被采纳的；

（四）向董事会报告公司或者其董事、监事、高级管理人员涉嫌违法违规行为后，董事会未采取有效措施的；

（五）严重妨碍独立董事履行职责的其他情形。

第二十条 独立董事应当向上市公司年度股东大会提交上一年度述职报告，述职报告最迟应当在发布召开年度股东大会通知时披露。述职报告应当包括以下内容：

（一）全年出席董事会方式、次数及投票情况，列席股东大会次数；

（二）发表独立意见的情况；

（三）现场检查情况；

（四）提议召开董事会、提议聘用或者解聘会计师事务所、独立聘请外部审计机构和咨询机构等情况；

（五）保护中小股东合法权益方面所做的其他工作；

（六）参加本所业务培训情况；

（七）被本所实施工作措施、自律监管措施或纪律处分等情况。

第四章　独立董事的备案与管理

第二十一条　独立董事候选人应当就其是否符合本指引有关独立董事任职资格及独立性要求作出声明。

上市公司董事会、监事会、单独或者合并持有上市公司1%以上股份的股东可以提名独立董事候选人。独立董事提名人应当就独立董事候选人任职资格及是否存在影响其独立性的情形进行审慎核实，并就核实结果做出声明。

第二十二条　上市公司最迟应当在发布召开关于选举独立董事的股东大会通知公告时，披露《独立董事提名人声明》《独立董事候选人声明》，并按照本所的要求报送独立董事备案的有关材料，包括《独立董事提名人声明》《独立董事候选人声明》《独立董事履历表》等文件。

第二十三条　上市公司董事会应当对监事会或公司股东提名的独立董事候选人的任职资格和独立性进行核查，发现候选人不符合相关要求的，应当要求提名人撤销对该独立董事候选人的提名，并及时披露。

第二十四条　本所在收到上市公司报送的材料后5个交易日内，根据本指引的规定，对独立董事候选人的任职资格和独立性进行备案审查。

上市公司董事会、独立董事候选人、独立董事提名人应当在规定时间内如实回复本所的反馈，并按要求及时向本所补充有关材料。未按要求及时回答问询或补充有关材料的，本所将根据现有材料在规定时间内进行审查并决定是否对独立董事候选人的任职资格和独立性提出异议。

本所自收到上市公司报送的材料之日起5个交易日内，未对独立董事候选人的任职资格提出异议的，上市公司可以履行决策程序选举独立董事。

对于本所提出异议的独立董事候选人，公司不得将其提交股东大会选举为独立董事，并应根据《上市规则》延期召开或者取消股东大会，或者取消股东大会相关提案。

上市公司召开股东大会选举独立董事时，公司董事会应当对独立董事候选人是否被本所提出异议的情况进行说明。

第二十五条　股东大会审议通过选举独立董事的提案后，上市公司应当在2个交易日内向本所报送《董事声明及承诺书》的电子文件。

独立董事任职需事前取得国家有关部门核准的，应当自取得核准之日起履行前款义务。

第二十六条 独立董事在任职后出现不符合本指引规定的独立董事任职资格情形的，应当自出现该情形之日起一个月内辞去独立董事职务；未按要求辞职的，上市公司应当在一个月期限到期后及时召开董事会，审议提请股东大会撤换该名独立董事事项。

第二十七条 如因独立董事辞职等原因，导致上市公司董事或独立董事人数不符合《公司法》等法律法规及中国证监会相关规定或公司章程要求的，提出辞职的独立董事应当继续履职至新任董事或独立董事产生之日。上市公司应当在两个月内完成董事或独立董事的补选。

第二十八条 对于下列独立董事未尽勤勉义务的行为，本所可以通过监管工作提示等方式对其进行提醒教育：

（一）任职期间连续两次未亲自出席董事会会议；

（二）任职期间最近十二个月内未亲自出席董事会会议次数超过期间董事会会议总次数的二分之一；

（三）披露的独立意见或年度述职报告内容不充分但情节轻微的；

（四）发表独立意见不及时但情节轻微的；

（五）其他未尽勤勉义务但情节轻微的行为。

第二十九条 上市公司、独立董事、独立董事提名人、董事、监事、高级管理人员、控股股东、实际控制人等相关主体违反本指引及相关规定的，本所可以对相关责任主体采取工作措施、自律监管措施或纪律处分。

第三十条 上市公司及其董事、监事、高级管理人员、股东、实际控制人等认为独立董事未按要求履职的，可以向本所报告。

第三十一条 本所组织独立董事的后续培训。

第五章 附则

第三十二条 本指引下列用语具有如下含义：

（一）直系亲属，是指配偶、父母、子女；

（二）主要社会关系，是指兄弟姐妹、配偶的父母、子女的配偶、兄弟姐妹的配偶、配偶的兄弟姐妹；

（三）重大业务往来，是指根据《上市规则》或上市公司章程规定需提交股东大会审议的事项，或者本所认定的其他事项；

（四）任职，是指担任董事、监事、高级管理人员以及其他工作人员；

（五）本规则中“以上”含本数，“超过”不含本数。

第三十三条 本指引由本所负责解释。

第三十四条 本指引自2021年11月15日起施行。

独立董事候选人声明

本人×××，已充分了解并同意由提名人××××提名为××××股份有限公司第××届董事会独立董事候选人。本人公开声明，本人具备独立董事任职资格，保证不存在任何影响本人担任××××股份有限公司独立董事独立性的关系，具体声明如下：

一、本人已同时符合以下条件

（一）具备上市公司运作的基本知识，熟悉相关法律法规、部门规章、规范性文件及北交所业务规则；

（二）具有五年以上法律、经济、财务、管理或者其他履行独立董事职责所必需的工作经验；

（三）北交所规定的其他条件。

二、本人任职资格符合下列法律法规、部门规章和规范性文件及北交所业务规则的要求

（一）《公司法》关于董事任职资格的规定；

（二）《公务员法》的相关规定；

（三）中央纪委、中央组织部《关于规范中管干部辞去公职或者退（离）休后担任上市公司、基金管理公司独立董事、独立监事的通知》的相关规定；

（四）中央组织部《关于进一步规范党政领导干部在企业兼职（任职）问题的意见》的相关规定；

（五）中央纪委、教育部、监察部《关于加强高等学校反腐倡廉建设的意见》的相关规定；

（六）中国人民银行《股份制商业银行独立董事和外部监事制度指引》的相关规定；

（七）中国证监会《证券公司董事、监事和高级管理人员任职资格监管办法》的相关规定；

（八）中国银保监会《银行业金融机构董事（理事）和高级管理人员任职资格管理办法》《融资性担保公司董事、监事、高级管理人员任职资格管理暂行办法》《保险公司董事、监事和高级管理人员任职资格管理规定》的相关规定；

（九）其他法律法规、部门规章、规范性文件及北交所业务规则规定的情形。

三、本人具备独立性，不属于下列情形

（一）在上市公司或者其控制企业任职的人员及其直系亲属和主要社会关系（直系亲属是指配偶、父母、子女；主要社会关系是指兄弟姐妹、配偶的父母、子女的配偶、兄弟姐妹的配偶、配偶的兄弟姐妹）；

（二）直接或间接持有上市公司1%以上股份或者是上市公司前十名股东中的自然

人股东及其直系亲属；

（三）在直接或间接持有上市公司5%以上股份的股东单位或者在上市公司前五名股东单位任职的人员及其直系亲属；

（四）在上市公司控股股东、实际控制人及其控制的企业任职的人员；

（五）为上市公司及其控股股东、实际控制人或者其各自控制的企业提供财务、法律、咨询等服务的人员，包括但不限于提供服务的中介机构的项目组全体人员、各级复核人员、在报告上签字的人员、合伙人及主要负责人；

（六）在与上市公司及其控股股东、实际控制人或者其各自控制的企业有重大业务往来的单位担任董事、监事或者高级管理人员，或者在有重大业务往来单位的控股股东单位担任董事、监事或者高级管理人员；

（七）最近十二个月内曾经具有前六项所列情形之一的人员；

（八）北交所认定不具有独立性的其他人员。

前述第（四）项、第（五）项及第（六）项的上市公司控股股东、实际控制人控制的企业，不包括根据《北京证券交易所股票上市规则（试行）》第12.1条规定，与上市公司不构成关联关系的企业。

四、本人无下列不良记录

（一）存在《公司法》规定的不得担任董事、监事、高级管理人员的情形的；

（二）被中国证监会采取证券市场禁入措施，期限尚未届满的；

（三）被证券交易所或者全国股转公司采取认定其不适合担任公司董事、监事、高级管理人员的纪律处分，期限尚未届满的；

（四）最近三十六个月内因证券期货违法犯罪，受到中国证监会行政处罚或者司法机关刑事处罚的；

（五）因涉嫌证券期货违法犯罪，被中国证监会立案调查或者被司法机关立案侦查，尚未有明确结论意见的；

（六）最近三十六个月内受到证券交易所或者全国股转公司公开谴责或三次以上通报批评的；

（七）根据国家发改委等部委相关规定，作为失信联合惩戒对象被限制担任董事或独立董事的；

（八）在过往任职独立董事期间因连续三次未亲自出席董事会会议或者因连续两次未能出席也不委托其他董事出席董事会会议被董事会提请股东大会予以撤换，未满十二个月的；

（九）北交所规定的其他情形。

五、包括××××股份有限公司在内，本人兼任独立董事的境内上市公司或挂牌公司数量未超过五家，本人在××××股份有限公司连续任职未超过六年

六、本人具备较丰富的会计专业知识和经验，并至少符合下列条件之一

（一）具有注册会计师职业资格；

（二）具有会计、审计或者财务管理专业的高级职称、副教授及以上职称或者博士学位；

（三）具有经济管理方面高级职称，且在会计、审计或者财务管理等专业岗位有五年以上全职工作经验。

（本条适用于以会计专业人士身份被提名为独立董事候选人的情形，请具体选择符合何种资格）

本人已经根据《北京证券交易所上市公司持续监管指引第 1 号——独立董事》对本人的独立董事候选人任职资格进行核实并确认符合要求。

本人完全清楚独立董事的职责，保证上述声明真实、完整和准确，不存在任何虚假陈述或误导成分，本人完全明白作出虚假声明可能导致的后果。北交所可依据本声明确认本人的任职资格和独立性。

本人承诺：在担任××××股份有限公司独立董事期间，将遵守法律法规、部门规章、规范性文件及北交所业务规则的要求，接受北交所的监管，确保有足够的时间和精力履行职责，作出独立判断，不受公司主要股东、实际控制人或其他与公司存在利害关系的单位或个人的影响。

本人承诺：如本人任职后出现不符合独立董事任职资格情形的，本人将自出现该等情形之日起一个月内辞去独立董事职务。

特此声明。

声明人：

年　月　日

独立董事提名人声明

提名人××××，现提名×××为××××股份有限公司第××届董事会独立董事候选人，并已充分了解被提名人职业专长、教育背景、工作经历、兼任职务等情况。被提名人已书面同意出任××××股份有限公司第××届董事会独立董事候选人（参见该独立董事候选人声明）。提名人认为，被提名人具备独立董事任职资格，与××××股份有限公司之间不存在任何影响其独立性的关系，具体声明如下：

一、被提名人已同时符合以下条件

（一）具备上市公司运作的基本知识，熟悉相关法律法规、部门规章、规范性文件及北交所业务规则；

（二）具有五年以上法律、经济、财务、管理或者其他履行独立董事职责所必需的工作经验；

（三）北交所规定的其他条件。

二、被提名人任职资格符合下列法律法规、部门规章、规范性文件及北交所业务规则的要求

（一）《公司法》关于董事任职资格的规定；

（二）《公务员法》的相关规定；

（三）中央纪委、中央组织部《关于规范中管干部辞去公职或者退（离）休后担任上市公司、基金管理公司独立董事、独立监事的通知》的相关规定；

（四）中央组织部《关于进一步规范党政领导干部在企业兼职（任职）问题的意见》的相关规定；

（五）中央纪委、教育部、监察部《关于加强高等学校反腐倡廉建设的意见》的相关规定；

（六）中国人民银行《股份制商业银行独立董事和外部监事制度指引》的相关规定；

（七）中国证监会《证券公司董事、监事和高级管理人员任职资格监管办法》的相关规定；

（八）中国银保监会《银行业金融机构董事（理事）和高级管理人员任职资格管理办法》《融资性担保公司董事、监事、高级管理人员任职资格管理暂行办法》《保险公司董事、监事和高级管理人员任职资格管理规定》的相关规定；

（九）其他法律法规、部门规章、规范性文件及北交所业务规则规定的情形。

三、被提名人具备独立性，不属于下列情形

（一）在上市公司或者其控制企业任职的人员及其直系亲属和主要社会关系（直系亲属是指配偶、父母、子女；主要社会关系是指兄弟姐妹、配偶的父母、子女的配偶、兄弟姐妹的配偶、配偶的兄弟姐妹)；

（二）直接或间接持有上市公司 1%以上股份或者是上市公司前十名股东中的自然人股东及其直系亲属；

（三）在直接或间接持有上市公司 5%以上股份的股东单位或者在上市公司前五名股东单位任职的人员及其直系亲属；

（四）在上市公司控股股东、实际控制人及其控制的企业任职的人员；

（五）为上市公司及其控股股东、实际控制人或者其各自控制的企业提供财务、法律、咨询等服务的人员，包括但不限于提供服务的中介机构的项目组全体人员、各级复核人员、在报告上签字的人员、合伙人及主要负责人；

（六）在与上市公司及其控股股东、实际控制人或者其各自控制的企业有重大业务往来的单位担任董事、监事或者高级管理人员，或者在有重大业务往来单位的控股股东单位担任董事、监事或者高级管理人员；

（七）最近十二个月内曾经具有前六项所列情形之一的人员；

（八）北交所认定不具有独立性的其他人员。

前述第（四）项、第（五）项及第（六）项的上市公司控股股东、实际控制人控制的企业，不包括根据《北京证券交易所股票上市规则（试行）》第 12.1 条规定，与上市公司不构成关联关系的企业。

四、独立董事候选人无下列不良记录

（一）存在《公司法》规定的不得担任董事、监事、高级管理人员的情形的；

（二）被中国证监会采取证券市场禁入措施，期限尚未届满的；

（三）被证券交易所或者全国股转公司采取认定其不适合担任公司董事、监事、高级管理人员的纪律处分，期限尚未届满的；

（四）最近三十六个月内因证券期货违法犯罪，受到中国证监会行政处罚或者司法机关刑事处罚的；

（五）因涉嫌证券期货违法犯罪，被中国证监会立案调查或者被司法机关立案侦查，尚未有明确结论意见的；

（六）最近三十六个月内受到证券交易所或全国股转公司公开谴责或三次以上通报批评的；

（七）根据国家发改委等部委相关规定，作为失信联合惩戒对象被限制担任董事或独立董事的；

（八）在过往任职独立董事期间因连续三次未亲自出席董事会会议或者因连续两次未能出席也不委托其他董事出席董事会会议被董事会提请股东大会予以撤换，未满十二个月的；

（九）北交所规定的其他情形。

五、包括××××股份有限公司在内，被提名人兼任独立董事的境内上市公司或挂牌公司数量未超过五家，被提名人在××××股份有限公司连续任职未超过六年

六、被提名人具备较丰富的会计专业知识和经验，并至少符合下列条件之一

（一）具有注册会计师职业资格；

（二）具有会计、审计或者财务管理专业的高级职称、副教授及以上职称或者博士学位；

（三）具有经济管理方面高级职称，且在会计、审计或者财务管理等专业岗位有五年以上全职工作经验。

（本条适用于以会计专业人士身份被提名为独立董事候选人的情形，请具体选择符合何种资格）

本提名人已经根据《北京证券交易所上市公司持续监管指引第 1 号——独立董事》对独立董事候选人任职资格进行核实并确认符合要求。

本提名人保证上述声明真实、完整和准确，不存在任何虚假陈述或误导成分，本提名人完全明白作出虚假声明可能导致的后果。

特此声明。

提名人：（盖章）

年　月　日

上市公司
独立董事候选人履历表

拟任职上市公司证券简称：____

拟任职上市公司证券代码：____

本人________（正楷体本人签名）郑重声明，本履历表内容是真实、完整和准确的，没有虚假记载、误导性陈述或重大遗漏。本人完全明白作出虚假声明可能导致的后果。北京证券交易所可依据本履历表所提供的资料，确定本人是否适宜担任该上市公司的独立董事。

《上市公司独立董事候选人履历表》填写说明

请独立董事候选人认真填写《上市公司独立董事候选人履历表》，《上市公司独立董事候选人履历表》中部分信息将予以公开，其他信息将作为上市公司独立董事资料进行备案。请独立董事候选人在填写前认真阅读本填写说明的各项要求，真实、完整和准确地填写表格。

1. 个人简况：

“有否其它国家居留权”项如没有其它国家居留权填“否”，如有则要逐一注明有哪些国家的居留权；

“是否属会计专业人士”项如不是填“否”，如是会计专业人士则应注明是“会计学（审计、财务管理）副教授/教授/博士、高级会计师、注册会计师”等，有几项注明几项；

“个人专长”项是指有助于在该上市公司担任独立董事的专长，如没有填“无”，如有应注明具体专长，如“法律专业人士，行业专家”等，有几项注明几项；

“目前担任独立董事的上市公司家数”，包括担任独立董事的境内上市公司和挂牌公司，以及本次拟任职独立董事的该上市公司；

“是否具有独立董事任职经验”，指是否具有五年以上法律、经济、财务、管理或者其他履行独立董事职责所必需的工作经验；

“是否曾受处罚”项填写本人是否受到的各种行政处罚、刑事处罚以及证券交易所、全国中小企业股份转让系统有限责任公司纪律处分等，如无填“否”，如有应注明具体情况，如××××年×月因犯罪被剥夺政治权利，××××年×月被中国证监会采取证券市场禁入措施、期限为×年，××××年×月被××证券交易所/全国中小企业股份转让系统有限责任公司公开认定不适合担任上市公司/挂牌公司董事/监事/高级管理人员，期限为×年，××××年×月因证券期货违法犯罪受到中国证监会行政处罚/司法机关刑事处罚，××××年×月被××证券交易所/全国中小企业股份转让系统有限责任公司公开谴责，××××年×月被××证券交易所/全国中小企业股份转让系统有限责任公司通报批评，××××年×月被×××认定为失信联合惩戒对象等。

2. 社会关系中包括：配偶、父母、子女、兄弟姐妹。社会关系中兄弟姐妹除可不填写“是否持有本人拟任职的该公司股票”外，其它各项均要填写。

3. 教育背景中要求从中学开始填写，对中专、大专、本科、硕士、博士、博士后要逐一注明学习期间、就读学校或研究机构、主修（辅修）专业、取得学历（学位或博士后）。

4. 工作经历中要求自开始工作起逐一按格式填至现在工作单位止，同一单位工作中间岗位有变动者要分开填写。“职业领域”是指职业的学科领域，如法律、工商管理、会计、审计、财务管理等。

5. 兼职单位中要求填写从大学毕业后所从事的兼职工作，兼职工作指在其他单位任职，为其他单位提供法律、会计、税务、技术等咨询、顾问服务，专为其他单位从事课题研究、技术攻关等；同一时间内在若干单位兼职的均要明确填写。国家有关规定要求保密的工作除外。

6. 培训情况中除语言培训、为通过各种考试所接受的培训不要求填写外，其他各种培训均要填列，尤其是对有助于担任独立董事的培训。

7. 董事经历中要求按格式分别填写，“董事类别”指担任董事、独立董事或董事长。同一公司中董事类别有变动者要分开填写，公司并非单指上市公司。

8. 所获奖励中要求填写自大学毕业后所获取的各种奖励（包括物质奖励和精神奖励）。

9. 专业资格中要求填写取得的目前仍有效的各种专业资格证书，“取得方式”指是通过考试获取或是评议获得；“是否需要后续教育”项如不需要填写“否”，如需要则要注明后续教育的内容、方式，是否考核。

10. 著作及成就中著作包括本人为第一作者或主编的论文与著作；成就指本人在其中起主要作用所取得的各种工作成果。著作及成就众多者可选出最突出的前十项填写，尤其是对有助于担任独立董事的相关成就。

11. 有助于担任独立董事的其他情况填写独立董事候选人希望对外公示的，说明其胜任该上市公司独立董事工作的其他相关情况。

个人简况

<table>
<tr><td>姓名</td><td></td><td>曾用名</td><td></td><td colspan="2" rowspan="6">照片</td></tr>
<tr><td>性别</td><td></td><td>民族</td><td></td></tr>
<tr><td>出生年月</td><td></td><td>政治面貌</td><td></td></tr>
<tr><td>身份证号</td><td></td><td>护照号码</td><td></td></tr>
<tr><td>电子邮件</td><td></td><td>移动电话</td><td></td></tr>
<tr><td>最终学历</td><td></td><td>国籍</td><td></td></tr>
<tr><td>工作单位</td><td colspan="3"></td><td>在工作单位任何职</td><td></td></tr>
<tr><td>单位邮编</td><td></td><td>单位电话</td><td></td><td>单位传真</td><td></td></tr>
<tr><td>家庭地址</td><td colspan="3"></td><td>是否有其他
国家居留权</td><td></td></tr>
<tr><td>家庭邮编</td><td></td><td>家庭电话</td><td></td><td>家庭传真</td><td></td></tr>
<tr><td>是否属会计
专业人士</td><td></td><td>会计专业资
格取得时间</td><td></td><td>证书号码</td><td></td></tr>
<tr><td>个人专长</td><td colspan="2"></td><td>是否曾受
处罚</td><td colspan="2"></td></tr>
<tr><td>是否具有独立
董事任职经验</td><td colspan="2"></td><td>目前担任独立董事的上
市公司/挂牌公司家数</td><td colspan="2"></td></tr>
<tr><td>持有该公司股票
数量</td><td colspan="2"></td><td>持有该公司股票比例</td><td colspan="2"></td></tr>
<tr><td colspan="4">截至目前在该公司连续任独立董事的年限</td><td colspan="2"></td></tr>
<tr><td colspan="6">最近十二个月内，在所有任职的上市公司/挂牌公司应出席董事会会议（　　）次，未亲自出席（　　）次。</td></tr>
</table>

注：下列表格均可根据实际情况进行续表。

社会关系（一）

与本人关系	妻子/丈夫	父亲	母亲	长子/长女
姓名				
身份证号				
联系方式				
工作单位				
职位				
兼职单位				
兼职职位				
是否持有本人拟任职的该公司股票				
持股数量				

社会关系（二）

与本人关系	次子/次女	哥哥	姐姐	弟弟
姓名				
身份证号				
联系方式				
工作单位				
职位				
兼职单位				
兼职职位				
是否持有本人拟任职的该公司股票				
持股数量				

社会关系（三）

与本人关系	妹妹			
姓名				
身份证号				
联系方式				
工作单位				
职位				
兼职单位				
兼职职位				
是否持有本人拟任职的该公司股票				
持股数量				

教育背景

学习期间	学校	专业	学历/学位

工作经历

工作期间	工作单位名称	职位	职业领域	工作内容	证明人

兼职单位

任职期间	兼职单位名称	职位	工作内容	兼职单位是上市公司/挂牌公司的，填写公司证券代码

培训情况

培训期间	培训举办单位	培训证书名称	培训内容

董事经历

任职期间	任职单位名称	董事类别

所获奖项

获奖时间	奖项名称	颁奖单位

专业资格

取得时间	资格名称	授予单位	取得方式	是否需要后续教育	后续教育具体内容

著作及成就

著作或成就名称	认可、发表或出版单位	取得、发表或出版时间

有助于担任独立董事的其他情况

关于发布《北京证券交易所上市公司持续监管指引第2号——季度报告》的公告

北证公告〔2021〕35号

为了规范北京证券交易所（以下简称本所）上市公司季度报告的编制和披露，本所制定了《北京证券交易所上市公司持续监管指引第2号——季度报告》，现予以发布，自2021年11月15日起施行。

特此公告。

附件：北京证券交易所上市公司持续监管指引第2号——季度报告

北京证券交易所

2021年11月2日

北京证券交易所上市公司持续监管指引第2号——季度报告

第一条 为了规范北京证券交易所（以下简称本所）上市公司季度报告的编制及信息披露行为，保护投资者合法权益，根据《中华人民共和国证券法》《北京证券交易所股票上市规则（试行）》（以下简称《上市规则》）等有关规定，制定本指引。

第二条 本所上市公司应当按照本指引的要求编制和披露季度报告。

第三条 本指引的规定是对公司季度报告信息披露的最低要求；凡是对投资者作出投资决策有重大影响的信息，不论本指引是否有明确规定，公司均应当披露。

鼓励公司结合自身特点，以简明易懂的方式披露对投资者特别是中小投资者决策有用的信息，但披露的信息应当保持持续性和一致性，不得选择性披露。

第四条 公司季度报告中的财务会计报告可以不经审计，但中国证券监督管理委员会（以下简称中国证监会）、本所另有规定的除外。

第五条 由于国家秘密、商业秘密等特殊原因导致本指引规定的某些信息确实不便披露的，公司可以不予披露，但应当在相关部分详细说明未按本指引要求进行披露的原因。中国证监会、本所认为需要披露的，公司应当披露。公司在编制和披露季度报告时应当严格遵守国家有关保密的法律法规，不得泄露国家保密信息。

第六条 公司董事、监事、高级管理人员对季度报告内容无异议并能够保证其真实性、准确性、完整性的，公司应在季度报告文本扉页刊登如下重要提示：公司董事、监事、高级管理人员保证本报告所载资料不存在虚假记载、误导性陈述或者重大遗漏，并对其内容的真实性、准确性和完整性承担个别及连带责任。

公司负责人、主管会计工作负责人及会计机构负责人（会计主管人员）应当声明并保证季度报告中财务会计报告的真实、准确、完整。

如有董事、监事、高级管理人员对季度报告内容存在异议或无法保证其真实、准确、完整的，应当声明××无法保证本报告内容的真实、准确、完整，并说明理由，请投资者特别关注。同时，单独列示未出席董事会审议季度报告的董事姓名及原因。

第七条 如季度报告中的财务会计报告已经审计并被出具非标准审计报告，重要提示中应当声明××会计师事务所为本公司出具了非无保留意见（保留意见、否定意见、无法表示意见），或带有解释性说明的无保留意见（带有强调事项段、持续经营重大不确定性段落、其他信息段落中包含其他信息未更正重大错报说明的无保留意见）的审计报告，本公司董事会、监事会对相关事项已有详细说明，请投资者注意阅读。

第八条 公司应采用数据列表方式，提供截至报告期末和上年期末（或年初至报告期末和上年同期）的主要会计数据和财务指标，包括但不限于：资产总计、归属于上市公司股东的净资产、资产负债率、营业收入、归属于上市公司股东的净利润、归属于上市公司股东的扣除非经常性损益后的净利润、经营活动产生的现金流量净额、每股收益、净资产收益率。

公司在披露“归属于上市公司股东的扣除非经常性损益后的净利润”时，应当同时说明报告期内非经常性损益的项目及金额。

第九条 报告期重要财务数据或指标变动达到或超过 30%的，应当说明情况及主要原因。

因会计政策变更及会计差错更正等追溯调整或重述以前年度会计数据的，应当同时披露调整前后的数据。

第十条 公司应当披露本报告期期初、期末的普通股股本结构及截至报告期末的持有本公司 5%以上股份股东的持股情况，并对持股 5%以上的股东相互间关系及持股变动情况进行说明。如持股 5%以上的股东少于十人，则应当列出至少前十名股东的持股情况。如所持股份中包括无限售条件股份、有限售条件股份、质押或司法冻结股份，应当分别披露其数量。

如公司报告期内存在存续至本期的优先股，应当披露前十名优先股股东和表决权恢复的优先股股东的持股情况。

第十一条 报告期内发生的或以前期间发生但延续到报告期的重大事项，可能对投资者决策或者公司股票及其他证券品种交易价格产生较大影响的，公司应当披露该重大事项的进展情况，并说明其影响和解决方案。公司已在临时报告披露且后续实施无变化的，仅需披露该事项概述，并提供所披露的临时报告的相关查询索引。

第十二条 公司应当注明财务会计报告是否已经审计。已经审计的，公司应当披露审计意见类型；若被注册会计师出具非标准审计报告，公司还应当披露审计报告正文。

第十三条 公司应当在季度报告中披露比较式资产负债表、比较式利润表和比较式现金流量表。编制合并报表的公司，除提供合并财务报表外，还应当提供母公司财务报表，但中国证监会另有规定的除外。

第十四条 公司及相关主体在季度报告披露中有违规行为的，本所依据《上市规则》等有关规定，对公司及相关责任主体采取工作措施、自律监管措施或纪律处分。

第十五条 本指引由本所负责解释。

第十六条 本指引自 2021 年 11 月 15 日起施行。

关于发布《北京证券交易所上市公司持续监管指引第3号——股权激励和员工持股计划》的公告

北证公告〔2021〕36号

为了明确北京证券交易所（以下简称本所）上市公司股权激励和员工持股计划相关业务办理及信息披露要求，本所制定了《北京证券交易所上市公司持续监管指引第3号——股权激励和员工持股计划》，现予以发布，自2021年11月15日起施行。

特此公告。

附件：北京证券交易所上市公司持续监管指引第3号——股权激励和员工持股计划

北京证券交易所

2021年11月2日

北京证券交易所上市公司持续监管指引第3号——股权激励和员工持股计划

第一章　总则

第一条　为了规范北京证券交易所（以下简称本所）上市公司股权激励和员工持股计划相关业务办理及信息披露事项，根据《中华人民共和国公司法》（以下简称《公司法》）、《中华人民共和国证券法》（以下简称《证券法》）、《上市公司股权激励管理办法》（以下简称《管理办法》）、《北京证券交易所上市公司持续监管办法（试行）》（以下简称《持续监管办法》）、《关于上市公司实施员工持股计划试点的指导意见》（以下简称《指导意见》）、《北京证券交易所股票上市规则（试行）》（以下简称《上市规则》）等有关规定，制定本指引。

第二条　本所上市公司实施股权激励和员工持股计划相关事宜，适用本指引。本指引未作规定的，适用中国证券监督管理委员会（以下简称中国证监会）及本所其他相关规定。

本指引所称股权激励是指上市公司以本公司股票为标的，采用限制性股票、股票期权或者本所认可的其他方式，对董事、高级管理人员及其他员工（以下简称激励对象）进行的长期性激励。

本指引所称员工持股计划是指上市公司根据员工意愿，通过合法方式使员工获得本公司股票并长期持有，股份权益按约定分配给员工的制度安排。

第三条　上市公司可以采用回购、向特定对象发行、股东自愿赠与及其他法律法规、部门规章允许的方式实施股权激励或员工持股计划。

第四条　任何人不得利用股权激励和员工持股计划进行内幕交易、操纵证券市场等违法活动。

第五条　上市公司实施股权激励和员工持股计划，应当符合《公司法》《管理办法》《持续监管办法》《指导意见》《上市规则》、本指引和公司章程等规定，有利于上市公司的持续发展，不得损害上市公司利益。

第六条　为上市公司股权激励和员工持股计划出具意见的证券服务机构和人员，应当诚实守信、勤勉尽责，保证所出具的文件真实、准确、完整。

第二章　股权激励

第一节　股权激励计划的审议及披露

第七条　上市公司董事会应当就股权激励计划草案等事项作出决议并披露，拟作为激励对象或与激励对象存在关联关系的董事应当回避表决。股权激励计划草案的内容应当符合《管理办法》《持续监管办法》《上市规则》和本指引等相关规定。

第八条　上市公司监事会及独立董事应当就股权激励计划是否有利于上市公司持续发展，是否存在明显损害上市公司及全体股东利益的情形发表意见。

第九条　上市公司实施股权激励，属于《管理办法》《持续监管办法》《上市规则》规定的应当聘请独立财务顾问情形的，上市公司应当聘请独立财务顾问。

除上述情形外，监事会或独立董事认为有必要的，可以建议上市公司聘请独立财务顾问，对股权激励计划的可行性、是否有利于上市公司的持续发展、是否损坏上市公司利益以及对股东利益的影响发表专业意见。上市公司未按照建议聘请独立财务顾问的，应当就此事项作特别说明并与股权激励计划草案一并披露。

第十条　上市公司董事会审议通过股权激励计划的，应当及时披露董事会决议公告，并同时披露股权激励计划草案、监事会意见、独立董事意见等。

第十一条　股权激励计划草案披露后，上市公司应当及时发出召开股东大会的通知。

上市公司在发出召开股东大会的通知时，独立董事应当就股权激励计划向所有股东征集委托投票权，同时披露独立董事关于公开征集委托投票权的报告书。

第十二条　上市公司应当在不晚于发出召开股东大会通知时披露法律意见书；聘请独立财务顾问的，还应同时披露独立财务顾问报告。

第十三条　上市公司应当在召开股东大会前，通过公司网站或者其他途径，将经董事会审议通过的激励名单向全体员工公示，公示期不少于10个自然日。

第十四条　上市公司监事会应当充分听取公示意见，在公示期满后对激励名单进行审核。上市公司应当在股东大会审议股权激励计划前5个自然日披露监事会对激励名单审核及公示情况的说明公告，包括激励对象名单的公示途径、公示期、公司内部人员提出异议等情况。

第十五条　上市公司股东大会应当就股权激励计划等事项作出决议，并经出席会议的股东所持表决权的2/3以上通过，拟作为激励对象或与激励对象存在关联关系的股东应当回避表决。股东大会决议公告中应当包括中小股东单独计票结果。

第十六条　上市公司应当至迟在股东大会决议公告披露的同时披露内幕信息知情人在股权激励计划草案公告前6个月内买卖本公司股票及其衍生品种情况的自查报告，并说明是否存在内幕交易行为。

第十七条 上市公司股权激励计划存在预留权益的，董事会应当在股权激励计划经股东大会审议通过后的12个月内确认预留权益的激励对象，并参照首次授予权益的要求披露；超过12个月未明确激励对象的，上市公司应当及时披露预留权益失效的公告。

第十八条 上市公司实施股权激励，应当合理确定限制性股票授予价格或股票期权行权价格，并在股权激励计划草案中对定价依据和定价方式进行说明。

限制性股票授予价格低于市场参考价的50%，或者股票期权行权价格低于市场参考价的，上市公司应当聘请独立财务顾问对股权激励计划的可行性、相关定价依据和定价方法的合理性、是否有利于公司持续发展、是否损害股东利益等发表意见。

第二节 限制性股票的授予、解除限售及回购注销

第十九条 股权激励计划规定有获授权益条件的，上市公司应当在获授权益条件成就后5个交易日内召开董事会审议激励对象获授事宜，并在披露董事会决议公告的同时披露限制性股票授予公告。

股权激励计划未规定获授权益条件的，上市公司应当在披露审议股权激励计划的股东大会决议公告后5个交易日内召开董事会审议激励对象获授事宜，并在披露董事会决议公告的同时披露限制性股票授予公告。

股权激励计划规定不得成为激励对象的情形，不视为本条所称获授权益条件。

第二十条 上市公司监事会、独立董事、独立财务顾问（如有）应当就激励对象获授权益条件是否成就发表意见，律师事务所应当对激励对象获授权益的条件是否成就出具法律意见书，并与董事会决议公告同时披露。

第二十一条 上市公司向股权激励对象授出权益与股权激励计划的安排存在差异时，监事会、独立董事、律师事务所、独立财务顾问（如有）应当就差异情形发表意见，并与限制性股票授予公告或限制性股票授予结果公告同时披露。

第二十二条 上市公司应当在股权激励计划经股东大会审议通过后（有获授权益条件的，自条件成就日起算）60个自然日内授出权益并完成公告、登记等相关程序。

上市公司未能在60个自然日内完成前述工作的，应当及时披露未完成的原因，并宣告终止实施股权激励，自公告之日起3个月内不得再次审议股权激励计划。

上市公司不得在法律法规、部门规章及本所业务规则规定的禁止上市公司董事、高级管理人员买卖本公司股票期间向激励对象授予限制性股票。

上市公司不得授出权益的期间不计入本条规定的60个自然日期限内。

第二十三条 激励对象按照股权激励计划支付限制性股票价款后，上市公司应当在符合《证券法》规定的会计师事务所完成验资后的5个交易日内，向本所提交《限制性股票授予登记申请表》（附件1）及要求的其他文件。经本所确认后，上市公司应当在取得确认文件后的5个交易日内向中国证券登记结算有限责任公司北京分公司

（以下简称中国结算）申请办理股票登记手续，并在完成股票登记后的2个交易日内披露限制性股票授予结果公告。

第二十四条 在限制性股票解除限售的条件成就后，上市公司应当在5个交易日内召开董事会审议解除限售事宜，并在披露董事会决议公告的同时披露限制性股票解除限售条件成就公告。

第二十五条 上市公司监事会、独立董事、独立财务顾问（如有）应当就解除限售条件是否成就发表意见，律师事务所应当对解除限售条件是否成就出具法律意见书，并与董事会决议公告同时披露。

第二十六条 上市公司应当在董事会决议公告披露后5个交易日内，向本所提交《限制性股票解除限售申请表》（附件2）及要求的其他文件。经本所确认后，上市公司应当在取得确认文件后的5个交易日内向中国结算申请办理解除限售手续，并根据股票解除限售相关规定披露限制性股票解除限售公告。

法律法规、部门规章、本所业务规则对相关股票限售安排另有规定的，上市公司应当按照相关规定办理。

第二十七条 上市公司出现股权激励计划规定的应当回购注销限制性股票情形的，董事会应当及时审议限制性股票回购注销方案，并依法将回购股份方案提交股东大会批准。

上市公司应当在披露董事会决议公告的同时披露拟对已授予限制性股票回购注销的公告。

第二十八条 限制性股票回购注销方案内容包括但不限于回购原因、回购价格及定价依据、回购对象、拟回购股份的种类及数量、拟用于回购的资金总额和资金来源、回购后公司股本结构的变动情况及对公司业绩的影响等。

第二十九条 上市公司监事会、独立董事应当就是否出现限制性股票回购注销的情形发表意见，律师事务所应当就回购注销安排的合法合规性出具法律意见书，并与董事会决议公告同时披露。

上市公司应当在股东大会审议通过限制性股票回购注销方案之日起10个自然日内通知债权人，并于30个自然日内在报纸上刊登公告。

第三十条 上市公司应当在审议限制性股票回购注销方案的股东大会决议公告披露后5个交易日内，向本所提交《限制性股票回购注销申请表》（附件3）及要求的其他文件。经本所确认后，上市公司应当在取得确认文件后的5个交易日内向中国结算申请办理限制性股票回购注销手续，并在完成限制性股票注销后的2个交易日内披露回购注销完成暨股份变动公告。

第三节 股票期权的授予、行权及注销

第三十一条 股权激励计划规定有获授权益条件的，上市公司应当在获授权益条

件成就后5个交易日内召开董事会审议激励对象获授事宜，并在披露董事会决议公告的同时披露股票期权授予公告。

股权激励计划未规定获授权益条件的，上市公司应当在披露审议股权激励计划的股东大会决议公告后5个交易日内召开董事会审议激励对象获授事宜，并在披露董事会决议公告的同时披露股票期权授予公告。

股权激励计划规定不得成为激励对象的情形，不视为本条所称获授权益条件。

第三十二条 上市公司监事会、独立董事、独立财务顾问（如有）应当就激励对象获授权益条件是否成就发表意见，律师事务所应当对激励对象获授权益的条件是否成就出具法律意见书，并与董事会决议公告同时披露。

第三十三条 上市公司向股权激励对象授出权益与股权激励计划的安排存在差异时，监事会、独立董事、律师事务所、独立财务顾问（如有）应当就差异情形发表意见，并与股票期权授予公告或股票期权授予结果公告同时披露。

第三十四条 上市公司应当在股权激励计划经股东大会审议通过后（有获授权益条件的，自条件成就日起算）60个自然日内授出权益并完成公告、登记等相关程序。

上市公司未能在60个自然日内完成上述工作的，应当及时披露未完成的原因，并宣告终止实施股权激励，自公告之日起3个月内不得再次审议股权激励计划。

第三十五条 上市公司应当在授予公告披露后的5个交易日内，向本所提交《股票期权授予登记申请表》（附件4）及要求的其他文件。经本所确认后，上市公司应当在取得确认文件后的5个交易日内向中国结算申请办理登记手续，并在完成股票期权登记后的2个交易日内披露股票期权授予结果公告。

第三十六条 股票期权证券代码首三位代码为850，股票期权证券简称首四位字符从公司股票证券简称中选取，后四位字符按照期数依次为“JLC1”、“JLC2”等。

第三十七条 激励对象按照股权激励计划支付行权价款后，上市公司应当在符合《证券法》规定的会计师事务所完成验资后的5个交易日内，向本所提交《股票期权行权申请表》（附件5）及要求的其他文件。经本所确认后，上市公司应当在取得确认文件后的5个交易日内向中国结算申请办理股票登记手续，并根据新增股份登记的相关规定披露股票期权行权结果公告。

激励对象不得在法律法规、部门规章、本所业务规则规定的禁止上市公司董事、高级管理人员买卖本公司股票期间内行权。

第三十八条 出现股权激励计划规定的应当注销股票期权情形的，上市公司应当及时召开董事会审议相关事宜，并在披露董事会决议公告的同时披露股票期权注销公告。

第三十九条 上市公司应当在审议期权注销的董事会决议公告披露后5个交易日内，向本所提交《股票期权注销申请表》（附件6）及要求的其他文件。经本所确认后，上市公司应当在取得确认文件后的5个交易日内向中国结算申请办理期权注销手续，并在完成股票期权注销后的 2 个交易日内披露股票期权注销完成公告。

第四节　股权激励计划的调整、变更和终止

第四十条　股权激励计划存续期内，因标的股票发生除权除息等原因，按照股权激励计划规定的方式对获授权益的数量、价格等要素进行调整的，应当在权益分派实施公告披露后及时召开董事会审议调整事宜，无需提交股东大会审议。上市公司应当在董事会审议通过后 2 个交易日内披露股权激励计划调整公告，同时披露律师事务所意见。

股票期权涉及调整的，上市公司在履行相应审议程序及信息披露义务后，应当及时向本所提交《股票期权调整申请表》（附件 7）及要求的其他文件，申请办理股票期权调整手续。

股票期权授予前涉及多次调整的，上市公司可以在办理股票期权的授予手续时，一并办理股票期权调整手续；授予后涉及多次调整的，上市公司可以在办理股票期权的行权手续时，一并办理股票期权调整手续。

第四十一条　上市公司对尚未经股东大会审议通过的股权激励计划草案进行变更的，应当召开董事会审议变更事宜并披露。

上市公司对已经股东大会审议通过的股权激励计划草案进行变更的，应当召开董事会、股东大会审议变更事宜并披露。

本指引所称激励计划的变更是指股份来源、限制性股票授予或期权行权价格、业绩考核指标及本所规定的其他内容发生变更。

第四十二条　上市公司应当在披露审议变更事宜的董事会决议公告同时，披露变更后的股权激励计划草案。

第四十三条　上市公司监事会、独立董事应当就变更后的股权激励计划草案是否有利于上市公司持续发展，是否存在明显损害上市公司及全体股东利益的情形发表意见。

律师事务所应当就变更后的股权激励计划草案是否符合法律法规、部门规章及本指引相关规定，是否存在明显损害上市公司及全体股东利益的情形出具法律意见书。

上市公司应当在披露董事会决议公告的同时披露监事会、独立董事意见及法律意见书。

第四十四条　上市公司终止实施尚未经股东大会审议通过的股权激励计划的，应当召开董事会审议终止事宜并披露。

上市公司终止实施已经股东大会审议通过的股权激励计划的，应当经董事会、股东大会审议通过并披露。监事会、独立董事、律师事务所应当就是否存在明显损害上市公司及全体股东利益的情形发表意见，并与董事会决议公告同时披露。

上市公司应当在披露审议通过终止实施股权激励议案的董事会决议公告的同时，

披露关于终止实施股权激励计划的公告，内容包括但不限于终止实施股权激励的原因、股权激励已实施情况、股权激励对象已获授权益后续处理安排、终止实施股权激励对上市公司的影响等。

第四十五条 上市公司终止实施股权激励计划后，应当根据相关法律法规、部门规章及本指引相关规定，办理授出权益的回购注销。

第三章 员工持股计划

第四十六条 上市公司董事会应当就员工持股计划等事项作出决议，拟参与员工持股计划或与参与员工存在关联关系的董事应当回避表决。员工持股计划草案的内容应当符合《指导意见》等相关规定。

第四十七条 上市公司监事会应当就员工持股计划是否有利于上市公司持续发展，是否损害上市公司及全体股东利益，是否以摊派、强行分配等方式强制员工参加员工持股计划发表意见。

第四十八条 上市公司董事会审议通过员工持股计划草案的，应当及时披露董事会决议公告、监事会意见、独立董事意见及与资产管理机构签订的资产管理协议（如有）。

全部有效的员工持股计划所持有的股票总数累计不得超过公司股本总额的 10%，单个员工所获股份权益对应的股票总数累计不得超过公司股本总额的 1%。

第四十九条 上市公司应当在召开股东大会之前通过公司职工代表大会等方式就员工持股计划向公司员工征求意见。

第五十条 上市公司监事会应当对拟参与对象进行核实，就拟参与对象是否符合员工持股计划规定的参与条件等事项发表意见。

第五十一条 上市公司应当在相关股东大会现场会议召开的 2 个交易日前披露员工持股计划的法律意见书。法律意见书内容包括但不限于员工持股计划及其相关事项是否合法合规、是否已履行必要的决策和审批程序、是否已按照中国证监会和本所相关规定履行信息披露义务、员工持股计划一致行动关系认定的合法合规性。

第五十二条 上市公司股东大会应当就员工持股计划等事项作出决议，并经出席会议的股东所持表决权过半数通过，股东大会决议公告中应当包括中小股东单独计票结果。

拟参与员工持股计划或与参与员工存在关联关系的股东应当回避表决。员工持股计划为委托管理型的，且拟选任的资产管理机构为公司股东或股东关联方的，相关主体也应回避表决。

第五十三条 上市公司应当在股东大会审议通过员工持股计划 2 个交易日内披露最终审议通过的员工持股计划。

第五十四条 以回购为股份来源的，应当在股东大会审议通过设立员工持股计划且回购实施完毕后，及时向本所提交《员工持股计划股票划转确认申请表》（附件8）及要求的其他文件。经本所确认后，上市公司应当在取得确认文件后的5个交易日内向中国结算申请办理划转手续，并在过户完成后的2个交易日内披露员工持股计划股票过户登记完成公告。

第五十五条 上市公司通过竞价交易、大宗交易等方式实施员工持股计划的，上市公司明确的员工持股计划管理方或委托的资产管理机构应当在股东大会审议通过员工持股计划后6个月内，根据员工持股计划的安排，完成标的股票的购买。

上市公司应当每月月末汇总披露一次购买进展公告，公告内容应当包括购买股票的时间、数量、价格、方式等情况。

上市公司应当在员工持股计划完成全部股票购买后的2个交易日内披露员工持股计划股票购买完成公告。

第五十六条 以股东自愿赠与作为员工持股计划股票来源的，上市公司应当在相关赠与合同生效后的5个交易日内，向本所提交《员工持股计划股票划转确认申请表》（附件8）及要求的其他文件。经本所确认后，上市公司应当在取得确认文件后的5个交易日内向中国结算申请办理相关手续，并在过户完成后的2个交易日内披露员工持股计划股票过户登记完成公告。股东自愿赠与的股票应当为其所持无权利限制的无限售条件的流通股。

第五十七条 以向特定对象发行作为员工持股计划股份来源的，上市公司应当按照法律法规、部门规章、本所业务规则等相关规定办理并履行信息披露义务。

第五十八条 员工持股计划存续期内，发生下列情形之一的，应当及时披露：

（一）员工持股计划变更、提前终止，或者相关当事人未按照约定实施员工持股计划的；

（二）员工持股计划持有人之外的第三人对员工持股计划的股票和资金提出权利主张的；

（三）员工持股计划锁定期届满；

（四）出现单个员工所获份额对应的股票总数累计达到公司股本总额的1%的；

（五）员工持股计划中约定第三方为员工参加持股计划提供的奖励、资助、补贴、兜底等安排，第三方未能如期兑现的；

（六）本所认定的其他情形。

第五十九条 上市公司变更、终止员工持股计划，应当按照员工持股计划的约定经董事会或者股东大会审议通过。

第六十条 上市公司应当在员工持股计划届满前6个月的首个交易日，披露该员工持股计划到期时拟持有的股票数量。

第六十一条 员工持股计划约定有限售安排，或者法律法规、部门规章、规范性文件及本所业务规则对相关股票限售安排另有规定的，上市公司应当按照相关规定办理。

第四章　日常监管

第六十二条　本所对上市公司及相关信息披露义务人的信息披露文件和申请文件进行审查，发现存在问题的，可以采用要求说明、公开问询等方式，要求上市公司及相关信息披露义务人、独立财务顾问和其他证券服务机构等相关主体进行解释、说明、更正和补充，相关主体应当及时回复，并保证回复内容的真实、准确、完整。

第六十三条　上市公司及相关主体在股权激励和员工持股计划中有违规行为的，本所可以对上市公司及相关责任主体采取工作措施、自律监管措施或纪律处分。

第五章　附则

第六十四条　本指引所称的市场参考价是指股权激励计划草案公布前 1 个交易日、20 个交易日、60 个交易日或 120 个交易日股票交易均价孰高者。交易均价按股票交易总额除以股票交易总量计算，且不包含大宗交易。

第六十五条　本指引由本所负责解释。

第六十六条　本指引自 2021 年 11 月 15 日起施行。

附件 1

上市公司股权激励计划限制性股票授予登记申请表

基本情况			
公司全称			
证券简称		证券代码	
本次激励计划授予 限制性股票数量（股）		占授予前上市公司 总股本的比例（%）	
授予日期		分几期解除限售	期
本次授予限制性股票 总人数		本次授予 股票来源	□ 向激励对象发行 □ 回购股票 □ 股东自愿赠与 □ 其他情形
回购专用证券账户名称 （回购情形）		回购专用证券账户号码 （回购情形）	
赠与人证券账户名称 （股东赠与情形）		赠与人证券账户号码 （股东赠与情形）	
激励对象获授限制性股票 是否会触发权益变动			
上市公司股权激励计划限制性股票授予的简要说明：			

申报材料	是否齐备
1. 上市公司董事会关于股权激励计划限制性股票的授予申请，其内容至少应包括：股权激励计划的基本内容、已履行的审议程序、授予条件的成就情况、实施的具体方案、限售及解除限售安排（限售期不少于 12 个月）、已回购股份数量等；	
2. 国资、外资等相关主管机关核准、登记、备案相关文件（如有）；	
3. 符合《证券法》规定的会计师事务所出具的验资报告；	
4. 风险确认书（如有）；	
5. 中国证监会及北京证券交易所要求的其他文件。	
董事会声明	

续表

基本情况
本公司全体董事承诺： “所有信披文件和申报材料均不存在虚假记载、误导性陈述或重大遗漏，且电子版文件内容、格式与纸质材料一致。本公司全体董事对其真实性、准确性、完整性、一致性承担个别和连带的法律责任。” 全体董事签字处： ××××股份有限公司董事会（盖章） 年　月　日

附表

××××股份有限公司股权激励计划限制性股票授予登记申请表

证券简称：××××　　　　证券代码：××××　　　　单位：股

序号	激励对象姓名	是否为董事或高级管理人员	身份证号	证券账户号码	本次授予限制性股票数量
1					
2					
3					
4					
5					
合计					

附件 2

上市公司股权激励计划限制性股票解除限售申请表

<table>
<tr><td colspan="4">基本情况</td></tr>
<tr><td>公司全称</td><td colspan="3"></td></tr>
<tr><td>证券简称</td><td></td><td>证券代码</td><td></td></tr>
<tr><td>本次符合解除限售条件的限制性股票数量（股）</td><td></td><td>本次符合解除限售条件数量占授予总量的比例（%）</td><td></td></tr>
<tr><td>本次申请解除限售的限制性股票数量（股）</td><td></td><td>本次申请解除限售数量占总股本的比例（%）</td><td></td></tr>
<tr><td>可解除限售总期数</td><td></td><td>本次为第几期解除限售</td><td></td></tr>
<tr><td colspan="4">上市公司股权激励计划限制性股票解除限售的简要说明：</td></tr>
<tr><td colspan="3">申报材料</td><td>是否齐备</td></tr>
<tr><td colspan="3">1. 上市公司董事会关于股权激励计划限制性股票解除限售的申请，其内容至少应包括：股权激励计划的基本内容、已履行的审议程序、限制性股票解除限售条件的成就情况等；</td><td></td></tr>
<tr><td colspan="3">2. 风险确认书（如有）；</td><td></td></tr>
<tr><td colspan="3">3. 中国证监会及北京证券交易所要求的其他文件。</td><td></td></tr>
<tr><td colspan="4">董事会声明</td></tr>
<tr><td colspan="4">本公司全体董事承诺：
“所有材料均不存在虚假记载、误导性陈述或重大遗漏，且电子版文件内容、格式与纸质材料一致。本公司全体董事对其真实性、准确性、完整性、一致性承担个别和连带的法律责任。”
全体董事签字处：

××××股份有限公司董事会（盖章）
年 月 日</td></tr>
</table>

附表

××××股份有限公司股权激励计划限制性股票解除限售申请表

证券简称：××××　　证券代码：××××　　单位：股

序号	激励对象姓名	是否为董事或高级管理人员	身份证号	证券账户号码	截至××年××月××日持有的股票数量（不含限制性股票）	截至××年××月××日持有的限制性股票数量	本次符合解除限售条件的限制性股票数量	因其它原因需继续限售的股票数量	本次申请解除限售登记的股票数量
1									
2									
3									
4									
5									
合计									

附件 3

上市公司股权激励计划限制性股票回购注销申请表

基本情况			
公司全称			
证券简称		证券代码	
本次申请回购注销限制性股票数量（股）		本次申请回购注销股票占注销前总股本比例（%）	
本次申请回购注销限制性股票的授予日期		本次申请回购注销涉及人数	
本次申请回购注销限制性股票的回购价格		是否已刊登债权人公告	□是 □否
上市公司股权激励限制性股票回购注销的简要说明：			

申报材料	是否齐备
1. 上市公司董事会关于回购注销限制性股票的申请，其内容至少应包括：股权激励计划的基本内容、已履行的审议程序、限制性股票回购注销的原因等；	
2. 国资、外资等相关主管机关核准、登记、备案相关文件（如有）；	
3. 债权人通知书；	
4. 符合《证券法》规定的会计师事务所出具的验资报告（如适用）；	
5. 中国证监会及北京证券交易所要求的其他文件。	

董事会声明
本公司全体董事承诺： “所有材料均不存在虚假记载、误导性陈述或重大遗漏，且电子版文件内容、格式与纸质材料一致。本公司全体董事对其真实性、准确性、完整性、一致性承担个别和连带的法律责任。” 全体董事签字处： ××××股份有限公司董事会（盖章） 年　月　日

附表

××××股份有限公司股权激励计划限制性股票回购注销申请表

证券简称：××××　　　　　　证券代码：××××　　　　　　单位：股

序号	激励对象姓名	是否为董事或高级管理人员	身份证号	证券账户号码	本次激励计划获授限制性股票数量	本次申请注销的限制性股票数量
1						
2						
3						
4						
5						
合计						

附件4

上市公司股权激励计划股票期权授予登记申请表

<table>
<tr><td colspan="4">基本情况</td></tr>
<tr><td>公司全称</td><td colspan="3"></td></tr>
<tr><td>证券简称</td><td></td><td>证券代码</td><td></td></tr>
<tr><td>申请的期权简称</td><td colspan="3"></td></tr>
<tr><td>本次激励计划授予
期权数量（份）</td><td></td><td>本次授予期权总人数</td><td></td></tr>
<tr><td>授予日期</td><td></td><td>分几期行权</td><td>期</td></tr>
<tr><td colspan="4">上市公司股权激励计划股票期权授予的简要说明：</td></tr>
<tr><td colspan="3">申报材料</td><td>是否齐备</td></tr>
<tr><td colspan="3">1. 上市公司董事会关于股权激励计划股票期权的授予申请，其内容至少应包括：股权激励计划的基本内容、已履行的审议程序、授予条件的成就情况、实施的具体方案等；</td><td></td></tr>
<tr><td colspan="3">2. 国资、外资等相关主管机关核准、登记、备案相关文件（如有）；</td><td></td></tr>
<tr><td colspan="3">3. 风险确认书（如有）；</td><td></td></tr>
<tr><td colspan="3">4. 中国证监会及北京证券交易所要求的其他文件。</td><td></td></tr>
<tr><td colspan="4">董事会声明</td></tr>
<tr><td colspan="4">本公司全体董事承诺：
“所有信披文件和申报材料均不存在虚假记载、误导性陈述或重大遗漏，且电子版文件内容、格式与纸质材料一致。本公司全体董事对其真实性、准确性、完整性、一致性承担个别和连带的法律责任。”
全体董事签字处：

××××股份有限公司董事会（盖章）
年　月　日</td></tr>
</table>

附表

××××股份有限公司股权激励计划股票期权授予登记申请表

证券简称：××××　　证券代码：××××　　期权简称：××××　　单位：份

序号	激励对象姓名	是否为董事或高级管理人员	身份证号	证券账户号码	本次授予股票期权数量
1					
2					
3					
4					
5					
合计					

附件 5

上市公司股权激励计划股票期权行权申请表

<table>
<tr><td colspan="4">基本情况</td></tr>
<tr><td>公司全称</td><td colspan="3"></td></tr>
<tr><td>证券简称</td><td></td><td>证券代码</td><td></td></tr>
<tr><td>期权简称</td><td></td><td>期权代码</td><td></td></tr>
<tr><td>本次股票期权
申请行权数量（份）</td><td></td><td>本次行权数量占授予总量
的比例（%）</td><td></td></tr>
<tr><td>期权可行权期数/
本次为第几次行权</td><td>分×期行权，本次
为第×次行权</td><td>行权人数</td><td></td></tr>
<tr><td rowspan="2">本次行权对应
股份数量（股）</td><td rowspan="2"></td><td>行权对应限售
股份数量（股）</td><td></td></tr>
<tr><td>行权对应不予限售
股份数量（股）</td><td></td></tr>
<tr><td>本期股票期权行权
股份来源</td><td colspan="3">☐ 向激励对象发行 ☐ 回购股票 ☐ 股东自愿赠与 ☐ 其他情形</td></tr>
<tr><td>回购专用证券账户名称
（回购情形）</td><td></td><td>回购专用证券账户号码
（回购情形）</td><td></td></tr>
<tr><td>赠与人证券账户名称
（股东赠与情形）</td><td></td><td>赠与人证券账户号码
（股东赠与情形）</td><td></td></tr>
<tr><td>激励对象行权是否会
触发权益变动</td><td></td><td>是否已披露权益变动
报告书</td><td></td></tr>
<tr><td colspan="4">上市公司股权激励计划股票期权行权的简要说明：</td></tr>
<tr><td colspan="4">申报材料</td></tr>
<tr><td colspan="3">1. 上市公司董事会关于股权激励计划股票期权的行权申请，其内容至少应包括：股权激励计划的基本内容、已履行的审议程序、期权行权条件的成就情况、已回购股份数量等；</td><td></td></tr>
<tr><td colspan="3">2. 国资、外资等相关主管机关核准、登记、备案相关文件（如有）；</td><td></td></tr>
<tr><td colspan="3">3. 符合《证券法》规定的会计师事务所出具的验资报告；</td><td></td></tr>
<tr><td colspan="3">4. 风险确认书（如有）；</td><td></td></tr>
<tr><td colspan="3">5. 中国证监会及北京证券交易所要求的其他文件。</td><td></td></tr>
</table>

续表

董事会声明
本公司全体董事承诺： “所有材料均不存在虚假记载、误导性陈述或重大遗漏，且电子版文件内容、格式与纸质材料一致。本公司全体董事对其真实性、准确性、完整性、一致性承担个别和连带的法律责任。” 全体董事签字处： ××××股份有限公司董事会（盖章） 年　月　日

附表

××××股份有限公司股权激励计划股票期权行权登记申请表

证券简称：××××　　证券代码：××××　　期权简称：××××　　期权代码：××××

序号	激励对象姓名	是否为董事或高级管理人员	身份证号	证券账户号码	持有尚未行权的期权数量（份）	本次申请行权数量（份）	本次行权对应的股份数量（股）	行权对应的限售股份数量（股）	行权对应的不予限售股份数量（股）
1									
2									
3									
4									
5									
合计									

附件 6

上市公司股权激励计划股票期权注销申请表

<table>
<tr><td colspan="4">基本情况</td></tr>
<tr><td>公司全称</td><td colspan="3"></td></tr>
<tr><td>证券简称</td><td></td><td>证券代码</td><td></td></tr>
<tr><td>期权简称</td><td></td><td>期权代码</td><td></td></tr>
<tr><td>本次申请注销期权的
授予日期</td><td></td><td>是否注销整只期权</td><td>□ 是
□ 否</td></tr>
<tr><td>本次申请注销
期权数量（份）</td><td></td><td>本次申请注销期权占授予期权
总数的比例（%）</td><td></td></tr>
<tr><td>本次申请注销涉及人数</td><td colspan="3"></td></tr>
<tr><td colspan="4">上市公司股权激励计划股票期权注销的简要说明：</td></tr>
<tr><td colspan="3">申报材料</td><td>是否齐备</td></tr>
<tr><td colspan="3">1. 上市公司董事会关于股权激励计划股票期权的注销申请，其内容至少应包括：股权激励计划的基本内容、已履行的审议程序、股票期权注销原因及注销后对公司财务状况的影响等；</td><td></td></tr>
<tr><td colspan="3">2. 国资、外资等相关主管机关核准、登记、备案相关文件（如有）；</td><td></td></tr>
<tr><td colspan="3">3. 中国证监会及北京证券交易所要求的其他文件。</td><td></td></tr>
<tr><td colspan="4">董事会声明</td></tr>
<tr><td colspan="4">本公司全体董事承诺：
“所有材料均不存在虚假记载、误导性陈述或重大遗漏，且电子版文件内容、格式与纸质材料一致。本公司全体董事对其真实性、准确性、完整性、一致性承担个别和连带的法律责任。”
全体董事签字处：

××××股份有限公司董事会（盖章）
年　月　日</td></tr>
</table>

附表

××××股份有限公司股权激励计划股票期权注销申请表

证券简称：×××× 证券代码：×××× 期权简称：×××× 期权代码：×××× 单位：份

序号	激励对象姓名	是否为董事或高级管理人员	身份证号	证券账户号码	持有尚未行权期权数量	本次申请注销期权数量	注销后剩余期权数量
1							
2							
3							
4							
5							
合计							

附件 7

上市公司股权激励计划股票期权调整申请表

<table>
<tr><td colspan="4">基本情况</td></tr>
<tr><td>公司全称</td><td colspan="3"></td></tr>
<tr><td>证券简称</td><td></td><td>证券代码</td><td></td></tr>
<tr><td>期权简称</td><td></td><td>期权代码</td><td></td></tr>
<tr><td>调整前股票期权
数量（份）</td><td></td><td>调整前股票期权
行权价格（元）</td><td></td></tr>
<tr><td>调整后股票期权
数量（份）</td><td></td><td>调整后股票期权
行权价格（元）</td><td></td></tr>
<tr><td colspan="4">上市公司股权激励计划股票期权调整的说明：
上市公司应当结合权益分派实施方案等内容及股权激励计划草案相关约定说明本次调整的方法及计算过程，自期权授予日至今多次调整的，应当一并说明调整的依据、方法及计算过程。</td></tr>
<tr><td colspan="4">申报材料</td></tr>
<tr><td colspan="3">1. 上市公司董事会关于股权激励计划股票期权数量、行权价格调整的决议；</td><td></td></tr>
<tr><td colspan="3">2. 上市公司权益分派实施公告；</td><td></td></tr>
<tr><td colspan="3">3. 中国证监会及北京证券交易所要求的其他文件。</td><td></td></tr>
<tr><td colspan="4">董事会声明</td></tr>
<tr><td colspan="4">本公司全体董事承诺：
“所有材料均不存在虚假记载、误导性陈述或重大遗漏，且电子版文件内容、格式与纸质材料一致。本公司全体董事对其真实性、准确性、完整性、一致性承担个别和连带的法律责任。
全体董事签字处：

××××股份有限公司董事会（盖章）
年　　月　　日</td></tr>
</table>

附表

××××股份有限公司股权激励计划股票期权调整申请表

证券简称：×××× 证券代码：×××× 期权简称：×××× 期权代码：××××

序号	姓名	是否董事或高级管理人员	身份证号	证券账户号码	变更前		变更后	
					尚未行权期权数量（份）	行权价格（元）	尚未行权期权数量（份）	行权价格（元）
合计						—		—

附件 8

上市公司员工持股计划股票划转确认申请表

<table>
<tr><td colspan="5">基本情况</td></tr>
<tr><td colspan="2">公司全称</td><td colspan="3"></td></tr>
<tr><td colspan="2">证券简称</td><td></td><td>证券代码</td><td></td></tr>
<tr><td colspan="2" rowspan="2">本次申请划转
股票数量（股）</td><td rowspan="2"></td><td>划转后员工持股计划所持
限售股票数量（股）</td><td></td></tr>
<tr><td>划转后员工持股计划所持
不予限售股票数量（股）</td><td></td></tr>
<tr><td colspan="2">划转股票来源</td><td>□ 回购股票
□ 股东自愿赠与（无限售条件流通股）
□ 其他情形</td><td>划转数量占上市公司总股本的比例（%）</td><td></td></tr>
<tr><td colspan="2">员工持股计划股票划转是否会触发权益变动</td><td></td><td>是否已披露权益变动
报告书</td><td></td></tr>
<tr><td rowspan="3">受让方
信息</td><td>证券账户名称</td><td colspan="3"></td></tr>
<tr><td>注册号或
统一社会信用代码</td><td colspan="3"></td></tr>
<tr><td>证券账户号码</td><td colspan="3"></td></tr>
<tr><td colspan="5">上市公司员工持股计划的简要说明：</td></tr>
<tr><td colspan="4">申报材料</td><td>是否齐备</td></tr>
<tr><td colspan="4">1. 上市公司董事会关于员工持股计划的股票划转申请，其内容至少应包括：员工持股计划的基本内容、已履行的审议程序、股票回购的完成情况（如有）、员工持股计划实施的具体方案等；</td><td></td></tr>
<tr><td colspan="4">2. 员工持股计划股份转让或赠与协议正本，自然人转让或赠与属于夫妻共同财产的股份的，还须提交其配偶同意本次转让的说明（如有）；</td><td></td></tr>
<tr><td colspan="4">3. 国资、外资等相关主管机关核准、登记、备案相关文件（如有）；</td><td></td></tr>
<tr><td colspan="4">4. 专户资金的管理和使用计划（专户资金应当用于上市公司主营业务及相关业务领域；除金融类企业外，专户资金不得直接或间接用于证券投资，或者借予他人等财务性投资；为进行现金管理，暂时闲置的专户资金可以投资于安全性高、流动性好、可以保障投资本金安全的理财产品）；</td><td></td></tr>
</table>

续表

<table>
<tr><td>5. 中国证监会和北京证券交易所要求的其他文件。</td><td></td></tr>
<tr><td colspan="2">董事会声明</td></tr>
<tr><td colspan="2">本公司全体董事承诺：
“所有信披文件和申报材料均不存在虚假记载、误导性陈述或重大遗漏，且电子版文件内容、格式与纸质材料一致。本公司全体董事对其真实性、准确性、完整性、一致性承担个别和连带的法律责任。”
全体董事签字处：

××××股份有限公司董事会（盖章）
年　月　日</td></tr>
</table>

附表

××××股份有限公司员工持股计划股票出让方信息表

证券简称：××××　　　　证券代码：××××　　　　单位：股

序号	姓名或名称	是否为董事、监事、高级管理人员	身份证号、注册号或统一社会信用代码	证券账户号码	出让股票数量
1					
2					
3					
4					
5					
合计					

关于发布《北京证券交易所上市公司持续监管指引第 4 号——股份回购》的公告

北证公告〔2021〕37 号

为了规范北京证券交易所（以下简称本所）上市公司股份回购行为，保护投资者和上市公司合法权益，本所制定了《北京证券交易所上市公司持续监管指引第 4 号——股份回购》，现予以发布，自 2021 年 11 月 15 日起施行。

特此公告。

附件：北京证券交易所上市公司持续监管指引第 4 号——股份回购

北京证券交易所

2021 年 11 月 2 日

北京证券交易所上市公司持续监管指引第 4 号——股份回购

第一章　总则

第一条　为了引导和规范上市公司回购股份行为，维护证券市场秩序，保护投资者和上市公司合法权益，明确股份回购业务办理要求，根据《中华人民共和国公司法》（以下简称《公司法》）、《中华人民共和国证券法》（以下简称《证券法》）及《北京证券交易所股票上市规则（试行）》（以下简称《上市规则》）等有关规定，制定本指引。

第二条　在北京证券交易所（以下简称本所）上市的公司，以下列方式回购本公司股份（以下简称回购股份），适用本指引：

（一）以竞价方式回购股份（以下简称竞价回购）；

（二）以要约方式回购股份（以下简称要约回购）；

（三）在符合本指引规定的情形下向特定对象回购股份（以下简称定向回购）。

第三条　上市公司回购股份，应当符合《公司法》《证券法》《上市规则》、本指引和公司章程的规定，有利于公司的持续发展，不得损害股东和债权人的合法权益，并严格履行相应的决策程序和信息披露义务。

上市公司回购股份用于股权激励或者员工持股计划、转换上市公司发行的可转换为股票的公司债券、维护公司价值及股东权益所必需的，合计持有的本公司股份数不得超过本公司已发行股份总额的 10%，并应当在发布回购结果公告后 3 年内转让或者注销。

第四条　上市公司根据《公司法》第一百四十二条第一款第六项情形回购股份的，应当符合以下条件之一：

（一）公司股票收盘价格低于最近一期每股净资产；

（二）连续 20 个交易日内公司股票收盘价格跌幅累计达到 30%；

（三）中国证券监督管理委员会（以下简称中国证监会）规定的其他条件。

第五条　上市公司回购股份，应当真实、准确、完整、及时、公平地披露信息，不得有虚假记载、误导性陈述或者重大遗漏。

第六条　上市公司回购股份，应当充分关注公司的债务履行能力和持续经营能力，审慎制定、实施回购股份方案，回购股份的规模、价格等应当与公司的实际财务状况相匹配。

第七条 任何人不得利用上市公司回购股份从事内幕交易、操纵市场和利益输送等活动。

第八条 上市公司回购股份应当使用在中国证券登记结算有限责任公司（以下简称中国结算）开立的上市公司回购专用证券账户（以下简称回购专户）。回购专户只能用于买卖本公司股份。

上市公司不得使用公司普通证券账户买卖本公司股份。

第九条 上市公司回购专户中的股份，不享有股东大会表决权、利润分配、配股、质押等权利。

第十条 上市公司在回购期间不得发行股份募集资金，但依照有关规定发行优先股的除外。

第二章 竞价回购

第一节 一般规定

第十一条 上市公司实施竞价回购应当符合以下条件：

（一）回购股份后，公司具备债务履行能力和持续经营能力；

（二）回购股份后，公司的股权分布原则上应当符合上市条件；公司拟通过回购股份终止其股票上市交易的，应当符合相关规定；

（三）中国证监会规定的其他条件。

第十二条 上市公司可以使用下列资金回购股份：

（一）自有资金；

（二）发行优先股、债券募集的资金；

（三）发行普通股取得的超募资金、募投项目节余资金和已依法变更为永久补充流动资金的募集资金；

（四）金融机构借款；

（五）其他合法资金。

第十三条 上市公司应当合理安排回购规模和回购资金，并在回购股份方案中明确拟回购股份数量或者资金总额的上下限，且下限不得低于上限的50%。

第十四条 竞价回购的价格上限原则上不应高于董事会审议通过回购股份决议前30个交易日（不含停牌日）交易均价的200%；确有必要超过这一上限的，应当在回购股份方案中充分说明其合理性。

第十五条 上市公司在下列期间不得回购股份：

（一）上市公司定期报告、业绩预告或者业绩快报披露前10个交易日内；

（二）自可能对本公司股票交易价格产生重大影响的重大事项发生之日或者在决策过程中，至依法披露后2个交易日内；

（三）中国证监会和本所规定的其他情形。

上市公司因维护公司价值及股东权益所必需而实施股份回购并减少注册资本的，不适用前款规定。

第十六条 上市公司应当合理发出回购股份的申报指令，防范发生内幕交易及其他不公平交易行为，不得利用回购股份操纵本公司股价或者进行利益输送，不得实施异常交易行为，不得影响股票交易正常秩序。

上市公司不得在交易日的9：15至9：30、14：30至15：00，无涨跌幅限制的交易日内进行回购股份的申报。

上市公司回购股份的申报价格不得为公司股票当日交易涨幅限制的价格。

第十七条 上市公司应当合理安排每日回购股份数量，因《公司法》第一百四十二条第一款第一、三、五项情形回购股份的，每5个交易日回购股份的数量，不得超过首次回购股份事实发生之日前5个交易日公司股票累计盘中成交量的25%，但每5个交易日回购数量不超过60万股的除外。

第十八条 竞价回购的实施期限不超过12个月，自董事会或股东大会（如须）审议通过回购股份决议之日起算。

上市公司因维护公司价值及股东权益所必需回购股份的，回购实施期限自股东大会或者董事会审议通过最终回购股份方案之日起不超过3个月。

第十九条 上市公司股东及其一致行动人，董事、监事、高级管理人员（以下简称董监高）在上市公司回购股份期间减持股份的，应当遵守中国证监会和本所关于股份减持的相关规定。

上市公司根据《公司法》第一百四十二条第一款第六项情形回购股份的，其控股股东、实际控制人及其一致行动人和董监高自公司首次披露回购股份事项之日起至发布回购结果公告期间，不得直接或间接减持本公司股份。

第二节 实施程序和信息披露

第二十条 上市公司董事会在审议通过回购股份决议后，应当及时披露董事会决议和回购股份方案。

回购股份用于股权激励或者员工持股计划，用于转换上市公司发行的可转换为股票的公司债券，或因维护公司价值及股东权益所必需而回购的，可以依照公司章程的规定或者股东大会的授权，回购股份方案经三分之二以上董事出席的董事会决议通过后无须再提交股东大会审议。上市公司股东大会对董事会作出授权的，应当在提交股东大会审议的授权议案及股东大会决议中明确授权的具体情形和授权期限等内容。

上市公司因维护公司价值及股东权益所必需而回购的，应当在本指引第四条规定的相关事实发生之日起10个交易日内，召开董事会审议回购股份方案。

第二十一条 回购股份方案应当包括以下内容：

（一）回购股份的目的；

（二）回购股份的方式；

（三）回购股份的价格或价格区间、定价原则及合理性；

（四）拟回购股份的数量及占总股本的比例，上市公司回购股份拟用于多种用途的，应当分别载明不同用途所对应的拟回购股份数量、比例及资金金额；

（五）拟用于回购的资金总额及资金来源；

（六）回购股份的实施期限；

（七）预计回购后公司股本及股权结构的变动情况；

（八）管理层关于本次回购股份对公司财务状况、债务履行能力、持续经营能力及维持上市地位等可能产生的影响分析；

（九）回购股份的后续处理；

（十）防范侵害债权人利益的相关安排；

（十一）公司最近 12 个月是否存在受到中国证监会及其派出机构行政处罚或刑事处罚情形的说明；若存在，说明是否影响公司的债务履行能力和持续经营能力；

（十二）公司控股股东、实际控制人最近 12 个月内是否存在因交易违规受到本所限制证券账户交易的自律监管措施或纪律处分，因内幕交易或操纵市场受到中国证监会及其派出机构行政处罚或刑事处罚情形的说明；

（十三）上市公司应当披露向董监高、持股 5%以上的股东、控股股东、实际控制人及其一致行动人问询其回购期间减持计划的具体情况，包括拟卖出股份的数量和减持原因等，并披露相关股东的回复。相关股东未回复的，公司应当在公告中提示可能存在的减持风险；

（十四）股东大会对董事会办理本次回购股份事宜的具体授权（如有）；

（十五）中国证监会和本所要求披露的其他内容。

存在前款第十二项情形的，公司控股股东、实际控制人应当出具不利用上市公司回购股份从事内幕交易、操纵市场和利益输送等违法违规活动的公开承诺，并与回购股份方案同时披露。

上市公司根据《公司法》第一百四十二条第一款第六项情形回购股份，拟用于减少注册资本或者出售的，应当在回购方案中明确披露拟用于减少注册资本或者出售的回购股份数量或者资金总额。回购方案中未明确披露用于出售的，已回购股份不得出售。

第二十二条　上市公司独立董事应当在充分了解相关信息的基础上，就回购股份事宜发表独立意见。独立董事意见应当包括以下内容：

（一）公司回购股份是否符合《公司法》《证券法》等相关规定；

（二）结合回购股份的目的、股价表现、公司价值分析等因素，说明回购的必要性；

（三）结合公司的经营、财务、研发、资金状况及回购股份所需资金和来源等因素，说明回购股份方案的合理性、可行性；

（四）其他应当说明的事项。

第二十三条 上市公司应当在披露回购股份方案后5个交易日内，披露董事会公告回购股份决议的前1个交易日登记在册的前10大股东和前10大无限售条件股东的名称及持股数量、比例。

回购方案需经股东大会决议的，上市公司应当在股东大会召开前3个交易日，披露股东大会的股权登记日登记在册的前10大股东和前10大无限售条件股东的名称及持股数量、比例。

第二十四条 回购股份情况复杂、涉及重大问题专业判断的，上市公司可以聘请财务顾问、律师事务所、会计师事务所等证券服务机构就相关问题出具专业意见，并与回购股份方案一并披露。

第二十五条 存在本指引第二十一条第一款第十一、十二项情形的，上市公司还应当聘请律师事务所就相关违法违规情形是否已消除、是否影响公司的债务履行能力和持续经营能力等出具法律意见书，并与回购股份方案同时披露。

第二十六条 上市公司应当在董事会审议通过回购股份决议披露之日起的10个交易日内，通过内幕信息知情人报备系统或本所规定的其他方式，向本所提交下列内幕消息知情人报备文件（附件1）：

（一）内幕信息知情人登记表；

（二）相关人员买卖上市公司股票的自查报告，自查期间为董事会决议公告披露之日的前6个月；

（三）进程备忘录；

（四）上市公司全体董事对内幕信息知情人报备文件真实性、准确性和完整性的承诺书；

（五）本所要求的其他文件。

第二十七条 本所对自查期间上市公司股票交易情况进行核查，发现明显异常的，可以要求上市公司提交股票交易情况说明。

上市公司决定继续推进本次股份回购事项的，应采取措施消除相关事项对上市公司的影响；无法完全消除的，上市公司应当就股票交易存在明显异常，可能被中国证监会立案调查或司法机关立案侦查，而导致本次股份回购事项出现终止情形披露特别风险提示公告。上市公司聘请的律师事务所对公司股票交易情况是否涉嫌内幕交易、是否会影响本次股份回购发表明确意见。

上市公司自主决定终止本次股份回购事项的，应当按照本指引第三十三条要求履行相关程序，并及时发布终止公告披露终止原因。

第二十八条 回购股份以减少注册资本等情形，回购股份方案应当提交股东大会审议，并经出席会议的股东所持表决权的三分之二以上通过。

第二十九条 回购股份以减少注册资本的，上市公司应当在股东大会审议通过回购股份决议后，按照《公司法》相关规定通知债权人，并及时披露通知情况。

第三十条 上市公司应当在董事会或股东大会（如须）审议通过回购股份方案后，按照中国结算有关规定申请开立回购专户，并按照回购股份方案开始实施回购。

第三十一条 上市公司股份回购期间，应当在以下时间披露回购进展情况公告，并在各定期报告中披露回购进展情况：

（一）首次回购股份事实发生后，应当在2个交易日内披露；

（二）已回购股份占上市公司总股本的比例每增加1%的，应当在事实发生后2个交易日内披露；

（三）每个月的前2个交易日内，应当披露截至上月末的回购进展情况。

回购进展情况公告应当包括公告前已回购股份数量、占总股本及拟回购总数量的比例、回购的最高价和最低价、已支付的总金额等。

公告期间上市公司无须停止回购行为。

第三十二条 上市公司在回购实施期限过半仍未实施回购的，应当及时披露未能实施回购的原因和后续回购安排，说明是否存在利用回购信息进行市场操纵或内幕交易的情形。

第三十三条 上市公司回购股份方案披露后，无充分正当事由不得变更或者终止。

因公司生产经营、财务状况发生重大变化，回购方案已无法履行或者履行将不利于维护上市公司权益等原因，确需变更或者终止的，应当按照公司制定本次回购股份方案的决策程序提交董事会或者股东大会审议，并及时披露变更或终止回购股份方案的公告。公告内容应当包括拟变更或者终止的原因、变更的事项内容，说明变更或者终止的合理性、必要性和可行性，以及可能对公司债务履行能力、持续经营能力及股东权益等产生的影响。

上市公司回购股份用于注销的，不得变更为其他用途。

第三十四条 回购期间，上市公司实施权益分派的，应当对回购价格上限、回购规模等进行相应调整，并在权益分派实施公告披露的同时披露因权益分派导致调整回购方案的提示性公告，说明因公司权益分派对回购方案进行调整的具体安排，包括调整后的价格上限、回购规模等。

第三十五条 回购实施期限届满或者回购方案已实施完毕的，上市公司应当停止回购行为，及时披露回购结果公告。

回购结果公告应当包括以下内容：

（一）回购实施情况，包括实际回购股份的价格、数量、比例、使用资金总额，并与回购股份方案相应内容进行对照，存在差异的，应当作出解释；

（二）说明本次回购股份对公司的影响；

（三）董监高、持股5%以上的股东、控股股东、实际控制人及其一致行动人在回购期间卖出所持公司股票的情况及理由。

第三十六条 回购实施期限届满，上市公司未实施回购或回购规模未达下限的，应当及时披露，说明未实施回购或回购规模未达下限的原因、公司为实施回购所做的准备工作情况，以及是否存在虚假信息披露、利用回购信息进行市场操纵或内幕交易的情形。

上市公司未实施回购的，应及时向中国结算申请注销回购专户。

第三十七条 回购股份以减少注册资本的，上市公司应当在披露回购结果公告后及时向本所提交回购股份注销申请（附件2），以及中国结算出具的回购专户持股数量查询证明。

经本所审查无异议的，上市公司应当按照中国结算有关规定办理股份注销手续。

股份注销完成后，上市公司应当及时披露回购股份注销完成暨股份变动公告，并按有关规定办理工商变更登记手续。

第三十八条 上市公司因维护公司价值及股东权益所必需而回购股份的，可以按照本章规定在发布回购结果公告12个月后采用竞价交易方式减持，但下列期间除外：

（一）上市公司定期报告、业绩预告或者业绩快报公告前10个交易日内；

（二）自可能对本公司股票交易价格产生重大影响的重大事项发生之日或者在决策过程中，至依法披露后2个交易日内；

（三）中国证监会和本所规定的其他情形。

第三十九条 上市公司采用竞价交易方式减持已回购股份所得的资金应当用于主营业务，不得通过直接或者间接安排用于新股配售、申购，或者用于股票及其衍生品种、可转换公司债券等交易。

第四十条 上市公司拟采用竞价交易方式减持已回购股份的，应当经董事会审议通过，并在首次卖出股份的15个交易日前进行减持预披露。

前款规定的减持预披露应当至少公告以下内容：

（一）减持回购股份的董事会决议；

（二）减持的原因、目的和方式；

（三）拟减持的数量及占总股本的比例；

（四）减持的价格区间；

（五）减持的实施期限（每次披露的减持时间区间不得超过6个月）；

（六）减持所得资金的用途及具体使用安排；

（七）预计减持完成后公司股权结构的变动情况；

（八）管理层关于本次减持已回购股份对公司经营、财务及未来发展影响等情况的说明；

（九）上市公司董监高、持股5%以上的股东、控股股东、实际控制人及其一致行动人在董事会作出减持决议前6个月内买卖本公司股份的情况；

（十）中国证监会和本所要求披露的其他内容。

第四十一条 上市公司采用竞价交易方式减持已回购股份的，应当遵守下列要求：

（一）不得在交易日的9：15至9：30、14：30至15：00进行减持申报；

（二）申报价格不得为公司股票当日交易跌幅限制的价格；

（三）每日减持的数量不得超过减持预披露日前20个交易日日均盘中成交量的25%，但每日减持数量不超过10万股的除外；

（四）中国证监会和本所规定的其他要求。

第四十二条 上市公司采用竞价交易方式减持已回购股份期间，应当在以下时间及时发布减持进展情况公告，并在各定期报告中披露减持进展情况：

（一）首次减持已回购股份事实发生后，应当在2个交易日内披露；

（二）减持已回购股份占上市公司总股本的比例每增加1%的，应当在事实发生后2个交易日内披露；

（三）每个月的前2个交易日内，应当披露截至上月末的减持进展情况。

减持进展情况公告应当包括公告前已减持股份数量及占公司总股本的比例、减持最高价和最低价、减持均价、减持所得资金总额等。

公告期间上市公司无须停止减持行为。

第四十三条 上市公司采用竞价交易方式减持已回购股份，减持期限届满或者减持计划已实施完毕的，上市公司应当停止减持行为，并在2个交易日内发布减持结果公告。

上市公司应当在减持结果公告中，将实际减持已回购股份数量、比例、减持所得资金总额与减持计划相应内容进行对照，就减持执行情况与减持计划的差异作出解释，并就本次减持对公司的影响作出说明。

第四十四条 回购股份用于股权激励、员工持股计划、转换上市公司发行的可转换为股票的公司债券、维护公司价值及股东权益所必需的，所回购股份的后续处理，按照《公司法》、中国证监会和本所的相关规定办理。

前款情形中，上市公司已回购股份未按照披露的用途处理，按照《公司法》规定持有期限届满的，应当予以注销。相关事项按照本指引第二十八条、第二十九条和第三十七条的规定办理。

第三章 要约回购

第一节 一般规定

第四十五条 上市公司实施要约回购，应当公平对待公司所有股东。

第四十六条 上市公司实施要约回购，应当符合本指引第十一条至第十三条、第十五条、第十八条、第十九条的规定。

要约回购的要约期限不得少于30个自然日，且不得超过60个自然日。

第四十七条 要约回购应当以固定价格实施，且符合本指引第十四条的规定。

第四十八条 上市公司应当采用现金方式支付要约回购股份的价款。

第二节 实施程序和信息披露

第四十九条 上市公司实施要约回购，应当按照本指引第二十条至第二十九条的规定履行相关程序及信息披露义务。其中，回购股份方案除应当载明本指引第二十一条规定的内容外，还应当包括对股东同意接受回购要约（以下简称预受要约）及撤回预受要约方式和程序等事项的说明。

第五十条 上市公司应当在董事会或股东大会（如须）审议通过回购股份方案后，按照中国结算有关规定申请开立回购专户并及时办理履约保证手续，取得履约保证证明文件。

履约保证金不少于拟回购总金额的20%。

第五十一条 上市公司应当在开立回购专户并办理履约保证手续后，向本所申请要约回购证券代码（以下简称回购要约代码），并提交以下文件：

（一）要约回购证券代码申请表（附件3）；

（二）履约保证证明文件；

（三）国家相关部门的批准文件及律师出具的专项核查意见（如有）；

（四）本所要求提交的其他文件。

本所对回购要约代码申请文件进行确认后，向上市公司发放回购要约代码。上市公司应当在取得回购要约代码的次一交易日披露要约回购开始接受申报的提示性公告，内容应包括回购要约代码、预定回购股份数量及比例、回购价格、要约期限等。要约期限自公告披露的次一交易日起算。

第五十二条 要约回购证券代码首三位代码为841。

第五十三条 要约回购证券简称首四位字符从公司股票证券简称中选取，后四位字符为“回购”。

第五十四条 要约期限内，上市公司应当至少披露3次投资者可预受要约的提示性公告，内容应包括预定回购股份数量及比例、回购价格、要约期限等，提示投资者关注回购机会。

上市公司应当根据要约期限合理安排提示性公告的披露时点。

第五十五条 预受要约和撤回预受要约、股份的临时保管和解除临时保管及其他相关事项，参照本所、中国结算关于要约收购的相关规定办理。

第五十六条 要约期限内的每个交易日开市前，上市公司应将中国结算确认有效的已预受要约的股份数量等情况在本所网站披露（附件4、附件5）。

第五十七条 要约期限开始前，符合本指引第三十三条回购股份方案变更或者终止情形的，上市公司可以按照本指引第三十三条的规定变更或者终止回购股份方案。要约期限开始后，上市公司不得变更或终止回购股份方案。

第五十八条 回购期间，上市公司实施权益分派的，应当按照本指引第三十四条的规定对回购要约的价格、数量等进行相应调整。

回购要约调整后，原预受要约申报继续有效，股东如拟将权益分派的全部或部分新增股份售予上市公司的，应当另行申报预受要约。

第五十九条 回购实施期限过半，上市公司要约期限仍未开始的，应当按照本指引第三十二条的规定履行相关信息披露义务。

第六十条 要约期限届满，上市公司应当及时向中国结算申请查询预受要约结果，并于要约期限届满后的2个交易日内披露查询结果，说明预受要约股份情况、回购价款的缴纳安排等。

要约期限届满，股东预受要约的股份数量超出预定回购的股份数量的，上市公司应当按照相同比例回购股东预受的股份；股东预受要约的股份数量不足预定回购的股份数量的，上市公司应当全部回购股东预受的股份。

第六十一条 上市公司应当在要约期限届满后的2个交易日内，按照中国结算相关规定完成回购资金的足额缴纳，并取得回购价款缴款证明。

第六十二条 上市公司应当在取得缴款证明后的2个交易日内，向本所申请划转预受要约股份，并提交下列文件：

（一）预受要约股份划转申请表（附件6）；

（二）回购价款缴款证明；

（三）预受要约股份查询结果；

（四）本所要求提交的其他材料。

本所确认后，向中国结算出具预受股份划转确认书。

第六十三条 过户登记完成后，上市公司应当按照本指引第三十五条的规定披露回购结果公告。

第六十四条 披露回购结果公告后，上市公司应当按照本指引相关规定办理后续事宜。

第四章　定向回购

第六十五条 有下列情形之一的，上市公司可以根据相关回购条款或有关规定向本所申请办理定向回购：

（一）上市公司发行股份购买资产、重组上市（涉及股份发行），发行对象对标的资产有业绩承诺，因标的资产未完成业绩承诺，上市公司根据相关回购条款回购发行对象所持股份；

（二）上市公司出现股权激励计划规定的应当回购注销限制性股票情形的，上市公司根据相关回购条款或有关规定，回购激励对象所持股份；

（三）法律法规规定或者中国证监会、本所规定的其他情形。

相关回购条款是指在已公开披露的招股说明书、发行情况报告书、重大资产重组报告书、股权激励计划或其他相关文件中载明的触发回购情形的相关条款。

第六十六条 上市公司因本指引第六十五条第一款第二项规定的情形回购股份的，按照《北京证券交易所持续监管指引第 3 号——股权激励和员工持股计划》和本所其他相关规定办理。

除本指引第六十五条第一款第二项规定的情形外，上市公司定向回购股份，应当按照本指引第二十条、第二十八条、第二十九条的规定履行相应审议程序和信息披露义务。

第六十七条 定向回购股份方案应当包括以下内容：

（一）回购的依据、触发回购情形的说明；

（二）回购对象、价格、数量、占总股本的比例，回购金额及拟用于回购的资金来源；

（三）预计回购后公司股本及股权结构的变动情况，及本次回购对公司财务状况、债务履行能力和持续经营能力的影响；

（四）防范侵害债权人利益的相关安排；

（五）其他应说明的事项。

第六十八条 律师事务所应当就回购股份方案是否符合法律、行政法规、本指引的规定，股权激励计划的安排出具专业意见。根据本指引第六十五条第一款第一项规定的情形进行回购的，上市公司聘请的财务顾问也应一并出具专业意见。

第六十九条 上市公司应当在董事会或股东大会（如须）审议通过定向回购股份方案后，向本所提交定向回购股份过户并注销申请（附件 7），并按照中国结算有关规定申请开立回购专户。

本所经审查无异议的，上市公司应当按照中国结算有关规定办理股份过户和注销手续。

股份注销完成后，上市公司应当及时披露回购股份注销完成暨股份变动公告，并按有关规定办理工商变更登记手续。

第五章 日常监管

第七十条 本所对上市公司及相关信息披露义务人的信息披露文件和申请文件进行审查，发现存在问题的，可以采用要求说明、公开问询等方式，要求上市公司及相关信息披露义务人、财务顾问和其他证券服务机构等相关主体进行解释、说明、更正和补充，相关主体应当及时回复，并保证回复内容的真实、准确、完整。

上市公司未按照本指引及本所其他相关规定披露回购股份信息，且未按照本所要求解释、说明、更正和补充的，本所可以要求其暂停或者终止回购股份活动。

本所对回购专户及股份回购行为进行监察。

第七十一条 上市公司及相关主体在股份回购中有违规行为的，本所可以对上市公司及相关责任主体采取工作措施、自律监管措施或纪律处分。

第六章 附则

第七十二条 计算上市公司已回购股份占公司总股本的比例时，总股本以公司最近一次公告的总股本为准，不扣减回购专用账户中的股份。

第七十三条 本指引所规定的交易均价按照董事会审议通过回购股份决议前 30 个交易日（不含停牌日）的股票交易总额除以股票交易总量计算，且不包含大宗交易。

第七十四条 本指引由本所负责解释。

第七十五条 本指引自 2021 年 11 月 15 日起施行。

附件 1

内幕信息知情人报备文件及要求

序号	文件名称	内容要求
1	内幕信息知情人登记表	内幕信息知情人范围，根据《证券法》第五十一条的有关规定确定，包括但不限于： （1）上市公司及其董事、监事、高级管理人员； （2）持有上市公司5%以上股份的股东和上市公司的实际控制人，以及其董事、监事、高级管理人员（如有）； （3）上市公司控股或者实际控制的公司及其董事、监事、高级管理人员（如有）； （4）由于所任公司职务或者因与公司业务往来可以获取本次股份回购相关内幕信息的人员； （5）为本次股份回购提供服务以及参与该事项的咨询、筹划、论证、审批等各环节的相关单位和人员； （6）前述自然人的直系亲属（配偶、父母、子女）； 上市公司的所有董事、监事、高级管理人员及其直系亲属，无论是否知情，均属于内幕信息知情人报备范围； （7）可以获取内幕信息的其他人员。 登记表加盖公司公章或公司董事会公章，并写明填报日期。
2	自查报告	自然人自查报告：应列明自然人的姓名、职务、身份证号码、股票账户、有无买卖股票行为，并经本人签字确认； 机构的自查报告：应列明机构的名称、统一社会信用代码、股票账户、有无买卖股票行为并加盖公章确认。
3	承诺书	上市公司全体董事对内幕信息知情人报备文件真实性、准确性和完整性的承诺书，由全体董事签字并加盖公司公章。
4	重大事项进程备忘录	包括但不限于筹划决策过程中各个关键时点的时间、参与筹划决策人员名单、筹划决策方式等。涉及的相关人员均应在备忘录上签名确认。
5	股票交易情况说明（如有）	相关人员存在买卖公司股票行为的，当事人应当书面说明其买卖股票行为是否利用了相关内幕信息；上市公司应当书面说明与买卖股票人员相关事项的动议时间，买卖股票人员是否参与决策，买卖行为与该事项是否存在关联关系以及是否签订了保密协议书等。
6	报备文件电子件与预留原件一致的鉴证意见	律师应当对报送的电子文件与原件的一致性出具鉴证意见，并签名和签署鉴证日期，律师事务所应当在鉴证意见首页加盖律师事务所公章，并在侧面加盖骑缝章。

注：1. 上市公司应提交与预留原件一致的电子文件（Word、Excel、PDF 等文件格式）；

2. 报备文件中应当注明上市公司、律师事务所（如有）联系人姓名、电话、联系邮箱等信息；报备文件所需签名处，均应为签名人亲笔签名，不得以名章、签名章等代替。

内幕信息知情人登记表

证券简称：　　　　　　　　　　　　　　　　　　证券代码：

内幕信息事项：

序号	姓名或名称	证件类型	证件号码	证券账户	联系方式	所在单位/部门	职务/岗位	与上市公司关系	知悉内幕信息时间	知悉内幕信息方式	内幕信息内容	内幕信息所处阶段	登记时间	登记人

（加盖公章或董事会章）

填报日期：

注：1. 本表所列项目仅为必备项目，上市公司可根据自身内幕信息管理的需要增加内容；

2. 内幕信息事项应当采取一事一记的方式，即每份内幕信息知情人登记表仅涉及一个内幕信息事项，不同内幕信息事项涉及的知情人档案应当分别记录；

3. 填报获取内幕信息的方式，包括但不限于会谈、电话、传真、书面报告、电子邮件等；

4. 填报各内幕信息知情人员所获知的内幕信息的内容，可根据需要添加附页进行详细说明；

5. 填报内幕信息所处阶段，包括商议筹划，论证咨询，合同订立，公司内部的报告、传递、编制、决议等；

6. 如为上市公司登记，填写上市公司登记人姓名；如为上市公司汇总，保留所汇总表格中原登记人姓名。

重大事项进程备忘录

证券简称：　　　　　　　　　　　　　　　证券代码：

所涉重大事项简述：

关键时点	时间	地点	参与筹划决策人员	筹划决策方式	商议和决议内容	签名

法定代表人签名：

（加盖公章或董事会章）

注：1. 本表所列项目仅为必备项目，上市公司可根据自身内幕信息管理的需要增加内容；

2. 重大事项进程备忘录涉及的相关人员应当在备忘录上签名确认。

附件 2

××××公司注销回购股份申请表

证券简称：　　　　　　　　　　　　　　证券代码：

<table>
<tr><td colspan="4">回购方案实施情况</td></tr>
<tr><td>回购方案概述</td><td colspan="3">简要说明本次回购方案的基本情况，包括回购目的、方式、数量、占总股本及拟回购总数量的比例、价格、资金总额等。</td></tr>
<tr><td>回购结果概述</td><td colspan="3">1. 如为竞价回购，简要说明本次实际回购股份的数量、占总股本及拟回购总数量的比例、实际回购最高价和最低价、使用资金总额等；如回购期间涉及权益分派，应当分阶段列示实际回购情况，包括权益分派实施前相关情况，权益分派导致回购价格及剩余应回购股份数量的调整情况，以及权益分派调整后的相关情况等。
2. 如为要约回购，简要说明本次预受股份数量、须回购股份数量、占总股本及拟回购总数量的比例、使用资金总额等；如回购期间涉及权益分派，应当说明权益分派导致回购价格、数量的调整情况，并说明回购实施期限届满时须回购股份数量、价格、资金总额等。</td></tr>
<tr><td>回购结果与回购方案差异说明</td><td colspan="3">对比说明回购实施结果与回购股份方案是否一致，如存在差异，应当说明具体原因，并说明是否已在回购结果公告中作出充分披露。</td></tr>
<tr><td rowspan="5">回购实施过程合规性说明（竞价回购适用）</td><td colspan="2">通知债权人的情况公告、回购进展公告、回购结果公告等已按相关规定及时披露。</td><td>□是
□否（说明具体情况）</td></tr>
<tr><td colspan="2">未在定期报告、业绩预告或者业绩快报披露前 10 个交易日内，以及自可能对本公司股票交易价格产生重大影响的重大事项发生之日或者在决策过程中至依法披露后 2 个交易日内实施回购。</td><td>□是
□否（说明具体情况）</td></tr>
<tr><td colspan="2">不存在每 5 个交易日回购股份数量超过首次回购股份事实发生之日前 5 个交易日公司股票累计盘中成交量的 25%，且超过 60 万股的情形。</td><td>□是
□否（说明具体情况）</td></tr>
<tr><td colspan="2">不存在上市公司在限制时段内进行回购股份申报的情形。</td><td>□是
□否（说明具体情况）</td></tr>
<tr><td>备注</td><td colspan="2">回购实施过程合规性说明如为“否”，应当在此栏说明具体情况，并说明原因。</td></tr>
<tr><td>其他需说明的情况</td><td colspan="3">如拟自行注销库存股或因库存股持有期限届满依法注销的，应当说明相关审议程序及信息披露情况。</td></tr>
<tr><td colspan="4">回购专用证券账户基本情况</td></tr>
<tr><td>回购专用证券账户名称</td><td colspan="3"></td></tr>
<tr><td>回购专用证券账户号码</td><td colspan="3"></td></tr>
</table>

续表

<table>
<tr><td>注销股份性质</td><td>限售股/无限售流通股</td></tr>
<tr><td>注销股份数量（股）</td><td>区分限售股/无限售流通股</td></tr>
<tr><td>注销股份原因</td><td>□回购减资（□竞价　□要约）
□自行注销库存股或因库存股持有期限届满依法注销
□其他</td></tr>
<tr><td>备注</td><td></td></tr>
<tr><td colspan="2">申请材料</td></tr>
<tr><td colspan="2">中国结算出具的回购专户持股数量查询证明</td></tr>
<tr><td colspan="2">申请人（盖章）：

经办人：　　　　　　　　　　　　　　　　　　　　经办人：
日期：　　　　　　　　　　　　　　　　　　　　　日期：</td></tr>
</table>

附件 3

要约回购证券代码申请表

年　月　日

上市公司名称			
上市公司证券代码		上市公司证券简称	
回购专户托管单元		回购专户托管单元名称	
要约回购证券简称*		要约回购实施期限天数*	
要约回购价格		支付方式	
预定回购数量		预定回购比例	
应提交的申请文件	1. 履约保证证明文件； 2. 回购专用证券账户开户证明； 3. 预受要约股份情况公告授权书（附件 4、附件 5）； 4. 其他文件。		
本公司确认应提交的申请文件齐备，内容真实、准确、完整。 （上市公司盖章）			

* 要约回购证券简称首四位字符从上市公司证券简称中选取，后四位字符为“回购”，即命名格式“××回购”。

* 30≤要约回购实施期限天数≤60，单位为自然日。

附件 4

预受要约股份情况公告授权书

北京证券交易所：

为履行要约回购相关业务规则规定的有关义务，本公司授权贵所在要约回购实施期限内直接根据中国证券登记结算有限责任公司北京分公司提供的有关本公司的预受要约股份情况统计表在贵司网站进行公布。

特此授权。

（上市公司盖章）
年　　月　　日

附件 5

上市公司预受要约股份情况公告表

上市公司名称：

要约回购证券代码：　　　　　　　　　　　　　　　　　　单位：股，户

预受日期	证券代码	股份类别	当天预受要约		当天撤回预受		截至当天净预受		净预受股份比例（净预受股份/拟回购股份）
			户数	股数	户数	股数	户数	股数	
		无限售条件							

注：要约回购证券代码由北京证券交易所向上市公司发放，上市公司应当在取得代码的次一交易日披露。

（上市公司名称）

年　　月　　日

附件 6

预受要约股份划转申请表

年　　月　　日

<table>
<tr><td rowspan="3">上市公司</td><td>公司名称</td><td colspan="2"></td></tr>
<tr><td>证券简称</td><td colspan="2"></td></tr>
<tr><td>证券代码</td><td colspan="2"></td></tr>
<tr><td>要约回购证券代码</td><td colspan="3"></td></tr>
<tr><td>回购专用账户号码</td><td colspan="3"></td></tr>
<tr><td rowspan="4">股份划转申请</td><td colspan="2">拟回购总数（股）</td><td></td></tr>
<tr><td colspan="2">回购股份类别</td><td>无限售条件</td></tr>
<tr><td colspan="2">回购价格（元/股）</td><td></td></tr>
<tr><td colspan="2">回购总金额（元；含税费）</td><td></td></tr>
<tr><td colspan="3">应提交的申请文件</td><td>1. 回购价款缴款证明
2. 预受要约股份查询结果</td></tr>
<tr><td colspan="4">本公司确认应提交的申请文件齐备，内容真实、准确、完整。

（上市公司盖章）</td></tr>
</table>

附件 7

××××公司定向回购并注销股份申请表

证券简称：　　　　　　　　　　　　　　证券代码：

<table>
<tr><td colspan="6">定向回购注销申请</td></tr>
<tr><td colspan="2">触发回购情形</td><td colspan="4">□发行股份购买资产、重组上市（涉及股份发行），标的资产业绩未达标
□股权激励计划规定的应当回购注销的情形*
□其他________________</td></tr>
<tr><td colspan="2">回购股份方案披露日期</td><td colspan="4">×年×月×日</td></tr>
<tr><td colspan="2">载明回购条款的文件及披露日期</td><td colspan="4">《××××》，×年×月×日</td></tr>
<tr><td colspan="2">回购方案与回购条款一致性</td><td colspan="4">□回购条款披露至提交定向回购注销申请期间不存在权益分派事项，无需对回购价格、数量作出调整，回购方案与回购条款一致
□回购条款披露至提交定向回购注销申请期间存在权益分派事项，已对回购价格、数量作出调整，回购方案与回购条款一致</td></tr>
<tr><td colspan="2">回购对象异议情况</td><td colspan="4">□无异议
□有异议，异议不成立</td></tr>
<tr><td colspan="2">债权人通知情况</td><td colspan="4">×年×月×日在《××××》刊登减资事项，并于×年×月×日披露债权人通知情况相关公告</td></tr>
<tr><td colspan="2">其他需说明的情况</td><td colspan="4"></td></tr>
<tr><td colspan="6">定向回购并注销股份明细表</td></tr>
<tr><td>序号</td><td>证券账户名称</td><td>证券账户号码</td><td>回购价格</td><td>回购股份性质</td><td>回购并注销股份数量（股）</td></tr>
<tr><td></td><td></td><td></td><td>“×元/股”/
“总价×”元”</td><td>限售股/无限售流通股</td><td></td></tr>
<tr><td></td><td></td><td></td><td></td><td></td><td></td></tr>
<tr><td colspan="5">总计</td><td></td></tr>
<tr><td colspan="6">申请人（盖章）：

经办人：　　　　　　　　　　　　　　　　　　　　　经办人：

日期：　　　　　　　　　　　　　　　　　　　　　　日期：</td></tr>
</table>

* 相关股份回购注销应当按照《北京证券交易所持续监管指引第 3 号——股权激励和员工持股计划》和本所相关规定办理。

关于发布《北京证券交易所上市公司持续监管指引第5号——要约收购》的公告

北证公告〔2021〕38号

为了规范以要约方式收购北京证券交易所（以下简称本所）上市公司股份的行为，明确要约收购业务办理要求和操作流程，本所制定了《北京证券交易所上市公司持续监管指引第5号——要约收购》，现予以发布，自2021年11月15日起施行。

特此公告。

附件：北京证券交易所上市公司持续监管指引第5号——要约收购

北京证券交易所

2021年11月2日

北京证券交易所上市公司持续监管指引第 5 号——要约收购

第一条 为了规范以要约方式收购北京证券交易所（以下简称本所）上市公司股份的行为，明确要约收购业务办理要求和操作流程，根据《中华人民共和国证券法》（以下简称《证券法》）、《上市公司收购管理办法》（以下简称《收购管理办法》）、《公开发行证券的公司信息披露内容与格式准则第 55 号——北京证券交易所上市公司权益变动报告书、上市公司收购报告书、要约收购报告书、被收购公司董事会报告书》（以下简称《55 号准则》）、《北京证券交易所股票上市规则（试行）》等有关规定，制定本指引。

第二条 投资者根据《证券法》《收购管理办法》的规定以全面要约或部分要约方式收购上市公司股份的，适用本指引。

第三条 本所对要约收购相关信息披露文件进行审查，对收购人及相关中介机构报送、提交的材料进行完备性核对。

第四条 收购人以要约方式收购上市公司股份的，应当按照《收购管理办法》《55 号准则》的规定编制并披露要约收购报告书摘要、要约收购报告书等文件，聘请财务顾问和律师事务所分别出具专业意见和法律意见书并披露。

收购人应当通知被收购公司，通过被收购公司报送及披露要约收购报告书摘要、要约收购报告书等相关文件。

第五条 被收购公司收到要约收购报告书摘要、要约收购报告书等相关文件后，应当按照本指引的规定及时披露。

第六条 被收购公司收到要约收购报告书摘要后，应当在 2 个交易日内予以披露。收购人在披露要约收购报告书摘要的同时，应当向本所报送以下文件：

（一）要约收购报告书；

（二）财务顾问专业意见和法律意见书；

（三）本所要求报送的其他文件。

第七条 收购人应当按照规定填写内幕信息知情人报备文件，保证内幕信息知情人报备文件的真实、准确和完整，并及时送达被收购公司。

被收购公司应当按照规定填写上市公司内幕信息知情人报备文件，做好各方报备文件的汇总，并在要约收购报告书摘要披露后的 10 个交易日内，通过内幕信息知情人报备系统或本所规定的其他方式，提交下列内幕信息知情人报备文件（见附件 1）：

（一）内幕信息知情人登记表；

（二）相关人员买卖被收购公司股票的自查报告，自查期间为披露要约收购报告书摘要的前6个月；

（三）进程备忘录；

（四）收购人及被收购公司全体董事对内幕信息知情人报备文件真实性、准确性和完整性的承诺书；

（五）本所要求的其他文件。

第八条 本所对自查期间上市公司股票交易情况进行核查，发现明显异常的，可以要求上市公司提交股票交易情况说明。

收购人决定继续推进收购事项的，应采取措施消除相关事项对上市公司的影响；无法完全消除的，上市公司应就股票交易存在明显异常，可能被中国证监会立案调查或司法机关立案侦查，而导致收购被中止或者终止的情况披露特别风险提示公告。上市公司聘请的律师应对公司股票交易情况是否涉嫌内幕交易、是否会影响本次收购发表明确意见。收购人自主决定终止本次收购事项的，应当履行相应决策程序，并及时发布终止公告披露终止原因。

第九条 收购人应当在披露要约收购报告书摘要后的2个交易日内，按照中国证券登记结算有限责任公司（以下简称中国结算）相关规定及时办理履约保证手续，取得履约保证证明文件。

第十条 收购人应当在取得履约保证证明文件后，向本所申请要约收购证券代码，并提交以下文件：

（一）要约收购证券代码申请表（见附件2）；

（二）履约保证证明文件；

（三）对要约收购报告书、财务顾问专业意见和法律意见书等文件的反馈回复及修订稿（如有）；

（四）国家相关部门的批准文件及律师出具的专项核查意见（如有）；

（五）本所要求提交的其他文件。

第十一条 本所对要约收购证券代码申请文件进行确认后，向收购人发放要约收购证券代码，并通知收购人披露要约收购报告书。

要约收购证券代码首三位代码为840。要约收购证券简称首四位字符从上市公司股票证券简称中选取，后四位字符为“收购”。

第十二条 收购人应当于收到本所通知后的次一交易日将要约收购证券代码补充至要约收购报告书中并予以披露，同时应当披露要约收购开始接受申报的提示性公告及财务顾问专业意见、法律意见书等文件。

第十三条 收购人应当在披露要约收购报告书摘要后，积极推进要约收购进程。收购人自报送要约收购报告书等文件起60个自然日内，未披露要约收购报告书等文件的，收购人应当在期满后的次一交易日通知被收购公司，并予以公告。其后每 30 个自然日应当披露一次进展情况，直至披露要约收购报告书等文件。

第十四条 收购人披露要约收购报告书摘要后，在披露要约收购报告书之前，拟自行取消要约收购计划或未取得国家相关部门批准的，应当在作出取消收购计划的决定或收到不予批准决定后，及时通知被收购公司，并公告收购计划取消的具体原因。自公告之日起 12 个月内，收购人不得再次对同一上市公司进行收购。

第十五条 要约收购期限自收购人披露要约收购报告书后的次一交易日开始计算。收购期限不得少于 30 个自然日，且不得超过 60 个自然日，但出现竞争要约的除外。

收购人应当安排在要约收购期限起算日开始预受要约或撤回预受要约的申报。

第十六条 同意接受收购要约的股东（以下简称预受股东）应当在要约收购期限内每个交易日的 9：15 至 11：30、13：00 至 15：00 通过交易系统办理预受要约的申报或撤回。

预受要约的申报要素包括：要约收购证券代码、被收购公司证券代码、证券账户、申报数量、股份性质、业务类别等（预受要约申报或撤回预受要约申报）。

在要约收购期限届满 3 个交易日前，预受股东可撤回已申报的预受要约；在要约收购期限届满前 3 个交易日内，预受股东仅可撤回当日申报的预受要约。

股东用于申报预受要约的股份应当无限售条件，但本次要约收购以终止被收购公司股票上市为目的以及中国证监会、本所认可的其他情形除外。

第十七条 要约收购期限内的每个交易日开市前，收购人应将中国结算北京分公司确认有效的已预受要约的股份数量等情况在本所网站披露（见附件 3 和附件 4）。

第十八条 要约收购期限内，收购人应当至少发布 3 次提示股东进行申报预受的公告，包括：要约收购的股份性质、预定收购股份数量及比例、要约类型、收购价格、收购期限等。

收购人应当根据要约收购期限合理安排提示性公告的披露时点。

第十九条 要约收购报告书所披露的基本事实发生重大变化的，收购人应当通知被收购公司并及时披露公告，说明变化情况、原因及对本次要约收购的影响等。

要约收购报告书披露前，要约收购报告书摘要所披露的基本事实发生重大变化的，收购人应当在要约收购报告书中进行说明。

前款所述基本事实，是指除本指引第二十一条第三款规定情形外的其他基本情况。

第二十条 被收购公司董事会应当在要约收购报告书等文件披露后的 20 个自然日内，根据《55 号准则》编制并披露董事会报告书，同时披露独立财务顾问的专业意见。

第二十一条 收购人在要约收购期限开始计算前变更收购要约的，应当披露拟变更收购要约的提示性公告，说明拟变更内容、原因及对本次要约收购的影响。财务顾问、律师事务所就变更原因及事项是否影响本次要约收购发表的专门意见也应一并披露。

收购人应当重新编制要约收购报告书，连同财务顾问专业意见和律师事务所出具的法律意见书在提示性公告披露当日一并报送本所。

本指引所称的收购要约变更，是指本次要约收购类型、预定收购股份数量、性质、价格、期限、生效条件及本所规定的其他内容发生变更。

第二十二条 收购人在要约收购期限内变更收购要约的，应及时披露拟变更收购要约的提示性公告，内容包括：

（一）变更前的要约收购及进展情况简述；

（二）变更收购要约的具体情况及原因；

（三）收购要约因变更而中止执行的期间及预受股份的处理；

（四）应当履行的相应审议程序及取得国家相关部门批准的情况（如有）；

（五）变更要约申请需经本所确认；

（六）本所要求的其他内容。

收购人应当一并披露财务顾问和律师就本次收购要约变更的合规性、合理性分别发表的专门意见。

第二十三条 在要约收购期限内变更收购要约的，应当在披露收购要约变更提示性公告的同时，向本所报送以下文件：

（一）变更收购要约申请表（见附件5）；

（二）收购要约因变更而中止执行的申请；

（三）变更收购要约后重新编制的要约收购报告书；

（四）变更收购要约后财务顾问和律师事务所重新出具的专业意见；

（五）本所要求报送的其他材料。

收购人应同时向被收购公司提供前款第三、四项文件。

收购人报送变更收购要约申请文件的次一交易日，收购要约中止执行。中止执行期间交易系统仅接受预受股东撤回预受要约的申报。中止执行期间不计入要约收购期限。

第二十四条 因收购要约变更导致收购资金数额发生变化的，收购人应当按照本指引第九条规定重新办理相关手续。

第二十五条 变更收购要约申请文件经本所确认后，收购人应当披露重新编制的要约收购报告书等文件，变更后的要约收购期限自披露后的首个交易日开始计算。

经本所确认变更收购要约后，原预受要约申报不再有效，相应股份的临时保管自动解除。被收购公司股东如接受变更后的收购要约，应当重新申报。

第二十六条 收购人在要约收购期限内变更收购要约的，被收购公司董事会应当在变更后要约收购报告书等文件披露的3个交易日内，披露董事会及独立财务顾问就要约条件的变更情况出具的补充意见。

第二十七条 拟发出竞争要约的收购人应当于初始要约收购期限届满15个自然日前，按照《收购管理办法》及本指引的规定，履行信息披露义务，办理相关手续。

出现竞争要约时，原预受要约申报继续有效。股东如拟将全部或部分预受股份售予竞争要约人，应当撤回相应股份的预受要约后另行申报。

第二十八条 被收购公司实施权益分派导致收购要约相应调整的，收购人应当在被收购公司权益分派实施公告披露的次一交易日披露因权益分派导致调整收购要约的提示性公告，说明因公司权益分派对收购要约进行调整的具体安排，包括调整后价格、股份数量等。

收购要约调整后，原预受要约申报继续有效，股东如拟将权益分派的全部或部分新增股份售予收购人的，应当另行申报预受要约。

第二十九条 要约收购期限届满后的次一交易日至披露要约收购查询结果期间，被收购公司股票及其他证券品种应当停牌。

被收购公司应及时向本所申请股票于要约收购期限届满后的次一交易日起停牌，经本所同意后，于期限届满当日披露要约期限届满和公司股票停牌的公告。

第三十条 收购人应当在要约收购期限届满后的次一交易日，向中国结算北京分公司申请查询预受要约结果，并于要约收购期限届满后的3个交易日内披露查询结果，说明预受要约股份情况、收购价款的缴纳情况等。

被收购公司应当在查询结果公告披露的当日向本所申请股票及其他证券品种复牌，本所另有规定的除外。

第三十一条 收购人应当在要约收购期限届满后的3个交易日内，按照中国结算相关规定完成收购资金的足额缴纳，并向本所申请划转预受要约股份，申请时应提交下列文件：

（一）预受要约股份划转申请表（见附件6）；

（二）收购价款缴款证明；

（三）预受要约股份查询结果；

（四）终止挂牌申请相关文件（如有）；

（五）本所要求提交的其他材料。

本所确认后，向中国结算北京分公司出具预受股份划转确认书。

第三十二条 收购人应当于股份过户完成后的2个交易日内，披露本次要约收购划转结果，公告内容包括：

（一）要约收购基本情况，即收购目的、收购股份性质、股份数量及比例、收购价格、收购的支付方式、收购期限等；

（二）要约收购的实施情况，即要约收购期限内收购人、被收购公司董事会等相关主体的各项义务履行情况；

（三）要约收购股份过户结果；

（四）股份过户完成后被收购公司的股权分布情况；

（五）本所要求披露的其他内容。

第三十三条 被收购公司第一大股东或实际控制人在本次要约收购完成后发生变动的，公司应当按照相关规定履行信息披露义务。

本次要约收购完成后，被收购公司股票退市的，按照本所相关规定办理。

第三十四条 收购人、财务顾问、律师事务所、被收购公司等相关主体在要约收购活动中有违规行为的，本所可以对收购人、上市公司及相关责任主体采取工作措施、自律监管措施或纪律处分。

第三十五条 本指引由本所负责解释。

第三十六条 本指引自 2021 年 11 月 15 日起施行。

附件 1

内幕信息知情人报备文件及要求

序号	文件名称	内容要求
1	内幕信息知情人登记表	内幕信息知情人范围，根据《证券法》第五十一条的有关规定确定，包括但不限于： （1）收购人及其控股股东、实际控制人、董事、监事和高级管理人员（如有）； （2）上市公司及其董事、监事、高级管理人员； （3）持有公司 5%以上股份的股东和公司的实际控制人，以及其董事、监事、高级管理人员（如有）； （4）公司控股或者实际控制的公司及其董事、监事、高级管理人员； （5）由于所任公司职务或者因与公司业务往来可以获取本次收购相关内幕信息的人员； （6）为本次收购提供服务以及参与该事项的咨询、筹划、论证、审批等各环节的相关单位和人员； （7）前述自然人的直系亲属（配偶、父母、子女）； 公司的所有董事、监事、高级管理人员及其直系亲属，无论是否知情，均属于内幕信息知情人报备范围； （8）可以获取内幕信息的其他人员。 登记表加盖公司公章或公司董事会公章，并写明填报日期。
2	自查报告	自然人自查报告：应列明自然人的姓名、职务、身份证号码、股票账户、有无买卖股票行为，并经本人签字确认； 机构的自查报告：应列明机构的名称、统一社会信用代码、股票账户、有无买卖股票行为并加盖公章确认。
3	承诺书	上市公司全体董事对内幕信息知情人报备文件真实性、准确性和完整性的承诺书，由全体董事签字并加盖公司公章。
4	重大事项进程备忘录	包括但不限于筹划决策过程中各个关键时点的时间、参与筹划决策人员名单、筹划决策方式等。涉及的相关人员均应在备忘录上签名确认。
5	股票交易情况说明（如有）	相关人员存在买卖公司股票行为的，当事人应当书面说明其买卖股票行为是否利用了相关内幕信息；上市公司应当书面说明与买卖股票人员相关事项的动议时间，买卖股票人员是否参与决策，买卖行为与该事项是否存在关联关系以及是否签订了保密协议书等。

续表

序号	文件名称	内容要求
6	报备文件电子件与预留原件一致的鉴证意见	律师应当对报送的电子文件与原件的一致性出具鉴证意见，并签名和签署鉴证日期，律师事务所应当在鉴证意见首页加盖律师事务所公章，并在侧面加盖骑缝章。

注：1. 上市公司应提交与预留原件一致的电子文件（Word、Excel、PDF 等文件格式）；

2. 报备文件中应当注明上市公司、律师事务所（如有）联系人姓名、电话、联系邮箱等信息；报备文件所需签名处，均应为签名人亲笔签名，不得以名章、签名章等代替。

内幕信息知情人登记表

证券简称：　　　　　　　　　　　　　　　　　证券代码：

内幕信息事项：

序号	姓名或名称	证件类型	证件号码	证券账户	联系方式	所在单位/部门	职务/岗位	与上市公司关系	知悉内幕信息时间	知悉内幕信息方式	内幕信息内容	内幕信息所处阶段	登记时间	登记人

（加盖公章或董事会章）

填报日期：

注：1. 本表所列项目仅为必备项目，上市公司可根据自身内幕信息管理的需要增加内容；

2. 内幕信息事项应当采取一事一记的方式，即每份内幕信息知情人登记表仅涉及一个内幕信息事项，不同内幕信息事项涉及的知情人档案应当分别记录；

3. 填报获取内幕信息的方式，包括但不限于会谈、电话、传真、书面报告、电子邮件等；

4. 填报各内幕信息知情人员所获知的内幕信息的内容，可根据需要添加附页进行详细说明；

5. 填报内幕信息所处阶段，包括商议筹划，论证咨询，合同订立，公司内部的报告、传递、编制、决议等；

6. 如为上市公司登记，填写上市公司登记人姓名；如为上市公司汇总，保留所汇总表格中原登记人姓名。

重大事项进程备忘录

证券简称：　　　　　　　　　　　　　　　证券代码：

所涉重大事项简述：

关键时点	时间	地点	参与筹划决策人员	筹划决策方式	商议和决议内容	签名

法定代表人签名：

（加盖公章或董事会章）

注：1. 本表所列项目仅为必备项目，上市公司可根据自身内幕信息管理的需要增加内容。

2. 重大事项进程备忘录涉及的相关人员应当在备忘录上签名确认。

附件 2

要约收购证券代码申请表

年　月　日

<table>
<tr><td colspan="4">收购人信息</td></tr>
<tr><td>收购人名称</td><td></td><td>收购人证券账户号码</td><td></td></tr>
<tr><td>托管券商</td><td></td><td>托管单元</td><td></td></tr>
<tr><td colspan="4">要约信息</td></tr>
<tr><td>被收购公司证券代码</td><td></td><td>被收购公司证券简称</td><td></td></tr>
<tr><td>要约收购证券简称*</td><td></td><td>要约收购期限天数*</td><td></td></tr>
<tr><td>要约收购价格</td><td></td><td>支付方式</td><td></td></tr>
<tr><td>预定收购数量</td><td></td><td>预定收购比例</td><td></td></tr>
<tr><td>是否收购限售股</td><td colspan="3">□是　　　　□否</td></tr>
<tr><td>要约收购生效条件</td><td colspan="3"></td></tr>
<tr><td>应提交的申请文件</td><td colspan="3">1. 履约保证证明文件；
2. 对要约收购报告书、财务顾问专业意见和法律意见书等文件的反馈回复及修订稿（如有）；
3. 国家相关部门的批准文件及律师出具的专项核查意见（如有）；
4. 预受要约股份情况公告授权书（附件 3）。</td></tr>
<tr><td colspan="2">收购人确认应提交的申请文件齐备，内容真实、准确、完整。
（收购人签字或盖章）</td><td colspan="2">财务顾问确认应提交的申请文件齐备，内容真实、准确、完整。
（财务顾问盖章）</td></tr>
</table>

* 要约收购证券简称首四位字符从被收购公司证券简称中选取，后四位字符为“收购”，即命名格式“××收购”

* 30≤要约收购期限天数≤60，单位为自然日。

附件 3

预受要约股份情况公告授权书

北京证券交易所：

为履行《上市公司收购管理办法》规定的有关义务，本公司（本人）授权贵司在要约收购期限内直接根据中国证券登记结算有限责任公司北京分公司提供的有关本公司（本人）的预受要约股份情况统计表在贵司网站进行公布。

特此授权。

（授权人签字或盖章）

年　　月　　日

附件4

上市公司预受要约股份情况公告表

被收购公司名称：

要约收购证券代码：　　　　　　　　　　　　　　　　　　　　　　　单位：股，户

预受日期	证券代码	股份类别（有限售条件股/无限售条件股）	当天预受要约		当天撤回预受		截至当天净预受		净预受股份比例（净预受股份/拟收购股份）
			户数	股数	户数	股数	户数	股数	

注：要约收购证券代码由北交所通知收购人载于《要约收购报告书》上。

（收购人名称）
年　月　日

附件 5

变更收购要约申请表

年　月　日

<table>
<tr><td colspan="2">收购人名称</td><td colspan="3"></td></tr>
<tr><td colspan="2">要约收购证券代码</td><td></td><td>要约收购证券简称</td><td></td></tr>
<tr><td colspan="2">被收购公司证券代码</td><td></td><td>被收购公司证券简称</td><td></td></tr>
<tr><td colspan="2">变更收购要约原因</td><td></td><td></td><td></td></tr>
<tr><td rowspan="7">变更前</td><td>要约收购期限</td><td colspan="3">年　月　日至　年　月　日</td></tr>
<tr><td>要约收购价格</td><td></td><td>支付方式</td><td></td></tr>
<tr><td>预定收购数量</td><td></td><td>预定收购比例</td><td></td></tr>
<tr><td>要约收购类型</td><td colspan="3">□全面要约　　□部分要约</td></tr>
<tr><td>是否收购限售股</td><td colspan="3">□是　　□否</td></tr>
<tr><td>要约收购生效条件</td><td colspan="3"></td></tr>
<tr><td>其他</td><td colspan="3"></td></tr>
<tr><td rowspan="7">变更后</td><td>要约收购期限</td><td colspan="3">年　月　日至　年　月　日</td></tr>
<tr><td>要约收购价格</td><td></td><td>支付方式</td><td></td></tr>
<tr><td>预定收购数量</td><td></td><td>预定收购比例</td><td></td></tr>
<tr><td>要约收购类型</td><td colspan="3">□全面要约　　□部分要约</td></tr>
<tr><td>是否收购限售股</td><td colspan="3">□是　　□否</td></tr>
<tr><td>要约收购生效条件</td><td colspan="3"></td></tr>
<tr><td>其他</td><td colspan="3"></td></tr>
<tr><td colspan="2">应提交的申请文件</td><td colspan="3">1. 收购要约因变更而中止执行的申请；
2. 变更收购要约后重新编制的要约收购报告书；
3. 变更收购要约后财务顾问和律师事务所重新出具的专业意见。</td></tr>
<tr><td colspan="2">收购人确认应提交的申请文件齐备，内容真实、准确、完整。
（收购人签字或盖章）</td><td colspan="3">财务顾问确认应提交的申请文件齐备，内容真实、准确、完整。
（财务顾问盖章）</td></tr>
</table>

关于发布《北京证券交易所上市公司持续监管指引第6号——内幕信息知情人管理及报送》的公告

北证公告〔2021〕39号

为了规范北京证券交易所（以下简称本所）上市公司内幕信息知情人管理及报送，督促上市公司加强内幕信息管理，本所制定了《北京证券交易所上市公司持续监管指引第6号——内幕信息知情人管理及报送》，现予以发布，自2021年11月15日起施行。

特此公告。

附件：北京证券交易所上市公司持续监管指引第6号——内幕信息知情人管理及报送

北京证券交易所

2021年11月2日

附件6

预受要约股份划转申请表

年　月　日

<table>
<tr><td rowspan="3">被收购公司</td><td>公司名称</td><td colspan="2"></td></tr>
<tr><td>证券简称</td><td colspan="2"></td></tr>
<tr><td>证券代码</td><td colspan="2"></td></tr>
<tr><td>要约收购证券代码</td><td></td><td>要约收购证券简称</td><td></td></tr>
<tr><td rowspan="4">收购人</td><td>名称/姓名</td><td colspan="2"></td></tr>
<tr><td>证券账户号码</td><td colspan="2"></td></tr>
<tr><td>托管券商</td><td colspan="2"></td></tr>
<tr><td>托管单元</td><td colspan="2"></td></tr>
<tr><td rowspan="4">股份划转申请</td><td rowspan="2">申请划转股份数量（股）</td><td>无限售条件</td><td></td></tr>
<tr><td>有限售条件</td><td></td></tr>
<tr><td colspan="2">收购价格（元/股）</td><td></td></tr>
<tr><td colspan="2">收购总金额（元；含税费）</td><td></td></tr>
<tr><td colspan="2">应提交的申请文件</td><td colspan="2">1. 收购价款缴款证明；
2. 预受要约股份查询结果；
3. 终止挂牌申请相关文件（如有）。</td></tr>
<tr><td colspan="2">收购人确认应提交的申请文件齐备，内容真实、准确、完整。

（收购人签字或盖章）</td><td colspan="2">财务顾问确认应提交的申请文件齐备，内容真实、准确、完整。

（财务顾问盖章）</td></tr>
</table>

附件 5

变更收购要约申请表

年　月　日

<table>
<tr><td colspan="2">收购人名称</td><td colspan="3"></td></tr>
<tr><td colspan="2">要约收购证券代码</td><td></td><td>要约收购证券简称</td><td></td></tr>
<tr><td colspan="2">被收购公司证券代码</td><td></td><td>被收购公司证券简称</td><td></td></tr>
<tr><td colspan="2">变更收购要约原因</td><td></td><td></td><td></td></tr>
<tr><td rowspan="7">变更前</td><td>要约收购期限</td><td colspan="3">年　月　日至　年　月　日</td></tr>
<tr><td>要约收购价格</td><td></td><td>支付方式</td><td></td></tr>
<tr><td>预定收购数量</td><td></td><td>预定收购比例</td><td></td></tr>
<tr><td>要约收购类型</td><td colspan="3">□全面要约　□部分要约</td></tr>
<tr><td>是否收购限售股</td><td colspan="3">□是　□否</td></tr>
<tr><td>要约收购生效条件</td><td colspan="3"></td></tr>
<tr><td>其他</td><td colspan="3"></td></tr>
<tr><td rowspan="7">变更后</td><td>要约收购期限</td><td colspan="3">年　月　日至　年　月　日</td></tr>
<tr><td>要约收购价格</td><td></td><td>支付方式</td><td></td></tr>
<tr><td>预定收购数量</td><td></td><td>预定收购比例</td><td></td></tr>
<tr><td>要约收购类型</td><td colspan="3">□全面要约　□部分要约</td></tr>
<tr><td>是否收购限售股</td><td colspan="3">□是　□否</td></tr>
<tr><td>要约收购生效条件</td><td colspan="3"></td></tr>
<tr><td>其他</td><td colspan="3"></td></tr>
<tr><td colspan="2">应提交的申请文件</td><td colspan="3">1. 收购要约因变更而中止执行的申请；
2. 变更收购要约后重新编制的要约收购报告书；
3. 变更收购要约后财务顾问和律师事务所重新出具的专业意见。</td></tr>
<tr><td colspan="2">收购人确认应提交的申请文件齐备，内容真实、准确、完整。
（收购人签字或盖章）</td><td colspan="3">财务顾问确认应提交的申请文件齐备，内容真实、准确、完整。
（财务顾问盖章）</td></tr>
</table>

附件4

上市公司预受要约股份情况公告表

被收购公司名称：

要约收购证券代码：　　　　单位：股，户

预受日期	证券代码	股份类别（有限售条件股/无限售条件股）	当天预受要约		当天撤回预受		截至当天净预受		净预受股份比例（净预受股份/拟收购股份）
			户数	股数	户数	股数	户数	股数	

注：要约收购证券代码由北交所通知收购人载于《要约收购报告书》上。

（收购人名称）
年　月　日

北京证券交易所上市公司持续监管指引第 6 号——内幕信息知情人管理及报送

第一条 为了规范北京证券交易所（以下简称本所）上市公司内幕信息知情人管理及报送行为，督促上市公司加强内幕信息管理，防控内幕交易风险，根据《中华人民共和国证券法》（以下简称《证券法》）、《上市公司信息披露管理办法》以及《北京证券交易所股票上市规则（试行）》（以下简称《上市规则》）等有关规定，制定本指引。

第二条 上市公司管理及报送内幕信息知情人相关信息，适用本指引。

第三条 本指引所称内幕信息知情人，是指《证券法》所规定的有关人员。

第四条 本指引所称内幕信息，是指《证券法》所规定的，涉及上市公司的经营、财务或者对上市公司股票及其他证券品种交易价格有重大影响的尚未公开的信息。

第五条 上市公司应当按照《证券法》《上市公司信息披露管理办法》《上市规则》等相关规定，建立内幕信息知情人登记管理制度，对内幕信息的保密管理及内幕信息知情人的登记报送等作出规定。

内幕信息知情人登记管理制度中应当包括对上市公司下属各部门、分公司、控股子公司及上市公司能够对其实施重大影响的参股公司的内幕信息管理的内容，明确上述主体的内部报告义务、报告程序和有关人员的信息披露职责。

内幕信息知情人登记管理制度中应当明确内幕信息知情人的保密义务、违反保密规定的责任和通过签订保密协议、禁止内幕交易告知书等必要方式将上述事项告知有关人员等内容。

第六条 内幕信息知情人应当积极配合上市公司做好内幕信息知情人报送工作，真实、准确、完整地填写相关信息，并及时向上市公司报送内幕信息知情人档案相关材料，送达时间不得晚于内幕信息公开披露的时间。内幕信息知情人档案相关材料应当按照规定要求进行填写，并由内幕信息知情人进行确认。

第七条 上市公司应当保证所填报内幕信息知情人档案相关材料的真实、准确、完整，并向全部内幕信息知情人通报有关法律法规对内幕信息知情人的相关规定。上市公司全体董事应当对内幕信息知情人档案相关材料的真实、准确、完整出具书面承诺。

第八条 上市公司董事会应当按照本指引要求及时登记和报送内幕信息知情人档案相关材料。董事长为主要责任人，董事会秘书负责办理上市公司内幕信息知情人的登记入档和报送事宜。监事会应当对内幕信息知情人报送工作进行监督。

第九条 保荐机构、财务顾问、律师事务所等证券服务机构应当明确告知内幕信息知情人相关报送规定及相应法律责任，督促、协助上市公司核实内幕信息知情人档案相关材料的真实、准确和完整并及时完成报送。

第十条 本所可以根据相关规定、中国证券监督管理委员会（以下简称中国证监会）要求及客观需要，对内幕信息知情人的股票交易情况进行核查。

第十一条 上市公司披露以下重大事项的，应当按照本指引等本所相关规定及时报备内幕信息知情人档案相关材料：

（一）年度报告、中期报告；

（二）证券发行；

（三）股份回购；

（四）重大资产重组；

（五）公司被收购；

（六）公司合并、分立；

（七）申请转板或向境外其他证券交易所申请股票上市；

（八）中国证监会和本所规定的其他重大事项。

上市公司实施股权激励计划、权益分派等事项的，也应做好内幕信息知情人登记管理工作。

第十二条 上市公司应当在年度报告和中期报告披露后的10个交易日内，通过内幕信息知情人报备系统（以下简称报备系统）或本所规定的其他方式，提交下列内幕信息知情人报备文件（具体要求见附件1）：

（一）内幕信息知情人登记表；

（二）相关人员买卖上市公司股票的自查报告，自查期间为年度报告披露日的前6个月以及中期报告披露日的前3个月；

（三）上市公司全体董事对内幕信息知情人报备文件真实性、准确性和完整性的承诺书；

（四）本所要求的其他文件。

本所对自查期间上市公司股票交易情况进行核查，发现明显异常的，可以要求上市公司提交股票交易情况说明。

第十三条 上市公司应当在合并、分立、其他重大事项披露后的10个交易日内，通过报备系统或本所规定的其他方式，提交下列内幕信息知情人报备文件：

（一）内幕信息知情人登记表；

（二）相关人员买卖上市公司股票的自查报告，自查期间为董事会决议披露日的前6个月；

（三）重大事项进程备忘录；

（四）上市公司全体董事对内幕信息知情人报备文件真实性、准确性和完整性的承诺书；

（五）本所要求的其他文件。

第十四条 上市公司实施合并、分立事项的，本所对自查期间上市公司股票交易情况进行核查，发现明显异常的，可以要求上市公司提交股票交易情况说明。

上市公司决定继续推进本次合并、分立事项的，应采取措施消除相关事项对上市公司的影响；无法完全消除的，上市公司应就股票交易存在明显异常，可能被中国证监会立案调查或司法机关立案侦查，而导致本次合并、分立被中止或者终止的情况披露特别风险提示公告。上市公司聘请的律师应对公司股票交易情况是否涉嫌内幕交易、是否会影响本次合并、分立发表明确意见。

上市公司自主决定终止本次合并、分立事项的，应当履行相应决策程序，并及时发布终止公告披露终止原因。

第十五条 投资者及其一致行动人（以下简称投资者）进行上市公司收购及股份权益变动活动，根据《上市公司收购管理办法》《公开发行证券的公司信息披露内容与格式准则第55号——北京证券交易所上市公司权益变动报告书、上市公司收购报告书、要约收购报告书、被收购公司董事会报告书》的规定应当披露收购报告书的，或因成为上市公司第一大股东或者实际控制人应当披露详式权益变动报告书的，投资者应当按照规定填写内幕信息知情人报备文件，保证内幕信息知情人报备文件的真实、准确和完整，并及时送达上市公司。

上市公司应当按照规定填写上市公司内幕信息知情人报备文件，做好各方报备文件的汇总，并在收购报告书摘要或详式权益变动报告书披露后的10个交易日内，通过报备系统或本所规定的其他方式，提交下列内幕信息知情人报备文件：

（一）内幕信息知情人登记表；

（二）相关人员买卖上市公司股票的自查报告，自查期间为收购报告书摘要或详式权益变动报告书披露日的前6个月；

（三）重大事项进程备忘录；

（四）投资者及上市公司全体董事对内幕信息知情人报备文件真实性、准确性和完整性的承诺书；

（五）本所要求的其他文件。

第十六条 投资者进行上市公司收购及股份权益变动活动的，本所对自查期间上市公司股票交易情况进行核查，发现明显异常的，可以要求上市公司提交股票交易情况说明。

收购完成前，相关各方决定继续推进本次收购事项的，应采取措施消除相关事项对上市公司的影响；无法完全消除的，上市公司应就股票交易存在明显异常，可能被中国证监会立案调查或司法机关立案侦查，而导致本次收购被中止或者终止的情况披露特别风险提示公告。上市公司聘请的律师应对公司股票交易情况是否涉嫌内幕交易、是否会影响本次收购发表明确意见。

相关各方自主决定终止本次收购事项的，应当履行相应决策程序，并及时发布终止公告披露终止原因。

第十七条 上市公司进行证券发行、股份回购、重大资产重组，公司被要约收购、申请转板或向境外其他证券交易所申请股票上市的，应当按照本所相关规定报备内幕信息知情人档案相关材料。

第十八条 内幕信息知情人登记表应当包括：

（一）姓名或名称、证件类型、证件号码，证券账户，联系方式；

（二）所在单位、部门，职务或岗位，与上市公司的关系；

（三）知悉内幕信息时间、方式；

（四）内幕信息的内容与所处阶段；

（五）登记时间、登记人等其他信息。

前款所称知悉内幕信息时间，是指内幕信息知情人知悉或应当知悉内幕信息的第一时间；知悉内幕信息方式，包括但不限于会谈、电话、传真、书面报告、电子邮件等；内幕信息所处阶段，包括商议筹划，论证咨询，合同订立，公司内部的报告、传递、编制、决议等。

第十九条 上市公司按照本所规定制作重大事项进程备忘录的，重大事项进程备忘录的内容包括但不限于筹划决策过程中各个关键时点的时间、参与筹划决策人员名单、筹划决策方式等。

第二十条 上市公司应当督促重大事项进程备忘录涉及的相关人员在重大事项进程备忘录上签名确认。上市公司股东、实际控制人及其关联方等相关主体应当配合制作重大事项进程备忘录。

第二十一条 上市公司国有股东、实际控制人实施本指引第十一条第一款规定事项，需履行主管部门相关程序的，上市公司应当在履行主管部门相关程序后及时向本所报送内幕信息知情人档案相关材料。

在首次报送后，内幕信息知情人档案相关材料发生变化的，上市公司应当及时补充报送。

第二十二条 内幕信息知情人档案相关材料自记录（含补充完善）之日起至少保存10年。

本所可视情况要求上市公司披露内幕信息知情人档案相关材料中的相关内容。

第二十三条 上市公司及相关主体在内幕信息知情人管理及报送中有违规行为的，本所依据《上市规则》等有关规定，对上市公司及相关责任主体采取工作措施、自律监管措施或纪律处分。

第二十四条 本指引由本所负责解释。

第二十五条 本指引自2021年11月15日起施行。

附件1

内幕信息知情人报备文件及要求

序号	文件名称	内容要求
1	内幕信息知情人登记表	内幕信息知情人范围，根据《证券法》第五十一条的有关规定确定，包括但不限于： （1）上市公司及其董事、监事、高级管理人员； （2）持有上市公司5%以上股份的股东和上市公司的实际控制人，以及其董事、监事、高级管理人员（如有）； （3）上市公司控股或者实际控制的公司及其董事、监事、高级管理人员（如有）； （4）由于所任公司职务或者因与公司业务往来可以获取有关内幕信息的人员； （5）为重大事项提供服务以及参与该重大事项的咨询、筹划、论证、审批等各环节的相关单位和人员； （6）上市公司收购人及其控股股东、实际控制人、董事、监事、高级管理人员（如有）； （7）前述自然人的直系亲属（配偶、父母、子女）； 上市公司的所有董事、监事、高级管理人员及其直系亲属，无论是否知情，均属于内幕信息知情人报备范围； （8）可以获取内幕信息的其他人员。 登记表加盖公司公章或公司董事会公章，并写明填报日期。
2	自查报告	自然人自查报告：应列明自然人的姓名、职务、身份证号码、股票账户、有无买卖股票行为，并经本人签字确认； 机构的自查报告：应列明机构的名称、统一社会信用代码、股票账户、有无买卖股票行为并加盖公章确认。
3	承诺书	上市公司全体董事对内幕信息知情人报备文件真实性、准确性和完整性的承诺书，由全体董事签字并加盖公司公章。
4	重大事项进程备忘录	包括但不限于筹划决策过程中各个关键时点的时间、参与筹划决策人员名单、筹划决策方式等。涉及的相关人员均应在备忘录上签名确认。
5	股票交易情况说明（如有）	相关人员存在买卖公司股票行为的，当事人应当书面说明其买卖股票行为是否利用了相关内幕信息；上市公司应当书面说明与买卖股票人员相关事项的动议时间，买卖股票人员是否参与决策，买卖行为与该事项是否存在关联关系以及是否签订了保密协议书等。

续表

序号	文件名称	内容要求
6	报备文件电子件与预留原件一致的鉴证意见	律师应当对报送的电子文件与原件的一致性出具鉴证意见，并签名和签署鉴证日期，律师事务所应当在鉴证意见首页加盖律师事务所公章，并在侧面加盖骑缝章。

注：1. 上市公司应提交与预留原件一致的电子文件（Word、Excel、PDF 等文件格式）；

2. 报备文件中应当注明上市公司、律师事务所（如有）联系人姓名、电话、联系邮箱等信息；报备文件所需签名处，均应为签名人亲笔签名，不得以名章、签名章等代替。

内幕信息知情人登记表

证券简称：　　　　　　　　　　证券代码：

内幕信息事项：

序号	姓名或名称	证件类型	证件号码	证券账户	联系方式	所在单位/部门	职务/岗位	与上市公司关系	知悉内幕信息时间	知悉内幕信息方式	内幕信息内容	内幕信息所处阶段	登记时间	登记人

（加盖公章或董事会章）

填报日期：

注：1. 本表所列项目仅为必备项目，上市公司可根据自身内幕信息管理的需要增加内容；

2. 内幕信息事项应当采取一事一记的方式，即每份内幕信息知情人登记表仅涉及一个内幕信息事项，不同内幕信息事项涉及的知情人档案应当分别记录；

3. 填报获取内幕信息的方式，包括但不限于会谈、电话、传真、书面报告、电子邮件等；

4. 填报各内幕信息知情人员所获知的内幕信息的内容，可根据需要添加附页进行详细说明；

5. 填报内幕信息所处阶段，包括商议筹划，论证咨询，合同订立，公司内部的报告、传递、编制、决议等；

6. 如为上市公司登记，填写上市公司登记人姓名；如为上市公司汇总，保留所汇总表格中原登记人姓名。

重大事项进程备忘录

证券简称： 证券代码：

所涉重大事项简述：

关键时点	时间	地点	参与筹划决策人员	筹划决策方式	商议和决议内容	签名

法定代表人签名：

（加盖公章或董事会章）

注：1. 本表所列项目仅为必备项目，上市公司可根据自身内幕信息管理的需要增加内容。

2. 重大事项进程备忘录涉及的相关人员应当在备忘录上签名确认。

关于发布《北京证券交易所上市公司业务办理指南第 1 号——股票停复牌》的公告

北证公告〔2021〕40 号

为了规范北京证券交易所（以下简称本所）上市公司停复牌业务办理，本所制定了《北京证券交易所上市公司业务办理指南第 1 号——股票停复牌》，现予以发布，自 2021 年 11 月 15 日起施行。

特此公告。

附件：北京证券交易所上市公司业务办理指南第 1 号——股票停复牌

北京证券交易所

2021 年 11 月 2 日

北京证券交易所上市公司业务办理指南第1号——股票停复牌

为了规范北京证券交易所（以下简称本所）上市公司股票停复牌业务办理，根据《北京证券交易所股票上市规则（试行）》（以下简称《上市规则》）、《北京证券交易所上市公司重大资产重组业务指引》等有关规定，制定本指南。

1. 一般规定

1.1　正常申请

1.1.1　上市公司申请办理股票停复牌业务，应当在按照《上市规则》等有关规定履行相应程序后，通过证券公司向本所提交下列申请文件：

（一）加盖公司公章或董事会章的《停牌/复牌申请表》（附表1）、《重大资产重组或发行股份购买资产停牌/复牌申请表》（附表2）、《变更停牌事项申请表》（附表3）、《延期复牌申请表》（附表4）；

（二）拟披露的停牌公告、复牌公告、停牌事项变更公告或延期复牌公告；

（三）本所要求的其他文件。

1.1.2　证券公司应当对上市公司停复牌业务申请文件进行审阅，无误后在交易日的15：30~16：30通过日常业务系统提交申请文件及拟披露公告，经本所同意后，相关公告在停复牌业务生效前披露。

1.1.3　证券公司应当密切关注上市公司停复牌业务办理进度及信息披露情况，如发现信息披露与业务办理进度不一致的，应当及时向本所报告。

1.2　紧急申请停牌

1.2.1　上市公司未能在T-1日（T日为停牌生效日）15：30~16：30向本所提出停牌申请，但确需T日停牌的，应当在非交易时段向本所报告。经本所同意后，上市公司向证券公司报送《停牌申请表》、停牌公告、协助线下信息披露的《信息披露业务流转表》以及相关证明文件（如有），证券公司审阅无误后，在T-1日16：30至T日8：45，T日11：30~12：30通过日常业务系统“紧急停牌”通道上传停牌申请文件及拟披露公告，本所审查后协助进行信息披露。

1.2.2　上市公司原则上不得在盘中申请紧急停牌。确需盘中停牌的，经本所同意后，将本指南要求的申请文件和《信息披露业务流转表》发送至指定邮箱，根据本所要求进行线下办理。

2. 停牌

2.1　上市公司发生《上市规则》及有关业务规则规定的停牌事项，需要停牌一个交易日（包括未在规定期限内披露季度报告）的，应当按照本指南规定在 T-1 日（T 日为停牌生效日）向本所提交停牌申请及停牌一个交易日的公告，股票停牌一个交易日后自动复牌。

2.2 上市公司因筹划重大事项申请股票停牌的，应当按照本指南规定，在 T-1 日向本所提出申请，并在申请中明确预计复牌日期。

2.3 上市公司向境内其他证券交易所申请股票转板（以下简称申请转板）的，应当按照本指南规定，在向境内其他证券交易所提交申报材料的当日申请公司股票于次一交易日起停牌。

2.4 上市公司出现《上市规则》第十章第二节至第五节规定的停牌情形时，应当按照本指南规定，在 T-1 日向本所提出申请；出现《上市规则》第十章第七节规定的停牌情形时，在不晚于 T-1 日向本所提出申请。

2.5 上市公司发生中国证监会或本所规定的其他停牌情形，应当按照相应规定及时向本所申请股票停牌。

3. 变更停牌事项

3.1 上市公司股票停牌期间，停牌事项发生变化、新增停牌事项或停牌事项减少的，应在相关事实发生后，在停牌期限届满前及时向本所提出申请。

4. 延期复牌

4.1 上市公司无法在停牌期限届满前完成相关事项筹划，如符合《上市规则》中继续停牌条件的，可以在不晚于 T-2 日（T 日为原预计复牌日期）按照本指南规定向本所申请股票延期复牌，并提交相应的证明文件。

5. 复牌

5.1 上市公司股票所有停牌情形消除后，应当及时按照本指南规定，在不晚于 T-1 日（T 日为复牌生效日）向本所提出复牌申请，并提交相应的证明文件（如有）。

5.2 上市公司因筹划重大资产重组或发行股份购买资产停牌的，应当在披露经董事会审议通过的重组预案或报告书、方案重大调整情况公告或终止筹划重组事项公告后，申请股票于披露后的次两个交易日复牌。

5.3 上市公司因筹划其他重大事项停牌的，如完成事项筹划或终止筹划的，应当申请股票于上述事实发生后的次两个交易日复牌；如停牌期限届满且不符合继续停牌条件的，应当在期限届满前申请股票于原定预计复牌日期复牌。

5.4 上市公司因申请转板停牌的，应当在收到境内其他证券交易所不予受理决定、终止审核决定等文书后，申请股票于收到上述文件的次两个交易日复牌。

5.5 上市公司在中国证监会或者本所规定的其他停牌情形消除后，应当按照相应规定及时申请股票复牌。

附表 1

停牌/复牌申请表

<table>
<tr><td colspan="6">业务申请类型：　　　　□停牌　　　　□复牌</td></tr>
<tr><td>公司名称</td><td></td><td>证券简称</td><td></td><td>证券代码</td><td></td></tr>
<tr><td colspan="6">公司是否发行其他证券品种 □是（□优先股　□可转债　□其他________）　□否</td></tr>
<tr><td>申请停牌事由</td><td colspan="5">□1. 重大事项
□（1）筹划控制权变更
□（2）涉及要约收购
□（3）涉及破产重整
□（4）本所认定的其他重大事项，具体内容：________________（必填）
□2. 向境内其他证券交易所申请股票转板
□3. 未在规定期限内披露季度报告
□4. 股票交易异常波动
□5. 退市相关
□（1）主动申请终止股票上市
□（2）出现退市风险警示情形
□（3）撤销退市风险警示情形
□（4）出现《上市规则》第 10.4.2 条规定的停牌情形
□（5）公司股本总额或公众股东持股比例发生变化，导致连续 60 个交易日不再具备上市条件
□（6）出现强制终止上市情形
□6. 其他事项
□（1）披露权益分派实施公告后未能按期实施且未于 R-1 日披露延期公告
□（2）其他合理理由，具体内容：________________（必填）</td></tr>
<tr><td>上述所选事项是否已消除或已充分披露（申请复牌填写）</td><td colspan="5"></td></tr>
<tr><td>停牌生效日期</td><td></td><td>预计复牌日期（如适用）</td><td></td><td>复牌生效日期（申请复牌或停牌一天填写）</td><td></td></tr>
<tr><td colspan="6">申请人：×××股份有限公司（加盖公章或董事会章）
董事会秘书签名：　　　　　　　　　　　　　　　　联系电话：

年　　月　　日</td></tr>
</table>

附表 2

重大资产重组或发行股份购买资产停牌/复牌申请表

<table>
<tr><td colspan="6">业务申请类型：　　　　□停牌　　　　□复牌</td></tr>
<tr><td>公司名称</td><td></td><td>证券简称</td><td></td><td>证券代码</td><td></td></tr>
<tr><td colspan="6">公司是否发行其他证券品种 □是（□优先股　□可转债　□其他____________）　□否</td></tr>
<tr><td>申请停牌的事由</td><td colspan="5">□1. 筹划重大资产重组或发行股份购买资产
□2. 筹划重组的相关信息泄露
□3. 对重组或发行股份购买资产方案作出重大调整
□4. 并购重组委召开工作会议审核重组或发行股份购买资产方案
□5. 其他合理理由（需单独说明）____________</td></tr>
<tr><td>申请复牌的事由</td><td colspan="5">□1. 公司披露重组预案或报告书
□2. 公司决议终止重组或发行股份购买资产事项
□3. 公司确认不构成重大资产重组
□4. 公司或其现任董事、高级管理人员因涉嫌违法违规被司法机关立案侦查或者被中国证监会立案调查，导致不能继续推进重组事项
□5. 其他合理理由（需单独说明）____________</td></tr>
<tr><td>交易类型</td><td colspan="5">□1. 现金购买、出售资产或资产置换
□2. 发行普通股、优先股、可转换债券或其他证券购买资产
□3. 其他类型（需单独说明）____________</td></tr>
<tr><td>交易对手方类型</td><td colspan="5">□1. 公司控股股东、实际控制人
□2. （潜在）收购人
□3. 其他关联方
□4. 非关联第三方
□5. 其他（需单独说明）____________</td></tr>
<tr><td>是否涉及控制权变动</td><td colspan="5">□1. 是
□2. 否</td></tr>
<tr><td>支付方式</td><td colspan="5">□1. 现金
□2. 本公司发行的证券（包括但不限于普通股、优先股、可转换债券等）
□3. 其他</td></tr>
<tr><td>停牌生效日期</td><td></td><td>预计复牌日期（非停牌一天时填写）</td><td></td><td>复牌生效日期（申请复牌或停牌一天填写）</td><td></td></tr>
<tr><td colspan="6">申请人：×××股份有限公司（加盖公章或董事会章）
董事会秘书签名：　　　　　　　　　　　　联系电话：
年　　月　　日</td></tr>
</table>

附表 3

变更停牌事项申请表

<table>
<tr><td>公司名称</td><td></td><td>证券简称</td><td></td><td>证券代码</td><td></td></tr>
<tr><td colspan="6">公司是否发行其他证券品种 □是（□优先股　□可转债　□其他________）　□否</td></tr>
<tr><td>变更停牌事项的情形</td><td colspan="5">□1. 停牌事项发生变化　□2. 增加停牌事项　□3. 减少停牌事项</td></tr>
<tr><td>原停牌事项目前进展情况</td><td colspan="5"></td></tr>
<tr><td>变更后停牌触发事项</td><td colspan="5">□1. 重大事项
□（1）重大资产重组或发行股份购买资产
□（2）筹划控制权变更
□（3）涉及要约收购
□（4）涉及破产重整
□（5）本所认定的其他重大事项，具体内容：__________（必填）
□2. 向境内其他证券交易所申请股票转板
□3. 股票交易异常波动
□4. 退市相关
□（1）主动申请终止股票上市
□（2）出现《上市规则》第 10.4.2 条规定的停牌情形
□（3）公司股本总额或公众股东持股比例发生变化，导致连续 60 个交易日不再具备上市条件
□（4）出现强制终止上市情形
□5. 其他事项：
□（1）披露权益分派实施公告后未能按期实施且未于 R-1 日披露延期公告
□（2）其他合理理由，具体内容：____________（必填）</td></tr>
<tr><td>原停牌生效日</td><td colspan="2"></td><td colspan="2">原预计复牌日期（如有）</td><td></td></tr>
<tr><td>变更停牌事项
生效日</td><td colspan="2"></td><td colspan="2">变更后预计复牌
日期（如适用）</td><td></td></tr>
<tr><td colspan="6">申请人：×××股份有限公司（加盖公章或董事会章）

董事会秘书签名：　　　　　　　　　　　　　　联系电话：

年　　月　　日</td></tr>
</table>

附表 4

延期复牌申请表

<table>
<tr><td>公司名称</td><td></td><td>证券简称</td><td></td><td>证券代码</td><td></td></tr>
<tr><td colspan="6">公司是否发行其他证券品种 □是（□优先股　□可转债　□其他________）　□否</td></tr>
<tr><td>导致申请停牌的触发事由</td><td colspan="5">□1. 重大资产重组或发行股份购买资产
□2. 筹划控制权变动
□3. 涉及要约收购
□4. 涉及破产重整
□5. 其他，具体内容：________（必填）</td></tr>
<tr><td>上述所选事项目前进展情况</td><td colspan="5"></td></tr>
<tr><td>申请延期复牌的原因</td><td colspan="5"></td></tr>
<tr><td>当前预计复牌日期</td><td colspan="2"></td><td>延期后预计复牌日期</td><td colspan="2"></td></tr>
<tr><td colspan="6">申请人：×××股份有限公司（加盖公章或董事会章）

董事会秘书签名：　　　　　　　　　　　　　　　　联系电话：

年　　月　　日</td></tr>
</table>

关于发布《北京证券交易所上市公司业务办理指南第 2 号——股票限售及解除限售》的公告

北证公告〔2021〕41 号

为了规范北京证券交易所（以下简称本所）上市公司股票限售、解除限售业务办理，本所制定了《北京证券交易所上市公司业务办理指南第 2 号——股票限售及解除限售》，现予以发布，自 2021 年 11 月 15 日起施行。

特此公告。

附件：北京证券交易所上市公司业务办理指南第 2 号——股票限售及解除限售

北京证券交易所

2021 年 11 月 2 日

北京证券交易所上市公司业务办理指南第2号——股票限售及解除限售

为了规范北京证券交易所（以下简称本所）上市公司股票限售、解除限售业务办理，根据《北京证券交易所股票上市规则（试行）》（以下简称《上市规则》）等有关规定，制定本指南。

1. 一般规定

1.1　上市公司股票限售、解除限售应当符合《上市规则》等规定，并向本所提出申请。申请股票限售、解除限售时，应考虑股东是否符合多重限售或解除限售条件：如股东符合多重限售条件的，应分别计算限售股数，以最大值为本次限售股数；如股东符合多重解除限售条件的，应分别计算解除限售股数，以最小值为本次解除限售股数。股东持有本公司股份不足一千股时，当年可转让股份额度即为其持有本公司股份数。

被质押/冻结股票如需办理限售或解除限售的，还应遵守中国证券登记结算有限责任公司北京分公司（以下简称中国结算）的相关规定。

1.2　上市公司董事、监事、高级管理人员办理持有本公司股份总数的25%解除限售，原则上在每年2月底前向本所提出申请，计算基数为上一年末股东的持股数量。公司董事、监事、高级管理人员新增本公司股份的，按新增股份的75%及时办理限售。

2. 申请材料

2.1　上市公司应当在股东所持股票达到限售或解除限售条件后，及时提交下列申请文件：

（一）公司向中国结算申领的上市公司股东名册、限售股份数据表；

（二）公司股份限售/解限售申请书；

（三）公司董事会出具的申请表，包括《×××股份有限公司股票限售申请表》（附件1）/《×××股份有限公司股票解除限售申请表》（附件2）；

（四）本所要求的其他文件。

2.2　上市公司股份限售/解限售申请书应当至少包括下列内容：

（一）相关股东持股情况及办理依据说明；

（二）本次申请限售、解除限售股份的股份总数，各股东限售、解除限售股份数量；

（三）是否违背相关股东作出的全部承诺。

2.3　上市公司股东所持股票达到限售条件的，应及时通知公司办理限售登记。在办理限售登记期间，股东应严格遵守限售规定，不得违规进行股份转让。

3. 办理流程

3.1　上市公司在提交申请材料前，应当对材料进行检查核验，确认申请依据是否充分，计算是否准确，并经证券公司审阅确认。确认无误后，证券公司通过本所日常业务系统填报股票限售/解除限售明细信息，并将申请材料作为附件。

3.2　本所对限售、解除限售申请进行确认后，向中国结算发送明细数据。

3.3　上市公司和证券公司应当密切关注业务办理进度，在业务流转至中国结算时，及时按照《中国证券登记结算有限责任公司北京分公司北京证券交易所股票登记结算业务指南》（以下简称《北交所股票登记结算业务指南》）的相关规定向中国结算申请办理股票限售或解除限售登记。

3.4　办理股票解除限售业务的，上市公司应当在中国结算审核通过后，按照本所临时公告格式模板编制股票解除限售公告，并根据《北交所股票登记结算业务指南》规定，最晚于解除限售生效前三个交易日披露。

4. 自愿限售

4.1　上市公司章程、相关协议或股东承诺等对公司股票约定更长限售期或更高限售比例的（以下简称自愿限售股票），相关股东应当在上述事实发生之日起两个交易日内，通过公司披露股票自愿限售的公告，并于同日向本所申请办理股票限售，申请材料应包括：

（一）本指南2.1条规定的相关文件；

（二）股东所持公司股票自愿限售的公告；

（三）公司和自愿限售股东共同签字盖章的申请书（附件3）。

股东所持公司股票已限售，需延长限售期的，无需向本所申请办理股票限售。

4.2　自愿限售股票达到约定或承诺的解除限售条件后，上市公司应当申请解除限售。股东应严格遵守自愿限售相关约定或承诺，在达到约定或承诺的解除限售条件前，原则上不得提前解除限售。

5. 其他事项

5.1　董事、监事和高级管理人员所持限售股票因司法裁决、继承等原因发生非交易过户且过入方不存在其他限售情形的，过入方可申请解除限售。

自愿限售股票因司法裁决、继承等原因发生非交易过户的，过入方应当继续遵守自愿限售相关约定或承诺。

5.2　上市公司、证券公司不得无故拖延申请股票限售或解除限售。上市公司及其股东、证券公司应当保证其向本所和中国结算申报材料和数据真实、准确、完整、及时，并承担相应的法律责任。

附件：1.《×××股份有限公司股票限售申请表》

2.《×××股份有限公司股票解除限售申请表》

3.《×××股份有限公司及相关股东关于提请协助出具限售股份登记函的申请书》

附件 1

×××股份有限公司股票限售申请表

证券简称：　　　　证券代码：　　　　单位：股

序号	股东名称/姓名	任职（原任职）	是否为控股股东、实际控制人及一致行动人	身份证号或注册号	上市前持股数量	上市后权益分派新增股份数量	上市后通过其他方式新增股份数量	本次新增股份数量＊	质押股份数量	司法冻结股份数量	已解除转让限制股份数量	截至202×年×月×日持股数量	截至202×年×月×日持有的无限售条件的股份数量	本次申请转让限制登记股份数量	限售类别
1															

备注-限售类别为：

A. 董事、监事、高级管理人员新增股票限售

B. 新任董事、监事、高级管理人员所持股票限售

C. 离职董事、监事、高级管理人员所持股票限售

D. 自愿限售

E. 因收购等事项限售

F. 其他（具体说明________）

注：若选择限售类别为 A，则带“＊”项为必填项。

申请人：××股份有限公司（盖章）

申 请 日 期：　　年　　月　日

附件 2

×××股份有限公司股票解除限售申请表

证券简称： 证券代码： 单位：股

序号	股东名称/姓名	任职（原任职）	是否为控股股东、实际控制人及一致行动人	身份证号或注册号	上市前持股数量	上市后权益分派新增股份数量	上市后通过其他方式新增股份数量	质押股份数量	司法冻结股份数量	已解除转让限制股份数量	截至202×年×月×日持股数量	截至202×年×月×日持有的无限售条件的股份数量	本次申请解除转让限制登记股份数量	解除限售是否违反其承诺	解除限售类别
1															
2															

备注-解除限售类别为：
A. 董事、监事、高级管理人员每年解除限售
B. 离职董事、监事、高级管理人员解除限售
C. 自愿限售解除限售
D. 限制性股票解除限售
E. 公开发行前特定主体股票解除限售
F. 参与战略配售取得股票解除限售
G. 其他（具体说明________）

申请人：××股份有限公司（盖章）

申 请 日 期： 年 月 日

附件 3

×××股份有限公司及相关股东关于提请协助出具限售股份登记函的申请书

北京证券交易所：

×××股份有限公司（公司简称：××××；证券代码：××××）××等××名股东自愿锁定其持有×××股份有限公司的股份（具体锁定股份数量和锁定时间详见附表），经与×××股份有限公司协商一致，现向北京证券交易所申请协助出具限售股份登记函，以便于在中国证券登记结算有限责任公司办理上述限售股份登记手续。

申请人：×××股份有限公司（盖章）

股东：××（签字）

申请日期：×年×月×日

关于发布《北京证券交易所上市公司业务办理指南第 3 号——权益分派》的公告

北证公告〔2021〕42 号

为了规范北京证券交易所（以下简称本所）上市公司权益分派业务办理，本所制定了《北京证券交易所上市公司业务办理指南第 3 号——权益分派》，现予以发布，自 2021 年 11 月 15 日起施行。

特此公告。

附件：北京证券交易所上市公司业务办理指南第 3 号——权益分派

北京证券交易所

2021 年 11 月 2 日

北京证券交易所上市公司业务办理指南
第3号——权益分派

为了规范北京证券交易所（以下简称本所）上市公司权益分派业务办理行为，根据《北京证券交易所股票上市规则（试行）》等有关规定，制定本指南。

1. 一般规定

1.1 上市公司应当根据自身条件和发展阶段，积极回报股东，严格执行公司章程、利润分配制度中的股东回报政策。

1.2 上市公司实施利润分配，应当以公开披露仍在有效期内（报告期末日起6个月内）的定期报告期末日为基准日，以基准日母公司财务报表中可供分配利润为分配依据。同时，为避免出现超额分配情形，上市公司应当按照合并报表和母公司报表中可供分配利润孰低的原则确定具体分配比例。

上市公司实施资本公积金转增股本的，应当披露转增金额是否超过报告期末“资本公积——股本溢价”的余额。

1.3 上市公司应当在董事会审议通过权益分派方案后，及时以临时报告形式披露权益分派方案的具体内容，并在上述定期报告有效期内召开股东大会审议权益分派方案。权益分派方案中，送转股及现金红利派发比例的总位数不能超过8位，小数位不能超过6位。如上市公司在股东大会召开前已披露最新一期定期报告的，其分配金额不应超过最新一期定期报告的可供分配利润。

1.4 权益分派方案应在股东大会审议通过后2个月内实施完毕，即实施权益分派的股权登记日（以下简称R日）应在股东大会审议通过权益分派方案后的2个月内，根据有关规定权益分派事项需经有权部门事前审批的除外。实施权益分派的股本基数，均以R日股本数为准。

2. 办理流程

2.1 上市公司实施现金分红、送红股或以盈余公积、资本公积转增股本的，应通过中国证券登记结算有限责任公司（以下简称中国结算）进行分派，并根据本所和中国结算的相关规定，按以下流程申请办理权益分派业务：

2.1.1 按照中国结算北京分公司《中国证券登记结算有限责任公司北京分公司北京证券交易所股票登记结算业务指南》（以下简称《北交所股票登记结算业务指南》）要求，在R-5日前向中国结算申请办理权益分派业务，填报相关信息并上传所需材料。

2.1.2　权益分派申请经中国结算审核通过后，上市公司应当通过证券公司于R-4日前在本所日常业务系统中提交除权除息业务申请及《权益分派实施公告》。

上市公司披露的《权益分派实施公告》应与经中国结算审查的公告一致。如不一致，应于R-3日20：00前联系本所修改业务申请并更正《权益分派实施公告》。特殊情况下无法更正的，应及时与中国结算及本所联系。

2.1.3　上市公司应在R-1日12：00前按照《北交所股票登记结算业务指南》的要求做好权益分派相关款项的划拨工作。如未能按照中国结算规定的时间完成相关款项的划拨或因其他合理原因决定延期实施权益分派的，上市公司应及时与中国结算及本所联系，并最晚于R-1日披露权益分派延期实施公告。如未能按时披露延期公告，上市公司应向本所申请股票自R日开市起停牌，并于披露延期公告后向本所申请股票复牌。

2.1.4　R+1日（即除权除息日），中国结算登记送转股、派发现金红利，上市公司完成权益分派，本所完成除权除息。

3. 其他事项

3.1　上市公司申请实施权益分派，自向中国结算提交权益分派申请之日起至实施完毕期间，原则上应保持总股本和参与分派的股本基数不变。

3.2　上市公司终止实施权益分派的，应召开董事会、股东大会审议终止实施权益分派的议案，并在董事会决议后及时以临时报告的形式披露终止原因和审议情况。

3.3　上市公司未能在本指南1.4规定期限内实施权益分派的，上市公司董事会应于期限届满前披露关于未能按期实施权益分派的致歉公告，并在公告中说明未按期实施的具体原因及后续安排。继续实施权益分派的，原则上应以已披露的在有效期内的定期报告财务数据作为权益分派依据，重新召开董事会、股东大会进行审议，并于股东大会审议通过后2个月内实施完毕；取消权益分派的，还应在致歉公告中披露取消的具体原因。

3.4　上市公司在筹划或者讨论利润分配、资本公积金转增股本方案过程中，应当将内幕信息知情人控制在最小范围内，及时登记内幕信息知情人名单及其个人信息，并采取严格的保密措施，防止利润分配、资本公积金转增股本方案泄露。

关于发布《北京证券交易所上市公司业务办理指南第4号——证券简称或公司全称变更》的公告

北证公告〔2021〕43号

为了规范北京证券交易所（以下简称本所）上市公司证券简称及公司全称变更业务办理，本所制定了《北京证券交易所上市公司业务办理指南第4号——证券简称或公司全称变更》，现予以发布，自2021年11月15日起施行。

特此公告。

附件：北京证券交易所上市公司业务办理指南第4号——证券简称或公司全称变更

北京证券交易所

2021年11月2日

北京证券交易所上市公司业务办理指南第4号——证券简称或公司全称变更

为了规范北京证券交易所（以下简称本所）上市公司证券简称及公司全称变更行为，根据《北京证券交易所股票上市规则（试行）》（以下简称《上市规则》）等有关规定，制定本指南。

1. 一般规定

1.1 上市公司应根据实际经营业务情况，审慎对证券简称或公司全称进行变更，变更后的证券简称或公司全称，应与公司主营业务相匹配，不得误导投资者。

1.2 变更后的证券简称原则上从公司全称中选取，不得超过八个字符（单字节字符），应避免与境内证券交易所和全国中小企业股份转让系统已上市或挂牌证券的证券简称重复，并避免使用过于概括、与公司实际情况不符的区域性、行业性通用名词。

2. 变更程序

2.1 上市公司变更证券简称，应当经董事会审议通过。变更公司全称的，应当经董事会审议通过并提请股东大会审议。

上市公司应在董事会召开后2个交易日内披露董事会决议公告及拟变更证券简称或公司全称的临时报告，临时报告内容至少包括：拟变更后的证券简称或公司全称、具体变更理由及与主营业务的匹配性、董事会审议情况、是否需要提交股东大会审议等。上市公司拟变更证券简称的，原则上应结合相关业务营业收入占公司最近一个会计年度经审计营业收入的比重充分说明合理性。

如提交股东大会审议的，上市公司应在股东大会召开后2个交易日内披露股东大会决议公告，如股东大会未审议通过，上市公司应当以临时报告的形式披露未通过的原因及相关安排。

2.2 上市公司在披露董事会审议变更证券简称的公告后，本所对相关公告进行审查。上市公司变更证券简称不符合本指南要求的，本所可以要求公司进行说明或予以改正。

3. 办理流程

3.1 董事会审议通过变更证券简称后10个交易日内（变更证券简称情形适用），或完成工商变更登记手续并领取《企业法人营业执照》后10个交易日内（变更公司全称情形适用)，向证券公司提交下列文件：

(一)《××公司证券简称或公司全称变更申请书》(附件)；

(二) 拟披露的证券简称变更或公司全称变更公告；

(三) 董事会决议、股东大会决议 (如有)；

(四) 变更后的《企业法人营业执照》(变更公司全称情形适用)；

(五) 其他证明材料。

上市公司变更公司全称的，应以工商注册登记确认的新公司名称提出申请，并加盖新公司公章。

3.2 证券公司审阅无误后，最晚应于T-3日 (T日为证券简称或公司全称变更生效日) 通过日常业务系统提交拟披露公告及上述申请文件，相关公告经本所同意后在T日前披露。

3.3 T日上市公司证券简称或公司全称变更生效。

4. 其他事项

4.1 上市公司因拟变更证券简称或公司全称受到重大媒体质疑的，应当及时就更名事项作出补充说明并披露，同时可召开投资者说明会，就更名事项与投资者互动交流。公司应当在投资者说明会召开后及时披露投资者说明会的召开情况。

附件：××公司证券简称或公司全称变更申请书

附件

××公司证券简称或公司全称变更申请书

北京证券交易所：

××公司已于____年____月____日召开_________董事会，____年____月____日召开_________股东大会（变更全称情形适用），审议通过了《关于变更证券简称（或公司全称）的议案》。公司全称由“________”变更为“________”（变更全称情形适用），证券简称由“________”变更为“________”（变更简称情形适用），证券代码保持不变。

本次申请变更证券简称或公司全称的理由为：__________（结合相关业务营业收入占公司最近一个会计年度经审计营业收入的比重充分说明合理性）。

本次申请变更证券简称或公司全称的具体情况如下：

证券代码	变更前证券简称	变更后证券简称	变更前公司全称	变更后公司全称	变更后生效日期	此次变更履行的审议程序和信息披露情况

特此申请。

申请人：××公司（盖章）

经办人签名：__________

联系电话：____________

年____月____日

关于发布《北京证券交易所上市公司业务办理指南第 5 号——表决权差异安排》的公告

北证公告〔2021〕44 号

为了规范北京证券交易所（以下简称本所）上市公司表决权差异安排业务办理，保护投资者合法权益，本所制定了《北京证券交易所上市公司业务办理指南第 5 号——表决权差异安排》，现予以发布，自 2021 年 11 月 15 日起施行。

特此公告。

附件：北京证券交易所上市公司业务办理指南第 5 号——表决权差异安排

北京证券交易所

2021 年 11 月 2 日

北京证券交易所上市公司业务办理指南第 5 号——表决权差异安排

为了规范北京证券交易所（以下简称本所）上市公司办理表决权差异安排有关业务，根据《北京证券交易所股票上市规则（试行）》（以下简称《上市规则》）等有关规定，制定本指南。

1. 一般规定

1.1　适用范围

1.1.1　本所上市公司关于表决权差异安排的相关业务流程及操作要求等，适用本指南。

1.2　特别标识

1.2.1　上市公司具有表决权差异安排的，其股票特别标识为“W”；上市公司不再具有表决权差异安排的，该特别标识取消。特别标识“W”在市场行情及符合《证券法》规定的信息披露平台展示。

1.2.2　上市公司应当在其披露公告的显著位置标明本公司设有表决权差异安排的情况。

2. 变更表决权差异安排的业务流程

2.1　总体要求

2.1.1　上市公司拟变更表决权差异安排的，在披露董事会决议及相关公告前，应当加强内幕信息知情人管理，有关各方应当做好保密工作。

2.2　董事会决议

2.2.1　上市公司拟变更表决权差异安排的，应当自董事会决议后的 2 个交易日内，按照《上市规则》及本指南的规定，披露表决权差异安排变更方案、董事会决议公告、拟修订公司章程的公告、关于召开股东大会的相关安排及法律意见书等文件。上市公司聘请的律师事务所应当就上述方案是否符合《上市规则》相关要求、异议股东保护措施是否充分合理等出具法律意见书。

2.3　监事会决议

2.3.1　上市公司拟变更表决权差异安排的，监事会应当制作并审议关于履行表决权差异安排监督职责的方案，上述方案应当包括《上市规则》第 4.4.9 条规定的职责内容，并与监事会决议一并披露。

2.4　信息披露完备性审查

2.4.1　本所对上市公司变更表决权差异安排的信息披露文件进行完备性审查，需要解释、说明、更正的，上市公司应当披露暂缓召开股东大会的公告。信息披露文件更正并经审查完毕后，上市公司应当披露更正后的相关文件并重新披露股东大会通知公告。

2.5　股东大会决议

2.5.1　股东大会审议关于变更表决权差异安排的相关议案时，应当经出席会议的股东所持表决权的三分之二以上通过。股东大会决议公告中应当包括中小股东单独计票结果。

2.6　办理特别表决权股份变更登记

2.6.1　涉及办理特别表决权股份变更登记事项的，上市公司应当在股东大会审议通过变更表决权差异安排的议案后1个月内，向本所提交《特别表决权股份变更登记备案报告》（附件1）、《特别表决权股份变更登记确认表》（附件2）、异议股东保护措施执行情况的说明等文件；拟变更表决权差异安排且无需办理特别表决权股份变更登记的，上市公司无需提交《特别表决权股份变更登记确认表》。

2.6.2　上市公司聘请的律师事务所应当就上市公司变更表决权差异安排的合法合规性及异议股东保护措施的执行情况等出具法律意见书。

2.6.3　上市公司出现需办理特别表决权股份变更登记情形的，应当于本所出具确认函的2个交易日内向中国证券登记结算有限责任公司北京分公司（以下简称中国结算）申请办理特别表决权股份变更登记，并于收到中国结算关于发布公告的通知后2个交易日内披露特别表决权股份变更登记公告，载明特别表决权股东持有的特别表决权股份数、表决权比例以及特别表决权股份生效日等事项，其中特别表决权股份生效日应当为公告日后第3个交易日。

3. 特别表决权股份的转换流程

3.1　总体要求

3.1.1　特别表决权股东拟将全部或部分特别表决权股份转换为普通股份的，按照不同情形，上市公司应当向本所申请后，再向中国结算申请办理转换登记，或者直接向中国结算申请办理转换登记。

3.2　向本所申请办理的程序规定

3.2.1　主动申请办理特别表决权股份转换

（一）特别表决权股东按照《上市规则》第4.4.6条的规定，拟将全部或部分特别表决权股份转换为普通股份的，上市公司应当及时向本所提交《特别表决权股份转换申请书》（附件3）及《特别表决权股份转换申请表》（附件4）等文件。本所出具确认函的2个交易日内，上市公司应当向中国结算提出特别表决权股份的转换登记申请，并于收到中国结算关于发布公告的通知后2个交易日内披露特别表决权股份转换公告，载明本次转换股份数量、特别表决权股东转换后所持表决权比例和股份转换生效的具体日期等，其中转换生效日应当为公告日后第3个交易日。

（二）发生《上市规则》第4.4.7条第一款第三项规定的转换情形的，公司应当按照上述流程提出特别表决权转换申请、办理转换登记，并及时披露公告。特别表决权股东所持特别表决权股份转换为普通股份自完成转换登记时生效。在完成特别表决权股份的转换后，相关主体依照本所协议转让的有关规定办理协议转让业务。

3.2.2　应当申请办理特别表决权股份转换

（一）发生《上市规则》第4.4.7条第一款第一项及第四至七项规定的转换情形的，特别表决权股东所持特别表决权股份转换为普通股份自相关情形发生时生效。公司应当于转换情形发生后，及时披露特别表决权股份转换公告，载明本次转换股份数量、特别表决权股东转换后所持表决权比例和股份转换生效的具体日期等。

（二）上述转换情形发生后，上市公司应当向本所提交《特别表决权股份转换申请书》（附件3）及《特别表决权股份转换申请表》（附件4）等文件，办理特别表决权股份转换；上市公司聘请的律师事务所应当就本次触发特别表决权股份转换的具体情形、生效时间、转换后表决权差异安排是否符合设置表决权差异安排时有关规则规定等出具法律意见书。上市公司应当于本所出具确认函的2个交易日内向中国结算提出特别表决权股份的转换登记申请，并于办理转换登记后及时披露完成转换登记的公告。

（三）发生公司章程规定的其他转换情形时，上市公司应当按照上述流程，办理特别表决权股份转换。

3.2.3　直接向中国结算申请办理的程序规定

（一）发生《上市规则》第4.4.7条第一款第二项情形的，特别表决权股东所持特别表决权股份转换为普通股份自过户完成时生效。申请人应当在办理过户的同时将所涉及的特别表决权股份转换为普通股份，在中国结算办理完成特别表决权股份过户及转换为普通股份后，应当及时通知上市公司；上市公司应当及时披露特别表决权股份转换公告，载明本次转换股份数量、股份转换生效的具体日期、特别表决权股东转换后所持表决权比例及特别表决权股份转换后表决权差异安排是否符合设置表决权差异安排时有关规则规定等。

（二）转换后特别表决权股东在上市公司中拥有权益的股份低于公司有表决权股份的10%的，公司应当按照本指南第3.2条的相关规定办理剩余特别表决权股份的转换。

4. 其他

4.1　维护股本稳定

4.1.1　上市公司应当对权益分派、股份回购、股票发行等事项作出妥善安排，自董事会审议关于表决权差异安排相关议案之日起，至公司在中国结算完成特别表决权股份变更登记期间，维持股本结构稳定。

4.1.2　上市公司拟召开董事会、股东大会变更表决权差异安排的，已启动的权益分派事项应当已实施完毕。

4.1.3　上市公司变更表决权差异安排以及特别表决权股份转换，导致上市公司控制权变动的，应当按照《上市公司收购管理办法》等相关规定履行相关义务。

4.1.4　特别表决权股份涉及回购、收购等事项的，相关主体在上市公司按照本指南第3.2条规定的程序完成特别表决权股份转换后，再行办理相关业务。

4.2　异议股东保护安排

4.2.1　特别表决权股东提供的异议股东救济措施应当明确、具体、可执行。异议股东的保护范围以批准变更表决权差异安排的股东大会的股权登记日登记在册的股东持股数量为准，包括前述股份在股权登记日后派生的股份。股权登记日后投资者买入的股份不在此列。

4.2.2　特别表决权股东向异议股东提供股份回购的救济措施，并就股份转让事项达成书面协议的，协议主体委托上市公司向本所报送申请文件，申请办理表决权差异安排异议股东的股份转让业务。

4.2.3　上市公司应当向本所提交以下文件，保证申请文件的真实性、准确性、完整性：

（一）表决权差异安排异议股东股份转让申请书（附件5）；

（二）律师事务所就异议股东股份转让情况出具的法律意见书（附件6）；

（三）特别表决权股东和异议股东的身份证明文件复印件；

（四）特别表决权股东和异议股东对律师事务所的授权委托书；

（五）上市公司对经办人的授权委托书；

（六）上市公司经办人的身份证明文件复印件；

（七）中国结算出具的股权登记日及申请办理股份转让业务前5个交易日内异议股东股份持有证明文件；

（八）涉及国有主体须履行国有资产监督管理机构批准或者备案程序的，需提供国有资产监督管理机构或者国家出资企业出具的批准或备案文件；

（九）本所认为需要提交的其他文件。

4.2.4　表决权差异安排异议股东股份转让双方当事人应当按照本所收费标准缴纳交易经手费，涉及税收的按照国家有关规定执行。本所对申请文件进行形式审查，并通过上市公司向股份转让双方送达经手费收费通知书，股份转让双方应当及时缴费并向本所提供增值税纳税人信息。

4.2.5　股份转让双方完成缴费并经本所确认到账后，本所通过上市公司向股份转让双方送达确认函，相关主体应当向中国结算申请办理股份转让过户登记业务。异议股东存在股份质押、冻结等权利受限情形的，可在解除权利限制后，依照上述程序申请办理股份转让。

4.3 其他

4.3.1 保荐机构、律师事务所等中介机构在为上市公司提供服务的过程中发现特别表决权股东直接或间接占用公司资金、资产以及利用控制地位损害其他股东权益等情形的，应当及时告知上市公司，并向本所报告。

附件：1. 特别表决权股份变更登记备案报告

2. 特别表决权股份变更登记确认表

3. 特别表决权股份转换申请书

4. 特别表决权股份转换申请表

5. 表决权差异安排异议股东股份转让申请书

6. 律师事务所就异议股东股份转让情况出具的法律意见书

附件 1

特别表决权股份变更登记备案报告

北京证券交易所：

根据《北京证券交易所股票上市规则（试行）》（以下简称《上市规则》）、《北京证券交易所上市公司业务办理指南第 5 号——表决权差异安排》（以下简称《业务指南》），本公司拟变更表决权差异安排。

一、《表决权差异安排变更方案》相关情况介绍

请说明公司变更表决权差异安排的决策程序、变更特别表决权股份的股东、变更前后每份特别表决权股份对应表决权的数量、表决权差异安排的实施期限等。

二、特别表决权股东的持股情况及是否符合《上市规则》的相关要求

三、其他需要说明的情况

综上，本公司特此申请依据《业务指南》办理特别表决权股份变更登记业务。

×××股份有限公司（盖章）：
日期：

附件2

特别表决权股份变更登记确认表

公司名称： 证券简称： 证券代码：

序号	股东姓名	身份证号	持有股份数量＊（股）	变更前		变更后	
				持有特别表决权股份数量（股）	每份特别表决权股份对应表决权数量（票）	持有特别表决权股份数量（股）	每份特别表决权股份对应表决权数量＊＊（票）
1	×××						
2	……						
合计							

＊持有股份数量为截至××××年××月××日下午收市时在中国结算登记在册的股东直接持股数量。

＊＊拟变更登记的每份特别表决权股份对应表决权数量小于等于10。

×××股份有限公司（盖章）：

日期：

附件 3

特别表决权股份转换申请书

北京证券交易所：

根据《北京证券交易所股票上市规则（试行）》（以下简称《上市规则》）、《北京证券交易所上市公司业务办理指南第 5 号——表决权差异安排》（以下简称《业务指南》），本公司拟对特别表决权股份进行转换。

一、发生特别表决权股份转换的相关情况

说明发生特别表决权股份转换的股东、转换的具体原因及生效时间等。

二、发生转换情形的特别表决权股东持股情况及转换后是否符合设置表决权差异安排时有关规则规定

三、其他需要说明的情况

综上，本公司特此申请依据《业务指南》办理特别表决权股份全部/部分转换业务。

×××股份有限公司（盖章）：

日期：

附件 4

特别表决权股份转换申请表

公司名称：　　　　　　　　　　　　　　证券简称：　　　　　证券代码：

序号	股东姓名	身份证号	持有股份数量＊（股）	转换前持有的特别表决权股份数量（股）	本次转换的特别表决权股份数量（股）	转换后特别表决权股份数量（股）	每份特别表决权股份对应表决权数量（票）
1	×××						
2	……						
合计							

＊截至××××年××月××日下午收市时在中国结算登记在册的股东直接持股数量。

×××股份有限公司（盖章）：

日期：

附件 5

表决权差异安排异议股东股份转让申请书

北京证券交易所：

根据《___________股份有限公司表决权差异安排变更方案》，___________股份有限公司拟变更表决权差异安排。根据上述方案中关于异议股东保护的相关安排，经友好协商，特别表决权股东___________与异议股东___________、___________等签订了表决权差异安排异议股东股份转让相关协议。

根据《北京证券交易所股票上市规则（试行）》《北京证券交易所上市公司业务办理指南第 5 号——表决权差异安排》，特此申请办理表决权差异安排异议股东股份转让业务。

转让双方确认已知悉股份转让后可能发生履约风险。

申请人：

日期：

附件6

律师事务所就异议股东股份转让情况出具的法律意见书

一、本次股份转让相关协议的签署情况

（一）公司变更表决权差异安排的情况、对异议股东作出的相关安排、异议股东人数、双方协议签署及履行情况等

（二）本次股份转让相关协议的生效情况

相关协议是否生效及具体时间、是否存在导致合同无效、可撤销的情形等。

二、本次股份转让相关协议是否符合《表决权差异安排变更方案》中载明的异议股东保护的相关安排

三、其他需要说明的情况

（一）异议股东保护措施执行的进展情况

说明特别表决权股东与全部异议股东股份转让协议的签署及履行情况。

（二）其他情况说明

律师事务所（盖章）：

日期：

附表

表决权差异安排异议股东股份转让基本情况表

<table>
<tr><td rowspan="4">申请转让股份情况</td><td>证券简称</td><td></td><td>证券代码</td><td></td></tr>
<tr><td>总股本</td><td>（万股）</td><td>每股转让价格</td><td>（元）</td></tr>
<tr><td>拟转让股份数量</td><td>（股）</td><td>本次转让总价</td><td>（万元）</td></tr>
<tr><td>拟转让股份限售状态</td><td colspan="3">□无限售 □全部限售 □部分限售（限售 股）</td></tr>
<tr><td rowspan="11">股份转让协议基本情况</td><td>协议签署日期</td><td></td><td>协议生效日期</td><td></td></tr>
<tr><td>出让人姓名或名称</td><td colspan="3"></td></tr>
<tr><td>实体性质</td><td colspan="3">□上市公司（离职）董事、监事、高级管理人员 □境外主体
□国有或国有控股企业 □产品 □其他 □不适用</td></tr>
<tr><td>统一社会信用代码/身份证号码</td><td colspan="3"></td></tr>
<tr><td>证券账户号码</td><td></td><td>联系电话</td><td></td></tr>
<tr><td>本次转让前直接持股比例</td><td></td><td>本次转让后直接持股比例</td><td></td></tr>
<tr><td>受让人姓名或名称</td><td colspan="3"></td></tr>
<tr><td>统一社会信用代码/身份证号码</td><td colspan="3"></td></tr>
<tr><td>证券账户号码</td><td></td><td>联系电话</td><td></td></tr>
<tr><td>本次转让前直接持股比例</td><td></td><td>本次转让后直接持股比例</td><td></td></tr>
<tr><td>协议中的特殊条款</td><td colspan="3"></td></tr>
<tr><td rowspan="3">其他</td><td>上市公司经办人姓名</td><td></td><td>联系电话</td><td></td></tr>
<tr><td>身份证号码</td><td colspan="3"></td></tr>
<tr><td>需要特别说明的情况</td><td colspan="3"></td></tr>
<tr><td colspan="5">律师事务所承诺：已审慎审查表决权差异安排异议股东股份转让协议原件，本表内容与协议原件一致，保证填写内容真实、准确、完整。</td></tr>
</table>

注：1. 产品类申请人填写的名称及注册号码应当与开户信息保持一致；

2. 转让申请经北京证券交易所受理后，相关协议内容发生重大变更的，申请人需及时撤销该转让申请。

关于发布《北京证券交易所上市公司业务办理指南第 6 号——定期报告相关事项》的公告

北证公告〔2021〕45 号

为了规范北京证券交易所（以下简称本所）上市公司定期报告、业绩快报和业绩预告的编制和披露，提升上市公司信息披露质量，本所制定了《北京证券交易所上市公司业务办理指南第 6 号——定期报告相关事项》，现予以发布，自 2021 年 11 月 15 日起施行。

特此公告。

附件：北京证券交易所上市公司业务办理指南第 6 号——定期报告相关事项

北京证券交易所

2021 年 11 月 2 日

北京证券交易所上市公司业务办理指南第 6 号——定期报告相关事项

为了规范北京证券交易所上市公司定期报告预约、业绩快报和业绩预告披露、定期报告差错更正等行为，根据《北京证券交易所股票上市规则（试行）》（以下简称《上市规则》）等有关规定，制定本指南。

1. 定期报告预约

1.1　上市公司进行定期报告披露时，应当由证券公司通过报送端的电子化预约功能协助上市公司完成披露时间的预约。特殊原因需变更披露预约时间的，证券公司应协助上市公司在原预约披露日 5 个交易日前通过报送端进行修改；在 5 个交易日内需要变更预约披露时间的，上市公司还应发布定期报告披露日期变更的公告。

1.2　信息披露系统根据均衡披露原则，限制每日预约量以及修改次数。预计披露日期及最终披露日期将在信息披露平台上公布。

2. 业绩快报、业绩预告

2.1　上市公司定期报告披露前出现业绩泄露，或者出现业绩传闻且公司股票及其他证券品种交易出现异常波动的，应当及时披露业绩快报。上市公司预计不能在会计年度结束之日起 2 个月内披露年度报告的，应当在该会计年度结束之日起 2 个月内披露业绩快报。

预约在会计年度结束之日起 2 个月内披露年度报告的上市公司，如不存在预计年度业绩无法保密的情况，不强制要求披露业绩快报。若后续预约时间改为会计年度结束之日起 2 个月后，应当在该会计年度结束之日起 2 个月内披露业绩快报。

2.2　业绩快报的主要财务数据和指标同比增减变动幅度达 30%以上的，应当说明增减变动的主要原因。

2.3　上市公司在年度报告披露前，预计上一会计年度净利润发生重大变化的，应当及时进行业绩预告。重大变化的情形包括年度净利润同比变动超过 50%且大于 500 万元、发生亏损或者由亏损变为盈利。

对于第一季度、半年度和前三季度预计净利润将发生重大变化的，上市公司可以发布业绩预告，其重大变化标准可比照年度业绩预告标准。

2.4　上市公司出现《上市规则》第 10.3.1 条规定的股票被实施风险警示情形的，应当于会计年度结束之日起 2 个月内发布业绩预告公告全年营业收入、净利润、扣除非经常性损益后的净利润和净资产。

2.5　若业绩快报和业绩预告的披露标准均触及，上市公司均应披露，且业绩预告的披露时间不应晚于业绩快报。上市公司第一季度业绩预告的披露时间不应早于上一年度业绩预告的披露时间。

2.6　业绩快报中的本期财务数据为具体数值，不能取区间数。业绩预告中的本期财务数据可以取具体数值，也可以取区间数，上下限区间变动幅度一般不得超过30%，最大不得超过50%。

2.7　存在不确定因素可能影响业绩预告、业绩快报财务数据准确性的，上市公司应在业绩预告、业绩快报中进行风险提示，披露不确定因素的具体情况及影响程度。

2.8　上市公司业绩快报、业绩预告中的财务数据与实际数据差异幅度达到20%以上的，应当及时披露修正公告，并在修正公告中向投资者致歉，并说明差异产生原因。

上市公司及其董事、监事、高级管理人员不得利用业绩预告、业绩快报及其修正公告，进行内幕交易和操纵市场行为。

3. 定期报告更正

3.1　上市公司根据《上市规则》第6.1.11条的规定进行定期报告更正的，应单独披露更正公告。更正公告中应明确具体更正内容，若定期报告中存在前期差错，更正公告还应包括以下内容：

（1）前期差错更正事项的性质及原因；

（2）各个列报前期财务报表中受影响的项目名称和更正金额；

（3）前期差错更正事项对公司财务状况、经营成果和现金流量的影响及更正后的财务数据或财务指标，如果更正事项涉及公司资产重组相关业绩承诺的，还应当说明更正事项对业绩承诺完成情况的影响；

（4）若存在无法追溯重述的情况，应当说明原因、前期差错开始更正的时点，以及具体更正情况；

（5）公司董事会对更正事项的性质及原因的说明，以及独立董事和监事会对更正事项的相关意见。

3.2　定期报告涉及前期差错更正的，上市公司应当披露会计师事务所出具的专项说明。

关于发布《北京证券交易所上市公司业务办理指南第7号——信息披露业务办理》的公告

北证公告〔2021〕46号

为了规范北京证券交易所（以下简称本所）上市公司信息披露业务办理流程，提高信息披露质量，本所制定了《北京证券交易所上市公司业务办理指南第7号——信息披露业务办理》，现予以发布，自2021年11月15日起施行。

特此公告。

附件：北京证券交易所上市公司业务办理指南第7号——信息披露业务办理

北京证券交易所

2021年11月2日

北京证券交易所上市公司业务办理指南
第 7 号——信息披露业务办理

为了规范北京证券交易所（以下简称本所）上市公司及其他信息披露义务人的信息披露业务办理，根据《北京证券交易所股票上市规则（试行）》（以下简称《上市规则》）等有关规定，制定本指南。

1. 一般规定

1.1　信息披露业务的办理，应当通过本所业务支持平台信息披露系统（以下简称信息披露系统）实现披露文件的电子化填写与报送，信息披露系统由信息披露文件编制端（以下简称编制端）和信息披露文件报送端（以下简称报送端）等系统组成。

1.2　上市公司应当通过编制端编制披露文件；证券公司使用业务支持平台数字证书（以下简称数字证书）协助上市公司通过报送端报送披露文件，数字证书是证券公司登陆报送端的身份证明；信息披露系统在规定的时间段中将披露文件自动发送至本所信息披露平台（以下简称信息披露平台）。

2. 信息披露业务办理

2.1　上市公司编制披露文件并报证券公司审阅

2.1.1　上市公司董事会秘书应按照中国证券监督管理委员会（以下简称中国证监会）、本所信息披露有关规定及配套报告模板，在编制端使用信息披露文件编制工具填写披露内容，生成信息披露文件。编制工具中未提供模板的临时报告，由上市公司根据有关规定自行编制。

上市公司在完成信息披露文件编制工作后，应当对信息披露文件内容的真实性、准确性、完整性进行核查，确保不存在虚假记载、误导性陈述或者重大遗漏，并对其真实性、准确性、完整性承担相应的法律责任。

2.1.2　上市公司原则上应当在交易日的15：00后将编制完成的信息披露文件及备查文件送达证券公司，并为证券公司预留必要的审阅时间；因特殊情形通过线下方式披露的，原则上应当在非交易时间联系本所，将信息披露文件和信息披露业务流转表（见附表）发送至指定邮箱，本所审查后协助完成信息披露。

上述信息披露文件主要包括加盖董事会章的信息披露纸质文件及相应电子文件，其中电子文件包括信息披露文件正文（PDF 格式及 Word 格式）及相应 XBRL 文件（自行编制的除外）。

2.2　证券公司披露前审阅并上传至信息披露系统

2.2.1　证券公司对上市公司拟披露的信息披露文件进行审阅，发现拟披露的信息披露文件存在任何错误、遗漏或者误导的，或者发现存在应当披露而未披露事项的，应当要求上市公司进行更正或补充。上市公司拒不配合的，应当及时向本所报告，并发布风险揭示公告。

证券公司审阅信息披露文件时，如发现上市公司存在退市风险警示或者终止上市情形的，证券公司应当在披露当日向本所报告。

2.2.2　证券公司对拟披露的信息披露文件审阅后，应最迟于文件送达证券公司当日 20：00 前将信息披露文件正文（PDF 格式及 Word 格式）及 XBRL 文件（自行编制的除外）上传至信息披露系统。信息披露系统自动将信息披露文件发送至信息披露平台披露，已上传的文件不可撤回。

2.3　信息保密

2.3.1　证券公司应当对上市公司相关内幕信息和未公开信息实行保密管理，严格控制知悉范围，切实执行信息隔离墙制度，建立专项内幕信息知情人登记管理制度，不得泄露内幕信息和未公开信息，严禁内幕交易。

2.3.2　本所可以对证券公司持续督导期内的内幕信息管理工作进行检查。

2.4　信息披露文件披露后的审查和处理

2.4.1　更正或补充公告的处理

本所监管人员在信息披露系统上对信息披露文件进行审查，若发现信息披露文件不符合中国证监会、本所信息披露有关规定，或存在重大错误或遗漏的，将通过信息披露系统向证券公司发送反馈意见。上市公司和证券公司对有关问题核实后应及时通过信息披露系统向本所回复。

信息披露文件在信息披露平台披露后，如因错误或遗漏需要更正或补充的，上市公司应发布更正或补充公告，并重新披露相关信息披露文件，原已披露的信息披露文件不做撤销。

2.4.2　补发公告的处理

上市公司不能按照规定的时间披露信息披露文件，或发现存在应当披露但尚未披露的信息披露文件的，应发布补发公告并补发信息披露文件。

本所发现上市公司存在应披露但未披露信息披露文件的，将督促上市公司发布补发公告并补发信息披露文件。

2.5　信息披露文件无法正常披露的处理

证券公司通过报送端完成信息披露文件的上传后，应及时查看信息披露文件是否已成功披露至信息披露平台。如发现信息披露文件无法在规定的时间段内成功披露的，证券公司应立即向本所报告，经本所确认后进行处理。

3. 上市公司信息披露平台

3.1 上市公司应当在符合《证券法》规定的信息披露平台上发布信息。上市公司在其他媒体披露的时间不得早于在规定信息披露平台披露的时间，并应当保证公告披露内容的一致性。

上市公司应当披露其指定媒体的网站名称及网址。若信息披露媒体发生变化，应当及时披露媒体及网站变更信息。

3.2 上市公司在具备证券市场信息披露条件的媒体上进行企业宣传的，不得提前泄露可能对上市公司股票及其他证券品种交易价格、投资者决策产生较大影响的信息。

附表

信息披露业务流转表

证券代码		证券简称	
经 办 人		座　　机	
手　　机		电子邮箱	
披露时间	____年____月____日 非交易时段		
公告处理	○新发　　○更正　　○修改标题		
序号	公告标题		
1			
2			
3			
4			
5			
6			
7			
公告份数			
是否停牌		停牌期限	
（此处加盖公章或董事会章）　　董事会秘书（签字）：____ 申请日期：____年____月____日			

（三）交易管理

关于发布《北京证券交易所交易规则（试行）》的公告

北证公告〔2021〕15 号

为了规范北京证券交易所（以下简称本所）市场交易行为，保护投资者合法权益，本所制定了《北京证券交易所交易规则（试行）》（以下简称《交易规则》）。经中国证监会批准，现予以发布，自 2021 年 11 月 15 日起施行。

全国中小企业股份转让系统精选层（以下简称精选层）挂牌公司平移为本所上市公司的，平移当日其股票交易实施 30% 的涨跌幅限制，以精选层最后一个交易日收盘价为其前收盘价。

本所指数发布前，以本所全部上市股票（剔除无价格涨跌幅限制股票及全天停牌股票）收盘价涨跌幅的算术平均值作为基准指数涨跌幅，计算收盘价涨跌幅偏离值，并据此认定异常波动情形。精选层挂牌公司平移为本所上市公司的，异常波动指标连续计算。

特此公告。

附件：北京证券交易所交易规则（试行）

北京证券交易所

2021 年 11 月 2 日

北京证券交易所交易规则（试行）

第一章　总则

1.1　为了规范证券市场交易行为，维护证券市场秩序，保护投资者合法权益，根据《中华人民共和国证券法》（以下简称《证券法》）、《证券交易所管理办法》等法律法规、部门规章和规范性文件等相关规定，制定本规则。

1.2　在北京证券交易所（以下简称本所）上市证券的交易适用本规则。本规则未作规定的，适用本所其他有关规定。

1.3　证券交易及相关活动实行公开、公平、公正的原则，禁止证券欺诈、内幕交易、操纵市场等违法违规行为。

1.4　证券公司、投资者等市场参与人应当遵守法律法规、部门规章及本所业务规则，遵循自愿、有偿、诚实信用原则。

1.5　本所为证券交易活动提供服务，并依法对相关证券交易活动进行自律管理。

1.6　证券交易采用无纸化的集中交易或经中国证券监督管理委员会（以下简称中国证监会）批准的其他方式。

第二章　交易市场

第一节　交易设施与交易参与人

2.1.1　本所为证券交易提供相关设施，包括交易主机、交易单元、报盘系统及相关通信系统等。

2.1.2　会员及本所认可的机构进入本所市场进行证券交易，应当向本所申请取得交易权限，成为本所交易参与人。

2.1.3　交易参与人应当通过在本所申请开设的交易单元进行证券交易，并遵守本规则及本所其他业务规则关于证券交易业务的相关规定。

2.1.4　交易单元是指交易参与人向本所申请设立的、参与本所证券交易，并接受本所服务及管理的基本业务单位。

2.1.5　交易单元和交易权限的具体规定，由本所另行制定。

第二节　交易方式

2.2.1　本所股票可以采取下列交易方式：

（一）竞价交易；

（二）大宗交易；

（三）盘后固定价格交易；

（四）中国证监会批准的其他交易方式。

盘后固定价格交易的具体事宜由本所另行规定。

因收购、股份权益变动或引进战略投资者等原因需要进行股票转让的，可以申请协议转让，具体办法另行规定。

2.2.2　经中国证监会批准，竞价交易可以引入做市商机制。

第三节　交易时间

2.3.1　本所交易日为每周一至周五。

国家法定节假日和本所公告的休市日，本所市场休市。

2.3.2　采取竞价交易方式的，每个交易日的9：15至9：25为开盘集合竞价时间，9：30至11：30、13：00至14：57为连续竞价时间，14：57至15：00为收盘集合竞价时间。

经中国证监会批准，本所可以调整交易时间。

交易时间内因故停市，交易时间不作顺延。

第三章　证券交易

第一节　一般规定

3.1.1　会员接受投资者的买卖委托后，应当确认投资者具备相应证券或资金，并按照委托的内容向本所申报，承担相应的交易、交收责任。

会员接受投资者买卖委托达成交易的，投资者应当向会员交付其委托会员卖出的证券或其委托会员买入证券的款项，会员应当向投资者交付卖出证券所得款项或买入的证券。

3.1.2　交易参与人通过其相关的报盘系统向本所交易主机发送买卖申报指令，并按本规则达成交易，交易记录由本所发送至交易参与人。

3.1.3　交易参与人应当按照有关规定妥善保管委托和申报记录。

3.1.4　投资者买入的证券，买入当日不得卖出，但本所另有规定的除外。

第二节　委托

3.2.1　投资者买卖证券，应当以实名方式开立证券账户和资金账户，与会员签订证券交易委托协议，并按相关规定签署风险揭示书。

投资者开立证券账户，应当按照证券登记结算机构的规定办理。

3.2.2　投资者可以通过书面或电话、自助终端、互联网等自助委托方式委托会员买卖证券。

投资者进行自助委托的，应按相关规定操作，会员应当记录投资者委托的电话号码、网卡地址、IP 地址等信息。

3.2.3　除本所另有规定外，投资者的委托指令应当包括下列内容：

（一）证券账户号码；

（二）证券代码；

（三）买卖方向；

（四）委托数量；

（五）委托价格；

（六）本所及会员要求的其他内容。

3.2.4　投资者可以采用限价委托和市价委托方式委托会员买卖证券，本所另有规定的除外。

限价委托，是指投资者委托会员按其限定的价格买卖证券的指令。会员必须按限定的价格或低于限定的价格申报买入证券；按限定的价格或高于限定的价格申报卖出证券。

市价委托，是指投资者委托会员按市场价格买卖证券的指令。

3.2.5　投资者可以撤销委托的未成交部分。

3.2.6　被撤销和失效的委托，会员应当在确认后及时向投资者返还相应的资金或证券。

第三节　申报

3.3.1　本所接受交易参与人竞价交易申报的时间为每个交易日 9：15 至 9：25、9：30 至 11：30、13：00 至 15：00。

每个交易日 9：20 至 9：25 的开盘集合竞价阶段、14：57 至 15：00 的收盘集合竞价阶段，本所交易主机不接受撤销申报；在其他接受申报的时间内，未成交申报可以撤销。

本所可以调整接受申报的时间。

3.3.2　会员应当按照接受投资者委托的时间先后顺序及时向本所申报。

买卖申报和撤销申报经本所交易主机确认后方为有效。

3.3.3　除另有规定外，本所接受交易参与人的限价申报和市价申报。

3.3.4　本所接受下列类型的市价申报：

（一）对手方最优价格申报，即该申报以其进入交易主机时，对手方最优价格为其申报价格；对手方无申报的，申报自动撤销；

（二）本方最优价格申报，即该申报以其进入交易主机时，本方最优价格为其申报

价格；本方无申报的，申报自动撤销；

（三）最优5档即时成交剩余撤销申报，即该申报在对手方最优5个价位内以对手方价格为成交价依次成交，剩余未成交部分自动撤销；

（四）最优5档即时成交剩余转限价申报，即该申报在对手方最优5个价位内以对手方价格为成交价依次成交，剩余未成交部分按本方申报最新成交价转为限价申报；如该申报无成交的，按本方最优价格转为限价申报；如无本方申报的，该申报撤销；

（五）本所规定的其他类型市价申报。

3.3.5　市价申报仅适用于有价格涨跌幅限制证券连续竞价期间的交易。开盘集合竞价期间、收盘集合竞价期间和盘中临时停牌期间，交易主机不接受市价申报。

3.3.6　市价申报采取价格保护措施，买入申报的成交价格和转限价申报的申报价格不高于买入保护限价，卖出申报的成交价格和转限价申报的申报价格不低于卖出保护限价。

买入保护限价是指投资者能够接受的最高买价，卖出保护限价是指投资者能够接受的最低卖价。

3.3.7　限价申报指令应包括证券账户号码、证券代码、交易单元代码、证券营业部识别码、买卖方向、申报数量、申报价格等内容。

市价申报指令应包括申报类型、证券账户号码、证券代码、交易单元代码、证券营业部识别码、买卖方向、申报数量、保护限价等内容。

申报指令应当按本所规定的格式传送。根据市场需要，本所可以调整申报的内容及方式。

3.3.8　通过竞价交易买卖股票的，单笔申报数量应当不低于100股。

卖出股票时，余额不足100股的部分应当一次性申报卖出。

3.3.9　股票竞价交易单笔申报最大数量应当不超过100万股。

3.3.10　股票交易的计价单位为“每股价格”。

股票交易的申报价格最小变动单位为0.01元人民币。

3.3.11　本所对股票交易实行价格涨跌幅限制，涨跌幅限制比例为30%。价格涨跌幅限制以内的申报为有效申报，超过价格涨跌幅限制的申报为无效申报。

涨跌幅限制价格的计算公式为：涨跌幅限制价格＝前收盘价×（1±涨跌幅限制比例）

经中国证监会批准，本所可以调整股票的涨跌幅限制比例。

3.3.12　具有下列情形之一的，股票交易无价格涨跌幅限制：

（一）向不特定合格投资者公开发行的股票上市交易首日；

（二）退市整理期首日；

（三）中国证监会或本所规定的其他情形。

前款第一项情形不包括上市公司增发的股票。

3.3.13　有价格涨跌幅限制和无价格涨跌幅限制的股票，在连续竞价阶段的限价申报应当符合下列要求，否则为无效申报：

（一）买入申报价格不高于买入基准价格的105%或买入基准价格以上10个最小价格变动单位（以孰高为准）；

（二）卖出申报价格不低于卖出基准价格的95%或卖出基准价格以下10个最小价格变动单位（以孰低为准）。

前款所称买入（卖出）基准价格，为即时揭示的最低卖出（最高买入）申报价格；无即时揭示的最低卖出（最高买入）申报价格的，为即时揭示的最高买入（最低卖出）申报价格；无即时揭示的最高买入（最低卖出）申报价格的，为最近成交价；当日无成交的，为前收盘价。

开市期间临时停牌阶段的限价申报，不适用本条前述规定。

本所可以根据市场情况调整股票的申报有效价格范围。

3.3.14　申报当日有效。每笔参与竞价交易的申报不能一次全部成交时，未成交的部分继续参加当日竞价，本规则另有规定的除外。

3.3.15　根据市场需要，本所可以调整证券交易的单笔申报数量、单笔申报最大数量和申报价格的最小变动单位。

第四节　竞价

3.4.1　证券竞价交易采用集合竞价和连续竞价两种方式。

集合竞价是指对一段时间内接受的买卖申报一次性集中撮合的竞价方式。

连续竞价是指对买卖申报逐笔连续撮合的竞价方式。

3.4.2　当前竞价交易阶段未成交的买卖申报，自动进入当日后续竞价交易阶段。

第五节　成交

3.5.1　竞价交易按价格优先、时间优先的原则撮合成交。

价格优先的原则为：较高价格买入申报优先于较低价格买入申报，较低价格卖出申报优先于较高价格卖出申报。

时间优先的原则为：买卖方向、价格相同的，先申报者优先于后申报者，先后顺序按交易主机接受申报的时间确定。

3.5.2　集合竞价时，成交价的确定原则为：

（一）可实现最大成交量；

（二）高于该价格的买入申报与低于该价格的卖出申报全部成交；

（三）与该价格相同的买方或卖方至少有一方全部成交。

两个以上价格符合上述条件的，取在该价格以上的买入申报累计数量与在该价格以下的卖出申报累计数量之差最小的价格为成交价。若买卖申报累计数量之差仍存在相等情况的，取最接近最近成交价的价格为成交价；当日无成交的，取最接近前收盘价的价格为成交价。

集合竞价的所有交易以同一价格成交。

3.5.3 连续竞价时，成交价的确定原则为：

（一）最高买入申报与最低卖出申报价格相同，以该价格为成交价；

（二）买入申报价格高于集中申报簿当时最低卖出申报价格时，以集中申报簿最低卖出申报价格为成交价；

（三）卖出申报价格低于集中申报簿当时最高买入申报价格时，以集中申报簿最高买入申报价格为成交价。

3.5.4 买卖申报经交易主机撮合成交后，交易即告成立。按照本规则达成的交易于成立时生效，交易记录由本所发送至交易参与人。

因不可抗力、意外事件、交易系统被非法侵入等原因造成严重后果的交易，本所可以采取适当措施或认定无效。

对显失公平的交易，经本所认定，可以采取适当措施。

违反本规则，严重破坏证券市场正常运行的交易，本所有权宣布取消交易，由此造成的损失由违规交易者承担。

3.5.5 按照本规则达成的交易，其成交结果以本所交易主机记录的成交数据为准。

3.5.6 按照本规则达成的交易，买卖双方必须承认交易结果，履行清算交收义务。

证券交易的清算交收业务，应当按照证券登记结算机构的规定办理。

第六节 大宗交易

3.6.1 股票交易单笔申报数量不低于10万股，或者交易金额不低于100万元人民币的，可以采用大宗交易方式。

本所可以根据市场情况调整大宗交易的最低限额。

3.6.2 投资者可以采用成交确认委托方式委托会员进行大宗交易。

成交确认委托，是指投资者买卖双方达成成交协议，委托会员按其指定的价格和数量与指定对手方确认成交的指令。

成交确认委托指令应包括证券账户号码、证券代码、买卖方向、委托数量、委托价格、成交约定号、对手方交易单元代码和对手方证券账户号码等内容。

3.6.3 本所接受成交确认申报的时间为每个交易日的9：15至11：30、13：00至15：30。

成交确认申报应包括证券账户号码、证券代码、交易单元代码、证券营业部识别码、买卖方向、申报数量、申报价格、成交约定号、对手方交易单元代码和对手方证券账户号码等内容。

本所可以调整接受申报的时间。

3.6.4 每个交易日的15：00至15：30为大宗交易的成交确认时间。

3.6.5 有价格涨跌幅限制的股票，大宗交易的成交价格由买卖双方在当日价格涨跌幅限制范围内确定。

无价格涨跌幅限制的股票，大宗交易的成交价格应当不高于前收盘价的130%或当日已成交的最高价格中的较高者，且不低于前收盘价的70%或当日已成交的最低价格中的较低者。

3.6.6 会员应当保证大宗交易参与者实际拥有与交易申报相对应的证券或资金。

3.6.7 本所对证券代码、申报价格和申报数量相同，买卖方向相反，指定对手方交易单元、证券账户号码相符及成交约定号一致的成交确认申报进行确认成交。

3.6.8 大宗交易不纳入即时行情和指数的计算，成交量在大宗交易结束后计入当日该证券成交总量。

3.6.9 每个交易日结束后，本所公布当日每笔大宗交易成交信息，内容包括证券代码、证券简称、成交价格、成交数量、买卖双方会员证券营业部或交易单元的名称等。

证券交易公开信息涉及机构专用交易单元的，公布名称为“机构专用”。

第四章　其他交易事项

第一节　开盘价与收盘价

4.1.1 证券的开盘价通过开盘集合竞价方式产生。不能通过开盘集合竞价产生的，以当日第一笔成交价为开盘价。

4.1.2 除本所另有规定外，证券的收盘价通过收盘集合竞价方式产生。收盘集合竞价不能产生收盘价或未进行收盘集合竞价的，以该交易日最后一笔成交价为收盘价。

当日无成交的，以前收盘价为当日收盘价。

第二节　挂牌、摘牌、停牌与复牌

4.2.1 本所对上市证券实行挂牌交易。

4.2.2 证券不再具备上市条件的，本所终止其上市交易，并予以摘牌。

4.2.3 本所可以对出现异常交易情况的证券实施停牌并予以公告。

具体停牌与复牌时间，以相关公告为准。

4.2.4 证券停牌时，本所发布的行情中包括该证券的信息；证券摘牌后，行情中无该证券的信息。

4.2.5 无价格涨跌幅限制的股票竞价交易出现下列情形之一的，本所可以对其实施盘中临时停牌：

（一）盘中交易价格较当日开盘价首次上涨或下跌达到或超过30%的；

（二）盘中交易价格较当日开盘价首次上涨或下跌达到或超过60%的。

单次临时停牌的持续时间为10分钟，股票停牌时间跨越14：57的，于14：57复牌并对已接受的申报进行复牌集合竞价，再进行收盘集合竞价。

4.2.6　证券开市期间临时停牌的，停牌前的申报参加当日该证券复牌后的交易。

按照本规则第4.2.5条规定临时停牌的，停牌期间可以申报，也可以撤销申报；复牌时对已接受的申报实行集合竞价，临时停牌期间不揭示集合竞价参考价、匹配量、未匹配量。

除前款规定外，证券开市期间停牌的，本所不接受买卖申报，但可以撤销申报。

4.2.7　证券的挂牌、摘牌、停牌与复牌，由本所予以公告。相关信息披露义务人应当按照本所的要求及时公告。

4.2.8　证券挂牌、摘牌、停牌与复牌的其他事宜，适用本所上市规则或其他有关业务规则。

第三节　除权与除息

4.3.1　上市证券发生权益分派、公积金转增股本、配股等情况，本所在权益登记日的次一交易日对该证券作除权除息处理，本所另有规定的除外。

4.3.2　除权（息）参考价计算公式为：

除权（息）参考价=［（前收盘价-现金红利）+配股价格×股份变动比例］÷（1+股份变动比例）

上市公司认为有必要调整上述计算公式时，可以向本所提出调整申请并说明理由。经本所同意的，上市公司应当向市场公布该次除权（息）适用的除权（息）参考价计算公式。

4.3.3　除权（息）日证券买卖，按除权（息）参考价作为计算涨跌幅度和申报有效价格范围的基准，本所另有规定的除外。

4.3.4　在除权（息）日，上市公司应变更证券简称，在简称前冠以“XR”“XD”“DR”等字样。

“XR”代表除权；“XD”代表除息；“DR”代表除权并除息。

第四节　转托管

4.4.1　投资者可以以同一证券账户在单个或多个会员的不同证券营业部买入证券。

4.4.2　投资者买入的证券可以通过原买入证券的交易单元委托卖出，也可以向原买入证券的交易单元发出转托管指令，转托管完成后，在转入的交易单元委托卖出。

转托管的具体规定，由证券登记结算机构制定。

第五章　交易信息

第一节　一般规定

5.1.1　本所每个交易日发布证券交易即时行情、证券交易公开信息等交易信息，及时编制反映市场交易情况的各类报表，并通过符合《证券法》规定的信息披露平台予以公布。

5.1.2　本所负责本所市场交易信息的统一管理和发布。未经本所许可，任何机构和个人不得发布、使用和传播交易信息。

经本所许可使用交易信息的机构和个人，未经本所同意不得将交易信息提供给其他机构和个人使用或予以传播。

第二节　即时行情

5.2.1　每个交易日 9：15 至 9：25 开盘集合竞价期间、14：57 至 15：00 收盘集合竞价期间，即时行情内容包括证券代码、证券简称、前收盘价、集合竞价参考价、匹配量和未匹配量等；若未产生集合竞价参考价的，则揭示实时最优 1 档申报价格和数量。

5.2.2　连续竞价期间，即时行情内容包括证券代码、证券简称、前收盘价、最近成交价、当日最高成交价、当日最低成交价、当日累计成交数量、当日累计成交金额、最高 5 个价位买入申报价格和数量、最低 5 个价位卖出申报价格和数量等。

5.2.3　本规则第 3.3.12 条第一款第一项规定的情形，其即时行情显示的前收盘价为其发行价，本所另有规定的除外。

5.2.4　即时行情通过本所许可的通信系统传输，交易参与人应在本所许可的范围内使用。

5.2.5　本所可以根据市场需要，调整即时行情的内容和发布方式。

第三节　证券指数

5.3.1　本所可以根据市场发展需要，编制综合指数、成份指数、分类指数等证券指数，随即时行情发布。

5.3.2　证券指数的设置和编制方法，由本所另行规定。

第四节　交易公开信息

5.4.1　有价格涨跌幅限制的股票竞价交易属于下列情形之一的，本所分别公布相关股票当日买入、卖出金额最大 5 家会员证券营业部或交易单元的名称及其各自的买入、卖出金额：

（一）当日收盘价涨跌幅达到±20%的各前 5 只股票；

（二）当日价格振幅达到 30%的前 5 只股票；

价格振幅的计算公式为：价格振幅 =（当日最高价 − 当日最低价）÷ 当日最低价 × 100%

（三）当日换手率达到 20%的前 5 只股票；

换手率的计算公式为：换手率 = 成交股数 ÷ 无限售条件股份总数 × 100%

收盘价涨跌幅、价格振幅或换手率相同的，依次按成交金额和成交量选取。

5.4.2　股票竞价交易出现下列情形之一的，属于异常波动，本所公告该股票异常波动期间累计涨跌幅、成交量和成交金额，以及异常波动期间累计买入、卖出金额最大 5 家会员证券营业部或交易单元的名称及其各自的买入、卖出金额：

（一）最近 3 个有成交的交易日以内收盘价涨跌幅偏离值累计达到±40%；

（二）中国证监会或者本所认定属于异常波动的其他情形。

前款所述最近 3 个有成交的交易日，是指在最长不超过 20 个交易日的期限以内股票最近 3 个有成交的交易日。

收盘价涨跌幅偏离值为单只股票涨跌幅与对应基准指数涨跌幅之差。基准指数由本所向市场公告。

5.4.3　异常波动指标自本所公告之日起重新计算。本所可以根据市场情况，调整异常波动的认定标准。

无价格涨跌幅限制的股票不纳入异常波动指标的计算。

5.4.4　本所可以根据市场需要，调整证券交易公开信息的内容和发布方式。

5.4.5　证券交易公开信息涉及机构专用交易单元的，公布名称为“机构专用”。

第六章　交易行为监督

6.1　本所对证券交易过程中出现的下列事项，予以重点监控：

（一）涉嫌内幕交易、操纵市场等违法违规行为；

（二）可能影响证券交易价格或者证券成交量的异常交易行为；

（三）证券交易价格或者证券成交量明显异常的情形；

（四）买卖证券的范围、时间、数量、方式等受到法律法规、部门规章及本所业务规则限制的行为；

（五）本所认为需要重点监控的其他事项。

6.2　可能影响证券交易价格或者证券成交量的异常交易行为包括：

（一）可能对证券交易价格产生重大影响的信息披露前，大量或持续买入或卖出相关证券；

（二）单个证券账户，或两个以上固定的或涉嫌关联的证券账户之间，大量或频繁进行反向交易；

（三）单个证券账户，或两个以上固定的或涉嫌关联的证券账户，大笔申报、连续申报、密集申报或申报价格明显偏离该证券行情揭示的最近成交价；

（四）单独或者合谋，以涨幅或跌幅限制的价格大额申报或连续申报，致使该证券交易价格达到或维持涨幅或跌幅限制；

（五）频繁申报或撤销申报，或大额申报后撤销申报，以影响证券交易价格或误导其他投资者；

（六）集合竞价期间以明显高于前收盘价的价格申报买入后又撤销申报，随后申报卖出该证券，或以明显低于前收盘价的价格申报卖出后又撤销申报，随后申报买入该证券；

（七）对单一证券在一段时期内进行大量且连续交易；

（八）大量或者频繁进行高买低卖交易；

（九）申报或成交行为造成市场价格异常或秩序混乱；

（十）利用虚假或者不确定的重大信息，诱导投资者作出投资决策，并进行相关交易的；

（十一）通过对证券及其发行人、上市公司公开作出评价、预测或者投资建议，误导投资者作出投资决策，并进行与其评价、预测、投资建议方向相反的证券交易的；

（十二）通过策划、实施虚假重大事项，误导投资者作出投资决策，并进行相关交易的；

（十三）通过控制发行人、上市公司信息的生成或者控制信息披露的内容、时点、节奏，误导投资者作出投资决策，并进行相关交易的；

（十四）本所认为需要重点监控的其他异常交易。

会员发现客户存在上述异常交易行为，应提醒客户；对可能严重影响交易秩序的异常交易行为，应及时报告本所。

6.3 证券交易价格或者证券成交量明显异常的情形包括：

（一）同一证券营业部或同一地区的证券营业部集中买入或卖出同一证券且数量较大；

（二）证券交易价格连续大幅上涨或下跌，且上市公司无重大事项公告；

（三）本所认为需要重点监控的其他异常交易情形。

6.4 本所可根据监管需要，对会员相关业务活动中的风险管理、技术系统运行、义务履行等情况进行监督检查。

6.5 本所可以单独或联合其他有关单位，对异常交易行为等情形进行现场或非现场调查。相关会员和投资者应当予以配合。

6.6 本所在现场或非现场调查中，可以根据需要要求会员及其证券营业部、投资者及时、准确、完整地提供下列文件和资料：

（一）投资者的开户资料、授权委托书、资金账户情况和相关账户的交易情况等；

（二）相关证券账户或资金账户的实际控制人、操作人和受益人情况、资金来源以及相关账户间是否存在关联的说明等；

（三）对证券交易中重点监控事项的解释；

（四）其他与本所重点监控事项有关的资料。

6.7 对发生异常交易行为和其他违反本规则规定的相关主体，本所可以视情节轻重采取以下自律监管措施：

（一）口头警示；

（二）监管关注；

（三）约见谈话；

（四）要求提交书面承诺；

（五）出具警示函；

（六）将证券账户列入重点监控账户；

（七）限期改正；

（八）暂停证券账户交易；

（九）限制证券账户交易；

（十）本所规定的其他自律监管措施。

6.8 对发生异常交易行为和其他违反本规则规定的相关主体，本所可以视情节轻重采取以下纪律处分：

（一）通报批评；

（二）公开谴责；

（三）暂停或者限制交易权限；

（四）取消交易权限；

（五）取消交易参与人资格；

（六）取消会员资格；

（七）本所规定的其他纪律处分。

本所发现相关主体涉嫌违反法律法规和中国证监会相关规定的，应当向中国证监会报告。

第七章 交易异常情况处理

7.1 因下列突发性事件，导致部分或全部证券交易不能正常进行的，为维护市场交易正常秩序和市场公平，本所可以决定采取技术性停牌、临时停市等处置措施：

（一）不可抗力；

（二）意外事件；

（三）重大技术故障；

（四）重大人为差错；

（五）本所认定的其他异常情况。

因前款规定的突发性事件导致证券交易结果出现重大异常，按交易结果进行交收将对证券交易正常秩序和市场公平造成重大影响的，本所可以采取取消交易、通知证券登记结算机构暂缓交收等措施。

7.2　出现无法申报或行情传输中断情况的，会员应及时向本所报告。无法申报或行情传输中断的证券营业部数量超过全部会员所属证券营业部总数10%以上的，属于交易异常情况，本所可以实行临时停市。

7.3　本所认为可能发生第7.1条、第7.2条规定的交易异常情况，并严重影响交易正常进行的，可以决定技术性停牌或临时停市。

7.4　本所对技术性停牌、临时停市、取消交易、通知证券登记结算机构暂缓交收的决定予以公告，并及时向中国证监会报告。

7.5　技术性停牌或临时停市原因消除后，本所可以决定恢复交易，并予以公告。

7.6　本所对证券交易进行风险监测。出现重大异常波动的，本所可以采取限制交易、强制停牌等处理措施，并向中国证监会报告；严重影响证券市场稳定的，本所可以采取临时停市等处置措施并公告。具体办法由本所另行制定。

7.7　因对交易异常情况、重大异常波动采取相应措施造成损失的，本所不承担民事赔偿责任，但存在重大过错的除外。

7.8　交易异常情况处理的具体规定，由本所另行制定。

第八章　交易纠纷

8.1　交易参与人之间、会员和客户之间发生交易纠纷，相关会员及其他交易参与人应当记录有关情况，以备本所查阅。交易纠纷影响正常交易的，会员及其他交易参与人应当及时向本所报告。

8.2　交易参与人之间、会员和客户之间发生交易纠纷，本所可以按有关规定，提供必要的交易数据。

8.3　客户对交易有疑义的，会员有义务协调处理。

第九章　交易费用

9.1　投资者买卖证券成交的，应当按规定向会员交纳佣金。

9.2　交易参与人应当按规定向本所交纳交易经手费及其他费用。

9.3　证券交易的收费项目、收费标准和收费方式等按有关规定执行。

第十章　附则

10.1　本规则所述时间，以本所交易主机的时间为准。

10.2　本规则下列用语含义：

（一）做市商，是指经本所同意，在本所持续发布买卖双向报价，并在其报价数量范围内履行与投资者成交义务的证券公司或其他机构；

（二）委托，是指投资者向会员进行具体授权买卖证券的行为；

（三）申报，是指交易参与人向本所交易主机发送证券买卖指令的行为；

（四）集中申报簿，是指交易主机某一时点按买卖方向以及价格优先、时间优先顺序排列的所有未成交申报队列；

（五）集合竞价参考价，是指截至揭示时集中申报簿中所有申报按照集合竞价规则形成的虚拟集合竞价成交价；

（六）匹配量，是指截至揭示时集中申报簿中所有申报按照集合竞价规则形成的虚拟成交数量；

（七）未匹配量，是指截至揭示时集中申报簿中在集合竞价参考价位上的不能按照集合竞价参考价虚拟成交的买方或卖方申报剩余量。

10.3　本规则所称“超过”“低于”“高于”“不足”不含本数，“以内”“达到”“以上”“以下”含本数。

10.4　本规则制定经本所董事会通过，并报中国证监会批准后生效，修改时亦同。

10.5　本规则由本所负责解释。

10.6　本规则自2021年11月15日起施行。

关于发布《北京证券交易所　全国中小企业股份转让系统交易单元管理细则》的公告

北证公告〔2021〕16 号

为了规范交易单元管理，北京证券交易所（以下简称北交所）和全国中小企业股份转让系统有限责任公司共同制定了《北京证券交易所　全国中小企业股份转让系统交易单元管理细则》，经中国证监会批准，现予以发布，自 2021 年 11 月 15 日起施行。

北交所和全国中小企业股份转让系统（以下简称全国股转系统）共用交易单元，交易参与人已经开通的全国股转系统交易单元，自本细则施行之日起具有北交所交易权限，无需另行申请。

特此公告。

附件：北京证券交易所　全国中小企业股份转让系统交易单元管理细则

北京证券交易所　　全国股转公司

2021 年 11 月 2 日　　2021 年 11 月 2 日

北京证券交易所　全国中小企业股份转让系统交易单元管理细则

第一章　总则

第一条　为了规范北京证券交易所（以下简称北交所）、全国中小企业股份转让系统（以下简称全国股转系统）交易单元的管理，维护市场秩序，保障交易安全，根据《北京证券交易所交易规则（试行）》《北京证券交易所会员管理规则（试行）》《全国中小企业股份转让系统股票交易规则》《全国中小企业股份转让系统主办券商管理办法（试行）》及其他相关规定，制定本细则。

第二条　北交所和全国股转系统交易单元的管理，适用本细则。本细则未作规定的，适用北交所和全国股转系统其他有关规定。

第三条　北交所会员、全国股转系统主办券商（以下统称交易参与人）通过交易单元参与北交所和全国股转系统证券交易活动的，按照规定行使相关交易权利，获取相关交易服务，并接受北交所和全国中小企业股份转让系统有限责任公司（以下简称全国股转公司）管理。

第四条　交易参与人应当遵守本细则和其他相关规定，制定有关交易单元的内部管理制度，规范相关操作流程，防范业务风险，并承担所属交易单元相关证券业务的法律责任。

第二章　一般规定

第五条　交易参与人设立交易单元后，方可参与北交所和全国股转系统的证券交易。

交易参与人可根据业务需要向北交所和全国股转公司申请设立一个或一个以上的交易单元。

第六条　交易参与人从事证券经纪、证券自营、证券做市交易、证券融资融券和证券资产管理等业务，应当使用不同的交易单元，但北交所或全国股转公司另有规定的除外。

第七条　北交所和全国股转公司根据交易参与人的申请和业务范围，为其设立的交易单元设定下列交易或业务权限：

（一）参与不同类别证券品种的交易；

（二）参与不同类型的交易申报；

（三）参与特定证券的做市申报；

（四）其他交易或业务权限。

第八条 北交所和全国股转公司可以根据交易参与人的风险承受能力、技术系统、内部控制、业务资格变化及遵守规则的情况等，调整或取消相关交易或业务权限。

第九条 根据交易参与人的申请，北交所和全国股转公司可以为其交易单元设置以下使用交易系统资源和获取交易系统服务的功能：

（一）申报买卖指令及其他业务指令；

（二）获取实时及盘后交易回报；

（三）获取证券交易即时行情、证券交易公开信息等交易信息及相关新闻公告；

（四）获取交易系统提供的其他服务。

第十条 根据交易参与人的申请及市场风险控制的相关规定，北交所和全国股转公司可以为其交易单元设置以下限制：

（一）买入与卖出的交易方向限制；

（二）特定品种的交易限制；

（三）与市场风险控制相关的其他行为限制。

第十一条 交易参与人设立的交易单元通过网关与交易系统连接。交易参与人可通过多个网关进行一个交易单元的交易申报，也可通过一个网关进行多个交易单元的交易申报，但不得通过其他交易参与人的网关进行交易申报。

第十二条 北交所和全国股转公司为交易参与人设立的每个交易单元自动配备一个免费标准流速。交易参与人可申请一个以上的标准流速，并可将所拥有的总流速配置到一个或一个以上的网关上。

一个标准流速为每秒10笔，配置到网关上的流速应当为标准流速的整数倍，单个网关最多可配置10个标准流速。北交所和全国股转公司可根据市场需要进行调整。

第三章 设立、变更与注销

第十三条 交易参与人可根据业务需要，向北交所和全国股转公司申请设立交易单元。交易参与人申请设立交易单元的，应当按照要求提供相关文件。

北交所和全国股转公司自受理之日起5个交易日内作出是否同意的决定。

第十四条 交易参与人购买标准流速或设立网关，应当向北交所和全国股转公司提出申请。

北交所和全国股转公司自受理之日起2个交易日内作出是否同意的决定。

第十五条 北交所和全国股转公司对第十三条、第十四条所述的申请审核同意的，核定相应的交易单元编码及所涉业务类型、标准流速数量与网关编码等。

第十六条 交易参与人可申请变更其交易单元交易权限、标准流速数量或网关编码等。

北交所和全国股转公司自受理之日起 3 个交易日内作出是否同意的决定。

第十七条　交易参与人可向北交所和全国股转公司申请注销其交易单元、标准流速或网关。

北交所和全国股转公司自受理之日起 3 个交易日内作出是否同意的决定。

第十八条　交易参与人在办理网关注销手续时，应当同时办理使用该网关的交易单元的变更或注销手续。

交易参与人在办理全部交易单元注销手续时，应同时办理网关的注销手续。

第十九条　因交易参与人发生重组、合并、破产、清算等情况涉及交易单元或者网关变动的，交易参与人应及时向北交所和全国股转公司申请办理相关的变更或者注销等手续。

第二十条　交易参与人不得转让交易单元。经北交所和全国股转公司同意，交易参与人可将交易单元以北交所和全国股转公司认可的方式提供给他人使用。交易参与人将交易单元提供给他人使用的，应当切实加强交易单元管理，要求使用人严格遵守交易单元使用相关规定，合法合规参与交易。

第四章　收费

第二十一条　交易参与人通过交易单元从事证券交易业务，应当交纳交易单元开设初费、使用费、流速费与流量费等费用。

第二十二条　交易参与人设立首个交易单元时，应交纳人民币 50 万元的交易单元开设初费。交易参与人设立首个交易单元后，增设交易单元的，不必再交纳交易单元开设初费。

第二十三条　交易参与人申请使用的每个交易单元（含首个交易单元）按每年人民币 3 万元交纳交易单元使用费。

第二十四条　交易参与人申请使用的总流速不超过其享有的免费标准流速之和时，不需交纳流速费；申请使用的总流速超出其享有的免费标准流速之和的部分，按每个标准流速每年人民币 5000 元交纳流速费。

第二十五条　交易参与人应当按年交纳流量费。交易参与人每年流量费总额按下列公式计算：

交易参与人每年流量费总额 =（交易参与人所属各交易单元的年交易类申报笔数总和 - 该交易参与人享受的年交易类免费申报笔数）× 每笔交易类申报收费单价 +（交易参与人所属各交易单元的年非交易类申报笔数总和 - 该交易参与人享有的年非交易类免费申报笔数）× 每笔非交易类申报收费单价。其中：

（一）交易类申报包括买申报、卖申报和撤销申报；非交易类申报指除交易类申报外的其他申报，包括新股申购申报、可转债转股和回售申报等；

（二）每个交易单元享受的年免费申报笔数为交易类申报、非交易类申报各5000笔；

（三）每笔交易类申报收费单价为人民币0.15元，每笔非交易类申报收费单价为人民币0.01元。

按上述规则计算的交易参与人应交纳的流量费，每年不足人民币2000元的，按人民币2000元计。

第五章　附则

第二十六条　北交所和全国股转公司认可的其他机构通过设立交易单元参与北交所和全国股转系统证券交易活动的，参照本细则执行。

第二十七条　本规则下列用语的含义：

（一）交易单元，是指交易参与人向北交所和全国股转公司申请设立的、参与北交所和全国股转系统证券交易，并接受北交所和全国股转公司服务及监管的基本业务单位。

（二）网关，是指放置在交易参与人处、用于连接交易参与人与交易系统的软硬件设施的总称。

（三）标准流速，是指交易参与人在单位时间内通过网关向北交所和全国股转公司交易系统发送的标准的申报笔数。

第二十八条　本细则由北交所和全国股转公司负责解释。

第二十九条　本细则自2021年11月15日起施行。

关于发布《北京证券交易所　全国中小企业股份转让系统交易单元业务办理指南》的公告

北证公告〔2021〕17号

为了明确交易参与人办理交易单元业务相关要求与流程，北京证券交易所和全国中小企业股份转让系统有限责任公司共同制定了《北京证券交易所　全国中小企业股份转让系统交易单元业务办理指南》，现予以发布，自2021年11月15日起施行。

特此公告。

附件：北京证券交易所　全国中小企业股份转让系统交易单元业务办理指南

北京证券交易所	全国股转公司
2021年11月2日	2021年11月2日

北京证券交易所　全国中小企业股份转让系统交易单元业务办理指南

为了规范交易参与人在北京证券交易所（以下简称北交所）、全国中小企业股份转让系统（以下简称全国股转系统）办理交易单元初次开通、新增、变更、出租、撤销、缴费等业务，根据《北京证券交易所交易规则（试行）》《全国中小企业股份转让系统股票交易规则》《北京证券交易所　全国中小企业股份转让系统交易单元管理细则》（以下简称《细则》）等有关规定，制定本指南。

北交所和全国股转系统共用交易单元，交易参与人申请的交易单元原则上同时具备北交所和全国股转系统交易权限。交易参与人仅为北交所会员或全国股转系统主办券商的，可单独申请北交所或全国股转系统交易权限。

1. 交易单元业务办理的责任主体及职责

1.1　北交所和全国中小企业股份转让系统有限责任公司（以下简称全国股转公司）负责交易参与人交易单元申请的审查、编号分配、交易单元维护及收费等事宜。

1.2　中国证券登记结算有限责任公司北京分公司（以下简称中国结算北分）负责交易参与人交易单元结算路径申请的审查及结算路径维护等事宜。

1.3　深圳证券通信有限公司（以下简称深证通）负责办理相关通信网关建站、开通及维护等事宜。

2. 申请材料接收部门、邮箱及接收时间

接收部门：交易运行管理部（咨询电话：010-63889700）

接收邮箱：jiaoyi@ neeq. com. cn

接收时间：每个交易日的 8：30~17：00

3. 初次开通交易单元

“初次开通交易单元”适用于交易参与人成为北交所会员或通过全国股转公司业务备案后，首次申请开通交易单元的情形。

3.1　建立通信网关

申请初次开通交易单元前，交易参与人应与深证通联系，签署建站合同，完成网关建站及安装调试工作。具体操作根据深证通相关规定进行。

3.2　申请

交易参与人应向北交所和全国股转公司提交以下书面申请文件：

（1）经营证券业务许可证（复印件并加盖公章）；

（2）《交易单元开通申请表》（附件1）；

（3）《入网开通申请表》（附件6）；

（4）经办人身份证复印件（加盖公章）；

（5）北交所和全国股转公司要求的其他材料（如需）。

3.3　审查

北交所和全国股转公司收到符合要求的申请材料后，于2个交易日内完成材料审查。

3.4　预配交易单元编号及通知办理交易单元结算路径业务

对通过审查的交易参与人，北交所和全国股转公司当日为其预配交易单元编号，同时通知交易参与人向中国结算北分申请办理交易单元结算路径业务。具体要求以中国结算北分的规定为准。

如交易参与人未在收到通知后3个月内向中国结算北分申请办理交易单元结算路径业务，北交所和全国股转公司可以终止办理其初次开通交易单元业务。

3.5　缴费

交易参与人根据交易单元缴费通知单，于5个交易日内交纳交易单元开设初费（电子缴费发票通过邮件发送，纸质缴费发票邮寄或到交易运行管理部领取）。

3.6　办理

（1）交易参与人完成缴费且其交易单元结算路径业务申请材料获中国结算北分受理之日为T日。

（2）T+1日，中国结算北分维护“交易单元—托管单元—结算账户”的结算路径关系；北交所和全国股转公司完成交易单元配置。

（3）T+2日，深证通维护网关；北交所和全国股转公司通知交易参与人业务办理完毕，交易单元于次一交易日可用。

4. 新增交易单元

“新增交易单元”适用于已开通交易单元的交易参与人为满足业务发展需要，增加新的交易单元的情形。

4.1 申请

交易参与人应向北交所和全国股转公司提交以下书面申请文件：

（1）经营证券业务许可证（复印件并加盖公章）；

（2）《交易单元开通申请表》（附件1）；

（3）《入网开通申请表》（附件6，适用于为新增交易单元配置新网关的申请人）；

（4）《网关配置变更申请表》（附件 7，适用于新增交易单元适配原有网关的申请人）；

（5）经办人身份证复印件（加盖公章）；

（6）北交所和全国股转公司要求的其他材料（如需）。

4.2 审查

北交所和全国股转公司收到符合要求的申请材料后，于 2 个交易日内完成材料审查。

4.3 预配交易单元编号及通知办理交易单元结算路径业务

对通过审查的交易参与人，北交所和全国股转公司当日为其预配交易单元编号，同时通知交易参与人向中国结算北分申请办理交易单元结算路径业务。具体要求以中国结算北分的规定为准。

如交易参与人未在收到通知后 3 个月内向中国结算北分申请办理交易单元结算路径业务，北交所和全国股转公司可以终止办理其新增交易单元业务。

4.4 办理

（1）中国结算北分受理交易参与人交易单元结算路径业务申请材料之日为 T 日。

（2）T+1 日，中国结算北分维护“交易单元—托管单元—结算账户”的结算路径关系；北交所和全国股转公司完成交易单元配置。

（3）T+2 日，深证通维护网关；北交所和全国股转公司通知交易参与人业务办理完毕，交易单元于次一交易日可用。

5. 出租交易单元

“出租交易单元”适用于交易参与人（出租方）新增交易单元并租用给投资基金、保险公司等特殊机构（以下简称承租方）的情形。

5.1 申请

交易参与人应向北交所和全国股转公司提交以下书面申请文件：

（1）《交易单元出租申请表》（附件 2）；

（2）承租方营业执照（复印件加盖公章）；

（3）承租方承诺书（附件 3）；

（4）交易单元租用协议（复印件并加盖双方公章）；

（5）经营证券业务许可证（复印件并加盖公章）；

（6）《入网开通申请表》（附件 6，适用于为新增交易单元配置新网关的申请人）；

（7）《网关配置变更申请表》（附件 7，适用于新增交易单元适配原有网关的申请人）；

（8）经办人身份证复印件（加盖公章）；

（9）北交所和全国股转公司要求的其他材料（如需）。

5.2　审查

北交所和全国股转公司收到符合要求的申请材料后，于2个交易日内完成材料审查。

5.3　预配交易单元编号及通知办理交易单元结算路径业务

对通过审查的交易参与人，北交所和全国股转公司当日为其预配交易单元编号，交易参与人应及时通知承租方的托管人（以下简称托管人）向中国结算北分申请办理交易单元结算路径业务。具体要求以中国结算北分的规定为准。

如托管人未在收到通知后3个月内向中国结算北分申请办理交易单元结算路径业务，北交所和全国股转公司可以终止办理该出租交易单元业务。

5.4　办理

（1）中国结算北分受理托管人交易单元结算路径业务申请材料之日为T日。

（2）T+1日，中国结算北分维护“交易单元—托管单元—结算账户”的结算路径关系；北交所和全国股转公司完成交易单元配置。

（3）T+2日，深证通维护网关；北交所和全国股转公司通知交易参与人业务办理完毕，出租交易单元于次一交易日可用。

6. 变更交易单元

“变更交易单元”适用于交易参与人因发生重组、合并、更名或因自身业务发展和内部管理需要等事项导致的交易单元名称、业务权限变更等情形。

6.1　申请

交易参与人应向北交所和全国股转公司提交以下书面申请文件：

（1）经营证券业务许可证（复印件并加盖公章）；

（2）《交易单元变更申请表》（附件4）；

（3）经办人身份证复印件（加盖公章）；

（4）北交所和全国股转公司要求的其他材料（如需）。

同时，交易参与人应向中国结算北分提交结算路径变更相关申请材料。具体要求以中国结算北分的规定为准。

6.2　审查

北交所和全国股转公司收到符合要求的申请材料后，于1个交易日内完成材料审查。

6.3　办理

在中国结算北分完成交易单元结算路径维护后的1个交易日内，北交所和全国股转公司完成交易单元配置，并通知交易参与人相关业务办理完毕，相关业务于次一交易日生效。

7. 撤销交易单元

“撤销交易单元”适用于交易参与人因发生重组、合并或因自身业务发展和内部管理需要等事项导致的需要撤销已开通交易单元的情形。

7.1 办理解除交易单元结算路径业务

交易参与人提交申请前，应向中国结算北分申请办理解除交易单元结算路径业务。具体要求以中国结算北分的规定为准。

7.2 申请

交易参与人向北交所和全国股转公司提交以下书面申请文件：

（1）《交易单元撤销申请表》（附件5）；

（2）经办人身份证复印件（加盖公章）；

（3）北交所和全国股转公司要求的其他材料（如需）。

7.3 办理

（1）北交所和全国股转公司完成审查且交易参与人向中国结算北分提交解除交易单元结算路径业务申请材料之日为T日。

（2）T+1日，中国结算北分解除交易单元结算路径；北交所和全国股转公司完成交易单元撤销工作。

（3）T+2日，深证通维护网关；北交所和全国股转公司通知交易参与人业务办理完毕，相关业务于次一交易日生效。

若拟撤销的交易单元为该网关的唯一交易单元，交易参与人应向深证通申请撤销该网关，否则，该网关将继续产生通信服务费。

8. 网关开通、变更及流速权变更

“网关开通、变更及流速权变更”适用于交易参与人对现有交易单元新增、变更网关或变更流速权的情形。

8.1 申请

交易参与人应向北交所和全国股转公司提交以下书面申请文件：

（1）《入网开通申请表》（附件6，适用于单独为现有交易单元配置新网关的申请）；

（2）《网关配置变更申请表》（附件7，适用于现有交易单元网关或流速权变更的申请）；

（3）经办人身份证复印件（加盖公章）；

（4）北交所和全国股转公司要求的其他材料（如需）。

8.2 审查及办理

北交所和全国股转公司收到符合要求的申请材料后，于1个交易日内完成材料审

查，并通知深证通进行网关维护。网关维护完成后，相关业务于次一交易日生效。

9. 交易单元的缴费

9.1　交易参与人通过交易单元从事证券交易业务，应当按照收费通知向北交所和全国股转公司交纳交易单元开设初费、使用费、流速费与流量费等费用。

9.2　收费标准按《细则》执行，相关费用由北交所和全国股转公司合并计算，分别收取。交易单元开设初费由北交所和全国股转公司各收取25万元人民币；交易单元使用费、流速费、流量费由北交所和全国股转公司按交易类申报笔数的比例收取。

仅申请北交所交易单元或全国股转系统交易单元的，相关费用由北交所或全国股转公司单独收取。

9.3　交易单元开设初费于交易参与人初次开通交易单元时一次性交纳；交易单元使用费、流速费及流量费按年收取，按日计费，计费期间为上年12月1日至当年11月30日，于每年12月25日前交纳。

10. 其它

本指南由北交所和全国股转公司负责解释，自2021年11月15日起施行。

附件：1. 交易单元开通申请表
2. 交易单元出租申请表
3. 交易单元使用承诺书
4. 交易单元变更申请表
5. 交易单元撤销申请表
6. 入网开通申请表
7. 网关配置变更申请表

附件 1

交易单元开通申请表

<table>
<tr><td>申请类型</td><td colspan="5">□初次开通交易单元　　　　□新增交易单元</td></tr>
<tr><td>交易参与人名称</td><td colspan="2"></td><td>交易参与人代码</td><td colspan="2"></td></tr>
<tr><td>交易单元编号</td><td colspan="2"></td><td>交易单元名称</td><td colspan="2">（注：××证券—类型—特殊用途—结算模式）</td></tr>
<tr><td>交易网关号</td><td colspan="2"></td><td>交易单元开通日期</td><td colspan="2">（注：由北交所、全国股转公司填写）</td></tr>
<tr><td>交易单元用途</td><td colspan="5"></td></tr>
<tr><td>交易单元交易权限</td><td colspan="5">□普通股　　　□优先股　　　□债券
□两网及退市 A 类股票
□退市 B 类股票（勾选前请确保：①交易单元类型为“经纪”②申请人已向中国结算北京分公司申请开通 B 类股份转让结算业务并交纳 B 类保证金）
□其他：________</td></tr>
<tr><td>交易单元类型</td><td colspan="5">□经纪交易单元　□自营交易单元
□做市交易单元　□资管交易单元
□其他：________</td></tr>
<tr><td>是否为机构专用单元</td><td colspan="5">□是　　□否</td></tr>
<tr><td>经办人</td><td></td><td>电话</td><td></td><td>E-mail</td><td></td></tr>
<tr><td colspan="6">为通过交易支持平台开展业务，本公司申请开通交易单元，同时承诺：理解并遵守北交所和全国股转系统相关业务规则、中国结算北京分公司有关业务规则以及其它相关法律、法规、规则的规定，依法合规开展业务。
申请单位盖章：</td></tr>
<tr><td colspan="6">交易运行管理部意见（盖章）
□ 同意办理
经办人：　　　负责人：　　　日期：</td></tr>
<tr><td colspan="6">中国结算北分结算业务部意见（盖章）
□ 同意办理
经办人：　　　负责人：　　　日期：</td></tr>
<tr><td colspan="6">深证通业务审核
□ 审核无误
经办人：　　　日期：</td></tr>
<tr><td colspan="6">深证通技术操作（盖章）
□ 已操作
操作人：　　　日期：</td></tr>
</table>

附件 2

交易单元出租申请表

<table>
<tr><td>出租方名称</td><td colspan="2"></td><td colspan="2">出租方交易参与人代码</td><td></td></tr>
<tr><td>承租方名称</td><td colspan="5"></td></tr>
<tr><td>交易单元名称</td><td colspan="2">（注：××证券—出租—承租方简称—托管）</td><td colspan="2">交易单元编号</td><td></td></tr>
<tr><td>交易单元开通生效日期</td><td colspan="2">（注：由北交所、全国股转公司填写）</td><td colspan="2">托管银行</td><td></td></tr>
<tr><td>交易单元交易权限</td><td colspan="5">□普通股　□优先股　□债券
□两网及退市 A 类股票
□退市 B 类股票（勾选前请确保：①交易单元类型为“经纪”②申请人已向中国结算北京分公司申请开通 B 类股份转让结算业务并交纳 B 类保证金）
□其他：____________</td></tr>
<tr><td>交易单元用途</td><td colspan="5">□ 基金　□ 保险　□ 其他__________</td></tr>
<tr><td>经办人</td><td></td><td>电话</td><td></td><td>E-mail</td><td></td></tr>
<tr><td colspan="6">出租方盖章：　　　　　　　　承租方盖章：</td></tr>
<tr><td colspan="6">交易运行管理部意见（盖章）
□同意办理
经办人：　　　负责人：　　　日期：</td></tr>
<tr><td colspan="6">中国结算北分结算业务部意见（盖章）
□ 同意办理
经办人：　　　负责人：　　　日期：</td></tr>
<tr><td colspan="6">深证通业务审核
□ 审核无误
经办人：　　　日期：</td></tr>
<tr><td colspan="6">深证通技术操作（盖章）
□已操作
操作人：　　　日期：</td></tr>
</table>

附件 3

交易单元使用承诺书

北京证券交易所、全国中小企业股份转让系统有限责任公司：

本公司现申请通过租用××证券公司的××××××交易单元参与北京证券交易所（以下简称北交所）和全国中小企业股份转让系统（以下简称全国股转系统）相关业务，特就使用交易单元承诺如下：

一、遵守相关法律、法规、规章、规范性文件和北交所、全国股转系统业务规则，依法合规开展业务。

二、遵循诚实信用原则，遵守商业道德，自觉维护北交所和全国股转系统市场秩序。

三、接受北交所和全国中小企业股份转让系统有限责任公司（以下简称全国股转公司）自律管理，如违反北交所或全国股转系统相关业务规则，自愿接受北交所或全国股转公司作出的包括但不限于暂停或限制交易单元的交易权限、暂停或限制参与北交所或全国股转系统相关业务等决定，并承担由此产生的一切法律责任。

承租方（盖章）：

年　月　日

附件 4

交易单元变更申请表

<table>
<tr><td>交易单元编号</td><td colspan="5"></td></tr>
<tr><td>交易单元变更原因</td><td colspan="5"></td></tr>
<tr><td rowspan="4">变更前
（未变更项无需填写）</td><td>交易单元名称</td><td colspan="4"></td></tr>
<tr><td>交易单元
交易权限</td><td colspan="4">□普通股　□优先股　□债券
□两网及退市 A 类股票
□退市 B 类股票
□其他：______</td></tr>
<tr><td>交易参与人名称</td><td colspan="4"></td></tr>
<tr><td>交易参与人代码</td><td colspan="4"></td></tr>
<tr><td rowspan="4">变更后
（未变更项无需填写）</td><td>交易单元名称</td><td colspan="4"></td></tr>
<tr><td>交易单元
交易权限</td><td colspan="4">□普通股　□优先股　□债券
□两网及退市 A 类股票
□退市 B 类股票（勾选前请确保：①交易单元类型为“经纪”②申请人已向中国结算北京分公司申请开通 B 类股份转让结算业务并交纳 B 类保证金）
□其他：______</td></tr>
<tr><td>交易参与人名称</td><td colspan="4"></td></tr>
<tr><td>交易参与人代码</td><td colspan="4"></td></tr>
<tr><td>经办人</td><td></td><td>电话</td><td></td><td>E-mail</td><td></td></tr>
<tr><td colspan="6">申请单位盖章：</td></tr>
<tr><td colspan="6">交易运行管理部意见（盖章）
□ 同意办理
经办人：　负责人：　日期：</td></tr>
<tr><td colspan="6">中国结算北分结算业务部意见（盖章）
□ 同意办理
经办人：　负责人：　日期：</td></tr>
</table>

附件 5

交易单元撤销申请表

<table>
<tr><td>交易单元名称</td><td colspan="2"></td><td colspan="2">交易单元编号</td><td></td></tr>
<tr><td>交易单元撤销原因</td><td colspan="5"></td></tr>
<tr><td>撤销生效日期</td><td colspan="5">（注：由北交所、全国股转公司填写）</td></tr>
<tr><td>交易单元类别</td><td colspan="5">□经纪交易单元　　□自营交易单元
□做市交易单元　　□资管交易单元　　□其他：________</td></tr>
<tr><td>交易单元撤销承诺</td><td colspan="5">一、本公司撤销上述交易单元后，仍承担该交易单元在撤销前因交易产生的责任。
二、本公司上述交易单元同时满足以下条件：
1. 该交易单元无卖空，无挂账，证券余额为零；
2. 该交易单元无透支，无拖欠交易单元使用费及其它费用；
3. 该交易单元未涉及与本公司的法律纠纷案件；
4. 如该交易单元参加股份合并清算，将办理停用股份合并清算手续；
5. 如该交易单元已开通 B 股交易，其交易将一并撤销。
三、自申请交易单元撤销之日起，在办理交易单元撤销手续期间，不再使用上述交易单元，否则因交易、清算等所产生的一切法律关系及法律后果，由本公司完全承担责任，并协助贵公司进行处理。</td></tr>
<tr><td>经办人</td><td></td><td>电话</td><td></td><td>E-mail</td><td></td></tr>
<tr><td colspan="6">申请单位盖章：</td></tr>
<tr><td colspan="6">交易运行管理部意见（盖章）
□ 同意办理
经办人：　　负责人：　　日期：</td></tr>
<tr><td colspan="6">中国结算北分结算业务部意见（盖章）
□ 同意办理
经办人：　　负责人：　　日期：</td></tr>
<tr><td colspan="6">深证通业务审核
□ 审核无误
经办人：　　日期：</td></tr>
<tr><td colspan="6">深证通技术操作（盖章）
□ 已操作
操作人：　　日期：</td></tr>
</table>

附件 6

入网开通申请表

申请日期：　　　年　　月　　日

<table>
<tr><td>单位名称</td><td colspan="3"></td></tr>
<tr><td>用户承诺</td><td colspan="3">我单位申请交易网关从______年______月______日（最早可开通日期）正式入网，投入使用。
我们知晓并保证从批准开通当日的 9：15 起，从我单位交易网关发出的所有委托报盘数据皆为正式数据，将进入撮合计算机参与撮合，不再是测试数据。
注：如涉及交易单元开通或出租，最早可开通日期以北交所和全国股转系统交易单元开通生效日为准。</td></tr>
<tr><td>交易网关号</td><td></td><td>E-key 号</td><td></td></tr>
<tr><td>交易单元编号</td><td colspan="3"></td></tr>
<tr><td>流速权</td><td colspan="3">________份（注：1 份流速权 = 10 笔/秒，每个网关最大可配置 10 个标准流速）</td></tr>
<tr><td>经办人</td><td></td><td>手　机</td><td></td></tr>
<tr><td>电　话</td><td></td><td>邮　箱</td><td></td></tr>
<tr><td colspan="4">申请单位盖章</td></tr>
<tr><td colspan="4">交易运行管理部审核（盖章）
我部已核实交易单元的权属，交易单元目前的状态为：
□交易状态　　□非交易状态，具体开通日期另行通知
审核意见：□同意办理
经办人：　　　　日期：</td></tr>
<tr><td colspan="2">深证通业务审核：
□ 网关信息无误
经办人：　　　　日期：</td><td colspan="2">深证通技术操作（盖章）：
□已操作
操作人：　　　　日期：</td></tr>
</table>

附件 7

网关配置变更申请表

申请日期：　　年　月　日

<table>
<tr><td>申请单位</td><td colspan="3"></td></tr>
<tr><td>经办人</td><td></td><td>手　机</td><td></td></tr>
<tr><td>电　话</td><td></td><td>邮　箱</td><td></td></tr>
<tr><td>交易网关号</td><td colspan="3"></td></tr>
<tr><td rowspan="2">变更内容</td><td colspan="3">□交易单元配置变更
拟新增的交易单元编号：________________
拟删除的交易单元编号：________________</td></tr>
<tr><td colspan="3">□流速权配置变更（注：1 份流速权 = 10 笔/秒，每个网关最大可配置 10 个标准流速）
变更前的流速权：__________（份）
变更后的流速权：__________（份）</td></tr>
<tr><td>配置变更
最早可生效日期</td><td colspan="3">__________年__________月__________日
注：如涉及交易单元开通或出租，最早可生效日期以北交所和全国股转系统交易单元开通生效日为准。</td></tr>
<tr><td colspan="4">申请单位盖章</td></tr>
<tr><td colspan="4">交易运行管理部审核（盖章）
我部已核实交易单元的权属，交易单元目前的状态为：
□交易状态　　　□非交易状态，具体开通日期另行通知
审核意见：□同意办理
经办人：　　　　　日期：</td></tr>
<tr><td colspan="2">深证通业务审核：
□ 网关信息无误
经办人：　　　　日期：</td><td colspan="2">深证通技术操作（盖章）：
□已操作
操作人：　　　　　日期：</td></tr>
</table>

关于发布《北京证券交易所上市公司股份协议转让细则》的公告

北证公告〔2021〕18 号

为了满足北京证券交易所（以下简称北交所）市场参与人特定股份转让需求，规范上市公司股份协议转让行为，北交所和中国证券登记结算有限责任公司共同制定了《北京证券交易所上市公司股份协议转让细则》，经中国证监会批准，现予以发布，自 2021 年 11 月 15 日起施行。

特此公告。

附件：北京证券交易所上市公司股份协议转让细则

北京证券交易所　　中国证券登记结算有限责任公司

2021 年 11 月 2 日　　2021 年 11 月 2 日

北京证券交易所上市公司股份协议转让细则

第一条 为了满足北京证券交易所（以下简称北交所）市场参与人并购重组等特定股份转让需求，规范上市公司股份协议转让行为，维护证券市场秩序，保护投资者的合法权益，根据《北京证券交易所交易规则（试行）》（以下简称《交易规则》）、《中国证券登记结算有限责任公司证券登记规则》，制定本细则。

第二条 上市公司股份协议转让必须在证券交易所进行，由北交所和中国证券登记结算有限责任公司（以下简称中国结算）集中统一办理。

严禁进行场外非法股票交易和转让活动。

第三条 上市公司股份转让具有下列情形之一的，可以向北交所和中国结算申请办理协议转让手续：

（一）与上市公司收购及股东权益变动相关，且单个受让方受让的股份数量不低于公司总股本5%的协议转让；

（二）转让双方存在实际控制关系，或均受同一控制人所控制的；

（三）外国投资者战略投资上市公司所涉及的协议转让；

（四）根据经北交所认可的股东间业绩承诺及补偿等特殊条款，特定投资者之间以事先约定的价格进行的协议转让；

（五）行政划转上市公司股份；

（六）北交所和中国结算认定的其他情形。

第四条 股份转让双方可以就转让价格进行协商。

本细则第三条第一项至第三项情形的股份转让，转让价格应当不低于转让协议签署日该股票大宗交易价格范围的下限。法律、行政法规、部门规章、规范性文件（以下统称法律法规）及北交所业务规则等另有规定的除外。

第五条 拟转让股份应当为无限售条件流通股，法律法规及北交所业务规则等另有规定的除外。

第六条 北交所负责对股份转让双方当事人提出的股份转让申请进行合规性确认。

中国结算负责办理与股份转让相关的股份查询和过户登记业务。

第七条 北交所和中国结算对股份转让双方提交的申请材料进行形式审核，股份转让双方应当对其提供的申请材料的真实性、准确性、完整性和合法性负责。

第八条 股份持有人拟转让其持有的股份，应当向中国结算提出查询拟转让股份持有状况的申请，并提交以下文件：

（一）股份查询申请表；

（二）股份持有人有效身份证明文件及复印件；

（三）中国结算要求提交的其他文件。

中国结算对前述股份查询的申请材料进行形式审核，符合要求的，予以查询，并出具持有证明文件。

第九条 股份转让协议达成后，股份转让双方应向北交所申请确认其股份转让合规性，并提交以下文件：

（一）股份转让确认申请表；

（二）股份转让协议正本；

（三）股份转让双方有效身份证明文件及复印件；

（四）中国结算出具的拟转让股份的持有证明文件；

（五）北交所要求提交的其他文件。

第十条 北交所对股份转让申请材料进行形式审核，自受理股份转让申请后的 3 个交易日内作出是否予以确认的决定。需要相关当事人补充文件的，办理时限自补充文件齐备之日起重新起算。

第十一条 取得北交所对股份转让的确认文件后，股份转让双方应向中国结算申请办理股份转让过户登记，并提交以下文件：

（一）股份转让过户登记申请表；

（二）股份转让协议正本；

（三）北交所出具的股份转让确认书；

（四）股份转让双方的有效身份证明文件及复印件；

（五）中国结算要求提交的其他文件。

第十二条 中国结算对过户登记申请材料进行形式审核，审核通过的，于收到过户税费后 3 个交易日内办理过户登记手续。

第十三条 股份持有人转让其持有的股份，涉及以下情形的，在办理股份转让确认及过户登记时，还应当根据北交所和中国结算的要求提交以下文件：

（一）拟转让股份由上市公司董事、监事、高级管理人员持有的，或者上市公司董事、监事、高级管理人员离职后拟转让股份的，需提供上市公司董事会说明本次股份转让不违反限售及公司章程相关规定的证明文件；

（二）转让双方存在实际控制关系，或者均受同一控制人所控制的，需提供可证明上述关系存在的法律文件；

（三）涉及在上市公司中拥有权益的股份超过该公司总股本的 30%且符合免于发出要约情形的，需提供符合《证券法》规定的律师事务所等专业机构出具的专业意见；

（四）涉及国有主体须履行国有资产监督管理机构批准或备案程序的，需提供国有资产监督管理机构或者国家出资企业出具的批准或备案文件；

（五）涉及业绩承诺及补偿等特殊条款的，需提供未能实现特殊条款要求的相关证明文件及中介机构意见；

（六）银行业、保险业上市公司股东持股变动达到或者超过总股本5%的，需提供银行保险业监督管理机构的批准文件；

（七）证券业上市公司股东持股变动达到或者超过总股本5%的，需提供证券监督管理机构的批准文件；

（八）其他须经行政审批或备案方可进行的股份转让，需提供有关主管部门的批准或备案文件。

第十四条 股份转让双方可以临时委托中国结算保管转让的股票，并将资金存放于指定的银行。

第十五条 依照法律法规及北交所业务规则负有信息披露义务的相关当事人，应就股份转让事项及时予以披露。

第十六条 股份过户完成后3个月内，同一股份受让人不得就其所受让的股份再次向北交所和中国结算提出有关协议转让的申请，法律法规另有规定的除外。

第十七条 对于未按北交所及中国结算有关规定提出的股份转让申请，北交所有权对股份转让不予确认，中国结算有权不予办理过户登记手续。

第十八条 股份转让双方当事人应当按照北交所关于股票竞价交易的收费标准缴纳经手费，但是每笔转让的单个当事人的经手费上限为10万元。无成交金额或者每股成交金额低于每股面值的，以转让股份总面值计算应缴纳经手费。

股份转让双方当事人应当按照中国结算相关收费规定缴纳过户登记手续费，涉及税收的按国家有关规定执行。

第十九条 相关主体在办理协议转让业务过程中，如存在违反本细则或者北交所其他业务规则的情形，北交所可根据《交易规则》及相关规定对其采取相应自律监管措施或纪律处分。

第二十条 本细则经中国证券监督管理委员会批准后生效，修改时亦同。

第二十一条 本细则由北交所和中国结算共同解释。

第二十二条 本细则自2021年11月15日起施行。

关于发布《北京证券交易所上市公司股份协议转让业务办理指引》的公告

北证公告〔2021〕19号

为了规范北京证券交易所（以下简称本所）上市公司股份协议转让业务，明确业务受理要求和办理程序，提升市场服务水平，本所制定了《北京证券交易所上市公司股份协议转让业务办理指引》，现予以发布，自2021年11月15日起施行。

特此公告。

附件：北京证券交易所上市公司股份协议转让业务办理指引

北京证券交易所

2021年11月2日

北京证券交易所上市公司股份协议转让业务办理指引

第一条 为了规范北京证券交易所（以下简称本所）上市公司股份协议转让业务（以下简称协议转让），明确业务受理要求和办理程序，提升市场服务水平，依据《北京证券交易所交易规则（试行）》（以下简称《交易规则》）、《北京证券交易所上市公司股份协议转让细则》（以下简称《协议转让细则》）等有关规定，制定本指引。

第二条 转让双方依据依法订立的协议，办理本所上市公司股份协议转让，适用本指引。

第三条 转让双方在本所办理上市公司股份协议转让，应当遵守法律、行政法规、部门规章和规范性文件（以下统称法律法规）及本所业务规则的相关规定，不得违反转让双方或任何一方作出的承诺。

转让双方保证向本所提交的办理材料真实、准确、完整、合法合规，保证拟转让的股份为依法取得、有权处分的资产，且已根据相关规定履行相应的审批或备案程序，并自行承担协议转让的风险和与之有关的法律责任。

第四条 本所依据《协议转让细则》及本指引的规定办理协议转让，对转让双方提交的办理材料进行形式审核，并对符合条件的协议转让出具确认意见。

第五条 具有以下情形之一的，可以向本所提交协议转让办理材料：

（一）单个受让方受让的股份数量不低于上市公司境内外发行股份总数5%的协议转让；

（二）因自然人、法人或其他主体对公司持股50%以上，或根据中国证券监督管理委员会（以下简称中国证监会）有关规定构成实际控制关系或均受同一控制人所控制的协议转让；

（三）外国投资者战略投资上市公司所涉及的协议转让；

（四）按照已披露的通过全国中小企业股份转让系统或本所备案、审查或审核的《公开转让说明书》《股票发行情况报告书》《重大资产重组报告书》《收购报告书》《招股说明书》等文件中股东间业绩承诺及补偿等特殊条款，特定投资者之间以事先约定的价格进行的协议转让；

（五）行政划转上市公司股份；

（六）本所和中国证券登记结算有限责任公司（以下简称中国结算）认定的其他情形，包括中国证监会认定的情形等。

第六条 转让双方办理协议转让，应当符合以下要求：

（一）转让协议依法生效；

（二）协议各方为自然人或者依法设立并有效存续的法人、其他组织；

（三）受让方符合本所投资者适当性要求；

（四）协议各方自然人本人、法定代表人、负责人或者其合法授权的代表向本所提出转让股份的申请；

（五）拟转让股份为无限售条件流通股，法律法规及本所业务规则等另有规定的除外；

（六）依法须经行政审批或备案等方可进行的股份转让，已经取得有关部门的批准或备案文件或其他证明文件；

（七）涉及信息披露的，信息披露义务人已经按照中国证监会及本所相关规定履行信息披露义务；

（八）中国证监会及本所规定的其他要求。

第七条 转让双方办理协议转让，不得存在以下情形：

（一）拟转让股份已经被质押且质权人未书面同意转让；

（二）拟转让股份存在尚未了结的诉讼、仲裁、其他争议或被司法冻结等权利受限情形，法律法规另有规定的除外；

（三）转让双方或其中一方处于被限制证券账户交易的状态，法律法规另有规定的除外；

（四）本次转让可能导致规避股份限售相关规定，或者存在其他违反法律法规或本所业务规则的情形；

（五）违反股份转让双方或者任何一方作出的承诺；

（六）协议签署日与提交申请日间隔超过6个月，但依法须经行政审批、备案方可转让或涉及收购且已在《收购报告书》中披露等特殊情形除外；

（七）本所认定的其他情形。

第八条 属于《协议转让细则》第三条第一项至第三项情形的股份转让，转让价格应当不低于转让协议签署日该股票大宗交易价格范围的下限，法律法规及本所业务规则等另有规定的除外。

转让双方就股份转让协议签订补充协议，涉及变更转让主体、转让价格或者转让股份数量等任一情形的，股份转让价格不低于补充协议签署日该股票大宗交易价格范围的下限。

第九条 国有主体行政划转或者协议转让上市公司股份应当遵守国有资产管理的相关规定，确定协议转让价格并根据规定履行审批或备案程序。

第十条 转让双方根据拟办理的协议转让类型，按照本所相关办理指南所列材料清单，向本所提交相应办理材料。

第十一条 申请人向本所提交协议转让申请前，应当向中国结算申请办理证券查询业务，查询出让方拟转让股份的持有情况。查询日期距离转让申请提交日不超过5个交易日。

第十二条 本所收到转让双方提交的协议转让办理材料后，对办理材料的齐备性进行核对。办理材料齐备的，本所予以受理，并于受理之日起3个交易日内出具确认意见或反馈意见。需要补充材料的，申请人应当及时提交相关材料，办理时限自申请人按要求提交材料后重新起算。

申请人自收到反馈意见3个月内未补充提交相关材料的，本所终止对该转让申请的审核，并书面通知申请人。

第十三条 本所对符合《协议转让细则》和本指引规定的协议转让出具确认意见的，转让双方应当按照本所关于股票竞价交易的收费标准缴纳经手费。对于每笔协议转让的单个出让方和受让方，收取费用的上限各为10万元人民币。无成交金额或者每股成交金额低于每股面值的，以转让股份总面值计算应缴纳经手费。

第十四条 协议转让确认函的有效期为2个月，申请人逾期未前往中国结算办理过户登记的，应当重新提交转让申请。

第十五条 转让双方应当按照确认函中载明的转让股份数量一次性办理过户登记。涉及多个出让方或受让方的，全部出让方和受让方应当同时办理股份过户手续，并一次性完成过户登记。

第十六条 股份过户登记完成后，本所公布协议转让公开信息，内容包括证券代码、证券简称、转让价格、转让数量、转让原因等。

第十七条 股份过户完成后3个月内，同一股份受让方不得就其所受让的股份再次申请协议转让，法律法规另有规定的除外。

第十八条 相关主体在办理协议转让过程中，如存在违反本指引或者本所其他业务规则的情形，本所可根据《交易规则》及相关规定对其采取相应自律监管措施或纪律处分。

第十九条 本指引由本所负责解释。

第二十条 本指引自2021年11月15日起施行。

关于发布《北京证券交易所上市公司股份协议转让业务办理指南》的公告

北证公告〔2021〕20号

为了明确北京证券交易所（以下简称本所）上市公司股份协议转让业务的办理流程和材料要求，便利市场主体办理相关业务，本所制定了《北京证券交易所上市公司股份协议转让业务办理指南》，现予以发布，自2021年11月15日起施行。

特此公告。

附件：北京证券交易所上市公司股份协议转让业务办理指南

北京证券交易所

2021年11月2日

北京证券交易所上市公司股份协议转让业务办理指南

为了明确北京证券交易所（以下简称本所）上市公司股份协议转让业务（以下简称协议转让）的办理流程和材料要求，便利市场主体办理相关业务，根据《北京证券交易所交易规则（试行）》《北京证券交易所上市公司股份协议转让细则》（以下简称《细则》）、《北京证券交易所上市公司股份协议转让业务办理指引》（以下简称《指引》）等相关业务规则，制定本指南。

1. 业务办理方式

1.1 出让方和受让方（以下简称转让双方）申请办理协议转让的，可通过现场或邮寄方式向本所交易运行管理部提交办理材料。

1.2 现场申请办理的，转让双方前往本所（地址：北京市西城区金融大街丁 26 号）一层受理窗口提交办理材料。

1.3 通过邮寄方式办理的，转让双方应当知悉可能存在文件丢失、毁损、延误等风险，并提供承诺（详见附件 3-5）。

材料邮寄地址及联系方式：北京市西城区金融大街丁 26 号北京证券交易所交易运行管理部，010-63889700

联系邮箱：jyyx_xyzr@ bse. cn

2. 办理材料要求

2.1 根据《细则》《指引》等规定，转让双方应当提交的协议转让办理材料清单详见附件 1。

2.2 本所对办理材料进行形式审核，并对符合条件的协议转让出具确认意见，不对办理材料及内容的真实性、准确性、完整性等做实质性审核。本所在事后监管中发现转让双方提交材料不真实、不准确、不完整，或者违反相关规定或承诺的，依规予以相应处理。

3. 业务办理流程

3.1 转让双方按材料清单要求准备相关办理材料，通过现场或邮寄等方式向本所交易运行管理部提交。

现场提交材料的，本所现场核验有关身份证明文件原件。

邮寄办理的，本所可通过录音电话、视频连线等方式核验申请人身份及意思表示。

3.2　本所收到转让双方提交的协议转让办理材料后，对办理材料的齐备性进行核对。办理材料齐备的，本所予以受理，并于受理之日起 3 个交易日内出具确认意见或反馈意见。需要补充材料的，申请人应当及时提交相关材料，办理时限自申请人按要求提交材料后重新起算。

申请人自收到反馈意见 3 个月内未补充提交相关材料的，本所终止对该转让申请的审核，并书面通知申请人。

3.3　本所出具确认意见后，向转让双方发出经手费收费通知书。申请人应于收到经手费收费通知书后及时缴纳经手费。

3.4　转让双方完成缴费后，领取本次协议转让的确认函（可邮寄或自取），申请人持确认函及中国证券登记结算有限责任公司（以下简称中国结算）北京分公司要求的其他材料，到中国结算北京分公司办理股份过户登记。

附件：1. 北京证券交易所上市公司股份协议转让业务办理材料清单
2. 北京证券交易所上市公司股份协议转让确认申请表
3. 参考格式文本

附件 1

北京证券交易所上市公司股份协议转让业务办理材料清单

序号	类型	具体材料
1	协议转让申请表	如出让方或受让方涉及多个主体的，按照一转一的原则填写并提交多份申请表（详见附件 2）。
2	标的股份基本信息	出让方提供由中国结算北京分公司出具的股份持有证明文件原件。 股份持有证明文件需要包含拟转让证券持有信息单及冻结信息单。
		拟转让股份已经设定质押的，需提供质权人出具的书面同意转让文件原件（质权人同意函参考格式见附件 3-4）和身份证明文件（质权人为自然人的提供身份证明文件复印件、质权人为法人的提供营业执照复印件）。
3	转让协议	依法生效的转让协议原件（股份转让协议中应当明确转让双方、转让标的、转让数量、转让价格等基本要素）。 转让协议附生效条件的，需提交双方签署的协议生效说明原件。 转让协议明确约定履行期限，审核过程中逾期的，需提供转让双方同意继续按照该协议履行的说明。
		股份转让双方涉及以合伙企业、公司等组织形式设立的产品的，应由合伙企业、公司本身签署股份转让协议，管理人未在其中担任执行事务合伙人或法定代表人的，管理人应出具同意本次转让的声明或在股份转让协议中一并加盖公章；涉及其他产品的，应由管理人签署股份转让协议，并于股份转让协议中明确拟转让股份由产品持有，其中涉及在《证券期货经营机构私募资产管理业务管理办法》发布前设立的证券公司定向资产管理计划的，可由委托人签署股份转让协议。
		涉及补充协议的，应当一并提交相关补充协议原件。补充协议内容涉及变更转让主体、转让价格或者转让股份数量的，转让价格应当不低于补充协议签署日该股票大宗交易价格范围的下限。
4	转让双方身份证明文件	境内法人： ①营业执照复印件； ②法定代表人证明书（参考格式见附件 3-1）； ③法定代表人身份证明文件复印件； ④法定代表人授权委托书（参考格式见附件 3-2）； ⑤经办人身份证明文件复印件。
		境内自然人： ①身份证明文件复印件； ②经公证的授权委托书（如委托他人代办）； ③经办人身份证明文件复印件（如委托他人代办）。

续表

<table>
<tr><th>序号</th><th>类型</th><th>具体材料</th></tr>
<tr><td rowspan="4">4</td><td rowspan="4">转让双方
身份证明文件</td><td>私募基金等产品
①基金业协会公示的管理人登记基本情况的全屏打印（加盖管理人公章）；
②基金业协会公示的基金产品公示信息打印（加盖管理人公章）；
③管理人营业执照原件及复印件（加盖管理人公章）；
④管理人法定代表人证明书及身份证明文件复印件（参考格式见附件 3–1）；
⑤管理人法定代表人授权委托书（参考格式见附件 3–2）；
⑥经办人有效身份证明文件原件及复印件；
其他各类资产管理计划等产品，身份证明文件参照前述要求提供。
以合伙企业、公司等组织形式设立的私募投资基金，应当依据境内法人的要求提供身份证明文件，并依据前述要求提供基金管理人及基金的登记备案材料。</td></tr>
<tr><td>境外法人：
①所在国（地区）有权机关核发的证明境外法人主体资格的证明文件（如该证明文件未包含该法人合法存续内容，还需提供该法人合法存续证明）；
②授权人签署的授权委托书（关于协议签署以及业务办理的授权）；
③境外机构或有权机关出具的能够证明授权人有权签署授权委托书的证明文件；
④授权人身份证明文件复印件；
⑤经办人身份证明文件复印件。</td></tr>
<tr><td>境外自然人：
①身份证明文件复印件；
境外自然人身份证明文件包括：外国（地区）公民身份证或者护照；有外国（地区）永久居留权的中国公民的永久居留证明及中国护照；台湾居民来往大陆通行证；香港永久性居民身份证、澳门永久性居民身份证。
②授权委托书（如委托他人代办）；
③经办人身份证明文件复印件（如委托他人代办）。</td></tr>
<tr><td>境外主体的身份证明文件、授权委托书以及授权人有权授权的证明文件需要符合以下要求：
外国（地区）申请人提交的文件，需要经过我国驻该国使、领馆认证，或者履行我国与该所在国订立的有关条约中规定的身份证明手续。如申请人所在国（地区）与我国无外交关系，其提供的文件，需要经该国（地区）外交机构或者其授权机构和我国有外交关系国家驻该国（地区）使、领馆认证后，再办理我国驻该第三国使、领馆认证。
香港地区申请人提交的文件，应当经我国司法部委托的香港公证人公证，并加盖中国法律服务（香港）有限公司转递香港公证文书专用章。
澳门地区申请人提交的文件，应当经澳门政府公证部门或者我国司法部委托的公证人公证，并经中国法律服务（澳门）公司加盖核验章。
台湾地区申请人提交的文件，应当经台湾地区的公证部门公证，并由台湾海峡交流基金会按照 1993 年《海峡两岸公证书使用查证协议》寄送公证书副本。台湾地区申请人还应当提交接收台湾公证书的内地公证协会出具的公证书正本与台湾海峡交流基金会寄送该会的副本一致的核对证明。
境外主体提交的办理材料为外文文本的，需同时提供经过有资质的翻译机构的翻译和境内公证。
经使领馆认证或公证机构公证的文件，应当在完成认证或公证之日起 6 个月内提交。</td></tr>
</table>

续表

序号	类型	具体材料
5	需提供上市公司说明的情形	拟转让股份由上市公司董事、监事、高级管理人员持有的，或者上市公司董事、监事、高级管理人员离职后拟转让股份的，提供上市公司董事会出具的相关证明文件（参考格式见附件 3-3）。
6	需提供转让双方实际控制关系证明文件的情形	转让双方存在实际控制关系，或者为同一控制人所控制的，单一受让方受让比例低于5%的，提供转让双方的工商登记资料，以证明自然人、法人或其他主体对公司持股 50%以上的绝对控股形成的控制关系。
7	涉及股东间业绩承诺及补偿等特殊条款履约	以“根据经北交所认可的股东间业绩承诺及补偿等特殊条款，特定投资者之间以事先约定的价格进行的股份转让”情形提出申请的，提供包含特殊条款的股份认购协议或其他协议等法律文件，以及中介机构就业绩承诺实现情况出具的证明文件（如会计师事务所出具的审计意见、律师事务所出具的法律意见书、评估机构出具的评估报告等）。 业绩承诺及补偿等特殊条款因故发生变更的，需提供特殊条款约定各方对变更内容、变更原因及必要性的说明。
8	涉及国有主体的批复或备案文件	出让方为国有主体且直接适用《上市公司国有股权监督管理办法》的，需提交国有资产监督管理部门出具的批准文件或备案文件。
		出让方为国有主体且比照适用《上市公司国有股权监督管理办法》的，需提交本次转让所适用的有效的国有资产管理规范、已按照所适用的规范获得的批准文件或备案文件，以及转让双方自行承担所有法律责任的承诺。
		出让方为国有主体的，需提交协议转让价款的收款证明或说明和证明材料（限有偿转让情形）。
		受让方为国有主体的，需提供国有资产监督管理部门出具的批准文件或备案文件，或者受让方出具的不需要/无法履行批准或者备案手续的说明以及自行承担所有法律责任的承诺。
9	涉及持牌金融机构股东的文件	转让标的为银行、证券、保险等持牌金融机构的上市股份的，根据有关行业的股东资格或持股比例限制的规定，提供行业主管部门或相关机构的批准文件。
10	涉及其他行政审批的文件	其他须经行政审批方可进行的股份转让，提供有关主管部门的批准文件。
11	涉及邮寄办理	采用邮寄方式办理的，提供邮寄办理承诺函（参考格式见附件 3-5）。

备注：转让双方提交的文件为复印件的，应当由提交主体盖章或者由经办人签字，并提供原件予以核验。文件涉及多页的需加盖骑缝章。

附件 2

北京证券交易所上市公司股份协议转让确认申请表

<table>
<tr><td colspan="3">申请股份转让情形</td><td colspan="3">□单个受让方受让的股份数量不低于上市公司境内外发行股份总数 5%的协议转让
□转让双方存在实际控制关系或均受同一控制人所控制
□外国投资者战略投资上市公司所涉及的股份转让
□业绩承诺及补偿等特殊条款的履行
□行政划转　　　　□其他</td></tr>
<tr><td rowspan="5">申请转让股份情况</td><td colspan="2">证券简称</td><td></td><td>证券代码</td><td></td></tr>
<tr><td colspan="2">总股本</td><td>（股）</td><td>每股转让价格</td><td>（元）</td></tr>
<tr><td colspan="2">拟转让股份数量</td><td>（股）</td><td>占公司总股本比例</td><td>%</td></tr>
<tr><td colspan="2">本次转让总价</td><td colspan="3">（元）</td></tr>
<tr><td colspan="2">拟转让股份限售状态</td><td colspan="3">□无限售　□全部限售　□部分限售（限售　　股）</td></tr>
<tr><td rowspan="12">申请人基本情况</td><td rowspan="6">出让人（股份持有人）</td><td>名称</td><td colspan="3"></td></tr>
<tr><td>实体性质</td><td colspan="3">□上市公司（离职）董事、监事、高级管理人员　□境外主体
□国有或国有控股企业　□产品　□其他</td></tr>
<tr><td>注册号码/身份证号码</td><td></td><td>证券账户号码</td><td></td></tr>
<tr><td>经办人及身份证号码</td><td></td><td>联系电话</td><td></td></tr>
<tr><td>本次变动前直接持股比例</td><td></td><td>本次变动后直接持股比例</td><td></td></tr>
<tr><td>名称</td><td colspan="3"></td></tr>
<tr><td rowspan="5">受让人</td><td>实体性质</td><td colspan="3">□境外主体　□国有或国有控股企业
□产品　□其他</td></tr>
<tr><td>注册号码/身份证号码</td><td></td><td>证券账户号码</td><td></td></tr>
<tr><td>经办人及身份证号码</td><td></td><td>联系电话</td><td></td></tr>
<tr><td>本次变动前直接持股比例</td><td></td><td>本次变动后直接持股比例</td><td></td></tr>
</table>

续表

<table>
<tr><td>申请人承诺与签章</td><td>申请人已充分知悉并将严格遵守法律法规、部门规章、规范性文件及北京证券交易所业务规则等相关规定，承诺所提交股份转让办理材料真实、准确、完整、合法合规，并确认及承诺以下事项：
1. 申请人是否已依法合规地就本次股份变动履行了应尽的信息披露义务　□是　□否
相关公告日期：
2. 受让人是否符合北京证券交易所投资者适当性要求　□是　□否
3. 申请人是否处于被限制证券账户交易的状态　□是　□否
4. 拟转让股份是否存在尚未了结的诉讼、仲裁、其他争议或者被司法冻结等权利受限情形　□是　□否
5. 本次股份转让是否存在违反法律法规、部门规章、规范性文件或北京证券交易所业务规则的情形　□是　□否
6. 本次股份转让是否违背转让双方或者任何一方作出的承诺　□是　□否
7. 本次股份转让是否违反限售及上市公司章程相关规定　□是　□否
8. 本次股份转让是否存在办理股份过户登记时仍然不能够消除的法律障碍　□是　□否
9. 拟转让股份是否属于夫妻共同财产　□是　□否
若属于，配偶是否已同意本次转让（不属于则无需勾选）　□是　□否
10. 拟转让股份是否为此前 3 个月内通过协议转让受让的股份　□是　□否

出让人（签章）　　　　受让人（签章）
年　月　日　　　　年　月　日</td></tr>
</table>

填写注意事项：

1. 本表含正反两页，由转让双方填写，并保证所填写内容真实、准确、完整。

2. 转让价格应当与转让协议保持一致。

3. 产品类申请人填写的名称及注册号码应当与开户信息保持一致。

4. 自然人签章处应由申请人本人或其授权代表签字，不得使用名章代替；法人、其他组织签章应包含公章及法人代表签字或盖章。

5. 转让申请经北京证券交易所受理后，相关协议内容发生重大变更的，申请人需撤销该转让申请，撤销 1 个月后方可再次向北京证券交易所提交上市公司股份协议转让申请。

附件 3-1

法定代表人证明书

（参考格式）

兹证明，×××（身份证号：××××××××××××××××××）在本公司/×××公司担任×××职务，为本公司法定代表人。

特此证明。

附件：法定代表人身份证明文件复印件

×××公司（盖章）

年　月　日

（说明：合伙企业参照此格式出具执行事务合伙人证明书；执行事务合伙人为机构时，应出具执行事务合伙人委派代表证明书，并需同时加盖合伙企业与执行事务合伙人的公章。）

附件 3-2

法定代表人授权委托书

（参考格式）

兹授权×××（身份证号：××××××××××××××××××）代表×××公司前往北京证券交易所，办理本公司以×元/股的价格，转让 / 受让×××公司（证券代码：××××××）的×××股的确认手续。

授权期限：自　　年　　月　　日至　　年　　月　　日。

附件：被授权人身份证明文件复印件

×××公司（盖章）

法定代表人（签字）：

年　　月　　日

（说明：合伙企业、自然人参照此格式出具授权委托书。）

附件 3-3

××××股份有限公司董事会关于××股份转让的证明文件

（参考格式）

北京证券交易所：

我们对××的转让进行了确认，现将相关情况说明如下：

一、出让方基本情况

针对本次转让中具有（或曾具有）上市公司董事、监事、高级管理人员身份的出让方××，介绍其当前身份状态及转让的基本情况。

二、公司董事会就相关事项的说明

确认出让方的本次转让行为不违反本公司章程、出让方承诺（如有）、《公司法》《证券法》等相关法律、行政法规、部门规章、规范性文件以及北京证券交易所业务规则关于股份持有及卖出、信息披露等有关要求与规定，不存在不得转让股份的情形。

××××公司（公司公章或者董事会章）

年　　月　　日

附件 3–4

质权人同意函

（参考格式，拟转让股份处于质押状态时适用）

××××年××月××日，×××与×××签订了股权质押协议，×××将其持有的××股×××公司（证券代码：××××××）股票质押给×××。

经质押双方协商一致，×××作为质权人同意×××将质押股份中的×××股以×元/股的价格转让给×××，并在解除质押后，办理登记过户手续。

×××公司（盖章）/自然人签字：

法定代表人（签字）：

年　　月　　日

附件 3-5

邮寄办理承诺函

（参考格式）

申请人确认，××××年××月××日，××与××签订了《股份转让协议》，经转让双方协商一致，同意以邮寄申请文件方式向北京证券交易所提交股份协议转让申请，接收北京证券交易所出具的收费通知书、确认意见书等文件。申请人特此承诺：

1. 本次通过邮寄方式申请协议转让系本人真实意思表示，且本人对拟转让股份具有处分权。

2. 申请人通过邮寄方式提交的材料真实、准确、完整、合法合规，复印件与原件完全一致，相关签字盖章均真实、有效。

3. 申请人知悉邮寄办理存在文件丢失、毁损、延误等风险，并自愿承担相关风险、损失及由此引起的一切法律后果。

4. 申请人依法有权对上述事实作出承诺。

申请人（自然人签字/机构盖章）：

法定代表人（签字）：

年　　月　　日

关于发布《北京证券交易所合格境外机构投资者和人民币合格境外机构投资者证券交易实施细则》的公告

为了规范合格境外机构投资者和人民币合格境外机构投资者在北京证券交易所（以下简称本所）的证券交易行为，本所制定了《北京证券交易所合格境外机构投资者和人民币合格境外机构投资者证券交易实施细则》。经中国证监会批准，现予以发布，自2021年11月15日起施行。

2021年11月15日前已在全国中小企业股份转让系统报备信息的合格境外机构投资者和人民币合格境外机构投资者，无需重新向本所报备。

特此公告。

附件：北京证券交易所合格境外机构投资者和人民币合格境外机构投资者证券交易实施细则

北京证券交易所

2021年11月12日

北京证券交易所合格境外机构投资者和人民币合格境外机构投资者证券交易实施细则

第一章　总则

第一条　为了规范合格境外机构投资者和人民币合格境外机构投资者（以下统称合格境外投资者）在北京证券交易所（以下简称本所）的证券交易行为，维护市场秩序，根据《合格境外机构投资者和人民币合格境外机构投资者境内证券期货投资管理办法》《关于实施〈合格境外机构投资者和人民币合格境外机构投资者境内证券期货投资管理办法〉有关问题的规定》和本所相关业务规则，制定本细则。

第二条　合格境外投资者在本所的证券交易活动适用本细则。本细则未作规定的，适用《北京证券交易所交易规则（试行）》及本所其他相关规定。

第三条　合格境外投资者及其境内托管人、证券公司参与本所证券交易应当遵守法律法规、行政规章以及本所业务规则，不得违反有关持股比例限制、信息披露要求以及交易行为监督等规定。

第四条　合格境外投资者应当建立并实施有效的内部控制和合规管理制度，确保其投资运作、资金管理等行为符合境内法律法规。

合格境外投资者应当指定督察员，审核向本所提交的相关报备材料，监督合格境外投资者的投资交易活动和信息披露行为，定期检查、抽查其投资交易活动等，督促其合法合规运作。督察员应当及时制止合格境外投资者违反证券交易相关法律法规、行政规章及本所业务规则的行为，并在10个交易日内向本所报告。

第五条　合格境外投资者参与本所证券交易的登记和结算事宜，由证券登记结算机构按其业务规则办理。

第二章　信息备案

第六条　合格境外投资者托管人应在被指定后5个交易日内向本所报备合格境外投资者基本信息、合格境外投资者托管人基本信息及接受合格境外投资者委托的境内证券公司（以下简称受托证券公司）的基本信息。

2个以上托管人的，应当指定1个主报告人，负责代其统一办理信息报备等事项。

第七条　合格境外投资者出现下列情形之一的，其托管人应当在该事实发生之日起5个交易日内将有关情况报本所备案：

（一）取得、变更、换领或注销经营证券期货业务许可证；

（二）指定或变更托管人、主报告人；

（三）开立证券账户，指定或变更受托证券公司；

（四）指定或变更受托证券公司的交易单元；

（五）变更机构名称；

（六）变更控股股东或实际控制人；

（七）指定或变更督察员；

（八）涉及重大诉讼或其他重大事件；

（九）在境外受到重大处罚；

（十）受到中国证监会、中国人民银行或国家外汇管理局处罚；

（十一）有关监管机构以及本所规定的其他情形。

第三章　交易

第八条　合格境外投资者应当委托在本所开展经纪业务的会员办理本所证券交易业务。

第九条　合格境外投资者可以投资在本所上市交易的股票、债券等证券。

合格境外投资者可以参与本所股票、债券等证券发行的申购，及中国证监会、本所认定的交易业务。

第十条　合格境外投资者应当向名下的境外投资者充分揭示境内证券投资风险，并要求其名下的境外投资者遵守境内证券投资的法律法规、行政规章以及本所业务规则，接受本所监管。

合格境外投资者应当与名下境外投资者约定，如果其名下的境外投资者违反有关持股比例限制以及信息披露要求，或者存在可能严重影响正常交易秩序的异常交易行为，合格境外投资者可以拒绝提供服务、根据本所的要求卖出相关股份，或者采取其他制止和改正措施。

第十一条　合格境外投资者名下的境外投资者开展本所证券投资达到信息披露要求的，作为信息披露义务人，应当通过合格境外投资者向本所提交信息披露文件。

合格境外投资者应当充分了解其名下的境外投资者的境内证券持仓情况，并督促其严格履行信息披露的有关规定。

第十二条　合格境外投资者及其名下的境外投资者履行信息披露义务时，应当依法各自合并计算其拥有的同一公司境内上市股票和境外上市外资股的权益，并遵守信息披露有关规则。

合格境外投资者及其名下的境外投资者应当按照信息披露规则合并披露一致行动人的相关证券投资信息。

第十三条 合格境外投资者及其他境外投资者投资本所上市股票，除另有规定外，应当遵循下列持股比例限制：

（一）单个合格境外投资者或其他境外投资者持有单个上市公司的股份，不得超过该公司股份总数的10%；

（二）全部合格境外投资者及其他境外投资者持有单个公司境内上市股份的总和，不得超过该公司股份总数的30%。

境内有关法律、行政法规、产业政策对合格境外投资者及其他境外投资者的持股比例有更严格规定的，从其规定。

全部合格境外投资者及其他境外投资者持有单个上市公司股份合计达到或超过该公司股份总数的24%时，本所于次一交易日开市前通过本所网站公布其已持有该公司股份的总数及其占公司股份总数的比例。

第十四条 当日交易结束后，单个合格境外投资者或其他境外投资者持有单个上市公司股份超过限定比例的，应当在20个交易日内（停牌期间除外）对超过限定比例的部分予以卖出，并按照有关规定及时履行信息披露义务。

第十五条 当日交易结束后，如遇全部合格境外投资者及其他境外投资者持有单个上市公司股份合计超过限定比例的，本所将向受托证券公司及托管人发出卖出通知。

合格境外投资者及其他境外投资者应当自接到通知之日起的20个交易日内（停牌期间除外），对超过限定比例的部分，根据股份类别按照以下顺序予以卖出：

（一）当日非通过本款第二项至第四项方式取得的股份（含参与股票发行等取得以及通过协议转让获得的可流通股份，通过可转换债券转股等方式获得的股份）；

（二）当日通过大宗交易方式获得的股份；

（三）当日通过盘后固定价格交易方式获得的股份；

（四）当日通过竞价交易方式获得的股份。

当日前款所列第（一）或第（二）类股份数额超出当日合计应予卖出股份总额的，由各个合格境外投资者或其他境外投资者按照各自当日新增持有第（一）或第（二）类股份占所有合格境外投资者及其他境外投资者合计当日新增持有第（一）或第（二）类股份的比例进行卖出；第（一）、（二）类股份总额不足合计应予卖出股份总额的，对第（三）、（四）类股份按照后买先卖的原则确定卖出顺序。

本所对股份卖出另有规定的，卖出顺序的确定从其规定。

其他合格境外投资者在20个交易日内自行减持导致上述持股总数降至限定比例以下的，被通知减持的合格境外投资者可向本所申请继续持有原股份。

第十六条 因上市公司回购股份、减少注册资本等原因，导致全部合格境外投资者及其他境外投资者合计持有单个上市公司股份比例被动超过30%的，合格境外投资者及其他境外投资者可以继续持有原股份，但不得继续增持，直至全部合格境外投资者及其他境外投资者合计持股比例低于30%后方可恢复增持。

第十七条 合格境外投资者协议转让所持上市公司股份的，按照上市公司股份协议转让相关业务规则办理。

合格境外投资者因发生同一控制下变更业务开展主体、同一合格境外投资者调整账户安排、基金产品或账户变更管理人等情形，有助于提高投资运作效率或明晰账户结构的，可以按照证券登记结算机构的有关规定，办理证券非交易过户。

第十八条 受托证券公司应当勤勉尽责，加强对合格境外投资者交易行为的管理，持续监控合格境外投资者的交易行为。如发现合格境外投资者的证券交易活动存在可能严重影响正常交易秩序的异常交易行为或者涉嫌违法违规的交易行为，应当依据证券交易委托代理协议采取措施并及时向本所报告。

受托证券公司应当在证券交易委托代理协议中与合格境外投资者约定，如果合格境外投资者违法违规使用账户，或者存在严重影响正常交易秩序的异常交易行为、涉嫌违法违规的交易行为等情形的，受托证券公司可以拒绝接受委托、根据本所的要求卖出相关股份，或者终止双方的委托代理关系。

第十九条 受托证券公司保存合格境外投资者的委托记录、交易记录等资料的时间应当不少于20年。

第二十条 本所对发生的可能影响正常交易秩序的异常交易行为或涉嫌违法违规的交易行为，可以要求合格境外投资者及时报告其名下实际投资者的证券交易及其股份持有情况。

第四章 自律监管措施和纪律处分

第二十一条 本所对合格境外投资者的证券交易活动进行实时监控，并依法对实时监控中发现的异常情况及行为采取相应的自律监管措施或纪律处分。

第二十二条 合格境外投资者及其名下的实际投资者出现以下情形的，本所可对其采取自律监管措施或纪律处分，违反中国证监会相关行政法规的，报中国证监会查处：

（一）未及时向本所报送有关信息；

（二）未按规定履行信息披露义务；

（三）违反持股比例限制，未按规定进行处理；

（四）违反本细则的其他规定。

对超过持股限定比例的股份未按规定进行处理的，本所可以通知受托的证券公司及托管人卖出相关股份。

第二十三条 受托证券公司及托管人违反本细则，未尽勤勉尽责义务的，本所可以依据有关业务规则的规定对其采取相应的自律监管措施或纪律处分。

第五章　附则

第二十四条　本细则由本所负责解释。

第二十五条　本细则自 2021 年 11 月 15 日起施行。

关于发布《北京证券交易所合格境外机构投资者和人民币合格境外机构投资者信息报备指南》的公告

为了规范北京证券交易所（以下简称本所）合格境外机构投资者和人民币合格境外机构投资者报备信息的行为，本所制定了《北京证券交易所合格境外机构投资者和人民币合格境外机构投资者信息报备指南》，现予以发布，自 2021 年 11 月 15 日起施行。

特此公告。

附件：北京证券交易所合格境外机构投资者和人民币合格境外机构投资者信息报备指南

北京证券交易所

2021 年 11 月 12 日

北京证券交易所合格境外机构投资者和人民币合格境外机构投资者信息报备指南

为了便于合格境外机构投资者和人民币合格境外机构投资者（以下统称合格境外投资者）向北京证券交易所报备相关信息，根据《北京证券交易所合格境外机构投资者和人民币合格境外机构投资者证券交易实施细则》（以下简称《实施细则》）的规定，制定本指南。

1. 信息报备主管部门：交易运行管理部。

2. 报备责任人：合格境外投资者的托管人（主报告人）。

3. 报备时间：合格境外投资者的托管人被指定后5个交易日内，或《实施细则》规定的信息变更报备情形发生之日起5个交易日内。

4. 报备内容：合格境外投资者、托管人及受托证券公司的基本信息及相关联系人信息，详见附件。

5. 报备方法：托管人在领取数字证书（以下简称U-Key）后，登录BPM系统"合格境外投资者管理"模块报送，报送标题格式为"×××（机构全称）合格境外投资者业务信息报备"。

6. 报备业务咨询电话：010-63889700

U-Key业务咨询电话：010-63889774

技术支持咨询电话：400-626-3333

附件：合格境外投资者信息报备表

附件

合格境外投资者信息报备表

<table>
<tr><td colspan="4">1. 合格境外投资者相关信息</td></tr>
<tr><td colspan="4">1-1　合格境外投资者基本信息</td></tr>
<tr><td>公司全称（中文）</td><td colspan="3"></td></tr>
<tr><td>公司全称（英文）</td><td colspan="3"></td></tr>
<tr><td>机构类别</td><td colspan="3"></td></tr>
<tr><td>控股股东名称</td><td colspan="3"></td></tr>
<tr><td>实际控制人名称</td><td colspan="3"></td></tr>
<tr><td colspan="4">1-2　合格境外投资者批准信息</td></tr>
<tr><td>经营证券期货业务许可证批准日期</td><td colspan="3">YYYY-MM-DD</td></tr>
<tr><td>证书编号</td><td colspan="3"></td></tr>
<tr><td colspan="4">1-3　合格境外投资者账户信息</td></tr>
<tr><td>证券账户 1-账户号码</td><td colspan="3"></td></tr>
<tr><td>证券账户 1-账户名称</td><td colspan="3"></td></tr>
<tr><td>证券账户 1-投资资金类型</td><td colspan="3"></td></tr>
<tr><td>证券账户 1-交易单元（可添加）</td><td colspan="3"></td></tr>
<tr><td>证券账户 2-账户号码</td><td colspan="3"></td></tr>
<tr><td>证券账户 2-账户名称</td><td colspan="3"></td></tr>
<tr><td>证券账户 2-投资资金类型</td><td colspan="3"></td></tr>
<tr><td>证券账户 2-交易单元（可添加）</td><td colspan="3"></td></tr>
<tr><td colspan="4">1-4　合格境外投资者业务联系人信息</td></tr>
<tr><td>姓名</td><td></td><td>部门及职务</td><td></td></tr>
<tr><td>手机</td><td></td><td>电话</td><td></td></tr>
<tr><td>电子邮箱</td><td></td><td>传真</td><td></td></tr>
<tr><td colspan="4">1-5　合格境外投资者合规风控联系人信息</td></tr>
<tr><td>姓名</td><td></td><td>部门及职务</td><td></td></tr>
<tr><td>手机</td><td></td><td>电话</td><td></td></tr>
<tr><td>电子邮箱</td><td></td><td>传真</td><td></td></tr>
<tr><td colspan="4">1-6　督察员信息</td></tr>
<tr><td>姓名</td><td></td><td>部门及职务</td><td></td></tr>
<tr><td>手机</td><td></td><td>电话</td><td></td></tr>
<tr><td>电子邮箱</td><td></td><td>传真</td><td></td></tr>
</table>

续表

2. 托管人相关信息 1（主报告人）			
2-1　托管人基本信息			
机构全称（中文）			
机构全称（英文）			
境内注册地址			
邮政编码			
2-2　托管人备案信息			
中国证监会备案日期	YYYY-MM-DD		
2-3　托管人业务联系人信息			
姓名		部门及职务	
手机		电话	
电子邮箱		传真	
2-4　托管人托管部门负责人信息			
姓名		部门及职务	
手机		电话	
电子邮箱		传真	
2-5　托管人合规风控联系人信息			
姓名		部门及职务	
手机		电话	
电子邮箱		传真	
3. 受托证券公司相关信息 1			
3-1　受托证券公司基本信息			
证券公司全称（中文）			
证券公司全称（英文）			
境内注册地址			
邮政编码			
3-2　受托证券公司业务联系人信息			
姓名		部门及职务	
手机		电话	
电子邮箱		传真	
3-3　受托证券公司托管业务合规风控联系人信息			
姓名		部门及职务	
手机		电话	
电子邮箱		传真	

注：1. 经营证券期货业务许可证扫描件需作为本表附件一并上传；

2. 存在多个证券账户、托管人或受托证券公司时，可自行视情况添加。

关于发布《北京证券交易所交易异常情况处理细则》的公告

北证公告〔2021〕21号

为了妥善处置交易异常情况，及时防范、化解市场风险，保障北京证券交易所（以下简称本所）证券交易秩序，本所制定了《北京证券交易所交易异常情况处理细则》，经中国证监会批准，现予以发布，自2021年11月15日起施行。

特此公告。

附件：北京证券交易所交易异常情况处理细则

北京证券交易所

2021年11月2日

北京证券交易所交易异常情况处理细则

第一条 为了妥善处置交易异常情况，及时防范、化解北京证券交易所（以下简称本所）市场风险，保障证券交易秩序，维护市场稳定，依据《证券法》《突发事件应对法》《证券交易所管理办法》和《北京证券交易所交易规则（试行）》等规定，制定本细则。

第二条 本细则所称交易异常情况是指导致或可能导致本所证券交易部分或全部不能正常进行（以下简称交易不能进行）的情形。

第三条 引发交易异常情况的原因包括不可抗力、意外事件、重大技术故障、重大人为差错等。

第四条 引发交易异常情况的不可抗力是指本所市场所在地或全国其他部分区域出现或据灾情预警可能出现严重自然灾害、出现重大公共卫生事件或社会安全事件等情形。

第五条 引发交易异常情况的意外事件是指本所市场所在地发生火灾或电力供应出现故障等情形。

第六条 引发交易异常情况的技术故障是指：

（一）本所交易、通信系统中的网络、硬件设备、应用软件等无法正常运行；

（二）本所交易、通信系统在运行、主备系统切换、软硬件系统及相关程序升级、上线时出现意外；

（三）本所交易、通信系统被非法侵入或遭受其他人为破坏等情形；

（四）本所认定的其他情形。

第七条 交易不能进行是指无法正常开始交易、无法连续交易、交易结果异常、交易无法正常结束等情形。

第八条 无法正常开始交易是指：

（一）本所交易、通信系统在开市前无法正常启动；

（二）证券停牌、复牌、除权除息等重要操作在开市前未及时、准确处理完毕；

（三）前一交易日的日终清算交收处理未按时完成或虽已完成但清算交收数据出现重大差错而导致无法正确交易；

（四）10%以上的会员营业部因系统故障无法正常接入本所交易系统等情形。

第九条 无法连续交易是指：

（一）本所交易、通信系统出现10分钟以上中断；

（二）本所行情发布系统出现10分钟以上中断；

（三）10%以上会员营业部无法正常发送交易申报、接收实时行情或成交回报；

（四）10%以上的证券中断交易。

第十条 交易结果异常是指交易结果出现严重错误、行情发布出现错误、本所认定的指数计算出现重大偏差等可能严重影响整个市场正常交易的情形。

第十一条 交易无法正常结束是指集合竞价异常、可能导致无法正常完成，收市处理无法正常结束等可能对市场造成重大影响的情形。

第十二条 交易异常情况出现后，本所将及时向市场公告，并可视情况需要单独或者同时采取技术性停牌、临时停市、通知证券登记结算机构暂缓交收等措施。

本所采取前款规定措施的，及时报告中国证监会。对技术性停牌或临时停市的决定，本所通过符合《证券法》规定的信息披露平台及时予以公告。

第十三条 技术性停牌或临时停市原因消除后，本所可以决定恢复交易，并向市场公告。

恢复交易后，本所对交易异常情况相关背景、原因、应对措施进行总结、分析，并书面报告中国证监会。

第十四条 证券交易相关部门或机构在与证券交易相关的业务实施、流程衔接、操作运行等环节出现重大误差或失误等情形，导致或可能导致交易不能进行，需要采取技术性停牌、临时停市等措施的，参照本细则执行。

第十五条 国内外已经或可能出现对中国证券市场稳定及正常运行造成重大影响的事件或者出现其他全国性事件的，应国家有关部门要求临时停市的，参照本细则执行。

第十六条 本细则中相关用语的含义：

（一）本所市场所在地：是指本所市场交易、通信及清算交收系统所在地；

（二）自然灾害：包括但不限于台风、地震、海啸、暴雪、日凌、洪涝灾害；

（三）重大公共卫生事件：包括但不限于传染病疫情、群体性不明原因疾病、食品安全事件以及其他严重影响公众健康和生命安全的事件；

（四）社会安全事件：包括但不限于恐怖袭击事件、经济安全事件、涉外突发事件以及其他严重影响公共安全的事件。

第十七条 本细则由本所负责解释。

第十八条 本细则自 2021 年 11 月 15 日起施行。

关于发布《北京证券交易所投资者适当性管理办法（试行）》的公告

北证公告〔2021〕3 号

为了保障北京证券交易所（以下简称本所或北交所）市场规范发展，引导投资者理性参与本所市场证券交易，保护投资者合法权益，本所制定了《北京证券交易所投资者适当性管理办法（试行）》。经中国证监会批准，现予以发布，自发布之日起生效，实施时间另行通知。

自本公告发布之日起，符合条件的投资者可以向其委托的证券公司申请预约开通北交所交易权限。

特此公告。

附件：北京证券交易所投资者适当性管理办法（试行）

北京证券交易所

2021 年 9 月 17 日

北京证券交易所投资者适当性管理办法（试行）

第一条 为了保障北京证券交易所（以下简称本所或北交所）市场规范发展，引导投资者理性参与本所市场证券交易，保护投资者合法权益，根据《中华人民共和国证券法》《证券公司监督管理条例》《证券期货投资者适当性管理办法》等法律法规，制定本办法。

第二条 本所市场实行投资者适当性管理制度。在本所市场从事证券交易及相关业务的证券经营机构（以下简称会员）对投资者参与本所市场证券申购和交易（以下统称交易）的适当性管理，适用本办法。

法律法规、部门规章和本所业务规则对产品或服务的投资者准入要求另有规定的，从其规定。

第三条 会员应当切实履行投资者适当性管理职责，按照本办法的规定，对委托其参与本所证券交易的投资者进行适当性管理，引导投资者在充分了解本所市场特性的基础上审慎参与本所市场交易。

第四条 投资者参与本所证券交易等相关业务，应当熟悉本所业务规定，了解上市公司风险特征，结合自身风险偏好确定投资目标，客观评估自身的心理和生理承受能力、风险识别能力及风险控制能力，审慎决定是否参与证券交易等业务。

第五条 个人投资者参与本所市场股票交易，应当符合下列条件：

（一）申请权限开通前20个交易日证券账户和资金账户内的资产日均不低于人民币50万元（不包括该投资者通过融资融券融入的资金和证券）；

（二）参与证券交易24个月以上。

机构投资者参与本所股票交易，应当符合法律法规及本所业务规则的规定。

经中国证券监督管理委员会（以下简称中国证监会）批准，本所可以根据市场情况调整适当性准入条件。

第六条 公司上市前的股东、通过股权激励持有公司股份的股东等，如不符合本办法规定的投资者准入条件，只能买卖其持有或曾持有的上市公司股票。

第七条 会员应当根据中国证监会有关规定及本办法要求，建立健全投资者分类、产品或服务分级和适当性匹配等内部管理制度，明确匹配依据、方法、流程等。

第八条 会员应当了解投资者的身份、财务状况、证券投资经验等相关信息，评估投资者的风险承受能力和风险识别能力，并对个人投资者是否符合条件进行核查。

会员应当重点评估个人投资者是否了解北交所股票交易的业务规则与流程，以及是否充分知晓北交所股票投资风险。评估结果及适当性匹配意见应当告知投资者。

第九条 会员应当认真审核投资者提交的相关材料，并要求首次委托买入本所股票的投资者，以纸面或电子形式签署风险揭示书，风险揭示书应当充分揭示北交所股票交易风险。

投资者未签署风险揭示书的，会员不得接受其申购或买入委托。

第十条 会员应当制定投资者服务方案和管理流程，根据投资者的不同特点，有针对性地开展风险揭示、投资者知识普及和投资者服务等工作。

第十一条 会员应当告知投资者，其提供的信息发生重要变化、可能影响投资者分类的，应及时告知会员。会员应当建立投资者评估数据库，结合所了解的投资者信息和其参与证券交易的情况，及时对评估数据库进行更新，留存评估结果备查。

第十二条 会员应当动态跟踪和持续了解个人投资者交易情况和本所市场业务变化情况，主动调整投资者适当性匹配意见，并告知投资者上述情况。

第十三条 投资者应当配合会员适当性管理工作，如实提供申报材料。投资者信息发生重要变化、可能影响其分类的，应当及时告知会员。

投资者不予配合或提供信息不真实、不准确、不完整的，会员应当告知其后果，并拒绝为其办理本所交易相关业务或者限制其交易权限。

第十四条 会员应当妥善保管投资者的档案资料，除依法配合调查和检查外，应当为投资者保密。

第十五条 会员应当妥善保存业务办理、投资者服务过程中风险揭示的语音或影像留痕。

第十六条 会员发现客户存在异常交易行为或者违法违规行为时，应当根据本所相关规定及时提醒客户，并向本所报告。

第十七条 本所对存在异常交易行为的投资者采取监管措施的，会员应当及时与投资者取得联系，告知其有关监管要求和采取的监管措施。

对出现异常交易行为的投资者，本所可以暂停或限制其交易，会员应当予以配合。

第十八条 会员应当为投资者提供合理的投诉渠道，指定专门部门受理投诉，妥善处理与投资者的矛盾和纠纷，并认真做好记录工作。

第十九条 会员应当按照本所的要求报送投资者适当性管理相关信息，并配合中国证监会及其派出机构、本所等监管机构对其投资者适当性管理执行情况进行检查，如实提供投资者开户资料、资金账户情况等信息，不得隐瞒、阻碍和拒绝。

会员应当妥善保存其履行投资者适当性义务的相关信息资料，保存期限不得少于20年。

第二十条 会员及其相关业务人员违反本办法规定，本所可以视情节轻重采取以下自律监管措施：

（一）口头警示；

（二）约见谈话；

（三）要求提交书面承诺；

（四）出具警示函；

（五）限期改正；

（六）本所规定的其他自律监管措施。

第二十一条 会员及其相关业务人员严重违反本办法规定，本所可以视情节轻重采取以下纪律处分：

（一）通报批评；

（二）公开谴责；

（三）限制、暂停其从事相关业务；

（四）本所规定的其他纪律处分。

第二十二条 本办法所称“低于”不含本数，“以上”含本数。

第二十三条 本办法由本所负责解释。

第二十四条 本办法自发布之日起生效。

关于发布《北京证券交易所投资者适当性管理业务指南》的公告

北证公告〔2021〕4号

为了加强投资者适当性管理，明确业务办理要求，北京证券交易所（以下简称本所）制定了《北京证券交易所投资者适当性管理业务指南》（以下简称《指南》），现予以发布，自发布之日起生效，实施时间另行通知。

自本公告发布之日起，证券公司为投资者预约开通交易权限的，应当按照《指南》的要求，向本所报送合格投资者证券账户信息。

特此公告。

附件：北京证券交易所投资者适当性管理业务指南

北京证券交易所

2021年9月17日

北京证券交易所
投资者适当性管理业务指南

为了加强投资者适当性管理，规范投资者资产认定、合格投资者证券账户信息报送标准及流程，根据《北京证券交易所投资者适当性管理办法》（以下简称《办法》）等有关规定，制定本指南。

1. 投资者适当性的认定

会员为投资者开通北京证券交易所（以下简称本所或北交所）交易权限，应当严格按照《办法》的相关规定，对投资者是否符合投资者适当性条件进行核查，具体认定标准如下：

1.1　个人投资者证券账户和资金账户的认定

可用于计算个人投资者资产的证券账户和资金账户，包括中国证券登记结算有限责任公司（以下简称中国结算）开立的证券账户、投资者在会员开立的账户、投资者交易结算资金账户、股票期权保证金账户以及本所认可的其他账户。其中，中国结算开立的账户包括 A 股账户、B 股账户、封闭式基金账户、开放式基金账户、衍生品合约账户及中国结算根据业务需要设立的其他证券账户。

1.2　可计入个人投资者资产的资产认定

可计入个人投资者资产的资产包括在中国结算开立的账户内的证券资产、在会员开立的账户内的资产、投资者资金账户内的资金，以及本所认可的其他资产。

1.2.1　中国结算开立的证券账户内，可计入个人投资者资产的资产包括：股票（包括全国中小企业股份转让系统挂牌股票、A 股、B 股、优先股和通过港股通买入的港股）、存托凭证、公募基金份额、债券、资产支持证券、资产管理计划份额、股票期权合约（其中权利仓合约按照结算价计增资产，义务仓合约按照结算价计减资产）、回购类资产（包括债券质押式回购逆回购、质押式报价回购）及本所认可的其他证券资产。

1.2.2　在会员开立的账户内，可计入个人投资者资产的资产包括：公募基金份额、私募基金份额、银行理财产品、贵金属资产、场外衍生品资产等。

1.2.3　资金账户内，可计入个人投资者资产的资产包括：投资者交易结算资金账户内的交易结算资金、股票期权保证金账户内的交易结算资金（包括义务仓对应的保证金）、本所认可的其他资金资产。

1.2.4　计算个人投资者各类融资类业务相关资产时，应按照净资产计算，不包括融入的证券和资金。投资者应当遵守证券账户实名制要求，不得出借自己的证券账户，不得借用他人的证券账户。

1.2.5　核查投资者是否满足相关资产标准时，对于投资者在中国结算开立但托管在其他券商处的证券账户内的资产，可以使用中国结算出具的投资者证券持有情况电子凭证并通过中国结算电子凭证校验平台进行确认。

1.3　参与证券交易经验的认定

个人投资者参与全国中小企业股份转让系统挂牌股票、A股、B股、存托凭证交易的，均可计入其参与证券交易的时间。相关交易经历自个人投资者本人一码通账户下任一证券账户在上海证券交易所、深圳证券交易所、本所及全国中小企业股份转让系统发生首次交易起算。首次交易日期可通过会员向中国结算查询。

1.4　适当性评估及风险揭示

会员应当做好投资者适当性综合评估和风险揭示，在评估个人投资者对本所股票交易规则及风险的了解情况时，可以通过知识测评等形式进行。通过网上方式为投资者开通交易权限的，应当核实投资者身份，确认投资者已经以电子形式签署风险揭示书，并以适当方式向投资者明确反馈交易权限开通结果。

2. 合格投资者证券账户信息报送及交易权限管理要求

2.1　合格投资者报送范围

会员核查后认定投资者符合《办法》中适当性条件的，应当在为投资者开通证券交易权限时，向本所报送合格投资者证券账户信息，上市公司回购专用账户无需报送。

会员应当对其开展自营、资管业务使用的证券账户，向本所报送合格投资者账户信息。

2.2　合格投资者报送方式

会员应于每个交易日9：00~16：15，按照技术数据接口规范要求，通过深圳证券通信有限公司金融数据交换平台（以下简称FDEP），向本所报送当日新增合格投资者证券账户信息。报送的内容应当包括：合格投资者业务开通流水号、证券账户、账户名称、签署日期、申请日期、类别标识、营业部编码等。其中，类别标识类型为“三类合格投资者”的为北交所合格投资者。

具有全国股转系统一类和二类交易权限的投资者，可以参与本所股票交易；具有全国股转系统四类交易权限的投资者，可以参与本所定向发行优先股转让。

会员未按时报送的，本所按其当日无新增合格投资者进行处理；当日多次报送的，本所以其最后一次报送的证券账户信息为准；若同一报送文件中存在同一证券账户重复报送的情形，则以流水号最小的证券账户信息为准。当日无新增合格投资者的，会员应当报送空表。

2.3　投资者交易权限管理

2.3.1　会员向本所报送合格投资者账户信息当日，即可以为该投资者开通交易权限，允许其交易本所上市公司股票。

2.3.2　属于《办法》第六条规定情形的投资者，会员可以依据本所受限投资者可交易证券信息库或查询到的投资者（曾）持股记录，为投资者提供买卖相应股票的交易权限。投资者拒绝签署风险揭示书的，会员应当仅为其提供卖出所持股票的交易权限，不得接受其买入或申购委托。

3. 合格投资者证券账户信息的处理流程

3.1　证券账户信息接收

每个交易日16：15后，本所接收中国结算北京分公司发送的增量证券账户信息。

3.2　投资者适当性管理证券账户信息生成

每个交易日19：30后，本所对各会员上报的合格投资者证券账户信息进行汇总，生成《当日新增合格投资者汇总信息库》。上述事项完成后，本所将会员报送的合格投资者证券账户信息与中国结算北京分公司发送的曾持股证券账户信息进行比对处理，生成《受限投资者可交易证券信息库》，主要包括全部受限投资者证券账户及可交易证券等信息。

3.3　证券账户信息下发

每个交易日20：00后，本所通过FDEP向各会员下发《当日新增合格投资者汇总信息库》以及《受限投资者可交易证券信息库》。

每月第一个交易日20：00后，本所将向各会员下发截至当日的全部合格投资者证券账户信息。

4. 报送错误信息的反馈与处理

会员报送合格投资者账户信息后，本所即时反馈报送信息的格式类错误校验结果，会员应当于当日更正后重新报送。

本所于每个交易日生成投资者适当性管理证券账户信息后，向各会员反馈对其当日报送合格投资者数据的处理结果。对于报送失败的合格投资者账户信息，会员应当于次一交易日重新报送。

5. 本指南自发布之日起生效

关于发布《北京证券交易所 全国中小企业股份转让系统证券代码、证券简称编制指引》的公告

为了加强北京证券交易所（以下简称北交所）、全国中小企业股份转让系统证券代码、证券简称的管理，北交所和全国中小企业股份转让系统有限责任公司（以下简称全国股转公司）制定了《北京证券交易所 全国中小企业股份转让系统证券代码、证券简称编制指引》，现予以发布，自 2021 年 11 月 15 日起施行。

特此公告。

附件：北京证券交易所 全国中小企业股份转让系统证券代码、证券简称编制指引

北京证券交易所　　全国股转公司

2021 年 11 月 12 日　2021 年 11 月 12 日

北京证券交易所　全国中小企业股份转让系统证券代码、证券简称编制指引

第一章　总则

第一条　为了加强北京证券交易所（以下简称北交所）和全国中小企业股份转让系统（以下简称全国股转系统）证券代码、证券简称的管理，确保证券代码、证券简称编制工作安全、稳定、有序地开展，有效利用证券代码资源，制定本指引。

第二条　本指引适用于在北交所上市和在全国股转系统挂牌证券品种的证券代码、证券简称编制和使用工作。

第三条　证券代码采用六位数的数字型编制方法。

第四条　证券代码的编制原则上应当在所属证券品种区间内，可采用连续编制或其他经北交所和全国中小企业股份转让系统有限责任公司（以下简称全国股转公司）认可的方式进行编制。

第五条　按本指引编制的证券代码原则上不得与北交所已上市和全国股转系统已挂牌证券代码重复。公开发行的发行代码、网络投票等必须重复使用证券代码的业务除外。

按本指引编制的证券代码应尽量避免与境内其他交易所已挂牌或上市证券代码重复。

第六条　证券简称应参考发行人名称、所属证券品种编制，原则上不得超过八个字符（单字节字符），且应尽量避免与全国股转系统和境内交易所已挂牌或上市证券的证券简称重复。

第二章　证券代码、证券简称的编制

第一节　上市公司及挂牌公司股票

第七条　普通股票证券代码首两位代码为83、87、88。公开发行股票的发行代码从88号段选取，首三位代码为889。

第八条　优先股票证券代码首两位代码为82。

第九条　股票证券简称原则上从公司名称中选取。

第十条　股票上市首日，证券简称首位字符应改为“N”，其他字符原则上从公司

名称中选取。

上市公司股票被实施退市风险警示的，其证券简称首三位字符应改为“＊ST”，其他字符原则上从公司名称中选取。

上市公司股票被北交所作出终止上市决定的，退市整理期期间其证券简称后两位字符应改为“退”，其他字符原则上从公司名称中选取。

第十一条　挂牌公司股票交易被实行风险警示的，其证券简称首两位字符应改为“ST”，其他字符原则上从公司名称中选取。

挂牌公司股票被全国股转公司作出终止挂牌决定的，恢复交易期间其证券简称首四位字符应改为“摘牌”，其他字符原则上从公司名称中选取。

第十二条　优先股证券简称首四位字符原则上从公司名称中选取，后三位字符为“优1”。

若该发行人再次发行优先股，首四位字符编制规则不变，后三位字符根据发行次数依次为“优2”、“优3”等。

第二节　两网公司及退市公司股票

第十三条　两网公司及退市公司A股股票证券代码首三位代码为400。

第十四条　退市公司B股股票证券代码首三位代码为420。

第十五条　退市公司既有A股股票，又有B股股票，其后三位代码应相同。

第十六条　两网公司及退市公司A股股票证券简称的末位字符应为标识其每周交易天数的阿拉伯数字，其他字符原则上从公司名称中选取；B股股票证券简称的后两位字符应为“B”加上其每周交易天数的阿拉伯数字，其他字符原则上从公司名称中选取。

第三节　可转换公司债券

第十七条　向特定对象发行可转换公司债券代码首三位代码为810。

第十八条　向特定对象发行可转换公司债券证券简称首四位字符原则上从公司股票证券简称中选取，后四位字符为“定转”。

第四节　股权激励期权

第十九条　股权激励期权证券代码首三位代码为850。

第二十条　股权激励期权证券简称首四位字符从公司股票证券简称中选取，后四位字符按照期数依次为“JLC1”、“JLC2”等。

第五节　要约收购、要约回购

第二十一条　要约收购证券代码首三位代码为840。

第二十二条 要约回购证券代码首三位代码为841。

第二十三条 要约收购证券简称首四位字符从公司股票证券简称中选取，后四位字符为“收购”。

第二十四条 要约回购证券简称首四位字符从公司股票证券简称中选取，后四位字符为“回购”。

第六节 指数

第二十五条 证券指数的证券代码首三位代码为899。

第二十六条 证券指数的证券简称原则上从证券指数名称中选取。

第三章 附则

第二十七条 证券发行人可以向北交所、全国股转公司提出ISIN代码申请，由北交所、全国股转公司统一向全国金融标准化技术委员会证券分技术委员会申请对应的ISIN代码。ISIN代码的有关编制方法参见国际号码代理人协会的ISO6166条例。

第二十八条 本指引由北交所和全国股转公司负责解释。

第二十九条 本指引自2021年11月15日起施行。

（四）市场管理

关于发布《北京证券交易所会员管理规则（试行）》的公告

北证公告〔2021〕22号

为了规范北京证券交易所（以下简称本所）会员业务活动开展，保障交易安全，保护投资者合法权益，本所制定了《北京证券交易所会员管理规则（试行）》，经中国证监会批准，现予以发布，自2021年11月15日起施行。

特此公告。

附件：北京证券交易所会员管理规则（试行）

北京证券交易所

2021年11月2日

北京证券交易所会员管理规则（试行）

第一章　总则

1.1　为了规范北京证券交易所（以下简称本所）会员证券交易及其相关业务活动，保障交易安全，维护证券市场秩序，保护投资者合法权益，促进证券市场健康稳定发展，根据《中华人民共和国证券法》《证券公司监督管理条例》《证券公司风险处置条例》《证券交易所管理办法》等法律法规、部门规章和规范性文件，制定本规则。

1.2　本规则适用于本所普通会员（以下简称会员）的管理。特别会员的管理规则，由本所另行制定。

1.3　会员开展本所证券交易及相关业务，应当遵守法律、行政法规、部门规章、规范性文件和本所业务规则，诚实守信，规范运作，接受本所自律管理。

1.4　会员董事、监事、高级管理人员、会员代表、会员业务联络人及其他相关人员应当遵守法律、行政法规、部门规章、规范性文件和本所业务规则，忠实、勤勉地履行职责，接受本所自律管理。

1.5　本所依据本规则及本所其他业务规则，对会员及其董事、监事、高级管理人员、会员代表、会员业务联络人及其他相关人员进行自律管理。

1.6　会员开展本所证券交易及相关业务，应当对自身及客户交易行为进行管理，防范违规交易行为和交易异常风险，维护证券市场秩序。

第二章　会员资格管理

第一节　会员资格取得、变更及注销

2.1.1　具备下列条件的证券经营机构可申请成为本所会员：

（一）取得经营证券期货业务许可证，经营证券经纪、证券承销与保荐业务或中国证券监督管理委员会（以下简称中国证监会）认可的其他证券业务；

（二）依法取得登记机关颁发的企业法人营业执照；

（三）具有良好的信誉和经营业绩；

（四）组织机构和业务人员符合中国证监会和本所规定的条件；

（五）具有完善的风险管理与内部控制制度；

（六）具有合格的经营场所、业务设施和技术系统；

（七）遵守本所业务规则，按规定交纳相关费用；

（八）中国证监会及本所规定的其他条件。

2.1.2　证券经营机构向本所申请会员资格，应当提交下列文件：

（一）申请书；

（二）公司设立的批准文件；

（三）公司基本情况申报表；

（四）《经营证券期货业务许可证》（副本）复印件；

（五）《企业法人营业执照》（副本）复印件；

（六）最近年度经审计财务报表和净资本计算表；

（七）公司章程；

（八）本所要求提交的其他文件。

证券经营机构应当按照本所规定的方式和要求，提交上述文件。

2.1.3　证券经营机构申请文件齐备的，本所予以受理，并自受理之日起10个交易日内作出是否同意其成为会员的决定。

本所同意的，与该机构签订《证券经营机构参与北京证券交易所业务协议书》（以下简称《协议书》），向其颁发会员资格证书，并予以公告，同时自同意之日起5个工作日内报告中国证监会。

2.1.4　会员申请名称变更登记，应当向本所提交下列文件：

（一）申请书；

（二）机构名称变更的批准文件；

（三）变更后的《经营证券期货业务许可证》（副本）复印件；

（四）变更后的《企业法人营业执照》（副本）复印件；

（五）变更后的公司章程；

（六）会员资格证书；

（七）本所要求提交的其他文件。

2.1.5　会员名称变更申请文件齐备的，本所予以受理，自受理之日起5个交易日内与会员重新签订《协议书》，换发会员资格证书，并予以公告。

2.1.6　会员有下列情形之一的，应当向本所申请终止会员资格：

（一）被中国证监会依法撤销相关证券业务许可，不再进入本所市场开展相关业务的；

（二）被中国证监会依法撤销、责令关闭的；

（三）被中国证监会批准解散的；

（四）不能继续履行正常的交易及交收义务的；

（五）会员决定终止其会员资格的；

（六）其他不符合本所规定的会员条件的。

会员发生前款第一项至第三项情形时，应当自收到中国证监会决定之日起30个交易日内向本所申请终止会员资格。

2.1.7　会员申请终止会员资格，应当向本所提交下列文件：

（一）申请书；

（二）有关批准文件或者决定书；

（三）会员资格证书；

（四）业务处置方案；

（五）本所要求提交的其他文件。

2.1.8　会员申请终止会员资格文件齐备的，本所予以受理，并自受理之日起10个交易日内作出是否同意终止的决定。

2.1.9　会员未按本规则第2.1.6条规定申请终止会员资格的，本所可以决定取消其会员资格，并书面通知该会员。

会员对上述决定有异议的，可自收到通知之日起15个交易日内向本所申请复核。

2.1.10　本所同意终止会员资格申请或者决定取消会员资格的，注销其会员资格，并予以公告，同时自同意或决定之日起5个工作日内报告中国证监会。会员资格证书自注销之日起失效。

2.1.11　本所注销会员资格的，相关机构应当及时办理相关手续，交清费用。

2.1.12　会员被依法指定托管、接管的，托管方或其他相关机构对所托管的证券交易业务行使经营管理权时，应当确保会员遵守本所规定，承担相关义务。

第二节　交易单元与交易权限管理

2.2.1　会员享有进入本所市场进行证券交易的权利，取得会员资格后，成为本所交易参与人。

会员应当通过在本所开设的交易单元参与证券交易。

2.2.2　本所根据会员的申请和业务范围，为其开设的交易单元设定下列交易或业务权限：

（一）参与不同类别证券品种的交易；

（二）参与不同类型的交易申报；

（三）其他交易或业务权限。

2.2.3　本所可根据会员的风险承受能力、技术系统、内部控制、业务范围变化及遵守本所业务规则的情况等，调整或取消相关交易或业务权限。

2.2.4　会员不得转让交易单元。经本所同意，会员可将交易单元以本所认可的方式提供给他人使用。会员将交易单元提供给他人使用的，应当切实加强交易单元管理，要求使用人严格遵守交易单元使用相关规定，合法合规参与交易。

2.2.5　交易单元和交易权限等管理细则由本所另行规定。

第三节　会员代表和会员业务联络人

2.3.1　会员应当设会员代表一名，代表会员与本所进行沟通，负责组织、协调会员与本所的各项业务往来。

会员代表由会员高级管理人员担任。

会员应当为会员代表履行职责提供便利条件，会员董事、监事、高级管理人员及相关人员应当配合会员代表的工作。

2.3.2　会员应当设会员业务联络人若干名。

会员业务联络人根据会员代表授权，履行下列职责：

（一）及时、准确、完整地接收本所发布的各类通知和信息，并按规定提交本所要求的文件、资料；

（二）办理会员资格、交易单元、交易权限管理等业务；

（三）协调与本所相关的交易及相关系统的建设、改造及测试工作；

（四）办理与本所相关的会员交易合规管理、风险控制及客户管理、融资融券、投资者教育服务等业务；

（五）督促会员及时履行报告职责和公告义务；

（六）本所要求履行的其他职责。

2.3.3　会员代表、会员业务联络人由会员向本所推荐产生。会员应当向本所提交推荐会员代表和会员业务联络人的书面文件，并载明拟推荐人员的联络方式。

本所自收到会员推荐文件之日起5个交易日内未提出异议的，视为同意。

2.3.4　会员代表或者会员业务联络人出现下列情形之一的，会员应当立即予以更换并在5个交易日内向本所报告：

（一）会员代表不再担任高级管理人员职务；

（二）连续3个月以上不能履行职责；

（三）在履行职责时出现重大错误，产生严重后果的；

（四）本所认为不适宜继续担任会员代表或者会员业务联络人的其他情形。

会员对存在前款规定情形的会员代表或者会员业务联络人不予更换的，本所可以要求更换。

会员更换会员代表或者会员业务联络人，应当按照本规则第2.3.3条向本所提交推荐文件。

2.3.5　会员代表空缺期间，会员法定代表人或者其指定的其他高级管理人员应当履行会员代表职责并及时向本所报告，直至会员推荐新的会员代表。

第四节　报告与公告

2.4.1　会员应当按照本规则及本所其他业务规则的要求，及时履行相关报告义务。会员向本所报送的信息和资料应当真实、准确、完整。

2.4.2 会员应当在每年4月30日前向本所报送上年度经审计财务报表和本所要求的年度报告材料。

2.4.3 有下列情形之一的，会员应当自该情形发生之日起5个交易日内向本所报告：

（一）会员根据本规则第2.1.2条提交的相关文件所涉事项发生变更的，第六项除外；

（二）会员设立、收购、撤销分支机构以及变更分支机构地址或者主要负责人，变更公司章程中的重要条款，合并、分立、变更公司形式的；

（三）净资本等风险控制指标不符合中国证监会规定标准的；

（四）对外提供的担保单笔涉及金额或12个月内累计金额占公司最近经审计净资产值的10%以上；

（五）诉讼、仲裁事项涉及金额或12个月内累计金额占公司最近经审计净资产值的10%以上；

（六）会员或会员董事、监事、高级管理人员因涉嫌违法违规被有权机关调查或受到行政、刑事处罚的；

（七）会员改聘会计师事务所；

（八）股东会或股东大会、董事会决议被依法撤销或宣告无效；

（九）中国证监会和本所规定的其他事项。

2.4.4 会员出现下列情形之一的，应当立即向本所报告，并持续报告进展情况：

（一）发生重大业务风险，影响市场交易的；

（二）交易及相关系统发生重大技术事故，导致交易无法正常进行或者出现重大异常的；

（三）发生不可抗力或者意外事件，影响客户正常交易的；

（四）进入风险处置，被中国证监会采取停业整顿、托管、接管、行政重组、撤销等处置措施的；

（五）发生其他影响会员正常经营的重大事件。

会员发生前款第一项至第四项异常情况的，应当立即通过其营业场所、公司网站等方式予以公告。

第五节 收费

2.5.1 会员应当按照规定的收费项目、收费标准与收费方式，按时交纳相关费用。

2.5.2 会员拖欠本所相关费用的，本所可以视情况暂停受理或者办理相关业务。

2.5.3 会员被中国证监会依法指定托管、接管的，应当按照本所要求交纳相关费用，如不能按时交纳的，本所可以视情况采取相应措施。

第三章　业务管理

3.1　会员开展本所相关业务，应当建立健全合规管理、内部风险控制与管理机制，严格防范和控制风险。

3.2　会员开展证券交易业务，应当完善业务流程与技术手段，对自身及客户交易行为进行有效管理，防范异常交易与违法违规交易行为。

3.3　会员开展证券经纪业务，应当与客户签订证券交易委托协议，并按照本所业务规则的要求接受和执行客户的证券买卖委托。

会员应当在证券交易委托协议中与客户明确双方权利与义务，并对客户资料提供、账户交易权限管理、委托交易指令核查、异常交易行为处理、客户委托拒绝以及委托关系解除等事项作出约定。

3.4　存在下列情形之一的，会员应当按照证券交易委托协议约定，拒绝接受委托、暂停提供交易服务或者终止与客户的证券交易委托代理关系：

（一）客户违法违规使用证券账户；

（二）客户存在严重影响正常交易秩序的异常交易行为或者涉嫌违法违规的交易行为；

（三）客户频繁发生异常交易行为；

（四）客户拒绝按规定、约定向监管机构或会员提供身份信息、交易信息、账户实际控制人信息等；

（五）本所业务规则规定或者会员认为必要的其他情形。

3.5　会员与客户建立证券交易委托代理关系时，应当采取必要措施充分了解客户的基本信息、财务状况、证券投资经验、交易需求、风险偏好等情况。

会员对各类金融产品还应当了解产品结构、产品期限、收益特征等金融产品合同关键要素，投资顾问、实际控制人和实际受益人等相关主体以及金融产品审批、备案等相关信息。

3.6　会员对客户账户内的资金、证券以及委托、成交数据应当有完整、准确、详实的记录或者凭证，按户分账管理，并向客户提供对账与查询服务。

3.7　会员应当采取有效措施，妥善保存客户开户资料、委托记录、交易记录、清算文件、客户交易终端信息等资料，防止出现遗失、毁损、伪造、篡改等情况，保存期限不得少于20年。

3.8　会员应当对客户信息资料保密，法律、行政法规、部门规章、规范性文件另有规定的除外。

3.9　会员开展证券自营业务应当通过证券自营账户进行，并自证券自营账户开立之日起3个交易日内报本所备案。

会员不得将证券自营账户借给他人使用，不得借用他人账户开展自营业务。

3.10　会员开展证券资产管理业务，应当自证券账户开立之日起3个交易日内报本所备案。

3.11　会员进行自营与资产管理业务交易时，应当对每一笔申报所涉及的资金、证券、价格等内容进行核查，确保交易指令符合本所业务规则的规定，及时识别和防范业务风险。交易指令应当由自营与资产管理业务部门以外的其他部门核查。

会员证券自营及资产管理等交易业务中出现异常交易行为的，应当及时采取有效管理措施并向本所报告。

3.12　会员通过自营账户、资产管理账户等开展产品业务创新，参与本所证券交易的，应当根据本所要求，将其开展产品业务创新的具体情况及相关投资顾问、账户实际操作人、实际受益人等主体的有关资料报本所备案。

3.13　会员开展证券投资咨询业务，应当建立研究报告的质量审核机制和发布程序，确保信息来源合法合规，分析结论具有合理依据，充分揭示投资风险，避免误导市场并导致相关证券价格出现异常波动。

3.14　会员开展证券承销保荐、做市交易、融资融券、股票质押式回购交易、证券发行、持续督导、证券受托管理、基金销售等业务，应当严格遵守本所相关规定，加强内部控制，防范和控制业务风险。

3.15　会员应当加强证券账户管理，不得为他人违法违规使用账户进行证券交易提供便利，发现账户存在涉嫌违法违规交易行为或使用情况与报送情况不一致等异常情况的，应当及时核查并向本所报告。

3.16　会员应当建立健全信息隔离制度，对存在利益冲突的各项业务采取有效管理措施，严格控制敏感信息的不当使用。

3.17　会员应当加强其业务人员的执业道德和诚信教育，强化业务人员的勤勉尽责意识、合规操作意识、风险控制意识和保密意识。

3.18　会员收到监管机构监管文件时，应当注意保密，未经相关监管机构许可，不得泄露给任何第三方。

会员及其业务人员应当对开展本所业务中获取的非公开信息履行保密义务，不得利用该信息谋取不正当利益。

第四章　客户管理

第一节　客户交易行为管理

4.1.1　会员应当切实履行客户交易行为管理职责，按照“事前认识客户，事中监控交易，事后报告异常”的要求，建立完善的客户交易行为管理制度，引导客户合法合规地参与本所市场证券交易。

4.1.2 会员应当指定专门部门负责客户交易行为管理和自律监管协同工作，对相关人员进行培训，并就客户交易行为管理和自律监管协同工作的执行情况设置考核标准。

4.1.3 会员应当充分认识自己的客户，掌握客户相关信息，要求客户承诺所提供信息真实、准确、完整。

4.1.4 会员接受客户证券买卖委托时，应当核对客户身份及其账户交易权限，对客户的每一笔委托所涉及的交易资格、资金、证券、价格等内容进行核查，查验资金、证券是否足额，并确保客户委托符合本所业务规则的规定。

4.1.5 会员应当完善交易监测监控系统，设定相应的监测指标和预警参数，对客户的交易行为进行监测监控，识别客户的异常交易行为。

会员在监测监控中发现客户涉嫌异常交易行为的，应当及时分析。经判断确认客户交易行为存在异常的，会员应当告知、提醒、警示客户。对可能严重影响正常交易秩序的异常交易行为或者涉嫌违法违规的交易行为，会员应当根据与客户的协议拒绝接受其委托，并及时向本所报告。

对于客户出现账户资产规模、交易金额异常放大等可疑情形的，会员应当及时核查分析，发现涉嫌违法违规的，应当及时向本所报告。

4.1.6 会员应当建立相应的监管协同制度与流程，配合本所调查，按照本所要求及时、真实、准确、完整地提供相关客户资料。

本所对投资者采取自律监管措施或纪律处分的，会员应当及时传达客户，协同本所完成对客户交易行为的自律管理，采取有效措施管理客户交易行为。

会员在协同本所进行自律管理的过程中收到本所监管文件的，应当严格按照监管文件要求进行处理。

4.1.7 会员应当按照本所要求明确交易监控重点，针对重点监控账户、重点监控证券、重点分支机构，采取针对性措施加强交易监测监控和管理。

4.1.8 会员应当妥善留存客户交易行为管理的各项记录，定期汇总各分支机构的客户管理台账和客户异常交易情况。

4.1.9 本所建立会员客户交易行为管理评价机制，对会员客户交易行为管理、协同本所自律监管等情况进行综合评价。

本所将根据评价结果等对会员开展现场或者非现场检查，并可根据评价结果或者检查情况采取相应的自律监管措施或者纪律处分。

4.1.10 会员未按本规则或本所其他业务规则要求履行客户交易行为管理职责的，本所可对其采取相应处理措施。

本所对遵守和执行客户交易行为管理相关规定表现突出的会员，可以采取适当形式给予表彰或激励。

第二节　投资者适当性管理

4.2.1　会员应当根据法律、行政法规、部门规章、规范性文件和本所业务规则的规定履行投资者适当性管理义务，向客户提供本所市场的产品或服务（以下简称产品或服务）时，切实遵守相关法律法规和本所相关业务规则对投资者准入条件、风险揭示方式等投资者适当性管理的要求。

对于不符合相关规定准入条件的客户，会员应当拒绝为其提供产品或服务。

4.2.2　会员应当制定投资者适当性管理相关制度，建立客户分类与产品或服务风险分级的管理机制。

4.2.3　会员应当遵循“了解自己客户”的原则，评估客户风险认知与承受能力，对客户进行分类管理。

4.2.4　会员应当了解拟向客户提供的产品或服务的相关信息，包括产品或服务的内容、性质、风险收益特征、业务规则等。

4.2.5　会员应当在遵守投资者准入要求的前提下，对客户的风险承受能力与产品或服务进行适当性匹配，根据产品或服务的风险收益特征、投资目标等因素，确定适合参与的客户类别与范围，将适当的产品或服务提供给适合的客户。

4.2.6　会员向客户提供产品或服务，应当向其详细介绍产品或服务的相关信息，明确告知产品或服务的风险收益特征，充分揭示投资风险和可能存在的利益冲突，并根据本所相关业务规则的规定与客户签署风险揭示书。

4.2.7　会员应当动态跟踪客户，对于购买或申请高风险产品或服务的客户，持续评估客户的风险承受能力，并通过多种方式揭示交易风险，引导客户理性投资。

4.2.8　会员应当按照有关规定，以纸面或者电子方式记载、妥善保存其履行投资者适当性管理义务的相关信息资料。

第三节　投资者教育管理

4.3.1　会员应当按照有关规定，切实做好各项投资者教育工作，引导投资者理性参与证券交易，提高风险防范意识和自我保护能力。

4.3.2　会员应当建立健全投资者教育工作制度，将投资者教育工作纳入各项业务环节，设置投资者教育岗位，明确岗位职责，做好员工培训，保障费用支出和人员配备。

4.3.3　会员投资者教育内容包括：

（一）证券法律法规、政策与本所业务规则；

（二）证券投资知识和投资技能；

（三）证券产品、业务及其风险收益特征；

（四）证券市场违法违规行为案例；

（五）宏观经济政策与行业发展动态；

（六）投资者权利行使、诉求处理及纠纷解决；

（七）有关投资者教育的其他内容。

会员可以根据自身投资者教育工作开展情况，并结合市场形势变化，及时补充和调整投资者教育内容，确保投资者教育工作的时效性、有效性。

4.3.4　会员应当结合投资者分类，面向新开户、参与新股交易、参与本所相关新业务的投资者，重点介绍证券投资知识和投资风险等，有针对性地开展投资者教育工作，强化投资者的风险防范意识。

4.3.5　会员应当按照有关规定，为投资者在主张赔偿救济、参与上市公司股东大会网络投票等依法行使权利时提供相关支持与便利，维护投资者合法权益。

4.3.6　本所可以根据市场情况，组织开展各类投资者教育活动。会员应当积极配合，协助做好组织安排工作。

4.3.7　本所对会员开展投资者教育工作进行检查、指导、监督、协调、服务和评估，引导会员强化投资者教育工作。

第五章　证券交易信息管理

5.1　本所对本所市场交易形成的基础信息和加工产生的信息产品享有专属权利。会员使用本所证券交易信息，应当与本所或者本所授权机构签订使用协议，并遵守本所有关证券交易信息管理的规定。

5.2　会员应当通过本所或者本所授权机构认可的通信系统传输证券交易信息。

5.3　会员应当在营业场所及证券经纪网上交易等客户交易平台及时准确地公布证券交易信息，供开展证券交易的客户使用。

5.4　未经本所或者本所授权机构许可，会员不得以下列方式使用证券交易信息：

（一）有偿或者无偿提供给客户开展自身证券交易以外的其他活动；

（二）有偿或者无偿提供给客户以外的其他机构和个人；

（三）在营业场所、证券经纪网上交易等客户交易平台外使用；

（四）本所业务规则或其他授权协议禁止的其他使用方式。

5.5　会员应当在证券交易委托协议中约定并且明确告知客户不得将证券交易信息用于自身证券交易以外的其他活动，并对客户使用证券交易信息的行为进行有效管理。

会员发现客户使用证券交易信息时存在损害本所利益的行为，应当及时采取有效措施予以制止，并向本所报告。

第六章　交易及相关系统管理

6.1　会员应当按照中国证监会及本所业务规则的规定，建立交易及相关系统，并制定相应的安全运行管理制度。

会员交易及相关系统与本所接口部分的建设、运行、维护，应当符合本所或者本所授权机构的规定或者认可的技术管理规范。

6.2　会员交易及相关系统的性能、容量及扩展能力应当与其业务发展及市场需求相适应，保障交易及相关系统的持续稳定运行。

6.3　会员使用本所或者本所授权机构提供的交易及相关系统服务，应当与本所或者本所授权机构签订协议。

6.4　会员应当按照本所或者本所授权机构的技术规范和业务要求，对交易及相关系统的软件和硬件进行改造，并按要求参与本所或者本所授权机构组织的测试，及时报告测试情况。

会员对其交易及相关系统进行改造、测试时，不得影响交易活动的正常进行。

6.5　会员应当在交易及相关系统中实现对交易委托有效性的核查及对客户账户交易权限的管理等功能，确保向本所发送的交易申报符合本所业务规则的要求。

6.6　会员应当建立健全交易及相关系统日常运行维护的管理制度和操作流程，保障交易及相关系统的安全稳定运行。

6.7　会员应当建立交易及相关系统的备份系统和备份通信线路，并实施有效管理，确保事故或者灾难发生后备份系统和备份通信线路可以正常使用。

6.8　会员应当建立数据备份与恢复管理制度，对证券交易中产生的业务数据、系统数据等实行严格的安全保密管理，并及时备份和异地保存。

6.9　会员应当定期检查交易及相关系统的安全性、稳定性，制定应急预案，并根据本所或者本所授权机构的要求，进行定期或者临时应急演练。

6.10　会员的交易及相关系统出现重大故障或者其他因素影响证券市场交易的，应当立即采取有效措施，并及时向本所报告。

6.11　会员应当在交易及相关系统与其他技术系统之间、交易通信网络与其他应用网络之间，采取技术隔离措施。

6.12　会员应当保障与本所交易及相关系统连接的安全。未经本所或者本所授权机构同意，会员不得在交易时间内通过本所交易及相关系统从事与证券业务无关的活动。

6.13　会员应当按照中国证监会及本所相关规定，加强对交易信息系统外部接入和程序化交易行为的管理，并按照本所要求报备相关信息。

第七章　纠纷解决

7.1　会员应当指定部门受理客户投诉，承担客户投诉处理的首要责任，完善建立投诉处理机制，公开处理流程和办理情况，并按照本所要求将与交易相关的客户投诉及处理情况向本所报告。

7.2　对因不可抗力、意外事件、技术故障等造成的重大交易异常情况，会员应当按照本所相关业务规则的规定，核实有关情况，及时向本所报告，并根据本所要求积极配合处置。

7.3　会员之间、会员与客户之间发生的业务纠纷，会员应当妥善处理并记录有关情况，以备本所查阅。

7.4　会员之间、会员与客户之间发生的业务纠纷可能影响正常交易的，相关会员应当自该情形出现之日起2个交易日内向本所报告。

7.5　会员之间发生的业务纠纷，可以通过自行协商解决、提请证券期货纠纷调解机构调解、向仲裁机构申请仲裁或者向人民法院提起诉讼等方式解决。

第八章　监督管理

8.1　会员应当积极配合本所监管，按照本所要求及时说明情况，提供相关的业务报表、账册、交易记录、原始凭证、开户资料及其他文件、资料，不得以任何理由拒绝或者拖延提供有关资料，不得提供虚假的、误导性的或者不完整的资料。

会员应当根据本所要求，调查或协助调查指定事项，并将调查结果及时报告本所。

8.2　本所根据监管需要，可以采取现场和非现场的方式对会员遵守本所业务规则的情况进行监督检查，并将检查结果报告中国证监会。

8.3　本所根据审慎监管原则，可以要求会员对证券交易等业务活动的开展情况进行自查，并提交专项自查报告。

8.4　本所对会员及其客户的证券交易行为实行实时监控，重点监控可能影响证券交易价格或者证券交易量的异常交易行为。

8.5　本所根据监管需要，可以对会员采取口头问询、限期报告说明情况、调阅相关资料、现场调查等日常监管工作措施。

8.6　会员及其相关业务人员违反本规则或本所其他相关规定的，本所可以视情节轻重采取以下自律监管措施：

（一）口头警示；

（二）监管关注；

（三）约见谈话；

（四）要求提交书面承诺；

（五）出具警示函；

（六）限期改正；

（七）暂停受理或办理相关业务；

（八）本所规定的其他自律监管措施。

8.7　会员及其相关业务人员严重违反本规则或本所其他相关规定的，本所可以视情节轻重采取以下纪律处分：

（一）通报批评；

（二）公开谴责；

（三）暂不受理机构或者其从业人员出具的相关业务文件；

（四）收取惩罚性违约金；

（五）暂停或者限制交易权限；

（六）取消交易权限；

（七）取消会员资格；

（八）本所规定的其他纪律处分。

第九章　附则

9.1　本规则下列用语具有如下含义：

（一）普通会员：指经本所同意，有权在本所市场从事证券交易及相关业务的境内证券经营机构。

（二）特别会员：指经本所同意的符合中国证监会规定的境外证券经营机构驻华代表处。

（三）交易单元：指交易参与人向本所申请设立的、参与本所证券交易，并接受本所服务及管理的基本业务单位。

（四）异常交易行为：指《北京证券交易所交易规则（试行）》等本所业务规则规定的异常交易行为。

（五）证券交易信息：指证券依照一定规则在本所集中交易产生的，经本所加工形成的有关证券交易的即时行情、证券指数、交易数据和证券交易公开信息等信息。

（六）交易及相关系统：指交易系统、做市报价系统、行情系统、通信系统及其备份系统等会员开展相关业务所需的技术系统。

本规则未定义的用语，其定义依照法律、行政法规、部门规章、规范性文件及本所相关业务规则确定。

9.2　本规则制定需经本所董事会通过，并报中国证监会批准，修改时亦同。

9.3　本规则由本所负责解释。

9.4　本规则自2021年11月15日起施行。

关于发布《北京证券交易所全国中小企业股份转让系统证券公司执业质量评价细则》的公告

为实现北京证券交易所（以下简称北交所）和全国中小企业股份转让系统创新层、基础层一体发展和制度联动，引导证券公司全面提升各项业务质量，北交所、全国中小企业股份转让系统有限责任公司（以下简称全国股转公司）共同制定了《北京证券交易所　全国中小企业股份转让系统证券公司执业质量评价细则》，现予以发布，自2021年11月15日起施行。

为确保评价结果的连续性、一致性，证券公司2021年年度执业质量评价按《全国中小企业股份转让系统主办券商执业质量评价细则》及相关配套文件执行，自本公告发布之日起，其中有关精选层、精选层挂牌等表述分别指北交所、北交所上市。

特此公告。

附件：《北京证券交易所　全国中小企业股份转让系统证券公司执业质量评价细则》

北京证券交易所　　全国股转公司
2021年11月12日　2021年11月12日

北京证券交易所　全国中小企业股份转让系统证券公司执业质量评价细则

第一章　总则

第一条　为督促北京证券交易所（以下简称北交所）会员和全国中小企业股份转让系统（以下简称全国股转系统）主办券商勤勉尽责，提高证券公司执业质量，促进市场持续健康发展，切实保护投资者的合法权益，根据《北京证券交易所会员管理规则（试行）》《全国中小企业股份转让系统主办券商管理办法（试行）》等有关规定，制定本细则。

第二条　证券公司在北交所和全国股转系统从事保荐、承销、推荐、经纪或做市等业务，适用本细则。

第三条　证券公司执业质量评价是指北交所和全国中小企业股份转让系统有限责任公司（以下简称全国股转公司）根据证券公司专业服务质量、合规执业质量以及其他对评价有重要影响的事项，按照本细则规定对证券公司执业质量进行的评价。

专业服务质量（以下简称专业质量）是指证券公司通过开展业务，为市场各参与主体提供专业服务的情况。

合规执业质量（以下简称合规质量）是指证券公司在开展业务过程中的规范运作情况。

第四条　北交所和全国股转公司组织实施证券公司执业质量评价工作，并接受中国证券监督管理委员会（以下简称中国证监会）的指导、监督。

第二章　评价内容

第五条　证券公司执业质量评价内容包括证券公司开展业务，以及其他配合监管、推动业务创新等情况。

第六条　评价指标包括专业质量指标、合规质量指标以及其他对评价有重要影响的专项评价指标。

第七条　专业质量指标主要包括证券公司为企业、投资者等市场主体提供专业服务的数量、金额等情况。

第八条　合规质量指标包括证券公司在开展业务过程中出现的执业质量负面行为

记录、被采取自律监管措施、纪律处分、行政监管措施和行政处罚情况。

执业质量负面行为是指证券公司在开展业务过程中因未勤勉尽责而出现的工作质量低或不规范，但未被采取自律监管措施的行为。

被采取自律监管措施、纪律处分、行政监管措施和行政处罚情况，是指证券公司及其业务人员被北交所或全国股转公司采取自律监管措施或纪律处分，以及在从事涉及北交所、全国股转系统相关业务过程中因违法违规被中国证监会及其派出机构采取行政监管措施、行政处罚的情况。

第九条　专项评价指标由北交所和全国股转公司根据市场发展及监管要求另行确定。

第三章　评价方法

第十条　证券公司执业质量评价周期分为季度和年度。

（一）季度评价。北交所和全国股转公司于第一、二、三季度结束后的第 15 个交易日前，在指定信息披露平台公示证券公司执业质量情况。

（二）年度评价。年度评价期为 1 月 1 日至 12 月 31 日。北交所和全国股转公司于每年 1 月 31 日前，在指定信息披露平台公示证券公司上一年度执业质量分档结果。

第十一条　证券公司执业质量评价的基础分值为 100 分。

季度执业质量评价分值由基础分值、各单项业务评价分值加总计算。

年度评价分值由基础分值、各单项业务评价分值以及专项评价分值加总计算。

第十二条　单项业务评价分值由专业质量得分减合规质量扣分得出。

第十三条　证券公司单项业务专业质量评价得分为该业务全部专业质量评价指标得分之和。

每项专业质量评价指标得分根据各评价指标与全行业该评价指标最优值的比值确定。

专业质量评价指标项的内容及权重由北交所和全国股转公司另行规定。

第十四条　证券公司单项业务合规质量扣分由该业务负面行为记录扣分及被采取自律监管措施、纪律处分、行政监管措施和行政处罚情况扣分加总计算。

第十五条　单项业务执业质量负面行为记录最多的证券公司扣 4 分；其余证券公司负面行为记录扣分值根据其负面行为记录数量与该项业务负面行为记录最高数量的比值确定。

证券公司执业质量负面行为清单由北交所和全国股转公司另行公布并根据市场监管情况予以调整。

第十六条　评价期内，证券公司被北交所或全国股转公司采取自律监管措施或实施纪律处分的，按以下原则相应扣分：

（一）被采取口头警示、监管关注、约见谈话、要求提交书面承诺的自律监管措施的，每次扣4分。

（二）被采取出具警示函、限期改正、暂停受理或办理相关业务、将证券账户列入重点监控账户、暂停或限制证券账户交易的自律监管措施的，每次扣5分。

（三）被实施纪律处分的，每次扣8分。

证券公司管理人员、主要业务人员被采取上述措施的，按以上原则减半扣分。

第十七条 评价期内，证券公司从事北交所、全国股转系统相关业务过程中出现违法违规行为而被中国证监会及其派出机构采取行政监管措施的，每次扣8分，被中国证监会及其派出机构采取行政处罚的，每次扣10分。

第十八条 证券公司因同一事项被采取多项自律监管措施、纪律处分、行政监管措施、行政处罚的，按最高值扣分，不重复扣分，但因限期整改不到位再次被采取自律监管措施、纪律处分、行政监管措施、行政处罚的除外。

证券公司因同一事项在以前评价期已被扣分但未达到最高扣分值的，按最高扣分值与已扣分值的差额扣分。

第十九条 北交所和全国股转公司可以根据证券公司在评价期内履行社会责任、推动业务创新、配合监管工作等情况，在年度评价时予以专项加分或扣分，每项不超过3分。

北交所和全国股转公司于每年第四季度在指定信息披露平台公布下一年度专项评价指标及分值。

第四章　评价结果及运用

第二十条 北交所和全国股转公司根据证券公司年度评价分值，将证券公司分为一档、二档、三档、四档：

（一）一档为排名前20%（含）的证券公司；

（二）二档为排名前20%~60%（含）的证券公司；

（三）三档为排名前60%~80%（含）的证券公司；

（四）四档为排名80%之后的证券公司。

第二十一条 证券公司存在以下情形的，年度评价时按以下认定结果和年度评价分值分档结果孰低的原则确定档位：

（一）在评价期内被采取责令停业整顿、指定其他机构托管、接管、行政重组等风险处置措施的，直接认定为四档。

（二）从事北交所、全国股转系统业务过程中出现突发事件，给市场造成重大不利影响的，直接认定为四档。

第二十二条 证券公司对评价结果有异议的，应当自评价结果公示后的5个交易日内向北交所和全国股转公司申请复议，并提交相关证明材料。

北交所和全国股转公司自收到复议申请之日起15个交易日内向证券公司反馈复议

结果。证券公司或相关方提供、补正复议申请材料的时间不计入上述复议期。

经复议确需调整证券公司评价结果的，北交所和全国股转公司在反馈复议结果后公布更正后的证券公司评价结果。

第二十三条　北交所和全国股转公司可以根据合规质量评价情况，对业务存在突出问题的证券公司开展合规培训。

第二十四条　北交所和全国股转公司可以根据年度评价结果，对证券公司实施差异化制度安排。

年度评价结果可以作为北交所和全国股转系统新业务或新产品试点顺序的依据。

北交所和全国股转公司可以根据年度评价结果对证券公司在日常报告频率、现场和非现场检查频率等方面实行区别对待。

第二十五条　北交所和全国股转公司将年度评价结果报送中国证监会，同时抄送中国证监会各派出机构及中国证券业协会，供监管机构在证券公司日常监管中参考使用。

第五章　附则

第二十六条　证券公司控股的证券业务子公司参与北交所、全国股转系统业务，合并纳入母公司评价。

第二十七条　本细则规定的评价结果公示日遇有节、假日时顺延，以节、假日结束的次日为公示日。

第二十八条　本细则由北交所和全国股转公司负责解释。

第二十九条　本细则自 2021 年 11 月 15 日起施行。

关于发布《北京证券交易所自律监管措施和纪律处分实施细则》的公告

北证公告〔2021〕47号

为了做好北京证券交易所（以下简称本所）自律监管措施和纪律处分的实施工作，提高本所自律监管的规范性和透明度，本所制定了《北京证券交易所自律监管措施和纪律处分实施细则》，现予以发布，自2021年11月15日起施行。

特此公告。

附件：北京证券交易所自律监管措施和纪律处分实施细则

北京证券交易所

2021年11月2日

北京证券交易所自律监管措施和纪律处分实施细则

第一章　总则

第一条　为规范北京证券交易所（以下简称本所）自律监管措施和纪律处分的实施，有效履行自律监管职责，维护证券市场秩序，保护市场参与人的合法权益，根据《证券交易所管理办法》及本所相关业务规则，制定本细则。

第二条　对违反本所业务规则的监管对象实施自律监管措施和纪律处分，适用本细则。

前款所称监管对象包括：

（一）证券及证券衍生品种的发行人、上市公司（以下统称证券发行人）及其董事、监事、高级管理人员、股东、实际控制人、收购人、重大资产重组交易对方、破产管理人等机构及相关人员；

（二）保荐机构、保荐代表人、承销商及相关人员；

（三）律师事务所、会计师事务所等证券服务机构（以下简称证券服务机构）及相关人员；

（四）本所会员、其他交易参与人及相关人员；

（五）投资者；

（六）本所业务规则规定的其他机构和人员。

第三条　实施自律监管措施和纪律处分应当遵循依规、公正、及时的原则。

第四条　实施自律监管措施和纪律处分应当以事实为依据，与违规行为的性质、情节以及危害程度相当。

第五条　自律监管措施和纪律处分可以单独或合并实施。

第六条　纪律处分由本所根据纪律处分委员会的意见作出决定并实施。

自律监管措施由本所或其指定的业务部门（以下简称业务部门）作出决定并实施。

第七条　监管对象被本所或业务部门实施自律监管措施或者纪律处分的，应当根据要求履行相关义务。未按要求履行义务的，本所或业务部门可以对其进一步实施自律监管措施或者纪律处分。

第八条　行政处罚决定书、行政监管措施决定书或者生效司法裁判文书中对相关事实情况作出认定的，本所或业务部门可以据此认定监管对象的违规事实，并实施相应的自律监管措施或者纪律处分。

本所或业务部门认定违规事实所依据的行政处罚决定书、行政监管措施决定书或者司法裁判文书被依法撤销，监管对象可以向本所或业务部门书面申请撤销自律监管措施或者纪律处分。

第九条 本所工作人员实施自律监管措施或者纪律处分，应当严格遵纪守法，公正廉洁，不得利用职务便利谋取不正当利益，不得泄露所知悉的监管对象的商业秘密。

第十条 本所工作人员与自律监管措施或者纪律处分事项存在利害关系，可能影响自律监管措施或者纪律处分公正处理的，应当回避。

第十一条 实施自律监管措施和纪律处分，可以综合监管对象违规行为的主观因素、客观因素、监管对象的职务、职责、权限及履职情况等具体情节予以认定。

第十二条 实施自律监管措施和纪律处分时可以综合考量的主观因素包括：

（一）违规行为发生后，监管对象是否掩饰、隐瞒违规事实，是否采取适当的补救、改正措施；

（二）违规行为发生后，监管对象是否及时向本所或者中国证监会报告，是否积极配合，是否干扰、阻碍调查的进行；

（三）其他需要考量的主观因素。

第十三条 实施自律监管措施和纪律处分时可以综合考量的客观因素包括：

（一）违规行为涉及的金额及占相关数据的比重；

（二）违规行为发生的次数、频率及持续的时间；

（三）违规行为对证券交易价格、交易量和投资者投资决策的影响程度；

（四）违规行为对证券发行上市、风险警示、停复牌、终止上市、重新上市、重大资产重组、收购及权益变动、股权激励计划等事项或者条件的影响；

（五）违规行为给投资者、上市公司等造成的损失，违规监管对象及相关方从中获取的利益；

（六）违规行为对证券市场和证券监管造成的影响；

（七）违规行为被相关行政机关、司法机关查处的情况；

（八）其他需要考量的客观因素。

第十四条 具有下列情形之一的，可以从轻、减轻或者免予实施自律监管措施或者纪律处分：

（一）在违规行为被发现前，积极主动采取纠正措施，并向本所或者中国证监会报告；

（二）违规行为未对市场造成实际影响，或已采取有效措施消除、减轻影响或风险；

（三）在违规行为所涉期间，存在不可抗力等因素导致无法正常履行职责；

（四）积极配合本所采取相关措施；

（五）本所认定的其他情形。

免予实施自律监管措施或纪律处分的，本所或业务部门可以采取其他监管方式进行处理。

第十五条 具有下列情形之一的，可以从重、加重实施自律监管措施或者纪律处分：

（一）违规金额巨大，占相关数据比重较高；

（二）违规行为给投资者、上市公司等主体造成较大损失；

（三）违规行为长期持续或多次发生；

（四）存在多个不同类型的违规行为；

（五）违规行为导致证券交易发生异常波动且情节严重；

（六）违规行为对市场造成恶劣影响；

（七）被中国证监会行政处罚、实施行政监管措施或被本所实施纪律处分、自律监管措施后 6 个月内又发生同类违法违规行为；

（八）干扰、阻碍调查或者拒不配合本所采取相关措施；

（九）本所认定的其他情节严重情形。

第二章 自律监管措施

第一节 自律监管措施的种类

第十六条 证券发行人、收购人、重大资产重组交易对方、破产管理人、中介机构等相关主体出现违规行为的，本所或业务部门可以实施以下自律监管措施：

（一）口头警示，即以口头形式将有关违规事实或风险状况告知监管对象，要求其采取措施及时防范、补救或者改正；

（二）监管关注，即对存在违规行为的监管对象予以关注，告知其有关违规事实或风险状况，并要求其采取措施及时防范、补救或者改正；

（三）约见谈话，即要求监管对象在指定的时间和地点就有关违规行为接受质询和训诫，并要求其作出解释说明，采取措施及时防范、补救或者改正；

（四）要求提交书面承诺，即要求监管对象提交在规定时间内为或不为一定行为的书面承诺；

（五）出具警示函，即以书面形式将有关违规事实或风险状况告知监管对象，并要求其采取措施及时防范、补救或者改正；

（六）限期改正，即要求监管对象停止违规行为或者限期改正；

（七）要求公开更正、澄清或说明，即要求监管对象对信息披露中的错漏事项进行公开更正，或者对有关事项或风险情况予以公开澄清或说明；

（八）要求公开致歉，即要求监管对象对违规事项以公告形式向投资者公开致歉；

（九）要求限期参加培训或考试，即要求监管对象限期参加指定机构组织的专业培训或考试，督促其提升守法意识、职业操守和执业能力；

（十）要求限期召开投资者说明会，即要求监管对象限期召开说明会，就特定事项公开向投资者作出解释或者说明；

（十一）要求上市公司董事会追偿损失，即对于他人给上市公司造成损失，且相关损失已由司法机关、行政机关或损失造成者予以明确确认，但上市公司董事会未进行追偿的，要求上市公司董事会主动进行追偿；

（十二）暂停解除上市公司控股股东、实际控制人的股票限售，即在一定期限内不办理相关人员所持上市公司股份的解除限售申请；

（十三）建议更换相关任职人员，即建议上市公司等更换董事、监事或高级管理人员，并及时选聘符合资格的董事、监事或高级管理人员；

（十四）向相关主管部门出具监管建议函，即对违规行为同时涉嫌违反中国证监会之外的其他主管部门监管规定的监管对象，以书面函件等形式将监管对象的有关行为或者风险状况告知相关主管部门，建议其予以关注；

（十五）本所规定的其他自律监管措施。

第十七条 本所会员、其他交易参与人及相关主体出现违规行为的，本所或业务部门可以实施以下自律监管措施：

（一）本细则第十六条第一项至第六项规定的自律监管措施；

（二）暂停受理或办理相关业务，即在一定期限内不受理监管对象业务申请或不予办理相关业务；

（三）本所规定的其他自律监管措施。

第十八条 投资者出现违规行为的，本所或者业务部门可以实施以下自律监管措施：

（一）本细则第十六条第一项至第六项规定的自律监管措施；

（二）将证券账户列入重点监控账户，即将发生严重异常交易行为或者频繁发生异常交易行为的证券账户列入重点监控账户名单，并要求相关会员或者其他交易参与人予以重点管理；

（三）暂停证券账户交易，即对于存在异常交易或其他违规交易行为的监管对象，暂停其名下证券账户的全部或者特定证券交易；

（四）限制证券账户交易，即对于存在严重异常交易或其他违规交易行为的监管对象，限制其名下证券账户在一段时期内的全部或者特定证券交易；

（五）本所规定的其他自律监管措施。

第二节 自律监管措施的实施程序

第十九条 实施口头警示、监管关注、约见谈话、要求提交书面承诺的，可以口头或书面方式通知。

实施其他自律监管措施的，应当向监管对象发送自律监管措施决定书。自律监管措施决定书应当包括违规事实、实施的监管措施及适用规则等。

第二十条 实施口头警示措施的，由本所或者业务部门通过电话等口头形式向监管对象作出，或委托相关机构、证券发行人送达，告知其违规事实、实施的自律监管措施及适用规则，并明确指出如未及时终止违规行为，将对其进一步实施自律监管措施或者纪律处分。

实施口头警示的，应当留存录音、电话记录单或委托送达通知。

第二十一条 实施监管关注措施的，由本所或者业务部门通过口头或书面形式向监管对象作出，或委托相关机构、证券发行人送达，告知其违规事实、实施的自律监管措施及适用规则。

第二十二条 实施约见谈话措施的，由本所或者业务部门至少提前三个交易日通知监管对象，告知其违规事实、实施的自律监管措施及适用规则，同时告知谈话的时间、地点、事项和应当提供的书面材料等内容。

实施约见谈话措施的，业务部门应当制作谈话记录，参加谈话的监管对象应当签字确认。

第二十三条 实施要求提交书面承诺措施的，由本所或者业务部门通知监管对象，告知其违规事实、实施的自律监管措施及适用规则、需要书面承诺的事项等内容。

第二十四条 实施出具警示函措施的，由本所或者业务部门向监管对象发送自律监管措施决定书，告知其应当关注的问题，对其进行警示，提醒其尽快改进。

第二十五条 实施限期改正措施的，由本所或者业务部门向监管对象发送自律监管措施决定书，告知其整改的事项、时限和要求等内容。

第二十六条 实施要求公开更正、澄清或说明措施的，由本所或者业务部门向监管对象发送自律监管措施决定书，告知其要求公开更正、澄清或说明的事项、时限和公开的方式等内容。

第二十七条 实施要求公开致歉措施的，由本所或者业务部门向监管对象发送自律监管措施决定书，告知其需要致歉的事项、时限、方式和要求等内容。

第二十八条 实施要求限期参加培训或考试措施的，由本所或者业务部门向监管对象发送自律监管措施决定书，告知其参加培训或考试的种类、时限和要求等内容。

第二十九条 实施要求限期召开投资者说明会措施的，由本所或者业务部门向监管对象发送自律监管措施决定书，告知其召开投资者说明会的事项、时限和要求等内容。

第三十条 实施要求上市公司董事会追偿损失措施的，由本所或者业务部门向上市公司发出书面通知，告知其应追偿损失的事项、时限和要求等内容。

第三十一条 实施暂停解除上市公司控股股东、实际控制人的股票限售措施的，由本所或者业务部门向监管对象发送自律监管措施决定书，告知其暂停办理解除限售申请的时限，可以要求其进行自查并提交自查报告，或要求其限期进行整改。

第三十二条 实施建议更换相关任职人员措施的，由本所或者业务部门向上市公司发送自律监管措施决定书，告知其建议更换的有关任职人员的姓名、职务和具体要求等内容，以及建议更换的原因。

第三十三条 实施向相关主管部门出具监管建议函措施的，由本所向相关主管部门发出书面函件，告知其监管对象的违规事实、风险状况并建议其采取相应监管措施，同时向监管对象发出书面通知，告知其实施自律监管措施的事项、简要理由及监管建议函的主要内容。

第三十四条 实施暂停受理或者办理相关业务措施的，由本所或者业务部门向监管对象发出书面通知，告知其暂停受理或者办理相关业务的原因、期限、业务种类以及恢复受理或者办理的条件、时间等内容。

第三十五条 实施将证券账户列入重点监控账户措施的，由本所或者业务部门将有关账户名单发送至会员或者其他交易参与人，会员或者其他交易参与人应当告知监管对象并加强相关账户的客户管理工作。

第三十六条 实施暂停证券账户交易措施的，由本所或者业务部门暂停监管对象名下证券账户买卖全部或特定证券的交易权限，并应当以书面形式通知相关会员或者其他交易参与人送达。

暂停证券账户交易的持续时间一般不超过一个交易日。

第三十七条 实施限制证券账户交易措施的，由本所或者业务部门限制监管对象名下证券账户一段时期内的全部或者特定证券交易，并应当以书面形式通知相关会员或者其他交易参与人送达。

限制证券账户交易的单次持续时间一般不超过六个月，但违规情节特别严重的除外。

第三十八条 拟实施本细则第十六条第十二项、第十三项、第十四项、第十七条第二项、第十八条第四项规定的自律监管措施的，应当按照本细则第三章第三节规定的程序，提交本所纪律处分委员会审议。

第三章 纪律处分

第一节 纪律处分的种类

第三十九条 本所纪律处分包括：

（一）通报批评，即本所在一定范围内或以公开方式对监管对象进行批评；

（二）公开谴责，即本所以公开方式对监管对象进行谴责；

（三）认定不适合担任相关职务，即本所以公开方式认定监管对象三年及以上不适合担任上市公司董事、监事、高级管理人员；

（四）暂不接受证券发行人提交的发行上市申请文件，即在一定期间内不接受有关发行人或上市申请人提交的发行上市申请文件；

（五）暂不接受证券发行人控股股东、实际控制人及其控制的其他发行人提交的发行上市申请文件，即在一定期间内不接受有关控股股东、实际控制人及其控制的其他发行人提交的发行上市申请文件；

（六）暂不受理机构或者其从业人员出具的相关业务文件，即本所在一定期限内不受理保荐承销机构、财务顾问、资信评级机构、受托管理人或者履行同等职责的机构、会计师事务所、资产评估机构、律师事务所等机构或者其相关人员提交或签字的相关业务文件；

（七）收取惩罚性违约金，即本所对出现违规行为的发行人、上市公司及相关市场主体、会员等，按照协议以及本所业务规则的规定，收取一定金额的违约金；

（八）暂停或者限制交易权限，即本所对存在违规的会员或者其他交易参与人，暂停或者限制部分或者全部交易单元的交易品种、方式、规模等交易权限；

（九）取消交易权限，即本所对存在违规的会员或者其他交易参与人，关闭其相关交易单元的交易品种、方式、规模等交易权限；

（十）取消交易参与人资格，即对存在违规的交易参与人，取消其交易参与人资格；

（十一）取消会员资格，即对存在违规的会员，取消其会员资格；

（十二）本所规定的其他纪律处分。

第二节　纪律处分委员会

第四十条　本所设纪律处分委员会，纪律处分委员会通过会议形式进行审议，对相关事项形成审议意见。

第四十一条　纪律处分委员会委员由本所相关专业人员和外部有关专家组成。

纪律处分委员会根据工作需要设主任委员、副主任委员。

本所可以根据需要对纪律处分委员会委员进行调整。

第四十二条　纪律处分委员会委员由本所聘任，每届任期3年，可以连任。

纪律处分委员会委员应当具备下列条件：

（一）坚持原则、公正廉洁；

（二）熟悉证券市场情况及本所自律管理业务；

（三）熟悉有关证券法律、法规、行政规章和本所业务规则；

（四）本所要求的其他条件。

第四十三条　纪律处分委员会委员有下列情形之一的，予以解聘：

（一）任期内因职务变动不宜继续担任纪律处分委员会委员；

（二）连续两次无故缺席审议；

（三）任期内严重渎职或者违反纪律处分委员会工作纪律；

（四）本人提出书面辞职申请并获批准；

（五）不适合担任纪律处分委员会委员的其他情形。

第四十四条 纪律处分委员会委员出席纪律处分审议会议，应根据自身专业判断，独立发表意见并行使表决权。

第四十五条 纪律处分委员会委员履行职责时，应当遵守下列规定：

（一）勤勉尽责，认真审阅纪律处分相关材料；

（二）按时出席会议，独立公正地发表意见；

（三）不得泄露会议内容、表决情况及其他有关事项；

（四）不得私下与纪律处分事项有关的单位或者个人接触，不得接受其馈赠；

（五）不得利用在履行职责时获取的非公开信息，为本人或他人谋取利益。

第四十六条 纪律处分委员会委员在审议纪律处分事项中，遇有下列情形之一的，应当回避：

（一）担任该纪律处分事项的直接监管人员；

（二）本人及其近亲属是纪律处分对象，或者担任作为纪律处分对象的董事、监事、高级管理人员或类似职责人员；

（三）本人及其近亲属持有作为纪律处分对象5%以上股份或者是其实际控制人，或者担任持有该纪律处分对象5%以上股份的股东、实际控制人的董事、监事、高级管理人员；

（四）与纪律处分事项有其他利害关系，可能影响公正处理。

第三节 纪律处分的实施程序

第四十七条 本所业务部门认为应对监管对象实施纪律处分或第三十八条所列自律监管措施的，应当以部门名义向监管对象发送纪律处分事先告知书或自律监管措施事先告知书。但属于下列情形之一的除外：

（一）本所认为违规事实清楚且情况紧急，需要立即实施纪律处分或自律监管措施的；

（二）拟实施限制证券账户交易的自律监管措施；

（三）发送事先告知书可能对纪律处分或自律监管措施实施效果产生重大影响的其他情形。

第四十八条 纪律处分事先告知书应当向监管对象说明违规事实、拟实施的纪律处分及其适用理由、适用规则，并要求其在五个交易日内予以书面答复。

监管对象应当在收到前款事先告知书后五个交易日内，书面回复是否接受本所将实施的纪律处分。如对将实施的纪律处分有异议的，应当提交书面申辩材料。

根据本所业务规则属于听证范围的，监管对象可以要求举行听证，但按照本细则第四十七条的规定未发送事先告知书的除外。

第四十九条 监管对象在纪律处分事先告知书规定时间内未提交书面申辩或虽提交书面申辩，但本所业务部门仍然认为需要给予其纪律处分的，业务部门应当及时提起召开纪律处分会审议。

第五十条 纪律处分委员会通过会议形式对纪律处分事项进行审议。每次会议参会委员原则上不少于 5 名，其中设召集人 1 名。

拟实施限制证券账户交易措施，或违规行为事实清楚且不涉及重大无先例的，可以由 3 名委员审议。

第五十一条 审议会议由召集人主持，并按照下列程序进行：

（一）参会委员听取有关事项，并询问相关情况；

（二）召集人组织参会委员对审议事项逐一发表个人审议意见；

（三）参会委员填写表决票；

（四）召集人宣布表决结果，并形成审议意见。

第五十二条 纪律处分委员会根据表决结果明确如下审议意见：

（一）认为违规事实清楚，证据充分，适用规则正确，处分措施适当的，表决通过，决定实施纪律处分；

（二）认为违规事实清楚，证据充分，但存在适用规则或者处分方式不当等情形的，表决通过，同时对适用规则或处分方式提出明确意见；

（三）认为违规事实不清，证据不足，或遗漏违规事实、责任主体等情形的，暂缓表决；部分责任主体违规事实清楚的，可以先行处理；纪律处分委员会应对暂缓表决的事由和需要补充核查的事项发表明确意见，业务部门根据该意见进行补充核查或作出相应处理；

（四）认为违反本所业务规则，无需采取纪律处分，但应当采取自律监管措施的，决定采取自律监管措施；

（五）认为情节显著轻微可以酌情不予处理的或无充分有效证据证明监管对象负有责任的，表决不予处理。

第五十三条 审议会议的表决以记名方式进行，表决票设同意票和反对票两种，通过表决事项需同意票数超过半数。

第五十四条 属于下列情形之一的，纪律处分委员会可以进行通讯表决，形成审议意见：

（一）拟实施限制证券账户交易的措施；

（二）监管对象书面表示接受事先告知书所提出的处分的；

（三）事实清楚、情况紧急，需要立即启动纪律处分或自律监管措施程序。

第五十五条 本所根据纪律处分委员会的审议意见，作出纪律处分决定，向监管对象发送纪律处分决定书。

纪律处分决定书中应当载明监管对象的违规事实、监管对象的书面申辩理由及其采纳情况（如有）、适用规则及决定实施的纪律处分。

第五十六条 在纪律处分审议会议对审议事项形成意见后至纪律处分或自律监管措施决定作出前，有关事项出现新情况的，业务部门可以提请纪律处分委员会召开会后事项审议会，对该事项重新进行审议。

第四章 其他事项

第五十七条 本所或业务部门在实施自律监管措施或者纪律处分前可以进行现场检查，或者采取与有关人员进行谈话，发出问询、核查通知书等书面函件，调阅工作底稿等方式查明有关事实。

第五十八条 监管对象对本所实施的自律监管措施或纪律处分不服，属于复核受理范围的，可以按照复核程序的相关规定，向本所复核委员会申请复核。

复核期间自律监管措施和纪律处分不停止执行，本所业务规则另有规定的除外。

第五十九条 本所或业务部门可以通过电子系统、邮寄、公告、传真等方式向监管对象送达自律监管措施事先告知书、自律监管措施决定书、纪律处分事先告知书、纪律处分决定书及其他相关文件。

监管对象是投资者的，本所或业务部门可以通过其委托交易的会员或者其他交易参与人送达。监管对象为证券发行人董事、监事、高级管理人员、股东、实际控制人、收购人等自然人、机构及其相关人员，保荐机构及其保荐代表人、证券服务机构及其相关人员以及交易对手方等的，本所或业务部门可以通过证券发行人送达。监管对象是机构的工作人员的，本所或业务部门也可以通过相关机构送达。

监管对象下落不明或者用其他方式无法送达的，本所或业务部门可以在本所网站发布公告，自公告发布之日起满十个交易日即视为送达。

第六十条 本所可以要求监管对象在符合《证券法》规定的信息披露平台就被本所实施自律监管措施或者纪律处分的相关情况作出公告。相关监管对象未按要求公告的，本所可以根据情况进一步实施相关自律监管措施或者纪律处分。

第六十一条 本所将对监管对象实施的纪律处分和相关监管措施记入诚信档案，并可根据情况通报中国证监会及其派出机构、地方政府和行业自律组织。

本所在实施纪律处分和自律监管措施过程中，发现监管对象及相关主体的行为涉嫌违反法律、行政法规或者中国证监会相关规定的，按照相关规定报告中国证监会。

第五章 附则

第六十二条 本细则由本所负责解释。

第六十三条 本细则自 2021 年 11 月 15 日起施行。

关于发布《北京证券交易所复核实施细则》的公告

北证公告〔2021〕24号

为了确保北京证券交易所（以下简称本所）复核工作公正独立，保障相关市场主体的合法权益，本所制定了《北京证券交易所复核实施细则》，现予以发布，自2021年11月15日起施行。

特此公告。

附件：北京证券交易所复核实施细则

北京证券交易所

2021年11月2日

北京证券交易所复核实施细则

第一章　总则

第一条　为了规范北京证券交易所（以下简称本所）自律管理工作，保护市场参与主体合法权益，根据《证券交易所管理办法》及本所相关业务规则的规定，制定本细则。

第二条　本所设立复核委员会。复核委员会的组成、职责与工作程序等，适用本细则。

复核申请人（以下简称申请人）对本所作出的如下决定存在异议的，可以按照本细则规定申请复核：

（一）对向不特定合格投资者公开发行股票并上市申请的不予受理决定；

（二）对向不特定合格投资者公开发行股票并上市申请终止审核的复审决定；

（三）对上市公司向不特定合格投资者公开发行股票并上市申请的不予受理决定；

（四）对上市公司向不特定合格投资者公开发行股票并上市申请终止审核的复审决定；

（五）对上市公司向特定对象发行股票并上市申请的不予受理决定；

（六）对上市公司向特定对象发行股票并上市申请的终止审核决定；

（七）对上市公司发行股份购买资产或重组上市申请的不予受理决定；

（八）对上市公司发行股份购买资产或重组上市申请终止审核的复审决定；

（九）强制公司股票终止上市的决定；

（十）实施纪律处分的决定；

（十一）采取应由本所纪律处分委员会审议的自律监管措施的决定；

（十二）本所业务规则规定的其他可以申请复核的决定。

第三条　复核委员会及其委员依照本细则规定，独立履行职责，不受任何机构和个人的干扰。

第四条　复核委员会通过复核委员会工作会议（以下简称复核会议）的形式履行职责。复核会议以合议方式进行审议，通过集体讨论，形成合议意见。

本所根据复核委员会的意见，作出复核决定。

第五条　复核决定为本所的终局裁决。

复核期间，本所作出的相关决定不停止执行，但有下列情形之一的除外：

（一）强制公司股票终止上市的决定；

（二）取消交易参与人或会员资格的决定；

（三）本所认为需要停止执行的；

（四）申请人申请停止执行，且本所认为其要求合理的；

（五）本所规定的其他情形。

第六条 本所负责复核委员会的日常管理，为复核委员会及其委员履行职责提供必要的条件和便利，对复核委员会及其委员的工作进行监督。

第二章 复核委员会

第七条 复核委员会由20至30名委员组成，主要包括本所以外的专家和本所相关专业人员，由本所聘任。

复核委员会根据工作需要设主任委员、副主任委员。

本所可以对复核委员会委员人数和人员构成进行调整。

第八条 复核委员会委员应当符合下列条件：

（一）熟悉有关证券法律、行政法规、部门规章、规范性文件（以下简称法律法规）和国家政策；

（二）熟悉证券相关业务和本所业务规则；

（三）在所从事领域内有良好声誉，未受过刑事、行政处罚和相关自律组织的纪律处分；

（四）坚持原则、公正廉洁、严格守法；

（五）本所规定的其他条件。

第九条 本所按照下列程序聘任复核委员会委员：

（一）本所内部遴选和提请相关单位推荐委员人选；

（二）将经审定的拟聘任委员名单在本所网站公示，公示期不少于5个交易日；

（三）公示期满后，接受聘任的委员签署履职相关承诺；

（四）对外公布正式聘任委员名单。

第十条 复核委员会委员每届任期3年，可以连任；复核委员会主任委员担任本所相关职务的，其任期可以与职务任期保持一致。

委员任期届满的，由本所予以续聘或者更换。

本所可以根据需要，调整委员每届任期年限和连续任职期限。

第十一条 复核委员会委员履行职责时，应当遵守下列规定：

（一）勤勉尽责，以审慎的态度，全面审阅相关复核申请材料；

（二）按要求亲自出席复核会议，不得委托他人代为出席；

（三）根据法律法规和本所规则要求，独立发表意见并行使表决权；

（四）保守在履行职责时接触的国家机密和有关单位的商业秘密，不得对外透露有关会议的情况；

（五）不得利用在履行职责时获取的非公开信息，为本人或他人谋取利益；

（六）本所规定的其他要求。

第十二条 复核委员会委员有下列情形之一的，本所予以解聘：

（一）不符合本细则第八条规定的条件的；

（二）违反法律法规的规定，严重影响履职的；

（三）违反本细则第十一条规定，情节严重的；

（四）任期内两次以上无故缺席复核会议的；

（五）本人申请辞去委员职务的；

（六）本所规定的其他情形。

第十三条 复核委员会委员因回避、不可抗力、意外事件或者其他特殊情形不能亲自出席会议的，应当及时通知复核委员会秘书处。本所可根据情况对参会委员或会议安排等做相应调整。

第十四条 复核委员会委员有下列情形之一的，应当回避：

（一）本人前期参与过复核事项有关决定的起草、审议程序；

（二）本人或者其近亲属近 2 年内担任过申请人或者其保荐机构、承销商的董事、监事、高级管理人员；

（三）本人或者其近亲属、复核委员会委员所在工作单位与申请人或者其保荐机构、承销商存在股权关系，可能影响其公正履行职责；

（四）本人或者其近亲属、复核委员会委员所在工作单位近 2 年内为申请人提供过推荐、保荐、承销、审计、评估、法律、咨询等服务，可能影响其公正履行职责；

（五）本人或者其近亲属担任董事、监事、高级管理人员的公司与申请人有利害关系，经认定可能影响其公正履行职责；

（六）本人与申请人存在近亲属关系或其他可能影响公正履职的密切关系；

（七）复核会议召开前，与申请人及其他相关单位或者个人进行过接触，可能影响其公正履行职责；

（八）本所认定的可能产生利害冲突或者复核委员会委员认为可能影响其公正履行职责的其他情形。

前款所称近亲属，包括复核委员会委员的配偶、父母、子女、兄弟姐妹、祖父母、外祖父母、孙子女、外孙子女。

第十五条 本所设立复核委员会秘书处（以下简称秘书处），作为复核委员会的办事机构，负责处理下列具体事务：

（一）接收申请人复核申请材料，对复核事项出具审核要点建议；

（二）确认参会委员人选，做好会议通知；

（三）向参会委员送交复核审核材料；

（四）参加复核会议，制作会议记录；

（五）根据复核会议意见制作复核决定书；

（六）委员的遴选、聘任、管理及复核委员会日常服务工作；

（七）复核委员会要求办理的其他事务。

第三章　复核程序

第十六条　申请人根据本细则第二条第二款第一项至第八项规定申请复核的，应当在收到有关决定或者本所公告有关决定之日（以在先者为准）起 5 个交易日内向本所提交申请。

申请人根据本细则第二条第二款第九项至第十一项规定申请复核的，应当在收到有关决定之日或者本所公告有关决定之日（以在先者为准）起 15 个交易日内向本所提交申请。

本所对于其他复核事项的申请复核期限另有规定的，从其规定。

第十七条　申请人申请复核的，应向秘书处提交复核申请书，说明提请复核的事实、理由和要求。

复核申请书提交途径、方式及秘书处联系方式在本所网站公布。

第十八条　复核申请材料包括下列文件：

（一）复核申请书及相应证据材料；

（二）申请人有效身份证明材料及联系方式，包括身份证件或营业执照复印件等；

（三）复核事项有关决定书；

（四）证明复核申请时间在复核期限内的材料；

（五）本所规定的其他文件。

前款第一项、第二项材料应由申请人签名，申请人为法人的，应当加盖公章并由法定代表人签名。

第十九条　本所收到复核申请材料后，在 5 个交易日内进行审查，作出是否受理的决定，并通过邮寄或邮件方式通知申请人。

申请人提交复核申请材料不完整的，秘书处应当告知申请人补正相关材料。申请人经要求未能在 5 个交易日内补正相关材料的，本所不予受理其复核申请。

第二十条　秘书处应当告知申请人复核会议时间。申请人可以撤回复核申请，撤回复核申请的材料应当在复核会议召开前向秘书处提交。

申请人撤回复核申请后再次就相关决定提出复核申请的，本所不予受理。

第二十一条　申请人认为复核委员会委员与复核事项存在直接利害关系，不适宜参加复核会议的，应在提出复核申请的同时提交书面回避申请，并说明理由。

经核实理由成立的，该委员应当回避，秘书处将回避情况及时告知申请人。

副主任委员、其他复核委员的回避，由主任委员决定；主任委员的回避，由复核委员会决定。

第二十二条 秘书处在复核申请受理后至复核决定作出前，可以根据需要要求申请人在规定期限内补充提交相关证据或说明材料。申请人未在规定期限内提交补充证据的，视为放弃提交。

第二十三条 复核会议由主任委员主持，每次会议由 5 名委员参加。主任委员因故不能参加会议的，由副主任委员或者主任委员指定的其他委员主持会议。

第二十四条 相关单位和个人，不得直接或者间接以不正当手段影响复核委员会委员的专业判断，或者以其他方式干扰复核委员会委员审议。

第二十五条 复核委员会委员认为确有必要的，可以要求申请人及其保荐机构等列席复核会议、接受询问，并于复核会议召开前 2 个交易日提出。

第二十六条 复核会议按照下列程序进行：

（一）会议主持人确认委员参会情况，宣读会议纪律，参会委员提交声明与承诺；

（二）复核事项经办人员向参会委员报告有关情况；

（三）参会委员对申请人及其保荐机构等进行询问（如有）；

（四）参会委员对申请人复核申请理由是否成立逐一发表审议意见；

（五）参会委员合议，以会议纪要形式明确复核委员会的审议意见；

（六）参会委员在会议纪要上签字确认。

第二十七条 复核委员会如发现存在尚待核实的重大事项或其他严重影响委员正确判断的情形，经会议合议，可以对该复核事项暂缓决议一次。

第二十八条 本所自受理复核申请后 30 个交易日内，根据复核委员会审议意见，对申请人复核申请作出决定。复核决定自作出之日起生效。

复核会议认为复核申请理由成立的，本所撤销原针对申请人作出的决定。撤销原决定的，本所可以视情况作出新的决定，但不得以同一事实和理由作出与原决定相同或者基本相同的决定。

复核会议认为复核理由不成立的，本所维持原针对申请人作出的决定。

第二十九条 复核决定于决定作出后 5 个交易日内以邮寄或邮件方式送达申请人，并在本所网站公开。

第三十条 复核期间因委员回避而调整会议日期的时间、发生重大事项影响复核工作的时间以及要求申请人补充提交材料的时间，不计入本所作出有关决定的期限。

第三十一条 申请人及其保荐机构等提交的复核申请材料中或者接受询问时，存在虚假、误导性陈述或隐瞒重要事实的，本所将视情节轻重，对相关主体采取自律监管措施或实施纪律处分。

第四章　附则

第三十二条 本细则由本所负责解释。

第三十三条 本细则自 2021 年 11 月 15 日起施行。

附件

北京证券交易所复核委员会委员声明与承诺

本人作为北京证券交易所复核委员会委员，在办理____________的复核案件中，特向北京证券交易所声明和承诺如下：

一、本人不存在《北京证券交易所复核实施细则》中规定的应当回避的情形；

二、复核申请人或者其他相关单位和个人未曾以不正当手段影响本人对本次复核事项的判断；

三、本人将严格履行保密职责，会前妥善保管会议资料，会后及时删除相关信息，不对外提供有关复核案件信息或资料；

四、本人将以自己的专业知识和从业经验为基础，勤勉尽责、客观公正地进行复核，独立发表意见。

声明与承诺人：

日　期：

关于发布《北京证券交易所自律管理听证实施细则》的公告

北证公告〔2021〕25号

为了规范北京证券交易所（以下简称本所）自律管理听证程序，保障相关市场主体的合法权益，本所制定了《北京证券交易所自律管理听证实施细则》，现予发布，自2021年11月15日起施行。

特此公告。

附件：北京证券交易所自律管理听证实施细则

北京证券交易所

2021年11月2日

北京证券交易所自律管理听证实施细则

第一条　为了规范北京证券交易所（以下简称本所）自律管理听证程序，提高自律管理的公正性和透明度，保护当事人合法权益，根据《证券交易所管理办法》《北京证券交易所股票上市规则（试行）》等相关规定，制定本细则。

第二条　本所在作出以下自律管理决定前，根据当事人申请举行听证会，听取当事人的陈述及申辩意见：

（一）公开谴责；

（二）认定不适合担任相关职务；

（三）暂不接受证券发行人提交的发行上市申请文件；

（四）暂不接受证券发行人控股股东、实际控制人及其控制的其他发行人提交的发行上市申请文件；

（五）暂不受理机构或者其从业人员出具的相关业务文件；

（六）收取惩罚性违约金；

（七）暂停或者限制交易权限；

（八）取消交易权限；

（九）取消交易参与人资格；

（十）取消会员资格；

（十一）股票的终止上市决定，但根据当事人申请终止上市的除外；

（十二）本所认为需要举行听证的其他自律管理决定。

根据《北京证券交易所自律监管措施和纪律处分实施细则》规定无需发送纪律处分事先告知书的处分决定，不属于听证申请范围。

第三条　本所就纪律处分事项举行听证的，由本所纪律处分委员会组织召开听证会。

本所就终止上市事项举行听证的，由本所上市委员会组织召开听证会。

听证会可以采用现场会议或者网络视频、电话等非现场会议形式召开。

第四条　纪律处分听证委员由本所纪律处分委员会委员担任。终止上市听证委员由本所上市委员会委员担任。

每次听证会的听证委员为五名，其中一名为听证召集人，听证召集人由纪律处分委员会、上市委员会相关审议会议召集人担任。

上市委员会秘书处、纪律处分委员会秘书处工作人员分别担任终止上市、纪律处分事项的听证会秘书。听证会秘书负责会议材料接收、听证通知发送、会议记录等事务。

第五条 听证委员存在《北京证券交易所上市委员会管理细则》《北京证券交易所自律监管措施和纪律处分实施细则》规定的委员回避情形的，应当回避。

当事人认为听证委员存在应当回避的情形，可以申请其回避，回避的具体要求按照《北京证券交易所上市委员会管理细则》《北京证券交易所自律监管措施和纪律处分实施细则》的规定执行。

第六条 本所拟作出本细则第二条规定的自律管理决定的，应当在向当事人送达的事先告知书中载明当事人享有申请听证的权利。

第七条 当事人申请听证的，应当在收到本所事先告知书或者本所公告送达事先告知书期满之日（以在先者为准）起 5 个交易日内以书面形式向本所提交听证申请材料，逾期提交的证据材料，不纳入听证范围。

当事人逾期未提出书面听证申请的，视为放弃听证权利。同一事项的部分当事人放弃听证权利的，不影响其他当事人申请听证。

本所向当事人发送听证会议通知书等听证相关文件的，可以采用电子送达或者邮寄送达等方式。

听证申请材料提交途径、方式及工作人员联系方式在本所网站公布。

第八条 听证申请材料至少包括下列文件：

（一）听证申请书及相应证据材料；

（二）申请人的陈述及申辩材料；

（三）申请人有效身份证明材料及联系方式，包括身份证件或营业执照复印件等；

（四）听证事项有关事先告知书；

（五）证明听证申请时间在规定期限内的材料；

（六）本所规定的其他文件。

前款第一至三项材料应由申请人签名，申请人为法人的，应当加盖公章并由法定代表人签名。

第九条 听证申请事项及材料符合本所规定的，本所在收到听证申请后 20 个交易日内组织听证，在听证会议召开 5 个交易日前向当事人发送听证会议通知书，并通知听证委员、本所与听证事项有关的业务部门人员参加听证，向听证委员发送听证会议材料。

本所纪律处分委员会或者上市委员会对听证事项的后续审核，原则上由听证委员进行。

听证申请事项及材料不符合本所规定的，本所不予组织听证并通知当事人。

第十条 听证会议通知书应当载明以下事项：

（一）听证的时间、地点；

（二）听证的程序；

（三）听证的纪律；

（四）其他相关事项。

第十一条 当事人应当按期参加听证。除出现本细则第十二条第一款第一项、第二项所述情形，当事人未按期参加听证的，视为放弃听证。

第十二条 有下列情形之一的，听证可以延期举行：

（一）因不可抗力致使听证无法按期举行的；

（二）当事人申请延期举行听证且经本所同意的；

（三）因听证委员回避，致使听证无法按期举行的；

（四）本所认为需要延期听证的其他情形。

当事人申请延期举行听证的，应当在收到听证会议通知书后 3 个交易日内书面提出。

延期举行听证的情形消除后，本所及时安排召开听证会。

第十三条 当事人为个人的，应当亲自参加听证。无法亲自参加，提出申请并经本所同意的，可以委托 1 名熟悉听证事项情况的人员参加。

当事人为单位的，应当由法定代表人或者其授权的 1 名熟悉听证事项情况的本单位工作人员参加听证。

第十四条 当事人在听证中有以下权利和义务：

（一）按时出席听证；

（二）在听证会议召开一个交易日前书面撤回听证申请，结束听证；

（三）如实陈述相关事实和回答提问，举证客观、真实；

（四）遵守听证纪律，服从听证召集人的要求；

（五）对获知的国家秘密、商业秘密和个人隐私予以保密；

（六）本所业务规则规定的其他权利和义务。

第十五条 听证会议按下列程序进行：

（一）听证会议开始前，由听证会秘书查明当事人或者其代理人、本所业务部门的承办人员（以下简称承办人员）等听证参加人是否到场，将相关情况告知听证召集人并宣布听证纪律；

（二）听证召集人核对听证参加人，宣布出席听证的委员、听证会秘书名单，告知听证参加人在听证中的权利义务，询问当事人或其代理人是否申请回避；

（三）听证召集人宣布听证开始和案由；

（四）承办人员提出具体事实、证据、规则依据、处理建议；

（五）当事人或者其代理人进行陈述和申辩，并可以提出相关事实、理由和证据；

（六）听证召集人、听证委员可以向承办人员、当事人或其代理人等提问，相关人员应当如实回答；

（七）听证召集人询问各方是否有补充意见；

（八）听证召集人宣布听证结束。

第十六条 在听证过程中，听证参加人应当遵守听证纪律，保证听证有序举行。

相关人员违反听证纪律、妨碍听证秩序，听证召集人有权予以制止；情节严重的，可以责令其退出听证会场。

第十七条 听证结束后，当事人或者其代理人应当当场将听证现场的陈述、申辩材料及其他有关材料提交听证会秘书。

第十八条 听证会秘书应当现场记录听证的内容，并将听证记录交由听证委员、当事人或者其代理人、承办人员及其他参会人员等现场签字或盖章确认。相关人员认为听证记录有误的，可以要求补充或者修改。听证记录无误，但相关人员拒绝签字或盖章确认的，听证会秘书可以将相关情况记入听证记录予以存档。

第十九条 听证记录、当事人提交的陈述、申辩意见及其他有关材料，应当作为本所纪律处分委员会或者上市委员会形成纪律处分决定或者终止上市决定的参考。

听证事项为纪律处分事项的，不得因当事人申请听证而加重纪律处分。

第二十条 在听证过程中出现下列情形之一的，本所可以中止听证：

（一）当事人在听证过程中提出的回避申请理由成立，且因无法即时更换被申请回避人员致使听证无法继续举行的；

（二）当事人因不可抗拒的事由，无法继续参加听证的；

（三）因不可抗拒的事由，致使听证无法继续举行的；

（四）本所认为需要中止听证的其他情形。

中止听证的情形消除后，本所应当及时安排召开听证会。

第二十一条 当事人有下列情形之一的，本所可以终止听证，并将相关情形记录在案：

（一）书面撤回听证申请的；

（二）无正当理由不按期参加听证的；

（三）未经听证召集人允许中途退场的；

（四）严重违反听证纪律，被听证召集人责令退场的；

（五）本所认为应当终止听证的其他情形。

同一事项的部分当事人因上述情形被终止听证的，不影响其他当事人继续参加听证。

第二十二条 听证程序所涉期间，不计入本所作出有关自律管理决定的期限。

第二十三条 本所举行听证，不向当事人收取费用。

第二十四条 本细则由本所负责解释。

第二十五条 本细则自 2021 年 11 月 15 日起施行。

关于发布《北京证券交易所业务收费管理办法》的公告

为了保障北京证券交易所（以下简称本所）市场健康稳定运行，加强本所业务收费管理，本所制定了《北京证券交易所业务收费管理办法》，现予发布，自 2021 年 11 月 15 日起施行。

特此公告。

附件：北京证券交易所业务收费管理办法

北京证券交易所

2021 年 11 月 12 日

北京证券交易所业务收费管理办法

第一条 为加强北京证券交易所（以下简称本所）业务收费管理，规范本所收费行为，建立规范、透明、合理的收费制度，根据《证券法》《证券交易所管理办法》和本所相关规定，制定本办法。

第二条 本所业务收费是指本所为证券集中交易提供场所和设施，组织和监管证券交易活动而向市场主体收取的费用，主要包括上市费（含上市初费和上市年费）、交易经手费和交易单元费等。

本所通过市场化的商业活动取得的收入不适用本办法。

第三条 本所收费项目和收费标准的制定、调整以及费用的收取，适用本办法。证监会及其他上级机构另有规定的，从其规定。

本所根据法律法规、部门规章、规范性文件的规定，面向市场主体代收并代为缴纳的税费及行政性收费，不适用本办法。

第四条 本所收费项目和收费标准的制定、调整应遵循“保证运转、考虑发展、略有盈余、动态调整”的基本原则。

第五条 本所制定或调整收费项目和收费标准，可以对不同类别市场主体分类制定，并应综合考量本所履行组织和监管市场交易活动职责以及提供相关服务的成本等因素，保障本所正常履行职能和市场长远发展所需资金。

第六条 本所相关收费项目和收费标准的依据和影响因素发生重大变化、适用的收费期限届满或出现收费不合理等情形的，本所应及时调整相关收费项目和收费标准。

第七条 本所制定、调整相关收费项目和收费标准时，应进行可行性研究分析，具体包括：

（一）对提供交易场所和设施、履行组织和监管相关交易活动职责、提供相关服务的成本进行测算；

（二）对相关证券产品、服务和设施使用的市场供求状况，资本市场发展状况和要求，境内外相关收费情况进行调查研究和分析；

（三）对资本市场可能带来的影响和风险进行预测和评估。

本所开展收费的调查研究、分析评估和论证，可以单独进行，也可以结合相关业务一并进行。

第八条 本所应当在充分调查研究、分析评估和论证基础上，拟定制定、调整收费项目和收费标准的方案。方案应当包括下列内容：

（一）制定、调整收费项目和收费标准的依据和可行性研究；

（二）制定、调整的收费项目和收费标准；

（三）其他需要说明的事项。

第九条 制定、调整收费项目和收费标准的方案，经本所总经理办公会审议后，报董事会审定。

第十条 本所董事会可以授权总经理办公会审定以下事项：

（一）在一定期限内减收、免收既定收费项目的费用；

（二）对一定时期内减收、免收的费用恢复既定标准收费；

（三）董事会授权总经理办公会审定的其他收费事项。

第十一条 本所应当及时向市场公开经审定的收费项目和收费标准。本所业务收费项目、收费标准及其调整，以本所对外发布的通知或公告为准。

第十二条 市场主体应当按照本所公布的收费项目和收费标准及其收取方式向本所缴纳费用。

第十三条 本办法由本所负责修订和解释。

第十四条 本办法自 2021 年 11 月 15 日起施行。

附表：北京证券交易所收费明细表

附表

北京证券交易所收费明细表

收费对象	收费项目	收费标的	收费标准	备注
上市公司	上市初费	普通股	总股本2000万股（含）以下，30000元； 总股本2000万~5000万股（含），50000元； 总股本5000万~1亿股（含），80000元； 总股本1亿股以上，100000元。	1. 已在全国股转系统缴纳挂牌初费的，暂免收取上市初费； 2. 暂免收取注册地在内蒙古、广西、西藏、宁夏和新疆5个民族自治地区的上市公司上市初费； 3. 暂免收取注册在贫困地区的上市公司上市初费； 4. 暂免收取注册地在湖北省的上市公司上市初费至2022年12月31日（含）。
		优先股	按普通股标准收取。	
		可转换公司债券	暂免收取。	
	上市年费	普通股	总股本2000万股（含）以下，20000元； 总股本2000万~5000万股（含），30000元； 总股本5000万~1亿股（含），40000元； 总股本1亿股以上，50000元。	1. 暂免收取注册地在内蒙古、广西、西藏、宁夏和新疆5个民族自治地区的上市公司上市年费； 2. 暂免收取注册地在湖北省的上市公司上市年费至2022年12月31日（含）。
		优先股	按普通股标准收取。	
		可转换公司债券	暂免收取。	
投资者	交易经手费	普通股	按成交金额的0.5‰双边收取。	
		优先股		
		股份协议转让	按成交金额的0.5‰双边收取，单向每笔最高10万元。无成交金额或者每股成交金额低于每股面值的，以转让股份总面值计算收取。	
		可转换公司债券	按普通股经手费标准减半收取。	

续表

收费对象	收费项目	收费标的	收费标准	备注
会员	交易单元费	交易单元	交易单元开设初费：50 万元，在首次申请开通交易单元时收取，以后增设交易单元不再收取。	1. 北交所和全国股转系统共用交易单元，已在全国股转系统开通首个交易单元的交易参与人无需交纳交易单元开设初费。新开设首个交易单元的，交易单元开设初费由北交所和全国股转公司各收取 25 万元；仅申请北交所首个交易单元或全国股转系统首个交易单元的，交易单元开设初费由北交所或全国股转公司按标准单独收取。 2. 交易单元使用费、流速费、流量费由北交所和全国股转公司按交易类申报笔数比例收取。
			1. 交易单元使用费：每个交易单元每年 3 万元； 2. 流速费：总流速超出其享有的免费标准流速之和的部分，按每个标准流速每年 5000 元收取； 3. 流量费：每年流量费总额 =（交易参与人所属各交易单元的年交易类申报笔数总和 - 该交易参与人享有的年交易类免费申报笔数）×0. 15 元/笔 +（交易参与人所属各交易单元的年非交易类申报笔数总和 - 该交易参与人享有的年非交易类免费申报笔数）× 0. 01 元/笔。 其中： （1）交易类申报包括买申报、卖申报和撤销申报；非交易类申报指除交易类申报外的其他申报，包括新股申购申报、可转债转股和回售申报等。 （2）每个交易单元享有的年免费申报笔数为交易类、非交易类申报各 5000 笔。 （3）计算的流量费总额不足 2000 元的，按 2000 元收取。